Konkursordnung

mit

Einführungsgesetz, Nebengesetzen und Ergänzungen

in der Fassung des Gesetzes vom 17. Mai 1898.

Kommentar

von

Dr. Th. Wolff,

Oberlandesgerichtsrath in Hamm.

Berlin 1900.

J. Guttentag, Verlagsbuchhandlung,

G. m. b. H.

Vorwort.

Die Konkursordnung, deren Vorschriften insbesondere in Ansehung des materiellen Konkursrechts durch das Bürgerliche Gesetzbuch beeinflußt und nach Maßgabe des neuen Reichsrechts geändert sind, bedarf in ihrer neuen Gestalt der Erläuterung und wissenschaftlichen Ausführung. Deshalb glaubte ich der Aufforderung der Verlagshandlung, bei welcher im Jahre 1892 mein „Absonderungsrecht im Konkurse“ erschienen war, folgen zu sollen, das Gesetz auf der Grundlage des neuen Rechts ausführlich zu kommentiren.

Der Kommentar enthält den Versuch, die Vorschriften des Gesetzes zu erklären und ihre Folgerungen möglichst vollständig zu ziehen und zu begründen. Die bisherige Theorie und Praxis ist, soweit sie noch in Betracht kommt, unter Prüfung der einzelnen Fragen verwerthet.

Die bisherigen Kommentare von Petersen-Kleinfeller (3. Aufl.), v. Sarwey-Bossert (3. Aufl.), v. Wilmowski (5. Aufl.), v. Völderndorff (2. Aufl.), Hellmann, Meisner, Meves, Stieglitz, Wengler und Villenbücher, das Lehrbuch von Kohler, die systematischen Darstellungen von Endemann, Fitting (2. Aufl.), Oetker (konkursrechtliche Fragen), Fuchs, v. Mandry und A. S. Schultze sind nur mit den Namen der Verfasser zitirt.

Von der neuen Literatur sind die systematische Darstellung von L. Seuffert, Deutsches Konkursprozeßrecht, die erste Lieferung von Jägers Kommentar und die vergleichende Darstellung Oetkers berücksichtigt. Die zweite Lieferung von Jägers Kommentar, der erste Theil der neuen (vierten) Auflage der Konkursordnung von v. Sarwey-Bossert, sowie die Ausgabe der Konkursordnung von Karl Meyer konnten nicht mehr berücksichtigt werden.

Hamm, den 20. Februar 1900.

Th. Wolff.

Inhaltsverzeichniß.

Die Konkursordnung.

Erstes Buch.

Konkursrecht.

Zweites Buch.

Konkursverfahren.

Drittes Buch.

Abkürzungen.

A.G.O. = Allgemeine Gerichtsordnung für die Preußischen Staaten.
A.L.R. = Allgemeines Landrecht für die Preußischen Staaten.
B.G.B. = Das Bürgerliche Gesetzbuch für das Deutsche Reich.
Civ. Arch. = Archiv für die civilistische Praxis.
C.P.O. = Civilprozeßordnung.
E.G. = Einführungsgesetz.
E.G. I. = Einführungsgesetz zur Konkursordnung vom 10. Februar 1877.
E.G. II. = Einführungsgesetz zu dem Gesetz, betreffend Abänderung der Konkursordnung, vom 17. Mai 1898.
G.F.G. = Gesetz, betreffend die Angelegenheiten der freiwilligen Gerichtsbarkeit.
G.K.G. = Gerichtskostengesetz.
Gruchots Beiträge = Beiträge zur Erläuterung des deutschen Rechts von Gruchot, fortgesetzt von Rassow, Küntzel und Eccius.
G.V.G. = Gerichtsverfassungsgesetz.
H.G.B. = Handelsgesetzbuch.
J.W. = Juristische Wochenschrift.
K.O. = Konkursordnung.
M. I. = Entwurf der Konkursordnung vom 10. Februar 1877.
M. II. = Entwurf des Gesetzes, betreffend Abänderungen der Konkursordnung, vom 17. Mai 1898.
Obertrib. = Entscheidungen des (früheren) Preußischen Obertribunals.
Obertrieb. in Strieth. Arch. = Striethorsts Archiv für Rechtsfälle der Entscheidungen des Preußischen Obertribunals.
P. I. = Protokoll der Reichstagskommission zum Entwurf der Konkursordnung vom 10. Februar 1877.
P. II. = Bericht der Kommission des Reichstags zu dem Entwurf des Gesetzes, betreffend Abänderungen der Konkursordnung vom 17. Mai 1898.
R.G. = Entscheidungen des Reichsgerichts.
R.O.H. = Entscheidungen des (früheren) Reichsoberhandelsgerichts.
St.G.B. = Strafgesetzbuch.
St.P.O. = Strafprozeßordnung.
Z. f. D.C.P. = Zeitschrift für deutschen Civilprozeß von Busch, fortgesetzt von Schultzenstein und Vierhaus.

Einleitung.

I.

Der Konkurs des ältern römischen Rechts beruhte auf der cessio bonorum und der missio in bona. Diese Maßregeln endeten mit dem Verkauf des Vermögens des Schuldners — der venditio bonorum —, durch welchen dasselbe mit den Wirkungen der Universalsukzession, belastet mit den Pfand- und Hypothekenrechten, auf den bonorum emtor überging. Die Durchführung dieser Maßregeln fand unter der Leitung des Magistratus statt: er verfügte die missio in possessionem rerum debitoris, erließ die Veröffentlichung und ordnete die Zusammenberufung der Gläubiger an, welche den magister bonorum zur Abschließung des Verkaufs wählten.

Unter Hadrian und Antoninus Pius wurde der Verkauf per universitatem durch den Einzelverkauf Seitens des Kurators ersetzt; der Magistratus ernannte auf Grund des Mehrheitsbeschlusses der von ihm zusammenberufenen Gläubiger den Kurator, der das Vermögen des Schuldners in Besitz nahm, dasselbe nach und nach versilberte und den Erlös außergerichtlich unter die Gläubiger vertheilte. Im Fall der cessio bonorum durften die Gläubiger den Kurator selbst bestellen.

Justinian erhielt diesen Rechtszustand im Wesentlichen aufrecht, nur bestimmte er zur Anmeldung der nicht eingewiesenen Gläubiger eine Präklusivfrist von zwei Jahren für die creditores praesentes, von vier Jahren für die absentes und ließ auch die außergerichtliche Bestellung des Kurators zu.

In Deutschland eingeführt, wurde dies Konkurssystem durch die Rechtswissenschaft und Praxis weiter ausgebildet und im Sinn der gerichtlichen Bevormundung der Gläubiger umgestaltet. Schon die Konkurrenz mehrerer andringenden Gläubiger gab nach der Ansicht einzelner Schriftsteller dem Gericht die Befugniß zur Eröffnung des Konkurses. Das Letztere leitete das Verfahren, die Verwerthung der Masse und die Befriedigung der Gläubiger, der von ihm ernannte Kurator war lediglich sein Gehülfe; die Konstituirung der Passivmasse erfolgte mit dem und gegen den vom Gericht ernannten Kontradiktor, welcher als Vertreter des Gemeinschuldners die angemeldeten Forderungen zu prüfen hatte, und gegen welchen erforderlichen Falls der Liquidationsprozeß vor dem Konkursgericht anzustellen war. Das Gericht erließ das Präklusionsurtheil, durch welches alle nicht angemeldeten Forderungen von der Befriedigung aus der Konkursmasse ausgeschlossen wurden, instruirte darauf mit dem Kontradiktor die Verität der angemeldeten Forderungen und stellte dieselben sowie ihre Rangordnung in dem Lokations- (Klassifikations-, Haupt-) Urtheil fest. Nach der Versilberung der Masse wurde der Distributionsbescheid erlassen, in welchem der Antheil jedes Gläubigers festgestellt wurde. Zur Theilnahme am Konkurse waren nicht blos die eigentlichen Konkursgläubiger, sondern auch die Massegläubiger, die Vindikanten und Separatisten gezwungen. Nach ihnen rangirten die Konkursgläubiger, zu denen auch die Realberechtigten gezogen wurden. Diese Rangordnung fand seit der Amts- und Gerichtsordnung des Markgrafenthums Oberlausitz von 1612 (Seuffert, Deutsches Konkursrecht S. 17) in fünf Klassen statt: 1) in der Klasse der absolut privilegirten Gläubiger, 2) der privilegirten Pfandgläubiger, 3) der nicht privilegirten Pfandgläubiger, 4) der privilegirten und 5) der nicht privilegirten chirographarischen Gläubiger. Der Kreis der aus dem Römischen Recht übernommenen Vorrechte wurde von der Praxis und Rechtswissenschaft bedeutend vermehrt.

Dies weitläufige, die Befriedigung der Gläubiger weit hinausschiebende Verfahren konnte dem praktischen Bedürfniß nicht genügen. Daher schlossen sich die meisten Partikularrechte im 19. Jahrhundert an das in Italien entstandene und von der französischen Gesetzgebung aufgenommene kaufmännische Konkursrecht an, welches den Gläubigern und ihren Organen einen größeren Spielraum gewährte. Der Code de commerce läßt den Konkurs nur gegen Kaufleute zu, die Gläubiger anderer Personen auf die Einzelexekution und ein Vertheilungsverfahren verweisend. Das Handelsgericht eröffnet den Konkurs auf Antrag des Schuldners, eines Gläubigers oder auf Grund der Notarietät, setzt den Fallimentstag fest, bestellt eins seiner Mitglieder zum Fallimentskommissar, welcher das Verfahren beaufsichtigt, sowie einen Fallimentsagenten, welcher die Masse zu ermitteln und sicher zu stellen hat. Der Richterkommissar beruft die erste Gläubigerversammlung, die eine Anzahl Personen wählt, aus denen das Handelsgericht die provisorischen Syndiken ernennt. Diese — die vorläufigen Verwalter — verwalten die Konkursmasse, und erklären sich über die angemeldeten Forderungen, für welche eine Präklusivfrist bestimmt wird. Nach Ablauf dieser Frist berufen sie die Gläubiger, deren Forderungen anerkannt oder vom Handelsgericht festgestellt sind, zu einer Versammlung, in welcher diese Gläubiger den contrat d'union schließen und die definitiven Syndiken ernennen. Diese versilbern die Masse und vertheilen sie auf Grund eines Lokationsurtheils. Sie erstatten dem Richterkommissar allmonatlich über den Stand der Verwerthung der Masse und über den Kassenbestand Bericht, auf Grund dessen der Richter Abschlagsvertheilungen anordnet. Nach Beendigung der Versilberung werden die Gläubiger zum Schlußtermin zusammenberufen, in welchem die Syndiken Rechnung legen und die Schlußvertheilung vornehmen. In materieller Beziehung reduzierte der Code die Zahl der Konkursvorrechte und verschärfte die Anfechtung.

Das französische Fallimentgesetz vom 28. Mai 1838, welches in Elsaß-Lothringen, nicht in der Rheinprovinz, galt, änderte das Konkursverfahren in mehrfacher Beziehung, hauptsächlich indem es das Institut der Agenten durch sofort zu bestellende provisorische Syndiken ersetzte, die Präklusion der Gläubiger beseitigte und die Rechtsfolgen des contrat d'union auch ohne Beschluß der Gläubigerversammlung eintreten ließ.

Das französische Recht übte bedeutenden Einfluß auf die Bestimmungen der Preußischen Konkursordnung vom 8. Mai 1855 aus, welche, wie jenes, die Leitung des Verfahrens einem Richterkommissar übertrug, zuerst einen vorläufigen, demnächst einen difinitiven Verwalter bestellen ließ, die Präklusion der Gläubiger aufhob, Abschlagszahlungen zuließ, die Vorrechte reduzirte und die Anfechtung verschärfte. Die Beschränkung des Konkurses auf das Vermögen der Kaufleute wurde dagegen nicht angenommen, doch wurde der Konkurs der Nichtkaufleute zum Theil besondern Vorschriften unterworfen. Im Uebrigen behandelte die Preußische Konkursordnung die ganze Materie in erschöpfenderer und weit eingehenderer Weise, als die französische Gesetzgebung.

Sie diente der Bayrischen Prozeßordnung vom 29. April 1869 hinsichtlich des Konkursrechts, der Konkursordnung vom 9. Januar 1869 für Oesterreich-Ungarn und dem dänischen Konkursgesetz vom 25. März 1872 zum Vorbild.

II.

Das Bedürfniß nach einer einheitlichen Regelung des Konkursrechts führte die Preußische Regierung schon bei der Berathung des Handelsgesetzbuchs zu dem Versuch, die Grundzüge des kaufmännischen Konkurses im Handelsgesetzbuch festzulegen. Aber sowohl die im 5. Buch des Preußischen Entwurfs eines Handelsgesetzbuchs vorgeschlagenen Bestimmungen, wie auch der Antrag, im Handelsgesetzbuch wenigstens die Voraussetzungen und Wirkungen des Konkurses zu bestimmen, wurden von der Kommission abgelehnt, weil bei der Verschiedenheit der Civilrechtssysteme eine Einigung nicht zu erreichen sein würde.

Nachdem in den §§. 13 bis 18 des Bundesgesetzes vom 21. Juni 1869, betreffend die Gewährung der Rechtshülfe, einzelne, das Konkursrecht betreffende, Bestimmungen einheitlich getroffen waren, beschloß der Bundesrath am 21. Februar 1870, den Bundeskanzler zu ersuchen, den Entwurf einer einheitlichen Konkursordnung für den Norddeutschen Bund ausarbeiten zu lassen. Der um Ausführung dieses Beschlusses ersuchte Preußische Justizminister ließ „den Entwurf einer deutschen Gemeinschuldordnung“ durch den Geheimen Oberregierungsrath des Reichsjustizamts, Dr. Hagens, jetzigen Oberlandesgerichtspräsidenten zu Frankfurt a. M., ausarbeiten und legte ihn nebst den Motiven und einem Anlagebande dem Bundesrath vor. (Im Buchhandel bei v. Decker, Berlin, 1873 erschienen.) Nachdem der Entwurf den Regierungen mitgetheilt worden, wurde er auf Grund des Beschlusses des Bundesraths vom 21. Dezember 1873 einer aus 8 Juristen und 3 Vertretern des Handelsstandes bestehenden Kommission überwiesen, welche ihn in 73 Sitzungen vom 16. März bis 31. Juli 1874 unter dem Vorsitz des Präsidenten des Bayerischen obersten Gerichtshofs, v. Neumayr, berieth. Der vom Bundesrath in einzelnen Beziehungen abgeänderte Kommissionsentwurf wurde mit einer neuen, ebenfalls von Hagens redigirten Begründung dem Reichstag mit Anschreiben vom 21. Januar 1875, und da der Entwurf in dieser Sitzungsperiode nicht berathen wurde, mit Schreiben vom 27. Oktober 1875 erneut vorgelegt. Die Reichstagskommission, an welche er verwiesen worden, berieth ihn unter dem Vorsitz des Staatsraths, demnächstigen Württembergischen Staatsministers v. Sarwey in 27 Sitzungen vom 11. November 1875 bis 26. Mai 1876. Der Kommissionsentwurf wurde vom Reichstage am 2. Dezember 1876 und in dritter Lesung am 21. Dezember 1876 im Ganzen angenommen, vom Kaiser am 10. Februar 1877 unterzeichnet und als Konkursordnung im Reichsgesetzblatt S. 351 bis 394 veröffentlicht.

Durch die §§. 91—111, 116—119, 122, 123, 124, 134, 135 des revidirten Gesetzes, betreffend die Erwerbs- und Wirthschaftsgenossenschaften, vom 1. Mai 1889 wurden die §§. 195—197 der Konkursordnung ersetzt, und durch das Gesetz vom 9. Mai 1894 wurde der §. 41 interpretirt.

Die so gestaltete Konkursordnung mußte, nachdem das Bürgerliche Recht für Deutschland einheitlich geregelt war, den Vorschriften desselben angepaßt werden. Schon bei der Berathung des ersten Entwurfs des

Bürgerlichen Gesetzbuchs wurden die Aenderungen, welche dasselbe für das Konkursrecht zur Folge haben mußte, theils durch Bestimmungen im Entwurf des Bürgerlichen Gesetzbuchs, theils durch die besonderen Bestimmungen des Artikels 13 des Einführungsgesetzes einer Regelung unterzogen. Dabei wurde insbesondere der achte Titel des zweiten Buchs durch die Ausgestaltung des Nachlaßkonkurses erweitert. Diese Vorschriften, welche in den — bei Guttentag 1888 erschienen — Motiven näher begründet wurden, sind, mit den nach der Annahme des zweiten Entwurfs des Bürgerlichen Gesetzbuchs durch die Aenderungen desselben erforderlich gewordenen Modifikationen zusammengefaßt, als besonderer Gesetzentwurf dem Bundesrath vorgelegt und von ihm mit geringen Aenderungen genehmigt. Dieser Entwurf nebst einem Einführungsgesetz wurde mit den Motiven, die sich an die entsprechenden Motive der betreffenden Bestimmungen des ersten Entwurfs des Bürgerlichen Gesetzbuchs anschließen, vom Reichskanzler dem Reichstage mit Schreiben vom 26. Januar 1898 vorgelegt und von diesem einer Kommission überwiesen, welche ihn unter dem Vorsitz des Abgeordneten Rintelen in sechs Lesungen berieth, indem sie zugleich einen von den Abgeordneten Rintelen, Bachem, Hitze und Lerno eingebrachten Gesetzentwurf, betreffend die Aenderungen der Konkursordnung, in den Bereich ihrer Berathungen zog, welcher im Wesentlichen einem Gesetzentwurf der Abgeordneten Rintelen und Genossen entsprach, der am 16. November 1893 eingebracht, auch von einer Kommission berathen wurde, aber nicht zur Verabschiedung gelangte. Die Kommission hat den Regierungsentwurf, abgesehen von einer Verschärfung der Voraussetzungen des Zwangsvergleichs nur in ganz unwesentlichen Beziehungen geändert und über die Berathung einen vom 29. März 1898 datirten, von dem Abg. Bassermann verfaßten, Bericht erstattet. Der Reichstag nahm den Entwurf, wie er aus der Kommission hervorgegangen war, in den Sitzungen vom 27. April und 2. Mai 1898 im Ganzen an. Das Gesetz, betreffend die Aenderungen der Konkursordnung nebst dem Einführungsgesetze, wurde vom Kaiser am 17. Mai 1898 vollzogen und im Reichsgesetzblatt S. 230 ff. veröffentlicht.

Um dem Gesetz auch äußerlich eine einheitliche Gestalt zu geben und die angezogenen Vorschriften anderer Reichsgesetze, insbesondere der Civilprozeßordnung, mit der neuen Folge der Paragraphen dieser Gesetze in Einklang zu bringen, wurde der Reichskanzler durch das Gesetz vom 17. Mai 1898 ermächtigt, den Text der Konkursordnung unter fortlaufender Nummerfolge der Paragraphen bekannt zu machen. Diese Bekanntmachung ist in Nr. 25 S. 612 ff. des Reichsgesetzblatts erfolgt.

In dem vorliegenden Kommentar sind die bisherigen Paragraphen, soweit sie in der früheren Konkursordnung enthalten waren, den neuen Nummern in Klammern beigefügt. Unter jedem Paragraphen sind die entsprechenden Seiten des ersten und des zweiten Entwurfs (M. I und M. II), sowie der Kommissionsverhandlungen (P. I und P. II) angegeben.

III.

Die Konkursordnung, welche in zwei Theile zerfällt, von denen der erste das materielle, der zweite das formelle Konkursrecht behandelt, steht auf dem Standpunkt der neuesten Rechtsentwickelung. Sie unterscheidet nicht zwischen dem kaufmännischen und dem gemeinen Konkurs, noch zwischen der provisorischen und definitiven Konkursverwaltung, sie entzieht dem Gemeinschuldner die Verfügungsmacht über sein, bis zur Konkurseröffnung erworbenes, zur Aktivmasse gehöriges Vermögen, dessen Eigenthum ihm bis zur Veräußerung verbleibt, und überträgt sie dem Verwalter, dem das Recht der Anfechtung von Rechtshandlung in einem dem Römischen Recht gegenüber ausgedehnterem Maße gegeben ist. Die Aus- und Absonderungsberechtigten, sowie die Massegläubiger sind aus dem Konkursverfahren verwiesen, an welchem nur die persönlichen Gläubiger Theil nehmen, deren Vorrechte auf das Aeußerste beschränkt sind. Die Präklusion der nicht angemeldeten Forderungen ist bis zur Ausschlußfrist beseitigt. Die Verwaltung und Verwerthung liegt in der Hand des Verwalters, der unter der Aufsicht des Konkursgerichts steht und der in Ansehung besonders wichtiger Verwaltungsmaßregeln im Verhältniß zu den Konkursgläubigern an die Genehmigung des Gläubigerausschusses oder der Gläubigerversammlung gebunden ist. Die Feststellung der Forderungen erfolgt zwischen dem anmeldenden Gläubiger einerseits und den übrigen Konkursgläubigern sowie dem Verwalter andererseits. Das Präklusions- und Klassifikationsverfahren ist durch die Anmeldefrist und den Prüfungstermin sowie durch Verweisung aller bestrittenen Ansprüche zum abgesonderten Rechtsstreit ersetzt. Die Vertheilungen erfolgen abschläglich, sobald ausreichende Baarmittel vorhanden sind, und sind in die Hand des Verwalters gelegt, der die Masse nach und nach versilbern und die Gläubiger nach und nach zu befriedigen, dies Verfahren aber zu beschleunigen hat, damit dem Schuldner die Möglichkeit seiner vollständigen Erwerbsthätigkeit wiedergegeben wird.

Das Gesetz beruht in seinen wesentlichen Grundsätzen auf der Preußischen Konkursordnung vom 8. Mai 1855, welches ihm zum

Vorbild gedient hat. Deshalb können auch die zu dem Preußischen Gesetz ergangenen gerichtlichen Entscheidungen theilweise zur Erläuterung benutzt werden, wie dies im Kommentar in einzelnen Fällen geschehen ist.

Die Grundsätze und Vorschriften der in meisterhafter Sprache abgefaßten Konkursordnung entsprechen dem praktischen Bedürfniß des Lebens und werden daher fortdauern, wenn die Civilprozeßordnung längst durch eine Neuregelung ersetzt sein wird.

Konkursordnung

vom 10. Februar 1877 (R.G.Bl. S. 351 ff.)

geändert durch das Gesetz vom 17. Mai 1898 (R.G.Bl. S. 230 ff.) in der Fassung der Bekanntmachung vom 20. Mai 1898 (R.G.Bl. 612 ff.).

Wir **Wilhelm**, von Gottes Gnaden Deutscher Kaiser, König von Preußen rc.

verordnen im Namen des Reichs, nach erfolgter Zustimmung des Bundesraths und des Reichstags, was folgt:

Erstes Buch.

Konkursrecht.

Erster Titel.

Allgemeine Bestimmungen.

§. 1.

Das Konkursverfahren umfaßt das gesammte, einer Zwangsvollstreckung unterliegende Vermögen des Gemeinschuldners, welches ihm zur Zeit der Eröffnung des Verfahrens gehört (Konkursmasse).

Die im §. 811 Nr. 4, 9 der Civilprozeßordnung und im §. 20 des Gesetzes über das Postwesen des Deutschen Reichs vom 28. Oktober 1871 vorgesehenen Beschränkungen kommen im Konkursverfahren nicht zur Anwendung.

Zur Konkursmasse gehören auch die Geschäftsbücher des Gemeinschuldners.

Gegenstände, die nicht gepfändet werden sollen, gehören nicht zur Konkursmasse.

M. I 18—24; P. I 1—3, 127, 145—148; M. II 21, 22; P. II 23.

1. Der § 1 bestimmt den Umfang der Aktivmasse. Sie besteht aus den Gegenständen, welche einen Vermögenswerth haben, der Zwangsvollstreckung nicht entzogen, zur Zeit der Konkurseröffnung vorhanden sind oder sich aus den vorhandenen

Gegenständen entwickeln, und welche vom Verwalter von der Zugehörigkeit zur Masse nicht ausgeschlossen werden.

2. Durch die Vorschrift, daß das Konkursverfahren sich auf das Vermögen des Schuldners beschränkt, sind diejenigen Gegenstände von der Aktivmasse ausgeschlossen, die einen Vermögenswerth nicht haben und nicht als Substanztheile oder Zubehörungen zu Vermögensgegenständen gehören. Daher sind die Statusrechte, die Rechte der elterlichen Gewalt, die Rechte der Ehegatten gegen einander, z. B. das Recht des Ehemannes, ein Dienstverhältniß seiner Ehefrau zu kündigen, § 1358 B.G.B., die Rechte des Vormundes, das Wahlrecht, das Amt, das Recht des Aufsichtsraths-mitgliedes einer Aktiengesellschaft, § 246 Abs. 4 H.G.B., von der Aktivmasse ausgeschlossen. Zur Masse gehört aber, was auf Grund eines solchen Rechts vor der Eröffnung des Verfahrens erworben ist.

Dasselbe gilt von dem Recht auf den Familiennamen, § 12 B.G.B. Die Firma ist kein Vermögensrecht, sondern ein Substanztheil des Handelsgeschäfts, von welchem sie durch Rechtsgeschäft nicht getrennt werden kann, § 23 H.G.B., sie gehört daher als der Name, unter welchem das Geschäft betrieben wird, zu dem Handelsgeschäft und kann vom Verwalter mit dem Handelsgeschäft — nicht ohne dasselbe — auf einen Dritten übertragen werden. Die vom R.G. in Uebereinstimmung mit der Literatur nach bisherigem Recht festgehaltene Ansicht — Entsch. 9, 104, J.W. 1883 S. 197[27] und 1894 S. 316[17] —, daß die Firma mit dem Handelsgeschäft nicht ohne Genehmigung des Kridars wirksam übertragen werden könne, wird voraussichtlich den neuen Bestimmungen der §§ 25—27 H.G.B. gegenüber, die mit der Fortführung der Firma erhebliche Rechtskonsequenzen auch gegen Dritte verbinden und die Firma dadurch als Substanztheil des Handelsgeschäfts zu einem Vermögensgegenstand machen, nicht mehr aufrecht erhalten werden; A. M. Jäger, Konkursordg. Anm. 6a, der eine Veräußerung des Geschäfts und der Firma nur durch eine gemeinsame Handlung des Verwalters und des Kridars für zulässig hält und dadurch dem letzteren ein Verfügungsrecht entgegen dem § 6 zuspricht.

Die Persönlichkeit und die Thätigkeit des Schuldners kann für die Masse nicht in Anspruch genommen werden, soweit dem Kridar ihr gegenüber nicht in den §§ 100, 101, 125 besondere Verpflichtungen auferlegt sind.

Das Recht auf Strafverfolgung gehört an sich nicht zum Vermögen, der Verwalter ist aber legitimirt, wegen der nach Eröffnung des Verfahrens verübten, die Masse betreffenden, Vergehen den Strafantrag zu stellen, z. B. gegen den im Geschäft thätigen Lehrling wegen Diebstahls oder Unterschlagung nach § 247 St.G.B., sowie wegen Sachbeschädigung nach § 303 St.G.B. oder wegen Verletzung des Ges. zur Bekämpfung des unlauteren Wettbewerbs vom 27. Mai 1896 § 12. Die vermögensrechtlichen Ansprüche aus einer Strafthat gehören vorbehaltlich der Einschränkung in Anm. 8B zum Vermögen, die vor der Eröffnung des Verfahrens dieserhalb entstandenen Ansprüche, auch wenn sie durch die Verletzung der Person des Kridars entstanden sind, können daher vom Verwalter verfolgt werden. Die Vermögensansprüche wegen der nach der Eröffnung des Verfahrens gegen die Person des Kridars begangenen Strafthaten gehören dagegen zu dem nachträglich erworbenen Vermögen, also nicht zur Masse, wogegen die Vermögensansprüche aus Strafthaten, die gegen das der Verfügung des Verwalters unterliegende Vermögen begangen sind, z. B. die Ansprüche aus einem Betruge, zur Masse gehören. Hat der Schuldner vor der Eröffnung des Konkurses die Zuerkennung einer Buße beantragt, so kann er diesen Anspruch, durch dessen Zuerkennung die Geltendmachung einer weiteren Entschädigungsforderung ausgeschlossen wird, §§ 188, 231 St.G.B., § 14 des Ges. zur Bekämpfung des unlautern Wettbewerbs, nach der Eröffnung des Verfahrens nicht mit Wirksamkeit gegen die Konkursgläubiger verfolgen, es fehlt ihm die Disposition über dieses, im Strafverfahren verfolgbare, Vermögensrecht, der Verwalter kann die zuerkannte Buße jedoch für die Masse in Anspruch nehmen uud dadurch die Handlung des Schuldners genehmigen.

Das Recht des unschuldig Verurtheilten auf Entschädigung gegen den Fiskus nach dem R.Ges. vom 20. Mai 1898 und §§ 465 ff. der Militärstrafgerichtsordnung vom 1. Dez. 1898 gehört, auch wenn es erst nach der K.=Eröffnung geltend gemacht werden kann, als Vermögensrecht zur Aktivmasse, der Anspruch desjenigen, welchem der Verurtheilte kraft Gesetzes unterhaltspflichtig war, § 1 Abs. 2 des Ges. vom 20. Mai 1898, ist dagegen als Ersatz des Unterhalts der Zwangsvollstreckung und daher auch der Konkursmasse entzogen.

Zum Vermögen gehören auch solche Gegenstände, die im Besitz eines Dritten, nur in einem anderen Sinne und auf andere Weise verwendet oder benutzt werden können, als der Schuldner es gethan hatte (A. M. v. Völderndorff, Anm. 14 § 1): Ein Gegenstand ist der Konkursmasse nicht entzogen, wenn er für den Kridar wegen dessen Affektionsinteresses einen, wenn auch unverhältnißmäßig höheren, Werth hat als für Dritte, wohl aber dann, wenn der Werth nur in dem Affektionsinteresse besteht, weil er dann keinen Vermögenswerth hat. Deshalb gehören solche Sachen, die für Dritte nur einen Makulaturwerth haben, wie Stammbücher, Adelsdiplome, Stammtafeln, nicht zur Masse. Briefe dritter Personen über Familienverhältnisse 2c. — vgl. § 811[11] C.P.O. — sind, auch wenn sie z. B. wegen der bekannten Person des Briefschreibers verwerthet werden können, vom Konkursverfahren ausgeschlossen, sofern ihre Veräußerung der guten Sitte widersprechen oder sogar strafbar sein würde, § 300 St.G.B. Eine Legitimationsurkunde, ein Brief, eine sonstige Skriptur kann aber wegen ihrer historischen Bedeutung oder wegen ihrer Beziehung zu einer berühmten Persönlichkeit einen objektiven Vermögenswerth haben, sie kann, z. B. weil die durch ihren Inhalt betroffene Person längst verstorben ist, ohne jeden Verstoß gegen die guten Sitten veröffentlicht oder verkauft werden; unter diesen Umständen ist sie als Vermögensgegenstand von der Masse nicht ausgeschlossen, vgl. Wolff, Absonderungsrecht § 70, S. 397 ff.

Schuldscheine, Hypotheken=, Grundschuld= und Rentenschuldbriefe gehören nach § 952 B.G.B. dem Gläubiger und daher als Zubehör der Forderungen zur Aktivmasse.

Die in Gebrauch genommenen Geschäftsbücher sind zwar der Zwangsvollstreckung entzogen, § 811[11] C.P.O., nach der ausdrücklichen Vorschrift des § 1 Abs. 3 gehören sie aber zur Konkursmasse. Sie sind nach § 122 Abs. 2 zu schließen, dürfen aber nicht als Makulatur (M. II S. 23), noch zu andern, auch nicht geschäftlichen, Zwecken an Dritte verkauft oder überlassen, sondern nach § 117 Abs. 2 nur mit dem Geschäft im Ganzen und nur soweit veräußert werden, als sie zur Fortführung des Geschäftsbetriebs unentbehrlich sind; soweit dies nicht der Fall ist, sind sie nach der Beendigung des Verfahrens dem Schuldner zurückzugeben, auch wenn sein Geschäft nicht mehr besteht.

Dasselbe gilt von den Handakten der Prozesse, die der Kridar geführt hat.

3. Nur diejenigen Vermögensgegenstände gehören zur Aktivmasse, welche der Zwangsvollstreckung nicht entzogen sind, soweit nicht im § 1 und in sonstigen Gesetzen in dieser Beziehung Ausnahmen zugelassen sind.

Ueber die einzelnen der Zwangsvollstreckung entzogenen Gegenstände s. die §§ 811, 812, 850, 851, 852, 859, 860, 861, 862, 863 C.P.O.

Für die Beurtheilung dieser Exekutionsprivilegien sind folgende Grundsätze aufzustellen:

a). Die Ausnahmen, welche das Recht der Gläubiger beschränken, jedes Vermögensstück zu ihrer Befriedigung in Anspruch zu nehmen, müssen strikt interpretirt und dürfen auf verwandte Gegenstände oder auf verwandte Fälle nicht ausgedehnt werden. Wenn auch mit der Zulassung dieser Privilegien der Zweck verfolgt wird, zu verhindern, daß der Schuldner und seine Familie nicht der nothwendigsten, zum Leben und zur Fortsetzung seines Erwerbs erforderlichen, Gegenstände beraubt und dem Elend preisgegeben werden, so ist doch andererseits zu berücksichtigen, daß die Ausnahmen nicht auf Kosten des Staats, sondern auf Kosten privater Gläubiger gemacht werden, die nicht selten durch den Konkurs des angesehenen und verschwenderischen Gemeinschuldners in Folge seiner Spekulationen und seiner Verschwendung den größten Theil der Ersparnisse eines arbeitsvollen Lebens verlieren.

b) Das Privileg gilt nur für den Gemeinschuldner, die Mitglieder seiner Familie haben kein Recht auf dasselbe. Ihre Existenz wird zwar, insbesondere nach § 811, Nr. 1, 2, 3, 10, 12 C.P.O., berücksichtigt, diese Berücksichtigung findet aber nur zur Feststellung des Umfangs des Privilegs statt. Da die eximirten Gegenstände dem Schuldner gehören, so hat er allein das Recht auf die Exemtion; gehören sie ihm nicht, sondern Mitglieder seiner Familie oder seines Hausstandes, so sind sie von der Masse überhaupt ausgeschlossen.

c) Da es sich um ein Privileg des Kridars handelt, welches, wenn auch auf Grund öffentlich rechtlicher Erwägungen nur zu seinen Gunsten gegeben ist, so kann der Schuldner auf dies Sonderrecht verzichten und dadurch der Masse Gegenstände zuführen, deren sie ohne den Verzicht entbehren müßte, Gaupp, die Civilprozeßordnung Note I § 715 der alten Fassung der C.P.O., vgl. auch Petersen, die Civilprozeßordnung Note 2, Struckmann und Koch, Civilprozeßordnung Anm. 12, Endemann, der deutsche Civilprozeß III S. 224, Förster, die Civilprozeßordnung Anm. 2, O.L.-Gericht Dresden in der Z. f. C.P. 6, 519. A. M. Plank, Lehrbuch des Civilprozeßrechts II § 181 II, Hellmann, Civilprozeßordnung § 135, Seuffert, Civilprozeßordnung Anm. 1 und Konkursprozeßrecht S. 89, Falkmann, Zwangsvollstreckung S. 199, Reincke, die Civilprozeßordnung Anm. 1, Kretschmar im Civ.-Arch. 68, 461. v. Wilmowski u. Levy, die Civilprozeßordnung Anm. 1 nehmen an, daß für die Nummern 1—5, 10 der alten Fassung des § 715 ein öffentliches Interesse nicht anzunehmen sei, wohl aber für die Nrn. 6—9. Das R.G. hat in J. W. 1895 S. 239[9] den Verzicht auf die Wohlthat des § 715 Nr. 4, jetzt § 811 Nr. 5 C.P.O. für zulässig erklärt.

d) Für die Feststellung des Umfangs der Exekutionsprivilegien ist die Zeit der Konkurseröffnung — § 108 — entscheidend. Denn diesen Zeitpunkt bestimmt das Ges. für die Feststellung der Aktivmasse, und wenn es in dieser Beziehung im § 1 auch nur von dem dem Gemeinschuldner gehörenden Vermögen spricht, während dem Schuldner auch das der Zwangsvollstreckung nicht unterworfene Vermögen gehört, so ist das Prinzip der Feststellung der Masse mit dem Zeitpunkt der Eröffnung des Konkurses doch allgemein gemeint und folgt für die Exemtionen der Zwangsvollstreckung aus der im § 72 vorgeschriebenen Analogie der Vorschriften der C.P.O., da dem Zeitpunkt der Pfändung der Zeitpunkt der Konkurseröffnung entspricht. Ist dieser Zeitpunkt maßgebend, so wird das Privileg dadurch nicht beeinträchtigt, daß der Gemeinschuldner nach der Eröffnung des Konkurses andere Gegenstände gleicher Art erwirbt. Erwirbt er z. B. noch eine zweite Milchkuh (§ 811³ C.P.O.), so bleibt die bisher von der Masse ausgeschlossene Kuh nach wie vor eximirt. Andererseits können Gegenstände, die zur Zeit der Eröffnung des Konkurses zur Masse gehören, derselben nicht deshalb entzogen werden, weil sie für den Schuldner nachträglich unentbehrlich geworden sind: Bedarf er nach der Einleitung des Konkurses für sich und seinen Hausstand in Folge nachträglich eingetretener Krankheit, in Folge Vergrößerung der Familie durch die Geburt von Kindern mehr Kleidungsstücke, Betten und Küchengeräth — § 811¹ C.P.O. — als zur Zeit der Eröffnung des Verfahrens, so hat er keinen Anspruch auf die Differenz gegen die Masse.

Aus gleichem Grunde darf auch der Tod des Kridars auf den Bestand der Masse keinen Einfluß ausüben, da es unerheblich ist, ob die zur Zeit der Eröffnung des Konkurses nothwendigen Gegenstände nachträglich entbehrlich werden. Auch wenn eine Beerbung nicht eintritt und daher für die Befreiung von der Zwangsvollstreckung kein Grund mehr besteht, so sind doch die bisher zur Masse nicht gehörigen Gegenstände nicht nachträglich zu derselben zu ziehen, vielmehr gilt für sie dasselbe, wie für das vom Kridar nach der Eröffnung des Verfahrens neu erworbene Vermögen, über welches der Nachlaßkonkurs eröffnet, der mit dem bisherigen Konkurs verbunden werden kann.

e) Nicht alle pfändungsfreien Gegenstände sind der Zwangsvollstreckung absolut entzogen. Der Arbeitslohn des Ges. vom 21. Juni 1869 ist gegenüber den direkten persönlichen Abgaben, die nicht länger als seit 3 Monaten fällig sind, sowie den auf gesetzlicher Vorschrift beruhenden Alimentenansprüchen der Familienglieder und der unehelichen Kinder, den Ansprüchen der letzteren Art sind auch das Gehalt und die Pension des § 850 Nr. 7 u. 8 C.P.O. nicht entzogen. Für diese Ansprüche, denen gegenüber die Pfändungsfreiheit nicht geltend gemacht werden kann, besteht kein gesetzliches Absonderungsrecht, sie sind lediglich, soweit sie die Zeit vor der Eröffnung des Konkurses betreffen, persönliche Forderungen, welche nach § 3 auf die Konkursmasse angewiesen sind und für welche nach § 14 Arreste und Zwangsvollstreckungen nicht selbständig stattfinden dürfen. Soweit solche Ansprüche zur Passivmasse gehören, sind die sonst pfändungsfreien Forderungen des Kridars der Zwangsvollstreckung nicht entzogen, sondern gehören insoweit zur Masse und sind zu derselben zum Zweck der Befriedigung jener Ansprüche zu ziehen. Aber nur diese Ansprüche dürfen mit den eingezogenen Beträgen befriedigt werden, sie dürfen aber gleichwohl, soweit sie nur persönliche, nicht bevorrechtigte Forderungen sind, nicht zu einem höheren Prozentsatz berechtigt werden, als die übrigen nicht bevorrechtigten Forderungen, sodaß indirekt doch auch die übrigen Konkursgläubiger in gleicher Weise einen Vortheil erlangen können, wie im Fall der Einzelzwangsvollstreckung anderen Gläubigern dadurch ein Vortheil entstehen kann, daß für jene Ansprüche eine Forderung, die ihnen gegenüber privilegirt ist, zum Gegenstand des Zugriffs des Gläubigers gemacht wird.

4) Der Bestand der Masse wird durch die fernere Vorschrift bestimmt, daß er nur auf dasjenige Vermögen des Schuldners beschränkt ist, welches dem letztern zur Zeit der Eröffnung des Konkurses gehört. Dem Schuldner gehört, was er erworben hat oder was er zu erwerben ein unentziehbares Recht hat. Dies Recht ist der ihm gehörende Gegenstand.

a) Betagte und bedingte Rechte sind mit dem Zeitpunkt erworben, in welchem das Rechtsgeschäft selbst perfekt geworden ist, Seuffert, Konk.Pr.R. S. 78, vergl. Sarwey-Bossert Anm. 4, A. M. v. Völderndorff I S. 74 ff. Denn die Bedingung oder die Zeitbestimmung ist lediglich eine Nebenbestimmung, von welcher der Eintritt der Wirkung des bereits perfekten

Rechtsgeschäfts oder die Fortsetzung desselben abhängig gemacht ist. Ebenso wie die Gläubiger betagter oder bedingter Forderungen nach §§ 65—67 Konkursgläubiger sind, die betagten und bedingten Forderungen also Vermögensansprüche sind, welche gegen die Masse bestehen, so müssen auch die betagten und bedingten Ansprüche des Kridars Vermögensgegenstände sein, welche für die Masse bestehen, vgl. §§ 1113 Abs. 2, 1204 Abs. 2, 765 Abs. 2 B.G.B. Dies gilt sowohl hinsichtlich der Rechtsgeschäfte unter Lebenden, als auch hinsichtlich der letztwilligen Verfügungen. Denn auch die betagte oder bedingte Erbeseinsetzung ist — § 1922 B.G.B. — mit dem Tode des Erblassers angefallen, ebenso die Einsetzung eines Nacherben oder eines Ersatzerben, wogegen das Vermächtnis nach § 2177 erst mit dem Eintritt der Bedingung oder des Termins anfällt und daher nicht zur Masse gehört, wenn die Bedingung nicht vor der Konkurseröffnung erfüllt ist.

Die Bedingung kann der Verwalter erfüllen, wenn sie ihrem Inhalt nach oder nach dem Willen des Kontrahenten oder des Erblassers nicht in einer persönlichen Handlung oder Unterlassung des Kridars besteht. Ist letzteres der Fall, so ist der Gemeinschuldner nicht verpflichtet, die Handlung vorzunehmen, denn seine Verpflichtungen der Masse gegenüber sind auf die Pflichten der §§ 100, 101, 125 beschränkt. Besteht die Bedingung in einer Unterlassung, so darf der Kridar sie nicht gegen den Willen des Verwalters durch eine Handlung illusorisch machen. Denn auch in den Fällen, in denen die Handlung an sich nicht vermögensrechtlicher Natur ist, z. B. wenn sie in der Thatsache besteht, daß der Kridar einen bestimmten Ort während einer bestimmten Zeit nicht besucht, bezieht sie sich doch auf ein Vermögensrecht, welches von ihr abhängig gemacht ist, und wird dadurch zu einer Rechtshandlung; Rechtshandlungen des Kridars sind aber nach § 7 den Konkursgläubigern gegenüber unwirksam. Der durch seine Handlung entstandene Rechtsverlust wirkt daher zwar gegen ihn persönlich und besteht gegen ihn nach der Beendigung des Verfahrens, wirkt aber nicht zum Nachtheil der Konkursmasse.

b) Auch die künftigen Ansprüche gehören zur Masse. Die zukünftigen Ansprüche unterscheiden sich von den bedingten dadurch, daß letztere sich auf ein Rechtsgeschäft gründen, welches vor dem Eintritt des Ereignisses abgeschlossen oder vorgenommen ist, wogegen der zukünftige Anspruch eine erst später vorzunehmende Rechtshandlung auf Grund eines vorher abgeschlossenen Rechtsgeschäfts voraussetzt. Das Mandat, die Vormundschaftsverwaltung, die Vermögens- oder Amtsverwaltung, ein Kreditverhältniß ꝛc. bilden den Rahmen, in welchem die einzelnen Rechtshandlungen vorgenommen werden (s. darüber Wolff, Absonderungsrecht § 13). War ein solches Rechtsgeschäft vor der Eröffnung des Verfahrens abgeschlossen, so sind die Ansprüche gegen den anderen Kontrahenten aus den erst nachträglich von ihm vorgenommenen Rechtshandlungen Forderungen, die der Masse zustehen.

c) Der Anspruch auf wiederkehrende Leistungen gehört in dem Umfange zur Masse, daß auch die nach der Eröffnung des Verfahrens fällig werdenden Raten zu derselben zu beanspruchen sind, wenn das Recht auf die einzelnen Hebungen lediglich als durch eine Bedingung oder Betagung beschränkt anzusehen ist. Denn dann ist das Recht auf die Einzelleistungen ein unentziehbares und das Recht auf alle Leistungen als ein einheitliches mit der Begründung des Rechtsgeschäfts erworben. So gehören die Zinsen eines Kapitals, die Raten einer Ablösungssumme zur Masse. Dasselbe gilt sowohl von dem Raten-, wie von dem Rentenvermächtniß. Zwar erfolgt der Anfall des von einer Bedingung oder einer Frist abhängigen Vermächtnisses nach § 2177 B.G.B. erst mit dem Eintritt der Bedingung oder des Termins, aber das

Raten- oder Rentenvermächtniß ist nicht von einer Bedingung oder einem Anfangstermin abhängig gemacht, vom Erblasser ist nicht angeordnet, daß das Vermächtniß erst an einem bestimmten Tage anfallen solle, das Vermächtniß ist vielmehr als Ganzes mit dem Tode des Erblassers angefallen § 2176 B.G.B., nur die Fälligkeit der einzelnen Hebungen ist betagt.

Fraglich ist es, ob auch die Besoldung und die Pension der Beamten und der Privatbediensteten insoweit in die Masse fallen, als sie der Zwangsvollstreckung nicht entzogen sind. Die Pension, welche schon vor der Eröffnung des Verfahrens erworben, wenn auch noch nicht festgestellt ist, ist ein einseitiger Anspruch des Beamten oder Privatbediensteten, welcher, soweit er pfändbar, zur Konkursmasse zu ziehen ist. War die Pension dagegen nicht schon zur Zeit der Eröffnung des Verfahrens, sondern ist sie erst nachher verdient, so gehört sie auch nicht soweit zur Masse, als ein Theil der Dienstzeit vor dem Konkurs abgelaufen war. Denn zur Zeit des Konkurses hatte der Kridar noch kein Recht, auch kein bedingtes Recht auf die Pension, sie verbleibt dem Kridar daher auch dann, wenn sie z. B. auf Grund einer zehnjährigen Dienstzeit verdient ist, von welcher 9½ Jahre schon vor dem Konkurs abgelaufen waren. Die Besoldung der Beamten und Privatbediensteten gehört nur soweit zur Masse, als sie bis zur Eröffnung des Verfahrens verdient ist. Die später fällig werdenden Raten sind keine bedingten oder betagten Forderungen, sondern sind die Gegenleistung für die Dienste, welche der Gemeinschuldner nach der Eröffnung des Verfahrens leistet, sie sind zwar ein Erwerb, den er zu machen auf Grund des vorher schon begründeten Dienst- oder Anstellungsvertrags — lex specialis — einen Anspruch hat, sie sind aber ein neuer Erwerb, welcher nur als Gegenleistung für seine Thätigkeit gemacht wird. Vgl. R.G. 12, 192, § 7 des Preuß. Ges. vom 7. Mai 1851, § 8 des Preuß. Ges. vom 21. Juli 1852, § 14 Abs. 3 des Reichsbeamtenges. vom 31. März 1873. (Der Umstand, daß das Gehalt der öffentlichen Beamten während ihrer Krankheit fortgezahlt wird, ist unerheblich, weil dies, ebenso wie in den Fällen des Privatdienstes nach § 63 H.G.B., § 616 B.G.B., auf besonderer positiven Gesetzesvorschrift beruht.) Das Recht, welches der Kridar vor der Eröffnung des Verfahrens hat, besteht nur in der Befugniß, durch die Fortsetzung des Dienstes oder Amts einen Erwerb fortzusetzen, dies Recht geht auf den Verwalter nicht über, weil er in den Dienst oder das Amt des Kridars nicht eintreten kann, das Gesamtrecht verbleibt daher dem Gemeinschuldner. Es kommt deshalb nicht darauf an, daß der Gehaltsanspruch ein privatrechtlicher ist und der Beamte dafür seinerseits seine Dienstobliegenheiten zu erfüllen hat, R.G. 37, 160, 161, sondern nur darauf, daß das Recht auf Fortsetzung des Dienstes oder Amtes auf den Verwalter nicht übergehen kann. Im Resultat ders. Ans. v. Wilmowsky Anm. 2, Fitting § 13 Anm. 10. v. Sarwey-Bossert Anm. 4, Petersen u. Kleinfeller S. 9; A. M. Hullmann Anm. 8, Mandry S. 101, Meisner S. 15, 16, Steglitz S. 16, 17 u. v. Völdernbdorff I S. 80, 81. Die Ansicht des letzteren, daß dies Ergebniß gegen die guten Sitten verstoße, weil dem Gemeinschuldner das Gehalt, welches der Einzel-Zwangsvollstreckung unterliegt, zur Belohnung „dafür verbleibe, daß der Kridar nicht blos einige, sondern recht viele Schulden habe", ist unrichtig. Das Ergebniß beruht auf der Bestimmung des § 1, wonach das später erworbene Vermögen nicht zur Konkursmasse gehört, auf einem Grundsatz, durch welchen der Gemeinschuldner überhaupt besser gestellt wird, als der Schuldner in der Einzelexekution, indem er ein während des Konkurses den Konkursgläubigern gegenüber unantastbares Vermögen behält, während ein solcher Erwerb außerhalb des Konkurses dem Zugriff der Gläubiger unterliegt.

d) Auch das Recht aus einer vor der Eröffnung des Verfahrens dem Kridar gemachten, noch nicht abgelehnten und noch wirksamen Offerte gehört zur Masse. Denn da der Antragende nach § 145 B.G.B. an seinen Antrag gebunden, also verpflichtet ist, den angetragenen Vertrag zu schließen, und da nach § 153 B.G.B. das Zustandekommen des Vertrags nicht dadurch gehindert wird, daß der Antragende vor der Annahme geschäftsunfähig wird, so bleibt das vom Verwalter auszuübende Vermögensrecht auf Schließung des Vertrags bestehen, sofern der Antragende nichts anderes gewollt hat oder der Gegenstand des Vertrags nicht von der Uebertragung ausgeschlossen ist, A. M. Seuffert S. 78. Da der Vertrag aber erst durch die Annahme geschlossen ist, so sind die Ansprüche des Antragenden aus dem vom Verwalter angenommenen Vertrage Masseansprüche.

e) Wie das durch den Vertragsantrag erworbene Vermögensrecht, so gehört auch das Recht aus dem durch Erbgang geschehenen Anfall zur Konkursmasse, es ist kraft Gesetzes (§§ 1922, 1942 B.G.B.) schon erworben, unbeschadet des Rechts, den Erwerb durch Ausschlagung rückgängig zu machen (M. II 26, 27) und nach dem Ablauf der Ausschlagungsfrist gilt die Erbschaft als angenommen, wenn sie nicht inzwischen ausgeschlagen ist, § 1943, der Anfall der Erbschaft und des Legats erfolgt also ipso jure mit dem Tode des Erblassers, §§ 1922, 1942, 2176 B.G.B., es kommt daher nur darauf an, ob der Erblasser vor oder nach der Eröffnung des Konkurses gestorben ist. Zwar behält der § 9 dem Erben und dem Vermächtnißnehmer das Recht vor, die Erbschaft oder das Legat anzunehmen oder auszuschlagen; macht der Erbe oder Legatar aber von diesem Recht keinen Gebrauch, unterläßt er also die Handlung, § 1943 B.G.B., so ist die Erbschaft oder das Legat der Konkursmasse erworben. Anm. 1 z. § 9 A. M. Seuffert S. 79.

5. Eine Ausnahme von dem Grundsatz, daß sich das Konkurs-Verfahren auf das zur Zeit der Eröffnung vorhandene Vermögen beschränkt, ist für die aus diesem Vermögen später entstandenen Vermögensgegenstände zu machen. Der § 55 Nr. 1 spricht von Forderungen, welche nach der Eröffnung des Verfahrens zur Masse erworben werden, läßt also die Möglichkeit eines späteren Erwerbes zu; nach § 129 Abs. 2 darf der Verwalter das Geschäft des Gemeinschuldners fortführen und, da er dies lediglich zur Befriedigung der Gläubiger thut (§ 117), so entstehen aus dieser Geschäftsführung neue Gegenstände für die Masse; nach § 134 Nr. 2 darf der Verwalter sogar Darlehne aufnehmen und Grundstücke für die Masse erwerben. Aus diesen Bestimmungen ergiebt sich der Grundsatz, daß diejenigen Gegenstände, welche aus der Verwaltung oder aus dem zur Masse gehörigen Vermögen entstehen, nicht für den Kridar, sondern für die Konkursmasse erworben werden. Daher gehören die Natural- und Civilfrüchte, gehört ferner alles zur Masse, was durch Separation (Verkoppelung), Enteignung, Wegfall der Fortifikation, durch Ersitzung, durch Neubau, durch Entdeckung eines Schatzes in einer Sache der Masse § 984 B.G., durch Verbindung, Vermischung, Verarbeitung §§ 946ff. B.G.B., durch Okkupation §§ 958ff. B.G.B., durch Anlandung (Alluvion), durch Auftreten von Inseln und durch Verlassen der Flußbette — Art. 65 E.G. z. B.G.B., §§ 223, 224, 225ff., 242ff., 263ff. A.L.R. I, 9, an Werthen neu entsteht. Ebenso auch das durch Anwachsungsrecht (Akkrescenzrecht) — §§ 2094, 2158 B.G.B. — erworbene Vermögen, wenn der Erbtheil oder das Vermächtniß, zu welchem ein anderer Erbtheil oder ein anderes Legat anwächst, in die Masse gefallen ist, v. Sarwey-Bessert Anm. 4.

6. Eine fernere Ausnahme von dem Grundsatz der Anm. 4 besteht in der Vermehrung der Masse durch unentgeltliche Handlungen des Kridars oder Dritter:

a) Der Krider darf Vermögensgegenstände, die er nach der Eröffnung des Verfahrens erworben hat, zur Masse abgeben, er darf auch, Anm. 3c, auf die Exekutionsprivilegien verzichten, die nur zu seinen Gunsten bestehen. Vorausgesetzt wird, daß der Verwalter diese Gegenstücke zur Masse annimmt, Anm. 7. Der Kridar darf aber auch ohne Zustimmung des Verwalters aus den ihm vorbehaltenen Gegenständen Konkurs-, Absonderungs- und Massegläubiger befriedigen. Ein Rechtsakt dieser Art ist keine Schenkung, weil der Gemeinschuldner die Gläubiger nicht bereichert, sondern nur eine unbedingte Schuld zahlt. Die Gläubiger können zwar nicht verlangen, daß er auf seine Konkursprivilegien verzichtet, es ist ihnen aber gegen den Kridar lediglich der Zwang versagt, schon jetzt ihr Recht gegen ihn zu verfolgen. An sich müssen sie warten, bis der Konkurs beendet ist, dann aber können sie den nicht berichtigten Theil ihrer Forderungen nebst allen Zinsen von ihm fordern. Giebt er also den Genuß eines eximirten Vermögensgegenstandes auf, so befreit er sich nur von einer Schuld.

b) Die Masse kann durch unentgeltliche Verfügungen Dritter unter Lebenden und von Todeswegen vergrößert werden. Eine Zuwendung, welche dem Kridar gemacht ist, gehört im Zweifel nicht zur Masse, wohl aber diejenige Zuwendung, welche dem Verwalter als solchem oder der Konkursmasse oder welche dem Kridar mit der Auflage, seine Konkursgläubiger zu befriedigen, oder welche durch Befriedigung eines Gläubigers gemacht ist. Beschenkt ist in jedem Falle der Kridar, der, wie er Eigenthümer des bisherigen Konkursvermögens bleibt, auch Eigenthümer des zur Konkursmasse hinzu erworbenen Vermögens wird. Da der Kridar der Beschenkte ist, so wird der Widerruf der Schenkung nach § 530 B.G.B. durch seine Undankbarkeit, nicht durch die Undankbarkeit des Verwalters oder der Gläubiger begründet. Da aber die Handlung der Undankbarkeit, wenn auch nicht an sich, so doch als Voraussetzung der in dem Widerruf bestehenden Rechtsfolge eine Rechtshandlung ist, so kann die Undankbarkeit des Gemeinschuldners nach § 7 das Recht der Konkursgläubiger nicht beeinträchtigen, der Widerruf kann daher nicht gegen den Verwalter, sondern nur gegen den Kridar geltend gemacht werden, welcher den geschenkten Gegenstand aus seinem konkursfreien Vermögen und nach der Beendigung des Konkurses unbeschränkt zu erstatten oder zu ersetzen hat. Der Anspruch aus dem Widerruf einer nach der Eröffnung des Verfahrens gemachten Schenkung ist erst nach diesem Zeitpunkt entstanden, er ist daher keine Konkursforderung.

c) Eine Vergrößerung des Konkursvermögens tritt ferner durch die erfolgreiche Anfechtung nach §§ 29ff.,

d) sowie im Konkurs der Genossenschaften mit unbeschränkter Haft- oder Nachschußpflicht durch Einziehung der Nachschüsse — §§ 105ff. des Ges., betreffend die Erwerbs- und Wirthschaftsgenossenschaften vom 1. Mai 1889 — ein.

7. Der gesetzliche Umfang der Aktivmasse kann von dem thatsächlichen Umfang derselben abweichen:

a) Durch den Willen des Verwalters. Der Verwalter ist berechtigt, Gegenstände, die zur Masse gehören, von derselben auszuschließen. Diese Befugniß ergiebt sich aus seiner Dispositionsbefugniß, da in dem Verfügungsrecht auch das Recht der Entäußerung liegt, sie ist auch durch die Vorschrift des § 114 anerkannt.

Durch die Ausschließung eines Gegenstandes aus der Masse verzichtet der Verwalter auf die Verwaltung und Verfügung über den ausgeschlossenen Gegenstand und giebt dem Kridar die demselben durch den § 6 entzogene Disposition über den Gegenstand zurück. Die Ausschließung ist ein unwiderruflicher Rechtsakt, welcher dem Schuldner gegenüber durch eine ausdrückliche oder durch Handlungen deutlich erkennbare

Willenserklärung vorgenommen wird, sie besteht in einer nach §§ 116ff. B.G.B. zu beurtheilenden einseitigen Willenserklärung, welche der Gemeinschuldner wegen der einseitigen Natur dieses Rechtsakts nicht ablehnen kann, und da sie nur in dem Verzicht auf das Verwaltungs- und Verfügungsrecht, nicht in der Uebertragung oder Belastung einer Sache besteht, so bedarf sie einer besondern Form auch dann nicht, wenn ihr Gegenstand eine unbewegliche Sache ist. Die dem Schuldner gegenüber abgegebene Ausschließungserklärung ist auch dem Dritten gegenüber wirksam, die nur dem Dritten abgegebene Erklärung bindet den Verwalter dem Schuldner gegenüber nicht, aber der Dritte ist berechtigt, die ihm abgegebene Erklärung dem Verwalter gegenüber als wirksam zu betrachten. Der Dritte ist auch berechtigt, den Verwalter als den Verfügungsberechtigten anzusehen, solange er von dem dem Schuldner gegenüber erklärten Verzicht keine Kenntniß erlangt hat. Die Handlungen, die der Verwalter bis zur Ausschließung vorgenommen hat, sind wirksam, für den Gemeinschuldner bindend und die daraus entstandenen Ansprüche bleiben auch nach der Ausschließung Masseansprüche.

Durch die Ausschließung des Gegenstandes verlieren auch die denselben belastenden Forderungen und sonstigen Rechte die Eigenschaft von Konkurs oder Absonderungsansprüchen, sofern für dieselben nur der Eigenthümer als solcher haftet, und sofern der Verwalter in Ansehung derselben die Masse nicht durch seine Handlungen verpflichtet hat. Sind sie zugleich persönliche Ansprüche, so kann der Verwalter die bis zur Eröffnung des Verfahrens entstandenen Ansprüche nicht dadurch als die Masse belastende Ansprüche beseitigen, daß er den belasteten Gegenstand von der Aktivmasse ausschließt, denn der Schulden kann man sich nicht durch einseitige, auf Befriedigung derselben nicht gerichtete, Handlungen entledigen. Daher bleiben die auf dem ausgeschlossenen Grundstücke haftenden Reallasten, für welche der Eigenthümer nach § 1108 B.G.B. auch persönlich haftet, Konkursforderungen, soweit sie bis zur Eröffnung des Konkurses entstanden sind.

Der Verwalter ist den Konkursgläubigern gegenüber — § 82 — für die Ausschließung verantwortlich, wenn er fahrlässig gehandelt hat, die Konkursgläubiger können ihn aber deshalb nur persönlich verantwortlich, sie können aber die Ausschließung nicht durch Beschwerde oder Klage rückgängig machen. Dem Schuldner und Dritten gegenüber ist die Ausschließung wirksam, auch wenn der Verwalter fahrlässig gehandelt hat. Wegen der Ausschließung des Gegenstandes aus der Masse durch Ablehnung der Aufnahme eines über den Gegenstand anhängigen Prozesses s. die Anm. zu § 10 und zu § 11.

b) Von der Aktivmasse ist thatsächlich ausgeschlossen, was der Verwalter nicht in Besitz und Verwaltung nehmen kann. Dies ist der Fall, wenn der Gegenstand von dem Inhaber oder dem Schuldner im Rechtswege, z. B. wegen Unpfändbarkeit desselben, nicht oder nur mit unverhältnißmäßig hohen Kosten zu erlangen, oder wenn die Forderung verjährt ist. Da diese Gegenstände aber rechtlich zur Masse gehören, so sind die vom Kridar hinsichtlich derselben vorgenommenen Verfügungen den Konkurs-Gläubigern gegenüber unwirksam, und wenn der Gegenstand der Verfügungsgewalt des Kridars zufällt, wenn z. B. eine verjährte Schuld dem Kridar gezahlt wird, § 222 B.G.B., so ist der Gegenstand zur Masse abzuliefern.

c) Der Verfügungsgewalt des Verwalters kann aus thatsächlichen Gründen auch das im Ausland befindliche Vermögen des Gemeinschuldners entzogene sein. Rechtlich gehört dasselbe, wenn er im Inlande seinen Wohnsitz hat, zur Aktivmasse, was v. Völderndorff mit der unrichtigen Anführung bestreitet, daß die Gerichtsbarkeit eines jeden Staates durch den Umfang seines Staatsgebiets begrenzt sei. Denn alles Vermögen, welches dem Gemeinschuldner zur Zeit der Konkurseröffnung gehört, ist nach § 1 Gegenstand der Masse, und die Verschiedenheit der Staatsgebiete und der Gesetze hat lediglich auf die Erlangung und Verwerthung des Vermögens Einfluß, im Verhältniß der Konkursgläubiger zu dem Kridar ist aber für Deutschland lediglich der § 1 maßgebend, M. I, S. 1561 und v. Sarwey-Bossert Anm. 1. Dies folgt auch aus § 50, welcher von dem „im Ausland wohnenden Inhaber eines zur Konkursmasse gehörigen Gegenstandes" spricht. Die Rechtshülfe zur Erlangung der im Ausland befindlichen Vermögensgegenstände ist mit den meisten Staaten durch Verträge geregelt, so mit Oesterreich durch den Vertrag vom 12. Mai und 16. Juni 1844 (Preuß. Ges. S. 1844, S. 165), s. darüber im Uebrigen Kohler, Lehrbuch des Konkursrechts S. 601 ff. Hat der Kridar dagegen im Inlande seinen allgemeinen Gerichtsstand nicht, so beschränkt sich nach § 238 das Verfahren auf das im Inlande befindliche Vermögen.

8. Die Gegenstände im Einzelnen:

A. Eigenthum, dingliche Rechte, Besitz.

Das Eigenthum, welches dem Gemeinschuldner zur Zeit der Eröffnung des Konkurses zusteht, gehört ebenso zur Masse, wie der Anspruch auf Erwerb des Eigenthums. Dasselbe gilt von dem Erbbaurecht, §§ 1012 ff. B.G.B., der Erbpacht, soweit sie noch besteht — Art. 63 E.G. z. B.G.B. — und dem Bergwerkseigenthum Art. 67 cit. Wegen des Miteigenthums s. § 16.

Auch der Besitz geht auf die Masse über und wird vom Verwalter ausgeübt, welcher nach § 117 den Besitz aller Konkursgegenstände zu ergreifen hat. Deshalb wird auch der Ersitzungsbesitz vom Verwalter fortgesetzt. Für die Beantwortung der Frage, ob es dabei auf den guten Glauben des Verwalters oder des Kridars ankommt, giebt das B.G.B. keine bestimmte Antwort. Da aber hinsichtlich der rechtlichen Folgen einer Willenserklärung nach § 166 B.G.B. der gute Glaube des Vertreters, nicht des Vertretenen maßgebend ist und daher bei dem Erwerb des nicht ohne Bethätigung des Willens zu erlangenden Besitzes der gute Glaube des Vertreters entscheidet, so muß dasselbe auch für die Fortsetzung des Besitzes gelten, welche ebenfalls nicht ohne Willensbethätigung geschehen kann. Der Eigenbesitz wird daher nicht fortgesetzt, wenn der Verwalter weiß oder wissen muß, daß der Kridar nicht Eigenthümer ist, und wird unter gleicher Voraussetzung nicht nach der Eröffnung des Konkurses erworben. Der böse Glaube des Gemeinschuldners hindert vor der Eröffnung des Verfahrens jeden Erwerb und jede Fortsetzung des Eigenbesitzes; der erst nach der Eröffnung des Konkurses entstandene böse Glaube des zur Verfügung nicht mehr berechtigten und daher meistens auch nicht genügend unterrichteten Kridars schadet dagegen der Fortsetzung des Eigenbesitzes durch den Verwalter nicht.

Von dem Grundsatz, daß das dem Gemeinschuldner zustehende Eigenthum zur Aktivmasse gehört, bestehen die Ausnahmen des § 811 C.P.O., welcher die folgenden Sachen der Pfändung und dadurch auch dem Konkursverfahren entzieht:

Nr. 1. Die Kleidungsstücke, die Betten, die Wäsche, das Haus- und Küchengeräth, insbesondere die Heiz- und Kochöfen, soweit diese Gegenstände für den Bedarf des Schuldners oder zur Erhaltung eines angemessenen Hausstandes unentbehrlich sind.

Da nicht die Sachen dieser Art, welche erforderlich, sondern nur diejenigen, welche unentbehrlich, der Zwangsvollstreckung entzogen sind, so braucht nur auf das dringende Bedürfniß Rücksicht genommen zu werden. Deshalb kann der Gemeinschuldner nicht die kostbarsten Sachen, sondern nur das, was für ihn und seinen Hausstand dringend nöthig ist, zurückbehalten. Es sind daher seidene Vorhänge von den Betten, werthvolle Zuthaten der Kleidung, soweit die letzteren ohne die Zuthat brauchbar bleibt, abzunehmen, Diamanten und goldene Knöpfe von der Kleidung zu trennen und durch gewöhnliche Knöpfe zu ersetzen. Zum Hausstand gehören die mit dem Schuldner zusammenlebende Familie, sein Gesinde, sowie die in seine häusliche Gemeinschaft aufgenommenen Lehrlinge, Gesellen und Handlungsgehülfen — § 618, Abs. 2 B.G.B., §§ 62, Abs. 2, 76 Abs. 1, H.G.B. Aber nur der angemessene Hausstand ist zu berücksichtigen, wobei der Stand des Schuldners, aber auch der Umstand nicht außer Acht zu bleiben hat, daß es sich um eine Persönlichkeit handelt, welche ihre Gläubiger nicht befriedigen kann. Die Gesellen, Handlungsgehülfen und Lehrlinge sind nur zu berücksichtigen, wenn der Gemeinschuldner sein Gewerbe fortsetzt. Erzieher, Erzieherinnen, Privatsekretäre, Kapläne gehören, wenn sie in die häusliche Gemeinschaft aufgenommen sind, zum Hausstand, in der Regel aber nicht zum angemessenen Hausstand eines Kridars. Die Kinder, soweit sie selbständig sind, gehören nicht zum Hausstand, v. Völderndorff I S. 61. Kostgänger gehören nicht zum Hausstand, auch wenn sie in die häusliche Gemeinschaft aufgenommen sind, da das mit ihnen bestehende Rechtsverhältniß die Wohnungsmiethe ist.

Nr. 2. Die für den Schuldner, seine Familie und sein Gesinde auf vier Wochen erforderlichen Nahrungs-, Feuerungs- und Beleuchtungsmittel oder, soweit solche Vorräthe auf zwei Wochen nicht vorhanden und ihre Beschaffung für diesen Zeitraum auf anderem Wege nicht gesichert ist, der zur Beschaffung erforderliche Geldbetrag.

Der vier- und zweiwöchige Zeitraum beginnt mit dem Augenblick der Konkurseröffnung — § 108 —. Auch wenn in Gemäßheit des § 106 der Konkurseröffnung ein allgemeines Veräußerungsverbot vorausgegangen ist, durch welches die Nahrungs- rc. Mittel mit Beschlag belegt sind, ist lediglich der Zeitpunkt der Eröffnung des Konkurses maßgebend, obgleich dem Kridar schon vorher die Nahrungsmittel rc. auf 4 Wochen belassen werden müssen, a. M. v. Völderndorff S. 62, denn die Konkurseröffnung allein bestimmt den Umfang der Aktivmasse.

Sind diese Haushaltungsmittel nicht für zwei Wochen vorhanden oder ist ihre Beschaffung nicht wenigstens für diesen Zeitpunkt durch die stehenden Früchte auf Grundstücken des Gemeinschuldners oder durch einen Anspruch auf Bezug derselben gegen einen zahlungsfähigen Dritten oder auf andere Weise gesichert, so muß dem Kridar ein Geldbetrag belassen werden, welcher zur Beschaffung der für zwei Wochen fehlenden Mittel ausreicht. Ist baares Geld nicht vorhanden, so hat es ihm der Verwalter nicht aus dem Erlös verkaufter Sachen zu zahlen, denn nur der vorhandene Geldbetrag ist von der Zwangsvollstreckung eximirt. Auf Werthpapiere, Zinsen und Rentenscheine derselben hat der Gemeinschulder in dieser Beziehung keinen Anspruch, dagegen stehen Inhaberpapiere, welche nach § 92 B.G.B. zu den verbrauchbaren Sachen gehören, z. B. Banknoten, dem baaren Gelde gleich. Besteht eine Forderung auf Bezug der Mittel gegen einen Dritten, so gehört diese Forderung insoweit nicht zur Aktivmasse, als durch sie die Beschaffung der für zwei — nicht vier — Wochen fehlenden Mittel durch sie gesichert wird.

Die Thatsache, daß der G.-Schuldner demnächst das ihm belassene Geld nicht zur Anschaffung der fehlenden Haushaltsmittel verwendet, hat die Zugehörigkeit desselben zur Masse nicht zur Folge.

Nr. 3. Eine Milchkuh oder nach der Wahl des Schuldners statt einer solchen zwei Ziegen oder zwei Schafe nebst den zum Unterhalt und zur Streu für dieselben auf vier Wochen erforderlichen Futter- und Streuvorräthen oder, soweit solche Vorräthe auf zwei Wochen nicht vorhanden, dem zur Beschaffung erforderlichen Geldbetrage, wenn die bezeichneten Thiere für die Ernährung des Schuldners, seiner Familie und seines Gesindes unentbehrlich sind.

S. hierüber die Anm. zu 8 A 1 und 2.

Nr. 4. — —

Nr. 5. Bei Künstlern, Handwerkern, gewerblichen Arbeitern und anderen Personen, welche aus Handarbeit oder sonstigen persönlichen Leistungen ihren Erwerb ziehen, die zur persönlichen Fortsetzung der Erwerbsthätigkeit unentbehrlichen Gegenstände.

Zu diesen Personen gehören — was bisher streitig war und daher durch die Veränderung der Fassung festgestellt ist — auch diejenigen, welche die sog. niederen Künste betreiben, wie die Mitglieder herumziehender Künstlergesellschaften, Gaukler, Schauspieler, Seiltänzer. Zu diesen Personen gehören auch die Fischer, die Handwagenführer, nicht aber die Besitzer größerer Fischereibetriebe oder die Gutsbesitzer, welche Fischereien zu Zwecken ihres Erwerbs gepachtet haben (M. II z. § 715 C.P.O. und P. II zur C.P.O. S. 189 ff.). Gewerbliche Arbeiter sind die in den §§ 105 ff. der G.O. bezeichneten Personen. Die Kaufleute sind hier nicht gemeint.

Nur die zur persönlichen Ausübung des Berufes unentbehrlichen Gegenstände sind der Zwangsvollstreckung entzogen, daher nicht die für das betriebene Gewerbe überhaupt oder für die Gehülfen nnd Lehrlinge, für die Mitglieder der Künstlergesellschaft erforderlichen Gegenstände (Struckmann und Koch, Anm. 4 zu dem früheren § 715 C.P.O.).

Zu den unentbehrlichen Gegenständeu gehören außer dem Werkzeug auch das Rohmaterial (M. II z. § 715 jetzt § 811 C.P.O,, P. II S. 193), nicht aber die fertigen Fabrikate oder die zum Verkauf bestimmten Waaren (P. II S. 193).

Nr. 6. Bei den Wittwen und den minderjährigen Erben der unter Nr. 5 bezeichneten Personeu, wenn sie das Erwerbsgeschäft für ihre Rechnung durch einen Stellvertreter fortführen, die zur persönlichen Fortführung des Geschäfts durch den Stellvertreter unentbehrlichen Gegenstände.

Ueber die Fortsetzung des Gewerbes durch einen Stellvertreter s. §§ 45 ff. der Gewerbeordnung. Die Wittwe oder das Kind, welches das Geschäft selbst fortführt, hat das Privileg unter 5, P. II zur C.P.O. S. 193, § 46 Gew.O.

Nr 7. Bei Offizieren, Deckoffizieren, Beamten, Geistlichen, Lehrern an öffentlichen Unterrichtsanstalten, Rechtsanwälten, Notaren sowie Aerzten und Hebammen die zur Verwaltung des Dienstes oder Ausübung des Berufs erforderlichen Gegenstände, sowie anständige Kleidung.

Zu den Beamten gehören die Reichs-, Staats-, Provinzial-, Kreis- und Kommunalbeamten, die Reichs- und Landtagsbeamten, nicht aber die Reichstags- und Landtagsabgeordneten. Die Diener und Bediensteten der meditiasirten Fürsten gehören nicht zu den Beamten — vergl. Rönne, Staatsrecht II Abth. 1 S. 365 ff., ebensowenig die Beamten einer Aktiengesellschaft, einer Gewerkschaft, einer Genossenschaft oder sonstige Privatbedienstete, auch wenn sie, wie die Eisenbahnbeamten einer Privat-Gesellschaft polizeiliche Funktionen gegen das Publikum auszuüben haben. Dagegen gehören zu den Beamten auch diejenigen, welche eine Kunst oder Wissenschaft im Dienste des Staates, einer Gemeinde oder sonstigen öffentlich-rechtlichen Korporation ausüben: Kreis-, Stadtbaumeister, Armenärzte. Die bei der Reichsbank angestellten Personen sind Beamte, R.G. 36, 145.

Nicht nur die unentbehrlichen, sondern alle Sachen, welche zur Verwaltung des Dienstes oder Ausübung des Berufs im einzelnen Falle erforderlich sind, sind der Zwangsvollstreckung entzogen. Daher muß z. B. einem Arzt, welcher eine große Landpraxis hat, ein Reitpferd (Fahrrad) oder, wenn das Reiten für ihn nicht thunlich ist, ein anständiges Fuhrwerk mit Gespann belassen werden. Dasselbe gilt von der Kleidung, die nicht in unentbehrlichem, sondern in standesgemäßem Maße von der Pfändung freizulassen sind.

Nr. 8. Bei Offizieren, Militärärzten, Deckoffizieren, Beamten, Geistlichen, bei Aerzten und Lehrern an öffentlichen Anstalten ein Geldbetrag, welcher dem der Pfändung nicht unterworfenen Theile des Diensteinkommens oder der Pension für die Zeit von der Pfändung bis zum nächsten Termine der Gehalts- oder Pensionszahlung gleichkommt.

S. hierüber die Anm. unter Nr. 7 und wegen des Geldbetrags die Anm. unter Nr. 2.

An Stelle der Zeit der Pfändung tritt im Konkurs die Zeit der Eröffnung des Verfahrens, auch wenn in Gemäßheit des § 106 ein allgemeines Veräußerungsverbot vorausgegangen ist, s. darüber die Anm. unter 2.

Die Frage, welches der „nächste Termin" der Gehaltszahlung ist, beantwortet sich nach den für die Abhebung des Gehaltes bestehenden Vorschriften: Wird der Konkurs über das Vermögen eines Beamten, welcher sein Gehalt vierteljährlich pränumerando bezieht, am 15. Februar eröffnet, so behält er eine Geldsumme, die dem Gehalt für die Zeit vom 15. Februar bis 1. April entspricht, wobei der Jahresgehalt jedoch nur zu dem Betrage zu berechnen ist, welcher nach § 850 Abs. 2 C.P.O. der Pfändung entzogen ist, bei einem Gehalt von 1500 Mk. also $\frac{1500.3}{8}$ M. = 187,50 M.

Die Aerzte, welche in amtlichen Verhältnissen stehen (Kreisärzte, Polizeiärzte), sind als solche Beamte. Unter dem Einkommen der Aerzte ist nicht das aus der Privatpraxis bezogene oder zu beziehende Honorar, auch wenn dasselbe jährlich in verabredeter Höhe zu zahlen ist, zu verstehen, weil dies nicht als Diensteinkommen bezeichnet werden kann; gemeint ist (P. II zur C.P.O. S. 194) das Einkommen aus Fabrik-, Berufsgenossenschaftlichen und ähnlichen Kassen. Die Worte „an öffentlichen Anstalten" beziehen sich nicht auch auf die Aerzte, sondern nur auf die Lehrer und sind an die Stelle der Worte „Unterrichtsanstalten" getreten, damit auch die Lehrer an anderen Anstalten, z. B. an Strafanstalten, das Privileg genießen.

Nr. 9. — — —

Nr. 10. Die Bücher, welche zum Gebrauche des Schuldners und seiner Familie in der Kirche oder Schule oder einer sonstigen Unterrichtsanstalt oder bei der häuslichen Andacht bestimmt sind.

Bibliotheken sind der Pfändung unterworfen. Die zum Beruf erforderlichen Bücher sind durch die Bestimmungen unter Nr. 5—8 der Zwangsvollstreckung entzogen.

Nr. 11. Die in Gebrauch genommenen Haushaltungs- und Geschäftsbücher, die Familienpapiere, sowie die Trauringe, Orden und Ehrenzeichen.

Unter Nr. 11 sind außer den Haushaltungsbüchern auch die Geschäftsbücher als der Einzelpfändung entzogen aufgeführt, im Konkurs gehören die letzteren jedoch nach § 1 Abs. 3 zur Aktivmasse.

Orden und Ehrenzeichen sind die von inländischen oder ausländischen Staaten, öffentlichen Korporationen oder von Anstalten ertheilten, als Auszeichnungen dienenden Symbole — vgl. §§ 33, 34³ St.G.B., Oppenhoff, Anm. 11 zu § 33 St.G.B., Preuß. Kabinetsordre vom 23. April 1817, 10. März 1845 (Ges.S. 1817 S. 35, Lottner, Sammlung der für die Rheinprovinz ergangenen Gesetze 1834ff.). Auch die Ausstellungsmedaillen gehören zu den Ehrenzeichen (Rubo, Komm. zum St.G.B. S. 359, A. M. Oppenhoff a. a. O.). Dazu gehören als Zubehörungen auch die Ertheilungsdekrete. Wappen, Ehrensäbel, Siegelringe sind unter den Ehrenzeichen nicht zu verstehen und gehören daher zur Konkursmasse. Ueber Adelsdiplome s. oben.

Nr. 12. Künstliche Gliedmaßen, Brillen und andere wegen körperlicher Gebrechen nothwendige Hülfsmittel, soweit diese Gegenstände zum Gebrauche des Schuldners und seiner Familie bestimmt sind.

Hierzu gehören auch die, dem Kranken dienenden, Fahr- und Rollstühle, P. II zur C.P.O. S. 196.

Nr. 13. Die zur unmittelbaren Verwendung für die Bestattung bestimmten Gegenstände. —

Nach § 811 Nr. 4 sind bei Personen, welche Landwirthschaft betreiben, das zum Wirthschaftsbetrieb erforderliche Geräth und Vieh nebst dem nöthigen Dünger, sowie die landwirthschaftlichen Erzeugnisse, soweit sie zur Fortführung der Wirthschaft bis zu der Zeit erforderlich sind, zu welcher gleiche oder ähnliche Erzeugnisse voraussichtlich gewonnen werden, und nach § 811 Nr. 9 sind die zum Betriebe einer Apotheke unentbehrlichen Geräthe, Gefäße und Waaren der Einzelzwangsvollstreckung entzogen. Nach § 1 Abs. 2 K.O. gehören diese Gegenstände dagegen zur Konkursmasse, weil der ganze landwirthschaftliche Betrieb, sowie die Apotheke zur Masse zu ziehen sind. Aber auch wenn der Verwalter das landwirthschaftliche Grundstück oder die Apotheke von der Konkursmasse ausschließt — Anm. 7 —, sind die Gegenstände des § 811 Nr. 4 und 9 wegen der ausdrücklichen Vorschrift des § 1 Abs. 2 der Aktivmasse nicht entzogen falls der Verwalter sie nicht ebenfalls freigiebt.

Nach dem Reichsgesetz vom 3. Mai 1886 sind die Fahrbetriebsmittel der Eisenbahnen, welche Personen oder Güter im öffentlichen Verkehr befördern, zwar der Einzelpfändung, nicht aber der Konkursmasse entzogen. —

Nach § 812 C.P.O. *sollen* Gegenstände, welche zum gewöhnlichen Hausrath gehören und im Haushalt des Schuldners gebraucht werden, nicht gepfändet werden, wenn ohne Weiteres ersichtlich ist, daß durch deren Verwerthung nur ein Erlös erzielt werden würde, welcher zu dem Werthe außer allem Verhältnisse steht. Durch diese Vorschrift werden diejenigen Gegenstände solcher Art, die sich im gegebenen Falle nicht in verhältnißmäßig genügender Weise verwerthen, also nicht bloß verkaufen, sondern auch z. B. durch Rückgabe an den zum Rückempfang bereiten Verkäufer nicht verwerthen lassen, auf Grund des § 1 Abs. 4 auch von der Konkursmasse ausgeschlossen. Das Privileg betrifft aber nur die Gegenstände des gewöhnlichen Hausraths, also nicht Sachen, die schon einem gewissen Luxusbedürfniß dienen", die Gegenstände des Hausraths aber auch nur, „soweit sie thatsächlich in dem Haushalte des Schuldners gebraucht werden". M. II z. § 715a, jetzt § 812 C.P.O.

B. *Die persönlichen Dienstbarkeiten.*

In Ansehung dieser Rechte ist der § 857 Abs. 3 C.P.O. maßgebend: *Ein unveräußerliches Recht ist in Ermangelung besonderer Vorschriften der*

Pfändung insoweit unterworfen, als die Ausübung einem Anderen überlassen werden kann.

1. Der Nießbrauch. Nach § 1059 B.G.B. ist der Nießbrauch nicht übertragbar, aber seine Ausübung kann einem anderen überlassen werden. Diese Ausübung geht nach § 6 Abs. 2 auf den Verwalter über. Der Verwalter hat in Folge dessen alle Rechte, aber auch alle Pflichten des Nießbrauchers. Wird z. B. durch die Ausübung des Nießbrauchs Seitens des Verwalters das Recht des Eigenthümers gefährdet oder verletzt, so stehen dem letzteren die Rechte der §§ 1051—1054 B.G.B. auf Sicherungsleistung und besondere Verwaltung auch gegen den Verwalter als Masseanspruch zu. War der Anspruch auf Sicherheitsleistung oder Verwaltung schon vor der Eröffnung des Verfahrens begründet, so ist dieser Anspruch nicht als Konkursforderung, sondern unbeschränkt wie ein Masseanspruch gegen die Konkursmasse geltend zu machen, weil durch denselben das Verwaltungsrecht des Nießbrauchers bereits verringert war und die Ausübung des Nießbrauchs nur mit der verringerten Befugniß auf den Verwalter übergegangen ist.

Ist vertragsmäßig oder nach letztwilliger Verfügung für den Nießbrauch eine Gegenleistung zu zahlen, so hat sie der Verwalter als Masseschuld zu entrichten, soweit sie in die Zeit nach der Eröffnung des Konkurses fällt, wogegen die Gegenleistung für die frühere Zeit nur als Konkursforderung geltend gemacht werden kann. Besteht die Gegenleistung in einer Handlung, die in Geld umgesetzt werden kann, so haftet die Masse für dieselbe wie für eine Geldforderung; besteht sie in einer Handlung, die nicht abzuschätzen ist und nur vom Kridar erfüllt werden kann, so bleibt derselbe, zwar nicht der Konkursmasse, wohl aber dem Eigenthümer gegenüber zur Erfüllung der Gegenleistung verpflichtet, auf diese Leistung findet für die Dauer des Verfahrens der § 14 keine Anwendung.

Das Nießbrauchsrecht und damit das Recht der Ausübung des Nießbrauchs erlischt im Konkurs unter denselben Voraussetzungen, wie außerhalb desselben, es erlischt daher durch Zeitablauf und durch den Tod des Kridars. Aber durch willkürliche Handlungen oder Unterlassungen des Gemeinschuldners, von welchen die Beendigung des Nießbrauchsrechts abhängt — wozu auch die Eheschließung, R.G. 36 S. 124, 125, sowie die Unterlassung der oben erwähnten Gegenleistung Seitens des Kridars gehören — kann der Nießbrauch nicht gegenüber den Konkursgläubigern beendetwerden, § 7, die Aufhebung wirkt daher nur im Verhältniß des Eigenthümers zum Gemeinschuldner persönlich. Sind die Handlungen, welche die Aufhebung des Nießbrauchs bedingen, dagegen schon vor der Eröffnung des Verfahrens geschehen, ist die Fortdauer des Nießbrauchs z. B. von dem Fortbestehen der Ehe des Kridars abhängig, und hat er einen Ehescheidungsgrund schon vor der Eröffnung des Konkurses gegeben, so wirkt die später erfolgende Ehescheidung, die nur die Folge der früheren Handlung ist, auch gegen die Konkurs-Gläubiger, ebenso wie gegen sie die Handlung eines Dritten und deren Folgen wirken, wenn die Dauer des Nießbrauchs davon abhängt, z. B. wenn der Kridar durch die nach der Eröffnung des Verfahrens auf seinen Antrag erfolgende Ehescheidung wegen einer Verfehlung seiner Ehefrau die Beendigung des Nießbrauchs bewirkt.

Die Verwerthung des Nießbrauchs kann durch die Verwaltung des Nießbrauchsgegenstandes (Vermiethung 2c.), sie kann auch durch den Verkauf des Ausübungsrechts, sowie dadurch erfolgen, daß die Ausübung des Rechts dem Kridar gegen eine Vergütung überlassen wird. Der Verwalter kann das Recht auch dadurch verwerthen, daß er dem Eigenthümer gegenüber auf das Ausübungsrecht während der Dauer des Verfahrens gegen eine Vergütung verzichtet. Auf das Nießbrauchsrecht selbst kann der Verwalter dagegen nicht ohne Zustimmung des Gemeinschuldners dem Eigenthümer gegenüber verzichten, weil eine solche Rechtshandlung eine ihm durch den § 1059 B.G.B. und § 857 Abs. 3 C.P.O. nicht zustehende Disposition über das Recht sein würde. Verkauft der Verwalter das Ausübungsrecht, so ist der Käufer durch den § 7 gegen willkürliche Handlungen des Gemeinschuldners nicht geschützt, die durch eine solche Handlung eintretende Beendigung des Nießbrauchs wirkt daher gegen ihn.

Besteht der Gegenstand des Nießbrauchs in verbrauchbaren Sachen, so ist der Eigenthümer wegen seines Anspruchs auf Rückerstattung, § 1067 B.G.B., nur Konkursgläubiger, wenn der Kridar die Sachen bereits vor der Eröffnung des Verfahrens verbraucht hat; soweit dies nicht geschehen ist, ist der Verbrauch der Sachen durch den Verwalter eine Handlung, welche nach § 59 Nr. 1 die Entstehung einer Masseschuld zur Folge hat.

In die Konkursmasse fällt die Ausübung des vertragsmäßigen, des letztwillig zugewendeten, sowie des gesetzlichen Nießbrauchs. Zu letzterem gehört in Preußen der Nießbrauch des Pfarrers an den Pfarrgütern, §§ 778 A.L.R. II, 11, Art. 80 E.G. z. B.G.B. Dagegen gehört der Nießbrauch am Vermögen der Ehefrau und der Kinder nicht mehr zur Masse; der frühere § 1 Abs. 2 ist daher gestrichen. Nach § 1419 B.G.B. hört die Verwaltung und der Nießbrauch des Ehemannes am Frauengut und nach §§ 1647 Abs. 1, 1686 hört die elterliche Vermögensverwaltung mit der Rechtskraft des Eröffnungsbeschlusses auf. Der Fortfall der elterlichen Verwaltung hat das Aufhören der Ausübung des Nießbrauchs zur Folge, an deren Stelle aber nach § 1656 das Recht auf Herausgabe der Nutzungen abzüglich der Kosten und Lasten tritt. Die §§ 861, 862 C.P.O. schließen jedoch das ehemännliche Verwaltungs- und Nießbrauchsrecht, sowie das Recht der Eltern an dem Vermögen der Kinder von der Zwangsvollstreckung überhaupt aus. Das Recht der Ausübung des Nießbrauchs vor der Eröffnung des Verfahrens bis zur Rechtskraft des Eröffnungsbeschlusses, sowie das elterliche Recht auf Herausgabe der Nutzungen gehört daher nicht zur Aktivmasse, sondern zu dem nach der Konkurs-Eröffnung erworbenen Vermögen des Kridars. Nur die durch den Nießbrauch vor Eröffnung des Konkurses bereits erworbenen Früchte gehören zur Masse, jedoch nach §§ 861, 862 C.P.O. nur insoweit, als sie nicht zur Erfüllung der in den — auch für den elterlichen Nießbrauch hier in Betracht kommenden — §§ 1384—1387 B.G.B. bezeichneten Verpflichtungen, sowie zur Erfüllung der ihm seiner Ehefrau, seiner früheren Ehefrau oder seinen Verwandten (nicht blos dem betreffenden Kinde) gegenüber obliegenden Unterhaltspflicht und zur Bestreitung seines eigenen standesgemäßen Unterhalts erforderlich sind. Die Abgrenzung der Früchte — der zivilen und Naturalfrüchte — bestimmt sich nach den §§ 101, 103 B.G.B. Jedoch wird in dieser Beziehung hinsichtlich der Erträgnisse eines Erwerbsgeschäfts, welches vom Vater oder der Mutter im Namen des Kindes betrieben wird, sowie hinsichtlich der Nutzungen, die der Vater oder die Mutter an Stelle der (vor der Eröffnung des Verfahrens) durch den Fortfall der Verwaltung entzogenen Nutznießung verlangen kann, durch den § 862 Abs. 2 C.P.O. eine Ausnahme in der Weise begründet, daß diese Nutzungen entgegen dem § 101 Abs. 2 B.G.B. nur dann nach dem Verhältniß der Zeit vor der Eröffnung des Konkurses zu der Zeit nach derselben zu vertheilen sind, wenn sie in diesem Zeitpunkt fällig sind. Aus dem Erwerbsgeschäft steht dem elterlichen Nießbraucher nur der jährliche Reingewinn zu, welcher demnach zur Masse nur insoweit gehört, als das Ende des Geschäftsjahres in die Zeit vor der Eröffnung des Konkurses fällt. Das Recht des § 1656 B.G.B. auf Herausgabe der Nutzungen ist nicht auf den Abschluß des Geschäftsjahres beschränkt, diese Nutzungen werden vielmehr einzeln fällig und gebühren, soweit sie nicht zur ordnungsmäßigen Verwaltung des Kridarvermögens und zur Bestreitung der Lasten der Nutznießung erforderlich sind, den Konkursgläubigern nach dem Verhältniß der Zeit — insbesondere wenn die Nutzung, z. B. der Pachtzins, im Voraus zu zahlen ist — den Konkursgläubigern, sofern die einzelne Nutzung vor der Eröffnung fällig ist.

2. Die beschränkte persönliche Dienstbarkeit der §§ 1090—1093 B.G.B. — habitatio, usus, fructus — ist nach § 1092 übertragbar und gehört daher nach § 857 Abs. 3 C.P.O. nur dann zur Konkursmasse, wenn die Ueberlassung gestattet ist. Ob diese Voraussetzung gegeben ist, richtet sich lediglich nach dem Inhalt des Rechtsakts, durch welchen die Dienstbarkeit begründet ist. Soweit sie zur Masse gehört, sind die oben unter 1 angegebenen Grundsätze zur Anwendung zu bringen.

3. Die Grundgerechtigkeiten sind Substanztheile des berechtigten Grundstücks, § 96 B.G.B., und gehören mit ihm zur Konkursmasse. Soweit das Recht an einem fremden Grundstück in einer nur persönlichen Befugniß des Gemeinschuldners besteht, z. B. in der Berechtigung, auf dem fremden Grundstück spazieren zu gehen, ist es keine Grundgerechtigkeit, weil es nicht dem jeweiligen Eigenthümer des berechtigten Grundstücks zusteht, § 1018 B.G.B., ein solches Recht ist nicht übertragbar, fällt nicht in die Masse und verbleibt dem Gemeinschuldner, solange das berechtigte Grundstück zur Masse gehört.

4. Eine Reallast — §§ 1105 ff. B.G.B. —, welche zu Gunsten des jeweiligen Eigenthümers eines Grundstücks besteht, gehört zur Substanz des Grundstücks §§ 1106, 96 B.G.B. und fällt mit demselben in die Masse. Besteht sie nur in Leistungen zu Gunsten einer bestimmten Person, so besteht sie getrennt von dem Grundstücksberechtigten, § 1111 B.G.B., kann nach § 1111 Abs. 2 nur soweit übertragen werden, als der Anspruch auf die einzelnen Leistungen übertragungsfähig ist und gehört nach §§ 851, 857 Abs. 1 C.P.O. soweit zur Aktivmasse, als der Gegenstand der einzelnen Leistung der Pfändung unterworfen ist. Die Leibzucht (der Altentheil) z. B. ist an sich der Zwangsvollstreckung nicht entzogen und gehört daher an sich zur Masse; soweit die Ansprüche aus der Leibzucht aber rein persönlicher Natur sind, soweit sie z. B. in einer Wohnung — vgl. §§ 1093, 1092 B.G.B. — bestehen, sind sie der Pfändung und dadurch der Aktivmasse entzogen. Steht dem Berechtigten die Wahl zwischen der persönlichen Leistung und einer an Stelle derselben zu zahlenden Geldsumme zu, so ist der Verwalter nicht berechtigt, die Wahl für den Kridar auszuüben, R.G. vom 25. Juni 1896, wohl aber gehört der Anspruch auf die Geldsumme zur Masse, wenn der Gemeinschuldner in bindender Weise vor — nicht nach — der Eröffnung des Verfahrens die Geldleistung gewählt hat.

5. Das Vorkaufsrecht (Retraktrecht), welches dem jeweiligen Eigenthümer eines Grundstücks zusteht, fällt als Substanztheil des Grundstücks — §§ 1094 Abs. 2, 1103 Abs. 1, 33 B.G.B. — mit demselben in die Masse. Das nur der Person des Kridars zustehende Vorkaufsrecht — vgl. § 1103 Abs. 2 B.G.B. — ist von der Aktivmasse ausgeschlossen, § 514 B.G.B. und verbleibt dem Gemeinschuldner. An das Grundstück kann es durch Vertrag, letztwillige Verfügung und durch Gesetz geknüpft sein, durch Gesetz in Preußen im Fall der Enteignung § 57 Abs. 2 des Ges. vom 11. Juni 1874, § 4 Abs. 2, 3 des Ges. vom 2. März 1850, § 141 des Allgem. Bergges. vom 24. Juni 1865, Art. 109, 67 E.G. z. B.G.B. Das Vorkaufsrecht des Miterben, § 2034 B.G.B., ist ein persönliches, daher, wenn auch vererblich, doch unter Lebenden nicht übertragbar, es fällt daher nicht in die Masse, sondern verbleibt dem Gemeinschuldner.

6. Die selbständigen Gerechtigkeiten gehören zur Aktivmasse. Soweit für diese Berechtigungen die sich auf Grundstücke beziehenden Vorschriften gelten, erfolgt ihre Verwerthung gemäß § 870 C.P.O. nach den Vorschriften über die Zwangsvollstreckung in Grundstücke. Die Verwerthung kann auch durch Ablösung erfolgen, wenn die Berechtigung ablösbar ist. Zu diesen Berechtigungen gehören das Erbbaurecht, das Bergwerkseigenthum, in Preußen die im Art. 65 E.G. z. B.G.B. aufrecht erhaltenen Fährgerechtigkeiten, die alten Erbstollengerechtigkeiten, § 223 des Preuß. Bergges. vom 24. Juni 1865, die im Art. 74 E.G. z. B.G.B. aufrecht erhaltenen älteren, vor dem Preuß. Gewerbesteueredikt vom 2. Nov. 1810 ertheilten Apothekerprivilegien, in denjenigen Landestheilen, die zeitweise unter französischer, westfälischer oder bergischer Herrschaft gestanden haben (Wolff, Zwangsvollstreckungsgesetz S. 3) und die im Art. 196 E.G. z. B.G.B. aufrecht erhaltenen, in der Provinz Westfalen und in den Kreisen Rees und Duisburg noch vorhandenen Realgerechtigkeiten des Ges. vom 10. April 1841, soweit sie an einem Grundstück bestehen. Im Art. 63 E.G. z. B.G.B. sind auch die landesgesetzlichen Vorschriften über das Erbpachtrecht mit Einschluß des Büdnerrechts und des Häuslerrechts aufrecht erhalten, in Preußen ist das Erbpachtrecht durch das Ges. vom 2. März 1850 in Eigenthum verhandelt und die fernere Begründung der Erbpacht verboten. Rein persönliche Privilegien (Recht auf ärztliche Behandlung, Portofreiheit, Stempelfreiheit, Steuerfreiheit) haben zwar Vermögenswerth, aber soweit sie nicht dem jeweiligen Eigenthümer eines Grundstücks zustehen und deshalb mit demselben zur Masse gehören, sind sie von der Aktivmasse ausgeschlossen. Da das Konkursvermögen jedoch nach wie vor dem Kridar gehört, kann der Verwalter neben dem Gemeinschuldner die das Vermögen betreffenden Privilegien der Porto-, Steuer- und Stempelfreiheit als Vertreter desselben ausüben.

Polizeiliche Genehmigungen (Konzession, Approbation, Bestellung), durch die an sich nicht ein neues Recht übertragen, sondern lediglich eine staatspolizeiliche Erlaubniß zur Betreibung eines Gewerbes ertheilt wird, gehören nicht zur Aktivmasse, dürfen vom Verwalter aber selbst oder durch Stellvertreter ausgeübt werden, wenn er bezw. der Stellvertreter den für das Gewerbe vorgeschriebenen Erfordernissen genügt hat, § 45 der G.O.

7. Das mit einem Grundstück verbundene — nicht das einer Person oder Familie zustehende Patronatrecht — gehört mit dem Grundstück zur Masse und wird vom Verwalter ausgeübt. Die Ehrenrechte des Patrons kann er jedoch nicht beanspruchen, weil sie seiner Person nicht zukommen, und seine Persönlichkeit für das Verfahren außer Betracht bleibt; sie verbleiben dem Kridar, solange das Grundstück zur Masse gehört. Die mit dem Patronat verbundenen Lasten sind aus der Masse zu berichtigen, soweit die Ausübung des Rechts zur Masse gehört; soweit dies nicht der Fall ist, sind nur die rückständigen Leistungen und zwar nur als Konkursforderungen zu berichtigen; s. für Preußen §§ 45, 46 A.L.R. I, 21, Art. 132 E.G. z. B.G.B.

Das Recht auf Benutzung eines Kirchenstuhls wird im Preuß. A.L.R. — Art. 133 E.G. z. B.G.B. — als ein Vermögensrecht aufgefaßt, §§ 681, 655 A.L.R. II, 11, der Verwalter darf den Kirchenstuhl durch Vermiethung unter Zustimmung des Kirchenvorstands oder durch Verzicht gegen Vergütung verwerthen, der Verkauf ist durch den § 682 A.L.R. II, 11 verboten; die Ausübung des Kirchenstuhlrechts steht dem Verwalter aber nicht zu, sondern verbleibt dem Schuldner, wenn der Stuhl nicht verwerthet wird. Kirchenstühle, „die jemandem in Rücksicht seiner Würde oder seines Amts angewiesen sind, können von ihm an andere auf keine Weise übertragen werden," § 684 cit., das Recht auf dieselben gehört daher nicht zur Konkursmasse.

Erbbegräbnisse gehören nur als Zubehörung eines Grundstücks zur Masse.

8. Das Lehn, Stammgut und Familienfideikommiß — Art. 59 E.G. z. B.G.B. — gehören nur der Ausübung nach zur Masse. In Preußen kommen für Lehen die §§ 331 ff., 343 ff. A.L.R. I, 18, für Fideikommisse die §§ 108 ff. A.L.R. II, 4 zur Anwendung. Die Verwerthung kann durch Verwaltung Seitens des Konkursverwalters, durch Vermiethung und Verpachtung, durch Betreiben der Zwangsverwaltung nach §§ 172, 146 ff. des Z.V.G. oder auch dadurch geschehen, daß der Verwalter dem Kridar die Verwaltung für die Zeit des Konkurses gegen eine Vergütung überläßt.

B. Die Forderungsrechte.

Zur Konkursmasse gehören im Allgemeinen alle Ansprüche des Kridars, auch der Anspruch auf Befreiung von einer Schuld ist ein Konkursgegenstand, R.G. 37, 95.

Für die Zugehörigkeit der Forderungsrechte sind die §§ 399, 400 B.G.B. und § 851 C.P.O. maßgebend.

§ 399 B.G.B.: Eine Forderung kann nicht abgetreten werden, wenn die Leistung an einen anderen als den ursprünglichen Gläubiger nicht ohne Veränderung ihres Inhalts erfolgen kann oder wenn die Abtretung durch Vereinbarung mit dem Schuldner ausgeschlossen ist.

§ 400 B.G.B.: Eine Forderung kann nicht abgetreten werden, soweit sie der Pfändung nicht unterworfen ist.

§ 851 C.P.O.: Eine Forderung ist in Ermangelung besonderer Vorschriften der Pfändung nur insoweit unterworfen, als sie übertragbar ist.

Eine nach § 399 des Bürgerlichen Gesetzbuchs nicht übertragbare Forderung kann insoweit gepfändet und zur Einziehung überwiesen werden, als der geschuldete Gegenstand der Pfändung unterworfen ist.

Hieraus ergeben sich für das Konkursverfahrens folgende Grundsätze:

a) eine Forderung, deren Uebertragung gesetzlich ausgeschlossen ist, gehört nicht zur Aktivmasse;

b) eine Forderung, deren Uebertragung vertragsmäßig ausgeschlossen ist, gehört zur Aktivmasse, der Verwalter ist an das pactum de non cedendo gebunden, sodaß er die Forderung nur einziehen, nicht zediren darf, vgl. Anm. 4 zu § 13;

c) dasselbe gilt von der Ausschließung der Zession durch letztwillige Verfügung;

d) eine Forderung, deren Inhalt durch die Uebertragung verändert werden würde, gehört zur Konkursmasse, sofern der Gegenstand der Zwangsvollstreckung nicht entzogen ist. Der Inhalt des Vertrags wird durch die Zession, z. B. bei einer Alimentenforderung, verändert, weil dieselbe zum Unterhalt der Vertragsperson bestimmt ist, der auf rechtsgeschäftlicher Bestimmung beruhende Alimentenanspruch kann daher nicht zedirt werden, er gehört aber zur Aktivmasse, sofern die einzelne Leistung, z. B. das Wohnungsrecht eines Altentheilers, wegen seiner rein persönlichen Leistungsnatur und auf Grund des § 850 Nr. 2 oder 3 C.P.O. der Pfändung nicht entzogen ist.

Der Aktivmasse sind die Forderungsrechte entzogen, deren Uebertragung gesetzlich ausgeschlossen ist. Dies trifft in folgenden Fällen zu:

Der Verwalter kann das Recht des Schuldners, eine zum Zweck der Befriedigung eines Gläubigers hinterlegte Sache zurückzunehmen, nicht ausüben, § 377 B.G.B., aber auch der Gemeinschuldner darf dies Recht während der Dauer des Konkurses nicht ausüben. Die Befugniß des Verwalters, die Hinterlegung auf Grund der §§ 29 ff. anzufechten, ist durch § 377 B.G.B. nicht ausgeschlossen.

Das Vorkaufsrecht geht auf die Masse nicht über, wenn die Uebertragbarkeit nicht ausdrücklich verabredet, § 514 B.G.B., oder nicht für ein Grundstück (s. oben) § 1103, begründet ist.

Der Anspruch auf persönliche Dienste — der Dienstboten, Arbeiter, aber auch auf die höheren Dienste, wie die der Aerzte — ist im Zweifel nicht übertragbar, § 613 B.G.B., und gehört daher im Zweifel nicht zur Masse.

Dasselbe gilt nach § 664 Abs. 2 B.G.B. von dem Anspruch auf Ausführung eines Auftrags,

nach § 717 von den Ansprüchen, die den Gesellschaftern aus dem Gesellschaftsverhältnisse gegen einander zustehen, mit Ausnahme der einem Gesellschafter aus seiner Geschäftsführung zustehenden Ansprüche, soweit deren Befriedigung vor der Auseinandersetzung verlangt werden kann, und mit Ausnahme der Ansprüche auf einen Gewinnantheil oder auf dasjenige, was dem Gesellschafter bei der Auseinandersetzung zukommt; doch ist der Verwalter nach § 725 B.G.B. berechtigt, die Gesellschaft zu kündigen und den in Folge dessen entstandenen Anspruch des Kridars auf den Gewinn geltend zu machen. Dasselbe Rechtsverhältniß gilt nach § 105 Abs. 2 H.G.B. für die offene Handelsgesellschaft, nach § 161 Abs. 2 H.G.B. für die Kommanditgesellschaft, sowie nach § 65 des Genossenschaftsgesetzes vom 1. Mai 1889 für die Genossenschaft, dagegen geht der Geschäftsantheil des Kridars an einer Gesellschaft mit beschränkter Haftung (§ 15 Abs. 1 des Ges. vom 20. April 1892), trotzdem die Veräußerung nur mit Genehmigung der Gesellschaft — § 17 — erfolgen darf, auf die Masse über.

Der Vermögensanspruch aus einer Verletzung des Körpers, der Gesundheit sowie der Freiheitsentziehung des Kridars gehört — Anm. 2 — zur Konkursmasse, sofern der Anspruch nicht in einer Geldrente im Betrage von mehr als 1500 M. besteht; § 850 Abs. 3 C.P.O. Aber der Anspruch auf Geldentschädigung wegen desjenigen Schadens, der nicht Vermögensschade ist, ist nach § 847 B.G.B. nicht übertragbar, solange er nicht durch Vertrag anerkannt oder solange er nicht rechtshängig geworden ist. Dies Anerkenntniß bezw. die Rechtshängigkeit muß vor der Eröffnung des Konkurses erfolgt sein, wenn der Anspruch auf die Masse übergehen soll, denn es handelt sich nicht um einen bedingten Anspruch, von der Bedingung ist nicht die Wirkung des Anspruchs, sondern nur die Uebertragungsfähigkeit und von dieser die Zugehörigkeit zur Konkursmasse abhängig, und was zur Zeit der Eröffnung des Verfahrens nicht zur Masse gehört, kann nicht nachträglich zu derselben gezogen werden.

Der Anspruch auf Empfang eines Darlehns, insbesondere auch der Anspruch aus dem Baugeldervertrag — R.G. 37, 336ff. und in Seuffert 52 Nr. 79 S. 148 — gehört an sich zur Masse, doch kann der andere Kontrahent nach § 610 B.G.B. den Vertrag einseitig widerrufen, wenn der Empfangsberechtigte in Konkurs verfällt.

Das Recht unter mehreren Leistungen zu wählen — §§ 262—265 B.G.B. —, geht auf die Masse über, denn das Wahlrecht ist nur ein Nebenrecht und folgt daher dem in die Masse fallenden Anspruch, sodaß nunmehr der Verwalter die dem Kridar zustehende Wahl ausübt. Eine Ausnahme tritt aber ein, wenn der Verwalter durch die Ausübung der Wahl dem Gemeinschuldner ein von der Zwangsvollstreckung eximirtes Recht entziehen könnte. Besteht die Leistung nach der Wahl des Kridars entweder in einem ihm zu gewährenden Wohnungsrecht oder in einer Geldleistung, so geht das Wahlrecht nicht auf den Verwalter über, Anm. 12 B. 4.

Eine Leistung, die dem Kridar für die Zeit seines Todes versprochen ist, gehört zur Konkursmasse, daher ist das Recht aus der Lebensversicherung, die für die Erben genommen ist, Gegenstand der Masse sowohl im Konkurs des Versprechensempfängers, wie im Konkurs über seinen Nachlaß, R.G. 32, 162, vgl. R.G. 1, 380; 3, 104; 11, 173; 16, 126, in Gruchots Beitr. 28, 295; 35, 686, 691; 36, 455; 39, 129. Ist die Versicherung zu Gunsten eines Dritten, z. B. der Ehefrau des Gemeinschuldners, genommen, so erwirbt der Dritte aus diesem zu seinen Gunsten geschlossenen Vertrage, sofern nichts anderes verabredet ist, ein Recht erst mit dem Tode des Versprechensempfängers, § 331 B.G.B., bis zu diesem Zeitpunkt konnte der Versprechensempfänger über die Fortdauer des Vertrags und die künftigen Rechte aus demselben ohne den Beitritt des Dritten verfügen, kann daher, wenn die Versicherungsbedingungen es gestatten, für die gezahlten Prämien den vertragsmäßigen Ersatz fordern oder das Recht aus dem Vertrage dem Dritten selbst gegen Vergütung überlassen; diese Rechte gehören zur Masse.

Der Widerruf einer Schenkung ist ein rein persönliches Recht, wenn es auch vermögensrechtliche Wirkung hat. Der Verwalter kann daher den Widerruf nicht für den Kridar ausüben. Hat aber der Kridar den Widerruf vor der Eröffnung des Verfahrens dem Beschenkten erklärt, so gehört das Recht auf Rückforderung des geschenkten Gegenstandes zur Masse, ohne daß eine nachträgliche Verzeihung des Kridars dies Recht vereiteln kann, § 7.

Für den Widerruf der Schenkung wegen Verarmung nach § 528 B.G.B. ist durch den § 852 C.P.O. die besondere Bestimmung getroffen, daß der Anspruch auf Herausgabe des Geschenks erst dann der Pfändung unterworfen ist, wenn er durch Vertrag anerkannt oder rechtshörig geworden ist. Diese Bedingung muß vor der Eröffnung des Konkurses erfüllt sein, s. oben.

Wegen der Rechtsverhältnisse aus der Miethe, Pacht, dem Dienstvertrage und dem Auftrage s. die §§ 19—23.

Besondere Bestimmungen sind durch den § 850 C.P.O. getroffen, wonach der Pfändung nicht unterworfen und daher der Konkursmasse entzogen sind:

Nr. 1. Der Arbeits- oder Dienstlohn nach den Bestimmungen des Reichsgesetzes vom 21. Juni 1869 (Bundes-Gesetzbl. 1869 S. 242 und 1871 S. 63, Reichs-Gesetzbl. 1897 S. 159).

Dies Gesetz lautet in der jetzigen Fassung vgl. Ges. vom 17. Mai 1898 Art. III:

§ 1. Die Vergütung (Lohn, Gehalt, Honorar u. s. w.) für Arbeiten oder Dienste, welche auf Grund eines Arbeits- oder Dienstverhältnisses geleistet werden, darf, sofern dieses Verhältniß die Erwerbsthätigkeit des Vergütungsberechtigten vollständig oder hauptsächlich in Anspruch nimmt, zum Zwecke der Sicherstellung oder Befriedigung eines Gläubigers erst dann mit Beschlag belegt werden, nachdem die Leistung der Arbeiten oder Dienste erfolgt, und nachdem der Tag, an welchem die Vergütung gesetzlich, vertrags- oder gewohnheitsmäßig zu entrichten war, abgelaufen ist, ohne daß der Vergütungsberechtigte dieselbe eingefordert hat.

§ 2. Die Bestimmungen des § 1 können nicht mit rechtlicher Wirkung durch Vertrag ausgeschlossen oder beschränkt werden.

Soweit nach diesen Bestimmungen die Beschlagnahme unzulässig ist, ist auch jede Verfügung durch Cession, Anweisung, Verpfändung oder durch ein anderes Rechtsgeschäft ohne rechtliche Wirkung.

§ 3. Als Vergütung ist jeder dem Berechtigten gebührende Vermögensvortheil anzusehen. Auch macht es keinen Unterschied, ob dieselbe nach Zeit oder Stück berechnet wird.

Ist die Vergütung mit dem Preise oder Werth für Material oder mit dem Ersatz anderer Auslagen in ungetrennter Summe bedungen, so gilt als Vergütung im Sinne dieses Gesetzes der Betrag, welcher nach Abzug des Preises oder des Werthes der Materialien und nach Abzug der Auslagen übrig bleibt.

§ 4. Das gegenwärtige Gesetz findet keine Anwendung:

1. auf den Gehalt und die Dienstbezüge der öffentlichen Beamten;

2. auf die Beitreibung der direkten persönlichen Staatssteuern und Kommunalabgaben (die derartigen Abgaben an Kreis-, Kirchen-, Schul- und sonstige Kommunalverbände mit eingeschlossen), sofern diese Steuern und Abgaben nicht seit länger als drei Monaten fällig geworden sind;

3. (Fassung des Ges. vom 29. März 1897) auf die Beitreibung der den Verwandten, dem Ehegatten und dem früheren Ehegatten für die Zeit nach Erhebung der Klage und für das diesem Zeitpunkte vorausgehende letzte Vierteljahr kraft Gesetzes zu entrichtenden Unterhaltsbeiträge;

4. auf den Gehalt und die Dienstbezüge der im Privatdienste dauernd angestellten Personen, soweit der Gesammtbetrag der Vergütung (§§ 1, 3) die Summe von fünfzehnhundert Mark übersteigt [Ges. vom 17. Mai 1897 Art. III].

Als dauernd in diesem Sinne gilt das Dienstverhältniß, wenn dasselbe gesetzlich, vertrags- oder gewohnheitsmäßig mindestens auf Ein Jahr bestimmt, oder bei unbestimmter Dauer für die Auflösung eine Kündigungsfrist von mindestens drei Monaten einzuhalten ist.

§ 4 a. (Ges. vom 29. März 1897). Auf die Beitreibung der zu Gunsten eines unehelichen Kindes von dem Vater den im § 4 Nr. 3 bezeichneten Zeitraum kraft Gesetzes zu entrichtenden Unterhaltsbeiträge findet dieses Gesetz nur insoweit Anwendung, als der Schuldner zur Bestreitung seines nothdürftigen Unterhalts und zur Erfüllung der ihm seinen Verwandten, seiner Ehefrau oder seiner früheren Ehefrau gegenüber gesetzlich obliegenden Unterhaltspflicht der Vergütung (§§ 1, 3) bedarf. Hierbei werden ausschließlich die Leistungen berücksichtigt, welche vermöge einer solchen Unterhaltspflicht für den nämlichen Zeitraum oder, falls die Klage zu Gunsten des unehelichen Kindes nach der Klage eines Unterhaltsberechtigten erhoben ist, für die Zeit von dem Beginne des der Klage dieses Berechtigten vorausgehenden letzten Vierteljahrs ab zu entrichten sind.

§ 5. — —

Nr. 2. **Die auf gesetzlicher Vorschrift beruhenden Alimentenforderungen und die nach § 844 des Bürgerlichen Gesetzbuchs wegen der Entziehung einer solchen Forderung zu entrichtende Geldrente.**

Auf gesetzlicher Vorschrift beruhen die Unterhaltsforderungen der Abkömmlinge gegen die Eltern und Voreltern und umgekehrt, der Ehegatten gegen einander nach §§ 1345, 1352, 1360, 1361, 1534, 1601—1615, 1739, 1963 B.G.B., des unehelichen Kindes gegen die Mutter und deren Verwandten in aufsteigender Linie und umgekehrt, des unehelichen Kindes gegen den Vater nach §§ 1708, 1710, 1711 B.G.B. Der vertragsmäßig bestimmte Unterhalt ist, sofern er nicht unter Nr. 3 fällt, der Zwangsvollstreckung nicht entzogen (Altentheil), R.G. 1, 231, bei Seuffert 23 Nr. 240; 25 Nr. 87. Ist aber der gesetzliche Unterhalt vertragsmäßig oder testamentarisch bestimmt, so ist derselbe in derjenigen Höhe von der Pfändung befreit, in welcher er gesetzlich geleistet werden müßte.

Die für eine Körperverletzung nach § 843 B.G.B. zu zahlende Rente fällt nicht unter die Nr. 1 (s. darüber unten zu Abs. 3 des § 850), wohl aber die Rente, die der Thäter dem Dritten nach § 844 Abs. 2 zu zahlen hat, welcher von dem Getödteten kraft Gesetzes zur Zeit der Tödtung oder nachher Unterhalt zu fordern berechigt sein würde, wenn die Tödtung nicht erfolgt wäre. Dasselbe gilt nach § 7 des Ges. vom 7. Juni 1871 in der Fassung des Art. 42 E.G. z. B.G.B. zu Gunsten des alimentationsberechtigten Dritten bei einem Todesfall auf einer Eisenbahn oder einem andern im § 1 des erwähnten Gesetzes bezeichneten Betrieb, wenn der Briebsunternehmer haftpflichtig ist.

Nr. 3. Die fortlaufenden Einkünfte, welche ein Schuldner aus Stiftungen oder sonst auf Grund der Fürsorge und Freigebigkeit eines Dritten bezieht, insoweit der Schuldner zur Bestreitung des nothdürftigen Unterhalts für sich, seinen Ehegatten und seine noch unversorgten Kinder dieser Einkünfte bedarf;

Während unter Nr. 2 der auf gesetzlicher Vorschrift beruhende, wird unter Nr. 3 der auf vertragsmäßiger oder letztwilliger Verfügung beruhende Unterhalt geschützt, jedoch nur, wenn derselbe aus Stiftungen oder auf Grund der Fürsorge oder Freigebigkeit eines Dritten zu beziehen ist. Die Leibrente und die Leibzucht ist daher an sich der Zwangsvollstreckung nicht entzogen.

Es wird nicht vorausgesetzt, daß der Schuldner anderweites Vermögen nicht zu erwerben vermag. (Die Worte des Entwurfs „und nicht im Stande ist, diesen Unterhalt auf eine seinen Verhältnissen angemessene Art selbst zu erwerben" sind in der Reichstagskommission gestrichen). Der Schuldner bedarf dieser Einkünfte aber nicht, wenn er zur Zeit der Eröffnung des Konkurses anderweites Vermögen besitzt oder durch seine Thätigkeit erwirbt.

Während die bisherige C.P.O. statt der Worte „seinen Ehegatten" die Worte „seine Ehefrau" enthielt, und daher den Alimentationsanspruch, wenn die Frau die Kridarin war, insoweit nicht schützte, als die Einkünfte für die Ernährung des Ehemannes erforderlich waren, ist jetzt auch der für den Ehemann der Kridarin erforderliche Theil der Einkünfte der Konkursmasse entzogen, jedoch nur wenn der Ehemann sich selbst zu unterhalten außer Stande ist, § 1360 Abs. 2 B.G.B.

Nr. 4. Die aus Kranken-, Hülfs- oder Sterbekassen, insbesondere aus Knappschaftskassen und Kassen der Knappschaftsvereine zu beziehenden Hebungen.

Hierher gehören die Ansprüche aus den gewerblichen Hülfskassen, § 140 der Gewerbeordnung, aus den eingeschriebenen Hülfskassen, § 10 des Ges. vom 7. April 1876 in der Fassung des Ges. vom 1. Juni 1884, aus den Unfallversicherungsgesetzen vom 6. Juli 1884 (§ 68) u. vom 28. Mai 1885, aus dem Ges. vom 5. Mai 1886 betr. die Unfall- und Krankenversicherung der in land- und forstwirthschaftlichen Betrieben beschäftigten Personen (§ 73), aus dem Ges. vom 11. Juli 1887 betr. die Unfallversicherung der bei Bauten beschäftigten Personen (§ 38 Abs. 2), aus dem Ges. vom 13. Juli 1887 betr. die Unfallversicherung der Seeleute und anderer bei der Seeschifffahrt betheiligter Personen.

Soweit diese Gesetze die Pfändung zulassen, und dies thun die sämmtlichen angeführten Unfallversicherungsgesetze für die im Abs. 4 des § 850 „bezeichneten Forderungen der Ehefrau und der ehelichen Kinder" und für die Forderungen des „ersatzberechtigten Armenverbandes", insoweit sind die Unfallsforderungen der Zwangsvollstreckung nicht entzogen, § 13 E.G. z. C.P.O.; und insoweit gehören sie zur Konkursmasse. Diese Ausnahmen gelten aber nicht blos für die ehelichen Kinder, sondern nach § 1 Abs. 2 des R.Ges. vom 17. Mai 1898, wonach in Reichs- und Landesgesetzen die neuen Vorschriften der C.P.O. an die Stelle der alten treten, auch für die unehelichen Kinder, für die Aszendenten und den früheren Ehegatten.

Wegen der Altersrente s. Nr. 7.

Nr. 5. Der Sold und die Invalidenpension der Unteroffiziere und der Soldaten.

§§ 64 ff. des Ges. vom 27. Juni 1871. Dazu gehören auch die Verwundungszulagen, die Pensionszulagen und die Anstellungsentschädigung, § 74 des Ges. vom 4. April 1879, Art. 18 des Ges. vom 22. Mai 1893, die Unterstützungen an Invalide des französischen Kriegs, § 2 des Ges. vom 14. Jan. 1894 und die Unterstützungen an Familien der zu Friedensübungen einberufenen Mannschaften, § 4 des Ges. vom 10. Mai 1892, die aber der Pfändung zu Gunsten der Frau und Kinder unterliegen.

Der Ehrensold der Inhaber des eisernen Kreuzes nach § 3 des Ges. vom 2. Juni 1878 und die Dienstprämien der Unteroffiziere, Art. 18 des R.Ges. vom 22. Mai 1893, sind der Pfändung ebenfalls entzogen.

Nr. 6. Das Diensteinkommen der Militärpersonen, welche zu einem mobilen Truppentheil oder zur Besatzung eines in Dienst gestellten Kriegsfahrzeuges gehören;

s. das Ges. vom 20. Juni 1872; § 164 des Militärges. vom 20. Juni 1872.

Nr. 7. Die Pensionen der Wittwen und Waisen und die denselben aus Wittwen- und Waisenkassen zukommenden Beträge, die Erziehungsgelder und die Studienstipendien, sowie die Pensionen invalider Arbeiter.

S. Reichsges. vom 20. April 1881, 15. März 1886, 17. Juni 1887, Kais. V.O. vom 8. Juni 1881, Preuß. Ges. vom 17. Januar, 18. Juni 1887, 31. Dez. 1888, 19. Juni, 15. Juli 1889.

Unter den Pensionen sind nicht blos die aus öffentlichen Kassen zahlbaren Hebungen, sondern auch die von Privaten mit Rücksicht auf ein Dienst- oder Vertragsverhältniß zu zahlenden Pensionen zu verstehen.

Wegen der Pension der invaliden Arbeiter s. § 55 des Invalidenversicherungsgesetzes vom 13./19. Juli 1899.

Im Uebrigen s. hierzu unten den Abs. 2.

Nr. 8. Das Diensteinkommen der Offiziere, Militärärzte und Deckoffiziere, der Beamten, der Geistlichen, sowie der Aerzte und Lehrer an öffentlichen Anstalten; die Pension dieser Personen nach deren Versetzung in den einstweiligen oder dauernden Ruhestand, sowie der nach ihrem Tode den Hinterbliebenen zu gewährende Sterbe- oder Gnadengehalt.

S. §§ 6, 7 Reichsges. vom 31. März 1873, § 45 Reichsmilitärges. vom 2. Mai 1874, § 7 des Reichsges. (Fürsorgeges.) vom 15. März 1886, Preuß. Fürsorgeges. vom 18. Juni 1887.

Durch das Ges. vom 22. Mai 1893 Art. 18 sind die Pensionen aller Militärpersonen, nicht blos der Offiziere, der Pfändung entzogen.

Unter dem Diensteinkommen sind auch die Naturalien, welche dem Beamten oder Lehrer zustehen, die Wohnungsgeldzuschüsse, sowie die Vergütung für einzelne vorübergehende Leistungen, z. B. die Vergütung des Richters für die Aufnahme eines Testaments zu verstehen, nicht aber — § 850 Abs. 5 C.P.O. — die zur Bestreitung eines Dienstaufwandes zu erhebenden Einkünfte, z. B. die Reisekosten und Tagegelder für eine Dienstreise.

Unter der Pension der Militärpersonen und Beamten sind hier nur die Bezüge gemeint, die sie als solche oder wegen dieser ihrer früheren Eigenschaft, nicht auch diejenigen, welche sie von Privatpersonen zu fordern haben. Die Worte „von öffentlichen Anstalten" beziehen sich nur auf die Lehrer, nicht auch auf die Aerzte.

Uebersteigen in den Fällen Nr. 7 und 8 das Diensteinkommen, die Pension oder die sonstigen Bezüge die Summe von fünfzehnhundert Mark für das Jahr, so ist der dritte Teil des Mehrbetrags der Pfändung unterworfen.

Die nach § 843 des Bürgerlichen Gesetzbuches wegen einer Verletzung des Körpers oder der Gesundheit zu entrichtende Geldrente ist nur soweit der Pfändung unterworfen, als der Gesammtbetrag die Summe von fünfzehnhundert Mark für das Jahr übersteigt.

Während die Geldrente, die im Falle der Tödtung nach § 844 B.G.B. denjenigen zu zahlen ist, welchen ein Alimentationsanspruch gegen den Getödteten zustehen würde, wenn der Todesfall nicht eingetreten wäre — Anm. zu Nr. 2 —, der Pfändung ohne Rücksicht auf die Höhe des Betrags ganz entzogen ist, gehört die dem Verletzten selbst im Falle der Verletzung des Körpers oder der Gesundheit nach § 843 zu zahlende Rente nur hinsichtlich des die Summe von 1500 Mk. übersteigenden Betrags zur Aktivmasse, insoweit aber ohne die für die Nr. 7 und 8 gemachte Beschränkung auf $^1/_3$ des Mehrbetrags. Dagegen gehört die Abfindung, welche dem Verletzten nach § 843 Abs. 3 B.G.B., im Fall ein wichtiger Grund vorliegt, an Stelle der Rente zu zahlen ist, unverkürzt zur Aktivmasse. Die eintretenden Falls zulässige Wahl steht dem Verwalter nicht zu, Anm. 13, B. 4. Hat der Kridar aber die Wahl dem Thäter bereits vor der Eröffnung des Konkurses erklärt, so gehört der Anspruch auf die Abfindung zur Masse, die Beschränkung auf die Thatsache, daß der Abfindungsanspruch vom Thäter anerkannt oder gegen ihn anhängig geworden ist, ist für diesen Anspruch nicht vorgeschrieben und tritt daher hier nicht ein. Dasselbe gilt nach § 7 des Ges. vom 7. Juni 1871 in der Fassung des Art. 42 E.G. z. B.G.B. von der Geldrente bez. Abfindung, welche im Falle der Verletzung auf einer Eisenbahn, in einem Bergwerk oder einem ähnlichen Betriebe zu zahlen ist.

Die im Fall der Tödtung, Körper- oder Gesundheitsverletzung oder Freiheitsentziehung nach § 845 B.G.B. dem Dritten für die entzogenen Dienste zu zahlende Rente bezw. Abfindung gehört unbeschränkt zur Konkursmasse.

In den Fällen der beiden vorhergehenden Absätze (des § 850 C.P.O.) ist die Pfändung ohne Rücksicht auf den Betrag zulässig, wenn sie wegen der den Verwandten, dem Ehegatten und dem früheren Ehegatten für die Zeit nach Erhebung der Klage und für das diesem Zeitpunkte vorausgehende letzte Vierteljahr kraft Gesetzes zu entrichtenden Unterhaltsbeiträge beantragt wird. Das Gleiche gilt in Ansehung der zu Gunsten eines unehelichen Kindes von dem Vater für den bezeichneten Zeitraum kraft Gesetzes zu entrichtenden Unterhaltsbeiträge; diese Vorschrift findet jedoch insoweit keine Anwendung, als der Schuldner zur Bestreitung seines nothdürftigen Unterhalts und zur Erfüllung der ihm seinen Verwandten, seiner Ehefrau oder seiner früheren Ehefrau gegenüber gesetzlich obliegenden Unterhaltspflicht der Bezüge bedarf. Hierbei werden ausschließlich die Leistungen berücksichtigt, welche vermöge einer solchen Unterhaltspflicht für den nämlichen Zeitraum oder, falls die Klage zu Gunsten des unehelichen

Kindes nach der Klage eines Unterhaltsberechtigten erhoben ist, für die Zeit von dem Beginne des der Klage dieses Berechtigten vorausgehenden letzten Vierteljahres ab zu entrichten sind.

Wegen der Geltendmachung der Unterhaltsansprüche s. § 3 Abs. 2.

Die Vorschrift bezieht sich auf die Ansprüche der Nr. 7 und 8 und der im Abs. 3 des § 850 C.P.O. bezeichneten Rente des Verletzten. Soweit diese Beschränkung des Pfändungsprivilegs nach besonderen Gesetzen nur für die im Abs. 3 des bisherigen § 749 C.P.O. bezeichneten Ansprüche gegeben waren, sind an Stelle der letzteren jetzt die Ansprüche des § 850 Abs. 4 C.P.O. getreten; soweit aber in den besonderen Gesetzen die Beschränkung auch für andere Ansprüche gegeben ist, bleiben diese Ansprüche nach wie vor bevorzugt, s. z. B. § 55 des Invalidenversicherungsgesetzes vom 13./19. Juli 1899.

Die Einkünfte, welche zur Bestreitung eines Dienstaufwandes bestimmt sind und der Servis der Offiziere, Militärärzte und Militärbeamten sind weder der Pfändung unterworfen noch bei der Ermittelung, ob und zu welchem Betrage ein Diensteinkommen der Pfändung unterliege, zu berechnen.

C. Absolute Rechte. Das Urheberrecht an Schriftwerken, Abbildungen, Kompositionen und dramatischen Werken, an Werken der bildenden Kunst, an Photographien, an Mustern und Modellen, das Recht auf Ertheilung eines Patents und das Recht aus einem Patent können veräußert werden — § 3 des Ges. vom 11. Juni 1870, § 2 des Ges. vom 9. Jan. 1876, § 7 des Ges. vom 10. Jan. 1876, § 3 des Ges. vom 11. Jan. 1876, § 6 des Patentgesetzes vom 7. April 1891 — und gehören daher zur Aktivmasse. Hat der Verfasser oder der Künstler die Veröffentlichung seines Werkes schon vor Eröffnung des Konkurses in wirksamer Weise erklärt, so gehören alle daraus entstehenden Rechte zur Masse. Streitig ist es, ob und wie weit die Masse betheiligt ist, wenn der Autor eine solche Bestimmung nicht getroffen hat, wenn das Werk nur theilweise vollendet, wenn es zwar fertig, aber noch nicht zur Veröffentlichung ausgegeben ist, oder wenn es sich um eine neue Auflage handelt. Nach der allgemeinen Ansicht soll eine solche, vom Gemeinschuldner noch nicht beschlossene Ausgabe nicht gegen seinen Willen erfolgen dürfen, weil dies ein Eingriff in die „geistige Persönlichkeit" des Verfassers sei, Klostermann, das geistige Eigenthum I S. 12 ff., 127, 293 ff., Klostermann, das Urheberrecht S. 141 ff., Dambach, Gesetzgebung des Norddeutsch. Bundes betr. das Urheberrecht, Jäger Anm. 8, Wächter, das Autorenrecht I S. 113 ff. (will zwar den Zwangsverkauf gegenüber den Rechtsnachfolgern des Autors zulassen, nicht aber gegenüber dem Autor selbst, weil dieser das Werk „vielleicht aus wissenschaftlichen Gründen nur nach vorgängiger Umarbeitung wieder heraus zu geben wünsche", s. dagegen Wächter, das Verlagsrecht, I S. 218, Endemann, das Ges. betr. das Urheberrecht, Mittermaier, Grundsätze des gem. deutsch. Pr.R. 7. Aufl. Bd. 2 S. 81, Dernburg, Preuß. Pr.R. Bd. 2 S. 739, welche meinen, die Frage, ob ein Manuskript druckreif oder ein nicht veröffentlichtes Werk der bildenden Kunst fertig sei, sei die Vorfrage, ob ein Urheberrecht existire und dabei sei die Entscheidung des Autors oder seiner Erben maßgebend"), Kohler, Patentrecht S. 109, Dambach, Musterschutzgesetzgebung S. 28, v. Völderndorff I S. 58, 59, Bluntschli, deutsch. Priv.R. § 47, v. Wilmowski Anm. 27 zu § 1 K.O., der aber meint, der Autor habe, wenn er nach der Eröffnung des Verfahrens die Veröffentlichung beschließt, kein Recht, auf Grund dieses späteren Beschlusses das Manuskript und den Erfolg der Veröffentlichung als einen nicht zur Konkursmasse gehörigen neuen Erwerb für sich zu verlangen. Vergl. auch Petersen u. Kleinfeller S. 3, 4, Fitting § 13 Anm. 18,

Kaiser in Z. f. D. C.P. 21 S. 201—258, Meisner S. 4, 5, Steglitz S. 3, 4. Es ist jedoch mit Wengler S. 56 Anm. und hinsichtlich des Urheberrechts an Mustern und Modellen mit Steglitz S. 4 anzunehmen, daß das Werk, auch wenn seine Veröffentlichung vom Autor noch nicht bestimmt ist, zur Masse gehört, sofern es einen zu realisirenden Vermögenswerth hat. Da das Gesetz keine Vorschriften enthält, ob und wie weit noch nicht fertige Werke der Exekution entzogen sind, können nur die Bestimmungen der K.O. und der C.P.O. maßgebend sein (Klostermann, Urheberrecht S. 141), in dieser Beziehung hat aber weder die K.O. noch die C.P.O. ein Exekutionsprivileg begründet, ein besonders zu schützendes Recht der „geistigen Persönlichkeit" giebt es nicht, das Recht, ein Werk zu veröffentlichen, ist auch kein rein persönliches, es ist nicht an die Person des Autors gebunden, da es nach § 1 des Ges. vom 11. Jan. 1870 und den übrigen hier in Betracht kommenden Ges. ausdrücklich für übertragbar erklärt ist. Das Recht, ein Werk zu veröffentlichen, ist ein Recht der Disposition und dieses Recht wird nach § 7 vom Verwalter ausgeübt. Man darf auch nicht behaupten, ein Schriftwerk sei vor seiner Vollendung noch nicht vorhanden, denn, wäre dies richtig, so würde der Autor eines unvollendeten Werkes gegen Nachdruck und Nachbildung nicht geschützt, das Gesetz spricht aber nicht von einem vollendeten, sondern überhaupt von einem Schriftwerk, und was für das Ganze gilt, muß auch für einen Theil des Ganzen gelten. In dieser Beziehung hebt auch Klostermann, das geistige Eigenthum § 22 hervor, es sei „keineswegs Bedingung des Rechtsschutzes, daß die Darstellung des geistigen Produkts vollendet sei, daher seien auch die bloßen Vorarbeiten zu einer Schrift, zusammengetragene Materialien u. dgl. gegen Nachdruck geschützt." Durch sentimentale Regungen für die Schriftstellerehre dürfen die Gläubiger nicht beeinträchtigt werden, die ihr Vermögen und damit zuweilen ihr Lebensinteresse wahren müssen und von denen mancher schon ohnehin einen großen Theil der Früchte eines arbeitsvollen Lebens verliert, ihr Recht ist stärker als die vom Gesetz nicht geschützte wissenschaftliche oder Künstlerehre ihres Schuldners. Diese Ehre wird aber auch dadurch, daß der Verwalter das unvollendete Werk als ein unvollendetes herausgiebt oder durch einen anderen vollenden läßt, ebensowenig verletzt, als sie eine Einbuße durch die Herausgabe eines unvollendeten Werkes nach seinem Tode durch die Erben erleidet. Würde der Verwalter ein solches Werk nicht herausgeben dürfen, so wäre es der Aktivmasse entzogen. In der Regel wird der Verwalter dem Schuldner gestatten, das Werk zu vollenden. Was der Schuldner nach der Eröffnung des Konkurses an dem Werk geleistet hat, gehört zu seinem nachträglich erworbenen Vermögen, es wird insoweit eine Theilung des Erwerbs zwischen dem Verwalter und dem Schuldner erfolgen müssen.

Das Markenschutzrecht aus dem Ges. vom 30. Nov. 1874 ist mit der Firma verbunden, fällt daher mit dieser in die Masse und unterliegt daher der Verfügung des Verwalters A.M. v. Wilmowski Anm. 2. Dasselbe gilt vom Recht auf ein Waarenzeichen, welches im § 7 des Ges. vom 12. Mai 1894 für übertragbar erklärt ist.

D. Familienrecht.

Wegen des ehemännlichen und des elterlichen Nießbrauchsrechtes s. oben.

Im Konkurse der Frau gehört nicht blos das Vorbehaltsgut, sondern auch das eingebrachte Vermögen zur Aktivmasse, aber dem Ehemanne verbleiben die ihm daran eingeräumten Rechte, am eingebrachten Gute insbesondere der Nießbrauch und die Verwaltung, s. darüber Anm. zu § 2.

Das Recht des Ehemanns, von der Frau einen Beitrag zum Unterhalt des gemeinschaftlichen Kindes zu verlangen, §§ 1585, 1352 B.G.B., der Anspruch des Ehemannes, von der Frau einen Beitrag zur Bestreitung des ehelichen Aufwands zu fordern, §§ 1427, 1371 B.G.B., und der Anspruch des Kindes auf Aussteuer § 1623 B.G.B., sind in den angeführten Ges. für nicht übertragbar erklärt und gehören daher nicht zur Aktivmasse. Die Ansprüche wegen Bruchs des Eheverlöbnisses § 1298 B.G.B., sind der Pfändung nicht entzogen und von der Konkursmasse nicht ausgeschlossen. Der Anspruch der deflorirten Braut nach Aufhebung des Verlöbnisses auf Geldentschädigung wegen des Schadens, der nicht Vermögensschade ist, § 1300 B.G.B., gehört dagegen nur dann zur Konkursmasse, wenn er vor der Eröffnung des Verfahrens anerkannt oder rechtshängig geworden ist.

E. Erbrecht.

1. Wegen des Erwerbs der Erbschaft und des Vermächtnisses s. Anm. 4a und e.

2. Der Pflichttheilsanspruch ist zwar übertragbar, § 2317 Abs. 2 B.G.B., durch die Bestimmung des § 852 C.P.O.: „der Pflichttheilsanspruch ist der Pfändung nur unterworfen, wenn er durch Vertrag anerkannt oder rechtskräftig geworden ist", ist er aber von der Zugehörigkeit zur Konkursmasse ausgeschlossen, wenn er nicht vor der Konkurseröffnung anerkannt oder rechtshängig geworden ist.

3. Das Recht des Vorerben ist nur resolutiv bedingt, die Ausübung dieses Rechts gehört daher zur Konkursmasse, sie gehört dazu so wie sie zur Zeit der Eröffnung bestand. Ist der Vorerbe zur Sicherheitsleistung rechtskräftig verurtheilt, und hat der Nacherbe die Nachlaßverwaltung der §§ 2128, 1052 B.G.B. erwirkt, so bleibt die Nachlaßverwaltung und die dadurch eingetretene Verfügungsbeschränkung auch im Konkurse bestehen, bis die Sicherheit, und zwar zum vollen, nicht auf die Konkursprozente beschränkten, Betrage geleistet wird. Der Verwalter tritt in das bestehende Rechtsverhältniß ein und übt das Dispositionsrecht des Kridars aus, aber eine Verfügung des Verwalters ist nach § 2115 B.G.B. im Fall des Eintritts des Rechts des Nacherben insoweit unwirksam, als durch sie das Recht des letzteren vereitelt oder beeinträchtigt werden würde, sie ist aber unbeschränkt wirksam, wenn sie zu Gunsten eines Nachlaßgläubigers oder eines solchen an dem Erbschaftsgegenstande bestehenden Rechts getroffen ist, welches im Fall des Eintritts der Nacherbfolge dem Nacherben gegenüber wirksam ist. Es tritt hiernach eine Verschiedenheit der Wirksamkeit der Verfügungen des Verwalters ein, je nachdem er die Erbschaftsgegenstände unterschiedslos zur Masse gezogen oder nur einen Nachlaßgläubiger oder einen am Nachlaßgegenstand Berechtigten befriedigt hat. Da der Verwalter aber keine unwirksamen Handlungen vornehmen darf, so ist er, wie auch im § 128 K.O. ausdrücklich vorgeschrieben ist, im Allgemeinen nicht berechtigt, Gegenstände der durch die Nacherbfolge beschränkten Erbschaft, durch Verkauf zu verwerthen, weil dieselben dadurch dem Recht des Nacherben entzogen werden würden, und dem Nacherben gegen ihn das Recht des § 2128 B.G.B. zustehen würde, welches gegen die Konkursmasse als Masseanspruch geltend gemacht wird. Er darf wie ein Nießbraucher den Verkauf nur soweit vornehmen, als der Verkauf zur ordnungsmäßigen Verwaltung erforderlich oder statthaft ist. Abgesehen hiervon hat er die Gegenstände zu verwalten und die Nutznießung aus ihnen zum Vortheil der Masse zu ziehen. Zur Befriedigung der Nachlaßgläubiger und der an dem Gegenstand Berechtigten darf er die Nachlaßgegenstände aber unbeschränkt verkaufen. In dieser Beziehung kommen die Grundsätze der Anm. B. 1 zur Anwendung.

Auch wenn es sich um ein fideicommissum ejus quod supererit handelt — § 2137 B.G.B. —, ist dem Verwalter das Recht des Verkaufs nicht anders als in

Ansehung des beschränkten Fideikommisses gestattet, denn die §§ 2137, 2136 B.G.B., die das Recht des Vorerben in diesem Falle erweitern, beziehen den die Verfügung des Konkursverwalters beschränkenden § 2115 nicht, der § 2115 gilt daher auch für das Fideikommiß auf den Ueberrest. Deshalb kann die Annahme des R.G. 36, 125, daß der Gegenstand des Fideikommisses auf den Ueberrest unbeschränkt zur Konkursmasse gehöre und der Masse auch dann verbleibe, wenn während des Konkurses das Recht des Nacherben eintritt, für das neue Recht nicht mehr zutreffen.

Die Aktivmasse wird im Fall der Nacherbschaft durch den § 863 C.P.O. noch weiter beschränkt:

Ist der Schuldner als Erbe nach § 2338 des Bürgerlichen Gesetzbuchs durch die Einsetzung eines Nacherben beschränkt, so sind die Nutzungen der Erbschaft der Pfändung nicht unterworfen, soweit sie zur Erfüllung der dem Schuldner seinem Ehegatten, seinem früheren Ehegatten oder seinen Verwandten gegenüber gesetzlich obliegenden Unterhaltspflicht und zur Bestreitung seines standesmäßigen Unterhalts erforderlich sind. Das Gleiche gilt, wenn der Schuldner nach § 2338 des Bürgerlichen Gesetzbuchs durch die Ernennung eines Testamentsvollstreckers beschränkt ist, für seinen Anspruch auf den jährlichen Reinertrag.

Die Pfändung ist unbeschränkt zulässig, wenn der Anspruch eines Nachlaßgläubigers oder ein auch dem Nacherben oder dem Testamentsvollstrecker gegenüber wirksames Recht geltend gemacht wird.

Diese Vorschriften finden entsprechende Anwendung, wenn der Antheil eines Abkömmlinges an dem Gesammtgute der fortgesetzten Gütergemeinschaft nach § 1513 Abs. 2 des Bürgerlichen Gesetzbuchs einer Beschränkung der im Abs. 1 bezeichneten Art unterliegt.

Die durch diese Vorschrift bestimmte Beschränkung des Verwalters mit Rücksicht auf die angeordnete Nacherbschaft tritt hiernach in folgenden Fällen ein:

a) wenn der Erblasser nach § 2338 B.G.B. die dem Abkömmling gemachte Zuwendung, welcher sich in einem solchen Maße der Verschwendung ergeben hat oder in einem solchen Maße überschuldet ist, daß sein späterer Erwerb gefährdet wird, durch die Anordnung beschränkt hat, daß nach dem Tode des Abkömmlings dessen gesetzliche Erben das ihm Hinterlassene oder den ihm gebührenden Pflichttheil als Nacherben oder als Nachvermächtnißnehmer nach dem Verhältniß ihrer gesetzlichen Erbtheile erhalten sollen (exheredatio bona mente);

b) wenn der Erblasser unter der bei a angegebenen Voraussetzung die Verwaltung des dem Abkömmling Zugewendeten einem Testamentsvollstrecker übertragen hat; in diesem Fall hat der Abkömmling Anspruch auf den jährlichen Reinertrag;

c) wenn der Erblasser unter der bei a angegebenen Voraussetzung den Antheil des Abkömmlings an dem Gesammtgut der fortgesetzten Gütergemeinschaft der Beschränkung unter a oder unter b unterworfen hat.

Die Verwaltung durch den Testamentsvollstrecker wird durch die Konkurseröffnung nicht beseitigt, der Verwalter hat vielmehr nur das Recht des Kridars auf den Bezug des Reinertrags, ist aber durch die Vorschrift des § 863 mit Rücksicht auf den Unterhalt des Kridars und der übrigen im § 863 bezeichneten Personen — nicht auch des unehelichen Kindes des Vaters — beschränkt. Ist die Verwaltung durch einen Testamentsvollstrecker nicht angeordnet, so ist der Verwalter durch den § 863 an dem

Verkauf von Nachlaßgegenständen zur Befriedigung von Nachlaßgläubigern oder eines dem Nacherben gegenüber wirksamen Rechts nicht behindert.

9. Rechtsmittel. Entsteht zwischen dem Kridar und dem Verwalter Streit über die Zugehörigkeit eines Gegenstands zur Aktivmasse, so entscheidet das Konkursgericht. Nach § 72 finden die Vorschriften der C.P.O., soweit sich nicht aus den Bestimmungen der K.O. Abweichungen ergeben, auf das Konkursverfahren entsprechende Anwendung. Differenzen über die Zugehörigkeit eines Gegenstandes zur Masse betreffen die Frage, welche Gegenstände des Kridars von dem Zugriff der Konkursgläubiger zu verschonen sind, sie betreffen daher die Art und Weise des Verfahrens. Ebenso wie die Erinnerung des Schuldners im Fall der Einzelzwangsvollstreckung wegen eines Verstoßes gegen den § 811 C.P.O. nach § 766 C.P.O. nur durch Beschluß des Vollstreckungsgerichts zu erledigen sind (R.G. 16, 378, in Gruchots Beitr. 28, 1164 und in der J. W. 1897 S. 606, Struckmann u. Koch Anm. 1 zu dem bisherigen § 715 C.P.O.), ebenso werden auch die Differenzen des Gemeinschuldners mit dem Verwalter über die Befreiung eines Gegenstandes von der Konkursmasse durch Beschluß des Konkursgerichts entschieden. Die Analogie des § 766 C.P.O. ist hier umsomehr gegeben, als die Konkursmasse nach § 1 Abs. 1 nur das der Zwangsvollstreckung unterliegende Vermögen begreift. Diese Streitigkeiten können nicht auch, wie v. Wilmowski Anm. 2 zu § 1 behauptet, im Prozeßwege erledigt werden, denn wenn die Art der Entscheidung durch die Vorschriften des Gesetzes bestimmt ist, so ist jede andere, nicht zugelassene, Art der Entscheidung ausgeschlossen, R.G. in Jur. W. 1884 S. 173 und in Gruchots Beitr. 30, 739. Ebenso v. Sarwey-Bossert Anm. 8, vgl. Gaupp, Civilprozeßordnung Anm. III., 14 zu dem früheren § 685. Der Verwalter nimmt im exekutivischen Wege, nöthigenfalls mit gerichtlicher Hülfe das Konkursvermögen in Besitz, § 117, und verwaltet und verwerthet es zur Befriedigung der Gläubiger. Dadurch entsteht ein Rechtsverhältniß, welches demjenigen entspricht, das durch die Besitznahme Seitens des Gerichtsvollziehers für den einzelnen Gläubiger besteht. Gleichwohl hat das R.G. 36, 398 ff. angenommen, daß die Entscheidung durch Beschluß nur zulässig sei, wenn der Verwalter den Besitz nur auf Grund des § 117 „im Zwangswege gegen den Gemeinschuldner" erlangt habe, die Entscheidung aber dann, wenn der Verwalter den Besitz ohne Zwangsmaßregel erlangt, nur im Prozeßwege zulässig sei, weil der § 766 (früher 685) C.P.O. sich auf Vollstreckungshandlungen durch Vollstreckungsorgane, nicht auf den Verwalter und dessen Handlungen beziehe.

Die Entscheidung wird nicht, wie v. Sarwey-Bossert meinen, von dem sonst nach §§ 764 Abs. 2, 828 Abs. 2 C.P.O. zuständigen Vollstreckungsgericht, sondern nur durch das Konkursgericht getroffen. Denn der § 72 läßt die Vorschriften der C.P.O. nur soweit analog anwenden, als sich aus der K.O. keine Abweichungen ergeben, die K.O. hat aber in dieser Beziehung eine abweichende Bestimmung getroffen. Denn nach § 71 ist für das Konkursverfahren das Konkursgericht ausschließlich zuständig und die Entscheidung über die Feststellung der Aktivmasse gehört zum Konkursverfahren (§ 73 „die Entscheidungen im Konkursverfahren", § 72 „die Vorschriften der C.P.O. finden auf das Konkursverfahren entsprechende Anwendung").

Die Entscheidung kann ohne vorgängige mündliche Verhandlung — § 73 —, jedoch nicht ohne Gehör des Gegners erfolgen. Gegen die Entscheidung ist die sofortige Beschwerde zulässig; § 73 Abs. 3.

Streitigkeiten des Verwalters mit dritten Personen, zu denen auch die Ehefrau und die Kinder des Gemeinschuldners gehören, vgl. §§ 861 Abs. 2, 862 Abs. 2 C.P.O., können dagegen nur im Prozeßwege entschieden werden, da das Konkursgericht keine

Kognition über die Rechte dritter Personen hat. Zu den dritten Personen gehören auch die Absonderungsberechtigten — § 4 Abs. 2.

§. 2.

Wird bei dem Güterstande der allgemeinen Gütergemeinschaft, der Errungenschaftsgemeinschaft oder der Fahrnißgemeinschaft das Konkursverfahren über das Vermögen des Ehemanns eröffnet, so gehört das Gesammtgut zur Konkursmasse; eine Auseinandersetzung wegen des Gesammtguts zwischen den Ehegatten findet nicht statt.

Durch das Konkursverfahren über das Vermögen der Ehefrau wird das Gesammtgut nicht berührt.

Diese Vorschriften finden bei der fortgesetzten Gütergemeinschaft mit der Maßgabe Anwendung, daß an die Stelle des Ehemanns der überlebende Ehegatte, an die Stelle der Ehefrau die Abkömmlinge treten.

M. I —; P. I —; M. II 24, 25; P. II 3—5.

1. Die allgemeine Gütergemeinschaft und die Farnißgemeinschaft werden nach den Vorschriften des B.G.B. durch die Eröffnung des Konkurses nicht aufgelöst, die Errungenschaftsgemeinschaft endigt nach § 1543 B.G.B. mit der Rechtskraft des Beschlusses, durch welchen der Konkurs eröffnet ist. Bisher wurde die Gütergemeinschaft jeder Art nach den Grundsätzen der §§ 16, 51 über die Gemeinschaften behandelt: Die Auseinandersetzung fand statt, erfolgte aber vom Verwalter mit dem anderen Ehegatten außerhalb des Konkursverfahrens, R.G. 8, 102 und in der J. W. 1883 S. 227. Dieser Grundsatz ist durch den § 2, welcher dem § 1361 des ersten Entwurfs des B.G.B. entspricht, beseitigt: Eine Auseinandersetzung findet nicht statt, die §§ 16, 51 kommen für die Gütergemeinschaft nicht zur Anwendung (M. II S. 24), das Gesammtgut gehört zur Aktivmasse im Konkurs des Ehemannes, jedes Recht der Ehefrau am Gesammtgut ist von dem Konkurs über das Vermögen der Frau ausgeschlossen. Da die nach § 1543 B.G.B. durch die Eröffnung des Verfahrens kraft Gesetzes erfolgende Beendigung der Errungenschaftsgemeinschaft erst mit der Rechtskraft des Eröffnungs-Beschlusses eintritt, das Errungenschaftsvermögen aber schon im Augenblick der Konkurseröffnung in die Aktivmasse fällt, so hat die gesetzliche Beendigung dieser Gemeinschaft für das Konkursverfahren keine Bedeutung (M. II S. 25) und übt seine Wirkung nur auf das von den Eheleuten nach der Einleitung des Verfahrens erworbene Vermögen aus.

Gehört ein Gegenstand nur zum Theil zum Gesammtgut, § 1556 B.G.B., so findet die Auseinandersetzung in Ansehung dieses Gegenstandes mit dem Verwalter nach § 16 statt.

2. Durch die Bestimmung, daß das Gesammtgut zur Konkursmasse gehört, ist dasselbe gemäß der Zweckbestimmung des § 3 der Verwerthung Seitens des Verwalters — § 117 — in gleicher Weise unterworfen, wie jeder andere Gegenstand der Konkursmasse, und hören in Folge dessen alle Rechte der Frau an dem Gesammtgut während des Konkurses auf. Der Verwalter ist auch hinsichtlich derjenigen Rechtsgeschäfte, welche der Ehemann außerhalb des Konkurses nicht ohne Zustimmung der Frau vornehmen darf, §§ 1444—1446 B.G.B., an diese Zustimmung nicht gebunden, die

Ehefrau kann einen Prozeß über einen Gegenstand ihres zugebrachten Vermögens, § 1454 B.G.B., nicht fortsetzen, sie kann weder die Auseinandersetzung fordern, noch irgend welche Rechte am Gesammtgut als Konkursgläubigerin geltend machen, sie kann die Feststellung des Bestandes des eingebrachten Gutes im Sinne des § 1528 B.G.B. nur gegen den Kridar, nicht gegen den Verwalter fordern.

3. Was nach der Eröffnung des Konkurses von dem Ehemann oder der Ehefrau zur Gütergemeinschaft erworben wird, ist von der Konkursmasse ausgeschlossen, § 1 Abs. 1. Die der Frau vor der Eröffnung des Verfahrens angefallene Erbschaft oder das ihr angefallene Vermächtniß gehört zur Aktivmasse, aber das Recht zur Annahme oder Ausschlagung der letztwilligen Zuwendung muß nach dem Grundsatz des § 9 der Ehefrau verbleiben, § 1453 B.G.B., s. im Uebrigen Anm. 2 zu § 9.

4. Die Gesammtgutgläubiger sind Konkursgläubiger. Dies gilt auch für die Gläubiger der Frau, denen das Gesammtgut haftet, §§ 1459ff., 1533, 1534, 1549, ihre Ansprüche sind auch nicht auf das gütergemeinschaftliche Vermögen beschränkt, weil der Ehemann für dieselben auch persönlich haftet, §§ 1459 Abs. 2, 1530 Abs. 2, 1549 B.G.B.

5. War die Gütergemeinschaft schon vor der Eröffnung des Verfahrens, z. B. durch den Tod der Ehefrau, aufgelöst, so kommt nicht der § 2, sondern der § 16 zur Anwendung, wonach die Auseinandersetzung außerhalb des Konkurses stattfindet, denn in diesem Fall ist der Konkurs nicht „bei" dem Güterstande der Gütergemeinschaft eröffnet.

Die von der Ehefrau oder dem Kridar auf Aufhebung der Gütergemeinschaft angestellte Klage, §§ 1468, 1469 B.G.B., wird durch die Eröffnung des Konkurses nicht unterbrochen, weil sie die Konkursmasse nicht betrifft, § 240 C.P.O., und auf das Verfahren ohne Einfluß ist. Das demnächst ergehende Aufhebungsurtheil äußert seine, erst mit der Rechtskraft eintretende, § 1470 B.G.B., Wirkung nur auf das nach der Eröffnung des Verfahrens erworbene Vermögen der Eheleute, welches nicht zur Masse gehört.

War das Aufhebungsurtheil aber schon vor der Eröffnung des Konkurses rechtskräftig geworden, so besteht keine Gütergemeinschaft mehr, sondern Gütertrennung § 1470 B.G.B., der Konkurs ist nicht „bei" dem Güterstand der Gemeinschaft, sondern nach deren Beendigung eröffnet. Der § 2 kommt daher nicht zur Anwendung, und die Auseinandersetzung muß, sofern sie nicht schon erfolgt ist, mit dem Verwalter nach § 16 vorgenommen werden.

Dasselbe gilt von der Aufhebung der Gütergemeinschaft durch den Tod oder durch Vertrag, § 1432 B.G.B. Ob die Eintragung der Aufhebung in das Güterrechtsregister erfolgt ist, ist in diesen Fällen auch dann unerheblich, wenn der Güterstand der Gemeinschaft im Güterrechtsregister eingetragen war.

6. Wird über das Vermögen der Frau der Konkurs eröffnet, so wird „das Gesammtgut nicht berührt", d. h. der nach § 860 C.P.O. auch der Zwangsvollstreckung entzogene Antheil der Frau an dem Gesammtgut gehört nicht zur Konkursmasse. Auch hier wird vorausgesetzt, daß das Verfahren „bei" dem Güterstand der Gemeinschaft eröffnet wird, es kommen daher die Grundsätze der Anm. 5 auch für diesen Fall zur Anwendung. Die Gläubiger der Frau, denen neben dem Sondergut der letzteren auch das Gesammtgut haftet, sind Konkursgläubiger, können ihre Befriedigung aber nur soweit fordern, als ihre Ansprüche nicht aus dem Gesammtgut befriedigt sind, vgl. § 68.

Da das Recht der Frau am Gesammtgut nicht zur Masse gehört, so disponirt die Frau über dasselbe in derselben Weise wie außerhalb des Konkurses, der vor dem Beginn der Gemeinschaft anhängige Prozeß des § 1454 B.G.B. wird von ihr persönlich fortgesetzt, ihre Genehmigung ist zu den Rechtsgeschäften der §§ 1444—1446 B.G.B. erforderlich, sie kann von dem Ehemann die Feststellung des Bestandes nach § 1528 B.G.B. fordern, sie kann auch die Klage auf Aufhebung der Gütergemeinschaft anstellen und die Auseinandersetzung mit ihrem Ehemann während des Konkurses vornehmen; das durch die Auseinandersetzung erlangte Vermögen fällt nicht in die Konkursmasse.

7. Die fortgesetzte Gütergemeinschaft findet nur bei dem Güterstand der allgemeinen Gütergemeinschaft und, sofern sie durch Ehevertrag vereinbart ist, § 1557, bei dem Güterstand der Fahrnißgemeinschaft statt. In den Fällen der fortgesetzten Gütergemeinschaft hat nach Abs. 3 der überlebende Ehegatte, wenn der Konkurs eröffnet ist, die Stellung des Ehemannes, so daß auf ihn die Anm. 1—5 zur Anwendung kommen, wogegen der antheilsberechtigte Abkömmling, wenn gegen ihn der Konkurs eröffnet wird, die Stellung der Ehefrau hat, so daß auf ihn die Grundsätze der Anm. 6 anzuwenden sind.

Ist die Ehefrau der überlebende Ehegatte, so haftet sie für die Gesammtgutverbindlichkeiten nach § 1489 B.G.B. nur bis zum Belauf des Bestandes, welchen das Gesammtgut zur Zeit des Eintrittes der fortgesetzten Gütergemeinschaft hat, wenn sie das Recht auf die beschränkte Haftung nicht verwirkt hat, § 1994 B.G.B., die Gläubiger, denen sie hiernach nicht persönlich haftet, sind Konkursgläubiger, haben aber keinen Anspruch auf das übrige Vermögen der Frau, für sie muß daher eine besondere Berechnung (Spezialmasse) stattfinden.

Der Verzicht eines Abkömmlings auf seinen Antheil, § 1491 B.G.B., hat auf das Verfahren keinen Einfluß.

Der überlebende Ehegatte setzt die Gütergemeinschaft nur mit den gemeinschaftlichen Abkömmlingen fort. Sind andere Abkömmlinge vorhanden, so besteht für sie keine fortgesetzte Gütergemeinschaft, §§ 1485, 1483 Abs. 2 B.G.B., mit ihnen muß daher eine Auseinandersetzung nach §§ 16, 51 stattfinden. Im Uebrigen kommt für die fortgesetzte Gütergemeinschaft der § 236 K.O. zur Anwendung.

9. Der § 2 bezieht sich auch auf den Güterstand der zur Zeit des Inkrafttretens der K.O. und des B.G.B. bestehenden Ehen, denn er ist als eine Vorschrift des Prozeßverfahrens öffentlichen Rechts und übt deshalb seine Wirkung auf alle bestehenden Rechtsverhältnisse aus. Der Art. 200 E.G. z. B.G.B. läßt die bisherigen Bestimmungen über den Güterstand nur an Stelle des B.G.B. bestehen, der § 2 ist aber nicht an Stelle bisheriger Vorschriften über den Güterstand, sondern an Stelle der §§ 16, 51 K.O. getreten.

§. 3. (2.)

Die Konkursmasse dient zur gemeinschaftlichen Befriedigung aller persönlichen Gläubiger, welche einen zur Zeit der Eröffnung des Verfahrens begründeten Vermögensanspruch an den Gemeinschuldner haben (Konkursgläubiger).

Unterhaltsansprüche, die nach den §§. 1351, 1360, 1361, 1578 bis 1583, 1586, 1601—1615, 1708—1714 des Bürgerlichen Gesetzbuchs gegen den Gemeinschuldner begründet sind, sowie die sich aus den §§. 1715, 1716 des Bürgerlichen Gesetzbuchs ergebenden Ansprüche können für die Zukunft nur geltend gemacht werden, soweit der Gemeinschuldner als Erbe des Verpflichteten haftet.

M. I 25, 26; P. I 8, 646; M. II 25, 26; P. II 5—8.

1. Indem der § als Zweck des Konkurses ein Verfahren bestimmt, welches zur gemeinschaftlichen Befriedigung der Konkursgläubiger dient, legt er den einzelnen Konkursgläubigern, welche ohne das Verfahren ihre Befriedigung auf eigene Hand ohne Rücksicht auf andere gleichberechtigte Gläubiger suchen dürfen, die Verpflichtung auf, sich zu Gunsten der Mitgläubiger auf das Maß gleichmäßiger Befriedigung zu beschränken, und giebt ihnen andererseits das, ihnen von den Mitgläubigern nicht entziehbare, Recht auf gleichmäßige Befriedigung (Konkursanspruch). Diese Beschränkung und das Recht auf gleichmäßige Befriedigung sind das gemeinsame Band, welches sie zu einer Kommunion vereinigt (M. I S. 15—18, a. M. v. Sarwey=Bossert Anm. 1, und Petersen=Kleinfeller Anm. 2, letztere nehmen nur eine Interessengemeinschaft ohne rechtliche Folgen an). Der Gegenstand dieser Gemeinschaft sind das Recht an der Masse und das Recht auf gemeinschaftliche Befriedigung, § 741 B.G.B., dies Rechtsverhältniß wird in der K.O. im Einzelnen geregelt, insbesondere durch die Bestimmungen der §§ 14, 15, 144, wonach kein Gläubiger während des Verfahrens selbstständig Befriedigung von dem Gemeinschuldner erzwingen, keiner ein Sonderrecht an einem Massegegenstand erwerben, und jeder das Recht des anderen bestreiten darf. Insoweit die K.O. dies Rechtsverhältniß regelt, treten deren Bestimmungen an Stelle der Vorschriften des B.G.B., § 741 B.G.B.; soweit diese Regelung aber durch die K.O. nicht herbeigeführt ist, kommen die §§ 742—758 und die sonstigen Vorschriften des B.G.B. zur Anwendung, welche sich aus der Annahme des Gemeinschaftsverhältnisses ergeben, daher haften die übrigen Gläubiger für Gewährleistung, wenn einem von ihnen zu seiner Befriedigung ein Gegenstand der Masse zugetheilt ist, §§ 757, 365 B.G.B. (daneben steht ihm ein Massenanspruch zu), daher hat die Verletzung des Gemeinschaftsverhältnisses zur Folge, daß derjenige Gläubiger, welchem ein verhältnißmäßig zu geringer Theil seiner Forderung bezahlt ist, einen Rückgriff gegen diejenigen Konkursgläubiger hat, die zu seinem Nachtheil mehr erhalten haben, § 812 B.G.B., M. I 247, 248, vgl. Plenarbeschl. des Obertrib. vom 19. Okt. 1840 Entsch. 6, 399, R.G. 6, 313; in J.W. 1889 S. 179, 1890 S. 196, in Gruchots Beitr. 34, 984, Bornemann, Preuß. Civilrecht 3 S. 348. — Ein Rechtssubjekt ist die Gläubigerschaft ebensowenig wie es eine andere Gemeinschaft ist.

Das Recht der Gläubigerschaft an dem Vermögen des Gemeinschuldners ist weder das Eigenthum an der Masse, weil der Kridar Eigenthümer bleibt, noch die Stellvertretung oder ein Pfandrecht (Anm. 2 zu § 6). Durch die Konkurseröffnung verliert der Gemeinschuldner das Verwaltungs= und Verfügungsrecht, § 6, das Konkurs=Gericht erläßt den offenen Arrest, § 118, jede Verfügung des Gemeinschuldners über einen Gegenstand der Masse ist zu Gunsten der Konkursgläubiger unwirksam, §§ 7, 8. Das gesammte Vermögen wird daher wie bei der Zwangsvollstreckung mit Beschlag belegt. Diese Beschlagnahme geschieht lediglich zu Gunsten der Gläubigerschaft, für welche nach § 3 das gesammte Verfahren betrieben wird. Die Gläubiger erlangen daher durch die Eröffnung des Verfahrens die Beschlagnahme des Vermögens) mit gleicher Wirkung, wie der betreibende und der beigetretene Gläubiger in der Immobiliarzwangsvollstreckung das Recht der Beschlagnahme erlangt, § 20 Z.V.G. und Wolff Anm. 1 zum Z.V.G.

2. Konkursgläubiger ist jeder, welcher am Konkursverfahren Theil zu nehmen berechtigt ist, auch wenn er thatsächlich nicht daran Theil nimmt, Mot. I S. 26 Jäger Anm. 1, v. Wilmowski Anm. 1, v. Völderndorff I S. 111, v. Sarwey=Bossert Anm. 3. Denn, wie unter 1 ausgeführt, steht dem Anspruch auf gleichmäßige Befriedigung die Verpflichtung gegenüber, den Anspruch nicht gesondert geltend zu machen,

§§ 12, 14, 15, 181, und auf eine Pflicht kann nicht verzichtet werden; s. auch § 191, nach welchem der Zwangsvergleich für und gegen alle Konkursgläubiger wirksam ist, auch wenn sie ihre Forderung nicht angemeldet haben; s. dagegen aber R.G. 29, 74 und Anm. 2 zu § 11. Gilt der Gläubiger hinsichtlich dieser Verpflichtung trotz der Unterlassung der Anmeldung als Konkursgläubiger, so erlangt er die Rechte des Konkursgläubigers, insbesondere das Recht zum Mitstimmen, die Unterbrechung der Verjährung doch erst durch die Anmeldung. Die mit einer Präklusion nicht mehr verbundene Unterlassung der Anmeldung hindert den Gläubiger nicht, seine Forderung nachträglich anzumelden, § 142, und die zurückgenommene Anmeldung kann wiederholt werden. Nur der durch Vereinbarung mit dem Verwalter oder dem Kridar erklärte Verzicht hindert die Geltendmachung im Konkurs, befreit den Gläubiger aber von den Verpflichtungen, die ihm die Eigenschaft eines Konkursgläubigers auferlegt — §§ 12, 14, 15, 181 —, nur dann, wenn der Vertrag mit dem Kridar selbst oder wenn er mit dem Verwalter unter Zustimmung des Kridars geschlossen ist.

Ob auch diejenigen Ansprüche zu den Konkursforderungen gehören, deren Geltendmachung im Konkurs durch den § 63 ausgeschlossen ist, ist streitig; v. Sarwey-Bossert Anm. 3, Oetker S. 135, Petersen S. 58, Fitting § 8 Anm. 21 bejahen die Frage, Steglitz S. 68, v. Völderndorff I S. 111, 186 verneinen sie. Da der § 3 die Konkursgläubiger als diejenigen Kreditoren bezeichnet, zu deren gemeinschaftlicher Befriedigung die Konkursmasse dient, und die Masse zur gemeinschaftlichen Befriedigung aller dieser Gläubiger dienen läßt, so sind diejenigen keine Konkursgläubiger, zu deren Befriedigung die Masse nicht dient; die durch den § 63 ausgeschlossenen Gläubiger haben daher nicht die Rechte der Konkursgläubiger, sind aber auch durch die §§ 12, 14, 15, 181 nicht beschränkt.

Ein Anspruch, der thatsächlich nicht existirt, aber angemeldet und anerkannt ist, ist ein Konkursanspruch, v. Wilmowski Anm. 1, ebenso wie ein rechtlich unbegründeter Anspruch durch die rechtskräftige Verurtheilung des Schuldners den begründeten Ansprüchen gleichsteht.

Durch den Uebergang des Anspruchs auf einen andern kraft Universal- oder Singularsuccession verliert der Konkursanspruch diesen seinen Charakter nicht; ist aber der Kridar der Rechtsnachfolger, so hört der Anspruch auf als Konkursforderung zu gelten, denn da der Kridar der Eigenthümer der Masse bleibt, würde er sein eigener Gläubiger sein. Nur wenn der Kridar Miterbe ist, bleibt der Anspruch bis zur Auseinandersetzung und insoweit auch nach der Auseinandersetzung bestehen, als die Forderung dem Kridar nicht übertragen ist, §§ 2032, 2040 B.G.B.

3. Nur die Vermögensansprüche gelten als Konkursforderungen. Ansprüche, die keinen Vermögenswerth haben, sind daher ausgeschlossen. Statutsrechte, die Rechte der elterlichen Gewalt, des Vormunds, die Rechte der Ehegatten gegen einander, z. B. die Befugniß des Ehemanns, ein Dienstverhältniß seiner in Konkurs gerathenen Frau zu kündigen, vgl. Anm. 2 zu § 1, können daher im Konkursverfahren gegen den Verwalter nicht verfolgt werden, wohl aber solche Forderungen, die aus einem Rechtsverhältniß dieser Art vor der Konkurseröffnung entstanden sind. Soweit aus diesen Ansprüchen jedoch vermögensrechtliche Forderungen für die Vergangenheit geltend gemacht werden können, muß der Anspruch gegen den Kridar und gegen den Verwalter verfolgt werden. Dies gilt namentlich für die Klagen über familienrechtliche Verhältnisse, auf Anerkennung der ehelichen oder unehelichen Vater- oder Mutterschaft, auf das Bestehen einer Ehe. Denn der aus diesem Verhältniß folgende Unterhaltsanspruch für die Vergangenheit gilt nach § 3 Abs. 2 als Konkursforderung und die

Anerkennung oder die Verurtheilung des Kridars ohne Zuziehung des Verwalters würde nach § 7 den Konkursgläubigern gegenüber unwirksam sein, a. M. Petersen und Kleinfeller Anm. 3. Der Anspruch auf Unterhalt kann sogar gegen den Verwalter allein verfolgt werden, auch wenn das Rechtsverhältniß, aus welchem er abgeleitet wird, bestritten ist; nur würden die Feststellungen nach dem Konkurs gegen den Kridar nicht bindend sein.

Die Klage auf Unterlassung des Gebrauchs eines Namens, § 12 B.G.B., oder einer Firma, § 37 Abs. 2 H.G.B., ist gegen den Schuldner zu richten, nur der durch den unbefugten Gebrauch schon vor der Eröffnung des Verfahrens entstandene Schade ist als Konkursforderung geltend zu machen. Der Verwalter darf übrigens den Namen oder die Firma, deren sich der Kridar nicht bedienen durfte, nicht ohne einen Zusatz gebrauchen, der den Mangel der Berechtigung zu erkennen giebt, widrigenfalls er sich der Klage des § 12 B.G.B. und des § 37 H.G.B. und die Masse einer als Masseforderung geltenden Schadensersatzforderung aussetzt.

4. Die nicht klagbaren Forderungen (aus Naturalobligationen) können nicht als Konkursforderungen gelten, Seuffert S. 39, Fuchs, Konkursprozeß S. 76 Anm. 2, weil sie nicht im Wege der Klage geltend gemacht werden können, und nur die erforderlichenfalls im Prozeßwege verfolgbaren Ansprüche zur Anmeldung geeignet sind, § 146. Da sie aber durch die Anerkennung des Verwalters die Klagbarkeit erlangen, ist ihre Anmeldung nicht von amtswegen zurückzuweisen. Dies gilt besonders von den verjährten Forderungen, § 222 B.G.B.

5. Der Anspruch muß in einer persönlichen (obligatorischen) Forderung bestehen. Daher gehören die Aussonderungsansprüche auf Herausgabe einer Sache (z. B. auf Grund eines Leihvertrags), auf Anerkennung des Eigenthums, nicht zu den Konkursforderungen. Die Absonderungsansprüche können zugleich persönliche Ansprüche (qualifizirte Absonderungsansprüche) sein und gehören nur als solche zu den Konkursforderungen. Die Ansprüche auf Unterlassung sind keine Konkursforderungen, doch darf der Verwalter, der nur die Rechte des Kridars ausübt, eine dem letzteren dem Dritten gegenüber zu unterlassende Handlung nicht vornehmen, es würde sonst für den Dritten ein Masseanspruch begründet werden.

Da im Konkurs nur solche Forderungen zugelassen werden, die in Geld umsetzbar sind, § 69, Mot. I S. 25, so können Ansprüche auf Handlungen nur soweit als Konkursforderungen gelten, als sie in Geld-, namentlich in Entschädigungsforderungen umgewandelt werden können. Insoweit sind auch Ansprüche auf persönliche Leistungen, z. B. auf Ertheilung von Unterricht, auf ärztliche Behandlung als Konkursforderungen zuzulassen, a. M. Petersen-Kleinfeller Anm. 3.

6. Der Anspruch muß ferner schon zur Zeit der Eröffnung des Verfahrens begründet sein. Da umgekehrt zur Aktivmasse alle Ansprüche gehören, die zur Zeit der Eröffnung des Konkurses gegen Dritte begründet sind, § 1, so kommen im Allgemeinen die Grundsätze der Anm. 4 zu § 1 auch hier zur Anwendung. Bedingte und befagte Forderungen gelten nach §§ 65—67 als Konkursforderungen und sind in dem Zeitpunkt begründet, in welchem das Recht selbst perfekt geworden ist, aus dem sie entstanden sind, Anm. 4a zu § 1. Dasselbe gilt von den künftigen Ansprüchen Anm. 4b zu § 1, die aus einem schon vor der Eröffnung des Verfahrens begründeten Rechtsverhältniß entstehen, jedoch mit der Maßgabe, daß ein solcher Anspruch durch eine Handlung des Gemeinschuldners nach § 7 nicht mit Rechtswirksamkeit gegen die Konkursgläubiger zur Entstehung gebracht werden kann, vgl. Mot. I S. 26. Hinsichtlich der Ansprüche auf wiederkehrende Leistungen wird auf die Grundsätze der Anm. 4c

zu § 1 Bezug genommen, doch gehören die Ansprüche aus einem vom Verwalter fortgesetzten Rechtsverhältniß hinsichtlich der für die Zeit nach der Konkurseröffnung zu zahlenden Beträge, wie die Versicherungsprämien, die Zubußen, die Beiträge zur Berufsgenossenschaft zu den Massekosten. Anm. zu § 59[2].

Streitig ist, ob die Kosten eines vom oder gegen den Kridar vor der Eröffnung des Konkurses begonnenen, aber nicht beendeten, vom Verwalter nicht aufgenommenen Prozesses zu den Konkursforderungen gehören. Hullmann S. 83 ff, Steglitz S. 62, Meisner S. 59, Fitting § 7 Anm. 18, Meves S. 86, v. Völderndorff I S. 173 Anm. 28, v. Wilmowski Anm. 1 bejahen die Frage, Petersen-Kleinfeller Anm. 3, v. Sarwey-Bossert Anm. 2 und das Obertribunal Entsch. 43, 474 verneinen sie, soweit nicht die Handlungen, für welche Gebühren und Auslagen berechnet werden, vor der Eröffnung vorgenommen wurden. Für die Bejahung der Frage ist angeführt, die Kostenforderung sei schon durch den Prozeß, nicht erst durch die Auferlegung begründet, vor der Auferlegung sei sie nur noch nicht fällig, durch das Urtheil werde aber lediglich festgestellt, wer die Kosten zu tragen habe, außerdem sei der Kostenanspruch untheilbar. Von der andern Seite wird auf den § 94 G.K.G. hingewiesen, wonach die einzelnen Kostenforderungen erst mit der Vornahme der die Gebühren und Auslagen veranlassenden Handlungen entstehen. Soviel ist unstreitig, daß die Kosten, für welche der Kridar nach §§ 86, 94 schon vor der Eröffnung des Verfahrens vorschuß- oder zahlungspflichtig ist, als Konkursforderung geltend gemacht werden können. Im Uebrigen muß anerkannt werden, daß durch den Rechtsstreit ein Rechtsverhältniß zwischen den Parteien entsteht, welches für die Gerichtskasse eine, übrigens sehr wohl theilbare, Kostenforderung begründet, und welches mit der, durch den Ausfall der Entscheidung bedingten, Verpflichtung des spätern Kridars zur Tragung der Kosten verbunden ist. Andererseits können aber die Gerichtskosten nach der Eröffnung des Verfahrens nicht durch Handlungen oder Unterlassungen des Gemeinschuldners den Konkursgläubigern gegenüber vergrößert werden. Hiernach können die Gerichtskosten, sowie die Kosten beider Anwälte nur in derjenigen Höhe als Konkursforderungen gelten, in welcher sie bis zur Eröffnung des Verfahrens entstanden sind und in welcher sie nach diesem Zeitpunkte unter der Voraussetzung entstanden wären, daß der Prozeß in jenem Augenblick beendet wäre, Jäger Anm. 23. Dasselbe gilt auch, wenn der Verwalter den Prozeß aufgenommen hat, a. M. v. Wilmowski Anm. 4, Petersen-Kleinfeller Anm. 5 und R.G. vom 13. Dez. 1893 in Nr. 2 der Beilage zum Reichsanzeiger vom 27. April 1894, denn durch die in der Aufnahme des Prozesses liegende Genehmigung der bisherigen Prozeßführung wird ein vor der Konkurseröffnung entstandener Kostenanspruch nicht zu einer Masseforderung, Anm. 1 zu § 59. Dasselbe gilt ferner auch hinsichtlich der Kosten des über einen vom Konkurs ausgeschlossenen Gegenstand entstandenen Prozesses, a. M. Jäger Anm. 23, Petersen-Kleinfeller Anm. 3, wie auch hinsichtlich der Kosten eines Verwaltungsstreitverfahrens und der Kosten der freiwilligen Gerichtsbarkeit, denn die bis zur Konkurseröffnung entstandenen Kosten ruhen auf dem Vermögen des Kridars. Die Kosten des Strafverfahrens, selbst wenn es erst nach der Eröffnung des Verfahrens wegen einer vom Kridar vorher begangenen Strafthat begonnen, sind die Folgen seiner Rechtshandlung, sie sind daher Konkursforderungen, soweit sie nicht nach der Eröffnung des Verfahrens durch besondere Anträge oder sonstige Handlungen, zu denen die Kosten einer nicht nothwendigen Vertheidigung gehören, entstanden sind, anscheinend a. M. Petersen-Kleinfeller und v. Völderndorff a. a. O.

Die Wechselforderungen sind vor der Eröffnung des Verfahrens entstanden, wenn der Kridar den Wechsel vor der Eröffnung des Verfahrens ausgestellt, acceptirt oder indossirt und außerdem begeben hat, vgl. Entsch. des Obertr. 45, 204 und in Striethorsts Arch. 29, 136; 36, 130; 52, 303; 23, 321 und des R.O.H.G. 17, 336, 406. Eine Wechselforderung ist aber nicht vor der rechtsgiltigen Ausstellung des Wechsels begründet, und deshalb keine Konkursforderung, wenn der Kridar ein Blankoaccept gegeben und der Gläubiger erst nach der Eröffnung des Verfahrens seine Unterschrift als Trassant beigefügt hat, Oetker 1, 152, vgl. R.G. 8, 57; 11, 8. A.M. Petersen-Kleinfeller Anm. 3, v. Wilmowski Anm. 1. Da nach §§ 125, 126 B.G.B. eine Wechselverbindlichkeit, die ohne schriftliche Form nicht möglich ist, nicht vor der Ausstellung der Wechselurkunde entstehen kann, wird man die Forderung aus einem, vor der Konkurseröffnung nicht vollständig ausgefüllten, Wechsel im Konkurs jedenfalls jetzt nicht mehr zulassen dürfen, a. M. Jäger Anm. 17.

7. Die auf dem Familienrecht beruhenden Unterhaltsansprüche sind schon vor der Eröffnung des Verfahrens begründet, sie entstehen aber mit dem jedesmaligen Eintritt des Bedürfnisses stets von Neuem. Deshalb sind die Ansprüche, welche erst nach der Konkurseröffnung entstehen, an sich keine Konkursforderungen. Diese Auffassung war aber bisher bestritten, die Frage ist daher durch die positive Vorschrift des Abs. 2 geregelt.

Der Abs. 2 betrifft nur die auf dem Familienrecht beruhenden Alimentenforderungen der §§ 1351, 1360, 1361, 1578—1583, 1586, 1601—1615, 1708—1714, 1715, 1716 B.G.B., also nur die Unterhaltsansprüche, die einem Ehegatten während der Ehe und nach der Scheidung der Ehe, die Unterhaltsansprüche, die einem Verwandten, die dem unehelichen Kinde gegen den unehelichen Vater und die der unehelich Geschwängerten zustehen. Die nicht durch das Familienrecht begründeten Unterhaltsansprüche, insbesondere die Forderungen aus Delikten, §§ 843—847 B.G.B., sind Forderungen, die nicht stets von Neuem entstehen, sondern die hinsichtlich der noch nicht fälligen Hebungen als bedingte und betagte begründet sind, sie sind daher auch in Ansehung der erst für die Zeit nach der Eröffnung des Verfahrens fälligen Leistungen als Konkursforderungen anzusehen.

Die familienrechtlichen Alimentenforderungen können dagegen nur in Ansehung derjenigen Leistungen im Konkurs geltend gemacht werden, welche für die Zeit vor der Eröffnung des Verfahrens zu gewähren sind. Auch sofern die Alimente im Voraus zu zahlen sind, z. B. im Fall des § 1710 Abs. 2 B.G.B., ist der Anspruch im Konkurs nur soweit zuzulassen, als er für die Zeit bis zum Verfahren entstanden ist. Zwar ist der Zusatz, den der § 3 im Entwurf hatte, „dies gilt auch für die im Voraus zu bewirkenden Leistungen, welche zur Zeit der Eröffnung des Konkurses fällig waren", von der Kommission gestrichen, aber ein Grund ist hierfür nicht angegeben (Prot. II S. 6—8) und die Worte „für die Zukunft" ergeben unzweideutig, daß der Anspruch nur soweit im Konkurs geltend gemacht werden kann, als er dem Berechtigten für die Vergangenheit, d. h. für die Zeit bis zur Eröffnung des Konkurses zusteht.

Auch die nach § 1714 B.G.B. an Stelle der Alimente getretene Abfindung des unehelichen Kindes wird von dem Abs. 2 betroffen, sie ist daher im Konkurs nur in Ansehung eines Betrages zuzulassen, welcher nach dem Verhältniß der Zeit nach dem Verfahren zu dem Verhältniß der Zeit vor demselben zu berechnen ist.

Indem der Abs. 2 auch die §§ 1715, 1716 in seinen Bereich zieht, läßt er auch die Unterhaltskosten, welche die unehelich Geschwängerte für die ersten 6 Wochen nach der Entbindung von dem Schwängerer zu fordern hat, im Konkurs nur soweit zu, als diese Zeit vor dem Verfahren liegt. Die weiteren Ansprüche, die ihr nach § 1715

B.G.B. auf Erstattung der Entbindungskosten und, falls in Folge der Schwangerschaft oder der Entbindung weitere Aufwendungen entstehen (z. B. die Kosten der Taufe), auch die dadurch verursachten Kosten, werden vom Abs. 2 nicht betroffen, weil diese Kosten nicht unter die Unterhaltskosten fallen und der Abs. 2 sich auf die Alimentenforderungen beschränkt. Diese Ansprüche sind durch die vor dem Verfahren verursachte Schwängerung entstanden, sind daher im Konkurs zuzulassen, da sie, auch wenn die Entbindung erst nach dem Verfahren erfolgt, schon vorher als bedingte Ansprüche begründet waren.

Soweit die Unterhaltsforderungen im Konkurs nicht zuzulassen sind, können sie, wie in der Kommission (Prot. S. 6—8) anerkannt ist, ohne Rücksicht auf die §§ 13, 14, 15, 181 gegen den Kridar unter Inanspruchnahme seines neuerworbenen oder von der Masse ausgeschlossenen Vermögens mit den Exekutionsprivilegien des § 850 C.P.O. und des Ges. vom 21. Juni 1869 (R.G.Bl. 1897 S. 159) geltend gemacht werden. —

Die familienrechtlichen Unterhaltsansprüche sind aber auch für die Zeit nach dem Beginn des Verfahrens dann als Konkursforderungen anerkannt, wenn der Alimentationsverpflichtete der Erblasser des Kridars ist, s. darüber Anm. 1 z. § 226; denn für diesen Fall ist (Prot. II S. 6—8) von der Annahme ausgegangen, daß der Anspruch seines familienrechtlichen Verhältnisses entkleidet, sich als gewöhnlicher Vermögensanspruch darstellt. Dieser Fall tritt namentlich in Ansehung des Unterhaltsanspruchs des unehelichen Kindes § 1712 B.G.B. und der unehelich Geschwängerten ein, während sonst der Unterhaltsanspruch im Allgemeinen mit dem Tode des Verpflichteten erlischt § 1615 und an seiner Stelle der Erbanspruch tritt.

Aus dem gleichen Gesichtspunkt ist die Verpflichtung des Erben aufzufassen, welcher in Ermangelung einer abweichenden Bestimmung des Erblassers nach § 1969 B.G.B. denjenigen Familienangehörigen des Erblassers, die zur Zeit des Todes des Letzteren zu dessen Hausstand gehörten und von ihm Unterhalt bezogen haben, diesen Unterhalt in den ersten 30 Tagen nach dem Eintritt des Erbfalls in demselben Umfang wie der Erblasser es gethan hat, zu gewähren und ihnen die Benutzung der Wohnung und der Haushaltsgegenstände zu gestatten hat. Dieser Anspruch eines jeden der Familienangehörigen ist kein familienrechtlicher, sondern ein gewöhnlicher vermögensrechtlicher Anspruch, der im Konkurs auch für die Zeit nach dem Beginn des Verfahrens zuzulassen ist.

§. 4. (3.)

Ein Anspruch auf abgesonderte Befriedigung aus Gegenständen, welche zur Konkursmasse gehören, kann nur in den von diesem Gesetze zugelassenen Fällen geltend gemacht werden.

Die abgesonderte Befriedigung erfolgt unabhängig vom Konkursverfahren.

M. I 26—32; P. I 8, 148; M. II —; P. II —.

1. Der Abs. 1 regelt das Verhältniß der K.O. zur Landesgesetzgebung. Während nach § 3 Abs. 1 E.G. I die den Konkurs betreffenden Vorschriften der Reichsges. durch die K.O. nicht berührt werden, ein nach Reichsrecht zugelassenes Absonderungsrecht daher auch im Konkurs als solches gilt, sind im § 4 E.G. I die Vorschriften der

Landesgesetzgebung über das Konkursrecht aufgehoben. Alle landesgesetzlich anerkannten, von der K.O. nicht mehr zugelassenen Absonderungsrechte sind daher für das Konkursverfahren beseitigt; nach Abs. 1 können aber auch für die in den Art. 55—152 E.G. z. B.G.B. den Partikularstaaten reservirten Rechtsmaterien keine, im Konkurs zu berücksichtigenden, Absonderungsrechte eingeführt werden. Die Bestimmungen der Art. 122, 169 des bisherigen H.G.B., durch welche der Landesgesetzgebung für die offene und die Kommanditgesellschaft ein besonderes Recht zur Einführung eines Absonderungsrechts reservirt war (Wolff, Absonderungsrecht § 2), ist in das revidirte H.G.B. nicht übernommen.

Wegen der vor dem 1. Oktober 1879 entstandenen Pfand- und Verzugsrechte, soweit dieselben etwa noch vorhanden sind, s. §§ 12, 13 E.G. I.

Die einzelnen Absonderungsrechte sind in den §§ 47—52 bezeichnet.

2. Das Absonderungsrecht wird im Abs. 1 als ein Anspruch auf abgesonderte Befriedigung aus Gegenständen bezeichnet, welche zur Konkursmasse gehören, es ist daher das Recht, aus gewissen Bestandtheilen der Masse unter Ausschließung der Konkurs- und der Massegläubiger Befriedigung zu erlangen. Während der Aussonderungsberechtigte einen nicht zur Masse gehörigen Gegenstand als ihm gehörend, nimmt der Absonderungsberechtigte einen zur Masse gehörigen Gegenstand, nicht als ihm gehörend, sondern als ihm besonders verpflichtet in Anspruch, der Aussonderungsberechtigte erstrebt die Erlangung seines Eigenthums, der Absonderungsberechtigte nur Befriedigung aus einer ihm nicht gehörenden Sache. Vom Retentionsrecht unterscheidet es sich dadurch, daß der Retentionsberechtigte sich nicht aus der Sache befriedigen, sondern nur die Sache bis zu seiner Befriedigung zurückbehalten darf, vgl. Wolff, Absond. 2 § 6.

3. Der Abs. 2 bestimmt das Verfahren zur Befriedigung des Absonderungsberechtigten.

a) Da das Absonderungsrecht nicht ein Recht an der gesammten Masse oder einen Bruchtheil (aliquoten Theil) derselben, sondern nur an einzelnen oder mehreren Sachen verleiht, so konnte der Abs. 2 die Bestimmung treffen, daß die Befriedigung dieses Rechts unabhängig vom Konkursverfahren erfolgt; weil aber der Gegenstand des Absonderungsrechts zur Masse gehört, so muß der Verwalter zum Zweck der getrennt vom Konkursverfahren erfolgenden Befriedigung eine Sondermasse mit der Wirkung bilden, daß der aus dem Absonderungsgegenstande erzielte Erlös nicht zur Konkursmasse zu nehmen ist, sondern getrennt von ihr zur Befriedigung des Absonderungsgläubigers zu dienen hat und nur der Rest zur Konkursmasse fließt, Mot. I S. 30. Durch die Bildung einer Sondermasse entsteht kein Partikularkonkurs, sie hat nur eine negative Bedeutung, die Unterlassung der Vermischung des Erlöses mit der Konkursmasse. Bildet der Verwalter aus dem Erlös des Absonderungsgegenstandes keine Sondermasse, so verliert der Absonderungsgläubiger sein Absonderungsrecht an dem Erlös, erwirbt aber an Stelle desselben einen Masseanspruch, § 59^{1} u. ^{3}, R.G. 2, 270; 14, 1 (der § 949 B.G.B. kann hier nicht zur Anwendung kommen, weil es sich nicht um Geld verschiedener Eigenthümer handelt).

Weil der nach Befriedigung des Absonderungsberechtigten verbleibende Ueberschuß in die Konkursmasse fließt, sind die Konkursgläubiger bei der Absonderung interessirt, deshalb darf der Verwalter Absonderungsansprüche, die mehr als 300 Mk. betragen, nur mit Genehmigung des etwa vorhandenen Gläubigerausschusses anerkennen, § 133^{2}. Da aber andererseits das Absonderungsrecht außerhalb des Konkurses steht, so wird die Rechtsgültigkeit der Anerkennung des Absonderungsrechts Seitens des Verwalters durch den Mangel der erforderlichen Genehmigung nicht berührt, § 136. Das Interesse, welches die Konkursgläubiger an der Absonderung haben, ist der Grund der Verpflichtungen, die die §§ 118, 119, 120 dem Absonderungsgläubiger zur Anzeige des Besitzes der Sache und des Absonderungsanspruchs und zur Vorzeigung der Sache an den Verwalter, sowie der Beschränkungen, die ihm die §§ 126, 127 in Ansehung der Verwerthung auferlegen.

Die Stellung des Absonderungsgläubigers außerhalb des Konkurses hat die weitere Folge, daß er seinen Anspruch nicht, wie ein Konkursgläubiger, anzumelden braucht, daß er, auch wenn die Forderung anerkannt ist, wegen des dinglichen Anspruchs einen Vollstreckungstitel gegen den Verwalter zur Durchführung seines Befriedigungsrechts erwirken kann, Entsch. des Oberst. Landesgerichts für Bayern vom 20. Juli 1898 in Seufferts Arch. 54, 248, daß er an den Abstimmungen nicht Theil nimmt, durch den Zwangsvergleich nicht betroffen wird (R.G. 23, 120), daß ein Absonderungsanspruch, der seiner Art nach als Konkursforderung im Konkurs nicht zugelassen wird, wie Geldstrafen, Forderungen aus einer Freigebigkeit, die laufenden Zinsen usw. von ihm ebenso geltend gemacht werden darf, als wenn der Konkurs nicht eröffnet wäre. Ebenso kommen für den Absonderungsanspruch die Bestimmungen, nach denen die betagten Forderungen als fällig gelten, nach denen die auf einen Geldbetrag nicht lautenden Forderungen abgeschätzt und wiederkehrende Leistungen zusammengerechnet werden, nicht zur Anwendung. Nur wenn und soweit der Absonderungsgläubiger seine persönliche Forderung unter Aufgabe oder nach Beseitigung des Absonderungsrechts als Konkursgläubiger geltend macht, treten alle für die Konkursgläubiger geltenden Bestimmungen auch für ihn in Kraft, Wolff, Absonderungsrecht § 28.

b) Da der Verwalter nach § 6 das Verwaltungs- und Verfügungsrecht des Kridars hinsichtlich aller zur Konkursmasse gehörigen Gegenstände auszuüben hat und der Absonderungsgegenstand zur Masse gehört, so ist, soweit die K.O. nichts anderes bestimmt, seine Stellung den Absonderungsgläubigern gegenüber dieselbe, wie die Stellung des Schuldners ihnen gegenüber vor der Konkurseröffnung war. Deshalb ist es der Verwalter, der über den Gegenstand des Absonderungsrechts zu disponiren hat, der der richtige Kläger ist, wenn ein Dritter den Gegenstand im Besitz hat und der richtige Beklagte, wenn ein Dritter den Gegenstand als sein Eigenthum in Anspruch nimmt. In beiden Fällen kann der Absonderungsberechtigte den Prozeß nach § 66 C.P.O. als Nebenintervenient beitreten, Wolff, Absonderungsrecht § 29 S. 159, 160.

Wegen des ihm zustehenden Verfügungs- und Verwaltungsrechts ist nur der Verwalter zur Anerkennung, Bestreitung und Anfechtung des Absonderungsrechts befugt, wogegen den Konkursgläubigern dem Absonderungsgläubiger gegenüber eine gleiche Befugniß versagt ist, obgleich ihnen der § 144 die Legitimation zur Bestreitung einer Konkursforderung und zur Prozeßführung über die Richtigkeit dieser Forderung gewährt.

Aus dem Grundsatz, daß der Verwalter die Rechte und Pflichten des Kridars im Konkurs in Bezug auf den Absonderungsgegenstand ausübt, sind auch die Fragen zu beantworten, ob er verpflichtet ist, das Absonderungsrecht zu berücksichtigen und die Verwerthung zu betreiben. Er hat dieselbe Verpflichtung zur Berücksichtigung des Absonderungsrechts wie es der Kridar hatte. Wie diesem liegt ihm ob, das Spezialabsonderungsrecht, auch wenn es nicht geltend gemacht ist, zu beachten, wie ihm andererseits eben so wenig als dem Kridar die Berücksichtigung solcher Absonderungsrechte obliegt, die der Geltendmachung zu ihrer Entstehung bedürfen (Anm. zu § 51) und weder ihm, noch vor der Eröffnung des Verfahrens dem Kridar gegenüber geltend gemacht sind. Auch das Spezialabsonderungsrecht braucht er, wie der Kridar, insoweit nicht zu berücksichtigen, als es hinsichtlich der Früchte und Erträge des Gegenstandes erst durch die Geltendmachung perfekt wird. So darf er die Mieth- und Pachtzinsen einziehen, ohne damit die Hypothekengläubiger zu befriedigen, die ihr Recht noch nicht geltend gemacht haben, § 1124 B.G.B., darf die Früchte des mit Hypotheken belasteten Grundstücks einernten, verkaufen und den Erlös ohne Rücksicht auf die Hypothekengläubiger, die ihr Recht nicht geltend gemacht haben, zur Masse fließen lassen, gegen welche dadurch den Hypothekengläubigern ein Masseanspruch nicht entsteht, R.G. 23, 54.

Ein Absonderungsrecht aber, welches der Verwalter zu berücksichtigen hatte, aber nicht beachtet hat, verwandelt sich, wenn der Erlös des Gegenstandes mit der Konkursmasse vermischt ist, in einen Masseanspruch (Anm. 3a), der aber nach § 172, wenn er nicht bis zur Feststellung des Prozentsatzes oder bis zur Beendigung des Schlußtermins oder der Bekanntmachung einer Nachtragsvertheilung zur Kenntniß des Verwalters gelangt, auf denjenigen Massebestand nicht geltend gemacht werden kann, welcher zur Auszahlung des festgesetzten Prozentsatzes an die Konkursgläubiger erforderlich ist oder den Gegenstand der Schlußvertheilung bezw. der Nachtragsvertheilung bildet. Ist dem Verwalter in diesem Falle ein schuldbares Versehen nachzuweisen, so hat er persönlich für den dem Absonderungsgläubiger entstandenen Nachtheil aufzukommen, vgl. R.G. 14, 1 ff. Dem Gläubiger verbleibt überdies wegen seiner Masseforderung sowie jedem andern nicht befriedigten Massegläubiger der Anspruch gegen den Gemeinschuldner, aber ein Absonderungsrecht hat er auch gegen ihn nicht, weil dasselbe durch die Umwandlung in die Masseforderung verloren ist. Gegen die Konkursgläubiger hat er nach der Schlußvertheilung, wenn der Anspruch rechtzeitig zur Kenntniß des Verwalters gelangt ist, die Bereicherungsklage des § 812 B.G.B., vgl. R.G. 40, 288 ff., mit welcher er von jedem Konkursgläubiger dasjenige verlangt, was derselbe weniger erhalten haben würde, wenn der Masseanspruch rechtzeitig befriedigt wäre, wogegen er gegen die Gläubiger nach § 172 kein Recht geltend machen kann, wenn der Masseanspruch nicht rechtzeitig zur Kenntniß des Verwalters gelangt ist, v. Wilmowski Anm. 1 zu § 159 (jetzt 172), v. Sarwey-Bessert S. 762 Anm. 5, S. 763 Anm. 6 u. S. 764 Anm. 9, Willenbücher Anm. 1 u. 2 zu § 159 (jetzt 172).

Auch die Frage nach der Verpflichtung des Verwalters zur Verwerthung des Absonderungsgegenstands beantwortet sich aus der Erwägung, daß der Verwalter dieselben Rechte und Pflichten hat, wie sie der Kridar den Absonderungsgläubigern gegenüber ohne die Konkurseröffnung haben würde. Nach den Mot. I S. 30 und den ihnen folgenden Autoren braucht der Verwalter den Gegenstand des Absonderungsrechts nicht zu verwerthen. Dies ist im Allgemeinen richtig, weil auch dem Kridar im Allgemeinen eine gleiche Verpflichtung nicht oblag. Der Kridar hat diese Verpflichtung aber im Fall einer besondern Verabredung, er hat auch im Fall des § 1286 B.G.B. demjenigen gegenüber, dem ein Pfandrecht an seiner Forderung zusteht, die Verpflichtung zur Kündigung derselben, wenn sie gefährdet ist, bezw. zur Mitwirkung an der Kündigung. Insoweit hat auch der Verwalter die Pflicht zur Verwerthung des Absonderungsgegenstands, und versäumt er diese Pflicht, so kann er dazu nicht nur im Rechtswege angehalten werden, sondern bringt auch durch seine Versäumniß einen Masseanspruch des § 59[1] zur Entstehung und macht sich überdies dem Abs.-Gläubiger persönlich verantwortlich.

Wie die Pflicht, so hat der Verwalter auch das Recht zur Verwerthung unter denselben Voraussetzungen, wie der Kridar es ohne die Konkurseröffnung haben würde.

In dieser Beziehung sind ihm aber durch die §§ 126, 127 weitergehende Befugnisse ertheilt, als der Schuldner sie hatte.

In der angegebenen Weise ist das Rechtsverhältniß jedoch nur zwischen dem Verwalter und dem Absonderungsgläubiger, anders sind die Verpflichtungen des Verwalters im Verhältniß zu den Konkursgläubigern gestaltet. Der § 117 verpflichtet ihn, das gesammte, zur Konkursmasse gehörige Vermögen, also auch sämmtliche Absonderungsgegenstände, zu verwerthen. Den Konkursgläubigern hat er daher die Pflicht zur Verwerthung auch dann, wenn er sie dem Absonderungsgläubiger gegenüber nicht hat. Aber diese Verpflichtung ist keine ausnahmslose, denn wenn es im Interesse der Masse liegt, die Verwerthung zu unterlassen, so hat er als sorgfältiger Verwalter von der Veräußerung Abstand zu nehmen, wenn er nicht dem Absonderungsgläubiger dazu verpflichtet ist, Mot. I S. 348: „Wenn nach den vorhandenen Belastungen mit Sicherheit zu erwarten ist, daß aus einem Verkauf ein Ueberschuß für die Konkursmasse sich nicht ergeben wird, so würde die Extrahirung desselben für den Verwalter ebenso wenig geboten und pflichtmäßig sein, als etwa die Ausklagung uneinziehbarer Forderungen."

c) Der Grundsatz der Ausübung der Rechte und Pflichten des Kridars durch den Verwalter regelt auch das Verfahren zur Erledigung von Differenzen des Verwalters mit dem Absonderungsgläubiger. Ebenso wie die Streitigkeiten des letztern mit dem Schuldner außerhalb des Konkurses, entscheidet der Prozeßrichter auch die mit dem Verwalter entstandenen Differenzen, unbeschadet der Ausnahme des § 127 Abs. 2. Das Konkursgericht als solches ist nicht zuständig, wenn es ihm auch unbenommen bleibt, auf eine Erledigung der Streitigkeiten durch Vergleich hinzuwirken. Auch als Beschwerdegericht ist es für die Absonderungsansprüche nicht kompetent. Dem Absonderungsgläubiger ist zwar insoweit das Beschwerderecht nicht versagt, als er gleichzeitig Konkursgläubiger ist, er kann sich beim Konkursgericht aber als Konkursgläubiger nur im Interesse der Konkursmasse, nicht im Interesse seines Absonderungsrechts beschweren.

§. 5. (4.)

Ausländische Gläubiger stehen den inländischen gleich.

Unter Zustimmung des Bundesraths kann durch Anordnung des Reichskanzlers bestimmt werden, daß gegen einen ausländischen Staat, sowie dessen Angehörige und ihre Rechtsnachfolger ein Vergeltungsrecht zur Anwendung gebracht wird.

M. I 31, 32; P. I 8, 9, 196—199; M. II 26; P. II —.

1. Der Abs. 2 ist durch den Zusatz „gegen einen ausländischen Staat" mit der Fassung des Art. 31 E.G. z. B.G.B. in Uebereinstimmung gebracht.

2. Der Abs. 1 stellt die ausländischen den deutschen Konkursgläubigern gleich, unbeschadet der Vorschriften der §§ 50, 56, 237, 238. Ueber den Begriff des Auslandes s. Anm. 5 zu § 50. Ausländische Gläubiger sind die fremden Staaten und ihre Angehörigen ohne Unterschied, ob die letzteren im In- oder Auslande wohnen oder sich aufhalten.

3. Die Gleichstellung der aus- und inländischen Gläubiger bezieht sich auf das materielle und formale Konkursrecht, läßt aber die Fragen des internationalen Privat-

rechts über die Existenz und die Klagbarkeit der Forderung, sowie die Geschäfts- und Prozeßfähigkeit des Gläubigers offen, diese Fragen werden durch die Art. 7—31 E.G. z. B.G.B. und § 55 C.P.O., vgl. ferner die §§ 102 1, 106 Abs. 2, 661 5 C.P.O., § 16 des R.G. vom 27. Mai 1896 beantwortet.

4. Die Gleichstellung des Abs. 1 wird durch das Retorsionsrecht des Abs. 2 durchbrochen, dessen Anwendung „als Gebot der Politik, als völkerrechtliches Mittel der Einwirkung auf einen fremden Staat" Mot. I S. 6 nicht dem Gericht (wie nach § 3 der Preuß. K.O. vom 8. Mai 1855), sondern unter Zustimmung des Bundesraths dem Reichskanzler übertragen ist. Bisher ist von diesem Recht noch kein Gebrauch gemacht.

Die Bestimmung des Umfangs und der Art des Vergeltungsrechts ist der Reichszentralbehörde überlassen. Dieselbe kann die gänzliche oder theilweise Ausschließung der Forderungen aller oder nur der im fremden Staat (im Gegensatz zu den in Deutschland oder einem dritten Staat) wohnenden oder sich aufhaltenden Angehörigen des fremden Staats vom Konkursverfahren, sie kann die Ausschließung aller Rechtsnachfolger oder einer bestimmten Art derselben — Universal- oder Singularsuccetoren — bestimmen, vgl. Mot. I S. 6. Wird eine nähere Bestimmung nicht getroffen, so gelten die Ansprüche aller im In- und im Auslande wohnenden Angehörigen des fremden Staats, und die Ansprüche der Rechtsnachfolger jeder Art als vom Verfahren ausgeschlossen. A.M. nur Stieglitz S. 37 und v. Völderndorf Anm. g die der Ansicht sind, daß nur die Singularsuccessoren von den Retorsion betroffen würden.

Die Maßregel findet aber auf die Aussonderungs- und die Absonderungsberechtigten keine Anwendung, weil die Befriedigung dieser Personen außerhalb des Konkurses stattfindet, dagegen würden auch sie durch eine gleiche Maßregel auf Grund des Art. 31 E.G. z. B.G.B. betroffen.

Die allgemein getroffene Maßregel bezieht sich, wie gesagt, nicht blos auf die ausländischen, sondern auch auf die inländischen Rechtsnachfolger, da das Gesetz in dieser Beziehung keinen Unterschied macht und die Maßregel andernfalls durch die Uebertragung von Forderungen auf einen Deutschen in ihrer Wirksamkeit beeinträchtigt werden würde.

Wie unstreitig, unterliegt der Rechtsnachfolger der Retorsionsmaßregel, wenn die Succession zur Zeit der Konkurseröffnung oder nachher erfolgt ist. Es wird aber behauptet — v. Wilmowski Anm. 2, v. Sarwey-Bossart Anm. 2, Oetker I, 170 — daß sich die Vergeltungsmaßregel auf eine Forderung, welche früher einem Angehörigen des betreffenden Staates zustand, aber vor der Eröffnung des Verfahrens auf einen Deutschen übergegangen ist, nicht beziehe, da wie v. Sarwey hervorhebt, in diesem Fall für den Konkurs nie ein ausländischer Gläubiger vorhanden gewesen sei; von diesem Satz machen Oetker und v. Wilmowski für den Fall eine Ausnahme, daß die Uebertragung der Forderung zur Umgehung des Gesetzes mit Rücksicht auf die bevorstehende Konkurseröffnung geschehen sei. Aber einerseits hat eine Rechtsnachfolge auch dann stattgefunden, wenn sie vor der Konkurseröffnung erfolgte und der Abs. 2 handelt nicht von einer Rechtsnachfolge, die „für den Konkurs" zu beschränken wäre, andrerseits giebt das Gesetz zu einer besonderen Ausnahme für den Fall der Umgehung der Retorsionsmaßregel keinen Anlaß, berücksichtigt vielmehr jede Rechtsnachfolge, damit die Maßregel nicht umgangen werden kann. Die Maßregel wird zu dem Zweck angewandt, allen Forderungen der betreffenden Ausländer die Theilnahme am Konkurs zu entziehen oder zu beschränken, sie bezieht sich daher auf alle Ansprüche, die zur

Zeit der Publikation der Anordnung den Angehörigen des fremden Staats zustanden und ihnen nach diesem Zeitpunkt entstehen. Dieser Zeitpunkt der Publikation und der Folgezeit ist daher maßgebend, jede nach der Publikation eingetretene Rechtsnachfolge fällt unter den Abs. 2, jede vorher eingetretene Succession bleibt von der Maßregel unberührt, auch wenn sie mit Rücksicht auf die bevorstehende Retorsionsmaßregel vorgenommen wird.

Es ist unerheblich, ob die Forderung ursprünglich einem Deutschen zustand, wenn sie nur im Zeitpunkt der Publikation oder nachher dem Angehörigen des betreffenden Staats gehörte.

Durch das Wechselindossament braucht eine Rechtsnachfolge nicht stets einzutreten, R.O.H.G. 24, 3, R.G. vom 16. Februar 1888 in J.W. 1888 S. 132, aber in allen Fällen, in denen die Wechselforderung auf einen anderen durch Indossament übergeht, besteht eine Rechtsnachfolge im Sinne des § 5, vgl. v. Wilmowski Anm. 1 I.

5. Die Staatsverträge, welche vom Deutschen Reich mit fremden Staaten abgeschlossen sind oder werden, haben auch hinsichtlich ihrer konkursrechtlichen Bestimmungen die Kraft der Reichsgesetze, Art. 11 Abs. 3 der Reichsverfassung vom 16. April 1871 (z. B. Art. 14 des Freundschafts-, Handels- und Schifffahrtsvertrags mit Persien vom 11. Juni 1873 R.G.Bl. S. 351, Art. 11 Abs. 2 Nr. 5 des Konsularvertrags mit Spanien vom 22. Febr. 1870 und 12. Januar 1872, R.G.Bl. 1870 S. 211, 1872 S. 99, Art. 28 Nr. 5 des Konsularvertrags mit Brasilien vom 10. Januar 1882, R.G.Bl. S. 69, Art. 7 Abs. 2 der Konvention mit Rußland vom 12. November 1874, R.G.Bl. 1875 S. 136, Art. 20 Abs. 2 des Konsularvertrags mit Griechenland vom 26. Nov. 1881, R.G.Bl. 1887 S. 101, Art. 16 Abs. 2 des Konsularvertrags mit Serbien vom 6. Januar 1883, R.G.Bl. S. 62. Die von einzelnen Bundesstaaten mit einem ausländischen Staat vor dem 1. Okt. 1879 abgeschlossenen Verträge haben auch hinsichtlich des Konkursrechts für den betreffenden Bundesstaat Geltung, die nach diesem Zeitpunkte, aber vor dem 1. Januar 1900 mit einem fremden Staat abgeschlossenen Verträge gelten hinsichtlich des materiellen Konkursrechts insoweit, als sie den Vorschriften der bisherigen K.O. und der sonstigen R.-Ges. nicht entgegenstanden, Art. 56 E.G. z. B.G.B., nach dem 1. Januar 1900 können die deutschen Einzelstaaten mit fremden Staaten Verträge über das Konkursrecht nicht mehr abschließen.

§. 6. (5.)

Mit der Eröffnung des Verfahrens verliert der Gemeinschuldner die Befugniß, sein zur Konkursmasse gehöriges Vermögen zu verwalten und über dasselbe zu verfügen.

Das Verwaltungs- und Verfügungsrecht wird durch einen Konkursverwalter ausgeübt.

M. I. 32—35; P. I 9, 148; M. II —; P. II —.

1. Indem das Gesetz den Verlust des Verwaltungs- und Verfügungsrechts des Gemeinschuldners „mit der Eröffnung des Verfahrens" verbindet, entscheidet es die im gemeinen Recht streitige Frage, ob diese Folge mit der Eröffnung des Konkurses oder erst mit der Besitzergreifung der Masse Seitens des Verwalters eintritt. Für die Eröffnung des Verfahrens ist nach § 108 die Stunde der Eröffnung und, wenn sie im

Beschluß nicht angegeben ist, die Mittagsstunde des Tages maßgebend, an welchem der Beschluß erlassen ist. Dieser Zeitpunkt, nicht die Zeit der Zustellung des Beschlusses an den Kridar oder die öffentliche Bekanntmachung, ist daher mit den Modifikationen der §§ 7, 8 für den Verlust des Verfügungs- und Verwaltungsrechts entscheidend.

2. Durch die Fassung des §, wonach der Kridar die Disposition über *sein* zur Konkursmasse gehöriges Vermögen verliert (P. I S. 9), und dadurch, daß als Folge der Konkurseröffnung nur der Verlust des Dispositionsrechts, nicht auch der des Eigenthums eintritt, ist zum Ausdruck gebracht, daß der Gemeinschuldner Eigenthümer der Masse bleibt. Deshalb giebt ihm auch der § 192 nach der Bestätigung des Zwangsvergleichs nur die freie Verfügung über die Konkursmasse, nicht auch das Eigenthum daran zurück, weil er das letztere nicht verloren hatte; und indem der § 14 den Zugriff der Konkursgläubiger „in das zur Konkursmasse gehörige" und „in das *sonstige* Vermögen des Gemeinschuldners" verbietet, betrachtet er auch das Konkursvermögen als Vermögen des Kridars. Die Grundstücke des Kridars verbleiben daher bis zur Veräußerung durch den Verwalter auf seinem Namen eingetragen, R.G. in J.W. 1887 S. 435, die vom Verwalter neu erworbenen Grundstücke, Hypotheken, Grundschulden ꝛc. sind auf seinen Namen im Grundbuch einzutragen.

Da dem Kridar das Eigenthum verbleibt, kann es nicht auf die Konkursgläubiger oder den Verwalter übergehen (das Recht der Gläubiger ist nur das der Beschlagnahme, Anm. 1 zu § 3), und kann die Konkursmasse nicht als ein selbstständiges Rechtssubjekt neben ihm bestehen.

3. Der Verlust der Disposition beschränkt sich auf das zur Konkursmasse gehörige Vermögen, erstreckt sich daher nicht auf die nach § 1 von der Masse ausgeschlossenen, auf die dem Kridar vom Verwalter überlassenen Gegenstände (Anm. 7 zu § 1), auf das von ihm später erworbene Vermögen.

4. Der Verlust der Disposition besteht aber nicht nur den Konkursgläubigern, sondern auch jedem Dritten gegenüber, auch die Massegläubiger, die Aussonderungs- und die Absonderungsberechtigten als solche können ihren, während des Verfahrens zulässigen, Zugriff an den zur Masse gehörigen Gegenständen nicht gegen den Kridar, sondern nur gegen den Verwalter ausüben, wie auch der Gemeinschuldner gegen sie Rechte an und aus dem Konkursvermögen nicht geltend machen kann. Wenn auch nach § 7 die nach der Konkurseröffnung vom Kridar vorgenommenen Rechtshandlungen nicht nichtig, sondern nur den Konkursgläubigern gegenüber unwirksam sind, und deshalb die Masse-, Aussonderungs- und Absonderungsgläubiger die Rechtsgiltigkeit dieser Handlungen nicht beanstanden können, so hat doch der § 6 den Verlust des Dispositionsrechts des Kridars ohne jede Beschränkung ausgesprochen,f sodaß er jedermann gegenüber als dieses Rechts verlustig anzusehen ist, im Uebrigen Anm. 3 zu § 7.

5. Der Kridar wird nicht handlungs- oder geschäftsunfähig, er ist auch nicht in der Geschäftsfähigkeit beschränkt. Nur die Disposition über die Masse ist ihm mit der Wirkung des Veräußerungsverbots des § 136 B.G.B. entzogen, vgl. §§ 23, 148 des Zwangsversteigerungsgesetzes und §§ 1052, 1070 B.G.B. Da er in seiner Geschäftsfähigkeit, selbst hinsichtlich des Konkursvermögens, nicht beschränkt ist, sind die von ihm in Ansehung der Konkursgegenstände vorgenommenen Rechtshandlungen nicht unwirksam, nur für die Konkursmasse sind sie nicht verbindlich. Er kann daher einzelne Konkurs- oder Absonderungsgläubiger befriedigen, kann mit den Absonderungs-, den Aussonderungsberechtigten Verträge über deren Rechte abschließen. Diese Handlungen verbinden ihn schon während des Konkurses, sodaß schon während dieses Verfahrens

die Klage gegen ihn zulässig ist, Entsch. des Obertrib. 61, 441 in Striethorsts Archiv 34, 328; 41, 360; 47, 162; 52, 5; 57, 267; 75, 30, R.O.H.G. 12, 93, 104; 21, 194.

6. Dadurch, daß dem Kridar das Eigenthum belassen, die Verfügung und Verwaltung aber entzogen und dem Verwalter übertragen ist, ist die Rechtsstellung des letztern gegeben. Die rechtliche Stellung des Konkursverwalters ist streitig. Die überwiegende Zahl der Autoren ist der hier angenommenen Ansicht, daß er der Vertreter des Gemeinschuldners hinsichtlich der zur Konkursmasse gehörigen Gegenstände ist. So Jäger Anm. 10, v. Wilmowski Vorbem. zum 1. Buch Anm. 2, Fuchs S. 103, Petersen u. Kleinfeller Anm. III, 1, Petersen in Z. f. D. C.P. 9, 1—68; 10, 30; 17, 178 ff., in Gruchots Beitr. 34, 777 ff.; 36, 133, im Sächs. Arch. 1, 1 ff., Wengler § 5 Anm. 2 S. 91 ff., Willenbücher Anm. 3 zu § 5, Endemann S. 423, Fitting § 5 Anm. 8, 10, § 17 I, Mandry § 50 II S. 523, Schollmeyer, Zwischenstreit I S. 97, 98, Voß, Civ.-Arch. 71, 285, Fuchs in Gruchots Beitr. 38, 241 ff., 262 ff., 518 ff. Dagegen meinen v. Kannstein, Konstruktion der Rechtsverhältnisse in Grünhuts Zeitschr. Bd. 8 S. 465, Kohler, Lehrbuch S. 399 ff., Hellmann S. 968, 973 und in d. Krit. V. 27, 240; L. Seuffert S. 81 ff., daß der Verwalter der Vertreter der Gläubiger oder der Gläubigerschaft sei. Dernburg, Pr. Pr. R. II, § 115, Steglitz Anm. 4 zu § 5, Korn, Anfechtung S. 24, 167 betrachten ihn als Vertreter des Gemeinschuldners und der Gläubiger, d. h. der Masse. Wach I S. 543 ff., 589 ff., Schultze S. 36—39, Cosack, Anfechtung S. 234, Grützmann, Anfechtung S. 204, 212, Otto, Anfechtung S. 155, 156 sehen ihn im Allgemeinen als Vetreter des Schuldners, in Ansehung der Anfechtung als Vertreter der Gläubiger an. v. Völderndorff I S. 39—41, 127, 396, 592 bestreitet, daß er der Vertreter des Kridars oder der Gläubiger sei, und will ihn zum Pfleger der Konkursmasse machen. Aehnlich meint Eccius, Pr. Pr. R. 6. Aufl. I S. 797 ff. und in Gruchots Beitr. 36, 897, daß der Verwalter der Vertreter eines Rechtssubjekts, einer vom Gesetz gewollten, zum bestimmten Zwecke „subjektlos" zu führenden Verwaltung sei. Kreck-Fischer, Kommentar zum Preuß. Zwangsvollstreckungsges. S. 127 und in Z. f. D. C.P. 10, 436, Oetker I S. 51, 112, 314 ff., Stegemann in Z. f. D. C.P. 17, 348 ff., 358 ff., 372 ff., Thiele im Civ.-Arch. 82, 30 und in Gruchots Beitr. 39, 601, v. Sarwey-Bossert Anm. 4 betrachten ihn als ein Organ, welches kraft Amts, ohne Vertreter oder Rechtsnachfolger des Gemeinschuldners in privatrechtlichem Sinne zu sein, Rechte desselben ausübt, um dadurch die vom Staat in der Form des Konkurses gewährte Art des Rechtsschutzes zur Durchführung zu bringen. Das Reichsgericht hat sich in ältern Entscheidungen der Ansicht zugeneigt, daß der Verwalter der Vertreter des Gemeinschuldners sei, Entsch. 2, 24, ihn auch als dessen Vertreter ausdrücklich bezeichnet, Entsch. 2, 270; 6, 408, J. W. 1887 S. 41; 1891 S. 11, in andern Entscheidungen aber auch angenommen, daß er die Gläubiger oder die Gläubigerschaft vertrete, Entsch. 6, 112; 8, 413; 18, 393; J. W. 1884 S. 48; 1891 S. 179, in Gruchots Beitr. 35, 1166 und demgemäß den Gemeinschuldner als einen Dritten bezeichnet, der im Prozeß über einen Konkursgegenstand als Zeuge vernommen werden könne, sowie den Verwalter für die Widerspruchsklage des § 771 C.P.O. als Dritten anerkennt, in der Entsch. 33, 367 hat es die Konkursmasse als ein Rechtssubjektiv behandelt und in der Entsch. 29, 29 bestritten, daß der Verwalter der Vertreter des Kridars, und behauptet, daß er ein im öffentlichen Interesse zur Durchführung des Zwecks des Konkurses geschaffenes Organ sei. Daran hat es aber sowohl in der ältern — Bd. 2, 24 —, als in der zuletzt erwähnten Entscheidung — 29, 29 — festgehalten, „daß sich, man möge das Konkursverfahren gestalten und die Stellung des Konkursverwalters konstruiren wie man will, ohne den

Grundsatz nicht auszukommen sei, daß die Handlungen des Konkursverwalters für den Gemeinschuldner bindend sein müssen", „in diesem Sinne", setzt es hinzu, „kann auch nicht bestritten werden, daß der Konkursverwalter den Gemeinschuldner vertrete." Die Preußische Konkursordnung erklärte den Verwalter ausdrücklich für den Vertreter der Gläubigerschaft und der Masse, §§ 131, 215. In den Motiven I zur R.K.O. (S. 16, 17) ist dagegen gesagt: „Da der Gemeinschuldner Eigenthümer bleibt, so muß statt seiner die Ausübung der Disposition durch eine andre Person geschehen, es muß eine gesetzliche Stellvertretung des Gemeinschuldners eintreten", die Motive überlassen aber der Wissenschaft die Beantwortung der Frage, wem die Stellvertretung zukommt.

Auf den ersten Blick liegt es nahe, den Verwalter als den Vertreter der Gläubigerschaft zu betrachten, denn die Gläubigerschaft d. h. die Gläubigerversammlung beschließt über die Wahl des Verwalters, §§ 110, 80, die Mitglieder des Gläubigerausschusses haben ihn bei der Geschäftsführung zu unterstützen und zu überwachen, sie können sich von dem Gange der Geschäfte unterrichten, die Bücher und Schriften des Verwalters einsehen und den Bestand der Kasse untersuchen, sie sind berechtigt, von ihm über die Lage der Sache und die Geschäftsführung Berichterstattung zu fordern, § 88; über die wichtigsten Angelegenheiten hat die Gläubigerversammlung Beschluß zu fassen, § 132, dessen Ausführung dem Verwalter obliegt, ihre Genehmigung ist für die wichtigsten Geschäfte der Verwaltung einzuholen, § 134; die Anfechtung von Rechtshandlungen des Gemeinschuldners hat zur Voraussetzung, daß dieselben den Konkursgläubigern gegenüber nichtig bezw. anfechtbar sind. Nimmt man hinzu, daß das ganze Konkursverfahren den Zweck der gemeinschaftlichen und gleichmäßigen Befriedigung aller persönlichen Gläubiger des Schuldners hat, § 3, daß es also in ihrem Interesse stattfindet, und daß somit die gesammte Thätigkeit des Verwalters ihr Interesse verfolgt, so scheint der Schluß nicht abgelehnt werden zu sollen, daß der Verwalter als der Vertreter der Konkursgläubiger fungirt, und es liegt der Vergleich mit der rechtlichen Stellung des Gerichtsvollziehers nahe, welcher im Einzelzwangsverfahren als Beauftragter des Gläubigers gilt, §§ 753, 754 C.P.O.

Diese Auffassung würde aber dem Gesetz nicht entsprechen, und die angeführten Momente stehen der Annahme nicht entgegen, daß der Gemeinschuldner es ist, welcher vom Verwalter vertreten wird. Indem der § 6 ausdrücklich bestimmt, daß das Verwaltungs- und Verfügungsrecht des Schuldners über das zur Konkursmasse gehörige Vermögen durch den Konkursverwalter ausgeübt wird, läßt er die Annahme nicht zu, daß der Kridar das Dispositionsrecht derart verliert, daß es auch von einem andern für ihn nicht ausgeübt werden könne und daß es auf ein anderes Rechtssubjekt übergehen müsse, als welches die Gläubigerschaft angesehen werden könnte. Die Gläubigerschaft ist überhaupt kein Rechtssubjekt und die Zusammengehörigkeit der Bestimmungen der beiden Absätze des § 6, deren erster dem Kridar das Dispositionsrecht entzieht und deren zweiter das Dispositionsrecht durch den Verwalter ausüben läßt, giebt unzweideutig zu erkennen, daß dasjenige Verfügungs- und Verwaltungsrecht, welches dem Kridar entzogen ist, auf den Verwalter übergeht, so auch R.G. 14, 408, 409. Die Richtung, in welcher dies Recht auszuüben ist, ist im § 3 vorgezeichnet, nach welchem es zur Befriedigung aller Konkursgläubiger ausgeübt werden soll. Die Verwaltung und Verfügung geschieht nur in Bezug auf die Konkursmasse, für sie werden durch den Verwalter Rechte erworben, sie wird durch seine Rechtsgeschäfte verpflichtet. Da aber die Masse weder nach früherem Recht als Rechtssubjekt anzusehen war, noch nach dem B.G.B. als Rechtssubjekt gelten kann, und Rechte und Pflichten nur für und gegen Personen entstehen und bestehen können, so werden die Rechte und Pflichten für und gegen den Eigenthümer dieser Vermögensmasse erworben. Der Eigenthümer der Masse und jedes einzelnen Masseobjekts ist aber der Kridar. Er ist es daher, für welchen durch die Handlungen des Verwalters, also durch seine Verwaltung und Verfügung, Rechte und Pflichten begründet werden. Der Verwalter vertritt daher den Gemeinschuldner in der Verfügung über die Konkursmasse und in der Verwaltung derselben. Der Verwalter handelt nur kraft der ihm gesetzlich übertragenen Vertretungsmacht, deren Gegenstand die Konkursmasse ist, und da der Kridar der Eigenthümer dieser Masse bleibt, ist er es, welcher von dieser Vertretungsmacht betroffen, für welchen dieselbe ausgeübt wird. Indem das R.G. in der Entsch. 29, 29, in welcher es die Vertretung des Kridars durch den Verwalter ausdrücklich bestreitet, ebenso ausdrücklich den Satz anerkennt, „daß die Handlungen des Konkursverwalters für den Gemeinschuldner bindend sein müssen," erkennt es die Vertretung des Kridars an, denn nur aus dieser Konstruktion läßt sich der Grundsatz rechtfertigen, daß der Kridar selbst nach vollständiger Vertheilung der Konkursmasse an die Rechtshandlungen des Verwalters gebunden sein soll, nur kraft der Vertretungsmacht wirkt, wenigstens nach jetzigem Recht, die Rechtshandlung des Vertreters für und gegen den Vertreter, § 164 B.G.B.

Der Schuldner hat die Pflicht, aus seinem Vermögen seine Gläubiger zu befriedigen, die selbständige Ausübung dieser Pflicht wird ihm durch die Konkurseröffnung unmöglich gemacht, diese Pflicht des Schuldners hat der Verwalter auf Grund des § 3 zu erfüllen. Durch den Antrag des Schuldners auf Eröffnung des Konkurses giebt der Schuldner seinen Willen kund, daß die Konkursgläubiger gemeinschaftlich befriedigt werden sollen, im Fall der Eröffnung des Verfahrens wider seinen Willen wird dieser Wille durch den Beschluß des Gerichts ersetzt. Deshalb besteht keine Kollision der Interessen des Kridars und der Gläubigerschaft. Der Schuldner will seine Gläubiger gleichmäßig befriedigen, die Gläubiger wollen gleichmäßig befriedigt werden, und deshalb handelt der Verwalter im Interesse des Schuldners, wenn er im Interesse der Gläubiger handelt.

Daß der Verwalter von der Gläubigerschaft zu wählen ist, ändert an seiner Stellung als Vertreter des Schuldners nichts; er ist nicht gewillkürter, sondern gesetzlich bestellter Vertreter, und auf welche Weise diese gesetzliche Bestellung zu erfolgen hat, ist für den Charakter seiner Stellung ebenso wenig maßgeblich, wie es auf die Vertretungsstellung des Vormundes ankommt, ob derselbe mit oder gegen den Willen des Pflegebefohlenen bestellt ist. Auch der Zwangsverwalter wird nicht vom Schuldner, sondern vom Gericht bestellt, er ist daher Beauftragter des Gerichts und auf Grund dieses Auftrags der gesetzliche Vertreter des Schuldners in der Verwaltung des Grundstücks (Wolff, Zwangsversteigerungsges. Anm. 1 zu § 152), wie er denn auch in den Motiven des ersten Entwurfs des Zwangsversteigerungsgesetzes (zu § 193) als Vertreter des Schuldners ausdrücklich bezeichnet ist, „freilich als ein demselben aufgezwungener Vertreter, aber doch immerhin als Vertreter desselben in der Verwaltung des Grundstücks".

Ebenso unerheblich ist die Erwägung, daß zur Vornahme wichtiger Rechtshandlungen die Genehmigung der Gläubigerschaft erforderlich ist; auch der Vormund hat bei der Führung der Vormundschaft zu den wichtigern Geschäften die Genehmigung des Gegenvormunds bezw. des Vormundschaftsgerichts einzuholen, §§ 1809 ff., 1819 ff. B.G.B., ohne daß er deshalb Vertreter des Gegenvormunds oder des Vormundschaftsgerichts wird, und ohne daß er aufhört, Vertreter des Mündels zu sein; und selbst der Umstand, daß dem Verwalter die Eingehung eines Rechtsgeschäfts durch die Gläubigerschaft aufgezwungen werden kann, findet in den §§ 1797 Abs. 1, 1837, 1838 B.G.B. eine Analogie, wonach der Vormund die im Interesse des Mündels vom Vormundschaftsgericht getroffenen Anordnungen auszuführen hat. Diese Vergleichung mit der rechtlichen Stellung des Vormunds, welcher unbestritten der gesetzliche Vertreter des Mündels ist, zeigt, wie die Rücksicht auf alle die Befugnisse, die den Gläubigern in deren Interesse eingeräumt sind, nicht dazu führen können, den Verwalter zum Vertreter der Gläubiger zu machen. Da das Verfahren im Interesse der Gläubiger eröffnet und durchgeführt wird, muß deren Organen ein Recht auf Aufsicht und Genehmigung gewährt werden, ebenso wie die Aufsicht und die Genehmigung in der Führung der Vormundschaft, deren Einleitung und Fortsetzung durch das öffentliche Interesse gefordert wird, dem Organ des Staats nicht versagt werden kann. Selbst die Thatsache, daß der Verwalter das Anfechtungsrecht auszuüben hat, kann die Annahme der Vertretung des Gemeinschuldners durch den Verwalter nicht erschüttern. Denn auch der Vormund und der Vater greifen im Interesse der von ihnen vertretenen Pflegebefohlenen Rechtshandlungen an, welche diese vorgenommen haben, und der Verwalter vertritt auch in dieser Beziehung den Gemeinschuldner, welcher ebenso wie der Pflegebefohlene, sein eigenes Interesse schlecht verstanden hat.

Der Verwalter zeigt sich auch insofern nicht als Gegner des Kridars, wie dies v. Völderndorff meint, als er ihn zur Leistung des Offenbarungseids zwingt, denn er veranlaßt ihn auch dadurch lediglich, seinem eignen Interesse, der Befriedigung der Gläubiger, zu entsprechen.

Auch der fernere, von den Vertretern der entgegengesetzten Ansicht vorgebrachte Grund kann nicht ins Gewicht fallen, daß der Verwalter nach §§ 126, 127 die Zwangsverwaltung und Zwangsversteigerung der zur Masse gehörigen Immobilien zu betreiben und die Verwerthung beweglicher, mit einem Absonderungsrecht belasteter, Sachen nach den Vorschriften über die Zwangsvollstreckung zu betreiben berechtigt ist. Denn eine Zwangsvollstreckung betreibt der Verwalter nicht gegen den Kridar, das Gesetz giebt ihm nur die Befugniß, die Verwerthung in den Formen der Zwangsvollstreckung vornehmen zu lassen, Anm. 1 zu § 126, das Recht zur Verwerthung in dieser Form ist ihm auch nicht zum Nachtheil des Kridars, sondern zur Erhöhung seiner Befugnisse gegen die Absonderungsgläubiger und zur Beschränkung der Rechte derselben gegeben. Man darf daher nicht behaupten, der Verwalter könne nicht den Schuldner vertreten, weil er gegen ihn die Zwangsvollstreckung betreiben könne, denn er betreibt die Zwangsvollstreckung gegen ihn nicht. Könnte er sie aber betreiben, so würde es sich nur um eine Anomalie handeln, die zur Charakterisirung seiner Rechtsstellung ebenso unwesentlich ist, als die gesetzliche Anomalie, die den Subhastaten berechtigt, in der Zwangsversteigerung seines Grundstücks mitzubieten und sein eignes Grundstück zu erstehen. Unrichtig ist ferner die Behauptung v. Völderndorffs: „Wäre der Verwalter wirklich der Repräsentant des Schuldners, so würde im Falle des § 51³ dieser sein eigener Gläubiger und sein eigener Schuldner sein." Wenn sich aus der Bestimmung des § 51³, jetzt 58³, nach welcher die dem Gemeinschuldner und dessen Familie bewilligte Unterstützung zu den Massekosten gehört, ableiten ließe, daß der Gemeinschuldner durch die Bewilligung der Unterstützung eine Forderung an die Masse erwerbe, wenn sich daraus ableiten ließe, daß er sein eigener Gläubiger und sein eigener Schuldner wäre, so hätte diese Deduktion doch mit der Stellung des Verwalters nichts zu thun, denn, wäre sie richtig, so wäre sie lediglich eine Folge des Grundsatzes, daß der Kridar Eigenthümer der Masse bleibt, und sie würde bestehen ohne Rücksicht darauf, wen der Verwalter vertritt.

Schließlich kann auch die vom R.G., in der Entsch. 29, 29 adoptirte Auffassung nicht befriedigen, daß der Verwalter ein im öffentlichen Interesse geschaffenes Organ für die Durchführung der Zwecke des Konkurses sei, welches seine Legitimation zur Ausübung der ihm übertragenen Funktionen aus dem Gesetz entnehme. Es ist zwar unzweifelhaft, daß der Verwalter ein öffentlich geschaffenes Organ ist, ebenso wie der Vormund und jeder andere gesetzliche Vertreter, und daß er seine Legitimation aus dem Gesetz entnimmt, ebenso wie jene Vertreter es thun. Damit wird aber nur seine Bestellung und seine Legitimation, seine Rechtsstellung zu der bestellenden Behörde, Anm. 1 zu § 78, nicht aber sein Rechtsverhältniß zur Masse und zum Kridar konstruirt. Dies Recht nimmt das R.G. zwar als gegeben an, indem es den Satz als unentbehrlich bezeichnet, daß der Kridar an die Handlungen des Verwalters gebunden ist, dieser Satz läßt sich aber, namentlich wenn die Masse vollständig vertheilt ist, nur aus der Vertretungsmacht des Verwalters erklären, und, wie schon gesagt, erkennt das R.G. durch den als selbstverständlich hingestellten Grundsatz die Vertretungsmacht des Verwalters an. Indem das R.G. den Verwalter zu einer selbstständig außer jeder Beziehung zu dem Schuldner, der Konkursmasse, den Konkursgläubigern stehenden Person hinstellt, müßte es auch zu dem Schluß gelangen, daß er lediglich die Konkursmasse zu verwalten, zu verwerthen und zu vertheilen hat, daß seine Rechtshandlungen lediglich die Konkursmasse, nicht die Person des Kridars betreffen, diese Konstruktion würde auch bei der Beantwortung der Frage im Stich lassen, ob die Willensmängel des Verwalters für den Kridar maßgebend sind oder nicht, § 166 B.G.B. Aus der Anerkennung des Satzes, daß der Kridar an die Handlungen des Verwalters gebunden ist, ergeben sich übrigens die materiell rechtlichen Folgen der Annahme der Stellvertretung, nur die prozessualen Folgen sind nach der Ansicht des R.G. anders zu beantworten, als sie sich aus der Annahme der Vertretungsmacht ergeben.

7. Soweit das Gesetz nicht ausdrücklich ein Anderes bestimmt, übt der Verwalter vermöge des ihm übertragenen Verwaltungs- und Verfügungsrechts in Vertretung des Gemeinschuldners alle Rechte, aber auch nur diejenigen Rechte aus, welche dem Kridar ohne die Eröffnung des Verfahrens zustehen würden, und hat er alle Verpflichtungen zu erfüllen, die dem Schuldner ohne das Verfahren obliegen würden. Aber er übt nur diejenigen Rechte aus, welche sich auf die Konkursmasse beziehen. Die Verpflichtungen liegen ihm ob, die auf dem ganzen Vermögen ruhen, nicht blos diejenigen, welche einzelne Gegenstände belasten, vgl. R.G. 35, 30; er hat z. B. die Pflicht des Schuldners zur Herausgabe einer zur Masse nicht gehörigen Sache zu erfüllen, er hat aus der Masse eine Konventionalstrafe zu zahlen, wenn er einer Verpflichtung zuwiderhandelt, für welche der Kridar die Strafe übernommen hatte, R.G. 21, 5; 26, 85, 93, a.M. R.G. 35, 31. Er ist auch berechtigt, die noch fehlende Unterschrift des Gemeinschuldners zur Ausfüllung eines Blankoakzepts in dessen Namen mit dem Zusatz seiner Verwaltereigenschaft auszufüllen, R.O.H.G. 14, 54; 17, 210; R.G. 8, 56; 11, 8, in J.W. 1894 S. 200, Mot. I S. 34, 35 (Abw. Obertr. 35, 445 und in Striethorsts Archiv 60, 296). Der Protest eines Wechsels Mangels Zahlung oder Annahme, der Protest des domizilirten Wechsels ist nur gegen den Verwalter zu erheben, da es hinsichtlich der die Masse belastenden Wechselschuld nur auf die Bereitwilligkeit zur Annahme oder Zahlung desjenigen ankommt, dem die Verfügung über das belastete Vermögen zusteht (A.M. Petersen und Kleinfeller III, 4, weil nur die Zahlungsfähigkeit des Kridars oder der Mangel an seiner Bereitwilligkeit zu zahlen festzustellen sei, der Kridar aber auch durch einen Dritten, z. B. einen Regreßpflichtigen

in die Lage gesetzt werden könne, Zahlung zu leisten). Das R.G. 2, 23 hat angenommen, daß der Wechsel in dem bisherigen Geschäftslokal des Gemeinschuldners präsentirt werden könne, wenn das bisherige Geschäft vom Verwalter fortgeführt werde, s. hierüber auch R.O.H.G. 22, 423, Obertr. 62, 353 und den Obersten Gerichtshof zu Wien in Seufferts Archiv 21, 320.

Der Verwalter tritt auch unbeschadet der Vorschriften der §§ 17 ff. in die dem Kridar und von ihm angetragenen Rechtsgeschäfte ein, der § 153 B.G.B. kommt in dieser Beziehung nicht zur Anwendung, weil der Kridar nicht geschäftsunfähig wird

8. Der Verwalter disponirt zu Gunsten und zum Besten der Masse. Seine Geschäftsführung wirkt nach § 164 B.G.B. unmittelbar für und gegen die Konkursmasse. Dem Dritten ist nur die Masse berechtigt und verpflichtet, wenn der Verwalter die Willenserklärung ausdrücklich als solcher abgegeben hat oder die Umstände ergeben, daß er nur als Verwalter gehandelt hat. Ergiebt sich dies nicht, so ist er zwar dem Dritten gegenüber persönlich verpflichtet, § 164 Abs. 2 B.G.B., der Masse gegenüber ist aber nicht er, sondern die Masse verpflichtet und berechtigt, wenn er für dieselbe handeln wollte.

9. Der Kreis der Geschäftsfähigkeit des Verwalters ist in den §§ 117—137 bestimmt. Ob eine Handlung zweckmäßig ist oder nicht, ist für die Gültigkeit derselben ohne Bedeutung, s. auch § 136 (die Worte im § 8 des ersten Entwurfs „zum Zweck der Befriedigung der Gemeinschuldgläubiger" sind deshalb gestrichen) Mot. I S. 34.

10. Vermöge seiner Rechtsstellung als Vertreter des Gemeinschuldners kommt es bei allen Rechtshandlungen des Verwalters nur auf seine Willensmängel, auf seine Kenntniß oder sein Kennenmüssen an, § 166 B.G.B., die Kenntniß des Gemeinschuldners bleibt dabei außer Betracht, Anm. 8 A zu § 1.

11. Der Kridar ist nach Beendigung des Verfahrens an die vom Verwalter eingegangenen Verpflichtungen gebunden, wie ihm auch alle Rechte zustehen, die der Verwalter erworben hat. Er ist daher auch verpflichtet, die vom Kridar geschlossenen Dienst- und Miethverträge, sowie dessen Entscheidung über das Wahlrecht des § 17 anzuerkennen, R.G. bei Bolze 15 Nr. 761 und in J.W. 1892 S. 378 und 1898 S. 509[31]. Ihn treffen auch die Folgen des Verzugs des Verwalters, sowie die von diesem in Ausübung der Verwaltung und Disposition vorgenommenen Schadenshandlungen, § 278 B.G.B., R.G. in J.W. 1889 S. 208, sofern der Schade nicht durch Vorsatz des Verwalters verursacht ist, § 278 Satz 2 B.G.B.

12. Aus der Rechtsstellung des Verwalters als des Vertreters des Kridars ergiebt sich in prozessualer Hinsicht, daß der Gemeinschuldner in Prozessen, welche der Verwalter als solcher führt, nicht Zeuge sein kann, weil er die vom Verwalter vertretene Partei ist, daß er auch die Widerspruchsklage des § 771 C.P.O. nicht erheben, noch den vom Verwalter geführten Prozessen als Nebenintervenient beitreten, daß ihm auch der Streit nicht verkündet werden kann. (Nach der Ansicht des R.G. — Anm. 6 — würde in allen diesen Beziehungen das Gegentheil anzunehmen sein.)

13. Da die Vertretungsmacht des Verwalters nicht auf einen Auftrag des Gemeinschulders, sondern auf die gesetzliche Bestellung zurückzuführen ist, ist der Verwalter weder an die Instruktionen des Kridars gebunden, noch ist der Tod des letztern auf die Stellung des Verwalters von Einfluß; s. im Uebrigen die Anm. zu § 82.

14. Die Folgen der Konkurseröffnung nach § 6 sind lediglich vermögensrechtlicher Natur. Die öffentlich rechtlichen Wirkungen der Einleitung des Verfahrens werden von der K.O. nicht berührt, die Rechte, die der Kridar nach öffentlichem Recht verliert,

werden vom Verwalter nicht ausgeübt. In dieser Beziehung hat die Konkurseröffnung folgende Wirkungen:

Der Gemeinschulder kann das aktive und passive Wahlrecht zum Reichstage nicht ausüben, §§ 3^2, 4 des Ges. vom 31. Mai 1869, er ist nicht zur Wahl der Vertreter zur Innungsversammlung berechtigt, nicht stimmberechtigt in der Innungsversammlung, nicht wählbar zum Mitglied des Vorstands, der Ausschüsse, des zur Entscheidung der Streitigkeiten bestimmten Organs der Innungen und Zwangsinnungen, zu Mitgliedern der Handwerkskammern, zur Theilnahme an der Wahl der Gesellenausschüsse der Innung und der Handwerkskammer, §§ 93^a, 94^b, 95^a Abs. 2, 100^c, 103^b, 103^i Abs. 6 der Gewerbeordnung in der Fassung vom 26. Juli 1897, zum Besuch der Börse ist er nicht zuzulassen, § 7^7 des Börsenges. vom 22. Juni 1896, er ist unfähig zum Amt eines Schöffen, Geschworenen und Handelsrichters, §§ 32^3, 85 Abs. 2, 113 Abs. 2, 117 G.V.G. Er ist zur Rechtsanwaltschaft nicht zuzulassen, von der Wählbarkeit zum Vorstand einer Anwaltskammer ausgeschlossen, seine Zulassung zur Rechtsanwaltschaft kann zurückgenommen werden, §§ 5^3, 22, 43^1 R.A.O., er kann nicht Beisitzer eines Seeamts, § 10 des Ges. vom 27. Juli 1877, nicht Vorstandsmitglied, Vertrauensmann, Arbeitervertreter, Beisitzer des Schiedsgerichts einer Berufsgenossenschaft, nicht Ausschußmitglied einer Alters- und Invalidenversicherungsanstalt, noch Beisitzer eines Schiedsgericht derselben, noch des Reichs- oder eines Landesversicherungsamts sein, §§ 24, 42, 47, 87, 93 des Ges. vom 6. Juli 1884, § 1 des Ges. vom 28. Mai 1885, §§ 29, 49, 51, 95, 100 des Ges. vom 5. Mai 1886, §§ 12, 35, 36, 45 des Ges. vom 11. Juli 1887, §§ 30, 50, 97 des Ges. vom 13. Juli 1887, § 88 des Ges. vom 13./19. Juli 1899. Er soll nicht zum Vormund bestellt werden, § 1781 B G.B. — Für Preußen s. §§ 51—53 des Ausf. Ges. zur K.O. vom 6. März 1879, § 9 des Ges. vom 22. August 1897, wonach der Gemeinschuldner zur Handelskammer weder wahlberechtigt, noch wählbar ist, § 4 der V.O. vom 23. Jan. 1899 (Ges.Samml. S. 17) wonach das Wahlrecht und die Wählbarkeit der Mitglieder der Aerztekammern während der Dauer des Konkurses ruhen.

§. 7. (6.)

Rechshandlungen, welche der Gemeinschuldner nach der Eröffnung der Verfahrens vorgenommen hat, sind den Konkursgläubigern gegenüber unwirksam; die Vorschriften der §§. 892, 893 des Bürgerlichen Gesetzbuchs bleiben unberührt.

Dem anderen Theile ist die Gegenleistung aus der Masse zurückzugewähren, soweit letztere durch dieselbe bereichert ist.

Hat der Gemeinschuldner Rechtshandlungen am Tage der Eröffnung des Verfahrens vorgenommen, so wird vermuthet, daß sie nach der Eröffnung vorgenommen worden sind.

M. I 35—39; P. I 9, 10, 148; M. II 26; P.-II —.

1. Nur der erste Abs. ist geändert, welcher in der früheren Fassung lautete: „Rechtshandlungen, welche der Gemeinschuldner nach der Eröffnung des Konkurses vorgenommen hat, sind den Konkursgläubigern gegenüber nichtig.“ Die Ersetzung des Wortes „nichtig“ durch das Wort „unwirksam“ ist, wie in den Mot. II hervorgehoben,

„im Anschluß an das B.G.B. (§ 135)" erfolgt. Die Unwirksamkeit steht nicht im Gegensatz zur Nichtigkeit, sie hat, wie diese, zur Folge, daß das Rechtsgeschäft ohne die beabsichtigten rechtlichen Wirkungen bleibt, und entspricht der relativen Nichtigkeit, welche nicht jedem, sondern nur bestimmten Personen gegenüber besteht.

2. Unter den Rechtshandlungen des § 7 sind nicht blos alle auf Erzeugung, Aenderung oder Erlöschung von Rechten gerichteten Handlungen, sondern ist „jede verpflichtende Erklärung des Gemeinschuldners zu verstehen, welche eine Rückwirkung auf die Masse haben kann" P. I 9, 10. Die Rechtshandlung braucht daher kein Rechtsgeschäft, auch keine Willenserklärung zu sein, sie kann auch in einer Thätigkeit oder Unterlassung des Kridars bestehen, durch welche eine Potestativbedingung erfüllt wird, M. I 279, v. Wilmowski Anm. 1, z. B. wenn der Gemeinschuldner unterläßt eine Stadt zu besuchen, deren Besuch den Gegenstand der Bedingung eines Rechtsgeschäfts ist, s. Anm. 3 zu § 29. Auch die Eheschließung und Ehescheidung des Kridars sind Handlungen, durch die auf die Masse eine Einwirkung erfolgen kann, die die Konkursgläubiger nicht gegen sich gelten zu lassen brauchen, R.G. 36, 126, a. M. v. Völderndorff Anm. c S. 139.

3. Die Unwirksamkeit der Rechtshandlung setzt voraus, daß sie nach der Eröffnung des Verfahrens vorgenommen ist. Ebenso wie nach § 6 der Verlust der Disposition vom Augenblick der Konkurseröffnung, nicht erst von der Kenntnißnahme oder Bekanntmachung an beginnt, so ist auch für die Unwirksamkeit der Rechtshandlungen des Kridars der Augenblick der Konkurseröffnung entscheidend, wie er im § 108 festgestellt ist. Ist in dem Beschluß über die Eröffnung des Verfahrens die Stunde nicht angegeben, so gilt als Zeitpunkt der Eröffnung die Mittagsstunde des Eröffnungstages. Diese Bestimmung ist keine Präsumtion, sondern ein Fiktion, die nicht widerlegt werden kann, das Rechtsgeschäft ist daher nicht unwirksam, wenn es nach der thatsächlichen Erlassung des Eröffnungsbeschlusses, aber doch im Fall des § 108 Abs. 2 vor der Mittagsstunde des Eröffnungstages vorgenommen ist. Dagegen stellt der Abs. 3 des § 7 nicht eine Fiktion, sondern in Ansehung des Beweises nur die Vermuthung auf, daß Rechtshandlungen, die der Gemeinschuldner am Eröffnungstage vorgenommen hat, bis zum Beweis des Gegentheils als vor der Eröffnung vorgenommen anzusehen sind. Daraus folgt, daß, wenn im Fall des § 108 Abs. 2 der Eröffnungsbeschluß thatsächlich um 10 Uhr Morgens erlassen und das Rechtsgeschäft um 11 Uhr vorgenommen ist, dem Dritten nur der Beweis obliegt, daß es vor 12 Uhr vorgenommen ist. Gelingt dieser Beweis, so ist die Rechtshandlung nicht unwirksam. S. ferner Anm. 6 zu § 14.

4. Die Vorschrift, daß die Rechtshandlungen, die der Gemeinschuldner nach der Eröffnung des Verfahrens vorgenommen hat, den Konkursgläubigern gegenüber unwirksam sind, ist eine Konsequenz des im § 6 ausgesprochenen Verlustes der Verfügungsgewalt des Kridars, sie ist deshalb aber nicht, wie die meisten Kommentatoren annehmen, unnöthig. Durch den Verlust der Verfügungsgewalt ist der Kridar (Anm. 4 zu § 6) nicht blos den Konkursgläubigern, sondern jedem, insbesondere den Masse-, Aussonderungs- und Absonderungsgläubigern gegenüber hinsichtlich der Verwaltung und Verfügung abgesehen von seinem Eigenthumsrecht aus jeder Beziehung zu den Konkursgegenständen getreten, die Unwirksamkeit seiner Rechtshandlungen beschränkt ihn dagegen nur für die Zeit des Konkurses. Der Unterschied tritt besonders in den Fällen des passiven Verhaltens des Kridars hervor: Besteht das passive Verhalten in einer auf ein Recht einwirkenden Versäumniß, z. B. in der Versäumung der Einlassung auf eine Klage, so ist sein Verhalten als Unterlassung einer Rechtshandlung sein Verhalten

anzusehen, welche nach Beendigung des Konkurses gegen den Kridar unbeschränkt wirksam ist; handelt es sich dagegen um eine einseitige Rechtshandlung des andern Theils, welche auf Seiten des Schuldners nur die Anhörung oder Entgegennahme der ihm gegenüber abzugebenden Willenserklärung ist (Mahnung, Kündigung), so besteht keine Rechtshandlung des § 7, die Erklärung des andern Theils ist daher, sofern sie in Bezug auf einen Gegenstand der Masse abgegeben ist, nach § 6 nichtig und dem Kridar gegenüber auch nach der Beendigung des Verfahrens ohne Wirksamkeit. Erklärt der letztere, daß er die Kündigung annehme, so ist es nicht die Kündigung des andern Theils, sondern die Erklärung der Annahme die Rechtshandlung, die den Kridar auch nach Beendigung des Verfahrens bindet.

5. Die Unwirksamkeit beschränkt sich nur auf die zur Masse gehörigen Gegenstände und Verpflichtungen. Ueber das dem Gemeinschulder nach § 1 vorbehaltene oder von ihm später erworbene Vermögen kann er unbeschränkt verfügen, kann darüber mit seinen alten und seinen neuen Gläubigern Verträge schließen, aus denen freilich die alten Konkursgläubiger als solche nach § 12 während des Verfahrens keine Rechte zur Sicherung oder Befriedigung geltend machen können. Ueberdies ist der Kridar unbeschränkt berechtigt, Verbindlichkeiten Dritten gegenüber einzugehen, die ihn und sein vorbehaltenes Vermögen, nicht aber das Konkursvermögen verpflichten.

6. Da die Rechtshandlungen nicht für anfechtbar, sondern für unwirksam erklärt sind, bedarf es zu ihrer Redressirung nicht einer Anfechtungserklärung des Verwalters, um die Unwirksamkeit herbeizuführen, M. I 35, abw. nur Schultze S. 25, 35, welcher Anfechtbarkeit, und Fitting § 24 Anm. 11, der einen Schwebezustand bis zur Entscheidung des Verwalters annimmt. Der Verwalter vindizirt daher die vom Kridar verkaufte Sache, er fordert die dem Dritten gezahlte Summe zurück und bestreitet die aus der Rechtshandlung des Kridars entnommene Einwendung als nicht zu Recht bestehend. Erhebt der Erwerber aus einem mit ihm vom Kridar über einen Gegenstand der Masse abgeschlossenen Rechtsgeschäft gegen den Verwalter Klage, so ist der Verwalter im Versäumnißurtheil nicht zu verurtheilen, Petersen und Kleinfeller Anm. I 5, sofern der Kläger nicht behauptet, daß der Verwalter die Rechtshandlung nicht genehmigt habe; insofern ist die Unwirksamkeit auch von amtswegen zu berücksichtigen.

Die Unwirksamkeit ist nicht davon abhängig, daß die Konkursmasse benachtheiligt ist, der Beweis, daß ihr ein solcher Nachtheil nicht entstanden, ist daher nicht zuzulassen.

7. Die Unwirksamkeit wird durch die Genehmigung der Rechtshandlung seitens des Verwalters beseitigt, da ihm die Verfügungsgewalt zusteht, deren Verlust für den Kridar der Grund der Unwirksamkeit ist. Der Kridar, welcher Eigenthümer der Konkursmasse ohne das Recht der Verwaltung und Verfügung ist, steht daher demjenigen gleich, welcher nicht ohne Zustimmung des Berechtigten handeln kann, es kommen deshalb die §§ 182—185 B.G.B. zur Anwendung. Handelt es sich um einen Vertrag oder ein einseitiges Rechtsgeschäft, § 182 B.G.B., so kann der Verwalter die Zustimmung sowohl dem Dritten, wie auch dem Gemeinschuldner erklären. Diese Zustimmung bedarf nicht der für das Rechtsgeschäft bestimmten Form. Ertheilt er nachträglich seine Genehmigung, so gilt in Ermangelung einer abweichenden Verabredung das Rechtsgeschäft als von Anfang an gültig, ohne daß jedoch hierdurch die von dem Verwalter über den Gegenstand vor der Genehmigung getroffenen Verfügungen betroffen werden, § 184 B.G.B.

Die ohne Zustimmung oder Genehmigung des Verwalters vorgenommene Rechtshandlung bindet den Gemeinschuldner, weil die Unwirksamkeit nur den Gläubigern gegenüber gilt. Deshalb ist auch die Verabredung einer Konventionalstrafe trotz der Bestimmung des § 344 B.G.B. gegen ihn wirksam. Aus gleichem Grunde ist die Rechtshandlung gegenüber anderen Personen, insbesondere den Masse=, Aussonderungs= und Absonderungsgläubigern, gültig.

Die Frage, ob auch den Konkursgläubigern gegenüber die Rechtshandlungen des Kridars nach der Beendigung des Verfahrens unbeschränkt wirksam sind, ist jetzt zu bejahen. Denn wird nach § 185 B.G.B die Verfügung, die ein Nichtberechtigter getroffen hat, wirksam, wenn er den Gegenstand dieser Verfügung erwirbt, so wird auch die Verfügung, welche der Kridar, der Eigenthümer ohne Dispositionsbefugniß ist, gültig, wenn er die ihm fehlende Dispositionsbefugniß zurückerworben hat. Nach Beendigung des Verfahrens können daher die Rechtshandlungen auch den Konkursgläubigern gegenüber, die übrigens nunmehr diese Eigenschaft nicht mehr besitzen, unbeschränkt geltend gemacht werden (nach bisherigem Recht kamen Meisner S. 44 und Schultze S. 334 zu demselben Ergebniß, Fitting S. 210 ließ die Unwirksamkeit nur bestehen, wenn der Verwalter sie während des Verfahrens geltend gemacht hatte, die übrigen Schriftsteller nahmen die Fortdauer der Unwirksamkeit an). Werden jedoch nach der Schlußvertheilung oder der Aufhebung des Verfahrens Vermögensstücke neu ermittelt, welche zur Masse gehört haben, so wird nach § 166 der Konkurs hinsichtlich dieser Gegenstände fortgesetzt, diese Fortsetzung erfolgt ohne Rücksicht auf die vorher beschlossene Beendigung des Verfahrens und hat daher zur Folge, daß das beendete Verfahren insoweit nicht als beendet gilt und die Rechtshandlungen des Gemeinschuldners, welche während des Verfahrens vorgenommen waren, für die Gegenstände des Nachtragsverfahrens den Konkursgläubigern gegenüber wieder unwirksam sind. Das Anfechtungsrecht nach Maßgabe des Ges. vom 21. Juli 1879 ist den Konkursgläubigern nach Beendigung des Verfahrens hinsichtlich der Rechtshandlungen des Kridars nicht genommen, doch können diese Rechtshandlungen nicht deshalb angefochten werden, weil sie gegen den § 7 verstoßen.

8. Ob der Dritte an das mit dem Kridar geschlossene Rechtsgeschäft, welchem der Verwalter die Genehmigung versagt, gebunden ist, hängt davon ab, ob er gewußt hat daß die Vornahme der Rechtshandlung gegen den § 7 verstoße, ob er also gewußt hat, daß der Konkurs eröffnet war und daß der Gegenstand der Rechtshandlung zur Konkursmasse gehört. Hatte er von diesen Thatsachen keine Kenntniß, so kann er das Rechtsgeschäft wegen Irrthums, § 119 B.G.B., zutreffenden Falls auch wegen Täuschung § 123 B.G.B., anfechten, solange der Verwalter seine Genehmigung nicht ertheilt hat. Die Anfechtungserklärung ist dem Schuldner, nicht dem Verwalter gegenüber abzugeben.

9. Den Konkursgläubigern gegenüber tritt die Unwirksamkeit auch dann ein, wenn der Dritte die Konkurseröffnung nicht gekannt, oder wenn er geglaubt hat, daß der Gegenstand der Rechtshandlung nicht zum Konkursvermögen gehöre, Mot. I 35, 38. Dies wurde meistens schon nach bisherigem Recht angenommen, jetzt ergiebt es sich aus der geänderten Fassung des Abs. 1, nach welcher die Unwirksamkeit gegenüber dem guten Glauben nur in den Fällen der §§ 892, 893 B.G.B. nicht eintritt, wogegen in allen anderen Fällen der gute Glaube des Dritten nicht geschützt ist, Mot. II 26.

Daher sind für den Dritten, der die Konkurseröffnung oder die Zugehörigkeit des Gegenstandes zur Masse nicht gekannt hat, nur die folgenden Rechtshandlungen — §§ 892, 893 — auch den Konkursgläubigern gegenüber wirksam,

a) durch welche ein Recht an einem Grundstück begründet oder durch Kauf, Cession ɛc. übertragen wird, mag dasselbe das Eigenthum, ein Erbbaurecht oder eine Hypothek, Grund- oder Rentenschuld, eine Reallast, eine Grunddienstbarkeit sein;

b) durch welche ein Recht an einem Grundstücksrecht, z. B. ein Pfandrecht an einer Hypothekenforderung, erworben oder übertragen wird;

c) durch welche demjenigen, für welchen ein Recht im Grundbuch eingetragen ist, mag er der Berechtigte sein oder nicht, auf Grund dieses Rechts eine Leistung bewirkt, z. B. eine Sicherungshypothek bezahlt ist,

d) durch welche mit einem anderen in Ansehung eines eingetragenen Rechts ein sonstiges, nicht unter a fallendes, Rechtsgeschäft vorgenommen, z. B. ein Verzicht auf eine für den Kridar eingetragene Hypothek erklärt ist.

Diese Verfügungen beziehen sich auf alle dem Kridar gehörenden, für ihn eingetragenen und nicht eingetragenen Grundstücke und Erbbaurechte, aber auch auf alle für ihn gegen einen andern eingetragenen Hypotheken, Grund- und Rentengrundschulden und Reallasten, vgl. § 113.

Der gute Glaube des dritten Erwerbers ist vorhanden, wenn er die Konkurseröffnung oder die Zugehörigkeit des Gegenstands zur Masse nicht kennt, er ist auch dann vorhanden, wenn er diese Thatsachen hätte kennen müssen, sie aber nicht kannte (Biermann, Sachenrecht Anm. 3 zu § 893 B.G.B.). Die Bekanntmachung der Konkurseröffnung beseitigt die Annahme des guten Glaubens nicht, a. M. Biermann, Anm. 1a. Erst von der Eintragung der Konkurseröffnung im Grundbuch — § 113 — an tritt die Unwirksamkeit einer nach der Eintragung vorgenommenen Rechtshandlung ein. Aber der nur auf einem Grundbuchblatt eingetragene Konkursvermerk schließt die Wirksamkeit der ein anderes Blatt betreffenden Rechtshandlung nicht aus. Ist der Vermerk auf dem Folium des Kridars selbst, nicht aber auf einem Folium vermerkt, auf welchem für ihn eine Hypothek eingetragen ist, so sind die von ihm vorgenommenen, diese Hypothek betreffenden Rechtshandlungen für den gutgläubigen Dritten wirksam.

Für die Zeit der Nichtkenntniß der Konkurseröffnung bezw. der Zugehörigkeit zur Masse kommt es im Fall d auf den Augenblick des Vertragsabschlusses, für den Fall c auf den Augenblick der Leistung an. Für die Fälle a und b ist dagegen der § 892 Abs. 2 B.G.B. entscheidend: „Ist zu dem Erwerbe des Rechtes die Eintragung erforderlich, so ist für die Kenntniß des Erwerbers die Zeit der Stellung des Antrags auf Eintragung oder, wenn die nach § 873 erforderliche Einigung erst später zu Stande kommt, die Zeit der Einigung maßgebend." Danach ist für die Abtretung einer Hypothek, Grund- und Rentengrundschuld, für die Verpfändung eines solchen Rechts und für die Bestellung eines Nießbrauchs an demselben der Zeitpunkt maßgebend, in welchem der Kridar eine dieser Rechtshandlungen vornimmt, weil diese Rechtsakte ohne Eintragung gültig sind, §§ 1153, 1155, 1192, 1199, 1274, 1280, 1291, 1069, 1080 B.G.B. Die spätere Kenntnißnahme von der Konkurseröffnung Seitens des Erwerbers schadet ihm nach § 878 B.G.B. ebenso wenig, wie die spätere Eintragung des Konkursvermerks. In den übrigen Fällen unter a und b ist die Zeit der Stellung des Eintragungsantrags entscheidend, weil in diesen Fällen das Recht nicht ohne Eintragung erworben wird; aber auch in diesen Fällen schadet dem Erwerber die Kenntnißnahme von der Konkurseröffnung nach der Stellung des Antrags nicht, § 878 B.G.B. Hatte aber der Erwerber seine Zustimmung oder Annahmeerklärung vor dem Eintragungsantrag noch nicht gegeben und erfährt er die Konkurseröffnung oder wird der Konkursvermerk eingetragen, so kann er nach § 892 Abs. 2 trotz der Vorschrift des § 878 seine Acceptation nicht mehr mit Rechtswirksamkeit gegen die Konkursgläubiger erklären.

Die Auflassung eines Grundstücks und eines Erbbaurechts muß nach §§ 925 1015 B.G.B. gleichzeitig vor dem Grundbuchamt erklärt und entgegengenommen werden, dieser Augenblick ist hier maßgebend.

Auf das Schiffspfandrecht bezieht sich die Ausnahme des Abs. 2 nicht. Erwirbt aber ein Dritter im guten Glauben an das Schiffsregister ein Recht an dem Schiff oder einem eingetragenen Recht nach der Konkurseröffnung, so ist der Erwerb nach § 15 auch den Konkursgläubigern wirksam, selbst wenn der Erwerb auf einer Handlung des Kridars beruht. Wegen der im Wege der Zwangsvollstreckung und der Arrestvollziehung in gutem Glauben vorgenommenen Rechtshandlungen Dritter s. § 15.

10. Ist nach Anm. 9 — abgesehen von den dort gemachten Ausnahmen — die Rechtshandlung des Kridars auch zu Gunsten des gutgläubigen Erwerbers den Konkursgläubigern gegenüber unwirksam, so muß doch hinsichtlich der beweglichen Sachen das Eigenthum durch die Weiterveräußerung auf einen weitern — den zweiten — Erwerber in denjenigen Fällen übergehen, in welchen nach dem B.G.B. die Veräußerung und Uebergabe Seitens eines Nichtberechtigten den Eigenthumserwerb bewirkt (nach bisherigem Recht nur abw. v. Völderndorff Anm. f. S. 148). Der erste Erwerber war im Verhältniß zu den Konkursgläubigern nicht Eigenthümer geworden, aber dieser Umstand hindert in den Fällen der §§ 932—935 B.G.B. den Eigenthumserwerb eines Dritten nicht, sofern dieser, hier der zweite Erwerber, sich in gutem Glauben befindet. Der gute Glaube setzt aber hier — § 932 Abs. 2 — voraus, daß der zweite Erwerber keine Kenntniß davon hatte, daß der erste Erwerber nicht Eigenthümer war, daß ihm hinsichtlich dieser Unkenntniß auch eine Fahrlässigkeit nicht zur Last fiel. Der Gegenstand seiner Nichtkenntniß ist der Eigenthumserwerb seines Rechtsvorgängers, es fehlt ihm daher der gute Glaube, wenn er wußte oder hätte wissen müssen, daß sein Rechtsvorgänger von dem Kridar erst nach der Konkurseröffnung erworben hat, es fehlt ihm der gute Glaube aber auch dann, wenn er glaubte, auch wenn er irrig glaubte, daß sein Rechtsvorgänger aus einem andern Grunde nicht Eigenthümer geworden sei, denn auf den Grund kommt es nicht an, wenn er nur angenommen hat, daß der Vorgänger nicht Eigenthümer war.

Aber auch der zweite Erwerb ist den Konkursgläubigern gegenüber unwirksam, wenn die Sache dem ersten Erwerber oder dem Kridar abhanden gekommen oder durch eine unrechtmäßige Handlung des § 935 weggenommen war.

Im Uebrigen kann der Verwalter die Sache vom zweiten Erwerber auch gegen Erstattung des Erwerbspreises nicht zurückfordern. Nur dann muß auch der zweite Erwerber die Sache zurückgeben, wenn er sie unentgeltlich empfangen hatte, §§ 822, 816 B.G.B. Da der erste Erwerber die Sache den Konkursgläubigern gegenüber ohne Rechtsgrund besaß und sich durch die Weiterveräußerung seiner Verpflichtung zur Rückgabe an die Masse nicht entschlagen konnte, so bleibt er, sofern er bei dem Erwerb oder später, aber vor der Weiterveräußerung wußte oder erfuhr, daß er den Konkursgläubigern gegenüber das Eigenthum nicht erworben hatte, dem Verwalter zum Ersatz des Werths verpflichtet, § 819 B.G.B. War und blieb er bis zur Weiterveräußerung guten Glaubens, so braucht er dem Verwalter nach § 816 B.G.B. nur das vom zweiten Erwerber Empfangene zu zahlen.

Der Gemeinschuldner bleibt der Masse in allen Fällen für die ihr zugefügte Verringerung persönlich mit seinem vom Konkurs eximirten, der Zwangsvollstreckung unterliegenden Vermögen verpflichtet, auch wenn er in gutem Glauben war.

Als bewegliche Sachen gelten auch die Geldstücke, § 91 B.G.B., eine Leistung aus Geldmitteln der Masse steht daher unter denselben Grundsätzen wie die Veräußerung einer andern beweglichen Sache.

Dieselben Grundsätze kommen zur Anwendung, wenn der Kridar oder der neue Erwerber an einer beweglichen Sache einen Nießbrauch oder ein Pfandrecht bestellt, §§ 1032, 1208 B.G.B.

Die Uebertragung einer zur Masse gehörigen Forderung oder eines zu derselben gehörigen Rechts Seitens des Kridars ist dagegen auch für den zweiten Erwerber in allen Fällen, auch wenn er bona fide war, im Verhältniß zu den Konkursgläubigern unwirksam. Dagegen ist der Anspruch aus einer Schuldverschreibung auf den Inhaber gegen die Konkursgläubiger wirksam, wenn die Schuld vom Kridar vor der Eröffnung des Verfahrens ausgestellt, aber nach der Eröffnung ausgegeben ist, § 794 B.G.B., sofern der Inhaber sich in gutem Glauben befindet, § 796 B.G.B.

11. Der gute Glaube des ersten und des zweiten Erwerbers ist insoweit nicht ohne Bedeutung, als es sich um die Herausgabe von Früchten handelt, für welche der gutgläubige Besitzer nach § 993 B.G.B. in geringerm Umfang haftet, als der schlechtgläubige.

12. Der Gemeinschuldner kann sich bei der Vornahme der Rechtshandlung nicht blos in Ansehung der Frage der Zugehörigkeit des Gegenstands zur Masse, sondern auch in Ansehung der Konkurseröffnung in gutem Glauben befinden, wenn der Konkurs gegen seinen Willen, namentlich in der Beschwerdeinstanz, eröffnet ist. Die von ihm nach der Konkurseröffnung vorgenommene Rechtshandlung ist gleichwohl den Konkursgläubigern gegenüber unwirksam. Kann der Gemeinschuldner trotz seines guten Glaubens zum Nachtheil der Masse eine Rechtshandlung nicht selbst vornehmen, so ist hierzu, wie nicht bestritten ist, auch der gesetzliche oder der gewillkürte Stellvertreter (Vormund, Beauftragter, Prokurist) nicht berechtigt, vgl. § 23.

13. Obgleich die Unwirksamkeit den Konkursgläubigern gegenüber besteht, wird sie doch nicht von ihnen, sondern vom Verwalter geltend gemacht, weil nur er nach § 6 Abs. 2 über die Masse zu verfügen hat, die Unwirksamkeit ihren Grund in dem Mangel des auf den Verwalter übergegangenen Dispositionsrechts hat und die Konkursgläubiger durch den § 12 zur Geltendmachung ihrer Forderungen lediglich auf den ihnen durch die Konkursordnung zugewiesenen Weg der Anmeldung beschränkt sind (A.M. v. Wilmowski Anm. 1). Der einzelne Gläubiger ist zwar nach §§ 144, 146 berechtigt, der Anmeldung eines andern Gläubigers zu widersprechen und den Widerspruch im Feststellungsverfahren des § 146 zu begründen; die Unwirksamkeit der vom Verwalter anerkannten Ansprüche aus Rechtshandlungen des § 7 kann er jedoch nicht geltend machen (A.M. Sydow, Anm. 1), weil die Rechtshandlung durch das Anerkenntniß des Verwalters wirksam ist. Die Ansicht v. Wilmowskis, der Verwalter sei nicht berechtigt, solche Verletzungen durch seine Genehmigung zu heilen, da sein Verfügungsrecht über die Masse ihn nicht berechtige, Konkursgläubiger auszuschließen oder zu schaffen, ist nicht richtig: Die Anerkennung einer Rechtshandlung des § 7 durch den Verwalter kann sehr wohl dem Interesse der Masse dienen, und wenn er einen solchen Anspruch, z. B. auf Grund einer besondern Vereinbarung mit dem Berechtigten, statt als Masseforderung nur als Konkursforderung anerkennt, so verringert er den gegen die Masse entstandenen Anspruch. Wegen solcher Anerkenntnisse und Vereinbarungen ist er den Konkursgläubigern verantwortlich, § 82, aber Dritten gegenüber sind seine Handlungen rechtswirksam, auch wenn sie dem Interesse der Konkursmasse nicht entsprechen, vgl. § 136.

14. Nach Abs. 2 ist dem andern Theil die Gegenleistung aus der Masse zurückzugewähren, soweit letztere durch dieselbe bereichert ist, vgl. § 38. Eine solche Bereicherung kann in dem Umstand begründet sein, daß der Kridar oder der Erwerber den Kaufpreis zur Masse gezahlt hat, oder daß die von dem Dritten mit Geldmitteln der Masse erstandene Sache in die Masse gelangt ist. Hat der Kridar den Kaufpreis zur Masse gezahlt, so ist es unerheblich, ob er die ihm von dem Dritten gegebenen oder ob er andere Geldstücke an die Masse abgeführt hat, wenn die Zahlung nur die Entrichtung des Kaufpreises hat sein sollen, denn dann ist die Gegenleistung in die Masse gelangt. Hat der Kridar aber eine Zahlung zur Masse geleistet, um den Verwalter zur Anerkennung der Rechtshandlung zu bewegen, so ist zwar die Masse bereichert, aber nicht durch die Gegenleistung, nicht auf Kosten des Erwerbers, § 812 B.G.B., welcher die Zahlung daher nicht in Anspruch nehmen kann. Ebensowenig ist die Masse durch die Gegenleistung und auf Kosten des Erwerbers bereichert, wenn die Masse infolge der Rechtshandlung auf Grund des § 936 B.G.B. durch den Wegfall eines Absonderungsrechts entlastet wird.

Der Verwalter darf die Bereicherung zurückbehalten, bis die durch die Rechtshandlung eingetretene Minderung der Masse soweit beseitigt ist, als sie der Erwerber zu beseitigen verpflichtet ist, § 273 B.G.B., der Erwerber hat dagegen ein gleiches Recht nicht, er hat ein Zurückbehaltungsrecht auch nicht wegen der auf die Sache gemachten Aufwendungen, § 1000 B.G.B., weil ein Retentionsrecht nicht nach der Eröffnung des Konkurses den Konkursgläubigern gegenüber entstehen kann, § 15. Dagegen ist er in Ansehung des Bereicherungsanspruchs nach § 59[3] Massegläubiger.

§. 8. (7.)

Eine Leistung, welche auf eine zur Konkursmasse zu erfüllende Verbindlichkeit nach der Eröffnung des Verfahrens an den Gemeinschuldner erfolgt ist, befreit den Erfüllenden den Konkursgläubigern gegenüber nur insoweit, als das Geleistete in die Konkursmasse gekommen ist.

War die Leistung vor der öffentlichen Bekanntmachung der Eröffnung erfolgt, so ist der Erfüllende befreit, wenn nicht bewiesen wird, daß ihm zur Zeit der Leistung die Eröffnung des Verfahrens bekannt war.

War die Leistung nach der öffentlichen Bekanntmachung erfolgt, so wird er Erfüllende befreit, wenn er beweist, daß ihm zur Zeit der Leistung die Eröffnung des Verfahrens nicht bekannt war.

M. I 39—41; P. I 10, 11, 148; M. II —; P. I —.

1. Die Vorschrift des § 8 Abs. 1 ist, wie die des § 7, eine Konsequenz des im § 6 ausgesprochenen Verlustes des Dispositionsrechts des Gemeinschuldners. Während der § 7 die Rechtshandlungen des Kridars, betrifft der § 8 die Rechtshandlungen des Dritten, des Schuldners des Kridars. Aber auch der § 7 betrifft die Rechtshandlungen des Dritten, mit welchem der Kridar eine solche vorgenommen hat. Der § 8 beschränkt sich auf den Fall der Erfüllung einer Verpflichtung Seitens des Dritten und begünstigt den letzteren dadurch, daß die Erfüllung an den Kridar nicht unwirksam ist, wenn sich der Dritte in gutem Glauben befand.

Auf diese Begünstigung kann sich nur der Dritte berufen, nicht auch der Kridar, welcher durch die Annahme der Leistung eine Rechtshandlung des § 7 vornimmt. Der Kridar ist daher im Fall der Erfüllung Seitens des gutgläubigen Dritten stets, auch wenn er sich selbst hinsichtlich der Konkurseröffnung oder der Zugehörigkeit des Rechts zur Masse in gutem Glauben befand, unbeschränkt zur Herausgabe der Leistung an den Verwalter verpflichtet. Dazu ist er auch dann verpflichtet, wenn der Verwalter die Erfüllung auch gegen den schlechtgläubigen Dritten nicht verlangen kann, wenn der letztere z. B. eine verjährte Schuld dem Kridar gezahlt hat.

2. Die Leistung, welche der § meint, ist die Erfüllung der Verbindlichkeiten jeder Art, nicht blos die Zahlung oder die Leistung einer Quantität vertretbarer Sachen, sondern auch die Uebergabe einer individuell bestimmten, z. B. die Tradition einer verkauften Sache. Der Grund der Leistung kann sowohl in einem Schuldverhältniß, als auch in jedem andern Verpflichtungsverhältniß, z. B. in einer testamentarischen Bestimmung, liegen. Die Befriedigung kann durch Uebergabe des Leistungsgegenstandes, durch Zahlung, aber auch durch Hinterlegung mit Ausschluß der Rückforderung, § 378 B.G.B., und durch Aufrechnung, § 388 B.G.B., erfolgen. Die Verbindlichkeit des Dritten muß aber andererseits ein zum Konkursvermögen gehöriges Recht betreffen. Betrifft sie ein anderes Recht, z. B. das Recht auf den der Pfändung entzogenen Arbeitslohn, Anm. 8 B zu § 1, so darf sie nur dem Kridar gegenüber erfüllt werden, die Erfüllung derselben an den Verwalter würde den Schuldner erst nach der Beendigung des Konkursverfahrens (§§ 362 Abs. 2, 185 Abs. 2 B.G.B.) befreien.

3. Die an den Kridar gemachte Leistung befreit den Dritten der Konkursmasse gegenüber nicht, die Leistung wird den Konkursgläubiger gegenüber als nicht erfolgt angesehen; der Dritte muß daher nochmals und zwar zur Masse leisten, auch wenn sich der Gegenstand noch im Besitz des Gemeinschuldners befindet. Der Dritte kann den Verwalter im letztern Falle nicht an den Gemeinschuldner verweisen (A.M. v. Wilmowski Anm. 1), sondern es ist seine Sache von dem Gemeinschuldner die ihm mit Unrecht gemachte Leistung zurückzufordern. Da er, sofern er sich nicht in gutem Glauben befindet, die Folgen der unrichtigen Leistung zu vertreten hat, so ist er dem Verwalter haftbar, wenn er in Folge der an den Kridar gemachten Leistung zur nochmaligen Leistung an den Verwalter nicht im Stande ist, §§ 275, 280 B.G.B.

4. Die unwirksame Leistung wird wirksam

a) nach §§ 362 Abs. 2, 185 B.G.B., wenn sie vom Verwalter nachträglich genehmigt wird. Die Genehmigung bedarf keiner besonderen Form, sie kann dem Dritten sowohl, wie dem Kridar erklärt werden, § 182 B.G.B., und wirkt, wenn der Verwalter nichts anderes bestimmt, auf den Zeitpunkt der an den Kridar geschehenen Leistung zurück. In Folge dessen ist der Verwalter nicht berechtigt, Verzugszinsen oder Schadenersatz deshalb zu fordern, weil an ihn nicht rechtzeitig geleistet war, und ist zur Quittungsleistung verpflichtet § 368 B.G.B. Eine Genehmigung liegt aber darin noch nicht, daß der Kridar einen Theil der Leistung zur Masse abgeführt hat, die Annahme dieses Theils Seitens des Verwalters steht vielmehr nur der Annahme einer Theil-(Abschlags-)zahlung gleich.

b) Die Erfüllung wird ferner insoweit wirksam, als das Geleistete in die Masse gekommen ist; denn sonst würde sich die Masse auf Kosten des Schuldners bereichern. In dieser Beziehung kommt das in der Anm. 14 zu § 7 Gesagte auch hier zur entsprechenden Anwendung. Hatte der Dritte dem Kridar eine andere als die geschuldete Leistung an Erfüllungsstatt gegeben, § 364 B.G.B., so braucht der Verwalter diese **datio in solutum** nicht anzuerkennen, er muß dann aber den Gegenstand dem

Dritten zurückgeben, hat daran auch kein Zurückbehaltungsrecht, auch nicht, wenn es sich um eine Handelsschuld handelt § 369 Abs. 3 H.G.B. Nimmt er den Gegenstand an, so hat er insoweit die Leistung an Erfüllungsstatt anerkannt.

5. Die Leistung gilt nur der Masse gegenüber als nicht erfolgt, der Kridar selbst ist daran gebunden, ihm gegenüber wird die Erfüllung unbeschränkt wirksam, wenn der Konkurs beendet ist, §§ 362 Abs. 2, 185 Abs. 2 B.G.B., er kann daher nach Beendigung des Verfahrens den vom Verwalter auf Zahlung angestellten Prozeß nicht fortsetzen, kann dies auch während des Konkurses nicht, wenn ihm die Forderung vom Verwalter überlassen ist, oder wenn er sie durch ein Rechtsgeschäft erworben hat.

6. Die Leistung ist auch der Masse gegenüber von Anfang an wirksam, wenn der Dritte sich in gutem Glauben befunden hat. Soweit die Leistung durch einen Vertreter des Dritten (gesetzlichen Vertreter, Bevollmächtigten) erfolgte, kommt es auf die bona fides des Vertreters an; nur dann, wenn die Erfüllung auf spezielle Anordnung des Dritten durch den Bevollmächtigten (nicht den gesetzlichen Vertreter) erfolgte, ist die Leistung der Masse gegenüber ungültig, sofern der Dritte oder der Bevollmächtigte die Konkurseröffnung kannte, § 166 B.G.B. Hatte der Vertretene diese spezielle Anweisung nicht gegeben, so ist die von dem, in Unkenntniß von der Konkurseröffnung befangenen, Vertreter vorgenommene Erfüllung im Allgemeinen auch dann gültig, wenn der Dritte selbst von der Konkurseröffnung Kenntniß hatte. Kannte der Dritte aber sowohl die Konkurseröffnung, als auch die Thatsache, daß zum Vermögen des Kridars eine Verpflichtung zu erfüllen war, so handelt er bei Bewirkung der Erfüllung wider Treu und Glauben — § 242 B.G.B. —, wenn er den Bevollmächtigten hiervon nicht in Kenntniß setzt, und hat deshalb dafür Sorge zu tragen, daß die Erfüllung durch seinen Bevollmächtigten nicht an den Gemeinschuldner, sondern an den Verwalter erfolgt; läßt er sich in dieser Beziehung wissentlich oder auch nur fahrlässiger Weise, § 276 B.G.B., eine Versäumniß zu Schulden kommen, so kann er sich auf die von ihm verschuldete Nichtkenntniß seines Bevollmächtigten nicht berufen.

Der gute Glaube besteht nur in der Nichtkenntniß der Konkurseröffnung; kannte der Dritte dieselbe, glaubte aber, daß die Verpflichtung nicht zur Konkursmasse, sondern dem Kridar persönlich gegenüber zu erfüllen sei, so ist die Erfüllung im Verhältniß zur Masse unwirksam.

Als der für das Vorhandensein des guten Glaubens maßgebende Zeitpunkt gilt der Augenblick, in welchem die Leistung dem Kridar ausgehändigt ist. Hat der Dritte die Leistung durch einen Boten oder durch die zur Uebermittlung benutzte Anstalt (Post, Eisenbahn) vorgenommen, so ist nicht der Zeitpunkt der Absendung, sondern der Zeitpunkt der Uebergabe an den Gemeinschuldner entscheidend. Erfährt der Dritte in der Zwischenzeit die Konkurseröffnung, so wird er durch die erst nach dieser Kenntnißnahme geschehene Aushändigung an den Kridar nicht befreit. Nur wenn die Erfüllung durch Hinterlegung mit Ausschluß der Rücknahme erfolgte, § 378 B.G.B., ist der Zeitpunkt der Aufgabe zur Post (nicht der Zeitpunkt, in welchem der Leistungsgegenstand einem Boten übergeben ist) vermöge der Rückbeziehung des § 375 B.G.B. als der Zeitpunkt der Hinterlegung und somit der Befriedigung anzusehen.

Nur für den Beweis des guten Glaubens ist zwischen der Zeit vor und der Zeit nach der Bekanntmachung der Konkurseröffnung unterschieden (Abs. 2 und 3). Im Fall der Erfüllung vor der Bekanntmachung hat der Verwalter zu beweisen, daß der Dritte die Thatsache der Konkurseröffnung kannte, im Fall der Erfüllung nach der Bekanntmachung hat der Dritte zu beweisen, daß ihm die Eröffnung des Verfahrens unbekannt war. Wegen der Bekanntmachung s. § 111, sie findet nach § 76 statt. Die erst nach der Erfüllung erhaltene Kenntniß von der Eröffnung des Konkurses ist auf den Beweis und die Wirksamkeit der Erfüllung ohne Einfluß.

7. Soweit der Dritte die Leistung zur Konkursmasse hat wiederholen müssen, bezw. soweit er sie an dieselbe wiederholt hat, ist er berechtigt, die dem Kridar gemachte Leistung zu kondiziren, denn in diesem Fall ist der beabsichtigte Erfolg, sich durch die Leistung von seiner Verbindlichkeit zu befreien, nicht erfüllt, und der Gemeinschuldner würde sich auf Kosten des Dritten bereichern, § 812 B.G.B. Die Rückforderung ist auch dann gerechtfertigt, wenn der Dritte die Konkurseröffnung gekannt hatte. Denn auch in diesem Falle ist der Thatbestand des § 812 B.G.B. gegeben und lag eine Schenkungsabsicht des § 814 B.G.B. nicht vor. Hatte der Dritte die Leistung durch Hinterlegung unter Ausschluß der Rücknahme vorgenommen, so kann er, erforderlichen Falls im Wege der Klage, die Einwilligung des Schuldners zur Rücknahme fordern, Oertmann, das Recht der Schuldverhältnisse Anm. 2 a α zu § 376 B.G.B. Die durch die Erklärung der Aufrechnung geschehene Befriedigung wird ebenfalls auf Grund des § 812 B.G.B. redressirt.

8. Der § 8 beantwortet nur die Frage, wie weit der Dritte durch die Leistung an den Kridar von seiner Verbindlichkeit befreit wird, nicht auch die Frage, ob der Verwalter durch die an den Gemeinschuldner erfolgte Leistung berechtigt wird. Für die Entscheidung dieser Frage ist der Grundsatz des Verlustes des Dispositionsrechts des Kridars maßgebend. Auf die an den Gemeinschuldner erfolgte Tradition der verkauften Sachen kann sich der Verwalter zur Geltendmachung seines Eigenthums an der beweglichen Sache nicht berufen, weil die Uebergabe nur an den Verwalter erfolgen durfte und der Kridar die Uebergabe nicht wirksam machen konnte. Da der letztere aber die vermöge des Verlusts des Verfügungsrechts unwirksamen Rechtshandlungen durch seine Genehmigung zu wirksamen macht (Anm. 7 zu § 7), so wird er durch die von ihm genehmigte Tradition auch berechtigt und zwar nach § 184 B.G.B. unter Rückbeziehung auf die an den Kridar geschehene Uebergabe; doch bleiben die in der Zwischenzeit, namentlich von den neuen Gläubigern des Kridars, an der übergebenen Sache durch Zwangsvollstreckung oder durch Rechtshandlungen des Kridars erworbenen Rechte bestehen, § 184 Abs. 2.

Dasselbe gilt von der Unterbrechung der Verjährung durch Theilzahlung, § 208 B.G.B., die Verjährung wird durch die an den Kridar geleistete Abschlagszahlung für die Konkursmasse nur unterbrochen, wenn der Verwalter die Theilleistung anerkennt; erkennt er sie an, so gilt die Verjährung als in dem Zeitpunkt der thatsächlich geschehenen Theilzahlung unterbrochen.

§. 9.

Die Annahme oder Ausschlagung einer vor der Eröffnung des Verfahrens dem Gemeinschuldner angefallenen Erbschaft, sowie eines vor diesem Zeitpunkte dem Gemeinschuldner angefallenen Vermächtnisses steht nur dem Gemeinschuldner zu. Das Gleiche gilt von der Ablehnung der fortgesetzten Gütergemeinschaft.

M. I —; P. I —; M. II 26, 27; P. II —.

1. Der § 9 Satz 1 entscheidet die Streitfrage, ob der Verwalter oder der Gemeinschuldner zur Erklärung der Annahme oder Ausschlagung der vor der Eröffnung des Verfahrens angefallenen Erbschaft und des vor diesem Zeitpunkt angefallenen Vermächtnisses legitimirt ist. Für das gemeine Recht, welches in der Delation nur eine Erwerbsmöglichkeit sieht, wurde der Kridar für berechtigt gehalten, die Erbschaft anzunehmen oder auszuschlagen, wogegen diese Befugniß in Ansehung der Legate dem Verwalter zugesprochen wurde. Nach A.L.R. und nach französischem Recht, welche auch die Erbschaft mit dem Tode des Erblassers sofort erwerben lassen, wurde meistens nur der Verwalter für befugt gehalten, das Recht der Annahme und Ausschlagung auszuüben, v. Wilmowski Anm. 2 zu § 1, v. Sarwey-Bossert Anm. 4 III a und b zu § 1, Anm. 5a zu § 5, v. Völderndorff, Wengler, Willenbücher zu § 1, R.G. 4, 174; 28, 136, J. W. 1888 S. 398.

Nach §§ 1922, 1942, 2176 B.G.B. wird die Erbschaft ebenso wie das Legat sofort mit dem Tode des Erblassers erworben, dem Verwalter würde daher die Disposition über Annahme und Ausschlagung zustehen. Das Gesetz giebt aber dem Kridar das Recht, über Annahme und Ausschlagung zu entscheiden. Dadurch ist nicht bestimmt, daß der Nachlaß und das Legat nicht zur Konkursmasse gehören, sondern lediglich, daß es dem Kridar entgegen dem § 6 zustehen soll, über ein bereits erworbenes Recht zu verfügen, daß aber, wenn der Gemeinschuldner von der Befugniß der Ausschlagung keinen Gebrauch macht, Nachlaß und Legat zur Konkursmasse gehören, Anm. 4e zu § 1.

Durch diese Vorschrift ist das dem Verwalter entzogene Recht zur Annahme und Ausschlagung zu einem höchst persönlichen gemacht, die bisherige Annahme, daß die vor der Konkurseröffnung erfolgte Entsagung der Erbschaft anfechtbar sei, R.G. 28, 136, J.W. 1888 S. 398, läßt sich daher nicht mehr aufrecht erhalten, auch für den Fall nicht, daß die letztwillige Zuwendung dem Kridar ausdrücklich zum Zweck der Befriedigung der Gläubiger gemacht ist.

Der Kridar hat aber mit dem Recht, die Erbschaft anzunehmen oder auszuschlagen, nicht das weitere Recht, über die Bedingung, von welcher die angenommene Erbfolge abhängig gemacht ist, zum Nachtheil der Masse durch Erfüllung oder Nichterfüllung zu disponiren — Anm. 4a zu § 1 —, denn die bedingte oder betagte Erbschaft ist ebenso wie die Nacherbfolge bereits mit dem Tode des Erblassers erworben, § 1922 B.G.B. Dagegen steht ihm die Disposition in Ansehung der einem Legat hinzugefügten Bedingung zu, weil dieses nach § 2177 B.G.B. erst mit der Erfüllung der Bedingung als angefallen gilt und daher überhaupt nicht zur Masse gehört, wenn die Bedingung nicht vor der Konkurseröffnung eingetreten ist.

Ist dem Verwalter auch das Recht entzogen, über die Annahme oder Ablehnung zu entscheiden, so kann ihm doch durch die Annahme der Erbschaft oder des Legats Seitens des Kridars nicht ein mit Schulden überlasteter Nachlaß aufgedrängt werden. Wie jeden andern Vermögensgegenstand — Anm. 7a zu § 1 — kann er den Nachlaß sowie das Legat von der Konkursmasse ausschließen und dem Gemeinschuldner überlassen, ohne daß die Masse für die Erbschaftsschulden haftet, da eine persönliche Haftung des Kridars vor der Eröffnung des Verfahrens noch nicht eingetreten war. Hat er von diesem Recht keinen Gebrauch gemacht, so ist er im Fall der Erbschaft durch den Kridar verpflichtet, die Beschränkung der Nachlaßhaftung durch rechtzeitige Einreichung des Inventars herbeizuführen, Mot. I 223, 355.

2. Nach § 1483 B.G.B. wird die allgemeine Gütergemeinschaft, wenn beim Tode eines Ehegatten gemeinschaftliche, erbberechtigte Abkömmlinge vorhanden sind,

zwischen ihnen und dem überlebenden Ehegatten fortgesetzt. Geschieht dies, so gehört das Gesammtgut nach § 2 zur Konkursmasse des überlebenden Ehegatten. Da der Letztere aber nach § 1484 B.G.B. die Fortsetzung der Gütergemeinschaft unter denselben Voraussetzungen und in denselben Fristen, wie eine angefallene Erbschaft, abzulehnen berechtigt ist, so bestimmt der § 9 Satz 2 für den Fall, daß der Ehegatte das Ablehnungsrecht nach der Konkurseröffnung noch geltend machen kann, für den Fall also, daß der andere Ehegatte vor der Konkurseröffnung verstorben und die Ablehnungsfrist noch nicht abgelaufen ist, daß das Ablehnungsrecht dem Gemeinschuldner persönlich, nicht dem Verwalter zustehen soll. Macht der Gemeinschuldner von diesem Recht Gebrauch, so findet die Auseinandersetzung nach den Vorschriften der §§ 1471 ff., 1482, 1484, 1943 B.G.B., § 16 K.O. statt. Eine Ausschließung von Vermögensobjekten Seitens des Verwalters ist in diesem Fall nicht denkbar, da durch die Fortsetzung der Gütergemeinschaft nicht einzelne Vermögensgegenstände, sondern die Hälfte des gesammten Vermögens der bisherigen Ehegatten in die Konkursmasse gelangt.

§. 10. (8.)

Rechtsstreitigkeiten über das zur Konkursmasse gehörige Vermögen, welche zur Zeit der Eröffnung des Verfahrens für den Gemeinschuldner anhängig sind, können in der Lage, in welcher sie sich befinden, von dem Konkursverwalter aufgenommen werden. Wird die Aufnahme verzögert, so kommen die Bestimmungen des §. 239 der Civilprozeßordnung zur entsprechenden Anwendung.

Lehnt der Verwalter die Aufnahme des Rechtsstreits ab, so kann sowohl der Gemeinschuldner als der Gegner denselben aufnehmen.

M. I 41—47; P. I 11, 97, 148; M. II —; P. II —.

1. Die §§ 10, 11, 144 Abs. 2 betreffen die prozessualischen Vorschriften über die Aufnahme des durch die Eröffnung des Konkurses unterbrochenen Civilprozeßverfahrens (Reassumtion), der § 11 die Rechtsstreitigkeiten über die gegen den Gemeinschuldner geltend gemachten Aussonderungs-, Absonderungs- und Masseansprüche, der § 144 Abs. 2 die Streitigkeiten über die Ansprüche, welche als Konkursforderungen anzusehen sind, der § 10 die Streitigkeiten über die Aktivansprüche.

Die Fassung des § 10 ist ungenau. Nach strikter Interpretation würde er nur die Prozesse betreffen, in welchen der Kridar der Kläger ist, oder in welchen derselbe wenigstens einen Anspruch verfolgt, z. B. in der Berufungsinstanz den Anspruch des § 717 Abs. 2 C.P.O. auf Schadenersatz wegen der auf Grund des angefochtenen, vollstreckbaren Urtheils erfolgten Leistung. Denn nur in diesen Fällen ist der Prozeß für ihn, d. h. in seinem Interesse anhängig. Auch in den Mot. I S. 42 ist gesagt der § fasse die Rechtsstreitigkeiten ins Auge, in welchen der Gemeinschuldner Kläger sei. Gleichzeitig ist darin aber auch von den „Prozessen über die Aktivmasse“ gesprochen. Bei enger Auslegung würde die Feststellungsklage über einen Anspruch des Gemeinschuldners, z. B. eine Klage, in welcher geltend gemacht wird, daß dem Kridar ein Anspruch gegen den Prozeßgegner nicht zustehe, sowie die Klage auf Löschung eines auf dem Grundstück des Gemeinschuldners eingetragenen Rechts unter keinen der angeführten Paragraphen fallen. Nach § 240 C.P.O. werden aber alle, das Konkursvermögen betreffenden, Prozesse durch die Konkurseröffnung so lange unterbrochen, bis das Verfahren nach den **für den Konkurs geltenden** Bestimmungen aufgenommen (oder das Konkursverfahren aufgehoben) wird, das Gesetz geht daher von der Annahme aus, daß alle Rechtsstreitigkeiten, welche die Masse betreffen, nach den Bestimmungen der Konkursordnung aufgenommen werden können, die §§ 10, 11, 144 Abs. 2 müssen deshalb die Rechtsstreitigkeiten jeder Art betreffen, und der § 10, da die die Aktivmasse betreffenden Prozesse unter die §§ 11, 144 Abs. 2 nicht fallen können, auf alle Rechtsstreitigkeiten bezogen werden, welche einen Aktivanspruch der Masse betreffen, ohne Unterschied ob der Kridar der Kläger oder der Beklagte ist, R.G. 10, 118; 16, 118, v. Wilmowski Anm. 3, Hullmann S. 82—85, v. Sarwey-Bossert Anm. 2, Stieglitz S. 59, 60, Fitting § 7 Anm. 5, a. M. Meisner S. 58, Schultze S. 89 ff., Wengler S. 109.

Daß die schon erwähnten Prozesse, in welchen in der Berufungsinstanz der Anspruch auf Schadenersatz wegen der auf Grund der Vollstreckbarkeit des angefochtenen Urtheils geschehenen Leistung verfolgt wird, unter den § 10 fallen, entspricht der Judikatur des R.G. 11, 398 und in Gruchots Beitr. 31, 1122 über den früher enger gefaßten § 655 Abs. 2 C.P.O. Dasselbe gilt von dem Prozeß, welcher gegen den Gemeinschuldner angestellt war, der als Gläubiger in einem andern Konkurs die Forderung eines andern Gläubigers bestritten hatte, R.G. 16, 118.

Bezieht und beschränkt sich der § 10 auf die Aktivprozesse, so fallen andererseits die Prozesse über diejenigen Rechtsstreitigkeiten nicht unter diese Vorschrift, welche einen Gegenstand der §§ 11, 144 Abs. 2 betreffen, z. B. die vom Gemeinschuldner mit dem Antrag erhobene Feststellungsklage, daß dem Prozeßgegner eine Forderung oder ein Pfandrecht nicht zustehe. Deshalb kommt auch nicht der § 10, sondern der § 144 Abs. 2 zur Anwendung, wenn der Gemeinschuldner in einem auf Zahlung einer Forderung angestellten Prozeß die Aufrechnung einer Gegenforderung geltend gemacht hat, ohne Widerklage erhoben zu haben, R.G. in J. W. 1891 S. 273.

2. Da nur dasjenige Verfahren nach § 240 C.P.O. unterbrochen wird, welches die Konkursmasse betrifft, so kommen nur diejenigen Rechtsstreitigkeiten in Betracht, welche über einen zur Masse gehörigen Gegenstand oder einen gegen die Masse bestehenden Anspruch angestellt sind. Daher werden Prozesse über solche Gegenstände, welche nach § 1 nicht zur Masse gehören, nicht unterbrochen, sondern vom Gemeinschuldner fortgeführt. Hierzu gehören auch die Prozesse, welche sich lediglich auf die Person des Gemeinschuldners beziehen, Statusklagen, Klagen auf Anerkennung der Vaterschaft, auf Vollziehung oder Scheidung der Ehe, auf Leistung individuell persönlicher Handlungen", Mot. I S. 41. Die nach den Mot. I vom § 10 ferner ausgeschlossenen Klagen auf formale Vollziehung eines Vertrags und auf Rechnungslegung betreffen dagegen in der Regel die Konkursmasse. Die von dem Gemeinschuldner erhobene Klage auf Vernichtung des einem andern verliehenen Patents betrifft nach der Entscheidung des R.G. vom 17. Juni 1893, J. W. 1893 S. 351, die Konkursmasse nicht, weil dieser Anspruch von jedem erhoben werden kann und daher nicht zum Vermögen eines Einzelnen gehört.

3. Die Unterbrechung des Verfahrens tritt von amtswegen ein. Wird das Verfahren nicht ausgesetzt, so sind weder die Parteien noch der Verwalter an die nach der Konkurseröffnung erfolgenden Prozeßhandlungen gebunden, wenn sie dieselben nicht genehmigen. In Folge der von selbst eintretenden Unterbrechung hören, selbst wenn das Verfahren nicht ausgesetzt wird, die Fristen auf zu laufen; nach der Wieder-

aufnahme beginnt die volle Frist, auch wenn sie vor der Konkurseröffnung schon theilweise abgelaufen war, von Neuem zu laufen, § 249 C.P.O. Nur die Verkündung der auf Grund einer vor der Konkurseröffnung stattgehabten mündlichen Verhandlung zu erlassenden Entscheidung wird nicht verhindert, § 249 Abs. 3. Aber auch die Zustellung der Entscheidung kann mit rechtlicher Wirkung nicht erfolgen, R.G. 27, 357. Ist das Verfahren mit Unrecht ausgesetzt, weil der Prozeßgegenstand nicht zur Konkursmasse gehört, so steht sowohl dem Gemeinschuldner, wie dem Prozeßgegner die Beschwerde gegen die Aussetzung zu, § 252 C.P.O.

Sind mehrere Ansprüche geltend gemacht, von denen der eine zur Masse, der andere nicht zur Masse gehört, so beschränkt sich die Unterbrechung und die Aufnahme auf den zur Masse gehörigen Anspruch.

Die Unterbrechung des Verfahrens tritt auch dann ein, wenn der Kridar durch einen Prozeßbevollmächtigten vertreten war, denn der § 246 C.P.O. bezieht den § 240 nicht.

4. Die die Konkursmasse betreffenden Prozesse kann der Verwalter aufnehmen.

a) Nimmt er den Prozeß auf, so erklärt er damit, daß er den Streitgegenstand als zur Masse gehörig in Anspruch nehme. Da er aber jeder Zeit berechtigt ist, einen zur Masse gehörigen Gegenstand von der Konkursmasse auszuschließen, Anm. 7a zu § 1, so ist er auch jeder Zeit befugt, aus dem Prozeß wieder auszutreten (A. M. v. Wilmowski Anm. 4), sodaß nunmehr der Kridar berechtigt und auf Verlangen des Gegners zum Wiedereintritt in den Prozeß verpflichtet ist. Der Verwalter hat aber die durch seine Prozeßhandlungen entstandenen Kosten, sofern sie dem Gegner nicht auferlegt werden, als Massekosten anzuerkennen.

Der Verwalter nimmt den Prozeß in der Lage auf, in welcher sich derselbe zur Zeit der Eröffnung des Konkurses befand, er muß daher alle, vor diesem Zeitpunkt vorgenommenen Rechtshandlungen und Unterlassungen des Kridars gegen sich gelten lassen, ist aber nicht gehindert, dieselben unter den Voraussetzungen der §§ 29ff. anzufechten, v. Wilmowski Anm. 4. Die vom Kridar oder dessen Prozeßbevollmächtigten nach der Eröffnung des Verfahrens vorgenommenen Prozeßhandlungen braucht er nach § 7 K.O., sowie nach § 249 Abs. 2 C.P.O nicht gegen sich gelten zu lassen.

Ueber die Frage, ob der Kridar in diesem Prozeßverfahren als Zeuge vernommen werden kann, s. Anm. 6 zu § 6. Da der Kridar in Ansehung des Prozeßgegenstandes das Dispositionsrecht verloren hat, so ist nach § 473 C.P.O. die Zuschiebung und Zurückschiebung eines Parteieides nur an den Verwalter zulässig, und da die Abs. 2, 3 des § 473 C.P.O. die Leistung des Parteieides durch den Kridar nicht erwähnen, so ist nur der Verwalter zur Eidesleistung befugt, R.G. in J. W. 1887 S. 41, v. Wilmowski Anm. 4, a. M. Schultze S. 96, 97, Fitting § 7 Anm. 14, Petersen und Kleinfeller Anm. 1, 6, v. Völderndorff I S. 167, die den § 473 Abs. 2 C.P.O. auf den Kridar analog anwenden wollen. War der Eid schon vor der Konkurseröffnung zugeschoben, angenommen oder normirt, so findet nicht, wie v. Wilmowski a. a. O. und Kohler S. 287, 288 meinen, der § 471 C.P.O. Anwendung, denn derselbe berührt den Fall des Konkurses nicht, vielmehr muß der Verwalter auch diese Prozeßlage annehmen, wie er sie vorfindet, und kann nur verlangen, daß er statt des Wahrheits- den Ueberzeugungseid leistet. Dasselbe gilt, wenn im Fall des § 470 C.P.O. der Eid durch bedingtes Urtheil auferlegt ist. Der Kridar kann sich als Nebenintervenient an der Fortsetzung des Prozesses nicht betheiligen, Mot. I S. 45, v. Sarwey-Bossert Anm. 3, vgl. R.G. 28, 422, a. M. Kohler S. 284, denn er ist selbst die vom Verwalter vertretene Hauptpartei und seine Interessen werden vom Verwalter wahrgenommen.

Das Armenrecht kann der Verwalter nicht verlangen, auch wenn es dem Kridar bewilligt war, weil die Voraussetzungen des § 114 C.P.O. nicht vorliegen, R.G. 33, 367, Petersen und Kleinfeller Anm. I, 5.

b) Lehnt der Verwalter die Aufnahme des Rechtsstreits ab, so kann sowohl der Gemeinschuldner, wie auch der Gegner den Prozeß gegen den Gemeinschuldner aufnehmen, Abs. 2. Der Verwalter hat, wenn es sich um einen Werthgegenstand von mehr als 300 Mk. handelt, zur Ablehnung die Genehmigung des etwa vorhandenen Gläubigerausschusses einzuholen, § 133, seine Ablehnung ohne diese Genehmigung ist jedoch dem Prozeßgegner gegenüber gültig, § 136, sodaß alle Prozeßhandlungen, die in Folge der Ablehnung, insbesondere durch den Kridar geschehen, der Konkursmasse gegenüber wirksam sind. Dem Gemeinschuldner gegenüber ist die ohne Genehmigung des Gläubigerausschusses erfolgte Ablehnung nicht gültig, der Verwalter kann und muß daher, wenn der vor der Ablehnung vorhandene Gläubigerausschuß, der die Aufnahme beschlossen hat, nicht befragt oder wenn seinem Beschluß entgegengehandelt war, den Prozeß nachträglich aufnehmen. Die Ablehnung ist an eine besondere Form nicht gebunden.

Durch die Ablehnung schließt der Verwalter den Prozeßgegenstand von der Konkursmasse aus, Anm. 7a zu § 1. Denn da durch die Vorschrift der sinngemäßen Anwendung des § 239 C.P.O. der Verwalter hinsichtlich der nicht erfolgenden Aufnahme des Prozesses dem im § 239 gemeinten Rechtsnachfolger gleichgestellt ist, der Rechtsnachfolger aber in den Prozeß eintreten muß, sofern die Rechtsnachfolge feststeht, so müßte auch der Verwalter in Rechtsstreit eintreten, wenn feststeht, daß das Prozeßverfahren die Konkursmasse betrifft, § 220 C.P.O. Die Erklärung des Verwalters, daß er die Aufnahme ablehne, ist daher die Erklärung, daß das Verfahren nicht die Masse betreffe. Diese Erklärung legitimirt den Prozeßgegner nunmehr den Gemeinschuldner als den Dispositionsberechtigten anzusehen und berechtigt den Gemeinschuldner in den Prozeß einzutreten. Ist die Erklärung (formlos) auch dem Kridar gegenüber abgegeben, so ist der Verwalter — abgesehen von dem erwähnten Fall eines entgegenstehenden Beschlusses des zur Zeit der Ablehnung vorhandenen Gläubigerausschusses — an die Erklärung gebunden, Anm. 7a zu § 1, sodaß er jetzt den Prozeß nicht mehr für die Masse aufnehmen kann. Ist die Erklärung aber nur dem Prozeßgegner abgegeben, so hat der Verwalter zwar alle Prozeß- und sonstigen Rechtshandlungen, auch die des Kridars, die nach der Ablehnung vorgenommen sind, anzuerkennen, er ist aber berechtigt, den Prozeß nachträglich aufzunehmen.

Da durch die Ablehnung der Aufnahme der Prozeßgegenstand von der Masse ausgeschlossen wird, so kann der Kridar in den Rechtsstreit in den Fällen nicht eintreten, in welchen er durch die Ausschließung eines Gegenstandes aus der Konkursmasse die Verfügungsmacht über denselben nicht erwerben kann. Dies ist der Fall, wenn der Prozeßgegenstand ein wesentlicher Bestandtheil einer zur Masse gehörigen Sache ist, solange er von der letzteren nicht getrennt ist. Denn diese Bestandtheile können nicht Gegenstände besonderer Rechte sein, § 93 B.G.B., es kann daher das Befriedigungsrecht der Gläubiger nicht an dem einen Theile der Sache bestehen, an dem andere nicht bestehen. Dasselbe gilt von den Rechten, welche mit dem Eigenthum an einem Grundstück verbunden sind, insbesondere von den Servituten, die zu einem Massegrundstück gehören, sie gelten nach § 96 B.G.B. als Bestandtheile des Grundstücks. Ders. Ans. nach bisherigem Recht hinsichtlich der Servituten v. Wilmowski Anm. 7,

Hullmann S. 83, Fitting § 7 S. 57, Willenbücher S. 25, 26 Nr. 3, a. M. Petersen und Kleinfeller Anm. II, 1, v. Sarwey-Bossert und v. Völderndorff, welche meinen, daß, wenn der vom Kridar über die Servitut fortgeführte Prozeß für den Gemeinschuldner günstig entschieden werde, die Servitut zur Konkursmasse gehöre. Gilt aber ein Gegenstand als von der Konkursmasse ausgeschlossen, so hört jedes Recht der Masse daran auf, der Erfolg des vom Kridar fortgeführten Prozesses verbleibt daher dem Gemeinschuldner zur unbeschränkten Verfügung.

c) Wird die Aufnahme des Prozesses vom Verwalter verzögert, so kommt der § 239 C.P.O. zur entsprechenden Anwendung, welcher auf den Konkurs angewandt, so lauten muß:

Abs. 1 fällt fort.

Wird die Aufnahme verzögert, so kann der Konkursverwalter zur Aufnahme und zugleich zur Verhandlung der Hauptsache geladen werden.

Erscheint der Konkursverwalter in dem Termine nicht, so ist auf Antrag als zugestanden anzunehmen, daß das Verfahren die Konkursmasse betrifft, und ist zur Hauptsache zu verhandeln.

Abs. 5 fällt fort.

(Nach dem bisherigen Abs. 4 des § 217 war die Rechtsnachfolge, hier die Zugehörigkeit zur Konkursmasse, als zugestanden anzunehmen und von dem Gericht durch Versäumnißurtheil auszusprechen, daß das Verfahren aufgenommen sei, eine Verhandlung zur Hauptsache fand erst nach Ablauf der Einspruchsfrist bezw. nach Erledigung des Einspruchs statt. Im Interesse der Vereinfachung (?) ist an Stelle dieser Bestimmung die sofortige Verhandlung zur Hauptsache zugelassen, dem Ausgebliebenen soll jedoch das Recht des Einspruchs unbenommen bleiben, Mot. II zu § 217 C.P.O.).

Der Gegner ladet den Verwalter zur Aufnahme des Verfahrens und zugleich zur Verhandlung über die Hauptsache. Die Ladungsschrift ist dem Verwalter, nicht dem Prozeßbevollmächtigten des Kridars, wohl aber dem von ihm etwa schon selbstbestellten Prozeßbevollmächtigten zuzustellen. Bestreitet der Verwalter seine Legitimation, so bestreitet er, daß das Verfahren die Konkursmasse betrifft, in diesem Falle hat er daher nicht, wie v. Wilmowski Anm. 5 meint, die Legitimation des Verwalters zu beweisen, sondern durch sein Bestreiten hat der Verwalter erklärt, daß er die Aufnahme ablehne, R.G. 27, 358. In Folge dessen wird der Kridar zur Fortsetzung des Prozesses legitimirt.

Erscheint der Verwalter nicht, so gilt die Thatsache, daß das Verfahren die Masse betrifft, als von ihm zugestanden. Es braucht aber jetzt nicht mehr, wie bisher, ein Zwischenurtheil erlassen zu werden, es kann vielmehr sofort in der Hauptsache erkannt werden, sodaß die vom Gemeinschuldner erhobene Klage gegen den Verwalter abgewiesen wird. Gegen dieses Urtheil steht dem Verwalter der Einspruch zu. Legt er dies Rechtsmittel ein, so kann er zugleich seine Legitimation bestreiten und dadurch die Zugehörigkeit des Prozeßgegenstands zur Masse ablehnen, er muß dann aber die durch das Verfahren gegen ihn entstandenen Kosten als Massekosten anerkennen. Das Urtheil wird aber in Folge der Ablehnung aufgehoben und das Verfahren bleibt unterbrochen. Dasselbe kann nunmehr vom Gemeinschuldner aufgenommen werden, wie auch der Gegner die Aufnahme durch den Kridar verlangen kann. Die in Folge des Einspruchs und der Ablehnung des Verwalters erfolgte Aufhebung des Urtheils gilt auch für ihn. Ob er aber das Urtheil als gegen sich ergangen anzuerkennen hat, sodaß ihm im Fall gegen ihn selbst ein weiteres Versäumnißurtheil zugeht, ein nochmaliger Einspruch nicht zusteht, § 345 C.P.O., hängt davon ab, ob auf den Verwalter die Verfügungsgewalt in der That überkommen war; dies ist nicht der Fall, wenn der Gegenstand entweder überhaupt nach § 1 von der Masse ausgeschlossen war, oder wenn der Verwalter vor der Erlassung des Urtheils den Gegenstand von der Masse ausgeschlossen hatte.

Der Verwalter verzögert die Aufnahme, wenn er von dem Prozeß Kenntniß erhält und nicht innerhalb einer angemessenen Frist in den Prozeß eintritt. Eine besondere Aufforderung Seitens des Prozeßgegners ist zweckmäßig, aber nicht erforderlich. Einen Nachtheil hat die vorzeitige Ladung für den Prozeßgegner nicht zur Folge, insbesondere kann aus diesem Grunde die Erlassung des Urtheils nicht abgelehnt werden.

5. Ein Streit über die Legitimation des Verwalters mit dem Prozeßgegner kann nicht bestehen, wenn der Verwalter seine Legitimation bestreitet, weil er dann den Prozeßgegenstand von der Masse ausschließt, Anm. 4[b], wohl aber dann, wenn der Prozeßgegner, welcher vom Verwalter zur Aufnahme geladen ist, die Legitimation des Letztern nicht anerkennt. In diesem Fall ist durch Zwischenurtheil zu erkennen, R.G. 11, 312; 27, 358; 34, 383. Ein Streit des Verwalters mit dem Gemeinschuldner über die Frage, ob der Prozeß die Konkursmasse betrifft, ist nach Anm. 9 zu § 1 außerhalb des Prozesses durch das Konkursgericht im Beschlußwege zu entscheiden; nimmt man aber an, daß über die Zugehörigkeit zur Masse zwischen dem Verwalter und dem Kridar nur der Rechtsweg zulässig sei, so müßte die Entscheidung durch Zwischenurtheil erfolgen.

Von amtswegen ist die Legitimation des Verwalters nach § 56 C.P.O. nur insoweit zu prüfen, als es darauf ankommt, ob die betreffende Person zum Verwalter bestellt ist, dagegen ist die Frage, ob der Prozeßgegenstand zur Konkursmasse gehört, nicht von amtswegen zu berücksichtigen; v. Sarwey-Bossert Anm. 5, a. M. Jäger Anm. 34.

6. Hat der Verwalter das Verfahren aufgenommen, so gelten die Kosten des Rechtsstreits, wenn sie dem Verwalter auferlegt werden, nur soweit als Massekosten, als sie nach Anm. 6 zu § 3 nicht zu den Konkursforderungen gehören, also nur diejenigen Kosten, welche nach der Eröffnung des Konkurses durch die Fortführung des Prozesses besonders enstanden sind. Dasselbe gilt, wenn ihm im Fall der verzögerten Aufnahme die Kosten auferlegt sind. Lehnt er die Aufnahme ab, so wird die Masse nur mit den bis zur Eröffnung des Konkurses entstandenen und denjenigen Kosten belastet, welche nach diesem Zeitpunkt entstehen mußten, Anm. 6 zu § 3; diese Kosten können aber lediglich als Konkursforderung geltend gemacht werden, a. M. v. Wilmowski Anm. 7 und Hullmann S. 86, welche behaupten, dem Verwalter gegenüber könne die Ablehnung der Aufnahme in der Regel als Anerkenntniß ausgelegt werden, daß er in der Sache selbst unterlegen haben würde; von einer solchen Auslegung kann aber wohl nicht die Rede sein.

6. Die Vorschriften des § 10 finden im Verwaltungsstreitverfahren entsprechende Anwendung, vgl. § 146 Abs. 5, da dem Kridar nach § 6 die Verfügungsmacht entzogen ist, und der § 10 einen Unterschied zwischen den Behörden, die über die Rechtsstreitigkeiten entscheiden, nicht macht.

§. 11. (9.)

Rechtsstreitigkeiten, welche gegen den Gemeinschuldner anhängig und auf Aussonderung eines Gegenstandes aus der Konkursmasse oder auf abgesonderte Befriedigung gerichtet sind oder einen Anspruch betreffen, welcher als Masseschuld zu erachten ist, können sowohl von dem Konkursverwalter als von dem Gegner aufgenommen werden.

Erkennt der Verwalter den Anspruch sofort an, so fallen ihm die Prozeßkosten nicht zur Last.

M. I 41—47; P. I 11, 12, 97—99, 148; M. II —; P. —.

1. Während der § 10 die Prozesse über die Aktivansprüche betrifft, handelt der § 11 von den Rechtsstreitigkeiten über die Passivansprüche, also über die Ansprüche Dritter gegen die Masse. Wie aber schon Anm. 1 zu § 10 hervorgehoben, sind die in Konkursansprüchen bestehenden Passivansprüche im § 144 Abs. 2 besonders behandelt, sie scheiden daher hier aus. Abgesehen von diesen Konkursforderungen will der § 11 alle Passivansprüche behandeln, er muß sie auch behandeln, weil sonst die sich aus dem § 240 C.P.O. ergebende Absicht des Gesetzgebers, die Aufnahme aller unterbrochenen Rechtsstreitigkeiten in der K.O. zu bestimmen (s. darüber Anm. 1 zu § 10), nicht ausgeführt wäre. Daher sind die Vorschriften des § 11 trotz der ungenauen Ausdrucksweise nicht auf die Fälle zu beschränken, in welchen der Gemeinschuldner verklagt ist, sondern ohne Rücksicht auf die Partierolle auf alle Rechtsstreitigkeiten zu beziehen, welche einen gegen den demnächstigen Gemeinschuldner geltend gemachten Aussonderungs-, Absonderungs- oder Masseanspruch zum Gegenstand haben, sodaß auch die Klagen, welche der Gemeinschuldner auf Feststellung der Thatsache des Nichtbestehens eines solchen Anspruchs erhoben hat, unter die Vorschriften des § fällt. Nicht aus diesem Grunde, wie v. Wilmowski Anm. 1, Hullmann S. 82 und Stieglitz Anm. 1 meinen, gehört der Prozeß über die Servitut an einem Grundstück des Kridars zu den Rechtsstreitigkeiten des § 11, sondern weil das Recht der Dienstbarkeit zu den Aussonderungsansprüchen gehört, Anm. 2a zu § 43. Der Negatorienprozeß, den der Kridar erhoben, gehört nicht zu den Rechtsstreitigkeiten des § 11, sondern zu denen des § 10, a. M. v. Wilmowski a. a. O.

Eine Masseschuld kann Gegenstand des vor der Eröffnung des Verfahrens anhängigen Prozesses nur in dem einzigen Fall des § 59 Nr. 2 sein, wenn „die Klage auf einem mit dem Gemeinschuldner abgeschlossenen, noch nicht erfüllten zweiseitigen Vertrage beruht, dessen Erfüllung nunmehr zur Konkursmasse verlangt wird", M. I S. 45, denn in allen übrigen Fällen setzt der Masseanspruch voraus, daß er erst nach der Eröffnung des Verfahrens entstanden ist.

2. Die Unterbrechung des Prozeßverfahrens tritt nach § 240 C.P.O. nur ein, wenn dasselbe die Konkursmasse betrifft, s. darüber Anm. 2 zu § 10. Ueber die Wirkungen der Unterbrechung s. Anm. 3 zu § 10.

3. Der Prozeß kann nur gegen den Verwalter, nicht gegen den Gemeinschuldner, fortgeführt werden, wenn der Gegenstand desselben die Konkursmasse betrifft. Da dem Prozeßgegner ebenso wie dem Verwalter das Recht gegeben ist, zu verlangen, daß der Verwalter in den Rechtsstreit eintritt, und dem Recht des einen Theils die Pflicht des andern Theils entspricht, so ist der Verwalter auf Verlangen des Prozeßgegners zum Eintritt in den Prozeß verpflichtet. Er ist zwar, wie in der Literatur hinsichtlich des § 11 übereinstimmend angenommen wird, berechtigt, zu bestimmen, was von den, rechtlich die Konkursmasse bildenden, Gegenständen zur Konkursmasse gehören soll. Wenn daraus aber gefolgert wird, daß durch dies Recht der Verwalter auch seine Verpflichtung zum Eintritt in den Prozeß über den Passivanspruch beseitigen und die

Legitimation des Kridars zum Eintritt in den Rechtsstreit begründet werden könnte, so wird verkannt, daß man wohl auf Rechte, nicht aber auf Verpflichtungen verzichten kann, durch die Ausschließung eines Gegenstands aus der Masse verlieren die, denselben belastenden, Rechte und Ansprüche die Eigenschaft von Konkurs- und Absonderungs-Ansprüchen nur dann, wenn für dieselben der Kridar nur als Eigenthümer, also nur dinglich, haftet. Im Uebrigen kann sich der Verwalter der der Masse obliegenden Verpflichtungen nicht durch Verzicht auf die derselben obliegenden Pflichten entledigen. Er kann daher den Prozeß über einen Aussonderungsanspruch nicht mit der Begründung ablehnen, daß er den Gegenstand zur Masse nicht in Anspruch nehme. Denn der einem Dritten gehörende Gegenstand gehört überhaupt nicht zur Konkursmasse, zur Masse gehört aber die Verpflichtung zur Herausgabe dieses Gegenstands an den Dritten. Will er dieser Verpflichtung genügen, so hat er den Prozeßanspruch anzuerkennen, aber abschütteln kann er die auf der Masse ruhende Verpflichtung nicht dadurch, daß er die Sache nicht zur Masse zieht, zu der sie ohnehin nicht gehört. In Ansehung der Masseschuld kann von einer Ueberlassung des Prozeßgegenstands an den Kridar schon deshalb nicht die Rede sein, weil die einzige hier in Frage kommende Masseschuld, Anm. 1, als solche erst durch das Verlangen des Verwalters auf Vertragserfüllung zur Entstehung gelangt. Nur hinsichtlich des Absonderungsanspruchs kann der Verwalter seine Legitimation zum Eintritt in den Prozeß beseitigen und die des Kridars wieder begründen, wenn er den Absonderungsgegenstand von der Masse ausschließt. Dasselbe gilt in Ansehung des Aussonderungsrechts, wenn der Gegenstand der Aussonderung ein Recht an einer Sache ist, wie die Realservitut, und der Verwalter diese belastete Sache von der Masse ausschließt. (Ueber die Ausschließung eines Werthgegenstandes von mehr als 300 Mk. im Fall des Vorhandenseins eines Gläubigerausschusses s. Anm. 4b zu § 10.) Ist aber mit dem Absonderungsanspruch ein persönlicher Anspruch verbunden, z. B. mit der hypothekarischen die persönliche Klage, mit der Klage aus der Reallast die Klage auf Zahlung der fälligen Leistungen, § 1108 B.G.B., so kann der Verwalter durch Ausschließung des Absonderungsgegenstands die Masse von dieser persönlichen Forderung nicht befreien, hinsichtlich derselben kommt aber der § 144 Abs. 2 zur Anwendung.

4. Zur Aufnahme des Rechtsstreits ist der Verwalter also berechtigt und verpflichtet:

a) Tritt er in den Prozeß ein, so nimmt er ihn in der Lage auf, in welcher er sich zur Zeit der Konkurseröffnung befand. In dieser Beziehung kommt das Anm. 4a zu § 10 Gesagte auch hier zur Anwendung mit der Maßgabe, daß der Verwalter nur in denjenigen Fällen aus dem Prozeß wieder austreten kann, in welchen er sich nach der obigen Anm. 3 der dem Gegner gegenüber bestehenden Verpflichtung durch die Ausschließung eines Gegenstands aus der Konkursmasse entledigen kann.

b) Eine Ablehnung der Aufnahme des Rechtsstreits ist nur zulässig, wenn der Prozeßgegenstand nicht die Konkursmasse betrifft, oder der Verwalter nach Anm. 3 in der Lage ist, sich der Verpflichtung durch Ausschließung eines Gegenstands aus der Masse zu entledigen.

c) Verzögert der Verwalter die Aufnahme, so kommt zwar nicht der § 239 C.P.O. zur Anwendung, weil derselbe im § 11 nicht so, wie im § 10, bezogen ist. Da der Verwalter aber zur Aufnahme des Verfahrens verpflichtet ist, Anm. 3, so darf der Prozeßgegner den Rechtsstreit durch einen nur dem Verwalter, nicht dem Prozeßbevollmächtigten des Kridars, wohl aber dem etwa schon bestellten Prozeßbevollmächtigten des Verwalters zuzustellenden Schriftsatz aufnehmen und den Verwalter zur Hauptverhandlung laden, R.G. 34, 410. Erscheint der Verwalter nicht, so wird in der Sache erkannt. Gegen das Versäumnißurtheil steht dem Verwalter der Einspruch zu.

5. Ein Streit über die Legitimation kann sowohl, wenn der Verwalter seine Legitimation, als auch dann eintreten, wenn der Prozeßgegner die Legitimation des Verwalters nicht anerkennt. Der Streit ist durch Zwischenurtheil zu erledigen, R.G. 11, 312; 27, 358; 34, 383. Ueber den Streit des Verwalters mit dem Gemeinschuldner kommt das Anm. 5 zu § 10 Gesagte zur Anwendung.

6. Ueber die Prozeßkosten wird nach allgemeinen Grundsätzen erkannt. Der Abs. 2, nach welchem die Kosten dem Verwalter nicht zur Last fallen, wenn er den Anspruch sofort anerkennt, ist, wie von dem Regierungsvertreter in der Kommission ohne Widerspruch ausdrücklich erklärt wurde (P. I S. 98), auf die Frage, wem die Prozeßkosten aufzuerlegen sind, ohne Einfluß. Der Abs. 2 enthält keine prozessualische, sondern lediglich die materiell konkursrechtliche Vorschrift, daß die Kosten nicht als Massekosten gelten, P. I S. 98. Die bis zur Eröffnung des Konkurses entstandenen Kosten und diejenigen, nachher entstandenen Kosten, welche unter allen Umständen zur Erledigung des Rechtsstreits erforderlich sind, gehören in jedem Fall zu den Konkursforderungen, wenn und soweit die Kosten dem Verwalter oder dem Kridar auferlegt sind, also auch die Kosten des Rechtsstreits, welcher die Konkursmasse nicht betrifft. Die übrigen Kosten, welche gegen den Verwalter entstehen, wenn er in den Prozeß eintritt oder als eingetreten angesehen wird, würden dagegen Massekosten sein. Sie sind auch Massekosten, wenn der Verwalter den Anspruch nicht sofort anerkennt, sie sollen aber nach Abs. 2, welcher den Nachdruck auf die Belastung des Verwalters mit den Kosten legt, keine Massekosten sein, sondern nur zu den Konkursforderungen gehören, wenn der Verwalter den Anspruch sofort anerkennt; im Wesentlichen ebenso Jäger Anm. 16, v. Wilmowski Anm. 6, a. M. v. Sarwey-Bossert Anm. 5; vgl. ferner Stieglitz S. 65, Seuffert S. 183, Petersen u. Kleinfeller Anm. I 5, Endemann S. 219, 221, Hullmann S. 85, v. Völderndorff I S. 179, Wengler S. 115, Fitting § 7 IV, Schultze S. 93, Kohler S. 288. Da die Vorschrift des Abs. 2 lediglich eine materiell rechtliche ist, so ist es nicht, wie v. Wilmowski Anm. 6 meint, erforderlich, dem Gegner das Recht im Urtheil ausdrücklich vorzubehalten, die Kosten als Konkursforderung geltend zu machen; der Verwalter wird in die Kosten des Rechtsstreits verurtheilt, wenn er in Folge seines Anerkenntnisses unterliegt, § 91 C.P.O.; wie diese Kosten im Konkursverfahren geltend zu machen sind, hat das Prozeßgericht in dem anhängigen Rechtsstreit nicht zu bestimmen.

7. Die Vorschriften des § 11 kommen aus den in der Anm. 6 zu § 10 angegebenen Gründen auch im Verwaltungsstreitverfahren zur Anwendung.

§. 12. (10.)

Konkursgläubiger können ihre Forderungen auf Sicherstellung oder Befriedigung aus der Konkursmasse nur nach Maßgabe der Vorschriften für das Konkursverfahren verfolgen.

M. I 46—49; P. I 12, 148; M. II —; P. II —.

1. Der § 12 ist eine Konsequenz des § 3, welcher die Konkursgläubiger, wie er sie zur gleichmäßigen Theilnahme an der Befriedigung aus dem Konkursvermögen berechtigt, so auch auf diese gleichmäßige Theilnahme beschränkt. Die Konkursgläubiger

können daher ihr Recht auf Befriedigung und für die aufschiebend bedingte Forderung (§ 67) das Recht auf Sicherung nur nach Maßgabe der Vorschriften für die Konkursordnung, also nur durch Anmeldung geltend machen, Anm. 2 zu § 67. Zur Befriedigung seines Anspruchs aus der Masse ist der Konkursgläubiger auch dann auf den Weg der Anmeldung verwiesen, wenn über den Anspruch bereits ein Rechtsstreit anhängig geworden, sowie auch dann, wenn der Anspruch rechtskräftig festgestellt ist. Dasselbe gilt sogar dann, wenn der Gläubiger bereits mit der Zwangsvollstreckung begonnen hat, doch bleibt ihm das durch die Pfändung erworbene Absonderungsrecht erhalten; wegen der qualifizirten Absonderungsansprüche s. § 64.

Die Vorschrift des § bezieht sich auf sämmtliche Konkursgläubiger, also nach § 3 Abs. 1 auf jeden Gläubiger, welcher einen zur Zeit der Eröffnung des Verfahrens begründeten Anspruch an den Gemeinschuldner haben, ohne Unterschied ob die Forderung angemeldet ist oder nicht, Anm. 2 zu § 3.

2. Daß die Konkursgläubiger auch das zur Konkursmasse nicht gehörige, dem Kridar verbliebene oder von ihm nachträglich erworbene Vermögen nicht zum Gegenstand ihres Zugriffs machen dürfen, ist im § 14 Abs. 1 ausdrücklich ausgesprochen. Es wird aber behauptet, daß sie durch ihre Eigenschaft als Konkursgläubiger nicht verhindert seien, gegen den Gemeinschuldner persönlich ihren Konkursanspruch im Prozeßwege zu verfolgen, wenn sie „eine Feststellung ihrer Forderungen gegenüber dem Gemeinschuldner herbeiführen oder die Verurtheilung des Schuldners zur Zahlung der Schuld nach Aufhebung des Konkurses erlangen wollen," dies ist in den M. I S. 48 als zulässig angenommen, und dasselbe nimmt auch das R.G. in J. W. 1886 S. 229 und Entsch. 29, 74 ff. an, das R.G. hat in der letzteren Entscheidung die Klage mit der Maßgabe zugelassen, daß der Gemeinschuldner „erst nach Beendigung des über sein Vermögen eröffneten Konkurses zu zahlen schuldig sei". Es hat in dieser Beziehung ausgeführt: „Zutreffend nimmt der Berufungsrichter an, daß das Konkursverfahren das gesammte einer Zwangsvollstreckung unterliegende, zur Zeit der Konkurseröffnung vorhandene Vermögen des Gemeinschuldners umfasse, und dieser mit dem gedachten Zeitpunkte die Befugniß verliere, über das zur Masse gehörige Vermögen zu verfügen. Hieraus folgt nicht, daß eine während der Dauer des Konkurses von einem Konkursgläubiger gegen den Gemeinschuldner erhobene Klage überhaupt unzulässig ist. Denn der Kridar bleibt, der Konkurseröffnung ungeachtet, handlungs- und prozeßfähig; er kann während des Konkurses nicht blos wirksam sich verpflichten, sondern selbst wegen vermögensrechtlicher Ansprüche vor Gericht belangt werden. Nur die Zwangsvollstreckung zu Gunsten einzelner Konkursgläubiger in das zur Masse gezogene oder konkursfreie Vermögen des Gemeinschuldners ist ausgeschlossen. Es besteht aber keine Nöthigung für einen Gläubiger, sich im Konkurse zu melden und seine Befriedigung aus der Masse zu suchen. Grundsätzlich können daher Konkursgläubiger, die am Konkurse nicht theilnehmen, gegen den Gemeinschuldner mit Feststellungs- und Leistungsklagen auftreten. Allerdings ist die gleichzeitige Verfolgung des Anspruchs im Konkurse gegen den Konkursverwalter und außerhalb desselben gegen den Gemeinschuldner wegen der entweder durch die vorgängige Liquidation der Forderung im Konkurse oder durch die vorhergegangene Klageerhebung gegen den Kridar herbeigeführten Rechtshängigkeit der Sache unstatthaft . . . Erhebt der Gläubiger während der Dauer des Konkursverfahrens mittels Klage einen vermögensrechtlichen Anspruch an den Gemeinschuldner, so ist von vornherein davon auszugehen, daß er diesen nur persönlich habe belangen wollen, da er anderenfalls im Konkurse sich gemeldet haben würde . . . Zur alsbaldigen Erlangung eines voll-

streckbaren Titels in das zukünftige Vermögen des Gemeinschuldners hat oder kann doch wenigstens auch ein solcher Konkursgläubiger ein Interesse haben, der seine Befriedigung außerhalb des Konkursverfahrens sucht." Unter derselben Voraussetzung müßte auch die Fortsetzung eines von der Konkurseröffnung über einen Passivanspruch anhängigen Rechtsstreites gegen den Gemeinschuldner zulässig sein, das R.G. hat dies auch Bd. 16 S. 358 ff. und ebenso hat es Bd. 25 S. 17, 18 die Zustellung des gegen den Gemeinschuldner nach der Konkurseröffnung ergangenen Urtheils für zulässig erklärt. In den Entsch. in J. W. 1886 S. 229 und 1894 S. 172, in Gruchots Beitr. 31, 1122, ist verlangt, daß der Gläubiger den Verzicht auf Befriedigung aus der Konkursmasse erklären müsse, weil der von der Konkurseröffnung begonnene Prozeß sonst als die Masse betreffend anzusehen sei, während für den nach der Konkurseröffnung gegen den Gemeinschuldner erhobenen Prozeß nach der ausgeschriebenen Entsch. 29, 76 der Verzichtswille präsumirt werden soll, s. auch die Entsch. und J. W. 1889 S. 207, 208.

Dieser Auffassung haben sich die Kommentatoren und Seuffert S. 185 angeschlossen, nur Fitting § 6 Anm. 6, 7 hält die Klage des Konkursgläubigers auf Erfüllung während des Konkurses für unzulässig, weil sie verfrüht sei. Nach der Preuß. K.O. wurde die Klage des Konkursgläubigers gegen den Gemeinschuldner während des Verfahrens für unzulässig gehalten, Strieth. Arch. 2, 341; 21, 341; 31, 348 ff.; 32, 161 ff.; 33, 215 ff.; 38, 77; 55, 326; 60, 625, während das R.O.H.G. 12, 239 die Klage oder die Fortsetzung des vor dem Verfahren anhängigen Prozesses gegen den Gemeinschuldner mit dem Wesen des Konkurses für vereinbar hielt. Die herrschende Meinung dürfte nicht richtig sein. Es ist allerdings richtig, daß der § 11, der die Rechtsverfolgung aus der Konkursmasse nur durch Anmeldung zuläßt, der Erhebung und Fortsetzung des Prozesses gegen den Kridar nicht entgegen steht, wenn die Befriedigung nicht aus der Konkursmasse gesucht wird. Aber nach § 240 C.P.O. wird im Fall der Eröffnung des Konkurses über das Vermögen einer Partei das Verfahren, wenn es die Konkursmasse betrifft, unterbrochen, bis dasselbe nach den für den Konkurs geltenden Bestimmungen aufgenommen oder das Konkursverfahren aufgehoben wird. Daß eine Konkursforderung, d. h. ein zur Zeit der Eröffnung des Verfahrens begründeter persönlicher Vermögensanspruch, die Konkursmasse betrifft, darf nicht bezweifelt werden, denn grade zur Befriedigung dieser Ansprüche dient die Konkursmasse, § 3, das nimmt auch das R.G. 16, 340, 358 ff.; 34, 362, 363; 35, 82 an und in den M. I S. 46 ist hervorgehoben, es werde schwerlich zu leugnen sein, daß die Passivforderungen und Passivprozesse recht eigentlich die Konkursmasse betreffen. Ist dies richtig, so ist das Prozeßverfahren unterbrochen und darf nach der ausdrücklichen Bestimmung des § 240 C.P.O. vor der Beendigung des Konkurses nur nach den für den Konkurs geltenden Bestimmungen aufgenommen werden. Bestimmungen über die Aufnahme der die Aktivmasse betreffenden Prozesse enthält die K.O. aber nur in den §§ 144 Abs. 2, 146, welche die Anmeldung der Forderung und die Aufrechterhaltung der Anmeldung voraussetzen und die Aufnahme gegen den Gemeinschuldner persönlich nur zulassen, wenn dieser die angemeldete Forderung im Prüfungstermin bestritten hat. Die Aufnahme des Prozesses gegen einen Gläubiger, der seine Forderung nicht angemeldet hat, ist daher gesetzlich ausgeschlossen, und daß der Gläubiger, der seine Forderung angemeldet, nicht gleichzeitig einen Prozeß gegen den Gemeinschuldner führen darf, hat auch das R.G. in der angeführten Entsch. 29, 74 ausgeführt. Die Schlußfolgerung, daß die Aufnahme des Prozeßverfahrens gegen den Gläubiger, der seine Forderung nicht angemeldet hat, unzulässig ist, ist daher nicht abzuweisen, deshalb ist auch vom R.G. selbst in der Entsch. 35, 82 im Widerspruch mit seinen angeführten Entscheidungen auf Grund des § 240 C.P.O. (früher § 218) betont, daß der Konkursgläubiger gegen den Gemeinschuldner nach § 144 das Verfahren nur aufnehmen kann, wenn der Gemeinschuldner die Forderung im Prüfungstermine bestritten hat. Kann der Konkursgläubiger aber einen Prozeß nicht aufnehmen, den er vor der Konkurseröffnung rechtswirksam erhoben hatte, so kann er nach der Konkurseröffnung einen Rechtsstreit gegen den Kridar persönlich noch weniger beginnen, soweit das Ges. (§ 144) dies nicht ausdrücklich zuläßt; durch das Verbot, einen die Masse betreffenden Rechtsstreit wieder aufnehmen zu können, ist die Prozeßführung daher gegen den Kridar persönlich überhaupt für unzulässig erklärt. Dazu kommt, daß der Kridar die Verwaltung über sein zur Konkursmasse gehöriges Vermögen und die Disposition über dasselbe nach § 6 verloren hat, daß sein Vermögen nicht blos aus Aktiven, sondern auch aus Passiven besteht, und der Gemeinschuldner deshalb auch über die Passiva nicht verfügen kann, § 6. Sind auch die von ihm vorgenommenen Rechtshandlungen, da er seine Handlungsfähigkeit nicht verloren hat, nicht absolut nichtig, sondern nur den Konkursgläubigern gegenüber unwirksam, so kann er doch nicht zu Rechtshandlungen in Ansehung des seiner Verfügung entzogenen Vermögens gezwungen werden, und die von Dritten gegen ihn in Bezug auf die Konkursmasse vorgenommenen einseitigen Handlungen bleiben auch nach der Beendigung des Verfahrens unwirksam, Anm. 4 zu § 7. Die Zulassung von Sonderhandlungen eines Konkursgläubigers ist auch mit den den Konkurs beherrschenden Prinzipien unvereinbar: Die Konkursgläubiger, mögen sie sich am Konkurs betheiligen oder nicht, sind auf die gleichmäßige Befriedigung angewiesen, Anm. 1, 2 zu § 3, es ist ihnen der Zugriff, § 13—15, nicht nur in das Konkursvermögen, sondern auch in das sonstige Vermögen des Gemeinschuldners untersagt, § 14, dem im öffentlichen Interesse die Möglichkeit seiner wirthschaftlichen Retablirung gegeben ist, der für die Dauer des Verfahrens aus den gesammten, die Konkursmasse betreffenden Rechtsverhältnissen ausgetreten ist, und der deshalb während des Verfahrens nicht durch Rechtsstreitigkeiten, die diese Masse betreffen, wider seinen Willen belästigt werden soll. Wie ein die Masse betreffender Anspruch geltend zu machen ist, ist vielmehr nur in den §§ 10, 11, 144, 146 und zwar in der Weise bestimmt, daß eine andere Art der Verfolgung ausgeschlossen ist.

Hiernach ist eine gesonderte Rechtsverfolgung der Konkursgläubiger gegen den Gemeinschuldner unzulässig. Eine besondere Ausnahme ist jedoch durch § 13 des Anfechtungsgesetzes vom 21. Juli 1879 gemacht, nach welchem Rechtshandlungen, die der Kridar rücksichtlich seines nicht zur Konkursmasse gehörigen Vermögens vorgenommen hat, von den Konkursgläubigern schon während des Konkurses nach Maßgabe jenes Gesetzes angefochten werden können.

3. Indem der Konkursgläubiger sowohl wegen seiner Befriedigung, als auch wegen seiner Sicherung auf die Anmeldung angewiesen und ihm jedes andere Mittel zur Erlangung seines Rechts entzogen ist, hat er auch das Retentionsrecht verloren, welches ihn außerhalb des Verfahrens berechtigte, die Sache des Schuldners solange zurückzubehalten, bis er befriedigt werde. Geht das vertragsmäßige Retentionsrecht für das Konkursverfahren unter, so kann der Mandatar das ihm sonst wegen seiner Forderungen aus dem Auftrage zustehende Zurückbehaltungsrecht an einer für den Geschäftsherrn erworbenen Sache im Konkurs nicht geltend machen, ebenso darf der Rechtsanwalt das ihm nach § 32 der Rechtsanwaltsordnung vom 1. Juli 1878 wegen seinen Gebühren und Auslagen an den Handakten zustehende Zurückbehaltungs=

recht im Konkurs der von ihm vertretenen Partei nicht aufrecht erhalten. Indessen werden die meisten Fälle des Zurückbehaltungsrechts entweder — vgl. § 273 Abs. 1 B.G.B. — unter den Gesichtspunkt der Aufrechnung oder unter die, das Retentionsrecht zum Absonderungsrecht erweiternden, Nr. 3 und 4 des § 49 fallen; und ist das Retentionsrecht durch Sicherheitsleistung abgewendet, § 273 Abs. 3 B.G.B., so ist an seiner Stelle nach § 233 B.G.B. ein, als Absonderungsrecht geltendes, Pfandrecht getreten.

Dagegen ist durch die Konkurseröffnung das Retentionsrecht desjenigen nicht beseitigt, welcher nicht Konkursgläubiger ist. So bleibt das gesetzliche und vertragsmäßige Retentionsrecht bestehen, welches der Berechtigte an einer Sache des Gemeinschuldners für eine nach § 63 vom Konkursverfahren ausgeschlossene Forderung — Anm. 2 zu § 3 oder für eine verjährte Forderung — Anm. 4 zu § 3 — erworben hat. Die Aufrechterhaltung des Retentionsrechts für den Fall, daß der Berechtigte nicht Konkursgläubiger ist, ist bestritten, s. darüber Wolff, Absonderungsrecht § 6, und dagegen Eccius in Gruchots Beitr. 37, 451 (die Entsch. des R.G. 20, 133 betrifft einen Fall des Zurückbehaltungsrechts des Konkursgläubigers).

§. 13.

Ein gegen den Gemeinschuldner bestehendes Veräußerungsverbot der in den §§. 135, 136 des Bürgerlichen Gesetzbuchs bezeichneten Art ist den Konkursgläubigern gegenüber unwirksam; wirksam bleibt jedoch eine bei der Zwangsvollstreckung in das unbewegliche Vermögen erfolgte Beschlagnahme.

M. I —; P. I —; M. II 27, 28; P. II —.

1. Eine Veräußerung, die gesetzlich im öffentlichen Interesse verboten ist, ist nach § 134 B.G.B. nichtig, ein solches Veräußerungsverbot bindet auch den Verwalter. Dagegen bestimmen über die nur im Interesse bestimmter Personen gesetzlich bestehenden oder durch das Gericht oder eine andere zuständige Behörde angeordneten Veräußerungsverbote die §§ 135, 136 B.G.B.:

> § 135. Verstößt die Verfügung über einen Gegenstand gegen ein gesetzliches Veräußerungsverbot, das nur den Schutz bestimmter Personen bezweckt, so ist sie nur diesen Personen gegenüber unwirksam. Der rechtsgeschäftlichen Verfügung steht eine Verfügung gleich, die im Wege der Zwangsvollstreckung oder der Arrestvollziehung erfolgt.
>
> Die Vorschriften zu Gunsten derjenigen, welche Rechte von einem Nichtberechtigten herleiten, finden entsprechende Anwendung.
>
> § 136. Ein Veräußerungsverbot, das von einem Gericht oder von einer anderen Behörde innerhalb ihrer Zuständigkeit erlassen wird, steht einem gesetzlichen Veräußerungsverbote der im § 135 bezeichneten Art gleich.

Diese Beschränkungen, welche sowohl den Verkauf und jede andere Uebertragung auf einen Dritten, wie auch die Belastung mit einem Recht umfassen, verlieren ihre Wirksamkeit mit der Eröffnung des Konkurses gegenüber den Konkursgläubigern. Die gesetzlichen Beschränkungen sind hier ohne wesentliche Bedeutung, weil sie in der Regel die Zugehörigkeit des Gegenstands zu der Masse ausschließen (z. B. § 400 B.G.B., wonach eine Forderung, die der Pfändung nicht unterworfen ist, nicht abgetreten werden kann, s. darüber Anm. 8 B. zu § 1). Das von Seuffert, Konkursprozeßrecht S. 178, angeführte Beispiel des § 1445 B.G.B., wonach der Ehemann zur Verfügung über ein zum Gesammtgut gehöriges Grundstück der Einwilligung der Frau bedarf, betrifft kein Veräußerungsverbot, sondern eine Beschränkung des Verfügungsrechts über eine gemeinschaftliche Sache s. darüber Anm. 2 zu § 2. In Betracht kommen hier besonders die richterlichen Veräußerungsverbote, welche im Wege der einstweiligen Verfügung erlassen sind, § 938 C.P.O. Wegen der grundsätzlichen Gleichberechtigung aller Konkursgläubiger soll diese Beschränkung, wie schon im § 107 Abs. 3 des I. Entw. des B.G.B. bestimmt war, gegen die Konkursgläubiger ohne Wirksamkeit sein. Soweit das Veräußerungsverbot unwirksam ist, ist derjenige, zu dessen Gunsten es bestand oder erlassen war, nicht berechtigt, die Widerspruchsklage des § 771 C.P.O. zu erheben, wozu er in der Einzelzwangsvollstreckung nach § 772 C.P.O. berechtigt sein würde. Und da das Veräußerungsverbot wegen seiner Unwirksamkeit als nicht bestehend gilt, ist die Masse demjenigen, zu dessen Gunsten das Verbot bestand, nicht zum Schadensersatz verpflichtet.

Betrifft der Gegenstand der Veräußerung ein Grundstück, so ist das gesetzliche oder gerichtliche Veräußerungsverbot nicht vor der Eintragung gegen die Konkursgläubiger rechtswirksam, nach der Konkurseröffnung ist die Eintragung aber nicht mehr zulässig, § 15. Aber auch das eingetragene Verbot ist im Allgemeinen den Konkursgläubigern gegenüber unwirksam. Insoweit jedoch, als es das Recht des Dritten auf Einräumung oder Aufhebung eines Rechts an dem Grundstück (dazu gehört auch das Recht auf Auflassung) oder an einem das Grundstück belastenden Recht oder auf Aenderung des Inhalts oder des Ranges eines solchen Rechts sichern soll, § 883 B.G.B., ist es auch der Konkursmasse gegenüber wirksam. Denn ein solches Recht ist durch Eintragung einer Vormerkung zu sichern, §§ 883, 885 B.G.B., das Veräußerungsverbot enthält ein über die Vormerkung hinausgehendes Recht, die Vormerkung ist daher — § 888 Abs. 2 B.G.B. — in dem Veräußerungsverbot enthalten. Soweit das Verbot über das Vormerkungsrecht hinausgeht, ist es nach § 13 den Konkursgläubigern gegenüber nicht wirksam; soweit es aber das Recht der Vormerkung enthält, ist seine Wirksamkeit durch den § 24 gewährleistet. Dasselbe gilt — § 24 Satz 2 — hinsichtlich des eine Vormerkung enthaltenden, im Schiffsregister eingetragenen Veräußerungsverbots.

2. Das Veräußerungsverbot ist auch den Konkursgläubigern gegenüber wirksam, wenn es vor der Eröffnung des Konkurses durch die Beschlagnahme in der Immobiliarzwangsvollstreckung entstanden ist, § 23 des Ges. vom 24. März 1897: „Die Beschlagnahme hat die Wirkung eines Veräußerungsverbots", s. darüber Wolff, Kommentar zum Zwangsversteigerungsgesetz Anm. zu § 23, Oetker, vergleichende Darstellung S. 137.

Die durch die Vollziehung des Arrestes und durch die Pfändung in der Zwangsvollstreckung dem Kridar gegenüber entstandene Verfügungsbeschränkung, welchem z. B. bei der Pfändung einer Forderung nach § 829 Abs. 1 C.P.O. jede Verfügung über die Forderung entzogen wird, ist dem Verwalter gegenüber nicht wirksam, aber das durch die Pfändung entstandene Absonderungsrecht verbleibt dem dritten Erwerber, der jedoch, weil der Verwalter an die Verfügungsbeschränkung nicht gebunden ist, sich der Verwerthung durch den letztern, nach § 127, aber auch der freihändigen Verwerthung nicht entziehen kann.

3. Der § 13 handelt nur von dem Veräußerungsverbot, welches gegen den Gemeinschuldner, nicht auch von dem Verbot, welches gegen einen Dritten besteht. Gehört zur Passivmasse eine Forderung, deren Berechtigter über dieselbe nicht verfügen darf, z. B. weil über sein Vermögen selbst der Konkurs eröffnet oder gegen ihn das

Veräußerungsverbot des § 106 erlassen ist, so ist der Verwalter an diese Verfügungen gebunden und insoweit kommen die §§ 135, 136 B.G.B. unbeschränkt zur Anwendung.

4. Der § 13 betrifft nicht das durch Vertrag oder letztwillige Verfügung begründete Veräußerungsverbot. Ein solches Verbot steht der Gültigkeit der Veräußerung, auch wenn der Erwerber das Verbot kennt, nach § 137 B.G.B. nicht entgegen. Von diesem Grundsatz bestehen folgende Ausnahmen:

a) Das Veräußerungsverbot, welches zur Sicherung des Anspruchs auf Einräumung oder Aufhebung eines Rechts an einem Grundstück (dazu gehört das Recht auf Auflassung), oder an einem das Grundstück belastenden Recht oder auf Aenderung des Inhalts oder des Ranges eines solchen Rechtes sichern soll, ist nach §§ 883, 888 Abs. 2 B.G.B. giltig, s. Anm. 1.

b) Die Cession einer Forderung kann nach § 399 B.G.B. rechtswirksam ausgeschlossen werden, s. Anm. 8, B b zu § 1; dasselbe gilt aber nicht hinsichtlich der Belastung der Forderung mit einem Nießbrauch.

In diesen Fällen, in denen das rechtsgeschäftliche Veräußerungsverbot wirksam ist, ist es auch gegen die Konkursgläubiger wirksam, weil es vom § 13 nicht betroffen wird, und der Verwalter, sofern das Gesetz nichts Anderes bestimmt, nur die Rechte des Gemeinschuldners ausüben kann. Abgesehen von diesen Ausnahmen hindert nach § 137 Satz 1 B.G.B. das rechtsgeschäftliche Veräußerungsverbot die Rechtswirksamkeit der Veräußerung nicht, da aber nach § 137 Satz 2 B.G.B. die „Wirksamkeit einer Verpflichtung, über ein solches Recht nicht zu verfügen, durch die Vorschrift des Satzes 1 nicht berührt wird“, und die widerrechtliche Verletzung einer Vertragspflicht den Anspruch auf Schadensersatz begründet, § 823 Abs. 1 B.G.B., so ist der Dritte zum Anspruch auf Schadensersatz berechtigt. Dieser Anspruch bestand bedingt schon vor der Eröffnung des Verfahrens, er ist also nicht eine Masse-, sondern eine Konkursforderung, Jäger Anm. 6.

§. 14. (11.)

Während der Dauer des Konkursverfahrens finden Arreste und Zwangsvollstreckungen zu Gunsten einzelner Konkursgläubiger weder in das zur Konkursmasse gehörige, noch in das sonstige Vermögen des Gemeinschuldners statt.

In Ansehung der zur Konkursmasse gehörigen Grundstücke, sowie der für den Gemeinschuldner eingetragenen Rechte an Grundstücken oder an eingetragenen Rechten kann während der Dauer des Konkursverfahrens eine Vormerkung auf Grund einer einstweiligen Verfügung zu Gunsten einzelner Konkursgläubiger nicht eingetragen werden. Das Gleiche gilt von der Eintragung einer Vormerkung in Ansehung eines Schiffspfandrechts.

M. I 49—53; P. I 12—14, 148; M. II 28; P. II 10.

1. Der Abs. 2 ist durch das Ges. vom 20. Mai 1898 hinzugefügt.

2. Die Konkursgläubiger können nach § 12 ihre Ansprüche auf Sicherung und Befriedigung nur durch Anmeldung verfolgen, sie können, wie Anm. 2 zu § 12 angenommen ist, ihre Ansprüche auch nicht gegen den Gemeinschuldner geltend machen,

mögen sie an dem Verfahren theilnehmen oder nicht, Anm. 2 zu § 12, sie können daher während des Verfahrens auch an dem über das neuerworbene Vermögen des Kridars entstandenen Konkurs sich nicht durch Anmeldung betheiligen, Seuffert S. 89, Stieglitz Amm. VII, v. Sarwey-Bossert Anm. 3, v. Wilmowski Anm. 4, Kohler S. 534, a. M. Jäger Anm. 12, Oetker 1, 203 und Endemann S. 128, 129. In Folge dessen können sie ihre Ansprüche auch nicht durch Zwangsvollstreckung, Arrest oder einstweilige Verfügung in das Konkurs- und in das sonstige Vermögen des Gemeinschuldners verfolgen. Der § 14 spricht diese selbstverständliche Folge ausdrücklich aus.

3. Aber nur die Konkursgläubiger sind in dieser Weise beschränkt, die Aussonderungs-, Absonderungs- und Massegläubiger werden, wie nicht bestritten ist, von dem § 14 nicht betroffen, sie verfolgen ihre Ansprüche ohne Rücksicht auf den Konkurs, machen sie aber während des Verfahrens, abgesehen von den Massegläubigern, die auch das Sondervermögen des Kridars zum Gegenstand ihres Zugriffs machen können, Anm. 2 zu § 57, nur gegen den Verwalter geltend. Die neuen Gläubiger des Gemeinschuldners können ihre Ansprüche dagegen nicht gegen den Verwalter, sondern nur gegen den Gemeinschuldner verfolgen und im Wege der Zwangsvollstreckung, des Arrestes und der einstweiligen Verfügung geltend machen bezw. sichern, denn die nach der Eröffnung des Verfahrens durch die Rechtshandlung des Kridars entstandenen Ansprüche kommen den Konkursgläubigern gegenüber nach § 7 nicht in Betracht.

4. Durch den § 14 ist jede Art der Zwangsvollstreckung oder der Sicherstellung durch einstweilige Verfügung verboten. Auch in dem besondern Fall des § 13 Abs. 5 des Anfechtungsges. vom 21. Juli 1879, nach welchem der einzelne Konkursgläubiger während des Konkurses eine Rechtshandlung des Kridars rücksichtlich seines nicht zur Masse gehörigen Vermögens nach Maßgabe jenes Gesetzes anfechten kann, giebt dem Anfechtungsgläubiger, der sich lediglich auf die Anfechtung zu beschränken hat, nicht die Berechtigung, nachdem die Rechtshandlung für rechtsunwirksam erklärt worden ist, die Zwangsvollstreckung oder Sicherstellung zu betreiben, Jäger Anm. 2. Die Zwangsvollstreckung nach §§ 887—890 C.P.O. kann gegen den Gemeinschuldner nur derjenige betreiben, der nicht persönlicher Gläubiger ist und nur in dem Falle, daß die Verpflichtung nicht zur Passivmasse gehört. Auch der Antrag auf Leistung des Offenbarungseids wegen einer Konkursforderung ist gegen ihn nicht mehr zulässig, doch darf jeder Konkursgläubiger den Kridar gemäß § 125 nach der Anfertigung des Inventars zur Leistung dieses Eides laden. Die Haft, welche im Manifestationsverfahren angeordnet ist, wird unterbrochen, sofern das Verfahren wegen einer Konkursforderung eingeleitet ist. Auch der Personalarrest darf nicht mehr angeordnet werden und ist aufzuheben, sofern er nicht auf Grund des § 101 Abs. 2 oder des § 106 fortgesetzt wird.

5. Eine Zuwiderhandlung gegen den § 14 ist nicht blos den Konkursgläubigern gegenüber, sondern absolut unzulässig und wirkungslos. Denn da der § nicht, wie der § 15, die Ungültigkeit nur den Konkursgläubigern gegenüber betont und da er die Zwangsmaßregeln auch in das nicht zur Masse gehörige Vermögen verbietet, welches der Verfügung des Kridars nicht entzogen ist und zur Befriedigung der Konkursgläubiger nicht dient, so ist die Annahme unbedenklich, daß die Vorschrift eine absolute ist, auf welche sich auch der Kridar selbst berufen kann, R.G. 28, 283, Wolff, Absonderungsrecht S. 125, v. Wilmowski Anm. 5.

6. Die Zwangsvollstreckung und die Arrestanlegung ist aber nur den Konkursgläubigern verboten, der Absonderungsberechtigte wird durch den § 14 in der zwangsweisen Einziehung seiner Forderung nicht behindert. Er darf aber die Zwangsvollstreckung und die Arrestlegung nur in dem Absonderungsgegenstand fortsetzen; soweit er aus

demselben nicht befriedigt wird, kann er sich nur als Konkursgläubiger mit seinem persönlichen Recht am Konkurse betheiligen, § 64; auch wegen der Kosten der Zwangsvollstreckung kann er sich nur an den Absonderungsgegenstand halten und, wenn er zugleich persönlicher Gläubiger ist, eine Konkursforderung, nicht etwa eine Masseforderung geltend machen, auch wenn die Kosten erst nach der Eröffnung des Verfahrens entstanden sind. Denn für die Nebenforderung kann kein größeres Recht in Anspruch genommen werden, als für den Hauptanspruch, und der aus dem Absonderungsgegenstand erzielte Erlös dient nach § 367 B.G.B. zunächst zur Befriedigung der Kostenforderung, so daß durch den Ausfall ein Theil der Hauptforderung unbefriedigt bleibt.

Absonderungsberechtigt wird der persönliche Gläubiger durch den Erwerb eines Pfändungspfandrechts, § 49 [2] oder des Rechts auf Befriedigung aus dem Grundstück, § 47. Ist ein solches Recht vor der Eröffnung des Verfahrens noch nicht erworben, so ist er nicht Absonderungsgläubiger, er kann daher die Zwangsvollstreckung nicht fortsetzen, dieselbe ist vielmehr aufzuheben. In dieser Beziehung genügt es nicht, daß er die Konkurseröffnung nicht gekannt hat, Jäger Anm. 19, denn durch die Anordnung des Konkurses, nicht erst durch die Bekanntmachung, ist der Konkurs eröffnet, § 108. Er kann sich auch nicht darauf berufen, daß der Erwerb des Pfand- oder Befriedigungsrechts durch den Gerichtsvollzieher oder das Vollstreckungsgericht ohne seine Schuld verzögert ist, er mag wegen der schuldhaften Versäumung den schuldigen Beamten in Anspruch nehmen, § 839 B.G.B., das Absonderungsrecht hat er gleichwohl nicht vor der thatsächlichen Pfändung bezw. Beschlagnahme erworben.

Es war früher streitig, ob die Eröffnung des Konkurses die Entstehung des Absonderungsrechts hindere, wenn die Eintragung zwar vor der Eröffnung des Verfahrens nicht erfolgt, aber der Eintragungsantrag und die Eintragungsbewilligung vorher eingereicht waren. Die früher herrschende Ansicht, nach welcher das Absonderungsrecht als entstanden angenommen wurde, wenn der Eintragungsantrag vor der Eröffnung des Konkurses eingereicht war, wird nicht mehr anerkannt, R.G. 29, 283, Wolff, Absonderungsrecht 126 ff. (ausführlich begründet), v. Wilmowski Anm. 5. Aber für die Fälle der freiwilligen Eintragung hat sich der § 15 in Ansehung der Rechte an Grundstücken und registrirten Schiffen auf den Standpunkt der früheren Ansicht gestellt, wogegen der § 14 die Regel nicht durchbrechen läßt, daß nur ein fertiges Absonderungsrecht die Befugniß zur Fortsetzung des Zwangsverfahrens gewährt. Daher wird, wie auch in den Mot. II S. 28, 29 anerkannt ist, ein Absonderungsrecht begründet, wenn die vom Kridar ertheilte Eintragungsbewilligung vor der Eröffnung des Verfahrens bei dem Grundbuchamt eingegangen ist, während der Eingang des Antrags des Gläubigers auf Eintragung einer Sicherungshypothek zur Vollstreckung einer Forderung das Absonderungsrecht nur entstehen läßt, wenn die Eintragung, durch welche die Sicherungshypothek entsteht, §§ 866 Abs. 1, 867 Abs. 1 Satz 2 C.P.O., vor der Eröffnung des Verfahrens erfolgt ist. Setzt die Entstehung des Absonderungsrechts durch Zwangsvollstreckung eine Mehrheit von Rechtsakten voraus, so hindert der Konkurs die Existenz des Rechts, wenn auch nur einer dieser Akte zur Zeit der Eröffnung des Verfahrens fehlte, Wolff, Absonderungsrecht § 25 S. 125 ff., v. Wilmowski Anm. 5. Es muß daher die Zustellung des Vollstreckungstitels nach § 750 Abs. 1 und 2 C.P.O. vorausgegangen oder gleichzeitig erfolgt sein, es muß die Zwangsvollstreckung beantragt und bei der Zwangsvollstreckung in unbewegliche Sachen die Beschlagnahme, bei der Zwangsvollstreckung in andere Gegenstände die Pfändung vor der Konkurseröffnung erfolgt sein. Bei der durch das Vollstreckungsgericht erfolgenden

Zwangsvollstreckung ist eine mit der Anwendung der Vollstreckung bezw. mit der Verfügung der Eintragung gleichzeitig stattfindende Zustellung nicht zulässig. Denn die Zustellung erfolgt nur auf Betreiben der Partei, und der Vollstreckungsrichter würde, wenn er zugleich mit der Anordnung der Vollstreckung durch Vermittlung des Gerichtsschreibers zustellen lassen wollte, durch die Anordnung der Zwangsvollstreckung die Zwangsvollstreckung schon beginnen, bevor die Zustellung ausgeführt sein könnte. Für die Zwangsversteigerung ist dies auch durch § 16 des Z.V.G. zum Ausdruck gebracht, Wolff, Anm. 1 zu § 16 Z.V.G. Das ohne die Zustellung nichtige Zwangsvollstreckungsverfahren wird zwar durch Nachholung der fehlenden Zustellung und durch Vorlegung der Zustellungsurkunde mit der Wirkung geheilt, daß das Verfahren von Anfang an gültig ist, R.G. in Gruchots Beitr. 28, 845, wird aber der Konkurs inzwischen vor der Zustellung eröffnet, so ist das Absonderungsrecht nicht erworben, denn zur Zeit der Eröffnung des Konkurses war das Absonderungsrecht nicht entstanden und kann daher trotz der Annahme der Rückbeziehung nicht mehr entstehen, vgl. R.G. 20, 433; 25, 370, 371.

Die Pfändung einer Geldforderung ist nach § 829 Abs. 3 C.P.O. mit der Zustellung des Pfändungsbeschlusses an den Drittschuldner als bewirkt anzusehen; dasselbe gilt nach § 846 C.P.O. von der Pfändung solcher Ansprüche, die die Herausgabe oder Leistung körperlicher Sachen zum Gegenstand haben, und nach § 857 Abs. 1 C.P.O. von der Pfändung anderer Vermögensrechte, welche nicht Gegenstand der Immobiliarzwangsvollstreckung sind. Ist bei der Pfändung der zuletzt bezeichneten Rechte ein Drittschuldner nicht vorhanden, so ist nach § 857 Abs. 2 die Pfändung mit dem Zeitpunkt als bewirkt anzusehen, in welchem dem Schuldner das Gebot, sich jeder Verfügung über das Recht zu enthalten, zugestellt ist. Erst mit dem Zeitpunkt dieser Zustellungen entsteht das Pfändungspfandrecht, R.G. 12, 382. Dieser Zeitpunkt muß daher vor der Konkurseröffnung eingetreten sein. Muß die Zustellung an den Drittschuldner bezw. im letzten Fall an den Schuldner öffentlich erfolgen, so gilt sie nach § 206 Abs. 2 C.P.O. als erfolgt, wenn seit der Anheftung des Schriftstücks an die Gerichtstafel zwei Wochen verstrichen sind. Die Zustellung dauert daher zwei Wochen, sie beginnt mit dem Aushang und endet mit dem Ablauf der Aushangsfrist; fällt die Konkurseröffnung in die Aushangsfrist, so kann das Pfändungspfandrecht nicht erworben werden. Ebenso muß die Zustellung mittels Ersuchens einer Behörde durch die thatsächliche Zustellung vollendet sein, wenn das Pfändungspfandrecht entstehen soll; hieran ändert auch der § 207 C.P.O. nichts, welcher die Wirkungen einer demnächst erfolgten Zustellung auf die Ueberweisung des Gesuchs um Zustellung zurückbezieht, insoweit durch die Zustellung eine Frist gewahrt oder der Ablauf der Verjährung oder einer Frist unterbrochen wird; denn es handelt sich hier nicht um die Wahrung einer Frist, und die Rückbeziehung der Wirkung der Zustellung auf einen früheren Zeitpunkt setzt den Eintritt dieser Wirkung selbst voraus, diese wird aber durch die Konkurseröffnung gehindert.

Die Eintragung in das Grundbuch zur Vollstreckung einer Forderung ist ein Akt der Zwangsvollstreckung — R.G. 28, 283; in J. W. 1892 S. 57, in Gruchot 36, 702, Wolff, Zwangseintragung § 4 S. 14 ff. und Absonderungsrecht § 25 S. 138. Es ist dies jedenfalls jetzt nicht mehr zu bezweifeln, da „die Zwangsvollstreckung in ein Grundstück" nach § 866 Abs. 1 C.P.O. durch Eintragung einer Sicherungshypothek für die Forderung, durch Zwangsversteigerung und durch Zwangsverwaltung erfolgt." Durch die Eintragung der Sicherungshypothek entsteht das Absonderungsrecht, wenn die Zustellung des Vollstreckungstitels und die Eintragung vor der Konkurseröffnung erfolgt

6*

sind. Das Absonderungsrecht des betreibenden Gläubigers in der Zwangsversteigerung entsteht nicht schon durch die Anordnung der Zwangsversteigerung, obgleich mit der Erlassung des Beschlusses über diese Anordnung die Zwangsversteigerung schon beginnt, sondern erst entweder durch die Zustellung des Beschlusses an den Schuldner oder durch das Ersuchen um Eintragung des Zwangsversteigerungsvermerks, sofern auf das Ersuchen die Eintragung demnächst erfolgt, weil die Beschlagnahme, durch welche das Absonderungsrecht entsteht, nach § 22 Z.V.G. erst mit einem dieser Augenblicke wirksam wird. Das Absonderungsrecht wird daher nur erworben, wenn einer dieser Akte vor der Beschlußfassung über die Konkurseröffnung vollendet war, jedoch mit der Maßgabe, daß nicht blos der Eingang des Eintragungsersuchens, sondern auch die Eintragung des Ersuchens vor der Eröffnung des Konkurses erfolgt sein muß, weil die durch den Eingang des Ersuchens bewirkte Beschlagnahme von der Eintragung des Versteigerungsvermerks abhängt, ein suspensiv bedingtes Absonderungsrecht aber erst mit dem Eintritt der Bedingung zur Entstehung gelangt, § 158 B.G.B., denn solange es noch fraglich ist, ob ein Recht entstehen wird, ist es noch nicht entstanden.

In der Zwangsverwaltung wird die Beschlagnahme abgesehen von den beiden angeführten Entstehungsgründen nach § 151 Z.V.G. auch durch die Besitznahme des Grundstücks durch den Verwalter wirksam.

Für den beigetretenen Gläubiger tritt die Wirkung der Beschlagnahme in der Zwangsversteigerung mit der Erlassung des Beschlusses über den Beitritt ein, Wolff, Anm. 4 zu § 27 Z.V.G., in der Zwangsverwaltung mit der Zustellung des Beitrittsbeschlusses an den Schuldner oder mit der Zustellung dieses Beschlusses an den Zwangsverwalter, wenn derselbe den Besitz schon vorher erlangt hat, § 151 Z.V.G. oder mit der Erlassung des Beitrittsbeschlusses nach der erfolgten Eintragung. Die Beschlagnahme einer Forderung (Versicherungsforderung), auf welche sich die Zwangsversteigerung erstreckt, wird erst wirksam entweder in dem Zeitpunkt, in welchem die vollendete Beschlagnahme dem Drittschuldner bekannt geworden oder ihm das Zuschlagsverbot, welches in der Zwangsverwaltung auch der Zwangsverwalter beantragen kann, § 151 Abs. 3 Z.V.G., dem Drittschuldner zugestellt ist, § 27 Z.V.G.

7. Wegen der Zwangsvollstreckung in die im Inland befindlichen Gegenstände des Schuldners, über dessen Vermögen im Ausland der Konkurs eröffnet ist, s. § 237.

§. 15. (12.)

Rechte an den zur Konkursmasse gehörigen Gegenständen, sowie Vorzugsrechte und Zurückbehaltungsrechte in Ansehung solcher Gegenstände können nach der Eröffnung des Verfahrens nicht mit Wirksamkeit gegenüber den Konkursgläubigern erworben werden, auch wenn der Erwerb nicht auf einer Rechtshandlung des Gemeinschuldners beruht. Die Vorschriften der §§. 878, 892, 893 und des §. 1260 Abs. 1 des Bürgerlichen Gesetzbuchs bleiben unberührt.

M. I 53—58; P. I 14, 148; M. II 28, 29; P. II —.

1. Der § lautete bisher: „Pfand- und Hypothekenrechte, Vorzugsrechte sowie Zurückbehaltungsrechte an Gegenständen der Konkursmasse können nach der Eröffnung des Konkursverfahrens nicht mit verbindlicher Kraft gegen die Konkursgläubiger er-

worden oder eingetragen werden, wenngleich der Anspruch auf den Erwerb oder die Eintragung schon vor der Eröffnung des Verfahrens begründet gewesen ist."

Er ist dadurch geändert, daß das Verbot des Erwerbs nicht auf Pfand- und Hypothekenrechte beschränkt, sondern auf alle Rechte an Konkursgegenständen ausgedehnt, daß der dritte Erwerber von Rechten an Grundstücken und von Pfandrechten an registrirten Schiffen durch die Beziehung der §§ 878, 892, 893, 1260 Abs. 2 B.G.B. besser gestellt und daß die bisherige besondere, mit Rücksicht auf das Rheinische Recht für erforderlich gehaltene Hervorhebung der Eintragung, ohne die jetzt nach § 873 Abs. 1 B.G.B. ein Recht an einem Grundstück nicht entstehen kann, als nicht mehr nöthig gestrichen ist.

2. Durch die Beschlagnahme des Konkursvermögens für die Konkursgläubiger ist das Recht der letzteren auf gleichmäßige Befriedigung aus diesem Vermögen gesichert, diese Rechtslage darf weder zu Gunsten einzelner Konkursgläubiger, noch zu Gunsten Dritter geändert werden, wenn der Zweck des Konkurses erreicht werden soll. Der § verbietet daher die Erwerbung jedes Sonderrechts an Gegenständen der Masse. Den gleichen Zweck verfolgt der § 14, aber der § 14 ist nur gegen die einzelnen Konkursgläubiger gerichtet, denen er die Befriedigung und Sicherung ihrer Rechte durch Zwangsmaßregeln untersagt, während der § 15 nicht blos den Konkursgläubigern, sondern jedem Dritten, also auch denjenigen, denen eine verjährte oder eine nach § 63 vom Konkurs ausgeschlossene Forderung zusteht, den Erwerb von Sonderrechten an Gegenständen der Masse verbietet. Andererseits enthält der § 15 nicht so wie der § 14 ein absolutes, auch für den Gemeinschuldner wirksames, sondern nur ein für die Konkursgläubiger wirksames Verbot und läßt den Erwerb von Rechten an Grundstücken und von Pfandrechten an registrirten Schiffen in den Fällen zu, in denen unter den gleichen Voraussetzungen der Erwerb von Absonderungsrechten durch Zwangsvollstreckung und Arrest verboten ist.

3. Der § bezieht sich in Folge der von der bisherigen abweichenden Fassung auf alle Rechte an Gegenständen der Konkursmasse, sowohl auf Eigenthum, wie auf **jura in re aliena**, auf Vorzugs- und Retentionsrechte.

Der Erfüllung der einem Anspruch hinzugefügten Bedingung steht der § 15 nicht entgegen, weil das bedingte Forderungsrecht bereits vor der Konkurseröffnung entstanden ist, ihre Zulassung im Konkurs auch durch die §§ 66, 67, 154, 156, 168, 171 ausgesprochen ist, dagegen kann ein bedingtes Absonderungsrecht nicht nach der Eröffnung des Konkurses unbedingt werden. Denn ein bedingtes Absonderungsrecht kann nicht vor dem Eintritt der Bedingung geltend gemacht werden und ist vor dem Eintritt der Bedingung nicht entstanden — Anm. 6 zu § 14, a. M. v. Sarwey-Bossert Anm. 2. Die Vormerkung ist kein bedingtes Absonderungsrecht, sie kann nach § 883 B.G.B. ebenso wie die Hypothek und das Pfandrecht, §§ 1113 Abs. 2, 1204 Abs. 2 B.G.B. zwar auch für eine bedingte Forderung bestehen, sie gewährt aber sowohl für den unbedingten, wie für den bedingten Anspruch ein unbedingtes Realrecht. Denn indem sie die, den Anspruch sichernde, Hypothek sichert, hat sie auch die Kraft, den Anspruch selbst zu sichern. Wäre sie nur ein bedingtes Realrecht, so könnte sie noch keine Wirkung äußern, § 158 Abs. 1 B.G.B., sie könnte also die Hypothek nicht sichern, und da sie gerade diesen Zweck hat, so muß sie ein unbedingtes Realrecht sein. Ein resolutiv bedingtes dingliches Recht könnte sie genannt werden, weil sie mit der Aufhebung der einstweiligen Verfügung, dem Löschungsantrage der zuständigen Behörde 2c. ihre Wirkung verliert; Wolff, Abs.R. § 18 S. 98 ff. Der § 15 verbietet daher den Erwerb einer Vormerkung, steht aber der Umschreibung der

Vormerkung in eine Hypothek nicht entgegen, vgl. § 24, RG. 4, 266; Obertr. 47, 385; 79, 103.

Durch die Eintragung eines Widerspruchs wird dagegen kein Recht an einer Sache, wird überhaupt kein Recht erworben, sondern nur ein schon bestehendes Recht gesichert, die Eintragung des Widerspruchs wird daher durch die Konkurseröffnung nicht gehindert. Ebenso wenig verbietet der § 15 die Eintragung des Widerspruchs des § 54 G.B.O., welche von amtswegen zu erfolgen hat. Die Einräumung der Priorität, die jetzt dingliche Wirkung hat, § 880 B.G.B., ist nur insoweit gehindert, als durch dieselbe ein Recht oder ein Vorrecht gegen die Konkursmasse erworben wird. Ein Vorrecht an der zur Masse gehörigen Post wird erworben, wenn eine nachstehende Post vor eine für den Kridar eingetragene Post treten soll, dies ist daher nach der Eröffnung des Verfahrens unzulässig. Dagegen ist die zur Prioritätseinräumung erforderliche Eintragung derselben in der Regel zulässig, wenn die für einen Dritten eingetragene Post vor eine, für einen andern eingetragene Post treten soll, doch ist diese Eintragung nach der Konkurseröffnung insoweit unzulässig, als durch dieselbe für die vortretende Post ein Vorrecht in Ansehung des Grundstücks oder eines zur Masse gehörigen Rechts erworben wird. Das letztere ist der Fall, wenn die zurücktretende Post mit einem Recht des Kridars belastet ist, §§ 880 Abs. 3, 876 B.G.B., das erstere, wenn die auf dem Grundstück des Gemeinschuldners eingetragene Post, welche zurücktreten soll, nicht aber die vortretende Post zugleich eine persönliche Schuld des Kridars (qualifizirtes Abs.Recht) enthält; denn wenn die zurücktretende Post in ihrem bisherigen Range in der Zwangsversteigerung befriedigt wird, erlöscht auch das persönliche Recht, während, wenn dieselbe Post in Folge des Zurücktretens nicht zur Befriedigung gelangt, der persönliche Anspruch als Konkursforderung gegen die Konkursmasse geltend gemacht werden kann.

4. Setzt sich der Erwerb eines Sonderrechts aus mehreren Rechtsakten zusammen, so müssen alle Rechtshandlungen, welche zum Erwerb erforderlich sind, vor der Eröffnung des Verfahrens vollständig ausgeführt sein, wenn das Recht den Konkursgläubigern gegenüber Wirksamkeit haben soll. In dieser Beziehung kommt das Anm. 6 zu § 14 Gesagte auch hier zur Anwendung. Es müssen daher alle Rechtsakte — Einigung, Eintragung, Besitz, Mittheilung — vor der Konkurseröffnung vollendet sein, wenn das Recht wirksam sein soll:

Das Pfandrecht an beweglichen Sachen setzt die Einigung der Parteien und die Uebergabe der Sache voraus, § 1205 B.G.B., beide Akte müssen vor der Konkurseröffnung vollendet sein. Im Fall der Uebergabe durch Einräumung des mittelbaren Besitzes an den Gläubiger wird das Pfandrecht erst nach der Anzeige der Verpfändung an den unmittelbaren Besitzer erworben, § 1205 Abs. 2 B.G.B.; diese Anzeige muß vor der Konkurseröffnung erfolgt, sie muß dem unmittelbaren Besitzer zugegangen, § 130 B.G.B., also mit dem Willen des Anzeigenden zu seiner Kenntniß gelangt sein; mit dem Zeitpunkt der Absendung der Anzeige ist das Pfandrecht daher noch nicht erworben und kann nicht mehr im Verhältniß zu den Konkursgläubigern erworben werden, wenn der Konkurs in der Zeit zwischen der Absendung und dem Zugang an den Besitzer eröffnet ist.

Die Verpfändung einer Forderung setzt außer der Einigung die Anzeige der Verpfändung an den Drittschuldner Seitens des Gläubigers voraus, § 1280 B.G.B. (die Uebergabe der Schuldurkunde ist nicht erforderlich), wegen dieser Anzeige gilt das eben Gesagte. Wegen der Verpfändung eines andern Rechts s. § 1274 B.G.B. und wegen der Verpfändung eines Patentrechts § 19 Abs. 2 des Ges. vom 7. April 1891.

Zur Bestellung eines Nießbrauchs an einer beweglichen Sache ist die Einigung und Uebergabe erforderlich, § 1032 B.G.B., die thatsächliche Uebergabe wird durch die (zur Begründung des Pfandrechts nicht genügende) Einigung über die Erwerbung eines den mittelbaren Besitz gewährenden Rechtsverhältnisses (Miethe) oder durch die Abtretung des Anspruchs auf Herausgabe der Sache an den dritten Besitzer ersetzt, §§ 930, 931, die Tradition ist im letztern Falle ohne die Anzeige an den dritten Besitzer vollendet. Der Nießbrauch an Forderungen und andern Rechten wird durch die Einigung der Parteien begründet, § 1069 B.G.B. Keine dieser Rechtshandlungen kann nach der Eröffnung des Konkurses nachgeholt werden.

Das Zurückbehaltungsrecht entsteht durch den Erwerb des Besitzes an einem dem Gemeinschuldner gehörenden Gegenstande, sofern der Besitz nicht durch eine vorsätzlich begangene unerlaubte Handlung erlangt ist, § 273 Abs. 2 B.G.B., das kaufmännische Retentionsrecht nur mit dem Willen des Eigenthümers § 369 H.G.B.; alle diese Rechtsakte müssen vor der Konkurseröffnung vorgenommen sein.

Rechte an Grundstücken und an eingetragenen Rechten, sowie Pfandrechte an registrirten Schiffen können nur durch Eintragung entstehen, §§ 873, 1260 B.G.B., doch ist die Eintragung bei dem nicht auf Vertrag beruhenden Erwerb, bei der Abtretung der Briefhypothek, Grundschuld und Rentenschuld, § 1654 B.G.B., dem Pfandrecht an einer Grund- oder Rentenschuld, §§ 1291, 1293, und im Fall der §§ 1075, 1287 Abs. 2 B.G.B. nicht erforderlich. Auch die Grunddienstbarkeiten und die Reallasten, sowie die Vormerkung entstehen erst mit der Eintragung. Hinsichtlich dieser der Eintragung zu ihrer Entstehung bedürfenden Rechte müßte daher nach den oben angegebenen Grundsätzen die Eintragung vor der Konkurseröffnung erfolgt sein, ohne Rücksicht darauf, ob Schuldner und Gläubiger vorher alles gethan haben, was sie zu thun im Stande waren. In dieser Hinsicht ist jedoch durch die ausdrückliche Beziehung des § 878 B.G.B. eine Ausnahme gemacht: Nach § 873 Abs. 2 B.G.B. sind die Betheiligten schon vor der Eintragung an die Einigung (den Vertrag) gebunden, wenn die Erklärungen gerichtlich oder notariell beurkundet oder vor dem Grundbuchamt abgegeben oder bei diesem eingereicht sind, oder wenn der Berechtigte, d. h. derjenige, dessen Recht von der Aenderung betroffen wird, dem andern Theil eine den Vorschriften der G.B.O. entsprechende Eintragungsbewilligung ausgehändigt hat; den Vorschriften des § 29 G.B.O. entspricht eine Erklärung, welche vor dem Grundbuchamt zu Protokoll oder in einer öfentlichen oder öffentlich beglaubigten Urkunde abgegeben ist. Ist in dieser Form die Eintragungsbewilligung des Gemeinschuldners vor der Konkurseröffnung vor dem Grundbuchamt erklärt oder demselben eingereicht oder dem Erwerber ausgehändigt und ist außerdem bei dem Grundbuchamt der Antrag auf Eintragung vom Schuldner oder dem Gläubiger — § 13 Abs. 2 G.B.O. — gestellt, so ist, obgleich die Eintragung nicht vor der Eröffnung des Konkurses erfolgte, vor diesem Zeitpunkt also das Recht noch nicht erworben war, die nach der Eröffnung erfolgte Eintragung gegen die Konkursgläubiger wirksam, und diese Eintragung darf nicht wegen der Konkurseröffnung abgelehnt werden, wenn der Verwalter nicht aus einem in dem Schuldverhältniß liegenden Grund die Eintragungsbewilligung zu widerrufen berechtigt ist. Die Eintragung muß auch dann erfolgen, wenn vorher noch ein Hinderniß zu erledigen ist, z. B. wenn vorher der Gemeinschuldner im Grundbuch als Eigenthümer oder als sonst von der Eintragung Betroffener eingetragen werden muß. Entsteht aber auch die Hypothek ꝛc. schon durch die Eintragung, so entsteht das Hypothekenrecht des **Gläubigers** doch erst durch die Aushändigung des Briefs, sofern dessen Ertheilung nicht ausgeschlossen ist, § 1117 B.G.B. Das Absonderungsrecht wird daher, wenn der Konkurs inzwischen eröffnet ist, nur erworben, wenn der Brief der Einigung der Parteien zu Folge oder nach der vom Schuldner vor der Konkurseröffnung erfolgten bindenden Erklärung dem Gläubiger auszuhändigen ist, § 1117 Abs. 2 B.G.B. Soweit die Eintragung zur Begründung eines Rechts nicht erforderlich ist, z. B. zur Entstehung des Pfandrechts an einer Grundschuld, § 1291 B.G.B., wird das Pfandrecht rc. durch die Eintragung nicht erworben, sondern nur beurkundet, das Pfandrecht an der Grundschuld entsteht daher nicht vor der Anzeige des Erwerbers an den Eigenthümer: ist diese Anzeige dem Gemeinschuldner vor der Eröffnung des Verfahrens nicht zugegangen, so ist das Pfandrecht den Konkursgläubigern gegenüber trotz der Eintragung nicht erworben.

5. Die Konkurseröffnung verhindert den Erwerb des Sonderrechts auch dann, wenn der dritte Erwerber in gutem Glauben war, insbesondere wenn er die Thatsache der Konkurseröffnung nicht kannte. Eine analoge Anwendung des § 8 Abs. 2, 3 ist ausgeschlossen. v. Völderndorff, Anm. b meint, im Gegensatz zu den übrigen Kommentatoren, daß, wenn der Erwerb des Sonderrechts nach der Konkurseröffnung durch eine Leistung des Gemeinschuldners erfolge, der dem Erwerber z. B. ein Pfandstück oder ein Retentionsobjekt überbringe, hinsichtlich dieser Leistung der § 8 Abs. 2, 3 zur Anwendung komme, der gute Glaube des Erwerbers also in dieser Beziehung von Bedeutung sei, der § 8 behandelt aber nur die Leistungen zur Erfüllung eines Aktivanspruchs, die Hingabe des Pfandstücks ist dagegen umgekehrt eine Leistung zur Erfüllung eines Passivanspruchs, überdies würde die spezielle Bestimmung des § 15 der allgemeinen Vorschrift des § 8 vorgehen.

Der Grundsatz, daß der Erwerber sich auf bona fides nicht berufen darf, erleidet hinsichtlich des Erwerbs eines Rechts an einem Grundstück (nicht auch einem registrirten Schiff) oder an einem eingetragenen Recht (nicht auch an einem, das registrirte Schiff belastenden Recht) eine Ausnahme. Hinsichtlich dieser Rechte sollen die §§ 892, 893 B.G.B. zur Anwendung kommen, sodaß der nach der Konkurseröffnung erfolgte, wenn auch nicht vorher vorbereitete, Erwerb eines Rechts an einem Grundstück (Eigenthum, Hypothek, Reallast rc.) oder an einem eingetragenen Recht den Konkursgläubigern gegenüber wirksam ist, wenn auf dem betreffenden Grundbuchfolium die Konkurseröffnung nicht eingetragen war oder aber der Erwerber nicht wußte, daß der Konkurs eröffnet war oder das Objekt zum Konkursvermögen gehörte, und zwar sowohl der Erwerb, welcher nach § 892 durch unmittelbare Erlangung eines Rechts am Grundstück, als auch nach § 893 der Erwerb, welcher durch eine nicht unter den § 892 fallende Handlung entsteht: letzteres tritt hauptsächlich in den Fällen des Verzichts und der Zahlung ein, weil durch den Verzicht des Kridars auf eine für ihn eingetragene Hypothek oder durch die Annahme der Befriedigung der Hypothekenforderung durch den Kridar die Hypothek nach § 1163 Abs. 1 Satz 2 B.G.B. dem Eigenthümer zufällt. Die öffentliche Bekanntmachung der Konkurseröffnung bewirkt an sich nicht die Annahme des bösen Glaubens. Der gutgläubige Erwerb ist auch an den für den Kridar auf einem fremden Folium eingetragenen Rechten geschützt, wenn der Dritte z. B. eine für den Kridar eingetragene Hypothek, bei welcher die Konkurseröffnung nicht vermerkt war, durch Abtretung, oder wenn er daran ein Pfandrecht oder den Nießbrauch erwirbt. Der Verwalter ist hiergegen lediglich auf die Anfechtung der §§ 29 ff. angewiesen, wenn deren Voraussetzungen gegeben sind. Während die erst nach der Eröffnung des Verfahrens auf Grund des § 878 B.G.B. nachträglich erfolgte Eintragung nur zu Gunsten derjenigen Rechte besteht, welche der Eintragung zu ihrer Entstehung bedürfen, begünstigt die den guten Glauben schützende Vorschrift der §§ 892, 893 den Erwerb eines jeden Rechts an einem Grundstück oder an einem eingetragenen Recht, auch wenn es zu seiner Entstehung — wie im Fall der Cession einer Briefhypothek — der Eintragung nicht bedarf. Denn nach §§ 892, 893 B.G.B. gilt der Inhalt des Grundbuchs für jeden als richtig, der ein Recht an einem Grundstück oder an einem eingetragenen Recht erwirbt.

6. Nicht nur derjenige Rechtserwerb ist nach der Konkurseröffnung den Konkursgläubigern gegenüber unwirksam, welcher durch eine Handlung des Kridars, sondern auch jeder Erwerb, der auf andere Weise erlangt ist. Auf andere Weise kann der Erwerb daher z. B. nicht eintreten, wenn die für die Verpfändung einer Forderung erforderliche Anzeige des Gläubigers vor der Eröffnung des Verfahrens abgesandt, aber erst nachher an den Drittschuldner gelangt, oder wenn der Gläubiger nach diesem Zeitpunkt eine Sache erlangt, an welcher er ein Zurückbehaltungsrecht ausüben könnte. Ebenso wird der Eintritt der Bedingung verhindert, von welcher ein Absonderungsrecht (nicht ein Konkursanspruch) abhängig gemacht ist. Ferner wird durch die Konkurseröffnung die Konvalescenz ungültiger Rechte verhindert: Hat der Kridar ein Pfandrecht an einer ihm nicht gehörenden Sache bestellt und der Gläubiger diesen Mangel gekannt, so ist ein Pfandrecht nach § 1207 B.G.B. noch nicht entstanden, es wird aber wirksam, wenn der Kridar das Eigenthum der Sache erwirbt, § 185 Abs. 2, oder hat der Gemeinschuldner eine Sache verpfändet, die er nicht ohne Einwilligung eines Dritten belasten konnte, so wird die Verfügung wirksam, wenn der Dritte nachträglich seine Genehmigung ertheilt, § 184 B.G.B. In beiden Fällen schiebt sich die Konkurseröffnung hindernd dazwischen. Der nachträgliche Erwerb des Gegenstandes durch den Verwalter, die nachträgliche Einwilligung des Dritten kann den Konkursgläubigern gegenüber das bisher nicht entstandene Pfandrecht trotz der rückwirkenden Kraft des § 184 B.G.B. nicht mehr zur Entstehung bringen.

7. Der § 15 ist nicht anzuwenden:

a) auf Massegläubiger. Denn da der Verwalter Geschäfte abschließen darf, aus welchen Masseforderungen entstehen, kann er den Massegläubigern auch Absonderungsrechte 2c. konstituiren, das Rechtsverhältniß der Massegläubiger bestimmt sich dem Verwalter gegenüber überhaupt ohne Rücksicht auf die die gleichmäßige Befriedigung der Konkursgläubiger bezweckenden Vorschriften.

b) Das schon begründete Sonderrecht kann cedirt, belastet und verändert, nur nicht vergrößert werden, denn nur die Entstehung, nicht die Abtretung 2c. des schon bestehenden Sonderrechts ist verboten, § 406 B.G.B., R.G. 34, 59. Ebenso ist das Eintrittsrecht des § 268 B.G.B. durch Zuschlag der Schuld nicht behindert, dagegen gehen durch die Schuldübernahme die für den Konkurs bestehenden Vorzugsrechte, § 418 Abs. 2 B.G.B., und, sofern nicht der Verwalter in die Uebernahme der Schuld einwilligt oder die Schuldübernahme von ihm veranlaßt ist, auch die Pfand- und Hypothekenrechte verloren, § 418 Abs. 1 B.G.B. Eine vom § 15 nicht betroffene Veränderung des Sonderrechts erfolgt nach §§ 1075, 1287 im Fall des Nießbrauchs und der Verpfändung einer Forderung, indem der Berechtigte nach der Leistung des Drittschuldners den Nießbrauch oder das Pfandrecht an dem Gegenstand der Leistung mit Rechtswirksamkeit gegen die Konkursgläubiger erwirbt.

c) Der § 15 steht auch dem gutgläubigen zweiten Erwerber einer beweglichen Sache oder eines Pfandrechts an einer beweglichen Sache nicht entgegen: Der erste Erwerber war wegen des Verbots des § 15 nicht Berechtigter geworden, der zweite Erwerber, welcher die dem ersten Erwerb entgegenstehenden Hindernisse nicht kennt und der geglaubt hat, daß der Verpfänder oder Veräußerer Eigenthümer sei, erwirbt nach §§ 932, 1207 B.G.B. das Eigenthum bezw. das Pfandrecht mit Rechtswirkung auch gegenüber den Konkursgläubigern, M. I, 57.

d) Die mit Unrecht gelöschte Eintragung hebt das durch Eintragung erworbene Recht nicht auf, § 901 B.G.B., die Wiedereintragung, durch welche kein neues Recht erworben wird, hat daher trotz der Konkurseröffnung zu erfolgen. Ebenso kann ein Mobiliarpfandrecht, welches dem Gläubiger mit Unrecht entzogen ist, z. B. im Fall des § 560 B.G.B. durch Entfernung der eingebrachten Sachen des Miethers aus der Miethwohnung, nach der Eröffnung des Konkurses gemäß § 561 Abs. 2 B.G.B. wirksam restituirt werden.

8. Die Unwirksamkeit des Sonderrechtes besteht nur den Konkursgläubigern gegenüber, der Kridar kann sich darauf nicht berufen. Da der Erwerb aber während des Konkurses die Rechte der Konkursgläubiger verletzt und gegen das gerichtliche Veräußerungsverbot (§ 136 B.G.B.) verstößt, ist die dem § 15 entgegenstehende Eintragung vom Grundbuchrichter zurückzuweisen, a. M. M. I S. 56, v. Sarwey-Bossert Anm. 6, und ist sie erfolgt, so ist nach § 54 G.B.O. ein Widerspruch einzutragen.

9. Die Beweislast über die Thatfrage, ob das Sonderrecht vor oder nach der Konkurseröffnung entstanden ist, liegt dem Verwalter ob, der die Ungiltigkeit des Rechts behauptet, Stieglitz S. 76, a. M. v. Sarwey-Bossert Anm. 2. Ebenso liegt ihm der Beweis der Behauptung ob, daß der Erwerber, der sich auf den Inhalt des Grundbuchs berufen kann, die Unrichtigkeit desselben gekannt hat, § 892 B.G.B („es sei denn . . .“).

§. 16. (14.)

Befindet sich der Gemeinschuldner mit Dritten in einem Miteigenthume, in einer Gesellschaft oder in einer anderen Gemeinschaft, so erfolgt die Theilung oder sonstige Auseinandersetzung außerhalb des Konkursverfahrens.

Eine Vereinbarung, durch welche bei einer Gemeinschaft nach Bruchtheilen das Recht, die Aufhebung der Gemeinschaft zu verlangen, für immer oder auf Zeit ausgeschlossen oder eine Kündigungsfrist bestimmt worden ist, wirkt nicht gegen die Konkursmasse. Das Gleiche gilt von einer Anordnung dieses Inhalts, die ein Erblasser für die Gemeinschaft seiner Erben getroffen hat.

M. I 61; P. I 15, 148; M. II 29; P. II 10—12.

1. Der Abs. 2 ist neu hinzugefügt.

2. Der § 16 bezieht sich auf jede Art der Gemeinschaft, mag die Gemeinschaft einen einzelnen Gegenstand, einen Sach- oder einen Rechtsinbegriff betreffen, mag sie auf Vertrag, Beerbung oder Gesetz beruhen, M. I 61.

a) Betrifft das Rechtsverhältniß einen Einzelgegenstand, so besteht, wenn es sich um eine körperliche Sache handelt, Miteigenthum, andernfalls die Gesammtgläubigerschaft der §§ 428—430, 432 B.G.B.

b) Zu den Gesellschaften gehören die Handelsgesellschaften, die Gesellschaften mit beschränkter Haftpflicht, die Genossenschaften, sowie die Gesellschaften der §§ 705 ff. B.G.B., die rechtsfähigen und nicht rechtsfähigen Vereine. Man ist mit dem R.G. in J. W. 1884 S. 270, 1892 S. 16, in Gruchots Beitr. 29, 198; 36, 116 und in Seufferts Archiv 40, 56 darüber einverstanden, daß auch die stille Gesellschaft unter den § 16 fällt. Der stille Gesellschafter ist zwar nur Gläubiger des Inhabers des Handelsgewerbes und steht zu den Gesellschaftsgläubigern in keinem Rechtsverhältniß, R.G. 31, 36, da er aber das Recht auf Auseinandersetzung hat, § 340 H.G.B., so kann er auch verlangen, daß diese Auseinandersetzung außerhalb des Konkurses erfolgt. Sein Forderungsrecht kann er aber trotzdem nur als Konkursgläubiger geltend machen, weil er lediglich Gläubiger des Geschäftsinhabers ist, § 341 H.G.B., ein Absonderungsrecht hat er daher nicht und ebensowenig kann er das Absonderungsrecht des § 51 geltend machen, weil das gesammte Vermögen des Geschäftsinhabers zur Konkursmasse gehört. Vgl. im Uebrigen R.G. 20, 165; 27, 13; 30, 58; 31, 36, in J. W. 1885 S. 187; 1886 S. 189 und 1888 S. 23.

c) Zu den sonstigen Gemeinschaften gehört die Gemeinschaft der Erben, die Gütergemeinschaft und die fortgesetzte Gütergemeinschaft, nicht aber das Rechtsverhältniß der in Gütertrennung lebenden Eheleute. Die allgemeine Gütergemeinschaft, die Errungenschaftsgemeinschaft und die Fahrnißgemeinschaft scheiden jedoch hier aus, sofern sie bis zur Eröffnung des Konkurses bestanden, denn unter dieser Voraussetzung findet in Ansehung der Gütergemeinschaft nach § 2 eine Auseinandersetzung nicht statt; dagegen ist die Gütergemeinschaft, welche schon vor Eröffnung des Verfahrens, z. B. durch den Tod der Ehefrau aufgelöst war, nach § 16 zu behandeln, Anm. 5 zu § 2.

3. Da der Zweck des § 16 in der Verweisung der Theilung oder Auseinandersetzung aus dem Konkursverfahren besteht, so werden solche Gemeinschaften von den Vorschriften des § 16 nicht betroffen, die eine Vermögensauseinandersetzung nicht zulassen oder an denen der Kridar ein nicht zur Konkursmasse gehöriges Anrecht hat. Dies ist der Fall hinsichtlich der Sterbe- und Krankenkassen rc. Ebenso steht dem einzelnen Mitglied eines rechtsfähigen Vereins der §§ 21 ff. B.G.B. ein Anrecht auf das Vermögen des Vereins nicht zu. Dient das Vermögen aber satzungsgemäß ausschließlich den Interessen seiner Mitglieder, so fällt es an die in der Satzung bestimmten bezw. an die zur Zeit der Auflösung oder der Entziehung der Rechtsfähigkeit vorhandenen Mitglieder; in diesen Fällen hat eine Auseinandersetzung stattzufinden, an welcher sich der Verwalter außerhalb des Konkurses betheiligt, sonst steht dem Verwalter dagegen eine Betheiligung an der Auseinandersetzung nicht zu. Ist der Verein nicht rechtsfähig, so gehört er nach § 54 B.G.B. zu den vermögensrechtlichen Gesellschaften, die vom § 16 betroffen werden.

Wegen des Konkurses über die Gemeinschaften selbst s. die §§ 207—238.

4. Die Auseinandersetzung findet außerhalb des Konkurses ohne Rücksicht auf das Konkursverfahren nach den Vorschriften statt, welche für die einzelnen Gemeinschaften gegeben sind. Die Auseinandersetzung des Miteigenthums an dem Grundstück oder einer selbständigen Gerechtigkeit, § 864 C.P.O., oder einem registrirten Schiff findet nach §§ 180—184 Z.V.G. statt, s. darüber die Anm. zu diesen §§ bei Wolff, Zwangsversteigerungsges. Die Auseinandersetzung des Vermögens der Gesellschaften und Vereine erfolgt durch Liquidation, die Nachlaßgemeinschaft entweder außergerichtlich oder nach §§ 72 des Ges. über die freiw. Gerichtsbarkeit, die Auseinandersetzung des

gütergemeinschaftlichen Vermögens und des Vermögens der fortgesetzten Gütergemeinschaft außergerichtlich oder nach § 99 des Ges. über die freiw. Gerichtsbarkeit.

Bei der Auseinandersetzung vertritt der Verwalter den Gemeinschuldner, er hat nicht mehr Rechte und Pflichten als dieser. Handelt es sich bei der Auseinandersetzung um ein Rechtsgeschäft, zu dessen Abschluß der Verwalter die Genehmigung des Gläubigerausschusses oder der Gläubigerversammlung bedarf, §§ 133, 134, so hat er, soweit es auf seine Stimme ankommt, diese Genehmigung einzuholen, doch ist hinsichtlich der Auseinandersetzung seine Erklärung auch ohne diese Genehmigung wirksam, § 136. Ist er Liquidator, so vertritt er als solcher nicht das Interesse des Kridars und der Konkursgläubiger allein, sondern die Interessen aller Gemeinschaftstheilhaber, er ist daher in dieser Eigenschaft von der Zustimmung des Gläubigerausschusses und der Gläubigerversammlung unabhängig und kann, wenn ihm als Liquidator wegen einer im Interesse der Gesammtheit der Theilhaber vorgenommenen Handlung eine Verschuldung nicht trifft, wegen einer Benachtheiligung der Konkursmasse von den Konkursgläubigern und dem Kridar nicht in Anspruch genommen werden. Wegen der Ansprüche des anderen Theilhabers aus der Fortführung einer Gesellschaft des B.G.B. s. § 28.

5. Zur Konkursmasse gehört nur der Nettoantheil des Kridars an der Gemeinschaft. M. I, RG. 26, 113. Hat der Verwalter die Auseinandersetzung vorgenommen, so hat er den andern Gemeinschaftsinteressenten ihren Antheil herauszugeben. Die letztern — mit Ausnahme des stillen Gesellschafters, Anm. 1 — haben ein Absonderungsrecht und zwar auch dann, wenn ihr Antheil mit der Konkursmasse vermischt ist, § 46, M. I. Wegen des Rechtsverhältnisses der Gemeinschaftsgläubiger s. die Anm. zu § 51.

6. Die Auflösung, Aufhebung und Auseinandersetzung kann der Verwalter nur in denjenigen Fällen fordern, in denen der Kridar sie verlangen konnte. Das Recht des Verwalters ist aber in dieser Beziehung durch den Abs. 2 erweitert: an eine vertragsmäßige oder eine letztwillig verfügte Ausschließung oder Beschränkung der Aufhebung oder der Kündigung einer Gemeinschaft nach Bruchtheilen, § 741 B.G.B., ist er nicht gebunden, §§ 751, 2044 B.G.B. Die Gesellschaft des B.G.B., §§ 705 ff., hört, auch wenn sie auf eine bestimmte Zeit geschlossen ist, durch die Eröffnung des Konkurses von selbst auf, § 728 B.G.B. Dasselbe gilt von der offenen Handelsgesellschaft, § 131^{3} H.G.B. und der Kommanditgesellschaft, § 161 Abs. 2 H.G.B.

Zweiter Titel.

Erfüllung der Rechtsgeschäfte.

§. 17. (15.)

Wenn ein zweiseitiger Vertrag zur Zeit der Eröffnung des Konkursverfahrens von dem Gemeinschuldner und von dem anderen Theile nicht oder nicht vollständig erfüllt ist, so kann der Konkursverwalter an Stelle des Gemeinschuldners den Vertrag erfüllen und die Erfüllung von dem anderen Theile verlangen.

Der Verwalter muß auf Erfordern des anderen Theils, auch wenn die Erfüllungszeit noch nicht eingetreten ist, demselben ohne Verzug erklären, ob er die Erfüllung verlangen will. Unterläßt er dies, so kann er auf der Erfüllung nicht bestehen.

M. I 64—69; P. I 15, 148, 149; M. II —; P. II —.

1. Der einseitige Vertrag giebt nur einer Partei das Recht auf eine Leistung, während dem andern Theil nur die Pflicht zur Leistung obliegt. Der vor der Erfüllung des Vertrags eröffnete Konkurs ändert diesen Vertrag nicht, wenn der Kridar der Berechtigte ist, sein Recht auf die Leistung wird durch den Verwalter ausgeübt; ist der andere Theil der Berechtigte, so kann er sein Recht nur als Konkursforderung geltend machen.

Der zweiseitige Vertrag gewährt dagegen jedem Theil ein Recht und legt jedem Theil eine Verpflichtung auf. Ist ein solcher Vertrag von einer Seite schon vollständig erfüllt, so wirkt der Konkurs auf den Vertrag in gleicher Weise wie auf den einseitigen Vertrag: hatte der Kridar erfüllt, so fordert der Verwalter an dessen Stelle die Gegenleistung; hatte der andere Theil erfüllt, so macht er sein Recht als Konkursforderung geltend. Ist aber von keiner Seite vollständig erfüllt, so würde der andere Theil nur Zug um Zug zu leisten brauchen, und wenn er vorzuleisten hätte, nach § 321 B.G.B. in Folge der veränderten Umstände, durch die sein Anspruch auf einen Konkursanspruch reduzirt werden würde, die Gegenleistung bis zur vollständigen Leistung oder bis zur Sicherheitsstellung verweigern, er würde auch mit der gleichwerthigen Gegenleistung nach § 54 aufrechnen können. Der § 17 ändert diese Folgen, indem er dem Verwalter die Entscheidung über das Fortbestehen des Vertrags überträgt. Der § spricht zwar seinem Wortlaut nach nur von dem Recht des Verwalters, den Vertrag zu erfüllen und die Erfüllung zu verlangen, der Gesetzgeber hat es aber, wie in den M. I, 67 ausdrücklich hervorgehoben ist, als überflüssig angesehen, das Recht des Verwalters, die Nichterfüllung zu wählen, besonders auszusprechen, wie dies im § 16 Abs. 1 der Preuß. K.O. geschehen war. Wenn auch eine deutlichere Fassung zweckmäßiger gewesen wäre, so ergiebt die gewählte Fassung doch, wie auch von der Mehrzahl der Schriftsteller (außer Fitting § 6 Anm. 8) und dem R.G. 21, 6, 7, in J.W. 1886 S. 348, in Bolze 8 Nr. 1040 und in Seufferts Archiv 42 Nr. 176 angenommen ist, die in den Motiven ausdrücklich erklärte Absicht des Gesetzgebers, daß der Verwalter auch das Recht hat, den Vertrag nicht zu erfüllen. Denn aus der besondern Hervorhebung des Rechts, die Erfüllung zu verlangen, ist zu entnehmen, daß ihm in dieser Beziehung auch nicht die Pflicht obliegen soll, den Vertrag zu erfüllen, und aus der Bestimmung, daß ihm der andere Theil eine Frist zur Erklärung setzen darf, ob er die Erfüllung verlangen wolle, ist zu schließen, daß ihm die Entscheidung über die Fortexistenz des Vertrags gesetzlich überlassen worden ist.

2. Mit den zweiseitigen Verträgen sind nach den M. I alle Verträge gemeint, welche, „auf gegenseitige Leistungen gerichtet sind", es sind die jetzt im § 320 B.G.B. als gegenseitige Verträge bezeichneten Rechtsgeschäfte, also solche Verträge gemeint, aus denen stets und nothwendig beide Theile berechtigt und verpflichtet werden. Deshalb gehören solche Verträge, die ihrer Natur nach nur einseitig sind, die aber unter Umständen eine Verpflichtung auch auf Seiten des berechtigten Theils erzeugen können, wie Schenkung, Darlehn (R.G. in J.W. 1895 S. 297), Leihe, § 598 B.G.B., nicht unter den § 17, auch wenn im konkreten Fall auf beiden Seiten Rechte und Pflichten bestehen, a. M. v. Sarwey-Bossert Anm. 1. Der Anspruch des Entleihers wegen der von ihm gemachten Verwendungen auf die geliehene Sache, § 601 Abs. 2 B.G.B., ist daher lediglich als Konkursforderung zu verfolgen, wegen desselben kann

ein Zurückbehaltungsrecht im Konkurse nicht geltend gemacht werden, Anm. 3 zu § 12. Der Darlehnsvertrag, pactum de mutuo dando, ist dagegen vor der Hingabe des Darlehns ein gegenseitiges Rechtsgeschäft, vgl. darüber R.G. in J. W. 1886 S. 248 — Anm. 1 b zu § 55 — und Oetker, Einfluß der Konkurseröffnung in Z. f. D.C.P. Bd. 14 S. 23 ff., 28 ff. Auch der Aktienzeichnungsvertrag ist vom R.G. 2, 262 als zweiseitiger Vertrag anerkannt, dieselbe Natur hat der Lebensversicherungsvertrag, Petersen und Kleinfeller Anm. I 2.

Von der Anwendung des § 17 auf zweiseitige Verträge sind die in den §§ 18 bis 28 besonders geregelten Verträge ausgeschlossen. Ebenso fallen die klaglosen Verträge (Spiel, Wette, Differenzgeschäft §§ 762, 764 B.G.B.) nicht unter den § 17, weil aus ihnen überhaupt keine Ansprüche und deshalb auch ein Wahlrecht nicht entstehen kann. Handelt es sich um Leistungen von Gegenständen rein persönlicher Natur, z. B. um „ein Kontraktsverhältniß des Gemeinschuldners mit seinem Hausarzt — Obertr. in Striethorsts Arch. 52, 9 —, mit einer Amme oder dem Erzieher seiner Kinder", oder kann „die Verbindlichkeit aus einem zweiseitigen Vertrage nur von dem Kridar persönlich erfüllt werden, z. B. die Verpflichtung, ein schriftstellerisches Werk auszuführen, Unterricht zu ertheilen ꝛc.", so wird angenommen, daß der § 17 nicht zur Anwendung komme, M. I 64, 67. Auf diese Rechtsverhältnisse, die meistens unter die besonderen Bestimmungen der §§ 22, 27 fallen, kommt der § 17 allerdings nicht zur Anwendung, weil der Verwalter die versprochenen Dienste nicht leisten kann, und die dem Kridar persönlich versprochenen Dienste für die Konkursmasse ohne Interesse sind. Der Kridar bleibt daher der Verpflichtete, soweit diese Rechtsverhältnisse nicht durch den Konkurs erlöschen, s. darüber § 27, und der andere Theil kann, zumal die Gegenleistung gefährdet ist, das Zurückbehaltungsrecht der Leistung nach §§ 273, 321 B.G.B. geltend machen. Die Vergütung für die von dem Kridar schon vor der Eröffnung des Konkurses gemachte Leistung gehört aber zur Konkursmasse, und wenn der Kridar den Vertrag, sofern derselbe fortbesteht, durch Ausführung des bedungenen Werks erfüllt, so hat er sich mit dem Verwalter in die Gegenleistung verhältnißmäßig zu theilen, soweit die Gegenleistung die vor und nach der Konkurseröffnung gemachte Leistung betrifft.

Der Verwalter könnte an sich die Rechte aus dem Vertrage dem Gemeinschuldner überlassen, dadurch kann er aber die Konkursmasse von den ihr durch den Vertrag obliegenden Verpflichtungen nicht befreien, Anm. 7 zu § 1, und da er durch Ueberlassung der Rechte aus dem Vertrage die Konkursmasse nicht von den Verpflichtungen liberiren kann, die ihr durch seine Erklärung über die Erfüllung oder Nichterfüllung erwachsen, so kann er auch die Erfüllung nicht mit der Maßgabe ablehnen, daß der Kridar aus dem Vertrage berechtigt bleiben solle, R.G. in J. W. 1892 S. 371, bei Bolze 15 Nr. 716, in Seufferts Arch. 54, 252; durch eine solche Erklärung würde der Kridar nicht berechtigt werden, und würden für die Konkursmasse die Folgen der Erklärung der Nichterfüllung eintreten.

3. Der Vertrag ist von einem Theile erfüllt, wenn der letztere keine Leistung aus demselben mehr fordern kann, er ist nur theilweise erfüllt, wenn ein Theil der Leistung noch rückständig ist. Ist der rückständige Theil verhältnißmäßig geringfügig, so kann zwar unter den Voraussetzungen des § 320 Abs. 2 B.G.B. die Gegenleistung nicht geweigert werden, da aber diese Bestimmung von der Voraussetzung abhängig ist, daß „von der einen Seite nur theilweise geleistet worden", so ist damit der Thatbestand des § 17 gegeben, der § 17 daher auch in diesem Falle anwendbar. Hat der Kridar oder der andere Theil vor der Eröffnung des Verfahrens eine andere als die

geschuldete Leistung — eine körperliche Sache, eine Forderung gegen einen Dritten oder ein anderes Recht 365 B.G.B. — an Erfüllungsstatt angenommen, so ist der Vertrag auf der einen Seite erfüllt, wenn durch die datio in solutum die ganze schuldige Leistung betroffen wird, § 364 B.G.B. Durch die Hingabe eines Wechsels an Stelle der Geldschuld ist aber, wenn nicht vereinbart ist, daß hierdurch die Geldschuld getilgt sein sollte, die Erfüllung im Zweifel nicht erfolgt, § 364 Abs. 2 B.G.B. (Ebenso nach bisherigem Recht Petersen und Kleinfeller Anm. I 3, R.O.H.G. 7, 43; 10, 48, 132, Seufferts Arch. 21 Nr. 118, Obertr. in Strieth. Arch. 13, 237; 44, 202).

Der Vertrag ist nicht vollständig erfüllt, wenn einer der mehreren zur Leistung erforderlichen Akte noch aussteht, wenn z. B. eine verkaufte bewegliche Sache nicht übergeben, eine verkaufte unbewegliche Sache entweder nicht aufgelassen oder nicht übergeben ist. Während das R.G. den Eviktionsanspruch nicht als den Anspruch auf eine rückständige Leistung ansah, Entsch. 13, 298, 301; 18, 336 und 32, 2, hat das B.G.B. das Eviktionsprinzip aufgegeben und das Verschaffungsprinzip adoptirt, deshalb ist nunmehr ein Vertrag auch dann nicht vollständig erfüllt, wenn die verkaufte Sache in Folge des Bestehens des Rechts eines Dritten einen Rechtsmangel hat, § 440 Abs. 2 B.G.B. („Schadensersatz wegen Nichterfüllung"); ob der Mangel besteht oder nicht, hat erforderlichen Falls der Käufer zu beweisen, § 442 B.G.B. Nicht vollständig erfüllt ist der Vertrag auch dann, wenn die übergebene Sache fehlerhaft ist, § 463 B.G.B.

4. Aus dem Wahlrecht des Verwalters folgt, daß der Vertrag nicht durch die Eröffnung des Konkurses aufgehoben wird. Denn da der Verwalter über die Fortexistenz des Vertrags entscheidet, so besteht der Vertrag bis zu dieser Entscheidung; wäre er vorher durch die Eröffnung des Konkurses aufgehoben, so könnte der Verwalter die Erfüllung eines nicht mehr bestehenden Vertrags nicht fordern. Aus diesem Grundsatze folgt, daß der Vertrag, wenn der Verwalter während des Verfahrens eine Erklärung nicht abgegeben hat, und eine Erklärung von ihm nicht gefordert ist, nach der Beendigung des Verfahrens fortdauert, sofern der Gläubiger nicht aus besondern gesetzlichen Gründen, z. B. § 610 B.G.B., zum Rücktritt berechtigt ist; dem Gemeinschuldner steht dann aber das nur dem Verwalter gegebene Wahlrecht nicht zu, v. Wilmowski Anm. 4. Hat sich der Verwalter erklärt oder trotz der Aufforderung des andern Theils nicht erklärt, so hat er über einen Gegenstand der Konkursmasse eine Disposition getroffen, welche für und gegen den Kridar, sowie den andern Theil auch nach Beendigung des Verfahrens bindend ist, R.G. bei Bolze 2 Nr. 1999, Hullmann S. 125, v. Sarwey-Bossert Anm. 6, Brachmann, Rechtsgeschäfte des Gemeinschuldners S. 33, a. M. Förster-Eccius, Preuß. Priv.R. 1 § 117, Oetker, S. 33.

Besteht der Vertrag trotz der Konkurseröffnung fort, so bleiben auch alle Einwendungen für und gegen den Kridar nunmehr für und gegen den Verwalter bestehen.

5. Der andere Theil ist an die Wahl des Verwalters gebunden. Er muß daher erfüllen, wenn der Verwalter es fordert. Hat er vertragsmäßig vorzuleisten, so kann er sich aus dem Grunde der Konkurseröffnung nicht auf die exc. rebus sixtantibus des § 321 B.G.B. berufen, die einen Kontrahenten, wenn nach dem Abschluß des Vertrags in den Vermögensverhältnissen des andern Theils eine wesentliche Verschlechterung eintritt, durch die der Anspruch auf die Gegenleistung gefährdet wird, berechtigt, die ihm obliegende Leistung zu verweigern, bis die Gegenleistung bewirkt oder Sicherheit geleistet wird; denn sein Anspruch auf die Gegenleistung ist nach § 59[2] eine Masseforderung und als solche genügend gesichert. Nur wenn zu befürchten ist, daß die Masse entweder überhaupt nicht oder wegen der Konkurrenz anderer Masse-

forderungen nach § 60 nicht ausreicht, kann er das Zurückbehaltungsrecht des § 321 B.G.B. ausüben.

Der andere Theil ist an die Wahl des Verwalters dann nicht gebunden, wenn ihm vertragsmäßig selbst das Recht des Rücktritts vom Vertrage zusteht, § 346 B.G.B., R.G. 18, 344, sowie dann, wenn ihm aus dem Vertragsverhältniß ein solches Recht erwächst, z. B. das Recht der Wandlung wegen Sachenmängel. Denn der Verwalter hat nur die Rechte und Pflichten des Kridars, es ist daher, wenn er die Erfüllung wählt, der ganze Inhalt des Vertrags mit allen Nebenbestimmungen für und gegen ihn maßgebend. Das Wahlrecht des Verwalters wird nicht schon dadurch beseitigt, daß der andere Theil vor der Eröffnung des Verfahrens auf Erfüllung geklagt hat, Obertr. in Strieth. Arch. 39, 218, v. Wilmowski Anm. 3. Hat der andere Theil aber dem säumigen Kridar auf Grund des § 326 B.G.B. eine angemessene Frist zur Bewirkung der Leistung gesetzt, die schon vor der Eröffnung des Verfahrens abgelaufen ist, so hat der Kridar und demnach auch der Verwalter kein Recht mehr auf Erfüllung des Vertrags zu bestehen, der Verwalter kann daher ein Wahlrecht nicht ausüben, welches ihm nur unter der Voraussetzung des Rechts des Kridars, die Erfüllung zu verlangen, gegeben ist. Dasselbe gilt, wenn der andere Theil in einem Fall des § 326 Abs. 2 B.G.B. oder des § 376 H.G.B. ohne Stellung einer Frist die Erfüllung ablehnen kann. Dasselbe gilt aber auch dann, wenn die Frist vor der Erklärung des Verwalters im Laufe des Konkursverfahrens abläuft oder wenn der Verwalter in einem Falle des § 326 Abs. 2 B.G.B. oder des § 376 H.G.B. mit der Erfüllung säumig ist. Der andere Theil darf dem Verwalter selbst eine Frist zur Erfüllung stellen: selbst wenn der Verwalter vorher erklärt hat, daß er auf der Erfüllung des Vertrags bestehe, hat er die ihm gestellte Frist durch Bewirkung der Leistung zu wahren, widrigenfalls der andere Theil trotz des Verlangens des Verwalters, auf dem Vertrage zu bestehen, von demselben abgehen und Schadenersatz fordern kann, denn das Verlangen der Erfüllung Seitens des Verwalters ist nicht die von dem andern Theil geforderte Bewirkung der Erfüllung. Hat der Verwalter vor Ablauf der Frist die Erfüllung gewählt oder ist er unter den Voraussetzungen des § 326 Abs. 2 B.G.B. oder des § 376 H.G.B. säumig, so fordert der andere Theil, der durch die Wahl Massegläubiger geworden ist, den Schaden als Massegläubiger; hat der Verwalter dagegen eine Erklärung nicht abgegeben, ohne daß sie von ihm gefordert war, so ist der andere Theil nur Konkursgläubiger. Wählt der Verwalter vor dem Ablauf der ihm von dem andern Theil auf Grund des § 326 Abs. 1 B.G.B. zur Bewirkung der Leistung gestellten Frist die Nichterfüllung, so verliert die Fristsstellung ihre Wirkung, weil in diesem Fall der Vertrag aufgehoben und der andere Theil nur auf den Schadensanspruch als Konkursgläubiger angewiesen ist.

6. Verlangt der Verwalter die Erfüllung, so hat jeder Theil vollständig zu erfüllen und kann jeder Theil die vollständige Leistung fordern und zwar der andere Theil nach § 59 Nr. 2 als Massegläubiger. Keiner von beiden kann seine Leistung auf das von der andern Seite rückständige Maß beschränken. Die Gegenforderung des andern Theils für die vor der Eröffnung des Verfahrens gemachte Theilleistung, die sonst nur als Konkursforderung gelten würde, wird zur Masseforderung ohne Rücksicht darauf, ob die Vertragsleistung theilbar ist oder nicht. Dem Verwalter ist nicht das Recht gegeben, bei einem theilbaren Vertragsgegenstand den Vertrag theilweise aufzuheben und theilweise bestehen zu lassen, wegen der Einheitlichkeit des Vertrags kann er nur vollständige Erfüllung oder vollständige Nichterfüllung fordern, Petersen u. Kleinfeller Anm. I, 4.

War die Forderung des Gemeinschuldners vor der Konkurseröffnung gepfändet, so wird der vom Verwalter aufrecht erhaltene Vertrag durch einen solchen Rechtsakt nicht geändert, der Verwalter hat ebenso vollständig zu erfüllen, wie der andere Theil, nur ist es selbstverständlich, daß der andere Theil den gepfändeten Betrag an den Verwalter nicht auszahlt, R.G. 11, 49 ff. Dasselbe gilt, wenn der Kridar vor der Eröffnung des Verfahrens den andern Theil unter den Voraussetzungen des § 783 B.G.B. angewiesen hatte, die Gegenleistung einem Dritten zu leisten; durch die Leistung an einen Dritten erfüllt der andere Theil die ihm obliegende Vertragspflicht, da eine Aufhebung der Anweisung durch die Eröffnung des Verfahrens nicht stattfindet und die Anweisung, wenn sie von dem Angewiesenen dem Anweisungsempfänger gegenüber angenommen ist, nicht widerrufen werden kann, sonst aber bis zum Widerruf in Kraft bleibt, § 790 B.G.B., vgl. darüber Petersen u. Kleinfeller Anm. I, 5, Förster-Eccius a. a. O. 1 § 117, Rassow in Gruchots Beitr. 28, 748, Oetker S. 30, 311, v. Wilmowski Anm. 5, und dagegen R.G. 11, 136 und Dernburg, Pr. Pr.R. Bd. 2 § 118 Anm. 5.

Zu dem Verlangen auf Erfüllung des Vertrags bedarf der Verwalter die Genehmigung des etwa vorhandenen Gläubigerausschusses, wenn der Gegenstand des Vertrags einen höheren Werth als 300 Mark hat, § 133 Nr. 2; die fehlende Genehmigung oder die Zuwiderhandlung des Verwalters gegen den Beschluß des Ausschusses hat aber auf die Wirksamkeit der Erklärung des Verwalters dem andern Theil gegenüber keinen Einfluß, § 136.

7. Entscheidet sich der Verwalter für die Nichterfüllung, so hören die beiderseitigen Verpflichtungen aus dem Vertrage auf. Die Leistungen, die bereits gemacht sind, sind nicht nach den Vorschriften über das Rücktrittsrecht der §§ 346 ff. B.G.B., die hier nicht zur Anwendung kommen, weil sie nur das vertragsmäßige Rücktrittsrecht betreffen, sondern auf Grund des § 812 Abs. 1 Satz 2 B.G.B. nach den Vorschriften über die ungerechtfertigte Bereicherung zurückzugeben, vgl. Anm. 3 zu § 20 und Anm. 4 zu § 26. Eine Verzinsung der geleisteten Baarbeträge findet vor der Erklärung des Rücktritts nicht statt; aber die gezogenen Nutzungen, sowie der Ersatz für den Untergang, für die Beschädigung oder Entziehung der erlangten Gegenstände (Versicherungssumme) sind nach § 818 B.G.B. herauszugeben. Das Zurückbehaltungsrecht des § 273 B.G.B. kann nur der Verwalter, nicht der andere Theil an der zu erstattenden Leistung geltend machen. Denn, da die Aufhebung des Vertrags, wenn sie auch nicht durch die Konkurseröffnung erfolgt, doch ohne die Erklärung des Verwalters nicht erfolgt sein würde, wenn der Konkurs nicht eröffnet wäre, da sie sonach eine Folge der Konkurseröffnung ist, so kommt (M. II S. 30 zu § 17 jetzt § 19, R.G. 21, 6, 7, Rassow in Gruchots Beitr. 26, 747, Förster-Eccius I § 117, a. M. Fitting § 6 S. 39, 40) der § 26 zur Anwendung und kann der andere Theil deshalb nicht die Herausgabe der in das Eigenthum des Gemeinschuldners übergegangenen Leistung verlangen, sondern nur eine Forderung wegen Nichterfüllung oder wegen Aufhebung des Vertrags als Konkursgläubiger geltend machen, sofern ihm nicht ein Anspruch auf abgesonderte Befriedigung durch ein Pfandrecht oder ein eingetragenes Recht zusteht. Als Konkursgläubiger hat er deshalb auch kein Zurückbehaltungsrecht, Anm. 3 zu § 12, kann daher die von ihm zurückzugebende Leistung nicht nach § 273 B.G.B., bis die ihm gebührende Leistung bewirkt wird, verweigern, er kann aber, da die Aufrechnung im Konkurs die Gleichartigkeit der beiden Leistungen nicht erfordert, § 54, mit dem Anspruch des Verwalters auf Rückgabe der Leistung die Entschädigungsforderung des § 26, soweit sich beide

Ansprüche decken, und zwar ohne Rücksicht auf die durch das Konkursverfahren eintretende Reduktion seiner Forderung auf die Konkursdividende zur Aufrechnung bringen, R.G. 22, 112.

8. Die Erklärung des Verwalters ist an eine Form nicht gebunden. Sie braucht nicht ausdrücklich abgegeben zu werden, wenn aus den Umständen der Wille des Verwalters, die Erfüllung zu fordern, erkennbar ist, R.G. 22, 109. Dies gilt insbesondere, wenn der Verwalter die Leistung des andern Theils ohne Vorbehalt angenommen hat, vgl. § 341 Abs. 3 B.G.B. Die Erklärung ist dem andern Theil, nicht dem Gemeinschuldner gegenüber, und wenn auf der andern Seite mehrere Personen betheiligt sind, allen gegenüber abzugeben, § 356 B.G.B. Um die Ungewißheit zu beseitigen, ist dem andern Theil, auch ohne daß dem Verwalter eine Verzögerung zur Last zu fallen braucht, die Befugniß gegeben, von dem Verwalter eine Erklärung darüber zu verlangen, ob die Erfüllung verlangt werde. Auf diese Anfrage hat sich der Verwalter ohne Verzug zu erklären, d. h. auf die mündliche oder durch den Fernsprecher ihm persönlich gestellte Anfrage sofort, in andern Fällen bis zu dem Zeitpunkt, in welchem der andere Theil den Eingang der Antwort unter regelmäßigen Umständen erwarten darf, vgl. § 147 B.G.B. Erklärt er sich nicht rechtzeitig, so kann er die Erfüllung nicht verlangen, in Folge dessen gilt der Vertrag als aufgehoben, der andere Theil hat in diesem Fall nicht das Recht, die Erfüllung zu fordern, Petersen u. Kleinfeller Anm. II, 2, v. Wilmowski Anm. 3, Rassow in Gruchots Beitr. 26, 447, Mandry § 43 Anm. 6, E. in Z. f. H.R. 28, 394, Oetker S. 32, a. M. Fitting § 6 Anm. 7 u. 8.

9. Der § 17 schließt das Recht des Verwalters nicht aus, von dem Vertrage aus andern Gründen abzugehen, die in dem Vertragsverhältniß oder in der Person des andern Theils liegen. Insbesondere kann er dies, wenn der andere Theil mit der Bewirkung der Leistung säumig ist, auf Grund des § 326 B.G.B. oder des § 376 H.G.B. — Anm. 5 —. In diesem Falle ist die Aufhebung nicht in Folge der Konkurseröffnung erfolgt, der andere Theil kann daher nicht auf Grund des § 26 Schadensersatz fordern, sondern muß umgekehrt der Konkursmasse Schadensersatz leisten.

§. 18. (16.)

War die Lieferung von Waaren, welche einen Markt- oder Börsenpreis haben, genau zu einer festbestimmten Zeit oder binnen einer festbestimmten Frist bedungen, und tritt die Zeit oder der Ablauf der Frist erst nach der Eröffnung des Verfahrens ein, so kann nicht die Erfüllung verlangt, sondern nur eine Forderung wegen Nichterfüllung geltend gemacht werden.

Der Betrag dieser Forderung bestimmt sich durch den Unterschied zwischen dem Kaufpreise und demjenigen Markt- oder Börsenpreise, welcher an dem Orte der Erfüllung oder an dem für denselben maßgebenden Handelsplatze sich für die am zweiten Werktage nach der Eröffnung des Verfahrens mit der bedungenen Erfüllungszeit geschlossenen Geschäfte ergiebt.

Ist ein solcher Markt- oder Börsenpreis nicht zu ermitteln, so findet die Bestimmung des ersten Absatzes keine Anwendung.

M. I 69—74; P. I 15, 149; M. II —; P. II —.

1. Die Lieferungsgeschäfte gehören zu den gegenseitigen Verträgen und fallen daher unter den § 17. Da aber ein Lieferungsgeschäft über Waaren, welche einen Markt- oder Börsenpreis haben, wenn es zu einer festbestimmten Zeit zu erfüllen ist, das sog. Fixgeschäft, in der Regel nicht vereinzelt dasteht, sondern „das Glied einer langen Kette gleichartiger Geschäfte zu bilden" pflegt, so muß der Mitkontrahent, um nicht in die Gefahr zu kommen, die weiter zu veräußernden Waaren doppelt anzuschaffen und zu bezahlen, der Ungewißheit überhoben werden, welche das Wahlrecht des Verwalters mit sich bringt, M. I. Deshalb ist das Wahlrecht des Verwalters für diese Rechtsgeschäfte nicht zugelassen, wenn die Voraussetzungen des § 18 vorliegen, sondern ist als unmittelbare Folge der Konkurseröffnung die Auflösung des Lieferungsgeschäfts in ein Differenzgeschäft bestimmt, M. I.

Der § 18 wird als Fortsetzung des § 17 betrachtet, so daß seine Vorschriften von der Voraussetzung abhängen, daß von beiden Theilen nicht oder nicht vollständig erfüllt ist, R.G. in J. W. 1882 S. 91, v. Wilmowski Anm. 1, Fitting § 6 Anm. 16, Eccius Pr. Pr.R. 1 § 117 Anm. 4, Hullmann Anm. 6, Stieglitz Anm. IV, 2, Petersen-Kleinfeller Anm. II, 2, v. Völderndorff Anm. d II, Meisner Anm. 1. Es wird für diese Ansicht angeführt, daß die Motive von schwebenden Geschäften sprechen und den § 18 als „Ausnahme von den im § 15 (jetzt 17) festgesetzten Wahlrecht" bezeichnen; a. M. v. Sarwey-Bossert Anm. 1, Mandry S. 370 und Wengler Anm. II, 1. Man wird die herrschende Ansicht für richtig halten müssen. Denn, wenn es auch richtig ist, daß eine im Gesetz nicht zum Ausdruck gebrachte Absicht des Gesetzgebers nicht die Kraft einer gesetzlichen Vorschrift hat, so darf diese Absicht doch hier als genügend zum Ausdruck gekommen angesehen werden, weil der § 18 seinen Platz in dem Titel von der Erfüllung der Rechtsgeschäfte hat, das Gesetz aber von der Erfüllung der Rechtsgeschäfte nicht spricht, wenn nur von einer Seite ein Anspruch besteht: Der Anspruch des Kridars, dem keine Gegenleistung mehr gegenübersteht, gehört als Vermögensgegenstand zur Konkursmasse, § 1, der Anspruch des andern Theils zu den Konkursforderungen, §§ 3, 61, 69. Hat der eine Theil den Preis der zu liefernden Waaren gezahlt, so ist ohne Rücksicht auf § 18 die Gegenleistung zu bewirken, die, wenn der Gemeinschuldner der Verkäufer ist, nach § 69 in eine Geldforderung umzugestalten ist. Sind die Waaren schon geliefert, so ist nur noch die entsprechende Geldforderung zu leisten, die der andere Theil, wenn er der Verkäufer ist, nur als Konkursforderung geltend machen kann.

Ueber die Fragen nach den Voraussetzungen der Erfüllung kommt daher das Anm. 3 zu § 17 Gesagte auch hier zur Anwendung.

2. Liegen die Voraussetzungen des § 18 nicht vor, so kommt, wenn das Lieferungsgeschäft von beiden Seiten noch nicht oder noch nicht vollständig erfüllt ist stets der § 17 zur Anwendung, weil das Lieferungsgeschäft ein zweiseitiger Vertrag ist, der unter den § 17 fällt, wenn die Ausnahmsbestimmung des § 18 nicht gegeben ist. Dies ist namentlich der Fall,

a) wenn die Lieferungszeit nicht fest bestimmt ist. Durch die Vorschrift des § 376 (bisher Art. 357) H.G.B. hat der Begriff der festbestimmten Zeit eine besondere Bedeutung erhalten, die ihre Merkmale in der Absicht der Parteien von der unfehlbaren Einhaltung des Termins hat, R.G. 1, 241; R.O.H.G. 3, 273; 4, 164; 6, 18, 218, 376; 20, 236.

b) Der Börsenpreis muß sich nach Abs. 2 bestimmen lassen, widrigenfalls der § 18 keine Anwendung findet, Abs. 3. Die Bestimmung des Börsenpreises ist in der Regel dann nicht möglich, wenn Waaren der betreffenden Art am Ort der Erfüllung oder dem für diesen Ort maßgebenden Handelsplatze überhaupt nicht oder nicht in der fraglichen Zeit oder nicht mit Rücksicht auf die bedungene Lieferungszeit gehandelt werden, s. auch Anm. c.

c) Die festbestimmte Zeit muß in die Zeit nach der Konkurseröffnung fallen. Fällt sie auf einen Sonntag oder einen am Leistungsort staatlich anerkannten allgemeinen Festtag, so tritt an die Stelle dieses Tages der nächstfolgende Werktag § 193 B.G.B. Tritt der Zeitpunkt am Tage der Konkurseröffnung oder am nächsten Werktage ein, so läßt sich der Börsenpreis in Gemäßheit des Abs. 2 nicht bestimmen, es kommt daher nach Abs. 3 der § 17 zur Anwendung, v. Wilmowski Anm. 4, v. Sarwey-Bossert Anm. 4, Petersen und Kleinfeller Anm. III, 3, Fitting § 6 Anm. 18, a. M. v. Völderndorff Anm. d III und Brachmann, Rechtsgeschäfte des Gemeinschuldners S. 41 Anm. 2.

d) Der Gegenstand des Lieferungsvertrags muß in Waaren, d. h. in beweglichen, vertretbaren Sachen des Handelsverkehrs (§ 1 Abs. 2 Nr. 1 H.G.B.) bestehen und zwar in solchen Waaren, die einen Börsen- oder Marktpreis haben, vgl. § 376 Abs. 3, 400 H.G.B., §§ 385, 764, 1221, 1235, 1295 B.G.B.

3. Unmittelbar durch die Konkurseröffnung, nicht erst durch die Erklärung des Verwalters, tritt die Umwandlung des Lieferungsgeschäfts in ein Differenzgeschäft, die Umwandlung des Anspruchs auf Lieferung in einen Interesseanspruch ein. Diese Umwandlung ist auch nach Beendigung des Konkursverfahrens wirksam.

Die Umwandlung hat aber keine rückwirkende Kraft, das Geschäft ist daher nicht deshalb, weil es sich in ein Differenzgeschäft umgewandelt hat, nach § 764 B.G.B. klaglos. War es von Anfang an nach § 764 B.G.B. oder nach §§ 66—69 des Börsengesetzes vom 22. Juni 1896 (Art. 14 V E.G. z. H.G.B.) unwirksam, oder war es vor der Konkurseröffnung von den Parteien in ein nach diesen gesetzlichen Bestimmungen unwirksames oder klagloses Geschäft verwandelt, so dauert die Unwirksamkeit nach der Konkurseröffnung fort. Auf ein solches Geschäft bezieht sich der § 18 nicht.

Eine vor der Eröffnung des Konkurses getroffene Verabredung, daß das Lieferungsgeschäft auch im Fall des Konkurses bestehen bleiben oder das Rechtsverhältniß anders, als im § 18 bestimmt, geregelt werden solle, ist den Konkursgläubigern gegenüber unwirksam, weil der Kridar Vorschriften nicht ändern darf, die zu Gunsten anderer Personen, der Konkursgläubiger, gegeben sind. Der Verwalter kann dagegen mit dem Dritten das Rechtsverhältniß anders ordnen, v. Wilmowski Anm. 6, Meisner Anm. III b, Petersen und Kleinfeller Anm. I, Seligsohn in Z. f. D.C.P. 9, 408, vgl. dagegen Kohler S. 657.

4. Die Forderung wegen Nichterfüllung, die an Stelle des Vertragsanspruchs tritt, besteht in der Differenz des verabredeten mit dem am zweiten Werktage nach der Konkurseröffnung maßgebenden Börsen- oder Marktpreis. War der Kaufpreis vor der Konkurseröffnung vom Käufer, sei derselbe der Kridar oder der andere Theil, schon theilweise bezahlt, so wird gleichwohl der ganze, der gezahlte und der nicht gezahlte Kaufpreis in Rechnung gestellt. Anders gestaltet sich das Rechtsverhältniß, wenn die Lieferung der Waaren vor der Eröffnung des Verfahrens theilweise erfolgt war, denn,

soweit der theilbare Vertrag bereits erfüllt ist, kann er nicht mehr umgewandelt werden, für die gelieferten Waaren ist daher der entsprechende Theil des Kaufpreises zu zahlen, der andere Kontrahent macht denselben, wenn er ihm zu zahlen ist, als Konkursforderung geltend. Da es sich aber um Gegenstände handelt, die der Gattung nach bestimmt sind, der Gemeinschuldner daher die in seiner Person eingetretene Unmöglichkeit der Leistung zu vertreten hat, auch wenn das Konkursverfahren auf sein Verschulden nicht zurückzuführen ist, § 279 B.G.B., so kann der andere Theil, wenn er der Käufer ist, nach § 280 Abs. 2 B.G.B. seine Forderung wegen Nichterfüllung der ganzen Verbindlichkeit geltend machen, sofern die theilweise Erfüllung für ihn kein Interesse hat. Er kann in einem solchen Falle die Feststellung der Differenz zwischen dem Kaufpreis und der Gesammtheit der gelieferten und der nicht gelieferten Waaren verlangen, hat dafür seinerseits die ihm gelieferten Waaren nach den für das vertragsmäßige Rücktrittsrecht geltenden Vorschriften der §§ 346—356 B.G.B. zurückzugeben, § 280 Abs. 2 B.G.B., darf aber die ihm zustehende Differenzforderung ohne Reduktion derselben auf die Konkursdividende mit dem Anspruch des Verwalters auf Rückgabe der Waaren zu dem dem Werth derselben entsprechenden Betrage trotz der Ungleichartigkeit der beiden Ansprüche kompensiren, § 54.

Die sich nach Abs. 2 ergebende Differenz ist im vollen Betrage zur Konkursmasse zu zahlen, wenn der andere Theil zu ihrer Zahlung verpflichtet ist; der andere Theil kann dagegen die ihm zukommende Differenzsumme nach § 26 nur als Konkursforderung geltend machen, v. Sarwey-Bossert Anm. 7.

5. Maßgebend ist der Preis, der für eine am zweiten Werktage, nicht für eine sofort zu bewirkende, sondern für eine zur bedungenen späteren Erfüllungszeit zu erfolgende Leistung gilt, M. I. Der zweite Werktag nach der Konkurseröffnung ist so festzustellen, daß der Tag der Konkurseröffnung nicht mitgerechnet wird, §§ 186—188 B.G.B.

§. 19. (17 Nr. 1.)

War dem Gemeinschuldner ein von ihm gemietheter oder gepachteter Gegenstand vor der Eröffnung des Verfahrens überlassen, so kann sowohl der andere Theil als der Verwalter das Mieth- oder Pachtverhältniß kündigen. Die Kündigungsfrist ist, falls nicht eine kürzere Frist bedungen war, die gesetzliche. Kündigt der Verwalter, so ist der andere Theil berechtigt, Ersatz des ihm durch die Aufhebung des Vertrags entstehenden Schadens zu verlangen.

M. I 74—82; P. I 15, 149; M. II 29, 30; P. II —.

1. Die vom Gemeinschuldner vor der Konkurseröffnung geschlossenen Mieth- und Pachtverträge waren bisher in den §§ 17, 18 geregelt, an deren Stelle sind die §§ 19, 20, 21 getreten, welche im Wesentlichen die früheren Bestimmungen wiederholen, sich aber in der Fassung dem B.G.B. anschließen. Die §§ 19 und 20 verhalten sich über den Fall, in welchem der Kridar gemiethet oder gepachtet hatte, und zwar der § 19 über das bis zur Ueberlassung vorgeschrittene, der § 20 über das bis zur Ueberlassung noch nicht vorgeschrittene Rechtsverhältniß, der § 21 regelt dagegen den Fall, in welcher der Kridar vermiethet oder verpachtet hatte. Durch Vereinbarung zwischen dem Vermiether und dem Gemeinschuldner bei der Vermiethung können die

Vorschriften der §§ 19—21, die im Interesse der Konkursgläubiger gegeben sind, nicht wirksam beseitigt werden.

2. Der § 19 betrifft die Mieth- oder Pachtverträge über Gegenstände jeder Art, also über Immobilien, bewegliche Sachen und über Rechte, doch können Rechte nur verpachtet, nicht auch vermiethet werden, § 535 („Sache"), § 581 („Gegenstand"), § 595 Abs. 2 B.G.B.

Der § setzt aber voraus, daß die Ueberlassung bereits vor der Konkurseröffnung stattgefunden hatte. War dies nicht der Fall, so kommt nur der § 20 zur Anwendung, auch wenn die Ueberlassung nach der Konkurseröffnung und ohne Kenntniß des Vermiethers von der Konkurseröffnung stattgefunden hatte. Ist die Ueberlassung nach der Eröffnung des Verfahrens unter Zustimmung des Verwalters geschehen, so kommt weder der § 19, noch der § 20 zur Anwendung, vielmehr ist ein solcher Vertrag seinem ganzen Inhalt nach gegen die Konkursmasse giltig und sind die daraus entstehenden Ansprüche des Vermiethers Masseforderungen des § 59[1], s. § 20.

Die Ueberlassung ist die Uebertragung des unmittelbaren Besitzes an den Miether, § 868 B.G.B., sie ist daher ein zweiseitiger Akt: Indem der Vermiether dem Miether die Wohnung überläßt, entspricht er seiner Vertragspflicht, aber diese Pflicht ist erst durch die Annahme Seitens des Miethers erfüllt, und das vergebliche Angebot der Erfüllung setzt den Miether nur in den Gläubigerverzug. Die Ueberlassung ist daher nicht schon, wie Kohler S. 147 meint, mit der Bereitstellung der Wohnung Seitens des Vermiethers, sondern erst durch die Besitzergreifung Seitens des Miethers erfolgt, v. Wilmowski Anm. 1. Ist nur ein Theil der Sache überlassen, so hat zwar der Vermiether seine Vertragspflicht nur theilweise erfüllt, wegen der Einheitlichkeit des Vertragsverhältnisses kann aber nicht theils der § 19, theils der § 20 angewendet werden (v. Wilmowski Anm. 1, vergl. v. Völderndorff Anm. b, v. Sarwey-Bossert Anm. 2, Petersen und Kleinfeller Anm. II, 1, Fitting § 6 Anm. 22, 30); ist ein wesentlicher Theil, wenn auch nur die Hälfte oder der dritte Theil der vermietheten Räume dem Miether überlassen, so hat der Miethvertrag die dingliche Wirkung bereits erlangt, welche der § 19 erfordert. War in diesem Fall die vom Miether nach § 542 B.G.B. gestellte Frist vor der Konkurseröffnung erfolglos abgelaufen, so kann der Verwalter den Vertrag ohne Einhaltung einer Frist sofort — auch gegen den Willen des Kridars — kündigen. § 542 B.G.B. Hat der Vertrag wegen der Ueberlassung eines nicht unerheblichen Theils der vermietheten Sache die dingliche Wirkung bereits erlangt, so hat die nachträgliche Einräumung der bisher dem Miether nicht überwiesenen Räume auf die Natur des Rechtsverhältnisses keinen Einfluß, die auf Erfordern des Verwalters erfolgte Ueberweisung dieser Räume schließt daher die Anwendung des § 19 nicht aus.

Es ist, wie nach Preußischem Recht, so auch nach § 571 B.G.B. streitig, ob die Ueberlassung zur Erhaltung der dinglichen Wirkung des Miethvertrags fortdauern muß oder nicht, s. darüber Biermann, Sachenrecht, Kommentar Anm. 1 zu § 571, Fuld, das Miethrecht nach dem Bürgerlichen Gesetzbuch S. 208, 209, Planck, Kommentar Anm. 2 zu § 571, Crome, die juristische Natur der Miethe S. 34, 35. Das Gesetz verlangt nur, daß die Sache dem Miether überlassen war, ohne Rücksicht darauf, ob der Miether die thatsächliche Herrschaft ausübt oder nicht; zieht er aus und stellt dem Vermiether die Wohnung zur Verfügung, so kommt es darauf an, ob der letztere den unmittelbaren Besitz wieder übernimmt oder nicht. Uebernimmt er ihn, so willigt er in die Aufhebung des Miethverhältnisses ein; ist dies nach den thatsächlichen Verhältnissen nicht anzunehmen oder stimmt der Vermiether überhaupt nicht in die Aufhebung des Vertrags ein, so bleibt der Miether in der Lage, wieder einzuziehen, seine thatsächliche Herrschaft ist daher, wenn er sie auch nicht ausübt, doch nicht behindert.

3. Der § 19 setzt ein recht wirksames Miethverhältniß voraus, mag dasselbe auf einen Vertrag oder auf eine letztwillige Verfügung zurückzuführen sein, vergl. Obertr. in Strieth. Arch. 65, 416. Fällt der Grund des Miethverhältnisses fort, so erlischt auch das letztere.

4. Der Verwalter setzt den Mieth- oder Pachtvertrag fort. Der Vermiether (Verpächter) hat daher für die Miethe (Pacht) welche für die Zeit nach der Konkurseröffnung zu zahlen ist, eine Masseforderung, § 59[2], R.G. 18, 314, v. Wilmowski Anm. 4, während er für die frühere Zeit nur eine, wenn auch durch ein Absonderungsrecht gesicherte, Konkursforderung hat.

Miether bleibt der Kridar, aber die Verfügung über das Miethrecht geht auf den Verwalter über. Wegen dieses Verfügungsrechts wirken die Handlungen des Verwalters in gleicher Weise, wie die eines dispositionsfähigen Miethers. Daher ist der Vermiether, wenn nach der Konkurseröffnung ein gesetzlicher Grund zur Kündigung gegen den Verwalter eintritt, wenn der Verwalter z. B. mit der Zahlung des Miethzinses für zwei Termine im Rückstande geblieben ist, zur sofortigen Kündigung ohne Einhaltung einer Frist berechtigt und zwar mit der Wirkung, daß diese Kündigung auch dem Kridar gegenüber gilt. Und da das Miethrecht dem Verwalter gegenüber so besteht, wie es sich zur Zeit der Konkurseröffnung gestaltet hatte, so kommen für das Kündigungsrecht des Vermiethers auch die Rückstände vor der Konkurseröffnung in Betracht. Dabei kann sich der Verwalter nicht darauf berufen, daß der vor der Eröffnung des Verfahrens rückständige Miethzins auf die Konkursdividende reduzirt wird und daß die Zahlung dieser Dividende nur erfolgt, wenn hinreichende Baarmasse zur Vertheilung vorhanden ist, § 149: Der Vermiether hat seine Wahrung nicht gegen eine Konkursdividende, sondern gegen eine bestimmte Geldsumme vermiethet, und der Umstand, daß er von dieser Geldsumme aus der Konkursmasse nur einen Theil erhält, verhindert ihn nicht, die Rechte geltend zu machen, die ihm für den Fall der Nichtzahlung der ganzen Summe gegeben sind, es kann ihm daher das Recht des § 554 B.G.B. nicht versagt werden.

Der Verwalter hat über das Mieth- und Pachtrecht die Disposition, er darf dasselbe auch ausüben, denn das Verbot des § 549 B.G.B. betrifft nur die Ueberlassung des Rechts an einen andern, dem Verwalter wird aber das Recht vom Kridar nicht überlassen, es wird ihm nicht der Besitz unmittelbar vom Kridar übertragen, sondern er übt diesen Besitz Namens des Kridars aus, welcher unmittelbarer Besitzer bleibt. Er darf aber ebensowenig als der Kridar untervermiethen, er darf auch für seine Person das Wohnungsrecht nicht ausüben, wohl aber darf er als Verwalter das Geschäft des Gemeinschuldners in den Miethräumen fortsetzen.

5. Da der Verwalter das Verfügungsrecht hat, so kann nur er, nicht der Kridar, kündigen, und kann nur ihm gekündigt werden. Die Kündigung Seitens des Kridars ist für die Konkursmasse ebenso unwirksam, wie seine stillschweigende Fortsetzung der Miethe, § 568 B.G.B., der Verwalter kann die Handlungen des Kridars aber mit rückwirkender Kraft bestätigen, § 184 B.G.B.

Da er in die Rechte und die Pflichten des Gemeinschuldners eintritt, so wirkt die vor der Konkurseröffnung erfolgte Kündigung für und gegen ihn. Andererseits aber ist er als der nunmehr Verfügungsberechtigte befugt, aus jedem Grunde zu kündigen, aus welchem der Gemeinschuldner dies Recht ausüben durfte, wenn der Konkurs nicht eröffnet wäre. Deshalb darf er z. B. wegen Gesundheitsgefährlichkeit der Miethräume nach § 544 B.G.B. ohne Einhaltung einer Frist — selbst gegen den Willen des Gemeinschuldners — das Miethverhältniß mit sofortiger Wirkung auflösen.

Hinsichtlich der Kündigung ist ihm durch den § 19 das besondere Recht gegeben, mit gesetzlicher Frist zu kündigen, auch wenn der Miethvertrag auf eine bestimmte längere Zeit geschlossen ist, und zur Herstellung der Vertragsgleichheit ist dem Vermiether (Verpächter) dasselbe Recht gewährt.

Die Kündigungsfrist ist die gesetzliche, die Kündigung ist daher für Grundstücke, Wohn- und andere Räume (§ 580 B.G.B.) zum Schluß des Kalenderquartals spätestens am dritten Werktage des Vierteljahrs zulässig, mit welchem das Rechtsverhältniß ablaufen soll; ist der Miethzins nach Monaten bemessen, so erfolgt die Kündigung spätestens am 15. des Monats, ist er nach Wochen bemessen, spätestens am ersten Werktage der Woche, ist er nach Tagen bemessen, an jedem Tage für den folgenden Tag. Die Kündigung der Miethe beweglicher Sachen erfolgt spätestens am dritten Tage vor der beabsichtigten Beendigung des Miethverhältnisses, die Kündigung der Pacht eines Grundstücks oder eines Rechts zum Schluß des Pachtjahrs am ersten Werktage des letzten halben Jahres.

Die Kündigung braucht nicht für den ersten Termin nach der Konkurseröffnung zu erfolgen, für welchen sie zulässig ist, denn die Kündigung für den ersten zulässigen Termin ist zwar im § 571 Abs. 2 B.G.B. und im § 57 Z.V.G., nicht aber für den § 19 vorgeschrieben, von der Kündigung mit gesetzlicher Frist kann daher jederzeit Gebrauch gemacht werden.

Ist eine kürzere Kündigungsfrist verabredet, so gilt diese, ebenso endigt das Rechtsverhältniß vor dem Ablauf der gesetzlichen Kündigungsfrist, wenn die Beendigung im Vertrage auf einen früheren Zeitpunkt bestimmt ist. Eine Verlängerung des Verhältnisses bis zum Ablauf der gesetzlichen Frist kann nicht verlangt werden, wenn von einem Theil die vertragsmäßig feststehende, frühere Beendigung gefordert wird. Dasselbe gilt, wenn der Verwalter oder der Vermiether aus anderen Gründen zur sofortigen Kündigung ohne Einhaltung einer Frist berechtigt ist.

Die vom Vermiether dem Verwalter gegenüber oder von diesem jenem gegenüber ausgesprochene Kündigung mit gesetzlicher oder vertragsmäßiger Frist löst das Rechtsverhältniß vollständig auf, sodaß die Kündigung während und nach Beendigung des Konkurses auch gegen und für den Gemeinschuldner wirkt.

6. Macht der Verwalter von dem ihm nach § 19 zustehenden Kündigungsrecht Gebrauch, so hat der Vermiether das Recht, Ersatz des ihm durch die Aufhebung des Vertrags entstehenden Schadens zu verlangen, ein Recht, welches er nach § 26 nur als Konkursforderung geltend machen kann; ein Absonderungsrecht steht ihm dafür nach § 49 Nr. 2 nicht zu, vergl. das Gesetz vom 9. Mai 1894. Dieser Anspruch des Vermiethers wurde schon nach bisherigem Recht anerkannt, R.G. 7, 20; 11, 357; 18, 269, in Gruchots Beitr. 28, 1175, im Preuß. Justizministerialbl. 1892 S. 463, 479; da die Frage jedoch streitig war, so ist die Ersatzpflicht zur Beseitigung von Zweifeln jetzt ausdrücklich ausgesprochen. Das Ersatzrecht steht dem Vermiether aber nur zu, wenn die Auflösung des Rechtsverhältnisses auf Grund des § 19 erfolgt. Erfolgt sie aus einem andern Grunde, aus welchem sie erfolgen darf, so besteht für den Vermiether kein Anspruch auf Schadensersatz, auch kann, wenn ihm mit gesetzlicher Frist gekündigt ist, seinem Ersatzanspruch der Einwand entgegengesetzt werden, daß er sich aus einem andern Grunde die gleiche oder sogar die sofortige Kündigung hätte gefallen lassen müssen. Bei der Feststellung des Schadensersatzes kommt der § 324 B.G.B. zur

Anwendung: der Vermiether muß sich anrechnen lassen, was er z. B. auf Grund seiner Reparaturpflicht, § 536, erspart oder durch anderweite Verwerthung erworben, oder zu erwerben böswillig unterlassen hat. Indem nur dem Vermiether der Ersatzanspruch gegeben ist, ist. der bisher herrschenden Ansicht entsprechend, jeder Anspruch des Verwalters auf Entschädigung gegen den Vermiether, wenn dieser nach § 19 gekündigt hat, für ausgeschlossen erklärt.

§. 20. (18.)

War dem Gemeinschuldner ein von ihm gemietheter oder gepachteter Gegenstand zur Zeit der Eröffnung des Verfahrens noch nicht überlassen, so kann der andere Theil von dem Vertrage zurücktreten.

Auf Erfordern des Verwalters muß der andere Theil demselben ohne Verzug erklären, ob er von dem Vertrage zurücktreten will. Unterläßt er dies, so kommen die Bestimmungen des §. 17 zur Anwendung.

M. I 74—82; P. I 15, 149; M. II 30; P. II —.

1. Der § 20, über dessen veränderte Fassung auf Anm. 1 zu § 19 verwiesen wird, setzt ein auf Grund eines Vertrags oder einer letztwilligen Verfügung rechtswirksam bestehendes Mieth- oder Pachtverhältniß voraus, welches bis zur Ueberlassung der gemietheten Sache oder des verpachteten Gegenstands — Anm. 2 zu § 19 — an den Gemeinschuldner, als den Miether oder Pächter, zur Zeit der Konkurseröffnung noch nicht vorgeschritten ist. Wegen des Begriffs der Ueberlassung s. Anm. 2 zu § 19: Ist nur ein unwesentlicher Theil überlassen, z. B. nur der neben der Wohnung vermiethete unbedeutende Garten oder ein Raum zur Unterbringung einzelner inferirter Sachen, so ist die Ueberlassung nicht erfolgt und daher der § 20 anzuwenden, Anm. 2 zu § 19. Der § 20 kommt zur Anwendung, wenn der Vertrag seinem Inhalt nach vor oder nach der Konkurseröffnung beginnen soll.

2. Das Mieth- oder Pachtverhältniß wird durch die Konkurseröffnung nicht aufgelöst, es dauert nach derselben gegen und für den Kridar fort, und wird, wenn während des Verfahrens eine Erklärung des Vermiethers (Verpächters) oder des Verwalters nicht abgegeben ist, nach der Beendigung des Konkurses unter Ausschluß des nur im Konkurs zulässigen Rücktrittrechts des Vermiethers fortgesetzt. In Ermangelung einer solchen Erklärung hat der Vermiether deshalb das Recht, die Miethe zu fordern, kann diesen Anspruch aber nur als Konkursforderung geltend machen und hat ein Absonderungsrecht nur an den vor der Konkurseröffnung von dem Kridar, dem die Wohnung nicht überlassen war, etwa eingebrachten Sachen, Anm. 1. Die nach der Konkurseröffnung an den Kridar geschehene Ueberlassung ist den Konkursgläubigern gegenüber ohne Einfluß auf das Rechtsverhältniß, welches nach wie vor unter dem § 20 steht, auch ein Absonderungsrecht kann der Vermiether an den nach der Konkurseröffnung vom Kridar (wohl aber an den vom Verwalter) eingebrachten Sachen nicht erwerben, § 15.

3. Der Vermiether ist, ohne an eine Frist gebunden zu sein, berechtigt, von dem Vertrage abzugehen. Die Erklärung ist dem Verwalter abzugeben, die dem Kridar abgegebene Erklärung hat weder gegen die Konkursmasse, für welche die Fortdauer des Vertrags von Vortheil sein kann, noch für den Kridar Wirkung, welcher in Ansehung des Rechtsverhältnisses nicht verfügungsberechtigt ist. Giebt aber der

Verwalter seine Zustimmung zu der dem Kridar abgegebenen Erklärung und zwar entweder dem Vermiether oder dem Kridar, § 182 B.G.B., so wird die Erklärung von der Zeit ihrer an den Kridar erfolgten Abgabe an wirksam, § 184 B.G.B. In Folge des Rücktritts verliert der Vertrag seine Wirkung, die geschehenen Leistungen sind nach den Grundsätzen der ungerechtfertigten Bereicherung zurückzugewähren, Anm. 7 zu § 17; der vom Kridar im Voraus gezahlte Miethzins ist, soweit er nicht die Gegenleistung für die vom Verwalter geschehene Benutzung ist, dem letztern zu erstatten, jedoch nicht zu verzinsen, die in die Wohnung eingebrachten Sachen sind herauszugeben, sofern nicht eine Gegenleistung für die vom Verwalter geschehene Benutzung zu zahlen ist, nur für diese Gegenleistung bleibt das Absonderungsrecht bestehen. Andererseits hat auch der Verwalter für die Benutzung der Sache bis zum Rücktritt den Werth und die von dem gepachteten Gegenstand gezogenen Nutzungen zu erstatten, § 818 B.G.B. Uebrigens kann in der Benutzung der Wohnung Seitens des Verwalters und in der Zulassung dieser Benutzung Seitens des Vermiethers nach den Umständen des Falls ein Verzicht auf das Rücktrittsrecht gefunden werden.

Ein Anspruch auf Schadensersatz steht dem Verwalter gegen den Vermiether, welcher den Rücktritt erklärt hat, nicht zu. Denn der Vermiether macht von einem ihm gebührenden Recht Gebrauch, verletzt daher das Recht des Verwalters nicht, und der § 26 giebt nur dem dem Verwalter gegenüberstehenden Kontrahenten, der seinen Ersatzanspruch als Konkursforderung geltend machen kann, einen Anspruch auf Schadensersatz wegen Nichterfüllung, M. I S. 81. v. Wilmowski Anm. 2, a. M. Köhler S. 143.

4. Der Verwalter darf den Vermiether zur Erklärung auffordern, ob er von dem Rücktrittsrecht Gebrauch machen wolle oder nicht. Eine Frist ist ihm hierzu nicht gesetzt, er kann die Erklärung daher solange fordern, als der Vermiether sich noch nicht entschieden hat. Der letztere hat sich, nachdem er zur Erklärung aufgefordert ist, unverzüglich — s. über diesen Begriff Anm. 8 zu § 17 — zu erklären, widrigenfalls dem Verwalter das Wahlrecht zusteht. Nachträglich darf der Vermiether den Rücktritt nicht mehr erklären, auch wenn der Verwalter sich noch nicht entschieden hat, denn das Wahlrecht des Verwalters ist, wie aus der Fassung des Gesetzes erhellt, eine unmittelbare Folge der Unterlassung des Vermiethers. Da aber nunmehr der § 17 in Geltung tritt, so darf der Vermiether jetzt seinerseits den Verwalter in Gemäßheit des § 17 Abs. 2 zur Erklärung auffordern, und der Verwalter kann nicht mehr auf der Erfüllung bestehen, wenn er auf die Aufforderung keine Erklärung abgegeben hat, sodaß der Vertrag als aufgehoben gilt und die Rückleistung nach Anm. 3 zu erfolgen hat.

5. Das Wahlrecht des Verwalters entsteht, nachdem der andere Theil erklärt hat, daß er die Erfüllung wolle (denn dann hat er nicht erklärt, daß er von dem Vertrage zurücktreten wolle), oder auf die Aufforderung des Verwalters eine Erklärung nicht unverzüglich abgegeben hat. Durch die Erklärung, daß er auf der Erfüllung bestehe, entsteht das Wahlrecht des Verwalters auch dann, wenn der Verwalter den Vermiether zur Erklärung nicht aufgefordert hat. Der Verwalter kann sich jetzt für die Erfüllung oder die Nichterfüllung entscheiden, s. darüber die Anm. zu § 17; der andere Theil kann ihn zur Erklärung auffordern, Anm. 4. Entscheidet sich der Verwalter für die Fortdauer des Vertrags, so besteht ein Rechtsverhältniß des § 59², aus welchem dem Vermiether für seine Ansprüche Masseforderungen erwachsen. Entscheidet sich der Verwalter für die Nichterfüllung, so gilt der Vertrag als nicht geschlossen, das bisher Geleistete ist nach Anm. 3 zurückzuerstatten; außerdem entsteht dem andern Theil der

Entschädigungsanspruch des § 26, weil in diesem Falle die Bestimmungen des § 17 zur Anwendung kommen, welche im Falle der gewählten Nichterfüllung die Entschädigungsforderung des andern Theils begründen, v. Sarwey-Bossert Anm. 4, v. Wilmowski Anm. 3, a. M. Fitting § 6 III, 2 Anm. 21.

Demnach steht der Entschädigungsanspruch dem andern Theil nicht zu, wenn er selbst, wohl aber dann, wenn der Verwalter zurücktritt.

6. Das Gesetz geht von der Annahme aus, daß dem Verwalter das Wahlrecht erst zusteht, wenn der andere Theil sich für die Aufrechterhaltung des Vertrags erklärt oder auf Erfordern eine Erklärung nicht unverzüglich abgegeben hat. Demnach hat der Verwalter vor diesem Zeitpunkt das Wahlrecht nicht. Erklärt er sich gleichwohl schon vorher, so hat er eine Handlung vorgenommen, zu welcher er nicht berechtigt ist, seine Erklärung ändert daher das Rechtsverhältniß nicht: trotz der Wahl der Nichterfüllung bleibt das Rechtsverhältniß bestehen, und trotz der Wahl der Erfüllung darf der andere Theil die Nichterfüllung fordern. Die Erklärung des Verwalters hat daher nur den Charakter eines Vertragsantrags, durch den die Fortsetzung oder die Aufhebung des Rechtsverhältnisses nur zu Stande kommt, wenn der Antrag von dem andern Theil unverzüglich angenommen wird, § 147 B.G.B. In Ermangelung dieser Annahme ist der Verwalter an seine Erklärung selbst nicht gebunden, und kann sich der Andere nicht auf die Erklärung des Verwalters berufen. Nimmt der andere Theil sie an, so ist, wenn der Verwalter die Nichterfüllung verlangt hatte, das Rücktrittsrecht vereinbart, und kommen nun die Vorschriften der §§ 346 ff. B.G.B. über das vertragsmäßige Rücktrittsrecht zur Anwendung, ohne daß der andere Theil Schadensersatz zu fordern berechtigt wäre (auch v. Sarwey-Bossert Anm. 4 meinen, daß der andere Theil auf Entschädigung verzichtet, wenn er die vorzeitige Erklärung des Verwalters über die Nichterfüllung annimmt). Der andere Theil wahrt sein Recht, wenn er auf die Erklärung des Verwalters nicht antwortet oder die Aufrechterhaltung des Vertrags ausspricht.

7. Die Bestimmungen des § 20 können vor der Konkurseröffnung nur insoweit geändert werden, als sie das Interesse der Konkursgläubiger nicht berühren, denn soweit das Interesse der Konkursgläubiger in Betracht kommt, sind sie zwingenden Rechts. Die Parteien können daher nicht vereinbaren, daß dem Verwalter das Wahlrecht nicht zustehen, wohl aber, daß dem einen oder dem andern oder beiden Theilen das Rücktrittsrecht im Fall der Konkurseröffnung über das Vermögen des Miethers gestattet sein solle. Ist das Rücktrittsrecht für den Kridar ausbedungen, so übt es der Verwalter aus, er kann auf Grund dieser Vertragsbestimmung den Rücktritt ohne Rücksicht auf eine vorgängige Erklärung oder Aufforderung des andern Theils erklären, die Folgen dieses Rücktritts richten sich dann nach §§ 346 ff. B.G.B., und ein Entschädigungsanspruch des Vermiethers findet nicht statt. Ist umgekehrt dem Vermiether das Rücktrittsrecht vertragsmäßig konstituirt, so tritt dasselbe an die Stelle des gesetzlichen Rücktrittsrechts; in Folge dessen kommt zutreffenden Falls auch der § 354 B.G.B. zur Anwendung, wonach der Vermiether im Fall der Versäumung der Rückgabe des im Voraus gezahlten Miethzinses auf die Aufforderung des Verwalters sein Rücktrittsrecht verliert, sodaß nunmehr der Verwalter unbeschränkt zur Ausübung des Wahlrechts befugt ist. Es kann auch ausbedungen werden, daß dem Vermiether das Rücktrittsrecht des § 20 nicht zustehen solle, es tritt dann das Wahlrecht des Verwalters unmittelbar mit der Konkurseröffnung ein.

§. 21. (17 Abs. 2.)

Hatte der Gemeinschuldner einen von ihm vermietheten oder verpachteten Gegenstand dem Miether oder dem Pächter vor der Eröffnung des Verfahrens überlassen, so ist der Mieth- oder Pachtvertrag auch der Konkursmasse gegenüber wirksam.

Im Falle der Vermiethung oder der Verpachtung eines Grundstücks, sowie im Falle der Vermiethung von Wohnräumen oder anderen Räumen ist jedoch eine Verfügung, die der Gemeinschuldner vor der Eröffnung des Verfahrens über den auf die spätere Zeit entfallenden Mieth- oder Pachtzins getroffen hat, insbesondere die Einziehung des Mieth- oder Pachtzinses, der Konkursmasse gegenüber nur insoweit wirksam, als sich die Verfügung auf den Mieth- oder Pachtzins für das zur Zeit der Eröffnung des Verfahrens laufende und das folgende Kalendervierteljahr bezieht. Soweit die Entrichtung des Mieth- oder Pachtzinses der Konkursmasse gegenüber wirksam ist, kann der Miether oder der Pächter gegen die Mieth- oder Pachtzinsforderung der Konkursmasse eine ihm gegen den Gemeinschuldner zustehende Forderung aufrechnen.

Eine von dem Konkursverwalter vorgenommene freiwillige Veräußerung des von dem Gemeinschuldner vermietheten oder verpachteten Grundstücks wirkt, sofern das Grundstück dem Miether oder dem Pächter vor der Eröffnung des Verfahrens überlassen war, auf das Mieth- oder Pachtverhältniß wie eine Zwangsversteigerung.

M. I 80, 81; P. I 15, 149; M. II 30, 31; P. II —.

1. Der § lautete in der bisherigen Fassung: „Hatte der Gemeinschuldner verpachtet oder vermiethet, so wirkt eine freiwillige Veräußerung der Sache durch den Konkursverwalter auf die Zulässigkeit der Kündigung sowie auf die Dauer wie eine Zwangsversteigerung."

2. Während die §§ 19, 20 den Fall betreffen, daß der Kridar gemiethet oder gepachtet hatte, setzt der § 21 voraus, daß der andere Theil gemiethet oder gepachtet hatte. Dabei ist es unerheblich, ob das Rechtsverhältniß auf einem Vertrag oder einer letztwilligen Verfügung beruht, ob der Kridar selbst oder sein Rechtsvorgänger vermiethet (verpachtet hatte) oder der Gemeinschuldner durch den Erwerb eines Grundstücks nach § 571 B.G.B., in den von seinem Vorbesitzer geschlossenen Vertrag eingetreten ist.

Der § disponirt aber nur für den Fall, daß die vermiethete Sache bezw. der verpachtete Gegenstand dem andern Theil bereits vor der Konkurseröffnung überlassen war. Deshalb kommt, wenn die Ueberlassung vor der Konkurseröffnung nicht stattgefunden hatte, nur der § 17 zur Anwendung, welcher dem Verwalter die Entscheidung über die Fortdauer des Rechtsverhältnisses übertragen hat.

3. Wegen des Begriffs der Ueberlassung s. Anm. 2 zu § 19 und Anm. 1 zu § 20.

4. War die Ueberlassung vor der Konkurseröffnung erfolgt, so bleibt das Rechtsverhältniß auch der Konkursmasse gegenüber wirksam. Eine Aufhebung desselben steht dem Verwalter oder dem andern Theil nicht zu, ebensowenig wird das Rechtsverhältniß im Allgemeinen durch die Konkurseröffnung beeinflußt. Dieser Grundsatz gilt uneingeschränkt für die Vermiethung und Verpachtung beweglicher Sachen und für die Verpachtung beweglicher Sachen und von Forderungen oder anderen Rechten, vgl. wegen des Vertragsobjekts Anm. 2 zu § 19.

Nur in Ansehung der Grundstücke, der Wohn- und andern Räume (vgl. § 580 B.G.B.) sind die besondern Bestimmungen der Abs. 2, 3 getroffen. Unter den Räumen sind nur die Räume unbeweglicher Sachen zu verstehen — Speicher, Komptoir-, Fabrikräume, Laboratorien —, nicht auch die Räume beweglicher Sachen (Schiffe, Wagen), denn durch die Vermiethung des Raums einer beweglichen Sache ist die bewegliche Sache selbst, ganz oder theilweise, vermiethet, Oertmann, Komment. zum Recht der Schuldverhältnisse Anm. 1, 2 zu § 580 B.G.B. Auch die entgeltliche Benutzung von Grundstücken oder Grundstücksräumen auf Grund eines der Ausübung nach verpachteten Rechts (z. B. des Nießbrauchs) richtet sich nur nach Abs. 1, die Abs. 2, 3 kommen für dieselbe nicht zur Anwendung, denn nicht das Grundstück, sondern das dingliche Recht am Grundstück ist vermiethet oder verpachtet.

5. Der Verwalter ist nicht berechtigt, die Vermiethung (Verpachtung) des Grundstücks mit gesetzlicher Frist zu kündigen, er muß den Vertrag vollständig aushalten, und ebenso hat der Pächter (Miether) das Rechtsverhältniß so wie außerhalb des Konkurses gegen sich gelten zu lassen. Nur um die Verwerthung des Grundstücks zu erleichtern, ist der Veräußerung eines Grundstücks in Ansehung der Pacht und Miethe die Wirkung einer Zwangsveräußerung gegeben. Einer solchen Bestimmung hätte es für das Geltungsgebiet des gemeinen Römischen Rechts wegen des Grundsatzes „Kauf bricht Miethe“ nicht bedurft, aber der § 571 B.G.B. hat dem Mieth- und Pachtrecht, wenn ihm die Ueberlassung hinzugetreten ist, so wie das bisherige Preußische Recht, die dingliche Wirkung der Konservirung des Mieth-(Pacht)rechts beigelegt; bei diesem Rechtszustand würde die Verwerthung schwierig sein können, wenn die Vermiethung (Verpachtung) auf längere Zeit bestehen bleiben müßte.

Nach § 57 Z.V.G. „finden, wenn das Grundstück einem Miether oder Pächter überlassen ist, die Vorschriften der §§ 571, 572, des § 573 Satz 1 und der §§ 574, 575 des Bürgerlichen Gesetzbuchs entsprechende Anwendung. Der Ersteher ist jedoch berechtigt, das Mieth- oder Pachtverhältniß unter Einhaltung der gesetzlichen Frist zu kündigen. Die Kündigung ist ausgeschlossen, wenn sie nicht für den ersten Termin erfolgt, für den sie zulässig ist.“

Darnach ist der Käufer, nicht der Verwalter, berechtigt, das Mieth-(Pacht)-verhältniß unter Einhaltung der gesetzlichen Frist (s. über dieselbe Anm. 5 zu § 19) zu kündigen. Diese Kündigung muß aber für den ersten Termin erfolgen, für den sie zulässig ist: ist die Eintragung des Eigenthumsübergangs auf den Käufer am 1. März 1902 erfolgt, so muß der vertragsmäßig noch 3 Jahre dauernde Miethvertrag spätestens am 3. April 1902 zum 1. Juli 1902 gekündigt werden. Dabei ist der Zeitpunkt maßgebend, in welchem der Eigenthumsübergang durch Auflassung und Eintragung erfolgt ist, denn, da der Käufer dem Ersteher gleichgestellt ist, steht nicht die Perfektion des obligatorischen, sondern die des dinglichen Vertrags dem das Eigenthum übertragenden Zuschlag gleich, vgl. Oertmann a. a. O. Anm. 2 zu § 571 B.G.B. Dem Miether (Pächter) steht dies Kündigungsrecht nicht zu, weil es ihm auch in der Zwangsversteigerung nicht gegeben ist, Wolff, Komment. Anm. 8 zu § 57 Z.V.G., der Miether (Pächter) hat nur die Rechte der §§ 571, 572 B.G.B. Ist der Kridar selbst der Käufer, d. h. überläßt der Verwalter ihm das Grundstück gegen Zahlung einer Geldsumme zur freien Verfügung, so steht ihm das Kündigungsrecht nicht zu, Wolff a. a. O. Anm. 10.

Unter Veräußerung ist nicht blos der Verkauf, sondern jedes auf Eigenthumsübertragung gerichtete Rechtsgeschäft, insbesondere auch der Tausch, verstanden, vgl. §§ 445, 493 B.G.B.

Ebenso wie in der Zwangsversteigerung durch besondere Kaufbedingungen, Wolff Z.V.G. Anm. 9, kann das Kündigungsrecht bei der freiwilligen Veräußerung vertragsmäßig ausgeschlossen oder beschränkt werden.

6. Nach bisherigem Recht wurde meistens angenommen, daß die Verfügung des Kridars über den Miethzins der Konkursmasse gegenüber unwirksam sei, R.G. 6, 112; 33, 45. Nur Oetker S. 451 ff. und in Z. f. D.C.P. 14, 42 hielt diese Verfügung auch den Konkursgläubigern gegenüber für rechtswirksam und zwar mit Recht, weil der Kridar vor der Konkurseröffnung so wie jede andere im Verfügungsrecht nicht beschränkte Person über alle ihr zustehenden Ansprüche, also auch über die betagten und bedingten verfügen kann, für die Gläubiger aber, soweit das Gesetz nichts Anderes bestimmt, nur die Rechte, die der Kridar bei der Eröffnung des Verfahrens hatte, daher nicht Rechte geltend gemacht werden können, über die er bereits anderweitig verfügt hatte. Der dagegen angeführte Grund, daß von der Zeit der Konkurseröffnung an nicht der Kridar, sondern nur der Verwalter den Gebrauch der vermietheten Sache gewährt und daher auch die Gegenleistung zu beanspruchen habe, ist nicht richtig, weil der Verwalter auch aus einem gegenseitigen Vertrage, den er fortsetzen muß oder fortsetzt, die Verpflichtungen nach dem Inhalt des Vertrags zu erfüllen hat, dafür aber nur die Gegenleistung fordern kann, die der Kridar, dessen Verfügungs- und Verwaltungsrecht er lediglich fortsetzt, ohne die Konkurseröffnung zu verlangen berechtigt sein würde; der Verwalter tritt in das Rechtsverhältniß so ein, wie es zur Zeit der Konkurseröffnung bestand. Jedenfalls wird jetzt aus dem Umstand, daß das Gesetz die Unwirksamkeit der Verfügungen des Gemeinschuldners nur in Ansehung des für die Immobiliarmiethe zu zahlenden Miethzinses und über diesen auch nur für eine spätere Zeit, nicht für die gesammte Zeit des Konkurses bestimmt, geschlossen werden müssen, daß jede andere Verfügung des Kridars den Konkursgläubigern gegenüber wirksam bleibt. Daher ist jede Verfügung über den für die Zeit nach der Konkurseröffnung zu zahlenden Mieth- oder Pachtzins wirksam, welche die Vermiethung oder Verpachtung einer beweglichen Sache oder die Verpachtung einer Forderung oder eines andern Rechts (Nießbrauchs) betrifft, sofern sie nicht unter den Voraussetzungen der §§ 29 ff. der Anfechtung unterliegt. Unwirksam ist dagegen kraft besonderer gesetzlicher Bestimmung die Verfügung über den Mieth- oder Pachtzins, welcher für die Benutzung eines Grundstücks, eines Wohn- oder andern Grundstücksraums zu zahlen ist insoweit, als sie sich auf den Mieth- oder Pachtzins für das zur Zeit der Konkurseröffnung laufende und das folgende Quartal nicht bezieht, also soweit sie den für die spätere Zeit zu zahlenden Zins betrifft, vgl. §§ 373, 1123 Abs. 2 B.G.B. Dabei kommt es nicht darauf an, ob der Zins vertragsmäßig im Voraus zu entrichten war oder nicht. Ob der Miethzins in Geld oder andern Gegenständen besteht, ist unerheblich.

Unter Verfügung ist jedes Rechtsgeschäft zu verstehen, welches den Zins betrifft, hauptsächlich die Abtretung, die Verpfändung, die Empfangnahme der Zahlung, sowie die Pfändung und Ueberweisung (Oertmann Anm. 2 zu 573 B.G.B.), bei welcher der Wille des Schuldners durch die Zwangsvollstreckung ersetzt wird.

Ist das Grundstück vom Verwalter verkauft, so steht dem neuen Erwerber der

Anspruch auf den Miethzins nach §§ 571, 572, 573 Abs. 1, 574, 575 B.G.B. zu, sofern nichts anders verabredet ist.

7. Wird von dem neuen Erwerber des Grundstücks das Mieth- oder Pachtverhältniß mit gesetzlicher Frist vorzeitig gekündigt, so steht dem Miether (Pächter) der Entschädigungsanspruch des § 26 gegen die Konkursmasse als Konkursforderung zu, v. Wilmowski Anm. 8. Es fragt sich, ob er dies Recht auch dann hat, wenn das Grundstück im Wege der Zwangsversteigerung verkauft wird. Ist die Zwangsversteigerung von einem Massegläubiger betrieben, so ist die vorzeitige Kündigung eine Folge der Geschäfte oder Handlungen des Verwalters und erzeugt daher einen als Masseforderung geltend zu machenden Entschädigungsanspruch. Ist sie von dem Absonderungsgläubiger betrieben, so wird der Gemeinschuldner durch sie verpflichtet, wenn der Konkurs nicht eröffnet wäre; denn er ist durch die Subhastation in die Unmöglichkeit versetzt, den Vertrag zu erfüllen, und diese, in seiner Person entstandene Unmöglichkeit hat er zu vertreten und deshalb hat er nach § 325 B.G.B. dem Miether Ersatz für die vorzeitige Kündigung zu leisten. Dieser Anspruch besteht als bedingter Anspruch schon vor der Konkurseröffnung und kann daher als Konkursforderung geltend gemacht werden, auch wenn die Zwangsversteigerung erst nach der Eröffnung des Konkurses betrieben wird. Aus gleichem Grunde besteht der Entschädigungsanspruch des Miethers, wenn der Verwalter selbst gemäß § 126 die Zwangsversteigerung auf Grund der §§ 172—174 Z.V.G. betreibt; in diesem Falle ist der Ersatzanspruch auch nach § 26 begründet, weil das vom Verwalter betriebene Verfahren die Form und Wirkungen, nicht aber den Charakter der Zwangsvollstreckung hat, Anm. 1 zu § 126, und der Verkauf daher als ein freiwilliger zu gelten hat.

8. Aufwendungen, die der Miether oder Pächter auf die Sache gemacht hat, werden, soweit sie der Vermiether nach §§ 538 Abs. 2, 547 B.G.B. zu ersetzen hat, als Masseforderungen geltend gemacht, wenn sie nach der Konkurseröffnung gemacht werden, andernfalls als Konkursforderungen, v. Sarwey-Bossert Anm. 6, doch kann der Miether auch im letztern Falle die Forderung für Aufwendungen mit dem Miethzins kompensiren.

§. 22. (19.)

Ein in dem Haushalte, Wirthschaftsbetriebe oder Erwerbsgeschäfte des Gemeinschuldners angetretenes Dienstverhältniß kann von jedem Theile gekündigt werden. Die Kündigungsfrist ist, falls nicht eine kürzere Frist bedungen war, die gesetzliche.

Kündigt der Verwalter, so ist der andere Theil berechtigt, Ersatz des ihm durch die Aufhebung des Dienstverhältnisses entstehenden Schadens zu verlangen.

M. I 82—84; P. I 17, 18, 149; M. II 31; P. II —.

1. Der § lautete in seiner früheren Fassung:

Ein in dem Haushalte, Wirthschaftsbetriebe oder Erwerbsgeschäfte des Gemeinschuldners angetretenes Dienstverhältniß kann von jedem Theile aufgekündigt werden. Die Frist und Zeit für die Kündigung ist, falls eine kürzere Frist oder nähere Zeit nicht bedungen war, die gesetzliche oder ortsübliche und in Ermangelung einer solchen von dem Konkursgerichte auf Antrag des Kündigenden festzusetzen.

2. Wie aus dem Mieth- und Pachtverhältniß erneuern sich auch aus dem Dienstverhältniß die Rechte und Pflichten stetig mit der Fortdauer des Vertragsverhältnisses; das Ges. geht daher für das Dienstverhältniß von dem für die Miethe angenommenen Prinzip aus, daß das Rechtsverhältniß durch die Konkurseröffnung nicht unterbrochen wird

3. Der § 22 betrifft nur das Dienstverhältniß, in welchem ein Dritter zu dem dienstberechtigten Gemeinschuldner steht, nicht ein Vertragsverhältniß, in welchem der Kridar zur Dienstleistung verpflichtet ist. Auf ein Rechtsverhältniß der letztern Art hat die Konkurseröffnung keinen Einfluß, es bleibt nur für und gegen den Kridar persönlich bestehen, und nur die vor der Eröffnung des Verfahrens entstandenen Ansprüche gehören zur Aktiv- bezw. Passivmasse.

Der § 22 betrifft auch dasjenige, den Dritten zu Diensten verpflichtende, Rechtsverhältniß nicht, welches noch nicht angetreten ist. Dasselbe steht unter den Bestimmungen des § 17. Der Antritt (ähnlich der Ueberlassung der §§ 19—21) ist erfolgt, wenn der Dienstverpflichtete mit der Leistung der Dienste begonnen oder sich dem Kridar behufs der sofortigen Dienstleistung zur Verfügung gestellt hat.

4. Das B.G.B. unterscheidet zwischen dem Dienst- und dem Werkvertrag, §§ 611 ff., §§ 631 ff., der erstere betrifft die Uebernahme einzelner Dienstleistungen ohne Rücksicht auf einen bestimmten Erfolg, der andere die Erreichung eines durch die Arbeit oder Dienstleistungen herbeizuführenden Erfolgs. Der § 22, der nur den Dienstvertrag betrifft, bezieht sich daher nicht auf den Lehrvertrag, den der Kridar als Lehrherr eingegangen ist, a. M. Lehmann, Komment. Anm. 2d zum § 77 H.G.B., denn durch den Lehrvertrag hat sich der Lehrherr zur Ausbildung des Lehrlings verpflichtet, diese Ausbildung ist der durch Arbeit und Dienstleistungen herbeizuführende Erfolg, § 631 B.G.B.; wenn auch der Lehrling thatsächlich dem Lehrherrn Dienste leistet, so thut er dies doch vertragsmäßig nur zu seiner Ausbildung und der Vertrag ist nicht auf diese Dienstleistungen des Lehrlings, sondern auf die vom Lehrherrn herbeizuführende Ausbildung gerichtet.

Durch die Bestimmung des § 611 Abs. 2 B.G.B., wonach Dienste jeder Art Gegenstand des Dienstvertrags sein können, ist die Unterscheidung zwischen operae liberales und illiberales aufgegeben. Die Leistungen der Hauslehrer, Erzieher, Privatbeamten, Gesellschafterinnen ꝛc. fallen daher unter den § 22, vgl. § 622 B.G.B. Auch die Dienste des Arztes und des Anwalts sind Dienste des § 611 B.G.B., wenn diese Personen nicht blos zu einem bestimmten Erfolg, sondern zu laufenden Leistungen angenommen sind, sie fallen daher unter dieser Voraussetzung im Allgemeinen unter den § 22, doch werden bei einem derartigen Vertragsverhältnisse in der Regel die Voraussetzungen des § 627 B.G.B. vorliegen, welcher den Dienstberechtigten jeder Zeit zur sofortigen Kündigung berechtigt.

Das Gesetz unterscheidet nicht, ob die Dienstleistung an die Person des Gemeinschuldners geknüpft ist oder nicht. Die Worte des Entw. „ein bei dem Gemeinschuldner angetretenes Dienstverhältniß", wurden in der Kommission (P. I, 17, 18, 149) durch den Zusatz ergänzt, „die vorstehende Bestimmung findet Anwendung, gleichviel ob die Dienstleistung an die Person des Gemeinschuldners geknüpft ist oder nicht", und die Redaktionskommission gab dem § darauf die Fassung des Gesetzes. Es wird schon hieraus geschlossen, daß jeder Dienstvertrag unter den § 22 fällt, Petersen-Kleinfeller Anm. 2, v. Wilmowski Anm. 2, Fitting § 6 Anm. 3, Hullmann Anm. 3, v. Völderndorff Anm. 4, Stieglitz Anm. III, Meisner Anm. 1; a. M. v. Sarwey-Bossert Anm. 1 zu § 17 und Anm. 15 zu § 54 (alter Fassung), Wengler Anm. 2,

Fuchs § 20 Anm. 54, Kohler S. 149, Hohl S. 22, Brachmann S. 60, Endemann S. 179, welche meinen, daß sich der Gedanke des beantragten Zusatzes im Gesetz nicht finde. Aber das Gesetz macht in der Art der Dienstleistung überhaupt keinen Unterschied und gebraucht hier denselben Ausdruck, wie im § 61[1], welcher grade die für den Kridar persönlichen Dienstleistungen des Gesindes hauptsächlich umfassen will. Nach § 613 B.G.B. ist der Anspruch auf die Dienste zwar im Zweifel nicht übertragbar, der Verwalter kann daher nicht verlangen, daß Dienste, die nur für die Person des Kridars bestimmt sind, anderen geleistet werden, das Rechtsverhältniß bleibt aber gleichwohl als ein Dienstverhältniß des § 22 bestehen und die Vergütung ist im Fall der rein persönlichen Dienste, da die Unmöglichkeit der Annahme der Dienste in der Person des Gemeinschuldners liegt, nach § 324 B.G.B. aus der Konkursmasse zu leisten. Uebrigens ist der Verwalter berechtigt, den Dienstverpflichteten anzuweisen, seine Dienste nach wie vor dem Kridar zu leisten, mag der letztere der Masse dafür eine Entschädigung zahlen oder nicht. Soweit die Dienste für das Geschäft oder die Wirthschaft zu leisten sind, sind sie an die Person des Kridars überhaupt nicht geknüpft.

Eine persönliche Unterordnung unter den Dienstberechtigten fordert der jetzige Begriff der Dienstleistung nicht mehr, auch wer in lediglich obligatorischen Beziehungen zum Kridar steht, befindet sich zu ihm in einem Dienstverhältniß, wenn er sich zu fortlaufenden Diensten verpflichtet hat, z. B. der Fuhrmann, der einen Vertrag über die fortlaufende Leistung von Frachtfuhren mit dem Gemeinschuldner geschlossen hat, das R.G. in Seufferts Arch. 53 S. 374 und in J. W. 1897 S. 139[20] nahm dies sogar schon für das bisherige Recht an.

Das Dienstverhältniß ist das Rechtsverhältniß, durch welches sich der Dienstpflichtige zu fortlaufenden Dienstleistungen verbindlich gemacht hat, Lohndiener, Tagelöhner, Näherinnen, welche sich nur je nach den Umständen zu jeder Tagesleistung besonders verpflichten, stehen nicht in einem Dienstverhältniß. Andererseits ist es nicht erforderlich, daß die Dienste einen Tag nach den andern geleistet werden, es genügt die Verpflichtung sowohl zu periodischen Leistungen, wie auch zu allen nicht periodisch erforderlichen Dienstleistungen bestimmter Art. Daß das „Verhältniß die Erwerbsthätigkeit des Vergütungsberechtigten vollständig oder hauptsächlich in Anspruch nimmt", wie in M. I S. 83 und von den Kommentatoren angenommen wurde, ist nach den jetzigen Grundsätzen des B.G.B. über das Dienstverhältniß nicht mehr erforderlich. Ebensowenig braucht das Dienstverhältniß ein dauerndes im Sinne des § 4 Nr. 4 des Ges. vom 21. Juni 1869 zu sein, erforderlich ist lediglich eine auf bestimmte oder unbestimmte Zeit vereinbarte Verpflichtung zu fortlaufenden Dienstleistungen (vgl. § 61[1], in welchem das Erforderniß der Vertragsdauer jetzt gestrichen ist).

Nur ein im Haushalt, Wirthschaftsbetrieb oder Erwerbsgeschäft angetretenes Dienstverhältniß steht unter der Vorschrift des § 22. Der Haushalt umfaßt alle persönlichen Verhältnisse des Gemeinschuldners und seiner Familie, dem Haushalte leisten daher nicht nur das Gesinde, sondern auch der Hauslehrer, die Erzieherin, Gesellschafterin, der Schreiber, der Sekretär, der Hausarzt Dienste. Der Wirthschaftsbetrieb fällt nicht mit dem Erwerbsgeschäft zusammen, wenn er, z. B. ein landwirthschaftlicher Betrieb, nur der Befriedigung der Haushaltsbedürfnisse dient. Zu den im Erwerbsgeschäft oder Wirthschaftsbetrieb Dienste leistenden Personen gehören die Handlungsgehülfen, Gewerbegehülfen, Werkmeister, Techniker, M. I 83, die Handlungsagenten, die Wirthschaftsinspektoren, Förster, Fischer, Gärtner ꝛc.

Das Dienstverhältniß muß im Haushalt ꝛc. angetreten sein. Deßhalb braucht aber der Dienstverpflichtete in die häusliche Gemeinschaft nicht aufgenommen zu sein, doch müssen die Dienste für den Haushalt, das Erwerbsgeschäft, die Wirthschaft geleistet werden. Daher gehört der Hauslehrer zu den Personen des § 22, auch wenn er nicht im Hause des Dienstberechtigten wohnt, nicht aber der Privatschullehrer, dessen Schule von einem Kind des Kridars besucht wird.

6. Der Dienstpflichtige sowohl wie der Verwalter sind berechtigt, das Dienstverhältniß mit gesetzlicher Kündigungsfrist aufzulösen. Die gesetzlichen Kündigungsfristen sind im Allgemeinen in den §§ 621—625 B.G.B., speziell für Handlungsgehülfen in den §§ 66—69 H.G.B., für Handelsagenten im § 92 H.G.B., für Gewerbegehülfen im § 28, für gewerbliche Betriebsbeamte, Werkmeister und Techniker im § 133a und für Fabrikarbeiter im § 134 der Gewerbeordnung bestimmt.

7. Kündigt der Verwalter, so steht dem Dienstverpflichteten der Entschädigungsanspruch des § 26 zu. Dagegen kann der Verwalter keine Entschädigung fordern, wenn der andere Theil kündigt, in dieser Beziehung und wegen des neuen Zusatzes des Abs. 2 kommt das in der Anm. 6 zu § 19, wegen der Wirkung der Kündigung das in Anm. 5 zu § 19 Gesagte hier zur Anwendung.

War eine kürzere Kündigungsfrist vereinbart, oder läuft die Frist der schon vor der Eröffnung des Konkurses erfolgten Kündigung vor dem Eintritt der gesetzlichen Kündigung ab oder liegt für den Verwalter ein wichtiger Grund zur sofortigen Kündigung vor, § 626 B.G.B., so hat eine solche Kündigung die Ersatzpflicht des § 26 nicht zur Folge. Dasselbe gilt im Fall des § 627 Abs. 1 B.G.B.

8. Der Anspruch des Dienstverpflichteten auf die Vergütung ist für die Zeit nach der Konkurseröffnung ein Masseanspruch, für die vorausgegangene Zeit eine Konkursforderung mit dem Vorzugsrecht des § 61[1].

9. Wegen des einem Dienstverpflichteten ertheilten Auftrags zur Geschäftsbesorgung s. Anm. 3 zu § 23.

§. 23.

Ein von dem Gemeinschuldner ertheilter Auftrag erlischt durch die Eröffnung des Verfahrens, es sei denn, daß der Auftrag sich nicht auf das zur Konkursmasse gehörige Vermögen bezieht. Erlischt der Auftrag, so finden die Vorschriften des §. 672 Satz 2 und des §. 674 des Bürgerlichen Gesetzbuchs entsprechende Anwendung.

Das Gleiche gilt, wenn sich Jemand durch einen Dienstvertrag oder einen Werkvertrag verpflichtet hat, ein ihm von dem Gemeinschuldner übertragenes Geschäft für diesen zu besorgen.

M. I 86; P. I —; M. II 31, 32; P. II —.

1. Der § 23 behandelt nur den Auftrag, welcher von dem Gemeinschuldner, nicht den Auftrag, welcher ihm ertheilt ist. Der ihm ertheilte Auftrag erlischt durch die Konkurseröffnung nicht, denn in dieser Hinsicht ist der Auftraggeber durch das Recht des § 671 Abs. 1 B.G.B., den Auftrag jeder Zeit zu widerrufen, genügend geschützt. Hat der Beauftragte substituirt, so erlischt die Substitution durch die Eröffnung des Konkurses über das Vermögen des Substituenten, denn der letztere ist

dem Substituten gegenüber der Auftraggeber; nur sofern der Substitut in ein unmittelbares Auftragsverhältniß zum ersten Auftraggeber getreten ist (s. darüber Anm. 2), bleibt sein Auftrag bestehen.

2. Der vom Gemeinschuldner ertheilte Auftrag erlischt nach gemeinem Recht, R.G. in J.W. 1895 S. 245, M. I S. 86, Windscheid, Pand. § 74 Anm. 2a u. 2d, sowie nach französischem Recht, art. 2003 code civ. durch die Eröffnung des Konkurses über das Vermögen des Geschäftsherrn, im Preuß. Recht ist die Frage nach der unmittelbaren Einwirkung des Konkurses auf das Fortbestehen des Auftrags bestritten Der § 23 schließt sich dem gem. und franz. Recht an.

Das B.G.B. erkennt, abweichend vom § 40 A.L.R. I, 13, ein Rechtsverhältniß zwischen dem Auftraggeber und dem Substituenten nicht an; durch den Konkurs des Auftraggebers erlischt daher die Substitution nicht, der Verwalter hält sich an den Beauftragten, dessen Mandat erloschen ist, und diesem muß es überlassen bleiben, die Substitution zu kündigen. Hat der Beauftragte aber im Namen des Geschäftsherrn substituirt, so wirkt die Substitution unmittelbar für und gegen den Geschäftsherrn, § 164 B.G.B., wobei es keinen Unterschied macht, ob die Erklärung ausdrücklich im Namen des Vertretenen erfolgt oder ob die Umstände ergeben, daß sie in dessen Namen erfolgen soll. In diesem Fall erlischt die Untervollmacht, die sich nunmehr als eine vom Geschäftsherrn selbst ertheilte Vollmacht darstellt, durch den Konkurs des letztern. Der Beauftragte darf aber im Zweifel die Ausführung des Auftrags einem Dritten nicht übertragen, § 664 B.G.B., eine gleichwohl ohne Erlaubniß des Geschäftsherrn vorgenommene Substitution ist ein ohne Auftrag vorgenommenes Geschäft, welches Rechte und Pflichten zwischen dem Geschäftsherrn und dem Substituten nur nach Maßgabe der Vorschriften über die Geschäftsführung ohne Auftrag erzeugt, §§ 677 ff. B.G.B., und daher durch den Tod des Geschäftsherrn nur erlischt, wenn durch die Geschäftsführung ein unmittelbares Rechtsverhältniß zwischen dem Kridar und dem Substituten entstanden ist.

3. Gegenstand des Auftrags ist die unentgeltliche Besorgung eines dem Beauftragten übertragenen Geschäfts, § 662 B.G.B. Der Abs. 2 wendet die im Abs. 1 für die unentgeltliche Geschäftsbesorgung gegebenen Vorschriften auch auf einen solchen Dienst- oder Werkvertrag an, durch welchen sich ein anderer verpflichtet hat, ein ihm vom Gemeinschuldner übertragenes Geschäft für diesen zu besorgen, vgl. § 675 B.G.B. Durch diese Bestimmung ist der entgeltliche Auftrag hinsichtlich der Wirkung des Konkurses dem unentgeltlichen Auftrag gleichgestellt, sodaß jede Vollmacht, die der Gemeinschuldner ertheilt hat, durch die Konkurseröffnung erlischt. Was unter Geschäftsführung zu verstehen ist, ist bereits streitig geworden, s. darüber Oertmann a. a. O. S. 393 Anm. 3 und 409, Cosack, Lehrbuch des deutschen bürgerlichen Rechts S. 501, Hachenburg, Dienstvertrag und Werkvertrag S. 14 ff., Simeon, Recht und Rechtsgang S. 444. Wenn man mit den Mot. zu §§ 749, 750 des I. Entw. des B.G.B. (2, 855) annehmen wollte, daß unter Geschäftsbesorgung nicht blos Rechtshandlungen und Rechtsgeschäfte, sondern auch thatsächliche Dienstleistungen zu verstehen wären, und mit den meisten der angeführten Schriftsteller zu den Geschäften jede Handlung, z. B. die Reinigung von Kleidern, rechnen müßte, so würde die Geschäftsführung jedes Handeln (facere) in sich fassen. Dann hätte aber weder der § 675 B.G.B. insoweit, als er die meisten Vorschriften über den Auftrag auf denjenigen Dienst- oder Werkvertrag beschränkt, welcher eine Geschäftsbesorgung zum Gegenstand hat, noch der Abs. 2 des § 24 K.O. insoweit Bedeutung, als er die Vorschrift des Abs. 1 auf denjenigen Dienst- oder Werkvertrag beschränken will, durch

welchen ein vom Gemeinschuldner übertragenes Geschäft zu besorgen ist. Im Römischen Recht ist allerdings vereinzelt auch die Reinigung und das Flicken von Kleidern und die Errichtung eines Monuments unter den Begriff des Mandats gebracht, § 13, J. 3, 29, l. 12 § 17, l. 16, D. 17, 1, sonst versteht das Römische Recht aber unter negotium gerere ein Gegenübertreten des Beauftragten gegen einen Dritten für den Geschäftsherrn, und das gemeine, wie das Preuß. Recht haben den Begriff der Geschäftsführung auf die Besorgung fremder Angelegenheiten beschränkt, Förster-Eccius Pr. Pr.R. III § 141; die Besorgung fremder Angelegenheit besteht aber in der Vornahme eines oder mehrerer Rechtsgeschäfte oder der mit einer Mehrheit von Rechtshandlungen verbundenen selbständigen Verwaltung eines Vermögensinbegriffs oder eines oder mehrerer Vermögensgegenstände. Wollte man den Begriff der Geschäftsbesorgung nicht in dieser Weise einschränken, so würde eine Kollision des § 22 mit dem § 23 Abs. 2 bestehen, die sich nicht lösen ließe. Richtig ist, daß das Dienstverhältniß lediglich nach § 22, daß dagegen ein einzelner, dem Dienstverpflichteten ertheilter, Auftrag nach § 23 zu behandeln ist, ohne daß durch das Erlöschen des die Geschäftsbesorgung betreffenden Auftrags der Bestand des Dienstverhältnisses berührt wird; bestehen die Dienstleistungen nur in der Besorgung von Geschäften, wie die Dienstleistungen eines Handlungsbevollmächtigten, so hört die Berechtigung des letzern zur Fortführung dieser Geschäfte in Folge der Konkurseröffnung auf, die vertragsmäßige Vergütung ist ihm aber trotzdem bis zum Ablauf der Kündigung des § 22 zu zahlen, und der Verwalter kann ihn mit der Fortführung der Geschäfte beauftragen. Der Werkvertrag wird im Allgemeinen durch den § 17 geregelt. Ein Werkvertrag kann nach § 831 B.G.B. sowohl die Herstellung oder Veränderung einer Sache als einen andern durch Arbeit oder Dienstleistung herbeizuführenden Erfolg zum Gegenstand haben, ein Werkvertrag, welcher und soweit er die Besorgung eines oder mehrerer Rechtsgeschäfte oder eine Vermögensverwaltung zum Gegenstand hat, steht unter dem § 23. Daher ist die Vornahme einer Operation nach § 17, die dem Rechtsanwalt ertheilte Prozeßvollmacht nach § 23 zu beurtheilen; der unter den § 23 fallende Werkvertrag erlischt durch die Konkurseröffnung. Die Handlungsbevollmächtigten gehören zu den Dienstverpflichteten, auf welche der § 23 Anwendung findet. Das Gleiche gilt von dem Handlungsagenten der §§ 84—92 H.G.B., Mot. II S. 68, 69 zum H.G.B., Lehmann, Handelsgesetzbuch Anm. 4 zu § 84 H.G.B., Crome, partiarische Rechtsgeschäfte S. 398, Düringer-Hachenburg, das Handelsgesetzbuch I S. 257, Staub, Kommentar Anm. 4 zu § 84 H.G.B., vgl. dagegen für das bisherige Recht R.G. 31, 59, denn der mit ihm abgeschlossene Vertrag ist nicht auf die Erreichung eines bestimmten Erfolgs gerichtet, seine Thätigkeit ist vielmehr ständig in die Dienste des Geschäftsherrn gestellt. Der Kommissionär und der Spediteur vermitteln oder besorgen dagegen nur einzelne Geschäfte für einen andern, wenn sie auch mit ihm in ständigem Geschäftsverkehr stehen, das mit ihnen geschlossene Geschäft hat daher den Charakter eines Werkvertrags mit Geschäftsbesorgung. Das Geschäft des Frachtführers ist ein Werkvertrag ohne Geschäftsbesorgung, welcher nicht unter den § 23 fällt.

4. Der entgeltliche und der unentgeltliche Auftrag werden durch den Konkurs des Geschäftsherrn nicht beendet, wenn sich der Auftrag nur auf das zur Konkursmasse nicht gehörige Vermögen bezieht, wenn also der Gegenstand der Geschäftsbesorgung nicht zur Aktivmasse, § 1, gehört oder der Anspruch von der Passivmasse des § 3 ausgeschlossen ist. Betrifft der Auftrag Gegenstände, die theils zum Konkursvermögen gehören, theils nicht dazu gehören, so bleibt der Auftrag nur hinsichtlich des vom Konkurs

nicht betroffenen Theils unberührt. Läßt sich der Auftrag nicht theilen, so muß er als ganz erloschen gelten, denn die Verfügungsgewalt des Kridars, deren Entziehung der Grund des Erlöschens des Auftrags ist, beherrscht dann das untheilbare Geschäft nicht mehr.

5. Erlischt die entgeltliche oder unentgeltliche Vollmacht, so soll sie nach Maßgabe der §§ 672 Abs. 2, 674 B.G.B. doch noch fortbestehen: darnach hat der Beauftragte gemäß § 672 Abs. 2 in dem Fall, daß mit dem Aufschub Gefahr verbunden ist, die Besorgung des übertragenen Geschäfts fortzusetzen, bis der Konkursverwalter anderweite Fürsorge treffen kann, der Auftrag gilt insoweit als fortbestehend; und gemäß § 674 B.G.B. gilt der Auftrag zu Gunsten des Beauftragten als fortbestehend bis der Beauftragte von der Konkurseröffnung Kenntniß erlangt oder dieselbe kennen muß. Ferner bestimmt der § 169 B.G.B.: „Soweit nach § 674 . . . die erloschene Vollmacht eines Beauftragten . . . als fortbestehend gilt, wirkt sie nicht zu Gunsten eines Dritten, der bei der Vornahme eines Rechtsgeschäfts das Erlöschen kennt oder kennen muß.“ Im ersten Fall — wenn mit dem Aufschub Gefahr verbunden ist — darf und muß der Bevollmächtigte die Geschäftsbesorgung, trotzdem er von der Konkurseröffnung Kenntniß hat, fortsetzen und seine Rechtshandlungen gelten für und gegen einen Dritten, auch wenn der letztere die Konkurseröffnung kannte. Im zweiten Falle dauert der Auftrag nur mit relativer Wirkung zu Gunsten des Bevollmächtigten fort, bis derselbe die Konkurseröffnung kennt oder kennen muß, seine Rechtshandlungen wirken gegen und für einen Dritten nur, wenn der Dritte die Konkurseröffnung kannte oder kennen mußte. Daß der Bevollmächtigte oder der Dritte die Konkurseröffnung kannte oder kennen mußte, hat erforderlichen Falls der Verwalter zu beweisen.

Wegen der Ansprüche des Bevollmächtigten in den Fällen der §§ 672 Abs. 2, 674 B.G.B. s. § 27 K.O.

§. 24.

Ist zur Sicherung eines Anspruchs auf Einräumung oder Aufhebung eines Rechts an einem Grundstücke des Gemeinschuldners oder an einem für den Gemeinschuldner eingetragenen Rechte oder zur Sicherung eines Anspruchs auf Aenderung des Inhalts oder des Ranges eines solchen Rechts eine Vormerkung im Grundbuch eingetragen, so kann der Gläubiger von dem Konkursverwalter die Befriedigung seines Anspruchs verlangen. Das Gleiche gilt, wenn in Ansehung eines Schiffspfandrechts eine Vormerkung im Schiffsregister eingetragen ist.

M. I —; P. I —; M. II 32; P. II —.

1. Durch den eingetragenen Widerspruch wird der dingliche, durch die Vormerkung der obligatorische Anspruch gesichert. Auf Grund des obligatorischen Anspruchs auf Eintragung, z. B. des Anspruchs auf Auflassung, könnte gegen den Verwalter die Eintragung nicht verlangt werden, weil persönliche Ansprüche nach § 69 nur nach ihrem Schätzungswerth geltend gemacht werden können. Durch die Vormerkung ist aber, wie Anm. 3 zu § 15 ausgeführt, ein unbedingtes Realrecht erworben, dessen Umschreibung in das durch die Vormerkung gesicherte definitive Recht durch den § 15 nicht gehindert wird. Der Vormerkungsgläubiger ist Absonderungsgläubiger, er kann daher den durch die Eintragung der Vormerkung zu einem Realrecht gewordenen

Anspruch im Prozeßwege auch während des Konkurses verfolgen und auf Grund der rechtskräftigen Verurtheilung des Verwalters nach § 894 C.P.O. und § 19 G.B.O. die Umschreibung des vorgemerkten in das definitive Recht erwirken. Diese Folge ist durch den § 24 festgestellt: Der Vormerkungsgläubiger ist berechtigt, vom Verwalter die Befriedigung seines durch die Vormerkung gesicherten Anspruchs auf Auflassung bezw. auf definitive Eintragung oder Löschung eines Rechts am Grundstück oder an einem für den Kridar eingetragenen Recht zu verlangen. Dasselbe gilt, § 100 des Gesetzes über die freiwillige Gerichtsbarkeit, von dem durch eine Vormerkung gesicherten Pfandrecht an einem registrirten Schiff.

Diesen Anspruch hat der Vormerkungsgläubiger selbstverständlich nur in denjenigen Fällen, in denen er die definitive Eintragung überhaupt verlangen kann, also erst dann, wenn die der definitiven Eintragung entgegenstehenden Hindernisse beseitigt sind, wenn der bedingte oder betagte Anspruch unbedingt oder fällig geworden, wenn die entgegengestellten Einwendungen sich als gehoben oder als unbegründet erwiesen haben; denn der Verwalter ist auch in dieser Beziehung an die Stelle des Gemeinschuldners getreten.

2. Ist das Grundstück, an welchem dem Gläubiger das Recht auf Auflassung oder auf Eintragung vorgemerkt ist, vor der Konkurseröffnung einem Dritten aufgelassen oder ist das mit der Vormerkung belastete, für den Kridar eingetragene Grundstücksrecht einem Dritten vor der Konkurseröffnung übertragen, so muß der Dritte, wenn die der definitiven Eintragung entgegenstehenden Hindernisse beseitigt sind, nach § 888 B.G.B. die Auflassung bezw. Umschreibung oder Löschung bewilligen. Gegen den Kridar besteht der Anspruch dann nur noch als persönlicher, weil das Realrecht nicht mehr gegen ihn, sondern gegen den Dritten besteht. Dieser Anspruch kann daher im Konkurs nach § 69 nur als Geldforderung und zwar als Konkursforderung verfolgt werden. Ist die Auflassung oder Uebertragung aber vom Verwalter vorgenommen, so hat er einen Masseanspruch begründet, § 59[1], der Vormerkungsgläubiger kann daher, außer von dem Dritten, auch vom Verwalter die Umschreibung oder Löschung verlangen.

§. 25. (20.)

Soweit rücksichtlich einzelner, durch die §§. 18—24 nicht betroffener Rechtsverhältnisse das bürgerliche Recht besondere Bestimmungen über die Wirkung der Eröffnung des Konkursverfahrens enthält, kommen diese Bestimmungen zur Anwendung.

M. I 84—86; P. I 19, 149, 153—157, 202; M. II 32; P. II —.

1. Der § 25 will, wie in den M. I ausgesprochen, in der Kommissionsverhandlung anerkannt wurde und unstreitig ist, nur die besondern gesetzlichen Vorschriften, die bei bestimmten Rechtsverhältnissen für den Fall des Konkurses erlassen sind und zwar nur solche Vorschriften aufrecht erhalten, welche die Vertragserfüllung oder Beendigung dieser Rechtsverhältnisse betreffen, R.G. 3, 42; 26, 249, vgl. § 20 der Preuß. K.O. vom 8. Mai 1855: Es sollen nicht die allgemeinen Vorschriften über den Konkurs konservirt bleiben, z. B. nicht der § 566 A.L.R. I, 20, nach welchem das Zurückbehaltungsrecht während des Konkurses aufhört, sondern nur die so zu sagen sporadisch bei der gesetzlichen Regelung einzelner Rechtsverhältnisse erlassenen Vor-

schriften, die „als Ausfluß der eigenthümlichen Natur der betreffenden Rechtsverhältnisse anzusehen sind“, M. I, aufrecht erhalten bleiben. Diese Absicht des Gesetzgebers ist durch die Betonung der besondern Bestimmungen und durch die Hervorhebung des Worts „einzelner“ zum Ausdruck gekommen.

Für das Reichsrecht bedurfte es dieser besondern Bestimmung nicht, weil der § 3 Abs. 1 E.G. I die den Konkurs betreffenden Vorschriften der Reichsgesetze ohnehin aufrecht erhält. Der Schwerpunkt der Vorschrift lag bei der Erlassung der K.O. in der Konservirung der landesgesetzlichen, die Erfüllung oder Beendigung einzelner Rechtsverhältnisse betreffenden, Sondervorschriften. Nachdem die meisten dieser Sondervorschriften durch das B.G.B. beseitigt oder ersetzt sind, Art. 55 E.G. z. B.G.B., kann sich der § 25 in Ansehung der Landesgesetze nur noch auf diejenigen Bestimmungen beschränken, „welche einem der im E.G. z. B.G.B. der Landesgesetzgebung vorbehaltenen Gebiete des bürgerlichen Rechts angehören“, M. II. Um dies zum Ausdruck zu bringen, sind die bisherigen Worte „die Reichsgesetze oder die Landesgesetze“ durch die Worte „das bürgerliche Recht“ ersetzt.

2. Die Sonderbestimmungen sind nur insoweit aufrecht erhalten, als sie keines der in den §§ 18—24 besonders geregelten Rechtsverhältnisse betreffen, dagegen derogiren sie dem § 18 als Spezialvorschriften gegenüber der allgemeinen Vorschrift.

3. Von den Sondervorschriften der Reichsgesetze sind der § 42 B.G.B., wonach der Verein seine Rechtsfähigkeit durch die Konkurseröffnung verliert, der § 728 B.G.B., wonach die Gesellschaft durch die Eröffnung des Konkurses aufgelöst wird, die §§ 1419, 1547, 1548, 1647, 1656, 1686 über die Beendigung der Verwaltung und des Nießbrauchs des Ehemanns, die Beendigung der Errungenschaftsgemeinschaft, des elterlichen Nießbrauchs in Folge der Konkurseröffnung zu erwähnen. Ferner werden nach §§ 97 Abs. 4, 100c, 102 Abs. 4, 104 l der Gewerbeordnung in der Fassung vom 26. Juli 1897 die Innung, die Zwangsinnung, der Innungsausschuß und der Innungsverband nach §§ 131, 161 Abs. 2, 292, 320 Abs. 3 H.G.B., die offene Handelsgesellschaft, die Kommanditgesellschaft, die Aktien- und Kommanditaktiengesellschaft, nach § 60 des Ges. über die Gesellschaften mit beschränkter Haftpflicht (in der Fassung vom 20. Mai 1898) diese Gesellschaft und nach § 101 des Genossenschaftsges. (in der Fassung vom 20. Mai 1898) die Genossenschaft durch die Eröffnung des Konkurses aufgelöst; die offene Handelsgesellschaft und die Kommanditgesellschaft werden auch durch den Konkurs über das Vermögen eines persönlich haftenden Gesellschafters aufgelöst.

Ferner bleiben diejenigen Bestimmungen der Reichsgesetze unberührt, welche, gleichgiltig ob der Konkurs eröffnet ist oder nicht, besondere Wirkungen an die Unfähigkeit zur Vertragserfüllung oder an die Verschlechterung der Vermögensverhältnisse knüpfen. So kann der Lehrling nach Ablauf der Probezeit den schriftlichen Lehrvertrag aufheben, wenn der Lehrherr — was nicht immer in Folge der Konkurseröffnung der Fall zu sein braucht — zur Erfüllung der ihm vertragsmäßig obliegenden Verpflichtungen unfähig wird, § 127b Abs. 3 der Gewerbeordnung, § 77 Abs. 3 H.G.B. (s. oben Anm. 4 zu § 22), so kann der gegen Seegefahr Versicherte nach § 898 H.G.B., welchem keine Sicherheit geleistet wird, im Fall der Versicherer zahlungsunfähig geworden ist, vom Versicherungsvertrag zurücktreten und die gezahlte Prämie zurückfordern oder einbehalten oder auf Kosten des Versicherers (Konkursforderung) eine neue Versicherung nehmen, so kann das Darlehnsversprechen widerrufen werden, wenn in den Vermögensverhältnissen des Darlehnsuchers eine wesentliche Verschlechterung eintritt, durch die der Anspruch auf Rückerstattung gefährdet wird, § 610 B.G.B.

4. Die landesgesetzlichen Sondervorschriften, welche der § 25 unberührt läßt, können — Anm. 2 — nur noch ganz vereinzelt vorkommen. In Preußen sind in dieser Beziehung nur die durch Art. 75 E.G. z. B.G.B. aufrecht erhaltenen Bestimmungen der §§ 2012—2015 A.L.R. II, 8 zu nennen, welche die Wirkungen des über das Vermögen des Versicherers eröffneten Konkurses behandeln. Die Bestimmungen der §§ 107, 108 der Gesindeordnung vom 8. Nov. 1870 (vgl. Art. 95 E.G. z. B.G.B.) über die Wirkung des über das Vermögen des Dienstherrn eröffneten Konkurses auf den Gesindevertrag sind nicht aufrecht erhalten, weil der Gesindevertrag ein unter den § 22 fallendes Dienstverhältniß begründet, der § 25 aber allen Landesgesetzen derogirt, welche durch die §§ 18—24 betroffen werden.

§. 26. (21.)

Wenn in Folge der Eröffnung des Konkursverfahrens die Nichterfüllung einer Verbindlichkeit oder die Aufhebung eines Rechtsverhältnisses des Gemeinschuldners eintritt, so ist der andere Theil nicht berechtigt, die Rückgabe seiner in das Eigenthum des Gemeinschuldners übergegangenen Leistung aus der Konkursmasse zu verlangen. Er kann eine Forderung wegen der Nichterfüllung oder der Aufhebung nur als Konkursgläubiger geltend machen, soweit ihm nicht ein Anspruch auf abgesonderte Befriedigung zusteht.

M. I 86—94; P. I 19, 149; M. II —; P. II —.

1. Wird ein von beiden Theilen nicht oder nicht vollständig erfülltes gegenseitiges Vertragsverhältniß unverändert fortgesetzt, so tritt der Verwalter an die Stelle des Kridars und hat aus der Masse vollständige Erfüllung zu leisten. Wird das Vertragsverhältniß aus einem, mit der Konkurseröffnung nicht im Zusammenhang stehenden Grunde aufgehoben, z. B. weil das Rücktrittsrecht einem oder beiden Theilen vertragsmäßig zusteht oder wegen Mängel des Rechts oder der Sache oder wegen Säumniß in der Ausführung des Vertrags — § 5 zu § 17 —, so bestimmen sich die Rechtsfolgen nicht nach § 26, sondern nach den, das Vertragsverhältniß betreffenden Grundsätzen des Civilrechts. Hat dagegen der Verwalter die Nichterfüllung gewählt oder hebt der Konkurs das Vertragsverhältniß unmittelbar auf, so tritt an Stelle des vorher bestandenen Rechts des andern Theils auf Erfüllung der Ersatzanspruch wegen Nichterfüllung.

Dieser durch den § 26 gegebene Anspruch besteht für alle Fälle des zweiten Titels, und zwar sowohl für diejenigen Fälle, in denen das Rechtsverhältniß unmittelbar durch die Konkurseröffnung aufgelöst war, als in den Fällen, in denen der Verwalter in Folge der Konkurseröffnung zur Aufhebung des Vertrags berechtigt wird. Als unmittelbare Folge der Konkurseröffnung tritt das Erlöschen des Rechtsverhältnisses nur in den Fällen der §§ 18, 23 ein, in den übrigen Fällen des zweiten Titels dauert das Verhältniß fort, kann aber vom Verwalter vorzeitig aufgelöst werden; in diesen Fällen ist die Aufhebung des Rechtsverhältnisses zwar nicht die unmittelbare Folge der Eröffnung des Verfahrens, sie tritt aber in Folge der Konkurseröffnung ein, weil die Aufhebung Seitens des Verwalters ohne die Eröffnung des Verfahrens nicht geschehen durfte und daher in der Konkurseröffnung ihren Grund hat.

Der Ersatzanspruch tritt andererseits nur in den Fällen des zweiten Titels an die Stelle des Rechts auf Erfüllung, nicht auch dann, wenn der einseitige Anspruch des Gläubigers durch den Konkurs in seiner Erfüllungsart oder in seiner Höhe verändert wird. Die Forderung jedes Konkursgläubigers wird durch die Eröffnung des Verfahrens auf die Dividende beschränkt, die Forderung wird also, wenn die Masse zur vollständigen Befriedigung nicht ausreicht, nur theilweise befriedigt, und wenn der Anspruch nicht auf Geldzahlung lautet, so tritt nach § 69 an Stelle der Vertragsleistung eine dem Werth entsprechende Geldforderung. Es ist daher behauptet, daß auch in diesen Fällen der § 26 zur Anwendung komme, R.G. 17, 81 ff., v. Wilmowski Anm. 3, v. Völderndorff Anm. 6 und v. Sarwey-Bossert Anm. 1; an andrer Stelle Anm. 3[1] vertreten v. Sarwey-Bossert die Ansicht, daß sich der § 26 auf diese Fälle nicht beziehe, dasselbe nimmt Oetker in Z. f. D.C.Pr. 14, 48 ff. an. Wäre die herrschende Ansicht richtig, so würde jeder Konkursgläubiger einen Ersatzanspruch haben. Aber schon die Stellung des § 26 im zweiten Titel weist darauf hin, daß er sich nur auf schwebende Geschäfte beziehen soll, und der Ausdruck „Nichterfüllung einer Verbindlichkeit" ist lediglich mit Rücksicht auf die Bestimmung des § 18 gewählt, auf die einzige Bestimmung, welche bei Erlassung der Konkursordnung ein Rechtsverhältniß durch die Konkurseröffnung unmittelbar auflösen ließ; die einseitigen Forderungen der Konkursgläubiger sind dagegen im ersten Titel geregelt, sie bestehen auch nur soweit, als sie bis zur Eröffnung des Verfahrens begründet sind, also nicht hinsichtlich eines Anspruchs, der erst in Folge dieser Eröffnung entsteht, zur Zeit der Eröffnung aber noch nicht bestand. Hinsichtlich dieser Forderungen ist auch nicht von einer Nichterfüllung die Rede, im Gegentheil dient die Masse nach § 3 grade zu ihrer Befriedigung, also zu ihrer Erfüllung. Ist diese Erfüllung auch keine vollständige, so ist sie doch die konkursmäßige, auf welche die Konkursgläubiger durch den § 12 zu ihrer Befriedigung angewiesen sind. Uebrigens ist der Begriff der Nichterfüllung mit der theilweisen oder nicht rechtzeitigen Erfüllung nicht identisch, vgl. §§ 339 bis 341 B.G.B.

2. Da der Verwalter gesetzlich berechtigt ist, die Nichterfüllung zu wählen oder das Rechtsverhältniß mit gesetzlicher Kündigungsfrist aufzulösen, so würde an sich ein Entschädigungsanspruch durch seine Erklärung, nicht erfüllen zu wollen, nicht entstehen können, weil er einen Schaden nicht zu ersetzen braucht, wenn er von einem ihm gesetzlich zustehenden Recht Gebrauch macht. Dasselbe würde für die unmittelbar durch die Konkurseröffnung eintretende Auflösung des Vertragsverhältnisses der Fall sein. Indem der § 26 diese Folge beseitigt und dem andern Theil einen Ersatzanspruch zuerkennt, wird der Ersatzanspruch durch den § 26 begründet, R.G. 22, 112, Oetker a. a. O. 14, 49, und wird die Wirkung des § 280 B.G.B. hervorgebracht, nach welchem der Schuldner den Schaden zu ersetzen hat, wenn die Leistung in Folge eines von ihm zu vertretenden Umstands unmöglich wird. Wegen der Koinzidenz der Voraussetzungen des § 280 B.G.B. und des § 26 ist eine weitere Erörterung dieser bisher nicht unbestrittenen Frage jetzt nicht mehr erforderlich, nur soll nicht unerwähnt bleiben, daß die besondere Hervorhebung der Ersatzpflicht in den §§ 19, 22 lediglich in der Beseitigung der bisher bestandenen Zweifel ihren Grund hat.

War der Kridar nach dem Inhalt des Vertrags zum Rücktritt ohnehin berechtigt, oder erhielt er dies Recht durch den Verzug des andern Theils oder aus andern Gründen, so ist die von ihm aus einem solchen Grunde ausgesprochene Aufhebung oder Kündigung nicht eine Folge der Eröffnung des Konkurses, sondern durch das aus dem Vertrage entnommene Recht begründet, sodaß weder der § 26 zur Anwendung kommt, noch in den Fällen der §§ 19, 22 der dort statuirte Ersatzanspruch geltend gemacht werden kann.

4. Die Höhe des Schadensersatzes ist nach den konkreten Umständen zu bemessen. Da eine Konkursforderung nur auf eine Geldleistung gerichtet sein kann, § 69, so kommt der § 249 B.G.B. nicht zur Anwendung. Der Schade ist nach dem Werth der von dem Dritten gemachten Leistung und nach dem entgangenen Gewinn — § 252 B.G.B. — festzustellen. (Im § 18 ist der Ersatzanspruch besonders geregelt.) Für die Schadensberechnung ist der Zeitpunkt der Aufhebung des Rechtsverhältnisses maßgebend, wobei die durch eine vorherige Verzögerung entstandene Vergrößerung mit zu berücksichtigen ist.

Auch der Anspruch auf eine für den Fall der Nichterfüllung vereinbarte Konventionalstrafe ist begründet, § 340 B.G.B., R.G. 21, 5; 26, 94, a. M. Oetker a. a. O. 14, 15, Fitting § 10 Anm. 19. Die Strafe kann aber nicht neben dem Ersatzanspruch gefordert werden, sondern ist auf die Ersatzsumme in Anrechnung zu bringen, kann aber, auch wenn der Schade geringer ist, in der verabredeten Höhe gefordert werden, § 340 Abs. 2 B.G.B. Ist die Konventionalstrafe dagegen nur für den Fall der Verzögerung vereinbart, so kann sie gegen die Konkursmasse nicht geltend gemacht werden, wenn die Verzögerung dadurch eingetreten ist, daß der Verwalter die Nichterfüllung gewählt oder daß der Konkurs das Rechtsverhältniß aufgelöst hat; denn die nicht gehörige Erfüllung steht der Nichterfüllung nicht gleich, §§ 339—341 B.G.B., die an die Nichterfüllung geknüpften Folgen des § 26 sind daher auf den Fall der nicht gehörigen Erfüllung nicht anzuwenden, und aus andern Gründen kann die Verzögerung nicht als Konkursforderung geltend gemacht werden, weil sie nicht vor der Konkurseröffnung entstanden war, § 3. Eine Konkursforderung begründet sie nur, wenn sie schon vor der Eröffnung des Verfahrens eingetreten war, und eine Masseforderung, wenn der Verwalter, der die Erfüllung gewählt hat oder der das Rechtsverhältniß bis zum Ablauf der gesetzlichen Kündigung fortsetzen muß, in der Ausführung des Vertrags säumig ist.

4. Der andere Theil ist auf den Entschädigungsanspruch beschränkt und ist daher nicht berechtigt, die in das Eigenthum des Gemeinschuldners übergegangene Leistung zurückzufordern. Wie schon Anm. 7 zu § 17 erörtert ist, kommen für die Redressirung der Vertragsleistung nicht die Vorschriften über das vertragsmäßige Rücktrittsrecht der §§ 346 ff., sondern diejenigen der ungerechtfertigten Bereicherung der §§ 812 ff. B.G.B. zur Anwendung. Aber insoweit beschränkt der § 26 den Anspruch aus der rechtlosen Bereicherung, als er eine Zurückforderung der in das Eigenthum des Gemeinschuldners übergegangenen Gegenstände versagt und den andern Theil insoweit lediglich auf die Entschädigungsforderung verweist; der andere Theil kann daher nicht kondiziren, und nur vindiziren, wenn der Leistungsgegenstand nicht in das Eigenthum des Kridars übergegangen war. Ob das Eigenthum übergegangen ist, richtet sich nach den die Leistung beherrschenden Rechtsverhältnissen: Ist bei dem Verkauf beweglicher Sachen das Eigenthum einzelner übergebener Sachen oder eines übergebenen Theils der verkauften Sache vorbehalten, so ist (anders als nach §§ 266, 261 A.L.R. I, 11) die Uebertragung nur suspensiv bedingt erfolgt, § 455 B.G.B., das Eigenthum ist daher vor der vollständigen Zahlung nicht auf den Kridar übergegangen. Wird die Eigenthumsübertragung auf Grund eines Irrthums, Betrugs oder Zwangs angefochten, so ist sie als nicht geschehen anzusehen, denn durch die Anfechtung wird die Tradition nichtig, § 142 Abs. 1 B.G.B., sodaß die Sache zurückgefordert werden kann. Zu den Leistungen gehört auch die Uebertragung unkörperlicher Gegenstände:

die Cession von Forderungen, die Eintragung eines Rechts an einem Grundstück, die Prioritätseinräumung, R.G. in J. W. 1887 S. 289: diese Gegenstände sind in das Eigenthum des Kridars übergegangen, wenn der letztere der Verfügungsberechtigte geworden ist.

5. Der Ersatzanspruch ist nur als Konkursforderung, nicht als Masseforderung geltend zu machen, auch wenn er durch eine Handlung des Verwalters entstanden ist. Daraus folgt aber nicht, daß die vertragsmäßigen Leistungen, die z. B. dem Vermiether oder dem Dienstverpflichteten für die Zeit nach der Konkurseröffnung zu machen sind, zu den Masseforderungen nicht zu rechnen wären. Andererseits ist der andere Theil berechtigt, mit seinem Entschädigungsanspruch die Gegenansprüche des Verwalters auf Rückgabe der dem andern Theil gemachten Leistungen zu kompensiren, R.G. 22, 112, auch wenn dieselben nicht gleichartig sind, § 54. Steht dem andern Theil zur Sicherung seines Rechts auf Erfüllung oder wegen seiner Ansprüche aus dem Vertrage ein Absonderungsrecht zu, so behält er dasselbe nach der Bestimmung des § 26 neben dem Konkursanspruch, vgl. §§ 1210, 767 B.G.B.

6. Der Ersatzanspruch des § 26 steht nur dem andern Theil, nicht dem Verwalter zu, denn der § spricht nur von der Berechtigung „des andern Theils". Der Verwalter ist daher dann nicht ersatzberechtigt, wenn z. B. der Dienstverpflichtete nach § 22 mit gesetzlicher Frist kündigt, da der letztere lediglich von einem ihm gesetzlich zustehenden Recht Gebrauch macht.

§. 27.

Erlischt ein von dem Gemeinschuldner ertheilter Auftrag oder ein Dienst- oder Werkvertrag der im §. 23 Abs. 2. bezeichneten Art in Folge der Eröffnung des Verfahrens, so ist der andere Theil in Ansehung der nach der Eröffnung des Verfahrens entstandenen Ersatzansprüche im Falle des §. 672 Satz 2 des Bürgerlichen Gesetzbuchs Massegläubiger, im Falle des §. 674 des Bürgerlichen Gesetzbuchs Konkursgläubiger.

M. I —; P. I —; M. II 32, 33; P. II —.

Der § 27 weist im Anschluß an den § 23 denjenigen Ansprüchen des Bevollmächtigten, welche nach der Konkurseröffnung wirksam entstehen, ihre Stellung der Konkursmasse gegenüber an, Anm. 5 zu § 23. Nach diesem Zeitpunkt können solche Ansprüche durch die Geschäftsführung des Bevollmächtigten erwachsen 1. soweit er unaufschiebbare Geschäfte fortgeführt hat, und 2. solange er von der Konkurseröffnung keine Kenntniß hatte, noch haben mußte. Im ersten Falle ist der Bevollmächtigte zur Fortführung der Geschäfte nicht nur berechtigt, sondern auch verpflichtet; die Forderung ist deßhalb, s. § 58², als Masseforderung anzusehen. Im zweiten Falle gilt der Auftrag nur zu seinen Gunsten als fortbestehend, es ist daher von der Fiktion auszugehen, als ob der Konkurs noch nicht eröffnet wäre, sodaß diese Ansprüche, ebenso wie die aus dem Vollmachtsauftrag vor der Konkurseröffnung entstandenen Ansprüche, Konkursforderungen sind.

§. 28.

Wird eine nach §. 705 des Bürgerlichen Gesetzbuchs eingegangene Gesellschaft durch die Eröffnung des Konkursverfahrens über das Vermögen eines Gesellschafters aufgelöst, so ist der geschäftsführende Gesellschafter in Ansehung der Ansprüche, welche ihm aus der einstweiligen Fortführung der Geschäfte nach §. 728 Satz 2 des Bürgerlichen Gesetzbuchs zustehen, Massegläubiger, in Ansehung der ihm nach §. 729 des Bürgerlichen Gesetzbuchs zustehenden Ansprüche, unbeschadet der Bestimmung des §. 51, Konkursgläubiger.

M. I —; P. I —; M. II 33; P. II —.

1. Der § 28 wendet die Grundsätze des § 27 auch auf die Vermögensgesellschaft des § 705 B.G.B. an. Nach § 728 B.G.B. wird die Gesellschaft durch die Eröffnung des Konkurses über das Vermögen eines Gesellschafters aufgelöst. In diesem Falle haben der oder die geschäftsführenden Gesellschafter die Verpflichtung zur einstweiligen Fortführung der ihnen übertragenen Geschäfte, bis der Verwalter für die Fortführung Fürsorge getroffen hat. Insoweit gilt die Gesellschaft als fortbestehend. Nach § 729 gilt nach der Eröffnung des Konkurses die einem Gesellschafter durch den Gesellschaftsvertrag übertragene Befugniß zur Geschäftsführung zu seinen Gunsten solange als fortbestehend, bis er die Eröffnung des Verfahrens kennt oder kennen muß. Die ihm aus seiner Geschäftsführung zustehenden Ansprüche sind, soweit sie vor der Konkurseröffnung entstanden sind, Konkursforderungen, gesichert durch das Absonderungsrecht des § 51; die ihm im Fall des § 728 nach der Konkurseröffnung aus der Geschäftsführung erwachsenen Ansprüche sind dagegen Masseforderungen, weil er zu dieser Geschäftsführung verpflichtet ist, und seine Auslagen daher für die Verwaltung der Masse gemacht sind, § 58², wogegen die ihm im Fall des § 729 entstandenen Ansprüche nur Konkursforderungen sind, weil in diesem Falle der Fortbestand der Gesellschaft nur zu seinen Gunsten so angenommen wird, als ob der Konkurs nicht eröffnet wäre, und daher dieser Anspruch den vor der Konkurseröffnung entstandenen Ansprüchen gleichsteht.

2. Die stille Gesellschaft ist eine Gesellschaft des § 705 B.G.B., für sie kommen daher die für den Fall des § 728 B.G.B. bestimmten Grundsätze zur Anwendung. Auch die offene Handelsgesellschaft und die Kommanditgesellschaft sind Gesellschaften des § 705 B.G.B., §§ 105 Abs. 2, 161 Abs. 2 H.G.B., mit den im H.G.B. bestimmten Abweichungen, s. auch § 136 H.G.B. Die Anwendung des § 28 auf diese Gesellschaften ist um so unbedenklicher, weil sich die Vorschriften dieses § aus den allgemeinen Grundsätzen der K.O. ohnehin ergeben.

3. Der § betrifft nur die Ansprüche des Gesellschafters aus der Geschäftsführung, also die Auslagen, §§ 713, 670 B.G.B. nebst Zinsen, § 256, und die Vergütung, die ihm vertragsmäßig für seine Bemühungen zusteht. Die Ansprüche stehen ihm auch dann zu, wenn er befugter Weise über den ihm zugewiesenen Geschäftskreis hinaus ein Geschäft in Gemäßheit des § 754 B.G.B. für einen andern Gesellschafter, z. B. die zur Unterbrechung der Verjährung erforderlichen Maßnahmen vornimmt.

Dritter Titel.

Anfechtung.

§. 29.

Rechtshandlungen, welche vor der Eröffnung des Konkursverfahrens vorgenommen sind, können als den Konkursgläubigern gegenüber unwirksam nach Maßgabe der folgenden Bestimmungen angefochten werden.

M. I 117—121; P. I 20, 647; M. II —; P. II —.

Literatur: Außer den Kommentaren und den systematischen Darstellungen von Fitting, Endemann und Kohler, Otto, Anfechtung von Rechtshandlungen, Hartmann, Anfechtungsgesetz, Jäckel, Anfechtung auf Grund des Ges. vom 21. Juli 1879, Korn, Anfechtung in und außer dem Konkurse, Grützmann, Anfechtungsrecht der Konkursgläubiger, Cosack, Anfechtungsrecht der Gläubiger, Petersen zur Lehre vom Anfechtungsrecht in Z. f. D.C.P. 10, 17—72, Meisner, über die juristische Natur des Anfechtungsrechts in Gruchots Beitr. 32, 204 ff., Frohmann, Anfechtungsklage des § 23 Nr. 1, Harburger in J. W. 1885, Hartzfeld in der Z. f. frag. Civilrecht 14, 481 ff. und 667 ff., Wolff, Abf.R. §§ 47—54.

1. Formell gültige Rechtshandlungen unterliegen unter bestimmten Voraussetzungen der Anfechtung, durch welche sie redressirt werden: ein durch Betrug, durch Zwang oder Irrthum eingegangenes Rechtsgeschäft ist formell gültig, aber der Kontrahent, der von einem dieser Gründe betroffen ist, braucht ein solches Rechtgeschäft nicht gegen sich gelten zu lassen und kann von dem andern Theil die Anerkennung der Nichtexistenz desselben fordern. Dies Recht hat den Charakter des Anspruchs aus der Bereicherung § 812 B.G.B., es kann daneben aber unter Umständen auch unter dem Gesichtspunkt eines besonders gearteten Rechtsverhältnisses stehen; so ist das Recht der Rückforderung wegen Zwangs oder Betrugs zugleich ein Deliktsanspruch, § 823 B.G.B. Nicht anders ist das Recht der Anfechtung wegen Zahlungsunfähigkeit oder nachfolgenden Konkurses zu beurtheilen. Begrifflich stellt es sich als Anspruch aus der ungerechtfertigten Bereicherung dar, neben dieser rechtlichen Natur kann es aber unter Umständen auch einen speziellen Rechtscharakter, den des Delikts haben. Nach Römischem Recht gründete sich das Recht der actio pauliana auf den animus fraudaudi creditores und war daher stets ein Recht aus dem Delikt. Die K.O. setzt aber nicht für alle Anfechtungsgründe den Deliktscharakter voraus (so auch R.G. 21, 420; 10, 325 ff., 334 ff., 26, 1, in Gruchots Beitr. 28, 1124; 38, 488, 1200). Das Anfechtungsrecht der §§ 30, 31 beruht stets zugleich auf einer unerlaubten Handlung, nicht das Anfechtungsrecht der §§ 30, 32, s. darüber Wolff, Abf.R. § 47. Das R.G. faßt dagegen 21, 420 die Rechtshandlungen des § 30² nicht als unerlaubte Handlungen auf. Auch v. Sarwey-Bossert S. 214, v. Mandry S. 462 ff., Stieglitz S. 121, Fitting § 15 Anm. 1, Grützmann S. 99, 121 ff., 145 ff., 177, 181, 189, Otto S. 18 ff., 25 betrachten das Anfechtungsrecht als ein Konditionsrecht, das unter Umständen daneben ein Recht aus einem Delikt sei. Andere nehmen dagegen an, daß die Grundlage des Rechts stets eine unerlaubte Handlung sei, andere, daß das Recht nur in der ungerechtfertigten Bereicherung seinen Grund habe, andere, daß die Anfechtung als eine Hülfsklage zum Zweck der Zwangsvollstreckung gegeben oder daß das Rechtsverhältniß als obligatio ex lege anzusehen sei.

2. Das Anfechtungsrecht soll jetzt nicht mehr, wie in den M. I angenommen wurde, als ein Anfechtungsanspruch aufgefaßt werden, M. II S. 35, weil im § 194 Abs. 1 B.G.B. der Anspruch als das Recht definirt sei, von einem andern ein Thun oder ein Unterlassen zu verlangen, das Anfechtungsrecht aber nicht unter diesen Begriff falle. Diese Auffassung erscheint jedoch nicht richtig, da durch die Erklärung der Anfechtung das Recht auf Rückgabe eines Vermögensgegenstands oder auch (im Wege der Einrede) die Weigerung einer aus der anfechtbaren Rechtshandlung vom Gegner in Anspruch genommenen Leistung, also ein Thun oder ein Unterlassen geltend gemacht wird.

Das Anfechtungsrecht oder der Anfangsanspruch ist kein zur Konkursmasse gehöriges Vermögensrecht, weil es zur Zeit der Konkurseröffnung noch nicht vorhanden war, § 1, sondern erst durch die Konkurseröffnung entsteht und mit der Konkursbeendigung aufhört, R.G. 7, 36; 30, 73 (in der Literatur streitig). Deshalb kann es nicht zum Gegenstand eines Rechtsgeschäfts mit einem Dritten gemacht, R.G. 30, 72; 39, 13, kann daher nicht übertragen, noch verpfändet werden. Während das Anfechtungsrecht des Vollstreckungsgläubigers auf Grund des Ges. vom 21. Juli 1879 auf den Cessionar übergeht, R.G. 39, 14, verbleibt das Anfechtungsrecht der §§ 29 ff. dem Verwalter selbst dann, wenn es ein Recht an einem vom Verwalter veräußerten Grundstück, z. B. eine Hypothek betrifft, auch in diesem Fall kann es trotz des § 266 C.P.O. nur der Verwalter, nicht der Erwerber geltend machen, der letztere kann auch den Anfechtungsprozeß nicht fortsetzen.

3. Anfechtbar sind die vor der Konkurseröffnung vorgenommenen Rechtshandlungen, s. darüber Anm. 2 und 4 zu § 7. Nach den M. I sollten nur die positiven Handlungen, nicht auch Unterlassungen des Gemeinschuldners der Anfechtung unterliegen, diese Annahme fand aber in der Kommission keinen Anklang und die abweichende Auffassung der Kommission ist im Gesetz durch Aenderung der Fassung zum Ausdruck gebracht. Es besteht kein Streit darüber, daß auch die Unterlassungen des Kridars, durch welche eine Einwirkung auf den Vermögensbestand verursacht wird, der Anfechtung unterliegen. Voraussetzung ist aber, daß der Anfechtungsgegner „etwas auf Kosten des Gemeinschuldners erlangt hat", § 812 B.G.B. Diese Voraussetzung liegt nicht vor, wenn dem Kridar nur ein Vermögenserwerb, z. B. eine Schenkung angeboten oder ein Vertragsantrag gemacht, von ihm aber abgelehnt ist. Dagegen würde die Ausschlagung einer ihm bereits angefallenen Erbschaft oder eines ihm angefallenen Legats der Anfechtung unterliegen, wenn nicht das Recht, diesen Erwerb auszuschlagen, dem Gemeinschuldner nach § 9 sogar nach der Eröffnung des Verfahrens gestattet wäre, eine Anfechtung der Ausschlagung der Erbschaft oder des Vermächtnisses vor der Konkurseröffnung ist daher um so mehr ausgeschlossen.

4. Die Rechtshandlung muß in der Regel vom Gemeinschuldner selbst vorgenommen sein, auch wenn sie nur in einer Versäumniß besteht, aber in den Fällen des § 30 Nr. 1 Satz 2 und des § 30 Nr. 2 ist es gleichgiltig, ob die Rechtshandlung „mit dem Willen oder ohne oder gegen seinen Willen geschehen" ist, R.G. 2, 375, 398; 10, 34; 25, 38, denn in diesen Fällen erwähnt das Gesetz die in den übrigen Fällen ausdrücklich betonte Mitwirkung des Kridars nicht; s. hierüber Meisner in Gruchots Beitr. 32, 474 ff.

Die Rechtshandlung muß vor der Konkurseröffnung vorgenommen sein; s. darüber Anm. 3 zu § 7 und für die Fälle, in denen die Rechtshandlung aus mehreren Akten besteht, Anm. 6 zu § 14, ferner R.G. 4, 324; 9, 69, 70; 33, 320. Ist die Rechtshandlung nach der Eröffnung des Verfahrens vorgenommen, so kommen die §§ 7, 8, 13—15 zur Anwendung. Aber in denjenigen Fällen, in welchen die nach der Konkurseröffnung vorgenommene Rechtshandlung wegen des guten Glaubens des Dritten aus Gründen der §§ 7, 8, 15 nicht als unwirksam anzusehen ist, ist nach § 42 die Anfechtung aus den Gründen der §§ 30 ff. zulässig.

5. Die Voraussetzung des Anfechtungsanspruchs ist die Benachtheiligung der Konkursmasse, es muß ein Gegenstand ganz oder theilweise der Masse entzogen oder im Werth verringert oder es muß ein der Masse gegenüberstehender Werth, z. B. ein Pfandrecht, entstanden sein, R.G. 14, 313; 15, 62, in J. W. 1894 S. 547[15] u. [17], 1893 S. 83. Eine solche Verringerung liegt nicht vor, wenn sich der volle Gegenwerth in der Masse befindet, R.G. 10, 8, in J. W. 1886 S. 14, wenn der veräußerte Gegenstand nicht zum Konkursvermögen gehören würde oder wenn er überhaupt keinen Werth hat. Ist er mit Pfandrechten so überlastet, daß sich ein Ueberschuß für die Masse nicht ergeben kann, so hat er doch für die Konkursmasse insofern einen Werth, als die Absonderungsgläubiger, sofern sie zugleich persönliche Gläubiger sind, ihre Befriedigung nach § 64 nur insoweit aus der Masse verlangen können, als sie auf ihr Absonderungsrecht an dem zur Masse gehörigen Gegenstand verzichten oder bei der abgesonderten Befriedigung ausgefallen sind, während diese Beschränkung ihres Rechts wegfällt, wenn der Gegenstand veräußert ist; unter diesen Voraussetzungen liegt zwar nicht eine Benachtheiligung der Konkursmasse, wohl aber der Konkursgläubiger vor, s. darüber unten; in den Fällen, in denen die Benachtheiligung der Gläubiger als Voraussetzung der Anfechtung gefordert ist, ist daher eine solche Veräußerung anfechtbar, s. darüber aber R.G. 15, 65. Die Konkursmasse ist aber nur dann verringert, wenn das Vermögen des Kridars auch ohne die Konkurseröffnung verringert sein würde; sie ist daher nicht verringert, wenn zwar ohne die Rechtshandlung die in Betracht kommende Sache sich noch in der Masse befinden würde, der Gemeinschuldner aber den vollen Werth der Sache erhalten und diesen Werth verbraucht hat oder mit dem Kaufpreis flüchtig geworden ist. In diesem Falle ist die Anfechtung ausgeschlossen, R.G. 37, 101, vgl. aber 22, 49 und bei Bolze 4 Nr. 364, sofern nicht die Voraussetzungen vorliegen, unter denen die Anfechtung wegen Benachtheiligung der Konkursgläubiger zugelassen ist.

Ist die Verringerung der Konkursmasse mit der Verringerung des Vermögens des Kridars identisch, so kann doch durch die Handlung, welche das Vermögen des Kridars nicht geschädigt hat, weil dieser den Gegenwerth erhalten, aber verbraucht hat oder damit geflohen ist, eine Benachtheiligung der Konkursgläubiger vorliegen, welche in Folge der Rechtshandlung ihre Befriedigung nur in geringerem Maße erhalten, R.G. 10, 8, in J. W. 1883 S. 227, bei Bolze 4 Nr. 364. Die allgemeine Ansicht hält eine Benachtheiligung der Konkursgläubiger für eine Voraussetzung jeder Anfechtung, will aber in den Fällen, in denen das Ges. sie nicht als besonderes Requisit erfordert, dem Verwalter den Beweis der Benachtheiligung erlassen, und nur dem Anfechtungsgegner den Einredebeweis gestatten; nur Cosack S. 45, 63, 64 und Petersen und Kleinfeller Anm. II, 1 halten die Einrede nicht für zulässig. Ebensowenig wie die nach der Konkurseröffnung vorgenommenen Rechtshandlungen, Anm. 6 zu § 7, nach § 7 die Benachtheiligung der Konkursgläubiger voraussetzen, ist diese Thatsache im Allgemeinen für die Anfechtung erforderlich. Denn nur die §§ 30[1] und 31 erfordern die Benachtheiligung der Konkursgläubiger zu ihrem Thatbestand und lassen damit andererseits die Anfechtung auch derjenigen Handlung zu, durch die nicht die Konkursmasse, wohl aber die Konkursgläubiger geschädigt werden. Der § 30[2] spricht nur von der dem Anfechtungsgegner bekannten A b s i c h t des Gemeinschuldners, ihn vor den übrigen Gläubigern zu begünstigen, der § 32 von unentgeltlichen Verfügungen, ohne eine Benachtheiligung der Gläubiger zu erwähnen. Dem Anfechtungskläger aus §§ 30², 32 kann daher auch die Einrede nicht entgegengesetzt werden, daß die Gläubiger nicht benachtheiligt seien, wenn auch der Beweis, daß eine solche Benachtheiligung nicht stattgefunden hat, häufig, nicht immer, den Schluß zuläßt, daß dem Kridar die Absicht der Benachtheiligung bezw. der Begünstigung gefehlt hat. Es kann dem Verwalter auch nicht die Einrede entgegengesetzt werden, daß die Konkursmasse zur Befriedigung der Konkursgläubiger ausreiche; allerdings ist es richtig, was v. Wilmowski Vorbem. sagt, daß die Gläubiger, die alles erhalten, was sie zu fordern haben, nicht noch mehr verlangen können, aber einerseits läßt sich dieser Beweis niemals vor der vollständigen Befriedigung sämmtlicher Gläubiger führen, denn aus der Feststellung des Werths der Masse läßt sich nicht mit Sicherheit entnehmen, daß sie zu dem abgeschätzten Werth realisirt wird; aber auch wenn dies der Fall wäre, so kann sie sich durch Zufall, z. B. durch Diebstahl, Unterschlagung und aus andern zufälligen Ursachen verringern; andererseits kann in den Fällen, in denen die Vermögenszulänglichkeit kein Grund ist, die Konkurseröffnung zu verhindern, aus dieser Vermögenszulänglichkeit auch keine Einrede gegen einen durch die Konkurseröffnung entstandenen Anspruch hergeleitet werden.

6. Das Gesetz fordert nicht, daß die Konkursforderungen zur Zeit der Vornahme der Rechtshandlung schon bestanden, R.G. 15, 64; 26, 11, in J. W. 1889 S. 209.

7. Die Anfechtung wegen Formmangels, Irrthums, Betrugs, Zwangs 2c. erfolgt lediglich nach dem B.G.B., der Verwalter greift die Rechtshandlung an Stelle des Kridars, auch gegen dessen Willen, an, R.G. in J. W. 1887 S. 78. Dasselbe gilt von dem Scheingeschäft, dieses ist von Anfang an nichtig, § 117 B.G.B., äußert daher nicht blos den Konkursgläubigern, sondern auch dem Kridar selbst gegenüber keine Wirkungen. An sich kann daher die Anfechtung eines nichtigen Geschäfts nicht auf Grund der §§ 30ff., vorgenommen werden, weil die Anfechtung ein an sich wirksames Rechtsgeschäft voraussetzt. Die Einrede des Anfechtungsgegners, daß das Rechtsgeschäft simulirt sei, steht deshalb der nur auf die §§ 30ff. gestützten Klage entgegen, wenn der Verwalter sich nicht auf beide Gründe eventuell gestützt hat, s. darüber R.G. 32, 230 und in Gruchots Beitr. 27, 1082ff. Der Einrede der Anfechtung kann die Replik der Simulation dagegen nicht mit Erfolg entgegengehalten werden, weil mit dieser Replik die Nichtigkeit des Rechtsgeschäfts mit derselben Wirkung behauptet wird, welche für das angefochtene Geschäft nach § 142 Abs. 1 B.G.B. besteht.

8. Die Anfechtung ist ausgeschlossen, wenn der Verwalter die Rechtshandlung bestätigt hat, die Bestätigung bedarf nicht der für die Rechtshandlung bestimmten Form, § 144 B.G.B., und macht die Rechtshandlung von Anfang an wirksam.

9. Durch die Anfechtung wird das Rechtsgeschäft nur den Konkursgläubigern gegenüber unwirksam. Dem Gemeinschuldner gegenüber bleibt es auch nach der Anfechtung wirksam, er kann sich auf die durchgeführte Anfechtung nach der Beendigung des Verfahrens nicht berufen, M. I S. 111, 112, R.G. 7, 35; 30, 404. Der Kridar kann daher die Anfechtung nach Abschluß des Verfahrens nicht verfolgen, R.G. 7, 35, 21, 95; 30, 403; 31, 43, in J. W. 1883 S. 228; 1889 S. 109; 1893 S. 253, zwar kann er in den Prozeß eintreten, und insbesondere wegen der Entscheidung über die Prozeßkosten verhandeln, v. Wilmowski Anm. 3, aber er kann den Anfechtungsanspruch, der nur während des Konkurses besteht, nicht aufrecht erhalten.

Die Absonderungsgläubiger können durch die Vergrößerung der Masse einen Vortheil erlangen, auf ihr Absonderungsrecht wirkt der Erfolg der Anfechtung aber nicht ein, denn nicht zu ihren, sondern nur zu Gunsten der Konkursgläubiger kann das Rechtsgeschäft nach § 29 angefochten werden, R.G. 20, 29; 25, 63, bei Bolze 7 Nr. 290, in Gruchots Beitr. 34, 893, in J. W. 1889 S. 109; 1890 S. 130, Reißner im Deutschen Handelsblatt, 1880 S. 93, a. M. nur Cosack S. 350. Nach erfolgreicher Anfechtung des ersten Pfändungspfandrechts rückt daher nicht derjenige vor, für welchen die Nachpfändung vorgenommen war, sondern der Verwalter nimmt den Verkaufserlös, welcher dem ersten Pfändungspfandgläubiger zukommen würde, zur Masse und nur den Ueberschuß erhält der zweite Pfändungspfandgläubiger, der das Recht des ersten Gläubigers nicht selbst auf Grund des Ges. vom 21. Juli 1879 angefochten hat, v. Wilmowski Anm. 3, Petersen u. Kleinfeller Anm. III, 2.

10. Die Wirkung der Anfechtung ist jetzt eine andere, als nach bisherigem Recht (wegen des bisherigen Rechts s. R.G. 10, 10, 11; 13, 6; in J. W. 1883 S. 228; 1889 S. 20 und dagegen die Entsch. des Bayerschen obersten Landesgerichts vom 28. Oktober 1885 in der Sammlung 11, 235). Denn nach § 142 B.G.B. „ist ein anfechtbares Rechtsgeschäft nach der Anfechtung als von Anfang an nichtig anzusehen, und wer die Anfechtbarkeit kannte oder kennen mußte, wird, wenn die Anfechtung erfolgt, so behandelt, wie wenn er die Nichtigkeit des Rechtsgeschäfts gekannt hätte oder hätte kennen müssen." A. M. Seuffert S. 220 ohne Angabe von Gründen. Das vom Kridar verkaufte und aufgelassene Grundstück gilt daher als von Anfang an nicht verkauft, die von dritten Personen daran erworbenen Rechte (Hypotheken, Reallasten, Grundgerechtigkeiten 2c.) sind unwirksam, es sei denn, daß der Dritte die Anfechtbarkeit weder kannte, noch kennen mußte. Für ihn kommen aber die §§ 892, 893, 932—936, 1207 B.G.B. zur Anwendung.

11. Die Anfechtung erfolgt nicht mehr, wie bisher M. I S. 112, durch Erhebung der Klage oder Einrede, sondern nach § 143 B.G.B. durch die Erklärung gegenüber dem Anfechtungsgegner bezw. im Fall des Abs. 4 des § 143 auch durch eine formlose Erklärung gegenüber der zuständigen Behörde, P. II S. 12—14, auch im § 4 des Anfechtungsges. vom 21. Juli 1879 sind deshalb in der neuen Fassung die Worte „der Anfechtungsanspruch rechtshängig geworden ist" durch die Worte ersetzt „die Anfechtung erfolgt ist". Von dem Zeitpunkt der Abgabe der Erklärung an werden die Fristen des § 41 berechnet. Nur zur Durchführung der Anfechtung, welcher der Gegner sich nicht gefügt hat, ist die Klage erforderlich, die Anfechtungserklärung liegt aber auch in der zugestellten Klage.

12. Anfechtungsgegner ist derjenige, mit welchem oder von welchem oder welchem gegenüber die Rechtshandlung vorgenommen ist oder sein Universalrechtsnachfolger Dieser ist der Anfechtungsgegner auch dann, wenn das Recht auf einen Dritten übergegangen ist, s. darüber § 40.

13. Die Zuständigkeit des Gerichts regelt sich jetzt nach den allgemeinen Grundsätzen. Denn da in Folge der Anfechtungserklärung das Rechtsgeschäft als nichtig anzusehen ist, durch welches der Anfechtungsgegner einen Vermögensgegenstand erworben hat, fordert der Verwalter nunmehr den Gegenstand zurück, als ob er ohne Rechtsgrund in den Besitz des andern gelangt wäre. Der Gerichtsstand ist daher im Allgemeinen der des Beklagten; wenn ein Fall der unerlaubten Handlung vorliegt, Anm. 1, auch der des § 32 C.P.O. 2c. Wird eine Pfändung angefochten, so ist nicht mehr, wie dies bisher vom R.G. in Gruchots Beitr. 38, 180, 492, in J. W. 1894 S. 427; 1895 S. 202 nach § 771 Abs. 1 C.P.O. angenommen wurde, das Gericht, in dessen Bezirk die Zwangsvollstreckung vorgenommen ist, ausschließlich zuständig, da der Verwalter nicht mehr als Dritter im Sinne des § 771 C.P.O. gelten kann;

nachdem der Verwalter die Anfechtung erklärt hat, ist die Pfändung, wenn die Voraussetzungen der Anfechtung vorliegen, nichtig, der Verwalter weist daher mit der Klage den unberechtigten Eingriff in den zur Masse gehörigen Gegenstand mit der negatorischen Klage zurück, das Gericht für diese Klage, in der Regel also das Forum des Beklagten, ist daher zuständig.

13. Eine Statutenkollision kann jetzt nur noch mit dem Recht des Auslandes vorkommen. Ueber die Lösung der Kollision herrscht große Meinungsverschiedenheit. Da die Bethätigung des Willens, das ausländische Recht gelten zu lassen, selbst eine Rechtshandlung ist, die als Bestandtheil der anfechtbaren Handlung der Anfechtung unterliegt, so ist mit Franke in civ. Arch. 62, 488 ff. anzunehmen, daß die in der Absicht der Vermeidung der Anfechtung im Ausland vorgenommene Rechtshandlung nach den Grundsätzen der K.O. zu behandeln ist. Abgesehen hiervon ist dem Bereicherungsanspruch gegenüber das Recht des Wohnsitzes des Anfechtungsgegners, dem Deliktsanspruch gegenüber auch das Recht des Orts der Vornahme der Rechtshandlung entscheidend. Die im Inland mit oder von einem Ausländer vorgenommene Rechtshandlung wird stets nach deutschem Recht zu behandeln sein.

14. Die einzelnen Anfechtungsgründe sind in den §§ 30—32 aufgeführt. Einen besondern Grund der Anfechtung statuirt der § 342 H.G.B. für die stille Gesellschaft:

„Ist auf Grund einer in dem letzten Jahre vor der Eröffnung des Konkurses zwischen dem Inhaber des Handelsgeschäfts und dem stillen Gesellschafter getroffenen Vereinbarung diesem die Einlage ganz oder theilweise zurückgewährt oder sein Antheil an dem entstandenen Verluste ganz oder theilweise erlassen worden, so kann die Rückgewähr oder der Erlaß von dem Konkursverwalter angefochten werden. Es begründet keinen Unterschied, ob die Rückgewähr oder der Erlaß unter Auflösung der Gesellschaft stattgefunden hat oder nicht.

„Die Anfechtung ist ausgeschlossen, wenn der Konkurs in Umständen seinen Grund hat, die erst nach der Vereinbarung der Rückgewähr oder des Erlasses eingetreten sind.

„Die Vorschriften der Konkursordnung über die Geltendmachung der Anfechtung und deren Wirkung finden Anwendung."

Indem die Vorschriften der Konkursordnung nur hinsichtlich der Geltendmachung und Wirkung auf diesen Fall bezogen sind, kommen die Voraussetzungen der Anfechtung, wie sie die K.O. vorschreibt, hier nicht in Betracht. Die Anfechtung ist daher begründet, auch wenn der stille Gesellschafter von der Zahlungseinstellung, dem Eingang des Eröffnungsantrags, der Absicht, ihn zu begünstigen oder die Gläubiger zu benachtheiligen, keine Kenntniß hatte.

§. 30.

Anfechtbar sind:

1. die nach der Zahlungseinstellung oder dem Antrage auf Eröffnung des Verfahrens von dem Gemeinschuldner eingegangenen Rechtsgeschäfte, durch deren Eingehung die Konkursgläubiger benachtheiligt werden, wenn dem anderen Theile zu der Zeit, als er das Geschäft einging, die Zahlungseinstellung oder der Eröffnungsantrag bekannt war; sowie die nach der Zahlungseinstellung oder dem Eröffnungsantrage erfolgten Rechtshandlungen, welche einem

Konkursgläubiger Sicherung oder Befriedigung gewähren, wenn dem Gläubiger zu der Zeit, als die Handlung erfolgte, die Zahlungseinstellung oder der Eröffnungsantrag bekannt war;

2. die nach der Zahlungseinstellung oder dem Antrage auf Eröffnung des Verfahrens oder in den letzten zehn Tagen vor der Zahlungseinstellung oder dem Eröffnungsantrage erfolgten Rechtshandlungen, welche einem Konkursgläubiger eine Sicherung oder Befriedigung gewähren, die er nicht oder nicht in der Art oder nicht zu der Zeit zu beanspruchen hatte, sofern er nicht beweist, daß ihm zur Zeit der Handlung weder die Zahlungseinstellung und der Eröffnungsantrag, noch eine Absicht des Gemeinschuldners, ihn vor den übrigen Gläubigern zu begünstigen, bekannt war.

M. I 122—130; P. I 20—22, 149; M. II —; P. II —.

1. Der § erklärt zwei Arten von Rechtshandlungen für anfechtbar:

a) die Rechtsgeschäfte, die der Kridar vorgenommen hat, wenn durch ihre Eingehung die Konkursgläubiger benachtheiligt werden,

b) die Sicherung und die Befriedigung, die einem Konkursgläubiger gewährt ist.

Hinsichtlich der Rechtshandlungen unter b wird aber unterschieden, ob der Gläubiger die Sicherung oder Befriedigung beanspruchen konnte oder nicht: Konnte er sie beanspruchen, so ist die Anfechtung nur zulässig, wenn die Rechtshandlung erst nach der Zahlungseinstellung oder dem Eingang des Eröffnungsantrags erfolgt war, und wenn der Verwalter beweist, daß der Anfechtungsgegner die Zahlungseinstellung oder den Eröffnungsantrag kannte; konnte er die Befriedigung oder Sicherung nicht beanspruchen, so ist die Anfechtung auch zulässig, wenn die Rechtshandlung in den letzten 10 Tagen vor der Zahlungseinstellung oder dem Eingang des Eröffnungs-Antrags vorgenommen war, und hat in diesem Fall der Anfechtungsgegner nicht nur zu beweisen, daß ihm der Eröffnungsantrag und die Zahlungseinstellung, sondern daß ihm auch eine Absicht des Gemeinschuldners, ihn vor den übrigen Gläubigern zu begünstigen, unbekannt gewesen sei.

2. Jeder Anfechtungsanspruch des § 30 setzt voraus, daß durch die anfechtbare Handlung zur Zeit ihrer Vornahme das Vermögen des Kridars vermindert wurde, nur in dem Fall der Nr. 1 Satz 1 ist auch die Benachtheiligung der Konkursgläubiger für genügend angesehen, Anm. 5 zu § 29.

3. Die Anfechtung erfordert, unbeschadet der weitergehenden Vorschrift der Nr. 2, daß die Rechtshandlung nach der Zahlungseinstellung oder dem Eröffnungsantrag erfolgt ist. Ueber die zeitliche Beschränkung s. Anm. 1 zu 33, über den Begriff der Zahlungseinstellung s. Anm. 2 zu § 102. Als Eröffnungsantrag ist der, nicht ein Antrag bezeichnet; es kommt daher nicht, wie Petersen und Kleinfeller Anm. 4 und Cosack S. 178 meinen, jeder beliebige Eröffnungsantrag, sondern nur derjenige Antrag in Betracht, auf Grund dessen das Verfahren eröffnet ist, also nicht ein vorher gestellter, aber abgelehnter Antrag. Sind mehrere Anträge nach einander eingegangen, auf Grund welcher das Verfahren eröffnet ist, so besteht objektiv die Anfechtbarkeit aller schon nach dem Eingang des ersten Antrags vorgenommenen Rechtshandlungen,

kennt aber der Anfechtungsgegner nur einen der folgenden Anträge, so ist der Zeitpunkt des Eingangs dieses Antrags maßgebend.

Ist die Rechtshandlung am Tage der Zahlungseinstellung oder an dem Tage erfolgt, an welchem der Eröffnungsantrag bei dem Richter oder dem Gerichtsschreiber einging, so hat der Verwalter, da eine dem § 7 Abs. 3 ähnliche Vermuthung für diese Fälle nicht gegeben ist, zu beweisen, daß die Rechtshandlung nachher vorgenommen ist.

Besteht die Rechtshandlung aus mehreren Akten, die nur durch ihr Zusammenwirken die Rechtshandlung bewirken, z. B. aus der Einigung über die Eintragung und der Eintragung oder aus dem Vertragsantrag und der Annahme, so ist die Rechtshandlung erst mit dem Eintritt aller nothwendigen Akte vorgenommen, für die Anfechtung kommt es aber auf die „Zeit an, als der Gläubiger das Geschäft einging", daher ist die Zeit seiner Thätigkeit, nicht die Zeit, in welcher das Rechtsgeschäft wirksam wurde, entscheidend; hat er vor der Zahlungseinstellung den Vertragsantrag gestellt, der erst nachher angenommen wurde, so ist die Anfechtung des § 30 ausgeschlossen, v. Wilmowski Anm. 1, a. M. Cosack S. 179.

4. Es ist nicht erforderlich, daß der Gemeinschuldner seine Zahlungseinstellung oder den Eröffnungsantrag gekannt oder davon, z. B. wegen Abwesenheit, keine Kenntniß hatte. Nur der Anfechtungsgegner muß davon Kenntniß haben und zwar zu der Zeit, in welcher er seine, auf die Eingehung des Rechtsgeschäfts bezügliche Thätigkeit ausübte; eine erst nachträgliche Kenntnißnahme schließt die Anfechtung des § 30 aus. Das Kennenmüssen genügt hier nicht, der Gläubiger muß die Kenntniß in einer Weise haben, daß er an die Thatsache glauben muß, eine unumstößliche Gewißheit braucht er nicht zu haben, R.G. 37, 285, 286; in J. W. 1894 S. 593[16], vgl. R.G. 23, 115, J. W. 1895 S. 226.

War der Gläubiger bei der Vornahme der Rechtshandlung vertreten, so kommt es nach § 166 Abs. 1 B.G.B. nicht auf seine, sondern nur auf die Kenntniß seines gesetzlichen oder bevollmächtigten Vertreters an, Seuffert S. 211. Nur wenn der Bevollmächtigte nach einer bestimmten Weisung gehandelt hat, mag sie auch nur allgemeiner Natur gewesen, z. B. auf den Erwerb einer Sache oder auf Sicherung oder Befriedigung einer Forderung gerichtet sein, so ist die Anfechtung sowohl zulässig, wenn der Vertreter, als auch wenn der Vertretene die erforderliche Kenntniß gehabt hat, § 166 Abs. 2 B.G.B. Vertreter in diesem Sinne ist auch der Prozeßbevollmächtigte, auf dessen Antrag eine Pfändung vorgenommen wird, ebenso aber auch der Gerichtsvollzieher, der die Zwangsvollstreckung ausführt, R.G. 16, 396, bei Bolze 4 Nr. 1519; A. M. Seuffert 211; nach § 166 B.G.B. kommt es daher auf die Kenntniß des Gerichtsvollziehers an, aber auch die Kenntniß des Prozeßbevollmächtigten genügt, der den Auftrag zur Zwangsvollstreckung gegeben hat, und ebenso die Kenntniß des Gläubigers selbst, der dem Bevollmächtigten nach § 81 C.P.O. mit der Vollmacht zur Prozeßführung zugleich den Auftrag zum Betreiben der Zwangsvollstreckung gegeben hat, es sei denn, daß er ihm ausdrücklich erklärt hat, daß die Zwangsvollstreckung nicht betrieben werden solle.

Ist der Gläubiger eine Gesellschaft oder eine Gemeinschaft nach Bruchtheilen, so genügt es jetzt nicht mehr unter allen Umständen, wie früher angenommen wurde, R.G. in J. W. 1885 S. 127; 1886 S. 148; 1887 S. 191; 1889 S. 154, in Gruchots Beitr. 29, 703, vgl. Meisner in Gruchots Beitr. 32, 487, daß ein Mitglied die erforderliche Kenntniß hat: War ein Mitglied mit der Geschäftsführung beauftragt, §§ 710, 746 B.G.B., § 114 H.G.B., so wirkt seine Kenntniß nach § 166 B.G.B. für die Gesellschaft bezw. Gemeinschaft; hatte es aber von der Zahlungseinstellung 2c.

keine Kenntniß, so kann die Kenntniß eines andern Gesellschafters oder Gemeinschaftsgenossen die Anfechtung nicht begründen, denn nach § 166 B.G.B. ist die Kenntniß der Vertretenen unerheblich. Wird die Rechtshandlung von allen Gesellschaftern vorgenommen, so kann die Kenntniß, die nur einer von ihnen hat, nur ihm, nicht den übrigen Gesellschaftern schaden, §§ 429 Abs. 3, 432 Abs. 2 B.G.B., nur dem einen Gesellschafter gegenüber kann daher die Anfechtung erfolgen, sodaß nur er, nicht die Gesellschaft, zur Redressirung der Leistung verpflichtet wird.

5. Die Anfechtung aus Nr. 1 Satz 1 setzt die Vornahme eines Rechtsgeschäfts voraus. Als Rechtsgeschäft faßt das B.G.B., welches diesen Begriff nicht ausdrücklich feststellt, jede Willenserklärung auf, durch welche ein rechtlicher Erfolg verursacht wird. Der § 30[1] faßt den Begriff jedoch enger, indem er nicht nur von einem Rechtsgeschäft handelt, welches der Gemeinschuldner eingeht, sondern auch von der Zeit spricht, „als der Gläubiger das Geschäft einging". Es sind daher alle einseitigen, auch die empfangsbedürftigen Willenserklärungen, insbesondere die Erfüllung von Verpflichtungen, über die sich Nr. 1 Satz 2 verhält, hier ausgeschlossen und nur die Rechtshandlungen gemeint, welche auf beiden Seiten eine Thätigkeit voraussetzen, wenn sich diese Thätigkeit auf einer Seite auch nur auf eine Annahme beschränkt, Petersen u. Kleinfeller Anm. II, 1 (streitig). Es handelt sich hiernach um gegenseitige und einseitige Verträge: Kauf, Tausch, Begeben und Annahme eines Wechsels (R.G. bei Bolze 9 Nr. 166), Uebertragung einer Sache oder eines Rechts, Darlehn, Erlaß, § 397 B.G.B., ꝛc. Zu diesen Rechtsgeschäften würde auch die Sicherung gehören, da diese aber in Nr. 1 Satz 2 geregelt wird, ist sie unter den Rechtsgeschäften nicht gemeint.

Die Anfechtung ist zulässig, wenn durch das Rechtsgeschäft die Konkursgläubiger benachtheiligt sind. In dieser Beziehung kommt das Anm. 5 zu § 29 Gesagte hier zur Anwendung: Die Benachtheiligung liegt nicht nur dann vor, wenn das Vermögen des Gemeinschuldners verringert wurde, sondern auch, wenn die Konkursgläubiger ohne das Rechtsgeschäft ihre Befriedigung zu einem höheren Betrage erhalten würden, z. B. wenn der Gegenwerth dem Gemeinschuldner vollständig zugekommen, später aber vor Eröffnung des Konkurses, sei es durch Zufall, sei es durch eine Handlung des Kridars aus dessen Vermögen ganz oder theilweise abhanden gekommen ist, R.G. 22, 49, dagegen 13, 41 (in der Literatur streitig). Zwar muß die Benachtheiligung der Gläubiger *durch* die Eingehung des Rechtsgeschäfts eingetreten sein, dies ist aber der Fall, wenn die Benachtheiligung ohne das Geschäft nicht erfolgt sein würde.

Nur die Benachtheiligung der *Konkursgläubiger* begründet die Anfechtung. Wird nur ein Absonderungsberechtigter als solcher betroffen, so ist die Handlung der Anfechtung des § 30 entzogen.

Andererseits ist es nicht erforderlich, daß der andere Theil Konkursgläubiger ist, vielmehr ist das mit jedem geschlossene Rechtsgeschäft, mag derselbe Konkursgläubiger sein oder nicht, der Anfechtung zugänglich.

6. Die Anfechtung der Sicherung oder Befriedigung auf Grund der Nr. 1 Satz 2 setzt dagegen voraus, daß ein Konkursgläubiger begünstigt ist. Konkursgläubiger ist hier derjenige, welcher zur Zeit der Befriedigung oder Sicherung einen Anspruch hatte, der ohne die Rechtshandlung als Konkursforderung des § 3 gelten würde, daher ist die Sicherstellung oder Befriedigung einer nicht existirenden Forderung nicht der Anfechtung des § 30 unterworfen (A. M. Petersen u. Kleinfeller), der Verwalter aber ist, sofern nicht ein Anfechtungsgrund der §§ 31, 32 vorliegt, jedenfalls berechtigt, die ungerechtfertigte Bereicherung des § 812 B.G.B. geltend zu machen. Dasselbe gilt von der Forderung, die wegen Formmangels nicht wirksam ist, denn ein Rechtsgeschäft,

dem die erforderliche Form fehlt, ist nach § 125 B.G.B. nichtig; wird aber der Mangel der Form durch die Erfüllung z. B. durch Zahlung geheilt, was hinsichtlich der durch Rechtsgeschäft bestimmten Form und in den Fällen der §§ 313, (518), 566, 766, 1154 Abs. 2, 2301 B.G.B. hinsichtlich der durch Gesetz vorgeschriebenen Form der Fall ist, so bestand der Anspruch im Moment der Erfüllung als Konkursforderung, die Befriedigung unterliegt daher der Anfechtung (Petersen u. Kleinfeller wollen in allen Fällen der mangelnden Form die Anfechtung zulassen). Die Sicherung oder Befriedigung eines Absonderungsgläubigers ist dagegen nicht nach § 30 Nr. 1 Satz 2 anfechtbar, wenn durch die Begünstigung nicht der persönliche Anspruch betroffen wird, welchen er nach § 64 als Konkursgläubiger geltend machen kann. Auch die Sicherung oder Befriedigung der von der Theilnahme am Verfahren ausgeschlossenen Forderungen des § 63 fallen nicht unter den § 30 (v. Wilmowski Anm. 5), sie kann aber unter Umständen als eine Verfügung der §§ 31 oder 32 angesehen werden. Die Befriedigung oder Sicherstellung einer klaglosen Forderung ist an sich der Anfechtung der Nr. 1 Satz 2 entzogen, weil eine solche Forderung keine Konkursforderung ist; dies gilt insbesondere hinsichtlich der verjährten Forderungen, § 222 Abs. 2 B.G.B., Grützmann S. 183 ff., a. M. v. Wilmowski Anm. 2. In allen diesen Fällen kann aber die Sicherung auf Grund der Nr. 1 Satz 1 angefochten werden.

Eine Forderung, für welche eine Sicherung durch ein schon vorher bestelltes Pfandrecht oder durch die Sicherungshypothek des § 1190 B.G.B (Kautionshypothek) vor ihrer Entstehung gesichert war, ist, wenn auch das Pfand- und Hypothekenrecht mit früherem Alter rangirt, doch nicht eher entstanden, als sie begründet war, durch ihre erst nach der Zahlungseinstellung ꝛc. erfolgte Begründung wird dem Gläubiger die mit ihrer Existenz entstehende Sicherung gewährt, sodaß die Sicherung der Anfechtung unterliegt (streitig), dies gilt jedoch nicht, wenn auch die Forderung selbst schon früher, wenn auch als betagte oder bedingte, bestand.

Die Gewährung einer Sicherung liegt auch in der Begründung des Retentionsrechts.

Die Anfechtung setzt nicht eine Benachtheiligung der Konkursgläubiger, wohl aber eine Verminderung oder Verschlechterung des Vermögens des Kridars zur Zeit der Rechtshandlung voraus, Anm. 5 zu § 30.

7. Während die Anfechtung der Nr. 1 Satz 1 zulässig ist, auch wenn der begünstigte Gläubiger die Befriedigung oder Sicherung beanspruchen durfte, sofern ihm nur nachgewiesen wird, daß er zur Zeit der Rechtshandlung die Zahlungseinstellung oder den Eröffnungsantrag kannte, ist die Anfechtung der Nr. 2 nur zulässig, wenn der Gläubiger die ihm gemachte Leistung nicht oder noch nicht beanspruchen kann.

Der Anspruch auf Sicherung kann gesetzlich — hauptsächlich in den Fällen der §§ 843 Abs. 2, 1039, 1051, 1067, 1391, 1580, 1668, 1844, 2128 B.G.B., Art. 91 E.G. z. B.G. (§§ 52, 257, 273 Abs. 3, 509, 562, 775 Abs. 2, 867, 1218, 1220, 1986, 2217 B.G.B.), §§ 108—113 C.P.O. —, sowie durch Rechtsgeschäft oder gerichtliche Verfügung begründet sein.

Die Befriedigung eines Anspruchs kann verlangt werden, wenn derselbe fällig ist.

Der Anfechtung unterliegt die Leistung nicht, die gefordert werden kann, sondern nur die nicht zu verlangende Leistung, daher die Befriedigung vor der Verfallzeit und die Befriedigung durch Annahme einer andern als der geschuldeten Leistung an Erfüllungsstatt, § 364 B.G.B., doch wird eine obligationsmäßige Befriedigung bei der Zahlung mit Reichskassenscheinen, Reichsbanknoten und deutschen Privatbanknoten angenommen, R.G. in J. W. 1884 S. 224.

Wer ein Recht auf Befriedigung hat, hat nach der Ansicht des R.G. 10, 33;

17, 26 deshalb nicht ein Recht auf Sicherung. Daher ist die Befriedigung, welche der Gläubiger auf Grund eines Vollstreckungstitels erhält, der Anfechtung der Nr. 2 entzogen, nicht aber ein Pfändungspfandrecht oder eine Sicherungshypothek, die im Zwangswege entstehen, R.G. in J. W. 1882, 165. Ist die Pfändung anfechtbar, so ist auch die Befriedigung, die aus den gepfändeten Gegenständen entsteht, der Anfechtung unterworfen, nicht aber, wenn das Pfändungspfandrecht unanfechtbar geworden ist, R.G. 17, 26. Besteht ein Anspruch auf Sicherung, so kann jede Art der Sicherstellung, auch das Pfändungspfandrecht, unanfechtbar erlangt werden; dies gilt auch wegen der Wechselsicherung der Art. 26, 29 W.O. die aber nur vor, nicht auch nach der Fälligkeit des Wechsels verlangt werden kann, R.G. 14, 214; 39, 123, bei Bolze 3 Nr. 380, 7 Nr. 293, in J. W. 1889 S. 229[16] u. in Seufferts Arch. 44 S. 378. Die Pfändung von Geld ist der Anfechtung der Nr. 2 nicht unterworfen, weil der Gläubiger durch diese Pfändung unmittelbar befriedigt wird, § 815 Abs. 3 C.P.O., R.G. in Gruchots Beitr. 26, 835, in Seufferts Arch. 38 S. 124; 39 S. 255, in J. W. 1884 S. 49.

Die Anfechtung aus Nr. 2 setzt voraus, daß das Vermögen des Kridars zur Zeit der Rechtshandlung vermindert oder verschlechtert ist und daß der Begünstigte ein Konkursgläubiger ist, in dieser Beziehung kommt daher auch hier zur Anwendung, was in dieser Hinsicht in der Anm. 6 erörtert ist. Die Anfechtung ist aber ausgeschlossen, wenn der Gläubiger nur das erhielt, was er zu fordern hatte oder wenn er weder von der Zahlungseinstellung, noch dem Eröffnungsantrag, noch einer Absicht des Schuldners Kenntniß hatte, ihn vor den übrigen Gläubigern zu begünstigen. Handelt es sich aber um eine in den 10 Tagen vor der Zahlungseinstellung oder dem Eröffnungsantrage vorgenommene Handlung, so kann der Gläubiger von diesen Thatsachen selbstverständlich keine Kenntniß haben, es kommt dann selbstverständlich nur darauf an, ob er die Begünstigungsabsicht des Kridars gekannt hat oder nicht, R.G. 3, 398; 4, 436; 23, 115, in Gruchots Beitr. 35, 1159. Diese Thatsachen hat der Gläubiger zu beweisen, er kann über den Mangel der Begünstigungsabsicht dem Verwalter den Eid zuschieben, wenn man den Verwalter, was hier geschieht, als den Vertreter des Gemeinschuldners ansieht, andern Falls ist die Eideszuschiebung unzulässig.

Die 10tägige Frist der Nr. 2 ist nach § 187 Abs. 1 B.G.B. zu berechnen, der Tag der Zahlungseinstellung bezw. des Eröffnungsantrags wird dabei nicht mitgerechnet.

§. 31.

Anfechtbar sind:

1. Rechtshandlungen, welche der Gemeinschuldner in der dem anderen Theile bekannten Absicht, seine Gläubiger zu benachtheiligen, vorgenommen hat;
2. die in dem letzten Jahre vor der Eröffnung des Verfahrens geschlossenen, entgeltlichen Verträge des Gemeinschuldners
   mit seinem Ehegatten, vor oder während der Ehe,
   mit seinen oder seines Ehegatten Verwandten in auf- und absteigender Linie, mit seinen oder seines Ehegatten

voll- und halbbürtigen Geschwistern, oder mit dem Ehegatten einer dieser Personen,

sofern durch den Abschluß des Vertrages die Gläubiger des Gemeinschuldners benachtheiligt werden und der andere Theil nicht beweist, daß ihm zur Zeit des Vertragsabschlusses eine Absicht des Gemeinschuldners, die Gläubiger zu benachtheiligen, nicht bekannt war.

M. I 133—136; P. I 23, 149; M. II —; P. II —.

1. Die Anfechtung aus § 31 setzt den dolus, die fraus der actio pauliana voraus, die Absicht, die Gläubiger zu benachtheiligen.

Die objektive Voraussetzung der Anfechtung besteht daher sowohl in der Verminderung oder Verschlechterung des Vermögens des Kridars zur Zeit der Rechtshandlung, als auch in der Benachtheiligung der Konkursgläubiger, der Beweis jeder dieser Alternativen ist genügend, s. darüber Anm. 5 zu § 29. Liegt eine Benachtheiligung der Gläubiger thatsächlich nicht vor, so begründet die fraudulose Absicht, die der Gemeinschuldner gleichwohl gehabt hat, die Anfechtung nicht, R.G. 15, 62, 65; 21, 99, in J. W. 1885 S. 355; 1886 S. 317; 1887 S. 475; 1889 S. 208, bei Bolze 1 Nr. 546; 3 Nr. 375, 378, 384; in Gruchots Beitr. 31, 1119.

Ob die Rechtshandlung auf Grund eines Rechts des Anfechtungsgegners erzwingbar war, ist unerheblich, § 35, M. I 131, 132, R.G. in J. W. 1895 S. 44. Ebenso ist es unerheblich, ob der Gemeinschuldner zur Zeit der Vornahme der Rechtshandlung zahlungsfähig war oder nicht. Auch darauf kommt es nicht an, ob durch die Rechtshandlung die Ueberschuldung oder die Zahlungsunfähigkeit eingetreten ist, die Rechtshandlung muß aber die Veranlassung der Benachtheiligung der Konkursgläubiger sein, s. darüber Anm. 5 zu § 30.

2. Benachtheiligt müssen die Gläubiger sein. In der Kommission I wurden die Worte des Entw. in Nr. 2 „seine Gläubiger" durch die Worte „die Gläubiger" ersetzt, um den Schein zu vermeiden, als sollte für die künftigen Gläubiger die Anfechtung nicht zugelassen werden; in Nr. 1 sind zwar die Worte „seine Gläubiger" stehen geblieben, dies ist aber nur versehentlich geschehen, übrigens umfaßt der Ausdruck „seine Gläubiger" ohnehin nicht blos die Gläubiger, welche der Gemeinschuldner zur Zeit der Vornahme der Rechtshandlung hatte, sondern alle seine Gläubiger. Es ist daher unerheblich, ob die Gläubiger, welche nach der Eröffnung des Verfahrens Konkursgläubiger sind, zur Zeit der Rechtshandlung noch nicht Gläubiger des Kridars waren.

Zu den Gläubigern des Gemeinschuldners gehören zwar auch die Absonderungsberechtigten, der Verwalter hat aber für sie die Anfechtung nicht auszuüben, für seine Anfechtung kann daher nur die Benachtheiligung der Konkursgläubiger in Betracht kommen, Anm. 5 zu § 30.

3. In subjektiver Beziehung setzt die Anfechtung die Absicht des Kridars voraus, seine Gläubiger zu benachtheiligen. Dem Dolus steht die grobe Fahrlässigkeit nicht gleich, aber die Absicht der Benachtheiligung braucht nicht auf eine böswillige, eine chikanöse Beschädigung der Gläubiger gerichtet zu sein, es genügt, daß die Rechtshandlung in dem Bewußtsein vorgenommen ist, daß durch dieselbe nach dem gewöhnlichen Lauf der Dinge die vorhandenen oder zukünftigen Gläubiger oder einer oder mehrere von ihnen benachtheiligt worden werden, R.G. 11, 173; 23, 9, 13, bei Bolze 2 Nr. 592, 593; 4 Nr. 361, in J. W. 1887 S. 15; 1888 S. 70; 1889 S. 109,

110, in Gruchots Beitr. 33, 127, in Seufferts Arch. 44 S. 298, A. M. Seuffert S. 212 und wenige andere. Hat der Gemeinschuldner die Handlung vorgenommen, um den Konkurs zu vermeiden und seine übrigen Gläubiger zu befriedigen, so hat er die fraudulose Absicht nicht gehabt, wenn auch thatsächlich eine Benachtheiligung der Gläubiger eingetreten ist, R.G. vom 23. März 1887 in den Blättern für Rechtsanwendung Anlage Bd. 7 S. 40, 41, in J. W. 1887 S. 209; 1888 S. 70, 167 und in Gruchots Beitr. 31, 1125.

4. Diese Absicht muß dem Anfechtungsgegner bekannt sein. Ueber den Begriff der Kenntniß s. Anm. 4 zu § 30. Hatte der Kridar die fraudulose Absicht nicht, so begründet weder die Kenntniß des Gegners von der Benachtheiligung der Gläubiger noch seine Meinung, daß der Gemeinschuldner die Gläubiger zu benachtheiligen suche, die Anfechtung des § 31.

5. Erfolgt die Anfechtung auf Grund der Nr. 1, so hat der Verwalter nicht nur die Benachtheiligung der Gläubiger, sondern auch die fraudulose Absicht des Gemeinschuldners und die Kenntniß des Anfechtungsgegners von derselben zu beweisen. Im Fall der Nr. 2 wird diese Absicht sowie die Kenntniß (nicht aber die Thatsache der Benachtheiligung) präsumirt, dem Anfechtungsgegner aber der Beweis des Gegentheils nachgelassen. Der Verwalter kann dem Gegner über dessen Kenntniß den Eid zuschieben, § 445 C.P.O., R.G. 3, 430; 15, 368. Das R.G. 9, 84; 15 368, in J. W. 1893 S. 427 läßt die Eideszuschiebung auch über die fraudulose Absicht des Kridars zu (a. M. Petersen und Kleinfeller Anm. I 3 c, v. Sarwey-Bossert Anm. 3, Brettner in Gruchots Beitr. 28, 728), weil es den Gegner hinsichtlich des ihm gewahrten Rechts als den Rechtsnachfolger des Gemeinschuldners ansieht, indem es eine Rechtsnachfolge nicht blos in der Uebertragung eines schon vorhandenen, sondern auch in der Begründung eines neuen Rechts anerkennt, eine Rechtsnachfolge kann aber jedenfalls nicht in einer solchen Rechtshandlung anerkannt werden, welche in der Erfüllung einer Verbindlichkeit besteht. Im Fall der Nr. 2 kann auch der Anfechtungsgegner dem Verwalter den Eid über die mangelnde fraudulose Absicht des Gemeinschuldners zuschieben, wenn man, was hier geschieht, den Verwalter als den Vertreter des Gemeinschuldners ansieht.

6. Die Anfechtung aus § 30 ist dann nicht ausgeschlossen, wenn sie auch auf Grund des § 30, Petersen und Kleinfeller Anm. I 1, oder auf Grund des § 32 geltend gemacht werden kann.

7. Zu Nr. 1. Gegenstand der Anfechtung aus Nr. 1 ist jede Rechtshandlung (s. über den Begriff der Rechtshandlung Anm. 3 zu § 29), ohne Unterschied, ob sie entgeltlich oder unentgeltlich vorgenommen ist; unter der Voraussetzung der Nr. 1 sind hier nicht, wie nach § 32[1] diejenigen unentgeltlichen Verfügungen der Anfechtung entzogen, welche gebräuchliche Gelegenheitsgeschenke zum Gegenstand haben, s. Anm. 4 zu § 32.

Während die Anfechtung aus Nr. 2 nur solche Verfügungen betrifft, welche in dem letzten Jahr vor der Konkurseröffnung vorgenommen sind, ist die Anfechtung aus Nr. 1 zeitlich nur der Beschränkung des § 41 Abs. 1 Satz 2 unterworfen, und daher hinsichtlich aller Rechtshandlungen zulässig; seit deren Vornahme bis zur Anfechtung 30 Jahre verflossen sind, s. darüber die Anm. zu § 41.

War der Kridar oder der andere Theil bei der Vornahme der Rechtshandlung vertreten, so kommt das Anm. 4 zu § 30 Gesagte auch hier sowohl in Ansehung der fraudulosen Absicht, als der Kenntniß von derselben zur Anwendung. Im Uebrigen s. für Nr. 1 die Anm. 1—6 zu § 30.

8. Die Anfechtung aus Nr. 2

a) beschränkt sich auf Verträge, M. I 132, 133. Die Preuß. K.O. vom 8. Mai 1855 unterwarf im § 102[3] nur die „Veräußerung unter einem lästigen Titel" der Anfechtung. Zu diesen Veräußerungen gehörten nach der Judikatur des Obertribunals nicht die Erbtheilungs-, die Pachtverträge, die Hingabe an Zahlungsstatt und die Hypothekbestellung. Um in dieser Beziehung jeder Beschränkung vorzubeugen, M. I 132, 133, sind alle Verträge der Anfechtung der Nr. 2 unterzogen. Unter Verträgen ist übrigens hier nichts anderes zu verstehen, als was das Gesetz im § 30[1] unter Rechtsgeschäften versteht, es kommt daher hier das Anm. 5 zu § 30 Gesagte mit der Maßgabe zur Anwendung, daß die die Sicherung betreffenden Rechtshandlungen, insbesondere die Bestellung einer Hypothek, eines Pfand- und Zurückbehaltungsrechts hier nicht ausgeschlossen sind. Ausgeschlossen sind aber alle einseitigen Willenserklärungen, insbesondere die Zahlung, überhaupt die Erfüllung einer Verpflichtung. Es wird zwar behauptet, daß die Erfüllung, wenn auch nicht immer, so doch in der Regel ein Vertrag sei, weil sie nicht ohne Annahme Seitens der Gläubiger geschehen könne. Indessen ist die Erfüllung durch Hinterlegung, § 378 B.G.B., durch Aufrechnung § 388, eine einseitige Handlung des Schuldners, in jedem Fall muß der Gläubiger die Erfüllung annehmen, wenn er nicht in Verzug kommen will, § 293 B.G.B., und unter die Verträge, wie sie der § 305 B.G.B. meint, fällt die Erfüllung jedenfalls nicht. Nach bisherigem Recht faßte das R.G. die Erfüllung als Vertrag auf, R.G. 20, 180; 23, 9; 27, 133, v. Wilmowski Anm. 3.

Die Ausstellung einer vollstreckbaren Urkunde ist als Vertrag anzusehen. R.G. 9, 100.

Die Sicherstellung und Rückgewähr eines Heirathsguts oder des gesetzlich in die Verwaltung des Kridars gekommenen Vermögens seiner Frau ist jetzt der Anfechtung nicht mehr unterworfen, sofern nicht die Voraussetzungen des § 31[1] oder des § 30 vorliegen.

b) Während die Nr. 1 entgeltliche und unentgeltliche Rechtshandlungen der Anfechtung unterzieht, beschränkt sich die Anfechtung aus Nr. 2 auf die entgeltlichen Verträge; über die Entgeltlichkeit s. die Anm. 3 z. § 32.

c) Der Anfechtung aus Nr. 2 unterliegen nur diejenigen Verträge, die der Kridar mit seinem Ehegatten, mit seinen oder seines Ehegatten Verwandten in auf- und absteigender Linie, mit seinen oder seines Ehegatten voll- und halbbürtigen Geschwistern oder mit dem Ehegatten einer dieser Personen geschlossen hat.

Die Verwandtschaft, auf die ebenso wie auf die Schwägerschaft die Bestimmungen des B.G.B. Anwendung finden, Art. 33 E.G. z. B.G.B., muß zur Zeit des Vertragsabschlusses bestehen, eine später durch Adoption oder Legitimation entstandene Verwandtschaft kommt hier nicht in Betracht. — Nur soweit es sich um den Ehegatten des Kridars handelt, genügt es, daß die Ehe entweder zur Zeit des Vertrags bestand oder nachher geschlossen ist („vor oder während der Ehe"), wenn sie auch zur Zeit der Eröffnung des Verfahrens nicht mehr besteht. Die Ehe eines der erwähnten Verwandten oder Verschwägerten muß dagegen zur Zeit des Vertragsabschlusses bestehen, wenn sie auch später vor der Eröffnung der Konkurses wieder aufgelöst ist.

Das an Kindesstatt angenommene Kind gehört zu den Verwandten des Annehmenden, denn es hat nach § 1757 B.G.B. die rechtliche Stellung eines ehelichen Kindes desselben. Nimmt nur der eine Ehegatte das Kind an, so ist dasselbe mit dem andern Ehegatten verschwägert, sofern es nicht dessen leibliches Kind ist, § 1757 Abs. 2 B.G.B.

Das uneheliche Kind ist nur mit der Mutter und deren Verwandten, § 1705

B.G.B., mit dem Vater dagegen erst vom Augenblick der Legitimation an verwandt, § 1719 B.G.B.

Die Kinder aus nichtiger Ehe gelten als eheliche, wenn nicht beide Ehegatten die Nichtigkeit der Ehe bei der Eheschließung kannten oder die Nichtigkeit der nicht in das Heirathsregister eingetragenen Eheschließung nicht auf einem Formfehler beruht, § 1699 B.G.B.

d) Ist der Vertrag auf Seiten des Kridars oder des andern Theils durch einen gesetzlichen oder einen bevollmächtigten Vertreter geschlossen, so kommt es nicht auf die persönlichen Verhältnisse des Vertreters, sondern auf die des Vertretenen an, R.G. 12, 66, Petersen und Kleinfeller Anm. II, a. M. Meisner in Gruchots Beitr. 32, 491. Der § 31² geht zwar von der Annahme aus, daß die fraudulose Absicht gerade den dem Kridar nahe stehenden Personen bekannt war, er präsumirt diese Thatsache bis zum Beweis des Gegentheils, und der § 166 Abs. 1 B.G.B. leitet die rechtlichen Folgen einer Willenserklärung, die durch die Kenntniß gewisser Umstände beeinflußt wird, aus der Person des Vertreters, nicht des Vertretenen ab. Daraus folgt aber nur, daß es auf die Kenntniß des Vertreters ankommt, sofern nicht ein Fall des § 166 Abs. 2 B.G.B. vorliegt, und es kommt daher auch hier alles zur Anwendung, was hierüber Anm. 4 zu § 30 erörtert ist, in seinem Verwandtschaftsverhältniß zum Kridar kann der andere Kontrahent aber nicht vertreten werden, und insoweit kann deshalb der § 166 hier nicht in Betracht kommen.

e) Der Vertrag muß innerhalb eines Jahres vor der Eröffnung eines Konkurses geschlossen sein. Die Frist ist keine Verjährungs-, sondern eine Präklusivfrist, R.G. 17, 70; 27, 285. Die Bestimmungen des B.G.B. über die Hemmung und Unterbrechung der Verjährung kommen daher nicht zur Anwendung.

Die Frist wird nach §§ 187 Abs. 1, 188 B.G.B. berechnet: ist der Konkurs am 1. März 1903 eröffnet, so unterliegen der Anfechtung die Verträge, welche vom ersten Augenblick des 1. März 1902 an geschlossen sind.

Bestand der Vertragsabschluß aus mehreren Akten, z. B. aus Antrag und Annahme, so kommt es auf den Zeitpunkt an, in welchem der Vertrag zu Stande gekommen ist. Die Zeit des Vertragsabschlusses ist auch dann maßgebend, wenn die Ausführung des Vertrags, z. B. die Eintragung, erst später erfolgt, nur der Zeitpunkt der Einigung ist maßgebend, sodaß die Eintragung nicht anfechtbar ist, wenn sie in dem kritischen Jahr, die Einigung aber schon vorher erfolgte.

Im Uebrigen kommt das für die Anfechtung aus Nr. 2 der Anm. 1—6 Gesagte zur Anwendung.

§. 32. (25.)

Anfechtbar sind:

1. die in dem letzten Jahre vor der Eröffnung des Verfahrens von dem Gemeinschuldner vorgenommenen unentgeltlichen Verfügungen, sofern nicht dieselben gebräuchliche Gelegenheitsgeschenke zum Gegenstande hatten;
2. die in den letzten zwei Jahren vor der Eröffnung des Konkurses von dem Gemeinschuldner vorgenommenen unentgeltlichen Verfügungen zu Gunsten seines Ehegatten.

M. I 133—138; P. I 23, 24, 149; M. II 33, 34; P. II —.

1. Während die §§ 30, 31 die Anfechtung nur derjenigen Rechtshandlungen zulassen, welche mit der Kenntniß von der bedenklichen Vermögenslage des Gemeinschuldners oder von seiner fraudulösen Absicht vorgenommen sind, unterwirft der § 32 aus dem rechtspolitischen Gesichtspunkt, daß ein Dritter, der keinen Anspruch gegen den Kridar hat, aus dessen Vermögen keinen Vortheil behalten soll, wenn die Gläubiger durch die Insuffizienz der Masse wegen ihrer Ansprüche verkürzt werden, die unentgeltlichen Verfügungen des Gemeinschuldners ohne jede Rücksicht auf die subjektive Beziehung zu der Absicht des Gemeinschuldners und dessen Vermögenslage der Anfechtung. Dem Verwalter kann daher nicht der Beweis entgegengesetzt werden, daß der Gemeinschuldner die fraudulöse Absicht nicht gehabt, noch daß der Gegner von dieser Absicht oder der Zahlungseinstellung oder dem Eröffnungsantrage keine Kenntniß gehabt habe. Ebenso unerheblich ist es, ob der Gemeinschuldner zur Zeit der unentgeltlichen Verfügung überschuldet war oder nicht, oder ob er es durch die Verfügung wurde.

2. Liegen hinsichtlich einer Rechtshandlung sowohl die Thatbestandsmerkmale des § 32, als diejenigen des § 30 oder 31 vor, so besteht ein doppelter oder mehrfacher Anfechtungsgrund, der nach dem Belieben des Verwalters geltend gemacht werden kann, wie auch eine Kumulirung der mehreren Gründe zulässig ist (streitig).

3. Eine unentgeltliche Verfügung ist jede Rechtshandlung, durch die einem andern ein Vermögensvortheil verschafft wird, welchem ein Gegenwerth nicht gegenüber steht, die Verfügung kann, wie jede Rechtshandlung, mit der sie zusammenfällt, Anm. 3 zu § 29, in der Hingabe eines Vermögensgegenstandes, in dem Erlaß einer Schuld, aber auch in einem Schuldanerkenntniß, §§ 781, 812 Abs. 2 B.G.B., bestehen. Die unentgeltliche Verfügung fällt im Wesentlichen mit der Schenkung zusammen, welche der § 516 B.G.B. als die Zuwendung definirt, durch die jemand aus seinem Vermögen einen andern bereichert, wenn beide Theile darüber einig sind, daß die Zuwendung unentgeltlich erfolgt, sie unterscheidet sich von der Schenkung nur dadurch, daß sie nicht wie diese in einem Vertrage zu bestehen braucht. Wie die Schenkung erfordert sie auch eine Bereicherung des andern Theils; bisher nahm man freilich unter Berufung auf die Entscheidung des R.G. 10, 81 an, daß eine Bereicherung nicht erforderlich sei, wenn ein Dritter vom Kridar eine Leistung erhält, auf die er einem andern gegenüber einen Anspruch hat. Aber auch in diesem Fall ist jedenfalls nach dem neuen Reichsrecht nicht nur derjenige bereichert, welcher durch die vom Kridar gemachte Leistung liberirt, sondern auch derjenige, dessen Anspruch durch die Leistung befriedigt wird; denn auch in diesem Fall hat der Leistungsempfänger ohne rechtlichen Grund einen Vermögenswerth auf Kosten des Kridars erhalten, §§ 814, 812 B.G.B., vgl. RG. 40, 288. Ebenso ist die Sicherung, die der Gemeinschuldner durch Bürgschaft, durch Pfand- oder Hypothekbestellung, durch Hingabe eines Retentionsobjekts ohne Entgelt für die Schuld eines Dritten stellt, als eine unentgeltliche Verfügung anzusehen, weil sich dadurch die Vermögenslage des Leistungsempfängers verbessert und die des Kridars verschlechtert. Aber auch in diesen Fällen ist der Gesichtspunkt der Bereicherung maßgebend: nur gegen den Leistungsempfänger richtet sich die Anfechtung, nicht gegen denjenigen, für dessen Schuld die Sicherung gewährt wird, wogegen derjenige, dessen Schuld vom Kridar berichtigt ist, durch die Befreiung von der Schuld einen Vermögensvortheil erlangt, welcher die Anfechtung ebenso begründet, wie die Zahlungsleistung, durch die der andere Befriedigung seiner Forderung erlangt hat. In allen Fällen, in denen die Leistung vom Kridar einem Dritten zu Gunsten eines andern gemacht wird, ist die Leistung dem Kridar gegen-

über keine entgeltliche, wenn von dem Leistungsempfänger ein Gegenwerth zwar dem andern, aber nicht dem Gemeinschuldner zu geben und gegeben ist, denn dann ist auf Kosten des letztern eine Leistung gemacht, die gegen den Gemeinschuldner nicht beansprucht werden konnte, vgl. R.G. 37, 353, Cosack S. 138 und dagegen R.G. 29, 2 und in J. W. 1889 S. 68 und v. Sarwey-Bossert Anm. 3[a].

Die Bereicherung muß durch die Rechtshandlung eingetreten sein, der Anfechtung verfällt die Rechtshandlung daher auch dann, wenn die Bereicherung zur Zeit der Eröffnung des Konkurses oder der Anfechtung nicht mehr vorhanden war, s. aber § 37 Abs. 2.

Andererseits muß eine Verminderung oder Verschlechterung des Vermögens des Gemeinschuldners, eine Benachtheiligung der Konkursmasse — aber nicht eine Benachtheiligung der Konkursgläubiger im Sinn der Anm. 5 zu § 29 — eingetreten sein. Eine solche Benachtheiligung liegt in der Weggabe einer Sache, in der Abtretung eines Rechts, aber auch (A. M. Kohler S. 228) in der Gewährung einer Sicherung zu Gunsten eines Dritten. Dagegen liegt eine Verminderung des Vermögens nicht vor, wenn nur ein Erwerb abgelehnt oder unterlassen wird, selbst wenn dies ausdrücklich zum Vortheil eines Dritten geschieht, § 517 B.G.B. Die unentgeltliche Ertheilung von Unterricht oder die Besorgung fremder Angelegenheiten vermindert das Vermögen nicht, weil ein Vermögenswerth hierfür bisher nicht vorhanden war, wohl aber der Verzicht auf die Vergütung für die Ertheilung des Unterrichts, wenn der Kridar diese Vergütung bereits beanspruchen konnte; verspricht der Kridar innerhalb des kritischen Jahrs die unentgeltliche Ertheilung des Unterrichts, so ist dies Versprechen nicht anfechtbar; ist dagegen nichts verabredet und eine Gegenleistung den Umständen nach gemäß § 612 B.G.B. zu erwarten, so ist der demnächstige Verzicht anfechtbar. Die Ausschlagung eines schon angefallenen Nachlasses oder Legats enthält zwar eine Verminderung des Vermögens, entzieht sich aber der Anfechtung, weil der § 9 den Kridar hierzu sogar nach der Eröffnung des Verfahrens berechtigt. Die Ueberlassung eines Kapitals zum zinslosen Darlehn vermindert das Vermögen, aus welchem das geliehene Geld ohne Vergütung in das Vermögen des Darlehnsempfängers übergeht, ebenso die unentgeltliche Ueberlassung von Wohnräumen, wodurch das Gebrauchsrecht aus dem Vermögen des Kridars in dasjenige des andern, wenn auch nur zeitweise übergeht.

Die Unentgeltlichkeit setzt den Mangel eines Gegenwerths voraus. Der Gegenwerth kann in einer Gegenleistung, er kann aber auch darin bestehen, daß das Vermögen des Kridars in Folge der Leistung von einer Verbindlichkeit liberirt wird. Daher ist die Erfüllung, durch welche das Vermögen des Gemeinschuldners in der der Leistung entsprechenden Höhe liberirt wird, kein unentgeltlicher Rechtsakt, R.G. in J. W. 1888 S. 103 und in Seufferts Arch. 43 Nr. 193. Ebenso ist auch die Ausstattung, die der Vater, eventuell die Mutter, nach § 1620 B.G.B. der Tochter zu geben hat, der Anfechtung des § 32 entzogen, soweit sie sich in angemessenen Grenzen hält. Von der Thatsache, ob eine Leistungspflicht vorliegt oder nicht, hängt auch die Beantwortung der Frage ab, ob eine Sicherung unentgeltlich ist, welche der Kridar für seine eigne Schuld stellt. Besteht eine Verpflichtung zur Sicherstellung oder wird die Sicherheit geleistet, um eine Zahlungsfrist oder eine sonstige Schonung zu erhalten, so ist sie entgeltlich, andernfalls gehört sie zu den unentgeltlichen Rechtshandlungen, M. I 132, 133; R G. 3, 169, R.O.H.G. 24, 204. Die Zahlung einer klaglosen (verjährten) Schuld ist eine Leistung, zu welcher eine Verpflichtung nicht mehr bestand, sie ist daher als unentgeltliche anzusehen; die vorzeitige Zahlung einer zinslosen Schuld ist eine entgeltliche Leistung, vgl. § 813 Abs. 2 B.G.B., denn unentgeltlich ist nur die vorzeitige Gebrauchsgestattung des Kapitals, aber ein Anspruch auf die Zwischenzinsen ist durch den § 272 B.G.B. ausgeschlossen, R.G. in J. W. 1888 S. 103, die Anfechtung der vorzeitigen Zahlung ist aber nach § 30², wenn dessen Voraussetzungen vorliegen, zulässig. Die Zahlung einer suspensiv bedingten Schuld ist eine unentgeltliche Leistung, solange der Eintritt der Bedingung nicht feststeht, es kommt daher darauf an, ob die Bedingung zur Zeit der Anfechtung eingetreten ist oder nicht.

Da die Erfüllung einer Verbindlichkeit keine unentgeltliche Verfügung ist, ist auch die Schenkung nicht anfechtbar, welche auf Grund eines wirksamen Schenkungsversprechens geleistet wird; in diesem Falle ist die Anfechtung des § 32 nur zulässig, wenn das Schenkungs**versprechen** in die kritische Zeit von 1 bezw. 2 Jahren fällt. Entbehrte das Schenkungsversprechen der gerichtlichen oder notariellen Beurkundung, so wird der Mangel der Form zwar durch die Erfüllung des Versprechens geheilt, § 518 B.G.B., die Erfüllung war dann aber nicht die Leistung einer Verpflichtung und unterliegt daher als unentgeltliche Verfügung der Anfechtung.

Hat der Kridar als Erbe Pflichttheilsansprüche, Vermächtnisse oder Auflagen erfüllt, so hat er eine ihm durch die Annahme der Erbschaft obliegende Verpflichtung ausgeführt, die Leistung ist daher keine unentgeltliche. Ist aber der Konkurs über den Nachlaß eröffnet, so sind diese Leistungen nach § 222 in gleicher Weise anfechtbar, wie unentgeltliche Verfügungen, s. auch § 3 a des Anfechtungsges.

Ist ein Gegenwerth zu leisten, so ist die Rechtshandlung nicht deßhalb anfechtbar, weil der Werth der Leistungen in keinem angemessenen Verhältniß steht. Ist aber die Entgeltlichkeit von den Parteien nicht gewollt und das gewollte unentgeltliche Geschäft lediglich in die Form eines entgeltlichen gekleidet, so ist die Rechtshandlung als eine entgeltliche nichtig, § 117 B.G.B., und gilt nur als unentgeltliche, § 140 B.G.B., vgl. R.G. 29, 266, 267. Hiervon sind die Schenkungen unter einer Auflage zu unterscheiden, welche insoweit unentgeltliche Verfügungen sind, als die Leistung den Werth der Auflage übersteigt.

Den Beweis der Unentgeltlichkeit hat erforderlichen Falls der Verwalter zu führen, was namentlich bei Wechselverbindlichkeiten, Anweisungen, § 783 B.G.B., und dem Summenversprechen des § 780 B.G.B. von Bedeutung ist.

4. Schenkungen zur Erfüllung einer sittlichen oder Anstandspflicht, zu denen auch die renumeratorischen gehören, §§ 534, 814, 1446 Abs. 2, 1641, 1804, 2113 Abs. 2, 2205, 2330 B.G.B., sind der Anfechtung des § 32 nicht entzogen, obgleich die Rückforderung wegen ungerechtfertigter Bereicherung sonst durch den § 814 B.G.B. untersagt ist. Denn es sind unentgeltliche Verfügungen und eine Ausnahme hat das Gesetz für sie nicht zugelassen. Nur die gebräuchlichen Gelegenheitsgeschenke unterliegen der Anfechtung wegen Unentgeltlichkeit nicht, dies gilt aber auch nur hinsichtlich derjenigen Geschenke, die nicht dem Ehegatten gemacht sind (streitig), denn die Ausnahme ist nur in der Nr. 1, nicht auch in der Nr. 2 zugelassen und die Gelegenheitsgeschenke, die sich Eheleute unter einander machen, pflegen häufiger und werthvoller zu sein. Die dem Ehegatten gemachten Gelegenheitsgeschenke unterliegen der Anfechtung wegen Unentgeltlichkeit aber auch dann, wenn sie innerhalb des letzten Jahres gemacht sind, denn die Nr. 2 umfaßt auch diese Geschenke. Dagegen fallen Geschenke an Kinder und Eltern unter die Nr. 1.

Was Gelegenheitsgeschenke sind, ist nach den thatsächlichen Umständen zu entscheiden (Trinkgelder, Geburtstagsgeschenke, Weihnachtsgeschenke an Verwandte,

Freunde, Dienstboten ꝛc.), es kommt sowohl hinsichtlich der Art, als auch des Maßes auf die Ortsüblichkeit unter Berücksichtigung der persönlichen Verhältnisse an. Was die Gemeinüblichkeit übersteigt, ist der Anfechtung nicht entzogen.

5. Die Fristen von 1 und 2 Jahren sind Präklusivfristen, s. darüber und über ihre Berechnung die Anm. 8e zu § 30.

6. Das B.G.B. behandelt die Schenkungen unter Ehegatten nicht, wie das Römische Recht, als eine besondere Art von Schenkung, sie sind daher auch in Ansehung des Widerrufs den allgemeinen Vorschriften unterworfen. Zu Gunsten der Gläubiger ist aber im § 32² mit Rücksicht auf die größere Freigebigkeit gegenüber dem Ehegatten ein besonderer Schutz durch Verdoppelung der Frist gegeben. Die Schenkung muß während der Ehe geschehen, und wenn es sich um die Erfüllung des Schenkungsversprechens handelt, muß dieses in der Ehe gegeben sein. Eine unentgeltliche Verfügung vor der Eheschließung, wenn auch während der Verlobungszeit, fällt nicht unter die Vorschrift der Nr. 2, sondern unter die der Nr. 1, auch wenn die Ehe demnächst vor der Konkurseröffnung geschlossen ist.

7. Der § enthielt in seiner bisherigen Fassung die fernere Bestimmung, daß eine in den letzten zwei Jahren vor der Eröffnung des Verfahrens von dem Gemeinschuldner bewirkte Sicherstellung oder Rückgewähr eines Heirathsguts oder des gesetzlich in seine Verwaltung gekommenen Vermögens seiner Frau angefochten werden könne, wenn der Gemeinschuldner nicht zu der Sicherstellung oder Rückgewähr durch das Gesetz oder durch einen vor dem bezeichneten Zeitraum geschlossenen Vertrag verpflichtet war. Da die Ehefrau jetzt nach §§ 1391, 1418 Abs. 1 Nr. 1 B.G.B. schon dann zu dem Verlangen auf Sicherheitsleistung oder zur Klage auf Aufhebung der ehemännlichen Verwaltung und Nutznießung berechtigt ist, wenn durch das Verhalten des Mannes die Besorgniß begründet wird, daß ihre Rechte in einer das eingebrachte Gut erheblich gefährdenden Weise verletzt werden, oder wenn die ihr aus den Rechten des Mannes zustehenden Ansprüche auf Ersatz des Werths verbrauchbarer Sachen erheblich gefährdet sind, würde die Rückgewähr oder Sicherung angefochten werden können, wenn sie bei günstiger Vermögenslage des Mannes erfolgte, nicht aber, wenn er sie in ungünstiger Vermögenslage vornimmt. Um diesen Widerspruch zu beseitigen, ist die Vorschrift vollständig aufgehoben, sodaß die Rückgewähr oder Sicherung des Heirathsguts der Frau der Anfechtung entzogen ist, sofern nicht die Voraussetzungen des § 30 oder des § 31¹ vorliegen.

§. 33. (26.)

Rechtshandlungen, welche früher als sechs Monate vor der Eröffnung des Verfahrens erfolgt sind, können aus dem Grunde einer Kenntnis der Zahlungseinstellung nicht angefochten werden.

M. I 138, 139; P. I 25, 149; M. II —; P. II —.

1. Die zeitliche Beschränkung, nach welcher nur die innerhalb der letzten sechs Monate vor der Konkurseröffnung vorgenommenen Rechtshandlungen der Anfechtung unterliegen, bezieht sich nur auf die Fälle des § 30¹ und diejenigen Fälle des § 32², welche nach der Zahlungseinstellung, nicht auf die, welche in den letzten 10 Tagen vorher vorgenommen sind, denn diese können nicht wegen der Kenntniß der Zahlungseinstellung angefochten werden, Anm. 7 zu § 30 (von einigen wird die Anwendung

des § 33 auf alle Fälle des § 30[a] behauptet). Die nach der Zahlungseinstellung vorgenommenen Rechtshandlungen unterliegen der zeitlichen Beschränkung dann überhaupt nicht, wenn sie nicht wegen der Kenntniß der Zahlungseinstellung, sondern wegen der Kenntniß des Eröffnungsantrags oder der Begünstigungsabsicht des Gemeinschuldners angefochten werden.

2. Die Frist ist eine Präklusivfrist, s. darüber und über ihre Berechnung Anm. 8e zu § 30.

§. 34. (27.)

Wechselzahlungen des Gemeinschuldners können auf Grund des §. 30 Nr. 1 von dem Empfänger nicht zurückgefordert werden, wenn nach Wechselrecht der Empfänger bei Verlust des Wechselanspruchs gegen andere Wechselverpflichtete zur Annahme der Zahlung verbunden war.

Die gezahlte Wechselsumme muß von dem letzten Wechselregreßschuldner oder, falls derselbe den Wechsel für Rechnung eines Dritten begeben hatte, von diesem erstattet werden, wenn dem letzten Wechselregreßschuldner oder dem Dritten zu der Zeit, als er den Wechsel begab oder begeben ließ, einer der im §. 30 Nr. 1 erwähnten Umstände bekannt war.

M. I 139—143; P. I 125, 149; M. II —; P. II —.

1. Der Gläubiger kann die ihm nach der Zahlungseinstellung ꝛc. angebotene Zahlung ohne den Verlust seines Anspruchs ablehnen, in den Fällen der Art. 41, 43, 62, 98, 99 (nicht auch des Art. 27) W.O. verliert der Wechselgläubiger dagegen durch die Ablehnung der Wechselzahlung allen Wechselverpflichteten gegenüber den Regreß. Deshalb macht der § 34 von der Bestimmung des § 30[1] eine Ausnahme durch die Vorschrift, daß die Annahme der Wechselsumme Seitens des Berechtigten in den angeführten Fällen der Anfechtung aus § 30[1] entzogen ist. Diese Ausnahme soll aber andererseits nicht demjenigen zum Vortheil gereichen, welcher der eigentliche Wechselgläubiger ist, zu dessen Gunsten der Wechsel begeben ist, also nicht demjenigen, dessen Forderung durch die Wechselzahlung befriedigt werden soll; würde sich die Ausnahme auch auf ihn erstrecken, so würde, wie in den M. I hervorgehoben ist, „ohne Zuthun des Gemeinschuldners jeder Gläubiger die Vorschrift des § 30[1] leicht umgehen können." Dieser eigentliche Wechselgläubiger ist in der Regel der letzte Regreßpflichtige, er ist es aber dann nicht, wenn der letzte Regreßpflichtige „im Auftrage oder für Rechnung des Remittenten oder des ersten Indossatars gezogen hat;" „der Name desjenigen, für den der Wechsel in Umlauf gesetzt ist, kann völlig auf dem Wechsel fehlen; er kann den Wechsel für sich durch einen andern haben ziehen oder begeben lassen; auch durch Blanko-Giro kann der persönliche Gläubiger operiren. In allen diesen Fällen ist der wechselmäßig letzte Regreßschuldner der Bereicherte. Der fraudulöse Gläubiger, der eigentlich Bereicherte, würde leicht jemand finden, der in Unkenntniß von der Zahlungseinstellung das Ausstellen und Begeben des Wechsels übernähme," M. I. Deshalb ist für den Fall, daß der letzte Regreßpflichtige nicht der eigentlich Bereicherte ist, was ihm als Einrede zu beweisen obliegt, der durch die Wechselziehung Bereicherte als der Erstattungspflichtige bezeichnet, für dessen Rechnung der letzte Regreßpflichtige den Wechsel begeben hatte.

2. Die Begünstigung des Abs. 1 besteht nur in Beziehung auf den § 30¹, nicht auch in Beziehung auf die §§ 30², 31, ebensowenig besteht sie in Beziehung auf den § 7; die Wechselzahlung wird nicht durch die Annahme an Erfüllungsstatt ersetzt; durch Kompensation oder Hinterlegung mit Ausschluß der Rücknahme wird dagegen Zahlung geleistet. Die Zahlung erfolgt im Sinn des § auch durch Reichskassenscheine, Reichsbanknoten und Privatbanknoten, Anm. 7 zu § 30.

3. Der § 34 findet auch dann Anwendung, wenn die Zahlung nach der Erhebung des Protestes stattfindet, oder wenn dem Zahlungsempfänger ein Regreß gegen Zwischenmänner nicht mehr zustand, M. I, ebenso wenn der Protest erlassen ist, sowie auch dann, wenn der Aussteller seiner Unterschrift den Zusatz „ohne Obligo", „ohne Gewähr" hinzugefügt hat, R.G. 37, 146.

4. Der Abs. 2 läßt die Anfechtung an Stelle des letzten Regreßpflichtigen gegen denjenigen zu, für dessen Rechnung der letztere den Wechsel begeben hatte, also gegen eine Person, die nicht unmittelbar von dem Gemeinschuldner, sondern von einem andern Zahlung erhalten hat. Gegen diese Person ist die Anfechtung daher zulässig, auch wenn diese Person nicht als Rechtsnachfolger im Sinn des § 40 Abs. 2 anzusehen ist. Der Abs. 2 hat seine Bedeutung nur im Zusammenhang mit dem Abs. 1, also nur wenn eine solche Wechselzahlung des Gemeinschuldners stattgefunden hat, die der Empfänger bei Vermeidung des Verlustes des Regreßrechts nicht ablehnen konnte, R.G. 40, 40.

§. 35. (28.)

Die Anfechtung wird dadurch nicht ausgeschlossen, daß für die anzufechtende Rechtshandlung ein vollstreckbarer Schuldtitel erlangt, oder daß dieselbe durch Zwangsvollstreckung oder durch Vollziehung eines Arrestes erwirkt worden ist.

M. I 143, 144; P. I 25, 149; M. II —; P. II —.

1. Die Anfechtung einer Rechtshandlung der §§ 30—32 soll nicht dadurch verhindert oder erschwert werden, daß der Gemeinschuldner zu den Folgen derselben im Rechtswege gezwungen ist oder sich diesen Folgen durch Ausstellung einer vollstreckbaren Urkunde unterworfen hat. Nur diese Erschwerung des Anfechtungsrechts will der § 35 verhindern, ein neuer, selbständiger Anfechtungsgrund soll nicht geschaffen werden. Gegenstand der Anfechtung bleibt daher die Rechtshandlung, sie muß in die kritische Zeit fallen, wogegen es unerheblich ist, ob das durch die Zwangsmaßregel erwirkte Recht in dieser Zeit entstanden ist. Daraus folgt, daß, wenn es sich um ein Rechtsgeschäft handelt, welches der Anfechtung nur unterliegt, wenn es vom Kridar vorgenommen ist, also um ein Rechtsgeschäft der §§ 30 Nr. 1 Satz 1, 31, 32, die Anfechtung auf Grund des § 35 nicht in einem Falle gegeben ist, in welchem der Vollstreckungstitel oder die Zwangsvollstreckung ohne Mitwirkung des Kridars begründet ist. Andererseits folgt aus der Vorschrift des § 35 nicht, daß der Vollstreckungstitel und die Folgen der Zwangsmaßregel wirkungslos und dem Verwalter gegenüber als nicht vorhanden anzusehen wären: nicht nur dem Gemeinschuldner und allen Dritten (insbesondere den Absonderungsgläubigern) gegenüber behalten der Vollstreckungstitel und die Zwangsmaßregel ihre Wirkung, sondern auch dem Verwalter gegenüber ist der Vollstreckungstitel insofern bindend, als durch denselben ein Rechts-

verhältniß festgestellt ist; denn nur die Anfechtung der Rechtshandlung soll er nicht ausschließen, die Beseitigung des Judikats hat das Gesetz aber nicht statuirt: Ist der Kridar z. B. rechtskräftig verurtheilt, dem andern Theil eine Sache auf Grund eines Kaufvertrags herauszugeben, so steht auch dem Verwalter gegenüber fest, daß der Kaufvertrag geschlossen ist; nur diesen Kauf kann der Verwalter anfechten, wenn er in der kritischen Zeit unter einer Voraussetzung der §§ 30—32 geschlossen ist. Der Vollstreckungstitel und die Zwangsmaßregel sind nur die Folgen dieser Rechtshandlung, und verlieren daher mit der erfolgreichen Anfechtung ihrer Unterlage den Konkursgläubigern gegenüber ihre Wirksamkeit.

2. Andererseits ist dem Verwalter die Anfechtung des Vollstreckungstitels und des durch die Zwangsmaßregel entstandenen Rechtserfolgs nicht versagt, aber diese Anfechtung stützt er nicht auf den § 35, der keinen neuen Anfechtungsgrund schafft, sondern auf einen Grund der §§ 30—32. Diese Anfechtung bietet keine Schwierigkeit, wenn der Vollstreckungstitel, auf einer freiwilligen Erklärung des Gemeinschuldners beruhend, in einem Vergleich oder einer vollstreckbaren Urkunde des § 794 Nr. 1, 2, 5 C.P.O. oder lediglich in Folge einer Unterlassung des Kridars in einem Vollstreckungsbefehl oder einem Versäumnißurtheil besteht, sie ist dagegen schwieriger, wenn nach kontradiktorischem Verfahren erkannt ist, und erfordert dann den Nachweis, daß die Entscheidung auf eine nach §§ 30—32 anfechtbare Handlung oder Unterlassung zurückzuführen ist. In jedem Fall führt der Verwalter die dem Gegner erklärte Anfechtung dem Vollstreckungstitel gegenüber durch die Feststellung durch, daß die betreffende Rechtshandlung und in Folge dessen der Vollstreckungstitel der Konkursmasse gegenüber unwirksam ist, er hat aber keinen Erfolg, wenn das Urtheil nicht die Folge der Rechtshandlung, sondern auch ohne dieselbe begründet ist.

3. Der § 35 disponirt nicht über die Verfolgung des Anfechtungsrechts in einem anhängigen Rechtstreit. Hierüber entscheiden vielmehr die allgemeinen Grundsätze: Nach §§ 10, 11, 144 Abs. 2 tritt der Verwalter in den anhängigen Rechtstreit ein, durch die Erklärung der begründeten Anfechtung dem Anfechtungsgegner gegenüber wird die angefochtene Rechtshandlung nichtig, Anm. 11, 10 zu § 29, die Rechtshandlung kann daher, wenn ihre Voraussetzungen feststehen, in dem Rechtstreit dem Verwalter gegenüber nicht mehr geltend gemacht werden.

§. 36. (29.)

Das Anfechtungsrecht wird von dem Verwalter ausgeübt.

M. I 144—146; P. I 25—27; M. II —; P. II —.

1. Das Anfechtungsrecht im Konkurse wird vom Verwalter ausgeübt Er ist der Vertreter des Gemeinschuldners, Anm. 6 zu § 6, und macht die Anfechtung für diesen, wenn auch ohne und gegen dessen Willen, geltend, wie der Vormund den von seinem Mündel geschlossenen Vertrag für den Pflegebefohlenen, selbst wider dessen Willen, angreift. Die Rechtsstellung des Verwalters als Vertreter des Kridars regulirt die (bestrittenen) Prozeßfragen, welche von der Persönlichkeit der Partei abhängen: Der Kridar ist nicht Zeuge, sondern Partei, Anm. 12 zu § 6, bei der Vernehmung der dem Kridar nahe stehenden Personen kommt es hinsichtlich der Beeidigung und der Zeugnißverweigerung auf ihr Verhältniß zum Gemeinschuldner, nicht auf ihr Verhältniß zum Verwalter an, während die dem Verwalter nahe stehenden

Personen nicht anders zu behandeln sind, wie die Verwandten eines Prozeßvertreters. Bei der Frage nach der Zulässigkeit der Zu- und Zurückschiebung des Eides kommt es darauf an, ob die Thatsache, über welche der Eid zu- oder zurückgeschoben wird, in Handlungen des Gemeinschuldners, als der eigentlichen Partei, oder in Handlungen des Verwalters, seines Vertreters, bestehen. Der Konkursgläubiger wird dagegen von dem Verwalter auch im Anfechtungsprozesse nicht vertreten, selbst dann nicht, wenn der Verwalter den vom Gläubiger vor der Konkurseröffnung anhängig gemachten Prozeß aufnimmt; der Konkursgläubiger kann daher als Zeuge vernommen werden, aber er gehört zu den Personen des § 393[4] C.P.O., welche bei dem Ausgange des Rechtsstreits unmittelbar betheiligt sind.

Der Verwalter bedarf zur Anfechtung, die jetzt nicht mehr durch Erhebung der Klage, sondern durch die dem Gegner gegenüber ausgesprochene Erklärung erfolgt, Anm. 11 zu § 29, der Genehmigung des Gläubigerausschusses nicht; will er aber die vom Gegner nicht anerkannte Anfechtung im Prozeßwege verfolgen, so hat er, wenn der Werth des Gegenstandes mehr als 300 Mk. beträgt, die Genehmigung des etwa vorhandenen Gläubigerausschusses einzuholen und hat, wenn ein solcher nicht bestellt ist, dem ohne Aufschub erreichbaren Gemeinschuldner von der beabsichtigten Maßregel Mittheilung zu machen, ohne daß jedoch die Unterlassung einer dieser Pflichten seine Prozeßlegitimation beeinträchtigt, §§ 133[2], 135, 136. Zur Aufnahme des von einem Konkursgläubiger vor Eröffnung des Konkurses anhängig gemachten Anfechtungsprozesses, § 13 des Ges. vom 21. Juli 1879, ist die Genehmigung des Gläubigerausschusses oder die Mittheilung an den Gemeinschuldner nicht erforderlich, weil der § 133[2], 135 dieselbe nur zur Ablehnung, nicht zur Aufnahme eines anhängigen Prozesses erfordern.

Ueber die Unübertragbarkeit des Anfechtungsrechts s. Anm. 2 zu § 29.

2. Die Konkursgläubiger haben das Anfechtungsrecht weder einzeln noch in ihrer Gesammtheit. Der Beschluß der Gläubigerversammlung über die Erhebung oder Unterlassung der zur Durchführung der Anfechtung erforderlichen Klage ist zwar für den Verwalter in seinem Verhältniß zu den Gläubigern maßgebend, berührt aber seine Legitimation und sein Verhältniß zu dem Anfechtungsgegner nicht. Der einzelne Gläubiger darf auch nicht einmal im Prüfungstermin gegen eine angemeldete Forderung wegen ihrer Anfechtbarkeit Widerspruch erheben, P. I S. 92. Zwar darf er dem vom Verwalter angestrengten Prozeß als Nebenintervenient beitreten, R.G. in J. W. 1889 S. 203; 1891 S. 273; bei Bolze 7 Nr. 879 (streitig), denn er hat wegen seines Anspruchs auf die Konkursdividende ein Interesse an dem Sieg des Verwalters, § 66 C.P.O., aber als Streitgenosse ist er nicht anzusehen, weil sein Beitritt nur zur Unterstützung des Verwalters, nicht zur Geltendmachung eines eigenen Rechts erfolgt, R.G. in J. W. 1889 S. 203 (streitig).

3. In zwei Fällen ist der Konkursgläubiger ausnahmsweise legitimirt, ein Recht aus der Anfechtung im Konkurse geltend zu machen:

a) „Rechtshandlungen, welche der Gemeinschuldner rücksichtlich seines nicht zur Konkursmasse gehörigen Vermögens vorgenommen hat, können“ nach § 13 Abs. 5 des Ges. vom 21. Juli 1879 „von den Konkursgläubigern auch während des Konkursverfahrens nach Maßgabe dieses Gesetzes angefochten werden.“ Dadurch ist den Konkursgläubigern jedoch nicht auch die Befugniß ertheilt, ihren Konkursanspruch aus dem Anfechtungsgegenstand zu befriedigen oder in denselben eine Zwangsvollstreckung zu betreiben, §§ 12, 14.

b) Der Konkursgläubiger, welcher vor der Eröffnung des Verfahrens einen

Anfechtungsprozeß anhängig gemacht hat, kann denselben während des Konkurses nicht weiter verfolgen. Das Prozeßverfahren wird durch die Konkurseröffnung unterbrochen. Nimmt der Verwalter den Prozeß auf, so kann der früher klagende Konkursgläubiger zwar als Nebenintervenient, nicht aber als Partei, und demnach auch rücksichtlich der Kosten nicht als Streitgenosse auftreten. Lehnt der Verwalter dagegen die Aufnahme des Prozesses ab, mag er gewillt sein und ausdrücklich erklärt haben, die Anfechtung ganz zu unterlassen, oder einen besondern Anfechtungsprozeß anzustellen (M. I S. 31), so ist der Gläubiger nicht berechtigt, den Prozeß über die Hauptsache fortzusetzen; aber in Ansehung der Kosten darf er ihn aufnehmen, wie auch andererseits der Gegner befugt ist, den Prozeß in Ansehung der Kosten, nicht der Hauptsache, gegen ihn fortzusetzen, § 13 Abs. 2 des Anf.=Ges. Wird der Prozeß hinsichtlich der Kosten aufgenommen, so können über die Anfechtung zwei Prozesse neben und unabhängig von einander geführt werden: der frühere Prozeß hinsichtlich der Kosten und der neue Prozeß des Verwalters über den Anfechtungsanspruch. Eine Aussetzung des Gläubigerprozesses nach § 148 C.P.O. ist nicht, wie v. Sarwey in seiner älteren Auflage meinte, zulässig, weil die Entscheidung des vom Verwalter geführten Prozesses für den andern Rechtsstreit nicht präjudizirlich ist, zumal der Rechtsgrund, die Einreden, Fristen und Voraussetzungen beider Anfechtungen verschieden sind.

4. Das Recht des Absonderungsberechtigten als solchen, Rechtshandlungen des Kridars anzufechten, wird durch die Konkurseröffnung nicht berührt, R.G. 16, 36, und durch das Anfechtungsrecht des Verwalters so wenig beschränkt, daß die Verzichte, Vergleiche rc. des Verwalters dem Absonderungsgläubiger nicht entgegengesetzt werden können. Denn diese Handlungen des Verwalters sind ebenso wie der Erfolg der Anfechtung des Verwalters nur für den Kridar und die Konkursgläubiger, nicht für Dritte bindend, Anm. 9 zu § 29. Der Absonderungsgläubiger kann daher sein Absonderungsrecht vor und nach der Konkurseröffnung selbstständig geltend machen, kann den Anfechtungsprozeß sogar neben demjenigen des Verwalters über denselben Gegenstand erheben oder fortsetzen, der von ihm vor der Eröffnung des Verfahrens anhängig gemachte Rechtsstreit wird durch die Eröffnung des Verfahrens nicht unterbrochen, weil dieser Rechtsstreit die Masse nicht betrifft, § 240 C.P.O. Der Absonderungsberechtigte hat als solcher kein Interesse an dem Sieg des Verwalters, er darf dem von diesem erhobenen Anfechtungsprozeß als Nebenintervenient nur, wenn er zugleich Konkursgläubiger (qualifizirter Absonderungsberechtigter) in seiner Eigenschaft als Konkursgläubiger beitreten. Ebenso kann der Verwalter dem Prozeß des Absonderungsberechtigten nicht beitreten.

Der Absonderungsgläubiger kann sich nicht auf die Anfechtungsgründe der K.O., sondern nur auf die des Anf.=Ges. berufen, ist aber auch nicht gehindert, aus seinem dinglichen Recht gegen die dasselbe verletzenden Eingriffe des Gegners Stützen für seinen Anspruch abzuleiten. Sein Recht ist auf den Gegenstand der Absonderung beschränkt, das angegriffene Rechtsgeschäft unterliegt daher während des Konkurses seiner Anfechtung nur insoweit, als ihm der Absonderungsgegenstand durch dasselbe entzogen oder beeinträchtigt ist. Rücksichtlich dieses Gegenstands kann er aber seine Anträge sowohl auf Rückgewährung der ihm entzogenen Sachen, wie auch auf Beseitigung der von dem Gegner daran erworbenen Rechte richten.

Selbst die vom Verwalter vorgenommenen Rechtshandlungen können bei dem Vorhandensein der Voraussetzungen des Anfechtungsgesetzes der Anfechtung Seitens des Absonderungsgläubigers unterliegen. Soweit dabei das verwandtschaftliche oder sonstige persönliche Verhältniß des Anfechtungsgegners in Betracht kommt, ist das Verhältniß maßgebend, in welchem der letztere nicht zum Verwalter, sondern zu dem von diesem vertretenen Kridar steht.

5. Auch die Massegläubiger sind nicht gehindert, Rechtshandlungen des Kridars oder des Verwalters auf Grund des Anfechtungsgesetzes anzugreifen.

6. Die neuen Gläubiger des Gemeinschuldners, deren Forderungen erst nach der Konkurseröffnung entstanden sind, dürfen Rechtshandlungen, welche die nicht zur Masse gehörigen Gegenstände betreffen, auf Grund des Anfechtungsgesetzes anfechten, wogegen die vor der Konkurseröffnung vorgenommenen Rechtshandlungen, welche Massegegenstände betreffen, ihrem Angriff entzogen sind. Dem vom Verwalter angestellten Anfechtungsprozesse dürfen sie als Nebenintervenienten beitreten, haben aber nicht die Stellung der Streitgenossen.

Dasselbe gilt von denjenigen bisherigen Gläubigern des Kridars, welche von der Theilnahme am Konkurs ausgeschlossen sind, Anm. 2 zu § 3.

§. 37. (30.)

Was durch die anfechtbare Handlung aus dem Vermögen des Gemeinschuldners veräußert, weggegeben oder aufgegeben ist, muß zur Konkursmasse zurückgewährt werden.

Der gutgläubige Empfänger einer unentgeltlichen Leistung hat dieselbe nur soweit zurückzugewähren, als er durch sie bereichert ist.

M. I 146—148; P. I 27, 28, 149; M. II —; P. II —.

1. Der § 37 bestimmt das Resultat der Anfechtung zu Gunsten der Konkursmasse, während die §§ 38, 39 die Rechte des Anfechtungsgegners und den Erfolg behandeln, der durch die Anfechtung zu ihren Gunsten eintritt.

Der § 37 betrifft nur das Verhältniß des Verwalters zu dem Anfechtungsgegner, Anm. 12 zu § 29, nicht zu dem Dritten, welcher den Gegenstand der anfechtbaren Rechtshandlung erworben hat; über das Verhältniß zu ihm s. Anm. 12 zu § 40.

2. Da durch die erfolgreiche Anfechtung die Nichtigkeit der Rechtshandlung eintritt, Anm. 10 zu § 29, so muß das Resultat der Anfechtung in der Wiederherstellung des Zustands bestehen, wie er vor der Vornahme der Rechtshandlung gewesen war, R.G. 20, 30, 374; 25, 63. Besteht der Rechtsakt in der Bestellung eines Absonderungsrechts, so ist der Vertragsgenosse verpflichtet, die Nichtigkeit des Rechtsaktes anzuerkennen, den in seinen Gewahrsam gekommenen Absonderungsgegenstand, sowie die erhaltenen, das Absonderungsrecht betreffenden Urkunden (z. B. den Hypothekenbrief), zurückzugewähren und die Beseitigung aller die Existenz des Absonderungsrechts kennzeichnenden Merkmale, insbes. der Eintragung im Grundbuch, der Siegelung von Pfandstücken zu erwirken.

3. Soweit der Anfechtungsgegner sich nicht mehr im Besitz der durch die Rechtshandlung erworbenen Leistung befindet, ist seine Leistung verschieden, je nachdem es sich um eine entgeltliche oder um eine unentgeltliche, aber nicht in gutem Glauben erworbene, oder um eine unentgeltliche, in gutem Glauben angenommene Leistung handelt:

a) In den Fällen der §§ 30, 31 setzt die Anfechtung die Kenntniß des Erwerbers von der Zahlungseinstellung 2c. oder der fraudulösen Absicht des Gemeinschuldners voraus. In diesem Fall kennt der Vertragsgenosse den Mangel des rechtlichen Grundes der ihm gemachten Leistung, jedenfalls hätte er ihn kennen müssen, in beiden Fällen ist er daher nach § 142 Abs. 2 B.G.B. so zu behandeln, als wenn er die Anfechtung von Anfang an gekannt hätte, er hat daher, soweit er zur Erstattung außer Stande ist, den Werth zu ersetzen, § 818 Abs. 2 B.G.B. Der Verwalter kann in Anrechnung auf diesem Werth die Gegenleistung, die der Anfechtungsgegner auf Grund eines erlangten Rechts, z. B. durch Kauf, zu fordern oder erhalten hat, sowie dessen Ansprüche für Zerstörung, Beschädigung oder Entziehung gegen einen Dritten in Anspruch nehmen, § 818 Abs. 1 B.G.B., der Anfechtungsgegner hat nach §§ 819 Abs. 1, 292, 990 B.G.B. für die Verschlechterung und den Untergang zu haften, sofern er nicht beweist, daß dieser Nachtheil auch ohne die Rechtshandlung eingetreten wäre, er hat nach §§ 819 Abs. 1, 291 B.G.B. 4% Zinsen seit dem Empfang der Leistung zu zahlen, auch den der Konkursmasse außerdem etwa entstandenen Schaden zu ersetzen und nach §§ 819 Abs. 1, 202, 987 B.G.B. die Früchte herauszugeben bezw. zu ersetzen, die er gezogen hat, und die er hätte ziehen müssen.

Dasselbe gilt auch für die unentgeltliche Leistung, welche auf Grund des § 31[1] angefochten ist. (Für das frühere Recht s. R.G. 10, 6; 15, 65; 16, 23, 21, 436; 24, 113; 27, 23; 29, 2; in J. W. 1887 S. 273; 1889 S. 109, 1893 S. 139 und in Gruchots Beitr. 38, 1184).

b) Für die Fälle des § 32 läßt der Abs. 2 die unentgeltliche, in gutem Glauben empfangene Leistung dagegen nur soweit zurückgewähren, als der Empfänger durch sie bereichert ist. Diese Vorschrift deckt sich mit den Bestimmungen des § 818 Abs. 1—3 B.G.B.: der Erwerber braucht nur dasjenige herauszugeben, was er von der Leistung noch besitzt und was er auf Grund eines erlangten Rechts (z. B. durch Kaufvertrag) oder als Ersatz für die Zerstörung, Beschädigung oder Entziehung des Gegenstands (z. B. die Versicherungssumme) erwirbt; kann er die Sache nicht herausgeben, so muß er den Werth ersetzen, soweit er durch denselben noch bereichert ist; Früchte braucht er nur herauszugeben, soweit er sie gezogen hat.

Für den Zustand der Bereicherung ist der Zeitpunkt der Anfechtungserklärung, Anm. 11 zu § 29, nicht der Zeitpunkt der Rechtshängigkeit der die Anfechtung verfolgenden Klage maßgebend. Aber von dem Zeitpunkt der Rechtshängigkeit an wird die Haftung des Anfechtungsgegners eine strengere, § 818 Abs. 4 B.G.B., von dieser Zeit an hat er Zinsen (4%) zu zahlen, hat er die Früchte herauszugeben oder zu erstatten, die er von jetzt an gezogen hat und hätte ziehen müssen. Für die Verschlechterung und den Untergang haftet er nach der Rechtshängigkeit nicht in Gemäßheit des § 990, sondern nur nach § 989 B.G.B., also nur insoweit, als er diese Nachtheile verschuldet hat. Mußte er aber nach der Anfechtungserklärung annehmen, daß die Anfechtung begründet war, so haftet er schon von diesem Augenblick wie ein schlechtgläubiger Besitzer, § 990 Abs. 1 Satz 2 B.G.B.

3. Gutgläubig ist der Empfänger, wenn er nicht wußte, auch nicht wissen mußte, § 142 Abs. 2 B.G.B., daß eine anfechtbare Handlung vorlag. Er ist daher nicht gutgläubig, wenn er wußte oder wissen mußte,

α) daß der Konkurs in der kritischen Zeit des § 32 voraussichtlich eröffnet oder doch die Zahlungseinstellung eintreten werde,

β) oder wenn er die Absicht des Gemeinschuldners, die Gläubiger zu benachtheiligen, kannte oder hätte kennen müssen; denn dann lag ein Fall des § 31[1] vor, welcher sowohl die entgeltlichen, wie die unentgeltlichen Rechtsgeschäfte umfaßt.

4. Wegen der Unentgeltlichkeit der Leistung s. Anm. 3 zu § 32.

§. 38. (31.)

Die Gegenleistung ist aus der Konkursmasse zu erstatten, soweit sie sich in derselben befindet, oder soweit die Masse um ihren Werth bereichert ist. Darüber hinaus kann ein Anspruch nur als Konkursforderung geltend gemacht werden.

M. I 148—151; P. I 28, 149; M. II —; P. II —.

1. Da die Rechtshandlung in Folge der Anfechtungserklärung des Verwalters als von Anfang an nichtig gilt, Anm. 11 zu § 29, so wird der Rechtszustand wieder hergestellt, welcher ohne die Vornahme der Rechtshandlung bestanden haben würde. In Folge dessen gehören die in der Masse unterscheidbar vorhandenen Gegenstände der Gegenleistung nicht mehr zur Masse, das Eigenthum daran gehört vielmehr dem Anfechtungsgegner und zwar so, als ob der Anfechtungsgegner es dem Kridar nicht übertragen hätte. Deshalb ist der, bisher von den Kommentatoren (außer v. Völderndorff I S. 412) bestrittene Satz der M. I, daß der Anfechtungsgegner hinsichtlich dieser Gegenstände Aussonderungsberechtigter sei, jetzt nicht mehr zu bestreiten. Dieser Aussonderungsanspruch beschränkt sich nicht auf die körperlichen Gegenstände, zu denen auch das mit der Masse noch nicht vermischte Geld gehört, sondern erstreckt sich auf alle Gegenstände, also auch auf die Rechte und Forderungen. Neben dem Aussonderungsanspruch hat der Anfechtungsgegner, wie auch die M. I anerkennen, einen Masseanspruch, denn sein Rückforderungsanspruch ist durch eine Handlung des Verwalters entstanden, § 59[1], und die Masse würde ohne Rückgabe der noch vorhandenen Gegenleistung bereichert sein, § 59[3].

2. Der Umfang der Gegenleistung ist nach den Grundsätzen der rechtlosen Bereicherung festzustellen und zwar in derselben Weise, wie in Anm. 3 zu § 37 der Umfang der zur Konkursmasse zurückzugewährenden Leistungen bestimmt ist. Wie dort ist der Umfang auch hier ein verschiedener, je nachdem die Gegenleistung vom Gemeinschuldner in gutem Glauben angenommen war oder nicht. Dabei kommt es auf die Person des Kridars an: Kannte der Gemeinschuldner bei Vornahme der Rechtshandlung seine Zahlungseinstellung oder den Eingang des Eröffnungsantrags oder hätte er hiervon Kenntniß haben müssen, wußte er oder hätte er wissen müssen, daß der Konkurs in der kritischen Zeit (§ 30[2]) eröffnet worden oder die Zahlungseinstellung eintreten werde, oder hatte er die Absicht, die Gläubiger zu benachtheiligen, so tritt die strengere Haftung für Untergang, Verschlechterung, Früchte und Zinsen ein, andernfalls ist die Haftung die geringere der Anm. 3b zu § 37.

Dieser Anspruch steht dem Anfechtungsgegner gegen die Masse zu; aber einen Aussonderungsanspruch hat er nur soweit, als der Gegenstand der Leistung sich in der Masse befindet, und einen Masseanspruch nur, soweit die Konkursmasse durch die Gegenleistung bereichert ist. „Darüber hinaus" hat er die vorbezeichneten Ansprüche nur als Konkursgläubiger. Das Gesetz giebt ihm den Konkursanspruch, obgleich der letztere vor der Konkurseröffnung nicht begründet war, sondern erst durch die Anfechtungserklärung des Verwalters entstanden ist, es erweitert daher in dieser Beziehung den Begriff der Konkursforderung des § 3 (v. Sarwey-Bossert Anm. 1); in Folge dieser gesetzlichen Bestimmung hat der Anfechtungsgegner nunmehr alle Rechte und Pflichten der Konkursgläubiger.

3. Soweit der Anfechtungsgegner Aussonderungs- oder Massegläubiger ist, hat er das Zurückbehaltungsrecht des § 273 B.G.B. und das Recht der Kompensation;

soweit er Konkursgläubiger ist, steht ihm ein Retentionsrecht nicht zu, Anm. 3 zu § 12 (nach bisherigem Recht streitig) und ist eine Kompensation der Konkursforderung mit der Forderung des Verwalters unzulässig, § 55¹.

Von der Zeit der Anfechtungserklärung an besteht gegen die Konkursmasse die strengere Haftung der Anm. 3a zu § 37 und für dieselbe auf Seiten des Anfechtungsgegners ein Masseanspruch.

4. Die Rechte, welche ein Dritter an dem Gegenstand der Gegenleistung erworben hat (Hypothek, Realservituten zc.) bleiben von der Anfechtung unberührt, §§ 892, 893, 932—936, 1207, 1208 B.G.B., sofern der Dritte in gutem Glauben war. Für die hierdurch entstandene Werthverminderung hat aber der Anfechtungsgegner einen Ersatzanspruch, welcher, sofern die für die Bestellung eines solchen Rechts gemachte Gegenleistung noch in der Masse sich befindet oder soweit die Masse dadurch bereichert ist, als Masseforderung geltend gemacht werden kann.

5. Die Gegenleistung ist in der Masse noch vorhanden, wenn der Gegenstand der Gegenleistung sich im Besitz des Verwalters befindet oder sofern an Stelle desselben dasjenige, was auf Grund eines erlangten Rechts (z. B. durch Kaufvertrag) oder als Ersatz für die Zerstörung, Beschädigung oder Entziehung des Gegenstands erworben ist, noch unterscheidbar besteht. Die Gegenleistung muß zur Zeit der Konkurseröffnung vorhanden oder nachher zur Masse gelangt sein.

6. Die Masseforderung des Anfechtungsgegners wegen Bereicherung setzt voraus, daß die Masse bereichert ist, wogegen es unerheblich ist, ob nur der Kridar bereichert war, ob die volle Gegenleistung in sein Vermögen gekommen ist oder nicht. Die Masse ist daher nicht bereichert, wenn der Gegenstand der Gegenleistung in einer Sache, z. B. einem Bett, besteht, welche als pfandfrei nicht zum Konkursvermögen gehört, auch wenn sich der Kridar noch im Besitz derselben befindet. Die Masse ist insoweit bereichert, als das gesammte Konkursvermögen durch die Gegenleistung zur Zeit der Konkurseröffnung vergrößert ist, also zu demjenigen Betrage, um welchen die Masse geringer sein würde, wenn die Gegenleistung nicht gemacht wäre. Maßgebend ist in dieser Beziehung die Zeit der Konkurseröffnung, nicht der Anfechtungserklärung, aber auch dasjenige, was in Folge der Rechtshandlung noch nach der Konkurseröffnung zur Masse kommt, bildet eine Bereicherung der Masse, da dasselbe ohne die Rechtshandlung nicht zur Masse gehören würde. (Ohne Grund wird gegen die herrschende Meinung von v. Wilmowski Anm. 1, Fitting § 18 Anm. 9, Meisner S. 140, v. Völderndorff I S. 413ff. behauptet, daß die Bereicherung nach der Konkurseröffnung eingetreten sein müsse).

Den Beweis der Bereicherung und der Höhe derselben hat der Anfechtungsgegner zu führen, welcher eine Masseforderung geltend machen will.

7. Der § 37 regelt nur das Verhältniß des ersten Erwerbers zur Konkursmasse, nicht auch das Verhältniß des Rechtsnachfolgers zur Masse, sofern derselbe nicht Universalrechtsnachfolger des ersten Erwerbers ist, v. Sarwey-Bossert Anm. 4, s. darüber Anm. 12 zu § 40.

8. Wird die Anfechtung nicht vom Verwalter, sondern von einem Absonderungsberechtigten oder einem sonst zur Anfechtung Legitimirten geltend gemacht, so ist nicht der § 38 K.O., sondern der § 8 des Anfechtungsges. maßgebend: „Wegen Erstattung einer Gegenleistung oder im Fall einer anfechtbaren Leistung kann der Empfänger sich nur an den Schuldner halten.“ Schuldner ist der Kridar, und seine Verpflichtung geht, wenn der anfechtbare Rechtsakt vor der Eröffnung des Verfahrens vorgenommen ist, auf die Konkursmasse über. Gegen diese kann der Anspruch auf Rückgewähr der

Gegenleistung nur als Konkursforderung, als Masseforderung gemäß § 59³ K.O. aber nur dann geltend gemacht werden, wenn die Masse nach der Eröffnung des Verfahrens aus dem Vermögen des Anfechtungsgegners in Folge des anfechtbaren Rechtsaktes eine Bereicherung erfahren hat.

Hat der Verwalter den vor der Konkurseröffnung von einem Konkursgläubiger anhängig gemachten Anfechtungsprozeß aufgenommen, so steht dem Anfechtungsgegner nunmehr der Anspruch auf Rückgewähr der Gegenleistung gegen die Masse in derselben Weise zu, als wenn der Verwalter den Anfechtungsprozeß nach der Konkurseröffnung selbst angestellt hätte; denn der Rechtsstreit bewegt sich im Rahmen der K.O. und, wie der Verwalter den Klagantrag in konkursmäßiger Weise erweitern darf, § 13 Abs. 2 des Anf.=Ges., so muß er sich auch den Gegenanspruch nach Maßgabe der K.O. gefallen lassen.

§. 39. (32.)

Wenn der Empfänger einer anfechtbaren Leistung das Empfangene zurückgewährt, so tritt seine Forderung wieder in Kraft.

M. I 105; P. II 28, 149; M. II —; P. II —.

1. Die Wiederherstellung des früheren Zustandes in Folge der durch die Anfechtung herbeigeführten Nichtigkeit der Rechtshandlung, Anm. 11 zu § 29, hat die Folge, daß, soweit der Rechtsakt redressirt wird, die durch denselben getilgte Forderung in ihrem früheren Zustande wieder auflebt.

Sie lebt mit allen Rechten wieder auf, welche sie vor der Vornahme des Rechtsakts hatte, sie ist daher nicht blos mit dem früheren Vorzugsrecht ausgestattet, es muß ihr auch das sie früher sichernde Absonderungsrecht wieder zugehören und, soweit erforderlich, zurückgewährt werden, R.G. 3, 208; 20, 157, vgl. l. 10. § 22 D. 42, 8; l. 21 D. 49, 14; der Verwalter ist deshalb verpflichtet, den beweglichen Absonderungsgegenstand zurückzugeben und die Wiedereintragung der gelöschten Hypothek zu bewirken. Ist der Absonderungsgegenstand veräußert, so tritt der Erlös an die Stelle des Gegenstandes, und sofern der Erlös mit der Konkursmasse vermischt ist, wird das Absonderungsrecht durch einen Masseanspruch ersetzt, soweit die Konkursmasse bereichert ist, v. Sarwey=Bossert Anm. 2, Cosack S. 286. Diese Restitution hat aber gegen Dritte, die an dem Absonderungsgegenstand in der Zwischenzeit ein Recht in gutem Glauben erlangt haben, keine Wirkung: die nach der Löschung eingetragenen Berechtigten werden durch die Wiedereintragung nicht berührt, die wieder eingetragene Post muß auch hinter den Zessionaren der schon vor der Anfechtung nach dem Anfechtungsgegner eingetragenen Berechtigten zurückstehen, das an dem beweglichen Absonderungsgegenstande nach der anfechtbaren Rechtshandlung begründete Pfandrecht braucht dem wieder erstandenen Absonderungsrecht nicht zu weichen. Dagegen bleibt das Verhältniß zu den nachstehenden Berechtigten unverändert, wenn deren Rechtsstellung inzwischen keine Aenderung erlitten hat, R.G. 3, 208.

Der Schade, der dem Anfechtungsgegner durch die inzwischen an dem Absonderungsgegenstande entstandenen Rechte entstanden ist, ist nach Maßgabe des § 38 zu ersetzen.

Durch die Wiederherstellung des früheren Zustandes wird die Forderung zu einer Konkursforderung, nicht zu einem Masseanspruch, durch dessen Entstehung der Anfechtung jeder Werth genommen werden würde, a. M. nur Cosack S. 284 ff., der aus der Bereicherung eine Masseforderung konstruirt, das Konkursvermögen wird aber durch die Rückgewähr nicht größer als das Vermögen des Kridars vor der Rechtshandlung war.

2. Die Nichtigkeit, welche durch die Anfechtung entsteht, ist nur eine relative, die angefochtene Rechtshandlung wird nur im Verhältniß zu den Konkursgläubigern unwirksam, § 29, deshalb gilt das Wiederaufleben der Forderung nur im Verhältniß der Konkursmasse und des Kridars zum Anfechtungsgegner, wogegen die Zahlung Dritten gegenüber wirksam bleibt, weil sie nicht ihnen, sondern nur den Konkursgläubigern gegenüber unwirksam ist, a. M. v. Wilmowski Anm. 1; es leben daher die Bürgschaften Dritter, die Pfand- und Hypothekenrechte, welche Dritte zur Sicherung der Forderung bestellt hatten, nicht wieder auf. Nur einen Anspruch gegen die Masse auf Wiederbeschaffung der Sicherung hat der Anfechtungsgegner, da er diesen Anspruch aber nur als Konkursanspruch geltend machen kann, § 38, so hat derselbe mit Rücksicht darauf, daß ihm die Masse ohnehin konkursmäßige Befriedigung gewährt, keine Bedeutung.

3. Der § handelt nur von der Erfüllung einer Forderung, die dem andern gegen den Gemeinschuldner zustand, nicht von einer Schuld, die er dem letztern zu zahlen hatte. Er handelt aber auch nur von einer dem Empfänger gegen den Kridar zustehenden Forderung, nicht auch von der Forderung, die ein Dritter gegen den Empfänger hatte: zahlt der Kridar die Forderung, die sein Gläubiger dem Dritten verschuldete, dem letztern, so kann die Forderung desselben gegen die Masse nicht wieder aufleben, weil der Kridar ihm nichts verschuldete; vielmehr kann sich der Dritte wegen Entwährung nur an seinen Schuldner halten, und dieser, der Gläubiger des Kridars, kann seinen Anspruch, welcher ihm in Folge der Entwährung gegen den Kridar entsteht, als Konkursforderung geltend machen. Hat der Kridar dem Dritten auf Grund einer schriftlichen Anweisung des § 783 B.G.B., die er angenommen hat, § 784 B.G.B., Zahlung geleistet, so hat er eine Forderung bezahlt, die dem Anweisungsempfänger gegen ihn zustand, auf die Forderung des Anweisungsempfängers kommt daher der § 39 zur Anwendung.

4. Das Wiederaufleben der Forderung setzt die Anfechtung, d. h. die Erklärung der Anfechtung Seitens des Verwalters (ohne Unterschied, ob die Anfechtung bestritten wird oder nicht, sofern sie nur begründet ist) und die Rückgewähr der Leistung voraus. Ist die Rückgewähr nur theilweise erfolgt, z. B. weil der Empfänger selbst in Konkurs gerathen ist, so kann die Forderung auch nur zu dem entsprechenden Theil wieder aufleben, v. Sarwey-Bossert Anm. 2, Petersen und Kleinfeller Anm. 3, Cosack S. 286, 287, a. M. v. Wilmowski, der die Forderung vor der vollständigen Rückgewähr nicht wieder entstehen läßt. Vor der Rückgewähr besteht die Forderung nur als suspensiv bedingte, kann daher schon vorher im Konkurs angemeldet werden.

5. Die erfolgreiche Anfechtung, welche (nicht vom Verwalter) auf Grund des § 8 des Anf.-Ges. geschieht, hat nach § 8 dieses Ges. zur Folge, daß der Anfechtungsgegner sich wegen seiner wieder erstehenden „Forderung an den Schuldner halten" kann. Diese Forderung kann als Konkursforderung geltend gemacht werden, wenn der anfechtbare Rechtsakt vor der Konkurseröffnung vorgenommen ist. Zwar war die Forderung zur Zeit der Eröffnung des Verfahrens bereits erloschen, und als Konkursforderungen können nur diejenigen Ansprüche angesehen werden, die bei der Eröffnung des Konkurses begründet sind. Aber sie war doch nur resolutiv erloschen, d. h. für den Fall, daß die Anfechtung nicht erfolgen werde, und daher als Konkursforderung suspensiv bedingt, d. h. für den Fall nicht erloschen, daß eine begründete Anfechtung

erfolgen werde. Die Forderung lebt auch mit ihrem Vorrecht und ihrem Absonderungsrecht, selbst der Konkursmasse gegenüber, auf. Aber soweit dies Absonderungsrecht, ein äußerlich erkennbares Thatbestandsmerkmal: den Besitz, die Eintragung, erfordert, kann der Anfechtungsgegner vom Verwalter die Rückgewähr des Besitzes, die Wiedereintragung nicht beanspruchen, denn zur Zeit der Konkurseröffnung war die Forderung in Ermangelung jener Merkmale kein Absonderungsanspruch, und wenn auch in Folge der durchgeführten Anfechtung die Fiktion entsteht, daß die Rückgabe der Pfandsache an den Schuldner, daß die Löschung der eingetragenen Post zu Unrecht geschehen ist, so gilt diese Fiktion bei der von einem Absonderungsgläubiger erfolgten Anfechtung doch nicht auch gegen die Konkursmasse. Zwar müßte außerhalb des Konkurses der Schuldner das Absonderungsrecht wieder herstellen, im Konkurs kann ein solcher Anspruch auf Sicherstellung aber nur „nach Maßgabe der Vorschriften für das Konkursverfahren erfolgen", § 12, und die K.O. hat keine Vorschrift zur Wiedererlangung einer Sicherheit für eine Konkursforderung gegeben.

Tritt der Verwalter in einen vor der Eröffnung des Verfahrens von einem Konkursgläubiger anhängig gemachten Anfechtungsstreit ein, so lebt die Forderung ebenso wieder auf, als wenn der Verwalter den Prozeß selbst angestellt hätte.

§. 40. (33.)

Die gegen den Erblasser begründete Anfechtung findet gegen den Erben statt.

Gegen einen anderen Rechtsnachfolger desjenigen, welchem gegenüber die anfechtbare Handlung vorgenommen ist, findet die gegen den letzteren begründete Anfechtung statt:

1. wenn ihm zur Zeit seines Erwerbes die Umstände, welche die Anfechtbarkeit des Erwerbes seines Rechtsvorgängers begründen, bekannt waren;
2. wenn er zu den im §. 31 Nr. 2 genannten Personen gehört, es sei denn, daß ihm zur Zeit seines Erwerbes die Umstände, welche die Anfechtbarkeit des Erwerbes seines Rechtsvorgängers begründen, unbekannt waren;
3. wenn ihm das Erlangte unentgeltlich zugewendet worden ist.

Im Falle des Abs. 2 Nr. 3 findet auf die Haftung des Rechtsnachfolgers die Bestimmung des §. 37 Abs. 2 Anwendung.

M. I 150—153; P. I 28, 149; M. II 34, 35; P. II —.

1. Der § lautete in der bisherigen Fassung:

Die gegen den Erblasser begründete Anfechtung findet gegen den Erben statt.

Gegen einen anderen Rechtsnachfolger desjenigen, welchem gegenüber die anfechtbare Handlung vorgenommen ist, findet die gegen den letzteren begründete Anfechtung statt:

1. wenn ihm zur Zeit seines Erwerbes bekannt war, daß der Gemeinschuldner die Rechtshandlung in der Absicht vorgenommen hatte, seine Gläubiger zu benachtheiligen;

2. wenn er zu den im § 24 Nr. 2 genannten Personen gehört und nicht beweist, daß er zur Zeit seines Erwerbes von den Umständen, welche die Anfechtung gegen den Rechtsvorgänger begründen, keine Kenntniß hatte.

2. Die Anfechtung hat, wie in den M. I gesagt ist, „stets das mit dem Gemeinschuldner geschlossene erste Rechtsgeschäft zum Gegenstande.“ Der erste Erwerber, der dies Geschäft geschlossen hat, ist es daher, gegen welchen sich die Anfechtung richtet, gegen ihn richtet sie sich aber auch dann, wenn er die den Gegenstand der Rechtshandlung bildende Sache nicht mehr hat, M. I S. 147, R.O.H.G. 10, 248; 13, 381, R.G. in Gruchots Beiträgen 24, 1068, Willenbücher Anm. 2d, a. M. Dernburg Pr. Pr.R. II. S. 330, oder der ihm gewordene Vortheil wieder verloren gegangen ist. Denn das Ges. giebt ihm keine Einrede aus dem Verlust der Sache oder des Vortheils. Der erste Erwerber kann sich auch nicht durch den Einwand schützen, daß die Anfechtung gegen einen Dritten zulässig ist, denn diese Zulässigkeit schließt die Anfechtung gegen den ersten Erwerber nicht aus. Der Verwalter ist aber berechtigt, die Anfechtung auch gegen den Dritten zu richten, wenn die Voraussetzungen des § 40 vorliegen. Hat der Verwalter die Wahl, von jedem der beiden Verpflichteten die Rückgewähr zu fordern, so haften beide insoweit als sie dieselbe Leistung zu restituiren haben, nach § 421 B.G.B. als Gesammtschuldner. Andererseits braucht aber die Leistungspflicht des ersten und des nachfolgenden Erwerbers nicht oder nicht in jeder Beziehung zusammen zu fallen, da der Umfang der Pflicht zur Rückgewähr nach § 37 — s. die Anm. zu § 37 — davon abhängt, ob der Erwerber sich in gutem Glauben befunden hat oder nicht; insoweit kann der Verwalter nur von dem einen fordern, was er von dem andern nicht verlangen darf.

Der Verwalter darf sowohl gegen jeden Verpflichteten, als auch gegen beide zugleich, wie auch nach einander die Anfechtung erklären und verfolgen, R.G. in Gruchots Beitr. 27, 1140 in J. W. 1886 S. 348, 349.

3. Die Rechtsnachfolge kann vor und nach der gegen den ersten Erwerber erklärten Anfechtung eintreten, R.G. 34, 67. Aber der Verwalter hat unter Umständen gegen den Nachfolger größere Rechte, wenn die Rechtsnachfolge während des Anfechtungsprozesses erfolgt ist. Denn nach §§ 265 Abs. 2, 325 C.P.O. ist die Entscheidung in Ansehung des Gegenstands der Anfechtung auch gegen den Rechtsnachfolger wirksam und vollstreckbar, ohne daß dieser berechtigt ist, ohne Zustimmung des Verwalters den Prozeß als Hauptpartei zu übernehmen. In diesem Falle kommt es nicht darauf an, ob die Voraussetzungen des § 40 vorliegen. Nur wenn es sich um Fälle handelt, in welchen der von einem Nichtberechtigten abgeleitete Erwerb rechtswirksam ist, § 325 Abs. 2 C.P.O., z. B. um die Fälle der §§ 892, 893, 932—935, 1207 B.G.B., ist die Anfechtung nur unter den Voraussetzungen des § 40 zulässig.

Tritt die Rechtsnachfolge vor der Anfechtung ein, so kann der gegen den ersten Erwerber geführte Prozeß und das darin erlassene Urtheil gegen den Sukzessor keine Wirkung äußern. Keiner von ihnen ist nothwendiger Streitgenosse in dem gegen den andern erhobenen Rechtsstreit, die Eidesleistung des einen ist für und gegen den andern nicht maßgebend, R.G. Annalen 7, 176, die Klage kann gegen den einen von Erfolg begleitet sein, gegen den andern abgewiesen werden, und trotz der Abweisung der Klage gegen den einen kann die Klage gegen den andern erhoben werden, auch wenn das abweisende Urtheil das Vorhandensein von Voraussetzungen verneint, welche die Grundlage auch der Klage gegen den andern sind (herrschende Ansicht, aber streitig).

Tritt dagegen die Rechtsnachfolge nach dem rechtskräftig entschiedenen Rechtsstreit ein, so gilt die gegen den ersten Erwerber getroffene Entscheidung auch gegen den Nachfolger, sofern es sich nicht um einen Fall handelt, in welchem der von einem Nichtberechtigten abgeleitete Erwerb auch gegen den Berechtigten wirksam ist, s. oben, denn der Rechtsnachfolger erwirbt die Sache in derjenigen Rechtslage, in welcher sie sein Auktor hatte, R.G. in Gruchots Beitr. 36, 464 und in J. W. 1891 S. 572, Obertr. Entsch. 22, 123 und in Striethorsts Arch. 6, 1; die Vollstreckungsklausel kann daher gegen den Rechtsnachfolger ertheilt werden, § 727 C.P.O.

3. Der Anfechtung unterliegt, wie oben erwähnt, nur das erste, das mit dem ersten Erwerber geschlossene Rechtsgeschäft. Nur wenn die Anfechtung gegen den ersten Erwerber begründet ist, ist sie daher auch gegen den Rechtsnachfolger zulässig. War sie gegen den ersten Erwerber nicht begründet, so ist sie es auch gegen den Nachfolger nicht, auch wenn diesem die fraudulöse Absicht des Gemeinschuldners bekannt ist, welche dem ersten Erwerber fehlte. Wann die Rechtsnachfolge eingetreten ist, ist unerheblich, das erste Geschäft aber muß in der kritischen Zeit der §§ 30—32 vorgenommen sein, wenn es gegen den Nachfolger angefochten werden soll, R.G. in Seufferts Arch. 38, 164. Wegen der Anfechtung gegen den Wechselregreßpflichtigen s. Anm. 4 zu § 34.

4. Die Anfechtung ist auch nach mehrfacher Sukzession zulässig. Die Anfechtung findet aber nur gegen denjenigen Rechtsnachfolger statt, gegen welchen die Voraussetzungen des § 40 vorliegen. Dieser muß die Kenntniß der Nr. 1 oder 2 bei dem Erwerb gehabt, oder er muß, Nr. 3, den Erwerb unentgeltlich gemacht haben. Dabei ist es unerheblich, ob der Anfechtungsgegner gewußt hat, daß sein unmittelbarer Rechtsvorgänger die Kenntniß von der Zahlungseinstellung 2c. gehabt hat, wissen muß er aber, ob der erste Erwerber diese Kenntniß hatte. War aber die Anfechtung in der Person seines unmittelbaren Rechtsvorgängers ausgeschlossen, weil ihm diese Kenntniß fehlte, so ist die Anfechtung, abgesehen von dem Fall der Erbschaft, Anm. 5, gegen keinen Nachfolger mehr begründet; es war dies früher streitig, durch die veränderte Fassung ist diese Streitfrage, M. II S. 34, entschieden.

Ist der Gegenstand der Anfechtung nach der Konkurseröffnung an den Kridar selbst zurückgelangt, so ist auch letzterer Rechtsnachfolger des ersten Erwerbers. Ist der Verwalter, wie hier angenommen wird, der Vertreter des Kridars, so findet eine Anfechtung dem Gemeinschuldner gegenüber nicht statt, sondern die dem ersten Erwerber gegenüber erklärte Anfechtung wirkt auch gegen ihn, und das Konkursgericht entscheidet im Streitfall über die Frage, ob der Gegenstand zur Masse gehört oder nicht, d. h. ob ein Fall der Anfechtung vorliegt. Ist der Verwalter nicht Vertreter des Kridars, wie das R.G. annimmt, so unterscheidet sich der Gemeinschuldner in diesem Falle nicht von einem andern Rechtsnachfolger.

5. Die Anfechtung ist gegen den Erben des ersten Erwerbers unbedingt zulässig, auch wenn derselbe von der fraudulösen Absicht des Kridars, von der Zahlungseinstellung 2c. keine Kenntniß hatte; in gleicher Weise ist die Anfechtung gegen den Erben eines Rechtsnachfolgers unbedingt begründet, wenn sie gegen seinen unmittelbaren Rechtsvorgänger zulässig war, und ebenso gegen den Erben des ersten Erwerbers, wenn er den Gegenstand der Anfechtung von einem Zwischenmann erworben hatte, auch wenn die Anfechtung gegen seinen unmittelbaren Auktor nicht begründet war. Ob der Erbe für die Nachlaßverbindlichkeiten beschränkt oder unbeschränkt haftet, ist für die Zulässigkeit der Anfechtung ohne Bedeutung, da die Beschränkung der Haftung nur auf die Realisirung des Anfechtungsanspruchs einwirken kann.

Sind mehrere Erben vorhanden, so wirkt die gegen den Erblasser erklärte Anfechtung gegen alle Miterben. War die Anfechtung dem Erblasser nicht erklärt, so muß sie vor der Erbtheilung allen Erben, vgl. Anm. 5 zu § 30, bezw. dem Testamentsvollstrecker oder Nachlaßverwalter erklärt werden; nach der Nachlaßtheilung kann sie gegen jeden Erben, sofern nicht ein Fall des § 2060 B.G.B. vorliegt, erklärt und gegen ihn verfolgt werden.

6. Nach allgemeinen Grundsätzen müßte die Anfechtung gegen jeden Universalrechtsnachfolger unbeschränkt zugelassen werden, ohne daß die Voraussetzungen des Abs. 2 des § 40 vorzuliegen brauchen. Nach der bestimmten Vorschrift des Abs. 1 jedoch, welcher die Anfechtung unbedingt nur gegen den Erben, gegen jeden „anderen Rechtsnachfolger" aber nur unter den im Abs. 2 angegebenen besondern Voraussetzungen zuläßt, ist die Anfechtung gegen jeden Rechtsnachfolger, der nicht Erbe ist, nur unter den Voraussetzungen des Abs. 2 begründet. Nicht der Abs. 1, sondern nur der Abs. 2 kommt daher in den Fällen der sonstigen Universalsukzession zur Anwendung, z. B. wenn das Vermögen des ersten Erwerbers einem andern durch Vertrag übertragen, § 419 B.G.B., wenn ein Nachlaßvermögen durch Erbschaftsverkauf übertragen wird, § 2371 B.G.B., wenn das Vermögen einer offenen Handelsgesellschaft, einer Kommanditgesellschaft, einer Aktiengesellschaft, einer Genossenschaft, einer Gesellschaft mit beschränkter Haftung auf einen andern, z. B. auf den Staat, einen Kommunalverband, eine andere Aktien- oder sonstige Gesellschaft übergeht, §§ 25, 303—305 H.G.B., § 80 des Ges. über die Ges. mit beschr. Haftung. Nur wenn das Vermögen eines rechtsfähigen Vereins an den Fiskus fällt, hat der letztere nach § 46 B.G.B. die Stellung eines gesetzlichen Erben, sodaß auf ihn der Abs. 1 des § 40 Anwendung findet. Im Uebrigen gilt der Universalrechtsnachfolger, der nicht Erbe ist, als ein Rechtsnachfolger des Abs. 2.

7. Gegen den Rechtsnachfolger, der nicht Erbe des ersten Erwerbers ist, ist die Anfechtung nur in den Fällen des Abs. 2 unter der Voraussetzung zulässig, daß sie auch gegen den unmittelbaren Auktor zulässig war.

Als ein solcher Rechtsnachfolger ist jeder anzusehen, welcher nicht der erste Erwerber ist. Als solcher gilt jeder, welcher ohne Zuthun des Kridars aus dem von letzterm mit dem ersten Erwerber geschlossenen Rechtsgeschäft ein Recht erlangt, nicht nur, wenn er den ganzen Gegenstand oder einen Theil desselben, sondern auch dann, wenn er ein Recht daran erworben hat, R.G. 9, 84; 15, 368 (streitig), mag dasselbe dinglicher oder, wie die Miethe oder Pacht, obligatorischer Natur sein (streitig), doch ist er als Besitzer des § 868 B.G.B. berechtigt, den Verwalter an den mittelbaren Besitzer zu verweisen und sich dem Anfechtungsprozesse durch Ladung des mittelbaren Besitzers und durch Streitverkündigung an denselben nach § 76 C.P.O. zu entziehen.

8. Abs. 2 Nr. 1. Während der § 40 in der bisherigen Fassung die Anfechtung nur in den Fällen des § 31 zuließ, ist die Anfechtung jetzt in jedem Fall zulässig, in welchem sie gegen den ersten Erwerber begründet war. Vorausgesetzt wird aber bei Nr. 1, daß der Sukzessor die Umstände kannte, welche die Anfechtbarkeit seines Rechtsvorgängers begründen, daß er also Kenntniß aller Momente hatte, ohne welche die Anfechtung nach §§ 30, 31[1], 32[1] nicht zulässig ist. Diese Kenntniß muß zur Zeit des Erwerbs des Rechts vorhanden gewesen sein, eine nachträgliche Kenntniß begründet die Anfechtung nicht. Ueber den Begriff der Kenntniß s. Anm. 4 zu § 30.

9. Abs. 2 Nr. 2. Die Anfechtung ist ferner, ohne daß ein Beweis der Kenntniß von der fraudulösen Absicht des Kridars geführt zu werden braucht, gegen denjenigen zulässig, welcher mit dem Gemeinschuldner in einem Verhältniß des § 31 Nr. 2 steht, s. darüber die Anm. zu § 31, insbes. Anm. 8. Die Verwandtschaft oder Schwägerschaft muß zur Zeit der Rechtsnachfolge bestehen, nur wenn der Rechtsfolger der Ehegatte

des ersten Erwerbers ist, genügt es, daß die Ehe in der Zeit bis zur Anfechtung überhaupt geschlossen ist, wenn sie auch zur Zeit der Anfechtung nicht mehr besteht, Anm. 8c zu § 31, v. Wilmowski Anm. 6. Entscheidend ist die Verwandtschaft mit dem Kridar, nicht mit dem Rechtsvorgänger. Dem Rechtsnachfolger ist aber der Beweis nachgelassen, daß ihm die Gründe der Anfechtung zur Zeit der Rechtsnachfolge nicht bekannt waren. In dieser Beziehung kommt das Anm. 8 zu § 31 Gesagte auch hier zur Anwendung, aber die Anfechtung gegen die dem Gemeinschuldner nahe stehende Person ist nicht auf die von letzterm geschlossenen Verträge und auf die Absicht der Benachtheiligung der Gläubiger beschränkt, sondern jetzt bei dem Vorhandensein jedes Anfechtungsgrundes zulässig. Gründet sich die Anfechtung auf einen Grund des § 30 Abs. 1, so ist dem Rechtsnachfolger nur gestattet, seine Unkenntniß von der Zahlungseinstellung und dem Eröffnungsantrag darzuthun. Beruht die Anfechtung auf der Unentgeltlichkeit der Leistung, § 32, so bleibt ihm nur der Beweis offen, daß er von der Thatsache der Unentgeltlichkeit keine Kenntniß gehabt habe.

10. Abs. 2 Nr. 3. Ueber die Unentgeltlichkeit s. Anm. 3 z. § 32. In diesem Falle sind weder die Schenkungen zur Erfüllung einer sittlichen oder Anstandspflicht, Anm. 4 zu § 32, noch die gebräuchlichen Gelegenheitsgeschenke ausgeschlossen, sodaß der Rechtsnachfolger aus diesen Thatsachen, wenn sie der Sukzession zu Grunde liegen, keinen Einwand hernehmen darf. Besteht die Unentgeltlichkeit nur theilweise, z. B. wenn dem zweiten Erwerber der Anfechtungsgegenstand unter einer Auflage geschenkt ist, so kann die gegen den ersten Erwerber begründete Anfechtung gegen ihn aus dem Grunde des Abs. 2 Nr. 3 nur in Höhe des nach Abzug des Werths der Auflage verbleibenden Betrages, im Uebrigen nur auf Grund der Nr. 1 oder Nr. 2 geltend gemacht werden, wenn deren Voraussetzungen gegeben sind.

11. Die Anfechtung, welche dem Erblasser erklärt ist, gilt auch gegen den Erben. Dasselbe ist aber hinsichtlich jeder Universalsukzession anzunehmen, obgleich auf dieselbe der Absatz 1 nicht zu beziehen ist, weil der Universalrechtsnachfolger das Vermögen in derselben Rechtslage übernimmt, wie es der Rechtsvorgänger hatte. Ist die Anfechtung dem ersten Erwerber erst nach der Rechtsfolge erklärt, so muß sie auch dem Sukzessor erklärt werden. Bei der Singularsukzession geht die auch vorher erklärte Anfechtung, abgesehen von dem Fall der Anm. 2, auf den neuen Erwerber nicht über, sie muß auch ihm gegenüber erklärt werden. Da das vom ersten Erwerber geschlossene Rechtsgeschäft aber in Folge der Anfechtung nichtig geworden ist, Anm. 10 zu § 29, so war der erste Erwerber, welcher den Anfechtungsgegenstand einem andern nach der Anfechtung zugewendet hat, ein Nichtberechtigter, der Dritte haftet daher nach § 816 Abs. 1 B.G.B., soweit er den Gegenstand unentgeltlich erhalten hatte, dem Verwalter auch ohne Anfechtung in Höhe seiner Bereicherung.

12. Die Wirkung der Anfechtung gegen den Rechtsnachfolger ist im Allgemeinen dieselbe, wie die der Anfechtung gegen den ersten Erwerber, es kommen daher die Bemerkungen zum § 37 auch hier in Betracht. Denn durch die ihm erklärte Anfechtung wird die mit dem ersten Erwerber vorgenommene Rechtshandlung auch in der Person des Nachfolgers nichtig; aber die Rechtshandlung ist gegen ihn nur insoweit unwirksam, als sie auf ihn gekommen ist, nur soweit hat er zu restituiren. Andererseits kann seine Haftung hinsichtlich des zurückzugewährenden Gegenstands eine strengere sein, wenn der erste Erwerber unentgeltlich und in gutem Glauben erworben hat, Anm. 3b zu § 37, während er Kenntniß von der Zahlungseinstellung oder dem Eröffnungsantrage hatte oder zu den Personen des Abs. 2 Nr. 2 gehört, Anm. 3a zu § 37. Hat er selbst unentgeltlich und in gutem Glauben erworben,

so braucht er in jedem Falle nach Abs. 3 nur nach Maßgabe des § 37 Abs. 2 zu haften; s. darüber 3b zu § 37.

Soweit der erste und der folgende Erwerber dieselbe Leistung zu restituiren haben, haften sie als Gesammtschuldner nach § 421 B.G.B., der eine von ihnen wird daher insoweit frei, als der andere seiner Restitutionspflicht genügt hat.

Das Regreßrecht des Rechtsnachfolgers, der auf Grund der Anfechtung restituirt hat, gegen seinen Auktor richtet sich nach den Grundsätzen der Entwährung gemäß dem zwischen beiden bestehenden Rechtsverhältnisse. Insoweit ihm hiernach ein Regreßanspruch zusteht, geht der durch ihn befriedigte Erstattungsanspruch des Verwalters gegen den ersten Erwerber auf ihn über, doch muß der Anspruch bei einer Theilleistung dem unbefriedigten Anspruch des Verwalters nachstehen. Und ist durch den Rechtsakt, durch den der zweite Erwerber die Leistung erhalten hat, eine Forderung erfüllt, die ihm gegen den ersten Erwerber zustand, so lebt dieselbe gegen diesen wieder auf, § 39, gegen die Konkursmasse entsteht diese Forderung nicht, weil ein Rechtsverhältniß zu ihr vorher nicht bestanden hatte.

Dem Erben und dem sonstigen Universalrechtsnachfolger steht auch das Recht auf die Gegenleistung zu, die er nach Maßgabe des § 38 als Aussonderungs-, Masse- bezw. Konkursgläubiger geltend macht, denn mit der Verpflichtung der Restitution ist auch das Recht auf die Gegenleistung auf ihn übergegangen. Der sonstige Rechtsnachfolger hat selbstverständlich ein Recht auf die Gegenleistung, soweit dieselbe aus seinem Vermögen in Veranlassung der angefochtenen Rechtshandlung in die Masse geflossen ist, ein Fall dieser Art wird aber nur ausnahmsweise vorkommen können. Hat der Nachfolger keine Leistung zur Konkursmasse gemacht, so hat er auch kein Recht gegen dieselbe, und „bleibt es dann bei der Verpflichtung des Verwalters, die in der Masse rechtlos befindliche Gegenleistung demjenigen, der sie gemacht hat, herauszugeben; der Dritte kann sich diese Rechte und die etwaigen Konkursforderungen desselben entweder abtreten oder im Wege der Zwangsvollstreckung überweisen lassen," M. I S. 153.

§. 41. (34.)

Die Anfechtung kann nur binnen Jahresfrist seit der Eröffnung des Verfahrens erfolgen. Auf den Lauf der Frist finden die für die Verjährung geltenden Vorschriften des §. 203 Abs. 2 und des §. 207 des Bürgerlichen Gesetzbuchs entsprechende Anwendung. Die Anfechtung nach §. 31 Nr. 1 ist ausgeschlossen, wenn seit der Vornahme der Handlung dreißig Jahre verstrichen sind.

Ist durch die anfechtbare Handlung eine Verpflichtung des Gemeinschuldners zu einer Leistung begründet, so kann der Konkursverwalter die Leistung verweigern, auch wenn die Anfechtung nach Abs. 1 ausgeschlossen ist.

M. I 153, 154; P. I 28, 149; M. II 35; P. II 12—14.

1. Die bisherige Fassung „das Anfechtungsrecht verjährt in einem Jahre seit der Eröffnung des Verfahrens" ist durch die neue Fassung ersetzt, weil das B.G.B. nur Ansprüche der Verjährung unterwerfe, das Anfechtungsrecht aber kein Anspruch

sei, sondern erst einen Anspruch erzeuge, s. darüber Anm. 2 zu § 29. Die Frist ist daher jetzt nicht mehr eine Verjährungsfrist.

2. Die Präklusivfrist beträgt im Allgemeinen 1 Jahr, im Fall des § 31 Nr. 1 30 Jahre, sie beginnt am Tage der Eröffnung des Konkurses und wird nach §§ 187 Abs. 1, 188 B.G.B. berechnet (s. darüber Anm. 8e zu § 31). Sie wird nur im Fall des § 203 Abs. 2 B.G.B., dessen Anwendung ausdrücklich vorgeschrieben ist, also nur dann gehemmt, wenn die Abgabe der Anfechtungserklärung durch höhere Gewalt gehindert ist. In Ansehung des Ablaufs der Frist ist nur die Ausnahme des § 207 B.G.B. für den Fall zugelassen, daß der Anfechtungsgegner innerhalb des ein- bezw. dreißigjährigen Laufs der Frist gestorben ist: in diesem Fall läuft sie nicht vor Ablauf von 6 Monaten nach dem Zeitpunkt ab, in welchem die Erbschaft von dem Erben angetreten, der Konkurs über den Nachlaß eröffnet oder ein Testamentsvollstrecker, Nachlaßverwalter oder Nachlaßpfleger bestellt ist. Abgesehen hiervon wird die Frist aus andern Gründen weder gehemmt, noch unterbrochen, vgl. § 124 B.G.B. Wird die Anfechtung zum Zweck der Zurückbehaltung, §§ 273 Abs. 1, 274 B.G.B., also zu dem Zweck geltend gemacht, eine Leistung zu verweigern, welche aus der anfechtbaren Rechtshandlung gegen die Konkursmasse als Konkursforderung begründet ist, so kann sie auch nach Ablauf der Frist und zwar ohne Zeitbeschränkung geltend gemacht werden, vgl. §§ 821, 853, 2083, 2345 B.G.B.

3. Die Frist ist gewahrt, wenn der Verwalter innerhalb derselben dem Gegner die Anfechtung erklärt hat, Anm. 11 zu § 29, denn die Erhebung der Klage ist jetzt nicht mehr zur Geltendmachung der Anfechtung erforderlich, P. II 12—14. Für die Verfolgung (Realisirung) besteht keine Zeitbeschränkung, wenn die Anfechtungserklärung rechtzeitig abgegeben ist.

4. Im Fall einer Rechtsnachfolge des § 40 kann die Frist gegen den ersten Erwerber gewahrt, gegen den zweiten abgelaufen sein und umgekehrt, sofern die Anfechtungserklärung, die dem ersten Erwerber gegenüber erfolgt ist, nicht auch gegen die Rechtsnachfolger gilt, s. darüber Anm. 11 zu § 40.

§. 42. (34a.)

Die Vorschriften über die Anfechtung der vor der Eröffnung des Verfahrens vorgenommenen Rechtshandlungen gelten auch für die Anfechtung von Rechtshandlungen, die nach der Eröffnung des Verfahrens vorgenommen worden sind, sofern diese nach den §§. 892, 893 des Bürgerlichen Gesetzbuchs den Konkursgläubigern gegenüber wirksam sind. Die Frist für die Ausübung des Anfechtungsrechts beginnt mit der Vornahme der Rechtshandlung.

M. I —; P. I —; M. II 35; P. II —.

Die Vorschriften der §§ 29ff. beziehen sich nach dem Wortlaut des § 29 nur auf die vor der Eröffnung des Verfahrens vorgenommenen Rechtshandlungen, wogegen die nach diesem Zeitpunkt ausgeführten Handlungen nach §§ 7, 8 unwirksam sind. Da aber die nach der Eröffnung des Verfahrens vorgenommenen Rechtshandlungen des Kridars nach §§ 892, 893 B.G.B. wirksam sind, wenn der Dritte sich im guten Glauben an das Grundbuch befand, so ist die Anfechtung derselben zugelassen, wenn ein Anfechtungsgrund der §§ 30—32, 40 vorliegt, s. darüber Anm. 9 zu § 7, Anm. 4 zu § 23.

Vierter Titel.

Aussonderung.

§. 43. (35.)

Die Ansprüche auf Aussonderung eines dem Gemeinschuldner nicht gehörigen Gegenstandes aus der Konkursmasse auf Grund eines dinglichen oder persönlichen Rechts bestimmen sich nach den außerhalb des Konkursverfahrens geltenden Gesetzen.

M. I 154—162; P. I 28—33, 149, 163—170; M. II —; P. II —.

1. Aussonderungsberechtigt ist derjenige, welcher berechtigt ist, die Aussonderung eines Gegenstands, der nicht zur Konkursmasse gehört, aus der Masse zu fordern. Das Gesetz verweist diesen Anspruch auf die außerhalb des Konkursverfahrens geltenden Gesetze. Durch diese Bestimmung

a) werden die Aussonderungsberechtigten, welche gemeinrechtlich als Vindikanten oder Separatisten ex jure dominii und noch nach §§ 296 ff. A.G.O. I 50 zu den Konkursgläubigern gehörten, aus dem Kreis der Konkursgläubiger, welcher nach § 3 nur die persönlichen Gläubiger umfaßt, verwiesen und von der Theilnahme am Konkurse, welcher nur zur Befriedigung der persönlichen Gläubiger dient, ausgeschlossen. Der Absonderungsberechtigte meldet daher seinen Anspruch nicht an, nimmt an den Abstimmungen nicht Theil, wird durch den Zwangsvergleich nicht betroffen, für ihn kommen die Bestimmungen der §§ 63, 65—70 über die Zulassung und Umgestaltung der Konkursforderung nicht zur Anwendung.

Andererseits haben die Konkursgläubiger ein Interesse an der Anerkennung des Aussonderungsrechts, weil die mit Unrecht erfolgte Anerkennung eine Verringerung der Masse zur Folge hat, der Verwalter darf daher nach § 133[2] den Aussonderungsanspruch nur nach Genehmigung des etwa vorhandenen Gläubigerausschusses anerkennen, wenn der Werth desselben mehr als 300 Mk. beträgt, aber durch den Mangel dieser Genehmigung wird die Wirksamkeit des Anerkenntnisses dem Aussonderungsberechtigten gegenüber nicht berührt, vgl. Anm. 3a zu § 4.

b) Durch die Ausschließung des Aussonderungsrechts aus dem Konkursverfahren werden die Streitigkeiten des Berechtigten mit dem Verwalter der Entscheidung des Konkursgerichts entzogen, welches weder als Vollstreckungsgericht, wie v. Völderndorff I S. 439 meint, noch als Gericht des § 771 C.P.O., wie Seuffert zur Geschichte und Dogmatik S. 154 und v. Mandry § 27 Anm. 49 behaupten, zuständig ist, v. Wilmowski Anm. 5, da der Verwalter dem Aussonderungsgläubiger nicht anders gegenübersteht, wie es der Kridar thun würde, wenn der Konkurs nicht eröffnet wäre, vgl. Anm. 3c zu § 4, die Differenzen entscheidet daher das Prozeßgericht.

c) In Folge der Verweisung des Aussonderungsrechts aus dem Konkursverfahren bestimmt sich auch die Existenz des Aussonderungsanspruchs nach dem Civilrecht. Wer nach dem B.G.B. einen Gegenstand vom Kridar beanspruchen durfte, weil derselbe dem letzteren nicht gehörte, kann diesen Anspruch auch der Konkursmasse gegenüber geltend machen; Ausnahmen von diesem Grundsatz sind nur in den §§ 44, 45 zugelassen. (Daß in dieser Beziehung die Vorschriften der Landesgesetzgebung nur insoweit maßgebend sind, als sie Vorschriften über den Erwerb und die Geltendmachung des Eigenthums und anderer Rechte enthalten, und als sie nach § 25 bei bestimmten Rechtsverhältnissen die Wirkung der Konkurseröffnung besonders bestimmen, nicht aber auch solche Vorschriften, welche sich über die Einwirkung des Konkurses auf alle oder auf eine oder einzelne Klassen von Rechtsverhältnissen verhalten, Anm. 1 zu § 25, ist jetzt ohne Bedeutung.)

2. Das Gesetz erkennt ein Aussonderungsrecht sowohl auf Grund eines dinglichen, als auch auf Grund eines persönlichen Rechtsverhältnisses — Kommodat, Depositum, Miethe, Hinterlegung (s. darüber Anm. 4 zu § 48) rc. — zur Rückforderung eines, zur Konkursmasse nicht gehörigen, Gegenstands an. Dagegen ist ein blos obligatorischer Anspruch auf Erwerb oder Uebertragung des Eigenthums oder eines Rechts kein Aussonderungsanspruch, weil ein solcher Gegenstand zur Masse gehört, weil er also Eigenthum des Kridars geworden ist, ein Anspruch auf den Erwerb eines Gegenstands aber, der dem andern noch nicht gehört, nur eine Konkursforderung ist, § 3. Eine Sache, welche der Kridar ohne Rechtsgrund erlangt, an welcher er also das Eigenthum, wenn auch ohne Grund, erworben hat, oder welche er ohne die Konkurseröffnung zurückzugeben verpflichtet wäre, weil der Rechtsgrund, der bei dem Erwerb vorhanden war, später in Wegfall gekommen ist, § 812 B.G.B., ist daher nicht Gegenstand der Aussonderung, denn eine solche Sache kann nur kondizirt, nicht vindizirt werden, a. M. v. Wilmowski Anm. 4 in Ansehung der condictio sine causa.

a) Die Aussonderung kann auf Grund eines dinglichen Rechts am Sacheigenthum (auch an baarem Geld, wenn es noch unterscheidbar vorhanden ist), es kann an allen Rechten am Eigenthum bestehen: Erbbaurecht, Bergwerkseigenthum, Nießbrauch, Hypothek, Grundschuld, Rentenschuld, Pfandrecht, Reallast, Realservituten, v. Sarwey-Bossert Anm. 2, v. Wilmowski Anm. 2b. Dasselbe gilt vom Eigenthumsrecht an Urkunden, § 952 B.G.B., insbesondere auch an Wechseln, Handelspapieren oder andern Urkunden über Forderungen, welche dem Gemeinschuldner nicht zum Eigenthum übertragen, sondern nur behufs ihrer Realisirung übergeben sind, oder „wenn sie nur zur Deckung gewisser, bei der Uebermachung bezeichneter künftiger Zahlungen dienen sollen, zur Zeit der Eröffnung des Verfahrens aber noch unbezahlt bei dem Gemeinschuldner oder einem Dritten vorhanden sind, welcher sie für den Gemeinschuldner besitzt," § 24 der Preuß. K.O. vom 8. Mai 1855, P. I S. 28—32, 127—131, 163—170, 172; R.G. in Gruchots Beitr. 35, 996; in J. W. 1890 S. 475; 1894 S. 181.

War ein Gegenstand, der nicht zu den unbeweglichen Sachen gehört, dem Kridar zur Erfüllung eines Vertrags übergeben, so kann er nicht zurückgefordert werden, denn mit der Uebergabe hat der Kridar das Eigenthum erworben, § 929 B.G.B., aber dann bleibt die Sache im Eigenthum des andern Theils, wenn er sich das Eigenthum daran trotz der Uebergabe vorbehalten hat (wegen des Vorbehalts bei Abzahlungsgeschäften s. § 5 des R.Ges. vom 16. Mai 1894); dieser Vorbehalt ist aber nur in Ansehung der beweglichen Sachen zulässig, § 455 B.G.B., in Ansehung unbeweglicher Sache bewirkt eine solche Verabredung nur das obligatorische Recht auf Rückauflassung, § 925 Abs. 2 B.G.B., welches nicht als Aussonderungsrecht, sondern nur als Konkursforderung geltend gemacht werden kann (sofern nicht die Voraussetzungen des § 17 vorliegen).

Das Recht an der Briefhypothek, =Grundschuld und =Rentenschuld wird erst mit der Aushändigung des Briefs erworben, sofern nicht vereinbart ist, daß die Aushändigung vom Grundbuchamt an den Erwerber erfolgen soll, §§ 1117, 1192, 1199 B.G.B.

Die Aussonderung beschränkt sich nicht auf körperliche Sachen, sondern erstreckt sich auf alle Gegenstände, daher auch auf Rechte. Zu ihnen gehören nicht nur die schon genannten eingetragenen Rechte, sondern auch die Forderungen, die der Verwalter als zur Masse gehörig in Anspruch nimmt, diese Forderungen dürfen aber nicht gegen den Kridar, sondern müssen gegen einen Dritten bestehen. In dieser Beziehung kommen auch die Forderungen aus einer Lebensversicherung zu Gunsten eines Dritten, aus einem Leibrenten=, einem Gutsüberlassungsvertrage, § 330 B.G.B., R.G. 1, 188, 380; 2, 272; 3, 104; 11, 176; 16, 126; 29, 173, 322 in Betracht.

b) Auf Grund eines persönlichen Rechts ist die Aussonderung in allen Fällen begründet, in welchen der Kridar als Pächter, Miether, Verwahrer, Pfandgläubiger oder aus einem ähnlichen Verhältnisse den unmittelbaren Besitz ausübt, zu welchem er dem andern gegenüber berechtigt war, § 868 B.G.B., ohne daß dies Recht noch besteht. Auf Grund eines persönlichen Rechts kann die Aussonderung aber auch dann verlangt werden, wenn der Berechtigte der mittelbare Besitzer des § 868 B.G.B. ist.

3. Ist der Gegenstand der Aussonderung auf Grund eines persönlichen Rechtsverhältnisses (Verwahrung, Miethe ꝛc.) in den unmittelbaren Besitz des Kridars gelangt, so bedarf es nur des Beweises dieses Rechtsverhältnisses und der Beendigung desselben, doch steht dem Aussonderungsgläubiger auch in diesen Fällen das Recht zu, sein Eigenthum zur Grundlage und zum Beweis seines Aussonderungsanspruchs zu machen. In den übrigen Fällen muß das Eigenthum oder das sonstige Aussonderungsrecht bewiesen werden, es genügt aber auch der Beweis des Besitzes und der unberechtigten Besitzentziehung, denn der Besitzer, auch wenn er nicht Eigenbesitzer, sondern nur unmittelbarer Besitzer des § 868 B.G.B. ist (nicht aber den Besitzdiener des § 855), hat wegen dieser seiner dinglichen Beziehung zur Sache, die ihm den Schutz des § 861 B.G.B. verleiht, ein dingliches Aussonderungsrecht § 1007 B.G.B., s. für das bisherige Recht v. Sarwey=Bossert Anm. 3.

4. Der Aussonderungsberechtigte kann als solcher die Herausgabe der Sache nur in dem Zustand verlangen, in welchem sie sich bei der Konkurseröffnung befindet. Wegen der Verschlechterung steht ihm nur eine Konkurs=, und wenn die Deterioration nach der Konkurseröffnung geschehen ist, eine Masseforderung zu, s. § 46. Andererseits stehen dem Verwalter nach Maßgabe des B.G.B. wegen der Gegenforderungen für Verwendungen ꝛc. die Einwendungen in derselben Weise und demselben Umfange zu, wie sie dem Kridar ohne die Konkurseröffnung zustehen würden, Oetker S. 116 ff., Petersen und Kleinfeller Anm. 2.

5. Die Aussonderung kann nur „aus der Masse" gefordert werden, und zwar nur, wenn sich der Gegenstand zur Zeit der Eröffnung des Verfahrens in der Masse befand oder sich zur Zeit der Geltendmachung der Aussonderung darin befindet. Ueber den Fall des Abhandenkommens des Gegenstands aus der Masse nach der Konkurseröffnung s. § 46. Befindet sich der Gegenstand im Besitz des Kridars oder eines Dritten, so kann das Aussonderungsrecht nicht gegen den Verwalter geltend gemacht werden; auf die Masse ist aber die Verpflichtung zur Herausgabe des Gegenstands übergegangen, Anm. 3 zu § 11, ohne Unterschied, ob der Gegenstand zur Masse gehören würde, wenn er dem Dritten nicht zustände, oder nicht; dieser Anspruch ist jedoch, wenn sich der Gegenstand außerhalb der Masse befindet, nur als Schadens=

oder Werthersatzanspruch, § 69, eine Konkursforderung. Gegen den Verwalter kann die Aussonderung auch dann gefordert werden, wenn der Gegenstand, z. B. eine pfandfreie Sache, sich in der Masse befindet, zu derselben aber nicht gehören würde, wenn er im Eigenthum des Kridars stände; denn dem Kridar ist die Sache nicht auszuhändigen, weil sie ihm nicht gehört, gegen die Masse aber besteht die Verpflichtung zur Herausgabe, und der Kridar, der auf die Sache keinen Anspruch hat, ist nicht berechtigt, durch Inanspruchnahme der Sache den Verwalter an der Erfüllung seiner Pflicht zu hindern. Hat der Verwalter den Gegenstand von der Konkursmasse ausgeschlossen und dem Kridar übergeben oder ihm belassen, Anm. 7 zu § 1, so kann zwar die Aussonderung nicht gegen den Verwalter, wohl aber ein Masseanspruch, § 59¹, auf Werth- und Schadensersatz geltend gemacht werden.

§. 44. (36.)

Der Verkäufer oder Einkaufskommissionär kann Waaren, welche von einem anderen Orte an den Gemeinschuldner abgesendet und von dem Gemeinschuldner noch nicht vollständig bezahlt sind, zurückfordern, sofern nicht dieselben schon vor der Eröffnung des Verfahrens an dem Orte der Ablieferung angekommen und in den Gewahrsam des Gemeinschuldners oder einer anderen Person für ihn gelangt sind.

Die Bestimmungen des §. 17 finden Anwendung.

M. I 162—170; P. I 32—34, 149; M. II —; P. II —.

1. Wie Anm. 2 i. A. zu § 43 hervorgehoben, ist die zur Erfüllung eines Vertrags gemachte Leistung in das Eigenthum des Leistungsempfängers übergegangen, sodaß die Aussonderung nicht verlangt werden kann. Ist die Leistung noch nicht erfolgt, sondern ist nur der Anfang der Leistung gemacht, so verbleibt das Eigenthum des Leistungsgegenstands dem Leistenden, und tritt die Konkurseröffnung zwischen den Beginn und das Ende der Leistung, so ist die vollendete Leistung nicht mehr dem Gemeinschuldner, sondern dem Verwalter gemacht. War diese Leistung dem Verwalter zur Erfüllung eines gegenseitigen Vertrags gemacht, so kann sie nicht zurückgefordert werden, wenn der Verwalter sie angenommen hat, denn dann hat er die Erfüllung gewählt, § 17. Nimmt er sie aber nicht als Erfüllung an und entscheidet er sich für die Nichterfüllung, so ist der Leistungsgegenstand zurückzugeben, denn dann ist sine causa geleistet, § 812 B.G.B., M. I S. 163, 164.

In diese Grundsätze greift der § 44 zu Gunsten des Verkäufers für den Fall ein, daß eine verkaufte Waare noch nicht in den Naturalbesitz des Kridars, daß sie aber schon vor der Eröffnung des Konkurses in sein Eigenthum gelangt war. Sowohl nach dem B.G.B. § 269, als auch nach dem keine besondere Bestimmungen enthaltenden H.G.B. gilt der Wohnort des Schuldners, also hinsichtlich der Lieferung von Waaren der Wohnort des Verkäufers als der Erfüllungsort, sofern sich nicht aus der Vereinbarung, den Umständen oder der Natur des Schuldverhältnisses ein Anderes ergiebt. Der Leistungsort wird daher häufig ein anderer sein, als der Bestimmungs- oder der Ablieferungsort. Geht das Eigenthum schon mit der Absendung vom Erfüllungsort nach dem Ablieferungsort auf den Käufer über, so würde dem Verkäufer kein Aussonderungsrecht, sondern nur eine Konkursforderung zustehen. Um den Verkäufer gegen diesen Nachtheil zu sichern, hat das Gesetz in Uebereinstimmung mit den

Gesetzen fast aller Handel treibenden Europäischen Nationen ein Rückforderungsrecht (right of stoppage in transitu, droit de suite) gegeben. Geht aber das Eigenthum erst mit der Uebergabe auf den Käufer über, so würde, wie in den M. I S. 164 richtig bemerkt ist, die Rückforderung der vor der Konkurseröffnung dem Kridar noch nicht übergebenen Sache „dem allgemeinen Vindikationsrecht entsprechen", es würde also eine Ausnahme vom § 44 nicht vorliegen. Nach dem B.G.B. wird das Eigenthum einer gekauften Sache mit der Uebergabe erworben, der § 44 hat daher seine Bedeutung für das jetzige Recht im Wesentlichen verloren und kann nur noch in dem seltenen Falle zur Geltung kommen, in welchem die Hingabe der Waare zum Zweck der Versendung an einen Beauftragten (Spediteur, Frachtführer ꝛc.) des Käufers, nicht des Verkäufers, erfolgt, denn in diesem Falle hat der Käufer das Eigenthum schon von der Uebersendung durch die Uebergabe an seinen Bevollmächtigten erworben.

2. Die Wirkung der Geltendmachung des Verfolgungsrechts ist nach bisherigem Recht streitig. In den M. I S. 168 ist angenommen, „der Verkäufer solle stets befugt sein, seine Erfüllung ungeschehen zu machen, so, als ob er nicht geliefert, Besitz und Eigenthum nicht aufgegeben hätte." Die herrschende Meinung, die dem Verfolgungsrecht des Verkäufers im Uebrigen aber eine dingliche Natur nicht zuerkennt, nimmt daher an, daß die Eigenthumsübertragung als nicht geschehen gelte, daß die Geltendmachung des Verfolgungsrechts ex tunc wirke, und daß die Rechte, die Dritte an der Waare erwerben, nach den Grundsätzen des Erwerbs von einem Nichtberechtigten zu beurtheilen seien, so auch R.G. 8, 84, während Oetker S. 34—53, 98ff., Petersen u. Kleinfeller Anm. III, 3 die Wirkung nur ex nunc zulassen. Indem der § 44 den Verkäufer berechtigt, die bereits gemachte Leistung zurückzufordern, wenn inzwischen der Konkurs eröffnet ist und der Verwalter sich nicht für die Erfüllung des Vertrags entscheidet, erkennt er ein Recht des Verkäufers an, die Leistung überhaupt zu verweigern; ebenso folgt aus dem § 17, daß der Verkäufer nicht zu erfüllen braucht, wenn der Verwalter nicht erfüllen will. Der Verkäufer hat also geleistet, obgleich er nicht zu leisten brauchte und obgleich er nicht geleistet hätte, wenn er gewußt hätte, daß der Konkurs eintreten werde, der Anspruch auf die Leistung wäre daher dauernd ausgeschlossen, die Rückforderung erfolgt deshalb auf Grund des § 813 B.G.B. nach den Grundsätzen der ungerechtfertigten Bereicherung. Demnach wird die Eigenthumsübertragung nicht von Anfang an nichtig, die Waare wird nicht vindizirt, sondern ausnahmsweise kondizirt. Die Verpflichtung des Umfangs der Rückgewähr wird durch die §§ 818, 819 B.G.B. bestimmt und zwar auf Seiten des Verwalters, welcher nicht erfüllen will, unter der Annahme, daß er bewußter Weise ohne rechtlichen Grund besitzt, s. über den Umfang der Verpflichtung Anm. 3 zu § 37. Die Rechte Dritter sind nach § 816 zu beurtheilen, der gutgläubige Empfänger einer unentgeltlichen Leistung haftet in Höhe der Bereicherung, im Uebrigen entscheidet der gute oder böse Glaube nach den Grundsätzen über den Erwerb von einem Nichtberechtigten.

3. Das Rückforderungsrecht schließt das Recht des Verwalters, die Vertragserfüllung nach § 17 zu wählen, nicht aus, denn der Abs. 2 ordnet die Anwendung des § 17 ausdrücklich an. Das Rückforderungsrecht ist daher ausgeschlossen, wenn der Verwalter die Erfüllung wählt, was übrigens durch die Annahme der Leistung als Vertragserfüllung geschieht. Bis zur Entscheidung über die Wahl kann es der andere Theil dagegen unbeschränkt geltend machen.

4. Das Rückforderungsrecht ist nur unter bestimmten Voraussetzungen gegeben: a) es steht nur dem Verkäufer und dem Einkaufskommissionär zu, dem letztern,

weil er sonst, wenn er nicht durch den Selbsteintritt Verkäufer werden kann und wird, § 400 H.G.B., nicht Verkäufer ist und der eigentliche Verkäufer gegen den Kommittenten keine Rechte hat, §§ 383, 392 H.G.B.

b) Es ist nur für den Verkauf von Waaren, d. h. beweglichen, vertretbaren Sachen des Handelsverkehrs, Anm. 2d zu § 18, M. I S. 165, gegeben. Doch ist deshalb nicht, wie Stieglitz Anm. II, 1 und Wengler Anm. 2 meinen, nur ein nach dem H.G.B. zu beurtheilendes Rechtsgeschäft gemeint, v. Wilmowski Anm. 3, dies ist nur in Ansehung des Einkaufskommissionärs der Fall; im Uebrigen kann auch ein Nichtkaufmann von der Befugniß des § 44 Gebrauch machen.

c) Das Recht kommt nicht bei Platzgeschäften, sondern nur bei Distanzgeschäften zur Anwendung. Ob der Transport auf Gefahr und Kosten des Verkäufers erfolgt, ist jedoch unerheblich, vgl. § 269 Abs. 3 B.G.B., R.O.H.G. 12, 394, ebenso „ob der Wohnort oder Geschäftsort des Verkäufers oder der Ort, an dem die Sache sich befindet, oder der Ort, wohin der Transport geschieht, für die Verbindlichkeit des Verkäufers als Ort der Erfüllung gilt, ob der Verkäufer oder ein Rechtsvorgänger die Waare abgesendet hat," M. I S. 166. Dagegen ist es jetzt nicht mehr, wie in den M. I S. 166 ferner behauptet ist, gleichgültig, ob der Verkäufer zu Folge eigner Verpflichtung oder zu Folge Auftrags des Verkäufers die Sache dem Spediteur, Frachtführer, Schiffer oder der den Transport sonst bewirkenden Person übergeben hat, denn, wenn der Verkäufer die Person oder Anstalt zur Versendung der Waare selbst wählt, hat die Uebergabe noch nicht stattgefunden, und kommt daher nicht der § 44, sondern der § 43 zur Anwendung, Anm. 1.

d) Die Absendung muß zwar an den Gemeinschuldner erfolgt sein; denn ihm als dem Käufer ist die Leistung zu machen. Dies ist aber auch dann der Fall, wenn die Versendung auf seine Anweisung an einen Dritten erfolgt, a. M. R.G. 27, 84, s. gegen dasselbe die Entsch. unter f.

e) Der Kaufpreis darf noch nicht vollständig gezahlt sein, s. darüber Anm. 3 zu § 17, auch wenn dem Gemeinschuldner Kredit bewilligt war, Petersen u. Kleinfeller Anm. 3. Hat er eine aufrechnungsfähige Gegenforderung, so ist die Kompensation und damit die Erfüllung seiner Zahlungsverbindlichkeit erst durch die Erklärung der Aufrechnung bewirkt, § 388 B.G.B., gezahlt ist daher nicht, wenn diese Erklärung vor der Konkurseröffnung von keiner Seite abgegeben war.

f) Die Waare muß sich noch auf der Reise, in transitu befinden, sie darf am Ort der Ablieferung noch nicht angekommen sein. Der Ort der Ablieferung ist derjenige, welcher vom Gemeinschuldner bestimmt ist. Wird die Waare auf Anweisung des letztern an einem andern Ort nur inzwischen untergebracht, so ist sie am Ort der Ablieferung noch nicht angekommen; soll sie aber an jenem Ort verbleiben, so ist dies der vom Gemeinschuldner bestimmte Ablieferungsort, R.G. in Seufferts Arch. 41, 246, Annalen 2 S. 402. Auch hieraus ergiebt sich, daß die Absendung der Waare an einen Dritten der Uebersendung an den Gemeinschuldner gleichsteht, das R.G., welches die Wirkung der Aenderung des Ablieferungsorts Seitens des Kridars anerkennt, tritt daher mit seiner Entscheidung unter d in Widerspruch.

g) Die Waare darf zur Zeit der Konkurseröffnung noch nicht in den Gewahrsam des Gemeinschuldners oder einer ihn in dieser Beziehung vertretenden, am Ablieferungsort wohnenden Person gekommen sein. In seinen Gewahrsam ist sie gelangt, wenn er die thatsächliche Gewalt des § 854 B.G.B. über sie erlangt hat. Der Empfang eines auf Ordre lautenden Konnossaments genügt in dieser Hinsicht nicht, M. I S. 167, ebensowenig die Aushändigung des Frachtbriefs, R.G. 27, 84. Als sein Vertreter übt für ihn sein Kommissionär, Spediteur, Frachtführer (nicht der Frachtführer der Eisenbahn), sowie der unmittelbare Besitzer des § 868 B.G.B. den Gewahrsam aus, der Vertreter muß den Besitz aber am Ablieferungsort erlangt haben, wenn das Rückforderungsrecht begründet sein soll.

§. 45. (37.)

Die Ehefrau des Gemeinschuldners kann Gegenstände, welche sie während der Ehe erworben hat, nur in Anspruch nehmen, wenn sie beweist, daß dieselben nicht mit Mitteln des Gemeinschuldners erworben sind.

M. I 171—185; P. 1 35—40, 149; M. II —; P. II —.

1. Die Ehefrau darf die Absonderung der ihr eigenthümlich gehörenden Gegenstände ebenso fordern, wie jeder Dritte. In dieser Beziehung ist sie wegen derjenigen Gegenstände, die sie in die Ehe eingebracht hat, nicht beschränkt. Eine gesetzliche Beschränkung ist aber in Ansehung derjenigen Gegenstände bestimmt, welche sie während der Ehe erworben hat. Die Beschränkung, welche diese Gegenstände betrifft, ist eine zweifache:

a) Sie kann ihr Eigenthum im Konkurs nicht geltend machen, wenn der Erwerb mit Mitteln des Ehemannes (des Gemeinschuldners) gemacht ist;

b) ihr liegt der Beweis ob, daß der Erwerb ohne Mittel ihres Ehemannes gemacht ist.

Außerhalb des Konkursrechts gilt der § 1362 B.G.B.:

> „Zu Gunsten der Gläubiger des Mannes wird vermuthet, daß die im Besitz eines der Ehegatten oder beider Ehegatten befindlichen Sachen dem Manne gehören. Dies gilt insbesondere auch für Inhaberpapiere und für Orderpapiere, die mit Blankoindossament versehen sind.
>
> Für die ausschließlich zum persönlichen Gebrauche der Frau bestimmten Sachen, insbesondere für Kleider, Schmucksachen und Arbeitsgeräthe, gilt im Verhältnisse der Ehegatten zu einander und zu den Gläubigern die Vermuthung, daß die Sachen der Frau gehören."

Diese der praesumtio Muciana im Wesentlichen entsprechende Vorschrift beschränkt die Ehefrau in geringerem Maße, als es der § 45 thut; der auch mit Mitteln des Ehemannes gemachte Erwerb verbleibt ihr, während der § 45 ihre Ansprüche hinsichtlich dieses Erwerbs den Konkursgläubigern gegenüber nicht anerkennt; die Vermuthung des § 1362 beschränkt sich auf die beweglichen Sachen einschließlich der Inhaberpapiere und der indossirten Orderpapiere und mit Ausschluß der zum persönlichen Gebrauch der Frau bestimmten Sachen, sie bezieht sich daher nicht auf Forderungen und andere Rechte, noch auf unbewegliche Sachen, wogegen der § 45 jeden Gegenstand, körperliche und unkörperliche, bewegliche und unbewegliche Sachen, aber auch die zum persönlichen Gebrauch bestimmten Sachen betrifft. Andererseits bezieht sich die Vermuthung des § 1362 auf die beweglichen Sachen ohne Unterschied, ob sie vor oder während der Ehe erworben sind, wogegen der § 45 nur die nach der Eheschließung erworbenen Gegenstände betrifft, aber den Beweis des Verwalters verlangt, daß der Erwerb erst nach der Eheschließung stattgefunden habe.

Das Verhältniß des § 1263 B.G.B. zum § 45 K.O. ist dasjenige der generellen zur speziellen Vorschrift, der § 1362 beherrscht das Rechtsverhältniß der Frau zum

Ehemann und zum Verwalter auch im Konkurse, aber nur soweit, als der § 45 nicht ein Anderes bestimmt: Darnach liegt der Beweis, daß eine bewegliche Sache einschließlich der Inhaberpapiere und der indossirten Orderpapiere, jedoch ausschließlich der zum persönlichen Gebrauch der Frau bestimmten Sachen der Frau gehöre, der letzteren in jedem Fall ob, mag die Sache vor oder nach der Eheschließung erworben sein, mag sich die Sache in der Konkursmasse oder in getrennten Räumen der Frau befinden, Mot. zum I. Entw. des B.G.B. Band 4 S. 130. Hinsichtlich der übrigen Gegenstände gelten die allgemeinen Vorschriften über die Beweislast; beweist aber der Verwalter, daß ein Gegenstand erst nach der Eheschließung erworben ist, so gehört er zur Konkursmasse, wenn die Ehefrau nicht beweist, daß er für sie ohne Mittel des Mannes erworben ist.

2. Bei dem Güterstand der allgemeinen Gütergemeinschaft, der Errungenschafts- und der Fahrnißgemeinschaft gehört nach § 2 das Gesammtgut zur Konkursmasse, die Frau kann daher hinsichtlich der zur Gütergemeinschaft gehörigen Gegenstände die Aussonderung überhaupt nicht beanspruchen. Behauptet sie, daß ein Gegenstand zum vorbehaltenen (bezw. bei der Errungenschaft zum eingebrachten) Vermögen gehöre, so liegt ihr der Beweis ob, §§ 1440, 1527, 1549 B.G.B. Hinsichtlich eines solchen von der Gütergemeinschaft ausgeschlossenen Gegenstands kommen die §§ 1362 B.G.B. und 45 K.O. zur Anwendung. Hatte die Gütergemeinschaft aber schon vor der Eröffnung des Konkurses ihr Ende erreicht, so erfolgt die Auseinandersetzung außerhalb des Konkursverfahrens, § 16, es kommen daher nicht die Grundsätze des Konkursrechts, also nicht der § 45 K.O., sondern nur der § 1362 B.G.B. zur Anwendung, Anm. 5 zu § 2.

Das hauptsächlichste Anwendungsgebiet des § 45 beschränkt sich daher auf das gesetzliche Güterrecht: das Nießbrauchs- und Verwaltungsrecht, welches dem Ehemann an dem nach gesetzlichem Güterrecht eingebrachten Vermögen der Frau zusteht, ist nicht übertragbar, § 1408 B.G.B., geht daher nach § 1 nicht auf die Masse über, und endigt mit der Konkurseröffnung, § 1419, die Konkursgläubiger des Ehemannes können nicht Befriedigung aus dem eingebrachten Gut verlangen, § 1410, und soweit sie das Recht des Zugriffes an den Illaten der Frau haben, §§ 1411 ff. B.G.B., steht dies Recht nicht dem Verwalter, sondern nur dem einzelnen Gläubiger zu, der sich neben der Geltendmachung seines Anspruchs an das Vermögen der Frau ohne Rücksicht auf den Konkurs nicht anders hält, wie an einen Mitschuldner des Kridars.

3. Eigenthum der Frau ist sowohl ihr Vorbehaltsgut, §§ 1305 ff., wie es die von ihr eingebrachten Gegenstände sind. Zum Vorbehaltsgut gehört außer den vom Eingebrachten vertragsmäßig ausgeschlossenen Gegenständen auch das, was sie durch ihre Arbeit oder durch den selbstständigen Betrieb eines Erwerbsgeschäfts, § 1367 B.G.B., was sie durch Verfügung von Todeswegen als gesetzliche Erbin, oder Pflichttheilsberechtigte erwirbt, was ihr unter Lebenden unentgeltlich unter Ausschließung der Rechte des Ehemanns zugewandt, § 1369, sowie das, was an Stelle von Gegenständen des Vorbehaltsguts getreten ist, § 1370. Zum eingebrachten Gut gehören auch die beweglichen Sachen, die Forderungen, sowie die Rechte an beweglichen Sachen, wenn sie der Mann mit Mitteln des eingebrachten Guts für die Frau erworben hat, § 1381 B.G.B., in diesem Falle sind es nicht die Mittel des Mannes, sondern die der Frau, mit welchen der Erwerb für die letztere gemacht ist, dieser Erwerb begründet daher das Absonderungsrecht der Frau; insoweit steht ihr der § 45 nicht entgegen, wohl aber liegt ihr der Beweis ob, daß der Erwerb mit Mitteln des Mannes gemacht ist, und ebenso liegt ihr auf Grund des § 45 der Beweis ob, daß der

Mann für sie hat erwerben wollen, obgleich nach § 1381 außerhalb des Konkurses der Beweis der Thatsache, daß der Mann nicht für Rechnung des Eingebrachten habe erwerben wollen, dem Ehemann bezw. dem Einzelgläubiger obliegt. Dagegen ist der Erwerb mit Mitteln des Mannes geschehen, wenn er mit Einkünften des Eingebrachten bezahlt ist, weil diese Einkünfte zu seinem Vermögen gehören.

4. Da der § 45 der Frau das Recht versagt, einen mit Mitteln des Mannes erworbenen Gegenstand als ihr Eigenthum den Konkursgläubigern gegenüber in Anspruch zu nehmen, obgleich sie das Eigenthum erworben hatte, so gilt sie ihnen gegenüber von der Zeit der Eröffnung des Verfahrens an nicht als Eigenthümerin, wird also im Verhältniß zu ihnen als Nichtberechtigte angesehen. Aus diesem Grundsatz folgt, daß die Veräußerung durch den Gemeinschuldner vor der Eröffnung des Konkurses weder den Anspruch des § 46, noch auch eine Konkursforderung der Frau wegen Entschädigung begründet. Aus diesem Grundsatz beantwortet sich auch die Frage nach der Wirkung der Veräußerung, die sie nach der Eröffnung des Verfahrens an einen Dritten macht. Der gutgläubige Erwerber erlangt nach den Grundsätzen über den Erwerb von einem Nichtberechtigten das Eigenthum an körperlichen Sachen und ist nur, wenn und soweit er unentgeltlich erworben hat, zur Herausgabe des durch die Verfügung Erlangten in Höhe des erworbenen Vortheils, § 816 B.G.B., verpflichtet, wogegen der schlechtgläubige Erwerber das Eigenthum nicht erlangt und der Konkursmasse nach Maßgabe des § 819 B.G.B. verpflichtet ist. Die Frau ist, wenn sie nicht in gutem Glauben war, was in der Regel anzunehmen ist, zum Schadenersatz, andernfalls zur Herausgabe des durch die Veräußerung Erlangten, § 816 B.G.B., verpflichtet. Eine Veräußerung vor der Konkurseröffnung ist dagegen in jedem Fall wirksam, auch wenn sie zu dem Zweck geschah, die Folgen des § 45 abzuwenden, denn bis zu diesem Zeitpunkt ist das Eigenthum der Frau unbeschränkt.

Die Hingabe der Mittel des Mannes zum Erwerb des Gegenstands ist aber eine unentgeltliche, diese Rechtshandlung unterliegt daher der Anfechtung, wenn deren Voraussetzungen vorliegen; ebenso kann die Anfechtung auch hinsichtlich der nach der Eröffnung des Verfahrens vorgenommenen Veräußerung gegen den Dritten, § 40, der in gutem Glauben erworben hat, unter den Voraussetzungen des § 42 verfolgt werden. Ist der Erwerb mit Mitteln des Mannes ohne dessen Zuthun erfolgt, so ist die Herausgabe nach den Grundsätzen der ungerechtfertigten Bereicherung begründet, § 812 B.G.B. Der Universalrechtsnachfolger der Frau tritt in alle ihre Rechte und Pflichten ein, gegen ihn kommt der § 45 daher in vollem Umfange zur Anwendung. Gegen ihn gilt daher auch die Vorschrift über die Beweislast. Hinsichtlich des Singularsukzessors wird dagegen behauptet, daß ihm die durch den § 45 der Frau auferlegte Beweislast nicht obliege, v. Mandry § 28 Anm. 6, v. Wilmowski Anm. 5; dies ist aber nicht richtig. Denn soweit der Rechtsnachfolger für die Konkursmasse in Anspruch genommen werden kann, tritt er in die Rechtslage seines Auktors und kann nicht mehr Rechte in Anspruch nehmen als dieser hatte; der Frau ist die Inanspruchnahme der nach der Eheschließung erworbenen Gegenstände den Konkursgläubigern gegenüber überhaupt versagt, wenn sie nicht den Erwerb ohne Mittel des Mannes nachweist, folglich ist unter der gleichen Bedingung auch ihrem Rechtsnachfolger die Inanspruchnahme des Gegenstandes versagt.

5. Unter den „Mitteln" des Mannes (s. denselben Ausdruck auch im § 1381 B.G.B.) ist jeder Vermögensgegenstand oder Vermögenstheil zu verstehen, durch dessen Verwendung zu Gunsten der Frau sein Vermögen verringert ist. Da das Gesetz eine Verringerung der Konkursmasse nicht voraussetzt, ist die Anwendbarkeit des § 45 nicht

deshalb ausgeschlossen, weil die verwendeten Mittel, z. B. eine pfandfreie Forderung, zum Konkursvermögen nicht gehören würden, denn durch die Weggabe eines solchen Gegenstands wird das Gesammtvermögen des Mannes verringert. Der Letztere wird in der Regel zum Ersatz des Gegenstands aus seinem übrigen Vermögen gezwungen, und das Gesetz will den Verschiebungen entgegentreten, die der Kridar in Uebereinstimmung mit seiner Frau zum Nachtheil der Gläubiger vornimmt. Ein Gegenstand des Vermögens ist dagegen nicht weggegeben, wenn der Erwerb der Sache durch eine persönliche Thätigkeit des Mannes gemacht wird, es sei denn, daß die Vergütung für die Leistung nicht schon vor dem Erwerb gefordert werden konnte, ähnlich v. Sarwey-Bossert Anm. 7 Nr. 2.

Haftet der Mann nur als Bürge ohne Uebernahme der Selbstschuld für die Zahlung des Erwerbspreises, so ist durch die Bürgschaftsübernahme nur eine bedingte Konkursforderung entstanden; und hat er für die Zahlung einen, wenn auch nicht konkursfähigen, Gegenstand seines Vermögens verpfändet, so unterliegt das Pfand dem Zugriff des Gläubigers nur für den Fall, daß die Frau die Zahlung nicht leistet; das Aussonderungsrecht der Frau ist daher in diesen Fällen von der Bedingung abhängig, daß eine Verringerung des Vermögens des Mannes nicht eintreten wird.

Ist der Erwerb nur theilweise mit Mitteln des Mannes gemacht, so ist die Aussonderung nur in dem Verhältniß ausgeschlossen, in welchem die aufgewendeten Mittel des Mannes zu dem Rest des Erwerbspreises stehen, Petersen-Kleinfeller Anm. 4, v. Sarwey-Bossert Anm. 7 Nr. 4, v. Wilmowski Anm. 6; a. M. Dernburg 3 § 26 Anm. 7, welcher entscheiden lassen will, von wem der größere Theil der Mittel herrührt, und v. Völderndorff, der das Aussonderungsrecht der Frau mit einem Erstattungsanspruch hinsichtlich der vom Mann herrührenden Mittel belasten will. Denn das Gesetz schließt von der Aussonderung aus, was mit Mitteln des Mannes erworben, schließt es also nur soweit aus, als es mit diesen Mitteln erlangt ist. Es entsteht daher, wenn der Gegenstand nicht reell theilbar ist, Miteigenthum nach Bruchtheilen, dessen Auseinandersetzung nach §§ 753, 754 B.G.B. von dem Verwalter mit der Frau außerhalb des Konkursverfahrens erfolgt, § 16.

6. Mit Mitteln des Mannes ist der Erwerb nicht gemacht, wenn die Frau diese Mittel vorher durch eine unanfechtbare Schenkung erworben hatte, M. I S. 180, P. I 37, 38, 149; R.G. 14, 21; denn in Folge der Schenkung gehörten die Mittel ihr und nicht ihrem Manne; unterliegt die Schenkung aber der Anfechtung, so wird sie in Folge der Anfechtungserklärung nichtig, § 142 B.G.B., die Mittel gelten demgemäß als nicht geschenkt und der Erwerb ist als mit Mitteln des Mannes gemacht anzusehen.

Hat die Frau die Mittel dem Mann erstattet, so wird von v. Wilmowski Anm. 5 und Fitting § 22 Anm. 12 mit Recht angenommen, daß die Aussonderung zulässig ist, denn in Folge der Erstattung besteht die Verringerung des Vermögens des Mannes nicht mehr. Durch das Anerbieten der Erstattung nach Eröffnung des Konkurses wird dagegen die zur Zeit der Eröffnung nicht begründete Aussonderung nicht mehr zulässig, denn die Thatsache, daß die Frau den Konkursgläubigern nicht als Eigenthümerin gilt, kann durch eine einseitige Handlung der Frau nicht geändert werden.

7. Der § 45 macht keinen Unterschied, ob die Frau Klägerin oder Beklagte ist, er kommt daher auch dann zur Anwendung, wenn der Verwalter einen Gegenstand in Anspruch nimmt, der sich im Besitz der Frau befindet.

8. Der § kommt nur im Konkurs des Ehemannes zur Anwendung („die Ehe-

frau des Gemeinschuldners"). Für den Konkurs über das Vermögen der Frau gelten nur die Bestimmungen des § 1362 B.G.B.

§. 46. (38.)

Sind Gegenstände, deren Aussonderung aus der Konkursmasse hätte beansprucht werden können, vor der Eröffnung des Verfahrens von dem Gemeinschuldner oder nach der Eröffnung des Verfahrens von dem Verwalter veräußert worden, so ist der Aussonderungsberechtigte befugt, die Abtretung des Rechts auf die Gegenleistung, soweit diese noch aussteht, zu verlangen. Er kann die Gegenleistung aus der Masse beanspruchen, soweit sie nach der Eröffnung des Verfahrens zu derselben eingezogen worden ist.

M. I 185—188; P. I 38, 149; M. II —; P. II —.

1. Der Eigenthümer ist befugt, die von einem Nichtberechtigten veräußerte Sache von dem Erwerber zurückzufordern, sofern den letztern nicht der gute Glaube nach Maßgabe der Grundsätze über den Erwerb von einem Nichtberechtigten schützt; er kann ferner auf Grund der Bereicherung den Werth des veräußerten Gegenstands nach Maßgabe der §§ 818, 819 B.G.B. von dem Veräußerer und kann, wenn den letztern ein Verschulden trifft, wegen des unberechtigten Eingriffs in sein Eigenthum Schadensersatz verlangen. Der § 46, der diese Rechte nicht berührt, erkennt das Recht aus der Bereicherung an und giebt dem Eigenthümer das weitere Recht auf die noch ausstehende Gegenleistung.

Auch der § 816 Abs. 1 Satz 1 B.G.B.:

„Trifft ein Nichtberechtigter über einen Gegenstand eine Verfügung, die dem Berechtigten gegenüber wirksam ist, so ist er dem Berechtigten zur Herausgabe des durch die Verfügung Erlangten verpflichtet",

gewährt ihm das Recht auf die Gegenleistung, der § 816 handelt aber nur von dem Fall der Veräußerung eines Nichtberechtigten, während der § 46 auch die Veräußerung des Berechtigten umfaßt (streitig), z. B. des Ehemanns, der verbrauchbare Sachen der Frau, § 1376[1] B.G.B., des Vaters, der einen Gegenstand des nicht freien Kridarvermögens veräußert; der § 816 behandelt ferner nur die dem Eigenthümer gegenüber wirksame Verfügung, wogegen der § 46 auch die demselben gegenüber unwirksame Veräußerung betrifft. Andererseits fällt unter den § 46 nur die Veräußerung, die der Verwalter, nicht auch diejenige, welche der Kridar nach der Eröffnung des Verfahrens vorgenommen hat, Anm. 6, während sich der § 816 auch auf die vom Kridar nach diesem Zeitpunkt vorgenommenen Verfügungen bezieht.

Hat der Kridar vor der Eröffnung des Verfahrens veräußert, so würde der Eigenthümer die Herausgabe des Erwerbs nach § 816, sowie die Forderung auf Werthersatz und Schadenersatz nur als Konkursforderung geltend machen können, der § 46 giebt ihm aber das Recht auf die zur Zeit der Eröffnung des Verfahrens noch ausstehende Gegenleistung als einen Aussonderungsanspruch.

2. Indem das Recht auf die Gegenleistung an Stelle des veräußerten Aussonderungsgegenstands tritt, ist es selbst Gegenstand der Aussonderung geworden. Insoweit der Berechtigte die Gegenleistung beansprucht, ist er daher nicht Massegläubiger,

wie von einigen Schriftstellern behauptet wird, sondern Aussonderungsberechtigter, Anm. 3 zu § 57, s. darüber Wolff, die Massegläubiger im Konkurse in Z. f. D.C.P. 239ff. Tritt das Recht auf die Gegenleistung an die Stelle des Aussonderungsgegenstands, so erlischt dasjenige Aussonderungsrecht, welches ohne die Veräußerung begründet sein würde, in Höhe des Werths der Gegenleistung. Soweit die Gegenleistung zur Zeit der Eröffnung des Konkurses noch aussteht und der Aussonderungsgläubiger sie realisirt hat, kann er daher weder Werth- nach Schadensersatz, noch die Vindikation gegen den Erwerber geltend machen. Ist der veräußerte Gegenstand untheilbar, so kann der Erwerber, wenn er zur Herausgabe verpflichtet ist, die Herausgabe bis zur Rückgewähr der Gegenleistung zurückhalten, § 273 B.G.B., und kann nur zur Rückgabe des Gegenstandes gegen Rückgewähr der Gegenleistung verurtheilt werden, § 274 B.G.B., sofern und soweit dieser Rückgewähr nicht ein Anspruch wegen Verschlechterung des Gegenstands entgegensteht, wenn der Erwerber dafür zu haften hat. Denn in Folge der Verpflichtung zur Rückgabe der Sache erwirbt der Erwerber das Recht, die durch die Zession des Verwalters auf den Eigenthümer übergegangene Gegenleistung zurückzufordern, weil der rechtliche Grund zur Leistung derselben nunmehr weggefallen ist, § 812 Abs. 1 Satz 2 B.G.B.

Andrerseits darf aber nicht mit Hellwig im Civ.-Arch. 68, 231ff., dem v. Wilmowski Anm. 3 und v. Sarwey-Bossert Anm. 7 beigetreten sind, behauptet werden, daß durch die Geltendmachung des Rechts auf die Gegenleistung die Veräußerung seitens des Eigenthümers genehmigt werde; sonst wäre dem letztern, wenn die Gegenleistung nur noch zum Theil ausstände oder wenn sie wegen Zahlungsunfähigkeit des Erwerbers nicht oder nicht vollständig eingezogen werden könnte, die Rückforderung gegen den Erwerber abgeschnitten: Wer die Ueberbleibsel eines Rechts fordert und in Empfang nimmt, oder einen ihm gesetzlich zustehenden Ersatz fordert, erklärt damit nur, daß er von dem ihm gesetzlich gewährten Recht Gebrauch mache, nicht aber, daß er mit einer Verfügung, die ihn schädigt, einverstanden sei.

Hat der Eigenthümer aber die Veräußerung in Wirklichkeit genehmigt, §§ 185, 184 B.G.B., so wird die Veräußerung, wenn sie unberechtigt war, von Anfang an wirksam, und treten für den Eigenthümer nunmehr nur die Folgen eines wirksamen Veräußerungsgeschäfts ein. Diese Folgen brauchen nicht in dem Recht auf die Gegenleistung zu bestehen, vielmehr kommt es auf das Rechtsverhältniß an, welches der Ertheilung der Genehmigung zu Grunde liegt. Hat er auf Grund dieses Rechtsverhältnisses die Gegenleistung nicht zu fordern, so steht sie ihm auch im Konkurs nicht zu.

Die Veräußerung, welche der Kridar kraft Auftrags oder in einer vom Geschäftsherrn genehmigten Geschäftsführung ohne Auftrag ausgeführt hat, fällt nicht unter den § 46; das Recht auf die Gegenleistung steht dem Eigenthümer vielmehr in diesen Fällen auf Grund des Vertragsverhältnisses zu, ohne daß es einer Uebertragung des Rechts auf die Gegenleistung bedarf. Dasselbe gilt auch hinsichtlich einer von dem Ehemann vorgenommenen Veräußerung, die die Ehefrau genehmigt hat, oder zu welcher die Zustimmung der letztern durch das Vormundschaftsgericht ersetzt ist, § 1379 B.G.B.: durch die Eröffnung des Konkurses hört das Verwaltungs- und Nießbrauchsrecht des Ehemanns auf, § 1419 B.G.B., die Frau ist daher zur Forderung der Gegenleistung unmittelbar berechtigt, ohne daß ihr erst das Recht auf dieselbe vom Verwalter übertragen werden muß.

3. Der Aussonderungsberechtigte hat nach § 46 dem Dritten gegenüber kein unmittelbares Recht auf die Gegenleistung, er kann nur die Uebertragung desselben

vom Verwalter verlangen, und muß sich daher vom Erwerber die Einwendungen sowie die Aufrechnung von Gegenforderungen gefallen lassen, welche demselben gegen den Kridar bezw. den Verwalter zustehen, § 404 B.G.B. Die Uebertragung erfolgt nicht kraft Gesetzes im Sinne des § 412 B.G.B., es besteht nur die gesetzliche Verpflichtung des Verwalters zur Abtretung der Forderung. Eine Haftung für die Richtigkeit der Forderung und die Zahlungsfähigkeit des Schuldners liegt dem Verwalter nicht ob, weil das Gesetz ihm eine solche Pflicht nicht auferlegt (streitig).

3. Die Rechte des § 46 können nur von demjenigen geltend gemacht werden, welcher die Aussonderung hätte beanspruchen können, wenn der Gegenstand nicht veräußert wäre, also nicht von der Ehefrau, wenn sie den Gegenstand mit Mitteln des Gemeinschuldners erworben hatte, § 45.

4. Unter Veräußerung ist jedes Rechtsgeschäft zu verstehen, durch welches ein Gegenstand oder ein Theil desselben oder ein Recht daran aus dem Vermögen des Kridars ausscheidet. Es fallen hierunter nicht nur Kauf- und Tauschverträge, sondern auch die Bestellung eines Erbbaurechts, eines Nießbrauchs, eines Pfandrechts, einer Hypothek, einer Reallast, einer Grundgerechtigkeit ꝛc. Die Vermiethung oder Verpachtung ist dagegen keine Veräußerung, der Eigenthümer kann daher den rückständigen Mieth- oder Pachtzins nicht auf Grund des § 46, sondern nur unter den Voraussetzungen der §§ 987—990 B.G.B. nach den Grundsätzen über die Herausgabe der Früchte Seitens des Besitzers an den Eigenthümer und zwar für die Zeit vor der Eröffnung des Verfahrens nur als Konkursforderung, für die Zeit nach derselben als Masseforderung verlangen. Ein Veräußerungsgeschäft, durch welches der Gegenstand noch nicht aus dem Vermögen des Kridars ausgeschieden ist, weil die Uebergabe oder die Eintragung vor der Eröffnung des Konkurses noch nicht erfolgt ist, berechtigt den Eigenthümer nicht, die Uebertragung des Rechts auf die Gegenleistung zu fordern, der Eigenthümer fordert den Gegenstand vom Verwalter zurück, ohne durch das gegen ihn nicht wirksame Rechtsgeschäft behindert zu sein. Vollendet der Verwalter aber das Geschäft durch Uebergabe der Sache bezw. durch Eintragung, § 17, so ist die Veräußerung durch ihn erfolgt und tritt nunmehr der § 46 in Wirksamkeit.

Eine Veräußerung Seitens des Gemeinschuldners oder des Verwalters liegt auch im Fall der Zwangsversteigerung vor, weil durch die Zwangsvollstreckung der Wille des Schuldners ersetzt wird, Wolff Anm. 1 zu § 90 des Zwangsversteigerungsgesetzes (streitig); übrigens ist dem Eigenthümer im Fall der Immobiliarzwangsversteigerung das weitere Recht gegeben, den Versteigerungserlös für sich in Anspruch zu nehmen, Wolff Anm. 6 zu § 37 a. a. O.

5. Das Recht auf die Gegenleistung ist nur soweit begründet, als die Gegenleistung zur Zeit der Konkurseröffnung noch aussteht. Ist die Gegenleistung vor diesem Zeitpunkt gewährt, so hat der Eigenthümer nur einen Konkursanspruch wegen Bereicherung und zutreffenden Falls auf Schadensersatz. Ist sie nachher zur Masse gewährt, so besteht ein Masseanspruch in der Höhe, in welcher sie zur Masse geflossen ist. Besteht sie in einer speziellen Sache, so hat der bisherige Eigenthümer einen Aussonderungsanspruch in Ansehung dieser an Stelle seines Gegenstands getretenen Sache. Ist die Gegenleistung höher als der Werth des veräußerten Gegenstands, so erhält der Aussonderungsgläubiger den Vortheil, denn die Konkursgläubiger haben keinen Anspruch auf den Vortheil der aus einer zur Konkursmasse nicht gehörigen Sache gezogen ist.

Waren Sachen des Kridars mit Sachen des Dritten für einen einheitlichen Preis veräußert, so steht dem letztern der Anspruch auf den verhältnißmäßigen Theil der Gegenleistung zu, R.G. 8, 204.

6. Der § 46 setzt voraus, daß die Veräußerung vor der Eröffnung des Verfahrens vom Gemeinschuldner nach der Eröffnung vom Verwalter vorgenommen ist. Ist sie nach der Eröffnung vom Kridar vorgenommen, so nehmen v. Völderndorff und Petersen-Kleinfeller an, daß der § 46 ebenfalls zur Anwendung komme. Dem Verwalter gegenüber ist die Veräußerung nach § 7 unwirksam; denn, wenn auch der Gegenstand nicht zur Konkursmasse gehörte, so liegt ihr doch die Verpflichtung zur Herausgabe desselben an den Eigenthümer ob; der Verwalter braucht daher eine Rechtshandlung des Kridars nicht gelten zu lassen, durch welche ihm die Erfüllung dieser Verpflichtung unmöglich gemacht oder erschwert wird. Nimmt er aber die Gegenleistung an, so erkennt er die Rechtshandlung als den Konkursgläubigern gegenüber wirksam an, er macht dadurch die Veräußerung zu der seinigen, sodaß nunmehr der § 46 zur Anwendung kommt. Nimmt er die Gegenleistung nicht an, so hat der Eigenthümer, sofern ihm nicht ein Masseanspruch auf Grund einer fahrlässigen Handlung oder Unterlassung des Verwalters zusteht, § 59 [1], nur eine Konkursforderung wegen seines Anspruchs auf Herausgabe nach § 69 gegen die Konkursmasse, und gegen den Kridar auf Grund des § 816 B.G.B. den Anspruch auf Herausgabe des durch die Veräußerung Erlangten und somit auch des Rechts auf die Gegenleistung. Dasselbe gilt in entsprechender Weise, wenn ein Dritter die Veräußerung vorgenommen hat.

7. Der § 46 bezieht sich auch nicht auf Verschlechterungen oder den Untergang, welchen die Sache im Besitz des Gemeinschuldners oder des Verwalters erleidet. In dieser Beziehung kommen die allgemeinen Vorschriften der §§ 989—992, 818, 819 B.G.B. zur Anwendung.

Fünfter Titel.

Absonderung.

Vorbemerkungen.

1. Die K.O. regelt das Absonderungsrecht in den §§ 4, 47—52, 64, 96, 118, 119, 126, 127, 133 [2], 135, 136, 153, 155, 168 [3], E. I. 11—13. In den §§ 47—52 sind diejenigen Absonderungsrechte aufgeführt, welche die K.O. anerkennt. Die bisherige Vorschrift des § 43:

> „Hat der Gemeinschuldner vor der Eröffnung des Konkursverfahrens eine Erbschaft erworben, so können die Nachlaßgläubiger und Vermächtnißnehmer abgesonderte Befriedigung aus den bei der Eröffnung vorhandenen Nachlaßgegenständen verlangen, soweit ihnen ein Absonderungsrecht nach den Bestimmungen der Landesgesetze zusteht,"

ist aufgehoben, weil das beneficium separationis der Erbschaftsgläubiger und Legatare in der bisherigen Form vom B.G.B. nicht mehr anerkannt ist. Die Nachlaßgläubiger sowie die ihnen nach § 1967 B.G.B. gleichgestellten Pflichttheilsberechtigten, Vermächtnißnehmer und die aus einer Auflage Berechtigten sind vor Ablauf von zwei Jahren seit der Annahme der Erbschaft befugt, die Nachlaßverwaltung zu beantragen, wenn Grund zu der Annahme besteht, daß ihre Befriedigung durch das Verhalten oder die Vermögenslage des Erben gefährdet wird, und sind berechtigt, nach §§ 217 ff. K.O. die Eröffnung des Konkurses zu beantragen. Durch die Nachlaßverwaltung oder die Konkurseröffnung wird „ihnen den Gläubigern des Erben gegenüber die gesonderte Befriedigung gesichert".

Andererseits ist durch den, nach § 3 Abs. 1 E. I für das Konkursrecht anwendbaren, § 85 der Gewerbeordnung in der Fassung vom 26. Juli 1897 den Gläubigern einer gesonderten Innungskasse, welche zur Unterstützung der Innungsmitglieder und deren Angehörigen, Gesellen (Gehülfen), Lehrlingen und Arbeiter in Fällen der Krankheit, des Todes, der Arbeitsunfähigkeit oder sonstiger Bedürftigkeit errichtet ist, § 86b Nr. 3 G.O., sowie den Gläubigern eines gemeinschaftlichen Geschäftsbetriebes, welcher zur Förderung des Gewerbebetriebs der Innungsmitglieder eingerichtet ist, die gesonderte Befriedigung aus dem abgetrennt verwalteten Vermögen gewährt.

2. Die Absonderungsrechte — die gemeinrechtliche separatio ex jure crediti — scheiden sich

a) in das allgemeine oder generelle und das spezielle Absonderungsrecht. Das spezielle Absonderungsrecht der §§ 47—49 hat die zweifache Funktion: das Recht der Befriedigung aus dem belasteten Gegenstand und, sofern es an sich dinglicher Natur ist, das Recht an der Sache auch gegen Dritte geltend zu machen; das generelle Absonderungsrecht der §§ 51, 52 und des § 85 G.O. (Anm. 1) beschränkt sich stets auf die erste Funktion.

b) das qualifizirte und das einfache Absonderungsrecht, Wolff, Abs.=R. § 8. Der Absonderungsanspruch kann in der Weise bestehen, daß der Gemeinschuldner für ihn auch persönlich haftet, daß also außer der Befriedigung aus dem Absonderungsgegenstand auch die Befriedigung aus der Konkursmasse verlangt werden kann; dies ist das qualifizirte Absonderungsrecht. Aber zum Wesen des Absonderungsrechts gehört dessen Verbindung mit einer persönlichen Forderung gegen den Kridar nicht; während der Gegenstand des Separationsrechts stets zur Konkursmasse gehören muß, braucht der durch dies Recht gesicherte Anspruch selbst nicht gegen den Kridar zu bestehen. Ein Absonderungsberechtigter, welchem der persönliche Anspruch gegen den Kridar fehlt, der einfache Absonderungsberechtigte, hat kein Recht, sich an dem eigentlichen Konkursverfahren zu betheiligen, er hat kein Stimmrecht in den Gläubigerversammlungen, ist nicht verpflichtet, dem Verwalter den Nachweis seines Verzichts oder Ausfalls zu erbringen, § 152, die Retention einer Konkursdividende (§ 168) findet für ihn nicht statt. Denn alle diese Rechte und Pflichten setzen das Vorhandensein eines persönlichen Anspruchs gegen die Konkursmasse voraus. Dagegen ist er verpflichtet, von dem Besitz des Absonderungsgegenstands dem Verwalter Anzeige zu machen, §§ 118, 119, ihm die Sache zur Einsicht vorzuzeigen und sie ihm nach Maßgabe des § 127 zur Verwerthung auszuantworten.

Das einfache Absonderungsrecht ist hauptsächlich begründet:

α) durch Bestellung eines Pfandrechts oder einer Hypothek für die Schuld eines Dritten,

β) durch Sukzession des Kridars in das Eigenthum des für die Schuld eines Dritten haftenden Gegenstandes,

γ) durch den Erwerb einer Grundschuld, Rentenschuld oder einer Reallast an dem Grundstück des Gemeinschuldners Seitens des Gläubigers, jedoch mit der Maßgabe, daß der Eigenthümer für die während der Dauer seines Eigenthums fällig werdenden Leistungen einer Reallast auch persönlich haftet, wenn nichts Anderes verabredet ist, § 1108 B.G.B., sodaß das Absonderungsrecht insoweit ein qualifizirtes ist,

δ) für die Forderungen, für welche nur das Lehn=, das Familienfideikommiß=

oder das Stammgut, nicht auch das Allodialvermögen des Kridars haftet, besteht nur ein einfaches Absonderungsrecht,

ε) der Gläubiger einer persönlichen Forderung, welche im Konkurs nicht geltend gemacht werden kann, hat an dem dafür bestellten Pfand oder der dafür eingetragenen Hypothek nur ein einfaches Pfandrecht; es sind dies die in Anm. 2, 4, 5 zu § 3 angegebenen Forderungen, insbesondere die Forderungen des § 63 und die verjährten Forderungen, s. über letztere den § 223 B.G.B.

ζ) Hierher gehören ferner die Fälle, in denen der Rheder oder Schiffseigner nur mit Schiff und Fracht haftet, sowie

η) der Anspruch aus der Verwendung nach § 1003 B.G.B., Anm. 6 zu § 49.

c) Das vollkommene und das unvollkommene Absonderungsrecht. Das Absonderungsrecht ist unvollkommen, wenn es den Schuldner nicht an Verfügungen hindert, durch welche Sachen, die von dem Absonderungsrecht ergriffen sind, von der Haftung frei werden. Diese geringere Befugniß hat der Vermiether und der Verpächter an den Illaten des Miethers oder Pächters, der Verpächter auch an den Früchten des Pachtgrundstückes, §§ 560, 561, 581, 585 B.G.B., der Immobiliargläubiger an dem beweglichen Zubehör und den Früchten, § 1121 B.G.B., wenn sie in ordnungsmäßiger Wirthschaft aus der Wohnung oder von dem Grundstück entfernt werden. Erst durch die Geltendmachung wird das Absonderungsrecht ein vollkommenes, für die Immobiliargläubiger im Fall der Zwangsversteigerung aber auch nur mit der Beschränkung der §§ 21, 24 Z.V.G. Diese Unvollkommenheit haftet dem Absonderungsrecht auch im Falle des Konkurses gegenüber dem Verwalter an. Unvollkommen ist das Recht aber nur gegenüber dem Schuldner und dem Verwalter, nicht auch im Verhältniß zu nachstehenden Absonderungsgläubigern, denen gegenüber das Vorrecht auch an den Früchten und beweglichen Sachen, die der Eigenthümer der Haftung entziehen kann, geltend gemacht werden darf, Wolff, Abs.-R. § 9; der Vermiether braucht daher einem Pfändungspfandrecht an den Illaten des Miethers, die dieser aus der Wohnung entfernen darf, nicht nachzustehen.

§. 47. (39.)

Zur abgesonderten Befriedigung dienen die Gegenstände, welche der Zwangsvollstreckung in das unbewegliche Vermögen unterliegen, für diejenigen, welchen ein Recht auf Befriedigung aus denselben zusteht.

M. I 187—194; P. I 39, 149; M. II 35, 36; P. II —.

1. Die bisherige Fassung:

Zur abgesonderten Befriedigung dienen die Gegenstände, welche in Ansehung der Zwangsvollstreckung zum unbeweglichen Vermögen gehören, insoweit ein dingliches oder sonstiges Recht auf vorzugsweise Befriedigung aus denselben besteht.

Den Umfang der Immobiliarmasse, sowie den Umfang und die Rangordnung der aus derselben zu berichtigenden Ansprüche bestimmen die Reichsgesetze und Landesgesetze.

ist in Ansehung des ersten Abs. geändert, um den § 47 mit dem § 864 Abs. 1 C.P.O. in Uebereinstimmung zu bringen. Der zweite Absatz ist durch die §§ 864, 865 C.P.O. und die §§ 10, 155 Z.V.G. ersetzt und daher hier gestrichen.

2. Gegenstände der Immobiliarzwangsvollstreckung sind

a) die Grundstücke,

b) die eingetragenen Schiffe, §§ 162 ff. Z.V.G., §§ 864 Abs. 1, 870 Abs. 2 C.P.O.,

c) die selbstständigen Berechtigungen, für welche die sich auf Grundstücke beziehenden Vorschriften gelten, §§ 864 Abs. 1, 870 Abs. 1 C.P.O.,

d) das Eigenthum an einer Eisen- oder Kleinbahn und an den dem Betrieb gewidmeten Gegenständen, sowie das Nutzungsrecht daran, wenn ein anderer als der Eigenthümer der Eisen- oder Kleinbahn den Betrieb kraft eigenen Nutzungsrechts ausübt und wenn das Nutzungsrecht bezw. die dem Betrieb gewidmeten Gegenstände nach landesgesetzlicher Vorschrift in Ansehung der Zwangsvollstreckung zum unbeweglichen Vermögen gehören s. darüber für Preußen das Ges. vom 19. August 1895;

e) das bewegliche Zubehör; die Gegenstände, auf welche sich bei Grundstücken und Berechtigungen die Hypothek, bei Schiffen das eingetragene Pfandrecht erstreckt, s. darüber im Einzelnen Wolff, Anm. 3 zu § 1 Z.V.G. über das bewegliche Zubehör Anm. 5 zu § 20, bei Schiffen Anm. 5 zu § 162, bei der Zwangsverwaltung Anm. 1 zu § 148, über die Kollision der Immobiliarzwangsvollstreckung zur Mobiliarzwangsvollstreckung Anm. 6 zu § 20 Z.V.G.

3. Immobiliarabsonderungsgläubiger sind diejenigen, welche ein Recht auf Befriedigung aus dem Grundstücke, der selbstständigen Berechtigung, dem registrirten Schiff, dem Recht an der Eisen- oder Kleinbahn haben. Nach § 10 Z.V.G. gewähren ein Recht auf Befriedigung aus dem Grundstück nach folgender Rangordnung, bei gleichem Range nach dem Verhältniß ihrer Beträge:

1. der Anspruch eines die Zwangsverwaltung betreibenden Gläubigers auf Ersatz seiner Ausgaben zur Erhaltung oder nöthigen Verbesserung des Grundstücks, im Falle der Zwangsversteigerung jedoch nur, wenn die Verwaltung bis zum Zuschlage fortdauert und die Ausgaben nicht aus den Nutzungen des Grundstücks erstattet werden können;
2. bei einem land- oder forstwirthschaftlichen Grundstücke die Ansprüche der zur Bewirthschaftung des Grundstücks oder zum Betrieb eines mit dem Grundstücke verbundenen land- oder forstwirthschaftlichen Nebengewerbes angenommenen, in einem Dienst- oder Arbeitsverhältnisse stehenden Personen, insbesondere des Gesindes, der Wirthschafts- und Forstbeamten, auf Lohn, Kostgeld und andere Bezüge wegen der laufenden und der aus dem letzten Jahre rückständigen Beträge;
3. die Ansprüche auf Entrichtung der öffentlichen Lasten des Grundstücks wegen der laufenden und aus den letzten zwei Jahren rückständigen Beträge;
4. die Ansprüche aus Rechten an dem Grundstücke, soweit sie nicht in Folge der Beschlagnahme dem Gläubiger gegenüber unwirksam sind, die Ansprüche auf wiederkehrende Leistungen jedoch, mit Einschluß derjenigen, welche als Zuschlag zu den Zinsen behufs allmählicher Kapitalstilgung zu entrichten sind, nur wegen der laufenden und der aus den letzten zwei Jahren rückständigen Beträge;
5. der Anspruch des (die Zwangsversteigerung betreibenden) Gläubigers, soweit er nicht in einer der vorhergehenden Klassen zu befriedigen ist;
6. die Ansprüche der vierten Klasse, soweit sie in Folge der Beschlagnahme dem Gläubiger gegenüber unwirksam sind;
7. die Ansprüche der dritten Klasse wegen der älteren Rückstände;
8. die Ansprüche der vierten Klasse wegen der älteren Rückstände.

Das Recht auf Befriedigung aus dem Grundstücke besteht auch für die Kosten der Kündigung und der die Befriedigung aus dem Grundstücke bezweckenden Rechtsverfolgung, für Preußen s. ferner die Art. 1—3, 12, 17, 30 des Ausf.-Ges. vom 23. Sept. 1899.

S. darüber im Einzelnen Wolff, Anm. zu § 10 Z.V.G. und über die absonderungsberechtigten Schiffsgläubiger Anm. 3 zu § 163.

4. Zu den Absonderungsrechten gehören auch diejenigen, welche dem Gemeinschuldner an seinem Grundstück selbst zustehen, Wolff Anm. 10a zu § 10 Z.V.G. Diese Rechte macht der Verwalter für die Masse mit der Wirkung geltend, daß die nachstehenden einfachen Absonderungsberechtigten, deren Ansprüche in Folge dessen nicht befriedigt werden, zum Vortheil der Konkursmasse ausfallen. Dasselbe gilt, wenn die Hypothek, Grund- oder Rentenschuld nach Eröffnung des Konkurses in den Fällen der §§ 1163, 1164, 1168, 1172—1178 B.G.B. auf den Gemeinschuldner übergeht, insbesondere wenn der Verwalter den qualifizirten Absonderungsgläubiger befriedigt, § 1164 B.G.B., sowie dann, wenn der Gläubiger, auch wenn er nur einfacher Absonderungsberechtigter ist, überhaupt oder in Gemäßheit des § 64 K.O. auf das Hypothekenrecht verzichtet, § 1168 B.G.B. (bisher wurde in letztem Falle das Gegentheil angenommen).

5. Zu den Absonderungsrechten gehört auch das Recht des Besitzers wegen Verwendungen, in den Fällen der §§ 1003, 849, 2022, 2185 B.G.B., s. darüber Anm. 6b zu § 49, der Besitzer hat im Fall der Geltendmachung des Rechts die Rangstellung des betreibenden Gläubigers.

§. 48. (40.)

Gläubiger, welche an einem zur Konkursmasse gehörigen Gegenstand ein durch Rechtsgeschäft bestelltes Pfandrecht haben, können aus den ihnen verpfändeten Gegenständen abgesonderte Befriedigung wegen ihrer Pfandforderung verlangen, zunächst wegen der Kosten, dann wegen der Zinsen, zuletzt wegen des Kapitals.

M. I 195—208; P. I 39, 150; M. II 36; P. II 15.

1. Der §, welcher bisher lautete:

„Gläubiger, welche an einer beweglichen körperlichen Sache, an einer Forderung oder an einem anderen Vermögensrechte des Gemeinschuldners ein Faustpfandrecht haben, können aus den ihnen verpfändeten Gegenständen abgesonderte Befriedigung wegen ihrer Pfandforderung verlangen, zunächst wegen der Kosten, dann wegen der Zinsen, zuletzt wegen des Kapitals",

ist sachlich nicht geändert. Nur, um seine Fassung mit der Ausdrucksweise des B.G.B. in Uebereinstimmung zu bringen, wurde das Wort „körperlichen" im Entwurf gestrichen, weil eine bewegliche Sache nach § 90 B.G.B. ohnehin eine körperliche ist, und das Wort „Faustpfandrecht" durch die an Stelle desselben vom B.G.B. gebrauchten Worte „durch Rechtsgeschäft bestelltes Pfandrecht" ersetzt. Von der Kommission wurden an Stelle der Worte „an einer beweglichen Sache, an einer Forderung oder an einem anderen Vermögensrechte" die Worte „an einem zur Konkursmasse gehörigen Gegenstand" gesetzt, weil diese Fassung „den Vorzug der Kürze und Einfachheit habe". Die hierdurch entstandene Inkorrektheit, (wer ein Pfandrecht an einem Gegenstand hat, kann Befriedigung aus den verpfändeten Gegenständen verlangen) ruft eine sachliche Aenderung nicht hervor.

Eine sachliche Aenderung des bisherigen gesetzlichen Zustands ist dagegen durch die Streichung der §§ 14—16 E. I hervorgerufen:

§ 14. Faustpfandrechte im Sinne des § 40 der Konkursordnung bestehen an beweglichen körperlichen Sachen nur, wenn der Pfandgläubiger oder ein Dritter für ihn den Gewahrsam der Sache erlangt und behalten hat.

Das Absonderungsrecht besteht ohne Uebergabe der Sache, sofern:

1. nach den Reichsgesetzen oder den Landesgesetzen die Uebergabe von Konnossamenten und ähnlichen Papieren über Waaren oder andere bewegliche Sachen der Uebergabe derselben, oder die Eintragung der Verpfändung in das Schiffsregister oder die Uebergabe der mit einem beglaubigten Vermerke der Verpfändung versehenen Schiffsurkunden oder einer beglaubigten Abschrift derselben der Uebergabe des verpfändeten Schiffes gleichsteht;
2. über eine Verbodmung nach Vorschrift des Handelsgesetzbuchs ein Bodmereibrief ausgestellt ist.

§ 15. Hauptpfandrechte im Sinne des § 40 der Konkursordnung bestehen an Forderungen und anderen Vermögensrechten nur:

1. wenn der Drittschuldner von der Verpfändung benachrichtigt ist;
2. wenn der Pfandgläubiger oder ein Dritter für ihn den Gewahrsam der körperlichen Sache, welche den Gegenstand des Rechts bildet, oder der über die Forderung oder das Vermögensrecht ausgestellten Urkunde erlangt und behalten hat;
3. wenn die Verpfändung in dem Grund- oder Hypothekenbuche eingetragen ist.

§ 16. Die Vorschriften der Landesgesetze, welche für den Erwerb von Faustpfandrechten mehrere der in den §§ 14, 15 bezeichneten Erfordernisse oder weitere Erfordernisse festsetzen, bleiben unberührt.

Diese Vorschriften waren in das E.G. verwiesen, „weil sie das Verhältniß der K.O. zum bestehenden Civilrecht regeln und auch nur transitorischer Natur sind, da sie mit Einführung eines gemeinsamen Civilgesetzes in Wegfall kommen würden", P. I 138. Diese Voraussetzung ist eingetreten, weil das B.G.B. das Pfandrecht erschöpfend geregelt hat.

2. Gegenstand der Verpfändung kann jede körperliche oder unkörperliche Sache sein, deren Uebertragung nicht gesetzlich untersagt ist, auch wenn sie der Pfändung nicht unterliegt. Durch Rechtsgeschäft kann ein Pfandrecht daher an beweglichen Sachen, am Ausübungsrecht des Nießbrauchs, am Pfandrecht, an einem Gemeinschaftsantheil, am Urheberrecht, am Patentrecht 2c. bestellt werden. Dagegen können wesentliche Bestandtheile nicht verpfändet werden, weil sie nach § 93 B.G.B. nicht Gegenstand besonderer Rechte sein können. Zu den wesentlichen Bestandtheilen gehören auch die Erzeugnisse eines Grundstücks, solange sie mit dem Boden zusammenhängen, der Samen, nachdem er ausgesät, die Pflanze, nachdem sie eingepflanzt ist, § 94 B.G.B. Dazu gehören auch die Grundgerechtigkeiten, § 96 B.G.B., weil sie von dem herrschenden Grundstück nicht getrennt werden können, § 93 B.G.B.

3. Die Begründung des Pfandrechts, die nur noch durch rechtsgeschäftliche Bestellung, also durch Einigung des Verpfänders und des Pfandgläubigers, nicht mehr durch letztwillige Verfügung oder Ersitzung erfolgen kann, ist nach der Verschiedenheit des Gegenstands verschieden:

a) Zur Verpfändung beweglicher Sachen ist die Uebergabe der Sache erforderlich, § 1205 B.G.B. Die Uebergabe muß eine thatsächliche sein, doch genügt die Einigung, wenn der Gläubiger bereits im Besitz der Sache ist, § 1205 Abs. 1 Satz 2 B.G.B. Befindet sich die Sache im unmittelbaren Besitz eines Dritten, der sie als Miether, Pächter oder auf Grund eines andern Rechtsverhältnisses des § 868 für den Eigenthümer besitzt, so wird der Besitz durch Abtretung des Anspruchs auf Herausgabe der Sache übertragen, §§ 931, 830 B.G.B., dem Pfandgläubiger wird dieses Recht verpfändet, auf Grund dessen er nach Erledigung des Rechtsverhältnisses, welches dem Dritten den unmittelbaren Besitz gewährt, den unmittelbaren Sachbesitz ausüben kann; das Pfandrecht an der Sache beginnt daher mit dem Erwerb des unmittelbaren Besitzes; vorher beginnt es nur, wenn und sobald der Eigenthümer dem Dritten die Verpfändung anzeigt, § 1205 Abs. 2 B.G.B. Die Uebergabe durch constitutum possessorium, durch die Vereinbarung eines Rechtsverhältnisses (z. B. der Miethe), vermöge dessen der Pfandgläubiger den mittelbaren Besitz (als Vermiether) erlangt, ist ausgeschlossen. Abweichend vom bisherigen Recht, s. R.G. 37, 31 ff, Wolff, Abs.-R. S. 358, 359, genügt ferner die Einräumung des Mitbesitzes, wenn sich die Sache unter dem Mitverschlusse des Gläubigers befindet, oder falls sie im Besitz eines Dritten ist, die Herausgabe an den Eigenthümer und den Gläubiger gemeinschaftlich erfolgen kann, § 1206 B.G.B., es genügt also die Uebergabe eines Schlüssels, wenn nur noch der Pfandschuldner einen zweiten Schlüssel zu dem verschlossenen Raum hat, in welchem sich die Sache befindet.

b) Zur Verpfändung einer Forderung ist außer der Einigung die Anzeige des Gläubigers, d. h. nicht des Pfandgläubigers, sondern desjenigen, welcher im Verhältniß zu dem Dritten der Gläubiger ist, erforderlich und genügend, § 1280 B.G.B., bis zu dieser Anzeige besteht das Pfandrecht nicht. Der Uebergabe der Schuldurkunde bedarf es zur Begründung des Pfandrechts nicht, das Pfandrecht wird durch die Aushändigung der Urkunde auch nicht begründet, der Pfandgläubiger kann die Aushändigung aber sowohl vom Pfandschuldner, als von jedem Dritten fordern, der sie ohne Berechtigung besitzt, § 952 Abs. 1 Satz 2 B.G.B.

Da zur Abtretung einer Hypothekenforderung der Abtretungsvertrag nicht genügt, § 1280, sondern der in schriftlicher Form erklärten Zessionserklärung die Uebergabe des Briefs hinzutreten muß, § 1154 B.G.B., so ist auch die Verpfändung von der schriftlichen Erklärung und der Uebergabe des Briefs abhängig; die Uebergabe wird durch die Einigung ersetzt, wenn der Pfandgläubiger sich bereits im Besitz des Briefs befindet, die Verpfändung des Anspruchs auf Herausgabe des Briefs oder die Uebertragung des mittelbaren Besitzes begründet das Pfandrecht erst mit der Besitzerlangung; durch die Anzeige an den Drittschuldner wird in diesen Fällen die Uebertragung nicht ersetzt. Anscheinend a. M. Biermann Anm. 1 zu § 1292 B.G.B. Ist ein Brief nicht gebildet, so kann die Verpfändung nur durch Eintragung in das Grundbuch erfolgen, während die Eintragung der Verpfändung einer Briefhypothek nur beurkundende, nicht konstituirende Wirkung hat.

Dasselbe gilt von der Grund- und Rentenschuld, § 1291 B.G.B.

Zur Verpfändung eines Wechsels und eines indossabeln Papiers genügt außer der Einigung die Uebergabe des Papiers, § 1292; in Ansehung der Uebergabe gilt dasselbe, was über die Uebergabe des Hypothekenbriefs gesagt ist.

Für das Pfandrecht an einem Inhaberpapier gelten die Vorschriften über das Pfandrecht an beweglichen Sachen, § 1293 B.G.B.

c) Das Pfandrecht an einem andern Recht wird in derselben Weise, wie die Uebertragung des Rechts begründet. Die Uebertragung erfolgt so wie die Zession einer Forderung, soweit nicht das Gesetz ein Anderes bestimmt, § 413 B.G.B., also durch die bloße Einigung, § 398 B.G.B. Ist zur Uebertragung die Uebergabe einer Sache erforderlich, so kommen die Grundsätze unter a zur Anwendung, § 1274 Abs. 1 B.G.B.

Der Nießbrauch selbst ist der Uebertragung nicht fähig, wohl aber das Recht der Ausübung desselben, § 1059 B.G.B., es kann daher nur das Ausübungsrecht verpfändet werden, § 1274 Abs. 1 B.G.B. Die Uebertragung des Nießbrauchs erfordert die Eintragung, § 873 B.G.B.; für das im Nießbrauchsrecht enthaltene Ausübungsrecht und demnach auch für die Verpfändung daselbst ist daher die Eintragung erforderlich, was um so weniger zweifelhaft ist, als durch diese Verpfändung selbst die Belastung des Nießbrauchsrechts entsteht und daher auch aus diesem Grund nach § 873 B.G.B. die Eintragung erforderlich ist. Für die Uebertragung des Ausübungsrechts an andern Gegenständen enthält das Gesetz dagegen keine besondern Bestimmungen, es genügt daher die Einigung zur Bestellung des Pfandrechts. Dasselbe gilt für die beschränkte persönliche Dienstbarkeit, wenn die Ueberlassung an einen Dritten vertragsmäßig gestattet ist, § 1092 B.G.B. Auch an dem Pfandrecht kann ein Pfandrecht (Unterpfandrecht) bestellt werden. Da die Uebertragung der Hypothekenforderung, der Grund- und Rentenschuld durch die Einigung und die Uebergabe des Briefs und, sofern ein Brief nicht gebildet ist, durch die Eintragung entsteht, kann auch die Unterverpfändung nur in gleicher Weise erfolgen. Die Verpfändung eines Pfandrechts an andern eingetragenen Rechten erfolgt nur durch Eintragung, § 873 B.G.B. Das Unterpfandrecht an beweglichen Sachen wird durch Uebergabe der verpfändeten Sache bestellt.

Das Pfandrecht an einem Erbtheil (vgl. § 86 des Ges. über die freiw. Gerichtsbarkeit) wird durch Errichtung eines gerichtlichen oder notariellen Vertrags begründet, weil die Uebertragung des Erbrechts dieser Form bedarf, § 2371 B.G.B.

Die eingetragenen und gesetzlichen Pfandrechte an einem Schiffe gehören zu den Immobiliar-Absonderungsrechten des § 47, wenn das Schiff im Schiffsregister eingetragen ist; andernfalls sind die durch Rechtsgeschäft bestellten Pfandrechte nach den obigen Grundsätzen zu bestimmen. Der Pfandgläubiger einer Schiffspart ist dagegen stets, auch wenn das Schiff subhastationsfähig ist, Mobiliargläubiger, § 858 C.P.O.

4. Auch durch die Hinterlegung, welche zur Sicherheitsleistung erfolgt, wird ein Pfandrecht an dem hinterlegten Gelde oder an den hinterlegten Werthpapieren und, wenn das Geld oder die Werthpapiere nach landesgesetzlicher Vorschrift in das Eigenthum des Fiskus oder der als Hinterlegungsstelle bestimmten Anstalt übergehen ein Pfandrecht an der Forderung auf Rückerstattung erworben, § 233 B.G.B. (Nach § 7 der Preuß. Hinterlegungsordnung vom 14. März 1879 geht das bei der Hinterlegungsstelle hinterlegte Geld in das Eigenthum des Staats über.)

Die Hinterlegung erfolgt auch zum Zweck der Erfüllung einer Verbindlichkeit, §§ 372 ff. B.G.B., wie sie auch zum Zweck der Verwahrung erfolgen kann, §§ 688 B.G.B. In den Fällen der letztern Art (z. B. §§ 1082, 1217, 1219, 1392, 1814, 1960, 2116 B.G.B.) tritt eine Rechtsänderung nicht ein, der Verwahrer bleibt Eigenthümer der Sache bezw. wird zur Forderung gegen den Staat berechtigt. Erfolgt die Hinterlegung zur Erfüllung einer Schuldverbindlichkeit (z. B. §§ 52, 422, 660 Abs. 2, 1077, 1142, 1171, 1224, 1281, 1716, 2039 B.G.B.), so wird derjenige, für welchen die Hinterlegung mit Ausschließung der Rücknahme erfolgt, § 378 B.G.B., der Eigenthümer bezw. geht die Forderung gegen den Fiskus auf ihn über, er hat daher im Konkurs ein Absonderungsrecht; war die Rücknahme nicht ausgeschlossen, so erwirbt der andere Theil ein von seiner der Hinterlegungsstelle abgegebenen Annahmeerklärung, § 376 Abs. 2 Nr. 2, abhängiges, also suspensiv bedingtes Aussonderungsrecht, welches ihm im Konkurs durch eine Erklärung des Verwalters oder des Kridars nicht genommen werden kann, § 377 B.G.B., s. darüber Kohler im Arch. f. bürg. Recht 13 S. 214, und Windscheid § 347 Nr. 2b, die auf Seiten des Hinterlegers eine resolutiv bedingte Befreiung des Schuldverhältnisses, wogegen Dernburg II § 62 Nr. 11, Ulrich, Deposition behufs Befreiung des Schuldners 1877 und Oertmann Anm. 1 zu § 379 B.G.B. nur eine Hemmung des Forderungsrechts durch Einrede auf Seiten des andern Theils annehmen.

Die Hinterlegung zur Sicherheit (z. B. §§ 509, 562, 775 Abs. 2, 1051, 1067 Abs. 2, 1391, 1580, 1668, 1844, 1986, 2128 B.G.B., §§ 67—69 Z.V.G.) begründet dagegen ein Pfandrecht.

Ob die Hinterlegung im Prozeß zur Erfüllung einer Forderung, wenn auch nur zur bedingten Erfüllung des Anspruchs, oder zur Sicherstellung oder zum Zweck der Verwahrung erfolgt, und daher ein Aussonderungsrecht oder ein Absonderungsrecht erzeugt oder nur zur Verwahrung dient, richtet sich nach dem Zweck dieser Rechtshandlung. So wird in den Fällen der §§ 89, 707, 713, 719, 890 Abs. 3, 921, 925, 927 C.P.O. ein Absonderungsrecht, in den Fällen der §§ 72, 720, 827 Abs. 2, 3, 854 Abs. 2, 3 C.P.O. ein bedingtes Aussonderungsrecht, in den Fällen der §§ 769, 771, 805 C.P.O. ein Absonderungs- oder Aussonderungsrecht begründet, je nach dem es sich um die Leistung der Sicherheit zur Einstellung oder Abwendung der Zwangsvollstreckung oder aber um die Hinterlegung des Versteigerungserlöses Seitens des Gerichtsvollziehers handelt; s. darüber Wolff, Absonderungsrecht S. 50—64. Hinsichtlich der Vorschriften der C.P.O., insbesondere der §§ 769, 771, 805 sind diese Sätze streitig, indem hauptsächlich darauf hingewiesen wird, daß der § 713 C.P.O. zwischen der Sicherheitsleistung und der Hinterlegung („durch Sicherheitsleistung oder durch Hinterlegung") unterscheide. Aber die prozessuale Sicherheitsleistung erfolgt nach § 108 C.P.O. in Ermangelung einer abweichenden Vereinbarung oder Anordnung durch Hinterlegung und, da der § 713, welcher die Sicherstellung alternativ neben die Hinterlegung stellt, keine andere als die prozessualische meinen kann, so ist auch im § 713 die Hinterlegung als die einzige regelmäßige Art der Sicherstellung anzusehen, der § 713, welcher im Abs. 1 nur von einer Sicherheitsstellung, die der Gläubiger, im Abs. 2 dagegen von einer Sicherheitsleistung spricht, die der Schuldner leistet, kann daher in der Nebeneinanderstellung beider Rechtsakte einen Unterschied nicht in der Art des Rechtsakts, sondern nur in dem Gegenstande derselben meinen. Die Hinterlegung zur Sicherheitsleistung erfolgt nach § 108 C.P.O. in Geld oder in Werthpapieren, es wird also nicht der Streitgegenstand, sondern eine Summe hinterlegt, welche nicht im Streit befangen ist, es wird eine Sache hinterlegt, die zur Sicherheit des Streitobjekts dienen soll; die Hinterlegung des Streitobjekts selbst ist daher nicht eine Sicherheitsleistung, welche der § 108 meint. Die Hinterlegung, von welcher der § 713 Abs. 2 spricht und die er alternativ neben die Sicherheitsleistung stellt, muß daher eine solche, die nicht schon in der Sicherheitsleistung inbegriffen, sie darf daher nicht eine solche sein, die von dem Streitobjekt verschieden ist, sondern muß das Streitobjekt selbst sein. Nur so erklärt sich auch der Unterschied des ersten Absatzes, welcher rücksichtlich des Gläubigers nur von der Sicherheitsleistung, und des zweiten Absatzes, welcher rücksichtlich des Schuldners von einer Sicherheitsleistung oder Hinterlegung spricht: Der Schuldner kann die Vollstreckbarkeit des Urtheils auch durch Hinterlegung des in seinem Besitz befindlichen Streitgegenstands abwenden. Ob in diesen Fällen ein Absonderungs- oder ein Aussonderungsrecht anzunehmen ist, ist nicht, wie v. Völderndorff Anm. d II zu § 41 und Endemann § 65 S. 412 meinen, eine blos theoretische Frage, sondern eine Frage von erheblicher praktischer Wichtigkeit: Die Stellung des Gläubigers im Konkurs, die Rechte und Pflichten, die er dem Verwalter gegenüber hat, die Art, wie er seine Befriedigung geltend macht sind je nach der Natur des Rechtsverhältnisses verschieden; und ebenso ist die Frage, wer die Gefahr der hinterlegten Sache trägt, nach der rechtlichen Konstruktion verschieden zu beantworten.

Durch die Hinterlegung in den Fällen der §§ 174, 419 Abs. 1, 2 der Strafprozeßordnung entsteht ein Absonderungs-, im Fall der §§ 117, 118, 122 der Strafprozeßordnung ein Aussonderungsrecht.

Der Charakter des durch Hinterlegung entstandenen Pfandrechts ist der eines durch Rechtsgeschäft bestellten Pfandrechts, denn durch die Hinterlegung wird die Verpflichtung zur Sicherheitsleistung erfüllt, auf welche der andere Theil ein Recht hat. Dies gilt auch hinsichtlich der Hinterlegung im Civilprozeß, welche die meisten Kommentatoren als ein Pfändungspfandrecht des § 49 K.O. ansehen. Ein Pfändungspfandrecht ist es nicht, weil dieses nur durch Pfändung entstehen kann, das Hinterlegungspfandrecht aber durch Pfändung nicht entstanden ist, diese auch nicht voraussetzt. Das Pfändungspfandrecht erwächst ohne Willen des Schuldners, das Hinterlegungspfandrecht nur durch die eigne Handlung des Hinterlegenden, R.G. 12, 226, a. M. R.G. 12, 396.

5. Ein Nachpfandrecht, welches nicht, wie das Unterpfandrecht, Anm. 3e, vom Pfandgläubiger, sondern vom Eigenthümer bestellt wird, kann jetzt in allen Fällen begründet werden, in welchen ein Pfandrecht bestellt werden kann. Bisher stand der zweiten Verpfändung in den Fällen, in denen die Besitzübertragung erforderlich ist, der Umstand entgegen, daß dem zweiten Pfandgläubiger vom Eigenthümer der Besitz der Sache nicht übertragen werden konnte, welche der erste Pfandgläubiger im Besitz hatte, und daß der erste Pfandgläubiger nicht für den zweiten Gläubiger besitzen konnte (streitig). Jetzt ist dagegen nach § 1205 Abs. 2 B.G.B. die Besitzübertragung durch Uebergabe der im mittelbaren Besitz des Eigenthümers befindlichen Sache zulässig, Anm. 3a, und da der Eigenthümer nach der Uebertragung des Pfandbesitzes mittelbarer Besitzer bleibt, § 868 B.G.B., so ist er in der Lage, den mittelbaren Besitz einem Dritten zu übertragen und hierdurch in Verbindung mit der Anzeige der Nachpfändung an den unmittelbaren Besitzer (den ersten Pfandgläubiger) das Nachpfandrecht zu bestellen.

6. Während das Absonderungsrecht bisher die Fortdauer des Besitzes Seitens des Pfandgläubigers zur Geltendmachung im Konkurs voraussetzte, ist dies Erforderniß nach dem neuen Reichsrecht in Wegfall gekommen. Nur die freiwillige Rückgabe des Pfandobjekts an den Pfandschuldner oder den Eigenthümer hat das Erlöschen des Pfandrechts zur Folge, § 1253 B.G.B., wogegen ein auf andere Weise erfolgter Besitzverlust den Fortbestand des Absonderungsrechts nicht beeinträchtigt.

7. Der Umfang des Pfandrechts wird durch die verpfändete Sache und ihre getrennten und ungetrennten Erzeugnisse, §§ 1212, 94 B.G.B., gebildet. Das Zubehör der Sache, zu deren Besitzübertragung der Pfandschuldner in Ermangelung einer abweichenden Abrede verpflichtet ist, § 314 B.G.B., ist, wenn es nicht vorübergehend getrennt ist, § 97 Abs. 2 B.G.B., mit übertragen, weil es seiner Natur nach voraussetzt, daß es in einem räumlichen Verhältniß zur Hauptsache steht, § 97 Abs 1 B.G.B. Das Pfandrecht kann sich im Fall der Vereinbarung auf die Ziehung der Nutzungen der Sache erstrecken, antichretisches Pfandrecht, §§ 1213, 1214 B.G.B.

8. Das Pfand haftet für die Forderung in ihrem jeweiligen Bestand, insbesondere auch für gesetzliche, vertragsmäßige und Verzugszinsen, sowie für Vertragsstrafen. Es haftet ferner für die Ansprüche des Pfandgläubigers auf Ersatz von Verwendungen für die ihm zu ersetzenden Kosten der Kündigung und der Rechtsverfolgung, sowie

für die Kosten des Pfandverkaufs, § 1210 B.G.B. Zu den Kosten der Rechtsverfolgung gehören sowohl die durch den auf Zahlung der Pfandschuld angestellten Prozeß entstandenen, als auch die zur Erlangung der Pfandsache aufgewendeten, gerichtlichen und außergerichtlichen, Kosten. Hat der Pfandschuldner dem Gläubiger auch den Schaden zu ersetzen, der demselben durch Mängel der Sache entstanden ist, so haftet das Pfandobjekt auch für diese Erweiterung der Pfandschuld.

Ist der persönliche Schuldner nicht der Eigenthümer, so wird durch ein Rechtsgeschäft, das der Schuldner nach der Verpfändung vornimmt, die Haftung der Pfandsache nicht erweitert, § 1210 Abs. 1 Satz 2 B.G.B.

9. Für den Rang des Pfandrechts ist die Zeit der Bestellung maßgebend, auch wenn die Bestellung für eine künftige oder eine bedingte Forderung erfolgt ist, § 1209 B.G.B. Ist das Pfandrecht selbst bedingt, so entsteht es mit dem Eintritt der Bedingung, was nach der Konkurseröffnung den Konkursgläubigern gegenüber nicht mehr geschehen kann.

Die Rangordnung des Hauptanspruchs und der Nebenansprüche ist im § 48 besonders geregelt: Es gehen die Kosten vor, ihnen folgen die gesetzlichen, vertragsmäßigen und Verzugszinsen, nach ihnen wird das Kapital befriedigt, vgl. § 367 B.G.B., § 12 Z.R.G. Die Ansprüche auf Vertragsstrafen, die Ansprüche wegen Verwendungen und auf Schadensersatz erweitern den Hauptanspruch, rangiren demnach mit dem Kapital.

§. 49. (41.)

Den im §. 48 bezeichneten Pfandgläubigern stehen gleich:

1. die Reichskasse, die Staatskassen und die Gemeinden, sowie die Amts-, Kreis- und Provinzialverbände wegen öffentlicher Abgaben, in Ansehung der zurückgehaltenen oder in Beschlag genommenen zoll- und steuerpflichtigen Sachen;
2. diejenigen, welche an gewissen Gegenständen ein gesetzliches oder ein durch Pfändung erlangtes Pfandrecht haben; das dem Vermiether und dem Verpächter nach den §§. 559, 581, 585 des Bürgerlichen Gesetzbuchs zustehende Pfandrecht kann in Ansehung des Mieth- oder Pachtzinses für eine frühere Zeit als das letzte Jahr vor der Eröffnung des Verfahrens, sowie in Ansehung des dem Vermiether oder dem Verpächter in Folge der Kündigung des Verwalters entstehenden Entschädigungsanspruchs nicht geltend gemacht werden; das Pfandrecht des Verpächters eines landwirthschaftlichen Grundstücks unterliegt in Ansehung des Pachtzinses der Beschränkung nicht;
3. diejenigen, welche etwas zum Nutzen einer Sache verwendet haben, wegen des den noch vorhandenen Vortheil nicht übersteigenden Betrags ihrer Forderung aus der Verwendung, in Ansehung der zurückbehaltenen Sache;

4. diejenigen, welchen nach dem Handelsgesetzbuche in Ansehung gewisser Gegenstände ein Zurückbehaltungsrecht zusteht.

Die im Abs. 1 Nr. 1 bezeichneten Rechte gehen den im Abs. 1 Nr. 2—4 und den im §. 48 bezeichneten Rechten vor.

M. I 208—220; P. I 39—45, 150; M. II 36, 37; P. II —.

1. In der bisherigen Fassung lautete der §:

Den Faustpfandgläubigern stehen gleich:

1. die Reichskasse, die Staatskassen und die Gemeinden, sowie die Amts-, Kreis- und Provinzialverbände wegen öffentlicher Abgaben, in Ansehung der zurückgehaltenen oder in Beschlag genommenen zoll- und steuerpflichtigen Sachen;
2. Verpächter wegen des laufenden und des rückständigen Zinses, sowie wegen anderer Forderungen aus dem Pachtverhältnisse, in Ansehung der Früchte des Grundstücks und der eingebrachten Sachen, sofern die Früchte oder Sachen sich noch auf dem Grundstück befinden;
3. Pächter in Ansehung des in ihrem Gewahrsam befindlichen Inventars wegen der Forderungen für dieses;
4. Vermiether in Ansehung der eingebrachten Sachen, sofern die Sachen sich noch auf dem Grundstücke befinden, wegen des laufenden und des für das letzte Jahr vor der Eröffnung des Verfahrens rückständigen Zinses, sowie wegen anderer Forderungen aus dem Miethverhältnisse, jedoch mit der Einschränkung, daß dem Vermiether, soweit er eine solche Forderung in Folge Kündigung des Verwalters (§ 17 Nr. 1) geltend machen kann, wegen dieser Forderung der Anspruch auf abgesonderte Befriedigung nicht zusteht;
5. Gastwirthe wegen ihrer Forderung für Wohnung und Bewirthung des Gastes, in Ansehung der von demselben eingebrachten, von ihnen zurückbehaltenen Sachen;
6. Künstler, Werkmeister, Handwerker und Arbeiter wegen ihrer Forderungen für Arbeit und Auslagen in Ansehung der von ihnen gefertigten oder ausgebesserten, noch in ihrem Gewahrsam befindlichen Sachen;
7. diejenigen, welche etwas zum Nutzen einer Sache verwendet haben, wegen des, den noch vorhandenen Vortheil nicht übersteigenden Betrages ihrer Forderung aus der Verwendung, in Ansehung der zurückbehaltenen Sache;
8. diejenigen, denen nach dem Handelsgesetzbuche an gewissen Gegenständen ein Pfandrecht oder Zurückbehaltungsrecht zusteht, in Ansehung dieser Gegenstände;
9. diejenigen, welche durch Pfändung ein Pfandrecht erlangt haben, in Ansehung der gepfändeten Gegenstände.

Der die Rangordnung betreffende Abs. 2 ist dem § 6 des Preuß. Ausf.-Ges. vom 6. März 1879 entnommen, im Uebrigen ist die Aenderung eine mehr formelle als sachliche, indem die bisherigen Nr. 2—6, 8 in die neue Nr. 2 zusammengefaßt sind, weil das B.G.B. die Absonderungsrechte der bisherigen Nr. 2—6, 8 als solche anerkennt.

2. Indem das Ges. die gesetzlichen Pfandrechte (früher s. g. Quasifaustpfandrechte) dem durch Rechtsgeschäft bestellten Pfandrecht gleichstellt, giebt es dem gesetzlichen Pfandgläubiger im Konkurse alle Rechte und Pflichten des rechtsgeschäftlichen Pfandgläubigers, er hat daher wie dieser das Recht der Selbstverwerthung des § 127

Abs. 2, die Pflicht zur Anzeige des § 118 rc. In materieller Hinsicht sind beide Arten des Pfandrechts durch den § 1257 B.G.B. gleichgestellt: „Die Vorschriften über das durch Rechtsgeschäft bestellte Pfandrecht finden auf ein kraft Gesetzes entstandenes Pfandrecht entsprechende Anwendung." Die Art und Wirkung der Befriedigung, das Recht, den Pfandbesitz gegen Dritte geltend zu machen, sind daher für beide Pfandrechte gleich. Dasselbe gilt auch für die Entstehung und Fortdauer des Pfandrechts, doch sind in dieser Beziehung, abgesehen von der Einigung für die meisten gesetzlichen Pfandrechte, Sonderbestimmungen getroffen.

Die Entstehung des gesetzlichen Pfandrechts ist mit Ausnahme derjenigen der Nr. 1 auf einen stillschweigend geschlossenen Vertrag zurückzuführen, vgl. l. 4, 6, D. 20, 2, Prot. der Kommiss. zur Berathung eines Allgem. H.G.B. (herausgegeben von Lutz) S. 461, 1340, a. M. v. Wilmowski Anm. 4. Der Miether z. B. weiß (seine Gesetzeskenntniß wird fingirt), daß durch den Miethvertrag ein Pfandrecht entsteht; indem er miethet, willigt er daher ein, daß an den Sachen, die er einbringt, ein Pfandrecht des Vermiethers begründet wird; will er die Entstehung dieses Pfandrechts nicht, so muß er diese Folge des Vertrags und der Illation vertragsmäßig ausschließen.

Da die Vorschriften über das rechtsgeschäftliche Pfandrecht auf das gesetzliche Pfandrecht nach § 1257 B.G.B. zur Anwendung kommen sollen, sind auch die Grundsätze über die der rechtsgeschäftlichen Pfandbestellung zu Grunde liegenden Einigung auf das gesetzliche Pfandrecht zu beziehen. Hieraus folgt, daß der Pfandschuldner die Fähigkeit zum Abschluß eines Pfandvertrags haben muß, und daß das gesetzliche Pfandrecht in demselben Umfange wie das rechtsgeschäftliche nur die dem Schuldner gehörenden Gegenstände umfaßt, vgl. R.G. 7, 88. Es erstreckt sich daher — abgesehen von demjenigen der Nr. 1 — nur auf diejenigen Gegenstände, eigne und fremde, die der Pfandschuldner zu verpfänden berechtigt ist (s. für das bisherige Preußische Recht die Deklaration vom 21. Juli 1846). Die Grundsätze über den Schutz des guten Glaubens müssen auf die gesetzlichen Pfandrechte an sich zur Anwendung kommen: Die das rechtsgeschäftliche Pfandrecht betreffenden §§ 1207, 1208 B.G.B. setzen voraus, daß der Schuldner eine Sache in gutem oder schlechtem Glauben zum Pfand angeboten und der Gläubiger sie in dem Glauben an die Berechtigung des Schuldners als Pfand angenommen hat; in Anwendung auf das gesetzliche Pfandrecht muß der gute Glaube das fehlende Recht ersetzen, wenn der Schuldner den Gegenstand hat verpfänden und der Gläubiger das Pfandrecht hat erwerben wollen. Der Verpfändungswille des Schuldners ist aber dann anzunehmen, wenn er eine solche fremde Sache in das ein gesetzliches Pfandrecht begründendes Verhältniß gebracht hat, von der er meinte, daß sie ihm gehörte, denn dann hat er sie wie seine eigne Sache behandelt. Das Vorhandensein der bona fides muß daher hier — im Gegensatz zu der rechtsgeschäftlichen Pfandbestellung, die den guten Glauben nur auf Seiten des Pfandgläubigers erfordert — auf beiden Seiten vorhanden sein, Eine Ausnahme besteht aber einerseits hinsichtlich des Pfandrechts des Kommissionärs, des Spediteurs, des Lagerhalters, des Frachtführers und des Verfrachters, §§ 366 Abs. 3, 623 Abs. 3 H.G.B., § 26 des Binnenschifffahrtsges. vom 15. Juni 1895, welches rechtswirksam ist, wenn auch nur der Pfandgläubiger guten Glaubens war. Andererseits erfordert das B.G.B. in den meisten Fällen des gesetzlichen Pfandrechts, daß der Gegenstand desselben dem Pfandschuldner gehöre, s. auch die M. II zum H.G.B. (Guttentag'sche Ausgabe S. 222), sodaß das Anwendungsgebiet der Regel ein geringes ist. (In den M. II zum H.G.B. ist angenommen, daß in allen Fällen des B.G.B. das Pfandrecht das Eigenthum des Pfandschuldners voraussetze, dies ist aber hinsichtlich des Pfandrechts des Pächters, Anm. 5c, nicht richtig.)

3. An demselben Gegenstand können mehrere gesetzliche Pfandrechte, kann auch ein gesetzliches neben einem rechtsgeschäftlichen Pfandrecht bestehen. Der § 49 regelt (Abs. 2) in Uebereinstimmung mit dem § 6 des Preuß. Ges. vom 6. März 1879 nur das Verhältniß des Pfandrechts der Nr. 1, welchem er den Vorrang vor den übrigen gesetzlichen, sowie vor dem rechtsgeschäftlichen Pfandrecht giebt. Im Uebrigen entscheidet grundsätzlich die zeitliche Priorität, doch entstehen Ausnahmen durch die Anwendung der Grundsätze über den guten Glauben, § 1208 B.G.B., und für einzelne Pfandrechte sind gesetzlich (so § 563 B.G.B., §§ 443, 766—771, 776, 777 H.G.B., §§ 106—109, 116 des Binnensch.-Ges. vom 15. Juni 1895, § 29 des Ges. vom 15. Juni 1895, betr. die privatrechtlichen Verhältnisse der Flößerei) Ausnahmen begründet.

4. Nr. 1. Das Absonderungsrecht steht sowohl den deutschen, als auch den auswärtigen staatlichen Verbänden zu, aber nicht andern Korporationen, auch wenn sie einen öffentlichen Charakter haben. Daher hat eine Deich- oder Uferschutzgenossenschaft, auch wenn ihr ein Besteuerungsrecht an gewissen Sachen zusteht, das Absonderungsrecht nicht, ebensowenig Kirchen- oder Schulgemeinden, auch wenn sie staatlich anerkannt sind; a. M. Endemann § 65 S. 401, welcher den staatlich anerkannten Kirchengemeinden (nicht den Schulgemeinden) das Absonderungsrecht zuspricht, das Ges. versteht aber, wie aus der Nebeneinanderstellung der Gemeinden im § 61² neben den Kirchen- und Schulverbänden im § 61³ hervorgeht, unter Gemeinden nur die politischen, s. auch M. I S. 208, in denen nur von den staatlichen Verbänden die Rede ist.

Das Objekt ist nur eine bewegliche körperliche Sache; an einem registrirten Schiff ist das Immobiliarabsonderungsrecht des § 47 (§ 10³ Z.V.G.) begründet.

Das Absonderungsrecht besteht auch an solchen Sachen, welche nicht dem Zoll- oder Steuerpflichtigen gehören, auch wenn auf beiden Seiten der gute Glaube fehlt; s. z. B. § 14 des Vereinszollges. vom 1. Juli 1869.

Da der Gegenstand des Absonderungsrechts eine bestimmte bewegliche Sache sein muß, so kann sich der § 49¹ nur über die indirekten Abgaben verhalten, wogegen ein zur Einziehung einer direkten Abgabe erworbenes Pfandrecht als Pfändungspfandrecht unter Nr. 2 fällt, vgl. auch § 6 des Ges. über das Posttaxwesen vom 28. Oktober 1871, §§ 2, 3, 10, 11 des Spielkartenstempelges. vom 3. Juli 1878.

Zurückbehalten ist die Sache, wenn die Zoll- oder Steuerbehörde den Gewahrsam selbst oder durch einen Dritten für sich ausübt. In Beschlag genommen ist sie unter den gesetzlichen Voraussetzungen auch ohne Erlangung des Besitzes. So bestimmt der § 14 des Zollvereinsges. vom 1. Juli 1869: „Das an den Inhaber des zollpflichtigen Gegenstandes von einem Zollbeamten ergangene Verbot, über den fraglichen Gegenstand weiter zu verfügen, hat die volle Wirkung der Beschlagnahme.

Wird auf Grund gesetzlicher Bestimmung die zoll- oder steuerpflichtige Sache konfiszirt, so besteht für den staatlichen Verband kein Ab- sondern ein Aussonderungsrecht.

5. Nr. 2. Diejenigen, welche an gewissen Gegenständen ein gesetzliches oder ein durch Pfändung erlangtes Pfandrecht haben, sind:

a) Der Vermiether. Nach § 559 B.G.B. „hat der Vermiether eines Grundstücks für seine Forderungen aus dem Miethverhältniß ein Pfandrecht an den eingebrachten Sachen des Miethers. Für künftige Entschädigungsforderungen und für den Miethzins für eine spätere Zeit als das laufende und das folgende Miethjahr kann das Pfandrecht nicht geltend gemacht werden. Es erstreckt sich nicht auf die der Pfändung nicht unterworfenen Sachen."

α) Gegenstand des Miethvertrages kann eine bewegliche, oder eine unbewegliche Sache (nicht ein unkörperlicher Gegenstand) sein. Das Pfandrecht wird aber nur für den Vermiether eines Grundstücks, § 559, eines Wohn- oder anderen Raumes in einem Grundstück, § 580 B.G.B., begründet.

β) Gegenstände des Pfandrechts können nur Sachen, also nur körperliche Gegenstände sein. Da Forderungen und andere Rechte diesem Absonderungsrecht nicht unterliegen, erstreckt sich dasselbe auch auf die diese Rechte betreffenden Urkunden nicht, weil dieselben Zubehörungen des Rechts sind, § 952 B.G.B. Ueberdies können die in Anm. 2 zu § 1 bezeichneten Sachen nicht Gegenstand des Pfandrechts sein, dasselbe erstreckt sich ferner (in Uebereinstimmung mit dem Preuß. Ges. vom 12. Juni 1894) nicht auf die der Pfändung nicht unterworfenen Sachen, s. darüber ebenfalls die Anm. zu § 1. Dagegen sind diejenigen Sachen, welche zum gewöhnlichen Hausrathe gehören und im Haushalt des Schuldners gebraucht werden, dem Recht des Vermiethers nicht entzogen; denn dieselben sind der Pfändung unterworfen und s o l l e n nach § 812 C.P.O. nur dann nicht gepfändet werden, wenn ohne Weiteres ersichtlich ist, daß durch ihre Verwerthung nur ein Erlös erzielt werden würde, welcher zu dem Werthe außer allem Verhältnisse steht; ebenso P. II zur C.P.O. S. 761—763, a. M. Oertmann Anm. 2c zu § 559 B.G.B. und Jastrow im Arch. f. soz. Ges.-Gebg. 12 S. 615, 616.

Gegenstand des Pfandrechts sind nur die Sachen des Miethers, die Sachen dritter Personen werden daher nicht mitbelastet, auch wenn der Miether glaubte und glauben durfte, daß sie ihm gehören. Daher hat der Vermiether kein Recht an den Sachen des Untermiethers, R.G. 13, 39, deren Illation aber ein Pfandrecht des Untervermiethers (des ersten Miethers) begründet. Ist der erste Vermiether aber in den mit dem Aftermiether geschlossenen Vertrag eingetreten, so ist er dem letzteren gegenüber Vermiether und daher absonderungsberechtigt. Dasselbe gilt von den Sachen der Ehefrau des Miethers, wenn die letztere den Vertrag nicht mitgeschlossen hat, doch gilt zu Gunsten des Vermiethers die Vermuthung des § 1362 B.G.B. Leben die Eheleute jedoch in Gütergemeinschaft, so gilt der Miethvertrag auch als für die Frau geschlossen, sodaß die von ihr eingebrachten Sachen, welche nicht zu ihrem Vorbehaltsgut gehören, für diese Gesammtgutverpflichtung mitverhaftet sind.

γ) Die wesentlichen Voraussetzungen des Absonderungsrechts sind der Beginn eines gültigen Miethsvertrags, die Illation der Sachen und die Konnexität der Illation mit dem Miethverhältniß. Es entsteht das Recht deshalb nicht vor dem Beginn der Wirksamkeit des Vertrags, auch wenn die Illation schon vorher erfolgt ist, und kann den Konkursgläubigern gegenüber nicht mehr entstehen, wenn inzwischen der Konkurs eröffnet ist. Ebenso kann es nicht vor der Illation, R.G. in Gruchots Beitr. 25, 460, Obertrib. 6, 92, und daher den Konkursgläubigern gegenüber nicht entstehen, wenn die Illation nach der Konkurseröffnung geschehen ist. Wegen des Erfordernisses der Konnexität beider Momente entsteht das Pfandrecht nicht, wenn ein Dritter Sachen des Miethers ohne dessen Willen in die Wohnung gebracht und darin gelassen hat; aus demselben Grunde haften die eingebrachten Sachen desjenigen, der die von einem andern für ihn gemiethete Wohnung benutzt, z. B. die Sachen des Sohns, für den der Vater eine Wohnung gemiethet hat, dem Vermiether nicht, weil das Absonderungsrecht nur dem Miether gegenüber besteht.

δ) Eingebracht sind die Sachen des Miethers, welche sich in der Wohnung befinden, auch wenn sie, ohne von Außen auf das Grundstück gebracht zu sein, aus einer eingebrachten Sache entstehen (z. B. Thierjunge). Ob die Sachen in der Wohnung nach der Absicht des Miethers dauernd bleiben sollen oder nicht, wird von der Praxis, R.O.H.G. 6, 284; 21, 129; Obertr. in Strieth. Arch. 95, 186, s. auch Förster-Eccius II § 136, Endemann S. 404 § 65, entgegen dem Röm. Recht, l 7 § 1 D. 20, 2; l. 32 D. 20, 1, für unerheblich angesehen.

ε) Das Pfandrecht des Vermiethers ist ein unvollkommenes, Anm. 2c Vorbem. vor § 47, weil er nach § 560 Satz 2 B.G.B. der Entfernung der eingebrachten Sachen nicht widersprechen darf, wenn sie im regelmäßigen Betriebe des Geschäfts des Miethers oder den gewöhnlichen Lebensverhältnissen entsprechend erfolgt, oder wenn die zurückbleibenden Sachen zur Sicherung des Vermiethers offenbar ausreichen. Die Unvollkommenheit des Pfandrechts besteht aber nur dem Miether, nicht andern Gläubigern gegenüber dem Pfändungspfandrecht auch an solchen Sachen, die der Miether aus der Wohnung entfernen darf, geht das früher begründete Pfandrecht des Vermiethers vor.

ζ) Zum Schutz seines Pfandrechts steht dem Verwalter das Retentions- und das Perklusionsrecht der §§ 560, 561 B.G.B. zu. Das letztere besteht in der Befugniß, dem Miether die Entfernung der Sachen, die er aus der Wohnung zu bringen nicht berechtigt ist, zu verbieten und die Zurückschaffung der Sachen, auch Dritten gegenüber, zu bewirken. Das Retentionsrecht besteht in der Befugniß, die Sachen, wenn der Miether auszieht, zurückzubehalten, und, wenn er sie mitgenommen hat, die Ueberlassung des Besitzes zu verlangen; beide Rechte müssen bis zum Ablauf eines Monats nach der Kenntnißnahme gerichtlich geltend gemacht werden, widrigenfall das Pfandrecht an diesen Sachen erlischt.

η) Die Kollision mit andern Absonderungsrechten entscheidet die Priorität der zeitlichen Begründung, welche für den Vermiether nicht vor dem Eintritt der Wirksamkeit des Miethvertrags und nicht vor der Illation erfolgt. Dasselbe gilt insbesondere im Verhältniß zu dem Pfändungspfandrecht, welches jedoch dadurch bevorzugt ist, daß das gesetzliche Pfandrecht nicht wegen des Miethzinses für eine frühere Zeit als für das letzte Jahr vor der Pfändung geltend gemacht werden kann.

ϑ) Das Pfandrecht besteht für alle Forderungen aus dem Miethverhältniß, also sowohl für den Miethzins, als auch für die Ansprüche aus Beschädigungen, für die Benutzung der mit dem Miethobjekt in Zusammenhang stehenden Einrichtungen, z. B. für die Benutzung der Gas- oder Wasserleitung, für die Benutzung eines Brunnens Ansprüche aus dem Miethverhältniß sind aber nicht die Forderungen für Bedienung und Beköstigung, auf Leistung einer versprochenen Kaution, aus einem im Miethvertrage versprochenen und demnächst gezahlten Darlehn, auf eine Konventionalstrafe, R.G. 37, 88, in Gruchots Beitr. 26, 996, in Seufferts Arch. 44 Nr. 223, in J. W. 1888 S. 289 [11], in Strafsachen 20 S. 417, noch der Anspruch auf Rückerstattung der gezahlten Vertrags- und Stempelkosten. Durch das Pfandrecht ist auch eine Fordernug wegen vorzeitiger Aufhebung des Miethverhältnisses Seitens des Verwalters nach §§ 19, 20 K.O. nich gesichert, weil ein solcher Anspruch nicht aus dem Miethverhältniß, sondern aus der einseitigen Aufhebung desselben entsteht; es ergab sich dies schon aus der bisherigen Fassung des Ges., Wolff, Absonderungsrecht S. 421, da aber das R.G. 7, 19 das Gegentheil angenommen hatte, ist die Pfandsicherung diesem Anspruch durch das R.Ges. vom

9. Mai 1894 entzogen, dessen Vorschrift in die Nr. 2 des § 49 ausdrücklich aufgenommen ist.

Das Pfandrecht besteht seit der Wirksamkeit des Vertrags und der Illation für den gesammten Miethzins, auch soweit derselbe noch nicht fällig geworden ist, für die Entschädigungsansprüche aber erst, wenn sie begründet sind.

Es besteht hinsichtlich des Miethzinses nach § 559 B.G.B. aber nicht für eine spätere Zeit als das laufende und das folgende Miethjahr. Maßgebend ist in dieser Hinsicht der Zeitpunkt der Geltendmachung des Pfandrechts, vgl. § 13 Z.V.G. Im Konkurs ist das Pfandrecht hinsichtlich der früheren Zeit auf das letzte Jahr vor der Eröffnung des Verfahrens beschränkt. Ist der Konkurs am 3. Mai 1903 eröffnet, so beschränkt sich demnach das Pfandrecht für die Zeit vor der Eröffnung auf den Miethzins, der für die Zeit vom 3. Mai 1902 zu zahlen ist, auch wenn für den Lauf des Miethjahrs eine andere Zeit (z. B. vom 1. April an) gilt.

b) Das Pfandrecht des Verpächters.

Auf die Pacht finden nach § 581 Abs. 2 B.G.B. die Vorschriften über die Miethe, also auch der § 559, entsprechende Anwendung, soweit sich nicht aus den §§ 582—597 ein Anderes ergiebt. Und nach § 585 „kann das Pfandrecht des Verpächters eines landwirthschaftlichen Grundstücks für den gesammten Pachtzins geltend gemacht werden und unterliegt nicht der im § 563 bestimmten Beschränkung. Es erstreckt sich auf die Früchte des Grundstücks, sowie auf die nach § 715 Nr. 5 (jetzt § 811 Nr. 4) der C.P.O. der Pfändung nicht unterworfenen Sachen."

Durch die Miethe wird dem Miether der Gebrauch, durch die Pacht der Gebrauch und der Fruchtgenuß des Vertragsobjekts überlassen. Ist ein dem Fruchtgenuß dienendes neben einem nur zum Gebrauch bestimmten Objekt Gegenstand des Vertrags (z. B. ein Haus nebst Garten), so ist der Vertrag hinsichtlich des einen Objekts nach den Grundsätzen des Mieth-, hinsichtlich des andern nach den Grundsätzen des Pachtvertrags zu beurtheilen. Der Pachtvertrag kann sich im Gegensatz zum Miethvertrag, der sich auf ein Grundstück und auf Wohn- und andere Räume beschränkt, über einen Gegenstand jeder Art, also auch über ein Recht erhalten; für das Pfandrecht kommt dieser Unterschied aber nicht in Betracht, weil das Absonderungsrecht für die Früchte nur die Erzeugnisse eines Grundstücks belastet, § 585 B.G.B.

Auf das Pfandrecht des Verpächters an den eingebrachten Sachen des Pächters kommen die Grundsätze über das Absonderungsrecht des Vermiethers unbeschränkt zur Anwendung. Auf das Pfandrecht des Verpächters eines landwirthschaftlichen Grundstücks, d. h. eines Grundstücks, welches den Zwecken der Landwirthschaft zum Ackerbau, zur Obstkultur, zur Viehzucht dient, ohne Rücksicht auf die Größe, R.G. vom 15. Oktober 1897 im Arch. f. Strafrecht, Bd. 47 S. 437 (im Gegensatz zum Landgut), gelten dieselben Grundsätze, jedoch mit folgenden Abweichungen:

Das Pfandrecht wegen des Pachtzinses unterliegt weder für die Zeit vor, noch für die Zeit nach der Eröffnung des Verfahrens einer Beschränkung. Es erstreckt sich außer auf die landwirthschaftlichen Gegenstände auch auf die Früchte des Grundstücks und steht hinter dem Pfändungspfandrecht auch in Ansehung der Rückstände nicht zurück, welche für eine frühere Zeit als das letzte Jahr vor der Pfändung zu zahlen sind. Das Pfandrecht erstreckt sich nicht blos auf die getrennten, sondern auch auf die ungetrennten Früchte und entsteht daher schon in dem Zeitpunkt, in welchem die Frucht zu wachsen beginnt. Zwar ist die ungetrennte Frucht ein wesentlicher Bestandtheil des Grundstücks, § 94 B.G.B., und nach § 93 B.G.B. können wesentliche Bestandtheile einer Sache nicht Gegenstand besonderer Rechte sein. In diesem Falle ist jedoch eine Ausnahme zu machen, weil die stehenden Früchte der Pfändung unterliegen, §§ 810, 813 C.P.O. und weil der § 585 B.G.B. keinen Unterschied zwischen stehenden und getrennten Früchten macht, vgl. Wolff, Absonderungsrecht S. 423.

Während die Illaten des Unterpächters der Pfandhaftung des ersten Verpächters nicht unterliegen, sind derselben die Früchte unterworfen und zwar auch für den Pachtzins, den der erste Pächter schuldet, denn das Gesetz unterwirft die Früchte des Grundstücks dem Pfandrecht, ohne zu unterscheiden, wem die Fruchtziehung zusteht. Da auch dem Unterverpächter ein Pfandrecht an den Früchten für den ihm schuldigen Pachtzins zusteht, so sind die Früchte doppelt belastet, aber das Pfandrecht des Verpächters hat den Vorrang vor dem seines Pächters, weil durch die Disposition des letztern das Recht seines Verpächters nicht beeinträchtigt werden kann.

c) Das Pfandrecht des Pächters. Nach § 590 B.G.B. „steht dem Pächter eines Grundstücks für die Forderungen gegen den Verpächter, die sich auf das mitgepachtete Inventar beziehen, ein Pfandrecht an den in seinen Besitz gelangten Inventarstücken zu. Auf das Pfandrecht findet die Vorschrift des § 562 Anwendung.“

Das Pfandrecht steht dem Pächter für die Forderungen zu, die er aus dem Pachtverhältnisse gegen den Verpächter hat. In dieser Beziehung kommt das unter a Gesagte auch hier in Betracht, doch gehört in diesem Falle der Anspruch auf Rückgabe einer Pachtkaution zu den Ansprüchen aus dem Pachtverhältniß. Dazu gehören ferner die Ansprüche aus den §§ 589, 592 B.G.B., sowie die Forderungen wegen der Verwendungen, die der Pächter nicht nach § 582 selbst zu tragen hat.

Die Inventarstücke sind die dem wirthschaftlichen Zwecke des Grundstücks dienenden Zubehörstücke, §§ 97, 98² B.G.B., welche dem Pächter zur Benutzung übergeben sind. Daß dieselben dem Verpächter gehören, fordert das Gesetz nicht, das Pfandrecht entsteht daher an den dem Verpächter nicht gehörenden Sachen unter den Voraussetzungen der Anm. 2.

Das Pfandrecht an einem Inventarstück setzt voraus, daß das letztere in den Besitz des Pächters, also in seine thatsächliche Gewalt, die er auch durch einen Dritten ausüben kann, gelangt ist, die Fortdauer des Pfandrechts bedingt aber die Fortdauer des Besitzes ebensowenig, wie es die Fortdauer des rechtsgeschäftlichen Pfandrechts thut, aber wie dieses erlischt es, wenn der Pächter die Sache dem Verpächter zurückgiebt, Anm. 6 zu § 48, Anm. 2 zu § 49.

Das Pfandrecht besteht an allen Inventarstücken, auch wenn deren Werth die Forderung erheblich übersteigt, doch kann der Verpächter jedes einzelne Inventarstück durch Hinterlegung einer seinem Werth entsprechenden Summe von dem Pfandrecht entlasten, § 590 Abs. 2 B.G.B..

d) Pfandrecht des Gastwirths. Nach § 704 B.G.B. „hat der Gastwirth für seine Forderungen für Wohnung und andere dem Gaste zur Befriedigung seiner Bedürfnisse gewährten Leistungen, mit Einschluß der Auslagen, ein Pfandrecht an den eingebrachten Sachen des Gastes. Die für das Pfandrecht des Vermiethers geltenden Vorschriften des § 559 Satz 3 und der §§ 560 bis 563 finden entsprechende Anwendung.“

Das Pfandrecht bestimmt sich nach den Grundsätzen über das Pfandrecht des Vermiethers mit den Abweichungen, daß es nicht blos für die Wohnung, sondern auch für Bewirthung, für Besorgung der Wäsche, für Auslagen, also auch für Darlehne, begründet ist und daß eine dem § 559 Abs. 2 entsprechende zeitliche Beschränkung nicht besteht.

Gastwirth ist derjenige, welcher Andere gewerbsmäßig zur Beherbergung aufnimmt, § 701 B.G.B., auch wenn ihm eine polizeiliche Konzession nicht ertheilt ist, auch der Inhaber eines Hotel Garni, nicht aber ein bloßer Schenkwirth oder Restaurateur.

Das Pfandrecht besteht nur an den dem Gast selbst gehörenden Sachen, nachdem sie derselbe eingebracht hat. Eingebracht sind sie nach § 701 Abs. 2 B.G.B. dann, wenn der Gast sie dem Gastwirth oder dessen Leuten, die zu ihrer Entgegennahme bestellt sind, übergeben oder an einen ihm von ihnen angewiesenen Ort oder in Ermangelung einer Anweisung an den hierzu bestimmten Ort gebracht hat.

e) Das Pfandrecht des Unternehmers. Nach § 647 B.G.B. „hat der Unternehmer für seine Forderungen aus dem Vertrag ein Pfandrecht an den von ihm hergestellten oder ausgebesserten beweglichen Sachen des Bestellers, wenn sie bei der Herstellung oder zum Zwecke der Ausbesserung in seinen Besitz gelangt sind."

Unternehmer ist nicht blos, wie nach der bisherigen Nr. 6, der Künstler, Werkmeister, Handwerker oder Arbeiter, sondern jeder, welcher die Ausführung eines Werks, die Herbeiführung eines Erfolgs übernommen hat, § 631 B.G.B., vgl. die Anm. 3 zu § 23; das Rechtsverhältniß ist die locatio conductio operis, nicht operarum.

Die Pfandforderung ist an den hergestellten oder ausgebesserten körperlichen Sachen begründet. Mit der Anfertigung oder Verbesserung muß daher begonnen sein, wenn das Pfandrecht entstehen soll. Dieses rangirt daher nicht schon mit der Uebergabe der Sache an den Unternehmer, sondern erst nachdem der Vertrag geschlossen, die Uebergabe erfolgt und die Verbesserung oder Anfertigung angefangen ist. Ob der Besteller durch die Arbeit einen Vortheil erlangt hat und ob der vorhanden gewesene Vortheil zur Zeit der Konkurseröffnung noch vorhanden ist, ist unerheblich.

Gegenstand des Pfandrechts sind nur körperliche bewegliche Sachen, die dem Besteller gehören. Gehört die Sache dem Unternehmer, so hat er ein Aussonderungsrecht. (Wegen der Rechte des Bestellers an unbeweglichen Sachen s. § 648 B.G.B.)

Die Sache muß in den Besitz des Unternehmers gelangt sein, die Fortdauer des Besitzes ist zur Fortdauer des Absonderungsrechts nicht erforderlich, doch erlischt es mit der Uebergabe an den Pfandschuldner, Anm. 6 zu § 48, Anm. 2 zu § 49.

Die Entstehung des Pfandrechts setzt die Konnexität des Vertrags sowohl mit der Herstellung oder Anfertigung, als auch mit dem Besitz der Sache voraus, diese muß „bei der Herstellung oder zum Zweck der Ausbesserung in den Besitz" des Unternehmers gelangt sein. Das Pfandrecht besteht daher nicht, wenn der Besteller die ihm übergebene Sache zum Zweck der Beförderung an einen Dritten zurückgiebt. Wegen der Konnexität des Absonderungsrechts mit dem Arbeitsvertrage sind nur diejenigen Forderungen des Unternehmers absonderungsberechtigt, welche diesem aus dem Vertrage zustehen, nicht aber die Forderungen, welche Dritte, z. B. Arbeiter des Unternehmers, erwerben, doch kann für sie nach Nr. 3 ein Absonderungsrecht aus der nützlichen Verwendung begründet werden. Dagegen haftet die Sache dem Unternehmer auch für die Forderungen seiner Arbeiter, deren Ansprüche für ihn dem Besteller gegenüber als Forderungen für Auslagen anzusehen sind.

f) Die Pfandrechte des Handelsgesetzbuchs:

α) Das Pfandrecht des Kommissionärs, § 397 H.G.B.,

β) des Spediteurs, § 410 H.G.B.,

γ) des Lagerhalters, § 421 H.G.B.,

δ) des Frachtführers, § 440 H.G.B.

Wegen der Rangordnung der Pfandrechte unter α—δ s. § 443 H.G.B.

ε) Das Pfandrecht des Verfrachters im Seehandel gegenüber dem Empfänger, dem Befrachter und dem Reisenden, §§ 623, 624, 627, 674 H.G.B.,

ζ) der sonstigen Schiffsgläubiger an einem nicht in das Schiffsregister eingetragenen Schiff, §§ 754—777 H.G.B.

g) Das Pfandrecht der §§ 20, 21 der Strandungsordnung vom 17. Mai 1874 wegen des Bergelohns außerhalb der Seenoth.

h) Das Pfandrecht des Verfrachters bei der Binnenschifffahrt, sowie der Schiffsgläubiger an einem nicht in das Schiffsregister eingetragenen Schiff der Binnenschifffahrt, §§ 26, 102—116 des R.Ges. vom 15. Juni 1895 in der Fassung vom 20. Mai 1898.

i) Das Pfandrecht an einem Floß wegen Beschädigungen und wegen der Bergungs- und Hülfskosten, §§ 22, 28 des Ges. vom 15. Juni 1895, betreffend die privatrechtlichen Verhältnisse der Flößerei; wegen des Ranges der Pfandrechte s. § 29.

k) Das Pfändungspfandrecht.

> „Durch die Pfändung erwirbt der Gläubiger" nach § 804 C.P.O. „ein Pfandrecht an dem gepfändeten Gegenstande."
>
> „Das Pfandrecht gewährt dem Gläubiger im Verhältniß zu andern Gläubigern dieselben Rechte wie ein durch Vertrag erworbenes Faustpfandrecht.
>
> Das durch eine frühere Pfändung begründete Pfandrecht geht demjenigen vor, welches durch eine spätere Pfändung begründet wird."

Die Pfändung körperlicher beweglicher Sachen wird dadurch bewirkt, daß der Gerichtsvollzieher sie in Besitz nimmt oder die Pfändung durch die Anlegung von Siegeln oder auf sonstige Weise ersichtlich macht, § 808 C.P.O.; die Fortdauer der Kenntlichmachung hat das R.G. bisher in ständiger Judikatur zur Fortdauer des Pfändungspfandrechts für erforderlich gehalten, da aber jetzt das rechtsgeschäftliche Pfandrecht von der Fortdauer des Besitzes nicht mehr abhängig ist, Anm. 6 zu § 48, und das gesetzliche Pfandrecht demselben gleichgestellt ist, Anm. 2 zu § 49, wird auch die Fortdauer des Pfändungspfandrechts nicht dadurch berührt, daß die Siegel ohne Willen des Gläubigers entfernt werden, denn die Kenntlichmachung vertritt die Besitznahme durch den Gerichtsvollzieher.

Die Pfändung von Forderungen und anderer Rechte erfolgt nach §§ 829—833, 846—848, 857—859 C.P.O.

Die Pfändung ist in allen Fällen nur rechtswirksam, wenn sie unter den gesetzlichen Voraussetzungen erfolgt, insbesondere unter den gesetzlichen Voraussetzungen des Vollstreckungstitels, der Vollstreckungsklausel und der Zustellung, s. darüber Anm. 6 zu § 14. Die Pfändung erfolgt auf Grund eines Vollstreckungstitels oder zur Vollziehung eines Arrestes, § 928 C.P.O. Durch Vollziehung einer einstweiligen Verfügung wird ein Pfändungspfandrecht, sofern die Ausführung nicht in der Eintragung im Grundbuch geschieht, nicht begründet, ebensowenig durch Anordnung und Ausführung einer Sequestration, Wolff, Absonderungsrecht S. 475, 476.

Das Pfandrecht an einer Forderung oder einem andern Vermögensrecht kann dagegen durch die Benachrichtigung des Gläubigers nach § 845 C.P.O. begründet werden, wenn die nachfolgende Pfändung durch das Gericht vor der Konkurseröffnung erfolgt ist.

Im Strafverfahren wird durch die Beschlagnahme auf Grund der §§ 325, 326 St.P.O. ein Pfandrecht des Fiskus für seinen Anspruch wegen der Strafe und der Kosten begründet.

Wie im Civilprozeß wird in Preußen auch im Verwaltungszwangsverfahren ein Pfändungspfandrecht nach Maßgabe der V.O. vom 15. November 1899, betr. das Verwaltungszwangsverfahren wegen Beitreibung von Geldbeträgen, begründet.

In Preußen ist ferner die Pfändung mit der Wirkung der Entstehung eines Pfandrechts auf Grund des durch Art. 89 E.G. z. B.G.B. aufrecht erhaltenen Feld- und Forstpolizeigesetzes vom 1. April 1880 zulässig, wogegen die Vorschriften der §§ 413 ff. A.L.R. I, 14 über die Pfändungen durch Art. 87 des Preuß. Ausf.Ges. vom 20. September 1899 aufgehoben sind.

6. Nr. 3. Der Anspruch auf Bereicherung ist nach § 812 B.G.B. Demjenigen gegeben, „auf dessen Kosten etwas“ in das Vermögen eines andern gelangt ist, das Absonderungsrecht der Nr. 3 setzt nicht die Bereicherung des Vermögens, sondern setzt voraus, daß etwas zum Nutzen einer Sache verwendet ist. Der Bevollmächtigte, der für den Geschäftsherrn eine diesem gehörige Sache zurückerwirbt, hat dessen Vermögen verbessert, aber seine Auslagen, die er zum Zweck des Rückerwerbs gemacht hat, sind nicht zum Nutzen der Sache, die trotz derselben unverändert und nicht verbessert ist, sondern nur zum Nutzen des Vermögens des Geschäftsherrn gemacht; ihm steht daher ein Absonderungsrecht wegen dieser Auslagen nicht zu, und das Retentionsrecht, das er außerhalb des Konkurses geltend machen kann, ist ihm im Konkurs genommen, Anm. 3 zu § 12.

Das Konkursrecht beschränkt aber andererseits die Verwendungsforderungen nicht auf solche Ansprüche, die ohne einen zwischen den Parteien bestehenden Vertrag aus der bloßen Bereicherung entstehen, sondern versteht unter den durch das Absonderungsrecht gesicherten Ansprüchen die Forderungen für jede Verwendung, mag dieselbe auf Grund eines Vertrags oder ohne einen solchen gemacht sein, wenn sie nach Civilrecht auch nicht aus dem Gesichtspunkt der Bereicherung, sondern auf einer andern rechtlichen Grundlage eine Forderung erzeugt. Eine Forderung muß aber nach Civilrecht gegeben sein, denn das Absonderungsrecht ist nicht für die Verwendung, sondern nur für die Forderung wegen der Verwendung, „wegen des Betrags der Forderung aus der Verwendung“ gewährt. Andererseits ist aber nicht erforderlich, daß der Anspruch den Charakter einer Konkursforderung hat, denn nur das qualifizirte Absonderungsrecht, vgl. § 64, ist mit einer persönlichen Forderung gegen den Kridar verbunden, das einfache Absonderungsrecht, Vorbem. vor § 47 Anm. 2b, besteht ohne einen solchen Anspruch.

Hiernach ist das Absonderungsrecht wegen nützlicher Verwendung begründet

a) in den Fällen des § 273 Abs. 2 B.G.B., in denen die Verwendung zum Nutzen der Sache die actio contraria erzeugt, z. B. im Fall der Miethe einer beweglichen Sache, des Rücktritts von einem Vertrage, des Kaufs, des Wiederkaufs, der Leihe, des Nießbrauchs, des Pfandvertrags, der Erbsubstitution, des Erbschaftskaufs, §§ 547, 347, 450, 500, 606, 1049, 1210, 2124, 2381 B.G.B.

b) Im Fall der Verwendung Seitens des Besitzers, welcher den Besitz nicht auf ein Schuldverhältniß zurückführt. Der Besitzer hat nach § 994 B.G.B. wegen der Verwendungen einen Anspruch auf Ersatz. Zur Durchführung dieses Anspruchs hat er, wenn er die Sache nicht durch eine vorsätzlich begangene unerlaubte Handlung erlangt, so wie nach gemeinem und preußischem Recht, ein Zurückhaltungsrecht, § 1000 B.G.B. Aber auf dieses Recht, welches ihn zur Absonderung nicht berechtigen würde, ist er nicht beschränkt, vielmehr ist ihm im § 1003 B.G.B. das Recht gegeben, Befriedigung aus der Sache nach den Vorschriften über den Pfandverkauf zu suchen. Dies Recht auf Befriedigung aus der Sache ist das Absonderungsrecht. Erkennt der Eigenthümer den Ersatzanspruch an, so wird der Anspruch zu einer persönlichen Forderung, § 1001 B.G.B., welcher das Absonderungsrecht fehlt, weil dieses nur für den Fall gegeben ist, daß der Eigenthümer den Ersatzanspruch nicht anerkennt, § 1003 B.G.B. Die durch die Anerkennung entstandene Forderung ist eine Konkursforderung, wenn die Anerkennung vor der Konkurseröffnung, dagegen eine, durch die Handlung des Verwalters begründete Masseforderung, § 59[1], wenn die Anerkennung nach diesem Zeitpunkt erfolgt. Ist die Anerkennung vor der Eröffnung des Verfahrens erfolgt, so fehlt dem Anspruch das Rententionsrecht, weil ein Konkursgläubiger dasselbe nicht geltend machen kann, Anm. 3 zu § 12. Dasselbe gilt im Fall der Entziehung des Besitzes durch eine unerlaubte, nicht vorsätzlich verübte Handlung, § 849 B.G.B., im Fall des Erbschaftsbesitzes, § 2022 B.G.B., und im Fall der vom Beschwerten auf eine spezielle, vermachte Sache vorgenommenen Aufwendungen, § 2185 B.G.B.

Das Absonderungsrecht entsteht vom Augenblick der Verwendung an und ist daher begründet, auch wenn der Gläubiger die Absicht der Retention der in seinem Gewahrsam befindlichen Sache vor der Konkurseröffnung nicht zu erkennen gegeben hat, Endemann § 56.

Es besteht aber nur soweit, als aus der Verwendung ein Vortheil noch vorhanden ist, soweit der Werth der Sache durch die Leistung des Verwenders höher als vorher ist; in dieser Beziehung ist der Zeitpunkt der Konkurseröffnung maßgebend, weil dieser Zeitpunkt für die Konstituirung der Aktiv- und Passivmasse entscheidend ist, v. Wilmowski Anm. 10, a. M. v. Völderndorff und Willenbücher, welche den Zeitpunkt der Geltendmachung des Absonderungsrechts für maßgebend halten. Das Absonderungsrecht besteht daher auch bezüglich desjenigen Theils der Verwendung, dessen Vortheil nach der Konkurseröffnung wieder verloren gegangen ist, und besteht andererseits, wenn der durch die Verwendung geschaffene Vortheil sich nach der Konkurseröffnung, z. B. durch Preissteigerung, erhöht, nur in Höhe des zur Zeit der Eröffnung des Verfahrens vorhandenen Vortheils.

Die Verwendung kann durch die Hingabe eines Vermögensgegenstands, sie kann auch durch eine Thätigkeit des Besitzers bewirkt werden, vgl. Obertr. 15, 206; 46, 248 in Strieth. Arch. 14, 58; 41, 65. Denn das Gesetz bezeichnet den verwendeten Gegenstand nur als „etwas" und darunter können auch Handlungen verstanden werden. Die Verwendung kann durch die Herstellung einer Sache aus einer andern, durch die Ausbesserung, Verbesserung oder Vergrößerung, sie kann auch durch die den Untergang oder eine Beschädigung abwendende Handlung, z. B. durch Fütterung eines Thiers, vorgenommen werden, Obertr. 40, 124; 46, 368, in Strieth. Arch. 41, 65; 50, 283. Der Besitzer kann auch für die Aufwendungen eines Vorbesitzers, dessen Rechtsnachfolger er geworden ist, das Absonderungsrecht in Anspruch nehmen, ebenso für die Verwendungen, die gemacht sind, bevor der Gemeinschuldner Eigenthümer der Sache geworden war, § 999 B.G.B.

Das Absonderungsrecht besteht nur an der zurückbehaltenen Sache, der Verwender muß daher zur Zeit der Konkurseröffnung den Besitz der Sache haben. Giebt ihm aber der Verwalter die Sache auf Grund des § 1001 B.G.B. zurück, um den persönlichen Anspruch abzuwenden, so lebt das Absonderungsrecht wieder auf.

7. Nr. 4. **Zurückbehaltungsrechte**, welche außerhalb des Konkurses nicht mit einem Pfandrecht verbunden sind, sind

a) das Recht des Seeversicherungsnehmers, welches dieser wegen der gegen den Versicherer in Bezug auf den versicherten Gegenstand ihm zustehenden Ansprüche nach § 888 H.G.B. an der Polize, an der gegen den Versicherer begründeten Forderung, und an den eingezogenen Versicherungsgeldern gegen den Versicherten hat,

b) das allgemeine Retentionsrecht, ein Ueberbleibsel, aber auch eine Erweiterung des Gordianischen Privilegs, welches einem Kaufmann gegen einen andern Kaufmann aus den zwischen ihnen geschlossenen beiderseitigen Handelsgeschäften nach §§ 369—372 H.G.B. zusteht.

Beide Rechte sind zu Absonderungsrechten gesteigert, wie ihnen auch in den §§ 888, 371 H.G.B. das Recht der Befriedigung aus dem zurückbehaltenen Gegenstande hinzugefügt war. Diese Befriedigung erfolgt aber nur auf Grund eines Vollstreckungstitels; insoweit besteht, aus der Natur des Retentionsrechts folgend, ein materieller Unterschied mit dem gesetzlichen Pfandrecht des H.G.B.

Das allgemeine Zurückbehaltungsrecht besteht in dem Augenblick, in welchem der Besitz des Gegenstands von dem Gläubiger erlangt und die Forderung begründet ist. Die Entstehung des Rechts erfolgt aber nicht vor der Fälligkeit der Forderung, sofern nicht ein Fall des § 370 H.G.B. vorliegt, in welchem das Retentionsrecht vor der Fälligkeit durch die Geltendmachung entsteht. Die Ausübung des Retentionsrechts, d. h. die Erklärung des Gläubigers, daß er retiniren wolle oder die Weigerung der Herausgabe, ist zum Erwerb des Zurückbehaltungsrechts nicht erforderlich. Die eigentliche Rentention entsteht zwar erst durch die Ausübung des Zurückbehaltungsrechts, aber das Retentions*recht*, d. h. die Befugniß, die Sache zurückzubehalten, die Retention an ihr auszuüben, muß vor der Ausübung schon begründet sein, weil diese nur ein Ausfluß des Zurückbehaltungsrechts ist. Das Absonderungsrecht ist daher für den Konkurs auch dann begründet, wenn vor der Eröffnung des Verfahrens vom Gläubiger weder eine Erklärung, retiniren zu wollen, abgegeben, noch die Herausgabe der Sache verweigert ist.

Der Kaufmann hat das allgemeine Zurückbehaltungsrecht an den beweglichen Sachen und Werthpapieren nur dann, wenn er sie noch im Besitz hat, insbesondere mittels Konnossaments, Ladescheins oder Lagerscheins darüber verfügen kann, der Erwerb des Rechts kann daher nicht geltend gemacht werden, wenn der Gläubiger zur Zeit der Konkurseröffnung den Besitz nicht mehr hat.

§. 50. (42.)

Wer nach der Eröffnung des Konkursverfahrens oder mit Kenntniß des Eröffnungsantrages oder der Zahlungseinstellung eine Konkursforderung dem im Auslande wohnenden Inhaber eines zur Konkursmasse gehörigen Gegenstandes oder in der Absicht, daß dieser die Forderung erwerbe, einer Mittelsperson abtritt, ist verpflichtet, zur Konkursmasse den Betrag zu ersetzen, welcher derselben dadurch entgeht, daß der Inhaber für die Forderung nach dem Rechte des Auslandes entgegen den Bestimmungen dieses Gesetzes ein Absonderungsrecht an dem Gegenstande ausübt. Die Vorschrift des §. 33 findet entsprechende Anwendung.

M. I 220, 221; P. I 45, 150; M. II —; P. II —.

1. Durch den Uebergang eines Konkursanspruchs tritt an sich keine Benachtheiligung der Konkursmasse ein, nur ist die Anfechtung behindert, wenn nicht ein Fall des § 40 vorliegt. Durch den Uebergang der Forderung kann auch dem neuen Erwerber kein Absonderungsrecht entstehen, wenn der Uebergang nach der Konkurseröffnung erfolgt, § 15, und die Entstehung des Absonderungsrechts kann angefochten werden, wenn der Uebergang zwar vor der Konkurseröffnung geschieht, aber ein Anfechtungsgrund gegeben ist. In dieser Beziehung soll eine Ausnahme stattfinden, wenn ein Absonderungsrecht nach dem Recht des Auslandes entstehen kann. Um die Gleichheit der Gläubiger nicht durch willkürliche Handlungen eines derselben durchbrechen zu lassen, welcher seiner Forderung durch Abtretung an einen im Auslande wohnenden Erwerber ein wirksameres Recht beilegt, verpflichtet der § 50 den Zedenten zum Schadensersatz.

2. Da das Gesetz die Zession des § 50 als eine zum Schadensersatz verpflichtende Handlung erklärt, der Schadensersatz aber stets die Folge einer Rechtsverletzung ist, betrachtet er die Abtretung als eine unerlaubte Handlung. Deshalb ist als Gerichtsstand für die Ersatzklage nicht nur das Gericht des allgemeinen Wohnsitzes des Zedenten, sondern auch dasjenige Gericht zuständig, in dessen Bezirk die Zession vorgenommen ist, § 32 C.P.O. Der Zessionar haftet als Theilnehmer solidarisch mit dem Zedenten §§ 830, 840 B.G.B. Der Zedent muß vorsätzlich oder fahrlässig gehandelt haben, § 823 B.G.B. (in den M. I S. 221 ist gesagt: „Der Gläubiger darf sie [die par conditio] wissentlich nicht verletzen"), seine Hapftpflicht setzt voraus, daß er den Thatbestand des § 50 kannte oder ihn kennen mußte; den Thatbestand kannte er, wenn er wußte oder wissen mußte, daß der Erwerber zur Zeit der Abtretung im Auslande wohnte, auch wenn ihm nicht bekannt war, daß derselbe einen Gegenstand der Konkursmasse besaß. Der Zedent, wie auch der Zessionar können dem Schadensanspruch die Einwendung des § 254 B.G.B. entgegensetzen, daß den Verwalter ein Verschulden durch Unterlassung der Abwendung des Schadens treffe, wenn derselbe z. B. die Erwirkung einer einstweiligen Verfügung zu einer Zeit versäumte, in welcher sich der Massegegenstand im Inlande befand.

3. Auf Grund seiner Ersatzpflicht hat der Zedent durch Rückgängigmachung der Zession den früheren Zustand wieder herzustellen, § 249 B.G.B., wenn der Verwalter die Entschädigung nicht in Geld verlangt, § 250, oder der Zedent zur Wiederherstellung des früheren Zustandes überhaupt außer Stande oder nicht ohne unverhältnißmäßige Aufwendungen im Stande ist, § 251. Die Höhe des in Geld geforderten Schadens bestimmt sich durch den Werth des Gegenstands abzüglich desjenigen Betrages, welcher dem Zedenten als Konkursdividende zufallen würde. Da die Höhe der Konkursdividende erst bei der Beendigung des Konkurses feststeht, so wird vielfach angenommen, daß der Verwalter nur den Werth des Gegenstandes zu beweisen habe, wogegen es dem Gegner überlassen bleibe, die voraussichtliche Höhe der Konkursdividende nachzuweisen; Petersen und Kleinfeller nehmen an, daß nur die feststehende Dividende in Abzug kommt, im Uebrigen aber dem Gegner eine Masseforderung vorzubehalten sei. Dies ist jedoch nicht richtig, die Beweislast wird durch die Schwierigkeit der Beweisführung nicht geändert, der Verwalter bleibt beweispflichtig, aber das Gericht, dessen freie Ueberzeugung für die Beweiswürdigung schon durch den § 286 C.P.O.

begründet ist, entscheidet nach § 287 C.P.O. über die Höhe des Schadens nach freiem Ermessen unter Würdigung aller Umstände, geeigneten Falls kann es dem Verwalter einen Schätzungseid über die voraussichtliche Höhe der Dividende auferlegen, Wolff, Absonderungsrecht § 39, so jetzt auch v. Wilmowski Anm. 3.

4. Zur Klage ist, wie unbestritten, nur der Verwalter legitimirt, weil er allein die Rechte der Konkursmasse wahrzunehmen hat.

5. Der Zessionar muß der im Auslande wohnende Inhaber eines zur Konkursmasse gehörigen Gegenstands sein. Ob er Reichsangehöriger ist oder nicht, kommt nicht in Betracht, wenn er nur im Auslande wohnt. Hat er mehrere Wohnsitze innerhalb und außerhalb Deutschlands, § 7 Abs. 2 B.G.B., so kommt der § 50 zur Anwendung, denn der Zessionar wohnt im Auslande, wenn er auch außerdem im Inlande wohnt.

Zum Reichsgebiet gehören auch die Schutzgebiete, nicht aber die Konsulargebiete, R.Ges. vom 10. Juli 1879, R.Ges. vom 5. Juni 1886, 13. Septbr. 1886, 18. Nov. 1887, 21. Dez. 1887, 19. März 1888, 7. Febr. 1890, 10. Aug. 1890, 1. Januar 1891, 27. April 1898. Zum Inland gehört ein solches Gebiet nicht, welches unter Verwaltung eines deutschen und eines anderen Staates steht. Daher ist der s. g. neutrale Staat Moresnet (Art. 17 des zwischen Preußen und den Niederlanden — jetzt Belgien — abgeschlossenen Staatsvertrages vom 26. Juni 1816, Ges.S. 1818 Anh. S. 84) ein ausländischer Staat, Binding, Handbuch des Strafrechts S. 407 Anm. 5, Oppenhoff, Kommentar zum Strafges. Anm. 3 zu § 1 des Einf.-Ges. z. St.G.B., a. M. Olshausen Kommentar Anm. 2 zu § 8 St.G.B.

6. Die Zession braucht nicht an die im Auslande wohnende Person unmittelbar geschehen sein, sie kann auch durch eine Mittelsperson, mag diese im Ausland oder im Inland wohnen, sie kann auch durch mehrere Mittelspersonen bewirkt sein. Die Abtretung begründet in diesem Fall den Schadensersatzanspruch aber nur dann, wenn die Mittelsperson die Forderung an den im Ausland wohnenden Inhaber des Konkursgegenstands abtritt, dieser ein Absonderungsrecht geltend macht und der Zedent bei der Abtretung an die Mittelsperson die Absicht oder auch nur das Bewußtsein hatte, daß die im Auslande wohnende Person die Forderung erwerbe.

Die Mittelsperson haftet dann mit dem Zedenten und dem Zessionar solidarisch, §§ 830, 840 B.G.B., M. I S. 221.

7. Wo sich der Konkursgegenstand befindet, ob im In- oder Auslande, ist gleichgiltig.

8. Der Uebergang der Forderung setzt in der Regel eine Singularsukzession voraus, ohne Rücksicht auf die Art des Rechtsgrundes, der im Kauf, in einer Schenkung, in der Ausstattung 2c. bestehen kann. Der Uebergang durch Universalsukzession bewirkt aber ebenfalls eine Abtretung der Forderung, wenn die Rechtsnachfolge unter Lebenden, z. B. durch Vertrag über das gesammte Vermögen, § 419 B.G.B., erfolgt (s. die übrigen Fälle der Universalsukzession unter Lebenden in Anm. 6 zu § 40), denn in diesem Falle ist sowohl das übrige Vermögen, als auch die Konkursforderung übertragen. Dasselbe gilt von der Testamenterbfolge, wenn die Forderung der Gegenstand eines Legats ist, in diesem Fall ist der Erbe als der Rechtsnachfolger des Erblassers aus § 50 verpflichtet. Der § 50 kommt auch dann zur Anwendung, wenn die Forderung bei der Erbtheilung dem im Ausland wohnenden Miterben überwiesen ist, denn da der Miterbe ein Miteigenthum nur an dem gesammten Nachlaß, nicht an den einzelnen Nachlaßgegenständen hat, §§ 2032, 2033 B.G.B., so erwirbt

er die Forderung durch die Ueberweisung (Theilung), die Miterben tragen daher die Verantwortlichkeit des Zedenten des § 50.

9. Der § 50 setzt voraus, daß dem Zessionar nach dem Recht des Auslands entgegen den Bestimmungen der K.O. ein Absonderungsrecht an dem Konkursgegenstand zusteht. Gewährt das ausländische Recht kein Absonderungsrecht, macht aber der Erwerber ein solches Recht trotzdem geltend, so ist der Anspruch gegen den Zedenten auf Grund des § 50 nicht begründet, der Zedent kann nur in Anspruch genommen werden, wenn er schuldhafter Weise an der unrechtmäßigen Handlung des Erwerbers Theil nimmt.

10. Die Zession muß, wenn das Ersatzrecht begründet sein soll, entweder nach der Konkurseröffnung oder zwar vorher, aber mit Kenntniß der Zahlungseinstellung des Gemeinschuldners oder des Eröffnungsantrags vorgenommen sein. Hierbei ist es gleichgiltig, welche Zeit zwischen dem Eröffnungsantrage oder der Zahlungseinstellung und der Konkurseröffnung liegt, insbesondere kommt die Vorschrift des § 23 nicht zur Anwendung.

Da das Gesetz die Kenntniß der Zahlungseinstellung oder des Eröffnungsantrags verlangt, genügt eine Fahrlässigkeit nicht, welche den Mangel der Kenntniß veranlaßt hat.

11. Die Klage verjährt als Schadensklage in 30 Jahren von der Uebertragung der Forderung, in drei Jahren von der Kenntniß des Verwalters von der Abtretung an, § 852 B.G.B.

§. 51. (44.)

Wer sich mit dem Gemeinschuldner in einem Miteigenthume, in einer Gesellschaft oder in einer anderen Gemeinschaft befindet, kann wegen der auf ein solches Verhältniß sich gründenden Forderungen abgesonderte Befriedigung aus dem bei der Theilung oder sonstigen Auseinandersetzung ermittelten Antheile des Gemeinschuldners verlangen.

M. I 223—225; P. I 45, 46, 150; M. II —; P. II —.

1. Der § 16, welcher die Auseinandersetzung der Gemeinschaften außerhalb des Konkurses stattfinden läßt, giebt den Gemeinschaftsgläubigern, Anm. 5 zu § 16, der § 51 giebt den Gemeinschaftstheilhabern an dem Gegenstand der Gemeinschaft ein Absonderungsrecht. Aber der Gegenstand der beiden Absonderungsrechte ist verschieden: die Gemeinschaftsgläubiger haben ein Separationsrecht an den Gegenständen der Gemeinschaft, die Theilhaber haben ein solches an dem „bei der Theilung oder sonstigen Auseinandersetzung ermittelten Antheil des Gemeinschuldners.“

Die Theilung oder Veräußerung der Gegenstände der Gemeinschaft wird durch das Absonderungsrecht nicht gehindert. Aber an Stelle der veräußerten Gegenstände tritt der Erlös, aus welchem die Gemeinschaftsgläubiger zunächst zu befriedigen sind. Wird der Erlös vor der Konkurseröffnung ohne Befriedigung dieser Gläubiger vertheilt, so geht das Absonderungsrecht verloren, und es verbleibt den Gläubigern nur eine Konkursforderung. Wird die Auseinandersetzung oder Theilung dagegen nach der Konkurseröffnung vorgenommen, so tritt an Stelle des Absonderungsrechts insoweit eine Masseforderung, als in die Konkursmasse mehr gelangt ist, als in dieselbe hätte gelangen können, wenn die Gläubiger befriedigt worden wären, weil zur Konkursmasse nur der Gemeinschaftsantheil des Kridars abzüglich der Gemeinschaftsschulden gehört.

Gegenstand des Absonderungsrechts der Gemeinschaftstheilhaber ist dagegen der Nettoantheil, der nach Abzug der Gemeinschaftsschulden dem Kridar zufällt.

Das Absonderungsrecht der Kommunionsgläubiger ist von amtswegen zu berücksichtigen, das Absonderungsrecht des Gemeinschaftstheilhabers entsteht dagegen nur nach der Eröffnung des Konkurses und erst durch das an den Verwalter gerichtete Verlangen auf Absonderung („kann .. verlangen"). Solange es noch nicht geltend gemacht ist, nimmt der Verwalter die auf den Gemeinschaftsantheil des Kridars fallenden Gegenstände zur Konkursmasse, und der erst später die Absonderung verlangende Gemeinschaftstheilhaber kann den Ersatz der mit der Masse vermischten Gegenstände nicht als Massegläubiger fordern, denn, wenn auch die Masse durch die Einziehung des Vermögensantheils eine Bereicherung erhalten haben mag, so ist diese Bereicherung doch keine rechtlose, § 59[3], da der Verwalter vor der Geltendmachung des Rechts befugt und verpflichtet war, den Kommunionsantheil zur Masse zu nehmen.

Erst durch das Verlangen auf abgesonderte Befriedigung, durch welches das Separationsrecht entsteht, wird für den Verwalter die Verpflichtung zur Absonderung begründet. Was von dem Antheil des Kridars, von der Masse trennbar, noch existirt, wird nunmehr Gegenstand des Separationsrechts, und, wenn der Verwalter nach diesem Zeitpunkte noch Gegenstände veräußert, die zu dem Gemeinschaftsantheil des Kridars gehören, tritt der Erlös an die Stelle des Absonderungsgegenstands, und wenn er den Erlös mit der Konkursmasse ununterscheidbar vermischt, so tritt eine Masseforderung an Stelle des Absonderungsanspruchs. Wird der Antheil überhaupt nicht ermittelt, vom Verwalter aber gleichwohl verwerthet, indem dieser z. B. das Miterbrecht des Kridars für eine bestimmte Summe veräußert, so tritt der für den Antheil erzielte Erlös an die Stelle des Antheils selbst und wird auf Verlangen des Gemeinschaftstheilhabers zum Gegenstand seiner abgesonderten Befriedigung.

2. Die Absonderungsforderung des Gemeinschaftsgenossen muß sich auf das Gemeinschaftsverhältniß beziehen, gleichviel ob sie dinglicher oder obligatorischer Natur ist, v. Wilmowski Anm. 1, Obertr. 52, 431 und in Strieth. Arch. 52, 335, ob sie durch die Thätigkeit oder Leistung des Genossen z. B. durch Zahlung von Vorschüssen, durch Aufwendungen, durch Deckung der Ansprüche Dritter oder durch die Handlung oder Versäumniß des Schuldners entstanden ist. Das Separationsrecht kann aber nicht für solche Ansprüche beansprucht werden, die nicht mit Bezug auf das Gemeinschaftsverhältniß, nicht zum Zweck der Gesellschaft oder eines Gesellschafters als solchen, sondern nur in Veranlassung des Gemeinschaftsverhältnisses entstanden sind. Daher ist die Forderung für ein Darlehn nicht absonderungsberechtigt, welches ein Gesellschafter dem andern giebt, damit dieser nicht in Konkurs gerathe und dadurch die Gesellschaft nicht aufgelöst werde, P. I S. 45, 46, v. Völderndorff zu § 44, denn es ist nicht dem Gesellschafter als solchem, sondern ist ihm für seine persönlichen Verhältnisse gegeben, und die Absicht, die Gesellschaft aufrecht zu erhalten, ist nur der Beweggrund. Ist das Darlehn dagegen zu Zwecken der Gemeinschaft, z. B. dem Miteigenthümer gegeben, damit dieser das gemeinschaftliche Haus repariren lasse, so ist das Absonderungsrecht begründet.

3. Das Absonderungsrecht kann von einem Gemeinschaftsgenossen nur gegen den andern, nicht aber gegen die Gemeinschaft, sofern sie selbstständige Persönlichkeit hat, noch von einer selbstständigen Genossenschaft geltend gemacht werden, vgl. Endemann § 63 S. 386. Denn es steht nach § 51 nur demjenigen zu, welcher „sich mit dem Gemeinschuldner" in einer Vermögensgemeinschaft „befindet", die Gesellschaft als solche mit eigner Persönlichkeit aber befindet sich nicht mit dem Theilnehmer in einer Gemein-

schaft, sondern sie ist die Gemeinschaft, in welcher sich die einzelnen Theilnehmer befinden. Deshalb kann eine Aktiengesellschaft gegen den Kridar, der eine Aktie gezeichnet, aber noch nicht oder nicht vollständig eingezahlt hat, für ihren Anspruch aus der Zeichnung ein Absonderungsrecht nicht geltend machen, R.G. 3, 287, deshalb kann eine Gewerkschaft gegen die einzelner Gewerken wegen rückständiger Zubußen an den Kuxen des Kridars, vgl. R.G. 3, 287, die Genossenschaft gegen den einzelnen Genossen wegen rückständiger Beiträge an seinem Guthaben, R.G. 26, 112 ff. (A. M. Endemann S. 386), die Kommanditaktiengesellschaft rücksichtlich der Komplementäre wegen ihrer Ansprüche gegen dieselben, sowie rücksichtlich der Kommanditisten, ein rechtsfähiger Verein, eine politische Gemeinde, eine Kirchen- oder Schulgemeinde gegen ihre Mitglieder wegen rückständiger Abgaben ein Absonderungsrecht nicht in Anspruch nehmen.

Stellt sich die Gesellschaft dagegen nur nach Außen als juristische Persönlichkeit dar, während sie nach Innen, also im Verhältniß der Gesellschafter unter einander, nur den Gesellschaftscharakter an sich trägt, wie die offene und Kommandit-Handelsgesellschaft, so kann zwar nicht die Gesellschaft als solche, aber es können die einzelnen Gesellschafter gegen einander wegen ihrer Gesellschaftsforderungen das Separationsrecht in Anspruch nehmen.

4. Die Grundlage des Absonderungsrechts bildet jede Gemeinschaft, s. darüber und über die Stellung des Verwalters die Anm. zu § 16. Die stille Gesellschaft kann jedoch nicht zur Grundlage des Absonderungsrechts dienen, Anm. 2b zu § 16.

5. Das Absonderungsrecht besteht nur für den Konkurs und kann daher, mag der Interessent dies Recht geltend gemacht haben oder nicht, nach dem Abschluß des Konkurses nicht mehr verfolgt werden. Nur wenn der Konkurs durch Zwangsvergleich erledigt wird, muß eine Ausnahme zugelassen werden, denn der Akkord äußert seine Wirkungen nur für und gegen die Konkursgläubiger und der Gemeinschaftsinteressent, der sein Absonderungsrecht vor dem Abschluß des Zwangsvergleichs geltend gemacht hat, bleibt daher als Absonderungsberechtigter von dem Akkord unberührt. Hat er das Recht aber nicht vorher geltend gemacht, so kann er es nach dem Zwangsvergleich nicht mehr erwerben, weil er vor der Geltendmachung nicht Absonderungsgläubiger ist und daher von dem Akkord ebenso betroffen wird, wie jeder andere Konkursgläubiger.

Das Absonderungsrecht des Gemeinschaftsinteressenten geht ferner verloren, wenn über die Gemeinschaft des Konkurses eröffnet ist, sofern dieselbe eignes Vermögen besitzen kann. In Folge dieser Konkurseröffnung steht der Gemeinschaftstheilhaber, der das Separationsrecht geltend gemacht hat, in Ansehung des Gemeinschaftsvermögens demjenigen Genossen gleich, der ein Absonderungsrecht nicht geltend gemacht hat.

§. 52. (45.)

Die Befriedigung der Lehen-, Stammguts- oder Familienfideikommiß-Gläubiger erfolgt abgesondert aus dem Lehen, Stammgute oder Familienfideikommisse nach den Vorschriften der Landesgesetze.

M. I 225; P. I 46, 150; M. II —; P. II —.

1. Für diese Rechtsverhältnisse hat die K.O. nicht nur die Beantwortung der Frage, ob und inwieweit den Gläubigern ein Absonderungsrecht zusteht, sondern auch

die Regelung sämmtlicher Vorschriften, also auch derjenigen des Absonderungsrechts den landesgesetzlichen Vorschriften überlassen, § 5 E. I, und ebenso hat der Art. 59 E.G. z. B.G.B. die landesgesetzlichen Vorschriften über Familienfideikommisse und Lehen, mit Einschluß der allodifizirten Lehen, sowie über Stammgüter unberührt gelassen. Die Landesgesetze sind deshalb nicht nur maßgebend, soweit es sich um die abgesonderte Befriedigung aus dem Lehen= rc. Gute, sondern auch soweit es sich um die Frage handelt, ob die Lehens= rc. Gläubiger das Allodialvermögen in Anspruch nehmen können. Soweit aber die Landesgesetze nicht ein Anderes bestimmen, haben diese Gläubiger, wenn sie absonderungsberechtigt sind, die Pflichten, welche nach der K.O. den übrigen Absonderungsgläubigern obliegen, und gelten in Betreff ihrer Befugniß zur Geltendmachung ihrer Ansprüche gegen die Allodialmasse die Vorschriften der K.O. über die Theilnahme der Absonderungsgläubiger an der Konkursmasse.

Gegenstand des Separationsrechts ist, wenn das Lehen= rc. Gut veräußerlich ist oder veräußert werden kann, die Substanz, andern Falls sind es die Nutzungen.

2. Nach §§ 330 ff. A.G.O. I, 50 können in Folge der Konkurseröffnung die Fideikommißinteressenten und Lehensfolger die Trennung des Fideikommiß= bezw. Lehensguts von dem Allodialvermögen des Kridars „gegen Uebernahme der Berichtigung der aus dem Fideikommiß oder Lehen hauptsächlich zu berichtigenden Schulden“ verlangen. Die Trennung erfolgt außerhalb des Konkursverfahrens nach den in den §§ 26 ff. A.G.O. I, 46 vorgeschriebenen Grundsätzen.

Die Lehensgläubiger, welche das Recht haben, ihre Befriedigung aus der Substanz des Lehenguts zu suchen, §§ 331, 332 A.L.R. I, 18, befriedigen sich aus dem Erlös des verkauften Lehens ohne Rücksicht auf die übrigen Lehen= und Allodialgläubiger, § 331 cit. Unter den Lehnforderungen gehen die eingetragenen den übrigen vor, § 326 cit. Die Rangordnung der Lehengläubiger unter sich und mit den Allodialgläubigern, welche berechtigt sind, die Sequestration des nicht verkauften Lehens zu fordern, § 343 cit., wird „nach den Grundsätzen der Konkursordnung bestimmt“, § 336. Die Sequestration, bei welcher dem Kridar die Kompetenz zu gewähren ist, §§ 350ff., darf nicht länger dauern als der Kridar lebt, weil mit seinem Tode das Lehen an den Lehensfolger fällt. Mit dem Tode des Lehensbesitzers tritt die Auseinandersetzung der Allodial= mit der Lehensmasse nach Maßgabe der §§ 580ff., 506ff. A.L.R. I, 18 ein; bei dieser Auseinandersetzung können Forderungen beider Massen gegen einander geltend gemacht werden, sie haben aber nur den Charakter der Konkursforderungen.

Nach ähnlichen Grundsätzen regelt sich in Preußen das Verhältniß der Familienfideikommiß= zu den Allodialgläubigern auf Grund der §§ 105—114, 206 A.L.R. I, 14.

Der Absonderungsgläubiger, welcher zugleich eine persönliche Forderung gegen den Kridar hat, muß im Allgemeinen das Absonderungsrecht prinzipaliter und kann den persönlichen Anspruch nach § 64 K.O. aus der Masse nur eventuell oder subsidiär und zwar nur zu demjenigen Betrage geltend machen, zu welchem er auf abgesonderte Befriedigung verzichtet, oder mit welchem er bei der abgesonderten Befriedigung ausgefallen ist. Für das Lehn= und das Fideikommißrecht gilt in gewissen Fällen ein gleichsam umgekehrtes Absonderungsrecht, welches erst geltend gemacht werden kann, soweit eine Befriedigung aus dem Konkursvermögen nicht erfolgt ist: Nach § 232 A.L.R. I, 18 „gilt im Mangel näherer Bestimmungen die Regel, daß Lehensschulden, welche blos die Person und die Familie des Vasallen betreffen oder zur Tilgung gewisser ihm persönlich obliegender Verbindlichkeiten gemacht sind, vorzüglich aus seinem Allodialvermögen oder =Nachlasse und nur bei dessen Unzulänglichkeit aus den Lehen zu tragen sind." Ebenso ist für die Familienfideikommißgläubiger im § 104 A.L.R. II, 4 bestimmt: „Schulden des Fideikommißstifters, mit welchen er selbst das Fideikommiß bei dessen Errichtung belastet hat oder die aus seinem übrigen Vermögen nicht bezahlt werden können, sind als ursprüngliche, die Substanz angehende Fideikommißschulden anzusehen." Mit Recht bemerken Förster-Eccius Bd. IV § 242 zu § 104, daß für diese Schulden die Substanz des Fideikommisses nur subsidiär haftet, d. h., daß sie Substanzschulden nur soweit sind, als sie aus dem übrigen Vermögen nicht bezahlt werden können. Dies subsidiäre Absonderungsrecht besteht nach den Erörterungen in Anm. 1 auch noch nach dem gegenwärtigen Recht.

3. Die in A.L.R. nicht erwähnten Stammgüter zerfallen in die Familienfideikommisse, die Erbgüter und die Stammgüter im engeren Sinne, C. W. Wolff, Lehrbuch des deutschen Privatrechts § 137. Die sog. Erbgüter sind nach Gerber, System des deutsch. Pr.-R. § 82, „unbewegliche Güter, welche an Blutsfreunde durch Erbgang, Zuwendungen auf den Todesfall oder auch als Absonderungsgegenstände für Kinder erworben sind, im Gegensatz zu den wohlgewonnenen, d. h. neu erworbenen Gütern." Ihre wesentliche Bedeutung besteht nur darin, daß der Eigenthümer sie außer dem Fall der „echten Noth" nicht ohne Zustimmung der nächsten Intestaterben veräußern kann. Zu den Fällen der echten Noth wird aber auch die Konkurseröffnung gerechnet. Die Stammgüter im engern Sinne sind die Güter des hohen und niedern Adels, Eichhorn, Einl. in das deutsche Pr.-R. § 367 und Gerber a. a. O., „bei denen sich nicht durch fideikommissarische Beliebung, sondern durch altes Herkommen das Recht der nächsten Erben in der Art erhalten hat, daß den Söhnen ein Revokationsrecht, den zur Zeit der Veräußerung lebenden Agnaten aber ein Retrakt eingeräumt ist", Eichhorn a. a. O. Doch dürfen auch diese Stammgüter im engern Sinn im Falle echter Noth, also auch nach Eröffnung des Konkurses über das Vermögen des Eigenthümers, veräußert werden, Eichhorn § 367 Anm. ff.

Sechster Titel.

Aufrechnung.

§. 53. (40.)

Soweit ein Gläubiger zu einer Aufrechnung befugt ist, braucht er seine Forderung im Konkursverfahren nicht geltend zu machen.

M. I 225—229; P. I 46, 150; M. II —; P. II —.

Literatur außer den Kommentaren und den systematischen Darstellungen: Dabelow, Konkurs S. 281, 685 ff., Dernburg, Geschichte und Theorie der Kompensation § 51, Schruttka-Rechtenstamm, Kompensation im Konkurse, ferner die Literatur über die Aufrechnung bei Oertmann, Vorb. zu § 387 B.G.B.

1. „Dem Recht des Gläubigers, an eine Sache des Gemeinschuldners, welche er in seinem Besitz hat, sich abgesondert vor den übrigen Gläubigern zu halten und sich aus dieser zu befriedigen, entspricht die Befugniß des Gläubigers, das Recht, welches er dem Gemeinschuldner anderweitig schuldet, nicht zum Nutzen aller zur Konkursmasse zu zahlen, sondern diese seine Schuld zur Tilgung seiner Forderung abgesondert vor den übrigen Gläubigern zu verwenden", M. S. 226. Die Kompensation, gesichert durch die Retention einer Forderung und mit dem Recht der Befriedigung aus der

zurückgehaltenen Forderung, sieht dem Absonderungsrecht ähnlich, eine Aehnlichkeit, die auch zu der entsprechenden Anwendung des § 50 auf die Kompensation geführt hat, § 56. Zu weitern rechtlichen Konsequenzen darf die Aehnlichkeit beider Rechtsinstitute jedoch nicht benutzt werden.

2. Indem der § 53 den zur Aufrechnung befugten Gläubiger von der Verpflichtung entbindet, seine Forderung zur Konkursmasse anzumelden, entscheidet er die Streitfrage über die Zulässigkeit der Kompensation im Konkurse, für deren Verneinung im gemeinen Recht die Präklusion der nicht angemeldeten Forderungen geltend gemacht wurde; mit der Aufgabe dieser Präklusion stand der Zulassung der Aufrechnung im Konkursverfahren kein Hinderniß mehr entgegen.

Da der Gläubiger seine Forderung im Konkurse nicht anzumelden braucht, mit derselben aber gleichwohl kompensiren darf, so ist die Kompensation in derselben Weise wie die Absonderung aus dem Konkurs verwiesen. Es kommen daher alle die Aufrechnung beherrschenden Grundsätze zur Anwendung, nach welchen auch die, im gemeinen Recht, l. 16 § 1 D. 16, 2, l. 30 D. 12, 6, bejahte Frage, ob der Gläubiger die von ihm gezahlte Summe seiner Schuld zurückfordern darf, wenn er bei der Zahlung von seiner Gegenforderung keine Kenntniß hatte, jetzt zu verneinen ist, weil die Rückforderung einer Leistung nur nach §§ 812, 813 B.G.B. zulässig ist, unter diese Vorschriften aber die irrthümliche Zahlung einer kompensablen Forderung nicht fällt, zumal die Exzeptionstheorie vom B.G.B. nicht akzeptirt ist, Oertmann Anm. 1a zu §§ 812, 813 B.G.B. Ebenso kommt der § 396 B.G.B. zur Anwendung, wenn auf einer Seite oder auf beiden Seiten mehrere Forderungen vorhanden sind.

Um den Gläubiger aber durch das Erforderniß der zeitlichen und sachlichen Gleichartigkeit der Forderungen nicht zu beschränken und andererseits um sein Recht, die Forderung unverkürzt durch den Konkurs zur Aufrechnung zu bringen, nicht zum Nachtheil der Masse durch einen nach der Eröffnung oder in der Voraussicht der Eröffnung des Verfahrens gemachten Forderungserwerb zu benachtheiligen, sind in den §§ 54—56 für und gegen ihn Abweichungen von den allgemeinen Grundsätzen aufgestellt. Diese Abweichungen gelten nur für und gegen den Gläubiger, nicht auch für und gegen den Verwalter, für den Verwalter nicht, weil die zur Masse gehörigen Rechte durch das Konkursverfahren nicht reduzirt werden. Der Verwalter kann daher die Kompensation zeitlich oder sachlich ungleichartiger Forderungen nicht geltend machen.

Eine vertragsmäßige Aenderung der Beschränkungen der §§ 55, 56 ist gegen die Konkursmasse unwirksam, weil die Beschränkungen öffentlichen Rechts sind, welches durch Vereinbarung der Parteien nicht geändert werden kann, M. I S. 228; der Verwalter darf aber mit Rechtswirksamkeit eine vertragsmäßige Aenderung der Vorschriften der §§ 55, 56 anerkennen. Die Erweiterungen des § 54 können dagegen durch Vertrag beseitigt oder geändert werden, wie auch die Aufrechnung des Gläubigers für den Fall des Konkurses vertragsmäßig ausgeschlossen werden kann. Andererseits ist die Wirksamkeit eines sonst rechtsgültigen Verzichts des Gemeinschuldners auf die Kompensation wegen der Vorschrift des § 15, wonach Rechte an Konkursgegenständen nach der Eröffnung des Verfahrens nicht erworben werden können, der Konkursmasse gegenüber vom R.G. in J. W. 1894 S. 241 verneint.

3. Die Vorschriften der §§ 53 ff. setzen die materielle Zulässigkeit der Aufrechnung voraus („soweit ein Gläubiger zu einer Aufrechnung befugt ist"), nur die in der zeitlichen oder sachlichen Ungleichartigkeit, nicht auch die in der Art der einen Forderung liegenden Hindernisse sind beseitigt: die nach § 394 B.G.B. der Kompensation nicht

unterworfenen Forderungen können daher auch im Konkurs zur Aufrechnung nicht benutzt werden, R.G. 6, 69; 18. 1; 19, 124; 22, 227. Auch die prozessualen Vorschriften der §§ 145 Abs. 3, 302 C.P.O. gelten im Konkurs in gleicher Weise wie außerhalb desselben, R.G. in Gruchots Beitr. 29, 1067 und in J. W. 1884 S. 267.

4. Die Kompensation erfolgt durch die Erklärung der Aufrechnung Seitens des einen Theils gegenüber dem andern mit der Wirkung, daß beide Forderungen, soweit sie sich decken, als in dem Zeitpunkt erloschen gelten, in welchem sie zur Aufrechnung geeignet einander gegenüber getreten sind, § 389 B.G.B. (Rückwirkungs- im Gegensatz zur Exzeptionstheorie). Die Kompensation ist daher von dem Augenblick an zulässig, in welchem die zur Kompensation geeigneten Forderungen bestehen, von diesem Zeitpunkt an ist das Aufrechnungsrecht begründet, durch die Erklärung der Aufrechnung wird es ausgeübt, und in Folge dieser Erklärung erlöschen beide Forderungen. Aus diesen, dem Preuß. Recht, §§ 300, 301 A.L.R. I, 16, entnommenen, auch im gemeinen Recht vertretenen Grundsätzen, von denen auch die K.O. ausgeht, beantwortet sich die Frage nach der Wirkung der Aufrechnung bei Beendigung des Konkurses. Ist die Aufrechnung im Konkurse erklärt, so sind beide Forderungen erloschen und können nach Beendigung des Verfahrens nicht wieder aufleben. Ist die Erklärung nicht abgegeben, so tritt eine Rechtsänderung nicht ein und kann sich der Gläubiger nach Beendigung des Verfahrens nicht auf die Begünstigung des § 54, noch kann sich der bisherige Gemeinschuldner auf die Erschwerungen der §§ 55, 56 berufen. Kann der Gläubiger aber im Konkurse aus einem Grunde der §§ 55, 56 nicht aufrechnen, oder hat er die Aufrechnung unterlassen, so bleibt seine Forderung eine Konkursforderung, sie ist also dem Zwangsvergleich ebenso unterworfen, wie es alle andern Konkursforderungen sind, die Reduktion durch den Akkord wirkt daher auch für die Zeit nach der Beendigung des Verfahrens zu Gunsten des Gemeinschuldners, Förster-Eccius I § 94 Anm. 98, v. Wilmowski Anm. 4, v. Sarwey-Bossert Anm. 8, Petersen-Kleinfeller Anm. 4, Obertr. 43, 439, 452 und in Strieth. Arch. 83, 287 a. M. Obertr. in Strieth. Arch. 42, 228 ff.

Die §§ 53—56 beziehen sich nicht blos, wie meistens angenommen wird, auf die Konkursforderungen. Die entgegenstehende Ansicht wird mit der Erwägung begründet, daß diejenigen Forderungen, welche im Konkursverfahren überhaupt nicht angemeldet werden dürfen, nicht Forderungen sein können, welche im Konkurs nicht angemeldet zu werden „brauchen". Dieser Grund ist jedoch nicht genügend. Es kann sehr wohl allgemein die Befreiung von der Erfüllung einer Pflicht ausgesprochen werden, welche nur einem bestimmten Kreis von Personen obliegt. Das Gesetz, das sonst stets vom Konkursgläubiger spricht, wo nur dieser betroffen werden soll, spricht im ganzen 6. Titel nur vom Gläubiger, im § 55 sogar noch allgemeiner von „Jemand", und indem es im § 55 Nr. 2 die Kompensation der Forderung ausschließt, die „Jemand" nach der Eröffnung des Verfahrens gegen den Gemeinschuldner erwirbt, meint es auch die Kompensation mit den nach der Eröffnung des Verfahrens laufenden Zinsen der Konkursforderungen, die nach § 63[1] nicht zu den Konkursforderungen gehören, die das Gesetz aber für unfähig zur Aufrechnung angesehen wissen will, zumal sonst jeder Konkursgläubiger mit dieser Zinsforderung aufzurechnen befugt sein würde. Es werden daher auch die vom Konkurs ausgeschlossenen, Anm. 2 zu § 3, sowie die Masseforderungen, — s. aber Anm. 1 zu a zu § 55 — von den Vorschriften der §§ 53—56 betroffen, v. Mandry S. 388, s. auch Petersen und Kleinfeller S. 245.

6. Da der § 53 dem Gläubiger nur das Recht giebt, die Anmeldung der Forderungen zu unterlassen, ist dem Gläubiger die Befugniß zur Anmeldung nicht

genommen; er darf das Kompensationsrecht jeder Zeit ausüben, er darf also mit der Ausübung warten. Deshalb enthält die Anmeldung im Konkurs, sowie die Geltendmachung der Forderung im Prozeß keinen Verzicht auf das Aufrechnungsrecht R.G 26, 116, in J. W. 1890 S. 278[12], [14], R.O.H.G. 10, 165. Darf er seine Forderungen unbeschadet des Kompensationsrechts anmelden, so wird dies Recht auch durch die Folgen der Anmeldung nicht beeinträchtigt; weder durch die Annahme einer Theilzahlung, noch durch die Annahme der vollen Konkursdividende, v. Sarwey-Bossert, Anm. 3, noch durch die Betheiligung am Akkord wird es beseitigt, wenn die Forderung auch durch den rechtskräftigen Zwangsvergleich auf die Vergleichsquote reduzirt wird. In den beiden letzten Fällen wollen Petersen-Kleinfeller Anm. 2 und v. Wilmowski Anm. 2 das Kompensationsrecht als durch Verzichtleistung erloschen ansehen, sie berufen sich auf die Entsch. des R.G. 16, 68, wonach der Absonderungsgläubiger, der ohne sein Absonderungsrecht zu erwähnen, seine ganze Forderung zur Masse angemeldet hat, die gesammte Forderung im Prüfungstermin anerkennen ließ, sich bei den Verhandlungen über den Akkord betheiligte und eine Akkordzahlung angenommen hat, sein Absonderungsrecht durch Verzicht verloren haben soll. Aber abgesehen davon, daß die Grundsätze des Absonderungsrechts nicht auch auf die Kompensation angewendet werden dürfen, ist auch die Entsch. des R.G. nicht richtig, s. darüber Wolff, Absonderungsrecht S. 242, 243 und vom R.G. jetzt auch selbst Band 37, 13 wieder aufgegeben. Ob ein Verzicht auf Grund der thatsächlichen Verhältnisse als abgegeben festzustellen ist, hängt lediglich davon ab, ob der Gläubiger die Absicht, sein Kompensationsrecht aufzugeben, gehabt und ob er diese Absicht ausdrücklich oder durch konkludente Handlungen in erkennbarer Weise zum Ausdruck gebracht hat.

§. 54. (47.)

Die Aufrechnung wird nicht dadurch ausgeschlossen, daß zur Zeit der Eröffnung des Verfahrens die aufzurechnenden Forderungen oder die eine von ihnen noch betagt oder noch bedingt war, oder die Forderung des Gläubigers nicht auf einen Geldbetrag gerichtet war.

Eine betagte Forderung des Gläubigers ist zum Zwecke der Aufrechnung nach der Vorschrift des §. 65 zu berechnen.

Zum Zwecke der Aufrechnung einer aufschiebend bedingten Forderung bei dem Eintritte der Bedingung kann der Gläubiger Sicherstellung insoweit verlangen, als die Forderung der von ihm einzuzahlenden Schuld gleichkommt.

Eine nicht auf Geld gerichtete Forderung des Gläubigers ist zum Zwecke der Aufrechnung nach den Vorschriften der §§. 69, 70 zu berechnen.

M. I. 229—234; P. I. 46, 58, 150; M. II —; P. II 15, 16.

1. Die betagte Konkursforderung verwandelt sich mit der Eröffnung des Verfahrens in eine fällige, § 65, die nicht auf einen bestimmten Geldbetrag lautende Forderung in eine Geldforderung von bestimmter Höhe, §§ 69, 70. Mit der Konkurseröffnung sind daher die betagten und die nicht auf einen bestimmten Betrag lautenden Ansprüche des Gläubigers mit fälligen Ansprüchen der Konkursmasse kompensabel. Ist umgekehrt die Forderung der Masse eine betagte, so tritt die Umwandlung ebenso

wenig ein, wie die einer nicht auf einen Geldbetrag lautenden Forderung der Masse. Das Gesetz läßt aber auch in diesem Falle die Kompensation zu, wie es die Aufrechnung auch zuläßt, wenn der Gläubiger, dem eine Forderung des § 54 zusteht, kein Konkursgläubiger ist, Anm. 5 zu § 53. Dasselbe gilt von den bedingten Ansprüchen.

Der innere Grund soll nach den Motiven in der Erwägung liegen, daß das Recht zur Aufrechnung schon durch die Koinzidenz der beiden Forderungen erworben, und daß nur die Ausübung der Aufrechnung noch aufgeschoben werde. Dieser Grund ist jedoch, wie ziemlich allgemein angenommen wird, nicht richtig, seine Unrichtigkeit kann jedenfalls nach dem neuen Reichsrecht nicht mehr bezweifelt werden, weil die Kompensabilität nach § 387 B.G.B. erst entsteht, sobald der eine Theil die ihm gebührende Leistung fordern und die ihm obliegende Leistung bewirken kann.

Eine Kompensation ungleichartiger Forderungen ist im § 54 auch dann zugelassen, wenn die Forderung der Konkursmasse auf einen bestimmten Geldbetrag, die Forderung des Gläubigers aber nicht auf einen Geldbetrag lautet, sie ist aber nicht zugelassen, wenn die Forderung der Konkursmasse auf einen Geldbetrag nicht lautet. Für die verschiedene Behandlung der beiden Fälle ist ein innerer Grund nicht ersichtlich, sie ist auf den Umstand zurückzuführen, daß die Worte des ersten Absatzes „oder die Forderung des Gläubigers nicht auf einen Geldbetrag gerichtet war" und der letzte Absatz der Kommission entstammen. Im Entwurf fehlten der Abs. 4 und die angeführten Worte des ersten Absatzes, statt dessen waren die §§ 62, 63 (jetzt 69, 70) dem Abs. 2 hinzugefügt, welcher lautete: „Eine betagte Forderung ist zum Zweck der Aufrechnung nach den Vorschriften der §§ 58, 62, 63 zu berechnen." In den M. I war dazu gesagt: „Die Ausübung der Kompensation wird außerhalb des Konkurses durch die Ungleichartigkeit der Forderungen ausgeschlossen. Für den Konkurs stellt schon das älteste Recht die ungleichartigen mit den betagten Forderungen zusammen: in deductionem vocatur et quod non est ejusdem generis, Gajus IV, 66. Diese Einwirkung des Konkurses ergiebt sich schon aus der allgemeinen Erwägung, daß mit dem Eintritt des Konkursverfahrens jede persönliche Forderung, deren Gegenstand nicht in Geld besteht, kraft des Gesetzes sich nach ihrem Schätzungswerth in eine Geldforderung auflöst, und von selbst der vorher bestandenen Geldschuld des Gläubigers gleichartig wird. Die Verweisung im zweiten Absatz des § auf die §§ 62, 63 wird hier allen Zweifeln zuvorkommen." Die Kommission hielt diese Verweisung jedoch nicht für genügend, machte daher die angeführten Zusätze und strich die Verweisung auf die §§ 62, 63 im Abs. 2. Während nach den Motiven die ungleichartigen Forderungen, ohne Unterschied ob die eine oder die andere Forderung nicht auf einen Geldbetrag laute, für kompensabel erklärt waren, ist sonach die Aufrechnung nach der jetzigen Fassung des Gesetzes nur zugelassen, wenn die Forderung des Gläubigers es ist, die nicht auf einen Geldbetrag lautet.

Da aber der § 54 die Kompensation nur erleichtern, nicht erschweren will, so bleibt die Aufrechnung mit denjenigen Forderungen der Konkursmasse zulässig, welche zwar nicht auf einen Geldbetrag lauten, deren Gegenstand aber mit demjenigen der Gegenforderung gleichartig ist, wenn es sich z. B. um gegenseitige Ansprüche auf Lieferung derselben Sorte Getreide handelt; denn bei der Gleichartigkeit des Gegenstandes erkennt der § 387 B.G.B. die Zulässigkeit der Aufrechnung ohne Rücksicht darauf an, ob die Leistung in der Zahlung einer Geldsumme besteht.

2. Die Vorschriften des § 54 sind nur zu Gunsten des Gläubigers und daher nur gegeben, wenn dieser die Aufrechnung erklärt, Anm. 2 zu § 53.

3. Das Recht zur Aufrechnung, welches wegen der zeitlichen oder sachlichen Ungleichheit der Forderungen vorher nicht zulässig ist, wird mit der Konkurseröffnung zulässig. In diesem Augenblick entsteht daher das Recht der Aufrechnung. Wird die Aufrechnung vom Gläubiger erklärt, so gelten die Forderungen als in dem Zeitpunkt erloschen, in welchem sie zur Aufrechnung geeignet einander gegenübergetreten sind, § 389 B.G.B. Dieser Zeitpunkt ist die Konkurseröffnung, dieser Zeitpunkt ist daher auch für die Berechnung der Forderungen maßgebend: die verzinsliche Forderung wird mit Zinsen bis zur Konkurseröffnung berechnet, für den Werth der nicht auf Geld lautenden Leistung ist derselbe Zeitpunkt entscheidend. Aus diesem Grunde kommen die nach der Konkurseröffnung laufenden Zinsen nicht in Betracht, denn es wird fingirt, daß die Forderungen zur Zeit der Eröffnung des Verfahrens erloschen sind, sodaß ein weiterer Zinsanspruch nicht mehr entstehen kann. (Bisher war diese Frage streitig: von einer Seite, Petersen-Kleinfeller Anm. II, 2, v. Sarwey-Bossert Anm. 2, v. Wilmowski Anm. 2a, wurde ein Zinsanspruch nach der Eröffnung des Konkurses nicht anerkannt, weil derselbe eine erst nach diesem Zeitpunkt entstandene Forderung darstelle, welche nach § 55^2 der Aufrechnung im Konkurs entgegen sei, a. M. Hullmann Anm. 4, Stieglitz, v. Völderndorff, Endemann S. 200.)

4. Die betagten Forderungen des Gläubigers gelten nach Abs. 2, wenn sie verzinslich sind, als fällige, § 65 Abs. 2; wenn sie unverzinslich sind, werden sie unter Abzug des Interusuriums nach Maßgabe des § 65 Abs. 2 berechnet. Eine betagte Forderung der Masse wird, wenn sie zu verzinsen ist, aus dem Grunde der Anm. 3 mit Zinsen bis zur Konkurseröffnung berechnet; ist sie unverzinslich, so kann der Gläubiger, wie nicht streitig ist, eine Reduktion der Forderung nach Maßgabe des § 65 Abs. 2 nicht fordern, weil sowohl der § 54 Abs. 2, wie auch der § 65 Abs. 2 nur von den Forderungen des Gläubigers sprechen. Die Kompensation ist auch in diesem Falle nach Abs. 1 zulässig, aber der Gläubiger muß die betagte Forderung der Konkursmasse unverkürzt als fällig annehmen. (Der Streit, ob die Zwischenzinsen im Fall des bisherigen Art. 334 Abs. 2 H.G.B. abzurechnen sind, ist durch die Aufhebung dieses Artikels beseitigt, s. jetzt § 271 Abs. 2 B.G.B.)

5. Die Aufrechnung der auflösend bedingten Forderung erfolgt ohne deren Veränderung. Tritt demnächst die Bedingung ein, durch welche, wenn die Aufrechnung nicht erfolgt wäre, die bedingte Forderung aufgehört haben würde, so kann die Kompensation nach § 812 Abs. 1 Satz 2 B.G.B. rückgängig gemacht und die Leistung ohne Rücksicht auf die Aufrechnung gefordert werden. Zur Sicherung dieses Anspruchs kann erforderlichen Falls der Arrest erwirkt werden, § 916 Abs. 2 C.P.O.

Ist die eine Forderung oder sind beide Forderungen aufschiebend bedingt, so kann die Wirkung der Kompensation während des Schwebezustands nicht eintreten, die Aufrechnung ist aber nach Abs. 1 gleichwohl zulässig, sie kann also schon während des Schwebezustands erklärt werden. Ist die Forderung des Gläubigers aufschiebend bedingt, so hat er die unbedingte Forderung der Masse zu zahlen, kann aber für den Betrag seiner Forderung Sicherheitsleistung fordern, er kann daher (Zug um Zug) gegen Sicherheitsleistung zahlen. Die Verpflichtung zur Zahlung seiner Schuld ergiebt sich aus dem Abs. 3, wonach er Sicherheit insoweit verlangen kann, als die Forderung der von ihm einzuzahlenden Schuld gleichkommt. Die Sicherheit ist vom Verwalter nach §§ 232ff. B.G.B. zu leisten; erfolgt sie durch Hinterlegung, so erwirbt der Gläubiger an dem Gegenstand der Hinterlegung ein Pfandrecht, § 233 B.G.B., der Gläubiger wird also Absonderungsberechtigter; dies Absonderungsrecht tritt an Stelle des Kompensationsrechts. In andern Fällen der Sicherheitsleistung verbleibt ihm der durch die Kaution gesicherte Anspruch auf die Wirkung der Aufrechnung.

Hat der Gläubiger gezahlt, ohne die Aufrechnung erklärt zu haben, so kann dieselbe nicht mehr erfolgen, eine Kondiktion im Fall des Eintritts der Bedingung ist ihm nicht gegeben, Anm. 2 zu § 53; die Meinung einiger Schriftsteller, Hullmann Anm. 4, Stieglitz Anm. III, 1, v. Wilmowski Anm. 4, daß das bloße Unterlassen des Kompensationsverlangens dem Gläubiger weder das Recht der Kompensation, noch deren Wirkung entziehe, ist jedenfalls jetzt nicht mehr haltbar, weil eine Zahlung vor der Aufrechnungserklärung das Aufrechnungsrecht definitiv aufhebt.

Ist dagegen die Forderung der Masse aufschiebend bedingt, so kann der Abs. 3, der nur von der bedingten Forderung des Gläubigers handelt, nicht zur Anwendung kommen, es kann also lediglich die Aufhebung der beiden Verpflichtungen, so als ob sie beide unbedingt wären, stattfinden, ohne daß von einer Sicherheitsleistung die Rede sein kann, da in diesem Fall eine Vorausbezahlung Seitens des Verwalters nicht erfolgt. Der demnächst erfolgende Eintritt der Bedingung, welcher, wenn die Aufrechnung nicht stattgefunden hätte, die Forderung der Masse beseitigt haben würde, hat das Rückforderungsrecht in derselben Weise zur Folge, wie eben hinsichtlich der resolutiv bedingten Forderung erörtert ist, vgl. § 171.

6. In den M. I S. 234 ist angenommen, daß die illiquiden Forderungen den bedingten Ansprüchen „mindestens gleichstehen", und in der Kommission, P. I S. 58, wurde konstatirt, daß „die in der Befugniß, mit illiquiden Forderungen für den Fall ihrer Liquidität aufzurechnen, enthaltene Deckung des Gläubigers für den Konkurs nicht ausgeschlossen" werde. Man hat auf Grund dieser Erwägungen den § 54 Abs. 3 auf die illiquiden Forderungen zur Anwendung gebracht, Petersen-Kleinfeller V, R.G. 6, 278. Die Unterscheidung, welche das gemeine und das Preußische Recht zwischen den liquiden und illiquiden Forderungen in Ansehung der Kompensation macht, hat jedoch nur prozessuale Bedeutung, ist daher durch die §§ 145 Abs. 3, 302 C.P.O. beseitigt, kann aber nach dem B.G.B., welches einen derartigen Unterschied bei der Aufrechnung nicht kennt, in keinem Falle mehr in Betracht kommen. Die illiquiden Forderungen stehen daher hinsichtlich der Aufrechnung den liquiden in jeder Beziehung gleich.

7. Die Aufrechnung ist im Zweifel ausgeschlossen, wenn vereinbart ist, daß die eine Leistung zu einer bestimmten Zeit an einem bestimmten Orte erfolgen soll und für die andere Forderung ein anderer Leistungsort besteht, § 391 Abs. 2 B.G.B., sie ist dagegen nicht ausgeschlossen, wenn der Leistungsort zwar ein verschiedener, aber die Zeit und der Leistungsort oder die eine oder der andere für keine Forderung bestimmt vereinbart ist. In letzterem Fall hat aber der aufrechnende Gläubiger den Schaden zu ersetzen, den der andere dadurch erleidet, daß er in Folge der Aufrechnung die Leistung nicht an dem bestimmten Ort erhält oder bewirken kann, § 391 Abs. 2 B.G.B. Diese Vorschriften gelten auch für den Konkurs, zumal der § 53 die Aufrechnung zuläßt, soweit der Gläubiger dazu befähigt ist. Durch den Anspruch auf Schadensersatz vergrößert sich die Forderung der Konkursmasse.

§. 55. (48.)

Eine Aufrechnung im Konkursverfahren ist unzulässig:

1. wenn Jemand vor oder nach der Eröffnung des Verfahrens eine

Forderung an den Gemeinschuldner erworben hat und nach der Eröffnung etwas zur Masse schuldig geworden ist;

2. wenn Jemand dem Gemeinschuldner vor der Eröffnung des Verfahrens etwas schuldig war und nach derselben eine Forderung an den Gemeinschuldner erworben hat, auch wenn diese Forderung vor der Eröffnung für einen anderen Gläubiger entstanden war;

3. wenn Jemand vor der Eröffnung des Verfahrens dem Gemeinschuldner etwas schuldig war und eine Forderung an den Gemeinschuldner durch ein Rechtsgeschäft mit demselben oder durch Rechtsabtretung oder Befriedigung eines Gläubigers erworben hat, falls ihm zur Zeit des Erwerbes bekannt war, daß der Gemeinschuldner seine Zahlungen eingestellt hatte, oder daß die Eröffnung des Verfahrens beantragt war. Die Vorschrift des §. 33 findet entsprechende Anwendung.

Die Aufrechnung ist zulässig, wenn der Erwerber zur Uebernahme der Forderung oder zur Befriedigung des Gläubigers verpflichtet war und zu der Zeit, als er die Verpflichtung einging, weder von der Zahlungseinstellung noch von dem Eröffnungsantrage Kenntniß hatte.

M. I. 234—239; P. I. 46, 47, 150; M. II —; P. II —.

1. Die legislatorische Gleichstellung der Aufrechnung mit dem Absonderungsrecht mußte zu der Annahme führen, daß nach der Konkurseröffnung ein Deckungsanspruch ebensowenig mehr entstehen kann, als nach § 15 ein Absonderungsrecht. Der Gläubiger, welcher auf die tributarische Befriedigung aus der Konkursmasse angewiesen ist, dessen Forderung also der Reduktion auf die Konkursdividende unterliegt, wird vollständig gedeckt, soweit ihm ein aufrechnungsfähiger Gegenanspruch gegen die Masse zusteht, die Forderung ist also mit einem Deckungsanspruch verbunden, der, die par conditio creditorum durchbrechend, dem sonst auf die tributarische Befriedigung angewiesenen Gläubiger die volle Befriedigung sichert. Wäre ein Gläubiger, dem ein Gegenanspruch nicht zusteht, berechtigt, durch Erwerbung eines Gegenanspruchs der konkursmäßigen Reduktion seiner Forderung vorzubeugen, so würde, wie in den M. I S. 235 gesagt ist, „durch die Ausplünderung der Masse durch frivolen Aufkauf von Passivforderungen" die gleiche Stellung der Konkursgläubiger in bedenklicher Weise verschoben werden können. Durch die Bestimmungen der Nr. 1 und 2 sind daher die folgenden Vorschriften aufgestellt:

a) Ein Deckungsanspruch kann nach der Konkurseröffnung mit Rechtswirkung gegen die Konkursgläubiger nicht mehr erworben werden,

b) Die Aufrechnung ist nur zulässig, wenn Forderung und Gegenforderung vor der Konkurseröffnung begründet sind.

Zu a. Sind Forderung und Gegenforderung vor der Konkurseröffnung entstanden, ohne daß sie in einer Hand vereinigt sind, so kann eine Kompensation erst durch die Vereinigung beider Rechte in einer Person stattfinden. Dieser Vereinigung versagt der § 55 den Erfolg der Kompensation, Nr. 2, weil sonst ein vorher nicht vorhandener Deckungsanspruch nach der Konkurseröffnung entstehen würde. In welcher

Weise die Vereinigung stattfindet, ob durch Singular- oder Universalsukzession ist ebenso unerheblich, wie die Absicht der Vereinigung zum Zweck der Aufrechnung oder das Fehlen einer solchen Absicht.

Eine Gegenforderung kann nach der Konkurseröffnung auch durch die Entstehung einer bisher nicht vorhandenen Forderung begründet werden. Zwar eine Konkursforderung kann nach diesem Zeitpunkt nicht mehr entstehen, § 3, die konkursrechtlichen Grundsätze über die Aufrechnung betreffen aber jede Art von Forderungen, Anm. 5 zu § 53, es würde daher eine nach § 63 ausgeschlossene Forderung, insbesondere der Anspruch auf die nach der Eröffnung des Verfahrens laufenden Zinsen zur Kompensation benutzt werden können, wenn der § 55 diese Aufrechnung nicht verböte.

Nach der Fassung des Gesetzes werden auch die Massegläubiger von den die Aufrechnung beschränkenden Vorschriften betroffen. Denn, wie auch in den M. I S. 240 ausdrücklich anerkannt ist, „die Ansprüche der Massegläubiger sind Schulden des Gemeinschuldners", die Voraussetzung der Nr. 1 und 2, der Erwerb einer Forderung „an den Gemeinschuldner" nach der Konkurseröffnung betrifft daher auch die Forderungen der Massegläubiger. Diese Schlußfolgerung ist auch in den M. I selbst gezogen. Denn indem dort, S. 235, hervorgehoben ist: „Was Jemand nach der Konkurseröffnung „„dem Gemeinschuldner"" schuldig geworden ist, wird er entweder „„zur Masse"" schuldig", oder soweit dies nicht der Fall ist, berührt es nicht die Konkursmasse und nicht eine Aufrechnung in Betreff ihrer", ist das, was für die Konkurseröffnung nach der Eröffnung des Verfahrens erworben wird, als dem Gemeinschuldner erworben bezeichnet; was von den Forderungen der Masse gilt, gilt aber ebenso von den Schulden der Masse. Freilich wird fast allgemein, aber ohne eine Begründung, als selbstverständlich behauptet, daß die Beschränkungen des § 55 sich auf die Massegläubiger nicht bezögen. Die Richtigkeit dieser Ansicht kann aber nicht anerkannt werden. Zwar ist es richtig, daß der Regel nach der Massegläubiger seine Forderung aus der Masse unverkürzt fordern darf, und daß, soweit dies der Fall ist, der in der Verhinderung eines neuen Deckungsanspruchs bestehende legislatorische Grund des § 55 nicht von Bedeutung ist, aber er ist doch dann auch für die Massegläubiger von Bedeutung, wenn die Masse zur Befriedigung der Masseforderung nicht ausreicht und daher nach § 60 auch die Massegläubiger auf die tributarische Befriedigung angewiesen sind, ein Fall, von welchem in den M. I S. 247 behauptet ist, daß er nicht selten eintrete. Zwar bezieht sich der § 55 nur auf die Aufrechnung „im Konkursverfahren", die Aufrechnung ist aber überhaupt aus dem Konkurs verwiesen, Anm. 2 zu § 53, und soweit sie gegen den Verwalter erfolgt, findet sie, ebenso wie die aus dem Konkurs verwiesene Absonderung, § 4 Abs. 2, im Konkursverfahren statt. Ein innerer Grund zur Beschränkung des Wortlauts des Gesetzes liegt daher nicht vor.

Gegen den Verwalter, also im Konkursverfahren, findet dagegen eine Aufrechnung nicht statt, welche gegen den Kridar persönlich erfolgt. Eine zum Konkursvermögen nicht gehörige Forderung des Gemeinschuldners kann daher mit einer Forderung aufgerechnet werden, welche sein Schuldner nach der Konkurseröffnung gegen ihn persönlich erwirbt, sofern die Kompensation nach Civilrecht überhaupt zulässig ist. Eine Forderung dagegen, die die Masse nach der Konkurseröffnung erwirbt, kann der Schuldner nicht mit einer persönlichen Forderung des Kridars aufrechnen, denn diese Kompensation würde gegen die Vorschriften des § 8 verstoßen. Ein Massegläubiger ist dagegen nicht behindert, seine Masseforderung mit einer aufrechnungsfähigen, vom

Konkursvermögen ausgeschlossenen Forderung des Gemeinschuldners gegen ihn zu kompensiren.

Zu b. Ob die Forderung und die Gegenforderung schon vor der Konkurseröffnung begründet sind, richtet sich nach den Grundsätzen der Anm. zu §§ 1 und 3. Begründet ist darnach vor der Eröffnung des Verfahrens auch die bedingte Forderung, deren Bedingung erst nach diesem Zeitpunkt eintritt. Zu den bedingten Ansprüchen gehört auch die Regreßforderung des Bürgen.

Deshalb ist vom R.G. 1, 347; 33, 45 die Aufrechnung der Forderung des Pächters des Gemeinschuldners auf Erstattung der Kaution mit dem von ihm für die Zeit nach der Eröffnung des Konkurses schuldigen Miethzins mit Recht für zulässig erklärt. Die Aufrechnung einer Konkursforderung des Darlehnsempfängers mit der Darlehnssumme, die der Verwalter auf Grund eines vor dem Konkurs abgeschlossenen pactum de mutuo dando gewährt hat, hat das R.G. in J. W. 1886 S. 248 dagegen für unzulässig erklärt. Auch dieser Satz ist als richtig anzuerkennen, jedoch nicht aus dem Grunde, daß die Verpflichtung zur Zurückzahlung des Darlehns nicht die Gegenleistung für die Erfüllung des Darlehnsversprechens sei und nicht aus dem letztern, sondern aus der Hingabe des Darlehns selbst entspringe; die Verpflichtung zur Rückzahlung besteht allerdings nur, wenn das Darlehn empfangen ist, § 607 B.G.B., sie ist aber bedingt schon entstanden, wenn ein rechtsgiltiger Darlehnsvertrag geschlossen ist, durch welchen der Darlehnsschuldner die Verpflichtung übernommen hat, das Darlehn nach dem Empfang der Abrede gemäß zurück zu zahlen; ohne diese Annahme hätte der Darlehnsvertrag überhaupt keine rechtliche Bedeutung, und das B.G.B. § 610 erkennt ihn doch in Uebereinstimmung mit dem preußischen und gemeinen Recht als rechtswirksam an. Erkennt man aber den Darlehnsvertrag als ein gegenseitiges Rechtsgeschäft an, Anm. 2 zu § 17, R.G. 35, 30, dessen Erfüllung von der einen Seite das Darlehnsverhältniß mit der Verpflichtung zur Erfüllung von der andern Seite erzeugt, so braucht der Verwalter den Darlehnsvertrag nach § 17 nicht zu erfüllen und, wenn er sich für die Erfüllung entscheidet, so entsteht aus dieser Handlung des Verwalters eine erst nach der Konkurseröffnung begründete Forderung der Masse.

2. Auch auf die gegenseitigen Forderungen aus demselben Rechtsgeschäft beziehen sich die Beschränkungen des § 55. Es wird zwar von v. Wilmowski Anm. 1 unter unrichtiger Berufung auf R.G. in Gruchots Beiträgen 25, 1007 das Gegentheil behauptet, weil sich nicht zwei selbstständige Obligationen gegenüberstehen, sondern die eine Forderung durch die andere beschränkt sei. Diese Annahme ist jedoch unrichtig, jedenfalls läßt sie sich nach dem neuen Reichsrecht nicht halten, denn der § 55 setzt nicht voraus, daß die Forderungen aus verschiedenen Rechtsgeschäften entstanden sein müssen und der § 389 B.G.B. betont lediglich das Gegenübertreten zweier zur Aufrechnung geeigneter Forderungen, nicht zweier verschiedener Obligationen, und die aus demselben Rechtsverhältniß entstandenen Forderungen beschränken sich nicht gegenseitig, sondern stehen sich, jedenfalls nach jetzigem Recht, so lange gegenüber, bis von einer Seite die Aufrechnung erklärt ist. Daß der Pächter des Gemeinschuldners seine Forderungen für Verbesserungen, die er vor der Eröffnung des Verfahrens gemacht hat, deren Erstattung er aber erst bei der Beendigung des Pachtverhältnisses verlangen kann, mit dem bis zur Eröffnung des Konkurses rückständig gebliebenen Pachtzins kompensiren kann, ist aus einem anderen Grunde richtig, weil nemlich die Forderung für die gemachte Aufwendung mit der Aufwendung begründet und daher, wenn auch nur betagt, schon vor der Eröffnung des Verfahrens entstanden ist.

3. Nr. 3. Aus den Gründen, welche zu den Vorschriften über die Anfechtung

geführt haben, ist in Nr. 3 die Unzulässigkeit der Aufrechnung auf die vor dem Konkurs entstandenen Forderungen ausgedehnt, wenn, was der Verwalter nachzuweisen hat, dem Gläubiger bei dem Erwerbe des Anspruchs bekannt war, daß der Gemeinschuldner seine Zahlungen eingestellt hatte, oder daß die Eröffnung des Verfahrens beantragt war, s. darüber die Anm. zu § 30, es sei denn, daß der Erwerb früher als sechs Monate vor der Eröffnung des Konkurses erfolgt war, s. darüber die Anm. zu § 33. Nur wenn der Erwerber nachweist, daß er zur Uebernahme der Forderung oder zur Befriedigung des Gläubigers verpflichtet war, und daß er zu der Zeit, als er die Verpflichtung einging, weder von der Zahlungseinstellung, noch von dem Eröffnungsantrage Kenntniß hatte, s. darüber § 31 letzt. Satz, § 40 Abs. 2 Nr. 2 und die Anm. dazu, ist die Aufrechnung zulässig.

Das Rechtsgeschäft, durch welches die Forderung auf den Erwerber übergegangen ist, sowie die Rechtsabtretung können auf einer Singularsukzession oder einer Universalrechtsnachfolge mit Ausnahme der Erbschaft beruhen, s. darüber Anm. 6 zu § 40 und Anm. 8 zu § 50. v. Wilmowski Anm. 4 u. A. behaupten ohne Begründung, daß nur der durch Singularsukzession vermittelte Rechtsübergang der Aufrechnung entgegenstehe, aber z. B. durch die vertragsmäßige Uebernahme des Vermögens eines andern, § 419 B.G.B., werden die zu diesem Vermögen gehörigen Forderungen mit übertragen.

Durch Befriedigung eines Gläubigers wird der Uebergang der berichtigten Forderung nicht mehr allgemein, wie im § 46 A.L.R. I, 16 bestimmt war, sondern nur in den gesetzlich bestimmten Fällen bewirkt, zu denen der Erwerb der Forderung durch Ausübung des jus offerendi des § 268 B.G.B. gehört, wenn die Befriedigung zur Vorbeugung der durch die Zwangsvollstreckung des Gläubigers drohenden Gefahr, ein Recht oder den Besitz an dem Gegenstand der Zwangsvollstreckung zu verlieren, erfolgt, zu denen auch die Fälle der §§ 426 Abs. 2, 774 Abs. 1, 1143 Abs. 1, 1164, 1173, 1174, 1182, 1225, 1249 Satz 2, 1266, 1438, 1519 Abs. 2, 1607 Abs. 2, 1709 Abs. 2 B.G.B. zu zählen sind.

4. Abs. 2. Ob eine Verpflichtung zur Uebernahme der Forderung oder zur Befriedigung des Gläubigers vorlag, entscheidet sich nach dem Rechtsverhältniß, in welchem der Erwerber zum Gläubiger oder Schuldner steht. Die Verpflichtung kann auf einem die Uebernahme, §§ 414ff. B.G.B., oder die Befriedigung unmittelbar betreffenden Vertrag beruhen, sie hat auch der Wechselgläubiger, Anm. zu § 34, der Bürge, § 774 B.G.B., der Eigenthümer des mit einer Hypothek belasteten Grundstücks, § 1143 B.G.B., 2c.

§. 56. (49.)

Die Bestimmung des §. 50 findet entsprechende Anwendung auf den Fall, daß ein im Auslande wohnender Schuldner nach dem Rechte des Auslandes eine nach §. 55 unzulässige Aufrechnung mit der ihm abgetretenen Konkursforderung vornimmt.

M. I 238, 239; P. I 47, 150; M. II —; P. II —.

S. die Anm. zu § 50.

Siebenter Titel.

Massegläubiger.

§. 57. (50.)

Aus der Konkursmasse sind die Massekosten und Masseschulden vorweg zu berichtigen.

M. I 239—242; P. I 49, 150; M. II —; P. II —.

1. Die Masseschulden sind die durch das Konkursverfahren oder zur Durchführung desselben entstandenen Ansprüche. Der Zeitpunkt der Konkurseröffnung, § 108, bildet die Grenze zwischen den Masse- und den Konkursforderungen. Fällt dieser Zeitpunkt in ein Rechtsverhältniß, welches fortgesetzt Ansprüche erzeugt, z. B. in ein Miethverhältniß, § 19, so sind die vor dem Konkurs entstandenen Forderungen Konkurs-, die nachher entstandenen Masseansprüche.

Das gemeine Recht stellte die Massegläubiger in die erste Klasse der Konkursgläubiger, die K.O. verweist sie dagegen in Uebereinstimmung mit den §§ 40ff. der Preuß. K.O. aus dem Konkursverfahren, in Folge dessen haben sie weder die Pflichten, noch die Rechte der Konkursgläubiger, die §§ 12—15 finden auf sie keine Anwendung, sie sind durch die Vorschriften des § 63 nicht beschränkt, brauchen ihre Forderungen nicht anzumelden, werden auch vom Akkord nicht berührt, aber die Vorschriften über die Aufrechnung treffen sie ebenso wie jeden Gläubiger, Anm. 1 und 5 zu § 55, Anm. 5 zu § 53.

Seine Befriedigung betreibt der Massegläubiger ohne Rücksicht auf das Konkursverfahren so, wie ein Gläubiger es gegen seinen Schuldner thut, wenn der Konkurs nicht eröffnet ist. Der Verwalter aber hat die Pflicht, sie *vorweg* zu befriedigen; die Masse dient zur Befriedigung der Konkursgläubiger nur nach Abzug der zur Deckung der Massegläubiger erforderlichen Befriedigungsmittel. Die Deckung der Masseschulden erfolgt ohne Rücksicht auf die Vertheilungstermine und bevor eine Vertheilung an die Konkursgläubiger stattzufinden hat, wenn auch dieser Grundsatz hinsichtlich der nach einer Abschlagsvertheilung entstandenen Masseforderungen eine Ausnahme erleiden muß und eine Abschlagszahlung nicht deshalb ungültig ist, weil ein Massegläubiger nicht vorher befriedigt ist.

2. *Masseschuldner* sind nicht, wie im gemeinen Recht angenommen wurde, Schweppe, System des Konkurses §§ 40—42, 64, Bayer, Theorie des Konkursprozesses §§ 50, 68, Günther im Rechtslexikon 2, 776ff. (bes. abgedr. 2. Aufl. S. 24, 33, 95), die Konkursgläubiger oder die Gläubigerschaft, sondern ist der Gemeinschuldner und zwar sowohl hinsichtlich der Konkursmasse, als auch persönlich, da er Eigenthümer der Konkursmasse bleibt und die Handlungen des Verwalters auch persönlich zu vertreten hat, Anm. 2, 11, 6 zu § 6. Dies ist die zwar bestrittene, aber herrschende Ansicht, und die Meinung des R.G. 2, 24, sowie der M. I, S. 17, 34, 240 und der Kommission des Reichstages P. I, S. 109, s. darüber und zur Begründung der übrigen für diesen Titel geltenden Grundsätze, Wolff, die Massegläubiger im Konkurs in der Z. f. d. C. Bd. 22 S. 207ff. Der Massegläubiger, dem die §§ 12, 14 nicht entgegenstehen, darf seine Befriedigung daher auch aus dem von der Aktivmasse ausgeschlossenen Vermögen des Kridars suchen; wogegen der Verwalter nicht befugt ist, die Zahlung einer Masseschuld aus dem Sondervermögen des Gemeinschuldners zu beanspruchen.

Die Zwangsvollstreckung in das Sondervermögen des Kridars darf der Massegläubiger auf Grund des gegen den Verwalter erlangten Vollstreckungstitels betreiben, ohne daß die Vollstreckungsklausel gegen den Kridar zu schreiben ist, wenn der Verwalter, wie hier geschieht, Anm. 6 zu § 6, als Vertreter des Gemeinschuldners anzusehen ist, deshalb hat der Gemeinschuldner an dem Ausgang des mit dem Verwalter geführten Prozesse ein rechtliches Interesse, darf demselben nach § 66 C.P.O. als Nebenintervenient beitreten und gilt nach seinem Beitritt als Streitgenosse, § 69 C.P.O.

Außer dem Konkurs- und dem Sondervermögen des Gemeinschuldners kann der Massegläubiger auch das dem besonderen Rechtsverhältniß entsprechende Vermögen anderer Personen in Anspruch nehmen. Abgesehen von dem Falle der Bürgschaft, der Solidarverpflichtung mehrerer Schuldner ꝛc. kann der Verwalter wegen seines Verschuldens in Anspruch genommen werden, z. B. R.G. 36, 93, und kann die Gerichtskasse gegen denjenigen Konkursgläubiger, welcher die Eröffnung des Verfahrens beantragt hat, ihren Anspruch aus der Vorschußpflicht nach Maßgabe des § 89 G.K.G. geltend machen, Wolff, S. 223 ff.

3. Massegläubiger kann jeder sein, welcher einen Masseanspruch hat, auch der Verwalter persönlich. Nur der Kridar kann es trotz der entgegenstehenden allgemeinen Ansicht nicht sein, darüber Wolff, a. a. O. S. 225 ff., weil er selbst der Schuldner ist und daher eine Vereinigung der Forderung und Schuld in einer Person das Erlöschen der Schuld zur Folge hat. Dies gilt sowohl dann, wenn er unmittelbar ein Recht an die Masse erwirbt, als auch dann, wenn ihm die Forderung eines Massegläubigers abgetreten wird, oder wenn von ihm freiwillig oder zwangsweise ein Masseanspruch befriedigt wird. Nur soweit das bürgerliche Recht den Grundsatz, daß niemand sein eigner Schuldner sein kann, durchbricht, muß auch der Kridar als Massegläubiger anerkannt werden. Dies ist der Fall, wenn die Hypothek-, Grund- oder Rentenschuld eines Massegläubigers auf ihn übergegangen ist, §§ 1177, 1192, 1199 B.G.B., sowie im Fall der Miterbschaft, Anm. 2 i. f. zu §. 3.

Die Befriedigung eines Massegläubigers durch den Gemeinschuldner giebt diesem kein Recht auf Erstattung aus der Konkursmasse, weil er nur seine Schuld bezahlt hat und die Masse zwar bereichert, aber nicht rechtlos bereichert ist.

3a. Die Arten der Masseschulden. Das Gesetz unterscheidet zwischen Massekosten und Masseschulden, eine Unterscheidung, welche für den Fall des die Rangordnung beider Arten von Ansprüchen bestimmenden § 60 von Bedeutung ist, wenn die Masse zur vollständigen Befriedigung aller Massegläubiger nicht ausreicht. In den M. I S. 249, 242, 244 sind die Masseschulden als „die fremden Bestandtheile“ definirt, die aus der vorgefundenen Masse ausgeschieden werden müssen, damit die Nettomasse hergestellt werde, die allein den Gegenstand des Verfahrens bilde, während die Massekosten der erforderliche Aufwand sei, um das auf diesen Gegenstand bezügliche Verfahren herbeizuführen. Es wird mit Recht gegen diese Definition eingewendet, daß sie weder richtig, noch erschöpfend sei, eine scharfe Unterscheidung ist aber nicht erforderlich, weil das Gesetz die Ansprüche, welche zu den Massekosten, und diejenigen, welche zu den Masseschulden gehören, bestimmt bezeichnet.

Ein Anspruch kann sowohl zu den Massekosten, als auch zu den Masseschulden gehören; so sind die Ansprüche auf Arbeitslohn, die Erntekosten, die Versicherungsprämien Massekosten des § 58², zugleich aber, wenn sie auf einem mit dem Verwalter geschlossenen oder fortgesetzten Rechtsgeschäft beruhen, Masseschulden des

§ 59[1]. Einem Anspruch, welcher eine bestimmte Qualität hat, weil er auf einem Rechtsgeschäft des Verwalters beruht, kann diese bessere Qualität nicht deshalb bestritten werden, weil er auch unter die Ansprüche mit geringerer Qualität fällt, der Gläubiger kann daher die bessere Qualität geltend machen.

Die Nebenforderungen — Zinsen, Kosten, Vertragsstrafen — sind Theile der Masseansprüche und rangiren daher mit ihnen. Sie können aber, wenn sie aus einem Grunde des § 59 erwachsen, eine doppelte und daher, wenn die Hauptforderung nur eine Massekostenforderung ist, eine höhere Qualität haben, als der Hauptanspruch und rangiren dann vor der Hauptforderung. Dies ist der Fall bei den Verzugszinsen und den Prozeßkosten, die durch eine Handlung oder Unterlassung des Verwalters entstehen.

Die Masseansprüche brauchen nicht auf eine Geldleistung gerichtet zu sein, sie können auch z. B. auf Grund eines über einen Konkursgegenstand geschlossenen Kaufvertrags auf Uebertragung des Eigenthums gerichtet, sie können auch dinglicher Natur sein. Nur in einem Aussonderungsanspruch kann ein Masseanspruch nicht bestehen, denn der letztere ist nach § 57 „aus der Konkursmasse zu berichtigen", daher ist nur ein solcher Anspruch, der aus der Masse befriedigt werden kann, ein Masseanspruch, die Konkursmasse umfaßt aber nach § 1 nur das Vermögen des Gemeinschuldners und ein Gegenstand des Aussonderungsrechts gehört dem Gemeinschuldner nicht, also auch nicht zur Konkursmasse. Hat der Verwalter einem Dritten ein zur Masse gehöriges Grundstück aufgelassen, so scheidet es mit der Eintragung aus dem Bestande der Masse aus, der Anspruch des Dritten auf Herausgabe ist daher kein Masse-, sondern ein Aussonderungsanspruch (nur soweit ist der Dritte Massegläubiger, als er andere, durch den Verzug, ein Verschulden 2c. des Verwalters entstandene Ansprüche oder Ansprüche wegen Gewährleistung, geltend macht, § 59[1]). Dasselbe gilt von allen Ansprüchen, welche Gegenstand der Aussonderung sind, mögen sie ein dingliches oder persönliches Recht betreffen, Anm. 2 zu § 42, sowie von dem Anspruch auf die Gegenleistung des § 46 Anm. 2 zu § 46, s. darüber Wolff a. a. O. S. 239. Gehören diese Ansprüche nicht zu den Masseforderungen, so unterliegen sie auch nicht den Beschränkungen der §§ 60, 172.

4. Der Masseanspruch kann durch ein Absonderungsrecht gesichert sein, Kohler § 63 S. 385, aber die das Absonderungsrecht betreffenden Vorschriften der §§ 47 ff., 4, 14, 64, 96, 106, 118—120, 127, 153, 155, 169 gelten für und gegen ihn nicht, weil das im Konkurs anerkannte Absonderungsrecht nach § 15 (abgesehen von den dort zugelassenen Ausnahmen) nach der Konkurseröffnung nicht entstehen kann, das Absonderungsrecht des Massegläubigers aber erst nach diesem Zeitpunkt entsteht. Für sein Absonderungsrecht gelten daher nur die Vorschriften des außerhalb des Konkurses geltenden Civilrechts, nur der § 49 Abs. 2 K.O. und der § 17 Nr. 1, 2 E. I gelten nach Art. III E.G. II für das Civilrecht überhaupt, also auch für den Massegläubiger.

5. Durch Uebergang auf ein anderes Subjekt verliert der Masseanspruch seinen Charakter nicht, mag der Uebergang durch Singularsukzession oder durch Universalsukzession erfolgen. Durch die Zession tritt der Erwerber in die Stellung und die Rechte des Zedenten, § 401 Abs. 1 B.G.B. Dasselbe gilt von der Uebertragung der Masseforderung kraft Gesetzes in den Fällen, in denen der Dritte, welcher den Massegläubiger befriedigt hat, die letztere erwirbt, s. darüber Anm. 3 zu § 55. Abgesehen von diesen besondern gesetzlich bestimmten Fällen erwirbt der Zahlende sonst nicht mehr, wie nach Preuß. Recht, § 46 A.L.R. I, 16, die gezahlte Forderung, für

das Konkursrecht erwirbt er jedoch stets den gezahlten Masseanspruch, weil die Konkursmasse durch seine Leistung eine Bereicherung erfahren würde, auf die sie ihm gegenüber kein Recht hätte, § 59³, sie würde „etwas auf seine Kosten ohne rechtlichen Grund erlangt haben", § 812 B.G.B., dem Zahlenden steht daher jedenfalls ein Anspruch aus § 59 Nr. 3 zu. Daraus darf aber nicht geschlossen werden, daß er, wenn er einen Massekostenanspruch befriedigt hat, nunmehr auf Grund des § 59³ wegen der Bereicherung der Masse Masseschuldgläubiger würde, denn die Masse und die übrigen Massegläubiger sind nur soweit bereichert, als der befriedigte Gläubiger ausscheidet und sind daher nicht mehr bereichert, wenn der neue Gläubiger ganz an seine Stelle tritt, der Zahlende kann daher nicht größere Rechte in Anspruch nehmen, als sie der befriedigte Gläubiger hatte. Hatte der Zahlende nicht die Absicht, für seine Zahlung Ersatz zu fordern, so gilt die Zahlung als eine der Masse gemachte Schenkung, durch welche eine rechtliche Bereicherung nicht entsteht, vgl. § 685 Abs. 1 B.G.B.

Für den Fall, daß der Masseanspruch auf den Verwalter selbst übergeht, ist behauptet, daß der Verwalter durch Bezahlung einer Masseschuld nur eine Massekostenforderung erwerbe, weil alles, was der Verwalter zur Bereicherung einer Schuld zahle, ein Aufwand und eine Ausgabe für die Verwaltung, Verwerthung und Vertheilung der Masse sei und daher unter den § 58² falle, Fuchs S. 70, 71, Wengler S. 250, Stieglitz S. 357, Hohl S. 64 Nr. 1. Als Ausgaben ist aber nur das zu verstehen, was jemand für einen andern gezahlt hat, ohne daß eine Verpflichtung auf Seiten dieses andern dem Dritten gegenüber bestand. Legt der Verwalter aus eigenen Mitteln die Kosten einer im Interesse der Verwaltung gemachten Reise aus, so berichtigt er Forderungen der Eisenbahnverwaltung und der ihn beköstigenden Wirthe, welche diesen Personen gegen den Verwalter, nicht aber gegen die Masse zustehen, in diesem Falle hat er Auslagen für die Masse gemacht; beauftragt er dagegen, erkennbar als Verwalter, einen Gerichtsvollzieher mit dem Verkauf von Konkursgegenständen und bezahlt demselben aus eigenen Mitteln die Verkaufskosten, so berichtigt er eine Forderung, die dem Gerichtsvollzieher auf Grund des Auftrags nach § 59¹ nicht gegen ihn, sondern nur gegen die Masse zustand; in diesem Falle hat er keine Auslage gemacht, sondern eine Masseschuld gezahlt. Wäre die Annahme richtig, daß der Verwalter durch Zahlung einer Forderung eine Auslage des § 58² mache, so müßte man ihm auch dann eine Massekostenforderung zusprechen, wenn er eine bloße Konkursforderung aus eigenen Mitteln befriedigt hätte. In der That aber tritt er durch die Zahlung ebenso wie jeder Dritte entweder kraft gesetzlicher Vorschrift oder wegen Bereicherung der Masse in die gezahlte Schuld ein, und selbst, wenn er dadurch eine Massekostenforderung erwürbe, so erwirbt er doch auch eine Masseschuldforderung, wenn er eine Masseschuldforderung berichtigt, und hat daher nach Anm. 3 das Recht, den besser qualifizirten Anspruch geltend zu machen. Im Resultat ebenso v. Wilmowski und v. Völderndorff, v. Sarwey-Bossert zu dem bisherigen § 52, Petersen-Kleinfeller Anm. 2 zu dem bisherigen § 51 und Eccius in Gruchots Beitr. 33, 741 ff.

Erfolgt die Zahlung einer Forderung — einer Masse- oder Konkursforderung — durch einen Dritten im Auftrage des Verwalters, so erlangt der Zahlende in Folge dieses Auftrags des Verwalters in allen Fällen nach § 59¹ eine Masseschuldforderung.

6. Das Verhältniß der Massegläubiger zu den Konkursgläubigern ist nicht das der Gemeinschaftsinteressenten, sondern das Verhältniß von Gläubigern, deren Ansprüche von derselben Masse abzuziehen sind, aus welcher die Konkurs-

gläubiger erst nach diesem Abzug ihre Befriedigung beanspruchen können. Die Massegläubiger haben daher an der Masse ein Vorzugsrecht vor den Konkursgläubigern. Hat ein Konkursgläubiger aus der Masse mehr erhalten, als ihm mit Rücksicht auf das Recht des Massegläubigers zusteht, so hat er auf Kosten des letztern dasjenige erhalten, was nicht ihm, sondern jenem gebührt, und ist daher sein Vermögen um dasjenige bereichert, was jenem aus der Masse nicht gezahlt werden kann, weil es der Konkursgläubiger erhalten hat; es ist deshalb der Anspruch des § 812 B.G.B. gegen den letztern begründet (das R.G. hat seine frühere Ansicht, Entsch. 13, 181 ff.; 22, 268 ff., daß eine Bereicherung nicht vorliege, wenn ein Gläubiger durch Zwangsvollstreckung in die einem Dritten gehörende Sache nicht mehr erlangt hat, als er von seinem Schuldner zu fordern hatte, jetzt aufgegeben, Entsch. 40, 288 ff., s. auch R.G. in Gruchots Beitr. 25, 1014 ff., Obertr. 67, 73 und R.O.H.G. 6, 291).

Der Bereicherungsanspruch erwächst dem Massegläubiger gegen den Konkursgläubiger aber erst dann, wenn er seine Befriedigung aus der Masse nicht erlangen kann. Denn, wenn die Masse zu seiner Befriedigung ausreichte, so hat der Konkursgläubiger nicht mehr empfangen, als ihm aus der Masse zustand. Deshalb ist die Zeit der Zahlung bezw. Abschlagszahlung an den Konkursgläubiger für die Frage entscheidend, ob eine rechtlose Bereicherung der Masse vorliegt. Tritt nach dieser Zahlung eine Verschlechterung der Masse durch Diebstahl, Untergang von Sachen &c. ein, so kann dies den Bereicherungsanspruch nicht begründen, denn, was ohne rechtlose Bereicherung empfangen ist, kann nicht durch Veränderung der Umstände als ohne Recht empfangen angesehen werden. Ist umgekehrt durch die Veränderung der Masse z. B. durch Verzicht eines andern Massegläubigers oder eines Absonderungsberechtigten, die Aktivmasse erhöht, so fällt der zur Zeit der Abschlagszahlung begründete Bereicherungsanspruch fort, wenn für die Befriedigung des Massegläubigers nunmehr hinreichende Mittel vorhanden sind; er fällt unter dieser Voraussetzung auch dann fort, wenn sich demnächst vor der thatsächlichen Befriedigung des Massegläubigers der Massebestand aus andern Gründen wieder zu seinem Nachtheil verringert.

Wegen der unterlassenen Anmeldung der dem Verwalter nicht bekannten Masseansprüche s. § 172.

Die Kondiktion wegen Bereicherung kann nicht der Verwalter gegen den Konkursgläubiger anstellen, weil er nicht Vertreter der Massegläubiger ist, er ist dazu nur berechtigt, wenn er dem letztern regreßpflichtig ist und ihn in Folge dessen aus eignen Mitteln befriedigt hat, denn dann steht ihm persönlich die Bereicherungsklage zu.

Hat umgekehrt der Massegläubiger mehr erhalten, als ihm zukam, so kann nur der Verwalter, nicht der Konkursgläubiger das zuviel Gezahlte zurückfordern. Der Massegläubiger ist zwar auf Kosten der Konkursgläubiger bereichert, gleichwohl kann nur der Verwalter den Anspruch auf die Differenz geltend machen, weil dieser Anspruch ein Bestandtheil der Konkursmasse ist, über welchen nur der Verwalter zu verfügen legitimirt ist. Dasselbe gilt wegen des § 166 auch nach Beendigung des Konkurses.

Der Massegläubiger ist nicht legitimirt, eine Konkursforderung zu bestreiten und an einem Prozeß über dieselbe Theil zu nehmen, weil er aus der Aktivmasse vorweg zu befriedigen ist und es deshalb für ihn ohne Interesse ist, ob die Passivmasse größer oder geringer ist. Der Konkursgläubiger hat dagegen zwar ein Interesse daran, einen Masseanspruch zu bestreiten, aber dies Recht kann nach § 6 nur der Verwalter ausüben, der aber nach § 133 Nr. 2 zur Anerkennung des den Werth von 300 Mark übersteigenden Masseanspruchs der Genehmigung des etwa vorhandenen Gläubigerausschusses bedarf, ohne daß jedoch das ohne diese Genehmigung abgegebene Anerkenntniß dem Massegläubiger gegenüber unwirksam ist. Nur dann darf der Konkursgläubiger den Anspruch des Massegläubigers seinem Grund und seiner Höhe nach bestreiten, wenn er persönlich auf Rückzahlung der zu viel erhaltenen Dividende in Anspruch genommen wird. Denn er ist nicht rechtlos bereichert, wenn der Masseanspruch nicht besteht, und wenn derselbe besteht, so ist die Höhe der Bereicherung um so geringer, je geringer die Höhe der Masseforderung ist; das Bestreiten ist deshalb das Leugnen des Klaggrundes und der Massegläubiger hat daher den Beweis seines Rechts zu führen, ohne daß dem Konkursgläubiger gegenüber das Anerkenntniß des Verwalters oder das gegen den letztern ergangene Judikat wirksam ist, weil der Verwalter nicht Vertreter der Konkursgläubiger ist.

7. Das Verhältniß zum Aussonderungsrecht. Das Aussonderungsrecht schließt die Masseforderung aus, weil der Massegläubiger nur aus der Masse, nicht aus Sachen, die Dritten gehören, Befriedigung fordern kann. Ob der Aussonderungsanspruch aber begründet ist, kann sein Interesse berühren, wenn die übrig bleibende Masse zu seiner Befriedigung nicht ausreicht. Unter dieser, von ihm glaubhaft zu machenden, § 71 Abs. 1 Satz 2 C.P.O., Voraussetzung kann er dem Rechtsstreit über das Absonderungsrecht als Nebenintervenient und Streitgenosse beitreten, §§ 66, 69 C.P.O.

Die zwischen dem Verwalter und dem Aussonderungsberechtigten über das Eigenthumsrecht ergangene richterliche Entscheidung ist gegen den Massegläubiger ebenso maßgebend, wie jeder Gläubiger den Ausgang des von seinem Schuldner mit einem Dritten geführten Prozesses gegen sich gelten lassen muß, und sie kann von ihm nur so wie von jedem andern Gläubiger mit der paulianischen Klage des Ges. vom 21. Juli 1879 oder wegen Simulation, § 117 B.G.B., angefochten werden.

S. im Uebrigen Wolff a. a. O. S. 263—266.

8. Das Verhältniß zum Absonderungsrecht. Die Befriedigung des Absonderungsgläubigers erfolgt unabhängig vom Konkursverfahren, § 4 Abs. 2, der Absonderungsberechtigte ist als solcher nicht Konkursgläubiger. Sein schon vor der Konkurseröffnung entstandenes Recht darf daher nicht durch Ansprüche beeinträchtigt werden, welche erst nach diesem Zeitpunkt zur Entstehung gelangen. Das Absonderungsrecht geht daher hinsichtlich des Absonderungsgegenstands dem Masseanspruch vor, R.G. in J. W. 1890 S. 151, Entsch. 33, 118. Da der Absonderungsgegenstand aber zur Konkursmasse gehört, so steht dem Massegläubiger an sich nichts entgegen, aus der Sache im Wege der Zwangsvollstreckung Befriedigung zu suchen. Dies Recht darf er soweit ausüben, als der Verwalter den Gegenstand verwerthen darf (ohne daß ihm jedoch das besondere Verwerthungsrecht des § 127 zusteht), und mit derselben Wirkung, wie es die Verwerthung durch den Verwalter hat, Anm. 3b zu § 4. Tritt an Stelle des Absonderungsrechts in Folge der Verwerthung durch den Verwalter ein Masseanspruch, so entsteht dieselbe Folge durch die vom Massegläubiger betriebene Zwangsvollstreckung; die Forderung ist dann eine Masseschuldforderung des § 59[1], weil die Zwangsvollstreckung in Folge der Unterlassung der Zahlung des Verwalters betrieben wird. In prozessualer Beziehung kann der Massegläubiger, wenn das Absonderungsrecht zum Gegenstand eines Rechtsstreits zwischen dem Verwalter und dem Absonderungsgläubiger gemacht wird, als Intervenient in der Rechtsstellung eines Streitgenossen beitreten, sofern er glaubhaft macht, daß im Falle des Sieges des Separatisten die übrig bleibende Masse zu seiner vollständigen Befriedigung nicht ausreicht. Ist diese Voraussetzung nicht gegeben, so fehlt dem Absonderungsberechtigten in der Regel das Recht des Beitritts zu dem über den Masseanspruch entstandenen Prozeß, weil er

durch die vom Massegläubiger betriebene Zwangsvollstreckung nicht benachtheiligt zu werden braucht und die bloße Möglichkeit, daß der Massegläubiger den Absonderungsgegenstand zum Objekt seiner Befriedigung machen könnte, sein Interesse nicht glaubhaft erscheinen läßt. Nur dann, wenn in Folge des Verkaufs des Absonderungsgegenstands an Stelle seines Absonderungsrechts ein Masseanspruch treten würde und zur Befriedigung dieses Anspruchs ausreichende Mittel nicht vorhanden sein würden, ist sein Interesse zum Beitritt gegeben.

9. Ueber die Einwirkung des Zwangsvergleichs auf die Masseforderungen s. § 191.

§. 58. (51.)

Massekosten sind:

1. die gerichtlichen Kosten für das gemeinschaftliche Verfahren;
2. die Ausgaben für die Verwaltung, Verwerthung und Vertheilung der Masse;
3. die dem Gemeinschuldner und dessen Familie bewilligte Unterstützung.

M. I 242—244; P. I 49, 150; M. II —; P. II —.

1. Nr. 1. Die gerichtlichen Kosten, die sumtus processus des gemeinen Rechts, sind die Massekosten, welche für das gemeinschaftliche Verfahren zu zahlen sind. Zu diesen Kosten gehören nach den M. I S. 243 „die Kosten für das die Eröffnung des Konkurses herbeiführende Verfahren, die gerichtlichen Kosten, welche zur Ermittelung, Sicherstellung, Feststellung, Einziehung und Verwerthung der Aktivmasse nothwendig werden, die Kosten der Verhaftung des Kridars, des offenen Arrestes, der Eintragung von Sperrvermerken, der Siegelung, der Inventuren, der angeordneten Vernehmungen ꝛc., ferner die Kosten, welche durch das gemeinschaftliche Verfahren zur Ermittelung der Anrechte der Gläubiger, zur Feststellung der Passivmasse bedingt werden, sowie die gerichtlichen Kosten, welche durch die Vertheilung der Masse und die Beendigung und Aufhebung des Verfahrens entstehen, endlich und namentlich die Kosten der allgemeinen, den Gang des Verfahrens bestimmenden Termine, des Wahl-, des Prüfungs- und des Schlußtermins."

Aber nur die gerichtlichen Kosten gehören zu den Ansprüchen der Nr. 1, die Kosten der Siegelungen und Inventur daher nur, wenn sie vom Gerichtsschreiber vorgenommen sind. Haben diese Maßnahmen durch andere Urkundspersonen, §§ 123, 124, stattgefunden, so sind die Kosten nicht Massekosten der Nr. 1, sondern der Nr. 2, zugleich aber auch wegen des Auftrags des Verwalters Masseschulden des § 59 Nr. 1. In gleicher Weise sind die Kosten der Verhaftung des Gemeinschuldners durch den Gerichtsvollzieher zu rangiren, die nicht zu den Gerichtskosten gehören.

Da es sich nur um Kosten handelt, welche **für** das gemeinschaftliche Verfahren zu zahlen sind, so kommt es nicht darauf an, ob die die Kosten veranlassende Handlung im **Interesse** der Gläubiger vorgenommen ist, ob sie den Konkursgläubigern dienlich und ob sie nothwendig war, sondern lediglich darauf, ob ein Akt des gemeinschaftlichen Verfahrens sie veranlaßt hat. Deshalb sind trotz der entgegenstehenden Annahme der M. I und des vereinzelten Widerspruchs in der Literatur (s. darüber im Einzelnen Wolff a. a. O. 298, 299) auch die Kosten des Akkordverfahrens, die insbesondere im Fall der Ablehnung des Akkords oder der Wiederaufnahme des Verfahrens, §§ 197, 198, von Bedeutung werden, zu den gerichtlichen Massekosten zu rechnen, weil das Akkordverfahren einen Theil des gemeinschaftlichen Verfahrens bildet.

Auch der Kostenvorschuß, welchen der Gläubiger zu zahlen hat, auf dessen Antrag das Verfahren eröffnet ist, gehört zu den Massekosten, denn der Gläubiger tritt durch die Zahlung des Vorschusses an die Stelle der Gerichtskasse, Anm. 5 zu § 57. Seine sonstigen Auslagen, z. B. die Kosten des ihn vertretenden Rechtsanwalts kann er dagegen nicht als Massekosten geltend machen, sondern nur als Konkursforderung, weil sie durch die Beitreibung seiner Forderung, § 62[1], entstanden sind, (Fitting meint § 35 Anm. 36 mit Unrecht, daß die Masse durch sie bereichert sei). Zu den gerichtlichen Kosten gehören auch die Kosten des vorbereitenden Verfahrens des § 106.

Ob die Kosten durch eine Handlung des Verwalters entstanden sind oder nicht, kommt nicht in Betracht, wenn sie nur für das gemeinschaftliche Verfahren zu zahlen sind. Sind sie auf eine Handlung des Verwalters zurückzuführen, so daß sie ohne diese Handlung nicht entstanden wären, so sind sie gleichzeitig Masseschulden des § 59[1].

Sind sie dagegen nicht für das gemeinschaftliche Verfahren entstanden, so kann die Masse damit nicht belastet werden. Deshalb sind die Separatkosten, die durch den zweiten und weitern Prüfungstermin verursacht sind, keine Kosten des gemeinschaftlichen Verfahrens, daher weder aus der Masse, noch vom Gemeinschuldner persönlich, sondern nur von dem säumigen Gläubiger zu tragen. Die Kosten der Prozesse des Verwalters über bestrittene Konkurs-, Absonderungs-, Aussonderungs- oder Masseansprüche betreffen zwar das gemeinschaftliche Vermögen, aber nicht das gemeinschaftliche Verfahren, sie sind daher keine Massekosten des § 58[1], wohl aber sind die Ausgaben der Verwaltung der Nr. 2 und gleichzeitig Masseschulden des § 59[1].

2. Nr. 2. Die Ausgaben für die Verwaltung, Verwerthung und Vertheilung der Masse, die sumtus oeconomici des gemeinen Rechts, sind die, nicht zu den gerichtlichen Kosten des gemeinschaftlichen Verfahrens gehörigen, in Folge der Durchführung des Konkurses oder zu dieser Durchführung vom Verwalter gemachten Ausgaben, auch wenn der letztere sie ohne Nothwendigkeit aus Versehen gemacht hat.

Während der § 58 Nr. 1 sich über die gerichtlichen Kosten des Verfahrens verhält, handelt die Nr. 2 von den außergerichtlichen Kosten, die aber, weil es in den M. I abgelehnt ist, den Konkurs als Universalzwangsvollstreckungsverfahren aufzufassen, Ausgaben genannt sind, da man die Ausgaben eines nur unter der Leitung des Gerichts stehenden Verfahrens zweckmäßig nicht als Kosten bezeichnen konnte (vgl. das französische le dépens-Kosten und la dépense-Ausgabe). Ueber die Definition der Ausgabe und den Unterschied von der Zahlung einer Masseforderung s. Anm. 5 zu § 57. Unter Ausgabe ist übrigens nicht blos das zu verstehen, was schon ausgegeben, sondern auch das, was noch auszugeben ist, Petersen und Kleinfeller Anm. 2, a. M. Eccius in Gruchots Beitr. 33 S. 741 ff.

Die Kosten der Verwaltung erwachsen meistens aus Rechtshandlungen des Verwalters und rangiren dann als Masseschuldforderungen des § 59[1], ohne dadurch den Charakter der Verwaltungskosten zu verlieren, Anm. 3 zu § 57; sie können aber auch ohne eine Handlung des Verwalters entstanden sein. Dies ist namentlich der Fall, wenn sie als sogenannte Verwaltungsunkosten durch die Zugehörigkeit eines Konkursgegenstands zu den Steuerobjekten einer politischen, kirchlichen oder sonstigen Gemeinschaft zu entrichten sind. Hierher gehören nach den M. I „die auf Grundstücken haftenden öffentlichen und gemeinen Abgaben, also die Grundsteuern, Leistungen zu

Brücken- und Wegebauten, Kirchen- und Pfarrbauten, die Deichlasten, Schul- und Ortsarmenabgaben, sofern sie Leistungen für die Zeit des Verfahrens betreffen."

Die persönlichen Steuern des Gemeinschuldners gehören dagegen nicht zu den Verwaltungsunkosten, vergl. Droste, Ueber die Geltendmachung von Einkommen- und Ergänzungs-Steuerforderungen im Konkurse des Steuerschuldners im Verwaltungsarchiv Bd. 4 S. 11 ff., nicht der Verwalter, sondern der Kridar selbst hat ihre Herabsetzung zu beantragen. Die Gewerbesteuer hat der Verwalter abzumelden, wenn das Gewerbe ein solches ist, dessen Ausübung einer Genehmigung der Verwaltungsbehörde nicht bedarf; die fortlaufenden Steuern eines solchen Gewerbes hat daher die Masse zu tragen. Die nach der Eröffnung des Konkurses fortlaufenden Abgaben eines Gewerbes, welches nur der Kridar fortsetzen darf, belasten die Masse weder als Masse-, noch als Konkurskosten (v. Wilmowski Anm. 3 rechnet die fortlaufenden Gewerbesteuern ohne Unterschied zu den Massekosten), sie gehören aber dann zu den Massekosten, wenn der Verwalter, befugter oder unbefugter Weise, das Gewerbe fortsetzt. Zu den Verwaltungskosten werden auch die nach der Eröffnung des Verfahrens zu tragenden Einquartirungskosten, Obertr. in Striethorsts Archiv 81, 175, und die Beiträge zur Berufsgenossenschaft gerechnet. Die Beiträge zur Berufsgenossenschaft bis zur Konkurseröffnung gehören nicht zu den Massekosten, auch wenn der Verwalter den versicherungspflichtigen Betrieb fortsetzt, R.G. 30, 6 ff., die laufenden Versicherungsprämien, M. I S. 243, und die in die Zeit nach der Konkurseröffnung fallenden, zum Betriebe erforderlichen und zur Verwendung kommenden Beiträge zur Gewerkschaft (Zubußen) des Preuß. Rechts sind Massekosten, R.G. 17, 171, in Wallmanns Zeitschr. f. Pr. R. 2, 776 und Obertr. 71, 256. Doch sind die letztern, sowie die Versicherungsprämien auch Masseschulden des § 92².

Insbesondere gehören dazu auch die Gebühren des Verwalters, § 85, und der Mitglieder des Gläubigerausschusses, §§ 85, 91; s. darüber die Anm. zu § 85.

Auch die Kosten der **Verwerthung** gehören zu den Massekosten, aber nur wenn die Verwerthung vom Verwalter veranlaßt ist. Ist sie von einem Dritten bewirkt, so sind die Kosten nur dann als Masseansprüche anzusehen, wenn die Verwerthung im Interesse der Masse stattgefunden hat, sodaß ihr ein Vortheil entstanden ist, § 683 B.G.B. Führt ein Absonderungsberechtigter die ihm zustehende Verwerthung aus, so fallen der Konkursmasse die Kosten und Schulden der Sondermasse im Fall der Unzulänglichkeit derselben nicht zur Last, M. I S. 242. Denn der Erlös einer verwertheten Sache, der Reinerlös des Verkaufsgegenstandes stellt den Kaufpreis abzüglich der Verwerthungskosten dar; der Absonderungsberechtigte hat ein Absonderungsrecht nur an dem Reinerlöse. Würde er den ganzen Erlös ohne Bezahlung der Verwerthungskosten an sich nehmen, so hätte der Kostengläubiger nur gegen ihn, nicht gegen die Konkursmasse einen Anspruch auf Bezahlung der Kosten.

Die gerichtlichen Kosten der **Vertheilung** der Masse sind Massekosten des § 58 Nr. 1, die übrigen Vertheilungskosten haben, weil sie auf Veranlassung des Verwalters entstanden, gleichzeitig auch die Natur der Masseschulden des § 59¹.

3. Nr. 3. Die dem Kridar und dessen Familie nach §§ 129, 132 bewilligte Gewährung des nothdürftigen Unterhalts hat keinen bindenden Charakter, da die Gläubiger nicht verpflichtet sind, ihren Schuldner, der sie um einen Theil ihres Vermögens gebracht hat, zu alimentiren. Aus dieser, auf Mitleid oder Zweckmäßigkeitsgründen beruhenden, Bewilligung kann der Kridar ein Recht gegen die Masse nicht herleiten, vielmehr kann die Bewilligung jeder Zeit beliebig zurückgezogen werden. Was aber der Verwalter auf Grund derselben gezahlt hat, ist unter den Massekosten

zu verrechnen, und was er zahlen will, ist ohne Rücksicht auf die Bestimmungen über die Abschlagsvertheilungen aus der Konkursmasse vorweg zu nehmen. Deshalb ist die dem Gemeinschuldner bewilligte Unterstützung im Gesetz unter den Massekosten aufgeführt. Freilich ist die Zurücknahme der Bewilligung nicht in das alleinige Ermessen des Verwalters gestellt; denn, so wenig das Gericht ihn zwingen kann, eine Unterstützung zu bewilligen, so wenig darf er die mit Genehmigung des Gerichts bewilligte Unterstützung ohne Genehmigung des Konkursgerichts zurückziehen, und da die Gläubigerversammlung nach § 132 auch ohne Antrag des Verwalters und sogar gegen seinen Willen dem Kridar und dessen Familie eine Unterstützung bewilligen kann, so würde er sich durch Unterlassung dieser Zahlung in direkten Widerspruch mit dem Willen der maßgebenden Gläubigerversammlung setzen. Er muß daher bis zur Einholung der Genehmigung des Gerichts bezw. der Gläubigerversammlung die Zahlung der Unterstützungsgelder fortsetzen, wenn es ihm auch nicht verwehrt ist, unter der Voraussetzung der nachträglichen Genehmigung aus besonderen Gründen die Zahlung schon vorher einzustellen, wie auch die nachträgliche Genehmigung dieser Einstellung auf die Zeit der thatsächlichen Einstellung zurückbezogen werden kann. Da der Verwalter aber, abgesehen von besondern Umständen, die Zahlung fortzusetzen hat, mußten die Unterstützungsgelder sogar in die für den Fall der Insuffizienz vorgeschriebene Rangordnung der Massegläubiger des § 60 aufgenommen werden. Deshalb hat der Kridar aber keinen Masseanspruch, wie auch der Reg.=Vertr. in der Kommission, P. I S. 5, anerkannte, daß dem Kridar auf Gewährung der Unterstützung der §§ 129, 132 ein klagbarer Anspruch nicht zustehe. Er kann sich nur an das Konkursgericht wenden, welches nach § 84 berechtigt ist, den Verwalter zu seiner Pflicht anzuhalten. Die Rechtslage ist keine andere als die des Mündels, welcher zwar verlangen kann, daß ihm der Vormund die erforderlichen Subsistenzmittel aus dem Mündelvermögen gewährt, der aber keinen Rechtsanspruch hat, sondern nur bei dem Vormundschaftsgericht beantragen kann, den Vormund zu seiner Pflicht anzuhalten, s. im Uebrigen die Anm. zu §§ 129, 132.

Die Kosten der Beerdigung des Gemeinschuldners oder seiner Angehörigen gehören nicht zu den Massekosten, doch ist man darüber einig, daß der Verwalter sie aus den rückständigen Unterstützungsgeldern bezahlen darf, in welchem Fall sie als Ausgaben des § 58 Nr. 3 zu betrachten sind. Im Fall des Nachlaßkonkurses sind die Beerdigungskosten Masseschulden, s. darüber § 224 Nr. 2. Die Kosten der Beerdigung der vor der Konkurseröffnung gestorbenen Angehörigen des Kridars, die der letztere zu tragen hat, begründen eine Konkursforderung.

§. 59. (52.)

Masseschulden sind:

1. die Ansprüche, welche aus Geschäften oder Handlungen des Konkurs=Verwalters entstehen;
2. die Ansprüche aus zweiseitigen Verträgen, deren Erfüllung zur Konkursmasse verlangt wird oder für die Zeit nach der Eröffnung des Verfahrens erfolgen muß;
3. die Ansprüche aus einer rechtlosen Bereicherung der Masse.

M. I 244—246; P. I 49, 150; M. II —; P. II —.

1. Nr. 1. Der Verwalter verpflichtet die Masse als der zur Verfügung Berechtigte so wie jeder Vertreter das seiner Disposition unterliegende Vermögen. Die Haftung des Vermögens beschränkt sich aber nach § 164 B.G.B. auf die Willenserklärungen, die der Vertreter innerhalb der ihm zustehenden Vertretungsmacht abgiebt, eine Masseschuld kann daher nur aus solchen Rechtshandlungen des Verwalters entstehen, die dieser innerhalb der Grenzen seiner Vertretungsbefugniß vorgenommen hat, die in seine Verwaltungssphäre gehören, M. I S. 244. Seine Verwaltungsbefugniß giebt ihm nicht das Recht, Schenkungen zu machen, oder Delikte zu begehen, aus einer solchen Rechtshandlung kann daher keine Masseschuld entstehen. Dagegen wird die Masse aus seinen Handlungen, zu deren Vornahme er in abstracto die Verwaltungsmacht hat, berechtigt und verpflichtet, auch wenn er sich dabei eines dolus oder einer culpa schuldig macht, wobei es jedoch unerheblich ist, ob er ohne die vorgeschriebene Genehmigung des Gläubigerausschusses oder der Gläubigerversammlung handelt, § 136. Daher ist auch seine arglistige Einwirkung auf den Dritten zur Eingehung eines Rechtsgeschäfts, die Erregung eines Irrthums, die Verschweigung von Umständen, deren Mittheilung die Vertragstreue erfordert, von der Masse zu vertreten, R.G. 2, 265. in J. W. 1887 S. 14, R.O.H.G. 6, 403, Obertr. 83, 268, deshalb muß sie, wie ebenfalls nicht streitig ist, auch für Gewährleistungsansprüche aus Handlungen des Verwalters haften, M. I S. 244. Bezieht sich aber das Verschulden des Verwalters nicht auf ein Schuldverhältniß, nimmt er z. B. eine fremde Sache für die Masse in Besitz oder greift er in deren Interesse in das Eigenthum eines anderen ein, so ist es zweifelhaft, ob die Masse verpflichtet wird. Das Obertr. 19, 488; 20, 517, 521, 522, das R.O.H.G. 9, 165, 169 und das R.G. 2, 266, in J. W. 1887 S. 14 und in Gruchots Beitr. 31, 395ff., haben nach bisherigem Preuß. Recht angenommen, daß, wenn der Verwalter den Besitz einer fremden Sache ergriffen habe und deren Rückgabe verweigere, die Konkursmasse nach dem Grade seines Verschuldens dem Eigenthümer für den Schaden verantwortlich sei, das R.G. nimmt die unbedingte Haftung der Masse selbst im Falle des dolus des Verwalters an. Diese weitgehende Annahme einer Verpflichtung der Masse ist aber schon nach bisherigem Recht bedenklich. Die Masse wird für außerkontraktliches Verschulden des Verwalters vielmehr nur verpflichtet, wenn der Verwalter einen Gegenstand zur Masse zieht, von dem er irriger Weise glaubt, daß er zur Masse gehöre; denn da er die Verpflichtung hat, alle zur Masse gehörigen Gegenstände in Besitz zu nehmen, § 117, handelt er insoweit als befugter Vertreter der Konkursmasse und verpflichtet sie, auch wenn er zu Unrecht handelt. Der § 117 berechtigt ihn aber nicht Delikte zu begehen, daher nicht, Sachen in Besitz zu nehmen, von denen er weiß, daß sie zur Masse nicht gehören; nimmt er sie gleichwohl in Besitz, so verpflichtet er nur sich, nicht die Masse, s. Wolff, a. a. O. S. 308. Jedenfalls müssen diese Grundsätze nach dem Recht des B.G.B. anerkannt werden: Die strenge Haftung für die Delikte des Vertreters trifft nur den rechtsfähigen Verein, § 31 B.G.B., und die Korporationen des öffentlichen Rechts, § 89 Abs. 1 B.G.B., in allen andern Fällen besteht eine Verantwortlichkeit des Vertretenen für die außerkontraktlichen Schäden nur, wenn dem Vertretenen bei der Auswahl des Vertreters eine culpa in eligendo zur Last fällt, § 831 B.G.B., ein solches Verschulden kann hier aber zu einer Verpflichtung der Masse nicht führen, weil der Gemeinschuldner, der nach wie vor Eigenthümer des Konkursvermögens ist, den Verwalter nicht zu bestellen hat, und die Gläubiger, die ihn gewählt haben, § 80, durch ihr Verschulden nur sich persönlich, nicht das Vermögen eines andern belasten können. Zur Herausgabe der Sache und der Bereicherung ist die Masse dagegen in jedem Falle ver-

pflichtet, und hat der Verwalter die Sache veräußert, so stehen dem Verletzten die Rechte des § 46 zu.

Die vom Verwalter innerhalb seiner Vertretungsmacht vorgenommene Rechtshandlung wirkt für und gegen die Masse, wenn der Verwalter sie ausdrücklich als solcher vorgenommen hat, oder die Umstände ergeben, daß er sie als Verwalter hat vornehmen wollen, § 164 B.G.B. Liegt die letztere Voraussetzung nicht vor, so kann der Dritte nicht für die Konkursmasse in Anspruch genommen werden, aber umgekehrt ist er nicht behindert, seinen Anspruch aus der Rechtshandlung auf Grund des § 59[1] als Masseforderung geltend zu machen, wenn er auch nach § 164 Abs. 2 B.G.B. den Verwalter persönlich in Anspruch nehmen kann. Denn der § 164 Abs. 1 B.G.B., der den Dritten außerhalb des vom Vertreter gewollten Vertragsverhältnisses läßt, wenn ihm die Vertretung nicht erkennbar geworden ist, disponirt lediglich zu Gunsten des Dritten, dem ein Irrthum nicht schaden soll, welchen er nicht hat erkennen können, der Dritte braucht aber seine Rechte aus dem Irrthum nicht zu verfolgen, und indem er nachträglich denjenigen in Anspruch nimmt, der mit ihm nach der Absicht des Vertreters kontrahirt hat, bringt er die Willensmeinung beider Theile in Uebereinstimmung, Eck, Sammlung von Vorträgen über das B.G.B. S. 66, a. M. Plank, Kommentar Anm. 2 zu § 164 B.G.B.

Zu den Rechtshandlungen des Verwalters, durch welche Masseschuldforderungen erzeugt werden, gehören sowohl die gegenseitigen Verträge, wie auch einseitige Verwaltungshandlungen, z. B. die Prozeßführung, das Betreiben von Zwangsvollstreckungen. Dabei ist es unerheblich, ob die Handlung eine positive oder eine negative ist, daher entstehen Masseansprüche auch aus einem gegen den Verwalter ergangenen Versäumnißverfahren, aus einer gegen ihn betriebenen Zwangsvollstreckung. Hierher gehören auch die Fälle, in denen jemand für den durch andere Personen oder durch Thiere oder Sachen verursachten Schaden einzutreten hat, §§ 831—840 B.G.B., weil dabei mindestens eine Unterlassung, ein Mangel der erforderlichen Aufsicht oder Auswahl fingirt wird, Obertr. 19, 488. Aus gleichem Grunde entsteht eine Masseschuld, wenn der Schade die Folge eines vom Verwalter fortgesetzten Gewerbebetriebs ist, z. B. der Anspruch wegen eines bei dem von ihm fortgeführten Betriebe einer Eisenbahn erlittenen Unfalls, § 1 Ges. vom 7. Juni 1871. Auf ähnlicher Grundlage beruht die Haftung der Masse für Eviktion aus dem von einem Absonderungsberechtigten nicht durch öffentliche Versteigerung vorgenommenen Verkauf, §§ 1242, 1248 B.G.B. (bisher § 218 A.L.R. I, 20).

Als Masseschuldforderung ist immer nur der Anspruch anzusehen, dessen Entstehung auf eine Handlung des Verwalters zurückzuführen ist, denn das Gesetz spricht nur von Forderungen, welche aus Geschäften oder Handlungen des Verwalters entstehen. Der schon vor der Konkurseröffnung entstandene Anspruch wird dadurch nicht zu einer Masseforderung, daß dem Gläubiger durch eine Handlung des Verwalters eine neue causa debendi erworben wird. Ist eine Konkursforderung vom Verwalter bestritten, dann aber anerkannt, ist von ihm die Zahlung eines anerkannten oder bestrittenen Anspruchs versprochen, so kann der Gläubiger zwar seine Forderung auf Grund des Anerkenntnisses oder Vergleichs geltend machen, aber anerkannt ist doch immer nur derjenige Anspruch, welcher bereits vor der Eröffnung des Konkurses bestand oder von den Parteien als bestanden angesehen ist. Trotz des Anerkenntnisses des Verwalters bleibt der Anspruch daher nur eine Konkursforderung, R.G. in J. W. 1890 S. 114[13], das R.G. hält deshalb mit Recht auch den durch schuldhafte Nichtberücksichtigung einer Konkursforderung bei einer Abschlagszahlung geltend gemachten

Entschädigungsanspruch für keinen Masseanspruch. Selbst wenn das Anerkenntniß sich durch Begebung eines Wechsels äußert oder der Wechsel aus einem andern Rechtsgrunde für eine Konkursforderung vom Verwalter ausgestellt, akzeptirt oder girirt wird, verliert der Anspruch seinen Charakter als bloße Konkursforderung nicht, wogegen freilich der weitere Erwerber des vom Verwalter begebenen Wechsels seinen Wechselanspruch als Masseforderung geltend machen kann, soweit der Verwalter sich auf das unterliegende Rechtsverhältniß nicht berufen kann, Art. 80 W.O.

Durch die Schuldübernahme Seitens des Verwalters wird dagegen ein Masseanspruch begründet, § 414 B.G.B., denn die von ihm übernommene Forderung bestand zwar schon vor der Konkurseröffnung, aber nicht gegen den Gemeinschuldner, sondern gegen einen Dritten.

2. Nr. 2. Während die Nr. 1 den Ansprüchen aus Handlungen und Geschäften des Verwalters, giebt die Nr. 2 bestimmten Ansprüchen aus Handlungen des Kridars den Charakter der Masseforderungen, dieselben in zwei Kategorien zerlegend: a) in solche, welche einen gegenseitigen Vertrag voraussehen, dessen Erfüllung nur vom Verwalter verlangt wird, und b) in solche, welche einen gegenseitigen Vertrag voraussetzen, der auch ohne eine Handlung des Verwalters erfüllt werden muß.

Zu a s. die Anm. zu § 17.

Zu b. Ausdrücklich verlangt das Gesetz die Fortdauer des vor der Konkurseröffnung bestandenen Vertragsverhältnisses in den §§ 19—22 und theilweise auch im § 23 mit der Wirkung, daß die nach diesem Zeitpunkt entstandenen Ansprüche als Masseforderungen gelten. Dasselbe gilt aber auch von den Ansprüchen aus denjenigen Rechtsverhältnissen, welche, auf einem gegenseitigen Vertrage beruhend, nach der Eröffnung des Verfahrens noch Rechte und Verbindlichkeiten erzeugen, z. B. von den Beiträgen zu einer fortdauernden Gesellschaft, von den oben unter den Verwaltungsunkosten erwähnten Zubußen einer Gewerkschaft R.G. 17, 174, soweit sie nach der Eröffnung des Konkurses durch Gewerkenbeschluß festgestellt werden, von den Beiträgen zu einer Rhederei, § 489 H.G.B., A. M. v. Sarwey=Bossert Anm. 4, die die Zubuße, mag sie vor oder nach der Eröffnung des Verfahrens festgesetzt sein, als Masseschuld ansehen, wenn der Verwalter sich nach § 17 für den Eintritt in das Rechtsverhältniß entschieden hat, wogegen sie die Zubuße andernfalls nur als Konkursforderung betrachten; es wird dabei verkannt, daß der Eigenthümer eines Kuxes nicht Interessent eines noch nicht erfüllten Vertrages, sondern Miteigenthümer des Bergwerks ist, §§ 94, 100, 101 des Preuß. Allgem. Berggeſ. vom 24. Juni 1865, und daß der § 17 daher auf dieses Gemeinschaftsverhältniß überhaupt keine Anwendung finden kann; der Verwalter kann die Gewerkschaft nicht auf einen Schadensanspruch verweisen, er kann aber, mag die Zubuße vor oder nach der Konkursöffnung festgesetzt sein, nach § 130 des Berggesetzes „die Verurtheilung und die Exekution dadurch abwenden, daß er unter Ueberreichung des Kuxscheines den Verkauf seines Antheils behufs Befriedigung der Gewerkschaft anheimstellt."

Hat der Kridar vor der Eröffnung des Konkurses die Aktie einer zu errichtenden Aktiengesellschaft gezeichnet, aber nicht oder nicht vollständig bezahlt, so kann die Gesellschaft den rückständigen Betrag nur als Konkursanspruch geltend machen. Macht aber der Verwalter Ansprüche aus der Aktie auf eine Dividende geltend, so wird die Masse auch für die rückständige Leistung verpflichtet, nicht weil es sich um einen gegenseitigen Vertrag der zweiten Kategorie des § 59 Nr. 2 handelt, sondern um einen Vertrag, dessen Erfüllung zur Konkursmasse verlangt wird.

Die Ansprüche, deren Erfüllung zur Konkursmasse erfolgen muß, sollen nach der Absicht des Gesetzgebers so geartet sein, daß der Vertragsgenosse des Kridars sich der Erfüllung nicht einseitig entziehen darf. Ein solcher Anspruch hört aber nicht auf eine Masseforderung zu sein, wenn im konkreten Fall der Verwalter die Erfüllung nicht verlangt; wäre dies der Fall, so würde der Vertragsgenosse einen Anspruch überhaupt nicht geltend machen können, denn auch eine Konkursforderung würde nicht begründet sein, weil der Anspruch erst nach der Eröffnung des Verfahrens entstanden ist. Kann der vom Kridar geschlossene Miethvertrag, wenn der Konkurs am 1. Dezember 1902 eröffnet ist, mit gesetzlicher Frist erst zum 1. April 1903 gekündigt werden, so würde der Vermiether an sich für 4 Monate vom 1. Dez. bis 1. April eine Masseforderung haben, weil er den Vertrag bis zum 1. April aushalten muß; er braucht ihn jedoch nicht auszuhalten, wenn der Verwalter ihm erklärt, daß er dies nicht verlange. Die Masseforderung ist aber gleichwohl begründet. Denn das Gesetz, welches die Gläubiger dieser Art nicht schlechter stellen will, charakterisirt nicht die Ansprüche, die sich im einzelnen Fall verschieden gestalten können, sondern die Verträge, aus denen die Ansprüche entstehen, und bezeichnet als solche diejenigen Verträge, welche ihrer Art nach Ansprüche nach der Eröffnung des Verfahrens hervorbringen.

3. Nr. 3. Der Bereicherungsanspruch ist eine Masseforderung, wenn „ein fremder Werth ohne Rechtsgrund in die Masse geflossen ist", M. I S. 106, wenn die Masse „etwas auf Kosten einer andern ohne rechtlichen Grund hat", § 812 B.G.B. Entscheidend ist der Zeitpunkt der Konkurseröffnung, eine vorher erfolgte Bereicherung des Gemeinschuldners erzeugt nur eine Konkursforderung, auch wenn sie durch ein Delikt entstanden ist, und einen Aussonderungsanspruch, wenn ein Gegenstand, der einem andern gehört, sich unterschiedbar in der Masse befindet. Eine Bereicherung der Masse ist dann nicht vorhanden, wenn der Kridar selbst es ist, der nach der Konkurseröffnung aus dem Vermögen eines andern bereichert ist, ohne daß das Objekt der Bereicherung in die Masse gelangt. Ob eine Bereicherung vorliegt, ist nach den Vorschriften der §§ 812—822 B.G.B. zu beurtheilen.

Siehe im Uebrigen Anm. 5 zu § 29, Anm. 3b zu § 37, Anm. 2 zu § 147.

§. 60. (53.)

Sobald sich herausstellt, daß die Konkursmasse zur vollständigen Befriedigung aller Massegläubiger nicht ausreicht, tritt eine verhältnißmäßige Befriedigung derselben in der Weise ein, daß zunächst die Masseschulden, dann die Massekosten, von diesen zuerst die baaren Auslagen und zuletzt die dem Gemeinschuldner und dessen Familie bewilligte Unterstützung zu berichtigen sind.

M. I 247—250; P. I 49, 150; M. II —; P. II —.

1. „Die einzelnen Massegläubiger stehen zu einander nicht anders, wie einzelne Gläubiger eines Schuldners," M. I. Es besteht kein Rechtsverhältniß, welches sie verbindet. Ein Gemeinschaftsverhältniß wird, wie in den M. I 247, 248 hervorgehoben ist, „nicht schon dadurch begründet, daß das Vermögen oder ein Vermögensstück unzureichend ist, sondern dadurch, daß eine Kollision eine bestimmte Gestalt annimmt." Diese Kollision gilt nach § 60 erst dann als hervorgetreten, wenn „es sich herausstellt, daß die Konkursmasse zur vollständigen Befriedigung aller Massegläubiger nicht aus-

reicht." Bis zum Eintritt dieses Ereignisses darf daher jeder Massegläubiger seinen eignen Weg gehen, darf seinen Anspruch im Wege der Zwangsvollstreckung durchsetzen, ihn durch Pfand- und andere Rechte sichern lassen, Rinteln, Konkursrecht § 21 S. 99. Gewinnt er dadurch ein Vorrecht vor den übrigen Massegläubigern, so fehlt dem zurückgesetzten Massegläubiger die Befugniß, dasselbe zu beseitigen, es bleibt ihm unbenommen, auch seinerseits Sicherung oder Befriedigung zu suchen.

Ist dagegen das Ereigniß des § 60 eingetreten, so treten auch für die Massegläubiger die Beschränkungen ein, welche die Interessenten einer Gemeinschaft gegen sich gelten lassen müssen, die Massegläubiger werden nunmehr so, wie die Konkursgläubiger es durch die Konkurseröffnung werden, aus dem in der Anm. 2 zu § 3 angegebenen Gründen zu einer Gemeinschaft verbunden, Petersen-Kleinfeller Anm. 2. Was ein Massegläubiger jetzt mehr erhält, als ihm nach der gesetzlichen Rangordnung zukommt, erhält er auf Kosten der übrigen, ihm vor- oder gleichstehenden Massegläubiger, er bereichert sich auf ihre Kosten und wird ihnen daher auf Grund des § 812 B.G.B verpflichtet. In dieser Beziehung kommt das Anm. 6 zu § 57 Gesagte hier zur entsprechenden Anwendung und aus den dort angegebenen Gründen kann der Verwalter den mehrgezahlten Betrag nur unter den dort angegebenen Voraussetzungen einklagen, Eccius a. a. O. S. 742, 743, a. M. Fitting § 14 Anm. 24, v. Wilmowski Anm. 3, die dem Verwalter neben den Massegläubigern, Hullmann Anm. 3, Petersen-Kleinfeller Anm. 3 zu § 3 und v. Völderndorff Anm. 1a, die nur dem Verwalter das Rückforderungsrecht geben.

2. Die Frage, ob der Massegläubiger, nachdem sich die Insuffizienz der Masse ergeben hat, noch berechtigt ist, sich vom Verwalter ein Pfandrecht an einem Konkursgegenstand bestellen zu lassen und Zwangsvollstreckungen oder die Vollziehung des Arrestes in einen solchen Gegenstand zu betreiben, ist von v. Sarwey-Bossert Anm. 4 und Petersen-Kleinfeller Anm. 3 verneint, von letzteren mit der Begründung, daß sich sonst die Beschränkung des § 60 überhaupt nicht vollziehen lasse, Petersen u. Kleinfeller halten die trotzdem erfolgte Zwangsvollstreckung für ungiltig. Allgemein läßt sich die Frage nicht verneinen. Denn obgleich die Massegläubiger nach dem Eintritt der Insuffizienz der Masse in ein gleiches Verhältniß getreten sind, wie es zwischen den Konkursgläubigern bestehend zu den Vorschriften der §§ 12—15 geführt hat, hat der Gesetzgeber für sie eine diesen §§ entsprechende Vorschrift nicht eingeführt und deshalb besteht eine solche für sie nicht. Hat ein Massegläubiger aber keinen Grund, die Zwangsvollstreckung zu betreiben oder seinen Anspruch durch ein Pfandrecht zu sichern, so muß angenommen werden, daß sein Vorgehen lediglich den Grund hat, sich einen ihm nicht zustehenden Vorrang vor den übrigen Massegläubigern zu verschaffen und die letztern dadurch zu schädigen; ist dies der Fall, so ist sein Vorgehen nach § 226 B.G.B. unzulässig, sein Pfandrecht ist den übrigen Gläubigern gegenüber unwirksam, die Zwangsvollstreckung giebt ihm den Mitgläubigern gegenüber kein wirksames Pfändungspfandrecht und der Verwalter kann ihrer Zulässigkeit nach § 766 C.P.O. widersprechen. Der Thatbestand des § 226 B.G.B. ist aber nicht gegeben, wenn der Verwalter in der Vertheilung gemäß § 60 säumig ist und der Massegläubiger deshalb auf die Zwangsvollstreckung angewiesen ist. In jedem Fall darf der Massegläubiger durch einen solchen Akt, auch wenn derselbe zulässig ist, im Verhältniß zu den übrigen Massegläubigern nicht mehr erlangen, als ihm nach § 60 zusteht; jeder Massegläubiger ist daher berechtigt, die ihm zustehende Differenz mit der Bereicherungsklage zu beanspruchen. Der Massegläubiger ist, nachdem sich die Insuffizienz ergeben hat, nicht gehindert, gegen den Verwalter Klage zu erheben. Denn in Streitfall kann

die Feststellung nur im Rechtswege erfolgen. Erhebt er die Klage aber lediglich zum Zweck der Befriedigung, obgleich der Verwalter in der Vertheilung der Masse nicht säumig ist, so ist der Thatbestand des § 226 B.G.B. gegeben, die Kosten des Prozesses müssen dem Kläger zur Last fallen, wenn der Verwalter den Anspruch sofort anerkennt, § 93 C.P.O., und es wird ihm, wenn der Verwalter, z. B. durch Versäumnißerkenntniß, verurtheilt ist, das Recht versagt werden, im Verhältniß zu den übrigen Massegläubigern Ersatz der unnöthig aufgewandten Kosten aus der Masse zu verlangen, und ihm die Verpflichtung auferlegt werden müssen, die von der Masse eingezogenen Kosten derselben insoweit zu erstatten, als die übrigen Massegläubiger sonst benachtheiligt werden würden. Aus gleichem Grunde wird er unter derselben Voraussetzung den übrigen Gläubigern für den Schaden verantwortlich gemacht werden können, den diese dadurch erleiden, daß eine von ihm betriebene Zwangsversteigerung einen geringern Erlös zur Folge hat, als die Verwerthung durch den Verwalter voraussichtlich gehabt haben würde.

3. Die Rangordnung bestimmt der § 60 im Fall der Insuffizienz in der Weise, daß 1. die Masseschulden, 2. die Massekosten der Nr. 1 und 2 des § 58, soweit sie in baaren Auslagen bestehen, 3. die übrigen Massekosten des § 58 Nr. 1 und 2 und schließlich 4. die dem Gemeinschuldner und seiner Familie bewilligte Unterstützung zu berichtigen sind. Fällt ein Anspruch gleichzeitig unter die Massekosten und die Masseschulden, so rangirt er nach der letztern Qualität, Anm. 3a zu § 57. Ueber die Rangordnung der Nebenforderungen s. Anm. 3a zu § 57.

Unter Auslagen sind die Ausgaben des § 58 Nr. 2 zu verstehen, s. Anm. 2 zu § 58.

Der Massegläubiger kann durch ein Absonderungsrecht gesichert sein, s. darüber Anm. 4 zu § 57.

Im Uebrigen findet in derselben Klasse eine weitere Rangordnung nicht statt, sondern sind die Gläubiger derselben Klasse nach dem Verhältniß der Größe ihrer Ansprüche zu befriedigen.

Allen Masseansprüchen gehen aber diejenigen Forderungen vor, welche erst entstanden sind, nachdem sich die Insuffizienz der Masse ergeben hat. Diese Massegläubiger, sozusagen zweiter Potenz, stehen zu den übrigen Massegläubigern in demselben Verhältnisse, wie die letztern zu den Konkursgläubigern und müssen volle Befriedigung vor ihnen erhalten, wenn der Verwalter im Fall der Insuffizienz der Masse nicht völlig kreditlos sein soll. Es ist klar, daß, wenn ein Dritter nach dem Eintritt der Insuffizienz von einem dem Verwalter gegebenen Darlehn oder einer andern ihm auf Grund eines gegenseitigen Vertrags gemachten Leistung nur einen Theil zurückerhielte, die Masse auf Kosten dieses Dritten vergrößert und die bisherigen Massegläubiger mehr erhalten würden, als ihnen vor der Leistung zustand. Beträgt die Masse 3000 M. und die Summe der Masseforderungen 4000 M., so erhält jeder Massegläubiger nur $^3/_4$ seiner Forderung; erhält der Verwalter jetzt ein Darlehn von 2000 M. und müßte der neue Gläubiger mit den bisherigen Kreditoren rangiren, so würde die Masse 5000 M., die Summe der nunmehrigen Masseforderungen 6000 M. betragen, und jeder Massegläubiger statt $^3/_4$ nunmehr $^5/_6$ seiner Forderung, also $^1/_{12}$ mehr als vorher erhalten. Der Vorrang derjenigen Ansprüche, welche nach dem Eintritt der Insuffizienz aus Rechtshandlungen des Verwalters zum Zweck der Verwerthung, Verwaltung und Vertheilung entstehen, ist daher aus dem Gesichtspunkt der Bereicherung begründet. Die übrigen erst nach diesem Zeitpunkt entstehenden Masseforderungen haben dagegen wegen ihrer spätern Entstehung keinen Vorrang.

4. Wann und wie sich die Insuffizienz der Masse ergiebt, ist streitig. In den M. I ist gesagt: „Dieser Zeitpunkt ist nicht allgemein zu fixiren, aber er wird durch die Erklärung des Verwalters, durch Pfändungen oder durch andere thatsächliche Vorgänge nicht unschwer zu ermitteln sein." v. Völderndorff, Willenbücher, v. Sarwey-Bossert und Endemann § 60 S. 368 meinen, die Feststellung habe auf Grund dieser in den M. I angeführten Thatsachen von dem Konkursgericht zu erfolgen, gegen dessen Entscheidung die sofortige Beschwerde zulässig sei, wogegen v. Wilmowski, sowie Petersen-Kleinfeller der Ansicht sind, daß die Entscheidung dem Prozeßgerichte obliege. Die Frage würde müssig sein, wenn sich, wie in dem ähnlichen Fall des § 827 Abs. 2 C.P.O., ohne Weiteres zahlenmäßig feststellen ließe, ob die Masse unzureichend ist oder nicht, dies wird aber, wenn die Versilberung der Masse noch nicht weit genug vorgeschritten ist, in der Regel nicht der Fall sein; jedenfalls kann auf Grund der Voraussetzungen der Konkurseröffnung, § 102, namentlich der Zahlungseinstellung, der von einem Massegläubiger betriebenen Zwangsvollstreckung, überhaupt auf Grund derartiger äußerlicher Thatsachen die Insuffizienz nicht festgestellt werden. Das Gesetz verlangt, 1) daß die objektive Thatsache der Insuffizienz vorhanden, und 2) daß sich diese Thatsache herausgestellt hat. Ob das erste Moment vorhanden ist, ist eine Thatfrage, über welche Beweis und Gegenbeweis zulässig ist. Die zweite Frage ist subjektiver Natur und muß daher durch die Beziehung der objektiven Thatsache zu den in Betracht kommenden Personen festgestellt werden. In Betracht kommen die Massegläubiger allein; der Verwalter steht ihnen in dieser Beziehung nicht anders, wie der Schuldner seinen Gläubigern, also nur passiv gegenüber. Sind daher die Massegläubiger darüber einverstanden, daß die Insuffizienz vorhanden ist, so ist dies Einverständniß auch für den Verwalter maßgebend, dessen Interesse bei der Frage, in welcher Rangordnung die Gläubiger zu befriedigen sind, außer Betracht bleibt, da die letzteren in keinem Falle mehr erhalten, als ihre Masseforderungen. Er kann diesen Beschluß, auch wenn er unrichtig ist, nicht anfechten, durch denselben wird er in der Verwerthung der Masse nicht gehindert, da die Verwerthung auch zur Befriedigung der Massegläubiger erforderlich ist. Auch das Recht der Konkursgläubiger auf Abschlagszahlungen wird durch einen solchen Beschluß nicht beeinträchtigt, denn von der zur Vertheilung disponiblen Masse sind die Massegläubiger ohnehin vorweg zu befriedigen, und, reicht sie hierzu nicht aus, so darf eine Abschlagsvertheilung überhaupt nicht stattfinden; reicht sie aber aus und bleibt nach der Befriedigung bezw. Sicherstellung der Massegläubiger ein Rest übrig, so hat der Beschluß durch diese Befriedigung seine Wirkung von selbst verloren. Will der Verwalter ohne Befriedigung oder Sicherstellung der Massegläubiger zu einer Vertheilung an die Konkursgläubiger schreiten, so kann jeder Massegläubiger eine einstweilige Verfügung nach §§ 935, 940 C.P.O. zur Verhinderung der Vertheilung erwirken. Der Beschluß der Massegläubiger ist für den Verwalter aber nur als solchen maßgebend, nicht aber auch wenn er persönlich im Regreßwege angegriffen wird. Nimmt er trotz des Beschlusses der Massegläubiger und ohne sie vollständig zu befriedigen oder sicher zu stellen eine Vertheilung an die Konkursgläubiger vor, so macht er sich persönlich verantwortlich, aber er kann in diesem Falle bestreiten, daß die Insuffizienz vorhanden oder durch die Vertheilung eingetreten war, denn dann bestreitet er, daß die Massegläubiger durch ihn geschädigt sind.

Streiten die Massegläubiger über die Frage der Insuffizienz, so hat nicht das Konkursgericht zu entscheiden, denn die Massegläubiger unterstehen seiner Kompetenz nicht. Es steht ihnen vielmehr nur der Prozeßweg offen. Die Klage ist aber nicht gegen den an der Sache nicht interessirten Verwalter, sondern gegen den oder die dissentirenden Massegläubiger zu richten. Der Verwalter kann sich an dem Rechtsstreit nicht betheiligen. Es kann aber, wenn die Insuffizienz glaubhaft gemacht ist, in dem Prozeß der Gläubiger eine einstweilige Verfügung erlassen werden, durch welche dem Verwalter aufgegeben wird, bestimmte Maßregeln zu unterlassen, durch welche die Massegläubiger benachtheiligt werden könnten.

Dem Verwalter, der für die Erfüllung seiner Pflichten auch den Massegläubigern gegenüber verantwortlich ist, § 82, liegt nicht blos, wenn ein Massegläubiger die Insuffizienz behauptet oder gar im Prozeß geltend macht, sondern überhaupt, sobald er sich dieser Thatsache bewußt wird, die Pflicht ob, die erkannte Insuffizienz den Massegläubigern unverzüglich mitzutheilen und bis zu deren Erklärung weitere Zahlungen an solche Gläubiger einzustellen, denen nicht auch nach der Rangordnung des § 60 und mit Rücksicht auf den Massebestand volle Befriedigung zukommt. Wird er sich dieser Thatsache schuldvoller Weise zu spät bewußt, so kann er sich der persönlichen Verantwortlichkeit nicht entziehen.

Aber nicht schon, sobald der Verwalter jenes Bewußtsein erlangt, auch nicht, sobald er die Mittheilung an die Gläubiger gemacht, hat sich herausgestellt, daß die Masse unzureichend sei. Da die Gläubiger es sind, welche über diese Frage zu entscheiden haben, so ist die Konstatirung der Insuffizienz erst dann als erfolgt anzusehen, wenn sie sich zustimmend erklärt oder wenigstens nicht alsbald verneinend geantwortet haben. Indessen braucht der Verwalter auf diese Entscheidung nicht zu warten, denn er handelt sachgemäß, wenn er, die Verwerthung fortsetzend, die Vertheilung auf Grund des § 60 vornimmt.

5. Steht fest, daß die Masse unzureichend ist, so hat der Verwalter die Vertheilung nach der Vorschrift des § 60 vorzunehmen. Er hat dabei alles zu thun, was erforderlich ist, um die einzelnen Gläubiger in den Stand zu setzen, ihr Interesse gegenüber den andern Massegläubigern wahrzunehmen. Deshalb wird er jedem von ihnen in der Regel einen Vertheilungsplan vorlegen. Dagegen ist er nicht verpflichtet, die Vertheilung in den Formen oder in ähnlichen Formen vorzunehmen, in welchen die Vertheilung an die Konkursgläubiger zu erfolgen hat, R.G. in J. W. 1890 S. 150, v. Wilmowski, v. Völderndorff, Petersen-Kleinfeller und v. Sarwey-Bossert, a. M. Hullmann Anm. 3, Wengler Anm. 4, Stieglitz Anm. III und Fitting § 4 III, nach denen die Vorschriften der K.O. entsprechend zur Anwendung kommen sollen. Um diese weitläufigen und kostspieligen Formen des Vertheilungsverfahrens auf die in der Regel nur in geringer Anzahl vorhandenen Massegläubiger anzuwenden, hätte es einer gesetzlichen Vorschrift bedurft. Auch die zweckmäßigeren und näher liegenden Vorschriften der §§ 872 ff. C.P.O. kommen nicht zur Anwendung, weil die analoge Anwendung der Bestimmungen der C.P.O. sich nach § 72 nur auf das Konkursverfahren bezieht, die Massegläubiger aber außerhalb des Konkursverfahrens zu befriedigen sind.

Jeder Massegläubiger kann den Vertheilungsplan anfechten, kann den Anspruch eines Mitgläubigers seiner Existenz, Höhe und Qualität (ob Konkurs- oder Masseanspruch, ob Massekosten- oder Masseschuldforderung) bestreiten, kann auch die unterlassene Aufnahme in den Plan zum Zweck der Berücksichtigung bei der Vertheilung verlangen. Prioritätsstreitigkeiten haben die Gläubiger unter sich auszufechten, den Verwalter interessirt es nicht, ob eine Forderung eine Massekosten- oder eine Masseschuldforderung ist. Für ihn ist es aber von Interesse, ob eine Forderung ihrer Existenz und Höhe nach begründet ist oder nicht, und ob sie eine Masse- oder eine

Konkursforderung ist. Hieran haben aber auch die Massegläubiger ein Interesse. Dies Interesse legitimirt zur Klage und zur Theilnahme am Rechtsstreit.

Achter Titel.

Konkursgläubiger.

§. 61. (54.)

Die Konkursforderungen werden nach folgender Rangordnung, bei gleichem Range nach Verhältniß ihrer Beträge, berichtigt:

1. die für das letzte Jahr vor der Eröffnung des Verfahrens oder dem Ableben des Gemeinschuldners rückständigen Forderungen an Lohn, Kostgeld oder anderen Dienstbezügen der Personen, welche sich dem Gemeinschuldner für dessen Haushalt, Wirthschaftsbetrieb oder Erwerbsgeschäft zur Leistung von Diensten verdungen hatten;
2. die Forderungen der Reichskasse, der Staatskassen und der Gemeinden, sowie der Amts-, Kreis- und Provinzialverbände wegen öffentlicher Abgaben, welche im letzten Jahre vor der Eröffnung des Verfahrens fällig geworden sind oder nach §. 65 als fällig gelten; es macht hierbei keinen Unterschied, ob der Steuererheber die Abgabe bereits vorschußweise zur Kasse entrichtet hat;
3. die Forderungen der Kirchen und Schulen, der öffentlichen Verbände und der öffentlichen, zur Annahme der Versicherung verpflichteten Feuerversicherungsanstalten wegen der nach Gesetz oder Verfassung zu entrichtenden Abgaben und Leistungen aus dem letzten Jahre vor der Eröffnung des Verfahrens;
4. die Forderungen der Aerzte, Wundärzte, Thierärzte, Apotheker, Hebammen und Krankenpfleger wegen Kur- und Pflegekosten aus dem letzten Jahre vor der Eröffnung des Verfahrens, insoweit der Betrag der Forderungen den Betrag der taxmäßigen Gebührnisse nicht übersteigt;
5. die Forderungen der Kinder, der Mündel und der Pflegebefohlenen des Gemeinschuldners in Ansehung ihres gesetzlich der Verwaltung desselben unterworfenen Vermögens; das Vorrecht steht ihnen nicht zu, wenn die Forderung nicht binnen zwei Jahren nach Beendigung der Vermögensverwaltung gerichtlich geltend gemacht und bis zur Eröffnung des Verfahrens verfolgt worden ist;
6. alle übrigen Konkursforderungen.

M. I 250—268; P. I 49—53, 150—152; M. II 37; P. II 16, 17.

1. Die Aenderungen der bisherigen Fassung betreffen die Nrn. 1, 4 und 5 und werden dort erwähnt.

2. Das Gesetz, von dem Gedanken ausgehend, daß die Beseitigung aller Vorrechte das Ziel sein müsse, welches die Gesetzgebung nicht aus den Augen verlieren dürfe, M. I 253, ist der Anhäufung von Vorrechten entgegen getreten, welche das gemeine Recht und ihm folgend eine große Anzahl Partikulargesetzgebungen, in einem von dem unrichtigen Gesichtspunkt geleiteten Bestreben nach „minutiöser Gerechtigkeit" in einem den Kredit, die Uebersichtlichkeit und selbst die Gerechtigkeit gefährdendem Maße eingeführt hatten. Die Beseitigung trifft hauptsächlich außer den Generalhypotheken die Vorrechte der Ehefrau, die meisten Vorrechte des Fiskus und der übrigen öffentlichen Korporationen, die Privilegien der Forderungen für Lieferung von Lebensbedürfnissen an den Gemeinschuldner und seine Familie und der Beerdigungskosten. Die Kommission, bei welcher „ein Einverständniß darüber herrschte, daß mit dem System der Vorrechte prinzipiell gebrochen werden müsse," hat auch das vom Entwurf noch beibehaltene Konkursprivileg der Ansprüche des Staats und der sonstigen öffentlichen Korporationen wegen der Kassendefekte ihrer Beamten gestrichen. Dadurch hat auch der, das Vorzugsrecht der Landesgesetzgebung auf die Reichsbeamten zur Anwendung bringende, § 20 Nr. 2 des Ges. vom 31. März 1873 seine Bedeutung verloren. Die aufrecht erhaltenen Vorrechte „haben ihren Grund in dem Bedürfniß des öffentlichen Wohls und des Kredits, sie sind wegen des regelmäßigen Vorhandenseins von Ansprüchen dieser Art jedem erkennbar und, abgesehen von dem Vorrecht der 5. Klasse, in quantitativer Beziehung unbedeutend".

3. Die Vorrechte sind **privilegia causae**, sie sind nicht für alle Forderungen bestimmter Personen, sondern nur für bestimmte Forderungen bestimmter Personen gegeben. Ob sie auf den Rechtsnachfolger übergehen, entscheidet nicht die K.O., sondern das Civilrecht, R.G. 3, 34 ff. und in Blumes Annalen des R.G. 3 S. 91 ff. Nach § 901 Abs. 2 B.G.B. geht im Fall der Uebertragung der Forderung das für den Fall des Konkurses mit derselben verbundene Vorzugsrecht auf den neuen Gläubiger über, dasselbe gilt nach § 412 B.G.B. für die Fälle, Anm. 3 zu § 55, in denen die Forderung durch Befriedigung des Gläubigers kraft Gesetzes auf denjenigen übergeht, welcher den Anspruch berichtigt hat, sowie kraft der besonderen Bestimmung im Fall der Nr. 2, wenn der Steuererheber eine öffentliche Abgabe vorschußweise entrichtet hat. Das Vorrecht besteht an dem Vermögen des Schuldners und geht daher gegen den neuen Erwerber dieses Vermögens über, mag die Universalsukzession auf Erbgang oder einem Rechtsgeschäft unter Lebenden, Anm. 6 zu § 40, beruhen. Geht die bevorrechtigte Forderung dagegen durch Schuldübernahme gegen einen neuen Schuldner über, so kann in dessen Konkurs das Vorrecht nicht geltend gemacht werden, § 418 Abs. 2 B.G.B. Dem Bürgen gegenüber muß aber das Vorrecht geltend gemacht werden können, denn für seine Verpflichtung ist der Bestand der Hauptverbindlichkeit maßgebend, § 767 B.G.B., der Anspruch besteht daher gegen ihn, wenn auch regelmäßig nur subsidiär, in derselben Weise und in demselben Umfang, wie gegen den Hauptschuldner.

Eine Forderung verliert ihr Vorrecht nicht dadurch, daß sie kreditirt ist, oder daß Zinsen versprochen sind, zumal für rückständige Forderungen nach §§ 284 Abs. 2 288 B.G.B. ohnehin Zinsen gefordert werden können.

Für den Kontokurrentsaldo kann das Vorrecht einer einzelnen Forderung nicht geltend gemacht werden, R.G. 3, 17.

Das Vorrecht ist ein akzessorisches, ein der Forderung inhärirendes Recht, es kann daher von der Forderung nicht getrennt und auch mit Einwilligung des Gemeinschuldners nicht auf eine andere Forderung übertragen werden, R.G. in Wallmanns Jur. Z. 5 S. 370 ff., 402 ff., 421 ff., a. M. O.L.-Gericht zu Braunschweig in Seufferts Arch. 53, 244 ff. Das Vorrecht wird zwar nicht von amtswegen berücksichtigt, sondern muß, soweit es beansprucht wird, angemeldet werden, § 139, der Gläubiger kann daher auf dies Privileg ausdrücklich, wie auch durch Unterlassung der Anmeldung stillschweigend verzichten, R.G. 20, 442; 38, 418, er kann es aber einem nachfolgenden Gläubiger nicht einräumen, Petersen-Kleinfeller Anm. I 5.

4. Die **Rangordnung** ist durch die Reihenfolge der Klassen bestimmt, die Ansprüche derselben Klasse stehen einander gleich und werden, wenn die Masse zu ihrer vollständigen Befriedigung nicht ausreicht, nach dem Verhältniß ihrer Höhe berichtigt.

Abweichende Vorschriften des ausländischen Rechts über die Rangordnung dürfen ebensowenig berücksichtigt werden, als Vorrechte, welche das ausländische Recht, nicht aber die K.O. anerkennt, R.G. 1, 322 und in J. W. 1891 S. 10^{26}.

Die Rangordnung des § 61 war bisher nach Preuß. Recht, § 8 des Ges. vom 6. März 1879, auch außerhalb des Konkurses entsprechend anzuwenden. Diese Vorschrift ist jetzt beseitigt.

Mit der bevorzugten Forderung kann ein Absonderungsrecht verbunden sein, es kann z. B. für einen Liedlohnanspruch der Nr. 2 das Immobiliarabsonderungsrecht des § 10^2 Z.V.G. bestehen; in diesen Fällen kommt der § 64 zur Anwendung.

5. Die bevorzugten Gläubiger sind Konkursgläubiger und haben daher im Allgemeinen alle Rechte und Pflichten derselben, sie unterliegen der Anmeldungspflicht und nehmen an den Abstimmungen Theil. Aber sie können vom Verwalter mit Ermächtigung des Gerichts unabhängig von den Vertheilungen befriedigt werden, § 170, sie werden durch den Akkord berechtigt, § 194, aber nicht beeinträchtigt, § 191, betheiligen sich daher nicht am Abschluß des Zwangsvergleichs, §§ 173, 179, können auch dem Akkordvorschlag nicht wiedersprechen, § 188.

6. Nr. 1. a) Ueber die Personen, welche sich dem Gemeinschuldner für dessen Haushalt, Wirthschaftsbetrieb oder Erwerbsgeschäft verdungen haben, s. die Anm. 5 zu § 22, deren Inhalt hier mit folgender Maßgabe zur Anwendung kommt: Der § gab in seiner bisherigen Fassung das Vorrecht nur denjenigen Bediensteten, welche sich dem Kridar „zu dauerndem Dienste" verdungen hatten. Diese Worte sind durch die Worte „zur Leistung von Diensten" ersetzt; dadurch ist nach dem Vorgang des § 10 Nr. 2 Z.V.G. das Vorrecht auch für den Fall gewährt, daß es sich nicht um einen dauernden Dienst handelt. Der § 61 setzt aber auch nicht, wie der § 22, ein **Dienstverhältniß** voraus, das Vorrecht ist daher auch denjenigen gewährt, welche sich nicht zu fortlaufenden Diensten, sondern nur zu einer einmaligen Dienstleistung verdungen haben, insbes. den Tagelöhnern, Lohndienern, Näherinnen ꝛc.

b) Der Lohn, das Kostgeld und die sonstigen Bezüge, für welche das Vorrecht besteht, sind die Vergütung des § 611 B.G.B. Es fallen darunter „Lohn, Honorar, Gehalt, Kostgeld, Diäten, Livree, Schießgeld, Tantieme, Deputat, Wohnung, Naturalbezüge." Soweit diese Vergütung nicht in einer bestimmten Geldleistung besteht, erfolgt die Umrechnung nach §§ 69, 70.

Dagegen besteht das Vorrecht nicht für Ansprüche, auf welche sich die Vergütung nicht bezieht, daher nicht für Auslagen, die der Dienstverpflichtete nur gelegentlich der Verrichtung der Dienste, nicht zur Verrichtung derselben gemacht hat, z. B. für ein dem Dienstberechtigten gegebenes Darlehn, auch nicht für den Ersatzanspruch wegen vorzeitiger Aufhebung des Dienstverhältnisses, § 26, der nicht eine Vergütung für Dienste, sondern ein Ersatz für die Beseitigung des die Vergütung erzeugenden Rechtsverhältnisses ist.

Daß der Dienstverpflichtete noch zur Zeit der Eröffnung des Konkurses im Dienst des Kridars stand, ist nicht erforderlich.

c) Die Vergütung für die Zeit nach Eröffnung des Konkurses ist nach § 59 Nr. 2 Gegenstand einer Masseforderung. Für die Zeit vorher ist sie Gegenstand einer Konkursforderung. Für diese ist das Vorrecht der Nr. 1 auf die Zeit eines Jahres beschränkt, welches von der Zeit der Konkurseröffnung, § 108, zurückzurechnen ist. Die Frist beginnt mit dem Beginn desjenigen Tages des vorhergehenden Jahres, welcher dem Tage der Eröffnung des Konkurses entspricht, § 188 B.G.B. Ist der Schuldner aber vor der Eröffnung des Konkurses gestorben, so ist die Frist, sofern sie länger ist als diejenige, für welche die Konkurseröffnung maßgebend ist, von dem Tage des Todes zurückzurechnen, „damit das Vorrecht nicht durch längere Regulirung des Nachlasses verloren geht," M. I.

Auf die Fälligkeit der Vergütung kommt es nicht an, R.G. 22, 142.

d) Das Vorrecht der Nr. 1 ist auf die rückständigen Eintrittsgelder und Beiträge zu den Krankenversicherungsanstalten, § 55 Abs. 2 des Ges. vom 20. April 1892, und zu den Innungskrankenkassen, § 100¹ der Gew.O. vom 26. Juli 1897 ausgedehnt.

7. Nr. 2.

a) Berechtigt sind das Reich, die Einzelstaaten und jeder politische Verband, auch die auswärtigen Staaten und deren politischen Verbände, § 5, soweit nicht das Retorsionsrecht des § 5 Abs. 2 zur Anwendung kommt. Das Recht, Abgaben zu erheben, ist ein Hoheitsrecht, welches nur dem Staat und denjenigen Verbänden zusteht, denen es besonders verliehen ist. Dazu gehören politische Parteien nicht. Voraussetzung des Abgabeprivilegs ist stets die Eigenschaft des politischen Verbands, daher sind Privatpersonen, denen die Erhebung von Abgaben, z. B. von Brückengeld, verliehen ist, nicht bevorrechtigt. Ist aber die bevorrechtigte Forderung erworben, so kann sie mit dem Vorrecht jedem Dritten übertragen werden.

b) Die öffentlichen Abgaben sind Leistungen, welche zur Befriedigung öffentlicher Bedürfnisse ohne Voraussetzung einer andern Verpflichtung zu zahlen sind, Zachariä, Staatsrecht Bd. 3 § 196, ohne Unterschied, ob sie sich als direkte oder indirekte Steuern darstellen. Zu den letztern gehören auch die Zölle und Stempel, R.Ges. vom 10. Juni 1869, 3. Juli 1878, 5. Juli 1879, 29. Mai 1885, §§ 15, 16 des Preuß. Ges. vom 31. Juli 1895. Diejenigen Beträge dagegen, welche für die Thätigkeit einer Behörde zu zahlen sind, mag diese Thätigkeit von dem Leistungspflichtigen oder gegen ihn in Anspruch genommen sein, sind keine Steuern oder Abgaben, sondern Gebühren und Auslagen. Daher sind die Kosten, welche durch einen Civilprozeß, ein strafgerichtliches, ehrengerichtliches, ein Disziplinarverfahren, durch Ausübung der freiwilligen Gerichtsbarkeit, durch die Thätigkeit des Verwaltungsgerichts oder einer Verwaltungsbehörde entstanden sind, keine bevorrechtigten Forderungen. Diese in der Literatur verbreitete, auch vom R.G. 21, 46; 28, 87 vertretene Ansicht ist freilich von anderer Seite, u. A. von dem Bayersch. Oberst. Landesgericht, Sammlung der Entsch. 9, 432 ff., 606 ff., in Seufferts Arch. 42, 255, Z. f. D.C. 6, 112 ff., 125 ff., bestritten, weil die Frage, was als öffentliche Abgabe anzusehen sei, nach den betreffenden Steuergesetzen zu entscheiden sei, in den Mot. zum Gerichtskostengesetz vom 18. Juni 1878 die Gebühren für Ausübung der Rechtspflege als Abgaben und die

Erhebung solcher Gebühren als eine Besteuerung bezeichnet und in den Bayerischen Landesgesetzen die Gebühren für Akte der freiwilligen Gerichtsbarkeit ausdrücklich als öffentliche Abgaben anerkannt seien. In den M. I S. 255, 256 ist aber das gemeinrechtliche Privileg des Fiskus wegen der Gerichtskosten als das drückendste und am wenigsten gerechtfertigte ausdrücklich als ein solches bezeichnet, welches nicht aufrecht erhalten werden soll und die Motive, denen in dieser Beziehung von keiner Seite widersprochen ist, sind dann besonders zu berücksichtigen, wenn in ihnen ein Ausdruck interpretirt wird, den das Gesetz gebraucht. Im vorliegenden Fall ist diese Interpretation um so unbedenklicher, als sie mit der allgemeinen Ausdrucksweise übereinstimmt. Es ist aber auch nicht richtig, daß die Landesgesetzgebung entscheiden darf, was unter öffentlichen Abgaben zu verstehen ist, sie darf neue Abgaben, aber keine neuen Konkursprivilegien einführen. — Die Stempelkosten sind dagegen immer Abgaben, auch wenn der Akt, für den sie zu entrichten sind, von einer Behörde aufgenommen ist.

c) Die meisten Abgaben sind mit der Verpflichtung der Entrichtung fällig. Aber die Fälligkeit einzelner indirekter Abgaben, insbesondere der Maisch-, Rübenzucker- und Tabaksteuer kann vor ihrer Feststellung nicht eintreten, welche zur Zeit der Entstehung der Verpflichtung noch nicht möglich ist. Deshalb ist für das Vorrecht ausnahmsweise nicht der Zeitpunkt der Entstehung der Abgabeforderung, sondern derjenige der Fälligkeit für maßgebend und zur Berechnung der Forderung der § 65 Abs. 1 und 2 für anwendbar erklärt. Die Ausnahme bleibt aber auf die Frage nach dem Vorrecht beschränkt; für die Beantwortung, ob die Abgabeforderung eine Masse- oder eine Konkursforderung ist, kommt es darauf an, ob die Abgabe für die Zeit nach oder für die Zeit vor der Konkurseröffnung zu zahlen ist.

d) Wegen der Berechnung des letzten Jahrs vor Eröffnung des Konkurses s. Anm. 6c.

8. Nr. 3.

a) Unter Kirchen, d. h. hier Kirchengemeinden, versteht das gemeine Recht, Richter-Dove, Lehrb. des kath. und ev. Kirchenrechts § 1 nur die christlichen Kirchen; das Preuß. A.L.R. unterscheidet im 11. Titel des 2. Buchs die Kirchen von den übrigen Religionsgesellschaften, definirt im § 11 die Kirchengesellschaften als Religionsgesellschaften, welche sich zur öffentlichen Feier des Gottesdienstes verbunden haben, im § 12 die geistlichen Gesellschaften als diejenigen, welche zu gewissen andern besondern Religionsübungen vereinigt sind. Nach A.L.R. gehört daher die Gemeinschaft der Juden, nicht aber die freie Gemeinde zu den Kirchen (das Obertr. 65, 440 rechnet die Judengemeinschaft nicht zu den Kirchengemeinden). Indem das Gesetz die Forderungen der Kirchen privilegirt, kann es unter den Kirchen nur diejenigen Gemeinden verstehen, welche Korporationsrechte haben, denn nur einem Rechtssubjekt können Forderungen zustehen. Das A.L.R. hat nur den „ausdrücklich aufgenommenen" Kirchengemeinden Korporationsrechte zuerkannt, §§ 17, 20 A.L.R. II, 11; die ausdrücklich aufgenommenen Kirchengemeinden sind die lutherische, reformirte, unirte, die katholische und die altkatholische (Ges. vom 4. Juli 1875). Korporationsrechte sind ferner den Herrenhutergemeinden (Generalkonzession vom 7. Mai 1746 und 18. Juli 1763, Gedicke's Annalen Bd. 1 Heft 3 S. 44 ff.), der Gemeinde der Altlutheraner, sowie den ordnungsmäßig gebildeten Synagogengemeinden, §§ 36, 37 des Ges. vom 23. Juli 1847 ertheilt, Obertr. 81, 324; den Menoniten und den Baptisten können die Minister der Justiz, des Innern und der geistl. Ang. Korporationsrechte ertheilen, § 1 des Ges. vom 12. Jan. 1874 und Ges. vom 7. Juli 1875. Im Uebrigen können nach § 50 der Preuß.

Verfassung vom 31. Januar 1850 „die Religionsgesellschaften, sowie die geistlichen Gesellschaften, welche keine Korporationsrechte haben, diese Rechte nur durch besondere Gesetze erlangen." Durch das B.G.B. ist dieser Rechtszustand nicht geändert, Art. 84 E.G. z. B.G.B.

b) Die Schulen.

In den M. I S. 256 ist hervorgehoben, es rechtfertige sich nicht, das Vorrecht auf die Forderungen von Privatschulen auszudehnen. Wegen dieser Bemerkung wird angenommen, daß das Vorrecht nur öffentlichen Schulen zustehe. v. Wilmowski Anm. 7 begründet diese Ansicht mit der Erwägung, daß nur für öffentliche Schulen durch Gesetz oder Verfassung Abgaben und Leistungen bestimmt werden können. Die Ansichten gehen aber darüber auseinander, was unter öffentlichen Schulen, ob darunter nur Staats- oder Gemeindeinstitute, oder auch selbstständige Schulgemeinden zu verstehen sein; v. Völderndorff will auch der Staats- oder Gemeindeschule das Vorrecht nicht zubilligen, „wenn der Staat oder eine Gemeinde nicht als politische Korporation, sondern als Vermögensinhaber eine Schule unterhalte." Das Gesetz spricht aber überhaupt nicht von öffentlichen und Privatschulen, sondern lediglich von Schulen. Die Schulen sind nicht im objektiven Sinn als „Veranstaltungen" gedacht, welche, wie § 1 A.L.R. II, 12 statuirt, zum Unterricht bestimmt sind, sondern als Subjekte, welchen Forderungen zustehen. Zum Wesen der Schule im Sinne der Nr. 2 gehört es daher, daß die Schule, ebenso wie dies oben von der Kirche gesagt ist, eine rechtsfähige Gemeinschaft ist, ohne daß das Gesetz einen Unterschied zwischen öffentlichen und privaten Schulen macht. Eine solche Gemeinschaft besteht, wenn auf gesetzlicher Grundlage eine selbstständige Schulgemeinde oder ein selbstständiger Schulverband gebildet, wenn der Staat oder ein politischer Verband Inhaber oder Eigenthümer der Schulanstalt, oder wenn eine andere Korporation: eine rechtsfähige Kirchengesellschaft, ein rechtsfähiger Verein, eine rechtsfähige Gesellschaft Inhaberin der einen Theil ihres Bestandes bildenden Schule ist. Daher besteht eine Schule im Sinne der Nr. 2 nicht, wenn die Schulanstalt einer einzelnen Person oder einer nicht rechtsfähigen Gesellschaft gehört.

Zu den Schulen gehören auch die höheren Lehranstalten: Universitäten, Akademien.

c) Die öffentlichen Verbände. Auf staatlicher Grundlage beruhen diejenigen Verbände, welche dem Organismus des Staats angehören oder in diesen Organismus gesetzlich eingefügt sind. Der zentralisirte und bureaukratische Staat verwaltet seine Angelegenheiten selbst, je mehr er aber dem Prinzip der Selbstverwaltung nachgiebt, desto mehr läßt er seine Angelegenheiten unter seiner Aufsicht durch Organe der Selbstverwaltung betreiben, und je mehr dem Bevormundungsprinzip gehuldigt wird, desto mehr Verbände werden gebildet, welche im Interesse der Gesammtheit die Angelegenheiten einzelner Klassen der Bevölkerung unter Aufsicht nehmen. Der Staat gestattet die Entstehung von Gemeinschaften (Verbänden) im Privatinteresse, er erzwingt die Bildung von Verbänden im Staatsinteresse und zum Zweck der Eingliederung in den Staatsorganismus. Die gestatteten Verbände beruhen auf privatrechtlicher, die erzwungenen auf staatsrechtlicher Grundlage, letztere sind die öffentlichen Verbände; Wolff, Anm. 9d zu § 10 Z.V.G.; auch v. Wilmowski Anm. 8 rechnet die Hülfskassen zu den öffentlichen Verbänden, wenn sie nicht blos zugelassen, Ges. vom 7. April 1876, sondern durch Ortsstatut obligatorisch eingerichtet sind, Art. 141 des Ges. vom 8. April 1876. Hiernach gehören zu den öffentlichen Verbänden die Orts- und Armenverbände, § 2 des R.Ges. vom 6. Juni 1870 und Preuß. Ges. vom 8. März 1871, die

Anwaltskammern, § 41 der R.A.O. vom 1. Juli 1878, die Knappschaftsvereine, R.G. bei Bolze 2 Nr. 1992 und in Gruchots Beitr. 30, 1010, § 165 des Preuß. Allgem. Berggeſ. vom 24. Juni 1865, die Berufsgenossenschaften (R.G. 22, 139 und im Just.-Min.-Bl. 1897 S. 63, 64) der Unfallversicherungsgesetze, des Krankenkassengesetzes, des Invalidenversicherungsgesetzes vom $\frac{13.}{19.}$ Juli 1899, die Handwerkskammern, § 103 der Gew.O. vom 26. Juli 1897, die Preuß. Deichverbände, §§ 5, 6, 7 des Ges. vom 28. Januar 1848, Ges. vom 11. April 1872 betr. die Ausdehnung desselben auf Schleswig und Holstein und Hannover, §§ 167, 170 der Deich- und Sielordnung für Ostfriesland vom 12. Juni 1853. Dagegen sind die Handelskammern, § 1 Ges. vom 19. August 1897, die Fischereigenossenschaften, § 9 des Preuß. Fischereiges. vom 30. Mai 1874, die Waldschutzgenossenschaften und andern gemeinnützigen, vom Staate genehmigten Institute ebensowenig zu den öffentlichen Verbänden, wie die Privatversicherungsgesellschaften, die Eisenbahngesellschaften, die Erwerbsgenossenschaften, die politischen, wissenschaftlichen, religiösen Vereine zu rechnen. Die einem öffentlichen Verband gehörigen Institute sind dagegen als Theile der erstern öffentliche Verbände.

Zu den letztern gehören auch die Verbände der Nr. 2, die demnach ein zweifaches Vorrecht haben, aber der Umstand, daß sie doppelt privilegirt sind, beeinträchtigt ihr Vorrecht unter Nr. 2 nicht, sodaß sie vor den übrigen Verbänden der Nr. 3 rangiren.

d) Von den Feuerversicherungsanstalten sind nur die zur Annahme der Versicherung Verpflichteten bevorzugt. In Preußen sind dies nur die Provinzialversicherungsanstalten. Es ist nicht erforderlich, daß die Anstalt alle Versicherungen anzunehmen verpflichtet ist, wenn sie nur statutenmäßig verpflichtet war, die Versicherung anzunehmen, für welche eine Leistung gefordert wird. Andererseits ist es unerheblich, ob der Gemeinschuldner zur Versicherung verpflichtet war. Das Vorrecht beschränkt sich auf die Versicherung von Immobilien und Mobilien gegen Feuersgefahr, nicht gegen andere Gefahren (Hagel, Wasser ꝛc.).

e) Bevorrechtet sind unter Nr. 3 nur die Forderungen der Korporationen, nicht die der Beamten derselben. Forderungen der Korporationen sind es auch dann, wenn sie zwar an einen Beamten auszuhändigen, aber der Korporation selbst geschuldet werden, nicht aber, wenn sie zwar der Korporation ausgehändigt, aber nur einem Beamten geschuldet werden. Es kommt nur darauf an, wer der Gläubiger ist. Daher sind die Kollegiengelder der Universitätsprofessoren, welche von einer Behörde der Universität eingezogen werden, die Stol- und Beichtgelder der Geistlichen nicht bevorrechtigt, Petersen-Kleinfeller Anm. IV, 3, Willenbücher Anm. b zu Nr. 3, a. M. v. Völderndorff S. 633, Fitting Anm. zu § 11, Hullmann S. 207, Wengler S. 384, die die Stolgebühren für Forderungen der Kirche halten.

f) Das Vorrecht ist für die Abgaben und Leistungen gegeben, die nach Gesetz oder Verfassung zu entrichten sind. Hierzu gehört nur das, was die Korporation gesetzlich oder nach ihrer Satzung in Folge ihrer Existenz, in Folge der Zugehörigkeit des Zahlungspflichtigen oder infolge seines Beitritts zu ihr zu beanspruchen hat.

Nur die Abgaben und Leistungen, welche der Korporation in der Eigenschaft als Kirche, Schule ꝛc. zustehen, nicht auch solche Leistungen sind bevorrechtigt, welche ihr auf Grund von Verträgen oder Delikten zustehen, v. Wilmowski Anm. 10. Die aus dem Aufnahmevertrage entstandenen Ansprüche, Eintrittsgeld, Schulgeld, Prämien haben ihren Grund in der Verfassung der Korporation, diese Verträge sind von ihr nicht in ihrer allgemeinen Eigenschaft als juristische Person, sondern in ihrer Eigenschaft als Schulverband, Feuerversicherungsgesellschaft ꝛc. geschlossen, und erzeugen daher das Konkursvorrecht. Bei Lieferungs-, Bauverträgen ꝛc. kommt die Korporation dagegen lediglich als juristische Person in Betracht. Die Abgaben, welche eine politische Gemeinde zur Unterhaltung eines Krankenhauses erhebt, sind bevorrechtigt, die Kurkosten für die Aufnahme einer bestimmten Person in das Krankenhaus (sofern nicht Nr. 4 zur Anwendung kommt), sowie die periodisch zu zahlende Vergütung, welche von dem Dienstherrn für die eintretenden Falls erfolgende Aufnahme des Dienstboten in das Krankenhaus erhoben werden, vgl. § 617 B.G.B., beruhen auf einem besondern Vertrage und sind daher nicht privilegirt. Deshalb können auch die Prozeßkosten, die dem Staat gegen eine Prozeßpartei zustehen, nicht als eine Leistung der Nr. 3 angesehen werden.

Wird eine periodische Vergütung, z. B. das Recht einer Kirchen- oder Schulgemeinde auf den Zehnten einer Feldflur in Folge der Ablösung durch eine bestimmte Ablösungssumme ersetzt, so ist derjenige Theil derselben, welcher dem für das letzte Jahr sonst zu entrichtenden Zehnten entspricht, bevorrechtigt, der Theil aber, der dem Zehnten für die Zeit nach der Konkurseröffnung entspricht, als Masseschuld des § 59[2] anzusehen.

g) Das Vorrecht besteht nur für die Abgaben und Leistungen, welche für das letzte Jahr vor der Konkurseröffnung zu zahlen sind, auf die Fälligkeit kommt es nicht an, R.G. 22, 139. Ueber die Berechnung der Zeit s. Anm. 6c.

9. Nr. 4. Das gemeine Recht gab das Vorrecht nur für die Kosten der letzten Krankheit, die K.O. hat es nach dem Vorbild des § 76 Preuß. K.O. auf die Kosten aller Krankheiten ausgedehnt.

a) Das Vorrecht steht, abgesehen von den Krankenwärtern, für welche eine besondere Approbation nicht besteht, nur den approbirten Aerzten, Wundärzten, Thierärzten, Apothekern und Hebammen, daher nicht den Kurpfuschern, zu.

Unter Aerzten sind nur die Medizinalpersonen höheren Ranges zu verstehen (streitig). Obgleich der § 29 Gew.O. dem Worte Arzt in Klammer die Worte „Wundärzte, Augenärzte, Geburtshelfer, Zahnärzte und Thierärzte“ hinzufügt, hat sich der § 61 K.O. doch durch die Hinzufügung der Wundärzte und jetzt auf Grund eines in der Kommission gestellten Antrags durch die Hinzufügung der Thierärzte — Ergänzungen, die nicht nöthig wären, wenn auch die niedern Medizinalpersonen als Aerzte angesehen werden sollten — dem allgemeinen Sprachgebrauch angeschlossen. Den Zahnärzten steht das Konkursprivileg nicht zu. Hinsichtlich der Apotheker s. § 6 der Bekanntmachung betr. die Prüfung der Apotheker vom 5. März 1875 (R.Ges.Bl. 174). Drogisten, welche das Apothekerexamen bestanden haben, sind Pharmazeuten, aber ohne den Besitz einer Apotheke keine Apotheker. Unter Krankenpflegern sind nur diejenigen Personen zu verstehen, welche aus der Mitwirkung oder Hülfsleistung bei der Heilung Kranker ein Gewerbe machen. Die Unternehmer von Privatkranken-, Privatentbindungs- und Privatirrenanstalten, § 30 Gew.O., sowie die öffentlichen Verbände, welche eine Heilanstalt unterhalten, besorgen die Krankenpflege und haben daher das Konkursvorrecht.

Ausländische Aerzte ꝛc. stehen nach § 5 den inländischen gleich, es muß jedoch vorausgesetzt werden, daß sie nach den Gesetzen des Auslands die gleiche Stellung haben, wie die Inländer.

b) Das Vorrecht wird für die Kur- und Pflegekosten gewährt. Diese Kosten umfassen die Vergütung und die Auslagen, welche zur vollständigen Wiederherstellung des Kranken erforderlich sind, daher für die Ernährung, die Heilung, sowie für die

Beschaffung künstlicher Glieder. Auch die Reisekosten, Portoauslagen und Telegramme des Arztes gehören zu diesen Kosten. Da das Gesetz nicht von Kur- oder Pflegekosten, noch von Kur- bezw. Pflegekosten spricht, muß dem Arzt das Vorrecht nicht blos für seinen ärztlichen Rath oder seine Operation, sondern auch für die Verpflegung und die von ihm beschafften Heilmittel zustehen.

c) Das Vorrecht bezieht sich auf alle Kosten für Kur und Pflege, für welche gegen den Gemeinschuldner eine Konkursforderung begründet ist, daher nicht blos für die dem Gemeinschuldner persönlich, sondern auch für die Leistungen, welche den Personen gemacht sind, denen der Kridar Kur und Pflege zu gewähren verpflichtet ist, mag diese Verpflichtung auf Ehe oder Verwandtschaft oder auf Vertrag oder auf einer den Schadensersatz begründenden Handlung, § 249 B.G.B., beruhen.

d) Das Vorrecht ist auf den Betrag beschränkt, welcher die taxmäßige Gebührniß nicht überschreitet. Der auf Grund eines Vertrags entstandene höhere Anspruch gilt daher zwar zu seinem ganzen Betrage als Konkursforderung, hat aber das Vorrecht nur zu dem geringern Betrage der Taxe. Besteht keine Taxe, so kann die Forderung dieselbe nicht überschreiten, ist daher in ihrem ganzen Betrage privilegirt, a. M. nur v. Völderndorff I S. 336, 337 und Stieglitz S. 376, welche für diesen Fall ein Vorrecht überhaupt nicht anerkennen wollen.

Das Vorrecht wird übrigens nur wegen der Kur- und Pflegekosten gegeben, es besteht daher nicht für ein vertragsmäßiges Honorar, welches ohne Rücksicht auf die thatsächliche Behandlung in einem Krankheitsfall zu leisten ist.

e) Das Vorrecht ist ferner auf die im letzten Jahr vor der Konkurseröffnung entstandenen Kosten gegeben; auf die Fälligkeit kommt es auch hier nicht an; wegen der Zeitberechnung s. Anm. 6c.

10. Nr. 5.

a) Unter den Kindern sind, was bisher streitig war, nur die Abkömmlinge des ersten Grades zu verstehen, da das B.G.B. nur diese im Verhältniß zu den Eltern als Kinder bezeichnet, §§ 1616ff. B.G.B; übrigens steht den Großeltern ein gesetzliches Verwaltungsrecht an dem Vermögen der Enkel ohnehin nicht zu. Die gesetzliche Verwaltung an dem Vermögen der Kinder steht dem Vater, § 1627 B.G.B., und wenn er gestorben oder für todt erklärt ist, wenn er die elterliche Gewalt verwirkt hat und die Ehe aufgelöst ist, so steht sie der Mutter zu, § 1684 B.G.B.

Die legitimirten, für ehelich erklärten und die adoptirten Kinder stehen in dieser Beziehung den leiblichen ehelichen Kindern gleich, §§ 1719, 1736, 1757 B.G.B. Die Ehescheidung hat auf das elterliche Verwaltungsrecht keinen Einfluß, § 1635 Abs. 2 B.G.B. An dem Vermögen des Kindes aus einer nichtigen Ehe, deren Nichtigkeit nicht beiden Eltern bei der Eheschließung bekannt war, und welche nicht in dem Mangel der Eintragung in das Heirathsregister oder einem Formfehler besteht, hat der Vater das Verwaltungsrecht, sofern ihm nicht der Nichtigkeitsgrund bei der Eheschließung bekannt war; dasselbe gilt von der Mutter, wenn eine der Voraussetzungen des § 1684 B.G.B. vorliegt, §§ 1699—1701 B.G.B.

b) Unter Mündel versteht das B.G.B. die unter Vormundschaft stehenden Personen. Bisher wurden in Nr. 5 die unter Vormundschaft und unter Pflegschaft stehenden Personen mit dem Ausdruck „Pflegebefohlene" bezeichnet; da das B.G.B. unter Pflegebefohlenen aber nur die Personen versteht, über welche eine Pflegschaft angeordnet ist, sind die Mündel besonders benannt. Die Vormundschaft wird über die Minderjährigen, sowie über die entmündigten Großjährigen, §§ 1896ff. B.G.B.

angeordnet. Das Vorrecht besteht auch im Fall der vorläufigen Vormundschaft, § 1906 B.G.B.

c) Pflegebefohlene sind diejenigen Personen, über welche nach §§ 1909—1921, 1960, 1961 B.G.B. die Pflegschaft angeordnet ist. Ein sonstiger, einer Person bestellter, Vertreter, z. B. der dem Prozeßunfähigen vom Vorsitzenden des Gerichts nach § 57 C.P.O., der für die Zwangsvollstreckung nach § 779 Abs. 2 C.P.O. bestellte Vertreter, der Zustellungsvertreter des § 6 Z.V.G., der Vertreter, welcher dem unbekannten Berechtigten eines in der Zwangsversteigerung zugetheilten Betrags bestellt ist, § 135 Z.V.G., gilt nicht als Pfleger der Nr. 5. Auch der Nießbrauchsverwalter, § 1052 B.G.B., der Nachlaßverwalter, § 1984 B.G.B., der Konkursverwalter, der Zwangsverwalter, § 150 B.G.B, gelten nicht als Pfleger.

d) Bevorrechtigt ist die Forderung wegen der in die gesetzliche Verwaltung gekommenen Vermögensgegenstände. Das Vorrecht ist selbstverständlich durch die Zulässigkeit des Anspruchs bedingt und kann deshalb im Fall der fortgesetzten Gütergemeinschaft in Ansehung der Ansprüche der Kinder auf ihren Antheil an dem gütergemeinschaftlichen Vermögen nicht bestehen, weil das gesammte Vermögen nach § 2 zum Konkursvermögen gehört.

Die Voraussetzung des Bestehens der Forderung schließt ferner die Ansprüche auf die in das Vermögen des Gemeinschuldners nicht übergegangenen Gegenstände aus, weil in dieser Beziehung nicht eine Konkursforderung, sondern das Aussonderungsrecht geltend zu machen ist, s. z. B. § 1646 B.G.B.

Das Vorrecht besteht daher nur für die Ansprüche auf Erstattung der in das Vermögen des Kridars übergegangenen, z. B. der von ihm verbrauchten Gegenstände, und für die Ansprüche auf Ersatz wegen Verwaltungsfehler.

Der Uebergang in das Vermögen des Gemeinschuldners braucht nicht erst nach dem Erwerb des Rechts Seitens des Kindes erfolgt zu sein, seiner gesetzlichen Verwaltung unterliegen auch die Vermögensgegenstände, die das Kind erst erworben, nachdem der Kridar sie sich zu eigen gemacht hatte. Deshalb ist vom R.G. mit Recht angenommen, daß dem Kinde das Vorrecht an einer von der Mutter ererbten oder bei der Erbtheilung erworbenen Illatenforderung gegen den Kridar, Entsch. 3, 294; 11, 63; 17, 42; 18, 375; s. auch Obertr. 38, 402 und in Striethorsts Arch. 26, 318, sowie an einer dem Kinde geschenkten Darlehnsforderung gegen seinen Vater, R.G. 39, 70 zusteht. Um das in diesem Umfang bestehende Vorrecht einzuschränken, wurde in der Kommission, P. II 16, 17 unter Bezugnahme auf die Entsch. des R.G. 39, 70 beantragt, dem Gesetz eine Fassung zu geben, durch welche das „auf einem andern Rechtsgrunde beruhende" Vorrecht ausgeschlossen werde, der Antrag wurde jedoch abgelehnt, weil die in Nr. 5 „aufgeführten Personen besondern Schutz verdienten, da sie sich nicht selbst schützen könnten und ohne ihren Willen sich die gesetzliche Verwaltung des Gemeinschuldners gefallen lassen müßten."

e) Das Vermögen muß der gesetzlichen Verwaltung des Gemeinschuldners unterliegen, wenn das Vorrecht geltend gemacht werden soll. Diese Voraussetzung ist gegeben, wenn der Kridar die Rechtsstellung des Vaters, der Mutter, des Vormundes, des Pflegers in gesetzlicher Weise erhalten und wenn er die Verwaltung in dieser Stellung übernommen hat. Es genügt, daß ihm die Stellung des Vormundes oder Pflegers von der zuständigen Behörde übertragen ist, auch wenn der Grund der Bevormundung mit Unrecht angenommen war, § 115 B.G.B. Ist die Uebernahme des Vermögens, zu welcher ein gesetzliches Recht und eine gesetzliche Pflicht bestand, auf Grund einer letztwilligen Verfügung erfolgt, so ist die Verwaltung zugleich eine gesetzliche und erzeugt daher das Konkursvorrecht, R.G. bei Bolze 2 Nr. 1991, Petersen und Kleinfeller Anm. VI 1, a. M. v. Wilmowski Anm. 12. Daß eine thatsächliche Verwaltung eingetreten ist, ist nicht erforderlich, Entsch. des O.L.-Gerichts zu Celle in Seufferts Arch. 53 S. 247.

Andererseits besteht das Vorrecht nicht, wenn der Kridar die ihm gesetzlich nicht zustehende Verwaltung thatsächlich übernommen hat, wenn er z. B. einen Vermögensgegenstand des Kindes verwaltet, obgleich der Erblasser, von welchem das Kind den Erwerb gemacht, die Verwaltung ausgeschlossen hatte, § 1638 B.G.B.

f) Das Vorrecht besteht nur, wenn die Forderung binnen zwei Jahren nach der Beendigung der Verwaltung gerichtlich geltend gemacht ist. Die Frist ist keine Verjährungsfrist, weil der Verjährung nur Ansprüche unterliegen, § 194 B.G.B., die Vorschriften über Hemmung und Unterbrechung der Verjährung kommen nicht zur Anwendung. Die Frist beginnt mit dem Augenblick, in welchem die gesetzliche Verwaltung aufhört. Die Verwaltung des Vormundes oder Pflegers hört in dem Zeitpunkt auf, in welchem der Grund zur Bevormundung rc. wegfällt oder der Vormund rc. entlassen ist, s. darüber §§ 1882—1895 B.G.B., die elterliche Verwaltung mit dem Zeitpunkt, in welchem die elterliche Gewalt endigt oder ruht, § 1681 B.G.B. Die Ansicht, daß die Frist erst von der Volljährigkeit des Mündels laufe, O.L.Gericht zu Karlsruhe vom 20. Dezember 1884 in den Bad. Annalen 51, 311 ff., Petersen und Kleinfeller Anm. VI, 3, weil „sonst der Zweck der zeitlichen Beschränkung regelmäßig vereitelt werden würde," findet im Gesetz, welches lediglich die Vermögensverwaltung des Kridars meint, keinen Anhalt.

Die Klage muß bis zur Eröffnung des Konkurses fortgesetzt sein, d. h. der Rechtsstreit darf nicht Seitens des Mündels rc. oder seines Vertreters ohne Grund auf längere Zeit ausgesetzt werden. Ist die zweijährige, von der Beendigung der Verwaltung beginnende Frist aber überhaupt noch nicht abgelaufen, so geht das Vorrecht durch eine ungebührliche Verschleppung nicht verloren, weil in dieser Frist mit der Geltendmachung der Forderung überhaupt nur begonnen zu werden braucht.

g) Wegen der Vorschriften der Landesgesetzgebung in Ansehung des Uebergangs zu der am 1. Okt. 1879 in Kraft getretenen K.O. s. § 13 E. I.

§. 62. (55.)

Mit der Kapitalsforderung werden an derselben Stelle angesetzt:

1. die Kosten, welche dem Gläubiger vor der Eröffnung des Verfahrens erwachsen sind;
2. die Vertragsstrafen;
3. die bis zur Eröffnung des Verfahrens aufgelaufenen Zinsen.

M. I 268--270 P. I 53, 153; M. II —; P. II —.

1. Mit der Hauptforderung wird die Nebenforderung an derselben Stelle angesetzt; sie bildet einen Theil der erstern. Da die Forderung zu ihrem ganzen Betrage angemeldet werden muß, § 139, so bedarf auch die einen Theil derselben bildende Nebenforderung der Anmeldung, das Vorrecht der Hauptforderung wird dagegen für die Nebenforderung von amtswegen berücksichtigt, braucht daher nur überhaupt oder für die Hauptforderung angemeldet zu werden.

2. Nr. 1. Die Kosten, welche dem Gläubiger erwachsen sind, sind die Auf-

wendungen, welche zur Einziehung der Forderung gemacht sind, sie bestehen daher aus den Kosten der Kündigung, des Prozesses und der Zwangsvollstreckung, vgl. § 10 Abs. 2 Z.V.G.

Ob die Kosten nothwendig waren oder zweckmäßig aufgewendet sind oder nicht, kommt nicht für ihren Rang, sondern nur für die Existenz des Kostenanspruchs in Betracht. Hat der Gläubiger die Erstattung von Kosten zu beanspruchen, so macht er sie mit dem Range der Hauptforderung geltend.

Ueber die Kosten der zur Zeit der Eröffnung des Verfahrens anhängigen Prozesse s. Anm. 6 zu § 11.

3. Nr. 2. Die Konventionalstrafe hat den Rang der Hauptforderung, mag sie neben dieselbe oder an ihre Stelle treten, §§ 339—341 B.G.B.

4. Nr. 3. Die bis zur Eröffnung des Verfahrens aufgelaufenen Zinsen können mit der Hauptforderung und in gleichem Range mit ihr gefordert werden, mögen sie vertragsmäßige, gesetzliche oder Vorzugszinsen sein. Für den Tag der Konkurseröffnung können Zinsen nicht gefordert werden, weil der Zinsanspruch erst mit dem Ablauf jedes Tages entsteht, v. Völderndorff Anm. 22.

§. 63. (56.)

Im Konkursverfahren können nicht geltend gemacht werden:

1. die seit der Eröffnung des Verfahrens laufenden Zinsen;
2. die Kosten, welche den einzelnen Gläubigern durch ihre Theilnahme an dem Verfahren erwachsen;
3. Geldstrafen;
4. Forderungen aus einer Freigebigkeit des Gemeinschuldners unter Lebenden oder von Todeswegen.

M. I 270, 271; P. I 53, 153; M. II —; P. II —.

1. Das gemeine Recht setzte die Ansprüche auf Geldstrafen hinter alle anderen Ansprüche, l. 17, D. 49, 14; ebenso wurden, was aber streitig war, die Forderungen aus einer Freigebigkeit des Gemeinschuldners behandelt, während die Zuwendungen desselben auf den Todesfall, sofern der Verstorbene nicht nach Abzug der Schulden noch hinreichendes Vermögen hinterlassen hatte, den Konkursgläubigern gegenüber als ungültig angesehen wurden, l. 4 § 1, l 6 pr. D. 42, 6; l. 17, D. 39, 6. Die K.O. hat die unter den 4 Nummern bezeichneten Ansprüche nach dem Vorbild des § 84 der Preuß. K.O. von dem Konkursverfahren ausgeschlossen; wegen der Ausnahmen im Nachlaßkonkurs s. §§ 226, 227. Die Liquidationskosten und die nach der Konkurseröffnung laufenden Zinsen gehören nach § 3 nicht zu den Konkursforderungen, weil sie zur Zeit der Eröffnung des Verfahrens noch nicht begründet waren, deshalb und weil ihre Berücksichtigung die Vertheilung unnöthiger Weise erschweren würde, sind sie von dem Verfahren ausgeschlossen. Die Berücksichtigung der Geldstrafen würde nicht zu einer Strafe des Kridars, sondern der Konkursgläubiger führen, und die Forderungen aus einer Freigebigkeit können mit den Ansprüchen aus lästigen Verträgen nicht auf eine Stufe gestellt werden.

2. Die vom Konkursverfahren ausgeschlossenen Forderungen sind keine Konkursforderungen, Anm. 2 zu § 3, die Berechtigten haben daher weder die Rechte, noch

die Pflichten, noch die Beschränkungen der Konkursgläubiger, wie bei den einzelnen §§ besonders erörtert ist.

Die Absonderungsrechte werden vom § 63 nicht betroffen, R.G. in J. W. 1888 S. 196, soweit die Befriedigung aus dem Absonderungsgegenstand gesucht wird; aus der Konkursmasse können die qualifizirten Absonderungsansprüche jedoch nicht geltend gemacht werden, Vorbem. 2b vor § 47.

3. Nr. 1. Die nach der Eröffnung des Verfahrens laufenden gesetzlichen, Vertrags- und Verzugszinsen werden aus der Konkursmasse nicht befriedigt, während ihre Geltendmachung gegen den Gemeinschuldner nicht ausgeschlossen ist. Im Konkursverfahren können sie selbst dann nicht geltend gemacht werden, wenn sie als Theil einer Schadensforderung verlangt werden. Es ist zwar bisher fast allgemein das Gegentheil behauptet, aber der Anspruch auf Zögerungszinsen ist nach § 288 B.G.B. eine Schadensersatzforderung, die Zinsen stellen den Schaden oder einen Theil desselben dar („die Geltendmachung eines weitern Schadens ist nicht ausgeschlossen"), überdies trifft der wesentlichste Grund, der den Gesetzgeber zur Ausschließung der Zinsen geführt hat, für jede Art derselben zu, weil sie erst nach der Konkurseröffnung entstanden sind und daher nach § 3 nicht als Konkursforderungen gelten können. Deshalb sind die nach der Eröffnung des Verfahrens laufenden Zinsen auch dann ausgeschlossen, wenn der Liquidant sie einem Dritten gezahlt hat und ihre Erstattung als Theil einer Regreß- oder Schadensforderung beansprucht, wie auch die Zinsen des Indossanten, welcher einen Wechsel eingelöst hat.

4. Nr. 2. Unter den ausgeschlossenen Kosten kommen insbesondere die Kosten, auch die Rechtsanwaltsgebühren, der Anmeldung, des besondern Prüfungstermins, § 142, der Hinterlegung, §§ 169, 172 und der Empfangnahme der Konkursdividende in Betracht. Der Kostenvorschuß, welchen der Gläubiger zu zahlen, der die Eröffnung des Konkurses beantragt hat, gehört zu den Massekosten, Anm. 1 zu § 58, die Kosten des über die Existenz und das Vorrecht mit dem Verwalter geführten Prozesses, § 146, sind Masseschuldforderungen des § 59[1], wenn der Verwalter sie zu zahlen hat, andernfalls existirt für sie überhaupt kein Forderungsrecht gegen den Gemeinschuldner und die Konkursmasse; letzteres ist auch in Ansehung der mit einem andern Gläubiger in Folge des Widerspruchs desselben nach § 146 geführten Rechtsstreits der Fall.

5. Nr. 3. Geldstrafen sind die wegen Uebertretung eines Gebots oder Verbots außerhalb eines Vertrags festgesetzten, auf eine Geldzahlung gerichteten Strafen. Die Strafe wird in der Regel von einer zuständigen Behörde: Gericht, Verwaltungsbehörde, sie kann aber auch von dem Organ eines öffentlichen Verbandes z. B. von dem Vorstand der Versicherungsanstalt nach § 175 des Invalidenversicherungsgesetzes vom 13. Juli 1899 festgesetzt werden. Im Sinn der Nr. 3 stehen die Kriminalstrafen mit den Disziplinar- und Ordnungsstrafen gleich. Zu den Geldstrafen gehören nicht blos die eigentlichen Geldstrafen des § 890 C.P.O., sondern auch die als Exekutionsmittel festgesetzten Geldstrafen des § 888 C.P.O. Ob die Geldstrafe, wie nach § 34 Abs. 1 des Preuß. Ges. betr. den Forstdiebstahl vom 15. April 1878 einer Privatperson, dem Verletzten, zufällt, ist unerheblich, weil der Charakter der Strafe von der Person des Empfangsberechtigten nicht abhängt.

Die Buße, auf welche im Strafverfahren erkannt wird, hat den Charakter der Entschädigungsforderung, nicht der Strafe, ebenso der Werthersatz, der nach § 9 des Preuß. Forstdiebstahlsges. dem Bestohlenen auch dann zu zahlen ist, wenn der Thäter das Objekt des Forstdiebstahls zurückgeben muß.

Die Konfiskation (Einziehung, Verfallerklärung z. B. §§ 41, 42, 152, 295, 296a, 335, 360, 367, 369 St.G.B.) ist eine Neben-, aber keine Geldstrafe, der Gegenstand derselben scheidet als Aussonderungsobjekt aus der Konkursmasse aus; tritt an dessen Stelle, z. B. nach § 335 St.G.B., der Werth, auf dessen Bezahlung alternativ neben dem Gegenstand selbst erkannt werden kann, so ist, wie unstreitig ist, eine Geldstrafe festgesetzt, die im Konkurs nicht geltend gemacht werden kann.

Die Beschlagnahme des ganzen Vermögens oder einzelner Gegenstände, §§ 325, 326, 93, 480 St.P.O., §§ 93, 140 St.G.B. ist keine Strafe, sondern dient entweder zur Sicherung von Beweismitteln oder um den flüchtigen Angeklagten zur Rückkehr zu veranlassen.

6. Forderungen aus einer Freigebigkeit des Gemeinschuldners unter Lebenden sind die Schenkungen des § 516 B.G.B., die unentgeltlichen Verfügungen des § 32; er kommt daher hier zur Anwendung, was Anm. 3 zu § 32 von dem unentgeltlichen Verfahren gesagt ist. Der Begriff der Forderungen aus einer Freigebigkeit erstreckt sich aber weiter als die unentgeltliche Verfügung, indem zu ihnen alle Ansprüche gehören, welche auf die Freigebigkeit zurückzuführen sind. Das Schenkungsversprechen ist eine unentgeltliche Verfügung, die Erfüllung desselben ist dagegen kein unentgeltlicher Rechtsakt, sie erfolgt vielmehr auf Grund einer, nicht mehr freiwilligen Verpflichtung. Erzeugt die Erfüllung neue Rechte auf Seiten des Schenkungsempfängers, so sind auch diese Ansprüche keine unentgeltlichen, sie sind aber auf die Freigebigkeit zurückzuführen, sind aus der Freigebigkeit entstanden. Daher ist das Summenversprechen (Schuldversprechen) des § 780 B.G.B., welches zur Erfüllung der Schenkungsverpflichtung gegeben ist, ein Rechtsakt, der eine Forderung aus der Freigebigkeit erzeugt, diese Forderung unterliegt daher der Vorschrift des § 63. Dasselbe gilt von dem zur Erfüllung des Schenkungsversprechens gegebenen Wechsel, a. M. v. Wilmowski Anm. 3, der unter unrichtiger Berufung auf R.G. in J. W. 1886 S. 274 behauptet, daß durch die Begebung des Wechsels das Freigebigkeitsversprechen erfüllt und daher ein Einwand aus § 63 gegen die Wechselklage nicht mehr zulässig sei, eine vollständige Erfüllung ist aber nicht erfolgt, wenn der Beschenkte noch Ansprüche geltend machen kann; die Ansprüche rühren aus der Freigebigkeit her und die Einwendungen, die dem Wechselschuldner nach Art. 82 W.O. unmittelbar gegen den Kläger zustehen, sind die Einreden aus dem der Wechselbegebung unterliegenden Schuldverhältniß. Ist der Schenkgeber wegen mangelhafter Erfüllung zum Schadensersatz oder zu anderweiter Leistung nach §§ 523—525 B.G.B. verpflichtet, so ist nach dem Verschaffungsprinzip, von welchem das B.G.B. an Stelle des Eviktionsprinzips ausgeht, die Forderung des Beschenkten insoweit ein Anspruch aus der Freigebigkeit, als sie auf die anderweite Leistung oder den Ersatz für dieselbe gerichtet ist, dagegen ein durch die Vertragswidrigkeit entstandener Anspruch, insoweit als derselbe auf Vergütung des entstandenen Nachtheils gerichtet ist.

Die Ansprüche aus einer Freigebigkeit von Todeswegen sind die Zuwendungen, die der Gemeinschuldner letztwillig demjenigen macht, welcher nicht Erbe wird (Legat, §§ 2147 ff., Schenkung, § 2087 Abs. 2 B.G.B., Auflage § 1940 B.G.B.) Der Erbe wird dagegen der Rechtsnachfolger, er haftet für die Schulden und hat aus dem Erbrecht keinen Anspruch gegenüber den Konkursgläubigern. Die Legate und Schenkungen, welche dem Gemeinschuldner von seinem Erblasser auferlegt sind, sind keine Freigebigkeitsakte des Gemeinschuldners, sondern Auflagen, mit denen er die Erbschaft angenommen hat, auf sie bezieht sich der § 63 nicht, a. M. nur v. Völderndorff Anm. zu 4.

§. 64. (57.)

Ein Gläubiger, welcher abgesonderte Befriedigung beansprucht, kann die Forderung, wenn der Gemeinschuldner auch persönlich für sie haftet, zur Konkursmasse geltend machen, aus derselben aber nur für den Betrag verhältnißmäßige Befriedigung verlangen, zu welchem er auf abgesonderte Befriedigung verzichtet, oder mit welchem er bei der letzteren ausgefallen ist.

M. I 271—275; P. I 55, 153; M. II —; P. II —.

1. Der einfache Absonderungsgläubiger, Vorbem. 2b vor § 47, kann sich an der Vertheilung der Konkursmasse nicht betheiligen, weil er eine persönliche Forderung gegen den Kridar nicht hat. Dem qualifizirten Absonderungsberechtigten steht gleichzeitig eine persönliche Forderung gegen den Kridar zu. Weil dieses persönliche Recht durch das Absonderungsrecht nur geschützt ist, liegt in dem letztern kein Grund, ihn als persönlichen Gläubiger andern Kreditoren gegenüber zurückzusetzen; was sein persönliches Recht sichern soll, darf nicht dazu dienen, es zu verringern. Aber mit Rücksicht darauf, daß durch die ihm gegebene Sicherung die Gefahr des Verlustes seines Anspruchs verringert wird, sind der Geltendmachung des persönlichen Rechts gewisse Schranken gezogen. Ueber die Rechtsentwicklung s. Wolff, Absonderungsrecht § 33.

Der Absonderungsgläubiger darf seine ganze Forderung anmelden, ohne daß diese Anmeldung an sich eine Rechtsänderung des Absonderungsrechts nach sich zieht. Diese Anmeldung hindert ihn nicht, zunächst aus der Absonderungsmasse Befriedigung zu suchen, sie bereitet andererseits den Anspruch auf den Ausfall vor, stellt den Absonderungsberechtigten vorläufig in die Reihe der Konkursgläubiger, giebt ihm unter gewissen Beschränkungen ein Recht, in den Gläubigerversammlungen mitzustimmen und an den Abschlagsvertheilungen Theil zu nehmen. Aber definitiv in die Stellung eines Konkursgläubigers tritt er erst nach Wegfall seines Absonderungsrechts ein, und wenn er diesen Wegfall nicht bis zum Ablauf der zweiwöchigen Ausschlußfrist vor der Schlußvertheilung nachweist, so hört das, durch die Anmeldung begründete, provisorische Rechtsverhältniß auf und geht er seines Rechts an die Masse verlustig, § 153.

Kann er auch, ohne daß sein Absonderungsrecht berührt wird, den persönlichen Anspruch zur Masse anmelden, so soll er doch nicht gleichzeitig Befriedigung aus der Gesammtmasse und dem Absonderungsgegenstand erlangen; das Recht auf Befriedigung ist nur ein alternatives: Soweit er aus der Masse befriedigt werden will, soweit muß er aus dem Absonderungsverfahren ausscheiden.

Er ist daher nur mit seiner Ausfallsforderung aus der Masse Befriedigung zu erlangen berechtigt, und für diese Ausfallsforderung erhält er nur verhältnißmäßige Befriedigung: nicht der angemeldete, sondern der bei der Absonderung ausgefallene Theil des Anspruchs wird als Konkursforderung bei der Berechnung der Konkursdividende berücksichtigt: Beträgt seine Forderung 1000 Mk., hat er aber nur für 200 Mk. auf die Absonderung verzichtet, oder erleidet er einen Ausfall nur in dieser Höhe, so nimmt er bei den Vertheilungen als Konkursgläubiger nicht in Höhe von 1000 Mk., sondern nur von 200 Mk. Theil und erhält, wenn die Dividende 50% beträgt, nicht 500 Mk., sondern nur 100 Mk.

2. Der Absonderungsgläubiger ist nicht verpflichtet, schon bei der Anmeldung auf das Absonderungsrecht zu verzichten, er kann diesen Verzicht bis zum Ablauf der Ausschluß-

frist nachholen, § 153, der Verwalter ist jedoch berechtigt, die Forderung nur als Ausfallsforderung anzuerkennen, R.G. 26, 112, und jeder von ihnen darf die Frage, ob die Forderung nur als Ausfall-, d. h. als qualifizirte Absonderungsforderung gelte, wenn der Gläubiger bestreitet, daß ihm ein Absonderungsrecht zusteht, im Feststellungsverfahren zum Austrag bringen, R.G. 26, 112 (A. M. R.G. 22, 154, Oetker 1, 471 ff.).

3. Nach § 777 C.P.O. kann der Schuldner, wenn der Gläubiger eine bewegliche Sache des Schuldners im Besitz hat, in Ansehung welcher ihm für seine Forderung ein Pfandrecht oder Zurückbehaltungsrecht zusteht, der Zwangsvollstreckung in sein übriges Vermögen in Gemäßheit des § 766 widersprechen, soweit die Forderung durch den Werth der Sache gedeckt ist. Dies beneficium excussionis steht mit der Vorschrift des § 64 im Einklang, durch welche die Befriedigung des Absonderungsgläubigers verboten ist, solange und soweit das Absonderungsrecht besteht. Sogar der außerhalb des Konkurses wirksame Verzicht auf dies beneficium excussionis kann dem § 64 gegenüber im Konkurse nicht geltend gemacht werden, den Verzicht erkennt das R.G. 6, 66 ff. auch für das frühere Recht nicht an. Das R.G. geht in dieser Entscheidung aber mit Unrecht noch weiter, indem es annimmt, die vertragsmäßige Ermächtigung des Gläubigers, sich wegen einer durch Kaution gesicherten Forderung zunächst an das übrige Vermögen des Schuldners zu halten, werde auch durch Abschluß eines Zwangsvergleichs nicht wieder wirksam. Diese Konsequenz ergiebt sich aus dem § 64 nicht; die Beschränkung der Absonderungsforderung auf den Ausfall bezieht sich nur auf die Befriedigung aus der Konkursmasse: sobald der Konkurs beendet ist, giebt es keine Konkursmasse mehr, und die nur für den Konkurs gegebene Vorschrift des § 64 steht daher dem Verzicht auf das beneficium excussionis nicht mehr entgegen; übrigens wird der Verzicht im Konkurs nicht aufgehoben, er kann nur nicht geltend gemacht werden.

Ein Pfandrecht kann auch als subsidiäres in der Weise begründet werden, daß der Gläubiger aus dem Pfandgegenstand erst Befriedigung verlangen kann, wenn und soweit er aus dem übrigen Vermögen des Schuldners nicht befriedigt wird. Ein Pfandrecht dieser Art ist ein bedingtes, welches erst mit dem Eintritt der Bedingung entsteht und daher nach der Eröffnung des Konkurses nicht mehr erworben werden kann. (Anders Wolff, Absonderungsrecht S. 112.) Wegen des gesetzlichen subsidiären Absonderungsrechts der Lehns- ꝛc. Gläubiger s. Anm. 2 zu § 52.

4. Der Gläubiger, dessen Forderung durch ein Hypotheken- oder Pfandrecht an dem einem Dritten gehörenden Gegenstand gesichert ist, unterliegt der Beschränkung des § 64 nicht, weil ein Absonderungsrecht nur an Gegenständen besteht, welche zur Konkursmasse gehören, § 4, der Gläubiger daher nicht absonderungsberechtigt ist, R.G. in J. W. 1887 S. 328.

5. Ein Gemeinschaftsgenosse, welcher nach § 51 das Absonderungsrecht erst erlangt, wenn er es geltend macht, ist bis zu dieser Geltendmachung bloßer Konkursgläubiger, ist aber nicht gehindert, das Absonderungsrecht nachträglich geltend zu machen. Macht er es geltend, nachdem er eine Zahlung aus der Masse erhalten hat, so ist diese Zahlung, die nur unter der Voraussetzung stattfand, daß er lediglich Konkursgläubiger sei, zu redressiren. Ein Gläubiger, welcher ein Absonderungsrecht hat, ohne es geltend zu machen, ist in gleicher Weise zu behandeln, weil er die Zahlung mit Unrecht entgegennimmt, vergl. Oetker § 16 S. 171, 172.

6. Der Verzicht des Gläubigers auf das Absonderungsrecht ist ein unwiderruflicher Rechtsakt, welcher dem Verwalter gegenüber durch eine ausdrückliche oder durch Handlungen erkennbare Willenserklärung vorgenommen wird, er besteht in einer nach §§ 116 ff. B.G.B. zu beurtheilenden einseitigen Willenserklärung, welche der

Verwalter wegen ihrer einseitigen Natur nicht ablehnen kann, und welche, da sie nicht in der Uebertragung oder Belastung einer Sache besteht, einer besondern Form selbst bei dem Absonderungsrecht an einer unbeweglichen Sache nicht bedarf.

Ein betagter oder bedingter Verzicht ist nicht unzulässig und steht, wenn die Frist abgelaufen oder die Bedingung eingetreten ist, dem unbetagten und unbedingten gleich. Für einen solchen Verzicht kann aber die Wirkung des § 64 nicht in Anspruch genommen werden. Der Absonderungsberechtigte, der nach § 64 das unbedingte Recht der Theilnahme an dem Konkurs durch Verzicht erwerben will, ist nicht befugt, dies Recht durch ein nur modifizirtes Aufgeben seines Absonderungsrechts zu beanspruchen, solange der Verzicht nicht unbedingt und unbetagt geworden ist; die M. I S. 274 und die ihnen folgenden Schriftsteller behaupten dagegen, ein bedingter oder betagter Verzicht sei nicht annehmbar.

Da der Verzicht nicht ausdrücklich erklärt zu werden braucht, wenn der Wille des Verzichtenden nur in unzweifelhaft erkennbarer Weise abgegeben ist, so kann die Ausstellung der Löschungsbewilligung und die Uebergabe der Hypothekenurkunde an den Verwalter als giltiger Verzicht auf das Absonderungsrecht angesehen werden, wogegen auf Grund der bloßen Rückgabe des Hypothekendokuments ohne Beifügung der Verpfändungsurkunde vom Obertribunal in Strieth. Arch. 38, 45 die Abgabe des Verzichts nicht festgestellt ist. Das Mitstimmen im Akkordtermin ist auf Grund des § 185 Abs. 2 der Preuß. K.O. vom R.O.H.G. 24, 219 als Verzicht auf das Absonderungsrecht angesehen, vgl. Obertribunal in Strieth. Arch. 100, 271 und in Gruchots Beitr. 23, 461, man muß aber mit v. Wilmowski Anm. 2 annehmen, daß in Ermangelung weiterer Thatsachen nach der jetzigen K.O., welche eine der Vorschrift des § 185 Abs. 2 der Preuß. K.O. ähnliche Bestimmung nicht enthält und im § 96 dem Absonderungsberechtigten sogar ein Recht zum Mitstimmen giebt, die Betheiligung am Akkord nicht als Verzicht anzusehen ist. Das R.G. 1, 183 hat auf Grund der Preuß. K.O. für den Fall, daß der Gläubiger, der im Konkurs auf sein Absonderungsrecht nicht verzichtet hatte, nach Beendigung des Verfahrens durch Akkord aber die Akkorddividende für seine Forderung ohne Vorbehalt annimmt, einen Verzicht erblickt; so auch Willenbücher Anm. 4. Dieser Annahme kann aber ebensowenig beigetreten werden, als der weiteren Entscheid. des R.G. 16, 71, daß der Absonderungsgläubiger, welcher, ohne sein Absonderungsrecht zu erwähnen und ein Absonderungsrecht zu beanspruchen, seine ganze Forderung zur Masse angemeldet hatte, die gesammte Forderung im Prüfungstermin als richtig anerkennen ließ, sich bei den Verhandlungen über den Akkord betheiligt hatte, zum Mitstimmen zugelassen war und die erste Akkorddividende angenommen hatte, auf sein Absonderungsrecht verzichtet habe; diese Ansicht hat auch das R.G. später Band 37 S. 14ff. nicht aufrecht erhalten. In jedem Fall ist die Frage, ob der Gläubiger durch konkludente Thatsachen verzichtet habe, nach den obwaltenden thatsächlichen Verhältnissen zu entscheiden.

Der Gläubiger kann sowohl auf einen Theil seiner Absonderungsbefugnisse, z. B. auf das Recht, die Zwangsverwaltung zu beantragen oder fortzusetzen, wie auf einen Theil der Absonderungsgegenstände wirksam verzichten. Aber ein solcher Verzicht hat nicht die Berechtigung des Gläubigers zur Folge, Befriedigung aus der Masse, wie ein Konkursgläubiger, zu verlangen. Dies Recht erlangt er nur durch Verzicht auf das Absonderungsrecht und zwar nicht nur dann, wenn er auf das Absonderungsrecht der ganzen, sondern auch wenn er auf das Absonderungsrecht nur eines Theils der Forderung verzichtet, hinsichtlich des Theils, zu welchem verzichtet ist, denn nach § 64 erwirbt er „für den Betrag, zu welchem er verzichtet", das Recht zur Theilnahme an der Befriedigung aus der Konkursmasse.

Durch den Verzicht entsagt er nicht zugleich des ihm neben dem Absonderungsrecht außerdem noch zustehenden Vorzugsrechts des § 61, v. Völdernborff, Anm. 6 zu dem bisherigen § 141, a. M. Fuchs S. 62 Anm. 13, denn durch den Verzicht des Gläubigers ist dessen Anspruch nur der Absonderung entkleidet, wogegen sein persönliches Recht nicht verringert wird.

Da der Verzicht eine einseitige Willenserklärung ist, welche nur dem Vertragsgenossen gegenüber abgegeben werden kann, so kann er mit Wirksamkeit nicht dem Konkursgericht, sondern nur dem Verwalter erklärt werden, Obertribunal in Strieth. Arch. 11, 124; 13, 219, v. Wilmowski Anm. 3 zu dem früheren § 141, a. M. v. Völderndorff Anm. b zu dem früheren § 141. Er kann zwar zu Protokoll des Gerichts oder des Gerichtsschreibers erklärt werden, erlangt aber Wirksamkeit erst nach Abgabe des Protokolls oder Mittheilung seines Inhalts an den Verwalter.

§. 65. (58.)

Betagte Forderungen gelten als fällig.

Eine betagte unverzinsliche Forderung vermindert sich auf den Betrag, welcher mit Hinzurechnung der gesetzlichen Zinsen desselben für die Zeit von der Eröffnung des Verfahrens bis zur Fälligkeit dem vollen Betrage der Forderung gleichkommt.

M. I 275—278; P. I 55, 153; M. II —; P. II —.

1. Der betagte Anspruch ist sofort existent, nur seine Geltendmachung ist aufgeschoben. Die erschöpfende Vertheilung der Konkursmasse an alle Gläubiger würde verzögert werden, wenn auf den Eintritt der Befristung der betagten Ansprüche gewartet werden müßte, deshalb läßt die K.O. ebenso, wie der § 111 Z.P.O., die Geltendmachung sofort zu.

Die sofortige Geltendmachung ist aber nur auf den Konkurs beschränkt, sie erstreckt sich auch nicht auf Ansprüche der Konkursmasse, noch auf diejenigen Rechte, deren Befriedigung außerhalb des Verfahrens stattfindet, also nicht auf Absonderungs- und Masseansprüche, daher nicht auf diejenigen Forderungen, die der Verwalter auf Grund der §§ 17—28 als Masseforderungen zu befriedigen hat. Sie berührt auch das Rechtsverhältniß des Gläubigers zu den Mitverpflichteten (Bürgen rc.) nicht, R.G. 3, 357. Wegen der Wirkung gegenüber dem Gemeinschuldner s. Anm. 1 zu § 164.

Soweit aber die Forderung aus der Konkursmasse befriedigt ist, erlischt sie auch gegen die übrigen Mitverpflichteten im Fall der Unverzinslichkeit zu demjenigen Betrage, welcher sich unter Rückumwandlung des gezahlten Theils in den betagten Anspruchstheil ergiebt: beträgt der betagte Anspruch 120 Mk., der nach Abs. 2 auf 100 Mk. reduzirt ist, und sind 60 Mk. aus der Masse gezahlt, so gilt den übrigen Verpflichteten gegenüber der Anspruch zu $\frac{60}{100}$ (nicht $\frac{60}{120}$) erloschen, sodaß noch 48 M. zu zahlen sind.

Im Fall der Verzinslichkeit wird die im Konkurs erlangte Zahlung den Mitverpflichteten gegenüber zunächst auf die seit der Konkurseröffnung laufenden Zinsen angerechnet, § 367 B.G.B.

2. Betagt ist nur der Anspruch, dessen Eintritt mit Gewißheit erfolgen wird, der Anpruch sub die certo an. Der dies incertus an macht den Anspruch zu einem bedingten, wenn auch die Fälligkeitszeit bestimmt ist (dies certus quando), wenn der Anspruch z. B. für den Fall besteht, daß ein Dritter das 20. Lebensjahr erreicht. Steht fest, daß der Tag eintritt, nicht aber, wann dies geschehen wird (dies certus an incertus quando, z. B. der Todestag einer Person, so ist der Anspruch betagt und deshalb, wenn er verzinslich, nach Abs. 1 zu behandeln; ist er aber unverzinslich, so läßt sich der Geldbetrag des Abs. 2 nach einer bestimmten Zeit nicht berechnen, der Geldbetrag ist daher ungewiß, diese Ungewißheit ist nach § 69 zu beseitigen (ebenso § 111 Z.V.G.).

Betagt ist auch der Anspruch auf wiederkehrende Leistungen hinsichtlich der noch nicht fälligen Hebungen, für welche im § 70 eine besondere Bestimmung getroffen ist.

3. Indem der § 65 bestimmt, daß betagte Forderungen sofort fällig sind, schreibt er die Umwandlung in den unbetagten Anspruch als Folge der Konkurseröffnung vor. Die Zeit der Konkurseröffnung, von welcher an der Konkursmasse gegenüber Zinsen nicht mehr laufen, § 63 Nr. 1, ist daher für die Umrechnung der Forderung maßgebend.

4. Bei der Umwandlung einer betagten verzinslichen Forderung findet ein Abzug, Interusurium, nicht statt, auch wenn der Zinssatz höher oder geringer ist, als der gesetzliche, und ohne Rücksicht darauf, daß im erstern Fall der Gläubiger, wenn die Zahlung alsbald erfolgt, durch den sofortigen Eintritt der Fälligkeit einen Nachtheil, im letzern einen Vortheil erlangt. Da die Umwandlung auf gesetzlicher Vorschrift beruht, kann weder dem Gläubiger, noch dem Verwalter ein Ersatzanspruch zustehen, dem Gläubiger auch nicht nach Beendigung des Verfahrens gegen den Gemeinschuldner. Aus demselben Grunde entsteht ein Ersatzanspruch auch nicht in Folge der Umänderung der unverzinslichen Forderung nach Abs. 2.

5. Der unverzinsliche Anspruch vermindert sich um die Zwischenzinsen, welche 4 %, § 246 B.G.B., bei Forderungen aus beiderseitigen Handelsgeschäften 5 %, § 352 H.G.B., betragen. Zur Berechnung des Interusuriums ist unter Ablehnung der Karpzowschen und der Leibnitzschen in gleicher Weise, wie nach § 111 Z.V.G., die Hoffmannsche als die praktisch brauchbarste Methode gewählt. Darnach sind die Zwischenzinsen nach der Formel: $100 + 4 . z : 100 = k : x$ zu berechnen (z ist die Zeit vom Tage der Konkurseröffnung bis zur Fälligkeit, k das Kapital, x der gesuchte Betrag).

6. Die Grundsätze des § kommen auch für die Aufrechnung zur Anwendung, § 54 Abs. 2.

§. 66. (59.)

Forderungen unter auflösender Bedingung werden wie unbedingte geltend gemacht.

M. I 279; P. I 55, 153; M. II —; P. II —.

1. Der resolutiv bedingte Anspruch ist ein unbedingter, bis der Eintritt der Bedingung erfolgt. Der Gläubiger ist daher so wie jeder Gläubiger einer unbedingten Forderung zu behandeln und zu befriedigen.

Zur Sicherstellung ist er nur verpflichtet, wenn ihm diese Pflicht auch dem Kridar gegenüber oblag oder obliegen würde: wenn die Verpflichtung aus dem Schuldverhältniß hervorgeht oder wenn ein Arrestgrund nach § 916 Abs. 2 C.P.O. vorliegt. Im § 133 des ersten Entwurfs des B.G.B. war dem Bedingtberechtigten der Anspruch auf Sicherheitsleistung allgemein gegeben, wenn ein Arrestgrund vorliege. Diese Vorschrift ist in das B.G.B. nicht aufgenommen, aber durch den § 916 Abs. 2 C.P.O. ersetzt. Die Sicherheit, deren Leistung nicht in dem Schuldverhältniß ihren Verpflichtungsgrund hat, kann hiernach bei dem Vorhandensein eines Arrestgrunds nur durch Erwirkung des Arrestes geltend gemacht werden.

Besteht die Verpflichtung zur Sicherheitsleistung, so wird die Konkursdividende nach §§ 168 Nr. 4, 169 zurückbehalten und, wenn die Sicherheit nicht geleistet wird, hinterlegt. Hat der Gläubiger die Sicherheit dem Kridar geleistet, so kann eine nochmalige Kautionsstellung -- auch im Arrestwege — nicht gefordert werden, denn eine Verpflichtung ist erloschen, wenn sie erfüllt ist.

Die Sicherheit ist nicht in Höhe der angemeldeten Forderung, sondern der Konkursdividende zu leisten. Im Uebrigen s. die Anm. zu § 168 Nr. 4.

2. Fällt der Anspruch durch Eintritt der Bedingung fort, so sind die auf die Forderung gemachten Zahlungen nach den Grundsätzen der ungerechtfertigten Bereicherung, § 812 Abs. 1 Satz 2, § 159 B.G.B. zurückzugewähren. Tritt dieser Fall nach der Ausschüttung der Masse und der Beendigung des Verfahrens ein, so kommt der § 166 zur Anwendung.

§. 67. (60.)

Forderungen unter aufschiebender Bedingung berechtigen nur zu einer Sicherung.

M. I 279—285; P. I 55, 153; M. II —; P. II 15, 16.

1. Der suspensiv bedingte Anspruch ist bereits begründet, kann aber vor dem Eintritt der Bedingung nicht geltend gemacht werden. Der Bedingtberechtigte kann daher Befriedigung nicht verlangen, das Ges. will den Anspruch aber durch Sicherung berücksichtigen. Diese Sicherung ist nicht die Sicherheitsleistung der §§ 232 ff. B.G.B. (in der II. Kommission des B.G.B. war in Aussicht genommen, das Wort „Sicherung" durch „Sicherstellung" zu ersetzen, und in der Kommission über die Aenderung der K.O. wurde ein diesbezüglicher Antrag ebenfalls gestellt, aber nicht angenommen), sondern ist, wie unbestritten, durch die §§ 154, 168, 169 festgestellt und begrenzt; die Sicherung ist keine civilrechtliche, sondern eine konkursmäßige. Darnach wird die bedingte Forderung bei den Abschlagsvertheilungen so, wie jede unbedingte Konkursforderung berücksichtigt, § 154, die auf sie fallenden Antheile werden aber nicht ausgezahlt, sondern zurückbehalten, § 168², und hinterlegt, § 169. Sie bleiben hinterlegt, bis der Eintritt oder Nichteintritt der Bedingung feststeht; nur wenn die Möglichkeit des Eintritts eine so entfernte ist, daß die bedingte Forderung einen gegenwärtigen Vermögenswerth nicht hat, ist ihre Berücksichtigung bei der Schlußvertheilung ausgeschlossen und fallen die vorher zurückbehaltenen Beträge bei der Schlußvertheilung in die Masse zurück, §§ 154 Abs. 2, 156. (Die Vorschrift des bisherigen § 142 Abs. 2, wonach bei der Schlußvertheilung der Eintritt der Bedingung nachgewiesen werden muß, ist jetzt gestrichen.) Tritt die Bedingung vor der Beendigung des Verfahrens ein, so erfolgt die Befriedigung der Forderung aus den hinterlegten und den ferner auf sie fallenden Beträgen so wie die Bezahlung der unbedingten Forderungen; tritt sie nachher ein, so sind dem Gläubiger die hinterlegten Beträge

auszuzahlen. Fällt die Bedingung vor der Beendigung des Konkurses aus, so besteht die Forderung nicht mehr und der hinterlegte Betrag fällt an die Masse zurück; fällt die Bedingung erst nach der Ausschüttung der Masse aus, so tritt die Nachtragsvertheilung des § 166 ein. Ueber die Aufrechnung bedingt berechtigten Ansprüche s. die §§ 54, 171 und die Anm. dazu.

Im Uebrigen hat der Bedingtberechtigte die Rechte und Pflichten der Konkursgläubiger, er hat auch das Stimmrecht für seine ganze Forderung in den Gläubigerversammlungen, solange weder der Verwalter noch ein Konkursgläubiger Widerspruch dagegen erhebt; wird ein Widerspruch erhoben, so bestimmt das Konkursgericht, ob und zu welchem Betrage der Bedingtberechtigte stimmberechtigt sein soll, § 96. Seine Forderung wird auch vom Akkord betroffen, selbst wenn er zum Mitstimmen nicht zugelassen ist.

2. Die Sicherung des § 67 unterscheidet sich, wie aus Anm. 1 hervorgeht, von der civilrechtlichen Sicherheitsleistung, auf welche der Bedingtberechtigte im konkreten Fall einen Anspruch hat. Ein solcher Anspruch läßt sich nur aus dem besondern Schuldverhältniß ableiten oder durch das Vorhandensein eines Arrestgrundes begründen, Anm. 1 zu § 66. Ein derartiger Anspruch auf Sicherheitsleistung (welcher nach den bisherigen §§ 141 Abs. 2, 158 — jetzt 154, 171 — noch in Betracht kommen konnte, jetzt aber nach Streichung der betreffenden Vorschriften außer Betracht zu bleiben hat) kann von einem Konkursgläubiger im Konkurs nicht geltend gemacht werden, weil die Konkursgläubiger ihre Forderungen auf Sicherstellung nach § 12 nur nach Maßgabe der Vorschriften für das Verfahren, also nur durch Anmeldung gemäß § 69 verfolgen können, der Anspruch auf Sicherheit aber neben der Hauptforderung keinen nach § 69 zu berechnenden Schätzungswerth hat.

Ist die Sicherheit aber bereits vor der Konkurseröffnung geleistet, ist dieser Anspruch des Gläubigers also schon erfüllt, so wird der Fortbestand des durch diese Erfüllung entstandenen Rechtsverhältnisses (Bürgschaft, Pfandbestellung) durch den § 67 nicht behindert; ein zur Sicherung erlangtes Retentionsrecht kann jedoch, sofern es nicht nach § 49 zur Absonderung berechtigt, im Konkurs nicht geltend gemacht werden, Anm. 3 zu § 12.

3. Der Konkursgläubiger, welcher zugleich absonderungsberechtigt ist, wird in seiner Eigenschaft als Separatist von den Vorschriften des § 67 nicht betroffen, da die Befriedigung aus dem Absonderungsgegenstand außerhalb des Konkursverfahrens erfolgt. Als Konkursgläubiger ist er aber durch die Bestimmung des § 64 beschränkt, wonach er zwar seine ganze Forderung anmelden, aber nur in Höhe des Ausfalls Befriedigung verlangen kann. An Stelle der Befriedigung tritt für den bedingten Anspruch die Sicherung. Zur Berücksichtigung bei einer Abschlagsvertheilung hat er bis zum Ablauf der Ausschlußfrist dem Verwalter nachzuweisen, daß die Veräußerung des Absonderungsgegenstandes betrieben wird und den Betrag des muthmaßlichen Ausfalls glaubhaft zu machen. Unter dieser Voraussetzung wird der bedingte Absonderungsanspruch bei der Abschlagsvertheilung in Höhe des muthmaßlichen Ausfalls durch Hinterlegung berücksichtigt. Bei der Schlußvertheilung hat der bedingte Absonderungsgläubiger bis zum Ablauf der Ausschlußfrist den Verzicht oder den Ausfall nachzuweisen und wird dann zu diesem Betrage durch Hinterlegung berücksichtigt.

4. Es ist unerheblich, ob die Bedingung durch Zufall oder durch eine Handlung des Bedingtberechtigten oder Bedingtverpflichteten abhängt. Soweit sie aber nur von einer persönlichen Handlung des Gemeinschuldners abhängt, kann sie den Konkurs-

gläubigern gegenüber nicht eintreten, weil der Kridar nach der Eröffnung des Verfahrens ihnen gegenüber Rechtshandlungen mit Rechtswirksamkeit nicht vornehmen kann, Anm. 2 zu § 7. Eine solche Forderung ist daher im Konkurs nicht zuzulassen, weil von Anfang an feststeht, daß die Bedingung nicht eintreten kann, M. I 279 v. Sarwey-Bossert Anm. 1, Petersen-Kleinfeller Anm. 3, v. Wilmowski Anm. 1.

5. Ist die Bedingung bereits eingetreten, das Ergebniß aber noch nicht bekannt, so ist der Gläubiger zwar unbedingt berechtigt, da er aber seinen Anspruch auf Befriedigung und daher auch die Thatsache nachzuweisen hat, von welcher das Befriedigungsrecht abhängt, so gilt er bis zu diesem Nachweis nur als bedingtberechtigter Gläubiger mit dem auf Sicherung beschränkten Recht des § 67. In der zweiten Kommission des B.G.B. war in Aussicht genommen, dem § 67 einen Zusatz hinzuzufügen: „Das Recht auf Sicherstellung besteht auch dann, wenn die Bedingung bereits entschieden, das Ergebniß aber noch nicht bekannt ist," der § hat diesen Zusatz, wohl weil er sich von selbst ergiebt, nicht erhalten.

6. Zu den suspensiv berechtigten Forderungen gehören, wie in den M. I unter Ablehnung des die Mitschuldner und Bürgen von dem Anmeldungsrecht ausschließenden § 86 Abs. 2 der Preuß. K.O. angenommen ist, die Ansprüche der subsidiär verpflichteten Regreßgläubiger: der Bürgen, der Indossanten eines Wechsels, die Ansprüche derjenigen, welche sich für die Wechselforderung aus Gefälligkeit mitverpflichtet haben, R.G. 1, 345; 7, 80, R.O.H.G. 24, 1, Obertrib. 46, 323 und in Strieth. Arch. 37, 192; 39, 128; 41, 329; 43, 147. Dazu gehören ferner die Regreßansprüche der Gesammtschuldner gegen einander nach § 426 Abs. 2 B.G.B., die Ansprüche derjenigen von mehreren aus einer unerlaubten Handlung verpflichteten Personen, welche nach § 840 B.G.B. einen Regreß gegen den andern Verpflichteten haben; denn für den Fall, daß sie zur Zahlung angehalten werden, haben sie einen Anspruch gegen den Kridar als den Hauptschuldner. Der Bürge ist, wie nach Preußischem Recht, § 43 A.L.R. I, 16, unzweifelhaft war und auch im gemeinen Recht angenommen wurde, nicht nur dann bedingt berechtigt, wenn er die Bürgschaft im Auftrage des Kridars oder als dessen negotiorum gestor übernommen hat, sondern auch dann, wenn ein Rechtsverhältniß zwischen ihm und dem Kridar, als dem Hauptschuldner, durch die Uebernahme nicht entsteht, denn nach § 774 B.G.B. geht die Forderung, soweit der Bürge den Gläubiger befriedigt, bei der Bürgschaft jeder Art auf den Bürgen über. Es kommt auch nicht darauf an, ob der Bürge die Einrede der Vorausklage hat oder nicht, denn die Bedingung besteht in jedem Fall in der Thatsache, daß der Hauptschuldner nicht zahlt. Suspensiv bedingt ist auch der Anspruch des Hauptgläubigers, wenn der Kridar der Bürge oder der sonst subsidiär Verpflichtete ist, denn die Geltendmachung des Rechts hängt von der Voraussetzung ab, daß der Hauptschuldner nicht zahlt.

Bedingt berechtigt können mehrere Personen auch alternativ sein; es kann rechtsgeschäftlich oder durch letztwillige Verfügung des Erblassers des Gemeinschuldners bestimmt sein, daß, wenn die Bedingung in einer gewissen Weise eintritt, der eine, wenn sie in anderer Weise eintritt, der andere berechtigt sein soll. Ist die Bedingung aber so gestellt, daß der eine von mehreren Personen beim Eintritt, der andere beim Nichteintritt berechtigt sein soll, so ist die Forderung dem Schuldner gegenüber eine unbedingte, weil er sie in jedem Fall bezahlen muß; in diesem Fall sind die auf die Forderung fallenden Antheile zu hinterlegen, aber nicht auf Grund und in Gemäßheit der in der Anm. 1 bezeichneten Konkursvorschriften, sondern auf Grund des § 372 B.G.B. wegen Ungewißheit der Person des Gläubigers und zwar in Gemäßheit der §§ 372 ff. B.G.B.

8. Die Ansprüche mehrerer Berechtigten, von denen der eine der Hauptgläubiger,

der andere der Regreßberechtigte ist, oder die beide in Ansehung derselben Forderung alternativ bedingt berechtigt sind, ist nur eine einzige, eine einheitliche. Die Berücksichtigung bei den Vertheilungen darf daher nur eine einheitliche sein: durch die Zahlung des auf die Hauptforderung fallenden Antheils ist zu diesem Betrage die Bedingung als nicht eingetreten anzusehen, der bedingte Anspruch insoweit erloschen und daher nicht zu berücksichtigen; durch die Hinterlegung des Antheils, der auf eine Forderung entfällt, an welcher zwei Personen alternativ bedingt berechtigt sind, ist das Recht beider Gläubiger gewahrt. Ebenso kann das Stimmrecht in den Gläubigerversammlungen nicht für dieselbe Forderung doppelt ausgeübt werden, in dieser Beziehung hat das Konkursgericht nach § 96 zu entscheiden, ob der Bedingtberechtigte, wer von mehreren Berechtigten und zu welchem Betrage er ein Stimmrecht ausüben darf. Die Annahme, daß die Forderung nur als eine einheitliche zu berücksichtigen ist, ist freilich nicht unbestritten, da in den M. 1 angenommen ist, daß in den Fällen, in denen dem Mitverpflichteten eine selbstständige Regreßforderung auf Grund eines Mandats ꝛc. zustehe, für diese Regreßforderung neben der Hauptforderung Dividende beansprucht werden könne. Nachdem das R.G. zunächst, Entsch. 7, 80, der Ansicht der Motive gefolgt war, hat es Entsch. 8, 291; 9, 75, in der Plenarentsch. 14, 172 und den fernern Urth. 32, 84; 37, 2; 42, 36, die Frage, ob neben dem Gläubiger, welcher Konkursdividende für seine volle Forderung erhält, auch der Mitverpflichtete, welcher einen selbstständigen Regreßanspruch geltend macht, Konkursdividende beanspruchen kann, wegen der Einheitlichkeit des Anspruchs verneint.

Aus der Einheitlichkeit der Forderung folgt andererseits nicht, daß der Regreßberechtigte seinen Anspruch nicht als einen bedingten neben dem Anspruch des Hauptgläubigers anmelden und Anerkennung desselben verlangen kann. v. Wilmowski Anm. 1 versagt ihm dies Recht unter Berufung auf die Entsch. des R.G. 9, 75; 14, 172 und 32, 84. In der Plenarentsch. 14, 172 ist dieser Satz aber nicht aufgestellt, und wenn in den Entsch. 32, 84 und 37, 2 wegen der in der Plenarentsch. festgestellten Einheitlichkeit des Anspruchs der Regreßgläubiger zur Anmeldung seiner Forderung nicht für berechtigt angesehen ist, so ist diese Schlußfolgerung nicht richtig. Denn die Anmeldung der Regreßforderung als einer bedingten steht der Einheitlichkeit der Berücksichtigung der Forderung nicht entgegen, da der Regreßgläubiger seinen Anspruch nur unter der Bedingung anmeldet, daß der Hauptgläubiger Befriedigung aus der Masse nicht erhält und für diese Anmeldung ein rechtliches Interesse nicht blos, wenn der Hauptgläubiger seine Forderung nicht angemeldet, sondern auch im Fall der Anmeldung hat; denn der Hauptgläubiger kann seine Anmeldung zurückziehen und sich unmittelbar an den Regreßgläubiger halten. Sonst würde auch die Anmeldung des Hauptgläubigers nicht zugelassen werden dürfen, wenn dieser seine Forderung im Konkurs erst geltend macht, nachdem die bedingte Forderung des Regreßgläubigers anerkannt ist. Das Gesetz erkennt den letztern im § 67 sowie in den in der Anm. 1 angegebenen Vorschriften ausdrücklich als Konkursgläubiger an, es kann ihm daher dasjenige Recht nicht entzogen werden, ohne welches seine Theilnahme am Konkurs nicht möglich ist.

§. 68. (61.)

Wird über das Vermögen mehrerer oder einer von mehreren Personen, welche neben einander für dieselbe Leistung auf das Ganze haften, das Konkursverfahren eröffnet, so kann der Gläubiger bis zu seiner vollen Befriedigung in jedem Verfahren den Betrag geltend machen, den er zur Zeit der Eröffnung des Verfahrens zu fordern hatte.

M. I 285—289; P. I 55—57, 131, 153; M. II —; P. II —.

1. Die Mithaftung mehrerer Personen für eine einzige Forderung giebt dem Gläubiger das Recht des Zugriffs in das Vermögen aller Schuldner. Dies Recht wird ihm durch den Konkurs nicht genommen. Wie er nach § 421 B.G.B. die Leistung nach seinem Belieben von jedem der Schuldner fordern kann, so darf er sie in jedem Konkurs über das Vermögen eines oder mehrerer oder aller seiner Schuldner anmelden. Aber die Erfüllung durch einen der Schuldner wirkt auch für die übrigen Schuldner, § 422 B.G.B., die Zahlung, die er in dem einen Konkurs erhält, würde daher seine Forderung auch in dem andern Konkurs verringern, in welchem sie nunmehr nur noch zu dem durch die Theilzahlung reduzirten Betrage bei der Vertheilung berücksichtigt werden könnte. In Folge dessen würde der Gläubiger trotz seiner Sicherung durch eine Mehrheit von Schuldnern in einem Konkurs, in welchem die Forderungen nicht vollständig gedeckt werden, niemals zum vollen Betrage Befriedigung erlangen können. Dieser Konsequenz tritt der § 68 entgegen: Für die Berechnung der Dividende und die Berücksichtigung bei den Vertheilungen soll im Fall der Haftung mehrerer Schuldner der Betrag maßgebend sein, den der Gläubiger zur Zeit der Eröffnung des Verfahrens zu fordern hatte, die nachträgliche Zahlung eines der andern Schuldner, mag derselbe ebenfalls in Konkurs gerathen sein oder nicht, sowie die nachträgliche Zahlung eines Dritten hat keinen Einfluß auf die Höhe der Forderung hinsichtlich ihrer Berücksichtigung bei der Vertheilung. Beträgt die Forderung zur Zeit der Konkurseröffnung 70 Mark und erhält der Gläubiger nach diesem Zeitpunkt von einem andern Schuldner oder aus dessen Konkursmasse eine Zahlung von 40 M., so erfolgt die demnächstige Berechnung und Berücksichtigung der Forderung bei der Vertheilung nicht nach dem Betrage von 40, sondern von 70 M., sodaß er, wenn 50% zur Vertheilung kommen, den vollen Rest der Forderung, aber auch nicht mehr als diesen Rest (30 statt 35 M.) erhält, R.G. 2, 281; 9, 77 in J. W. 1890 S. 411, in der Beilage zum Reichsanzeiger 1891 S. 10 ff., Obertr. 43, 447; 44, 304.

Im Entwurf wurde dieser Grundsatz nach dem Vorbild des § 87 der Preuß. K.O. auf die Fälle der Eröffnung des Verfahrens über das Vermögen mehrerer Schuldner beschränkt, durch die Kommission, P. I 131, wurde diese Beschränkung beseitigt, sodaß der § 68 Anwendung findet a) wenn über das Vermögen sämmtlicher Schuldner, b) wenn über das Vermögen mehrerer Schuldner, c) wenn über das Vermögen eines einzigen von mehreren Schuldnern der Konkurs eröffnet ist.

2. Der § setzt voraus, daß mehrere Personen neben einander haften. Dies thun in der Regel die Gesammtschuldner, in Ansehung welcher das B.G.B. zwischen Solidar- und Korrealhaftung nicht mehr unterscheidet. Neben einander für dieselbe Forderung haftet auch der Uebernehmer eines gesammten Vermögens neben dem Hauptschuldner, § 419 B.G.B., der Erbschaftskäufer neben dem Erbschaftsverkäufer, § 2382 B.G.B.; der häufigste Fall ist der der Haftung mehrerer Wechselschuldner, R.G. 11, 18. Dagegen besteht eine Haftung für dieselbe Leistung nicht, wenn in Folge einer Beschädigung (z. B. durch Feuer) ein Anspruch gegen den Beschädiger und ein Anspruch gegen den Versicherer begründet ist, weil beide nicht für dieselbe Forderung,

sondern für verschiedene Ansprüche haften, vergl. § 255 B.G.B. Zwar kommt es nicht darauf an, ob die mehreren Schuldner aus demselben Rechtsverhältniß oder auf verschiedener Rechtsgrundlage haften, aber die Forderung muß eine einzige derart sein, daß die Zahlung des einen Schuldners die ganze Forderung verringert.

Die Haftung mehrerer Personen neben einander besteht, wie mit den M. I und der allgemeinen Ansicht (abw. nur Fitting § 10 Anm. 20) anzunehmen ist, auch dann nicht, wenn der eine nur subsidiär haftet, wie der Bürge, dem die Einrede der Vorausklage zusteht, wogegen der Bürge, dem diese Einrede nach § 773 B.G.B. versagt ist, neben dem Hauptschuldner haftet; die mehreren Personen müssen neben, nicht nach einander haften. Ob diese Haftung besteht, ist nach dem Zeitpunkt der Konkurseröffnung zu entscheiden: der Bürge, welcher zur Zeit der Eröffnung des Verfahrens die Einrede der Vorausklage geltend machen konnte, haftet nur nach dem Hauptschuldner. Gerathen der Hauptschuldner und der Bürge nach einander in Konkurs, so kann die Behandlung der Forderung in beiden Konkursen eine verschiedene sein: in dem zuerst über das Vermögen des Hauptschuldners eröffneten Konkurs sind zwei neben einander verhaftete Personen nicht vorhanden, weil der Bürge zur Zeit der Konkurseröffnung noch nicht solidarisch haftete; aber durch diese Konkurseröffnung verliert er die Einrede der Vorausklage, § 773³ B.G.B., sodaß, wenn nunmehr auch über sein Vermögen das Verfahren eröffnet wird, eine Gesammtschuld im Sinne des § 68 besteht.

Wegen des Rechts der Gläubiger eines Gesellschafters in dem über die offene Handelsgesellschaft eröffneten Konkurs s. § 212.

3. Unter den neben einander bestehenden Verpflichtungen meint der § 68 nur die persönliche Haftung, nicht die dingliche Haftung mit einem Absonderungsgegenstand, P. I 57. In dem Konkurs desjenigen, welchem der Absonderungsgegenstand gehört, nicht auch in dem Konkurs des andern Gesammtschuldners wird die Dividende daher nur nach der Ausfallforderung des § 64 berechnet.

4. Da für die Geltendmachung der Höhe der Forderung die Zeit der Eröffnung des Verfahrens als maßgebend erklärt ist, kommen die vor diesem Zeitpunkt erfolgten Theilzahlungen auch für den Konkurs in Betracht, nicht aber die spätern Zahlungen, mögen sie vor oder nach dem Prüfungstermin und selbst vor der Anmeldung erfolgt sein. Andererseits soll der Gläubiger niemals mehr erhalten, als er überhaupt zu fordern hat („bis zu seiner vollen Befriedigung"), denn „der Konkurs erweitert die Forderung nicht", M. I. Erhält der Gläubiger mehr als seine Forderung beträgt, so muß er die Differenz wegen ungerechtfertigter Bereicherung, § 812 B.G.B., demjenigen oder zu derjenigen Konkursmasse zurückzahlen, aus welcher er den Mehrbetrag erhalten hat.

5. Besteht zwischen den mehreren Schuldnern eine Verpflichtung, nach welcher die Schuld im Verhältniß der Schuldner zu einander zu theilen ist, was bei der Gesammtschuld immer der Fall ist, soweit nicht ein Anderes bestimmt ist, § 426 Abs. 1 B.G.B., so hat derjenige, welcher dem Gläubiger mehr gezahlt hat, als er im Verhältniß zu den Mitschuldnern zu zahlen brauchte, einen Anspruch auf Erstattung der Differenz, § 426 Abs. 2 B.G.B. Dieser Regreßanspruch ist vor der Zahlung ein suspensiv bedingter, Anm. 6 zu § 67, und kann daher so wie jeder bedingte Anspruch im Konkurs angemeldet werden, Anm. 1, 8 zu § 67. Der Rückgriff des Mitschuldners oder der Konkursmassen gegen einander ist daher ein schon vor der Konkurseröffnung begründeter Anspruch, deshalb stets eine Konkursforderung und kann nicht, wie nur v. Wilmowski Anm. 3 und Eccius in Gruchots Beitr. 33, 744, 745 behaupten, unter

Umständen eine Masseforderung sein. v. Wilmowski und Eccius meinen, daß ein Masseanspruch dann vorhanden sei, wenn dem Rechtsverhältniß ein Vertrag zu Grunde liege, welchen der Verwalter nach § 17 erfüllen will, sodaß zur Erfüllung die Voll- oder Theilzahlung einer aus einer andern Masse bezahlten Forderung gehöre; in diesem Fall ist aber auch der Gläubiger Massegläubiger und von den Masseforderungen handelt der § 68 überhaupt nicht. Der Regreß der Gesammtschuldner beruht auf dem Eintrittsrecht des zahlenden Mitschuldners in das Recht des befriedigten Gläubigers, § 426 Abs. 2 B.G.B. Da dieser Uebergang nach dieser gesetzlichen Vorschrift nicht zum Nachtheil des Gläubigers geltend gemacht werden kann, so kann der Gläubiger durch die Theilzahlung und den Eintritt des zahlenden Mitschuldners nicht beeinträchtigt werden; über das bisherige Recht s. R.G. 8, 291. Und da die Hauptforderung trotz der Theilzahlung unverkürzt bei der Vertheilung zu berücksichtigen ist, und dieselbe Forderung im Konkurs nicht doppelt berücksichtigt werden darf, Anm. 8 zu § 67, so findet eine Berücksichtigung des eingetretenen Regreßgläubigers nur soweit statt, als die auf die Hauptforderung entfallende Dividende mehr als die Restforderung selbst beträgt.

§. 69. (62.)

Forderungen, welche nicht auf einen Geldbetrag gerichtet sind, oder deren Geldbetrag unbestimmt oder ungewiß oder nicht in Reichswährung festgesetzt ist, sind nach ihrem Schätzungswerthe in Reichswährung geltend zu machen.

M. I 289—292; P. I 58, 153; M. II —; P. II —.

1. Die Vertheilung, der Zweck des Konkurses, kann nur nach Versilberung der Masse in Geld erfolgen; erhalten aber die Gläubiger ihre Befriedigung nur in Geld, so dürfen sie ihre Forderungen auch nur in bestimmten Geldbeträgen geltend machen. Es müssen daher die Forderungen, die nicht auf bestimmte Geldsummen lauten, in Geldforderungen umgewandelt werden. Vgl. § 11 Z.V.G.

2. Die Forderungen, welche überhaupt nicht auf einen Geldbetrag lauten, sind die auf ein Thun oder Unterlassen, auf Lieferung bestimmter vertretbarer oder unvertretbarer Sachen gerichteten Ansprüche, die Ansprüche auf Gewährung einer Naturalalimentation, die Ansprüche auf Kleidung, auf Viktualien 2c.

Die Forderungen, deren Geldbeträge unbestimmt sind, sind die Ansprüche, deren Betrag zur Zeit nicht feststeht, insbes. die Schadens- oder Wertherſatzforderungen.

Ungewiß ist der Geldbetrag derjenigen Forderungen, „deren Anfangstermin, von welchem, oder deren Endtermin, bis zu welchem die Leistung geschuldet wird, durch ein der Zeit nach ungewisses Ereigniß bestimmt wird", M. I, z. B. die Forderung, deren Fälligkeit am Todestage einer bestimmten Person eintritt; doch gilt dies nicht von den verzinslichen Forderungen, denn für sie ist nur die Zeit der Fälligkeit ungewiß, nicht der Geldbetrag, Anm. 2 zu § 65.

3. Der Gläubiger hat seine Forderung, wie sie vor der Konkurseröffnung bestand, mit Angabe des Schätzungswerths, wie er ihn verlangt, anzumelden, die übrigen Gläubiger und der Verwalter haben sich im Prüfungstermin zu erklären; wird die Forderung mit dem behaupteten Schätzungswerth anerkannt, so ist sie festgestellt, wird sie nicht anerkannt, so kann die Abschätzung, wenn beide Theile darüber

einverstanden sind, vom Konkursgericht, erforderlichen Falls nach Anhörung von Sachverständigen, § 75, erfolgen; besteht ein solches Einverständniß nicht, so entscheidet nicht das Konkursgericht, sondern nach § 146 das Prozeßgericht.

Die Anmeldung in einer ausländischen Geldwährung ist nicht, wie meistens behauptet wird, zurückzuweisen, sondern nach Art. 14 § 4 des Ges. vom 9. Juli 1873 in Reichswährung umzurechnen.

4. Für die Feststellung des Werths ist der Zeitpunkt der Konkurseröffnung maßgebend, durch welchen die Scheidegrenze der Konkursforderungen und ihres Umfangs bestimmt wird, § 3, so daß eine Werthsteigerung nach diesem Zeitpunkt für die Feststellung des Schätzungswerths ohne Einfluß ist.

Der Schätzungswerth ist lediglich der objektive Werth des Leistungsgegenstands, er umfaßt nicht zugleich das Interesse wegen unterlassener Leistung des eigentlichen Vertragsobjekts, vgl. §§ 501, 587, 1048 B.G.B.; zu einem Schadensersatz ist der Gläubiger wegen der Umwandlungspflicht überhaupt nicht berechtigt, weil die Umwandlung auf Grund gesetzlicher Vorschrift, also auf Grund des durch das Gesetz gegebenen Rechts erfolgt.

5. Da die Umwandlung eine Folge der Konkurseröffnung ist, ist nicht blos der Gläubiger, sondern auch der Verwalter daran gebunden. Der Verwalter ist nicht berechtigt, den Gläubiger so zu befriedigen, wie dieser es vor der Konkurseröffnung fordern konnte. Nimmt aber der Gläubiger die Leistung in ihrer ursprünglichen Gestalt an, so wird sein Anspruch an Erfüllungsstatt nach § 364 B.G.B. erfüllt.

6. Die Umwandlung beschränkt sich nur auf das Konkursverfahren, und wirkt nicht im Verhältniß des Gläubigers zum Mitschuldner. Hat der Gläubiger im Konkurs eine Theilzahlung erhalten, so ist dieselbe dem Mitschuldner gegenüber in Abgang zu stellen, denn der Mitschuldner haftet für die Forderung nur in ihrem gegenwärtigen Bestande. Ist der Gegenstand der Forderung untheilbar oder nicht auf einen Geldbetrag gerichtet, so braucht der Mitschuldner, wenn er in natura zu leisten hat, nur den vertragsmäßigen Gegenstand abzüglich der Theilzahlung, also (Zug um Zug) nur gegen Zahlung der Summe zu liefern, welche der Gläubiger aus der Masse erhalten hat.

Auf das Verhältniß zum Gemeinschuldner nach Beendigung des Verfahrens würde die Umwandlung an sich keinen Einfluß haben, wenn nicht die Feststellung der umgewandelten Forderung im Prüfungstermin judikatmäßige Wirkung hätte und der Akkord das Schuldverhältniß auf den konkursmäßigen Bestand reduzirte. Hat aber der Kridar die Forderung im Prüfungstermin bestritten, so wirkt die Feststellung in der Tabelle gegen ihn nicht, § 164 Abs. 2. In diesem Fall bleibt auch die Umwandlung für und gegen ihn ohne Wirkung; er hat daher, wenn der Vertragsgegenstand untheilbar war, denselben gegen Zahlung des auf den Gläubiger im Konkurs entfallenden Antheils zu leisten, und war der Gegenstand theilbar, aber nicht auf eine Geldleistung gerichtet, so würde die Leistung eines Theils des ursprünglichen Leistungsgegenstands im Verhältnis zur ganzen ursprünglichen Leistung eine Theilleistung sein, welche der Gläubiger nicht anzunehmen braucht, § 266 B.G.B., die derselbe aber annehmen muß, wenn die Restleistung in Verbindung mit der im Konkurs erhaltenen Geldzahlung seinem Interesse genügt, § 226 B.G.B. Andernfalls hat der Gläubiger das Recht, den Rest in der umgewandelten Form zu beanspruchen; s. darüber ferner Anm. 1 zu § 164, und für den Fall des Zwangsvergleichs Anm. 2 zu § 193.

§. 70. (63.)

Wiederkehrende Hebungen zu einem bestimmten Betrage und von einer bestimmten Zeitdauer werden unter Abrechnung der Zwischenzinsen (§. 65) durch Zusammenzählung der einzelnen Hebungen kapitalisirt. Der Gesammtbetrag darf den zum gesetzlichen Zinssatze kapitalisirten Betrag derselben nicht übersteigen.

M. I 291, 292; P. I 58, 153; M. II —; P. II —.

1. Während die Preuß. K.O., §§ 62, 85, 251, den kapitalisirten Betrag sämmtlicher Hebungen zum Zweck der fristgemäßen Auszahlung an den Berechtigten hinterlegen ließ, eine Vorschrift, die für die Zwangsversteigerung zur Anwendung gebracht ist, § 121 Z.V.G., wird nach § 70 der zusammengerechnete Betrag der einzelnen Hebungen als Konkursforderung zum Zweck der konkursmäßigen Auszahlung an den Berechtigten behandelt.

„Vorausgesetzt wird, daß das Recht auf den Bezug der künftigen fortlaufenden Hebungen schon vor der Konkurseröffnung begründet ist, daß es nicht erst jedes Mal mit den einzelnen Terminen und Raten zur Entstehung gelangt, daß es vielmehr in einer Gesammtheit schon jetzt entstanden ist," M. I S. 292, s. darüber Anm. 6 zu § 93, Anm. 4c zu § 1. Entsteht das Recht jedes Mal mit dem Eintritt des Fälligkeitstermins, so ist es als Masseforderung geltend zu machen, wenn die Erfüllung zur Konkursmasse erfolgen muß, § 59², und besteht, wenn dies nicht der Fall ist, überhaupt kein Anspruch gegen die Masse. Die Masseforderung des § 59² ist nicht nach § 70 durch Zusammenrechnung der einzelnen Hebungen festzustellen, sondern so wie außerhalb des Konkurses in Raten zur Zeit der jedesmaligen Fälligkeit zu berichtigen.

2. Das Recht auf wiederkehrende Leistungen besteht aus einer Anzahl betagter Forderungen, welche, wie die Ansprüche des § 65, als sofort fällige gelten, und die, wenn sie unverzinslich sind, unter Abrechnung der Zwischenzinsen nach § 65 durch Zusammenzählung der so gekürzten Hebungen zu kapitalisiren sind. Der so berechnete Betrag darf aber den zum gesetzlichen Zinssatz, d. h. mit 4% — 246 B.G.B., vgl. § 9 C.P.O. — kapitalisirten Betrag der Jahresleistung nicht übersteigen, ist also eintretenden Falls auf diesen Betrag zu reduziren.

Die zur Zeit der Eröffnung des Verfahrens fälligen Hebungen sind unbetagte Forderungen, sie fallen nicht unter den § 70, bleiben auch bei der Zusammenrechnung und bei der Reduktion auf den kapitalisirten Betrag außer Berücksichtigung.

3. Das Gesetz geht von der Annahme aus, daß die einzelnen Hebungen unverzinslich sind und nur unter dieser Berücksichtigung ist die Abrechnung des Interusuriums des § 65 Abs. 2 vorgeschrieben. Sind die Hebungen verzinslich, hat der Gemeinschuldner z. B. die Verpflichtung, ein Kapital von 3000 M. in jährlichen Raten von 200 M. zurückzuzahlen und die ausstehenden Raten zu verzinsen, so werden Zwischenzinsen nicht abgerechnet, sondern sind die einzelnen Leistungen als betagte Forderungen des § 65 Abs. 1 sofort ohne Abzug und ohne Berücksichtigung der Zinsen fällig; in diesem Fall kommt auch die Beschränkung auf den kapitalisirten Betrag nicht zur Anwendung.

4. Das Gesetz spricht von wiederkehrenden Hebungen zu einem bestimmten Betrage, d. h. zu einem bestimmten Geldbetrage. Lautet die Forderung auf eine nicht in Geld bestehende, wiederkehrende Leistung, so wird der Schätzungswerth der einzelnen Leistungen zunächst nach § 69 in Geld umgerechnet und darauf der § 70 angewendet.

5. Indem das Gesetz Hebungen von bestimmter Zeitdauer behandelt, setzt es voraus, daß der Anspruch auf die einzelnen Leistungen für die bestimmte Zeit feststeht. Steht die Zeitdauer zwar fest, aber nicht, ob die einzelnen Termine eintreten werden, besteht das Recht z. B. bis zu der Zeit, in welcher der Gläubiger ein bestimmtes Alter erreicht, so sind die Hebungen nicht von bestimmter Zeitdauer, weil nicht sicher ist, daß er dies Alter erreicht. Diese Forderungen sub die certo quando incerto an sind betagte, und gehören zu den Forderungen des § 69, deren Geldbetrag ungewiß ist, Anm. 2 zu § 65, Anm. 2 zu § 69, a. M. nur v. Völderndorff, der diese Forderungen nach § 70 behandeln will. Ebenso ist der Geldbetrag der Forderung ungewiß, wenn die Zeitdauer nicht bestimmt ist, z. B. der Forderung auf eine Leibrente, eine Leibzucht; auch in Fällen dieser Art erfolgt die Feststellung nach § 69, wobei die Tabellen der Lebensversicherungsanstalten zur Feststellung der muthmaßlichen Fortdauer des Lebens des Berechtigten benutzt werden können.

Wegen der Wirkung der Veränderung gegen den Kridar s. Anm. 1 zu § 164 und Anm. 2 zu § 193.

Zweites Buch.

Konkursverfahren.

Erster Titel.

Allgemeine Bestimmungen.

§. 71. (64.)

Für das Konkursverfahren ist das Amtsgericht ausschließlich zuständig, bei welchem der Gemeinschuldner seine gewerbliche Niederlassung oder in Ermangelung einer solchen seinen allgemeinen Gerichtsstand hat.

Sind mehrere Gerichte zuständig, so schließt dasjenige, bei welchem zuerst die Eröffnung des Verfahrens beantragt worden ist, die übrigen aus.

M. I 293—296; P. I 59, 161; M. II —; P. II 17, 18.

1. Bisher war das Amtsgericht ausschließlich zuständig, „bei welchem der Gemeinschuldner seinen allgemeinen Gerichtsstand" hatte. Die Kommission änderte diese Bestimmung, weil „es naturgemäß sei, den Konkurs bei dem Amtsgericht des Orts verhängen zu lassen, an welchem der Gemeinschuldner den Mittelpunkt seines wirthschaftlichen Daseins habe; dies sei namentlich in solchen Fällen wichtig, in welchen die Schuldner in größern Städten ihre gewerblichen Niederlassungen, indessen in Vororten ihren Wohnsitz hätten." Es sind deshalb dem Abs. 1 die Worte „seine gewerbliche Niederlassung oder in Ermangelung eines solchen" eingefügt.

2. Die örtliche Zuständigkeit wird hiernach für die Gewerbetreibenden — nicht blos für Kaufleute — durch die gewerbliche Niederlassung bestimmt. Die gewerbliche Niederlassung besteht in „einem zu dauernden Gebrauch eingerichteten, beständig oder doch in regelmäßigem Wiederkehr für den Betrieb des Gewerbes benutzten Lokal," § 42 Gew.O., wenn in demselben der Gewerbebetrieb begonnen ist. Wird die Niederlassung verlegt, so entscheidet der Beginn des Gewerbebetriebs in dem neuen Lokal. Ist das alte Lokal aufgegeben, der Gewerbebetrieb in dem neuen Lokal aber noch nicht begonnen, so entscheidet der Wohnsitz. Ob von der Niederlassung aus unmittelbar Geschäfte abgeschlossen werden, oder ob sie nur zur Ausführung (Fabrikation, Absendung) oder zur Vermittlung von Geschäften (Agentur) dient, ist unerheblich, denn das Ges. verlangt nicht, wie der § 21 Abs. 1 C.P.O., daß die Geschäfte unmittelbar von der Niederlassung aus abgeschlossen werden. — In Ermangelung einer gewerblichen Niederlassung ist das Amtsgericht des allgemeinen Gerichtsstands des Schuldners zuständig. Dieser wird durch den Wohnsitz, § 13 C.P.O., d. h. durch den Ort begründet, „an welchem sich der Schuldner ständig niedergelassen hat," § 7 B.G.B. Der allgemeine Gerichtsstand der Militärpersonen, der Exterritorialen, der Gemeinden,

Korporationen, Gesellschaften, Genossenschaften, Vereine, der rechtsfähigen Stiftungen, der Gewerkschaften und des Fiskus wird durch die §§ 14—19 C.P.O. bestimmt. In den Schutzgebieten und den Konsularbezirken mit deutscher Konsulargerichtsbarkeit kommen die gleichen Vorschriften zur Anwendung, weil dort die Reichsgesetze gelten, Ges. vom 10. Juli 1879 § 3, vom 5. Juni 1886, 13. Sept. 1886, 18. Nov. 1887, 21. Dez. 1887, 19. März 1888 § 2, 7. Febr. 1890, 10. Aug. 1890, 1. Jan. 1891, 27. April 1898.

Hat der Schuldner im Inlande weder eine gewerbliche Niederlassung, noch einen Wohnsitz, so wird der Gerichtsstand durch seinen Aufenthalt und, wenn ein solcher nicht bekannt ist, durch den letzten Wohnsitz bestimmt, § 16 C.P.O.; fehlt der letztere, so kommt der § 238 Abs. 2 K.O. zur Anwendung.

Die Bestimmung des zuständigen Gerichts erfolgt nach § 36 Nr. 1, 2, 5, 6 C.P.O. durch das im Instanzenzuge zunächst höhere Gericht:

a) wenn das an sich zuständige Gericht in einem einzelnen Fall an der Ausübung des Richteramts rechtlich oder thatsächlich verhindert ist,

b) wenn es mit Rücksicht auf die Grenzen verschiedener Gerichtsbezirke ungewiß ist, welches Gericht zuständig ist,

c) wenn sich verschiedene Gerichte für zuständig erklärt haben,

d) wenn verschiedene Gerichte, von welchen eins zuständig ist, sich rechtskräftig für unzuständig erklärt haben.

Eine Anfechtung des Beschlusses, durch welchen in diesen Fällen das zuständige Gericht bestimmt ist, findet nicht statt, § 37 Abs. 2 C.P.O.

3. Da der Wohnsitz gleichzeitig an mehreren Orten bestehen, § 7 Abs. 2 B.G.B., der Schuldner auch mehrere gewerbliche Niederlassungen besitzen kann, s. auch § 17 Abs. 3 C.P.O., so können im Einzelfall mehrere Gerichte zuständig sein. In einem solchen Fall schließt nach Abs. 2 dasjenige Gericht, bei welchem die Eröffnung des Verfahrens zuerst beantragt worden ist, die übrigen aus. Entscheidend ist in diesem Fall der Eingang des Eröffnungsantrags bei dem Amtsgericht oder dem Gerichtsschreiber. Ein zurückgewiesener Antrag gilt als nicht gestellt, schließt daher die Zuständigkeit desjenigen Gerichts nicht aus, bei welchem ein späterer Antrag gestellt ist; wird die Zurückweisung des zuerst gestellten Antrags aber im Wege der Beschwerde rechtskräftig aufgehoben, § 74, so ist das Gericht des zuerst gestellten Antrags kompetent. Ist aber der Eröffnungsbeschluß auch des andern Gerichts rechtskräftig geworden, so entscheidet nach § 36⁵ C.P.O. das zunächst höhere Gericht. Die Eröffnung des Konkurses im Ausland schließt die Konkurseröffnung im Inland nicht aus, v. Sarwey-Bossert Anm. 5, sofern es nicht der Konsul ist, der den Konkurs eröffnet hat, Anm. 4.

4. Für **sachlich** zuständig ist das Amtsgericht erklärt; in den Konsulargebieten mit Konsulargerichtsbarkeit ist der Konsul der Konkursrichter, R.G. in J. W. 1891 S. 200, in den Schutzgebieten der zur Ausübung der Gerichtsbarkeit ernannte Beamte, s. die Ges. in Anm. 2.

5. Das Gericht der Niederlassung bezw. des allgemeinen Gerichtsstands ist **ausschließlich** zuständig, vgl. § 802 C.P.O., die Prorapation ist daher nicht zulässig, § 40 Abs. 2 C.P.O., auch nicht, wenn es sich um eins der mehreren nach Abs. 2 zulässigen Gerichte handelt. Hat ein thatsächlich unzuständiges Gericht den Konkurs rechtskräftig eröffnet, so ist es vermöge der fiktiven Richtigkeit der rechtskräftigen Entscheidung unbeschadet der Vorschrift des § 36 Nr. 5 C.P.O. zuständig. Daß der

Konkurs nicht von dem nach der Geschäftsvertheilung bestimmten, sondern einem andern Richter des zuständigen Amtsgerichts eröffnet ist, ist unerheblich, § 24 des Preuß. Ausf.-Ges. vom 24. April 1879 zum G.V.G.

§. 72. (65.)

Die Vorschriften der Civilprozeßordnung finden, soweit nicht aus den Bestimmungen dieses Gesetzes sich Abweichungen ergeben, auf das Konkursverfahren entsprechende Anwendung.

M. I 297, 298; P. I 59, 161; M. II —; P. I —.

1. Das Konkursverfahren gehört zur streitigen Gerichtsbarkeit, vgl. § 204 G.V.G., und ist der Zwangsvollstreckung der C.P.O. ähnlich: Es dient zur Befriedigung der Gläubiger des Gemeinschuldners, wie die Zwangsvollstreckung zur Befriedigung des Einzelgläubigers dient; wie bei der Zwangsvollstreckung der Einzelgegenstand vom Gerichtsvollzieher, wird die Konkursmasse vom Verwalter in Besitz genommen, § 117, die Befriedigung der Gläubiger erfolgt durch Vertheilung, § 149, auf Grund der dem rechtskräftigen Urtheil gleichgestellten Eintragung in die Tabelle, § 145. Die Vorschriften der C.P.O. finden daher naturgemäß auf das Konkursverfahren in ähnlicher Weise Anwendung, wie auf das Vertheilungsverfahren der §§ 872 ff. C.P.O.

Die Vorschriften über die Rechtsmittel, außer denjenigen über die Einwendung und über die Beschwerde und die Wiedereinsetzung in den vorigen Stand, kommen nicht zur Anwendung. Im Uebrigen erscheinen nach den M. 1 S. 297 „vorzugsweise anwendbar die Vorschriften über den allgemeinen Gerichtsstand, die Bestimmung des zuständigen Gerichts, die Ablehnung und Ausschließung des Richters, über Prozeßfähigkeit, Vertretung, über Folgen einer Versäumung und die Wiedereinsetzung in den vorigen Stand, sowie einzelne Vorschriften über mündliche Verhandlung, ihre Leitung, Aufnahme des Protokolls, Sühneversuch, über Glaubhaftmachung, über Zustellungen, Termine und Fristen, über Beweisaufnahme und die Arten des Beweises, über die Rechtsmittel der Beschwerde."

Insbesondere ist hervorzuheben, daß die Protokolle formell und inhaltlich den Bestimmungen der C.P.O. zu entsprechen haben und nicht ohne Zuziehung des Gerichtsschreibers aufgenommen werden dürfen, § 165 C.P.O. Die Beobachtung der vorgeschriebenen Förmlichkeiten kann nur durch das Protokoll bewiesen werden, gegen dessen, die Förmlichkeiten betreffenden, Inhalt nur der Beweis der Fälschung zulässig ist, § 164 C.P.O.

2. Da das Konkursverfahren zur streitigen Gerichtsbarkeit gehört, kommen auch die Vorschriften des Gerichtsverfassungsgesetzes zur Anwendung, nicht blos zur entsprechenden Anwendung, insbesondere die Bestimmungen über die Rechtshülfe, die Gerichtssprache und die Sitzungspolizei, doch können sich die Vorschriften über die Oeffentlichkeit der Verhandlungen auf das Konkursverfahren nicht erstrecken, weil das Konkursgericht nicht zu erkennen hat, und daher von „Verhandlungen vor dem erkennenden Gericht," § 170 G.V.G., keine Rede sein kann; das Verfahren vor dem Konkursgericht ist daher nicht öffentlich. Die Gerichtsferien sind nach § 204 G.V.G. auf das Konkursverfahren ohne Einfluß.

3. Die entsprechende Anwendung der civilprozessualen Vorschriften beschränkt sich auf das Konkursverfahren, das materielle Konkursrecht wird von ihnen nicht betroffen, R.G. 17, 328, Petersen und Kleinfeller Anm. 3.

§. 73. (66.)

Die Entscheidungen im Konkursverfahren können ohne vorgängige mündliche Verhandlung erfolgen.

Die Zustellung geschieht von Amtswegen.

Gegen die Entscheidungen im Konkursverfahren findet, soweit dieses Gesetz nicht ein Anderes bestimmt, die sofortige Beschwerde statt.

M. I 298, 299; P. I 60, 161; M. II —; P. II —.

1. Das Gericht entscheidet über die Eröffnung und Beendigung des Verfahrens, über die Stimmberechtigung einzelner Gläubiger in besondern Fällen, über die Einwendungen gegen die Vertheilung, es entscheidet durch die Beaufsichtigung des Verwalters über die Verwaltung und Vertheilung und setzt dem Absonderungsgläubiger nach Maßgabe des § 127 Abs. 2 eine Frist zur Verwerthung des Absonderungsgegenstands. In allen diesen Beziehungen ist die Verfügung vom Gesetz als Entscheidung bezeichnet. Sie entspricht der Entscheidung des Vollstreckungsgerichts in der Zwangsvollstreckung, § 793 C.P.O., die über die letztern bestehenden Vorschriften kommen daher nach § 72 analog zur Anwendung.

Die Form der Entscheidung ist nicht die des Urtheils, sondern des Beschlusses. Der Thatbestand ist daher nicht anzuführen, eine Begründung ist nur soweit erforderlich, als dies für jede Verfügung geschehen muß, die einer Erklärung bedarf.

Die Entscheidung kann ohne mündliche Verhandlung erfolgen, eine mündliche Verhandlung ist aber nicht ausgeschlossen, sie erfolgt nicht, wie die Verhandlung eines Rechtsstreits, sondern wie die Verhandlung in der Zwangsvollstreckungsinstanz, § 891 C.P.O.

Die Verfügung kann auch ohne vorheriges Gehör des Gegners erfolgen, soweit nicht das Gegentheil, z. B. im § 84, vorgeschrieben ist. Als Entscheidung gilt die Verfügung aber erst, nachdem der Gegner gehört ist. Gegen eine nur auf einseitigen Antrag oder von amtswegen getroffenen Verfügung ist nur die hier entsprechend anzuwendende Einwendung des § 766 C.P.O. zulässig, und erst gegen die auf die Einwendung erlassene Entscheidung kann die sofortige Beschwerde erhoben werden, R.G. 16, 319; 18, 451, in J. W. 1892 S. 161. Der Gemeinschuldner, welcher, ohne gehört zu sein, in Haft genommen ist, § 101, verliert das Beschwerderecht daher nicht durch Ablauf von 2 Wochen nach der Verhaftung oder der Zustellung des Haftbefehls, die Beschwerdefrist läuft vielmehr erst von der auf seine Einwendung erlassene Entscheidung. Das als Beschwerde erhobene Rechtsmittel gegen die einseitige Verfügung gilt als Einwendung.

Die ohne Gehör des Gegners erlassene Anordnung kann von amtswegen oder auf Antrag abgeändert werden, die der Beschwerde unterworfene Entscheidung darf vom Konkursgericht nicht abgeändert werden, § 577 C.P.O., sofern die thatsächlichen Voraussetzungen nicht eine Aenderung erfahren haben. Die Umänderung oder Aufhebung einer unanfechtbaren Entscheidung ist gesetzlich nicht ausgeschlossen (streitig), s. darüber Anm. 3 zu § 95.

2. Die Beschwerde, welche gegen die Entscheidung, Anm. 1, zulässig ist, ist die sofortige. Sie findet nach Abs. 3 gegen alle Entscheidungen im Konkursverfahren statt, also auch gegen die auf freiem Ermessen beruhenden Verwaltungsanordnungen, v. Wilmowski Anm. 4, v. Sarwey-Bossert Anm. III, 2, a. M. Oetker 1, 102 ff., vgl. auch Fitting § 26 Anm. 16 und Kohler S. 523. Aber nur soweit das Gesetz nicht ein Anderes bestimmt, ist die sofortige Beschwerde zulässig. Für unanfechtbar sind die Entscheidungen der §§ 95, 96, 163, 190 K.O., § 108 des Genossenschaftsges. vom 1. Mai 1890 erklärt, vgl. § 189 Abs. 2 K.O.

Der Abs. 3 bezieht sich nur auf das eigentliche Konkursverfahren, nicht auf prozessuale Akte, welche aus demselben oder welche gegen Dritte entstehen. Deshalb sind die Rechtsmittel des Feststellungsprozesses des § 146 die der C.P.O., und, da die Eintragung in die Tabelle dem rechtskräftigen Urtheil gleichgestellt ist, § 145, ist gegen die Eintragung auch die Restitutionsklage zulässig, R.G. 37, 109. Dritte, gegen die im Konkursverfahren Entscheidungen erlassen werden können, sind z. B. die Zeugen und Sachverständigen des § 75, das gegen diese Entscheidungen zulässige Rechtsmittel ist die einfache Beschwerde, §§ 390, 409 C.P.O.

Zur Beschwerde berechtigt ist, soweit das Gesetz keine Beschränkungen enthält, z. B. im § 189, jeder Betheiligte. Die Betheiligten sind der Verwalter, der Gemeinschuldner und jeder einzelne Konkursgläubiger, a. M. nur Hullmann S. 223, Wengler S. 429. Die Gläubigerversammlung und der Gläubigerausschuß können die Beschwerde nicht erheben, weil sie keine Rechtssubjekte sind, v. Sarwey-Bossert Anm. 6, v. Wilmowski Anm. 5, theilweise a. M. Petersen-Kleinfeller Anm. III, 4, die den Ausschuß zur Beschwerde für berechtigt halten, wenn der Antrag auf Entlassung des Verwalters abgelehnt ist; da jeder Konkursgläubiger Beschwerde erheben kann, so liegt nicht einmal ein Bedürfniß vor, den Gläubigerausschuß zur Beschwerde zuzulassen.

Die Beschwerdefrist beträgt zwei Wochen, § 577 C.P.O., und beginnt nach § 577 Abs. 2 C.P.O. stets mit der Zustellung, auch wenn die Entscheidung verkündet ist; Ausnahmen sind jedoch in den §§ 158, 189 gemacht. Die Wiedereinsetzung gegen die Versäumniß der Frist ist nach Maßgabe der C.P.O. zulässig.

Für die Konsular- und Schutzgebiete kommen die besondern Bestimmungen des § 18 des Ges. vom 10. Juli 1889 und der §§ 2, 3 des Ges. vom 19. März 1888 zur Anwendung.

3. Das Beschwerdegericht tritt bei der Entscheidung über das Rechtsmittel an die Stelle des Konkursgerichts, hat daher auch das richterliche Ermessen des Untergerichts zu prüfen und dies Ermessen selbst walten zu lassen, wenn von demselben die Entscheidung abhängt. Es kann eine Beweisaufnahme, § 75, anordnen, § 536 C.P.O.; die Entscheidung kann ohne mündliche Verhandlung und ohne Gehör des Gegners erfolgen, § 573 C.P.O. Ordnet das Beschwerdegericht die mündliche Verhandlung an, so sind die §§ 128—165 C.P.O. entsprechend anzuwenden: die Ladungen zur mündlichen Verhandlung erfolgen von amtswegen, § 73; in derselben können nur Anwälte auftreten. Ordnet das Gericht eine schriftliche Erklärung an, so kann dieselbe zu Protokoll des Gerichtsschreibers oder privatschriftlich abgegeben werden, § 573 Abs. 2 Satz 2 C.P.O. Gegen die Entscheidung des Landgerichts ist die weitere Beschwerde nur zulässig, wenn in der Entscheidung ein selbstständiger Beschwerdegrund enthalten ist, § 568 Abs. 2 C.P.O. Gegen die Entscheidung des Oberlandesgerichts ist eine weitere Beschwerde nicht gestattet, § 568 Abs. 4 C.P.O.

4. Indem das Gesetz anordnet, daß die Zustellungen von amtswegen geschehen,

bestimmt es lediglich, daß sie nicht auf Betreiben der Parteien zu erfolgen haben, nicht aber, daß jede Entscheidung zugestellt werden muß; da aber der § 329 Abs. 3 C.P.O. entsprechende Anwendung findet, wonach nicht verkündete Beschlüsse von amtswegen zuzustellen sind, und da die Frist der sofortigen Beschwerde auch gegen die verkündeten Entscheidungen abgesehen von den Fällen der §§ 158, 189 erst von deren Zustellung zu laufen beginnt, § 577 Abs. 2 C.P.O., so muß das Konkursgericht, um die Rechtskraft seiner Beschlüsse herbeizuführen, die Zustellung auch derjenigen Entscheidungen anordnen, gegen welche dieses Rechtsmittel zulässig ist. Unanfechtbare Beschlüsse sind dagegen, wie mit Oetker 1, 106 gegen die herrschende Meinung anzunehmen ist, nicht zuzustellen, es würde auch ganz zwecklos sein, z. B. den Beschluß, durch welchen in Gegenwart der Betheiligten das Stimmrecht nach § 96 bestimmt ist, außer der mündlichen Verkündigung noch zuzustellen.

Die Zustellung erfolgt an die Betheiligten, dieselbe wird zwar nach § 76 Abs. 3 durch die öffentliche Zustellung ersetzt, dieser Ersatz hat aber nur für die Wirksamkeit des Verfahrens Bedeutung, s. darüber Anm. 4 zu § 76.

5. Die Zustellung von amtswegen ist in der C.P.O. geregelt:

§. 208: „Auf die von Amtswegen zu bewirkenden Zustellungen finden die Vorschriften über die Zustellungen auf Betreiben der Parteien entsprechende Anwendung, soweit nicht aus den nachfolgenden Bestimmungen sich Abweichungen ergeben."

§. 209: „Für die Bewirkung der Zustellung hat der Gerichtsschreiber Sorge zu tragen."

§. 210: „Die Beglaubigung der bei der Zustellung zu übergebenden Abschrift geschieht durch den Gerichtsschreiber."

§. 211: „Der Gerichtsschreiber hat das zu übergebende Schriftstück in einem durch das Gerichtssiegel verschlossenen, mit der Adresse der Person, an welche zugestellt werden soll, versehenen und mit einer Geschäftsnummer bezeichneten Briefumschlag einem Gerichtsdiener oder der Post zur Zustellung auszuhändigen. Auf dem Briefumschlag ist der Vermerk zu setzen: Vereinfachte Zustellung.

Die auf dem Briefumschlag angegebene Geschäftsnummer ist in den Akten zu vermerken.

Die Vorschrift des §. 194 Abs. 2 findet keine Anwendung."

§. 212: „Die Beurkundung der Zustellung durch den Gerichtsdiener oder den Postboten erfolgt nach den Vorschriften des §. 195 Abs. 2 mit der Maßgabe, daß eine Abschrift der Zustellungsurkunde nicht zu übergeben, der Tag der Zustellung jedoch auf dem Briefumschlage zu vermerken ist.

Die Zustellungsurkunde ist dem Gerichtsschreiber zu überliefern."

§. 213: „Ist die Zustellung durch Aufgabe zur Post (§. 175) erfolgt, so hat der Gerichtsschreiber in den Akten zu vermerken, zu welcher Zeit und unter welcher Adresse die Aufgabe geschehen ist. Der Aufnahme einer Zustellungsurkunde bedarf es nicht." — S. darüber Anm. 1 zu § 77.

§. 74.

Die Entscheidung des Beschwerdegerichts wird erst mit der Rechtskraft wirksam. Das Beschwerdegericht kann jedoch die sofortige Wirksamkeit der Entscheidung anordnen.

M. I —; P. I —; M. II —; P. II 18.

1. Die Vorschrift rührt von der Kommission II her und ist mit der Erwägung begründet, daß die Möglichkeit einer wiederholten Abänderung der Entscheidung über die Konkurseröffnung gegeben sei, und daß es mit Rücksicht auf ihre tief einschneidende Wirkung zweckmäßig erscheine, die Wirksamkeit der Entscheidung des Beschwerdegerichts an ihre Rechtskraft zu binden. Die Vorschrift ist dem § 26 des Ges. über die freiw. Gerichtsbarkeit nachgebildet.

2. Die Beschwerde hat keine aufschiebende Wirkung, § 572 Abs. 2 C.P.O., das Konkursgericht kann jedoch anordnen, daß die Vollziehung der Entscheidung auszusetzen ist. Ebenso kann das Beschwerdegericht vor der Entscheidung eine einstweilige Anordnung treffen, insbesondere die Aussetzung der Vollziehung der angefochtenen Entscheidung bestimmen, § 572 C.P.O. Diese Vorschriften sind durch den § 74 nicht geändert. Aus denselben würde aber folgen, daß auch die Entscheidung des Beschwerdegerichts keine aufschiebende Wirkung hat, wenn dasselbe oder das Gericht der weitern Beschwerde nicht ein Anderes verordnet. Der § 74 beseitigt diese Konsequenz, indem er umgekehrt der weitern Beschwerde aufschiebende Wirkung verleiht, und geht darüber hinaus, indem er der Entscheidung des Beschwerdegerichts die Wirksamkeit bis zum Eintritt der Rechtskraft auch dann versagt, wenn die weitere Beschwerde nicht erhoben ist; in beiden Fällen ist jedoch das Beschwerdegericht befugt, seine Entscheidung sofort in Wirksamkeit treten zu lassen, ebenso darf das Oberlandesgericht vor der Entscheidung die sofortige Wirksamkeit des angefochtenen Beschlusses anordnen, weil es nach § 572 Abs. 2 C.P.O. jede Art der einstweiligen Verfügung treffen kann.

Hat das Beschwerdegericht die Beschwerde zurückgewiesen, so wird die Entscheidung des Konkursgerichts, deren Vollziehung durch die Beschwerde nicht gehindert ist, weiter ausgeführt.

Die Entscheidung des Landgerichts über die Beschwerde gegen den den Zwangsvergleich bestätigenden oder verwerfenden Beschluß ist mit der Zustellung sofort wirksam, § 189; jede Art der Entscheidung des Oberlandesgerichts ist unanfechtbar, § 568 Abs. 4 C.P.O.

§. 75. (67.)

Das Konkursgericht kann zur Aufklärung aller das Verfahren betreffenden Verhältnisse die erforderlichen Ermittelungen, insbesondere die Vernehmung von Zeugen und Sachverständigen anordnen.

M. I 299, 300; P. I 60, 161; M. II —; P. II 18.

1. Die Ermittelungen, welche das Konkursgericht anstellen darf, vergl. § 12 des Ges. über die freiw. Gerichtsbarkeit, können zu jedem Zweck getroffen werden, sowohl zur Entscheidung über eine das ganze Verfahren betreffende Angelegenheit (Eröffnung des Konkurses, Bestätigung des Zwangsvergleichs ꝛc.), als auch über das einem Absonderungsgläubiger zu gewährende Stimmrecht, wie auch darüber, ob das geltend gemachte, der Kognition des Konkursgerichts übrigens nicht unterliegende, Recht eines Masse-, Aussonderungs-, Absonderungs- oder Konkursgläubigers begründet ist, sowie über jede Verwaltungsmaßregel. Das Gericht kann die Ermittelungen von amtswegen, wie auch auf Antrag eines Betheiligten, zu denen aber die Masse- Aussonderungs- und Absonderungsberechtigten nicht gehören, vornehmen. Gegen die Ablehnung des Antrags ist die Erinnerung bezw. die sofortige Beschwerde zulässig.

2. Die Art der Ermittelung ist nicht beschränkt. Das Gericht kann Zeugen und

Sachverständige vernehmen, es kann sich bei andern Personen erkundigen, kann sich auch Urkunden vorlegen lassen. Da das Gericht zur Vernehmung von Zeugen und Sachverständigen für befugt erklärt ist, kommen die Bestimmungen der C.P.O. über diese Beweismittel zur Anwendung. Die unwahre eidliche Aussage ist daher, weil vor einer zuständigen Behörde abgegeben, straffällig. Ob das Gericht den Zeugen oder Sachverständigen beeidigen muß, ist streitig: Da es jede Art der Ermittelung anstellen darf, ist es auch zur uneidlichen Vernehmung von Auskunftspersonen berechtigt.

3. Da das Gericht zu diesen Ermittelungen berechtigt ist, sind diejenigen Personen, von welchen die Information gefordert wird, dem Konkursgericht gegenüber zur Auskunftertheilung verpflichtet. Ein Zwang ist aber nur nach den entsprechenden Vorschriften der C.P.O. zulässig: Die Zeugen und Sachverständigen können daher zur Vernehmung gezwungen, die Vorlegung von Urkunden kann dagegen nicht gegen dritte Personen erzwungen werden; dies gilt insbesondere von Handelsbüchern, s. darüber den bisherigen Art. 40 und den jetzigen § 47 H.G.B.

§. 76. (68.)

Die öffentlichen Bekanntmachungen erfolgen durch mindestens einmalige Einrückung in das zur Veröffentlichung amtlicher Bekanntmachungen des Gerichts bestimmte Blatt; die Einrückung kann auszugsweise geschehen. Die Bekanntmachung gilt als bewirkt mit dem Ablaufe des zweiten Tages nach der Ausgabe des die Einrückung oder die erste Einrückung enthaltenden Blattes.

Das Gericht kann weitere Bekanntmachungen anordnen.

Die öffentliche Bekanntmachung gilt als Zustellung an alle Betheiligten, auch wenn dieses Gesetz neben ihr eine besondere Zustellung vorschreibt.

M. I 300, 301; P. I 60, 161; M. II —; P. II —.

1. Für die öffentlichen Bekanntmachungen ist weder die Einrückung in den Reichsanzeiger, noch die Anheftung an die Gerichtstafel erforderlich oder genügend. Im Uebrigen ist die Vorschrift des § 76 der §§ 204, 206 C.P.O. nachgebildet.

Wegen des für das Gericht zur Veröffentlichung der amtlichen Bekanntmachungen bestimmten Blatts s. § 50 B.G.B., § 204 Abs. 2 C.P.O., § 11 H.G.B., § 39 Z.V.G.

Die Bekanntmachungen ordnet das Gericht an, und der Gerichtsschreiber führt sie aus; nur im Fall des § 151 geschieht die Bekanntmachung durch den Verwalter und zwar ohne gerichtliche Anordnung.

Die zu veröffentlichende Entscheidung braucht nicht in vollem Umfange publizirt zu werden, es genügt ein Auszug, dessen Inhalt das Gericht bestimmt, vergl. §§ 204 Abs. 2, 205 C.P.O.

2. Die Bekanntmachung — und durch sie nach Abs. 3 die Zustellung — gilt mit dem Ablauf des zweiten Tages nach der Ausgabe des Blatts als bewirkt. Der Tag der Ausgabe wird nicht mitgerechnet, § 222 C.P.O., § 187 Abs. 1 B.G.B. Fällt das Ende des zweitägigen Zeitraums auf einen Sonntag oder einen allgemeinen Feiertag, so endigt der Zeitraum mit dem Ablauf des nächsten Werktags, § 222 Abs. 2 C.P.O. Erfolgt eine mehrmalige Veröffentlichung, so ist die Bekanntmachung

mit der Ausgabe des die erste Einrückung enthaltenden Blattes erfolgt. Nicht das Datum der etwa vordatirten Zeitung, sondern der Tag der Ausgabe ist entscheidend.

Die Bekanntmachung muß eine öffentliche sein, das dieselbe enthaltende Blatt muß daher an eine beliebige Anzahl von Personen ausgegeben sein. Ist dies, z. B. in Folge einer Konfiskation nicht geschehen, so ist die Bekanntmachung keine öffentliche. Ist das Blatt aber an eine beliebige Zahl von Personen vertheilt, so ist es unerheblich, ob es an demselben Tage an alle Abonnenten vertheilt ist, das Abendblatt ist daher „ausgegeben", wenn es am Ausgabeort vertheilt ist, während die auswärtigen Abonnenten dasselbe erst am folgenden Morgen erhalten (streitig).

3. Das Gericht ist nach Abs. 2 befugt, weitere Bekanntmachungen anzuordnen, vgl. § 40 Abs. 2 Z.V.G. Durch diese Befugniß ist der Konkursrichter dem Regreß für die Kosten einer nicht vorgeschriebenen Bekanntmachung enthoben, vgl. die Entsch des Kammergerichts vom 9. Mai 1898 im Just.Min.Bl. 1898 S. 328ff., sofern die Veröffentlichung in vernünftigen Schranken bleibt. Die weitere Bekanntmachung darf in der Zeitung des Abs. 2, sie darf auch durch andere Zeitungen, aber auch in anderer Weise, z. B. durch Anheftung an die Gerichtstafel, im Ortskasten, in der Börse, durch Ausruf, sowie an anderen Orten erfolgen, auch wenn dieselben nicht im Gerichtsbezirk liegen. Auch die Veröffentlichung im Ausland ist gestattet.

4. Nach Abs. 3 ersetzt die öffentliche Bekanntmachung die Einzelzustellung, auch wenn die letztere im Gesetz ausdrücklich vorgeschrieben ist. Die Vorschrift, welche die besondere Zustellung anordnet, z. B. § 111 Abs. 3, ist in Folge dessen trotz der obligatorischen Form lediglich eine instruktionelle. Dadurch ist aber die persönliche Verantwortlichkeit des Richters und Gerichtsschreibers für den durch die Unterlassung der Ladung entstandenen Schaden nicht ausgeschlossen, § 839 B.G.B. Andererseits ist die Einzelzustellung auch nicht bedeutungslos, denn im Fall des § 8 ist der Beweis des guten Glaubens trotz der öffentlichen Bekanntmachung zulässig, während die persönliche Zustellung diesen Beweis nicht mehr zuläßt, außerdem gewährt die öffentliche Bekanntmachung nur einen Ersatz für die besondere Zustellung, die Frist beginnt daher zwar von der öffentlichen Bekanntmachung für alle betheiligten Personen zu laufen, auch wenn die Einzelzustellung später oder überhaupt nicht erfolgt, für denjenigen aber, welchem auf Grund der gesetzlichen Vorschrift vor der öffentlichen Bekanntmachung besonders zugestellt ist, läuft die Frist von der besonderen Zustellung an (streitig).

Das Gesetz bestimmt nicht, daß jede öffentliche Bekanntmachung die Einzelzustellung ersetzt, es spricht nicht von „einer" Bekanntmachung, sondern bestimmt, daß die Bekanntmachung zugleich als Einzelzustellung gilt. Es ist daher nur diejenige Bekanntmachung gemeint, welche gesetzlich erfolgen muß, a. M. v. Wilmowski Anm. 2, es ist nur die Bekanntmachung des Abs. 1 gemeint, da die weiteren Bekanntmachungen des Abs. 2 die gesetzliche Bekanntmachung nicht ersetzen, sondern nur neben derselben von thatsächlicher Bedeutung sind.

5. Eine besondere Bestimmung ist für die Bekanntmachung des Eröffnungsbeschlusses gegeben, § 111, welche außer der Veröffentlichung im Gerichtsblatt, auch durch Einrückung in den Reichsanzeiger zu erfolgen hat, die Bekanntmachung gilt auch in diesem Fall durch die Ausgabe des Gerichtsblatts (Abs. 1) als erfolgt.

§. 77. (69.)

Wenn neben der öffentlichen Bekanntmachung eine besondere Zustellung vorgeschrieben ist, so kann dieselbe durch Aufgabe zur Post bewirkt werden. Einer Beglaubigung der Abschrift des zuzustellenden Schriftstücks bedarf es nicht.

Die dem Verwalter obliegenden Mittheilungen können unmittelbar und ohne besondere Form geschehen.

M. I 300, 301; P. I 61, 62, 161; M. II —; P. II —.

1. Wie Anm. 4 zu § 76 erörtert ist, soll die gesetzlich vorgeschriebene besondere Zustellung neben der öffentlichen Bekanntmachung erfolgen, wenn auch ihre Unterlassung auf das Verfahren nicht einwirkt. Nach § 77 darf sie durch Aufgabe zur Post ausgeführt werden.

Bei der Zustellung durch Aufgabe zur Post bedarf es nach § 213 C.P.O. der Aufnahme einer Zustellungsurkunde nicht, vielmehr hat der Gerichtsschreiber in den Akten zu vermerken, wann und unter welcher Adresse die Aufgabe geschehen ist, Anm. 5 zu § 73. Der § 213 kann zwar im Civilprozeß und im Fall des, ausdrücklich bezogenen, § 175 C.P.O. zur Anwendung kommen, durch den § 213 C.P.O. soll aber die durch Aufgabe zur Post erfolgende Zustellung von amtswegen überhaupt geregelt werden, die Erleichterung ist daher, zumal da die Vorschriften der C.P.O. entsprechend angewendet werden sollen, § 72, auch für die Zustellung des § 77 in Anspruch zu nehmen. Durch den Abs. 1 wird eine weitere Erleichterung bestimmt: Während sonst das zuzustellende Schriftstück vom Gerichtsschreiber zu beglaubigen ist, § 210 C.P.O., bedarf es bei der Zustellung im Konkurs, wenn sie durch Aufgabe zur Post erfolgt, der Beglaubigung überhaupt nicht.

2. Die Mittheilungen, welche der Verwalter, z. B. in den Fällen der §§ 132—134, 159 zu machen hat, sind weder an eine besondere Form gebunden, noch ist eine formelle Zustellung erforderlich. Erforderlichen Falls, namentlich wenn der Verwalter persönlich in Anspruch genommen wird, hat er die Thatsache der Mittheilung zu beweisen, es empfiehlt sich daher die Mittheilung durch eingeschriebenen Brief.

Der Abs. 2 bezieht sich nur auf die Mittheilungen, die das Konkursverfahren veranlaßt, nicht auf Mittheilungen an dritte Personen.

§. 78. (70.)

Der Konkursverwalter wird von dem Gerichte ernannt.

Das Gericht kann demselben die Leistung einer Sicherheit auferlegen.

M. I 301—308; P. I 62, 161; M. II —; P. II 19.

1. Durch die Charakterisirung des Verwalters als des gesetzlichen Vertreters des Gemeinschuldners, Anm. 6 zu § 6, wird nur seine Rechtsstellung zum Kridar und zur Konkursmasse, nicht aber zu dem Auftraggeber bezeichnet. Seine Berufung erhält er als das im öffentlichen Interesse zur Durchführung der Zwecke des Konkurses geschaffene Organ, R.G. 29, 29, vom Konkursgericht in derselben Weise, wie der Vormund von der staatlichen Gerichtsbehörde bestellt wird. Deshalb ist er aber nicht, wie Eccius in Gruchots Beiträgen Bd. 33, 743, 744 meint, als Beamter anzusehen. Beamte sind die zur Erfüllung der allgemeinen Staatszwecke berufenen Personen, § 1 A.L.R. II, 10, Zachariä, Deutsches Staatsrecht II § 112, v. Rönne, Staatsrecht II, Abth. 1 S. 365 ff., vgl. auch § 259 St.G. Der Verwalter erfüllt aber keine allgemeinen Staatszwecke, übt keinerlei öffentliche Funktion aus, sondern erledigt nur einen

einzigen, auf Verwaltung und Vertheilung eines Privatvermögens gerichteten Auftrag, er übt zwar die Verwaltung unter Aufsicht des Konkursgerichts aus, aber der Vormund steht auch unter der Aufsicht des Gerichts und erhält unter bestimmter Voraussetzung ebenfalls, wie der Verwalter, ein Honorar.

Der Verwalter ist, mag er der Vertreter des Kridars oder der Gläubiger oder der Konkursmasse sein, jedenfalls gesetzlicher Vertreter und steht daher unter den Vorschriften der §§ 164—166 Abs. 1 B.G.B.

Sein Rechtsverhältniß zu dem Amtsgericht kann an sich nicht nach den Grundsätzen der Bevollmächtigung, §§ 166—178, 666ff. B.G.B., beurtheilt werden, weil diese Vorschriften nur den privatrechtlichen Auftrag betreffen. Aber die privatrechtlichen Normen beherrschen auch das Gebiet des öffentlichen Rechts, soweit sie der Natur der Sache entsprechen und Gründe des öffentlichen Rechts nicht entgegenstehen, deshalb werden sie in der Judikatur auch auf öffentlich-rechtliche Verhältnisse zur Anwendung gebracht, z. B. Entsch. des Preuß. Oberverwaltungsgerichts 9, 53; 11, 364; 13, 179; 16, 339, Obertr. 48, 341, in Striethorsts Arch. 14, 52; 53, 11, R.G. in J. W. 1897 S. 280, 281[19]. Auf das Rechtsverhältniß des Verwalters zum Gericht sind daher in entsprechender Weise die Vorschriften über den Auftrag anzuwenden. Er erhält zwar ein Honorar, gleichwohl sind die Vorschriften des Auftrags, nicht des Werkvertrags, § 631 Abs. 2 B.G.B., anzuwenden, weil die Geschäftsbesorgung dem beauftragenden Gericht gegenüber eine unentgeltliche ist, eine Vergütung aus der Masse nur zu zahlen ist, wenn dieselbe dazu ausreicht, und nur die Uebernahme der Verpflichtung zur Zahlung einer Vergütung den Auftrag ausschließt und den Thatbestand des Werkvertrags erfüllt. Uebrigens kommen die wesentlichsten Bestimmungen des Auftrags nach § 675 B.G.B. auch auf den Werkvertrag zur Anwendung. Hiernach ergiebt sich das, bisher bestittene, Rechtsverhältniß in der Weise, wie es unten dargestellt ist; vgl. Wolff, Anm. zu § 150 Z.V.G., die unten benutzt sind.

2. Das Konkursgericht bestellt den Verwalter, ohne an die Vorschläge der Betheiligten gebunden zu sein. Die Gläubigerversammlung hat nur ein Wahlrecht, das Gericht kann aber die Ernennung der gewählten Person versagen, § 80. Bestellt werden kann jeder, auch ein Verwandter (ein entgegenstehender Antrag wurde von der II. Komm., P. II, 19, abgelehnt), auch eine Frau kann zum Verwalter bestellt werden, nur die Aberkennung der bürgerlichen Ehrenrechte bewirkt während der im Urtheil bestimmten Zeit die Unfähigkeit, Konkursverwalter zu sein, § 34 Nr. 6 St.G.B., („Kurator"), Art. 34 I E.G. z. B.G.B. Das Gesetz hat den Schuldner ebensowenig ausdrücklich ausgeschlossen, wie die Konkursgläubiger, doch schließt die Rechtsstellung des Schuldners, wie sie im Konkurs, z. B. nach den §§ 101, 121, 125, 129 Abs. 1, gestaltet ist, die Vereinigung beider Rechtsstellungen vollständig aus.

Der Konkursrichter hat nur eine taugliche Person zu ernennen, für ein Verschulden bei der Auswahl ist er persönlich verantwortlich, § 839 B.G.B.

3. Zur Uebernahme des Amts des Verwalters besteht kein gesetzlicher Zwang. Die zum Verwalter bestimmte Person braucht sich nicht zu erklären, braucht auch einer Ladung nicht Folge zu leisten. Wer die Verwaltung übernommen hat, kann sie ohne Angabe von Gründen wieder niederlegen, §§ 168, 671 B.G.B., doch darf die Kündigung nach § 671 Abs. 2 B.G.B. nur in der Art erfolgen, daß für die Besorgung der Geschäfte anderweitig Fürsorge getroffen werden kann, widrigenfalls der Verwalter für den Schaden verantwortlich ist. Der letztere hat daher die Geschäfte solange fortzuführen, bis ein anderer geeigneter und bereiter Verwalter gefunden ist. Ohne diese Einschränkung kann er kündigen und das Amt niederlegen, wenn ein wichtiger Grund

vorliegt. Ob der vorgebrachte und glaubhaft gemachte Grund wichtig ist, ist eine Frage thatsächlicher Natur. Gründe dieser Art sind es, wenn der Verwalter versetzt wird oder verzieht, wenn ihm die Genehmigung der vorgesetzten Behörde entzogen wird, wenn seine persönliche Sicherheit gefährdet ist, wenn sein Gesundheitszustand die sofortige Niederlegung der Verwaltung erfordert.

Die sofortige Kündigung ist ohne das Vorhandensein eines wichtigen Grundes zulässig, wenn das Gericht sie annimmt.

4. Die Bestellung des Verwalters kann nach § 168 B.G.B. widerrufen werden, das Gericht kann ihn entlassen, doch ist dies, § 84, nach der ersten Gläubigerversammlung nur auf Antrag der Gläubigerversammlung oder des Gläubigerausschusses zulässig.

5. Die Bestellung sowie die Entlassung des Verwalters sind Entscheidungen des Konkursgerichts. Es ist daher gegen dieselben die sofortige Beschwerde zulässig, § 73. Gegen die Weigerung des Gerichts, eine bestimmte Person zum Verwalter zu bestellen, hat der Schuldner und jeder Gläubiger, nicht aber derjenige das Recht der Beschwerde, auf welchen sich die Weigerung bezieht.

6. Das Gericht kann von dem Verwalter die Leistung einer Sicherheit verlangen und die Art und Größe derselben bestimmen. Das Gesetz schreibt nicht, wie der § 1844 B.G.B. hinsichtlich der Kaution des Vormundes, vor, daß das Verlangen nur aus besondern Gründen gestellt werden darf. Die Kaution kann daher auch dann verlangt werden, wenn die Persönlichkeit oder die Sicherheit des Verwalters nicht genügend bekannt ist, die Sicherheit kann auch aus andern Gründen gefordert werden, die dem Verwalter nicht mitgetheilt zu werden brauchen. Auch die Erhöhung der Kaution kann angeordnet werden. Diese Anordnungen sind Entscheidungen, gegen welche der Verwalter, der Gemeinschuldner und jeder Konkursgläubiger sofortige Beschwerde erheben kann. Der Verwalter kann sich der Kautionsleistung auch dadurch entziehen, daß er die Verwaltung unter Beachtung der Vorschriften des § 621 Abs. 2 B.G.B. niederlegt, Anm. 3; Wolff Anm. 7 zu § 153 Z.V.G.

7. Die Kaution wird denjenigen geleistet, welche gegen den Verwalter persönlich wegen einer Verschuldung desselben bei der Verwaltung einen Anspruch erlangen, § 82, die Betheiligten haben keinen Privatanspruch auf Leistung der Sicherung. Durch das Recht der Antragstellung und der Beschwerde können sie die Kautionsleistung aber erzwingen.

Die Kaution ist nicht, wie v. Wilmowski Anm. 2 meint, eine prozessuale, weil der Verwalter nicht Partei ist, einer Partei auch nicht gleichgestellt werden kann. Sie wird daher nicht nach § 108 C.P.O., sondern nach § 232 B.G.B. geleistet. Durch die Sicherheitsleistung erwerben die Betheiligten ein Privatrecht an den zur Sicherung bestellten Gegenständen bezw. gegen die zur Sicherheit gestellten Personen (Bürgen), ihnen werden daher die beweglichen Sachen verpfändet, sie erlangen an den hinterlegten Geldern oder Werthpapieren ein Pfandrecht, § 233 B.G.B.

Daraus folgt, daß das Konkursgericht die Kaution nicht ohne Zustimmung aller Konkursgläubiger und des Gemeinschuldners erlassen, mindern oder ändern darf, Fitting §§ 29, 25, v. Wilmowski Anm. 2, a. M. Hullmann Anm. 7, Petersen-Kleinfeller Anm. II 4, v. Sarwey-Bossert Anm. 3. Dabei kommt es nicht darauf an, ob den Betheiligten bereits ein Ersatzanspruch gegen den Verwalter zusteht, denn durch die für künftige Forderungen bestellte Kaution ist das Recht an dem Kautionsgegenstand schon mit der Bestellung der Sicherheit erworben, §§ 1113 Abs. 2, 1204 Abs. 2, 765 Abs. 2 B.G.B.

Die Auswechslung von hinterlegten Geldern und Werthpapieren nach § 235 B.G.B. ist dem Verwalter unbenommen.

§. 79. (71.)

Wenn die Verwaltung verschiedene Geschäftszweige umfaßt, so können mehrere Konkursverwalter ernannt werden. Jeder von ihnen ist in seiner Geschäftsführung selbständig.

M. I. 305, 306; P. I. 62, 161; M. II —; P. II —.

1. Die Ernennung mehrerer Verwalter ist für den Fall gestattet, daß jedem von ihnen ein besonderer, in sich abgeschlossener, Geschäftszweig übertragen wird. „Ist bei einem außerordentlichen Umfang der Geschäfte eine Theilung derselben nach bestimmten Zweigen unthunlich, so muß es dem Verwalter überlassen bleiben, sich der Unterstützung von Gehülfen zu bedienen, welche seiner Beaufsichtigung und seiner Anweisungen unterworfen sind," M. I. Die Haftung für die Gehülfen bestimmt sich nach § 831 B.G.B.

Es kann hiernach ein „bestimmter Geschäftszweig", z. B. ein Gut, ein Kaufladen einem besonderen Verwalter übertragen werden. In dieser Verwaltung ist der besondere Konkursverwalter selbstständig, aber seine Thätigkeit beschränkt sich auf den bestimmten Geschäftszweig; die übrigen Geschäfte, insbesondere die Vertheilung an die Konkursgläubiger, hat der andere, man kann ihn den Hauptverwalter nennen, zu besorgen, an welchen der besondere Verwalter die Einkünfte seines Geschäftszweigs nach Befriedigung der durch seine Verwaltung entstandenen Masseschulden abzuliefern hat.

Der Konkursrichter hat die Geschäftszweige genau abzugrenzen und die mehreren Verwalter zu instruiren, er hat auch deren über die Abgrenzung der Verwaltungen entstehende Differenzen auf Grund des Auftragsverhältnisses, Anm. 1 zu § 78, zu entscheiden.

2. Eine Einzelhandlung ist kein Geschäftszweig, es kann daher zu einer solchen z. B. zu einer vom Verwalter geweigerten Anfechtung kein besonderer Verwalter bestellt werden.

§. 80. (72.)

In der auf die Ernennung eines Verwalters folgenden Gläubigerversammlung können die Konkursgläubiger statt des Ernannten eine andere Person wählen. Das Gericht kann die Ernennung des Gewählten versagen.

M. I. 301—308; P. I. 62, 161; P. II —; P. II —.

1. Der Verwalter wird vom Gericht ernannt, § 78, die Gläubigerversammlung kann einen andern Verwalter nicht ernennen, sie kann ihn nur wählen; ob er ernannt wird, hängt von der Bestätigung des Gerichts ab. Der Konkursrichter ist denjenigen Betheiligten, die für die Ernennung des neuen Verwalters nicht gestimmt haben, für

ein Verschulden bei der Bestätigung des neuen Verwalters persönlich nach Maßgabe des § 839 B.G.B. verantwortlich.

Die Gläubigerversammlung ist zur Wahl eines andern Verwalters zu berufen, § 110, der Konkursrichter hat diesen Gegenstand daher zur Erörterung der Versammlung zu bringen, die Versammlung braucht sich aber nur negativ zu verhalten; wählt sie keinen andern Verwalter, so bleibt die Ernennung des bisherigen Verwalters unberührt. Sie bleibt aber auch dann unberührt, wenn ein andrer Verwalter gewählt, vom Gericht aber nicht bestätigt wird. Findet diese Bestätigung nicht statt, so wird eine Gläubigerversammlung zur anderweiten Wahl nicht berufen, denn nur die „auf die Ernennung folgende" Versammlung hat das Recht der Neuwahl. Eine spätere Gläubigerversammlung kann aber den Antrag auf Entlassung des bisherigen Verwalters stellen, § 84, und zu dieser Antragstellung kann nach § 93 die Berufung der Versammlung verlangt werden.

Verkündet das Konkursgericht in der Gläubigerversammlung, daß die Bestätigung verweigert werde, so kann die Versammlung eine andere Person zum Verwalter wählen.

Ist der Verwalter entlassen, so ernennt das Gericht einen neuen Verwalter und beruft eine Gläubigerversammlung, auf welche die obigen Grundsätze Anwendung finden, zur Beschlußfassung über die Wahl eines andern Verwalters.

2. Sowohl gegen die Bestätigung des neugewählten Verwalters, wie auch gegen die Verweigerung der Bestätigung steht den Betheiligten die sofortige Beschwerde zu, a. M. Fitting § 29 Anm. 3, der nur den in der Gläubigerversammlung überstimmten Gläubigern die Beschwerde gegen die Bestätigung zuerkennt. Das Beschwerdegericht tritt an die Stelle des Konkursgerichts, kann daher die Bestätigung ertheilen oder die Bestätigung des Konkursgerichts aufheben.

3. Durch die Bestätigung des neuen Verwalters hört das Amt des bisherigen Verwalters auf, denn die gegen diese Entscheidung erhobene sofortige Beschwerde hat keine aufschiebende Wirkung, Anm. 2 zu § 74. Wird die Bestätigung aber in der zweiten Instanz aufgehoben, so tritt die Ernennung des bisherigen Verwalters wieder in Wirksamkeit; dieser Erfolg tritt aber erst mit der Rechtskraft des Beschwerdebescheids ein, § 74. Aber sowohl das Konkursgericht kann den Erfolg der Bestätigung auf die Zeit des Eintritts der Rechtskraft seines Beschlusses beschränken, wie auch das Beschwerdegericht seinem Beschluß sofortige Wirksamkeit geben kann, Anm. 2 zu § 74.

§. 81. (73.)

Der Name des Verwalters ist öffentlich bekannt zu machen.

Dem Verwalter ist eine urkundliche Bescheinigung seiner Ernennung zu ertheilen. Er hat dieselbe bei der Beendigung seines Amts dem Gerichte zurückzureichen.

M. I. 301—308; P. I. 62, 161; M. II —; P. II —.

1. Die Bestellung des Verwalters bedarf weder der Beeidigung, noch, wie die des Vormunds, § 1789 B.G.B., der Verpflichtung durch Handschlag an Eidesstatt. Es genügt die mündliche oder schriftliche Mittheilung, von welcher an seine Vertretungsmacht beginnt. Nur zu seiner Legitimation gegen Dritte und gegen Behörden ist ihm eine Bestallung zu ertheilen.

Nach Beendigung seines Amts hat er die Bestallung dem Konkursgericht zurückzugeben, vgl. § 175 B.G.B. Einen Zwang zur Rückgabe kann zwar das Konkursgericht nicht ausüben, der nachfolgende Verwalter, sowie auch — selbst während des Verfahrens — der Gemeinschuldner haben jedoch das Recht, die Rückgabe im Wege der Klage geltend zu machen. Uebt der Verwalter nach Beendigung seines Amts Verwaltungsmaßregeln aus, so haftet er nach Maßgabe des § 179 B.G.B. dem Dritten persönlich, die Konkursmasse oder der Kridar werden durch solche Handlungen nicht verpflichtet, auch wenn die Bestallung nicht zurückgegeben ist. Das Amt des Verwalters ist beendet, sobald ihm die Entscheidung des Konkursgerichts zugestellt ist. Im Fall der Beschwerde kommen die Erörterungen der Anm. 3 zu § 80 zur entsprechenden Anwendung.

2. Seine Vertretungsmacht und seine Legitimation erhält der Verwalter schon durch die Mittheilung seiner Ernennung. Die Bekanntmachung ist nicht erforderlich, sie ist aber vorgeschrieben, damit die Konkursgläubiger, die Aussonderungs- und Absonderungsberechtigten seine Ernennung erfahren.

Die Bekanntmachung erfolgt nach § 76.

§. 82. (74.)

Der Verwalter ist für die Erfüllung der ihm obliegenden Pflichten allen Betheiligten verantwortlich.

M. I 301—308; P. I 62, 161; M. II 37; P. II —.

1. Die bisherige Fassung: „Der Verwalter hat die Sorgfalt eines ordentlichen Familienvaters anzuwenden," ist geändert, um sie mit dem § 154 Satz 1 Z.V.G. in Einklang zu bringen. Die Aenderung hat eine materiell-rechtliche Bedeutung.

Denn indem der Verwalter allen Betheiligten gegenüber für verantwortlich erklärt ist, ist das Auftragsverhältniß, in welches er zu dem Gericht getreten ist, auf die Betheiligten in der Weise ausgedehnt, daß er so wie der Verwalter in der Zwangsverwaltung jedem Betheiligten unmittelbar aus dem Schuldverhältniß haftet, in welchem er nunmehr zu ihnen steht, Mot. zu dem, dem § 154 Z.V.G. entsprechenden, § 198 des ersten Entwurfs des Z.V.G. Die Betheiligten sind der Gemeinschuldner, der neu ernannte Verwalter und die Konkursgläubiger. Der erstere, dem die Verfügung über sein Vermögen entzogen ist, kann den Verwalter wegen Beschädigung dieses Vermögens erst nach Beendigung des Verfahrens zur Verantwortung ziehen. Der Konkursgläubiger kann während des Konkurses Ansprüche gegen den Verwalter wegen Verletzung seines speziellen Rechts verfolgen; die Beschädigung der Aktivmasse kann während des Verfahrens nur von dem nachfolgenden Verwalter geltend gemacht werden. Aber nach Beendigung des Konkurses ist jetzt jeder Konkursgläubiger berechtigt, die Beschädigung der Aktivmasse insoweit geltend zu machen, als er durch diese Beschädigung beeinträchtigt ist, denn, da der Verwalter jetzt allen Betheiligten verantwortlich ist, ist er jedem Betheiligten verantwortlich, und da er mit jedem Konkursgläubiger in einem Schuldverhältniß steht, ist er auch jedem aus diesem Verhältniß verpflichtet. Bisher wurde vom R.G. in Gruchots Beitr. 31, 1129 und bei Bolze 4 Nr. 1578 angenommen (und die meisten Schriftsteller folgten dieser Ansicht), daß auch nach Beendigung des Verfahrens weder ein einzelner Konkursgläubiger, noch die Gesammtheit derselben Rechte gegen den Verwalter wegen Beeinträchtigung der Masse geltend machen könne, eine Ansicht, die zur Folge hatte, daß die Verantwortlichkeit des Verwalters, da sie sich häufig erst nach der Beendigung des Verfahrens ergiebt, vielfach illusorisch blieb. Jetzt braucht sich der Einzelgläubiger nicht den Entschädigungsanspruch des Gemeinschuldners abtreten oder überweisen zu lassen, sondern kann sein Recht aus dem Schuldverhältniß, in welchem er zu dem Verwalter unmittelbar steht, verfolgen.

2. Der Verwalter hat die im Verkehr erforderliche Sorgfalt anzuwenden, § 276 B.G.B. Da der Schade aus einem Schuldverhältniß entstanden ist, kommt die dreijährige Verjährung des § 852 B.G.B. nicht zur Anwendung.

3. Zu den Betheiligten gehören die Aussonderungs- und Absonderungsberechtigten, sowie die Massegläubiger, wie unstreitig ist, R.G. 34, 27, nicht. Diese Personen verfolgen die ihnen zugefügten Beschädigungen gegen den Verwalter daher nicht auf Grund des § 82, sondern gegen ihn als denjenigen, welcher als selbstständiger Vertreter des Schuldners ihre Rechte kontraktlich oder außerkontraktlich verletzt hat. Den Massegläubigern haftet der Verwalter ferner aus der Verletzung der ihm diesen Gläubigern gegenüber besonders auferlegten Pflicht der §§ 191, 205 Abs. 2, R.G. 36, 93.

§. 83. (75.)

Der Verwalter steht unter der Aufsicht des Konkursgerichts.

M. I. 301—308; P. I. 62, 161; M. II —; P. II —.

1. Die Aufsicht des Gerichts, unter welcher der Verwalter steht, erfordert die Verhinderung direkter Verstöße des Verwalters gegen die gesetzlichen Vorschriften und gegen die Vernachlässigung seiner Pflichten, R.G. 22, 264. Das Gericht hat nicht blos Verstöße gegen gesetzliche Vorschriften zu rügen und auf ihre Abstellung hinzuwirken, sondern hat auch in die Verwaltung einzugreifen, wenn eine Maßnahme des Verwalters unzweckmäßig oder ungenügend ist, denn sonst kann es Vernachlässigungen des Verwalters nicht abstellen. In den M. I ist zwar hervorgehoben, daß das Konkursgericht „niemals die Zweckmäßigkeit, sondern nur die Pflichtwidrigkeit der Handlungen und Unterlassungen des Verwalters zu prüfen habe", und die meisten Schriftsteller behaupten daher, daß der Richter in die Verwaltung nicht eingreifen, den Verwalter nicht zur Anfechtung einer Rechtshandlung, zur Anerkennung eines Absonderungsanspruchs ꝛc. veranlassen dürfe. Mit Recht sagt aber v. Wilmowski Anm. 1, daß die Erwägungen der Motive im Gesetz keinen Ausdruck gefunden haben, und daß das Gericht „in einzelnen Fällen, z. B. § 99, 188 Nr. 2, geradezu angewiesen sei, die Interessen der Konkursgläubiger, also die Zweckmäßigkeit, zu berücksichtigen." Man könnte von einer Aufsicht nicht sprechen, wenn das Gericht nicht berechtigt wäre, den Verwalter, welcher einen großen Geldbetrag, den er im Besitz hat, den er aber noch nicht zur Vertheilung bringen kann, zinslos und unverwahrt liegen läßt, zu einer verzinslichen und sichern Belegung, wenn es ihn nicht zur Anfechtung einer offenbar anfechtbaren Rechtshandlung von erheblicher Bedeutung anhalten dürfte. Eine Grenze zwischen Pflichtwidrigkeit und Unzweckmäßigkeit besteht in solchen Fällen nicht. Doch sind unzweckmäßige Handlungen des Verwalters Dritten gegenüber rechtswirksam. Diese Rechtswirksamkeit hat auch das Konkursgericht zu beachten, welches selbst mit Dritten keine Rechtsgeschäfte abschließen, sondern seine Maßnahmen nur durch Einwirkung auf den Verwalter durchführen kann, Wolff, Anm. 4 z. § 153, Z.V.G., vgl. R.G. 29, 83.

2. Gelegenheit, die Verwaltung zu prüfen, erhält das Gericht durch die Rechnungs-

legung des Verwalters, § 132 Abs. 2, durch die Anträge und Mittheilungen der Betheiligten, erforderlichenfalls hat es besonders Veranlassung zu nehmen, die Verwaltung zu prüfen.

Die Aufsichtsführung darf das Gericht nicht von Anträgen der Betheiligten abhängig machen, sondern hat seine Pflicht von amtswegen auszuüben.

Der Richter, welcher es an der erforderlichen Aufsicht fehlen läßt, macht sich den Betheiligten persönlich verantwortlich, § 839 Abs. 1, 3 B.G.B.

3. Gegen die in Ausübung der Aufsicht getroffenen Anordnungen, sowie gegen die Unterlassung der Aufsicht steht den Betheiligten sowie dem Verwalter die Einwendung bezw. die sofortige Beschwerde zu.

§. 84. (76.)

Das Gericht kann gegen den Verwalter Ordnungsstrafen bis zu zweihundert Mark festsetzen. Es kann denselben vor der auf seine Ernennung folgenden Gläubigerversammlung von Amtswegen, später nur auf Antrag der Gläubigerversammlung oder des Gläubigerausschusses seines Amts entlassen.

Vor der Entscheidung ist der Verwalter zu hören.

M. I. 301—308; P. I. 62, 161; M. II —; P. II —.

1. Das Gericht ist berechtigt und erforderlichenfalls verpflichtet, die Ausübung seines Aufsichtsrechts durch Ordnungsstrafen zur Geltung zu bringen. Die Höhe der Strafe ist auf 200 Mk. beschränkt. Mehrere einander folgende Ordnungsstrafen sind zulässig, auch wenn sie in ihrem Gesammtbetrage mehr als 200 Mk. betragen. Die Zahl der Einzelstrafen und die zeitlichen Zwischenräume, in denen sie verhängt werden dürfen, sind nicht vorgeschrieben.

Die Strafe darf nur zum Zweck der Befolgung einer Anordnung verhängt und muß daher vorher angedroht werden. Eine Haftstrafe ist unzulässig, ebenso die Umwandlung der Geldstrafe in Haft im Fall des Unvermögens.

Des Antrags eines Betheiligten zur Androhung oder Festsetzung der Strafe bedarf es nicht. Die Zurücknahme eines gestellten Antrags hat keinen Einfluß auf die Festsetzung.

Die Festsetzung erfolgt durch Beschluß. Gegen denselben, sowie gegen die Androhung ist die sofortige Beschwerde zulässig. Vor der Festsetzung ist der Verwalter zu hören; ist er nicht gehört, so ist die Erinnerung zulässig und kann die Festsetzung zurückgenommen werden; nach der Anhörung kann der Beschluß vom Konkursgericht nicht mehr geändert werden.

Der § entspricht dem § 153 Abs. 2 Z.V.G., s. darüber Wolff die Anm. zu § 153, die hier theilweise benutzt sind.

2. Das Gericht kann den Verwalter entlassen. Die Entlassung braucht nicht zur Strafe zu geschehen, sie kann auch aus andern Gründen erfolgen, z. B. weil die Bestellung wegen seiner Persönlichkeit unzweckmäßig erscheint, weil er verdächtigt wird oder verdächtig erscheint. Die Entlassung kann auch zur Strafe wegen Nichtbefolgung einer Anordnung, sowie wegen sonstiger Pflichtwidrigkeiten erfolgen.

Die Entlassung darf vor derjenigen Gläubigerversammlung, die auf seine Er=

nennung folgt, ohne Anhörung der Gläubiger, später nur auf Antrag des Gläubigerausschusses oder der Gläubigerversammlung erfolgen. Damit dieser Antrag gestellt wird, kann das Gericht auf Antrag oder von amtswegen die Gläubigerversammlung einberufen.

Dem Verwalter und jedem Betheiligten steht die Erinnerung bezw. die sofortige Beschwerde gegen die Entlassung zu, auch wenn dieselbe auf Antrag der Gläubigerversammlung erfolgt ist. Ebenso ist die Weigerung der Entlastung anfechtbar.

§. 85. (77.)

Der Verwalter hat Anspruch auf Erstattung angemessener baarer Auslagen und auf Vergütung für seine Geschäftsführung. Die Festsetzung der Auslagen und der Vergütung erfolgt durch das Konkursgericht.

Die Landesjustizverwaltung kann für die dem Verwalter zu gewährende Vergütung allgemeine Anordnungen treffen.

M. I. 301—308; P. I. 62, 161; M. II. 37, 38; P. II. 19, 20.

1. Der Abs. 2 ist dem § 85 neu hinzugefügt, vgl. § 14 E.G. z. Z.V.G.

2. Der Verwalter hat einen Anspruch auf Vergütung und Erstattung seiner baaren Auslagen; s. über die Auslagen Anm. 2 zu § 58 und Anm. 5 zu § 57. Das Erstattungsrecht beschränkt sich auf die angemessenen Auslagen. Ueber die Angemessenheit entscheiden das Konkursgericht und im Beschwerdewege die vorgesetzten Gerichte nach freiem Ermessen in derselben Weise, wie nach § 91 C.P.O. über die Angemessenheit der Auslagen einer Prozeßpartei. Ob die Auslagen erfolglos aufgewendet sind, ist unerheblich, wenn nur der Verwalter die Aufwendung den Umständen nach für erforderlich halten durfte, vgl. §§ 670, 693 B.G.B. Für die Festsetzung der Gebühr kann die Landesjustizverwaltung allgemeine Anordnungen treffen, insbesondere einen Tarif erlassen. Soweit diese Anordnung dem Richter die Ausübung eines freien Ermessens beläßt, oder sofern eine Anordnung der Justizverwaltung überhaupt nicht getroffen ist, setzt das Gericht die Gebühr nach billigem Ermessen unter Berücksichtigung der Mühewaltung, der Schwierigkeit und Größe der Verwaltung fest.

Die Gebühren und Auslagen, welche der Verwalter als Rechtsanwalt für die Führung eines Prozesses der Masse zu fordern hat, beansprucht er neben der Vergütung des § 84, vgl. § 7 der G.O. f. R.A., diese Festsetzung erfolgt durch das Prozeßgericht.

2. Der § 84 entspricht dem § 153 Z.V.G. Aber während der letztere unter Vergütung die Gebühren und Auslagen versteht, vgl. § 135 Z.V.G., sind mit der Vergütung des § 84 nur die Gebühren gemeint. Der Abs. 2 giebt der Landesjustizverwaltung daher nur die Befugniß, für die Gebühren, nicht auch für die Auslagen allgemeine Anordnungen zu treffen, während der § 14 E.G. z. Z.V.G. die Befugniß dieser Behörde auch auf die Auslagen gewährt.

3. Für die Gebühren und Auslagen steht dem Verwalter eine Masseforderung zu, Anm. 2 zu § 58. Für dieselben haftet auch der Gemeinschuldner während des Verfahrens und nach Beendigung desselben persönlich. Der Konkursgläubiger, der die Eröffnung des Verfahrens beantragt hat, ist zur Zahlung dieser Ausgaben nicht verpflichtet; ist den Konkursgläubigern aber bei der Vertheilung mehr gezahlt, als ihnen

nach Abzug des Anspruchs der Verwalters zustand, so haften sie ihm in Ansehung der Differenz aus der Bereicherung, § 812 B.G.B. Gegen die Staatskasse besteht ein Anspruch des Verwalters in keinem Falle; a. M. hinsichtlich des Konkursverwalters nur Eccius in Gruchots Beiträgen 33, 743 und 34, 152, hinsichtlich des Verwalters bei der Zwangsverwaltung außerdem Krech-Fischer Anm. 4 zu § 144 des Preuß. Z.V.G. und Reinhard Anm. 3 zu § 153 und Anm. 1a zu § 155 Z.V.G. diese Schriftsteller begründen den Anspruch des Verwalters gegen den Staat mit der Erwägung, daß der Verwalter vom Gericht ernannt und als Beamter sowie jeder andere Beamte, seine Vergütung aus der Staatskasse zu beanspruchen habe. Aber wer von einem Organ des Staats nur im Interesse einer Privatperson oder bestimmter Privatpersonen zur Verwaltung eines Privatvermögens bestellt ist (Vormund, Nachlaßpfleger, Nachlaßverwalter 2c.), ist kein Beamter und hat aus seiner Geschäftsführung Ansprüche nur gegen die betheiligten Personen, insbesondere aus dem seiner Verwaltung übergebenen Vermögen, v. Wilmowski in der Zeitschrift für Vollstreckungsrecht 8, 139.

4. Die Festsetzung durch das Konkursgericht kann während und am Schluß des Verfahrens stattfinden, es kann insbesondere bei einer länger dauernden Verwaltung eine jährlich zu zahlende Gebühr festgesetzt werden, a. M. v. Wilmowski Anm. 1, denn das Gesetz hat das Gericht in dieser Beziehung in keiner Weise beschränkt.

5. Die Festsetzung ist gegen die Konkursmasse und gegen den Gemeinschuldner gerichtet; die Entscheidung ist gegen den letztern, sowie gegen den nachfolgenden Verwalter vollstreckbar, § 794 Nr. 3 C.P.O. Gegen die Entscheidung steht dem Verwalter, seinem Nachfolger und jedem Betheiligten die Erinnerung bezw. die sofortige Beschwerde zu (nur Oetker will die Beschwerde gegen die Entscheidung insoweit ausschließen, als durch sie die Gebühr festgesetzt ist, weil sie insoweit kein „Dezisivdekret“ und als Verwaltungsmaßregel vom reinen Ermessen des Gerichts abhängig sei. Die Beschwerde ist aber gegen jede Art der Entscheidung zugelassen).

§. 86. (78.)

Der Verwalter hat bei der Beendigung seines Amts einer Gläubigerversammlung Schlußrechnung zu legen. Die Rechnung muß mit den Belegen und, wenn ein Gläubigerausschuß bestellt ist, mit dessen Bemerkungen spätestens drei Tage vor dem Termine auf der Gerichtsschreiberei zur Einsicht der Betheiligten niedergelegt werden. Der Gemeinschuldner, jeder Konkursgläubiger und der nachfolgende Verwalter sind berechtigt, Einwendungen gegen die Rechnung zu erheben. Soweit in dem Termine Einwendungen nicht erhoben werden, gilt die Rechnung als anerkannt.

M. I. 301—308; P. I. 62, 63, 161; M. II —; P. II —.

1. Die Gläubigerversammlung beschließt, in welcher Weise und in welchen Zeiträumen der Verwalter ihr oder einem Gläubigerausschuß Bericht zu erstatten und Rechnung zu legen hat, § 132 Abs. 2; das Konkursgericht hat vermöge seiner Aufsichtspflicht und seines Aufsichtsrechts den Verwalter jeder Zeit zur Rechnungslegung anzuhalten, wenn dies erforderlich ist. Außerdem hat der Verwalter bei der Beendigung seines Amts nach § 86 der Gläubigerversammlung Rechnung zu legen, auch

wenn die Rechnungslegung weder nach § 132 Abs. 2, noch vom Konkursgericht gefordert ist. Diese Verpflichtung besteht sowohl, wenn das Verfahren überhaupt beendigt werden soll, als auch wenn nur das Amt des Verwalters aufhört. Das Gesetz macht auch für den Fall der Beendigung des Verfahrens durch Akkord keine Ausnahme, a. M. nur Miltner in den Blättern für Rechtsanw. 52, 374, 375.

Die Verpflichtung zur Rechnungslegung hat der Verwalter auch dann, wenn er bereits entlassen ist.

Die Pflicht zur Rechnungslegung hat er als Verwalter eines fremden Vermögens, diese materiell-rechtliche Verpflichtung geht daher auf seine Erben über (streitig) und ist von seinem Vertreter, z. B. seinem Vormund, zu erfüllen, wenn er selbst dazu außer Stande ist oder die Dispositionsfähigkeit verloren hat.

Mit der Verbindlichkeit zur Rechnungslegung ist nach § 259 Abs. 2 B.G.B. die Verpflichtung des Verwalters verbunden, den Offenbarungseid dahin zu leisten, „daß er nach bestem Wissen die Einnahmen so vollständig angegeben habe, als er dazu im Stande sei."

Der Verwalter wird vom Konkursgericht zur Rechnungslegung und auf Erfordern eines Konkursgläubigers oder des Gemeinschuldners zur Leistung des Eides durch Androhung und Festsetzung von Ordnungsstrafen und eventuell durch Androhung der Entlassung angehalten. Ist der Verwalter entlassen, so kann er nur im Prozeßwege zur Erfüllung seiner Pflicht gezwungen werden, die Zwangsvollstreckung gegen ihn erfolgt nach R.G. 8, 336 in Gemäßheit des § 888 C.P.O.

2. Die Rechnung wird der Gläubigerversammlung gelegt. Sowohl der Gemeinschuldner, als auch jeder Konkursgläubiger und der nachfolgende Verwalter können Einwendungen erheben. Der Konkursgläubiger hat aber durch die Berechtigung zur Erhebung von Einwendungen nicht, wie v. Wilmowski Anm. 1 behauptet, ein Individualrecht erhalten, während des Konkurses oder nach dessen Beendigung die Rechnungslegung im Wege der Klage zu beanspruchen, er hat lediglich das Recht zur Erhebung von Einwendungen. Die Verpflichtung zur Rechnungslegung liegt dem Verwalter der Gläubigerversammlung gegenüber, deren Rechte der nachfolgende Verwalter geltend macht, und nach Beendigung des Verfahrens wegen seiner Vertretungsstellung und auf Grund des § 290 B.G.B. dem Gemeinschuldner gegenüber ob, nur diese sind daher und zwar der folgende Verwalter während des Konkurses, der Gemeinschuldner nach Beendigung desselben berechtigt, die Rechnungslegung und die Leistung des Offenbarungseids im Rechtswege geltend zu machen.

3. Da die Rechnung drei Tage vor dem Termin auf der Gerichtsschreiberei niederzulegen ist, muß sie schriftlich abgefaßt sein. Eine nicht schriftlich abgefaßte Rechnung kann, weil ihr die Voraussetzungen des § 84 fehlen, auch wenn sie, mündlich vorgetragen, ohne Widerspruch bleibt, die Folgen der Anerkennung nicht haben, a. M. Petersen-Kleinfeller Anm. 4 und v. Völderndorff Bd. 2 S. 79 Anm. 3. Die Rechnung hat nach § 259 Abs. 1 B.G.B. in einer geordneten Zusammenstellung der Einnahmen und Ausgaben zu bestehen und hat die erforderlichen Belege zu enthalten, soweit solche im Verkehr ertheilt zu werden pflegen. Besteht ein Gläubigerausschuß, so ist ihm die Rechnung vor der Niederlegung auf der Gerichtsschreiberei vorzulegen und von ihm mit seinen Bemerkungen, eintretenden Falls mit der Bemerkung zu versehen, daß er sie eingesehen und Erinnerungen nicht zu machen habe. Die Berufung der Gläubigerversammlung ist unter Angabe des Zwecks und der Thatsache der Niederlegung der Rechnung in der Gerichtsschreiberei, § 98, nach § 87 bekannt zu machen. Ein Verstoß gegen eine dieser Vorschriften steht der Folge des

Anerkenntnisses der Rechnung entgegen. Vermöge der Aufsichtspflicht hat das Gericht die Rechnung vor dem Termin zu prüfen und die Erinnerungen in der Gläubigerversammlung zur Erörterung zu bringen.

4. Die Einwendungen gegen die Rechnung können sowohl mündlich, wie schriftlich erhoben werden (ohne Grund behaupten Petersen und Kleinfeller Anm. 2, daß die Einwendungen nur mündlich vorgebracht werden dürften). Die Erhebung der Einwendung ist im Protokoll zu vermerken.

Durch die Erhebung einer Einwendung wird die monirte Post für alle Betheiligten beanstandet, auch wenn die Einwendung nur von einem einzelnen Konkursgläubiger erhoben wird. Soweit von keiner Seite Einwendungen erhoben sind, gilt der Inhalt der Rechnung im Verhältniß des Verwalters zu den Betheiligten, nicht auch der Betheiligten zu Dritten, als richtig, die Anfechtung dieser Willenserklärung wegen Irrthums, Betrugs, Zwangs nach §§ 119 ff. B.G.B. ist nicht ausgeschlossen.

Die Differenzen, welche sich aus der Rechnungslegung und über die gezogenen Monita ergeben, sind nach § 766 C.P.O. und im Beschwerdewege zu erledigen. Der Rechtsweg ist während des Verfahrens nur mit dem nachfolgenden Verwalter, nach Beendigung des Konkurses nur mit dem Gemeinschuldner zu erledigen, mit einem Konkursgläubiger nur insoweit, als dieser den gewesenen Verwalter wegen Beschädigung der Konkursmasse in Anspruch nimmt, Anm. 1 zu § 82, a. M. v. Wilmowski Anm. 4, der jeden Konkursgläubiger ohne Weiteres auch während des Konkurses zur Klage für legitimirt erklärt.

§. 87. (79.)

Vor der ersten Gläubigerversammlung kann das Gericht aus der Zahl der Gläubiger oder der Vertreter von Gläubigern einen Gläubigerausschuß bestellen.

Die Gläubigerversammlung hat über die Bestellung eines Gläubigerausschusses zu beschließen. Die Mitglieder des Gläubigerausschusses sind von der Gläubigerversammlung zu wählen. Zu Mitgliedern können Gläubiger oder andere Personen gewählt werden.

M. I. 308—313; P. I. 63, 161; M. II —; P. II. 20, 21.

1. Der Gläubigerausschuß geht aus der Wahl der Gläubigerversammlung hervor, die Mitglieder des Ausschusses sind daher Beauftragte der Gläubiger, d. h. jedes einzelnen Gläubigers, wenn die Instruktion auch nicht von dem Einzelnen, sondern nur von der Gesammtheit der Gläubiger ertheilt werden kann. Das Schuldverhältniß, in welchem die Mitglieder des Ausschusses zu jedem Gläubiger stehen, § 89, ist somit das Auftragsverhältniß, s. die Anm. 1 zu § 78, auf welche hier verwiesen wird, M. 310, Petersen-Kleinfeller Anm. I. Der Ausschuß charakterisirt sich zugleich, R.G. 20, 109; 31, 122; 36, 368 als „ein gesetzliches Hülfsorgan der Konkursverwaltung und ist nicht lediglich Mandatar der Gläubiger“ s. darüber Anm. 1 zu § 89. Die vorläufige Bestellung des Ausschusses durch das Gericht erfolgt für die Gläubigerversammlung, welche nicht sofort zusammentreten kann, auch die Mitglieder dieses provisorischen Ausschusses haften nach § 89 allen Betheiligten.

2. Da das Gesetz immer von den Mitgliedern des Ausschusses spricht, kann der Ausschuß, wie auch der Ausdruck ergiebt, gültig nur aus mehreren Personen bestehen;

fallen die Mitglieder bis auf eins fort, so besteht ein Gläubigerausschuß nicht mehr. Daß der Ausschuß, wie auf Grund des § 90 meistens behauptet wird, aus mindestens drei Personen bestehen muß, läßt sich nicht anerkennen, zwei Personen können einen gültigen Beschluß fassen, wenn sie einig sind; sind sie nicht einig, so kann ein Beschluß nicht gefaßt, die Ueberwachung des § 88 kann aber von ihnen ausgeübt werden.

3. Die Mitglieder des Ausschusses werden vom Gericht aus der Zahl der Gläubiger oder deren Vertreter gewählt. Als Gläubiger gilt hier jeder, den das Gericht bezw. die Gläubigerversammlung für einen Gläubiger hält. Stellt sich später heraus, daß er nicht Gläubiger ist, so scheidet er ohne Weiteres als nicht wählbar aus, sofern er nicht von der Gläubigerversammlung gewählt ist; die mit seiner Stimme gefaßten Beschlüsse sind aber deshalb nicht ungültig. Unter den Gläubigern sind nur die Konkursgläubiger zu verstehen, weil sie allein Mitglieder der Gläubigerversammlung sind. Der einfache Absonderungs- sowie der Aussonderungsberechtigte und der Massegläubiger sind nicht wählbar. Von den Gläubigern kann jeder, auch eine Frau, sowie der in der Geschäftsfähigkeit Beschränkte, § 165 B.G.B., gewählt werden; der in der Geschäftsfähigkeit Beschränkte ist den Betheiligten nur nach Maßgabe der §§ 107 ff. B.G.B. verantwortlich. Der Verwalter kann, auch wenn er zugleich Konkursgläubiger ist, wegen des Widerstreits der Interessen nicht gewählt, der Gemeinschuldner kann vom Gericht nicht gewählt werden, weil er nicht Konkursgläubiger ist, wenn er auch unter Umständen Rechte gegen die Konkursmasse geltend machen kann.

Die Wahl der Gläubigerversammlung ist auf die Konkursgläubiger nicht beschränkt, sie kann daher auch auf den Gemeinschuldner fallen. Eine Verpflichtung zur Uebernahme des Auftrags besteht nicht, der übernommene Auftrag kann jeder Zeit unter den Beschränkungen der Anm. 3 zu § 78, auf welche in dieser Beziehung verwiesen wird, niedergelegt werden.

4. Das Gericht ist berechtigt, aber abgesehen vom Genossenschaftskonkurs, § 103 des Ges. vom 1. Mai 1889, s. die Anm. dazu, nicht verpflichtet, einen Gläubigerausschuß zu bestellen. Derselbe besteht bis zur ersten Gläubigerversammlung, welche darüber zu beschließen hat, ob ein Ausschuß überhaupt bestehen soll oder nicht. Faßt sie keinen Beschluß, so besteht auch der vom Gericht bestellte Ausschuß nicht mehr. Die Versammlung hat nicht, wie bei der Bestellung des Verwalters, § 80, ein Vorschlagsrecht, sondern die alleinige Befugniß zur Bestellung des Ausschusses. Ebenso wählt sie die Mitglieder; die vom Gericht gewählten Personen verlieren ihre Vertretungsmacht, wenn sie nicht auch von der Versammlung gewählt werden.

§. 88. (80.)

Die Mitglieder des Gläubigerausschusses haben den Verwalter bei seiner Geschäftsführung zu unterstützen und zu überwachen. Dieselben können sich von dem Gange der Geschäfte unterrichten, die Bücher und Schriften des Verwalters einsehen und den Bestand seiner Kasse untersuchen.

Der Gläubigerausschuß ist berechtigt, von dem Verwalter Berichterstattung über die Lage der Sache und die Geschäftsführung zu verlangen. Er ist verpflichtet, die Untersuchung der Kasse des Verwalters wenigstens ein Mal in jedem Monate durch ein Mitglied vornehmen zu lassen.

M. I. 308—313; P. I. 63, 161; M. II —; P. II. 21, 22.

1. Der Abs. 2 führt die allgemeinen Rechte und Pflichten auf, die der Gläubigerausschuß als Verwaltungskörper, der Abs. 1 die Rechte und Pflichten, welche jedes einzelne Mitglied des Ausschusses hat. Im Einzelnen sind die Befugnisse und Pflichten außer im § 88 in den §§ 84, 86, 93, 100, 123, 129, 130, 132, 133, 134, 137, 150, 159, 176, 177, 179, 180, 184 bestimmt.

2. Der Gläubigerausschuß ist zur selbstständigen Verwaltung nicht berechtigt, dem Verwalter bleibt die Verwaltung, derselbe ist nur in den gesetzlich vorgeschriebenen Fällen an die Genehmigung des Ausschusses gebunden, ohne daß die unterlassene Einholung der Genehmigung oder die Zuwiderhandlung gegen den in den gesetzlichen Schranken gefaßten Beschluß des Ausschusses die Rechtshandlung des Verwalters Dritten gegenüber unwirksam macht, § 136. Da der Ausschuß an der Verwaltung nicht Theil nimmt, kann er weder in seiner Gesammtheit, noch können einzelne seiner Mitglieder einem Prozeß über einen Gegenstand der Aktiv- oder Passivmasse als Intervenienten beitreten, R.G. 36, 368.

3. Der Ausschuß und jedes Mitglied desselben ist verpflichtet, die Ausführung der in den gesetzlichen Grenzen gefaßten Beschlüsse, sowie der Beschlüsse der Gläubigerversammlung zu überwachen. Die Außerachtlassung dieser Pflicht zieht für jedes Mitglied die persönliche Verantwortlichkeit nach sich, R.G. 31, 121, 122.

§. 89. (81.)

Die Mitglieder des Gläubigerausschusses sind für die Erfüllung der ihnen obliegenden Pflichten allen Betheiligten verantwortlich.

M. I. 308—313; P. I. 63, 161; M. II. 37; P. II —.

1. Die bisherige Fassung: „Die Mitglieder des Gläubigerausschusses haben die Sorgfalt eines ordentlichen Hausvaters anzuwenden", ist geändert, um sie mit dem § 154 Satz 1 Z.V.G. in Uebereinstimmung zu bringen. Durch diese Aenderung ist das zwischen den Mitgliedern des Ausschusses und den Konkursgläubigern bestehende Schuldverhältniß bestätigt und ist das Schuldverhältniß zugleich auf das Verhältniß der Ausschußmitglieder zum Gemeinschuldner erstreckt. Das was über das Verhältniß des Verwalters zu den Betheiligten, Anm. 1—3 zu § 82, gesagt ist, gilt in entsprechender Weise auch hier. Wegen des früheren Rechtsverhältnisses vgl. R.G. 20, 109; 31, 122 und in Gruchots Beitr. 31, 1129.

2. Jedes Mitglied des Ausschusses ist für die ihm zur Last fallenden positiven Handlungen und für Unterlassungen, sowie für die Beschlüsse verantwortlich, die der Ausschuß mit seiner Zustimmung gefaßt hat, R.G. 20, 110; 31, 120. Mehrere für dieselbe Handlung oder Unterlassung verantwortliche Mitglieder haften als Gesammtschuldner, § 421 B.G.B., R.G. a. a. O. Im Verhältniß zu einander sind die Gesammtschuldner nach § 426 B.G.B. zu gleichen Antheilen verpflichtet.

§. 90. (82.)

Ein Beschluß des Gläubigerausschusses ist gültig, wenn die Mehrheit der Mitglieder an der Beschlußfassung Theil genommen hat, und der Beschluß mit absoluter Mehrheit der abgegebenen Stimmen gefaßt ist.

M. I. 308—313; P. I. 63, 161; M. II. —; P. II —.

1. Wie Anm. 1 zu § 87 angegeben, ist die Rechtsstellung des Gläubigerausschusses nicht blos die eines Beauftragten der Gläubiger, sondern zugleich die Stellung eines gesetzlichen Hülfsorgans der Konkursverwaltung. Wie der Verwalter seine Instruktion nicht vom Vertretenen, dem Gemeinschuldner, der Vormund nicht vom Mündel, so erhält auch der Ausschuß seine Instruktion lediglich aus dem Gesetz. Die Gläubigerversammlung darf daher in seine Geschäftsführung nicht eingreifen, darf ihm keine Instruktion, keine besondere Aufträge geben, kann auch seine Beschlüsse nicht ändern, ihre Genehmigung ersetzt die des Ausschusses nicht. Nur kraft besonderer Vorschrift ist ihr im § 137 das Recht übertragen, über die Art der Quittungsleistung besondere Bestimmungen zu treffen. Es ist daher auch nicht, wie meistens angenommen wird, richtig, daß sie dem Ausschuß das Recht übertragen kann, sich selbst zu ergänzen, denn die Versammlung kann das ihr allein zustehende Recht der Wahl dem Ausschuß nicht übertragen, weil sie ihm überhaupt keine Rechte übertragen kann.

2. Der Ausschuß giebt seine Willensäußerung durch Beschlußfassung kund. Die Art der Beschlußfassung und der Ausführung bestimmt er selbst, weil sich das Gesetz in dieser Beziehung einer Bestimmung enthalten hat. Er kann darüber eine allgemeine Instruktion beschließen, kann sich darüber auch im Einzelfall schlüssig machen. Im Allgemeinen kann die Beschlußfassung mündlich, wie schriftlich erfolgen, sie muß nur so geschehen, daß jedes Mitglied seine Ansicht zum Ausdruck gebracht hat.

Die Entscheidung erfolgt nach der Mehrheit der Stimmen, aber nur die Stimmen derjenigen Mitglieder werden gezählt, welche eine Stimme, sei es mündlich, sei es schriftlich, abgegeben haben. Vorausgesetzt wird, daß alle Mitglieder zur Beschlußfassung eingeladen sind. Die nicht Erschienenen können, wenn eine allgemeine Instruktion nichts Anderes bestimmt, ihre Stimme auch schriftlich abgeben. Ein Beschluß, hinsichtlich dessen nicht allen Mitgliedern Gelegenheit zur Theilnahme gegeben war, kann als gültig nicht angesehen werden.

Die Mitgliederzahl braucht keine ungleiche zu sein. Besteht aber bei einer Beschlußfassung Stimmengleichheit, so entscheidet nicht der etwa gewählte Vorsitzende, sondern ist ein gültiger Beschluß nicht gefaßt.

3. Eine dem § 99 analoge Befugniß, die Ausführung eines Beschlusses des Gläubigerausschusses zu untersagen, ist dem Gericht nicht gegeben.

§. 91. (83.)

Die Mitglieder des Gläubigerausschusses haben Anspruch auf Erstattung angemessener baarer Auslagen und auf Vergütung für ihre Geschäftsführung. Die Festsetzung der Auslagen und der Vergütung erfolgt nach Anhörung der Gläubigerversammlung durch das Konkursgericht.

Die Landesjustizverwaltung kann für die den Mitgliedern des Gläubigerausschusses zu gewährende Vergütung allgemeine Anordnungen treffen.

M. I. 308–313; P. I. 64–68, 161; M. I. 38; P. II. 22.

1. Die bisherige Vorschrift: „Die Mitglieder des Gläubigerausschusses haben Anspruch auf Erstattung angemessener baarer Auslagen und auf Vergütung für ihre Geschäftsführung. In Ermangelung einer Einigung mit der Gläubigerversammlung erfolgt die Festsetzung der Auslagen und der Vergütung durch das Konkursgericht."

ist durch die Uebertragung der Festsetzung auf das Konkursgericht ersetzt, weil „erfahrungsmäßig im Schlußtermin regelmäßig nur wenige Gläubiger erscheinen, welche dann leicht geneigt sind, selbst unberechtigte Ansprüche ohne nähere Prüfung anzuerkennen."

2. Die Anm. zu § 85 kommen hier zur entsprechenden Anwendung. Schuldner der Gebühren und Auslagen ist nur der Gemeinschuldner mit dem Konkurs- und dem Sondervermögen. Die Konkursgläubiger haften als Auftraggeber persönlich für diese Masseforderung ebensowenig wie der Staat.

3. „Das Erforderniß der Anhörung der Gläubigerversammlung ist in Uebereinstimmung mit den entsprechenden Vorschriften des bürgerlichen Rechts nur dahin zu verstehen, daß den Gläubigern in einer Versammlung Gelegenheit zur Aeußerung gegeben werden soll; daher ist, wenn in den dazu bestimmten Terminen kein Gläubiger erscheint, die Anberaumung eines neuen Termins nicht erforderlich," M. II. Die Anhörung braucht nicht im Schlußtermin zu erfolgen. Die Beschwerde des Verwalters, jedes andern Betheiligten und des betreffenden Ausschußmitglieds ist zulässig, auch wenn die Festsetzung in Uebereinstimmung mit der Gläubigerversammlung erfolgt ist.

§. 92. (84.)

Die durch das Gericht erfolgte Bestellung zum Mitgliede des Gläubigerausschusses kann von dem Gerichte, die durch die Gläubigerversammlung erfolgte Bestellung zum Mitgliede des Gläubigerausschusses durch Beschluß der Gläubigerversammlung widerrufen werden.

M. I. 308—313; P. 68, 161; M. II —; P. II —.

1. Vermöge des Auftragsverhältnisses, in welchem die Ausschußmitglieder zum Gericht bezw. der Gläubigerversammlung stehen, ist der Auftraggeber zum jederzeitigen Widerruf berechtigt, § 671 Abs. 1 B.G.B. (Ueber das Widerrufsrecht des Ausschußmitglieds s. Anm. 3 zu § 87.) Der Widerruf ist erst durch die Mittheilung desselben wirksam erfolgt. Der Widerruf des Gerichts erfolgt durch Zustellung der Entscheidung der Widerruf der Gläubigerversammlung durch einfache Mittheilung, welche der Verwalter wegen seiner Verpflichtung, die Beschlüsse der Gläubigerversammlung zur Ausführung zu bringen, zu bewirken hat, die aber auch der Konkursrichter als Vorsitzender der Versammlung, § 94 Abs. 1, bewirken kann. Bis zum Empfang der Mittheilung gilt der Auftrag als fortbestehend, sodaß dem Ausschußmitglied, welches inzwischen eine Reise zur Revision des Verwalters, § 88, unternommen hat, die Reisekosten zu ersetzen sind.

2. Gegen den Beschluß der Gläubigerversammlung ist ein Rechtsmittel nicht gegeben. Aber auf den in der Versammlung gestellten Antrag des Verwalters oder eines überstimmten Gläubigers kann das Gericht die Ausführung des Beschlusses untersagen, § 99, gegen diese Entscheidung ist die sofortige Beschwerde zulässig. Widerruft das Gericht vor der ersten Gläubigerversammlung die Bestellung eines Ausschußmitglieds, so ist die sofortige Beschwerde zulässig.

3. Ein Anspruch auf Gebühren für die Zeit nach der Kenntnißnahme des Widerrufs besteht für das entlassene Ausschußmitglied nicht, weil die Gebühr nur für die geleistete Mühewaltung gefordert werden kann, und der Gläubigerversammlung bei

der Bestellung des Ausschusses ein Recht, die Gebühren oder ein Gehalt festzusetzen, nicht gegeben ist.

§. 93. (85.)

Ueber die Berufung der Gläubigerversammlung beschließt das Gericht. Die Berufung muß erfolgen, wenn sie von dem Verwalter, dem Gläubigerausschusse oder von mindestens fünf Konkursgläubigern, deren Forderungen nach der Schätzung des Gerichts den fünften Theil der Schuldenmasse erreichen, beantragt wird.

Die Berufung muß öffentlich bekannt gemacht werden. Der öffentlichen Bekanntmachung bedarf es nicht, wenn in einer Gläubigerversammlung eine Vertagung der Verhandlung angeordnet wird.

M. I. 313, 314; P. I. 68, 161; M. II —; P. II —.

1. Die Gläubigerversammlungen können nur auf Beschluß des Gerichts und durch das letztere berufen werden. Eine vom Verwalter, dem Gläubigerausschuß oder von Konkursgläubigern berufene Versammlung kann gültige Beschlüsse nicht fassen, auch wenn sie unter der Leitung des Gerichts stattfinden.

2. Ob eine Versammlung stattzufinden hat, entscheidet das Gericht. In den gesetzlich vorgeschriebenen Fällen (§§ 110, 162, 179) muß eine Versammlung berufen werden, sie ist ferner zu berufen, so oft es erforderlich ist. Außerdem hat die Berufung stattzufinden, wenn der Verwalter oder die Gläubigerversammlung, oder wenn fünf Konkursgläubiger es beantragen, deren Forderungen den fünften Theil der Passivmasse erreichen.

Durch die Bestimmung, daß das Gericht auf Antrag des Verwalters 2c. die Versammlung zu berufen hat, ist das Gericht der Pflicht, die Berufung zu beschließen, dann nicht enthoben, wenn auch nur ein einziger Gläubiger sie beantragt, denn die Berufung muß stattfinden, wenn sie erforderlich ist; der einzelne Gläubiger ist daher gegen die Weigerung des Gerichts zur Beschwerde berechtigt, und das höhere Gericht darf und muß die Berufung der Versammlung anordnen, wenn es erforderlich ist. Die Berechtigung des Verwalters, des Gläubigerausschusses und der Anzahl von fünf Gläubigern unterscheidet sich von der Berechtigung jedes einzelnen Konkursgläubigers, die Berufung zu beantragen, durch das Erforderniß der Begründung. Der einzelne Gläubiger kann seinen Antrag nur durch die Darlegung begründen, daß die Berufung erforderlich oder doch zweckmäßig ist, die Anzahl der fünf Gläubiger 2c. braucht dagegen nicht glaubhaft zu machen, daß die Berufung erforderlich erscheint, sie muß aber den Gegenstand der Berufung angeben, denn ohne dessen Angabe ist die Berufung nach § 98 nicht zulässig.

3. Zur Stellung des Antrags des Abs. 1 Satz 2 ist der Gläubiger berechtigt, dessen Forderung festgestellt ist. So lange dies nicht geschehen, hat er seine Forderung und die Höhe derselben glaubhaft zu machen, vgl. § 95 Abs. 2; die Berechtigung der Gläubiger bestrittener Forderungen zur Stellung des Antrags wird nach § 95 durch die Feststellung ihres Stimmrechts begründet. Das Gericht entscheidet nach gewissenhafter Schätzung, ob der Betrag der Konkursansprüche der fünf Gläubiger wenigstens den fünften Theil der Passivmasse erreicht. Der Verwalter kann vorher

gehört werden. Gegen die Entscheidung ist die sofortige Beschwerde zulässig, welche Stieglitz Anm. II, v. Völderndorff Anm. d, v. Wilmowski Anm. 3, Fitting § 31 Anm. 11 und Oetker 1, 170 Anm. 1 gegen die Schätzung ausschließen wollen, weil die §§ 95 Abs. 3, 96 Abs. 2 analog anzuwenden sind; diese Vorschriften sind aber singulärer Natur und lediglich zu dem Zweck gegeben, einen Streit in der Gläubigerversammlung sofort definitiv erledigen zu lassen, damit durch denselben die Fassung gültiger Beschlüsse nicht aufgehalten wird; dieser Grund liegt hier nicht vor, die Vorschrift des § 73 Abs. 3 darf daher nicht durch eine nicht passende Analogie durchbrochen werden, v. Sarwey=Bossert Anm. 2, Petersen=Kleinfeller Anm. I, 2.

Das Gericht bestimmt den Termin der Versammlung. Diese Terminsbestimmung liegt ihm auch dann ob, wenn die Versammlung nach Abs. 2 die Vertagung beschließt. Wegen Unzweckmäßigkeit der Terminsbestimmung ist, wie gegen jede andere Entscheidung, die sofortige Beschwerde zulässig, a. M. nur v. Völderndorff Anm. B und Endemann S. 439.

4. Die Berufung der Versammlung erfolgt durch öffentliche Bekanntmachung nach §§ 76, 97. Die öffentliche Bekanntmachung kann unterbleiben, wenn in der Gläubigerversammlung eine Vertagung angeordnet ist, vorausgesetzt, daß der Termin der nächsten Versammlung vom Gericht in der Versammlung verkündet worden ist, vgl. § 218 C.P.O. Ist letzteres unterblieben, so muß die Terminsbestimmung öffentlich bekannt gemacht werden.

§. 94. (86.)

Die Gläubigerversammlung findet unter der Leitung des Gerichts statt.

Die Beschlüsse der Gläubigerversammlung werden mit absoluter Mehrheit der Stimmen gefaßt. Für die Wahl der Mitglieder des Gläubigerausschusses genügt relative Mehrheit der Stimmen.

Die Stimmenmehrheit ist nach den Forderungsbeträgen zu berechnen. Bei Gleichheit der Summen entscheidet die Zahl der Gläubiger.

M. I. 294, 314; P. I. 68, 161; M. II —; P. II —.

1. Die Gläubigerversammlung ist ein gerichtlicher Termin, in welcher der Konkursrichter den Vorsitz führt. Es finden daher alle Vorschriften über die Abhaltung der Termine, deshalb auch die Vorschriften über die Sitzungspolizei sowie über die Aufnahme des Protokolls Anwendung, Anm. 1 zu § 72. Die Verhandlung ist, wie jeder Termin im Konkursverfahren nicht öffentlich, Anm. 2 zu § 72. Berechtigt zur Anwesenheit sind nur die Konkursgläubiger, der Verwalter, der Gemeinschuldner und der Gläubigerausschuß. Die einfachen Absonderungs=, die Aussonderungsberechtigten und die Massegläubiger können die Anwesenheit nicht beanspruchen, das Gericht kann ihnen aber, sowie andern Unbetheiligten, die Anwesenheit, auch wider Willen der Betheiligten, gestatten, § 176 Abs. 2 G.V.G.

Der Konkursrichter leitet die Versammlung unter analoger Anwendung des § 136 C.P.O. Er ertheilt und entzieht das Wort, er trägt Sorge dafür, daß alle Punkte der Tagesordnung zur Berathung gelangen und erschöpfend und sachgemäß erörtert und erledigt werden. Insoweit hat er sich, wie jeder Gerichtsvorsitzende nicht auf die Erfüllung der Formalien zu beschränken, Petersen=Kleinfeller Anm. II, 1. a. M. M. I, 294, 314 und v. Wilmowski Anm. 1, welche dem Richter nur eine

„formelle“ Leitung, insbesondere „zur Erledigung vorkommender Legitimationsstreitigkeiten und zur urkundlichen Feststellung der Verhandlungsresultate“ ermächtigen. Der Richter ist nicht stimmberechtigt. In der Ausübung seiner amtlichen Thätigkeit, die der Beschwerde unterliegt, ist er aber von den Beschlüssen der Versammlung unabhängig.

2. Die Beschlüsse werden mit Stimmenmehrheit gefaßt, welche sich nach den Forderungsbeträgen richtet: die Summenmehrheit muß mehr betragen, als die Hälfte der Forderungen derjenigen Gläubiger, welche erschienen sind und gestimmt haben. Beträgt sie nur die Hälfte, so entscheidet die Zahl der Gläubiger, welche gestimmt haben. Nur für die Wahl der Mitglieder des Gläubigerausschusses genügt relative Stimmenmehrheit, die Stimmenzahl, welche sich auf einer Person vereinigt, braucht also nicht die Hälfte aller abgegebenen Stimmen zu betragen, sie muß nur größer sein, als jede für andere Personen abgegebene Stimmenzahl. Besondere Vorschriften für die Abstimmung im Akkordverfahren enthalten die §§ 182, 183. Die Forderungen sind in ihrem Gesammtbetrage, einschließlich der Nebenforderungen (Zinsen 2c., § 62) zu berechnen, auch die Forderungen der bevorzugten Gläubiger kommen in Betracht, haben aber für die Abstimmungen keinen Vorzug.

Die Reihenfolge der Stimmabgabe bestimmt der Konkursrichter, die Vorschriften der §§ 198, 199 G.V.G., die nur für die Abstimmung der Richter gelten, kommen, auch analog, nicht in Betracht. Die Stimmenabgabe ist eine vermögensrechtliche Willenserklärung, es kommen daher die §§ 116 ff., 145 ff. B.G.B. zur Anwendung. Handelt es sich um die Feststellung einer Summe, so willigt derjenige, welcher eine größere Summe aus der Konkursmasse weggeben will, z. B. zur Alimentation des Gemeinschuldners, auch in die Weggabe einer geringeren Summe, aber derjenige, welcher eine größere Summe zur Masse verlangt, ist nicht mit der Erlangung eines geringern Betrags einverstanden, und wer für eine kleinere Zahl der Mitglieder des Gläubigerausschusses stimmt, stimmt deshalb ebensowenig für die größere, wie derjenige nicht für die größere Zahl stimmt, welcher eine kleinere Zahl für genügend hält, Petersen-Kleinfeller Anm. II, 2, v. Wilmowski Anm. 3.

§. 95. (87.)

Zur Theilnahme an den Abstimmungen berechtigen die festgestellten Konkursforderungen. In Ansehung einer streitig gebliebenen Forderung wird bei der Prüfung mit den Parteien erörtert, ob und zu welchem Betrage ein bleibendes Stimmrecht für dieselbe zu gewähren ist. In Ermangelung einer Einigung entscheidet das Konkursgericht. Das Gericht kann die Entscheidung auf den weiteren Antrag einer Partei abändern.

Ob und zu welchem Betrage nicht geprüfte Konkursforderungen zum Stimmen in einer Gläubigerversammlung berechtigen, entscheidet auf den Widerspruch eines Konkursgläubigers oder des Verwalters das Gericht.

Eine Anfechtung der Entscheidungen findet nicht statt.

M. I. 314, 316; P. I. 69, 70; M. II —; P. II —.

1. Stimmberechtigt sind nur die Konkursgläubiger, Anm. 2 zu § 3. Der einfache Absonderungs-, der Aussonderungsberechtigte und der Massegläubiger sind zum Stimmen nicht legitimirt.

Ein unbedingtes Stimmrecht besteht nur für die im Prüfungstermin festgestellten Forderungen und zwar nur zu den festgestellten Beträgen. Auch die bestrittene Forderung, für welche ein Endurtheil oder ein Vollstreckungstitel vorliegt, §§ 146 Abs. 6, 152 ist nicht festgestellt und gewährt daher kein unbedingtes Stimmrecht, Anm. 8 zu § 146. Das Stimmrecht der Gläubiger, bestrittener, noch nicht geprüfter oder bedingter Forderungen sowie derjenigen Konkursansprüche, für welche gleichzeitig ein Absonderungsrecht besteht, ist besonders festzustellen. Das Stimmrecht der Gläubiger der beiden letzten Arten ist im § 96 erörtert und wird stets nur für eine bestimmte Gläubigerversammlung bewilligt; das Stimmrecht der Gläubiger der noch nicht geprüften Forderungen ist nur ein provisorisches, wird aber für alle Versammlungen bis zur Prüfung festgestellt, das Stimmrecht der Gläubiger bestrittener Forderungen wird bis zur rechtskräftigen Entscheidung für alle Versammlungen bestimmt, kann aber geändert werden.

2. Ob und zu welchem Betrage für eine bestrittene Forderung das Stimmrecht ausgeübt werden darf, soll bei der Prüfung mit den Parteien erörtert werden; die Feststellung kann aber nur durch eine Einigung der Parteien erfolgen, d. h. des Gläubigers der bestrittenen Forderungen und desjenigen oder derjenigen, welche sie bestritten haben. Hat ein Gläubiger und der Verwalter den Widerspruch erhoben, so müssen die sämmtlichen drei Personen in Ansehung des Stimmrechts übereinstimmen. Der Widerspruch des Gemeinschuldners hat auf die Feststellung im Konkurs keinen Einfluß, hindert daher die Unbedingtheit des Stimmrechts nicht, der Gemeinschuldner kommt auch, wenn der Widerspruch noch von anderer Seite erfolgt, bei der Einigung nicht in Betracht. Wird nur das geltend gemachte Vorrecht bestritten, so ist die Forderung im Sinn des § 95 als eine festgestellte anzusehen, weil das Vorrecht das Stimmrecht weder erhöht, noch vermindert. Die Einigung die im Prüfungstermin nicht erfolgt ist, kann in einem spätern Termin, kann auch außergerichtlich nachgeholt werden. Die erfolgte Einigung kann wie jede andere Willenserklärung wegen Irrthums, Betrugs oder Zwangs angefochten, vom Konkursgericht aber nicht geändert werden. Wird die Anfechtung vom Gegner nicht anerkannt, so bleibt die Einigung bis zur rechtskräftigen Entscheidung wirksam, sofern das Prozeßgericht nicht durch einstweilige Verfügung ein Anderes anordnet.

Erfolgt eine Einigung nicht, so entscheidet das Gericht nach billigem Ermessen über die Fragen, ob und zu welchem Betrage der Gläubiger als stimmberechtigt gelten soll. Die Entscheidung ist kraft besonderer Bestimmung der Anfechtung entzogen, sie kann auch nicht von amtswegen, wohl aber auf Antrag einer der Parteien geändert, d. h. das bisher nicht bewilligte Stimmrecht kann nachträglich bewilligt, es kann auch zu einem höhern Betrage bestimmt, andererseits kann das bewilligte Stimmrecht dem Gläubiger entzogen oder nur zu einem geringern Betrage belassen werden; den Entscheidungen des Konkursgerichts, welche unanfechtbar sind, kann das Gericht eine Ermittelung nach § 75 vorausgehen lassen.

Bis zu der Aenderung steht dem Gläubiger das einmal bewilligte Stimmrecht für alle Versammlungen zu, vor der Bewilligung hat er überhaupt kein Stimmrecht.

3. Während der Gläubiger einer bestrittenen Forderung ein Stimmrecht erst durch die Einigung der Parteien oder die Entscheidung des Gerichts erhält, hat der Gläubiger einer noch nicht geprüften Forderung ohne Weiteres das Stimmrecht zu

dem angemeldeten Betrage, solange dasselbe nicht von einem andern Gläubiger beanstandet wird. Das Gesetz mußte den Gläubigern der nicht geprüften Forderungen das Stimmrecht ohne Weiteres geben, weil die erste Gläubigerversammlung vor der Prüfung der Forderung stattfindet.

Als Gläubiger, der zum Widerspruch berechtigt ist, ist jeder anzusehen, der eine Forderung angemeldet hat, auch wenn sein eignes Stimmrecht von anderer Seite beanstandet ist. Die Entscheidung des Gerichts, welche unanfechtbar ist, erfolgt nach billigem Ermessen nach Anhörung des Verwalters, wenn dieser nicht selbst widersprochen hat, geeigneten Falls auch nach einer vorgängigen Ermittelung des § 75. Eine Abänderung der getroffenen Entscheidung ist zwar nicht ausdrücklich zugelassen, sie ist aber zuzulassen, wenn die Annahme der Anm. 1 zu § 73 richtig ist, daß die Umänderung jeder Entscheidung gestattet ist, die der sofortigen Beschwerde nicht unterliegt. Die Abänderung der Entscheidungen des Abs. 1 würde aus demselben Grunde auch von amtswegen zulässig sein, wenn das Gesetz nicht für diesen Fall einen Antrag für erforderlich erklärt hätte.

§. 96. (88.)

Ob und zu welchem Betrage Forderungen, für welche abgesonderte Befriedigung beansprucht wird, in Ansehung ihres muthmaßlichen Ausfalls, sowie Konkursforderungen unter aufschiebender Bedingung zum Stimmen in einer Gläubigerversammlung berechtigen, entscheidet auf den Widerspruch eines Konkursgläubigers oder des Verwalters das Gericht. Eine Anfechtung der Entscheidung findet nicht statt.

M. I. 314, 315; P. I. 70, 161; M. II —; P. II. 15, 16.

Das Stimmrecht wird den Gläubigern suspensiv bedingter Forderungen und den qualifizirten Absonderungsberechtigten nur für eine Gläubigerversammlung ertheilt, s. darüber Anm. 1 zu § 96. Im Uebrigen s. wegen der Absonderungsberechtigten den § 64 und wegen der bedingten Forderung den § 67 und die Anm. dazu.

§. 97. (89.)

Gezählt werden nur die Stimmen der in der Gläubigerversammlung erschienenen Gläubiger. Die nicht erschienenen Gläubiger sind an die Beschlüsse gebunden.

M. I. 316; P. I. 70, 161; M. II —; P. II —.

1. Da nur die Stimmen der in der Versammlung erschienenen Gläubiger gezählt werden, sind schriftliche Erklärungen eines nicht erschienenen und nicht vertretenen Gläubigers nicht zu berücksichtigen. Daß die Abstimmung mündlich zu geschehen hat, ist dagegen nicht vorgeschrieben. Der erschienene Gläubiger oder sein anwesender Vertreter kann seine Stimme sowohl mündlich wie schriftlich abgeben.

2. Die Vertretung des Gläubigers ist zulässig. Der Vertreter hat sich durch eine schriftliche Vollmacht zu legitimiren, die Legitimation ist von amtswegen zu prüfen, § 56 C.P.O., § 72 K.O. Wird die schriftliche Vollmacht beanstandet, so muß

dieselbe gerichtlich oder notariell beglaubigt werden, § 80 Abs. 2 C.P.O., v. Wilmowski Anm. 1. Zur Beanstandung ist aber nur ein anderer Konkursgläubiger und der Verwalter, nicht das Gericht befugt, doch ist das Gericht nach § 56 Abs. 2 C.P.O., wenn die Beglaubigung nicht rechtzeitig zu beschaffen ist und dadurch die Gefahr des Verlustes des Stimmrechts in der Versammlung vorliegt, berechtigt, nicht verpflichtet, den Vertreter zum Mitstimmen in derjenigen Versammlung zuzulassen, in welcher seine Legitimation oder die privatschriftliche Vollmacht beanstandet ist, v. Sarwey-Bossert Anm. 1, a. M. v. Wilmowski Anm. 1.

§. 98. (90.)

Der Gegenstand, über welchen in der Gläubigerversammlung ein Beschluß gefaßt werden soll, muß bei der Berufung derselben öffentlich bekannt gemacht werden.

M. I. 314; P. I. 70, 161; M. II —; P. II —.

Der Gegenstand der Verhandlung muß in der Bekanntmachung kurz, aber so verständlich angegeben werden, daß Jedermann versteht, um was es sich handelt. In der Versammlung darf über einen Gegenstand, der in der Bekanntmachung nicht angegeben ist, nicht beschlossen werden; eine Erörterung ist zwar zulässig, aber die Beschlußfassung muß in einer neuen, öffentlich zu berufenden Versammlung erfolgen Wird nach der Bekanntmachung die Berufung zur Beschlußfassung über einen weitern Gegenstand verlangt, so kann die Beschlußfassung darüber in derselben Versammlung, aber auf Grund einer zweiten Bekanntmachung erfolgen.

§. 99. (91.)

Das Gericht hat die Ausführung eines von der Gläubigerversammlung gefaßten Beschlusses auf den in der Gläubigerversammlung gestellten Antrag des Verwalters oder eines überstimmten Gläubigers zu untersagen, wenn der Beschluß dem gemeinsamen Interesse der Konkursgläubiger widerspricht.

M. I. 317; P. I. 70, 161; M. II —; P. II —.

1. Die Gläubiger, insbesondere diejenigen, welche dem Gemeinschuldner nahe stehen, können, da sie meistens am Ort des Konkursgerichts zu wohnen pflegen, durch ihre größere Anzahl sachwidrige Beschlüsse, namentlich im Interesse des Kridars, fassen. Gegen solche Beschlüsse ist dem Verwalter und den überstimmten Gläubigern ein Schutz in dem Untersagungsrecht des Gerichts gegeben. Der Schutz ist aber nur ein negativer, das Gericht verhindert die Ausführung eines sachwidrigen Beschlusses, es kann aber nicht einen sachgemäßen Beschluß erzwingen.

Der Schutz besteht gegen die Beschlüsse jeder Art. Um ihm diese generelle Bedeutung zu geben, wurden in der Kommission die Worte des Entwurfs „beschlossenen Maßregel“ durch die Worte „gefaßten Beschlusses“ ersetzt. Der § 99 trifft daher auch, wie in der Kommission hervorgehoben wurde, den § 91, er trifft aber auch den Beschluß über die Wahl der Ausschußmitglieder und den Widerruf dieser Wahl. v. Sarwey-Bossert Anm. 1 und v. Wilmowski Anm. 1 wollen das Untersagungsrecht auf diesen

Fall nicht zulassen, weil weder die Wahl der Ausschußmitglieder einer Bestätigung des Gerichts unterliegt, noch das Ausschußmitglied vom Gericht entlassen werden kann; aber grade aus diesem Grunde ist ein Fall des Untersagungsrechts gegeben, welches voraussetzt, daß ohne dessen Ausübung der Beschluß der Versammlung ausgeführt werden muß; nur in Ansehung derjenigen Gegenstände, die dem freien Ermessen der Versammlung unterliegen, ist das Untersagungsrecht von Bedeutung; könnte das Gericht auf die Wahl der Ausschußmitglieder und auf den Widerruf der Wahl ohnehin einen Einfluß ausüben, so brauchte das Untersagungsrecht nicht ausgeübt zu werden, es ist aber von größter Wichtigkeit, die Verwaltung und die Rechte der Gläubiger nicht durch untaugliche oder durch solche Ausschußmitglieder hemmen und beeinträchtigen zu lassen, die aus Feindschaft gegen den Verwalter oder gegen einzelne Gläubiger oder im Interesse des Gemeinschuldners von Anfang an als zu sachwidrigen Maßnahmen geneigt erscheinen. Das Untersagungsrecht ist auch gegenüber solchen Beschlüssen wirksam, durch welche ein Antrag abgelehnt, dadurch aber ein bisheriger Zustand verändert wird, wenn z. B. durch die Weigerung, dem Gemeinschuldner eine Unterstützung zu bewilligen, die bisher vom Verwalter erfolgte Bewilligung beseitigt werden würde.

2. Das Untersagungsrecht ist nicht von amtswegen, sondern nur auf Antrag des Verwalters oder eines überstimmten Konkursgläubigers auszuüben. Der Gläubiger muß stimmberechtigt, es muß ihm also in den Fällen der §§ 95, 96 das Stimmrecht ertheilt sein, und er muß in der Versammlung seine Stimme gültig abgegeben haben, eine vorher eingesandte schriftliche Eingabe ersetzt diese Stimmabgabe nicht, Anm. zu § 98. War ein Vertreter nicht zugelassen, weil er ohne Vollmacht oder weil die öffentliche Beglaubigung seiner Vollmacht verlangt war, Anm. 2 zu § 97, so wird der von ihm nach § 99 gestellte Antrag durch die nachträgliche Beibringung der Vollmacht wirksam.

Der Antrag kann nur in der Versammlung gestellt werden, ein später gestellter Antrag darf nicht berücksichtigt werden.

Das Gericht kann die Untersagung sofort in der Versammlung verkünden, es darf aber auch nachträglich entscheiden und die Entscheidung nach § 76 zustellen.

3. Gegen die Entscheidung des Gerichts ist die sofortige Beschwerde zulässig. Die Beschwerde steht, wie gegen jede Entscheidung, s. die Anm. zu § 73, dem Verwalter und jedem andern Betheiligten zu. Mit v. Wilmowski ist gegen die von den meisten Schriftstellern ausgesprochene Ansicht anzunehmen, daß das Beschwerderecht auch demjenigen Konkursgläubiger zusteht, der in der Versammlung erschienen, aber nicht überstimmt ist, und daß gegen die ablehnende Entscheidung die Beschwerde nicht blos dem Antragsteller zusteht. Denn der Antrag wird nicht blos in eignem, sondern im Interesse der Gesammtheit der Gläubiger und im Interesse der ganzen Verwaltung gestellt, er setzt als nothwendiges Erforderniß voraus, daß der Beschluß der Generalversammlung dem gemeinsamen Interesse der Konkursgläubiger widerspricht. Dagegen hat der Gläubiger, der in der Versammlung, gehöriger Ladung ungeachtet, nicht erschienen ist, das Beschwerderecht nicht, weil er nach § 97 an den Beschluß der Versammlung gebunden ist.

§. 100. (92.)

Der Gemeinschuldner ist verpflichtet, dem Verwalter, dem Gläubigerausschusse und auf Anordnung des Gerichts der Gläubigerversammlung über alle das Verfahren betreffenden Verhältnisse Auskunft zu geben.

M. I. 317, 318; P. I. 70, 161; M. II —; P. II —.

1. Der Gemeinschuldner hat dem Konkursgericht nach § 75 Auskunft zu ertheilen; der § 100 verpflichtet ihn hierzu auch dem Verwalter und dem Gläubigerausschuß, sowie auf Anordnung des Gerichts auch der Gläubigerversammlung gegenüber. In letzterm Falle ist die Auskunftspflicht von der Anordnung des Gerichts „zur Niederhaltung leidenschaftlicher Ausbrüche" abhängig gemacht, M. I. Die Anordnung unterliegt der Beschwerde des Verwalters, jedes Konkursgläubigers und des Gemeinschuldners.

Dem einzelnen Konkursgläubiger braucht der Kridar auf Grund des § 100 Auskunft nicht zu ertheilen, ebensowenig einem einzelnen Mitglied des Ausschusses, wohl aber demjenigen Mitglied, welches von der Gläubigerversammlung oder dem Gläubigerausschuß zur Anstellung von Ermittelungen beauftragt ist, da dasselbe als Vertreter der Körperschaft handelt.

Die Verpflichtung zur Auskunftsertheilung wird durch die Haft des § 101 Abs. 2 erzwungen.

2. Die Auskunftspflicht des Gemeinschuldners ist von einer Anfrage nicht abhängig gemacht. Der Kridar hat die erforderlichen Mittheilungen daher auch ungefragt zu machen, soweit es ihm vernünftiger Weise als erforderlich erscheinen muß. Nur der Gläubigerversammlung braucht er ungefragt keine Mittheilungen zu machen, weil er hierzu überhaupt nur auf Anordnung des Gerichts verpflichtet ist; er muß sich daher, wenn ihm in der Versammlung eine Auskunft zu ertheilen als erforderlich erscheint, an den Verwalter oder das Gericht wenden.

3. Die Auskunft muß richtig sein, der Kridar verletzt seine Pflicht, wenn die Unrichtigkeit seiner Angaben auf einem Verschulden beruht.

4. Die Auskunft erstreckt sich auf alle das Verfahren betreffenden Verhältnisse, auf die Verhältnisse der Aktiv- und der Passivmasse, also auch auf die Rechtsverhältnisse der Aus- und Absonderungsberechtigten, der Massegläubiger, der Anfechtungsgegner; auch auf sein Sondervermögen, wenn die festzustellende Thatsache auf das Konkursverfahren, z. B. bei der Frage nach der Bewilligung seiner Alimentation, eine Rückwirkung zu äußern geeignet ist, Petersen-Kleinfeller Anm. 2, v. Völderndorff Bd. 2 S. 152. Die Auskunft betrifft auch die Vorlegung von Urkunden.

5. Der Familie des Kridars gegenüber besteht das Recht der Auskunft nicht, die Mitglieder derselben können aber vom Konkursgericht nach § 75 als Zeugen vernommen werden.

§. 101. (93.)

Der Gemeinschuldner darf sich von seinem Wohnorte nur mit Erlaubniß des Gerichts entfernen.

Das Gericht kann die zwangsweise Vorführung und nach Anhörung des Gemeinschuldners die Haft desselben anordnen, wenn er die ihm von dem Gesetze auferlegten Pflichten nicht erfüllt, oder wenn es zur Sicherung der Masse nothwendig erscheint.

M. I. 318; P. I. 70, 161; M. II —; P. II —.

1. Die hauptsächlichsten Verpflichtungen des Gemeinschuldners bestehen in der Auskunftspflicht, §§ 75, 100, und der Pflicht, sich über die Konkursforderungen zu erklären, § 141 Abs. 2. Zur Erfüllung dieser Pflichten ist ihm im Abs. 2 die weitere Verpflichtung auferlegt, sich von seinem Wohnort nicht ohne Erlaubniß des Gerichts zu entfernen, widrigenfalls gegen ihn die Haft des Abs. 2 angeordnet werden kann.

Die Entfernung darf weder eine dauernde, noch eine zeitweise sein, wenn auch kurze Ausflüge sich nicht als eine Entfernung darstellen.

Die Erlaubniß kann eine unbeschränkte sein, wie auch von Bedingungen (jederzeitigem Widerruf, Mittheilung des jedesmaligen Anfenthaltsorts) abhängig gemacht oder auf einen bestimmten Ort beschränkt werden. Gegen die Erlaubniß sowie gegen die Weigerung derselben steht dem Verwalter und jedem andern Betheiligten die Erinnerung bezw. sofortige Beschwerde frei.

2. Die Anordnung der Haft, welche vom Gericht getroffen werden kann, ist nicht in dessen schrankenloses Belieben, sondern in sein pflichtmäßiges Ermessen gestellt, für welches der Gesichtspunkt des Interesses der Konkursgläubiger entscheidend ist. Dies Ermessen unterliegt der Nachprüfung des Beschwerdegerichts, ohne Unterschied ob die Haft angeordnet, oder der Antrag des Verwalters oder eines andern Betheiligten auf Anordnung der Haft abgelehnt ist. Die Ansicht von Petersen-Kleinfeller Anm. 3 und Fitting § 33 Anm. 7, daß die Beschwerde gegen die Weigerung der Verhaftung nicht zulässig sei, weil das Gericht von amtswegen zu verfahren habe, steht dem Grundsatz entgegen, daß jede Entscheidung des Gerichts der Anfechtung unterliegt, soweit das Gesetz nichts Anderes bestimmt.

Die Haft wird angeordnet, wenn der Kridar die ihm vom Gesetz auferlegten Pflichten (der Anm. 1) nicht erfüllt, also a) zur Strafe, b) als Zwangsmittel und c) wenn es zur Sicherung der Masse nothwendig erscheint, also als Sicherungsmittel.

Ein Vorschuß braucht nicht geleistet zu werden, die Dauer der Haft ist zeitlich nicht beschränkt, darf aber über die Zeit des Konkursverfahrens nicht ausgedehnt werden; der Haftbeschluß, der nur für dies Verfahren erlassen ist, erlischt mit der rechtskräftigen Beendigung des Konkurses. Im Uebrigen finden die §§ 904—912 C.P.O. sowohl hinsichtlich der Zulässigkeit, als der Unterbrechung und Ausführung der Haft statt.

3. Statt der Haft kann das Konkursgericht auch die Vorführung des Gemeinschuldners durch den Gerichtsvollzieher, Gerichtsdiener oder die Polizei durch anfechtbaren Beschluß verfügen, die Vorführung kann auch neben der Haft angeordnet werden.

4. Der Gemeinschuldner braucht vor der Vorführung nicht gehört zu werden, wohl aber vor der Anordnung der Haft. In Eilfällen kann daher zunächst seine Vorführung bewirkt und der Vorgeführte dann über die Frage, ob er in Haft zu nehmen sei, gehört werden.

Zweiter Titel.

Eröffnungsverfahren.

§. 102. (94.)

Die Eröffnung des Konkursverfahrens setzt die Zahlungsunfähigkeit des Gemeinschuldners voraus.

Zahlungsunfähigkeit ist insbesondere anzunehmen, wenn Zahlungseinstellung erfolgt ist.

M. I. 319—325; P. I. 71—73, 161; M. I —; P. II —.

1. Im Römischen Recht erhielt der Einzelgläubiger, nachdem die Exekution in das Vermögen seines Schuldners fruchtlos ausgefallen war, auf seinen Antrag die missio in bona, die sich durch den Beitritt anderer Gläubiger zum Konkurs ausgestaltete. Das gemeine Recht machte die Konkurseröffnung von dem Nachweis der Vermögensunzulänglichkeit abhängig. Die Preuß. K.O. erforderte in wesentlicher Uebereinstimmung mit dem französischen Recht als Voraussetzung des kaufmännischen Konkurses, die Zahlungsunfähigkeit, § 113, als Voraussetzung des „gemeinen Konkurses" die Vermögensunzulänglichkeit, § 322. Die K.O. unterscheidet nicht zwischen kaufmännischem und gemeinem Konkurs, verlangt die Zahlungsunfähigkeit zur Eröffnung des Verfahrens, macht aber Ausnahmen für den Nachlaßkonkurs, der die Ueberschuldung voraussetzt, § 215, und für den Konkurs über das Vermögen der Aktiengesellschaft, Kommanditaktiengesellschaft, der juristischen Person und des rechtsfähigen Vereins, welcher sowohl im Fall der Zahlungsunfähigkeit, als im Fall der Ueberschuldung eröffnet wird, §§ 207, 209, 213. Auch der Konkurs über das Vermögen der Gesellschaft mit beschränkter Haftpflicht wird im Fall der Ueberschuldung oder der Zahlungsunfähigkeit eröffnet, § 63 des Ges. vom 20. April 1892, über das Vermögen einer eingetragenen Genossenschaft findet er bei der Zahlungsunfähigkeit, nach der Auflösung der Gesellschaft auch bei ihrer Ueberschuldung statt, § 98 des Genossenschaftsgesetzes vom 1. Mai 1889.

2. Die Vermögensunzulänglichkeit (Insuffizienz) ist vorhanden, wenn das Passivvermögen das Aktivvermögen übersteigt, die Zahlungsunfähigkeit (Insolvenz), wenn der Schuldner außer Stande ist, seine fälligen Zahlungsverbindlichkeiten zu erfüllen. Die Zahlungsunfähigkeit braucht mit der Vermögensunzulänglichkeit nicht zusammenzufallen, das Vermögen des Zahlungsunfähigen braucht nicht überschuldet zu sein, der Beweis der Suffizienz beseitigt daher den durch die Insolvenz begründeten Eröffnungsantrag nicht.

Wer zahlen kann, aber nicht zahlen will oder irrthümlich nicht zahlen zu können glaubt oder nur wegen Krankheit oder aus Nachlässigkeit nicht zahlt, ist nicht deshalb zahlungsunfähig, R.G. in J. W. 1895 S. 479.

Die Zahlungsunfähigkeit muß eine allgemeine sein, sie ist vorhanden, wenn die Unmöglichkeit besteht, die *fälligen* Zahlungsverbindlichkeiten im Allgemeinen zu erfüllen, wenn auch einzelne Schulden noch bezahlt werden können und bezahlt werden, R.O.H. 13, 227, R.G. 6, 97.

Die Zahlungseinstellung ist eine Thatsache, durch welche sich die Zahlungsunfähigkeit äußert, sie ist der regelmäßige Fall der Zahlungsunfähigkeit. Ihre Bedeutung beschränkt sich nicht auf das Erforderniß der Konkurseröffnung, sondern tritt auch für die Anfechtung der §§ 30, 33 hervor.

Die Thatsache der Zahlungseinstellung, aus welcher die Zahlungsunfähigkeit zu entnehmen, besteht in der Unterlassung der Zahlung, wenn diese ihren Grund darin hat, daß der Schuldner nicht zahlen kann. Sie kann in einer ausdrücklichen Erklärung, in der Flucht des Schuldners, in dem Versuch, die mahnenden Gläubiger zu Zahlungsfristen oder zum Zahlungsausstand zu bewegen, in dem Versuch, die Gläubiger, auch wenn sie nicht mahnen, zum außergerichtlichen Akkord (Zahlungsnachlaß) zu veran=

lassen, sie kann in der Schließung des Geschäfts, in der Zwangsvollstreckung bestehen. Ob sie vorhanden ist, ist eine Frage thatsächlicher Natur.

3. Das Gesetz fordert zur Eröffnung des Verfahrens nicht den Nachweis einer Mehrheit von Gläubigern, zumal in der Regel erst der Prüfungstermin ergiebt, wie viel Gläubiger vorhanden sind, R.G. 11, 40. Steht aber fest, daß nur ein Gläubiger vorhanden ist, so kann begrifflich von einem Konkurs der Gläubiger nicht die Rede sein und ist der Konkurs nicht zu eröffnen, vgl. Endemann § 9 zu II, V und v. Wilmowski Anm. 1.

4. Eröffnet werden kann der Konkurs nur über das Vermögen eines Einzelschuldners, einer juristischen Person, eines rechtsfähigen Vereins, einer rechtsfähigen Gesellschaft und einem Nachlaß. Im Fall der Gütergemeinschaft wird der Konkurs der Gesammtgutgläubiger nur gegen den Ehemann eröffnet, § 2.

§. 103. (95.)

Das Verfahren kann nur auf Antrag eröffnet werden.

Zu dem Antrage ist der Gemeinschuldner und jeder Konkursgläubiger berechtigt.

M. 325—327; P. I. 73, 74, 161; M. II —; P. II —.

1. Das Verfahren wird nicht von amtswegen, sondern nur auf Antrag des Gemeinschuldners oder eines Konkursgläubigers eröffnet. Die Fortsetzung des eröffneten Verfahrens erfolgt jedoch von amtswegen, unabhängig von dem Antragsteller als solchem. Während das Zwangsvollstreckungsverfahren bis zu seiner Erledigung von dem Antragsteller zurückgenommen werden darf, ist dem Antragsteller ein gleiches Recht im Konkurs nicht gegeben, denn die K.O. führt die Beendigungsgründe des Verfahrens im 5.—7. Titel erschöpfend auf, ohne die Zurücknahme des Antrags als Beendigungsgrund anzuerkennen. Die Zurücknahme des Antrags ist daher nicht mehr wirksam, nachdem das Verfahren rechtskräftig eröffnet ist. Petersen-Kleinfeller Anm. I, 1, Endemann S. 76, 80. Fitting § 35 Anm. 9, Oetker, 1, 176, v. Sarwey-Bossert Anm. 4, Willenbücher Anm. 4, v. Wilmowski Anm. 6 lassen die Zurücknahme nur bis zur Konkurseröffnung zu, v. Völderndorff 2 S. 281 will ohne Grund dem Gläubiger das Recht entziehen, sobald der Schuldner gehört ist, Wengler S. 496 läßt die Zurücknahme des Antrags vorbehaltlich der Zustimmung der beigetretenen Gläubiger bis zur Entscheidung über die Beschwerde des Gemeinschuldners zu. Aber der Antrag stellende Gläubiger bleibt so lange Herr seines Antrags, bis die Entscheidung über denselben rechtskräftig geworden ist, er hat ihn noch in der Beschwerdeinstanz zu vertheidigen, er kann noch in dieser Instanz die Behauptung des Gemeinschuldners, daß er nicht zahlungsunfähig sei, mit Wirksamkeit anerkennen und dadurch den Antrag zu Fall bringen, er kann ihn daher auch bis zur Rechtskraft des Eröffnungsbeschlusses zurückziehen, P. I S. 162. Die entgegenstehende Ansicht wird durch die Anführung, daß die Wirkungen des Eröffnungsbeschlusses sofort und vor seiner Rechtskraft eintreten, nicht begründet, denn jede mit der Beschwerde anfechtbare Entscheidung ist sofort wirksam, § 572 C.P.O., ohne daß deshalb der Antragsteller, z. B. bei der Zwangsvollstreckung, gehindert wird, seinen Antrag zurückzunehmen. Kommen die Grundsätze der C.P.O. sinngemäß zur Anwendung, § 72, so hat der Antragsteller im Konkurs so wie im Civilprozeß das Recht der Zurücknahme bis zur rechtskräftigen Entscheidung.

2. Eine Verpflichtung des Schuldners, die Eröffnung des Verfahrens zu beantragen, besteht im Allgemeinen nicht, doch hat die Verzögerung der Antragstellung für das Akkordverfahren den Nachtheil des § 187 zur Folge, wenn die Voraussetzungen dieses § vorliegen. Eine Verpflichtung zur Anmeldung des Konkurses besteht aber für den Erben und den Nachlaßverwalter im Fall der Ueberschuldung des Nachlasses, §§ 1980, 1985 Abs. 2 B.G.B., für den Vorstand des rechtsfähigen Vereins oder einer Stiftung im Fall des Eintritts der Ueberschuldung, §§ 42, 86 B.G.B., in demselben Fall für den Vorstand einer Körperschaft, Stiftung oder Anstalt des öffentlichen Rechts, über die der Konkurs eröffnet werden kann, § 89 Abs. 2 B.G.B., für den Vorstand und die Liquidatoren der Aktiengesellschaft, §§ 240 Abs. 2, 298 Abs. 2, 315 Nr. 2 H.G.B., für die persönlich haftenden Gesellschafter der Kommanditgesellschaft auf Aktien, § 320 Abs. 3 H.G.B., für den Vorstand der eingetragenen Genossenschaft, § 99 des Genossenschaftsges., die Geschäftsführer der Gesellschaft mit beschränkter Haftpflicht, § 64 des Ges. vom 20. April 1892, sobald die Zahlungsunfähigkeit eintritt oder — bei der Genossenschaft bei oder nach ihrer Auflösung — sobald die Jahresbilanz oder eine Zwischenbilanz ergiebt, daß das Vermögen nicht mehr die Schulden deckt.

3. Der Antrag kann privatschriftlich oder zu Protokoll des Gerichtsschreibers gestellt werden, Anm. 1 zu § 72. Der Antragsteller, der zur Zahlung des Kostenvorschusses verpflichtet ist, kann die Bewilligung des Armenrechts nach den Vorschriften der C.P.O. in Anspruch nehmen, die Einreichung eines Vollstreckungstitels ist nicht erforderlich.

4. Außer dem Schuldner ist nur ein Konkursgläubiger zur Antragstellung berechtigt. Konkursgläubiger ist in diesem Sinne derjenige, welcher diese Rechtsstellung haben würde, wenn der Konkurs zur Zeit der Einreichung des Antrags bereits eröffnet wäre. Wie allgemein, auch P. I 73, 74, anerkannt ist, ist auch der bedingt berechtigte, sowie der qualifizirte Absonderungsgläubiger zur Stellung des Antrags legitimirt; letzterer wird erst in Folge der Konkurseröffnung durch den § 64 beschränkt, er braucht daher bei der Stellung des Antrags seinen Ausfall weder zu bescheinigen, noch zu behaupten.

§. 104. (96.)

Beantragt der Gemeinschuldner die Eröffnung des Verfahrens, so hat er ein Verzeichniß der Gläubiger und Schuldner, sowie eine Uebersicht der Vermögensmasse bei Stellung des Antrags einzureichen oder, wenn dies nicht thunlich ist, ohne Verzug nachzuliefern.

M. I. 327—329; P. I. 75, 76, 161; M. II —; P. II. 22—25.

1. Stellt der Schuldner den Antrag, über sein Vermögen den Konkurs zu eröffnen, so ist das Verfahren in Ermangelung eines Gegners ein Offizialverfahren. Das Gericht prüft von amtswegen, ob die Zahlungsunfähigkeit, § 102, und sofern die Ueberschuldung den Antrag begründet, Anm. 1 zu § 102, ob diese vorliegt. Das Gericht hat, wie fast allgemein angenommen wird, den Konkurs nicht zu eröffnen, wenn die Angaben des Schuldners über seine Zahlungsunfähigkeit nicht glaubhaft erscheinen. Es darf aber und wird die Behauptung des Schuldners, daß er zahlungsunfähig sei, in der Regel als glaubhaft ansehen und das Verfahren ohne Weiteres eröffnen. — Die Bestimmung des Entwurfs: „Beantragt der Gemeinschuldner die Er-

öffnung des Verfahrens, so bedarf es nicht eines Nachweises der Zahlungsunfähigkeit," wurde von der Kommission für selbstverständlich gehalten und deshalb gestrichen.

2. Das Verzeichniß der Gläubiger und Schuldner sowie die Uebersicht der Vermögensmasse dienen zur Grundlage des Verfahrens, ihre Einreichung ist daher zur Substantiirung des Eröffnungsantrags erforderlich, sie ist jedoch nicht so wesentlich, daß der Konkurs nicht ohne sie eröffnet werden dürfte. Im Eilfall, namentlich wenn Gefahr besteht, daß durch die von den andringenden Gläubigern betriebenen Zwangsvollstreckungen und Zwangseintragungen die gleichmäßige Befriedigung der Gesammtheit der Gläubiger beeinträchtigt werden würde, muß das Verfahren schon vor der Einreichung der Verzeichnisse eröffnet werden. Die vorherige Eröffnung des Verfahrens ist in keinem Falle deshalb anzufechten, weil die Verzeichnisse nicht vorher eingereicht sind. Zur nachträglichen Einreichung derselben ist der Gemeinschuldner erforderlichen Falls durch Androhung und Vollstreckung der Haft, § 101 Abs. 2, anzuhalten.

Durch die Verzeichnisse macht der Schuldner zugleich seine Zahlungsunfähigkeit glaubhaft. Genügen dieselben hierzu nicht, so hat er die Insolvenz auf andere Weise, z. B. durch Vorlegung von Abschriften der Pfändungsprotokolle, durch Stellung von Zeugen glaubhaft zu machen. Das Gericht darf hierüber auch von amtswegen, § 75, Ermittelungen anstellen.

§. 105. (97.)

Der Antrag eines Gläubigers auf Eröffnung des Verfahrens ist zuzulassen, wenn die Forderung des Gläubigers und die Zahlungsunfähigkeit des Gemeinschuldners glaubhaft gemacht werden.

Wird der Antrag zugelassen, so hat das Gericht den Schuldner zu hören und, sofern dieser nicht seine Zahlungsunfähigkeit oder Zahlungseinstellung einräumt, die erforderlichen Ermittelungen anzuordnen.

Die Anhörung des Schuldners kann unterbleiben, wenn sie eine öffentliche Zustellung oder eine Zustellung im Auslande erfordert; in diesem Falle ist, soweit thunlich, ein Vertreter oder Angehöriger des Schuldners zu hören.

M. I. 325—327; P. I. 74—77, 162; M. II —; P. II —.

1. Der Konkursgläubiger, als solcher auch der Gläubiger einer bedingten oder betagten Forderung, sowie der qualifizirte Absonderungsberechtigte, Anm. 4 zu § 103, hat seine Forderung und die Zahlungsunfähigkeit des Gemeinschuldners glaubhaft zu machen. Die Glaubhaftmachung erfolgt nach § 294 C.P.O. durch jedes Beweismittel der Civilprozeßordnung, mit Ausnahme der Eideszuschiebung, sofern die Beweisaufnahme sofort erfolgen kann, es können demnach auch Zeugen zur sofortigen Vernehmung gestellt werden; auch die Versicherung an Eidesstatt ist zuzulassen; außerdem ist eine Thatsache glaubhaft, wenn sie gerichtskundig oder vom Schuldner zugestanden ist.

Ist die Glaubhaftmachung erfolgt, so muß der Antrag vorläufig zugelassen werden. Er kann aber, entgegen der gemeinen Ansicht, auch ohne Glaubhaftmachung zugelassen werden, denn das Gesetz schreibt nur die Voraussetzung vor, unter welcher er zugelassen werden muß, ohne die Zulassung für den Fall zu verbieten, daß die Glaubhaftmachung nicht erfolgt ist, überdies sind die Forderung und die Zahlungsunfähigkeit glaubhaft gemacht, wenn sie der Gemeinschuldner zugesteht, wie auch die bloße Behauptung einer als zuverlässig bekannten Person als glaubhaft angesehen werden kann.

2. Die Zulassung erfolgt dadurch, daß der Antrag nicht zurückgewiesen, sondern dem Verfahren Fortgang gegeben wird. Ein Beschluß über die Zulassung wird, wie unstreitig ist, nicht erlassen. Wird er erlassen, so hat er nicht die Bedeutung einer Entscheidung des § 73, weil diese die Anhörung des Gegners voraussetzt, Anm. 1 zu § 73. Ein Beschluß ist nur über die Zurückweisung des Antrags zu erlassen.

3. Wird der Antrag für zulässig erachtet, so ist er dem Schuldner mitzutheilen; vorher können jedoch die Sicherungsmaßregeln des § 106 getroffen werden. Erklärt sich der Schuldner nicht, so gelten die Behauptungen des Antragstellers nicht als zugestanden, denn das Gesetz schreibt eine solche, nur auf gesetzlicher Grundlage bestehende Fiktion nicht vor. Das Gericht hat alsdann, ebenso wie in dem Fall, daß der Schuldner seine Zahlungsunfähigkeit oder die Forderung des Gläubiges oder beides bestreitet, die erforderlichen Ermittelungen nach § 75 anzustellen, wobei die vom Gläubiger vorgebrachten Beweismittel zu berücksichtigen sind.

Der Schuldner kann die Thatsachen des Antrags, die Zuständigkeit des Gerichts, die Zulässigkeit des Konkurses wegen unzureichender Masse, § 107, bestreiten. Er kann dem Antrage auch Einwendungen aus dem Schuldverhältniß entgegensetzen, insbesondere kann er die Zahlung, die Stundung oder die Verabredung, daß die Eröffnung des Konkurses vertragsmäßig nicht beantragt werden dürfe, behaupten. Die Zulässigkeit der beiden letzten Einreden sind bestritten. Eine Stundung, welche ohne Rücksicht auf die Absicht, die Eröffnung des Verfahrens zu beantragen, bewilligt ist, steht dem Eröffnungsantrage nicht entgegen, weil auch der Gläubiger einer betagten Forderung zur Stellung des Antrags legitimirt ist. Ist die Befristung aber Seitens eines oder mehrerer Gläubiger ertheilt, damit der Konkurs vermieden werde, so würde der Ausübung des Antragsrechts desjenigen Gläubigers, welcher in die Stundung eingewilligt hat, die Rücksicht auf Treue und Glauben, wie sie die Verkehrssitte erfordert, § 157 B.G.B., entgegenstehen, es sei denn, daß diese Ausübung durch die Veränderung der Umstände als berechtigt erscheint. Die Verabredung, durch die sich der Gläubiger ausdrücklich verpflichtet hat, die Konkurseröffnung nicht zu beantragen, wird meistens für unverbindlich erklärt, weil die Befugniß zu diesem Antrage im allgemeinen öffentlichen Interesse gegeben sei. Es ist aber mit v. Wilmowski Anm. 3 anzunehmen, daß das Antragsrecht von jedem Gläubiger in seinem eignen Interesse ausgeübt wird, wie auch auf das Recht der Zwangsvollstreckung verzichtet werden kann.

4. Die Anhörung des Schuldners darf unterbleiben, wenn derselbe im Auslande sich aufhält, oder wenn sein Aufenthaltsort unbekannt ist. In einem solchen Fall muß ein Vertreter oder Angehöriger des Schuldners nur gehört werden, soweit dies thunlich ist, also in der Regel, wenn der Vertreter ꝛc. im Bezirk des Gerichts wohnt. Angehöriger ist eine auf Grund der Ehe oder der Blutverwandtschaft dem Schuldner nahestehende Person, vgl. § 52 St.G.B. (Verwandte und Verschwägerte in auf- oder absteigender Linie, Adoptiv- und Pflegeeltern und Kinder, Ehegatten, Geschwister und deren Ehegatten und Verlobte).

§. 106. (98.)

Das Gericht kann die zwangsweise Vorführung und die Haft des Schuldners anordnen. Dasselbe kann alle zur Sicherung der Masse dienenden einstweiligen Anordnungen treffen. Es kann insbesondere ein allgemeines Veräußerungsverbot an den Schuldner erlassen.

Bei der Abweisung des Eröffnungsantrags sind die angeordneten Sicherheitsmaßregeln aufzuheben.

M. I. 329—331; P. I. 77, 162; M. II. 38, 39; P. II. 25.

1. Der § 98 lautete bisher: „Das Gericht kann die zwangsweise Vorführung und die Haft des Schuldners anordnen. Dasselbe kann alle zur Sicherung der Masse dienenden einstweiligen Anordnungen treffen. Es kann insbesondere ein allgemeines Veräußerungsverbot an den Schuldner erlassen. Wird das Verbot öffentlich bekannt gemacht, so findet auf Pfand- und Hypothekenrechte, welche im Wege der Zwangsvollstreckung oder des Arrestes nach der Bekanntmachung des Verbots erworben oder eingetragen worden sind, die Bestimmung des § 12 entsprechende Anwendung."

Der vierte Satz ist gestrichen, s. Anm. 7.

2. Die nach dem Vorbild des § 137 der Preuß. K.O. erlassene Vorschrift des § 106 giebt dem Gericht für die Zeit nach der Stellung des Eröffnungsantrags bis zur Konkurseröffnung die Befugniß, die gleichmäßige Befriedigung der Gläubiger zu sichern. Die Anordnung der Sicherungsmaßregeln ist nur zulässig, wenn der Gläubiger seine Forderung und die Zahlungsunfähigkeit des Schuldners glaubhaft gemacht hat, § 105 Abs. 1, sie wird in der Regel erforderlich, wenn Ermittelungen nach § 105 Abs. 2 anzustellen sind, oder weil die Schuldner sich nicht erklärt oder eine Thatsache des Antrags bestritten hat, die Sicherungsmaßregeln können aber schon vor der Anhörung des Schuldners angeordnet werden, wenn es erforderlich erscheint.

Der Charakter der Anordnung ist, wie mit den M. I anzunehmen ist, der der einstweiligen Verfügung des § 940 C.P.O., ihr Zweck und Inhalt gehen aber über diejenigen der einstweiligen Verfügung hinaus, indem die Anordnung auf Sicherung aller Konkursgläubiger, nicht blos des Antragstellers, gerichtet ist, während die einstweilige Verfügung nur das Recht des Antragstellers sichert. Der Erlaß der Anordnung unterliegt wie auch die Weigerung, sie zu verfügen, der sofortigen Beschwerde (A. M. Fitting § 35 Anm. 23, der den abweisenden Beschluß für unanfechtbar hält).

3. Die Anordnung kann in der zwangsweisen Vorführung und in der Haft des Gemeinschuldners bestehen. In dieser Beziehung kommen die Anm. zu § 101 zur entsprechenden Anwendung, doch braucht in diesem Fall der Schuldner vor der Anordnung der Haft nicht gehört zu werden. Die Haft kann als Anordnung des § 106 nicht als Strafmittel, sondern nur zur Sicherung der Gläubiger bei Fluchtverdacht oder bei dem Verdacht verfügt werden, daß der Schuldner anfechtbare Rechtshandlungen vornehmen, Urkunden vernichten, Vermögensgegenstände beseitigen werde.

4. Das Gericht kann ferner alle zur Sicherung der Masse dienenden einstweiligen Anordnungen treffen. Es kann die Siegelung des Vermögens des Schuldners anordnen, Inhibitorien erlassen, Widersprüche in das Grundbuch eintragen lassen. Das Gericht ist in dieser Beziehung nicht, wie v. Völdernsdorff Anm. c und v. Wilmowski Anm. 1 meinen, auf solche Maßregeln beschränkt, die „den Charakter der Einstweiligkeit" an sich tragen. Einstweilig ist die Verfügung, weil abhängig von der Frage,

ob demnächst der Konkurs eröffnet wird oder nicht; auch das, was angeordnet ist, ist deshalb nur provisorisch angeordnet; einstweilig ist die Verfügung aber nur der Zeit, nicht dem Inhalt nach. Deshalb ist es unrichtig, wenn die angeführten Autoren meinen, die Sistirung eines Fabrikbetriebs, die Schließung eines Geschäfts könne nicht Gegenstand der einstweiligen Anordnung sein, weil solche Anordnungen, wenn der Konkurs nicht eröffnet werde, „geradezu ein damnum irreparabile bilden," (vgl. auch Hellmann, Lehrbuch des Civilprozeßrechts S. 981, der die Schließung des Geschäfts als Gegenstand einer einstweiligen Anordnung zuläßt). Die Fabrik und das Geschäft sollen nicht definitiv, sondern nur provisorisch geschlossen werden, und die Sperre hört auf, wenn der Konkurs nicht eröffnet wird; deshalb kann aber nicht von einem provisorischen Inhalt einer solchen Maßregel gesprochen werden. Die vorläufige Schließung kann gerade dann, wenn die Konkurseröffnung in Frage steht, von Erheblichkeit sein, gerade durch die Verschleuderung von Waaren, durch den Ankauf von Waaren und Materialien zu unvernünftig hohen Preisen, durch sinnwidrige Art des Geschäftsbetriebs kann die Befriedigung der Gläubiger, wenn einer solchen Geschäftsgebarung nicht Einhalt gethan wird, in erheblicher Weise beeinträchtigt werden. Daß eine derartige Maßregel ein damnum irreparabile zur Folge haben kann, steht der Zulässigkeit der Maßregel nicht entgegen. Denn jede Maßregel des § 106, z. B. die unstreitig zulässige Siegelung des Vermögens, kann diese Folge nach sich ziehen. Nur die Erwägung der M. I 330. „Wo nicht der Gemeinschuldner selbst die Eröffnung des Verfahrens beantragt oder sonst die Voraussetzungen der Konkurseröffnung klar vorliegen, wird in der Regel das Gericht solche Maßregeln vermeiden, welche den Kredit des Gemeinschuldners vernichten oder unwiderbringlich beschädigen müßten," kann als richtig anerkannt werden. Dem pflichtmäßigen, in der Beschwerdeinstanz kontrolirbaren, Ermessen des Gerichts bleibt die Auswahl der Maßregel überlassen. Dasselbe kann auch die vorläufige Einstellung der Zwangsvollstreckungen und Arreste anordnen. Denn grade die Erwägung, daß durch die Zwangsvollstreckung ein Pfandrecht erworben wird, ist (auch nach den M. I) der hauptsächlichste Grund der Vorschrift des § 106. v. Wilmowski Anm. 1 und Willenbücher Anm. 3 halten dagegen unter Berufung auf die M. I S. 330 die Einstellung schwebender Zwangsvollstreckungen für unstatthaft, weil dadurch für den Fall der Zurückweisung des Eröffnungsantrages die andringenden Gläubiger in ungerechtfertigter Weise geschädigt werden könnten. Diese Folge kann aber durch jede Maßregel des § 106 eintreten, und die M. I halten die sofortige Sistirung aller Zwangsvollstreckungen nur für unthunlich, da es genügen müsse, den später erworbenen Pfandrechten den Konkursgläubigern gegenüber für den Fall der Eröffnung des Konkurses die dingliche Kraft zu versagen. Die Einstellung der Zwangsvollstreckungen ist zwar eine gegen Dritte gerichtete Maßregel, aber auch durch das allgemeine Veräußerungsverbot wird diese Einstellung gegen Dritte bewirkt. Dagegen wird ein Verbot der Fortsetzung der bereits bis zur Entstehung des Pfändungspfandrechts vorgeschrittenen Zwangsvollstreckungen in der Regel keinen Zweck haben.

5. Dem Konkursgericht ist ferner die Befugniß gegeben, ein allgemeines Veräußerungsverbot zu erlassen. Durch dasselbe wird der Schuldner verhindert, Gegenstände seines Vermögens zu verkaufen, er kann aber auch Absonderungsrechte an ihnen nicht mit Wirksamkeit gegen die Konkursgläubiger bestellen, denn auch die Bestellung solcher Rechte fällt unter den Begriff der Veräußerung; überhaupt ist jedes Rechtsgeschäft, welches gegen das Veräußerungsverbot verstößt, nach §§ 135, 136 B.G.B., den Konkursgläubigern gegenüber ohne Wirkung. Dagegen ist die Empfangnahme von

Zahlungen Seitens des Kridars als eine Veräußerung nicht anzusehen, weil durch dieselbe ein Vermögensgegenstand nicht aus seinem Vermögen entfernt wird (das R.G. 38, 34 hat diese Frage unentschieden gelassen), eine Veräußerung ist dagegen die Bezahlung einer Schuld, wenn dadurch die zum Vermögen gehörigen Geldstücke aus dem Vermögen gelangen. — Ueber die Eintragung des Veräußerungsverbots s. § 113.

Der rechtsgeschäftlichen Verfügung durch den Schuldner ist in den §§ 135, 136 B.G.B. die Verfügung gleichgestellt, welche im Wege der Zwangsvollstreckung oder der Arrestvollziehung erfolgt; durch das Veräußerungsverbot ist daher der Erwerb eines Pfändungspfandrechts, sowie das Befriedigungsrecht des betreibenden Gläubigers in der Subhastation, § 10 Nr. 5 Z.V.G. den Konkursgläubigern gegenüber ausgeschlossen. Zu diesen im Wege der Zwangsvollstreckung erlangten Rechten gehört auch die Sicherungshypothek und die auf Grund einer einstweiligen Verfügung eingetragene Vormerkung.

6. Die Wirkung der einstweiligen Anordnung, also auch des allgemeinen Veräußerungsverbots, wird mit der Zustellung (nach § 73 Abs. 2) gegen den Schuldner wirksam. Eine öffentliche Bekanntmachung kann erfolgen, namentlich im Fall des allgemeinen Veräußerungsverbots, sie ersetzt die Zustellung an den Schuldner und an diejenigen, welche Konkursgläubiger sein würden, wenn der Konkurs bereits eröffnet wäre, § 76 Abs. 3, aber nicht die Zustellung an Dritte, insbesondere nicht an diejenigen, welche ein Absonderungsrecht erwerben.

7. Die Wirkung der einstweiligen Anordnung gegen Dritte bestimmt sich nach §§ 135 Abs. 2, 892, 893 B.G.B. Darnach tritt die Wirkung nur ein, wenn der Dritte die Anordnung gekannt hat oder wenn seine Nichtkenntniß auf einem Verschulden beruht, und, soweit es sich um den Erwerb von Rechten, auch um das Beschlagnahmerecht des § 10[5] Z.V.G., an Grundstücken handelt, sofern die Anordnung auf dem betreffenden Grundbuchblatt eingetragen ist oder wenn der Erwerber die Anwendung kannte oder hätte kennen müssen.

Diese Grundsätze kommen auch für die Rechte zur Anwendung, welche durch Zwangsvollstreckung, Arrestvollziehung oder durch eine einstweilige Verfügung der §§ 935 ff. C.P.O. entstehen. In dieser Beziehung war man jedoch bei Erlassung des § 106 in der jetzigen Gestalt entgegengesetzter Ansicht. Bisher bestimmte der, dem jetzigen § 106 entsprechende § 98 im Abs. 1 Satz 4: „Wird das Verbot öffentlich bekannt gemacht, so findet auf Pfand- und Hypothekenrechte, welche im Wege der Zwangsvollstreckung oder des Arrestes nach der Bekanntmachung des Verbots erworben oder eingetragen worden sind, die Bestimmung des § 12 (jetzt 15) entsprechende Anwendung.“ Darnach wurde die Kenntnis der Anwendung fingirt, sobald dieselbe öffentlich bekannt gemacht war. Diese Vorschrift sollte im Entw. II durch die Bestimmung ersetzt werden: „Rechte, welche nach der Anordnung dieser Maßregel im Wege der Zwangsvollstreckung oder des Arrestes erworben worden sind, sowie die nach der Anordnung im Wege der einstweiligen Verfügung erwirkte Eintragung einer Vormerkung sind den Konkursgläubigern gegenüber unwirksam.“ Dadurch sollte der gute Glaube des Erwerbers in jedem Falle dem Veräußerungsverbot gegenüber nicht mehr in Betracht kommen, auch wenn eine Bekanntmachung nicht erlassen war. Aber diese Aenderung wurde, M. II 38, dadurch motivirt, daß nach §§ 135, 136, 892 B.G.B. „derjenige, welcher im Wege der Zwangsvollstreckung oder des Arrestes ein Recht erwirbt, sich gegenüber einem zum Schutz bestimmter Personen erlassenen gerichtlichen Veräußerungsverbote niemals auf seinen guten Glauben berufen" könne; „von diesem Standpunkte aus wäre es eine Verschlechterung der Lage der Konkursgläubiger, wenn in den bezeichneten Fällen das Veräußerungsverbot einem gutgläubigen Erwerber gegenüber auch künftig erst mit der öffentlichen Bekanntmachung wirksam werden würde." Von diesem Standpunkt aus strich die Kommission den Satz 4, weil sich die Worte desselben „inhaltlich mit § 136 conj. § 135 B.G.B., da das Veräußerungsverbot ein richterliches sei, deckten, die Worte daher entbehrlich seien." Wie aber schon hervorgehoben, stellt der § 135 die Verfügungen, die im Wege der Zwangsvollstreckung oder der Arrestvollziehung erfolgen, den rechtsgeschäftlichen Verfügungen gleich und bezieht den Abs. 2 des § 135, wonach die Vorschriften zu Gunsten derjenigen, welche Rechte von einem Nichtberechtigten herleiten, auf den Abs. 1 entsprechende Anwendung finden sollen, in gleicher Weise auf beide Arten der Verfügungen, so auch Plank, Komment. Anm. zu § 135 B.G.B., s. auch die §§ 898, 894, 897 C.P.O. Die Aenderung, welcher der § 106 unterworfen worden ist, hat daher nur die Folge, daß eine Bekanntmachung des Veräußerungsverbots gegen Dritte nicht mehr die Wirkung hat, daß deren Kenntniß von der Anordnung fingirt wird.

8. Die Anordnung verliert ihre Kraft, wenn der Antrag auf Eröffnung des Konkurses, sei es durch Zurücknahme Seitens des Gläubigers, sei es durch rechtskräftige Abweisung des Konkursantrags seine Erledigung findet. Die Aufhebung muß aber schon vor dem Eintritt der Rechtskraft erfolgen. Wird demnächst der die Abweisung des Konkursantrags verfügende Beschluß des Amtsgerichts von der Beschwerdeinstanz aufgehoben, so gilt der Antrag als nicht zurückgewiesen, die gegen das Veräußerungsverbot verstoßenden Rechtshandlungen bleiben daher den Konkursgläubigern gegenüber unwirksam, aber die nach der Aufhebung des Veräußerungsverbots bezw. der sonstigen einstweiligen Anordnung vorgenommenen Rechtshandlungen sind, soweit sie nicht nach §§ 29 ff. anfechtbar sind, unbeschränkt wirksam. Deshalb kann das Beschwerdegericht vor der Entscheidung über die Beschwerde selbstständig einstweilige Anordnungen des § 106 erlassen, auch die Aufhebung der bisherigen Anordnung sistiren, § 572 Abs. 3 C.P.O.

§. 107. (99.)

Die Abweisung des Eröffnungsantrags kann erfolgen, wenn nach dem Ermessen des Gerichts eine den Kosten des Verfahrens entsprechende Konkursmasse nicht vorhanden ist. Die Abweisung unterbleibt, wenn ein zur Deckung der im §. 58 Nr. 1, 2 bezeichneten Massekosten ausreichender Geldbetrag vorgeschossen wird.

Das Gericht hat ein Verzeichniß derjenigen Schuldner zu führen, bezüglich deren der Eröffnungsantrag auf Grund der Vorschrift des Abs. 1 Satz 1 abgewiesen worden ist. Die Einsicht des Verzeichnisses ist Jedem gestattet. Nach dem Ablaufe von fünf Jahren seit der Abweisung des Eröffnungsantrags ist die Eintragung in dem Verzeichnisse dadurch zu löschen, daß der Name unkenntlich gemacht wird.

M. I. 331, 332; P. I. 75, 76, 162; M. II. 39; P. II. 25—27.

1. Der § bestand bisher aus dem jetzigen Abs. 1 Satz 1.

2. Dem Gericht ist die Befugniß ertheilt, die Eröffnung des Konkurses abzulehnen, wenn die Konkursmasse so gering ist, daß die Kosten des Verfahrens durch sie nicht gedeckt werden. Ob dies der Fall ist, entscheidet das Gericht nach freiem Ermessen, welches in der Beschwerdeinstanz kontrolirbar ist. Die Zulässigkeit der Beschwerde bestimmt sich nach § 209.

Bei der Feststellung der Thatsache, ob die Masse zur Deckung der Schulden ausreicht, kommen die Gegenstände nicht in Betracht, welche im Fall der Eröffnung des Konkurses nicht zum Konkursvermögen, sondern zum Sondervermögen des Schuldners gehören. Andererseits sind die Gegenstände zu berücksichtigen, die durch eine anfechtbare Rechtshandlung dem Vermögen entzogen sind, wenn der Erfolg der Anfechtung mit Sicherheit anzunehmen ist. Die mit Absonderungsrechten belasteten Gegenstände kommen nur in Höhe des unbelasteten Werths, des voraussichtlichen Nettowerths, in Betracht. Das Konkursgericht darf zur Feststellung des Werths nach § 75 zweckdienliche Ermittelungen anstellen, insbes. Sachverständige vernehmen.

3. Die Abweisung darf nicht erfolgen, wenn der Antragsteller einen Betrag vorschießt, der zur Deckung der Massekosten des § 58 Nr. 1, 2 ausreicht, ohne Rücksicht darauf, ob das Verfahren vernünftiger Weise für eine theilweise Befriedigung der Gläubiger Aussicht bietet. Stellt sich demnächst heraus, daß der Kostenvorschuß nicht mehr ausreicht, so kann das Verfahren eingestellt werden, sofern nicht ein weiterer Vorschuß gezahlt wird, § 204.

Der Antragsteller wird in einem Fall dieser Art in der Regel ein Gläubiger sein, berechtigt ist aber auch der Schuldner selbst, zumal auch ein Dritter für ihn den Vorschuß leisten kann, da das Gesetz nicht bestimmt, wer den Vorschuß zu leisten habe.

Der Antragsteller ist ohnehin zur Zahlung des Gerichtskostenvorschusses des § 89 G.K.G. verpflichtet, Anm. 2 zu § 57; dieser Vorschuß umfaßt aber nur die Massekosten des § 58 Nr. 1, während der § 107 auch die, nach Schätzung festzustellenden, Kosten der Nr. 2 meint. Aber auch der Vorschuß der Nr. 1 muß sofort und freiwillig geleistet werden, wenn das Recht auf Eröffnung des Verfahrens geltend gemacht werden soll. Durch die Bewilligung des Armenrechts kann die Vorschußleistung nicht ersetzt werden.

4. Das Verzeichniß des Abs. 2 entspricht dem Verzeichniß der Manifestanten des § 915 C.P.O. und hat den Zweck, „denjenigen, welche dem Schuldner Kredit geben wollen, die Möglichkeit zu geben, sich über dessen Kreditwürdigkeit zu vergewissern.“ Deshalb ist die Einsicht jedem gestattet, ohne daß ein Grund für die Einsichtnahme angegeben zu werden braucht. Die Eintragung in das Verzeichniß erfolgt mit der Abweisung des Eröffnungsantrags. Wird die Entscheidung durch das Beschwerdegericht aufgehoben, so ist die Eintragung durch Unkenntlichmachung des Namens zu löschen. Wird auf einen erneuerten Antrag, oder auf Antrag eines andern Gläubigers oder des Schuldners der Konkurs eröffnet, so bleibt die Eintragung bestehen.

5. Wegen der Anwendung des § 107 auf den Konkurs über das Vermögen einer Genossenschaft s. die Anm. zu § 100 des Genossenschaftsgesetzes.

§. 108. (100.)

Der Eröffnungsbeschluß hat die Stunde der Eröffnung anzugeben. Ist dies versäumt worden, so gilt als Zeitpunkt der Eröffnung die Mittagsstunde des Tages, an welchem der Beschluß erlassen ist.

M. I. 332—334; P. I. 77, 162; M. II —; P. II —.

1. Die Entscheidung über die Eröffnung des Konkurses ist ein Beschluß, wie jede andere Entscheidung in diesem Verfahren. Wegen der Form des Beschlusses s. Anm. 1 zu § 73.

2. Durch die Vorschrift, daß der Beschluß die Stunde der Eröffnung anzugeben hat, und daß, wenn dies versäumt ist, die Mittagsstunde des Tages maßgebend ist, an welchem der Beschluß erlassen ist, ist bestimmt, daß die Eröffnung des Verfahrens in dieser Stunde, daß sie daher schon vor der Zustellung der Entscheidung als erfolgt gilt. Gleichwohl ist die Frage, wann der Konkurs als eröffnet gilt, streitig. In den M. I war gesagt: „Die Eröffnung fällt mit der Verkündung des Urtheils zusammen, da erst durch die Verkündung der Beschluß bindende Wirkung erhält", doch ist man darüber einverstanden, daß dieser Satz aus den Motiven des früheren Entwurfs der K.O. Bd. 2 S. 55, welcher von einer mündlichen Verhandlung über das Eröffnungsverfahren und einer Verkündung der Entscheidung ausging, mechanisch abgeschrieben ist. v. Wilmowski Anm. 2, v. Völderndorff Anm. b, Stieglitz Anm. 1 meinen, daß der Konkurs eröffnet sei, wenn der Richter die Ausführung des Beschlusses angeordnet bezw. dem Gerichtsschreiber übertragen habe, Fuchs § 23 und Wengler Anm. 2 halten die Verkündung, die aber garnicht zu erfolgen hat, für maßgebend, Hullmann die Verkündung und, wenn diese nicht erfolgt, ein Existentwerden des Beschlusses nach Außen, Oetker 1, 76 ff. erklärt die Verkündung oder Zustellung an den Antragsteller und den Schuldner für erforderlich und maßgebend, und meint, daß der Richter im Fall der Zustellung die Zeit der Eröffnung vordatiren müsse, s. dagegen Vierhaus, in Z. f. D.C. 14, 281, 282 und Kohler S. 539. Da die Zeit der Eröffnung im Beschluß anzugeben ist, und durch diese Angabe die Zeit der Eröffnung bestimmt wird, so gilt das Verfahren als eröffnet, sobald der Richter den Beschluß abgefaßt und unterzeichnet hat, v. Sarwey-Bossert Anm. 2, Petersen-Kleinfeller Anm. 1; eine Vordatirung würde eine wissentlich unwahre Beurkundung sein.

3. Fehlt die Zeitangabe, so wird dieselbe durch die Fiktion der Mittagsstunde ersetzt, ohne daß der Beweis des Gegentheils zulässig ist. Ist die Zeit unrichtig angegeben, so gilt die unrichtige Angabe nicht und gilt in Ermangelung einer richtigen Angabe die Mittagsstunde als die Stunde der Konkurseröffnung.

4. Die Angabe der Zeit ist eine Beurkundung, die beweisend, aber durch den Beweis der Unrichtigkeit zu widerlegen ist, § 415 C.P.O. Gegen die unrichtige Zeitangabe ist nicht, wie Petersen-Kleinfeller Anm. 2 meinen, die Beschwerde zulässig, denn die Beschwerde kann nur gegen eine Entscheidung, nicht gegen eine Beurkundung erhoben werden, die unrichtige Beurkundung wird vielmehr gegen denjenigen, welcher sich auf dieselbe beruft, im Beweisverfahren des Rechtsstreits widerlegt, § 415 C.P.O. Die Beschwerde ist auch nicht, wie v. Sarwey-Bossert Anm. 3 meinen, gegen den Beschluß zulässig, wenn in demselben die Zeitangabe fehlt; denn für diesen Fall tritt nach gesetzlicher Vorschrift die Fiktion des Abs. 2 ein.

§. 109. (101.)

Die sofortige Beschwerde steht gegen den Eröffnungsbeschluß nur dem Gemeinschuldner, gegen den abweisenden Beschluß nur demjenigen zu, welcher den Eröffnungsantrag gestellt hat.

M. I. 334, 335; P. I. 77, 78, 162; M. II —; P. II —.

Auf die Beschwerde gegen den Eröffnungsbeschluß kommen die Grundsätze des § 73 Abs. 3, s. darüber Anm. 3, 4 zu § 73, zur Anwendung. Der § 109 läßt aber einerseits die sofortige Beschwerde ohne Weiteres zu, auch wenn ein Gegner nicht gehört ist, schließt also die Erinnerung aus, andererseits beschränkt er die Legitimation zur Beschwerde, indem er die Beschwerde gegen den abweisenden Beschluß nicht jedem Betheiligten, gegen den Beschluß des Beschwerdegerichts auch nicht dem Verwalter, sondern nur demjenigen Gläubiger giebt, der die Eröffnung des Verfahrens beantragt hat, und zur Beschwerde gegen den Eröffnungsbeschluß nur den Gemeinschuldner für berechtigt erklärt. Dem letztern steht die Beschwerde (wegen veränderter Umstände) auch dann zu, wenn der Beschluß auf seinen Antrag ergangen ist. Die Streitfrage, ob das Beschwerdegericht die Ausführung des Eröffnungsbeschlusses anordnen darf, ist jetzt durch § 74 in bejahendem Sinne entschieden.

§. 110. (102.)

Bei der Eröffnung des Konkursverfahrens ernennt das Gericht den Konkursverwalter, verordnet einen nicht über einen Monat hinauszusetzenden Termin zur Beschlußfassung über die Wahl eines anderen Verwalters, sowie über die Bestellung eines Gläubigerausschusses, erläßt den offenen Arrest und bestimmt die Anmeldefrist und den allgemeinen Prüfungstermin.

Das Gericht kann die Termine verbinden, wenn die Konkursmasse von geringerem Betrage oder der Kreis der Konkursgläubiger von geringerem Umfange ist, oder wenn der Gemeinschuldner einen Zwangsvergleichsvorschlag eingereicht hat.

M. I. 335; P. I. 78, 162; M. II. 39; P. II —.

1. Dem § in seiner bisherigen Fassung sind die letzten Worte: „oder wenn der Gemeinschuldner einen Zwangsvergleichsvorschlag eingereicht hat“ hinzugefügt, damit „der Vergleichstermin mit den beiden andern Terminen vereinigt“ werden kann, s. § 180.

2. Ueber den Wahltermin s. §§ 80, 87, über den offenen Arrest § 118, über die Anmeldefrist § 138 und über den Prüfungstermin § 141.

3. Werden nach Abs. 2 der Wahltermin und der Prüfungstermin verbunden, so muß der Termin so angesetzt werden, daß mindestens eine Frist von 2 Wochen offen bleibt, § 138.

§. 111. (103.)

Der Gerichtsschreiber hat die Formel des Eröffnungsbeschlusses, den offenen Arrest, die Anmeldefrist und die Termine sofort öffentlich bekannt zu machen.

Die Bekanntmachung ist, unbeschadet der Vorschriften des §. 76 Abs. 1, auszugsweise in den Deutschen Reichsanzeiger einzurücken.

An die ihrem Wohnorte nach bekannten Gläubiger und Schuldner des Gemeinschuldners erfolgt besondere Zustellung.

M. I. 335; P. I. 78, 162; M. II —; P. II —.

1. Die Bekanntmachung erfolgt nach § 76 und außerdem durch einmalige Insertion im Reichsanzeiger, außerdem kann eine weitere Bekanntmachung nach § 76 Abs. 2 erfolgen, s. die Anm. 3 zu § 76. Wegen ihrer Bedeutung für die nach der Konkurseröffnung dem Kridar gemachten Leistungen s. § 8 Abs. 3 und die Anm. dazu. Die Bekanntmachung des offenen Arrestes hat den Wortlaut des § 108 zu enthalten. Im Uebrigen s. Anm. 5 zu § 76.

2. Außer der öffentlichen Bekanntmachung muß die Bekanntmachung des Abs. 1 den ihrem Wohnort nach bekannten Gläubigern und Schuldnern nach Maßgabe des § 73 Abs. 2 persönlich zugestellt werden. Unter den Gläubigern sind nicht blos die Konkursgläubiger, sondern auch die Absonderungs- und Aussonderungsberechtigten zu verstehen. Die öffentliche Bekanntmachung ersetzt die besondere Zustellung an die Konkursgläubiger (nicht die Ab- und Aussonderungsberechtigten), die besondere Zustellung muß gleichwohl erfolgen, s. darüber Anm. 4 zu § 76.

Die Zustellung hat außerdem an den Gemeinschuldner zu erfolgen, damit derselbe seine Rechte wahrnehmen kann; aber die Zustellung an ihn wird ebenfalls durch die öffentliche Bekanntmachung ersetzt. Außerdem muß die Bekanntmachung des Abs. 1 dem Verwalter zugestellt werden.

§. 112. (104.)

Der Gerichtsschreiber hat unter Bezeichnung des Konkursverwalters beglaubigte Abschriften der Formel des Eröffnungsbeschlusses den Behörden für die Führung des Handels- oder Genossenschaftsregisters oder ähnlicher Register und der Dienstbehörde des Gemeinschuldners mitzutheilen.

M. I. 335; P. I. 79, 162; M. II —; P. II. 27.

1. Die Vorschrift hat den Zweck, „dem öffentlichen Glauben der Register Genüge zu leisten." Die Unterlassung der Mittheilung hat auf das Konkursverfahren keinen Einfluß, zieht aber, wenn ein Schade entsteht, die persönliche Verantwortlichkeit des Gerichtsschreibers nach sich, § 839 B.G.B. Das vor der Eröffnung des Konkurses erlassene allgemeine Veräußerungsverbot braucht den Behörden nicht mitgetheilt zu werden.

2. Die „ähnlichen" Register sind jetzt die Schiffs-, Vereins- und Güterrechtsregister. Wegen des Vereinsregisters s. § 75 B.G.B., wegen des Handelsregisters s. § 32 H.G.B. — Der Gerichtsschreiber hat die Mittheilungen an die Register- und an die

Dienstbehörde nur zutreffenden Falls zu machen, d. h. wenn der Kridar im Register eingetragen oder wenn er Beamter ist.

3. Eine Mittheilung an die Staatsanwaltschaft ist reichsgesetzlich nicht vorgeschrieben. In Preußen hat sie nach § 12 des Ges. vom 6. März 1879 zu erfolgen.

§. 113. (106.)

Ein von dem Konkursgericht in Gemäßheit des §. 106 erlassenes allgemeines Veräußerungsverbot, sowie die Eröffnung des Konkursverfahrens ist in das Grundbuch einzutragen:

1. bei denjenigen Grundstücken, als deren Eigenthümer der Gemeinschuldner im Grundbuch eingetragen ist;
2. bei den für den Gemeinschuldner eingetragenen Rechten an Grundstücken oder an eingetragenen Rechten, wenn nach der Art des Rechts und den obwaltenden Umständen bei Unterlassung der Eintragung eine Beeinträchtigung der Konkursgläubiger zu besorgen ist.

Das Konkursgericht hat, soweit ihm solche Grundstücke oder Rechte bekannt sind, das Grundbuchamt von Amtswegen um die Eintragung zu ersuchen.

Die Eintragung kann auch von dem Konkursverwalter bei dem Grundbuchamte beantragt werden.

M. I. 335, 336; P. I. 79, 162; M. II. 39—41; P. II —.

1. Der bisherige § 106: „Inwiefern die Eröffnung des Konkursverfahrens in das Grund- oder Hypothekenbuch einzutragen, und wie eine solche Eintragung zu bewirken ist, bestimmt sich nach den Landesgesetzen," ist, nachdem das Liegenschaftsrecht jetzt einheitlich geregelt ist, durch den § 113 ersetzt, welcher die Eintragung in das Grundbuch vorschreibt.

2. Einzutragen ist das allgemeine Veräußerungsverbot des § 106 und die Konkurseröffnung.

Die Eintragung erfolgt unbedingt bei allen Grundstücken, deren eingetragener Eigenthümer der Gemeinschuldner ist. Den Grundstücken stehen das Erbbaurecht, § 1017 B.G.B., sowie die, in Preußen nicht vorkommenden, Rechte der Art. 63, 68 E.G. z. B.G.B. (Erbpachtrecht, Abbaurechte, die nicht auf metallische Mineralien oder auf Kohlen gerichtet sind, gleich, M. II. In Preußen gelten die sich auf Grundstücke beziehenden Vorschriften auch für das Bergwerkseigenthum, § 50 des Allgem. Berggeſ. vom 24. Juni 1865 in der Fassung des Ausf.-Ges. vom 20. September 1899, Art. 67 E.G. z. B.G.B. Das Veräußerungsverbot und die Konkurseröffnung sind daher auch auf dem Folium des Bergwerkseigenthums einzutragen.

Die Eintragung hat ferner auf den Grundbuchfolien zu erfolgen, auf welchen Rechte des Kridars (Hypotheken 2c., Reallasten) und Rechte desselben an solchen Rechten (Pfandrechte an Hypotheken) eingetragen sind, jedoch nur unter der Bedingung, daß nach der Art des Rechts und den obwaltenden Umständen durch die Unterlassung der Eintragung eine Beeinträchtigung der Konkursgläubiger zu besorgen ist. In Folge der

Eintragung ist den Konkursgläubigern gegenüber auch der Erwerb eines Rechts desjenigen unwirksam, welcher das Veräußerungsverbot bezw. die Konkurseröffnung nicht gekannt hat, die Eintragung der Konkurseröffnung ist daher nur dann erforderlich, wenn das Grundstück oder das Recht daran oder das Recht an dem eingetragenen Recht zur Konkursmasse gehört. Sofern aber die Zugehörigkeit zur Konkursmasse feststeht, wird kein eingetragenes Recht seiner Art nach eine Ausnahme bilden. Denn wenn auch einzelne Rechte, z. B. Grundgerechtigkeiten, §§ 96, 93 B.G.B., nicht Gegenstand des Erwerbs eines Dritten werden können, so können sie doch durch Vertrag aufgehoben und kann ihre für den berechtigten Gemeinschuldner erfolgte Eintragung, § 8 G.B.O., gelöscht werden, und ohne die Eintragung sind solche Rechtshandlungen des Gemeinschuldners für den gutgläubigen Dritten wirksam, § 15. Ist aber der Eigenthümer des belasteten Grundstücks von der Konkurseröffnung oder dem Veräußerungsverbot benachrichtigt, so würde durch „die obwaltenden Umstände" in Verbindung mit der Art der Eintragung die Gefährdung der Konkursgläubiger ausgeschlossen sein, sodaß die Eintragung nicht erforderlich ist. Als einen Fall, in welchem diese Gefährdung durch die Umstände ausgeschlossen ist, führen die M. II, gestützt auf die Mot. S. 115 zum E.G. z. B.G.B. das Beispiel an, daß der Verwalter sich im Besitz des Briefs über eine Hypothek, Grund- oder Rentenschuld befindet. Doch ist auch dies zweifelhaft. Zwar kann die Abtretung der Hypothek nur durch Ertheilung der Abtretungserklärung und durch Uebergabe des Briefs erfolgen, § 1154 B.G.B., aber die dem gutgläubigen Erwerber nach den Vorschriften des § 873 Abs. 2 ertheilte Abtretungserklärung berechtigt denselben, die Uebergabe des Briefs zu verlangen, § 15, und die Befriedigung des Gemeinschuldners durch den Hypothekenschuldner würde nach § 893 B.G.B., § 15 K.O. gültig erfolgen, auch wenn der Brief sich nicht im Gewahrsam des Gemeinschuldners befindet.

3. Die in der Ausschließung des guten Glaubens bestehende Wirkung der Eintragung beschränkt sich auf das Grundbuchblatt, auf welchem die Konkurseröffnung oder das Veräußerungsverbot eingetragen ist, denn das Grundbuchblatt ist für jedes Grundstück als das Grundbuch im Sinne des B.G.B. anzusehen, § 3 G.B.O. Die Eintragung auf dem Folium des Grundstücks des Gemeinschuldners schließt daher den guten Glauben Dritter nicht in Ansehung der Hypothek aus, die für den Kridar auf dem Folium seines Schuldners eingetragen ist.

4. Das Grundbuchamt hat die Konkurseröffnung und das Veräußerungsverbot nicht von amtswegen, § 13 G.B.O., sondern nur auf Ersuchen des Konkursgerichts, § 39 G.B.O., oder auf Antrag und Bewilligung des Verwalters einzutragen. Das Konkursgericht und der Verwalter sind durch den § 113 gleichmäßig legitimirt die Eintragung nachzusuchen. Dem Konkursgericht ist es zur Pflicht gemacht, die Eintragung zu erwirken. Beruht auch der hauptsächlichste Grund, aus welchem ihm diese Verpflichtung auferlegt ist, in der Erwägung, daß die Eintragung in der Regel schon vor der Ernennung des Verwalters erforderlich ist, so ist die Pflicht und das Recht des Konkursrichters, dessen Versäumung die persönliche Verantwortlichkeit des § 839 B.G.B. nach sich zieht, doch zeitlich nicht beschränkt, und ist daher auch nach der Ernennung des Verwalters auszuüben. Dem Verwalter ist im Abs. 3 zwar nur das Recht eingeräumt, die Eintragung nachzusuchen, er hat aber auch die Verpflichtung hierzu, denn er hat als der Verwalter eines fremden Vermögens dafür Sorge zu tragen, daß dasselbe der Einwirkung Dritter und des Gemeinschuldners entzogen wird, § 82, und durch die Vorschrift des § 117, die ihm die sofortige Besitznahme und Ver-

waltung überträgt, ist ihm die Pflicht zur Ausschließung jeder fremden Einwirkung auferlegt.

Das Konkursgericht hat die Verpflichtung nur in Ansehung der ihm bekannten Grundstücke und Rechte. Bekannt sind ihm diese Gegenstände, wenn der Konkursrichter überhaupt, persönlich oder amtlich, von ihnen Kenntniß hat, oder wenn sich ihre Existenz aus den Konkursakten ergiebt.

Auch dem Verwalter liegt die Pflicht selbstverständlich nur hinsichtlich der ihm bekannten Grundstücke und Rechte ob, aber er hat als Verwalter eines fremden Vermögens die Pflicht, das Vorhandensein der ihm nicht bekannten Grundstücke und Rechte zu ermitteln, während dem Konkursrichter hinsichtlich der ihm nicht bekannten Gegenstände nur die Verpflichtung obliegt, ihr Vorhandensein aus den Konkursakten zu ermitteln.

§. 114.

Werden Grundstücke oder Rechte, bei denen eine Eintragung nach Maßgabe des §. 113 Abs. 1, 2 bewirkt worden ist, von dem Verwalter freigegeben oder veräußert, so kann das Konkursgericht auf Antrag das Grundbuchamt um Löschung der Eintragung ersuchen.

M. I —; P. I —; M. II. 41; P. II.

1. Die Eintragung der Konkurseröffnung ist zu löschen, wenn das Konkursverfahren überhaupt beendet ist, §§ 163, 190, 205, ebenso aber auch dann, wenn das Grundstück oder Recht nicht mehr zum Konkursvermögen gehört, sei es, daß es veräußert, sei es, daß es freigegeben und dadurch Gegenstand des Sondervermögens des Gemeinschuldners ist, s. darüber Anm. 7 zu § 1. In den Fällen, in denen das Grundstück oder Recht aus dem Konkursvermögen tritt, ist der Verwalter berechtigt und verpflichtet, die Löschung zu beantragen und zu bewilligen, auch wenn die Eintragung auf Ersuchen des Konkursgerichts erfolgt ist, denn er hat die Berichtigung des Grundbuchs herbeizuführen, § 894 B.G.B., und ist zur Einwilligung in die Löschung berechtigt, weil er die Rechte derjenigen ausübt, zu deren Gunsten die Eintragung erfolgt ist, § 13 Abs. 2 G.B.O.

Um die Löschung zu erleichtern, ist auch das Konkursgericht für legitimirt erklärt, die Löschung nach Maßgabe des § 39 G.B.O. nachzusuchen. Das Ersuchen darf vom Grundbuchamt nicht abgelehnt werden, dem Ersuchen braucht der Nachweis über die Veräußerung oder Freigabe nicht beigefügt zu werden. Die Legitimation des Konkursgerichts ist aber auf die Eintragung beschränkt, welche auf sein eignes Ersuchen, nicht auf Antrag des Verwalters, erfolgt ist („nach Maßgabe des § 113 Abs. 1, 2" — nicht Abs. 3).

2. Dem Konkursgericht ist zu dem Ersuchen um Löschung nur das Recht gegeben, es hat daher nach pflichtmäßigem Ermessen zu erwägen, ob es von diesem Recht Gebrauch machen soll oder nicht. Dies Ermessen ist in der Beschwerdeinstanz kontrolirbar.

Die Löschung kann auf Antrag des Verwalters, des neuen Erwerbers bezw. des Gemeinschuldners, wie auch von amtswegen nachgesucht werden. Der neue Erwerber hat aber nicht das Recht der Beschwerde, welches nur dem Verwalter und den andern Betheiligten zusteht.

3. Unter Veräußerung ist jede Entäußerung zu verstehen. Der § 114 kommt

daher zur Anwendung, wenn das Grundstück oder Recht aus dem Konkursvermögen tritt, was auch dann geschieht, wenn der Verwalter dasselbe derolinquirt, § 928 B.G.B.

4. Die Löschung der Eintragung des Veräußerungsverbots nachzusuchen, ist das Konkursgericht, wenn der Eröffnungsantrag abgewiesen wird, nach § 106 Abs. 2 verpflichtet.

§. 115.

Die Eintragung und Löschung von Vermerken auf Grund der §§. 113, 114 geschieht gebührenfrei.

M. I —; P. I —; M. II —; P. II. 27, 28.

Die Vorschrift ist von der Komm. II eingeführt, weil die Gebühren für Eintragung und Löschung des Vermerks über die Konkurseröffnung und das Veräußerungsverbot unverhältnißmäßig hoch seien, die Gläubiger aber regelmäßig einen zur Vermehrung der Konkursmasse dienenden Ueberschuß aus den Grundstücken nicht erhielten und es daher erforderlich sei, die ohnehin durch Gerichtskosten und Verwaltungskosten erheblich in Anspruch genommenen Konkursmassen wenigstens von den Kosten der Eintragung und Löschung zu befreien. Diese Gründe betreffen die Eintragung und die Löschung des Vermerks der Konkurseröffnung und des Veräußerungsverbots ohne Unterschied, ob dieselben vom Konkursgericht oder vom Verwalter ausgegangen sind, die Kostenfreiheit des § 115 muß daher auch auf den Fall der vom Verwalter beantragten Löschung bezogen werden, obgleich sich dies aus dem Wortlaut des § 115 nicht ergeben würde. Ebenso muß auch die vom Gemeinschuldner beantragte Löschung kostenfrei sein, wenn das Verfahren aufgehoben ist.

Die Kostenfreiheit betrifft nur die Gebühren, nicht auch die Auslagen. In Preußen erfolgt auch die Eintragung der Konkurseröffnung in die Register des § 112 gebührenfrei, § 75 Nr. 4 des Preuß. Gerichtskostenges. vom 25. Juni 1895 in der Fassung vom 6. Oktober 1899.

§. 116. (105.)

Sobald eine den Eröffnungsbeschluß aufhebende Entscheidung die Rechtskraft erlangt hat, ist die Aufhebung des Verfahrens öffentlich bekannt zu machen. Die Vorschriften der §§. 111 Abs. 2, 112, 113, 191 finden entsprechende Anwendung.

M. I. 336; P. I. 79, 162; M. II. 41; P. II. 28.

1. Nach Beendigung des Verfahrens ist die Aufhebung des Konkurses öffentlich bekannt zu machen, §§ 163, 190, 205. Der § 116 schreibt dasselbe für den Fall vor, daß der Eröffnungsbeschluß von der Beschwerdeinstanz aufgehoben wird. Die Bekanntmachung erfolgt aber erst mit der Rechtskraft des Aufhebungsbeschlusses, auch wenn das Beschwerdegericht die sofortige Wirksamkeit seiner Entscheidung nach § 74 angeordnet hat.

Die Bekanntmachung erfolgt nach § 76, außerdem nach § 111 Abs. 2 durch Veröffentlichung eines Auszugs im Reichsanzeiger. Der Gerichtsschreiber hat beglaubigte Abschrift der Formel der Entscheidung denjenigen Registerbehörden und derjenigen vorgesetzten Dienstbehörde des Kridars mitzutheilen, welchen er die Eröffnung des Verfahrens nach § 112 bekannt gegeben hat.

Die Löschung des Konkursvermerks erfolgt nach § 113 auf Ersuchen des Konkursgerichts oder des Verwalters, beide sind verpflichtet, die Löschung nachzusuchen. Durch die Vorschrift, daß der § 113 entsprechende Anwendung zu finden hat, ist auch der Verwalter legitimirt, die Löschung zu bewilligen und zu beantragen, obgleich sein Amt durch die rechtskräftige Aufhebung des Eröffnungsbeschlusses erledigt ist.

2. Eine wesentliche Ergänzung der bisherigen Vorschrift hat der § 116 durch die Kommission erfahren, welche die Bestimmung des § 191 auch auf den Fall der Aufhebung des Eröffnungsbeschlusses zur Anwendung gebracht hat. Darnach hat der Verwalter die Masseansprüche zu befriedigen, und soweit sie bestritten sind, sicher zu stellen, sowie die bevorrechtigten Konkursforderungen zu berichtigen, und soweit sie noch nicht festgestellt, aber glaubhaft gemacht sind, sicher zu stellen. Um dieser Verpflichtung nachzukommen, deren Versäumung ihn persönlich verantwortlich macht, R.G. 36, 99; 39, 100, muß er, wenn er baare Mittel noch nicht eingenommen hat, Gegenstände der Masse von entsprechendem Werth zurückbehalten und dieselben versilbern. Dabei fungirt er trotz der Aufhebung des Verfahrens in seiner bisherigen Rechtsstellung als Verwalter unter der Aufsicht des Konkursgerichts.

3. Der § 116 verhält sich nur über die formellen Folgen der Aufhebung des Eröffnungsbeschlusses, ohne die materiellen Konsequenzen zu berühren. Durch die Aufhebung erlangt der Gemeinschuldner die Verfügungsgewalt über sein Vermögen zurück, die von ihm inzwischen vorgenommenen Rechtsgeschäfte sind unbeschränkt wirksam, weil die Unwirksamkeit nur den Konkursgläubigern gegenüber bestand, Konkursgläubiger aber jetzt nicht mehr vorhanden sind. Aber auch die Rechtshandlungen des Verwalters bleiben wirksam, denn die Entscheidung, durch welche ihm die Verfügungsgewalt übertragen wurde, war von der hierzu zuständigen Behörde ausgegangen und war, wenn sie auch demnächst aufgehoben ist, doch sofort wirksam, er hatte daher auf gesetzlicher Grundlage die Verfügungsgewalt erhalten, vgl. § 115 B.G.B. Dies ergiebt sich auch aus der am Schluß der vorigen Anm. erörterten Vorschrift, welche dem bisherigen Verwalter die Befriedigung der Masse- und der bevorrechtigten Konkursgläubiger auferlegt: durch die Anerkennung der Fortdauer seiner Rechtsstellung wird auch die Wirksamkeit, der vorher auf Grund dieser Rechtsstellung vorgenommenen Rechtshandlungen anerkannt.

Dritter Titel.

Theilungsmasse.

§. 117. (107.)

Nach der Eröffnung des Verfahrens hat der Verwalter das gesammte zur Konkursmasse gehörige Vermögen sofort in Besitz und Verwaltung zu nehmen und dasselbe zu verwerthen.

Die Geschäftsbücher des Gemeinschuldners dürfen nur mit dem Geschäft im Ganzen und nur insoweit veräußert werden, als sie zur Fortführung des Geschäftsbetriebs unentbehrlich sind.

M. I. 336—341; P. I. 79, 170; M. II. 41; P. II —.

1. Der Abs. 2 ist dem § neu hinzugefügt.

2. Der Verwalter hat sofort nach seiner Bestellung die Konkursmasse so in Besitz zu nehmen, daß die Einwirkung des Gemeinschuldners und jedes nicht berechtigten Dritten ausgeschlossen ist. Er muß sich daher die thatsächliche Gewalt, vgl. § 854 B.G.B., und soweit die Ausübung dieser Gewalt nicht durch eine persönliche Detention möglich ist, die rechtliche Gewalt verschaffen. Letzteres hat hinsichtlich der Eintragungen im Grundbuch und Schiffsregister durch die Eintragung des Konkursvermerks nach § 113 zu geschehen, Anm. 4 zu § 113.

Der Verwalter muß die thatsächliche Gewalt über die Gegenstände der Konkursmasse erlangen, wie der Gerichtsvollzieher nach § 808 C.P.O. die Detention der zu pfändenden, der Sequester nach §§ 848, 855 C.P.O. die Detention der sequestrirten Sache und der Zwangsverwalter nach § 150 Z.V.G. die Detention des Grundstücks. Er übt den Besitz als Vertreter des Gemeinschuldners aus, letzterer bleibt rechtlich Besitzer, darf den Besitz aber ebensowenig ausüben, wie der Schuldner den Besitz der vom Gerichtsvollzieher in Besitz genommenen Sachen.

Die Besitznahme ist auf alle zur Konkursmasse gehörigen Gegenstände, § 1, auszudehnen. Zu denselben gehören auch die mit Absonderungsrechten belasteten Objekte, nicht aber die Sachen Dritter. Die Sachen aber, hinsichtlich welcher einem Dritten Aussonderungsrechte zustehen, hat er, zwar nicht auf Grund des § 117, wohl aber auf Grund seiner Pflicht, die Verwaltung ordnungsmäßig zu führen, in seinen Gewahrsam zu nehmen, weil auf der Konkursmasse die Verpflichtung zur Rückgabe lastet, der Verwalter daher auch den Gegenstand der Rückgabe in Besitz nehmen darf und ihn, um die Masse gegen Ersatzansprüche zu schützen, in Besitz nehmen muß, a. M. v. Wilmowski Anm. 2.

Gegen den Gemeinschuldner erlangt er den Besitz auf Grund des Eröffnungsbeschlusses, derselbe ist eine vollstreckbare Entscheidung des § 794 Nr. 3 C.P.O., auf Grund dieser mit der Vollstreckungsklausel zu versehenden Entscheidung hat daher der Gerichtsvollzieher auf Antrag des Verwalters die Exmission des Gemeinschuldners und die Wegnahme der beweglichen Sachen gegen denselben auszuführen, M. I, R.G. 37, 399; außerdem kann der Kridar im Fall der Widersetzlichkeit oder unberechtigter Weigerung durch die Haft des § 101 zu seiner Pflicht, alle Gegenstände der Masse dem Verwalter herauszugeben, gezwungen werden.

Der Eröffnungsbeschluß stellt einen Vollstreckungstitel aber nur gegen den Gemeinschuldner dar, gegen Dritte kann der Verwalter den Besitz nur in gleicher Weise erwerben, wie es der Kridar vor der Eröffnung des Konkurses konnte. Ebenso ist er aber auch berechtigt den Besitz zu verlangen, ohne daß der Dritte einwenden darf, daß die Sache einem andern gehöre, sofern diese Einwendung auch dem Gemeinschuldner gegenüber unbegründet sein würde, R.G. in J. W. 1888 S. 289.

3. Die Verwaltung übt der Verwalter mit allen Berechtigungen, die der Gemeinschuldner hatte, in ordnungsmäßiger Weise mit dem Ziel und Zweck der Verwerthung und Vertheilung aus. Durch die Verwaltung zieht er zur Masse, was zu derselben gehört, sowohl aus dem Recht des Gemeinschuldners, als aus dem konkursmäßigen Anfechtungsrecht. Bei der Verwaltung vertritt er den Gemeinschuldner in dessen Verpflichtung zur Befriedigung der Konkursgläubiger, aber auch in dessen nach der Beendigung des Verfahrens zur Geltung kommenden Interesse. Deshalb beschränkt sich der Anspruch auf Befreiung von einem als Konkursforderung geltend gemachten Anspruch nicht auf die Höhe der Konkursdividende, sondern erstreckt sich auf den ganzen Anspruch, R.G. 37, 94.

4. Der Zweck der Verwaltung ist die Verwerthung. Dieselbe muß auf eine Umsetzung der Werthe in Geld gerichtet werden, dieser Erfolg kann aber auch mittelbar durch Vertauschung herbeigeführt werden, wie der Verwalter vermöge seines Verwaltungsrechts auch zum Erwerb von Sachen aus Mitteln der Masse berechtigt ist, wenn er dadurch der Masse einen Vortheil verschafft, ohne daß er das Ziel der Verwerthung aus den Augen verliert.

5. Ueber die Veräußerung der Geschäftsbücher s. § 1 Abs. 3 und Anm. 2 zu § 1.

§. 118. (108.)

Durch den offenen Arrest wird allen Personen, welche eine zur Konkursmasse gehörige Sache in Besitz haben oder zur Konkursmasse etwas schuldig sind, aufgegeben, nichts an den Gemeinschuldner zu verabfolgen oder zu leisten, auch die Verpflichtung auferlegt, von dem Besitze der Sache und von den Forderungen, für welche sie aus der Sache abgesonderte Befriedigung in Anspruch nehmen, dem Konkursverwalter innerhalb einer bestimmten Frist Anzeige zu machen.

M. I. 341—343; P. I. 79, 170; M. II —; P. II —.

1. Der offene Arrest, „das hergebrachte öffentliche Generalinhibitorium" (M. I) bewirkt kein Pfandrecht für die Konkursmasse, hat überhaupt nur den Zweck, „rechtsirrthümliche Zahlungen und Leistungen an den Gemeinschuldner thatsächlich nach Möglichkeit zu verhüten" (M. I), ohne daß die Wirkung des § 8 Abs. 3 von der Bekanntmachung des offenen Arrestes abhängt, da sie allein durch die Bekanntmachung des § 111 entsteht. Der offene Arrest „will nur die bestehenden Verbindlichkeiten zur Ausführung bringen" und „schafft keine neue Verbindlichkeiten" außer der, jedem Besitzer eines Konkursgegenstandes auferlegten, Verpflichtung, von dem Besitz der Sache und von den Forderungen, für welche aus der Sache abgesonderte Befriedigung in Anspruch genommen wird, dem Verwalter innerhalb einer, in der Bekanntmachung bestimmten Frist Anzeige zu machen. Diese Pflicht, deren Versäumung den Ersatzanspruch des § 119 begründet, entsteht durch den offenen Arrest. Die Frist ist von dem zweiten Tage nach Ablauf des die Einrückung oder die erste Einrückung enthaltenden Blatts des § 76 Abs. 1 zu berechnen, s. darüber die Anm. zu § 76 Abs. 1.

2. Die Verpflichtung zur Anzeige bezieht sich nicht blos auf diejenigen Sachen, an welchen ein qualifizirtes Absonderungsrecht besteht oder geltend gemacht wird, sondern auf alle zum Konkursvermögen gehörigen körperlichen, beweglichen und unbeweglichen Sachen, nicht auf Forderungen des Kridars, an denen z. B. einem Dritten ein Pfandrecht zusteht.

Die Verpflichtung besteht in Ansehung jedes Besitzes, des mittelbaren und des unmittelbaren Besitzes der §§ 854, 868 B.G.B. Sowohl derjenige, der den mittelbaren, wie derjenige, der den unmittelbaren Besitz ausübt, sind zur Anzeige verpflichtet. Von den dem Spediteur oder Frachtführer übergebenen Sachen hat derjenige die Anzeige zu machen, der dieselben thatsächlich besitzt, also der Spediteur und Frachtführer selbst, wie auch derjenige, der durch Konnossament ꝛc. über dieselben zu verfügen berechtigt ist, vgl. Petersen-Kleinfeller Anm. 1. Auch die Pfandanstalten sind von der Anzeigepflicht nicht eximirt, eine für sie im Entwurf I gemachte Ausnahme wurde in der Kommission gestrichen. Auch die Hinterlegungsstelle (der Fiskus) hat die Anzeigepflicht; ist aber nur Geld hinterlegt, welches, wie nach § 7 der Preußischen Hinterlegungsordnung vom 14. März 1879 in das Eigenthum der Hinterlegungsstelle übergeht, § 233 B.G.B., so ist die Staatskasse nur Schuldnerin des Kridars, nicht Besitzerin der Geldstücke, und ist daher zur Anzeige nicht verpflichtet; aber das zur vorläufigen Verwahrung dem Amtsgericht übergebene Geld ist noch nicht in das Eigenthum des Staats übergegangen, dem Amtsgericht liegt daher die Pflicht zur Anzeige ob.

3. Da nur der Besitz und der Gewahrsam zur Anzeige verpflichtet, so hat ein anderes Rechtsverhältniß, welches nicht die Verfügung über die Sache gewährt, die Anzeigepflicht nicht zur Folge. Der Vermiether, der Verpächter, der Gastwirth, welcher an den eingebrachten Sachen des Gemeinschuldners, der Verpächter, welcher an den Früchten des verpachteten Grundstücks ein gesetzliches Pfandrecht hat, hat die Anzeigepflicht nicht, solange die Pfandsachen nicht in seinen Gewahrsam übergegangen sind, a. M. v. Völderndorff.

4. Eine Form ist für die Anzeige nicht vorgeschrieben, die Anzeige kann mündlich oder schriftlich geschehen. Da durch die Anzeige eine Verbindlichkeit erfüllt wird, kann sie auch durch einen Dritten vorgenommen werden, § 267 B.G.B., jedoch nur so, daß der Verwalter von der Richtigkeit überzeugt wird. Die Anzeige des Besitzers an das Gericht genügt nicht, sie ist gültig erst erstattet, wenn das Gericht sie an den Verwalter weiter gegeben hat.

§. 119. (109.)

Wer die Anzeige über den Besitz von Sachen des Gemeinschuldners innerhalb der bestimmten Frist zu machen unterläßt, haftet für allen aus der Unterlassung oder Verzögerung der Anzeige entstehenden Schaden.

M. I. 342, 343; P. I. 80, 170; M. II —; P. II —.

1. Mit der dem Besitzer durch den offenen Arrest auferlegten Anzeigepflicht korrespondirt das Recht des Verwalters, diese Anzeige zu verlangen. Daraus folgt, daß der Verwalter den Besitzer im Prozeßwege zwingen kann, den Besitz der Sache und, wenn derselbe qualifizirter Absonderungsberechtigter ist, die Absonderungsforderung anzugeben (der Verwalter weiß z. B., daß der Dritte einen Absonderungsgegenstand besitzt, aber nicht, welche Sache es ist, und ob und wie hoch die Absonderungsforderung ist). Weiter folgt aus dem durch den offenen Arrest entstandenen Schuldverhältniß, daß der Besitzer, der die Anzeigepflicht versäumt, den durch den Verzug entstandenen Schaden zu ersetzen hat, § 286 Abs. 1 B.G.B. Die Verpflichtung zum Schadensersatz, die sich aus der Versäumung einer Rechtspflicht schon ohnehin ergiebt, brauchte daher durch den § 119 nicht besonders statuirt zu werden und ist durch eine besondere Vorschrift nur deshalb hervorgehoben, um die Bestimmung des § 147 der Preuß. K.O. abzulehnen, welche dem Besitzer, der die rechtzeitige Anzeige unterläßt, den Verlust aller Rechte an der Sache androht. Da sich die Ersatzpflicht aus den Grundsätzen des Erfüllungsverzugs ergiebt, beschränkt sie sich auch nicht auf den im § 119 besonders erwähnten Fall, sondern erstreckt sich auch auf den Fall, daß die Absonderungsforderung nicht oder nicht richtig angegeben ist.

Andererseits folgt aus der Charakterisirung der Versäumung der Anzeigepflicht als des Erfüllungsverzugs, daß nur die schuldhafte Versäumung die Ersatzverbindlichkeit zur Folge haben kann, §§ 285, 275 B.G.B., daß die Ersatzpflicht daher nicht eintritt, wenn der Besitzer, was er zu beweisen hat, durch Geistesstörung oder körperliche Krankheit an der Erfüllung verhindert war, oder wenn er ohne sein Verschulden von dem Erlaß des offenen Arrestes keine Kenntniß hatte (die Ansicht v. Völderndorffs, daß jeder jede Zeitung lesen müsse und, daß wenn er nicht lesen kann, „sich eben die Zeitungen vorlesen lassen muß," ist nicht richtig). Auf diese Unkenntniß kann er sich aber nicht berufen, wenn er von der Eröffnung des Konkurses Kenntniß hatte, denn dann mußte er nach der Fiktion der Gesetzeskenntniß wissen, daß der offene Arrest erlassen werde.

2. Die vollständige Kenntniß des Verwalters von dem Besitz der Sache und der Art und Größe der Absonderungsforderung hebt die Ersatzpflicht des Besitzers wegen mangelnden Kausalzusammenhangs auf. Denn der Zweck und die Wirkung der Anzeige Seitens des Gläubigers ist die Kenntnißnahme des Verwalters, und ein Schade ist nicht durch die Unterlassung der Anzeige entstanden, wenn der Verwalter die durch die Anzeige zu bewirkende Kenntniß schon ohnehin hatte. War der Verwalter über den Besitz der Sache bezw. über die Absonderungsforderung nur theilweise unterrichtet, so tritt die Ersatzpflicht nur soweit ein, als dem Verwalter die Kenntniß fehlte und hierdurch der Masse ein Schade entstanden ist.

Fällt auch dem Verwalter, der sich z. B. bei dem Gemeinschuldner nicht erkundigt hat, obgleich er dazu Gelegenheit hatte, ein Verschulden wegen seiner Nichtkenntniß zur Last, so hängt die Existenz und der Umfang der Ersatzpflicht von den Umständen, insbesondere von dem höheren Grade der Verschuldung des einen oder des andern Theils ab, § 254 B.G.B.

3. Ueber den Beginn der Frist s. Anm. 1 zu § 118.

4. Die dolose Verheimlichung des Besitzes ist unter den Voraussetzungen des § 242 Nr. 1 mit Kriminalstrafe bedroht.

§. 120. (110.)

Gläubiger, welche abgesonderte Befriedigung aus einer in ihrem Besitze befindlichen Sache beanspruchen, haben dem Verwalter auf dessen Verlangen die Sache zur Ansicht vorzuzeigen und die Abschätzung derselben zu gestatten.

M. I. 342, 343; P. I. 80, 170; M. II —; P. II —.

1. Die Verpflichtung zur Vorzeigung ist dem Absonderungsgläubiger ohne Unterschied auferlegt, ob er qualifizirter oder einfacher Absonderungsberechtigter ist. Der Grund dieser Verpflichtung und des dadurch für den Verwalter begründeten Rechts, die Vorzeigung zu beanspruchen, liegt in der Befugniß des letztern, die Verwerthung der Sache in der Form der Zwangsvollstreckung oder des Pfandverkaufs betreiben zu dürfen; um sich entscheiden zu können, ob er von diesem Verwerthungsrecht Gebrauch machen will, ist es nöthig, daß er die Sache vorher besichtigt und erforderlichen Falls abschätzen läßt.

Zur Vorzeigung ist der Gläubiger nur an den Verwalter verpflichtet, doch muß ein legitimirter Bevollmächtigter dem Verwalter gleichgestellt werden.

Die Vorlegung hat nach § 811 B.G.B. an dem Ort zu erfolgen, an welchem sich die Sache befindet. Jeder Theil kann die Vorlegung an einem andern Ort verlangen, wenn ein wichtiger Grund vorliegt, der Verwalter z. B. wenn er zum Zweck der Besichtigung eine erhebliche Reise zu machen haben würde und die Sache leicht transportabel ist. Die Gefahr und die Kosten hat der Verwalter zu tragen, § 811 Abs. 2 B.G.B. Die Kosten sind Masseforderungen der §§ 58 Nr. 2, 59 Nr. 1. Der Besitzer kann die Vorlegung verweigern, bis ihm der Verwalter die Kosten vorschießt und wegen der Gefahr Sicherheit leistet. Weigert er sich, die Sache vorzuzeigen, so haftet er wegen Erfüllungsverzugs für den aus der Weigerung entstandenen Schaden, § 286 Abs. 1 B.G.B. Außerdem kann der Verwalter sein Recht auf Vorzeigung und Abschätzung im Wege des Prozesses geltend machen (das Konkursgericht ist zur Entscheidung über Streitigkeiten mit Absonderungsberechtigten nicht legitimirt). Die Zwangsvollstreckung erfolgt nicht auf Grund des § 883 C.P.O., weil es sich nicht um Herausgabe der Sache handelt, sondern muß auf Grund des § 890 C.P.O. erfolgen (v. Völderndorff hält die Zwangsvollstreckung auf Grund beider §§ für zulässig), weil die Vornahme einer Handlung in Frage steht. Der Werth des Prozeßobjekts wird durch den Werth der Besichtigung und Abschätzung, nicht nach § 6 C.P.O., weil es sich nicht um den Besitz der Sache handelt, sondern nach § 3 C.P.O. festgesetzt, v. Völderndorff Bd. 2 S. 252 Anm. 8, v. Sarwey-Bossert Anm. 1, Stieglitz S. 483.

2. Der § 120 giebt dem Verwalter das Recht auf Vorzeigung nur gegen den Absonderungsberechtigten, das gleiche Recht steht ihm nach § 809 gegen jeden Besitzer zu, er hat es daher auch z. B. gegen den Miether oder Pächter; in dieser Beziehung kommen die Erörterungen der Anm. 1 zur Anwendung.

3. Das Recht des Verwalters auf Einsichtnahme von Urkunden, insbesondere von Verträgen, die ein Dritter mit dem Gemeinschuldner geschlossen und die er im Besitz hat, ist durch § 810 B.G.B. begründet.

§. 121. (111.)

Die Post- und Telegraphenanstalten sind verpflichtet, auf Anordnung des Konkursgerichts alle für den Gemeinschuldner eingehenden Sendungen, Briefe und Depeschen dem Verwalter auszuhändigen. Dieser ist zur Eröffnung derselben berechtigt. Der Gemeinschuldner kann die Einsicht und, wenn ihr Inhalt die Masse nicht betrifft, die Herausgabe derselben verlangen.

Das Gericht kann die Anordnung auf Antrag des Gemeinschuldners nach Anhörung des Verwalters aufheben oder beschränken.

M. I. 343; P. I. 80, 81, 131, 170; M. II —; P. II —.

1. Die Anordnung des Gerichts kann schon bei der Eröffnung des Verfahrens, aber auch im Laufe desselben, sie kann von Amtswegen, wie auch auf Antrag des Verwalters oder eines Konkursgläubigers erfolgen, der Gemeinschuldner braucht nicht vorher gehört zu werden. Ist er aber nicht gehört, so ist die Anordnung nur mit der Erinnerung, erst nach der Anhörung oder nach Abweisung seiner Erinnerung ist die sofortige Beschwerde zulässig, Anm. 1 zu § 73. Gegen die Entscheidung, durch welche dem Antrage auf Erlassung der Anordnung nicht oder nicht im beantragten Umfange stattgegeben ist, steht jedem Konkursgläubiger und dem Verwalter die sofortige Beschwerde zu.

Die Anordnung kann für die ganze Dauer des Verfahrens — was in der Regel anzunehmen ist, wenn die Anordnung nichts Anderes bestimmt — oder zeitlich beschränkt, sie kann in Ansehung aller Sendungen, Briefe und Depeschen, oder in Ansehung der Post- oder der Telegrapheneingänge, erlassen werden, sie kann auch sachlich, z. B. auf die nicht von Behörden erfolgenden Eingänge beschränkt werden. Die in irgend einer Beziehung beschränkte Anordnung kann von Amtswegen erweitert werden, dagegen ist die Aufhebung oder Beschränkung der Anordnung nur auf Antrag des Kridars und nach Anhörung des Verwalters zulässig. Da die Postanstalt in Ermangelung einer gerichtlichen Einschränkung zur Aushändigung aller Sendungen an den Verwalter verpflichtet ist, so entspricht die Anweisung des Reichspostamts vom 26. Okt. 1899 — Just.Min.Bl. S. 723 —, wonach die an den Gemeinschuldner mit Zustellungsurkunden eingehenden Sendungen als unbestellbare zu behandeln sind, nicht dem Gesetz, s. Anm. 2.

Die Anordnung betrifft nur die an den Gemeinschuldner, nicht an Mitglieder seiner Familie gerichteten Sendungen. Die unter einer Deckadresse beförderten Sendungen darf die Post- oder Telegraphenanstalt an den Verwalter nicht abgeben, a. M. nur von Völderndorff Anm. d, aber im Verhältniß zwischen dem Verwalter und dem Gemeinschuldner ist der erstere zur Empfangnahme berechtigt, der letztere wird daher nöthigenfalls durch die Haft des § 101 zu seiner Pflicht angehalten, die Sendungen dem Verwalter auszuantworten und die Korrespondenz unter der Deckadresse zu unterlassen, und der Verwalter ist wegen Verletzung des Briefgeheimnisses nach § 299 St.G.B. nicht strafbar, wenn er den für den Gemeinschuldner bestimmten Brief erbricht, da er in diesem Falle nicht unbefugt handelt.

Ob die Postanstalt eine Reichsbehörde oder eine Privatanstalt ist, ist unerheblich.

Die Sendungen durch die Eisenbahn dürfen nach § 118 nur an den Verwalter abgeliefert werden, die Eisenbahnverwaltung ist durch den § 118 zur Anzeige des Besitzers an den Verwalter verpflichtet.

2. Da die Ablieferung der Postsendungen auf Grund der Anordnung des Gerichts an den Verwalter durch das Gesetz vorgeschrieben ist, ist der Verwalter der gesetzlich berechtigte Empfänger auch solcher Sendungen, die das Konkursvermögen nicht betreffen. Die Zustellung einer an den Gemeinschuldner gerichteten Anklageschrift oder Zeugenladung erfolgt daher mit Rechtswirkung an den Verwalter, durch die Zustellung an ihn erfolgt die Zustellung an den Gemeinschuldner. Die Herausgabe der die Masse nicht betreffenden Sendungen kann aber der Kridar verlangen, und diesem Recht des letztern entspricht die Verpflichtung des Verwalters zur Herausgabe. Der Verwalter, dem diese Pflicht obliegt, hat die die Masse nicht betreffenden Einigungen daher dem Gemeinschuldner auch ohne dessen Verlangen abzuliefern, er macht sich persönlich verantwortlich, § 82, wenn er dieser Pflicht nicht genügt.

Außerdem ist dem Gemeinschuldner das Recht gegeben, von jedem Eingang Einsicht zu nehmen, auch wenn derselbe die Konkursmasse betrifft. Differenzen über die Verpflichtung zur Herausgabe und zur Gestattung der Einsichtnahme entscheidet das Konkursgericht, nicht, wie v. Wilmowski Anm. 1, weil es sich um eine öffentlich-rechtliche Frage handelt — denn auch über die durch das Privatrecht begründeten Ansprüche öffentlich-rechtlicher Natur, würde das Prozeßgericht entscheiden dürfen, R.G. 19, 70; 22, 287 — sondern weil die Differenzen zwischen Verwalter und Gemeinschuldner, wie hier angenommen wird, Anm. 9 zu § 1, stets vom Konkursgericht entschieden werden, Seuffert S. 290.

§. 122. (112.)

Der Verwalter kann zur Sicherung der zur Konkursmasse gehörigen Sachen durch eine zur Vornahme solcher Handlungen gesetzlich ermächtigte Person siegeln lassen.

Die Geschäftsbücher des Gemeinschuldners sind durch den Gerichtsschreiber zu schließen.

M. I. 343, 344; P. I. 83, 84, 170; M. II —; P. II —.

1. Das Gesetz überläßt unter Ablehnung der partikularrechtlichen Bestimmungen über die obligatorische Siegelung dem Ermessen des Verwalters die Entscheidung, ob und welche Gegenstände zu siegeln sind. Er kann die Siegelung auf einzelne Sachen beschränken oder auf alle mit Ausschluß einzelner Sachen verlangen, M. I (das Wort „der" ist nicht ein Druckfehler statt „die", P. I 84). Der Zweck der Siegelung ist die Sicherstellung, sowie die „urkundliche Feststellung des Vorgefundenen und des in Besitz Genommenen", M. I. Für die Siegelung oder deren Unterlassung ist der Verwalter den Betheiligten verantwortlich, § 82, wenn ihn ein Verschulden trifft. Handelt er in dieser Beziehung pflichtwidrig, so hat das Konkursgericht vermöge seines Aufsichtsrechts auf eine Aenderung hinzuwirken, Anm. 1 zu § 73.

Ueber das Verfahren der Siegelung kann in Preußen der Justizminister besondere Bestimmungen treffen, Art. 126 des Ausf.-Ges. vom 21. Sept. 1899.

2. Die Siegelung erfolgt auf Betreiben des Verwalters durch eine gesetzlich hierzu ermächtigte Person. Nach Art. 31 des Preuß. Ausf.-Ges. vom 21. Sept. 1899 zum Ges. über die freiw. Gerichtsbarkeit sind die Amtsgerichte und Notare zur Siegelung zuständig, das Amtsgericht kann mit der Siegelung einen Gerichtsschreiber oder Gerichtsvollzieher beauftragen, Art. 38.

3. Die Geschäftsbücher sind vom Gerichtsschreiber zu schließen. Die Vorschrift ist obligatorisch, sie bezweckt „nur, durch einfachen Vermerk am Schlusse Nachtragungen zu verhindern", M. I, und bezieht sich auf alle im Geschäft des Kridars im Gebrauch befindlichen Bücher. „Zugleich ist der äußere Zustand der Bücher zu konstatiren," M. I. Gehören die Bücher dem Kridar nur mit einem andern gemeinschaftlich, so sind sie auch seine Bücher und müssen daher der Abschließung unterliegen, a. M. v. Wilmowski Anm. 4, v. Sarwey-Bossert Anm. 4, Petersen-Kleinfeller Anm. I, 2.

§. 123. (113.)

Der Verwalter hat die einzelnen zur Konkursmasse gehörigen Gegenstände unter Angabe ihres Werths aufzuzeichnen. Der Werth ist erforderlichen Falls durch Sachverständige zu ermitteln. Bei der Aufzeichnung ist eine obrigkeitliche oder eine Urkundsperson zuzuziehen. Der Gemeinschuldner ist zuzuziehen, wenn er ohne Aufschub zu erlangen ist.

Auf Antrag des Verwalters und, wenn ein Gläubigerausschuß bestellt ist, des letzteren, kann das Gericht gestatten, daß die Aufzeichnung unterbleibe oder ohne Zuziehung einer obrigkeitlichen oder einer Urkundsperson vorgenommen werde.

M. I. 344, 345; P. 1. 84, 170; M. II —; P. II —.

1. „Zur Feststellung der Konkursmasse, zur Kontrolle des Verwalters, und um für dessen künftige Rechnungslegung einen festen Anhalt zu gewinnen, ist die Aufzeichnung erforderlich, auch wenn die Siegelung unterblieben war," M. I. Der Ver-

walter hat daher ein Verzeichniß aufzunehmen, in welchem die zur Masse gehörigen Gegenstände und deren Werth aufzuführen sind.

Die Feststellung des Werths hat erforderlichen Falles, d. h., wenn der Verwalter oder die zuzuziehende obrigkeitliche oder Urkundsperson dazu nicht im Stande ist, durch einen oder mehrere Sachverständige zu erfolgen. Eine Begründung des Gutachtens des Sachverständigen ist nicht erforderlich.

Zur Aufnahme des Verzeichnisses ist eine obrigkeitliche oder Urkundsperson zuzuziehen. Eine obrigkeitliche Person ist jeder Staats- oder Kommunalbeamte, auch der untere Polizeibeamte; zu den obrigkeitlichen Personen gehören auch die einzelnen Mitglieder der Preußischen Dorfgerichte, Art. 104 ff. des Preuß. Ausf.-Ges. zum Gesetz über die freiwillige Gerichtsbarkeit. Die Bestimmung des Art. 108 jenes Gesetzes, wonach diese Gerichte zur Aufnahme von Vermögensverzeichnissen nur im Auftrage des Amtsgerichts zuständig sind, entziehen einzelnen Mitgliedern, als obrigkeitlichen Personen nicht die Mitwirkung an der Aufnahme des Inventars, da nicht sie, sondern der Verwalter das Vermögensverzeichniß aufzunehmen hat. Der Mitverwalter, § 79, der Zwangsverwalter, Vormund, Pfleger, Gerichtstaxator sind keine obrigkeitlichen Personen. Eine Urkundsperson, die nicht eine obrigkeitliche Person ist, ist der Notar, Art. 31 des Preuß. Ausf.-Ges. vom 21. September 1899. Der Gemeinschuldner ist zuzuziehen, wenn er ohne Aufschub zu erlangen ist, d. h. wenn seine Zuziehung die Inventur nicht verzögert.

2. Das Gericht kann gestatten, daß die Aufzeichnung ganz oder theilweise unterbleibt, hierzu liegt Veranlassung vor, wenn die vom Gemeinschuldner nach § 104 eingereichte Vermögensübersicht oder wenn die aus andern Gründen vorhandenen Inventuren oder Lagerbücher vollständig und richtig sind. In den M. I ist als fernerer Grund die Absicht angeführt, das Geschäft des Kridars sofort im Ganzen zu verkaufen; in diesem Fall wird aber mindestens eine allgemeine Abschätzung des Geschäftsinventars erforderlich sein. Das Gericht kann ferner die Zuziehung der obrigkeitlichen oder Urkundsperson erlassen; dies wird namentlich geschehen können, wenn die Zuverlässigkeit und Sachkenntniß des Verwalters dem Gericht bekannt und entweder eine der zuzuziehenden Personen nicht leicht zu erlangen oder die Masse zu gering ist, um mit den Kosten der Zuziehung belastet zu werden, wenn die Zuziehung nicht ohne verhältnißmäßig erheblichen Aufwand zu erlangen ist.

Die Anordnung darf nur auf Antrag des Verwalters erfolgen; ist ein Gläubigerausschuß bestellt, so müssen der Verwalter und Ausschuß den Antrag übereinstimmend stellen, wenn das Gericht von der Befugniß des Abs. 2 Gebrauch machen soll.

Die Anordnung, sowie die Ablehnung des Antrags unterliegen der Anfechtung Seitens des Verwalters, des Gemeinschuldners und jedes Konkursgläubigers, Anm. 1 zu § 72.

3. Die Aufnahme des Verzeichnisses erfolgt vom Verwalter, nicht von dem Sachverständigen oder den obrigkeitlichen rc. Personen. Die Abfassung des Verzeichnisses durch eine dieser Personen ist zwar nicht ausgeschlossen, die Wirksamkeit des Inventars hängt aber von der Unterschrift des Verwalters ab, der für die Richtigkeit und Vollständigkeit desselben den Betheiligten verantwortlich ist. Ist die Aufnahme des Verzeichnisses vom Konkursgericht erlassen, weil ein anderweites Verzeichniß vorliegt, so hat der Verwalter dasselbe nach seiner Richtigkeit und Vollständigkeit bei persönlicher Verantwortlichkeit zu prüfen, da er auf Grund desselben das Inventar anzufertigen hat, § 124. Sind mehrere Verwalter nach § 79 ernannt, so hat jeder

von ihnen über die Gegenstände seines Geschäftszweiges ein besonderes Verzeichniß aufzunehmen, für dessen Richtigkeit er allein die Verantwortlichkeit trägt.

§. 124. (114.)

Dem Verwalter liegt die Anfertigung eines Inventars und einer Bilanz ob. Derselbe hat eine von ihm gezeichnete Abschrift des Inventars und der Bilanz und, wenn eine Siegelung und Entsiegelung stattgefunden hat, die Protokolle über dieselben auf der Gerichtsschreiberei zur Einsicht der Betheiligten niederzulegen.

M. 345, 346; P. I. 84, 170; M. II —; P. II. 28, 29.

1. Das Verzeichniß des § 123 enthält nur das Aktivvermögen. Der Aufstellung des Inventars, welche dem Verwalter nach § 124 obliegt, ist dies Verzeichniß zu Grunde zu legen, dem ein Verzeichniß der Schulden gegenüber steht, zu welchem das vom Kridar nach § 104 eingereichte Verzeichniß nach gehöriger Prüfung benutzt werden kann. Das Inventar enthält die Aktiva und Passiva, nach Titeln oder Rubriken, geordnet. Um seinem Zwecke zu genügen, „die Vermögenslage des Gemeinschuldners, wie sie sich durch den Konkurs den Gläubigern gegenüber gestaltet, zur klaren Anschauung zu bringen", damit dasselbe den Gläubigern bei den Beschlußfassungen, namentlich auch der Beschlußfassung über den Akkord, dem Verwalter bei der Geschäftsführung und bei der Aeußerung über Vorschläge der Gläubiger und des Schuldners und dem Gericht bei der Aufsicht und der Beschlußfassung über die Genehmigung von Beschlüssen und Anträgen zum Anhalt dienen kann, sind auch die Absonderungs-, die Aussonderungs-, die Masseansprüche, die Vorrechte mit aufzuführen.

Wie das Inventar aufzustellen ist, ist in der K.O. nicht vorgeschrieben. In Preußen kann das Verfahren bei der Aufnahme des Vermögensverzeichnisses vom Justizminister geregelt werden, Art. 126 des Ausf.-Ges. vom 21. September 1899 (die bisherigen Vorschriften des Tit. 5 Theil II der A.G.O. über die Inventur sind durch Art. 141 Nr. 1 des angeführten Gesetzes aufgehoben). Solange eine solche Bestimmung nicht getroffen ist, hat der Verwalter selbst zu erwägen, wie er das Inventar aufstellt, damit dasselbe den Zweck, eine möglichst sichere Uebersicht zu gewähren, erfüllt, er hat dabei den § 40 H.G.B. wegen seiner sachgemäßen Bestimmung zu befolgen, wonach sämmtliche Vermögensgegenstände und Schulden nach dem Werth, der ihnen in dem Zeitpunkt der Inventarerrichtung beizulegen ist, zweifelhafte Forderungen nach ihrem wahrscheinlichen Werth anzusetzen, uneinbringliche Forderungen abzuschreiben sind. Ebenso ist es selbstverständlich, daß der Verwalter das Inventar in deutscher Sprache aufzustellen, § 186 G.V.G, und daß er es, wie der § 114 ausdrücklich vorschreibt, zu unterzeichnen hat.

Der Verwalter hat außerdem eine in deutscher Sprache geschriebene, und von ihm unterzeichnete Bilanz, d. h. einen das Verhältniß des Vermögens und der Schulden darstellenden Abschluß, vgl. § 39 Abs. 1 H.G.B., aufzustellen und dem Gericht einzureichen.

Das Inventar und die Bilanz sind vom Verwalter auch dann aufzustellen und einzureichen, wenn das Konkursgericht nach § 123 Abs. 2 die Aufnahme des Aktivverzeichnisses ganz oder theilweise erlassen hat.

2. Das Inventar und die Bilanz sowie die Abschrift der Protokolle über die

etwa stattgefundene Siegelung sind in der Gerichtsschreiberei zur Einsicht der Betheiligten, d. h. des Gemeinschuldners und jedes Konkursgläubigers, niederzulegen.

Die Ab- und Aussonderungsberechtigten sowie die Massegläubiger haben ein Recht auf Einsichtnahme nicht. Jedem Konkursgläubiger das Recht zu gewähren, sich auf seine Kosten Abschrift des Inventars und der Bilanz geben zu lassen, wurde in den M. I „mit Rücksicht auf die zu erstrebende Verminderung des Schreibwerks" für bedenklich erklärt, wogegen bei der Revision der K.O. ein Antrag, ein dahin gehendes Recht der Gläubiger zu statuiren, abgelehnt wurde, nachdem der Antrag Seitens der Vertreter der Regierungen für überflüssig erklärt war, weil die Bestimmungen des § 65 K.O. und des bisherigen § 271 C.P.O. genügten. Nach § 65 K.O. und § 299 C.P.O. steht jedem Gläubiger das Recht zu, Abschriften des Inventars und der Bilanz auf seine Kosten zu verlangen, v. Sarwey-Bossert Anm. 2 und v. Wilmowski Anm. 2.

Das Recht, Einsichtnahme in die Geschäftsbücher zu verlangen, haben nur die Mitglieder des Gläubigerausschusses, § 88, nicht jeder Gläubiger. Ein Antrag, ihnen dies Recht zu gewähren, wurde abgelehnt, weil ein Konkurrent sich Einsicht in die Geschäftsverhältnisse des Gemeinschuldners nicht verschaffen solle, P. II, 29.

§. 125. (115.)

Nach der Anfertigung des Inventars kann der Verwalter oder ein Konkursgläubiger den Gemeinschuldner in eine Sitzung des Amtsgerichts, bei welchem das Konkursverfahren anhängig ist, zur Leistung des Offenbarungseides laden.

M. I. 318, 346; P. I. 84, 170; M. II —; P. II. 29.

1. Die Anfertigung des Inventars ist bestimmend für das Recht des Verwalters und der Konkursgläubiger, die Ableistung des Offenbarungseids vom Gemeinschuldner zu verlangen. Dies Recht besteht, sobald der Verwalter das Inventar fertiggestellt und zwar schon, bevor er die Abschrift desselben auf der Gerichtsschreiberei niedergelegt hat. Aber der Offenbarungseid dient zur Vervollständigung des Inventars und kann daher nur nach der Vorlegung desselben geleistet werden, die Ladung setzt indessen die Vorlegung des Inventars nicht voraus.

Legitimirt, die Manifestation zu fordern, ist jeder Konkursgläubiger, nicht ein Absonderungsberechtigter. Der Massegläubiger hat das Recht nicht auf Grund des § 125, wohl aber auf Grund der §§ 899 ff. C.P.O., er kann auch während des Verfahrens die Manifestation des Gemeinschuldners hinsichtlich des Konkurs- und des Sondervermögens verlangen, hinsichtlich des Konkursvermögens aber nach Maßgabe des § 903 C.P.O. nicht, wenn der Kridar bereits den Eid des § 125 geleistet hat.

Der Konkursgläubiger braucht einen Vollstreckungstitel nicht vorzulegen, er braucht nur nachzuweisen, daß er seine Forderung angemeldet und, falls der Kridar seine Legitimation bestreitet, daß sie begründet ist. Dieser Nachweis ist geführt, wenn die Forderung im Prüfungstermin anerkannt ist; der Widerspruch des Gemeinschuldners ist in dieser Beziehung ohne Bedeutung, denn er äußert seine Wirkung nur auf das Rechtsverhältniß des letztern zu dem Konkursgläubiger nach Beendigung des Verfahrens. Wird die Forderung vom Verwalter vor dem Prüfungstermin anerkannt, so kann der Gemeinschuldner die Legitimation des Antragstellers nicht mit Erfolg bestreiten. Den Konkursgläubiger erst nach dem Prüfungstermin zur Antragstellung für berechtigt zu erklären, wie es Oetker S. 519 thut, würde im Widerspruch mit dem Gesetz stehen, welches diese Berechtigung mit dem Zeitpunkt der Anfertigung des Inventars beginnen läßt.

2. Das Manifestationsverfahren ist außerhalb des Konkursverfahrens gestellt, M. I, es ist deshalb, wie in den M. I hervorgehoben und aus der Fassung des Gesetzes erhellt, nicht das Konkursgericht, sondern dasjenige Amtsgericht, bei welchem das Konkursverfahren anhängig ist, als Vollstreckungsgericht zuständig. Dadurch ist dies Gericht zugleich als ausschließlich kompetent erklärt, es ist daher zuständig, auch wenn das Konkursgericht seine Kompetenz mit Unrecht angenommen hat. Das aus dem Konkurs verwiesene Verfahren richtet sich nach den §§ 900 ff. C.P.O. Das Gericht entscheidet daher über den Widerspruch des Kridars zur Leistung des Eides, es ist ihm erforderlichen Falls die Konkurseröffnung — nicht die Rechtskraft des Eröffnungsbeschlusses —, die Legitimation des Verwalters oder des Gläubigers nachzuweisen. Es hat darüber Beweis aufzunehmen, hinsichtlich der Legitimation des Gläubigers über die Existenz seiner, nicht festgestellten, Forderung, § 900 Abs. 2 C.P.O.; die Eidesleistung erfolgt erst nach dem Eintritt der Rechtskraft der mit der sofortigen Beschwerde anfechtbaren Entscheidung. Der Eid ist in der Norm des § 807 C.P.O. zu leisten. Die Haft im Fall der Eidesweigerung ist nach §§ 901 ff. C.P.O. anzuordnen und zu vollstrecken. Die Haftkosten sind nach § 911 C.P.O., auch vom Verwalter aus der Masse, vorauszuzahlen, widrigenfalls die Haftentlassung erfolgt. Ist der Eid geleistet, so kann die nochmalige Eidesleistung von einem andern Gläubiger oder dem Verwalter nicht verlangt werden.

3. Eine Verpflichtung der Angehörigen oder Dienstboten des Gemeinschuldners zur Leistung des Offenbarungseids ist vom Gesetz nicht anerkannt. Gegen die Vorsteher von rechtsfähigen Vereinen oder Gesellschaften, gegen den Erben im Nachlaßkonkurs besteht die Verpflichtung wegen ihrer Rechtsstellung als Vertreter des Gemeinschuldners, s. auch § 260 B.G.B.

§. 126. (116.)

Die Zwangsverwaltung und die Zwangsversteigerung der zur Masse gehörigen unbeweglichen Gegenstände kann bei der zuständigen Behörde durch den Konkursverwalter betrieben werden.

M. I. 346—349; P. I. 84—86, 170; M. II —; P. II. 29, 30.

1. Der Verwalter darf die unbeweglichen Gegenstände aus freier Hand veräußern (s. darüber und über die Wirkungen einer solchen Veräußerung die Anm. 4 zu § 4), denn er übt die Rechte aus, welche der Gemeinschuldner ohne Eröffnung des Konkurses haben würde. Der § 126 giebt ihm das besondere Recht, diese Gegenstände auch im Wege der Subhastation oder der Sequestration zu verwerthen, ohne Unterschied, ob der Gegenstand, wie im § 127 vorausgesetzt wird, mit einem Absonderungsrecht belastet ist oder nicht (bisher streitig). Dies Recht ist ein besonderes Verwerthungsrecht, nicht die Befugniß zur Betreibung der Zwangsvollstreckung. Das Verfahren hat die Formen und Wirkungen, nicht aber den Charakter der Zwangsvollstreckung und erfordert nicht deren Voraussetzungen, R.G. 42, 89 und in J. W. 1886 S. 358[18], Wolff, Absonderungsrecht S. 187 ff. (nach bisherigem Recht streitig). Denn der Verwalter als Vertreter des Kridars kann in Ausübung dieser Vertretung gegen den Vertretenen nicht die Zwangsvollstreckung in Gegenstände, die der Ver-

tretung unterliegen, durchführen, und selbst wenn er nicht der Vertreter des Gemeinschuldners ist, so würde gegen den Kridar eine Zwangsvollstreckung weder begonnen, noch fortgesetzt werden können, weil derselbe in Bezug auf den Gegenstand der Zwangsvollstreckung nicht verfügungsfähig ist. Hätte diese Verwerthung den Charakter der Zwangsvollstreckung, so würde sie an der hier unmöglichen Voraussetzung des § 750 C.P.O. scheitern, daß eine Zwangsvollstreckung nur beginnen kann, wenn die Personen, für und gegen welche sie stattfinden soll, in dem Urtheil namentlich bezeichnet sind. Wenn von einer Zwangsvollstreckung gesprochen werden kann, so kann dieselbe nur gegen den Verwalter als denjenigen betrieben werden, welchem die Verfügung über die Sache zusteht, und zwar so wie gegen den Vormund des verpflichteten Mündels. Der Verwalter betreibt daher nicht die Zwangsvollstreckung, sondern die Verwerthung in den Formen und mit den Wirkungen der Subhastation oder der Zwangsverwaltung, wie es der Erbe nach § 175 Z.V.G. und der Miteigenthümer nach § 180 Z.V.G. thut. Er ist nicht betreibender Gläubiger, aber er ist die betreibende Person, als solche hat er in einem Verfahren, welches sich in den Formen der Zwangsvollstreckung bewegt, die Stellung des betreibenden Gläubigers, und da er zugleich der Vertreter des Gemeinschuldners ist, so „vereinigt er", wie in den Motiven zu § 172 Z.V.G. gesagt ist, „in seiner Person die Stellung des betreibenden Gläubigers und des Schuldners."

Handelt es sich nicht um eine Zwangsvollstreckung, so bedarf der Verwalter weder eines Vollstreckungstitels, nach der Vollstreckungsklausel (bisher streitig), er hat lediglich nachzuweisen, daß der Schuldner der eingetragene Eigenthümer der Sache resp. der Eigenbesitzer des registrirten Schiffs und im Fall der Zwangsverwaltung der Eigenbesitzer, und daß er selbst der Konkursverwalter ist. Als Vertreter des Schuldners hat er die Rechte und Pflichten des Schuldners, der Gemeinschuldner selbst braucht zum Verfahren nicht zugezogen zu werden, er ist aber berechtigt, für sich mitzubieten, doch kann er dies hinsichtlich der Verpflichtung zur Stellung der Bietungskaution nur unter den Bedingungen, unter denen er es außerhalb des Konkurses dürfte. Der Verwalter hat dagegen in Ansehung der Pflicht zur Stellung der Bietungskaution nicht die Verpflichtung des Schuldners, weil die Vorschriften des 1. und 2. Abschnitts des Z.V.G. nach § 172 auf die vom Verwalter beantragte Zwangsversteigerung nur entsprechende Anwendung finden sollen, die Zweifelhaftigkeit der Zahlungsfähigkeit aber gegen ihn nicht in Betracht kommt, da die Verpflichtung aus dem Meistgebot nach § 59[1] K.O. als Masseschuld gilt. Ist dagegen die Zwangsversteigerung auf Betreiben eines Gläubigers angeordnet oder fortgesetzt, so ist der Verwalter in jeder Beziehung nichts anderes als der Vertreter des Gemeinschuldners.

Der Konkursverwalter ist berechtigt, das von ihm beantragte Verfahren zurückzunehmen; ist aber ein Absonderungs- oder ein Massegläubiger beigetreten, so hat die Zurücknahme die Einstellung des Verfahrens nicht zur Folge.

2. Die zur Konkursmasse gehörigen unbeweglichen Gegenstände sind diejenigen Objekte, in welche die Immobiliarzwangsvollstreckung zulässig ist. Dies sind a) die Grundstücke, b) die eingetragenen Schiffe, §§ 162 ff. Z.V.G., §§ 864 Abs. 1, 870 Abs. 2 C.P.O., c) die selbstständigen Berechtigungen, für welche die sich auf Grundstücke beziehenden Vorschriften gelten, §§ 864 Abs. 1, 870 Abs. 1 C.P.O. (in Preußen nur, wenn die selbstständige Gerechtigkeit im Grundbuch eingetragen ist, sofern es sich nicht um eine selbstständige Kohlenabbaugerechtigkeit in den vormals Sächsischen Landestheilen handelt, Art. 40 Ausf.-Ges. vom 20. September 1899); d) die Bahneinheit, sowie das Nutzungsrecht an einer Eisen- oder Kleinbahn und den dem Betrieb gewidmeten Gegen-

ständen, wenn ein anderer als der Eigenthümer der Bahn deren Betrieb kraft eignen Nutzungsrechts ausübt, und das Nutzungsrecht bezw. die dem Betrieb gewidmeten Gegenstände nach landesgesetzlicher Vorschrift in Ansehung der Zwangsvollstreckung zum unbeweglichen Vermögen gehören, Art. 112 E.G. z. B.G.B., § 871 C.P.O., in Preußen Ges. vom 19. Aug. 1895, e) das bewegliche Zubehör, s. darüber Wolff, Anm. 5, 6 zu § 20 Z.V.G.

Die Verwerthung kann im Wege der Immobiliarzwangsvollstreckung nur soweit betrieben werden, als dieselbe zulässig ist. In registrirte Schiffe kann der Verwalter daher die Zwangsverwaltung nicht betreiben, weil das Z.V.G. sie nicht gestattet.

3. Die Verwerthung in den Formen der Immobiliarzwangsvollstreckung ist in den §§ 172—174 Z.V.G. besonders geregelt:

§. 172: Wird die Zwangsversteigerung oder die Zwangsverwaltung von dem Konkursverwalter beantragt, so finden die Vorschriften des ersten und zweiten Abschnitts entsprechende Anwendung, soweit sich nicht aus den §§. 173, 174 ein Anderes ergiebt.

§. 173: Der Beschluß, durch welchen das Verfahren angeordnet wird, gilt nicht als Beschlagnahme. Im Sinne der §§. 13, 55 ist jedoch die Zustellung des Beschlusses an den Konkursverwalter als Beschlagnahme anzusehen.

§. 174: Hat ein Gläubiger für seine Forderung gegen den Gemeinschuldner ein von dem Konkursverwalter anerkanntes Recht auf Befriedigung aus dem Grundstücke, so kann er bis zum Schlusse der Verhandlung im Versteigerungstermine verlangen, daß bei der Feststellung des geringsten Gebots nur die seinem Anspruche vorgehenden Rechte berücksichtigt werden; in diesem Falle ist das Grundstück auch mit der verlangten Abweichung auszubieten.

Im Einzelnen s. Wolff, Kommentar Anm. zu §§ 172—174, Anm. 8 zu § 175, Anm. zu § 178, Anm. 6, 12 zu § 180, Anm. 3 zu § 182 Anm. 2 zu § 183 Z.V.G.

§. 127. (117.)

Der Verwalter ist berechtigt, die Verwerthung eines zur Masse gehörigen beweglichen Gegenstandes, an welchem ein Gläubiger ein durch Rechtsgeschäft bestelltes Pfandrecht oder ein diesem gleichstehendes Recht beansprucht, nach Maßgabe der Vorschriften über die Zwangsvollstreckung oder über den Pfandverkauf zu betreiben. Der Gläubiger kann einer solchen Verwerthung nicht widersprechen, vielmehr seine Rechte nur auf den Erlös geltend machen.

Ist der Gläubiger befugt, sich aus dem Gegenstande ohne gerichtliches Verfahren zu befriedigen, so kann auf Antrag des Verwalters das Konkursgericht dem Gläubiger nach dessen Anhörung eine Frist bestimmen, innerhalb welcher er den Gegenstand zu verwerthen hat. Nach dem Ablaufe der Frist findet die Vorschrift des ersten Absatzes Anwendung.

M. I. 346—349; P. I. 86, 87, 170; M. I. 41; P. II. 29—31.

1. Der Abs. 1 Satz 1 lautete bisher: „Der Verwalter ist berechtigt, die Verwerthung eines zur Masse gehörigen beweglichen Gegenstandes, an welchem ein Gläubiger ein Faustpfandrecht oder ein diesem gleichstehendes Recht beansprucht, nach

Maßgabe der Vorschriften über die Zwangsvollstreckung zu betreiben." Der Ausdruck „Faustpfandrecht" ist, vgl. § 48, mit der Ausdrucksweise des B.G.B. in Uebereinstimmung gebracht. Die Befugniß, die Verwerthung auch nach den Vorschriften über den Pfandverkauf zu betreiben, ist dem Verwalter gegeben, weil die Verwerthung nach den Vorschriften über den Zwangsverkauf nicht selten zu ungünstigen Ergebnissen führe, und es daher dem praktischen Bedürfnisse entspreche, den Verwalter auch zur Verwerthung nach Maßgabe des §§ 1233 B.G.B. zu berechtigen.

2. Der Verwalter darf Gegenstände, die mit einem Spezialabsonderungsrecht nicht belastet sind, in gleicher Weise veräußern, wie es der Gemeinschuldner durfte. Er ist auch nicht gehindert, die mit einem allgemeinen Absonderungsrecht belasteten Gegenstände der §§ 51, 52 zu veräußern, s. darüber Anm. zu §§ 3, 51, 52. Aber auch die Gegenstände, an denen ein spezielles Absonderungsrecht haftet, darf er aus freier Hand veräußern. Aber in diesem Fall ist er, wenn der Absonderungsgläubiger den Besitz der Sache hat, behindert, dem neuen Erwerber den Besitz zu übertragen, und, soweit er hierzu im Stande ist, § 931 B.G.B., geht die Sache nur mit dem Absonderungsrecht belastet auf den Erwerber über. Der § 127 giebt ihm daher das besondere Recht, das Eigenthum an dem Absonderungsgegenstand unbehindert und unbelastet dem Erwerber zu übertragen, aber, um diese Wirkung zu erzielen, muß die Veräußerung in den Formen der Zwangsvollstreckung oder des Pfandverkaufs geschehen.

Dies Recht des Verwalters erstreckt sich auf Gegenstände jeder Art, also auch auf Forderungen und andere Rechte, es beschränkt sich aber auf bewegliche Gegenstände d. h. auf Gegenstände, in welche die Mobiliarzwangsvollstreckung zulässig ist, da diejenigen Gegenstände, welche der Immobiliarzwangsvollstreckung unterliegen, nach § 126 verwerthet werden können.

3. Die Verwerthung „nach Maßgabe der Vorschriften über die Zwangsvollstreckung" bewegt sich, wie Anm. 1 zu § 126 erörtert ist, auf welche hier verwiesen wird, in den Formen der Zwangsvollstreckung und hat die Wirkung der Zwangsvollstreckung, sie ist aber keine Zwangsvollstreckung und bedarf daher auch der Voraussetzungen derselben nicht. Deshalb ist, wenn ein Dritter den Gegenstand als ihm gehörend in Anspruch nimmt, der ausschließliche Gerichtsstand des § 771 C.P.O. nicht begründet, R.G. in J. W. 1893 S. 153. Da die Verwerthung eine Zwangsvollstreckung nicht ist, so richtet sie sich nicht gegen eine bestimmte Person. v. Völderndorff Anm. I und Willenbücher Anm. 3 meinen, daß die Zwangsvollstreckung sich nicht gegen den Schuldner richten könne, weil dieser über die Sache kein Verfügungsrecht habe, „also" müsse sie sich gegen den Absonderungsberechtigten richten"; es ist aber nicht folgerichtig, daß eine bei der Sache interessirte Person der Gegner sein müsse, weil eine andere Person es nicht sein kann. Aber die Vorschriften der C.P.O. über die Stellung des Schuldners und des Gläubigers müssen doch insoweit hier in entsprechender Weise zur Anwendung kommen, als die Verwerthung, die sich in den Formen der Zwangsvollstreckung bewegt, sich nicht ohne Beziehung auf eine Person denken läßt, welche die Stellung des Schuldners hat. Der Verwalter hat auch in diesem Verfahren die Stellung des Schuldners, der Absonderungsberechtigte die des Gläubigers; diese Personen sind die rechtlich und thatsächlich interessirten. Deshalb erfolgen die Zustellungen und Benachrichtigungen des Gerichtsvollziehers, welche sonst dem Schuldner zu machen sind, an den Verwalter, dieser hat auch das Recht des Schuldners, bei der Versteigerung für die Masse mitzubieten mit der Wirkung, daß die erstandene Sache unbelastet der Masse verbleibt. Der Schuldner

selbst wird nicht zugezogen, er ist aber berechtigt, für sich persönlich mitzubieten, doch kann er dies nur unter den Bedingungen, unter welchen er außerhalb des Konkurses als Schuldner mitbieten dürfte, weil seine Rechtsstellung durch die Eröffnung des Konkurses nicht verbessert wird.

Der Verwalter braucht einen Vollstreckungstitel nicht vorzulegen, seine Legitimation zu der Verwerthung des § 127 weist er dem Gerichtsvollzieher durch seine Bestallung nach. Die entgegenstehende Meinung, daß der mit der Vollstreckungsklausel versehene Beschluß über die Eröffnung des Konkurses als Vollstreckungstitel vorzulegen sei, verkennt, daß der Eröffnungsbeschluß nur gegen den Kridar gerichtet ist, gegen diesen aber die Zwangsvollstreckung nicht betrieben werden kann, und daß ein Verfahren, welches gegen eine bestimmte Person überhaupt nicht betrieben wird, auch einen Vollstreckungstitel nicht zur Voraussetzung haben kann, da ein Vollstreckungstitel stets nur gegen eine bestimmte Person erlassen werden kann, § 750 C.P.O. Auch des Nachweises der Belastung der Sache mit einem Absonderungsrecht bedarf es dem Gerichtsvollzieher gegenüber nicht.

Da sich das Verfahren in den Formen der Zwangsvollstreckung bewegt, so kann es nur mit der Pfändung beginnen. Es wird zwar behauptet, v. Wilmowski Anm. 3, v. Sarwey-Bossert Anm. 3 und Willenbücher Anm. 3, daß eine Pfändung gegen den Gemeinschuldner überflüssig sei, weil die Verwerthung nicht eine Zwangsvollstreckung sei und ein Pfändungspfandrecht nicht begründet werde. Gegen den Gemeinschuldner findet das Verfahren allerdings nicht statt und ein Pfändungspfandrecht kann nicht entstehen, weil dasselbe nach § 804 C.P.O. nur für den betreibenden Gläubiger begründet werden kann, und ein solcher hier nicht vorhanden ist. Da die Verwerthung des § 127 aber nur auf dem Wege der Zwangsvollstreckung geschehen kann, und dieser Weg nur von der Pfändung ausgehen darf (§ 805 C.P.O.: „die Zwangsvollstreckung in das bewegliche Vermögen erfolgt durch Pfändung"), so kann auch diese Verwerthung, da es eine andere Form der Zwangsvollstreckung als die mit der Pfändung beginnende nicht giebt, ohne Pfändung nicht beginnen. Aus dem Umstande, daß die Pfändung hier ein Pfandrecht nicht begründet, ergiebt sich die Unzulässigkeit der Pfändung nicht, weil ein Rechtsakt nicht deshalb unzulässig oder überflüssig ist, weil eine besondere Wirkung desselben in einem Fall besonderer Art nicht eintritt. Die Pfändung ist auch nicht überflüssig, da sie die Grundlage des ganzen Zwangsvollstreckungsverfahrens ist: Nachdem sie erfolgt ist, also nachdem der Gerichtsvollzieher die Sache in Besitz genommen oder seinen Besitz durch die Anlegung von Siegeln oder auf andere Weise ersichtlich gemacht hat, hat sich der Absonderungsgläubiger ihr nur anzuschließen, nicht aber ein besonderes Vollstreckungsverfahren zu betreiben, und, wenn er es dennoch thut, bleibt die Kompetenz des vom Verwalter beauftragten Gerichtsvollziehers doch für das gesammte Verfahren begründet, § 827 C.P.O.; von der Pfändung an beginnt die Frist des § 816 C.P.O. zu laufen; erst wenn die Pfändung erfolgt ist, läßt sich absehen, ob und wann die Versteigerung stattzufinden hat; nur wenn sie nach §§ 808, 809 C.P.O. zulässig ist, kann die Versteigerung erfolgen.

Die Pfändung ist auch nöthig, wenn es sich um eine Forderung oder ein anderes Recht handelt. v. Wilmowski und v. Sarwey-Bossert a. a. O. meinen dagegen, daß die Pfändung und Ueberweisung überflüssig und bereits durch den offenen Arrest bewirkt sei. Durch den offenen Arrest wird aber, wie Stieglitz S. 500 richtig bemerkt, dem Drittschuldner nur verboten, an den Gemeinschuldner, nicht aber an den Absonderungsberechtigten zu zahlen. Aber auch Stieglitz hält die Ueberweisung für überflüssig, wie auch in der Komm. I, P. I. 87, hervorgehoben ist: „im Falle des

Abs. 1 des § 117 sollten lediglich die prozessualen Vorschriften über die Zwangsvollstreckung Anwendung finden, nur der Ueberweisung der beizutreibenden Forderungen an den Verwalter bedürfe es nicht, weil die Forderungen schon zur Konkursmasse gehören." Die Zwangsvollstreckung in eine Geldforderung kann aber nur durch Pfändung und Ueberweisung und letztere nur durch Einziehung oder an Zahlungsstatt erfolgen. Behauptet man, die Ueberweisung auf Antrag des Verwalters könne oder brauche nicht zu erfolgen, so würde man dem Verwalter den einzigen Weg zur Verwerthung der Forderung im Sinne des § 127 K.O. abschneiden. An Zahlungsstatt kann die Ueberweisung zwar nicht stattfinden, weil diese Ueberweisung einen Anspruch voraussetzt, der aus der überwiesenen Forderung berichtigt werden soll, der Verwalter aber einen solchen Anspruch nicht hat, es bleibt daher nur die Ueberweisung zur Einziehung übrig. Nach der Pfändung und dieser Ueberweisung hat der Verwalter das ihm sonst nicht zustehende Recht, die Herausgabe der zur Einziehung erforderlichen Urkunden vom Absonderungsberechtigten zu verlangen. Dieses Recht gründet sich nicht auf den § 836 Abs. 3 C.P.O., welcher nur den Schuldner zur Herausgabe der über die Forderung vorhandenen Urkunde verpflichtet — aber auch dies Recht gegen den Schuldner erlangt der Verwalter erst durch die Ueberweisung —, es kann daher, da der Pfandgläubiger nicht die Stellung des Schuldners hat, von ihm auch nicht ohne Klage durchgeführt werden, es gründet sich vielmehr auf das durch den § 127 zwischen dem Verwalter und dem Pfandgläubiger entstandene Rechtsverhältniß, durch welches dem letztern die Verpflichtung obliegt, die Pfandsache zum Zweck der Verwerthung herauszugeben, sobald der erstere die Verwerthung vornimmt, welche nur durch Pfändung und Ueberweisung erfolgen kann.

Da der Verwalter das Recht hat, die Verwerthung in den Formen der Zwangsvollstreckung zu betreiben, hat der Absonderungsberechtigte die Pflicht, dem Verwalter die Ausübung dieses Rechts zu gestatten. Er hat daher, wenn er nicht das Recht der Selbstverwerthung des Abs. 2 hat, dem Verwalter bezw. dem Gerichtsvollzieher den zu verwerthenden Gegenstand zum Zweck der Verwerthung herauszugeben. Handelt er dieser Verpflichtung zuwider, so kann er zu ihrer Erfüllung nur im Prozeßwege angehalten werden, da er der Kompetenz des Konkursgerichts nicht untersteht. — Durch die Veräußerung des Gegenstands verliert er sein Recht an den Gegenstand, der unbelastet in das Eigenthum des Erwerbers übergeht, an die Stelle des Gegenstands tritt der Erlös, d. h. der Reinerlös nach Abzug der Verwerthungskosten. Wird derselbe vom Verwalter mit dem Konkursvermögen vermischt, so tritt an Stelle des Absonderungsrechts am Erlös eine Masseforderung bis zum Belauf des Erlöses, § 59 Nr. 1.

4. Den Pfandverkauf, nach dessen Vorschriften dem Verwalter ein ferneres Recht der Verwerthung gegeben ist, übt der Pfandgläubiger aus; der Verwalter, dem die Ausübung dieses Rechts gestattet ist, hat daher an sich die Rechtsstellung eines Pfandgläubigers, und da er zugleich Vertreter des Pfandschuldners ist, vereinigt er auch in dieser Beziehung die Rechte des Pfandschuldners und des Pfandgläubigers in sich. Da er die Rechte des Eigenthümers vertritt, so fallen die besonderen Verpflichtungen fort, die dem Pfandgläubiger dem Schuldner gegenüber bestehen, die Androhung des § 1234 B.G.B. und die Benachrichtigung der §§ 1237, 1241 B.G.B. haben daher zu unterbleiben. Der Pfandgläubiger behält bis zum Verkauf der Sache sein Pfandrecht, er ist deshalb als Betheiligter anzusehen und daher nach § 1237 B.G.B. von Zeit und Ort der Versteigerung zu benachrichtigen.

Die Wirkung der Verwerthung durch den Verwalter besteht auch hier in dem Erlöschen des Absonderungsrechts, § 1242 Abs. 2 B.G.B., auch wenn das Absonderungsrecht in einem dem Pfandrecht vorgehenden Nießbrauch besteht. An Stelle des Pfandrechts tritt der Erlös nach Maßgabe der Anm. 3.

Wie bei der Verwerthung nach den Vorschriften der Zwangsvollstreckung hat der Pfandgläubiger die in seinem Besitz befindlichen Sachen dem Verwalter auch für die Verwerthung durch Pfandverkauf herauszugeben, sofern er nicht das Recht der Selbstverwerthung des Abs. 2 hat.

Der Pfandverkauf erfolgt nach §§ 1235 ff. B.G.B. Da der Verwalter auch die Rechtsstellung des Eigenthümers hat, so ist er nicht behindert, mit dem Pfandgläubiger eine von den Vorschriften der §§ 1234—1240 B.G.B. abweichende Art des Pfandverkaufs zu vereinbaren.

Durch den Pfandverkauf werden die beweglichen körperlichen Pfandsachen, sowie die Inhaberpapiere, § 1293 B.G.B., und können die indossablen Papiere, welche einen Börsen- oder Marktpreis haben, § 1295 B.G.B., verwerthet werden.

Die Befriedigung aus Forderungen erfolgt Seitens des Pfandgläubigers durch Einziehung, § 1282 B.G.B., die Vorschriften über den Pfandverkauf kommen auf sie nicht zur Anwendung, der Verwalter kann ihre Verwerthung daher nur nach den in Anm. 3 erörterten Vorschriften über die Zwangsvollstreckung vornehmen. Dasselbe gilt in Ansehung anderer, nicht der Immobiliar-Zwangsvollstreckung unterliegenden Rechte, aus welchen sich der Pfandgläubiger nach § 1277 B.G.B. nur im Wege der Zwangsvollstreckung befriedigen darf, die der Verwalter daher nach Anm. 3 durch Pfändung und Ueberweisung zur Einziehung verwerthet, ohne daß er dazu eines Vollstreckungstitels bedarf.

5. Das Recht des Verwalters, zum Zweck der Verwerthung die Herausgabe der Pfandsache von dem Pfandgläubiger zu verlangen, besteht an sich nicht, wenn der letztere das Recht hat, sich aus dem Pfandgegenstande ohne ein gerichtliches Verfahren selbst zu befriedigen. Dies Recht stand dem Pfandgläubiger bisher nur in beschränktem Maße zu; besonders nach Preuß. Recht, §§ 197—199 A.L.R. I, 20, konnte der Gläubiger nur den gerichtlichen Verkauf nachsuchen. Jetzt ist das Verhältniß umgekehrt: der Pfandgläubiger ist jetzt zum Verkauf selbst befugt, § 1228 B.G.B., und diese Vorschrift gilt auch für das kraft Gesetzes entstandene Pfandrecht, § 1257 B.G.B. Das Selbstverwerthungsrecht fehlt dem Pfandgläubiger nur dann, wenn dasselbe vertragsmäßig ausgeschlossen ist, sowie bei einem Pfandrecht an einem Recht, welches nicht in einer Forderung besteht, § 1277 B.G.B., und drittens zeitweise solange, als die durch das Pfandrecht gesicherte Forderung noch bedingt oder betagt ist. In allen andern Fällen kann er der Verwerthung durch den Verwalter widersprechen. Dieser hat dagegen die Befugniß, dem Gläubiger eine Frist zur Verwerthung des Pfandes setzen zu lassen, nach deren fruchtlosem Ablauf das Verwerthungsrecht des Verwalters mit der Befugniß eintritt, die Herausgabe des Pfandobjekts zum Zweck der Befriedigung zu verlangen.

Für die Fristbestimmung ist das Konkursgericht zuständig, eine Ausnahme von der Regel, welche das Rechtsverhältniß zwischen dem Verwalter und dem Absonderungsgläubiger nur durch das Prozeßgericht erledigen läßt. Die Fristbestimmung, welche nach Anhörung des Gläubigers zu erfolgen hat, ist eine Entscheidung, gegen welche dem Verwalter und jedem Betheiligten und, da in diesem Fall der Absonderungsberechtigte unter die Kompetenz des Konkursgerichts gestellt ist, auch diesem die sofortige Beschwerde zusteht. Die Zustellung an den Absonderungsgläubiger kann nach § 73 Abs. 2 K.O., § 329 Abs. 3 C.P.O. wirksam nur von amtswegen, nicht auch, wie v. Wilmowski Anm. 6 meint, durch den Verwalter erfolgen. Da das Selbstverwerthungsrecht des Gläubigers durch die Vorschrift des Abs. 2, nach welcher er nur angehalten wird, von seinem Rechte rechtzeitig Gebrauch zu machen, an sich nicht verändert wird, so entscheidet der Fristbeschluß nicht über die Frage, ob der Gläubiger ein Absonderungsrecht, auch nicht, ob er das Recht der Selbstverwerthung hat; diese Fragen sind vielmehr, wenn sie streitig werden, vom Prozeßgericht zu entscheiden.

Die gesetzte Frist kann unter Zustimmung beider Theile verlängert oder verkürzt, auf einseitigen Antrag kann die Frist nicht verändert werden, wenn der Beschluß eine Entscheidung, d. h. nach Anhörung der Absonderungsberechtigten erlassen ist, Anm. 1 zu § 73, aber das Beschwerdegericht kann die Fristbestimmung, wenn sie nicht angemessen ist, abändern.

Die Folge der Nichtbeachtung der Frist besteht nicht unbedingt in dem Verlust des Verwerthungsrechts, sondern nur in dem Verlust des Rechts, der Verwerthung Seitens des Verwalters in der Form der Zwangsvollstreckung oder des Pfandverkaufs zu widersprechen. Der Absonderungsgläubiger darf daher trotz der Fristversäumniß sein Selbstverwerthungsrecht so lange noch geltend machen, bis der Verwalter von seinem Verwerthungsrechte Gebrauch macht. Sobald aber der Verwalter dem Gläubiger, auch nur mündlich, erklärt hat, daß er nunmehr selbst die Verwerthung in der Form der Zwangsvollstreckung oder des Pfandverkaufs betreiben wolle, darf der Gläubiger die noch nicht vollendete Veräußerung nach Ablauf der Frist nicht mehr fortsetzen bezw. die noch nicht begonnene nicht anfangen.

Mit dieser Erklärung des Verwalters erlischt das Selbstverwaltungsrecht für die Dauer des Konkurses, und die trotz der Erklärung des Verwalters vom Absonderungsberechtigten vorgenommene Veräußerung wirkt nur so wie die Veräußerung eines Unbefugten nach § 1244 B.G.B. und hat die Verpflichtung des Gläubigers zum Schadensersatz gegenüber der Konkursmasse zur Folge.

Da der Absonderungsberechtigte innerhalb der ihm gesetzten Frist den Pfandgegenstand zu *verwerthen* hat, muß die Veräußerung innerhalb der Frist beendet sein, widrigenfalls der Verwalter durch Geltendmachung seines Veräußerungsrechts die Fortsetzung der Veräußerung Seitens des Absonderungsberechtigten verhindern kann.

6. Das R.G. 14, 2 bezieht den § 127 auch auf den Masseglänbiger, welchem ein Absonderungsrecht an einem Gegenstand der Masse zusteht.

§. 128.

Ist der Gemeinschuldner Vorerbe, so darf der Verwalter die zur Erbschaft gehörigen Gegenstände nicht veräußern, wenn die Veräußerung im Falle des Eintritts der Nacherbfolge nach §. 2115 des Bürgerlichen Gesetzbuchs dem Nacherben gegenüber unwirksam ist.

M. I —; P. I —; M. II. 41; P. II —.

Der § 128, welcher den § 773 C.P.O. entspricht, ist oben Anm. 8 E 3 zu § 1 erörtert. Eine Zuwiderhandlung begründet eine Masseforderung, aber auch einen Regreßanspruch des Nacherben gegen den Verwalter persönlich.

§. 129. (118.)

Bis zur Beschlußfassung durch eine Gläubigerversammlung kann der Verwalter mit Genehmigung des Gerichts oder, wenn von dem

Gerichte ein Gläubigerausschuß bestellt ist, mit dessen Genehmigung dem Gemeinschuldner und der Familie desselben nothdürftigen Unterhalt aus der Konkursmasse gewähren.

Bis zur Beschlußfassung durch eine Gläubigerversammlung hat der Verwalter nach seinem Ermessen das Geschäft des Gemeinschuldners zu schließen oder fortzuführen und die Gelder, Werthpapiere und Kostbarkeiten nach Anordnung des Gerichts zu hinterlegen. Ist von dem Gerichte ein Gläubigerausschuß bestellt, so beschließt dieser über die Schließung oder die Fortführung des Geschäfts und über die Hinterlegung der Gelder, Werthpapiere und Kostbarkeiten.

M. I. 350—353; P. I. 87, 89, 90, 170; M. II —; P. II —.

1. Der Gemeinschuldner hat kein Recht auf Bewilligung einer Unterstützung, noch ein klagbares Recht aus der Bewilligung, s. darüber Anm. 3 zu § 58. Es kann ihm nur eine Unterstützung gewährt werden, die Bewilligung erfolgt bis zur Beschlußfassung durch die Gläubigerversammlung nur durch den Verwalter, der der Genehmigung des Gerichts und, wenn ein Gläubigerausschuß bestellt ist, der Genehmigung des letztern statt derjenigen des Gerichts bedarf. Der Verwalter kann aber vom Gericht vermöge der Aufsicht des letztern zur Gewährung der Unterstützung angehalten werden, wenn dieselbe im Interesse der Konkursmasse liegt. Die Bewilligung ist nur eine provisorische bis zur Beschlußfassung durch eine Gläubigerversammlung. Da aber die Beschlußfassung einer Gläubigerversammlung das Recht des Verwalters begrenzt, so besteht dies Recht so lange, bis eine solche Versammlung über die Frage, ob und welche Unterstützung gewährt werden soll, Beschluß gefaßt hat. Hat die erste Gläubigerversammlung einen solchen Beschluß nicht gefaßt, so läuft die vom Verwalter bewilligte Unterstützung weiter, und kann der Verwalter mit Genehmigung des Gerichts bezw. des Gläubigerausschusses eine Unterstützung bewilligen, die bewilligte erhöhen, ermäßigen und einstellen, a. M. nur Fitting § 23 Anm. 47.

Der vom Verwalter bewilligte Unterhalt darf nur ein nothdürftiger sein, während die Gläubigerversammlung, § 132, einen standesgemäßen Unterhalt bewilligen darf. Der Unterhalt darf auch nach dem Tode des Kridars für die Familie gewährt werden. Zur Familie gehören der Ehegatte und diejenigen Verwandten und Verschwägerten, welche mit dem Kridar zusammen wohnen und von ihm erhalten werden müßten, wenn er nicht in Konkurs verfallen wäre, v. Sarwey-Bossert Anm. 4, Stieglitz Anm. II, Fitting § 23 Anm. 42, a. M. Petersen-Kleinfeller Anm. I 1, v. Völderndorff Anm. e und v. Wilmowski Anm. 2, welche, abgesehen von Frau und Kindern, alle mit dem Kridar zusammenlebenden Verwandten zur Familie im Sinne des § rechnen. Zum Unterhalt kann auch die Wohnung gehören, deren Gewährung die Realgläubiger nicht widersprechen können; ist die Zwangsversteigerung oder Zwangsverwaltung eingeleitet, so entscheiden in dieser Beziehung die §§ 24, 149 Z.V.G.

Die Genehmigung des Gerichts ist eine der Anfechtung durch die Betheiligten unterliegende Entscheidung; die Genehmigung des Gläubigerausschusses ist nicht anfechtbar, aber die Mitglieder des Ausschusses sind ebenso wie der Verwalter für die Genehmigung bezw. die Bewilligung den Betheiligten persönlich verantwortlich, §§ 82, 89. Das Gericht kann die vom Ausschuß genehmigte Bewilligung nicht aufheben.

2. Ueber die Frage, ob ein Geschäft des Kridars fortzuführen oder zu schließen ist, entscheidet definitiv die Gläubigerversammlung, § 132; bis dies geschehen, hängt die Entscheidung der Frage in der in Anm. 1 angegebenen Weise von dem Ermessen des Verwalters, ohne daß eine Genehmigung des Gerichts zu ertheilen ist, und, wenn ein Gläubigerausschuß bestellt ist, von dessen Ermessen ab. Soll das Geschäft geschlossen werden, so muß der Gemeinschuldner vorher gehört werden, § 130 Abs. 1, und kann das Gericht unter den Voraussetzungen des § 130 Abs. 2 die Schließung untersagen. Unter dem Geschäft ist ein Handelsgeschäft der §§ 1, 2, 3 Abs. 2 H.G.B. zu verstehen. Einer neuen gewerbepolizeilichen Genehmigung bedarf es nicht, wenn der Kridar das Geschäft für Rechnung der Masse fortsetzt, weil er nach wie vor Eigenthümer des Geschäfts ist; setzt der Verwalter das Geschäft selbst fort, so muß er als Vertreter des Gemeinschuldners nach § 45 Gew.O. den für das Gewerbe besonders vorgeschriebenen persönlichen Erfordernissen genügen.

3. Ueber die Frage, ob Gelder, Werthpapiere und Kostbarkeiten zu hinterlegen sind, beschließt das Gericht und wenn ein Gläubigerausschuß bestellt ist, dieser an Stelle des Gerichts provisorisch bis zur Beschlußfassung einer Gläubigerversammlung, Anm. 1. Die Hinterlegung braucht nicht bei der staatlichen Hinterlegungsstelle zu erfolgen, das Gericht bezw. der Gläubigerausschuß haben die Hinterlegungsstelle zu bezeichnen, und sind für ihren Beschluß verantwortlich. Der Verwalter führt den Beschluß nur aus. Der Beschluß des Gerichts über die Hinterlegung, sowie der Beschluß, durch welchen ein diesbezüglicher Antrag des Verwalters oder eines Betheiligten zurückgewiesen ist, ist eine der Anfechtung unterliegende Entscheidung.

§. 130.

Soll nach §. 129 das Geschäft des Gemeinschuldners geschlossen werden, so hat der Verwalter vor der Beschlußfassung des Gläubigerausschusses oder, wenn ein Gläubigerausschuß nicht bestellt ist, vor der Schließung des Geschäfts dem Gemeinschuldner, sofern derselbe ohne Aufschub zu erlangen ist, von der beabsichtigten Maßregel Mittheilung zu machen.

Das Gericht kann auf Antrag des Gemeinschuldners die Schließung des Geschäfts untersagen, wenn der Gemeinschuldner einen Zwangsvergleichsvorschlag eingereicht hat.

M. I —; P. I —; M. II. 41, 42; P. II —.

Gegen den Beschluß des Gläubigerausschusses über die Schließung des Geschäfts ist ein Rechtsmittel nicht gegeben, deshalb ist dem Gericht die Befugniß ertheilt, auf Antrag des Gemeinschuldners die Schließung des Geschäfts zu untersagen, wenn derselbe einen Vergleichsvorschlag eingereicht hat. Dasselbe gilt, wenn der Verwalter die Schließung des Geschäfts beabsichtigt oder bereits ausgeführt hat. Diese Anordnung des Gerichts unterliegt der Anfechtung des Verwalters und jedes andern Betheiligten, ebenso der Beschluß des Gerichts, durch welchen der Antrag des Gemeinschuldners abgewiesen ist. Die Anordnung bleibt in Wirksamkeit, bis eine Gläubigerversammlung, Anm. 1 zu § 129, über die Schließung des Geschäfts Beschluß gefaßt hat, die Versammlung ist an die Anordnung des Gerichts nicht gebunden, aber das Gericht kann die Ausführung des Beschlusses unter den Voraussetzungen des § 99 untersagen. Die Anordnung des Gerichts fällt schon vor der Beschlußfassung der Gläubigerversammlung fort, wenn der Gläubigerausschuß den Vergleichsvorschlag für unannehmbar erklärt hat, Anm. 2 zu § 177.

§. 131. (119.)

In der ersten Gläubigerversammlung hat der Verwalter über die Entstehung der Zahlungsunfähigkeit des Gemeinschuldners, über die Lage der Sache und über die bisher ergriffenen Maßregeln zu berichten.

M. I. 351, 352; P. I. 87, 170; M. II —; P. II. 31, 32.

Die M. I gehen davon aus, daß der Vortrag mündlich gehalten wird, das Gesetz, welches nur von einem Bericht spricht, schließt aber, wie unstreitig ist, die Verlesung eines schriftlichen Berichts nicht aus. Jeder Gläubiger ist berechtigt, Fragen zu stellen, die der Verwalter zu beantworten hat. Der Gemeinschuldner braucht der Gläubigerversammlung nur auf Anordnung des Gerichts Rede zu stehen, § 100.

§. 132. (120.)

Die Gläubigerversammlung beschließt über eine dem Gemeinschuldner und dessen Familie zu bewilligende Unterstützung, über die Schließung oder die Fortführung des Geschäfts und über die Stelle, bei welcher, sowie über die Bedingungen, unter welchen die Gelder, Werthpapiere und Kostbarkeiten hinterlegt oder angelegt werden sollen.

Die Gläubigerversammlung beschließt, in welcher Weise und in welchen Zeiträumen der Verwalter ihr oder einem Gläubigerausschusse über die Verwaltung und Verwerthung der Masse Bericht erstatten und Rechnung legen soll.

M. I. 352, 353; P. I. 87, 170; M. II —; P. II —.

1. Die Gläubigerversammlung beschließt über die Gegenstände des Abs. 1 definitiv, der Beschluß unterliegt aber dem Untersagungsrecht des Gerichts unter den Voraussetzungen des § 99, das Gericht kann dies Recht auch gegenüber einem Beschluß negativen Inhalts ausüben, wenn derselbe unmittelbar positive Folgen hat, Anm. 1 zu § 99. Der Beschluß, durch welchen die Bewilligung der Alimentation geweigert wird, hat die positive Folge, daß die bisher bewilligte Unterstützung einzustellen ist, und kann daher vom Gericht beanstandet werden.

2. Ueber die Bewilligung der Unterstützung s. Anm. 3 zu § 58 und Anm. 1 zu § 129, über die Schließung des Geschäfts und die Hinterlegung von Geld rc. s. Anm. 2, 3 zu § 129 und die Anm. zu § 130.

3. Wegen der Rechnungslegung s. die Anm. zu § 86.

§. 133. (121.)

Der Verwalter hat, falls ein Gläubigerausschuß bestellt ist, dessen Genehmigung einzuholen:

1. wenn Gegenstände, deren Verkauf ohne offenbaren Nachtheil für die Masse ausgesetzt werden kann und nicht durch die Fortführung des Geschäfts veranlaßt wird, verkauft werden sollen, bevor der allgemeine Prüfungstermin abgehalten oder ein vor dem Schlusse desselben eingereichter Zwangsvergleichsvorschlag erledigt ist;
2. wenn die Erfüllung von Rechtsgeschäften des Gemeinschuldners verlangt, Prozesse anhängig gemacht, deren Aufnahme abgelehnt, Vergleiche oder Schiedsverträge geschlossen, Aussonderungs-, Absonderungs- oder Masseansprüche anerkannt, Pfandstücke eingelöst, oder Forderungen veräußert werden sollen, und es sich in diesen Fällen um einen Werthgegenstand von mehr als dreihundert Mark handelt.

M. I. 354, 355; P. I. 87, 88, 170; M. II —; P. II —.

1. Die §§ 133, 134 verlangen wegen der „Wichtigkeit, Tragweite oder Ungewöhnlichkeit einzelner Dispositionen" die Genehmigung des Gläubigerausschusses oder der Generalversammlung und zwar des Gläubigerausschusses, wenn es sich um „diskretere" Verfügungen handelt, deren Abwicklung nicht aufgeschoben werden darf.

Die Genehmigung des Gläubigerausschusses ist nur erforderlich, wenn ein solcher, und zwar zur Zeit der Vornahme der Handlung bestellt ist.

Der Ausschuß kann den Verwalter nicht zur Vornahme einer Handlung zwingen, sondern kann nur entscheiden, ob eine Handlung, die der Verwalter vornehmen will, vorgenommen werden soll. Der Verwalter bleibt daher auch für die genehmigte Handlung verantwortlich, R.G. in J. W. 1886 S. 196, wie auch die Ausschußmitglieder für die Ertheilung und für die Versagung der Genehmigung verantwortlich sind. Die ertheilte Genehmigung kann vor, nicht nach der Vornahme des Geschäfts zurückgezogen werden, weil die Genehmigung nur ein Internum der Verwaltung, keine nach Außen wirkende Rechtshandlung ist, § 136.

Eine generelle Genehmigung ist unzulässig, a. M. v. Wilmowski 1, weil der Ausschuß dadurch auf die Prüfung der Einzelhandlung verzichtet und weil er seine Stellung verkennt, wenn er den Verwalter in eine Rechtslage versetzt, die derselbe nur hat, wenn ein Ausschuß nicht bestellt ist.

2. Ist eine Rechtshandlung des § 133 Nr. 1 zugleich eine solche der Nr. 2 oder des § 134, so ist der § 133 Nr. 2 bezw. der § 134 maßgebend, weil § 133 Nr. 1 allgemeiner Natur ist, ihm gegenüber die Spezialvorschrift daher vorgeht.

3. Die Nr. 1 „will den Gläubigern den Einfluß darauf sichern, daß der Verwalter nicht ohne treibende Veranlassung die Masse vorschnell realisirt und dadurch einer den Gläubigern günstigen Erledigung des Konkurses durch Zwangsvergleich vorgreift," M. I. Namentlich darf der Verwalter einen Ausverkauf nicht ohne Genehmigung des Ausschusses vornehmen, v. Sarwey-Bossert Anm. 3, Petersen-Kleinfeller Anm. II, 2, v. Völderndorff Anm. 17.

Nach dem Prüfungstermin ist der Verwalter an die Genehmigung des Ausschusses über einen Gegenstand der Nr. 1 nicht gebunden, auch wenn die Genehmigung vorher versagt war, es sei denn, daß ein Akkordvorschlag noch nicht erledigt ist.

4. Die Nr. 2 setzt das Vorhandensein eines Werths von mehr als 300 Mark voraus. Der Werth muß zur Zeit der Vornahme der Handlung vorhanden sein; verringert sich demnächst der Werth, so darf der Verwalter selbstständig handeln, auch wenn die Genehmigung vorher verweigert war.

5. Die Genehmigung ist nur zur Erfüllung von Rechtsgeschäften des Gemeinschuldners nach §§ 17ff. erforderlich, nicht zur Nichterfüllung. Die Unterlassung der Kündigung eines Mieth-, Pacht-, Dienstvertrags der §§ 19ff., ist aber die Erfüllung des Rechtsgeschäfts, R.G. in J. W. 1893 S. 428.

6. Nur die Anhängigmachung von Prozessen, welche der Verwalter vornimmt, unterliegt der Genehmigung. Auf die gegen den Verwalter anhängig gemachten Prozesse ist ein Beschluß des Gläubigerausschusses ohne Einfluß. Der Verwalter hängt auch bei der Vornahme von Handlungen, die einen Prozeß zur Folge haben müssen oder können, von dem Gläubigerausschuß nicht ab, insbesondere ist er bei der Prüfung der Konkursforderungen, §§ 141, 146, an Beschlüsse des Ausschusses nicht gebunden.

7. Die Aufnahme von Prozessen betrifft die Rechtsstreitigkeiten der §§ 10, 11, 144 Abs. 2. Zur Aufnahme eines solchen Rechtsstreits ist eine Genehmigung nicht erforderlich.

8. Unter die Veräußerung von Forderungen fällt weder die Einziehung, noch die Ueberweisung einer Forderung an einzelne Gläubiger, M. I.

§. 134. (122.)

Der Verwalter hat die Genehmigung des Gläubigerausschusses oder, wenn ein solcher nicht bestellt ist, die Genehmigung einer Gläubigerversammlung einzuholen:

1. wenn ein unbeweglicher Gegenstand aus freier Hand, oder das Geschäft oder das Waarenlager des Gemeinschuldners im Ganzen, oder das Recht auf den Bezug wiederkehrender Einkünfte veräußert werden soll;
2. wenn Darlehen aufgenommen, fremde Verbindlichkeiten übernommen, zur Masse gehörige Gegenstände verpfändet, oder Grundstücke erstanden werden sollen.

M. I. 354—356; P. I. 87, 88, 170; M. II. 42; P. II. 32.

1. Der bisherigen Fassung sind in Nr. 2 die Worte „oder das Waarenlager" hinzugefügt, dagegen sind in Nr. 2 die bisherigen Worte „wenn Erbschaften oder Vermächtnisse für die Masse aufgegeben oder" gestrichen, weil der § 9 die Ausschlagung von Erbschaften und Vermächtnissen dem Gemeinschuldner überlassen hat.

2. Im Allgemeinen kommen hier die Erörterungen der Anm. 1 zu § 133 mit der Maßgabe in Betracht, daß die Mitglieder der Gläubigerversammlung an sich für ihre Stimmabgabe nicht verantwortlich sind. Dagegen hat das Gericht gegen die Beschlüsse der Gläubigerversammlung das Untersagungsrecht, Anm. zu § 99, welches ihm gegen die Beschlüsse des Gläubigerausschusses nur unter der Voraussetzung des § 135 Abs. 2 zusteht. — In den Fällen des § 134 beschließt die Gläubigerversammlung nur, wenn ein

Gläubigerausschuß nicht bestellt ist, es sei denn, daß das Gericht den Beschluß des Ausschusses nach § 135 Abs. 2 beanstandet, und die Sache an die Gläubigerversammlung verwiesen hat.

3. Die Veräußerung unbeweglicher Gegenstände aus freier Hand bildet den Gegensatz zur Veräußerung durch Zwangsversteigerung oder Zwangsverwaltung, mag die Subhastation von einem Absonderungs- oder Massegläubiger, oder nach § 126 vom Verwalter betrieben werden. Die Veräußerung durch öffentliche Privatversteigerung gehört daher zu den Veräußerungen aus freier Hand (streitig), weil die freiwillige Versteigerung, auch wenn sie unter Mitwirkung des Gerichts erfolgt, Art. 66—76 des Preuß. Ausf.-Ges. vom 20. September 1899, stets ein außergerichtlicher Veräußerungsvertrag ist, § 156 B.G.B.

Unbewegliche sind die subhastationsfähigen Gegenstände der Anm. 1 zu § 126.

Unter Veräußerung im Sinne der Nr. 1 ist die Verpfändung nicht zu verstehen, dieselbe fällt unter Nr. 2.

4. Die Veräußerung des Waarenlagers im Ganzen steht im Gegensatz zu der Veräußerung einzelner Waaren oder zum Ausverkauf, Anm. 3 zu § 133. Als Veräußerung des Geschäfts oder des Waarenlagers im Ganzen ist auch die Veräußerung eines Zweiggeschäfts oder des Waarenlagers eines Zweiggeschäfts zu verstehen, M. II, weil auch in diesem Fall die Veräußerung im Ganzen erfolgt.

5. Durch die Bestimmung, daß dem Verwalter die Genehmigung zum Erstehen von Grundstücken ertheilt werden darf, ist zugleich das vom Obertribunal in Strieth. Arch. 57, 362 geleugnete Recht des Verwalters anerkannt, in der Zwangsversteigerung für die Konkursmasse mitzubieten, ein Recht, welches zur Rettung der für den Gemeinschuldner eingetragenen Hypotheken ꝛc. von Bedeutung ist.

Andere Immobilien, als Grundstücke (insbes. Schiffe) darf der Verwalter erstehen, ohne daß er die Genehmigung einzuholen braucht.

§. 135. (123.)

Der Verwalter hat in den Fällen der §§. 133, 134 vor der Beschlußfassung des Gläubigerausschusses oder der Gläubigerversammlung, und in den Fällen des §. 133, wenn ein Gläubigerausschuß nicht bestellt ist, vor der Vornahme der Rechtshandlung dem Gemeinschuldner, sofern derselbe ohne Aufschub zu erlangen ist, von der beabsichtigten Maßregel Mittheilung zu machen.

Das Gericht kann auf Antrag des Gemeinschuldners, sofern nicht die Gläubigerversammlung die Genehmigung ertheilt hat, die Vornahme der Rechtshandlung vorläufig untersagen und zur Beschlußfassung über die Vornahme eine Gläubigerversammlung berufen.

M. I. 356, 357; P. I. 88, 172; M. II —; P. II —.

1. Die Anhörung des Gemeinschuldners ist im eigenen Interesse des letztern, wie in dem der Gläubiger vorgeschrieben, damit er Gelegenheit erhält, „seine Bedenken geltend zu machen und auf eine sachgemäße Entschließung hinzuwirken“, M. I. Wegen des Interesses der Gläubiger, welchem die Anhörung mit zu dienen bestimmt ist, haben auch diese ebenso wie der Gemeinschuldner einen Regreßanspruch gegen den

Verwalter wegen des Schadens, der ihnen in Folge der Außerachtlassung der Verpflichtung des § 135 entstanden ist.

Dem Kridar braucht aber nur dann Mittheilung gemacht zu werden, wenn er ohne Aufschub zu erlangen ist, vgl. § 130, d. h. wenn sein Aufenthaltsort bekannt ist und die vorherige Anhörung die Vornahme eines dringenden Geschäfts nicht aufhält.

2. Das Gericht darf die Ausführung der vom Verwalter mit Genehmigung des Gläubigerausschusses beabsichtigten Rechtshandlung auf Antrag des Kridars untersagen und zur Beschlußfassung über diese Rechtshandlung eine Gläubigerversammlung berufen. Stimmt diese dem Gläubigerausschuß zu, so darf das Gericht auf Antrag eines überstimmten Gläubigers — nicht des Gemeinschuldners oder von amtswegen — die Ausführung des Beschlusses untersagen, § 99. Beruht die Untersagung auf dem Grunde eines Vergleichsvorschlags, so ist sie aufzuheben, sobald der Gläubigerausschuß den Akkordvorschlag für unannehmbar erklärt hat, Anm. 2 zu § 177.

§. 136. (124.)

Durch die Vorschriften der §§. 133—135 wird die Gültigkeit einer Rechtshandlung des Verwalters dritten Personen gegenüber nicht berührt.

M. I. 356; P. 1. 88, 170, 171; M. II —; P. II —.

Zur Einholung der Genehmigung des Gläubigerausschusses und der Gläubigerversammlung, sowie zur Anhörung des Gemeinschuldners, § 135, ist der Verwalter den Betheiligten gegenüber verpflichtet und für den aus der Unterlassung dieser Pflicht entstandenen Schaden, dessen Festsetzung nach § 287 C.P.O. erfolgt, verantwortlich.

Dritten gegenüber ist die Zuwiderhandlung gegen die §§ 133—135 ohne Wirkung, da ihnen gegenüber lediglich der Verwalter der Verfügungsberechtigte ist. Deshalb kann der Dritte wegen der mangelnden Genehmigung oder wegen der mangelnden Anhörung des Kridars auch die Legitimation des Verwalters nicht bestreiten, R.G. 20, 110 in J. W. 1882 S. 91.

Auch den Behörden, namentlich dem Grundbuchamt und dem Vollstreckungsgericht braucht der Verwalter die Genehmigung nicht nachzuweisen, sie haben seine Anträge nicht deshalb zu beanstanden, weil die Genehmigung fehlt. Auch die Kenntniß des Dritten bezw. der Behörde von dem Mangel steht der Rechtswirksamkeit des Rechtsgeschäfts nichts entgegen.

Ebenso kann sich der Verwalter selbst, da er die Konkursmasse rechtswirksam verpflichtet, auf die fehlende Genehmigung nicht berufen.

§. 137. (125.)

Wenn ein Gläubigerausschuß bestellt ist, und die Gläubigerversammlung nicht ein Anderes beschließt, bedürfen Quittungen des Verwalters über den Empfang von Geldern, Werthpapieren oder Kostbarkeiten von der Hinterlegungsstelle und Anweisungen des Verwalters auf die Hinterlegungsstelle zu ihrer Gültigkeit der Mitzeichnung eines Mitgliedes des Gläubigerausschusses.

M. I. 353; P. I. 88, 171; M. II —; P. II —.

1. Der § 137 bezieht sich nur auf den Anweisungsverkehr (Checkverkehr) mit der Hinterlegungsstelle, nicht auf den Verkehr mit dem Publikum.

Die Hinterlegungsstelle ist die Anstalt (staatliche Hinterlegungsstelle, Privatbank, Banquier), bei welcher die zum Konkursvermögen gehörigen Gelder, Werthpapiere oder Kostbarkeiten vom Verwalter nach § 129 Abs. 2, 132 Abs. 2 oder ohne Anweisung des Gerichts, des Ausschusses oder der Gläubigerversammlung hinterlegt sind.

Ist ein Gläubigerausschuß nicht bestellt, so hat die Gläubigerversammlung „auf die Garantie" des § 135 „verzichtet", M. I. Ebenso ist die Gläubigerversammlung berechtigt, dem Verwalter von der Verpflichtung, ein Ausschußmitglied mitzeichnen zu lassen, überhaupt oder unter Beschränkungen zu entbinden, wogegen dem Gericht das Untersagungsrecht des § 99 zusteht. Die Gläubigerversammlung ist andererseits nicht berechtigt, die Disposition des Verwalters über die Bestimmung des § 135 hinaus zu erschweren, sie kann nicht die Mitzeichnung mehrerer Ausschußmitglieder fordern. Das mitzeichnende Ausschußmitglied braucht vom Ausschuß nicht bestimmt zu sein, es genügt, daß der Mitzeichnende zum Ausschuß gehört; der Ausschuß kann keinem seiner Mitglieder die Befugniß zur Mitzeichnung entziehen, a. M. Petersen-Kleinfeller Anm. 4.

2. Die Hinterlegungsstelle kann sich den Folgen, welche aus der Ungiltigkeit der ohne die Mitzeichnung honorirten Anweisung oder Quittung entsteht, nicht durch die Berufung auf die Unkenntniß von der Bestellung eines Gläubigerausschusses entziehen, v. Wilmowski Anm. 1, v. Sarwey-Bossert Anm. 4. Eine Verpflichtung des Konkursgerichts, die Hinterlegungsstelle von der Bestellung des Ausschusses zu benachrichtigen, besteht nicht, v. Sarwey-Bossert a. a. O., a. M. v. Völderndorff II, S. 348, die Hinterlegungsstelle hat sich vielmehr selbst zu erkundigen.

3. Unter Anweisungen sind die kaufmännischen Anweisungen der §§ 363—365 H.G.B. und die Anweisungen der §§ 783—792 B.G.B., nicht aber, wie unstreitig, Wechsel zu verstehen.

Vierter Titel.

Schuldenmasse.

§. 138. (126.)

Die Frist zur Anmeldung der Konkursforderungen beträgt zwei Wochen bis drei Monate. Der Zeitraum zwischen dem Ablaufe der Anmeldefrist und dem allgemeinen Prüfungstermine soll mindestens eine Woche und höchstens zwei Monate betragen.

M. I. 358, 359; P. I. 90, 171, 172; M. II. 42, 43; P. II —.

1. Die Anmeldefrist, welche bisher 3 Wochen betrug, ist auf 2 Wochen herabgesetzt, damit die Verbindung des Wahltermins mit dem Prüfungstermin, § 110 Abs. 2, ermöglicht wird. Denn der Wahltermin darf nach § 110 Abs. 1 nicht über einen Monat hinausgesetzt werden, andererseits soll nach § 138 zwischen dem Prüfungstermin

und der Anmeldefrist ein Zeitraum von mindestens einer Woche offen bleiben. Die Einhaltung dieser kürzesten Frist ist aber, weil die Bekanntmachung des Termins nach § 76 erst mit dem Ablauf des zweiten Tages des die Bekanntmachung enthaltenden Blattes als bewirkt gilt, nur in seltenen Fällen möglich, M. II.

2. Die K.O. hat unter Anlehnung an die Preuß. K.O. das gemeinrechtliche Präklusions- und Klassifikationsverfahren aufzugeben, und dasselbe durch die Anmeldefrist und den Prüfungstermin ohne Präklusion und durch die Verweisung aller bestrittenen Ansprüche zum abgesonderten Prozeßverfahren ersetzt.

Die Versäumung der Frist hat daher nicht die Ausschließung des Anspruchs vom Konkursverfahren, sondern nur die Belastung des Gläubigers mit den Kosten des neuen Prüfungstermins zur Folge, falls der Prüfung im allgemeinen Prüfungstermin widersprochen wird, § 142.

3. Der Lauf der Frist ist nach § 76 Abs. 1 zu berechnen, s. die Anm. zu § 76, sie braucht nicht in Wochen ausgedrückt zu werden, sondern kann zweckmäßiger durch den Tag bezeichnet werden, mit dessen Ablauf sie endet. Eine Anmeldung vor dem Beginn der Frist ist zulässig und zu berücksichtigen und übt insbesondere in Ansehung der Unterbrechung der Verjährung mit ihrem Eingang ihre Wirkung aus; eine Anmeldung vor der Eröffnung des Konkurses ist dagegen nicht wirksam, weil die konkursmäßige Geltendmachung einer Forderung, § 12, die Einleitung des Verfahrens (nicht die Zustellung oder Bekanntmachung der Eröffnung) voraussetzt; deshalb kann die Geltendmachung der Forderung in dem Antrage auf Eröffnung des Verfahrens nicht als Anmeldung gelten, Petersen-Kleinfeller Anm. I 2.

4. Die Bestimmung des Termins und der Frist unterliegt der Anfechtung, die auch aus dem Grunde zulässig ist, daß die Fristen innerhalb des gesetzlichen Rahmens nicht zweckmäßig bestimmt sind (streitig).

5. Nur die Konkursforderungen werden angemeldet, die Aus-, Absonderungs- und Masseansprüche unterliegen der Anmeldepflicht nicht, die Absonderungsforderungen sind aber insoweit anzumelden, als für sie Befriedigung aus der Masse gesucht wird, denn insoweit sind sie Konkursforderungen. Im Prüfungstermin kann der Konkursgläubiger einem solchen Anspruch nicht mit Rechtswirkung widersprechen, der keine Konkursforderung ist.

§. 139. (127.)

Die Anmeldung hat die Angabe des Betrages und des Grundes der Forderung sowie des beanspruchten Vorrechts zu enthalten. Sie kann bei dem Gerichte schriftlich eingereicht oder zum Protokolle des Gerichtsschreibers angebracht werden. Die urkundlichen Beweisstücke oder eine Abschrift derselben sind beizufügen.

M. I. 359, 360; P. I. 90, 91, 172; M. II —; P. II —.

1. Die Anmeldung ist der Klage, § 253 C.P.O., oder zutreffender dem Gesuch um Erlassung eines Zahlungsbefehls, § 690 C.P.O., gleichgestellt. Die Form der Anmeldung ist daher die Form des Gesuchs im Mahnverfahren. Es kommen die Vorschriften zur Anwendung, welche für den amtsgerichtlichen Prozeß gelten, Anm. 1, 2 zu § 72, die Anmeldung kann privatschriftlich oder zu Protokoll des Gerichtsschreibers, sie muß in deutscher Sprache, §§ 186, 187 G.V.G., sie kann auch durch

Telegramm erfolgen, vgl. R.G. in Straff. 1, 262; 4, 59; 8, 92; 9, 38, in Rechtsspr. 1, 266, 353; 3, 201; 6, 624, doch muß die Urschrift des Telegramms von dem Gläubiger oder einem Bevollmächtigten unterschrieben sein, vgl. R.G. Straff. in Rechtsspr. 10, 176. Die von einem Dritten ohne Ueberreichung der Vollmacht unterzeichnete Anmeldung kann durch Eintragung in die Tabelle zugelassen werden, doch muß die Vollmacht vor der Eintragung des Prüfungsergebnisses nachgebracht werden, § 56 C.P.O. Die urkundlichen Beweisstücke oder eine Abschrift derselben sind beizufügen; ohne dieselben ist die Anmeldung jedoch nicht als unwirksam anzusehen. Die Anmeldung ist nur wirksam, wenn sie bei dem Konkursgericht angebracht ist, die an den Verwalter gerichtete Anmeldung ist bei Gericht erst angebracht, nachdem sie der Verwalter an dasselbe abgegeben hat.

2. Der Inhalt der Anmeldung besteht in der Angabe des Betrags und des Grundes der Forderung, sowie des beanspruchten Vorrechts. Der Betrag muß in Geld und zwar in Reichswährung angegeben werden, Anm. 3 zu § 69; auch die Nebenforderungen des § 62 sind ihrer Höhe nach in Geld zu bezeichnen, doch genügt eine Beziehung, durch welche die Höhe des Betrags auf Grund einer Berechnung ohne Weiteres festzustellen ist (z. B. 4% Zinsen seit 1. Januar 1901).

Der Grund des Anspruchs (causa debendi) ist so anzugeben, daß der Verwalter das Rechtsverhältniß bestimmt erkennen kann; eine Sachdarstellung ist ebensowenig wie im Mahnverfahren erforderlich.

Das Vorrecht muß geltend gemacht werden, da dasselbe von amtswegen nicht zu berücksichtigen ist; es genügt aber die Inanspruchnahme des „gesetzlichen Vorrechts", R.G. in J. W. 1890 S. 256.

Die Ergänzung einer nicht anerkannten Forderung ist als neue Anmeldung zuzulassen, Anm. 1 zu § 142. Im Uebrigen ist die Ergänzung nur bis zum Prüfungstermin und in demselben gestattet, § 146 Abs. 4, doch ist zur Prüfung des ergänzten Anspruchs auf den Widerspruch des Verwalters oder eines Gläubigers ein neuer Prüfungstermin auf Kosten des Liquidenten anzusetzen, § 142.

Die Ergänzung eines Anspruchs, namentlich in Ansehung des Vorrechts, ist nach der Anerkennung der Forderung nicht mehr zulässig, § 146 Abs. 4, R.G. 20, 412; 38, 419, a. M. Kohler S. 558.

Ueber die Frage, ob hinsichtlich desselben Anspruchs eine bedingte und eine unbedingte oder mehrere bedingte Forderungen angemeldet werden können, s. Anm. 8 zu § 67.

3. Die Wirkung der Konkurseröffnung entsteht für alle Ansprüche ohne Anmeldung durch die Einleitung des Verfahrens, Anm. 1, 2 zu § 3. Aber die Wirkungen zu Gunsten des Gläubigers haben die Anmeldung zur Voraussetzung und zwar eine Anmeldung, welche den Erfordernissen des § 139 entspricht, R.G. 39, 38.

Die Wirkungen der Anmeldung zu Gunsten des Gläubigers bestehen:

a) in dem Recht der Theilnahme am Verfahren,

b) in dem Recht der Geltendmachung des Anspruchs aus der Feststellung nach der Aufhebung des Verfahrens, § 164,

c) in der Unterbrechung der Verjährung. Der bisherige § 13 K.O. ist durch den § 209 B.G.B. ersetzt:

> „Die Verjährung wird unterbrochen, wenn der Berechtigte auf Befriedigung oder auf Feststellung des Anspruchs, auf Ertheilung der Vollstreckungsklausel oder auf Erlassung des Vollstreckungsurtheils Klage erhebt.

Der Erhebung der Klage stehen gleich:

2. die Anmeldung des Anspruchs im Konkurse."

Wird der Anspruch nur theilweise geltend gemacht, so wird die Verjährung nur zu diesem Theil unterbrochen, Planck, Kommentar Anm. 1 zu § 209 B.G.B.

Ferner bestimmt der § 214 B.G.B.

„Die Unterbrechung durch Anmeldung im Konkurse dauert fort, bis der Konkurs beendigt ist.

Die Unterbrechung gilt als nicht erfolgt, wenn die Anmeldung zurückgenommen wird.

Wird bei der Beendigung des Konkurses für eine Forderung, die in Folge eines bei der Prüfung erhobenen Widerspruchs in Prozeß befangen ist, ein Betrag zurückbehalten, so dauert die Unterbrechung auch nach der Beendigung des Konkurses fort; das Ende der Unterbrechung bestimmt sich nach den Vorschriften des §. 211."

§ 211 Abs. 2 Satz 2:

„Die nach der Beendigung der Unterbrechung beginnende neue Verjährung wird dadurch, daß eine der Parteien den Prozeß weiter betreibt, in gleicher Weise wie durch Klageerhebung unterbrochen."

Ueber die Frage, wann die Aufhebung des Konkursverfahrens wirksam wird, s. die Anm. zu § 163.

Die Unterbrechung ist auch wirksam, wenn das Verfahren in Folge der gegen den Eröffnungsbeschluß erhobenen Beschwerde einzustellen ist (streitig), Planck, a. a. O., denn der Beschluß ist sofort wirksam, in Folge dessen sind auch die Rechtshandlungen wirksam, die der Beschluß nach sich zieht. Aus dem gleichen Grunde ist dagegen eine Anmeldung nicht wirksam, welche erfolgt ist, nachdem das Verfahren durch einen in der höhern Instanz wieder aufgehobenen Beschluß eröffnet war, sofern das Beschwerdegericht nicht die Wirksamkeit seines Beschlusses angeordnet hatte, § 74.

Die Unterbrechung dauert bis zur Beendigung des Verfahrens fort, auch wenn der Anspruch bestritten und vom Liquidanten nicht verfolgt ist, weil die fortdauernde Verfolgung des Anspruchs im § 214 Abs. 3 nur für die Zeit nach der Beendigung des Konkurses gefordert ist.

Die bisherige Vorschrift des § 13 Satz 1 K.O: „Die Eröffnung des Konkursverfahrens hemmt nicht den Lauf der Verjährung" ist gestrichen und durch eine entsprechende Bestimmung nicht ersetzt. Es kommt daher der § 202 Abs. 1 B.G.B.: „Die Verjährung ist gehemmt, solange .... der Verpflichtete aus einem Grunde vorübergehend zur Verweigerung der Leistung berechtigt ist" für die Verfolgung des Anspruchs in das Sondervermögen des Gemeinschuldners zur Anwendung, vgl. § 162 Abs. 1 des ersten Entw. des B.G.B. Denn der Gläubiger kann seinen Anspruch in Folge der Eröffnung des Verfahrens nur in das Konkursvermögen, nicht aber gegen den Gemeinschuldner persönlich verfolgen, § 12, es muß daher in Ansehung des Sondervermögens die Verjährung während der Dauer des Verfahrens als gehemmt angesehen werden.

§. 140. (128.)

Die Anmeldungen sind in der Gerichtsschreiberei zur Einsicht der Betheiligten niederzulegen.

Der Gerichtsschreiber hat jede Forderung sofort nach der Anmeldung derselben in der Rangordnung des beanspruchten Vorrechts in eine Tabelle einzutragen, welche innerhalb des ersten Drittheils des zwischen dem Ablaufe der Anmeldefrist und dem Prüfungstermine liegenden Zeitraums auf der Gerichtsschreiberei zur Einsicht der Betheiligten niederzulegen und abschriftlich dem Verwalter mitzutheilen ist.

M. I. 360, 361; P. I. 91, 172; M. II —; P. II —.

1. Die Betheiligten, denen die Einsicht der Anmeldungen in der Gerichtsschreiberei gestattet ist, sind der Verwalter, der Gemeinschuldner und jeder Konkursgläubiger, der einen Anspruch angemeldet hat. Die Ab- und Aussonderungs-, sowie die Massegläubiger gehören nicht zu den Betheiligten, der Konkursrichter kann ihnen aber die Einsichtnahme gestatten, § 299 Abs. 2 C.P.O., § 72 K.O. Daß dem Verwalter Abschrift der Anmeldungen ertheilt wird, ist nicht vorgeschrieben, es ist aber nicht unzulässig, ihm Abschrift zu ertheilen, und es muß geschehen, wenn der Verwalter es verlangt, § 299 Abs. 1 C.P.O., § 72 K.O.

2. Der Gerichtsschreiber hat, wie unstreitig ist, nur die Anmeldefähigkeit nach § 139, nicht die Konkursfähigkeit der Forderung, §§ 3, 63, zu prüfen. Er hat die Eintragungen von amtswegen vorzunehmen. Hält er die Anmeldung nicht für genügend, so hat er sie abzulehnen und den Liquidanten hiervon in Kenntniß zu setzen. Gegen diese Ablehnung des Gerichtsschreibers ist nur der Antrag auf Abhülfe bei dem Konkursgericht zulässig, § 576 Abs. 1 C.P.O., § 72 K.O. Auf diesen Antrag entscheidet der Konkursrichter, gegen dessen Beschluß die sofortige Beschwerde gegeben ist. Das Konkursgericht, vor welchem das Verfahren ergeht, § 73, darf aber auch von amtswegen über die Eintragung, Nichteintragung oder Löschung Verfügung treffen, solange die Prüfung nicht stattgefunden hat, a. M. Petersen-Kleinfeller, die dem Gericht jede Entscheidung über die Eintragung versagen. Nach der Prüfung ist eine Löschung nicht mehr zulässig. Gegen die Eintragung ist ein Rechtsmittel nicht gegeben, weil der Verwalter sowie jeder Betheiligte seine Rechte durch den Widerspruch wahrnehmen können und daher kein Interesse daran haben, ob die Eintragung erfolgt ist oder nicht.

Uebrigens ist die Eintragung in die Tabelle für die Wirkungen der Anmeldung nicht wesentlich, weil die Wirkungen sich an die Anmeldung knüpfen und die Prüfung nicht blos der eingetragenen, sondern nach § 141 aller angemeldeten Forderungen stattzufinden hat, R.G. 22, 155 in J. W. 1885 S. 354 und in Gruchots Beitr. 30, 448.

Eine Anmeldung, welche eingetragen ist, obgleich sie den Erfordernissen des § 139 nicht entspricht, hat keine materiellrechtliche Wirksamkeit, R.G. 39, 37. Ist die Forderung aber trotz des Mangels anerkannt, so entsteht die judikatmäßige Wirkung der §§ 145, 164, zumal jetzt jedes Summenversprechen rechtsgiltig ist, § 780 B.G.B.

§. 141. (129.)

In dem Prüfungstermine werden die angemeldeten Forderungen ihrem Betrage und ihrem Vorrechte nach einzeln erörtert.

Der Gemeinschuldner hat sich über die Forderungen zu erklären.

M. I. 361; P. I. 91, 172; M. II —; P. II —.

1. Die Verhandlung findet unter dem Vorsitz und der Leitung des Konkursrichters statt, sie ist eine mündliche, doch sind schriftliche Erklärungen zulässig, wenn sie im Termin verlesen werden.

Zur Anwesenheit berechtigt sind der Verwalter, der Gemeinschuldner und jeder Konkursgläubiger. Andere Personen, insbesondere Ab- und Aussonderungsgläubiger dürfen vom Gericht zugelassen werden.

Verpflichtet zur Anwesenheit ist der Gemeinschuldner und der Verwalter. Bleibt der Verwalter aus, so ist eine Erörterung mit den Erschienenen nicht unzulässig und darf jeder Gläubiger seinen Widerspruch erklären, aber zur Erklärung des Verwalters ist ein neuer Termin zu bestimmen, zu welchem eine nochmalige öffentliche Bekanntmachung nicht erforderlich ist, wenn der neue Termin in der Verhandlung verkündet ist, § 93 Abs. 2. Die Vertretung des Verwalters durch einen Bevollmächtigten ist nur mit Genehmigung des Gerichts zulässig, § 664 Abs. 1 B.G.B. (bisher streitig). Der Gemeinschuldner, welcher ausbleibt, kann zur Strafe in Haft genommen werden, § 101 Abs. 2, wie er auch durch Androhung und Vollstreckung der Haft zum Erscheinen im Termin und zur Erklärung über jede Forderung angehalten werden kann. Gegen die entschuldbare Versäumung des Termins ist dem Kridar zur Wahrnehmung seiner Rechte die Wiedereinsetzung in den vorigen Stand gegeben, § 165.

2. Zu prüfen sind alle angemeldeten, nicht blos die in die Tabelle eingetragenen Forderungen, Anm. 2 zu § 140. Der Konkursrichter hat jede Forderung zur Erörterung zu bringen und das Ergebniß der Prüfung in die Tabelle eintragen zu lassen. Das Gleiche gilt in Ansehung der Vorrechte; der Richter hat die Verpflichtung für eine sachgemäße und erschöpfende Erörterung und für die Abgabe aller hinsichtlich der Feststellung der Ansprüche erheblichen Erklärungen Sorge zu tragen, §§ 136 Abs. 3, 139 Abs. 1 C.P.O., § 73 K.O. und hat darauf hinzuwirken, daß die bevorrechtigten erschienenen Gläubiger ihr Vorrecht zur Anmeldung bringen. Er darf auch, wenn eine Forderung bestritten ist, sofort oder nach dem Termin zur Erlangung des Widerspruchs die Ermittelungen des § 75 vornehmen (streitig).

3. Die Erörterung und Prüfung beschränkt sich auf die Konkursforderungen. Einem Ab- oder Aussonderungsrecht oder einem Masseanspruch können die Konkursgläubiger und der Kridar nicht mit Rechtswirksamkeit widersprechen.

§. 142. (130.)

In dem Prüfungstermine sind auch diejenigen Forderungen, welche nach dem Ablaufe der Anmeldefrist angemeldet sind, zu prüfen, wenn weder der Verwalter noch ein Konkursgläubiger hiergegen Widerspruch erhebt; anderenfalls ist auf Kosten des Säumigen ein besonderer Prüfungstermin zu bestimmen.

Auf nachträglich beanspruchte Vorrechte und sonstige Aenderungen der Anmeldung findet die vorstehende Bestimmung entsprechende Anwendung.

Gläubiger, welche Forderungen nach dem Prüfungstermine anmelden, tragen die Kosten des besonderen Prüfungstermins.

M. I. 361, 362; P. I. 91, 172; M. II —; P. II —.

1. Der § 142 bestimmt die Folgen der verspäteten Anmeldung, welche nicht mehr, wie nach gemeinem Recht, in der Präklusion des Anspruchs bestehen. Verspätet ist die Anmeldung nicht, wenn sie innerhalb der Frist des § 138 erfolgte, auch wenn die Eintragung in die Tabelle nicht erfolgt ist. Ist dem Verwalter die Abschrift der Tabelle nicht oder nicht rechtzeitig mitgetheilt, § 140 Abs. 2, so kann er zwar die Vertagung fordern, § 110 Abs. 2, die Kosten derselben fallen aber nicht den Gläubigern, sondern der Konkursmasse, § 58 Nr. 2, zur Last, welcher der Beamte, der ein Verschulden begangen, persönlich verantwortlich ist.

Die nachträgliche Anmeldung ist, wie mit Oetker 1, 285 anzunehmen, bis zum Schluß des Konkursverfahrens zulässig. Die gemeine Ansicht will sie zwar nach der Feststellung des Schlußvertheilungsplans, § 168, und nach der Annahme des Zwangsvergleichs, § 179, nicht mehr zulassen, das Gesetz hat aber eine Grenze in dieser Beziehung nicht gezogen und, da der Gläubiger seinen Anspruch gegen den Gemeinschuldner persönlich nicht verfolgen kann, § 12, muß ihm das Recht verbleiben, ihn im Konkurs geltend zu machen, wenn er auch bei der Schlußvertheilung nicht zu berücksichtigen ist.

Als verspätete Anmeldung ist auch die nachträgliche Geltendmachung des Vorrechts sowie die Aenderung der Anmeldung anzusehen, die aber nach der Feststellung des Anspruchs nicht mehr zulässig ist, Anm. 2 zu § 138. Eine Aenderung der Anmeldung im Sinne des § 142 ist anzunehmen, wenn die Person des Gläubigers oder der Schuldgrund anders angegeben oder der Betrag der Forderung erhöht wird.

2. Die bis zum Prüfungstermin oder in demselben erfolgten Nachtragsanmeldungen werden geprüft, wenn weder der Verwalter, noch ein Konkursgläubiger der Prüfung widerspricht. Der Begründung mangelnder Information bedarf der Widerspruch nicht.

Für diejenigen Forderungen, deren Prüfung beanstandet ist oder welche erst nach dem Termin angemeldet werden, ist ein neuer Prüfungstermin anzusetzen, der nicht die Folge einer Vertagung im Sinne des § 93 Abs. 2 ist. Derselbe ist nach §§ 76, 111 Abs. 2 bekannt zu machen, da er als neuer Prüfungstermin gilt (streitig). Eine Frist für diesen Termin ist im Gesetz absichtlich nicht bestimmt, M. I, um dem Gericht zu gestatten, eine angemessene Zeit mit der Terminsbestimmung für weitere nachträglich einlaufende Anmeldungen zu warten.

3. Der Nachtheil der verspäteten Anmeldung besteht in der Verpflichtung des Gläubigers, die Kosten des neuen Termins zu tragen, ohne Unterschied, ob die Säumniß auf einem Verschulden beruht oder nicht. Zu den Kosten gehören die Auslagen der Bekanntmachung und der besondern Zustellung, die Gerichtsgebühr des § 54 G.K.G. und die besondern Auslagen, die dem Verwalter erwachsen. Streitig ist, ob der säumige Gläubiger auch die Kosten zu tragen hat, die den übrigen Gläubigern in Folge der Theilnahme an dem neuen Termin erwachsen. Es wird zur Verneinung der Frage geltend gemacht, daß kein Gläubiger gegen einen andern eine Pflicht zur Anmeldung habe, und daß er deshalb gegen ihn auch keine Pflicht versäumen könne. Um eine Pflicht zur Anmeldung handelt es sich aber nicht, eine solche Pflicht besteht überhaupt nicht, und wenn die Verpflichtung zur Kostentragung aus der Versäumung einer Rechtspflicht abzuleiten wäre, so könnten dem Gläubiger auch die Gerichtskosten nicht auferlegt werden, die durch die neue Terminsbestimmung entstehen. Durch die unterlassene Einhaltung der Anmeldefrist in Verbindung mit der nachträglichen Anmeldung entstehen besondere Kosten, das Gesetz legt diese besondern Kosten dem säumigen Gläubiger auf und diese Kosten sind der Konkursmasse sowie allen Be-

theiligten erwachsen, welche besondere Aufwendungen machen müssen, wenn sie ihre Rechte wahrnehmen wollen. Selbstverständlich können die Kosten der Konkursgläubiger nicht gegen die Konkursmasse, § 63 Nr. 1, 2, sondern nur gegen den säumigen Gläubiger geltend gemacht werden.

Ist der besondere Termin für mehrere Gläubiger anberaumt, so haftet jeder für die Gerichtsgebühr zu dem Betrage, der entstanden sein würde, wenn für ihn der Termin allein angesetzt wäre, und wenn die Gerichtsgebühr für die Gesammtheit der Nachtragsforderungen geringer ist, als die Summe der Gebühren der Einzelforderungen, so haftet er insoweit nach dem Verhältniß der Beträge, vgl. § 54 G.K.G.; im Uebrigen haften die mehreren Gläubiger als Gesammtschuldner, § 421 B.G.B., und unter sich zu gleichen Antheilen, § 426 Abs. 1 B.G.B.

§. 143. (131.)

Die Prüfung einer angemeldeten Forderung findet statt, wenngleich der anmeldende Gläubiger im Prüfungstermine ausbleibt.

M. I. 361, 362; P. I. 91, 172; M. II. —; P. II. —.

Die Vorschrift sichert das Offizialprinzip: Jede angemeldete Forderung ist vom Konkursrichter zur Erörterung zu bringen.

Die Ansicht v. Völderndorffs Anm. c, daß der ausgebliebene Gläubiger die Ansetzung eines neuen Termins verlangen könne, findet im Gesetz keinen Anhalt und hat in der Literatur keinen Anklang gefunden.

Nur dem Gemeinschuldner ist im § 165 die Wiedereinsetzung in den vorigen Stand wegen Versäumung des Prüfungstermins, aber auch ohne das Recht gegeben, die Ansetzung eines andern Termins zu beanspruchen.

§. 144. (132.)

Eine Forderung gilt als festgestellt, soweit gegen sie im Prüfungstermine ein Widerspruch weder von dem Verwalter noch von einem Konkursgläubiger erhoben wird, oder soweit ein erhobener Widerspruch beseitigt ist.

Ist die Forderung vom Gemeinschuldner im Prüfungstermine bestritten, so kann ein Rechtsstreit, welcher über dieselbe zur Zeit der Eröffnung des Konkursverfahrens anhängig war, gegen den Gemeinschuldner aufgenommen werden.

M. I. 363, 364; P. I. 89—100, 172; M. II —; P. II —.

1. Der Konkursanspruch gilt als festgestellt, wenn im Prüfungstermin ein Widerspruch von denjenigen nicht erhoben ist, die dazu berechtigt sind. Widerspruchsberechtigt sind der Verwalter und jeder Konkursgläubiger. Dem Konkursgläubiger steht das ihm gesetzlich gegebene Widerspruchsrecht als ein materiell-rechtliches zu, welches aus der Gemeinschaft entsprungen ist, in die die Gläubiger durch die Konkurseröffnung getreten sind, Anm. 1 zu § 3. Dies Widerspruchsrecht ist zwar ein Individualrecht, über welches der Gläubiger durch Zurücknahme verfügen kann, es

wirkt aber durch die Hemmung der Feststellung der angemeldeten Forderung und durch den Erfolg, den es für die gesammte Passivmasse nach sich zieht, § 147, für alle Gläubiger.

Der Gläubiger erwirbt dies Recht durch die Anmeldung seiner Forderung, ohne welche er an dem Verfahren aktiv nicht theilnehmen kann, die Anmeldung hat aber zur Voraussetzung, daß dem widersprechenden Gläubiger eine Konkursforderung zusteht. Deshalb darf derjenige, der von dem Widerspruch betroffen ist, in dem Rechtsstreit des § 146 durch das Bestreiten der Forderung des Widersprechenden, dessen Legitimation mit der Wirkung bestreiten, daß dem Letztern der Beweis des Bestehens seiner Forderung obliegt, sofern dieselbe nicht im Prüfungstermin, wenn auch nur zu einem Theil, festgestellt ist. Ein Fehler der Anmeldung des § 139 steht dem Widersprechenden nur entgegen, wenn seine Forderung bestritten ist. Die Eintragung in die Tabelle ist kein Erforderniß des Widerspruchsrechts, wenn die Anmeldung, auch die nachträgliche Anmeldung, erfolgt ist.

Die Forderung gilt auch dann als festgestellt, wenn die erhobenen Widersprüche im Termin, z. B. auf Grund einer nach § 75 sofort vorgenommenen Ermittelung, oder nach dem Termin, wenn auch nur mündlich, zurückgenommen ist.

Der Widerspruch kann die ganze Forderung oder einen Theil derselben betreffen, er kann auch in der Behauptung der Bedingtheit oder Betagtheit des Anspruchs oder in der Behauptung bestehen, daß die Forderung nur eine Ausfallsforderung des § 64 sei, R.G. 26, 112; in letzterm Fall hat der Widersprechende in dem Prozeß des § 146 die Existenz des Absonderungsrechts zu beweisen.

Der Widerspruch muß im Termin erfolgen, er kann darin auch schriftlich abgegeben werden.

2. Der Gemeinschuldner ist nicht befugt, die Feststellung der Forderung durch seinen Widerspruch zu hemmen, er darf aber mit der Wirkung widersprechen, daß die Feststellung nach der Beendigung des Verfahrens nicht gegen ihn wirkt, § 164. Um diesen Erfolg seines Widerspruchs zu beseitigen, ist dem Gläubiger im Abs. 2 das Recht gegeben, einen über die Forderung vor der Eröffnung des Verfahrens vom Gläubiger oder vom Gemeinschuldner anhängig gemachten Prozeß gegen den Gemeinschuldner aufzunehmen, wogegen dem letztern, der in der Regel im Armenrecht einen zweifelhaften Anspruch verfolgen wird, gegen den Gläubiger ein gleiches Recht nicht gewährt ist, R.G. 16, 358; 24, 405.

Der Erfolg des gegen den Gemeinschuldner allein aufgenommenen Prozesses berührt die Konkursmasse nicht, R.G. 13, 315.

Hat neben dem Gemeinschuldner auch ein Gläubiger oder der Verwalter widersprochen, und erfolgt in Folge dessen die Aufnahme des Rechtsstreits nach § 146 Abs. 3, so sind der Gläubiger oder der Verwalter und der Gemeinschuldner, wenn auch gegen den letztern der Rechtsstreit aufgenommen ist, Streitgenossen, R.G. 24, 496, aber es besteht zwischen ihnen keine nothwendige Streitgenossenschaft.

War ein Rechtsstreit vor der Konkurseröffnung nicht anhängig, so kann der Konkursgläubiger, gegen dessen Anmeldung der Kridar Widerspruch erhoben hat, die Feststellung des Anspruchs gegen denselben klagend geltend machen, R.G. 24, 406, vgl. Anm. 2 zu § 3.

§. 145. (133.)

Das Gericht hat nach der Erörterung einer jeden Forderung das Ergebniß in die Tabelle einzutragen. Auf Wechseln und sonstigen Schuldurkunden ist von dem Gerichtsschreiber die Feststellung zu vermerken.

Die Eintragung in die Tabelle gilt rücksichtlich der festgestellten Forderungen ihrem Betrage und ihrem Vorrechte nach wie ein rechtskräftiges Urtheil gegenüber allen Konkursgläubigern.

M. I. 363, 364; P. I. 92, 172; M. II —; P. II —.

1. Die Prüfung der Forderungen ist eine unter Leitung des Konkursgerichts stattfindende Verhandlung der Gläubiger mit einander und mit dem Verwalter über die Richtigkeit der angemeldeten Forderungen. Diese Verhandlung wird nach § 72 von den Vorschriften der C.P.O. beherrscht. Ueber dieselbe ist deshalb ein Protokoll aufzunehmen, § 159 C.P.O., in welchem der Gang der Verhandlung im Allgemeinen nach Maßgabe des § 160 C.P.O. anzugeben ist. Die Tabelle ist eine Anlage des Protokolls. Während im letztern nur im Allgemeinen anzugeben ist, daß die angemeldeten Forderungen geprüft sind und daß das Ergebniß der Prüfung in die Tabelle eingetragen ist, hat die Eintragung in die Tabelle bei jeder einzelnen Forderung durch den Vermerk des Ergebnisses stattzufinden. Das Ergebniß besteht entweder in dem Anerkenntniß oder in dem gänzlichen oder theilweisen Bestreiten, welches sich auch auf das in Anspruch genommene Vorrecht oder darauf beschränken kann, daß der Konkursanspruch nur als Ausfallsforderung des § 64 anerkannt ist. Wer den Anspruch bestreitet, ist dem Namen, Stand und Wohnort nach in der Tabelle zu vermerken. Auch der Widerspruch des Kridars ist zu vermerken, weil derselbe, wenn auch nicht für das Konkursverfahren, so doch nach Beendigung desselben von Bedeutung ist, § 164.

Das Protokoll ist am Schluß der Verhandlung vorzulesen, die Vorlesung muß nach § 162 C.P.O. auf die in die Tabelle eingetragenen Prüfungsergebnisse ausgedehnt werden, weil dieselben die Anerkenntnisse bezw. die Erklärungen enthalten, deren Feststellung vorgeschrieben ist, § 160 Abs. 2 Nr. 1, 2 C.P.O. Ohne diese Verlesung hat das Prüfungsergebniß keine prozessuale Wirksamkeit.

Das Protokoll ist nach § 163 C.P.O. von dem Richter und dem Gerichtsschreiber zu unterzeichnen.

Da das Prüfungsergebniß nach Abs. 2 die Wirkung eines rechtskräftigen Urtheils hat, soweit es in einem Anerkenntniß besteht, ist dasselbe ebenfalls gesondert zu unterzeichnen. v. Sarwey-Bossert Anm. 1 halten die Unterzeichnung der gesammten Tabelle für ausreichend.

Die Anerkennung der Konkursforderungen ist entweder eine ausdrückliche oder besteht in der Unterlassung des Widerspruchs, denn die Forderung gilt nach § 144 als festgestellt, soweit ein Widerspruch nicht erhoben ist. Der Widerspruch braucht nicht sofort erhoben zu werden, er muß nur im Prüfungstermin geltend gemacht, § 144, kann also noch bei der Verlesung des Prüfungsergebnisses zum Ausdruck gebracht werden, a. M. v. Wilmowski Anm. 1, welcher nach der Eintragung des Ergebnisses in die Tabelle einen Widerspruch nicht mehr zuläßt. Aber im Prüfungstermin muß er erhoben werden, die nicht erschienenen oder diejenigen Gläubiger, die ihre Ansprüche erst nachträglich anmelden, können daher den Forderungen nicht mehr widersprechen, welche einen Widerspruch im Prüfungstermin nicht erfahren haben, können sich aber auch einem darin erhobenen Widerspruch nicht mehr anschließen.

2. Die im zweiten Satz des Abs. 1 dem Gerichtsschreiber zur Pflicht gemachte Feststellung des Prüfungsergebnisses auf den überreichten Wechseln und andern Urkunden, soll nur „eine Dispositionserleichterung für die Gläubiger" sein; im Fall der Nichtübereinstimmung des Vermerks mit der Eintragung in die Tabelle entscheidet die letztere. Der Vermerk auf der Urkunde ist mit dem Gerichtssiegel zu versehen, M. I.

3. Obgleich das Konkursgericht auf Grund des Anerkenntnisses ein Anerkenntnißurtheil nicht erläßt, giebt das Gesetz der Feststellung der Forderung, wenn die Feststellung in die Tabelle eingetragen ist, die Wirkung eines rechtskräftigen Urtheils. Diese Wirkung besteht nach den Worten des Gesetzes gegen alle Konkursgläubiger, dadurch ist zugleich die Wirkung gegen den Verwalter ausgesprochen, welcher die Disposition über das den Gläubigern zur Befriedigung dienende Vermögen hat, R.G. 27, 92. Die Wirkung besteht auch gegen den Gemeinschuldner, sofern er nicht selbst Widerspruch erhoben hat, §§ 164, 194. Sie besteht aber auch gegen jeden Dritten und zwar nicht erst mit der Beendigung des Verfahrens, sondern mit der Verlesung des Prüfungsergebnisses; denn wenn sich auch die Wirkung der Eintragung als Grundlage der Zwangsvollstreckung gegen den Gemeinschuldner erst nach der Beendigung des Verfahrens äußert, §§ 164, 194, so ist dies doch nur eine Folge der Grundsätze über die konkursmäßige Beschränkung der Konkursgläubiger nach §§ 12, 14, 15, auf die sich Dritte nicht berufen können; die Vollstreckbarkeit der Eintragung in die Tabelle kann nicht durch Zeitablauf entstehen, sie ist vielmehr sofort entstanden, nur die Zwangsvollstreckung auf Grund des Vollstreckungstitels ist in Folge der §§ 12, 14 gegen den Kridar gehemmt. Deshalb dient die Eintragung in die Tabelle gegen Dritte als Vollstreckungstitel auch für die Anfechtung auf Grund des Ges. vom 21. Juli 1879, R.G. 35, 80.

Das R.G. 37, 3 hat die Wirkung der Eintragung gegen Dritte aber in noch größerem Maße durch den Satz anerkannt, daß, nachdem eine Forderung als festgestellt eingetragen ist, ein anderer Gläubiger dieselbe Forderung nicht für sich anmelden dürfe, und hat demnach die Anmeldung des Wechselinhabers nicht für begründet erachtet, obgleich die Forderung für einen andern festgestellt war, ohne daß derselbe den Wechsel vorgelegt hatte. Dasselbe müßte auch gegen den Cessionar gelten, auch wenn der Gemeinschuldner vor der Konkurseröffnung oder der Verwalter nach derselben von der Abtretung Kenntniß erhalten hat, § 406 B.G.B. Eine solche Ansicht steht mit dem Satz in Widerspruch, daß der Schuldner dem Berechtigten gegenüber nicht durch Leistung an einen Unberechtigten liberirt wird, und wird vom R.G. hoffentlich nicht aufrecht erhalten werden.

Gegen den Liquidanten selbst übt die Feststellung der Forderung ihre Wirkung nicht anders aus wie ein sonstiger Vollstreckungstitel. Zu der Entsch. des R.G. in J. W. 1898 S. 417[10] ist eine Wirkung der Feststellung gegen den Liquidanten nicht anerkannt. Er ist daher an die Feststellung nur soweit gebunden, als aus derselben ein Verzicht auf eine Mehrforderung zu entnehmen ist, § 142 Abs. 2, dagegen ist ihm die nachträgliche Inanspruchnahme eines Vorrechts vom R.G. 20, 412; 38, 417 versagt.

4. Ein ordentliches Rechtsmittel ist gegen die Feststellung nicht zulässig, wohl aber die Restitutionsklage der §§ 579, 580 C.P.O., M. I und R.G. 37, 386.

Da die Feststellung als Urtheil gilt, ist auch die Berichtigung des § 319 C.P.O. wegen offenbarer Unrichtigkeiten zulässig, z. B. wenn die Forderung als anerkannt eingetragen ist, obgleich ihr widersprochen war, v. Sarwey-Bossert Anm. 3, Fitting § 38 Anm. 29, v. Wilmowski Anm. 3, Petersen-Kleinfeller Anm. IId, vgl. R.G. in

Seufferts Arch. 53, 351. Gegen den Beschluß, sowie gegen die Ablehnung der Berichtigung ist die sofortige Beschwerde zulässig.

§. 146. (134.)

Den Gläubigern streitig gebliebener Forderungen bleibt überlassen, die Feststellung derselben gegen die Bestreitenden zu betreiben. Zu diesem Behufe hat das Gericht den Gläubigern einen Auszug aus der Tabelle in beglaubigter Form zu ertheilen.

Auf die Feststellung ist im ordentlichen Verfahren Klage zu erheben. Für die Klage ist das Amtsgericht, bei welchem das Konkursverfahren anhängig ist und, wenn der Streitgegenstand zur Zuständigkeit der Amtsgerichte nicht gehört, das Landgericht ausschließlich zuständig, zu dessen Bezirke der Bezirk des Konkursgerichts gehört.

War zur Zeit der Eröffnung des Konkursverfahrens ein Rechtsstreit über die Forderung anhängig, so ist die Feststellung derselben durch Aufnahme des Rechtsstreits zu verfolgen.

Die Feststellung kann nur auf den Grund gestützt und nur auf den Betrag gerichtet werden, welcher in der Anmeldung oder dem Prüfungstermine angegeben ist.

Die Bestimmungen des ersten, dritten und vierten Absatzes finden auf Forderungen, für deren Feststellung ein besonderes Gericht, eine Verwaltungsbehörde oder ein Verwaltungsgericht zuständig ist, entsprechende Anwendung.

Der Widerspruch gegen eine Forderung, für welche ein mit der Vollstreckungsklausel versehener Schuldtitel, ein Endurtheil oder ein Vollstreckungsbefehl vorliegt, ist von dem Widersprechenden zu verfolgen.

Die obsiegende Partei hat die Berichtigung der Tabelle zu erwirken.

M. I. 364—367; P. I. 92, 93, 173; M. II —; P. II —.

1. Durch die Erhebung des Widerspruchs entsteht zwischen dem anmeldenden Gläubiger und dem Widersprechenden ein Verhältniß vermögensrechtlicher Natur, dessen Gegenstand die Theilnahme des Anmeldenden an der konkursrechtlichen Befriedigung ist. Beide Theile haben an der Erledigung dieser Frage ein Vermögensinteresse, der widersprechende Gläubiger, weil die Verneinung der Frage die Erhöhung seines Perzipiendums zur Folge hat, der widersprechende Verwalter als Vertreter des Kridars, weil die Forderungen der übrigen Konkursgläubiger zu einem höheren Betrage befriedigt werden, wenn der bestrittene Anspruch von der Befriedigung ausgeschlossen wird. Es handelt sich daher um die Feststellung eines Rechtsverhältnisses im Sinne des § 256 C.P.O. (streitig), an dessen alsbaldiger Erledigung beide Theile ein rechtliches Interesse haben. Dies Interesse hat der Anmeldende, um am Konkurs und an der konkursmäßigen Befriedigung theilnehmen zu können, der widersprechende Gläubiger und der Verwalter, damit das Stimmrecht des Anmeldenden, § 95, beseitigt

und die Befriedigung in Ansehung der auf den bestrittenen Anspruch entfallenden Dividende durch die Verzögerung der Klagerhebung nicht aufgehalten wird, §§ 168, 169.

Das Gesetz überläßt es im Abs. 1 dem Anmeldenden, die Feststellungsklage zu erheben, legt aber im Abs. 6 dem Widersprechenden die Klagerhebung auf, wenn für die bestrittene Forderung ein Vollstreckungstitel vorliegt. Dadurch ist aber der Gläubiger, für dessen Anspruch ein Vollstreckungstitel vorliegt, nicht gehindert, selbst Klage zu erheben, R.G. 34, 409 und in J. W. 1892 S. 96. Deshalb muß angenommen werden, daß, auch wenn ein Vollstreckungstitel nicht vorliegt, auch der Widersprechende die Feststellungsklage zu erheben legitimirt ist, da er, wie hervorgehoben, an der Feststellung ein Interesse hat; die Kommentatoren, Seuffert S. 271 und das R.G. 11, 398; 12, 337; 13, 315; 16, 362 bestreiten aber diese Legitimation, wogegen das R.G. 15, 222 in dem analogen Fall des § 878 C.P.O. beide Theile zur Erhebung der Feststellungsklage zugelassen hat.

Der Gemeinschuldner kann die Feststellungsklage nicht erheben und gegen ihn ist sie nicht zu richten. Derselbe kann an dem Rechtsstreit auch nicht als Intervenient theilnehmen, R.G. 28, 422; ebensowenig dürfen sich andere Personen, die nicht widersprochen haben, an dem Rechtsstreit betheiligen, weil sie durch die Ueberlassung des Widerspruchs zu erkennen gegeben haben, daß sie den bestrittenen Anspruch anerkennen.

Gegen mehrere widersprechende Gläubiger kann der Anspruch nur zugleich und in derselben Klage verfolgt werden, sie sind nothwendige Streitgenossen, v. Sarwey-Bossert Anm. 4, weil das gegen den einen Gläubiger ergangene Urtheil für und gegen alle Konkursgläubiger wirkt, § 147.

Eine Frist zur Klagerhebung ist nicht, wie im Fall des § 878 C.P.O. bestimmt, s. aber § 152.

Den bestrittenen Anspruch hat der anmeldende Gläubiger zu beweisen, sofern für denselben nicht bereits ein Titel im Sinn des Abs. 6 vorliegt. Der andere Theil kann alle Einwendungen geltend machen, welche dem Gemeinschuldner zustehen; Einwendungen aus dem Anfechtungsrecht, sowie die Ungültigkeit der §§ 7, 8 darf nur der Verwalter, als der in dieser Beziehung allein zur Disposition Berechtigte, verfolgen, Anm. zu § 7, 8, a. M. v. Wilmowski Anm. 3, dagegen darf ein Mangel der Anmeldung des § 139 von jedem Beklagten mit der Wirkung geltend gemacht werden, daß der Anspruch als nicht substantiirt abzuweisen ist und eine neue Anmeldung erforderlich wird.

2. Die Klage ist von dem Anmeldenden auf Grund eines Auszugs aus der Tabelle zu erheben, welcher ihm in beglaubigter Form zu ertheilen ist. Der Auszug dient aber nur zum Beweis, daß der Gläubiger die Forderung in der geltend gemachten Höhe und aus dem behaupteten Rechtsgrund angemeldet habe, daß sie geprüft sei und daß der oder die Beklagten ihr widersprochen haben. Werden diese Behauptungen nicht bestritten, so bedarf es, wie unstreitig ist, der Vorlegung des Auszugs nicht.

3. Die Feststellung erfolgt durch Klage im ordentlichen Verfahren. Das ordentliche Verfahren steht nicht, wie Kohler S. 564 meint, im Gegensatz zum Konkursverfahren, sondern besteht in der regelmäßigen Prozeßform mit Ausschluß der besondern Prozeßarten des Mahnverfahrens, des Urkunden- und Wechselprozesses, v. Wilmowski, Anm. 3, v. Sarwey-Bossert Anm. 4.

Ist der Anspruch vertragsmäßig durch Schiedsspruch zu entscheiden, so ist er nicht im ordentlichen Verfahren festzustellen, Kohler in Gruchots Beitr. 31, 524, a. M. Levy das. 37, 187 und v. Wilmowski, Anm. 3; denn das Gesetz hat nicht vorgeschrieben, daß der Rechtsweg in einem Falle zulässig sein soll, in welchem er außerhalb des Konkurses nicht zulässig ist. Ebensowenig ist die Prorogation auf ein Schiedsgericht zwischen dem Widersprechenden und dem Anmeldenden unzulässig, da ein Widerspruch nicht im Rechtswege entschieden werden muß, sondern nach § 144 Abs. 1 überhaupt auf jede Weise beseitigt werden kann, v. Völderndorff Bd. 2 S. 403, Kohler S. 563; der von v. Sarwey-Bossert Anm. 5 für die entgegenstehende Ansicht geltend gemachte Grund, daß an dem Erfolg des Widerspruchs alle Gläubiger interessirt seien, trifft nicht zu, weil der Widersprechende über die Aufrechterhaltung oder die Beseitigung des Widerspruchs allein zu disponiren hat.

4. Für die Klage ist dasjenige Amtsgericht und, wenn dieses sachlich nicht zuständig ist, dasjenige Landgericht des Bezirks ausschließlich kompetent, zu dessen Bezirk das Konkursgericht gehört. Ausnahmen sind nur in den Abs. 3 und 5 für die Aufnahme eines schon anhängigen Rechtsstreits und für die vom ordentlichen Rechtsweg ausgeschlossenen Gegenstände zugelassen. Für alle anderen Prozesse ist vermöge der vis attractiva des Konkurses das Amts- bezw. Landgericht des Konkurses für zuständig erklärt, sodaß auch die ausschließlichen Gerichtsstände, z. B. der Gerichtsstand für die Einwendungen des § 767 C.P.O. gegen den vollstreckbaren Anspruch, dem Gerichtsstand des Abs. 2 weichen müssen.

Eine Vereinigung der mehreren Widerspruchsklagen in einem einzigen Prozeß ist nicht vorgeschrieben, sie können daher vor verschiedenen Kammern des Landgerichts zur Entscheidung gebracht werden. Die Annahme der M. I, der die Schriftsteller gefolgt sind, daß die Kammer für Handelssachen nicht zuständig sei, weil die Feststellungsklage gegen den Gemeinschuldner und gegen den bestreitenden Verwalter oder Gläubiger nicht aus deren Geschäften zu erheben sei, hat im Gesetz keinen Ausdruck gefunden und entspricht nicht dem § 101 Nr. 2, 3 G.V.G., wonach es auf die Art des Gegenstands des Rechtsstreits nicht ankommt.

5. Die Aufnahme des über den Anspruch schon vor der Eröffnung des Verfahrens anhängigen Prozesses findet, ohne Unterschied, ob der Gemeingläubiger die Rolle des Klägers oder des Beklagten führte, vor dem bisherigen Gerichte statt, eine Ausnahme von der Regel des Abs. 2. Ob auch der Widersprechende zur Aufnahme berechtigt ist, ist mit der Frage der Anm. 1 zu beantworten, ob der Widersprechende im Feststellungsstreit Kläger sein kann oder nicht.

Der Prozeß wird in dem Verfahren fortgesetzt, in welchem er sich zur Zeit der Konkurseröffnung befand, auch wenn er im Mahnverfahren, im Urkunden- bezw. Wechselprozeß anhängig war, Seuffert S. 271. Daß der Urkundenprozeß in das ordentliche Verfahren überzuleiten wäre, wie meistens behauptet wird, läßt sich nicht begründen; befugt zur Ueberleitung ist nach § 596 C.P.O. nur der Kläger, und in der höheren Instanz ist die Umleitung überhaupt unzulässig, R.G. 5, 351, vgl. Stein, Urkundenprozeß S. 356.

6. Die Feststellung kann nach Abs. 4 nur in Uebereinstimmung mit der Anmeldung erfolgen, weil jeder Gegenstand der Feststellung erst der konkursmäßigen Prüfung unterzogen werden soll, und die Wirkung, die das Judikat nach § 147 im Feststellungsprozeß für und gegen alle Gläubiger hat, eine Feststellung voraussetzt, über welche sich alle Gläubiger haben aussprechen können. Die Klage darf daher weder auf einen neuen Rechtsgrund (causa debendi), noch auf einen höheren Betrag gestützt, noch kann ein Vorrecht beansprucht werden, welches nicht angemeldet ist. Wird ein nicht angemeldetes Vorrecht oder ein den angemeldeten übersteigender Betrag verlangt, so muß zunächst eine neue Anmeldung und Prüfung erfolgen, R.G. in J. W. 1894 S. 16 und in Gruchots Beitr. 38, 1174. Ein geringerer Betrag kann geltend gemacht

werden, da der Anmeldende seinen Anspruch jeder Zeit ermäßigen darf und der geringere in dem angemeldeten höheren Betrage enthalten ist.

7. Die Kompetenz der Sondergerichte und der Verwaltungsbehörden ist für den Konkurs nicht beseitigt. Dazu gehört auch das Gewerbegericht des Ges. vom 29. Juli 1890, a. M. nur Oetker 1, 346. Besteht die bestrittene Forderung in einem Anspruch auf Buße, der im Strafverfahren geltend gemacht werden kann, so ist der Gläubiger nicht behindert, diesen Anspruch im Strafverfahren zu verfolgen, welches durch die Konkurseröffnung nicht unterbrochen wird; das Strafgericht darf die Buße nicht über den angemeldeten Betrag festsetzen, widrigenfalls die Differenz im Konkurs nicht berücksichtigt wird.

Für das Verfahren vor den Sonderbehörden sind die Abs. 1, 3 u. 4 entsprechend anzuwenden.

8. Durch die Vorlegung eines vollstreckbaren Schuldtitels, eines Endurtheils oder Vollstreckungsbefehls Seitens des Gläubigers wird der Widersprechende verpflichtet, die Rolle des Klägers zu führen. Aber ein Zwang besteht gegen ihn nicht, der Gläubiger der bestrittenen Forderung ist daher selbst auf den Klageweg angewiesen, Anm. 1, kann aber nach R.G. 34, 409 den Gegner nicht zur Wiederaufnahme eines anhängigen Rechtsstreits nöthigen. Zur Theilnahme an der Vertheilung ist er auch ohne rechtskräftige Entscheidung berechtigt, § 152, seine Theilnahme an den Abstimmungen hängt jedoch von der Einigung, event. der Entscheidung des § 95 ab. Der Widersprechende muß das gegen den Gemeinschuldner von dem Anmeldenden erlangte rechtskräftige Judikat gegen sich gelten lassen, kann aber die Wiederaufnahme der §§ 578ff. C.P.O. beantragen, wenn die Voraussetzungen der Restitutions- oder Nichtigkeitsklage gegeben sind. Gegen den nur vorläufig vollstreckbaren Schuldtitel oder das noch nicht rechtskräftige Endurtheil stehen ihm die Rechtsmittel zu, die dem Gemeinschuldner ohne die Eröffnung des Konkurses noch zustehen würden.

9. Die **Berichtigung** der Tabelle hat der Gläubiger der bestrittenen Forderung nach dem Eintritt der Rechtskraft des Urtheils zu betreiben. Die Berichtigung ist eine der Anfechtung unterliegende Entscheidung.

§. 147. (135.)

Soweit durch ein Urtheil rechtskräftig eine Forderung festgestellt oder ein Widerspruch für begründet erklärt ist, wirkt dasselbe gegenüber allen Konkursgläubigern. War der Prozeß nur gegen einzelne Gläubiger geführt, so können diese den Ersatz ihrer Prozeßkosten aus der Konkursmasse insoweit verlangen, als der letzteren durch das Urtheil ein Vortheil erwachsen ist.

M. I. 308; P. I. 93—95, 174—178; M. II —; P. II —.

1. Der Widerspruch, dessen Erhebung auf die persönliche Gefahr des Widersprechenden erfolgt, wenn er von einem Gläubiger ausgeht, wirkt in seinem Erfolg doch für und gegen alle Konkursgläubiger: Wird er für begründet erklärt, so scheidet die angemeldete Forderung, soweit und insofern sie mit Erfolg beanstandet war, als Konkursforderung aus; wird sie unter Zurückweisung des Widerspruchs festgestellt, so gilt sie gegen alle Gläubiger als Konkursforderung.

Indem der § 147 die Wirkung des Urtheils aber gegenüber allen Konkursgläubigern gelten läßt, ohne Unterschied, ob dieselben ebenfalls widersprochen haben oder nicht, schreibt er die Einheitlichkeit der Prozeßführung vor und charakterisirt die sämmtlichen Widersprechenden als nothwendige Streitgenossenschaft. Im Entw. lautete der erste Satz: „Das Urtheil, durch welches eine Forderung rechtskräftig festgestellt ist, wirkt gegenüber allen Konkursgläubigern." An Stelle dieses Satzes wurde von der Kommission die Vorschrift, wie sie jetzt lautet, gesetzt, um die Einheitlichkeit des Prozeßgegenstands festzustellen, P. I 174—178, nachdem der Regierungskommissar, der die jetzige Fassung bekämpfte, selbst erklärt hatte, „es handle sich um einen untheilbaren Gegenstand, um die Feststellung, daß die Forderung im Konkurse zu berücksichtigen sei." Er erkannte auch an, „daß die Feststellung in dem Falle, wo sie gegen alle Widerstreitenden oder von allen Widerstreitenden betrieben worden sei, nur einheitlich erfolgen könne," er behauptete aber, daß daraus nicht eine Zwangsstreitgenossenschaft, daß daraus nicht der Satz folge, „daß alle gemeinschaftlich verklagt werden oder klagen müßten." Andererseits behauptete er, daß eine gerichtliche „Feststellung bei noch bestehen bleibendem Widerspruch gesetzlich unzulässig" sei. Da die Fassung des Gesetzes gegen diese Deduktionen beschlossen wurde, ist die Auffassung des Regierungskommissars als abgelehnt anzusehen. v. Wilmowski folgt der vom Regierungskommissar vertretenen Auffassung, daß eine nothwendige Streitgenossenschaft zwischen den Widersprechenden nur bestehe, wenn sie zusammen klagen oder zusammen verklagt werden, daß aber eine einheitliche Prozeßführung nicht mit der Wirkung eintrete, daß, wenn nicht alle Widersprechenden an dem Prozeß theilnehmen, die exc. litis consortium zulässig sei. Er beruft sich mit Unrecht auf den Kommissionsbericht. Wird anerkannt, daß die mehreren Widersprechenden, welche an demselben Prozeß theilnehmen, nothwendige Streitgenossen sind, kann das Streitverhältniß ihnen gegenüber nur einheitlich festgestellt werden, § 62 C.P.O., so dürfen sie nicht verschiedene Prozesse führen, weil sonst der eine Prozeß einen andern Ausgang haben kann, als der andere; vgl. R.G. 5, 413. Die mehreren Widersprechenden können daher nur zusammen klagen und zusammen verklagt werden, widrigenfalls dem Gegner die exc. plurium lit. cons. zusteht. Wird gleichwohl, namentlich wenn diese Einrede nicht vorgebracht ist, in verschiedenen Prozessen verhandelt, so ist das erste rechtskräftige Erkenntniß entscheidend; denn nachdem die Forderung rechtskräftig festgestellt ist, besteht diese Feststellung für alle Konkursgläubiger und kann durch ein späteres Urtheil abweichenden Inhalts nicht mehr geändert werden. Die besondern Gründe aber, die der Verwalter, nicht ein Gläubiger, gegen eine Forderung geltend machen kann, sowie die Kompensation und die Anfechtung, gehören nicht zu dem einheitlichen Gegenstand des Widerspruchs, sie schließen die Festellung nicht aus und können auch der festgestellten Forderung gegenüber geltend gemacht werden.

2. Der Gläubiger, welcher Widerspruch erhoben hatte, bleibt mit den Prozeßkosten persönlich belastet, wenn der Widerspruch gänzlich für unbegründet erklärt wird. Wird dem Widerspruch aber vom Prozeßgericht oder von dem andern Teil selbst (durch Ermäßigung oder gänzliche Aufgabe des Anspruchs) theilweise oder ganz nachgegeben, so erhält der Widersprechende, insoweit als er Kosten zu zahlen hat, einen Masseanspruch in Höhe des Vortheils, welcher der Masse in Folge des Widerspruchs entsteht, sei es, daß der Gegner die außergerichtlichen Kosten und den Betrag, der dem Widersprechenden, insbesondere auf Grund der Vorschußpflicht, zur Last fallenden Gerichtskosten zu zahlen außer Stande ist, sei es, daß die Kosten unter die Parteien vertheilt sind. Das Gesetz bestimmt nicht, daß der Ersatzanspruch nur ein subsidiärer, daß er von der Bedingung der Zahlungsunfähigkeit des Prozeßgegners oder seiner mangelnden

Zahlungspflicht abhängig sein soll (auch in den M. I ist der Masse die Ersatzpflicht auferlegt, „selbstredend unbeschadet der etwaigen Ersatzpflicht des besiegten Prozeßgegners"). Der Masseanspruch ist in den M. I aus der nützlichen Verwendung begründet, der Vortheil, den die Masse erlangt hat, ist zwar weder ein rechtloser, § 59 [3], noch ist er ohne rechtlichen Grund erlangt, § 812 B.G.B., vielmehr besteht der Vortheil nur in der Thatsache, daß der Anmeldende, der kein Recht hatte, an der konkursmäßigen Befriedigung theilzunehmen, an derselben nicht theilnehmen darf; der Vortheil ist aber auf Kosten des Widersprechenden erlangt, gegen welchen der Konkursmasse ein Anspruch auf Durchführung des Widerspruchs nicht zusteht.

Nach bisherigem Preußischem Recht, § 46 A.L.R. 1, 16, trat die Masse durch die Zahlung der Kosten in das Recht des Widersprechenden gegen den Prozeßgegner ein, nach jetzigem Recht tritt der Zahlende, abgesehen von den durch das unterliegende Rechtsverhältniß begründeten Ausnahmen, nicht in das Recht des befriedigten Gläubigers ein. Da aber zur Kostenzahlung sowohl die Konkursmasse als auch die Prozeßgegner verpflichtet sind, so besteht zwischen beiden dem Widersprechenden gegenüber ein Gesammtschuldverhältniß des § 421 B.G.B., welches auf die gleiche Rechtsursache, die unbegründete Anmeldung der Forderung zurückzuführen ist, und da der Anmeldende derjenige ist, welcher die Prozeßkosten verursacht hat und daher der eigentliche Schuldner ist, so besteht für die Konkursmasse gegen ihn das Regreßrecht des § 426 B.G.B. und geht auf sie die Kostenforderung kraft Gesetzes über, § 426 Abs. 2.

Die Ersatzpflicht der Konkursmasse gegenüber dem Widerspruchsgläubiger ist gesetzlich auf den Fall beschränkt, daß der Prozeß nur gegen einen oder einzelne Gläubiger, als Kläger oder Beklagte, geführt ist, sie besteht daher nicht, wenn der Prozeß auch gegen den Verwalter geführt ist. In den M. I ist dieser Satz mit der Annahme begründet, daß in diesem Fall eine nützliche Verwendung nicht vorhanden sei und „daß damit der Grund zu einem Anspruch der als Streitgenossen aufgetretenen Gläubiger auf Erstattung ihrer Prozeßkosten aus der Masse hinwegfalle." Sind jedoch von dem Gläubiger besondere Aufwendungen gemacht, ohne welche der Erfolg nicht erzielt sein würde, z. B. zur Ermittelung eines Zeugen, zur Herbeischaffung einer Urkunde, so wird man den Bereicherungsanspruch des § 59 [3] durch den Satz 2 des § 147 insoweit nicht als beseitigt ansehen dürfen.

Der Vortheil, der der Konkursmasse durch den Widerspruch erwächst, besteht in dem Betrage der Konkursdividende, welcher auf die in Folge des Widerspruchs beseitigte angemeldete Forderung bezw. auf den beseitigten Theil derselben entfallen würde. Der Vortheil kann auch in Leistungen bestehen, die z. B. durch einen Vergleich zu Gunsten der Masse bestimmt werden.

§. 148. (136.)

Der Werth des Streitgegenstandes eines Prozesses über die Richtigkeit oder das Vorrecht einer Forderung ist mit Rücksicht auf das Verhältniß der Theilungs- zur Schuldenmasse von dem Prozeßgerichte nach freiem Ermessen festzusetzen.

M. I. 368; P. I. 95, 96, 178; M. II —; P. II —.

Der für die sachliche Zuständigkeit und für die Berechnung der Kosten maßgebende Werth wird nicht nach der Höhe der angemeldeten Forderung, sondern nach der Höhe der Dividende bestimmt, welche auf die angemeldete Forderung voraussichtlich entfallen wird. Die Dividende wird in dieser Beziehung nach freiem richterlichen Ermessen auf Grund des § 3 C.P.O. bestimmt, wobei die Auskunft des Verwalters über die Höhe der Aktiv- und Passivmasse berücksichtigt werden kann.

Das Ges. bestimmt aber nicht, daß die bestrittene Forderung es sei, deren Dividende für die Werthberechnung maßgebend ist, sondern verlangt nur, daß das Verhältniß der Theilungs- zur Schuldenmasse zu berücksichtigen ist. Für die Werthberechnung entscheidet das Interesse des Klägers, R.G. 24, 428, sein Interesse ist daher mit Rücksicht auf die voraussichtlich zur Vertheilung kommende Dividende maßgebend: Ist der Widersprechende der Kläger, so besteht sein Interesse an der Feststellung in dem Betrage, um welchen sich seine Dividende voraussichtlich erhöhen wird, wenn der Widerspruch für begründet erklärt wird; wird der Widerspruch von mehreren Gläubigern verfolgt, so werden die Beträge, um welche sich die Dividende jedes von ihnen voraussichtlich erhöhen wird, zusammengerechnet, § 5 C.P.O.; für die Entscheidung über die Kosten kommt in diesem Fall, wenn die Klage abgewiesen wird, der § 100 C.P.O. zur Anwendung. Ist der Gläubiger der Kläger, dessen Forderung beanstandet ist, so ist die Höhe der auf seine Forderung eventuell fallenden Dividende entscheidend. Ist die Klage vom Verwalter und einem oder mehreren Gläubigern angestellt, die Widerspruch erhoben haben, so ist der Werth so zu bestimmen, wie in dem Prozeß, den der Gläubiger der bestrittenen Forderung anstellt. Für den Fall der Klageerhebung mehrerer Gläubiger, die Widerspruch erhoben haben, könnte freilich der Erfolg der Klage, welcher für alle Konkursgläubiger wirkt, zu der Annahme führen, daß der Streitgegenstand nach der Dividende zu berechnen sei, welche auf die bestrittene Forderung fallen kann, aber der Gläubiger verfolgt seinen Widerspruch nicht für die Konkursgläubiger, deren Vertreter er nicht ist, sondern nur für sich im eignen Interesse und auf eigne Kosten, und unter diesen Umständen wird auch vom R.G. 33, 427; 38, 421 das Interesse des Klägers allein als ausschlaggebend angesehen.

Für die Werthberechnung ist der Zeitpunkt der Klagerhebung maßgebend, §§ 4, 263 Abs. 2 Nr. 2 C.P.O., § 9 G.K.G. Eine Aenderung der Konkursmasse oder einer der in Betracht kommenden Forderungen ist daher für die Werthbestimmung ohne Einfluß.

Fünfter Titel.

Vertheilung.

§. 149. (137.)

Nach der Abhaltung des allgemeinen Prüfungstermins soll, so oft hinreichende baare Masse vorhanden ist, eine Vertheilung an die Konkursgläubiger erfolgen.

M. I. 369—373; P. I. 100, 178; M. II —; P. II —.

1. Die K.O. hat nach dem Vorbild der Preuß. K.O. das gemeinrechtliche Prinzip der Versilberung der gesammten Masse vor der Vertheilung, das Klassifikationsurtheil und den Distributionsbescheid des Konkursgerichts aufgegeben, aber auch die in der Preuß. K.O. vorgeschriebene Scheidung zwischen der einstweiligen und definitiven Verwaltung und die Vorschrift der doppelten Anmeldefrist beseitigt, die Vertheilung in die

Hände des unter der Aufsicht des Gläubigerausschusses und des Konkursgerichts stehenden Verwalters gelegt und dem ganzen Verfahren eine leichtere Beweglichkeit verliehen, die sich namentlich in der Möglichkeit äußert, die Masse nach und nach zu versilbern und die Gläubiger nach und nach zu befriedigen.

2. Der Verwalter soll Vertheilungen an die Konkursgläubiger vornehmen, so oft hinreichende baare Masse vorhanden ist. Hinreichend ist die Theilungsmasse, wenn sie einen verhältnißmäßig nicht unbedeutenden Theil der einzelnen Forderungen deckt. Unnöthiger Weise Beträge zur Vertheilung zu bringen, welche die Kosten der Bekanntmachung und der Uebersendung an die einzelnen Gläubiger nur unerheblich übersteigen, würde pflichtwidrig sein. Die baare Masse gelangt nur nach Abzug der Massekosten und Masseschulden zur Vertheilung, welche aus der Konkursmasse vorweg zu berichtigen sind, § 57.

3. Eine Vertheilung darf nur nach der Abhaltung des allgemeinen Prüfungstermins stattfinden, da sich erst in demselben die Passivmasse konstituirt. Nach diesem Zeitpunkt muß eine Abschlagsvertheilung erfolgen, wenn hinreichende baare Masse vorhanden ist. Handelt der Verwalter dieser Pflicht zuwider, so wird er den Konkursgläubigern persönlich verantwortlich. Diese können zwar nicht auf die Vornahme einer Abschlagsvertheilung klagen, R.G. in J. W. 1890 S. 114[13], aber das Konkursgericht hat vermöge seiner Aufsicht das Recht und die Pflicht, den Verwalter nöthigenfalls durch die Zwangsmittel des § 84, zu seiner Pflicht anzuhalten, Anm. zu §§ 83, 84, M. I, Petersen-Kleinfeller Anm. 2, a. M. v. Wilmowski. Dagegen giebt dies Aufsichtsrecht dem Richter nicht die Befugniß, eine unzweckmäßige Abschlagsvertheilung zu verhindern, weil das Gesetz dies Recht im § 160 auf den Fall beschränkt hat, daß der Gemeinschuldner, der einen Zwangsvergleich vorgeschlagen hat, die Aussetzung der Abschlagsvertheilung beantragt hat, und auch in diesem Fall nur gestattet, wenn die Ausschlußfrist noch nicht abgelaufen ist.

§. 150. (138.)

Zur Vornahme einer Vertheilung hat der Verwalter, wenn ein Gläubigerausschuß bestellt ist, dessen Genehmigung einzuholen.

M. I 373, 374; P. I. 100, 178; M. II —; P. II —.

Der Gläubigerausschuß kann vermöge des Aufsichtsrechts des § 88 auf den Verwalter zur Vornahme einer Vertheilung einwirken, er hat gegen ihn aber keine Zwangsbefugnisse und kann sich daher nur an das Konkursgericht mit dem Antrage wenden, den Verwalter zu seiner Pflicht anzuhalten. Dagegen hat er das Vetorecht gegen die Vornahme einer Vertheilung. Ein Rechtsmittel gegen diese Versagung der Genehmigung ist nicht gegeben, das Gericht hat gegen den Ausschuß keine Zwangsgewalt und auch die Gläubigerversammlung ist nicht berechtigt, die Genehmigung des Ausschusses zu ersetzen (streitig), es sei denn, daß sämmtliche Konkursgläubiger und der Gemeinschuldner die Vertheilung gestatten. Aber das Gericht bezw. die Gläubigerversammlung sind befugt, die Bestellung der Ausschußmitglieder oder einzelner von ihnen zurückzunehmen, § 92, und dadurch gegen eine ungerechtfertigte Versagung der Genehmigung Abhülfe zu schaffen. Im Uebrigen sind die Ausschußmitglieder für eine pflichtwidrige Weigerung der Genehmigung persönlich verantwortlich. § 89.

§. 151. (139.)

Vor der Vornahme einer Vertheilung hat der Verwalter ein Verzeichniß der bei derselben zu berücksichtigenden Forderungen auf der Gerichtsschreiberei zur Einsicht der Betheiligten niederzulegen und die Summe der Forderungen, sowie den zur Vertheilung verfügbaren Massebestand öffentlich bekannt zu machen.

M. I. 374; P. I. 100, 178; M. II —; P. II —.

1. Das Verzeichniß, welches durch die Entscheidung der dagegen erhobenen Einwendungen festgestellt wird, §§ 157, 158, 162 dient als Vertheilungsplan zur Grundlage der Vertheilung. Es wird auf Grund der Tabelle aufgestellt und enthält die zu berücksichtigenden Forderungen. Zu berücksichtigen sind nach §§ 152—156

a) die festgestellten Forderungen,

b) diejenigen bestrittenen Forderungen, für welche ein Vollstreckungstitel, Endurtheil oder Vollstreckungsbefehl vorgelegt ist,

c) die qualifizirten Absonderungsforderungen, soweit der muthmaßliche Ausfall glaubhaft, bei der Schlußvertheilung soweit er nachgewiesen ist,

d) die auflösend bedingten und nach Maßgabe des § 154 die aufschiebend bedingten Forderungen.

Hierbei ist der Zustand im Zeitpunkt der Aufstellung des Verzeichnisses maßgebend, die nach diesem Zeitpunkt eintretenden Aenderungen sind nach § 157 zu bewirken bezw. vom Gläubiger durch die Einwendung des § 157 geltend zu machen. Die Vertheilung erfolgt durch Auszahlung oder durch Zurückbehaltung, jede Forderung, deren Perzipiendum auszuzahlen oder zurückzubehalten ist, muß berücksichtigt werden. Vermerke über die Frage, ob die Auszahlung oder die Retention erfolgt, können gemacht werden, erforderlich sind sie jedoch nicht. Dagegen sind die bevorrechtigten Ansprüche als solche zu bezeichnen.

Die Aufnahme in das Verzeichniß erfolgt für jede Vertheilung nach dem gesammten festgestellten Betrage, nicht nach dem durch eine frühere Vertheilung entstandenen Restbetrage. Die bezahlten bevorrechtigten Forderungen bleiben dagegen außer Ansatz; ist die Zahlung jedoch streitig, so ist die festgestellte Forderung in das Verzeichniß aufzunehmen, und ist der Verwalter mit seinem Zahlungseinwand des § 767 C.P.O. auf den Prozeßweg angewiesen. Dasselbe gilt in Ansehung des Zahlungseinwands gegen jede festgestellte Forderung. R.G. 21, 331.

Das Verzeichniß wird hiernach folgenden Inhalt haben:

Laufende Nr.	Zu berücksichtigende Gläubiger	Nr der Tabelle	Vorrecht	Zu berücksichtigende Forderungen	Berichtigungen

Die Spalte „Berichtigungen" enthält die Aenderungen des § 157 und des § 158.

Das Verzeichniß ist in der Gerichtsschreiberei niederzulegen, eine Mittheilung oder Bekanntmachung dieser Thatsache ist unnöthig und zur Ersparung von Kosten zu vermeiden. Die Niederlegung muß mindestens zu der Zeit geschehen sein, von welcher an die Bekanntmachung der zu berücksichtigenden Forderungen und des verfügbaren Massebestands wirksam ist, widrigenfalls für die Erhebung der Einwendungen des § 158 die Ausschlußfrist nicht vor der Niederlegung des Verzeichnisses beginnen kann.

2. Der Verwalter hat mit oder nach der Niederlegung des Verzeichnisses die Summe der zu berücksichtigenden Forderung und des verfügbaren Massebestands bekannt zu machen. Die Bekanntmachung kann lauten:

„Im Konkurs . . . findet eine Abschlagsvertheilung statt. Die verfügbare Masse beträgt . . . M., die Summe der zu berücksichtigenden Forderungen beträgt . . . M.; davon sind Forderungen im Betrage von . . . M. bevorrechtigt.“

Die Bekanntmachung erfolgt nach § 76, sie gilt mit dem Ablauf des zweiten Tages nach der Ausgabe des die Einrückung oder die erste Einrückung enthaltenden Gerichtsblatts als bewirkt. Von diesem Zeitpunkt an läuft die Ausschlußfrist.

3. Hat der Verwalter eine zu berücksichtigende Forderung in das Verzeichniß nicht aufgenommen, so haftet er für den daraus entstehenden Schaden persönlich, doch kann er einwenden, daß dem geschädigten Gläubiger durch Unterlassung der Einwendung ebenfalls ein Verschulden zur Last fällt, die Ersatzpflicht hängt dann von der Feststellung ab, wem der Schade vorwiegend zur Last fällt, § 254 B.G.B.; dabei ist zu berücksichtigen, daß einem auswärts wohnenden Gläubiger in der Regel nicht zugemuthet werden kann, das Verzeichniß zur Feststellung der Einstellung einer verhältnißmäßig nicht bedeutenden Forderung einzusehen oder sich Abschrift des Verzeichnisses auf seine Kosten geben zu lassen.

Ein Gläubiger, der bei einer Vertheilung mit Unrecht nicht berücksichtigt ist, ist, wenn die Berücksichtigung nicht bei einer spätern Vertheilung nachgeholt werden kann, berechtigt, den Mehrbetrag, welchen die übrigen Gläubiger in Folge des Fehlers erlangt haben, mit der Bereicherungsklage von ihnen zu fordern, § 812 B.G.B., R.G. in Gruchots Beitr. 34, 1205.

§. 152. (140.)

Konkursgläubiger, deren Forderungen nicht festgestellt sind und für deren Forderungen ein mit der Vollstreckungsklausel versehener Schuldtitel, ein Endurtheil oder ein Vollstreckungsbefehl nicht vorliegt, haben bis zum Ablaufe einer Ausschlußfrist von zwei Wochen nach der öffentlichen Bekanntmachung dem Verwalter den Nachweis zu führen, daß und für welchen Betrag die Feststellungsklage erhoben oder das Verfahren in dem früher anhängigen Prozesse aufgenommen ist. Wird der Nachweis nicht rechtzeitig geführt, so werden die Forderungen bei der vorzunehmenden Vertheilung nicht berücksichtigt.

M. 374–376; P. I. 100, 178; M. II —; P. II —.

1. Die Forderungen, welche nicht festgestellt sind, und für welche ein Endurtheil oder Vollstreckungstitel nicht vorliegt, werden in das Verzeichniß nicht aufgenommen, Anm. 1 zu § 151. Die Gläubiger solcher Forderungen können aber die nachträgliche Aenderung des Verzeichnisses verlangen, § 157, wenn sie den Nachweis der Rechtsverfolgung innerhalb der Ausschlußfrist erbringen.

Die Ausschlußfrist beginnt mit dem in Anm. 2 zu § 151 angegebenen Zeitpunkt, sie ist eine Präklusivfrist, gegen deren Ablauf die Wiedereinsetzung in den vorigen Stand nicht zulässig ist. Sie kann vom Gericht nicht geändert werden, § 224 Abs. 2 C.P.O. Eine Verlängerung der Frist kann aber vom Verwalter und dem Gläubiger der bestrittenen Forderung vereinbart werden, § 224 Abs. 1 C.P.O., ein Satz, der zwar streitig ist, da behauptet wird, daß es Parteien, die die Verlängerung der Frist vereinbaren könnten, im Konkursverfahren nicht gebe, der aber anzuerkennen ist, weil die Vorschriften der C.P.O. auf das Konkursverfahren analog anzuwenden sind, § 72 K.O., und im Konkurs diejenigen Personen Parteien sind, welche widerstreitende Interessen zur Geltung bringen. — Durch die Gerichtsferien wird die Frist nicht unterbrochen, § 204 G.V.G. Die Frist endigt mit dem Ablauf desjenigen Tages der zweiten Woche, welcher durch seine Benennung dem Tage entspricht, von welchem an die Frist zu laufen beginnt, § 222 C.P.O., § 188 B.G.B.

2. Bis zum Ablauf der Ausschlußfrist ist der Nachweis der Rechtsverfolgung zu erbringen. Legt der Gläubiger der bestrittenen Forderung dem Verwalter innerhalb der Frist einen Vollstreckungstitel oder ein Endurtheil vor, so hat er dieselben Rechte, die er haben würde, wenn er diesen Titel schon im Prüfungstermin vorgelegt hätte, § 146 Abs. 6, seine Forderung ist daher in das Verzeichniß nachzutragen, § 157.

Der Nachweis der Rechtsverfolgung ist dem Verwalter, nicht dem Gericht zu führen (a. M. nur v. Völderndorff Anm. d), der dem Gericht überreichte Nachweis ist erst dann geführt, wenn derselbe an den Verwalter abgegeben ist.

Der Nachweis besteht in der Vorlegung der Urkunde über die Zustellung der Klage oder der Ladung zur Aufnahme des Rechtsstreits. Ist der Widerspruch von mehreren Personen erhoben, so ist der Nachweis der Klagerhebung bezw. der Aufnahme des Rechtsstreits gegen alle Widersprechenden zu führen, Seuffert S. 349, Hullmann Anm. 5, Oetker 1, 512, a. M. v. Wilmowski 5, v. Sarwey-Bossert Anm. 6, Petersen-Kleinfeller Anm. II, 2; denn die Feststellung der Forderung kann nur durch Beseitigung aller Widersprüche erfolgen, §§ 144 Abs. 1; der Gegenstand der Feststellungsklage ist ein einheitlicher, Anm. 1 zu § 146, die Aufnahme in das Verzeichniß setzt nach § 152 den Beginn der Rechtsverfolgung gegen den nur einheitlich und gegen alle Widersprechenden zu erledigenden Widerspruch voraus und die Ausdrucksweise des § 168 Nr. 1, auf welche sich die entgegenstehende Ansicht stützt, führt nicht zu der Annahme, daß eine unvollkommene Rechtsverfolgung das Recht zur Berücksichtigung des Gläubigers gewähren könnte, der § 168 Nr. 1 schließt sich vielmehr an den § 152 an und ist daher aus demselben zu erklären.

Hat der Widersprechende oder einer der Widersprechenden den Widerspruch ganz oder theilweise aufgegeben, so tritt der Nachweis dieser Thatsache, die durch die, auch nur mündliche, Erklärung des Widersprechenden geführt wird, an die Stelle der Klagerhebung.

Differenzen über die Frage, ob ein Nachweis erbracht ist, entscheidet auf erhobene Einwendung das Konkursgericht nach § 158.

§. 153. (141.)

Gläubiger, von welchen abgesonderte Befriedigung beansprucht wird, haben bis zum Ablaufe der Ausschlußfrist dem Verwalter den Nachweis ihres Verzichts oder ihres Ausfalls nach Maßgabe des §. 64 zu führen.

Wird der Nachweis nicht rechtzeitig geführt, so werden die Forderungen bei der vorzunehmenden Vertheilung nicht berücksichtigt.

Zur Berücksichtigung bei einer Abschlagsvertheilung genügt es, wenn bis zum Ablaufe der Ausschlußfrist dem Verwalter der Nachweis, daß die Veräußerung des zur abgesonderten Befriedigung dienenden Gegenstandes betrieben ist, geführt und der Betrag des muthmaßlichen Ausfalls glaubhaft gemacht wird.

M. I. 374—376; P. I. 99—104, 178—183; M. II —; P. II —.

1. Die Behandlung des qualifizirten Absonderungsgläubigers bei Verhandlungen ist eine verschiedene, je nachdem es sich um Abschlagsvertheilungen oder um die Schlußvertheilung handelt:

Will der Gläubiger bei einer Abschlagsvertheilung berücksichtigt werden, so muß er dem Verwalter nachweisen, daß die Veräußerung des Absonderungsgegenstands betrieben wird, und ihm den Betrag des muthmaßlichen Ausfalls glaubhaft machen. Bei der Schlußvertheilung muß er ihm dagegen den Nachweis des Verzichts oder Ausfalls führen.

2. Entsteht der Ausfall durch Verzicht, so bedarf es keines weitern Nachweises, denn der Verzicht ist dem Verwalter selbst gegenüber zu erklären. Ueber den Verzicht s. Anm. 6 zu § 64.

3. Von wem die Veräußerung zu betreiben ist, sagt das Gesetz nicht, deshalb genügt das Betreiben der Verwerthung Seitens jedes dazu Berechtigten; es genügt, wenn der Verwalter oder ein in Ansehung desselben Gegenstandes zur Absonderung Berechtigter die Veräußerung betreibt. Der Nachweis, daß die Veräußerung betrieben ist, setzt lediglich den Beginn der Verwerthung voraus, denn, sobald mit der Veräußerung angefangen ist, wird sie betrieben, und daß sie nicht vollendet zu sein braucht, ergiebt sich aus dem Gesetze selbst, welches neben dem Nachweis des Betreibens der Veräußerung nur die Glaubhaftmachung des muthmaßlichen Ausfalls verlangt. Denn wäre die Veräußerung beendet, so würde nicht blos der muthmaßliche, sondern der thatsächliche Ausfall und dieser nicht nur glaubhaft gemacht, sondern nachgewiesen werden können. Als Beginn der Veräußerung ist die Ansetzung des Verkaufstermins anzusehen; es kann auch, wenn der Weg der Zwangsvollstreckung eingeschlagen wird, die Pfändung oder der Antrag auf Pfändung als Beginn angesehen werden. Weiter zurückgehen darf man jedoch nicht: Es genügt nicht, wenn der Verwalter nach § 127 Abs. 2 dem Gläubiger eine Frist zur Verwerthung bestimmen läßt, a. M. v. Wilmowski Anm. 7, denn durch die Fristbestimmung wird dem Absonderungsgläubiger aufgegeben, mit der Betreibung der Veräußerung zu beginnen, in dieser Auflage, die der Absonderungsgläubiger zur Erhaltung seines Absonderungsrechts nicht zu befolgen braucht, liegt daher noch kein Beginn der Veräußerung, und ebensowenig beginnt der Verwalter durch Erwirkung der Fristbestimmung die Verwerthung, die er in Folge der Fristsetzung nicht vorzunehmen braucht.

4. Ist die Absonderungsforderung betagt oder suspensiv bedingt, so kann der Gläubiger die Aufnahme in das Verzeichniß nur verlangen, wenn und soweit er auf das Absonderungsrecht verzichtet, oder ein anderer Absonderungsgläubiger oder der Verwalter die Verwerthung betreibt.

5. Die Glaubhaftmachung des Betrags des muthmaßlichen Ausfalls erfolgt nicht dem Gericht, sondern dem Verwalter gegenüber, es kommt daher der § 294 C.P.O.

nur in entsprechender Weise zur Anwendung: Der Verwalter ist von der Richtigkeit des Ausfalls erforderlichen Falls durch das Gutachten eines Sachverständigen zu überzeugen. Differenzen über die Thatsache der Glaubhaftmachung entscheidet das Konkursgericht auf erhobene Einwendung nach § 158. In diesem Fall kommt der § 294 C.P.O. zur Anwendung.

6. Im Uebrigen kommen die Erörterungen zu § 152, insbesondere hinsichtlich der Ausschlußfrist und der Erbringung des Nachweises in entsprechender Weise in Betracht.

§. 154. (142.)

Forderungen unter aufschiebender Bedingung werden bei einer Abschlagsvertheilung zu dem Betrage berücksichtigt, welcher auf die unbedingte Forderung fallen würde.

Bei der Schlußvertheilung ist die Berücksichtigung ausgeschlossen, wenn die Möglichkeit des Eintritts der Bedingung eine so entfernte ist, daß die bedingte Forderung einen gegenwärtigen Vermögenswerth nicht hat.

M. I. 376; P. I. 104, 183; M. II. 43, 44; P. II —.

1. Der Abs. 2, welcher bisher lautete: „Bei der Schlußvertheilung findet ihre Berücksichtigung nur statt, sofern dem Verwalter bis zum Ablaufe der Ausschlußfrist der Eintritt der Bedingung nachgewiesen wird, oder soweit der Gemeinschuldner zu einer Sicherheitsleistung verpflichtet war," ist durch den jetzigen Abs. 2 ersetzt, weil die bedingte Forderung als solche nach dem B.G.B. dem Gläubiger keinen Anspruch auf Sicherheitsleistung gewährt, die bedingte Forderung daher in allen Fällen, sofern die Bedingung nicht bei der Schlußvertheilung eingetreten ist, vollständig ausfallen müßte. Dies würde namentlich in denjenigen, in den M. II erwähnten, Fällen zu großer Härte führen, in denen „durch letztwillige Verfügung oder durch einen Gutsübergabevertrag den Geschwistern des Erben oder des Gutsannehmers unter der Bedingung der Verheirathung oder der Erreichung der Volljährigkeit Zuwendungen gemacht sind."

2. Hiernach gestaltet sich das Verfahren in Ansehung der aufschiebend bedingten Forderungen in folgender Weise: Bei den Abschlagsvertheilungen werden sie wie unbedingte Forderungen berücksichtigt, Abs. 1, d. h. sie werden in das Verzeichniß aufgenommen, der auf sie entfallende Antheil wird aber nicht ausgezahlt, sondern zurückbehalten, § 168 Nr. 2, und bei der Schlußvertheilung hinterlegt, § 169, sofern die Bedingung bis dahin nicht eingetreten ist. Ihre Auszahlung erfolgt, wenn die Bedingung eingetreten ist; steht fest, daß die Bedingung nicht eintritt, so findet die nachträgliche Vertheilung des § 166 statt.

Nur dann, wenn die Möglichkeit des Eintritts der Bedingung eine so entfernte ist, daß die Forderung einen gegenwärtigen Vermögenswerth nicht hat, wird die Forderung bei der Schlußvertheilung nicht berücksichtigt, vgl. § 916 Abs. 2 C.P.O., wogegen sie bei den Abschlagsvertheilungen wie eine unbedingte in das Verzeichniß aufzunehmen ist; aber auch die bei den Abschlagsvertheilungen reservirten Beträge werden für die Konkursmasse frei, § 156, wenn die Möglichkeit des Eintritts noch bei der Schlußvertheilung eine entfernte ist.

Ob der Eintritt der Bedingung so unwahrscheinlich ist, daß die Forderung keinen gegenwärtigen Werth hat, entscheidet im Streitfall das Konkursgericht, § 162 Abs. 2.

§. 155. (143.)

Gläubiger, welche bei einer Abschlagsvertheilung nicht berücksichtigt worden sind, können nachträglich, sobald sie die Vorschriften der §§. 152, 153 erfüllt haben, die bisher festgesetzten Prozentsätze aus der Restmasse verlangen, soweit diese reicht und nicht in Folge des Ablaufs einer Ausschlußfrist für eine neue Vertheilung zu verwenden ist.

M. I. 376—378; P. I. 104, 183; M. II —; P. II —.

1. Die Gläubiger bestrittener Forderungen und die Absonderungsberechtigten, welche den Erfordernissen der §§ 152, 153 nicht genügt haben, erhalten nicht deshalb einen geringern Prozentsatz als die übrigen Gläubiger, denn die Konkursmasse dient zur gleichmäßigen Befriedigung aller Konkursgläubiger, nur bei der vorzunehmenden Vertheilung werden sie, wie der letzte Satz des § 152 und der letzte Satz des Abs. 1 des § 153 ausdrücklich bestimmen, nicht berücksichtigt. Nur wenn sie den gesetzlichen Erfordernissen bei der Schlußvertheilung nicht nachgekommen sind, haben sie ihren Anspruch auf Befriedigung aus der Konkursmasse definitiv verloren: durch die Vorschrift der Ausschließung der Gläubiger von der vorzunehmenden Vertheilung und der Schlußvertheilung sind die übrigen Gläubiger, welche in Folge der Ausschließung einen höhern Prozentsatz erhalten haben, gegen die Rückforderung der ausgeschlossenen Gläubiger gesichert.

Kommt der Gläubiger der bestrittenen Forderung oder der Absonderungsberechtigte nachträglich, also jedenfalls vor dem Ablauf der Ausschlußfrist der Schlußvertheilung, dem Erforderniß des § 152 oder des § 153 nach, so werden ihm nunmehr die Antheile nachbezahlt, mit denen er bei den Abschlagsvertheilungen ausgeschlossen war; diese Nachzahlung erfolgt jedoch nur nach Maßgabe der vorhandenen Masse, also nach Abzug der von der Masse vorweg zu nehmenden Masseforderungen, § 57, und unter vorheriger Berichtigung der noch nicht gedeckten bevorrechtigten Forderungen des § 61, auch wenn diese den Erfordernissen der §§ 152, 153 erst nachträglich und auch nach dem Nachtragsgläubiger genügt haben. Reicht die Restmasse zur Befriedigung der Dividende aller Nachtragsgläubiger nicht aus, so sind aus derselben, wie gesagt, zunächst die bevorrechtigten Gläubiger zu befriedigen, und ist der Rest unter die übrigen Nachtragsgläubiger nach Verhältniß der Höhe ihrer Forderungen zu vertheilen.

Der § 155 giebt den Nachtragsgläubigern noch ein weiteres Recht, indem er sie noch vor der nächsten Vertheilung aus der vorhandenen Masse befriedigen läßt, welche aus der früheren Vertheilung übrig geblieben und sich durch die freigewordenen Beträge des § 156 und durch die nachher vorgenommene Versilberung von Konkursgegenständen gebildet hat.

2. Nachdem der Nachtragsgläubiger der Verpflichtung des § 152 oder § 153 nachgekommen ist, hat der Verwalter das Verzeichniß zu berichtigen, widrigenfalls der Gläubiger für die nächste Vertheilung die Einwendung auf Berichtigung des Verzeichnisses hat, s. darüber die Anm. zu §§ 158, 162.

Der Verwalter hat den Nachtragsgläubiger, der seiner Pflicht nachgekommen ist, bei der nächsten Vertheilung von amtswegen zu berücksichtigen, vorher ist er dazu nur verpflichtet, wenn der Gläubiger es verlangt. Der Gläubiger kann dies Verlangen stellen, ohne daß er in das Verzeichniß eingetragen ist, weil dessen Berichtigung nur innerhalb der Frist des § 157 zu erfolgen hat und das bisherige Verzeichniß nach der voraufgegangenen Vertheilung erledigt ist. Eine Klage auf Auszahlung ist gegen den Verwalter nicht gegeben, R.G. in Gruchots Beitr. 34, 1201, a. M. Oetker 1, 516; aber das Konkursgericht hat den Verwalter vermöge seiner Aufsicht, nöthigenfalls durch Zwangsmaßregeln, zu seiner Pflicht anzuhalten.

Sind mehrere Nachtragsgläubiger vorhanden, welche das Verlangen stellen, so sind sie nach Maßgabe des vorhandenen Bestandes, eventuell nach Verhältniß ihrer Forderungen zu befriedigen, wobei selbstverständlich die bevorrechtigten Forderungen den gewöhnlichen Forderungen vorgehen, v. Sarwey=Bossert Anm. 2, a. M. Hullmann S. 292.

3. Eine besondere Bekanntmachung vor der Befriedigung der Nachtragsgläubiger, die v. Sarwey=Bossert Anm. 2 für zweckmäßig halten, hat überhaupt nicht stattzufinden.

§. 156. (144.)

Die Antheile, mit welchen Gläubiger bei Abschlagszahlungen nach Maßgabe des §. 153 Abs. 2 oder des §. 154 Abs. 1 berücksichtigt worden sind, werden für die Schlußvertheilung frei, wenn bei dieser die Voraussetzungen des §. 153 Abs. 1 nicht erfüllt sind oder nach Maßgabe des §. 154 Abs. 2 die Berücksichtigung der bedingten Forderung ausgeschlossen ist.

M. I. 378; P. I. 100—104, 183; M. I. 43, 44; P. II —.

1. Die Aenderung des §, welcher bisher lautete:

„Die Antheile, mit welchen Gläubiger nach Maßgabe des § 141 Abs. 2 oder des § 142 Abs. 1 bei Abschlagsvertheilungen berücksichtigt worden sind, werden für die Schlußvertheilung frei, wenn bei dieser die Voraussetzungen des § 141 Abs. 1 oder des § 142 Abs. 2 nicht erfüllt sind."

ist eine Folge der Aenderung des § 154 Abs. 2.

2. Der Antheil, welcher für eine bestrittene Forderung zurückbehalten ist, nachdem die Rechtsverfolgung nach Maßgabe des § 152 nachgewiesen war, wird von selbst für die Schlußvertheilung frei, wenn der Widerspruch rechtskräftig für begründet erklärt ist; denn dann ist die Forderung mit dem Recht auf konkursmäßige Befriedigung definitiv beseitigt. Der gleiche Erfolg ist für den Fall, daß der Absonderungsgläubiger den muthmaßlichen Ausfall nur glaubhaft gemacht, nicht aber nachgewiesen oder nicht den Verzicht erklärt hat, sowie für den Fall vorgeschrieben, daß sich der Eintritt einer suspensiv bedingten Forderung zur Zeit der Schlußvertheilung als so entfernt zeigt, daß die Forderung keinen Vermögenswerth mehr hat, s. darüber die Anm. zu §§ 153, 154.

§. 157. (145.)

Binnen drei Tagen nach dem Ablaufe der Ausschlußfrist hat der Verwalter die auf Grund der vorstehenden Bestimmungen erforderlichen Aenderungen des Verzeichnisses zu bewirken.

M. I. 378, 379; P. I. 105, 183; M. II —; P. II —.

Mit dem Ablauf der Ausschlußfrist sind für die in Aussicht genommene Vertheilung alle Forderungen ausgeschlossen, die bis dahin nicht geprüft sind oder für welche den Erfordernissen der §§ 152, 153 nicht genügt ist. Das bisherige Verzeichniß ist nunmehr auf Grund der Nachholungen der §§ 152, 153 zu berichtigen; auch die Berichtigung thatsächlicher Irrthümer ist in den M. I für zulässig erklärt; andere Aenderungen sind unzulässig.

Gegen diese Berichtigungen sind die Einwendungen des § 157 zulässig. Das nunmehr berichtigte Verzeichniß ist die Grundlage der Vertheilung.

Das berichtigte Verzeichniß bleibt nach § 151 in der Gerichtsschreiberei bis zur Ausführung der Vertheilung niederlegt.

§. 158. (146.)

Bei einer Abschlagsvertheilung sind Einwendungen gegen das Verzeichniß bis zum Ablaufe einer Woche nach dem Ende der Ausschlußfrist bei dem Konkursgerichte zu erheben.

Das Gericht entscheidet über die Einwendungen. Die Entscheidung, durch welche eine Berichtigung des Verzeichnisses angeordnet wird, ist auf der Gerichtsschreiberei niederzulegen. Die Beschwerdefrist beginnt mit dem Tage, an welchem die Niederlegung der Entscheidung erfolgt ist.

M. I. 379, 380; P. I. 105, 106, 183; M. II —; P. II —.

1. Für die Einwendungen ist eine einwöchige Frist vorgeschrieben, welche von dem Ablauf der Ausschlußfrist läuft, über dieselbe gilt das Anm. 1 zu § 152 Gesagte. Da aber die Ausschlußfrist erst mit dem Ablauf der zweiwöchigen Frist endet, beginnt die Einwendungsfrist mit dem Beginn des auf den Ablauf der Ausschlußfrist folgenden Tage, es kommen daher die §§ 187 Abs. 2, 188 B.G.B. zur Anwendung, nach welchen die Einwendungsfrist mit dem Ablauf desjenigen Tages der einwöchigen Frist beginnt, welcher dem Tage vorhergeht, der durch seine Benennung dem Anfangstage der Einwendungsfrist entspricht.

2. Die Einwendung ist nur gegen das Verzeichniß zulässig, Einwendungen gegen einzelne Forderungen, z. B. die Einwendung der Zahlung, die übrigens nur dem Verwalter, nicht den Gläubigern zusteht, sind nicht gestattet, R.G. 21, 337. Dagegen kann die Einwendung gegen die Einstellung oder Nichteinstellung einer Forderung in das Verzeichniß die Frage betreffen, ob ein Vorrecht zu berücksichtigen ist oder nicht, ob eine Forderung zu einem geringern oder höhern Betrage einzustellen ist, ob der Nachweis oder die Glaubhaftmachung der §§ 152, 153 vorliegt, Anm. 2 zu § 152, Anm. 5 zu § 153, und für die Schlußvertheilung, ob der Eintritt der Bedingung unwahrscheinlich ist, § 154 Abs. 2, Anm. 2 zu § 154.

Die Einwendung kann gegen das ursprüngliche, wie auch gegen das nach § 157 berichtigte Verzeichniß erhoben werden, sofern sie nicht durch die Berichtigung erledigt ist.

Sie ist nicht nur dem Gläubiger gestattet, dessen Forderung nicht oder nicht in dem verlangten Umfang in das Verzeichniß aufgenommen ist, sondern ist gegen die Aufnahme jedem Konkursgläubiger gegeben, dessen Konkursdividende sich durch die Berücksichtigung der Forderung vermindert.

3. Ueber die Einwendungen entscheidet das Konkursgericht, nicht das Prozeß=

gericht. Das Verfahren findet dem Prozeßverfahren entsprechend statt, § 72, soweit sich nicht aus dem Abs. 2 und aus der Natur der Sache Abweichungen ergeben. Ein eigentliches kontradiktorisches Prozeßverfahren entspricht der Natur der Sache nicht, R.G. in Gruchots Beitr. 34, 1201 und in J. W. 1890 S. 114, welche vielmehr auf das Verfahren der Beschwerdeinstanz hinweist: Darnach erfolgt die Entscheidung auf Grund des schriftlichen oder zu Protokoll erklärten Vorbringens, doch kann zur näheren Erörterung eine mündliche Verhandlung vom Prozeßgericht anberaumt werden, auch kann das Gericht die Ermittelungen des § 75 anstellen.

Die Entscheidung ist mit der sofortigen Beschwerde anfechtbar, § 73 Abs. 3, welche jedem Konkursgläubiger, auch demjenigen zusteht, der bisher an dem Streit nicht betheiligt war. Sie ist, wenn die Berichtigung angeordnet ist, auf der Gerichtsschreiberei niederzulegen. Diese gesetzlich besonders vorgeschriebene Niederlegung schließt aber die Verpflichtung des Gerichts nicht aus, die Entscheidung den Streitenden außerdem amtlich zuzustellen, § 73 Abs. 2 (streitig). Aber die Beschwerdefrist läuft von dem Tage der Niederlegung des Beschlusses in der Gerichtsschreiberei.

Die Niederlegung ist aber nur hinsichtlich derjenigen Entscheidungen vorgeschrieben, durch welche die Berichtigung des Verzeichnisses angeordnet ist; wird die Einwendung dagegen abgewiesen, so ist der Beschluß nur zuzustellen und läuft die Beschwerdefrist von dem Tage der Zustellung. Ist die Einwendung nur theilweise für begründet erachtet, so muß neben der Zustellung auch die Niederlegung erfolgen und läuft die Frist für die Beschwerde in Ansehung der Abweisung der Einwendung von der Zustellung, in Ansehung der Berichtigung von der Niederlegung.

Die Niederlegung erfolgt auch in der Beschwerdeinstanz.

§. 159. (147.)

Für eine Abschlagsvertheilung bestimmt der Verwalter und, wenn ein Gläubigerausschuß bestellt ist, dieser auf Antrag des Verwalters den zu zahlenden Prozentsatz.

Der Verwalter hat den Prozentsatz den berücksichtigten Gläubigern mitzutheilen.

M. I. 379, 380; P. I. 106, 183; M. II —; P. II —.

1. Die Bestimmung des Prozentsatzes ist eine Rechnungsoperation, welche sich aus der Summe der Forderungen und dem zur Vertheilung verfügbaren Massebestand, § 152, ergiebt. Die Feststellung der zu berücksichtigenden Forderungen kann mit Sicherheit erst nach dem Ablauf der Einwendungsfrist und der Entscheidung des Gerichts, § 158, erfolgen, und in den M. I ist von der Annahme ausgegangen, daß erst hiernach der Prozentsatz zu bestimmen sei. Das Gesetz schreibt dies jedoch nicht vor, der Prozentsatz darf daher schon vorher vorgenommen werden, wenn anzunehmen ist, daß das Verzeichniß eine wesentliche Aenderung nicht erleiden werde (streitig).

Der Bestimmung des Prozentsatzes ist nur derjenige Baarbestand zu Grunde zu legen, der in der öffentlichen Bekanntmachung des § 151 angegeben ist, denn die Gläubiger, die den Erfordernissen der §§ 152, 153 zu entsprechen haben, widrigenfalls sie durch den Ausschluß von einer Abschlagsvertheilung einen Zinsverlust erleiden, haben ein Interesse daran, daß ein höherer als der bekannt gegebene Baarbestand nicht zur Vertheilung gelangt; andererseits haben die Gläubiger der festgestellten

Forderungen ein Interesse daran, daß kein geringerer Bestand vertheilt wird. Indessen ist es, wie in den M. I hervorgehoben ist, selbstverständlich, daß der Bestand nicht „bis auf die letzte Mark" vertheilt wird, und daß der Prozentsatz in einer möglichst runden Zahl bestimmt wird.

Ein klagbares Recht auf die Bestimmung eines höheren oder geringeren Prozentsatzes haben die Gläubiger nicht, obgleich ihnen von einzelnen Schriftstellern ein solcher Anspruch unter der Voraussetzung zugestanden wird, daß der Verwalter den Prozentsatz den Gläubigern mitgetheilt hat, oder, wie Fitting § 41 Anm. 13 will, daß der Gläubigerausschuß über den Prozentsatz Beschluß gefaßt hat. Denn das Prozeßgericht hat nur über die Regreßansprüche der Gläubiger gegen den Verwalter zu erkennen, kann aber während des Verfahrens nicht in die Verwaltung eingreifen, R.G. in Gruchots Beitr. 34, 1201 und in J. W. 1890 S. 114. Vielmehr ist nur die Beschwerde der oder einzelner Gläubiger gegen den Verwalter wegen Pflichtverletzung bei dem Konkursgericht zulässig, welches vermöge seiner Aufsicht den Verwalter, erforderlichen Falls durch Zwangsmaßregeln, zu seiner Pflicht anhält. Aus gleichem Grunde steht dem Konkursgericht auch die Entscheidung zu, wenn der Prozentsatz nicht vorschriftsmäßig festgesetzt ist (die meisten Kommentatoren bestreiten dies), es sei denn, daß die Festsetzung vom Gläubigerausschuß ausgegangen ist, welcher der Aufsicht des Gerichts nicht untersteht, und gegen dessen Beschlüsse das Gericht und die Gläubigerversammlung nur durch den Widerruf der Bestellung aller oder einzelner Ausschußmitglieder Abhülfe schaffen kann.

2. Die Bestimmung des Prozentsatzes erfolgt von dem Gläubigerausschuß, falls ein solcher bestellt ist; sie geschieht nur auf Antrag des Verwalters, der Antrag des Verwalters ist aber nur erforderlich, um den Ausschuß zu veranlassen, über die Dividende Beschluß zu fassen, dagegen ist der Ausschuß in Ansehung der zu bestimmenden Höhe des Prozentsatzes an den Antrag nicht gebunden (streitig). Ohne den Antrag kann der Ausschuß eine Dividende nicht festsetzen, er hat auch keine Zwangsmittel, um den Verwalter zur Stellung des Antrags zu veranlassen, sondern ist auf die Abhülfe des Konkursgerichts angewiesen, welches den Verwalter von amtswegen zur Antragstellung zwingen kann.

3. Von der Höhe des festgesetzten Prozentsatzes hat der Verwalter jedem einzelnen Gläubiger Mittheilung zu machen. Die Mittheilung geschieht ohne besondere Form, § 77 Abs. 2.

Eine öffentliche Bekanntmachung ist nicht vorgeschrieben. Trotz der gleichwohl erfolgten Bekanntmachung ist der Verwalter von der Pflicht, jedem Gläubiger Mittheilung zu machen, und der Ersatzpflicht nicht entbunden, wenn durch die Unterlassung ein Schade entsteht, Anm. 4 zu § 76. Da die Mittheilung auf das Verfahren ohne Einfluß ist, so kann auch nicht davon die Rede sein, daß die Bekanntmachung die Einzelmittheilungen nach § 76 Abs. 3 ersetzen könnte.

§. 160. (148.)

Das Gericht kann auf Antrag des Gemeinschuldners, wenn derselbe einen Zwangsvergleich vorgeschlagen hat, die Aussetzung einer Abschlagsvertheilung anordnen, sofern nicht schon die Ausschlußfrist abgelaufen ist.

M. 379, 380; P. I. 107, 183; M. II —; P. II —.

1. Der § 160 giebt dem Konkursgericht die Befugniß, unter der Voraussetzung des Antrags des Gemeinschuldners und der Einreichung eines Akkordvorschlags die Aussetzung einer Abschlagsvertheilung anzuordnen, entzieht ihm dadurch aber zugleich die Befugniß, in andern Fällen vermöge der Aufsicht eine der Konkursmasse schädliche Vertheilung zu verbieten. Die Schlußvertheilung setzt dagegen stets die Genehmigung des Gerichts voraus, § 161.

2. Die Aussetzung darf nur angeordnet werden, wenn die zweiwöchige Ausschlußfrist nicht abgelaufen ist, v. Wilmowski Anm. 1, Stieglitz Anm. a, Fitting § 41 unter III, Oetker S. 414; diesem bestimmten Wortlaut des Gesetzes gegenüber ist die Annahme von Petersen-Kleinfeller Anm. 5, v. Sarwey-Bossert Anm. 2, v. Völderndorff Bd. 2 S. 466 nicht begründet, daß die Einreichung des Antrags vor Ablauf der Ausschlußfrist ausreicht. Daraus folgt, daß auch das Beschwerdegericht die Aussetzung nicht mehr anordnen darf, wenn inzwischen die Ausschlußfrist abgelaufen ist, v. Wilmowski a. a. O.

§. 161. (149.)

Die Schlußvertheilung erfolgt, sobald die Verwerthung der Masse beendigt ist.

Die Vornahme der Schlußvertheilung unterliegt der Genehmigung des Gerichts.

M. I. 380; P. I. 107, 183; M. I —; P. II —.

1. Die Schlußvertheilung setzt die Beendigung der Verwerthung der Aktivmasse voraus. Die mangelnde Feststellung der Passivmasse hält die Beendigung des Verfahrens nicht auf, da für die Gläubiger, deren Forderungen nicht festgestellt sind, die auf diese Ansprüche fallenden Antheile reservirt und hinterlegt werden, §§ 168, 169, und der Gemeinschuldner „nicht länger durch die Streitigkeiten der Theilungsinteressenten an der Wiederaufnahme seiner Erwerbsthätigkeit gehindert werden" soll.

Da die Verwerthung der nicht verwerthbaren Gegenstände der Aktivmasse der Beschlußfassung der Gläubigerversammlung unterliegt, die erst nach der Genehmigung der Schlußvertheilung durch das Gericht zu berufen ist, § 162, so wird die Beendigung des Verfahrens nicht bis zur Veräußerung dieser Gegenstände aufgeschoben. Was zu den nicht verwerthbaren Gegenständen gehört, entscheidet das Gericht, weil es die Genehmigung der Schlußvertheilung nur ertheilen darf, wenn die in der Beendigung der Verwerthung liegende Voraussetzung erfüllt ist.

Nicht verwerthbar sind die Gegenstände, deren Umsetzung in Geld überhaupt nicht oder doch nur zu einem unverhältnißmäßig geringeren Betrage auszuführen ist. Hiernach läßt sich die Streitfrage, ob der Ausgang von Aktivprozessen vor der Ansetzung des Schlußtermins abzuwarten ist, dahin beantworten, daß, wenn der im Streit befangene Gegenstand zur Zeit nur zu einem Preis veräußert werden kann, der erheblich hinter dem Werth zurückbleibt, der Ausgang des Rechtsstreits nicht abgewartet zu werden braucht.

2. Da „die Schlußvertheilung unmittelbar zur Beendigung des Verfahrens führen soll" und „daher eine definitive und nicht wieder zu heilende thatsächliche Präklusion aller bis dahin nicht nach Vorschrift des Gesetzes geltend gemachten Ansprüche gegen-

über der Konkursmasse involvirt," macht das Gesetz die Schlußvertheilung von der Genehmigung des Gerichts abhängig. Die Verfügung, durch welche die Genehmigung ertheilt oder versagt wird, ist eine Entscheidung, gegen welche dem Verwalter und jedem Betheiligten, der ein Interesse daran hat, die Einwendung bezw. die sofortige Beschwerde zusteht. Es ist zwar streitig, ob den Gläubigern das Beschwerderecht zusteht, weil ihre Genehmigung zu keiner Vertheilung nöthig sei, die Beschwerde ist aber nicht blos denjenigen gegeben, ohne deren Zustimmung eine gerichtliche Entscheidung nicht vorgenommen werden kann, sondern jedem, der durch die Entscheidung in seinem Vermögensinteresse benachtheiligt wird. Ein Interesse an der Entscheidung haben die Gläubiger aber schon deshalb, weil durch die Genehmigung der Schlußvertheilung zugleich über die Frage entschieden ist, daß die nicht verwertheten Gegenstände unverwerthbar seien.

Die Entscheidung über die Genehmigung ist nur dem Verwalter zuzustellen, a. M. v. Wilmowski, der die Zustellung auch an den Gemeinschuldner für nöthig hält. Der Gemeinschuldner und die Gläubiger erhalten durch die Ladung zum Schlußtermin und die Bekanntmachung desselben Kenntniß von der Ertheilung der Genehmigung, sie können gegen die Genehmigung die Einwendung des § 766 C.P.O. erheben, die darauf ergangene Entscheidung unterliegt der Anfechtung mit der sofortigen Beschwerde, Anm. 1 zu § 73.

Solange eine solche Entscheidung nicht ergangen ist, kann die Genehmigung zurückgenommen werden, vgl. Oetker 1, 415, a. M. v. Wilmowski Anm. 3. Nach dem Erlaß und der Zustellung der Entscheidung ist die Zurücknahme nicht mehr zulässig.

3. Ist ein Gläubigerausschuß bestellt, so kann der Verwalter die Vertheilung nur mit dessen Genehmigung vornehmen, § 150. Das Gericht darf daher die Genehmigung nicht ertheilen, bevor der Ausschuß die Vertheilung gestattet hat, s. darüber die Anm. zu § 150.

§. 162. (150.)

Zur Abnahme der Schlußrechnung, zur Erhebung von Einwendungen gegen das Schlußverzeichniß und zur Beschlußfassung der Gläubiger über die nicht verwerthbaren Vermögensstücke bestimmt das Gericht einen Schlußtermin, welcher nicht unter drei Wochen und nicht über einen Monat hinaus anzuberaumen ist.

Die Bestimmungen des §. 158 Abs. 2 finden auf die Schlußvertheilung Anwendung.

M. I. 380, 381; P. I. 107, 183; M. II —; P. II —.

1. Das Gericht setzt, nachdem es die Schlußvertheilung genehmigt, § 161, von amtswegen den Schlußtermin des § 162 an, der nicht unter 3 Wochen und nicht über einen Monat hinaus anzuberaumen ist; diese Fristen sind von der Bekanntmachung des § 76 Abs. 1 an zu berechnen. Da dieser Termin auch zur Abnahme der Schlußrechnung stattfindet, hat der Verwalter die Schlußrechnung mit den Belegen gemäß § 86 mindestens drei Tage vor dem Termin auf der Gerichtsschreiberei niederzulegen. Da der Termin ferner zur Erhebung von Einwendungen gegen das Schlußverzeichniß

stattfindet, hat der Verwalter gemäß § 151 das Verzeichniß auf der Gerichtsschreiberei niederzulegen und die Summe der Forderungen, sowie den zur Vertheilung verfügbaren Massebestand bekannt zu machen. Diese Bekanntmachung ist für den Beginn der letzten Ausschlußfrist maßgebend, s. die Anm. zu § 152.

Zugleich mit der Terminsbestimmung beruft das Gericht durch die Bekanntmachung des § 76 die Gläubigerversammlung, § 93. Außerdem theilt es die Terminsbestimmung dem Verwalter und dem Gemeinschuldner durch Zustellung mit.

2. In der Gläubigerversammlung findet zunächst die Abnahme der Schlußrechnung statt, welche der Verwalter nach § 86 zu legen hat; s. darüber die Anm. zu § 86. Ueber die Einwendungen gegen die einzelnen Rechnungsposten entscheidet das Konkursgericht, Anm. 4 zu § 86.

3. Demnächst ist über die Einwendungen gegen das Schlußverzeichniß zu verhandeln. Da der Termin „zur Erhebung der Einwendungen" angesetzt ist, ist für dieselben nicht, wie bei Abschlagsvertheilungen, § 158, eine Frist bestimmt, sondern können nur solche Einwendungen berücksichtigt werden, welche im Termin mündlich oder schriftlich erhoben werden. Auch über diese Einwendungen entscheidet, Abs. 2, das Konkursgericht nach Maßgabe des § 158 Abs. 2, s. die Anm. zu § 158.

4. Die Gläubigerversammlung entscheidet schließlich über die nicht verwerthbaren Vermögensstücke, s. darüber Anm. 1 zu § 162.

Die Beschlußfassung ist auf solche Arten der Verwerthung, die sofort ausführbar sind, beschränkt, eine andere Verwerthung, z. B. durch eine erst nach dem Termin vom Verwalter vorzunehmende oder zu veranlassende Versteigerung, ist durch die Umstände ausgeschlossen, da die Schlußrechnung bereits gelegt ist und mit der Beendigung des Verfahrens, die sich unmittelbar an den Schlußtermin anschließt, § 163, die Thätigkeit des Verwalters ihr Ende erreicht. Die Gläubigerversammlung kann aber vertagt, § 93 Abs. 2, und es kann dem Verwalter aufgegeben werden, die Veräußerung inzwischen auszuführen. Sofort ausführbar ist dagegen „die Uebernahme solcher Vermögensstücke durch einzelne Gläubiger," M. I, unter Anrechnung eines bestimmten Werthbetrags; eine solche Uebernahme, welche durch Beschluß der nach § 163 zur Verfügung über die Gegenstände berechtigten Gläubiger erfolgt, hat den Charakter der Leistung an Erfüllungsstatt, § 364 B.G.B., und wenn es sich um die Uebernahme einer Forderung handelt, gilt die Forderung an den Uebernehmer als abgetreten, § 398 B.G.B. Die Uebertragung kann nur mit Zustimmung des übernehmenden Gläubigers, also nur durch einen Vertrag desselben mit der Gläubigerversammlung stattfinden. Ein ohne diese Zustimmung gefaßter Beschluß ist nichtig, weil die Uebertragung eines Gegenstandes auf einen andern ein gegenseitiges Rechtsgeschäft ist. Daß der Konkursgläubiger gegen einen solchen Beschluß, wie Sarwey-Bossert Anm. 4 meinen, die Hülfe des Konkursgerichts anrufen könne, ist unrichtig, da das Gericht die Ausführung eines Beschlusses der Gläubigerversammlung nach § 99 nur untersagen darf, wenn der Beschluß dem gemeinsamen Interesse der Gläubiger, nicht aber, wenn er nur dem Interesse eines einzigen Gläubiger widerspricht. Aber der Verwalter hat einen nichtigen Beschluß bei der Vertheilung nicht zu berücksichtigen, widrigenfalls er sich persönlich verantwortlich macht, der Konkursgläubiger auch zur Bereicherungsklage gegen die übrigen Gläubiger berechtigt ist.

Die Versammlung darf den unverwerthbaren Gegenstand auch „dem Gemeinschuldner zur freien Verfügung überlassen," M. I, und wenn sie einen andern Beschluß nicht faßt, so erhält der letztere die freie Verfügung von selbst zurück, denn mit der Aufhebung des Verfahrens hört die Dispositionsbeschränkung des § 6 auf, vgl. R.G.

in J. W. 1888 S. 288. Dasselbe gilt aus dem angegebenen Grunde auch in Ansehung der Gegenstände, über welche die Beschlußfassung deshalb unterblieben ist, weil das Vorhandensein der Gegenstände der Versammlung nicht bekannt geworden ist.

5. Die Schlußvertheilung braucht in dem Termin nicht stattzufinden, der Verwalter hat dieselbe ohne gerichtliche Mitwirkung vorzunehmen, § 167, kann dieselbe aber, wenn Einwendungen gegen die Schlußrechnung oder das Verzeichniß erhoben sind und die Berichtigung eine Umrechnung erforderlich macht, im Termin in der Regel nicht ausführen.

§. 163. (151.)

Nach der Abhaltung des Schlußtermins beschließt das Gericht die Aufhebung des Konkursverfahrens. Eine Anfechtung des Beschlusses findet nicht statt.

Der Beschluß und der Grund der Aufhebung sind öffentlich bekannt zu machen.

Die Vorschriften der §§. 111 Abs. 2, 112, 113 finden entsprechende Anwendung.

M. I. 381, 382; P. I. 107, 108, 183; M. II —; P. II —.

1. Das Gericht beschließt die Aufhebung des Verfahrens nach der Abhaltung des Schlußtermins, nicht erst nach der Schlußvertheilung, welche im Termin nicht stattzufinden braucht, Anm. 5 zu § 162, und an die abwesenden Gläubiger nicht erfolgen kann. In den M. I ist zwar gesagt: „Mit der Schlußvertheilung ist der Konkurs erledigt," und deshalb nehmen v. Wilmowski Anm. 1, v. Sarwey-Bossert Anm. 1 und Petersen-Kleinfeller Anm. III, 1 an, daß der Konkurs erst mit der Schlußvertheilung für aufgehoben erklärt werden könne. Das Gesetz bestimmt dies aber nicht, und es würde mit der Absicht des Gesetzgebers, der eine möglichst baldige Wiederaufnahme der Erwerbsthätigkeit des Kridars erstrebt, im Widerspruch stehen, wenn die Aufhebung des Verfahrens von der vollständigen Erledigung der Vertheilung abhinge, die sich verzögern kann, wenn der Aufenthaltsort eines oder mehrerer Gläubiger nicht bekannt und daher erst zu erforschen ist. Der Beschluß ist der Anfechtung entzogen, weil „ein Streit über die Aufhebung füglich nicht entstehen kann," M. I, denn die Voraussetzung ist lediglich die Abhaltung des Schlußtermins.

2. Der Beschluß über die Aufhebung ist eine Entscheidung, welche nach § 73 Abs. 2 von amtswegen zuzustellen ist. Die Zustellung hat an den Verwalter und den Gemeinschuldner zu erfolgen. Außerdem ist der Beschluß und der Grund desselben („der Konkurs ist nach Abhaltung des Schlußtermins beendet") öffentlich bekannt zu machen; die Bekanntmachung erfolgt nach § 76 und außerdem durch Einrückung in den Reichsanzeiger, Abs. 2, § 111 Abs. 3. Von den in der Anm. 1 angeführten Schriftstellern wird behauptet, daß die Zustellung des Beschlusses nicht erforderlich sei, weil die Bekanntmachung die Zustellung nach § 76 Abs. 3 ersetze, aber die Ersetzung der Zustellung durch die öffentliche Bekanntmachung macht die Zustellung nicht un nöthig, s. darüber Anm. 4 zu § 76.

4. Die Wirkung des Beschlusses tritt erst mit der Zustellung bezw. mit dem Ablauf des zweiten Tages der Bekanntmachung im Gerichtsblatt des § 76 Abs. 1 ein. Da die Bekanntmachung die Zustellung ersetzt, § 76 Abs. 3, gilt der Konkurs in dem

Zeitpunkt als beendet, in welchem die öffentliche oder die Einzelzustellung an den Gemeinschuldner zuerst wirksam erfolgt ist. Die Frage nach dem Eintritt der Wirkung des Aufhebungsbeschlusses ist jedoch streitig, s. auch R.G. in J. W. 1889 S. 139, da behauptet wird, daß „die Existenz des Aufhebungsbeschlusses mit der Bekanntmachung desselben nicht zusammenfalle," eine Entscheidung ist aber überhaupt erst mit ihrer Eröffnung wirksam, und die Ausnahme, die in dieser Hinsicht mit dem Eröffnungsbeschluß zu machen ist, ist lediglich durch die Vorschriften des § 108 begründet.

4. Mit der Aufhebung des Konkurses erlangt der Gemeinschuldner die freie Verfügung über das Konkursvermögen und die Verwaltung desselben zurück, soweit dasselbe noch vorhanden ist, mit Ausnahme der nach §§ 168, 169 zurückbehaltenen Beträge und der vom Verwalter zur Vertheilung zurückbehaltenen Bestände. Das Amt des Verwalters, der seine Bestallung zurückzugeben hat, § 81 Abs. 2, ist beendet, nur hinsichtlich der zum Zweck der Vertheilung der zurückbehaltenen Beträge, sowie im Fall der Nachtragsvertheilung des § 166 und zur Stellung des Antrags auf Löschung des Konkursvermerks bei dem Grundbuchamt bleibt er als Verwalter berufen; zur Fortführung der Prozesse fehlt ihm nunmehr, sofern es sich nicht um einen zurückbehaltenen Betrag handelt, die Legitimation, R.G. 27, 113; 31, 42; 32, 72, 429; in J. W. 1895 S. 185, vgl. R.G. 28, 68, a. M. v. Sarwey-Bossert Anm. 1 zu dem früheren § 152. Ebenso wie die Stellung des Verwalters ist auch die Stellung des Gläubigerausschusses beendet. Die Beschränkungen, denen die Konkursgläubiger nach §§ 12, 14, 15 unterliegen, hören auf, § 164.

Die unterbrochenen Prozesse können vom Gemeinschuldner und gegen ihn aufgenommen, die den Konkursgläubigern gegenüber unwirksamen oder anfechtbaren Rechtshandlungen können, soweit sie nicht redressirt sind, von dem bisherigen Gemeinschuldner nicht beanstandet werden.

5. Der Gerichtsschreiber hat, Abs. 3, beglaubigte Abschrift der Formel des Aufhebungsbeschlusses denjenigen Registerbehörden mitzutheilen, denen er die Formel des Eröffnungsbeschlusses übersandt hatte.

6. Der Konkursvermerk ist im Grundbuch auf allen Folien zu löschen, auf denen er nach § 113 eingetragen war, Abs. 3. Die Löschung erfolgt auf Ersuchen des Konkursgerichts, welches zur Stellung des Ersuchens verpflichtet ist, oder auf Antrag des Verwalters, der vermöge der Vorschrift des Abs. 3 zur Stellung dieses Antrags auch nach der Aufhebung des Verfahrens legitimirt und verpflichtet ist, s. darüber die Anm. zu § 113.

§. 164. (152.)

Nach der Aufhebung des Konkursverfahrens können die nicht befriedigten Konkursgläubiger ihre Forderungen gegen den Schuldner unbeschränkt geltend machen.

Für die Gläubiger, deren Forderungen festgestellt und nicht von dem Gemeinschuldner im Prüfungstermine ausdrücklich bestritten worden sind, findet gegen den Schuldner aus der Eintragung in die Tabelle die Zwangsvollstreckung unter entsprechender Anwendung der §§. 724—793 der Civilprozeßordnung statt.

Für Klagen auf Ertheilung der Vollstreckungsklausel, sowie für

Klagen, durch welche die die Forderung selbst betreffenden Einwendungen geltend gemacht werden, oder der bei der Ertheilung der Vollstreckungsklausel als bewiesen angenommene Eintritt der Thatsache, von welcher die Vollstreckung aus der Eintragung in die Tabelle abhängt, oder die als eingetreten angenommene Rechtsnachfolge bestritten wird, ist das im §. 146 Abs. 2 dieses Gesetzes bezeichnete Gericht zuständig.

M. I. 382—386; P. I. 108, 183; M. II —; P. II. 33.

1. Das Römische Recht ließ eine Nachforderung gegen den gewesenen Gemeinschuldner nicht zu, l. 25 § 7, D. 42, 8, l. 6, 7, D. 42, 3; l. 3, C. 7, 72. Das gemeine Recht gestattete zwar eine Nachforderung, legte dem Gläubiger aber den Nachweis auf, daß der Schuldner wieder in bessere Vermögensumstände gelangt sei, und gab dem letztern das bf. competentiae, welches ihn zu der Einrede berechtigte, daß das neue Vermögen nur zu seinem und seiner Angehörigen Unterhalt ausreiche. Die K.O., die das vom Gemeinschuldner nach der Konkurseröffnung erworbene Vermögen für die Zeit des Verfahrens dem Zugriff der Gläubiger entzieht, §§ 1, 12—15, giebt den letztern dafür das unbeschränkte Recht, von der Beendigung des Konkurses an ihre Forderungen gegen ihn geltend zu machen.

Dies Recht hat der Gläubiger, der am Konkurs theilgenommen hat, hinsichtlich desjenigen Theils seines Anspruchs, der im Konkurs nicht befriedigt ist, und hat der Gläubiger, der am Verfahren nicht theilgenommen, hinsichtlich seines ganzen noch ungedeckten Anspruchs.

Da die Geltendmachung der Nebenforderungen des § 63, insbesondere der Kosten und Zinsen, nur vom Konkursverfahren ausgeschlossen ist, können diese Ansprüche jetzt mit dem ungedeckten Theil der Forderung, sie können aber auch, wenn die Forderung, z. B. die bevorzugte Forderung, zu ihrem konkursmäßigen Betrage ganz befriedigt ist, allein gegen den Schuldner verfolgt werden, Seuffert S. 388. Durch die im Konkurs erhaltenen Zahlungen sind die vom Verfahren ausgeschlossenen Kosten und Zinsen nicht gedeckt, weil sie nicht gedeckt werden durften, der § 367 Abs. 1 B.G.B. kann daher in diesem Falle nicht zur Anwendung kommen.

Hat die Forderung nach §§ 65, 69, 70 eine konkursmäßige Aenderung erlitten, so bleibt diese Aenderung in Folge der judikatmäßigen Wirkung der Feststellung auch dem Schuldner gegenüber bestehen, Anm. 6 zu § 69, v. Wilmowski Anm. 3, Petersen-Kleinfeller Anm. IV, 3, a. M. Schulze S. 71, v. Völderndorff Bd. 2 S. 489, v. Sarwey-Bossert Anm. 10. Nur wenn der Gemeinschuldner die Forderung im Prüfungstermin oder nachträglich unter Wiedereinsetzung in den vorigen Stand, § 165, bestritten hat, ist er an die Feststellung nicht gebunden. Das Bestreiten muß sich aber auf die Forderung selbst beziehen, ein Vorbehalt, der lediglich gegen die nach § 69 erfolgte Umwandlung der Forderung gerichtet ist, ist wirkungslos, Oetker 1, 449, Petersen-Kleinfeller Anm. IV, 3, Schulze S. 81, a. M. Stieglitz Anm. I, 4, v. Wilmowski Anm. 3, denn der Schuldner kann die judikatmäßige Wirkung des § 145 nach der Bestimmung des § 164 Abs. 2 nur durch das Bestreiten der Forderung abwenden, ein Vorbehalt gegen die konkursmäßige Umänderung des Anspruchs ist aber kein Bestreiten. Auch der Gläubiger ist an die Umänderung gebunden und kann den Rest der Forderung nicht in der ursprünglichen Gestalt geltend machen (streitig, wie oben), sofern der Schuldner die Forderung nicht bestritten hat.

Eine nicht angemeldete Forderung wird dagegen in ihrem Bestande nicht geändert, da die Umwandlung nur in Folge der Feststellung im Prüfungstermin eintritt. Ist nur das Vorrecht vom Schuldner bestritten, so ist die Forderung in ihrem Bestande von ihm nicht bestritten, die Feststellung hat daher auch in diesem Falle gegen ihn die Wirkung des Judikats.

2. Wegen der Judikatsnatur der Feststellung darf der Schuldner Einwendungen nur geltend machen, die nach der Feststellung entstanden sind, § 767 C.P.O. Ist die Feststellung im Konkurs einer offenen Handelsgesellschaft erfolgt, so kann der Gesellschafter nur die ihm persönlich zustehenden Einwendungen geltend machen, nicht solche, die von der Gesellschaft selbst vorzubringen waren, R.G. 3, 57; 5, 71; 13, 96; 36, 62, in J. W. 1894 S. 543[4].

Dem Bestreiten des Gemeinschuldners hat die K.O. lediglich den Erfolg gegeben, daß die Feststellung gegen den Schuldner nach der Beendigung des Verfahrens nicht geltend gemacht werden kann, die dem Gläubiger im Konkurs auf Grund der Feststellung im Prüfungstermin gewährte Leistung kann ihm der Schuldner, auch wenn er die Forderung bestritten hat, nach Beendigung des Verfahrens nicht wieder entreißen (streitig); denn der Schuldner ist hinsichtlich des Konkursvermögens an die Dispositionen des Verwalters gebunden, dem das Verwaltungs- und Verfügungsrecht über dieses Vermögen mit der Wirkung zusteht, daß der Schuldner an die Disposition so gebunden ist, als ob er selbst giltig disponirt hätte, s. die Anm. 7, 8, 11 zu § 6.

3. Die festgestellten, vom Gemeinschuldner nicht beanstandeten Forderungen werden auf Grund der Eintragung in die Tabelle gegen den Schuldner verfolgt. Die vom Gerichtsschreiber zu ertheilende Ausfertigung, mit der Vollstreckungsklausel versehen, bildet den Vollstreckungstitel, auf Grund dessen die Zwangsvollstreckung stattfindet. Ein Attest über die Beendigung des Verfahrens braucht nicht, wie v. Wilmowski Anm. 4 meint, der Vollstreckungsklausel hinzugefügt zu werden. Denn die Klausel darf nur nach Beendigung des Konkurses ertheilt werden, die Thatsache ihrer Ertheilung beweist daher die Beendigung des Verfahrens.

4. Die Vollstreckungsklausel ertheilt der Gerichtsschreiber des Konkursgerichts. Für die Klage auf Ertheilung der Klausel, § 731 C.P.O., für die Klage zur Geltendmachung der die Forderung selbst betreffenden Einwendungen, § 767 C.P.O., und für die Klage, durch welche der bei der Ertheilung der Klausel als bewiesen angenommene Eintritt der zur Vollstreckung erforderlichen Thatsache oder der Thatsache der Rechtsnachfolge bestritten wird, §§ 732, 768 C.P.O. ist das Amtsgericht und, wenn dieses nicht sachlich kompetent ist, das Landgericht zuständig, in dessen Bezirk das Konkursgericht liegt. Der Gerichtsstand ist ein ausschließlicher und schließt auch den sonstigen ausschließlichen Gerichtsstand aus.

§. 165.

Hat der Schuldner den Prüfungstermin versäumt, so ist ihm auf Antrag die Wiedereinsetzung in den vorigen Stand zu ertheilen. Die Vorschriften des §. 232 Abs. 2 und der §§. 233—236 der Civilprozeßordnung finden entsprechende Anwendung. Der den Antrag auf Wiedereinsetzung enthaltende Schriftsatz ist dem Gläubiger zuzustellen, dessen Forderung nachträglich bestritten werden soll. Das Bestreiten in diesem Schriftsatze steht, wenn die Wiedereinsetzung ertheilt wird, dem Bestreiten im Prüfungstermine gleich und ist in die Tabelle einzutragen.

M. I —; P. I —; M. II. 44; P. II. 34.

1. Die Abwendung der Folgen der Judikatsnatur, welche der Feststellung nach §§ 145, 164 auch nach der Beendigung des Verfahrens anhaftet, kann nur durch den Widerspruch geschehen, den der Gemeinschuldner im Prüfungstermin erheben kann. Die Versäumung dieses Termins schloß bisher jeden Widerspruch aus. Diese Folge erschien aber „gegenüber dem Gemeinschuldner, der eine Forderung zu bestreiten beabsichtigte, aber ohne sein Verschulden verhindert war, in dem Prüfungstermin zu erscheinen, mit großen Härten verbunden," M. II. Deshalb ist die neue Vorschrift des § 165 gegeben, welche ihn berechtigt, die Wiedereinsetzung in den vorigen Stand nachzusuchen. Die Gründe, aus denen diese Restitution zulässig ist, sind in den §§ 233—235 C.P.O. bestimmt. Demnach wird sie ertheilt, wenn der Schuldner durch Naturereignisse oder andere unabwendbare Zufälle oder deshalb am Erscheinen verhindert war, weil er von der Bekanntmachung und der für ihn erfolgten Ersatzzustellung und in Folge dessen von dem Termin ohne sein Verschulden keine Kenntniß erlangt hat. Eine Versäumung, welche in der Verschuldung eines von ihm bevollmächtigten Dritten ihren Grund hat, ist nicht als eine unverschuldete anzusehen, § 232 Abs. 2 C.P.O. Der Verwalter ist in diesem Falle nicht als Vertreter des Kridars anzusehen, weil eine Rechtshandlung in Frage steht, die auf das Konkursvermögen ohne Einfluß ist.

Die Wiedereinsetzung ist innerhalb 2 Wochen nachzusuchen, die Frist beginnt mit dem Tage, an welchem der Kridar Kenntniß von dem Prüfungstermin erhalten hat oder hätte haben müssen, sie kann vom Gericht nicht verlängert werden; die Bestimmung des § 234 Abs. 2, wonach die Frist durch Vereinbarung der Parteien nicht verlängert werden kann, kommt bei der nur entsprechenden Anwendung dieser Bestimmung hier nicht in Betracht, weil es sich hier nicht um eine der Disposition der Parteien entzogene Nothfrist handelt und der Gläubiger eine Beeinträchtigung seines Rechts der Nachforderung zulassen darf, A. M. Seuffert S. 390; nach Ablauf eines Jahres ist die Wiedereinsetzung nicht mehr zulässig; aber auch in dieser Beziehung darf der Gläubiger in eine Verlängerung der Frist willigen.

Ist der Schuldner, nachdem er von dem Termin Kenntniß erhalten hat, durch ein Naturereigniß oder ein anderes unabwendbares Ereigniß an der Wahrnehmung der Frist verhindert, so kann ihm auch gegen diese Versäumniß Restitution ertheilt werden. In diesem Fall wird die Wiedereinsetzung auch dann ertheilt, wenn spätestens am dritten Tage vor Ablauf der Frist der zur Wahrung derselben zuzustellende Antrag dem Gerichtsvollzieher oder, sofern die Zustellung unter Vermittelung des Gerichtsschreibers erfolgen soll, dem letztern zum Zweck der Zustellung übergeben ist, § 235 C.P.O.

2. Das Gesuch ist vom Schuldner den Gläubigern zuzustellen, deren Forderungen von ihm beanstandet werden sollen. Die Zustellung erfolgt durch den Gerichtsvollzieher, der Schuldner kann aber auch den Gerichtsschreiber um die Vermittelung der Zustellung ersuchen, § 166 Abs. 2 C.P.O. Das Gesuch muß die Angabe der die Wiedereinsetzung begründenden Thatsachen, die Angabe der Mittel für ihre Glaubhaftmachung und die Bestreitung der Forderung enthalten, welche beanstandet werden soll, § 236 C.P.O.

Der Grund der Restitution ist glaubhaft zu machen. Die Glaubhaftmachung kann durch alle Beweismittel, mit Ausnahme der Eideszuschiebung erfolgen; der Antragsteller kann aber auch zur Versicherung an Eidesstatt zugelassen werden, § 294 C.P.O.

3. Das Konkursgericht entscheidet über den Restitutionsantrag nach Anhörung des Gläubigers. Die Entscheidung ist mit der sofortigen Beschwerde anfechtbar, die aber nur dem Gemeinschuldner und dem Gläubiger zusteht, weil nur diese an der Entscheidung ein Interesse haben. Die Entscheidung wird ihnen von amtswegen zugestellt. Ist die Restitution rechtskräftig ertheilt, so gilt die Forderung als vom Kridar bestritten; das Bestreiten ist von amtswegen in der Tabelle nachzutragen.

§. 166. (153.)

Wenn nach dem Vollzuge der Schlußvertheilung Beträge, welche von der Masse zurückbehalten sind, für dieselbe frei werden, oder Beträge, welche aus der Masse gezahlt sind, zur Masse zurückfließen, so sind dieselben von dem Verwalter nach Anordnung des Konkursgerichts auf Grund des Schlußverzeichnisses zur nachträglichen Vertheilung zu bringen. Die über die Verwaltung und Vertheilung solcher Beträge abzulegende Rechnung unterliegt der Prüfung des Konkursgerichts.

Dasselbe gilt, wenn nach der Schlußvertheilung oder der Aufhebung des Verfahrens zur Konkursmasse gehörige Vermögensstücke ermittelt werden.

M. I. 386; P. I. 108, 183; M. II —; P. II —.

1. Mit der Aufhebung des Konkursverfahrens, § 163, fällt das nicht vertheilte und nicht zu vertheilende Konkursvermögen an den Gemeinschuldner zurück und hört die Legitimation des Verwalters auf. Das Gesetz läßt aber ausnahmsweise eine auf bestimmte Gegenstände beschränkte Fortsetzung des Verfahrens in folgenden Fällen zu:

a) wenn nach dem Vollzuge der Schlußvertheilung Beträge, welche von der Masse zurückbehalten sind, für dieselbe frei werden. Die Zurückbehaltung findet in den Fällen des § 168 statt, aber auf diese Fälle beschränkt das Gesetz die Nachtragsvertheilung nicht. Objekte derselben sind vielmehr auch diejenigen Beträge, welche der Verwalter absichtlich zum Zweck einer Nachtragsvertheilung zurückbehalten hat. Das R.G. 28, 68 hat die Legitimation des Verwalters in Ansehung der Gegenstände anerkannt, welche durch Beschluß der Gläubigerversammlung zu einer Restmasse vorbehalten sind, a. M. v. Wilmowski Anm. 3;

b) wenn Beträge, welche aus der Masse gezahlt sind, zur Masse zurückfließen. Dies geschieht, wenn die die Befriedigung des Gläubigers nicht hindernde Resolutivbedingung nachträglich eintritt, wenn einem Gläubiger oder einem Dritten irrthümlich zuviel oder wenn ihm ein Betrag gezahlt ist, den er nicht zu fordern hatte. Irrthümlich gezahlt ist auch eine in der Schlußvertheilung zu hoch angenommene Ausfallsforderung eines Absonderungsgläubigers, Endemann S. 566, a. M. v. Wilmowski Anm. 1;

c) wenn nach der Schlußvertheilung oder der Aufhebung des Verfahrens zur Konkursmasse gehörige Gegenstände ermittelt werden. Nachträglich ermittelt sind alle Gegenstände, deren Zugehörigkeit zum Konkursvermögen dem Verwalter nicht bekannt war, also sowohl diejenigen, deren Existenz ihm überhaupt unbekannt war, als auch diejenigen, deren Vorhandensein er kannte, von denen er aber nicht wußte, daß sie zur Konkursmasse gehörten. Dazu gehören auch die Ansprüche, die der Verwalter nur deshalb nicht eingezogen hat, weil er irrthümlich annahm, daß ihnen gleich hohe Gegenforderungen gegenüberstanden, R.G. 36, 22. Ob die Unkenntniß eine unverschuldete oder eine verschuldete war, ist unerheblich. Hat aber der Verwalter einen Gegenstand von der Konkursmasse dem Gemeinschuldner freigegeben, Anm. 7 zu § 1, § 114, so ist der Gegenstand nicht deshalb nachträglich ermittelt, weil der Verwalter sich bei dieser Disposition in einem Irrthum befand, R.G. 25, 7, denn die Voraussetzung der Nachtragsvertheilung, die Unkenntniß von der Zugehörigkeit zur Masse ist in diesem Fall nicht gegeben; dasselbe gilt, wenn der Verwalter es irrthümlich unterlassen hatte, einen Gegenstand auf Grund der Anfechtung der §§ 29 ff., v. Wilmowski Anm. 3, oder auf Grund einer unzulässigen Veräußerung Seitens des Kridars, § 7, zur Masse zu ziehen, denn diese Gegenstände gehören nicht zur Konkursmasse und können nur während des Verfahrens zur Masse zurückgefordert (kondizirt, nicht vindizirt) werden.

Für die Zugehörigkeit des Gegenstands zum Konkursvermögen ist lediglich die Kenntniß des Verwalters maßgebend, nicht die des Schuldners, des Gläubigers oder des Konkursgerichts, denn nur der Verwalter ist der Verfügungsberechtigte hinsichtlich der Konkursmasse.

Ist der nachträglich ermittelte Gegenstand vom Gemeinschuldner veräußert oder auf andere Weise aus seinem Vermögen gelangt, so kann eine Nachtragsvertheilung nicht mehr stattfinden, denn der Schuldner ist nach der Beendigung des Verfahrens zur Veräußerung berechtigt, und die vor der Beendigung des Verfahrens von ihm vorgenommene Veräußerung ist mit der Beendigung des Konkurses unbeschränkt rechtswirksam geworden, eine Nachtragsvertheilung kann aber nur über Konkursgegenstände vorgenommen werden, d. h. über Gegenstände, welche zur Zeit der Nachtragsvertheilung dem bisherigen Gemeinschuldner gehören. Tritt aber ein anderer Gegenstand an Stelle des veräußerten, z. B. im Fall der Enteignung, so kann über denselben die Nachtragsvertheilung vorgenommen werden.

2. Als Zeitgrenze für die nachträgliche Ermittelung oder das Zurückfließen oder Freiwerden von Beträgen ist der Vollzug der Schlußvertheilung, für die nachträgliche Ermittelung auch die Aufhebung des Verfahrens bestimmt. Da die Schlußvertheilung mit dem Schlußtermin nicht zusammenfällt und bis zur endgültigen Schlußvertheilung ein längerer Zeitraum liegen kann, so wird meistens angenommen, daß das Gesetz unter dem Vollzug der Schlußvertheilung den Anfang der Vertheilung verstehe, weil sonst die Beträge, die in der Zwischenzeit frei werden oder zur Masse zurückfließen, sowie die in der Zwischenzeit ermittelten Gegenstände nicht der Nachtragsvertheilung unterliegen könnten. Obgleich diese Annahme dem Wortlaut des Ges. entspricht, muß noch weiter gegangen und als Zeitgrenze der Schlußtermin des § 162 angenommen werden, denn in den M. I ist, von der Kommission unwidersprochen, davon ausgegangen, daß „mit der Schlußvertheilung der Konkurs erledigt" sei, M. I 381, daß daher die Aufhebung des Konkurses unmittelbar nach dieser Vertheilung erfolgen könne, und, da die Aufhebung nach § 163 nach der Abhaltung des Schlußtermins zu beschließen ist, gehen die M. I davon aus, daß die Zeit des Schlußtermins mit der Zeit der Schlußvertheilung zusammenfalle. Handelt es sich aber um die Interpretation eines Ausdrucks, so muß auf die Bedeutung zurückgegangen werden, in welcher er von demjenigen gebraucht ist, von welchem er herrührt. Die Vertheilung ist darnach als erfolgt anzusehen, wenn das Schlußverzeichniß, aus welchem sich in Verbindung mit dem Massebestand der Antheil jedes Gläubigers ergiebt, nach der Entscheidung

der dagegen erhobenen Einwendungen im Schlußtermin festgestellt ist. Wollte man dies nicht annehmen, so würde auch zwischen dem Anfang der Schlußvertheilung und dem Schlußtermin ein Zeitraum liegen, in welchem eine Ermittelung von Gegenständen erfolgen kann, die einer Nachtragsvertheilung nicht unterzogen werden könnten, und könnten in dieser Zeit auch Beträge frei werden oder zur Masse zurückfließen, die der Vertheilung entzogen würden. Der Gesetzgeber hat aber beabsichtigt, diejenigen Gegenstände der Disposition der Konkursorgane nachträglich zu unterwerfen, über welche zur Zeit des Konkurses eine Verfügung nicht getroffen werden konnte, vgl. § 767 Abs. 2 C.P.O. Daß im Abs. 2 die Schlußvertheilung alternativ neben die Aufhebung des Verfahrens gesetzt ist, kann an dieser Annahme nichts ändern, da in dieser Beziehung ein Gegensatz zu den Fällen des Abs. 1 nicht beabsichtigt war.

3. In den Fällen der Nachtragsvertheilung tritt das Konkursverfahren wieder in Kraft, aber mit der Beschränkung auf die einzelnen Gegenstände der Vertheilung. Da der Konkurs nicht mehr das Vermögen des Schuldners betrifft und das Nachtragsverfahren den Beendigungsbeschluß des § 163 nicht aufhebt, so treten weder die öffentlichrechtlichen Wirkungen des Konkurses, noch die Verfügungsbeschränkung des Schuldners ein, und ebensowenig treten die §§ 12—16 gegen die Gläubiger wieder in Wirksamkeit, welche nach wie vor berechtigt sind, ihre Ansprüche nach § 164 gegen den Schuldner persönlich zu verfolgen. Nur hinsichtlich der besondern Gegenstände des § 166 ist der Schuldner in der Disposition beschränkt, und tritt das Recht der Gläubiger auf gleichmäßige Befriedigung mit der Pflicht, jeden einseitigen Zugriff zu unterlassen, wieder in Kraft.

Da das Konkursverfahren nicht wieder auflebt, kann auch der frühere Gläubigerausschuß nicht mehr als bestehend anerkannt werden, M. I, wogegen eine Gläubigerversammlung berufen werden kann, a. M. M. I, weil den Gläubigern an den Gegenständen des § 166, die von erheblicher Bedeutung sein können, das Recht auf gleichmäßige Befriedigung zusteht. Der bisherige Verwalter nimmt sein Amt wieder auf, kann auch von Neuem ein Honorar beanspruchen, M. I. Ist er nicht mehr vorhanden oder lehnt er die Fortsetzung seiner Thätigkeit ab, so ist vom Konkursgericht ein neuer Verwalter zu bestellen, M. I, ohne daß zur Wahl eines andern Verwalters, § 110, eine Gläubigerversammlung zu berufen ist.

In Ermangelung des Gläubigerausschusses ist die Nachtragsertheilung von der Anordnung des Konkursgerichts abhängig gemacht. Gegen die Anordnung steht dem Schuldner, gegen die Ablehnung dem Verwalter und jedem Gläubiger das Rechtsmittel der Erinnerung bezw. der sofortigen Beschwerde zu. Von der Anordnung des Gerichts ist jedoch das Nachtragsverfahren nicht abhängig; die Legitimation zu diesem Verfahren erhält der Verwalter vielmehr schon durch den Eintritt eines Falls des Abs. 1, sowie durch die Ermittelung des Abs. 2, das Gericht hat das Nachtragsverfahren aber auch von amtswegen einzuleiten, sobald ihm ein Fall des § 166 bekannt wird, und auch diese Anordnung unterliegt der Anfechtung der Betheiligten.

4. Der Vertheilung ist das Schlußverzeichniß zu Grunde zu legen, da das Nachtragsverfahren als eine Fortsetzung der Schlußvertheilung gilt, M. I, und andere als die bisherigen Gläubiger nicht zugelassen werden, § 152.

Der Vertheilung hat die Bekanntmachung des § 151 vorauszugehen, welche sich über die Summe der zu berücksichtigenden Forderungen und über den nachträglich zur Vertheilung kommenden Bestand verhält. Die nach § 172 präkludirten Massegläubiger sind von diesem Bestand nicht ausgeschlossen.

Da ein neuer Schlußtermin nicht mehr anberaumt zu werden braucht, hat das

Gericht die Rechnung zu prüfen, welche der Verwalter ihm zu legen hat; in dieser Beziehung kommt der § 86 zur Anwendung, jeder Betheiligte ist zur Erhebung von Einwendungen berechtigt, über welche das Gericht zu entscheiden hat. Die §§ 168, 169 gelten auch für diese Vertheilung. Abschlagsvertheilungen sind nicht ausgeschlossen.

§. 167. (154.)

Der Vollzug einer jeden Vertheilung erfolgt durch den Verwalter.

M. I. 386; P. I. 108, 183; M. II —; P. II —.

1. Jede Vertheilung, die Abschluß-, Schluß- und Nachtragsvertheilung, ist dem Verwalter unter Ausschließung der Mitwirkung des Gerichts übertragen. Der Verwalter hat daher auf Grund des festgestellten Verzeichnisses unmittelbar an die einzelnen Gläubiger die ihnen zustehende Dividende zu zahlen. Die Gläubiger haben ein Recht auf die festgestellte Dividende, dieses Recht können sie aber nicht, wie meistens behauptet wird, gegen den Verwalter als solchen klagend geltend machen, denn auch die Vollziehung der Vertheilung ist ein Verwaltungsakt, und ein Gläubiger ist nicht berechtigt, den Verwalter im Wege der Klage zu einer Verwaltungshandlung zu zwingen, R.G. in Gruchots Beitr. 31, 1130. Die Gläubiger können den Verwalter wegen Pflichtwidrigkeiten nur persönlich in Anspruch nehmen, außerdem sind sie auf die Mitwirkung des Konkursgerichts angewiesen, welches den Verwalter, erforderlichen Falls im Zwangswege, § 84, zu seiner Pflicht anzuhalten hat; die Weigerung des Gerichts, den Verwalter zur Auszahlung anzuhalten, unterliegt der Beschwerde. Das Gericht ist zu dieser Maßregel auch nach der Aufhebung des Konkurses berechtigt und verpflichtet, denn hinsichtlich der Schlußvertheilung behalten die Konkursorgane ihre Legitimation bis zur Ausführung der Vertheilung, Anm. 2 zu § 163.

2. Der Leistungsort ist nach § 270 Abs. 3 B.G.B. der Wohnort des Verwalters. Dort hat der Gläubiger nach § 169 die Dividende zu erheben, der § 270 Abs. 1 B.G.B. kommt daher nicht zur Anwendung. Der Verwalter kann den Betrag dem Gläubiger durch die Post zusenden, für die Uebersendung, wenn sie ohne Anweisung des Gläubigers erfolgt, trägt jedoch die Konkursmasse die Gefahr.

§. 168. (155.)

Die Antheile

1. auf Forderungen, welche in Folge eines bei der Prüfung erhobenen Widerspruchs im Prozesse befangen sind,
2. auf Forderungen, welche von einer aufschiebenden Bedingung abhängen,
3. auf Forderungen, für welche eine abgesonderte Befriedigung beansprucht und der Vorschrift des §. 153 Abs. 2 genügt ist,
4. auf Forderungen unter auflösender Bedingung, sofern der Gläubiger zu einer Sicherheitsleistung verpflichtet ist und die Sicherheit nicht leistet,

werden zurückbehalten.

M. I 387, 388; P. I 108, 183; M. II —; P. II —.

1. Wegen Nr. 1 s. die Anm. zu § 152, wegen Nr. 2 die Anm. zu § 67, wegen Nr. 3 die Anm. zu § 153, wegen Nr. 4 die Anm. zu § 66.

2. In Ansehung der zurückbehaltenen Beträge bleibt der Verwalter, auch für die Prozeßführung, nach Beendigung des Verfahrens legitimirt, Anm. 2 zu § 163.

§. 169. (156).

Die Beträge, welche bei dem Vollzuge der Schlußvertheilung zurückzubehalten sind, oder welche bis zu diesem Zeitpunkte nicht erhoben werden, hat der Verwalter nach Anordnung des Gerichts für Rechnung der Betheiligten zu hinterlegen.

M. I 387, 388; P. I 108, 183; M. II —; P. II —.

1. Die Beträge, welche bei Abschlagsvertheilungen zurückzubehalten sind, gehören zur Konkursmasse, der Verwalter hat sie, sofern er sie zur Verwaltung nicht braucht, so wie jeden nicht verwendbaren Baarbetrag, fruchtbringend zu belegen, die Zinsen behält jedoch die Masse, und zwar auch hinsichtlich derjenigen Beträge, deren Auszahlung nur deshalb unterblieben ist, weil der Gläubiger sie nicht abgehoben hat, § 301 B.G.B., sofern es sich nicht um die Zinsen von Beträgen handelt, welche mit Ausschließung der Rücknahme für den Gläubiger zum Zweck der Zahlung hinterlegt sind, § 378 B.G.B. Die Beträge dagegen, welche bei der Schlußvertheilung zurückzubehalten sind, hat der Verwalter zu hinterlegen. Dies sind die Beträge, welche der Gläubiger nicht erhoben hat, sowie die Beträge des § 168 Nr. 1, 2 und 4, die Beträge der Nr. 2 jedoch nicht, wenn der Eintritt der Bedingung so entfernt ist, daß die Forderung einen gegenwärtigen Vermögenswerth nicht hat, denn in diesem Fall werden die Beträge für die Masse frei, §§ 154 Abs. 2, 156. Die Beträge des § 168 Nr. 3 werden, wenn sie nicht auszahlbar sind, nach § 156 ebenfalls für die Masse frei. Die Hinterlegung der bei der Schlußvertheilung zurückbehaltenen Beträge erfolgt auf Rechnung der Betheiligten, die Gläubiger tragen daher die Kosten der Hinterlegung, erhalten aber auch die Zinsen, selbst wenn sie im Annahmeverzug sind.

2. Die Hinterlegung derjenigen Beträge, welche nur deshalb zurückbehalten sind, weil sie nicht rechtzeitig erhoben wurden, geschieht zum Zweck der Zahlung, die Rücknahme ist daher auszuschließen, § 378 B.G.B.; die Erfüllung gilt in dem Zeitpunkt der Aufgabe des Geldes zur Post zum Zweck der Absendung an die Hinterlegungsstelle als bewirkt, § 375 B.G.B.

In den Fällen des § 168 Nr. 1, 2, 4 erfolgt die Hinterlegung nicht zum Zweck der Zahlung, sondern zum Zweck der zinstragenden Aufbewahrung, die Rücknahme ist daher nicht auszuschließen.

3. Mit dem Ablauf von 30 Jahren, nachdem der Gläubiger vom Verwalter die Anzeige von der Hinterlegung erhalten hat, erlischt das Recht des Gläubigers auf den zum Zweck der Zahlung hinterlegten Betrag, § 382 B.G.B., der hinterlegte Betrag wird nunmehr mit den aufgelaufenen Zinsen Gegenstand der Nachtragsvertheilung des § 166, und fällt, wenn das Konkursgericht eine solche nicht anordnet, dem Schuldner zu. Hinsichtlich der nach § 168 Nr. 1, 2, 4 hinterlegten Beträge gilt dasselbe nur von dem Zeitpunkt an, in welchem dem Gläubiger das Recht auf Abhebung des Betrags entstanden ist. In Preußen ist (Art. 145 E.G. z. B.G.B.) nach § 58 der Hinterlegungsordnung vom 14. März 1879 in der Fassung des Art. 82 XI des

Ausf.-Ges. vom 20. Sept. 1899 der Erlaß des Aufgebots der hinterlegten Post nach Maßgabe der §§ 946 ff. C.P.O. erforderlich, welcher nicht vor dem Ablauf von 31 Jahren, gerechnet vom Ende des Monats, in welchem der Gläubiger die Anzeige des Verwalters von der Hinterlegung empfangen hat, gestellt werden kann. Zum Antrag berechtigt sind die Betheiligten, d. h. hier der Verwalter und der Schuldner.

4. Die Hinterlegung erfolgt auf Anordnung des Gerichts, welches die Frage, ob ein Fall der Hinterlegung vorliegt, von amtswegen zu entscheiden und die Hinterlegungsstelle zu bezeichnen hat. Als letztere wird in der Regel die amtliche Hinterlegungsstelle, in Preußen die Bezirksregierung, zu bestimmen sein, es kann aber auch eine andere Stelle bezeichnet, z. B. kann die Einlegung bei einer Sparkasse angeordnet werden. Die Anordnung ist eine der Anfechtung der Betheiligten unterliegende Verfügung.

§. 170. (157).

Zahlungen auf festgestellte bevorrechtigte Forderungen kann der Verwalter mit Ermächtigung des Gerichts unabhängig von den Vertheilungen leisten.

M. I 388; M. I 108, 183; M. II —; P. II —.

1. Dem Verwalter ist aus Zweckmäßigkeitsgründen die Befugniß gegeben, bevorrechtigte Gläubiger außerhalb der formellen Vertheilungen ganz oder theilweise zu befriedigen. Damit aber durch eine solche Zahlung die Massegläubiger oder die vorgehenden oder gleichstehenden Gläubiger nicht benachtheiligt werden, ist die Zahlung von der Ermächtigung des Konkursgerichts abhängig gemacht. Erfolgt die Zahlung ohne diese Ermächtigung oder nachdem die Ermächtigung in der Beschwerdeinstanz aufgehoben ist, so kann der Verwalter die gezahlten Beträge nicht zurückfordern, § 814, vgl. § 813 Abs. 2 B.G.B. Nur die benachtheiligten Masse- oder Vorrechtsgläubiger sind berechtigt, von dem befriedigten Gläubiger soviel zurückzufordern, als er zu ihrem Nachtheil mehr erhalten hat, § 812 B.G.B.

2. Das Gericht kann vermöge seiner Aufsicht den Verwalter zu Zahlungen an bevorrechtigte Gläubiger anhalten; die letztern können eine solche Maßregel verlangen und die abweisende Verfügung mit der sofortigen Beschwerde angreifen, Petersen-Kleinfeller Anm. 1, ein Rechtsmittel, das ihnen ebenso wie dem Verwalter auch dann zusteht, wenn das Gericht die Ermächtigung verweigert. Gegen die die Ermächtigung aussprechende Verfügung ist das Rechtsmittel nicht nur gleichstehenden und vorgehenden Gläubigern, sondern jedem Konkursgläubiger gegeben, weil jeder von ihnen zum Zweck seiner höchstmöglichen Befriedigung ein Interesse an einer ordnungsmäßigen Verwaltung hat, durch welche die vorhandenen Mittel zunächst zur Bezahlung der laufenden und nächsten Ausgaben und der Massegläubiger zu verwenden sind, damit der Masse nicht unnöthige Kosten und Zinsansprüche erwachsen; a. M. v. Wilmowski, der die Beschwerde nur den Gläubigern gewährt, deren bessere oder gleiche Rechte gefährdet werden. Den Massegläubigern steht dagegen nicht, wie Petersen-Kleinfeller meinen, ein Beschwerderecht zu, weil die Beschwerde überhaupt nur für den Verwalter und die Betheiligten besteht, Anm. 2 zu § 73, zu denen die Massegläubiger nicht gehören, welche vielmehr nur auf den Prozeßweg und auf das Hülfsmittel des Arrestes angewiesen sind.

§. 171. (158.)

Beträge, welche zur Sicherstellung eines bedingt zur Aufrechnung befugten Gläubigers nach Maßgabe des §. 54 Abs. 3 hinterlegt worden sind, fließen für die Schlußvertheilung zur Konkursmasse zurück, wenn die Möglichkeit des Eintritts der Bedingung eine so entfernte ist, daß die bedingte Forderung einen gegenwärtigen Vermögenswerth nicht hat.

M. I 389; P. I 108, 183; M. II 43, 44; P. II —.

1. Der bisherige §: „Beträge, welche zur Sicherstellung eines bedingt zur Aufrechnung befugten Gläubigers nach Maßgabe des § 47 Abs. 3 hinterlegt worden sind, fließen zur Konkursmasse zurück, sofern nicht bis zum Ablaufe der Ausschlußfrist für die Schlußvertheilung dem Verwalter der Eintritt der Bedingung nachgewiesen wird, oder soweit nicht der Gemeinschuldner zu einer Sicherheitsleistung verpflichtet war," ist aus den Anm. 1 zu § 151 angegebenen Gründen geändert.

2. Ueber die Voraussetzung des § 171 s. Anm. 4 zu § 54, über die Ausschlußfrist Anm. 1 zu § 152, über die Unwahrscheinlichkeit des Eintritts der Bedingung Anm. 2 zu § 154.

§. 172. (159.)

Masseansprüche, welche nicht bis zu der Festsetzung des Prozentsatzes oder der Beendigung des Schlußtermins oder der Bekanntmachung einer Nachtragsvertheilung zur Kenntniß des Verwalters gelangt sind, können nicht auf den Massebestand geltend gemacht werden, welcher zur Auszahlung des festgesetzten Prozentsatzes erforderlich ist oder den Gegenstand der Schlußvertheilung oder der Nachtragsvertheilung bildet.

M. I 389; P. I 108, 109, 184; M. II —; P. II —.

1. Dem Zugriff des Massegläubigers unterliegt das gesammte Konkursvermögen ohne die Beschränkungen der §§ 12, 14, 15; der Verwalter hat ihn aus der Masse vorweg zu befriedigen, § 57, ohne daß der Massegläubiger seine Forderung anzumelden braucht. Von diesen Grundsätzen macht der § 172 eine Ausnahme hinsichtlich derjenigen Masseansprüche, die dem Verwalter nicht bekannt geworden sind. Diese Ansprüche, zu denen hauptsächlich die Forderungen aus zweiseitigen Verträgen gehören, deren Erfüllung für die Zeit nach der Eröffnung des Verfahrens erfolgen muß, werden von der Vertheilung ausgeschlossen, wenn sie dem Verwalter nicht rechtzeitig bekannt geworden sind. Rechtzeitig sind sie zur Kenntniß des Verwalters gelangt:

a) bei einer Abschlagsvertheilung bis zur Festsetzung des Prozentsatzes, s. darüber die Anm. zu § 159,

b) bei der Schlußvertheilung bis zur Beendigung des Schlußtermins, § 162,

c) bei der Nachtragsvertheilung bis zur Bekanntmachung derselben, Anm. 4 zu § 166.

In welcher Form und durch wen der Verwalter die Kenntniß von der Existenz des Masseanspruchs erhält, ist unwesentlich. Ebenso wenig kommt es darauf an, ob der Verwalter nur die Höhe des dem Grunde nach bekannten Anspruchs nicht kannte, wenn er z. B. in die Kosten eines Prozesses verurtheilt ist, ohne daß ihm die Höhe der Gerichts- und Anwaltskosten mitgetheilt ist; in einem solchen Fall muß er sich, wie jeder Schuldner es thun muß, um seiner Verbindlichkeit zu genügen, nach der Höhe der Forderung erkundigen.

Der Massegläubiger ist nicht präkludirt, wenn der Verwalter ihn deshalb nicht berücksichtigt, weil er den Anspruch nicht für begründet hält. Mag er auch zu dieser Ansicht auf Grund ausreichender thatsächlicher Umstände gelangt sein, gleichwohl muß er für den zu seiner Kenntniß gelangten Anspruch den betreffenden Geldbetrag reserviren. Dagegen kann der Kenntniß des Verwalters nicht das Kennenmüssen gleichgestellt werden, auch wenn die Nichtkenntniß auf einem Verschulden beruht, a. M. v. Völderndorff Anm. e, weil dies für diesen Fall gesetzlich nicht vorgeschrieben ist. Aber der Verwalter macht sich persönlich verantwortlich, wenn er durch sein Verschulden die Präklusion des Berechtigten verursacht hat, wenn er z. B., um das Beispiel v. Völderndorffs zu gebrauchen, die Mittheilung des Gläubigers ungelesen in den Papierkorb wirft.

2. Trotz der Präklusion des Gläubigers bleibt die Restmasse für die in Folge seiner zeitweise unterbliebenen Befriedigung laufenden Zinsen verhaftet.

3. Ausgeschlossen ist der Massegläubiger in Folge der Unterlassung der rechtzeitigen Anmeldung nur soweit, als die Masse bei einer Abschlagszahlung zur Auszahlung des nach § 159 festgesetzten Prozentsatzes erforderlich ist oder als sie den Gegenstand der Schlußvertheilung oder Nachtragsvertheilung bildet. Dabei ist es unerheblich, ob einzelne Konkursgläubiger nicht sofortige Zahlung verlangen können, auch der für sie reservirte Betrag ist vor dem Zugriff der präkludirten Massegläubiger gesichert. Tritt aber der Fall ein, daß Beträge, welche auf Grund des § 168 oder des § 166 Abs. 1 zur Masse zurückfallen, so scheiden sie aus demjenigen Massebestand aus, welcher Gegenstand der betreffenden Vertheilung war: aus solchen Beträgen kann der Massegläubiger trotz seiner Ausschließung seine Befriedigung verlangen, Petersen-Kleinfeller Anm. 1; ebenso kann er sich aus den Gegenständen befriedigen, die nach § 166 Abs. 2 nachträglich als zum Konkursvermögen gehörig ermittelt werden.

Ueberdies bleibt es ihm in jedem Fall unbenommen, seinen Anspruch gegen den Gemeinschuldner selbst geltend zu machen, Anm. 2 zu § 57.

4. Die Konkursgläubiger haben sonst denjenigen Betrag, welcher dem nicht befriedigten Massegläubiger zustand, auf dessen Kosten mit Unrecht erhalten und sind ihm daher aus der Bereicherung verpflichtet, Anm. 6 zu § 57. Auch von diesem Grundsatz macht der § 172 eine Ausnahme. Denn, da der präkludirte Massegläubiger kein Recht hat, einen Massebestand, von welchem er ausgeschlossen ist, für sich in Anspruch zu nehmen, so haben die Konkursgläubiger ihre Befriedigung aus diesem Bestand ihm gegenüber nicht ohne rechtlichen Grund erhalten, M. 376.

Sechster Titel.

Zwangsvergleich.

§. 173. (160.)

Sobald der allgemeine Prüfungstermin abgehalten und so lange nicht die Vornahme der Schlußvertheilung genehmigt worden ist, kann auf den Vorschlag des Gemeinschuldners zwischen diesem und den nicht bevorrechtigten Konkursgläubigern ein Zwangsvergleich geschlossen werden.

M. I 390–406; P. I 111, 183; M. II —; P. II —.

1. Das Römische Recht kannte den Akkord nur zu Gunsten des Erben, der die Erbschaft noch nicht angetreten hatte, indem es die Minderheit der Gläubiger an den Beschluß der Mehrheit band, wenn der Richter den Akkord bestätigte, l. 7 § 19 D. 2, 14, l. 23 D. 42, 8; l. 58 § 1, D. 7, 1. Im gemeinen Recht dehnte die Praxis diesen Satz auf alle Fälle des Konkurses aus. Dieser in die meisten Partikulargesetze übergegangene Grundsatz ist von der K.O. nach dem Vorbild der Preuß. K.O. aufgenommen, aber der in der Offizialprüfung des Gerichts liegende Schutz der Gläubiger wurde von der K.O. beschränkt und das Erforderniß eines vom Kridar zu zahlenden Mindestbetrags der Forderungen beseitigt. Die nachtheiligen Folgen, welche diese Erleichterungen des Akkords zeitigten, zeigten sich bald in den Vortheilen, die die Schuldner häufig auf Kosten die Gläubiger durch diese Art der Beendigung des Konkurses erhielten, indem es häufig vorkam, daß der Schuldner ein erhebliches und nunmehr schuldenfreies Vermögen behielt, während die durch ihn geschädigten und um einen erheblichen Theil ihres Vermögens gebrachten Gläubiger einen unverhältnißmäßig geringen Prozentsatz ihrer Forderungen erhielten. Deshalb mußte eine Reaktion gegen die zu große Erleichterung des Zwangsvergleichs eintreten, und bei der Revision der K.O. ist mit der Verbesserung wenigstens ein Anfang gemacht, indem im § 187 die Befriedigung eines Mindestbetrags von 20% der Konkursforderungen gefordert und im § 183 das Stimmrecht des Ehegatten des Gemeinschuldners beschränkt ist.

2. Die rechtliche Natur des Zwangsvergleichs ist bestritten. Von einer Seite wird er als eine judikatmäßige Entscheidung angesehen, v. Wilmowski, Vorbem. Anm. 1, Deybe in Grünhuts Zeitschrift Bd. 17 S. 360, Eccius Pr.Pr.R. Bd. 1 § 120 und in Gruchots Beitr. 30, 463 und Schulze S. 120 ff., welcher aber den Konkursanspruch als obligatorischen Rechtsanspruch der Entscheidung zu Grunde legt und den Mehrheitsbeschluß der Gläubiger als „formatorisches" Element ansieht. Von anderer Seite wird der Akkord als Vertrag der Gläubiger mit dem Schuldner charakterisirt, Petersen-Kleinfeller Vorbm. 3, Endemann S. 585, 593, Fitting § 45 Anm. 6, Fuchs S. 143, Kohler S. 453 ff., Seuffert S. 408, Mewes S. 170, 171, v. Sarwey, Vorbm., Stieglitz S. 616, v. Völderndorff Bd. 2 S. 527, 528, Wach, Handbuch Bd. 1 § 6 Am. 29, St. Ciunti, der Zwangsvergleich im Konkurse. Oetker S. 223 ff. und Konk.-Fr. S. 29—62 vereinigt beide Ansichten in gewisser Weise, in dem er den Akkord als ein Rechtsgeschäft ansieht, welches aus den „Willenserklärungen" des Gemeinschuldners, der Gläubigerversammlung und des Gerichts bestehe, dagegen Vierhaus in Z. f. D.C.P. 14, 283. Löhr in Z. f. D.C.P. 16 S. 388 ff. sieht den Akkord als eine Vereinigung von Einzelverträgen an, welche der Schuldner mit jedem zustimmenden Gläubiger schließt, und welche für die nicht zustimmenden Gläubiger durch die Entscheidung des Gerichts entstehen.

Der Zwangsvergleich ist ein entgeltlicher Vertrag der durch die Konkurseröffnung zu einer Gemeinschaft vereinigten Konkursgläubiger, Anm. 1 zu § 3, mit dem Gemeinschuldner über die Aufhebung des Konkursverfahrens. Er kommt nur durch die Uebereinstimmung der Parteien, des Gemeinschuldners und der Gläubiger zu Stande, er bedarf zwar zu seiner Perfektion der Bestätigung des Gerichts, diese Bestätigung ist jedoch nur deklaratorischer Natur, indem durch sie lediglich das Vorhandensein der gesetzlichen Voraussetzungen konstatirt wird. Die Bestätigung ist zwar zu verweigern, § 188, wenn der Vergleich auf unlautere Weise zu Stande gekommen ist oder wenn er dem gemeinsamen Interesse der Gläubiger widerspricht, aber die materielle Prüfung des Vergleichs nach dieser Richtung erfolgt nur auf besondern Antrag eines Gläubigers und beruht auf dem Grundsatze des § 99, welcher dem Gericht zur Pflicht macht, die

Ausführung jedes Beschlusses der Gläubigerversammlung, der dem gemeinsamen Interesse der Gläubiger widerspricht, auf Antrag zu verbieten. Von dieser Entscheidung des Gerichts hängt daher die Perfektion des Vergleichs nur deshalb ab, weil von ihr der Beschluß der Gläubigerversammlung abhängt. Die Bestätigung des Vergleichs steht daher ihrer Natur nach mit der Genehmigung eines vom Vormund geschlossenen Rechtsgeschäfts durch das Vormundschaftsgericht, mit der Eintragung des Beschlusses der Generalversammlung einer Aktiengesellschaft in das Handelsregister, § 277 Abs. 3 H.G.B., gleich. Hieran kann der Umstand nichts ändern, daß die besondere Art des Vertrags, der auf Grund besonderer Vorschriften im Verfahren der streitigen Gerichtsbarkeit geschlossen ist, zu theilweise andern Rechtsfolgen führt, als die gerichtliche Genehmigung im Verfahren der freiwilligen Gerichtsbarkeit nach sich zieht. Da die Genehmigung deklaratorischer Natur und der Rechtskraft fähig ist, ist der Vergleich wirksam zu Stande gekommen, auch wenn die gesetzlichen Voraussetzungen nicht vorliegen, denn die rechtskräftige Genehmigung des Vergleichs begründet die Fiktion des Vorhandenseins aller gesetzlichen Erfordernisse; der Vergleich ist auch nicht durch den Nachweis eines Irrthums (vgl. R.G. 25, 281 und in J. W. 1890 S. 125) zu beseitigen, welcher das Gericht zur Ertheilung der Bestätigung bewogen hat, denn als ordentliches Rechtsmittel ist gesetzlich nur die sofortige Beschwerde und als außerordentlicher Aufhebungsgrund nur die Verurtheilung des Gemeinschuldners wegen betrügerischen Bankrutts zugelassen.

Die Bezeichnung des Vertrags als Zwangsvergleich darf nicht zu der Annahme führen, daß die Voraussetzungen eines Vergleichs erforderlich wären, denn das Gesetz verlangt weder eine Ungewißheit oder einen Streit über Thatsachen oder Rechtsverhältnisse, noch ein gegenseitiges Nachgeben, § 779 B.G.B. Gegenstand des Vertrags ist nur auf der einen Seite die Aufhebung des Verfahrens, auf der andern Seite ein allen Gläubigern nach dem Verhältniß ihrer Forderung gleichmäßig zu gewährendes Entgelt; denn die unentgeltliche Bewilligung der Beendigung des Verfahrens begründet nicht den Akkord, sondern die Einstellung des Verfahrens, zu welcher der § 202 die Einstimmigkeit aller Konkursgläubiger verlangt.

3. Die Vertragsnatur des Akkords verbietet, was im gemeinen Recht streitig war, die einseitige Feststellung eines Vergleichs durch die Gläubigerversammlung ohne Zustimmung des Gemeinschuldners, und das Gesetz, welches den Vorschlag des Gemeinschuldners fordert, läßt auch einen von der Gläubigerversammlung mit Zustimmung des Gemeinschuldners beschlossenen, aber von ihm nicht vorgeschlagenen Akkord nicht zu.

Die Vertragschließenden sind der Gemeinschuldner und die Gläubiger, deren Zustimmung in der Beschlußfassung der Majorität besteht. Der von einem Dritten ohne Vollmacht des Kridars für ihn gemachte Vorschlag darf nicht zugelassen werden solange ihn der Gemeinschuldner nicht genehmigt hat, § 184 B.G.B.

Auf der andern Seite stehen als Kontrahenten nur die Konkursgläubiger, und von ihnen nur die nicht bevorrechtigten; die bevorrechtigten Forderungen sind vom Verwalter vor der Rückgabe der Masse zu berichtigen, § 191 Abs. 2. Die Massegläubiger und die Aussonderungsberechtigten nehmen an dem Akkordverfahren nicht Theil, die Absonderungsberechtigten betheiligen sich daran nur in Ansehung ihrer Konkursforderungen.

4. Als Zeitgrenze ist die Abhaltung des allgemeinen Prüfungstermins und andererseits die Genehmigung der Schlußvertheilung bestimmt.

Eingereicht werden kann der Vorschlag schon vor dem Prüfungstermin, da das

Gesetz nur den Abschluß des Akkords vor der Prüfung der Forderungen verbietet, ohne welche eine genügende Uebersicht über die Tragweite der Akkordvorschläge in der Regel nicht möglich ist. Zwar darf der Vergleichstermin auf Antrag des Kridars mit dem allgemeinen Prüfungstermin verbunden, § 180, aber in dem Termin darf der Vergleich nicht vor der Prüfung der Forderungen geschlossen werden, denn die Prüfung muß nach § 173 vor dem Vergleichsabschluß stattgefunden haben, und die Zwangsvollstreckung aus dem Vergleich ist nach § 194 nicht ohne die Eintragung in die Tabelle zulässig.

Der Akkord darf nicht mehr geschlossen werden, wenn die Schlußvertheilung nach § 161 Abs. 2 genehmigt ist. Die Ansicht von v. Wilmowski Anm. 2, Petersen-Kleinfeller Anm. 2, v. Sarwey-Bossert Anm. 2, Fitting § 47 Anm. 2, Stieglitz S. 618, Wengler S. 608, daß die Genehmigung der Schlußvertheilung auszusetzen sei, wenn der Vergleichsvorschlag vorher eingereicht ist, ist ebenso unrichtig, wie die Meinung der meisten der angeführten Schriftsteller, daß die trotzdem ertheilte Genehmigung dem Abschluß des Vergleichs nicht entgegenstehe, v. Völderndorff Bd. 2 S. 534, 535. Denn wie weit das Gesetz einen Aufschub des Verfahrens zulassen will, ist in den §§ 135 Abs. 2, 130, s. darüber Anm. 2 zu § 177, und im § 160 zum Ausdruck gebracht, nach welchem das Gericht auf Antrag des Kridars die Aussetzung einer Abschlagsvertheilung anordnen kann, wenn ein Akkordvorschlag eingerichtet ist; eine weitere Aussetzung hat das Gesetz nicht zugelassen und die Theorie darf daher ohne gesetzlichen Anhalt nicht einen Aufschub konstruiren, der die Gläubiger, deren Befriedigung durch das Verfahren schon ohnehin eine erhebliche Verzögerung erleidet, noch weiter zu schädigen geeignet ist, zumal in den M. I S. 400 hervorgehoben ist, daß „durch unfruchtbare Versuche das Konkursverfahren nicht verschleppt, die Befriedigung der Gläubiger nicht hingehalten oder geschmälert werden dürfen.“ Den vor der Genehmigung der Schlußvertheilung eingereichten Vorschlag nach der Genehmigung noch zuzulassen, steht sonach nicht blos dem ganz unzweifelhaften Wortlaut, sondern auch der Absicht des Gesetzes entgegen. Der Gemeinschuldner hat Zeit genug, Vergleichsvorschläge rechtzeitig zu machen, zögert er damit, so darf er das Verfahren nicht stören. Wird übrigens die die Genehmigung der Schlußvertheilung enthaltende Entscheidung im Beschwerdewege rechtskräftig aufgehoben, so ist der Abschluß des Zwangsvergleichs nicht mehr unzulässig.

5. Nach § 116 Abs. 1 des Genossenschaftsges. vom 1. Mai 1889 in der Fassung vom 20. Mai 1898 ist die Aufhebung des Konkursverfahrens durch Zwangsvergleich nicht zulässig.

§. 174. (161.)

Der Vergleichsvorschlag muß angeben, in welcher Weise die Befriedigung der Gläubiger erfolgen, sowie ob und in welcher Art eine Sicherstellung derselben bewirkt werden soll.

M. I 406—408; P. I 111, 183; M. II —; P. II —.

1. Der § 174 giebt in Verbindung mit § 181 den Inhalt des Vergleichsvorschlags an: Der notwendige Inhalt ist die Angabe der Höhe des Betrags, in welcher die Konkursforderungen befriedigt werden sollen. Zugleich hat sich der Gemeinschuldner darüber auszusprechen, ob er eine Sicherstellung für die Ausführung seines Versprechens bieten will, und bejahenden Falls, worin die Sicherheit bestehen soll.

Die Höhe des Betrags, in welcher die Befriedigung angeboten wird, kann bei der Verschiedenheit der Summen der Konkursansprüche, und mit Rücksicht auf die Gleichheit der allen Gläubigern nach § 181 zu gewährenden Rechte nur in der Angabe von Bruchtheilen oder Prozentsätzen bestehen, wenn die Forderungen nicht vollständig befriedigt werden sollen. Es können Zahlungsfristen vorgeschlagen werden.

Die Sicherstellung kann nach Maßgabe der §§ 50ff. B.G.B. durch Hinterlegung von Geld oder Werthpapieren, Pfandbestellung, Bestellung von Hypotheken, Grundschulden und Rentenschulden, sowie durch Bürgschaftsleistung, sie kann aber auch in anderer Weise angeboten werden, z.B. durch Uebernahme der Schulden Seitens eines Dritten, §§ 414ff. B.G.B., Seuffert S. 414, v. Wilmowski Anm. 1, a. M. Oetker 1, 227. Daß die als Bürge vorgeschlagene Person die Bürgschaft, die zur Schuldübernahme bezeichnete Person die Schulden unter der Voraussetzung der Annahme des Vorschlags sofort übernimmt, sagt der § 174 nicht ausdrücklich, der Vorschlag kann daher vom Gericht nicht wegen mangelnder Erklärung des Dritten zurückgewiesen werden, die Erklärung muß aber vor der Bestätigung des Vergleichs abgegeben werden und die Bestätigung darf vor dieser Erklärung nicht erfolgen, weil sonst die im Gesetz vorausgesetzte Wirkung des Zwangsvergleichs gegen den Dritten, § 194, nicht eintreten könnte. Deshalb kann auch, worüber mit Ausnahme von Oetker, Konk. Fr. S. 64ff., Einverständnis besteht, die Gläubigerversammlung den Vergleich nur unter der Bedingung annehmen, daß die angebotene Sicherheit bis zu einer bestimmten Zeit geleistet wird.

2. Der Vorschlag kann privatschriftlich oder zu Protokoll des Gerichtsschreibers angebracht werden, Anm. 1 zu § 72. Die Unterzeichnung des Protokolls durch den Gemeinschuldner ist nicht erforderlich, die Bürgschaftserklärung muß schriftlich erfolgen, sie muß vorgelesen und unterschrieben werden, wenn sie zu Protokoll genommen ist, § 176 des Ges. über die freiw. Gerichtsbarkeit, § 129 Abs. 2 B.G.B. Die Schuldübernahme bedarf zu ihrer Wirksamkeit der schriftlichen Form nicht.

3. Ermangelt der Vorschlag der Voraussetzungen der Anm. 1, 2, so ist er als unsubstantiirt vom Konkursgericht zurückzuweisen oder dem Gemeinschuldner zur Verbesserung zurückzugeben. Gegen die Zurückweisung bezw. Rückgabe steht dem Gemeinschuldner, jedem Konkursgläubiger und dem Verwalter die sofortige Beschwerde zu.

4. Der Vergleichsvorschlag ist ein Vertragsantrag, denn der Gemeinschuldner trägt durch denselben den Gläubigern die Schließung des Zwangsvergleichs an, § 145 B.G.B. Er erlischt daher, wenn sich aus seinem Inhalt nicht ein Anderes ergiebt, nicht dadurch, daß der Gemeinschuldner vor der Annahme des Antrags stirbt oder geschäftsunfähig wird, § 153 B.G.B., A. M. Seuffert S. 421. Dagegen kann er von ihm in Abweichung von den Vorschriften über das Gebundensein des Antragstellers bis zur Annahme zurückgenommen werden, weil der § 176 K.O. die Wirksamkeit dieser Zurücknahme anerkennt, Petersen-Kleinfeller Anm. 1, Seuffert a. a. O. Kommt der Vertrag erst durch die Bestätigung des Gerichts zu Stande, wie von einzelnen Schriftstellern angenommen wird, Anm. 2 zu § 173, so würde die Zurücknahme noch nach der Annahme durch die Gläubiger vor der Bestätigung Seitens des Gerichts zulässig sein; nach der hier, Anm. 2 zu § 173, vertretenen Ansicht ist das Recht des Kridars, den Antrag zurückzunehmen, mit der Annahme Seitens der Gläubiger erloschen, weil jetzt nicht mehr ein einseitiger Antrag vorliegt, sondern ein zweiseitiger Vertrag geschlossen ist, Petersen-Kleinfeller Anm. 2.

Eine Verminderung der Vergleichsanerbietungen nach der öffentlichen Bekanntmachung ist als Zurücknahme des früheren Vorschlags unter Anerbieten eines neuen

Vorschlags anzusehen, Seuffert a. a. O., Petersen-Kleinfeller Anm. 2, es muß daher, zumal im Interesse der Gläubiger, die in der Versammlung ausgeblieben sind, weil sie mit dem bisherigen Antrage einverstanden waren, eine neue Bekanntmachung erfolgen.

§. 175. (162.)

Ein Zwangsvergleich ist unzulässig:

1. so lange der Gemeinschuldner flüchtig ist oder die Ableistung des Offenbarungseides verweigert;
2. so lange gegen den Gemeinschuldner wegen betrüglichen Bankerutts eine gerichtliche Untersuchung oder ein wiederaufgenommenes Verfahren anhängig ist;
3. wenn der Gemeinschuldner wegen betrüglichen Bankerutts rechtskräftig verurtheilt worden ist.

M. I 408, 409; P. I 111, 183; M. II —; P. II. 34.

1. Die Zulässigkeit des Zwangsvergleichs aus den im § 175 angegebenen Gründen ist von amtswegen zu prüfen, der Vorschlag muß, wenn ein solcher Grund vorliegt, ohne Weiteres verworfen werden, und, ist dies nicht geschehen, so darf der angenommene Vergleich nicht bestätigt werden, § 186 Nr. 2. Ist der Vorschlag zugelassen, so ist das Akkordverfahren sofort einzustellen, sobald der Unzulässigkeitsgrund dem Gericht bekannt ist. Geeigneten Falls sind über die Frage der Zulässigkeit des Vergleichs die Ermittelungen des § 75 anzustellen.

2. Nr. 1. Flüchtig ist der Gemeinschuldner, wenn er sich ohne Erlaubniß des Gerichts von seinem Aufenthaltsort entfernt und sich der Gewalt des Gerichts entzieht, § 101 Abs. 1. Ist er zurückgekehrt, so ist der Vergleich zulässig, denn die Unzulässigkeit besteht nur, solange der Kridar flüchtig ist.

Wegen der Weigerung des Kridars, den Offenbarungseid zu leisten, s. die Anm. zu § 125.

3. Die Nr. 2 lautete bisher: „Solange ein wegen betrüglichen Bankerutts gegen den Gemeinschuldner eröffnetes Hauptverfahren oder wieder aufgenommenes Verfahren anhängig ist.“ Bei der Revision der K.O. wurde ein Antrag angenommen, die Nr. 2 durch folgende Vorschrift zu ersetzen: „Solange gegen den Gemeinschuldner wegen betrügerischen Bankerotts ein Strafverfahren oder ein wieder aufgenommenes Verfahren anhängig ist“; die Aenderung des Wortes „Strafverfahren“ in gerichtliche Untersuchung ist durch die Redaktionskommission, also nur aus redaktionellen Rücksichten, bewirkt. Die gerichtliche Untersuchung steht daher, und wie sich aus der Ausdrucksweise ergiebt, nicht der Voruntersuchung gleich: Die Voruntersuchung ist eine gerichtliche Untersuchung, die letztere ist aber auch dann anhängig, wenn die Staatsanwaltschaft Ermittelungen nach §§ 156 ff. St.P.O. zur Vorbereitung der öffentlichen Klage angestellt hat, auch wenn sie sich dabei der Mitwirkung des Amtsgerichts nicht bedient, A. M. Seuffert S. 416, der unter der gerichtlichen Untersuchung nur die Voruntersuchung oder die Eröffnung des Hauptverfahrens versteht.

4. Nr. 3. Die rechtskräftige Verurtheilung wegen betrüglichen Bankerotts auf Grund des § 239 schließt die Zulässigkeit des Akkords nicht blos, wenn sie mit Rücksicht auf den Konkurs erfolgte, zu dessen Beendigung der Akkord vorgeschlagen wird, sondern, wie sich aus dem Wortlaut des Gesetzes und dem legislatorischen Grunde,

daß der Kridar sich jedes Vertrauens unwürdig gezeigt habe, ergiebt, auch aus dem Grunde einer Verurtheilung wegen eines früheren betrügerischen Bankerutts aus (streitig).

§. 176. (163.)

Auf Antrag des Verwalters und, wenn ein Gläubigerausschuß bestellt ist, des letzteren kann das Gericht den Vergleichsvorschlag zurückweisen, wenn bereits in dem Konkursverfahren ein Vergleichsvorschlag von den Gläubigern abgelehnt oder von dem Gerichte verworfen oder von dem Gemeinschuldner nach der öffentlichen Bekanntmachung des Vergleichstermins zurückgezogen worden ist.

M. I 410, 411; P. I 111, 183; M. II —; P. II —.

1. Ein zurückgewiesener oder verworfener Vergleichsvorschlag darf wiederholt werden, ohne daß die Rechtskraft der früheren Entscheidung entgegensteht, a. M. nur Hullmann S. 313, denn die Zurückweisung des wiederholten Vorschlags darf nur unter den Voraussetzungen des § 176, darf also, wenn diese Voraussetzungen nicht gegeben sind, wegen der Wiederholung des Vorschlags nicht erfolgen.

Sie darf nur erfolgen, wenn der Verwalter und, sofern ein Gläubigerausschuß bestellt ist, dieser sie beantragt hat. Ist ein Ausschuß bestellt, so können der Verwalter und der Ausschuß den Antrag nur übereinstimmend stellen. Der Vorschlag braucht nicht zurückgewiesen zu werden, das Gericht hat nur die Befugniß ihn abzuweisen, welche es nach billigem Ermessen wahrzunehmen hat. Gegen die Zurückweisung des Vorschlags ist ebenso wie gegen die Abweisung des Antrags des Verwalters oder Gläubigerausschusses die Beschwerde zulässig.

2. Die Zurückweisung darf erfolgen, wenn ein Vergleichsvorschlag bereits in demselben Konkursverfahren

a) von den Gläubigern abgelehnt,

b) von dem Gericht verworfen oder

c) vom Gemeinschuldner nach der öffentlichen Bekanntmachung des Vergleichstermins, auch wenn derselbe nach § 180 mit dem Prüfungstermin verbunden war, zurückgezogen ist.

Unter der „Verwerfung" des Vorschlags (b) ist nur die Ablehnung des von den Gläubigern angenommenen Vergleichs aus den Gründen des § 186 zu verstehen, denn die Ablehnung aus den Gründen des § 176 ist gesetzlich als Zurückweisung, und die Ablehnung wegen Mangels der formellen Erfordernisse des § 174 ist nicht als Verwerfung bezeichnet.

Zurückgenommen ist ein Vergleichsvorschlag auch dann, wenn der Kridar den eingebrachten Antrag abändert, Anm. 4 zu § 174.

§. 177. (164.)

Wird der Vergleichsvorschlag nicht zurückgewiesen, so hat der Gläubigerausschuß sich über die Annehmbarkeit des Vorschlags zu erklären.

Erklärt der Gläubigerausschuß den Vorschlag nicht für annehmbar, so ist ein Widerspruch des Gemeinschuldners gegen die Verwerthung der Masse nicht zu berücksichtigen.

M. I 410, 411; P. I 111, 184; M. II —; P. II —.

1. Wird der Vorschlag aus einem Grunde der §§ 173—176 nicht zurückgewiesen, so ist der Gläubigerausschuß über die Annehmbarkeit des Antrags zur Erklärung aufzufordern, wenn er sich darüber nicht schon erklärt hat. Diese Erklärung des Ausschusses muß vor der Ansetzung des Vergleichstermins abgegeben werden. Denn sie ist nach § 179 bei der Ladung zu dem Vergleichstermin den zu ladenden Personen mitzutheilen. Erklärt sich der Ausschuß innerhalb einer ihm zu setzenden angemessenen Frist nicht, so darf das Verfahren durch die Zögerung oder Weigerung des Ausschusses nicht aufgehalten werden, das fortgesetzte Verfahren ist dann nicht nichtig, da auf Seiten des Gerichts keine Verletzung der gesetzlichen Vorschriften verübt ist, vgl. § 186 Abs. 2, und ihm ein Zwangsmittel gegen den Ausschuß nicht zusteht, a. M. nur Hullmann S. 314. Ist aber, wenn der Ausschuß sich nicht erklärt hat, die Aufforderung an ihn unterblieben, so liegt ein Mangel des Verfahrens vor, der wesentlich ist, weil die Ansicht des Ausschusses für die Gläubigerversammlung von wesentlicher Bedeutung sein kann, und der daher, wenn er nicht durch eine vor oder in der Versammlung abzugebende Erklärung des Ausschusses nachgeholt wird, zur Versagung der Genehmigung des Vergleichs führen muß, § 186 Nr. 1.

2. Die Erklärung des Ausschusses hat die Wirkung, daß ein Widerspruch des Gemeinschuldners gegen die Verwerthung der Masse nicht mehr berücksichtigt werden darf. Auf einen Widerspruch des Kridars darf die Vornahme einer Rechtshandlung der §§ 133, 134 von dem Gericht, wenn nicht die Gläubigerversammlung die Genehmigung zur Vornahme der Rechtshandlung ertheilt hatte, vorläufig bis zur Beschlußfassung durch die Gläubigerversammlung untersagt werden, § 135 Abs. 2. Diese Untersagung darf nicht aufrecht erhalten werden, wenn sie nur mit Rücksicht auf den Vergleichsvorschlag angeordnet war und der Gläubigerausschuß den Akkordantrag für unannehmbar erklärt hat.

Das Gericht kann ferner auf Antrag des Gemeinschuldners bis zur Beschlußfassung der Gläubigerversammlung die vom Verwalter beabsichtigte oder vom Ausschuß beschlossene Schließung des Geschäfts untersagen, wenn der Gemeinschuldner einen Zwangsvergleichsvorschlag eingereicht hat, § 130; auch diese Anordnung fällt fort, wenn der Ausschuß den Vergleichsvorschlag für unannehmbar erklärt hat.

§. 178. (165.)

Der Vorschlag und die Erklärung des Gläubigerausschusses sind auf der Gerichtsschreiberei zur Einsicht der Betheiligten niederzulegen.

M. I 412; P. I 111, 184; M. II —; P. II —.

Nach der Erklärung des Gläubigerausschusses, § 177, beginnt das Zwangsvergleichsverfahren. Der Vergleichsvorschlag und die Erklärung des Ausschusses sind, wie jede wesentliche zur Information der Gläubiger dienende Urkunde, § 124, auf der Gerichtsschreiberei zur Einsichtnahme der Betheiligten niederzulegen. Die Betheiligten sind der Gemeinschuldner, der Verwalter und jeder Konkursgläubiger. Jeder von ihnen ist auch berechtigt, Abschrift der Schriftstücke auf seine Kosten zu verlangen, § 299 C.P.O., § 65 K.O., s. im Uebrigen Anm. 2 zu § 124.

§. 179. (166.)

Der Vergleichstermin soll nicht über einen Monat hinaus anberaumt werden. Der Termin ist öffentlich bekannt zu machen. Zu demselben sind der Gemeinschuldner, der Verwalter, sowie unter Mittheilung des Vergleichsvorschlags und des Ergebnisses der Erklärung des Gläubigerausschusses die nicht bevorrechtigten Konkursgläubiger, welche Forderungen angemeldet haben, besonders zu laden.

In der Bekanntmachung ist zu bemerken, daß der Vergleichsvorschlag und die Erklärung des Gläubigerausschusses auf der Gerichtsschreiberei des Konkursgerichts zur Einsicht der Betheiligten niedergelegt seien.

M. I 412; P I 111, 184; M. II 44; P. II 34, 35.

1. Der zweite Absatz ist dem § 179 neu hinzugefügt, um die Gläubiger auf die Möglichkeit einer näheren Information hinzuweisen. Dem ersten Absatz ist die Vorschrift der Ladung des Gemeinschuldners und des Verwalters neu hinzugefügt.

2. Die öffentliche Bekanntmachung erfolgt nach § 76. Eine besondere Ladung erhalten außerdem der Verwalter, der Kridar und jeder nicht bevorrechtigte Konkursgläubiger. Den Gläubigern, nicht auch dem Kridar und dem Verwalter, ist bei der Ladung Abschrift des Vergleichsvorschlags und der Erklärung des Gläubigerausschusses mitzutheilen. Die unterlassene Ladung wird durch die öffentliche Bekanntmachung ersetzt, § 76 Abs. 3, aber die unterlassene Mittheilung des Vergleichsvorschlags und der Erklärung des Ausschusses kann durch die öffentliche Bekanntmachung nicht ersetzt werden, weil die letztere diese Mittheilung nicht enthält. Ein Verstoß gegen die Vorschrift des § 179 ist eine Verletzung der das Verfahren betreffenden Vorschriften, § 186, und hindert die Bestätigung des Vergleichs, wenn der mangelhaft Geladene nicht im Termin erscheint und die Aussetzung der Versammlung nicht beantragt.

Die Bestimmung, daß der Vergleichstermin nicht über einen Monat hinaus anzuberaumen ist, ist nur eine instruktionelle; eine geringste Frist ist nicht vorgeschrieben, sie ist aber so zu bestimmen, daß die Gläubiger in der Lage sind, sich genügend informiren zu können. Die Terminsbestimmung unterliegt der Anfechtung mit der Erinnerung bezw. Beschwerde.

3. In dem Termin „eröffnet der Richter nach Feststellung der Stimmrechte die Verhandlung über den Vergleichsvorschlag; der Gemeinschuldner hat ihn zu begründen, der Verwalter und der Gläubigerausschuß haben sich gutachtlich zu äußern. Der Richter hat dafür zu sorgen, daß der Vorschlag genau, vollständig und den gesetzlichen Bestimmungen gemäß sei, eine Abstimmung mit ja und nein und im Fall der Annahme und Bestätigung eine Aufhebung des Verfahrens nach Vorschrift des Gesetzes ermögliche," M. I. Der Gemeinschuldner braucht jedoch im Termin nicht zu erscheinen, A. M. Seuffert S. 420. Auch die Abwesenheit des Verwalters und der Mitglieder des Gläubigerausschusses hindert die Verhandlung und den Vergleichsabschluß nicht. Die bisherigen Aeußerungen der bezeichneten Personen sind bei deren Abwesenheit zu verlesen. Eine Verminderung der Vergleichsanerbietungen im Termin ist nicht zulässig, s. darüber Anm. 4 zu § 174.

§. 180. (167.)

Auf Antrag des Gemeinschuldners und, wenn ein Gläubigerausschuß bestellt ist, des letzteren kann das Gericht den Vergleichstermin mit dem allgemeinen Prüfungstermine verbinden.

M. I 412; P. I 111, 184; M. II —; P. II 35, 36.

1. Das Gericht darf den Wahl- und den Prüfungstermin von amtswegen verbinden, wenn die Aktiv- oder die Passivmasse gering ist oder der Gemeinschuldner einen Vergleichsvorschlag gemacht hat, § 110 Abs. 2, die Verbindung des Vergleichstermins mit dem allgemeinen Prüfungstermin darf dagegen nur auf den Antrag des § 180 erfolgen. Sind der Wahl- und der Prüfungstermin mit einander verbunden und findet die Verbindung des Vergleichstermins mit dem Prüfungstermin nach § 180 statt, so ist der Vergleichstermin zugleich mit dem Wahltermin verbunden. Im Fall der Verbindung sind zunächst die Forderungen zu prüfen, Anm. 4 zu § 173, und ebenso muß die Wahl des Verwalters und die Bestellung des Ausschusses dem Beginn der Vergleichsverhandlung vorausgehen, weil das Verfahren zunächst ordnungsmäßig zu konstituiren, bevor es zu beenden ist.

Die Verbindung kann nicht nur erfolgen, wenn der Vergleichsvorschlag vor der Ansetzung des Prüfungstermins angebracht ist, was selten ist, weil der Prüfungstermin schon „bei der Eröffnung" des Verfahrens anzusetzen ist, § 110 Abs. 1, sondern auch wenn er später, wenn auch nach der Bekanntmachung des Prüfungstermins, vorgelegt wird.

Die Verbindung sowie die Abweisung des Verbindungsantrags unterliegt der Anfechtung mit der Beschwerde, welche jedem Betheiligten zusteht.

2. Zur Stellung des Antrags auf Verbindung ist nur der Gemeinschuldner und, wenn ein Gläubigerausschuß bestellt ist, der Gemeinschuldner nur in Uebereinstimmung mit dem Ausschuß berechtigt. Die Ansicht von v. Völderndorff Anm. 1, daß im Gesetz der Gemeinschuldner nur aus Versehen statt des Verwalters für antragsberechtigt erklärt sei, ist irrig, weil aus den Kommissionsverhandlungen ersichtlich ist, daß nicht wie im § 176 der Verwalter, sondern der Kridar der Antragsberechtigte sein sollte, die entgegenstehende Auffassung der M. I daher nicht akzeptirt ist. Jedenfalls ist jetzt, nachdem der von v. Völderndorff angeregte Zweifel bei der Revision der K.O. zur Erörterung gekommen, ohne daß ihm nachgegeben ist, P. II, der Wortlaut als der Absicht des Gesetzgebers entsprechend anzuerkennen.

§. 181. (168.)

Der Vergleich muß allen nicht bevorrechtigten Konkursgläubigern gleiche Rechte gewähren. Eine ungleiche Bestimmung der Rechte ist nur mit ausdrücklicher Einwilligung der zurückgesetzten Gläubiger zulässig. Jedes andere Abkommen des Gemeinschuldners oder anderer Personen mit einzelnen Gläubigern, durch welches diese bevorzugt werden sollen, ist nichtig.

M. I 406—408; P. I 111, 184; M. II —; P II —.

1. Der Grundsatz der gleichmäßigen Befriedigung aller nicht bevorrechtigten Konkursgläubiger, Anm. 1 zu § 3, darf auch bei der Beendigung des Konkurses durch Zwangsvergleich nicht durchbrochen werden. Die Zuwiderhandlung hat die Verwerfung des Vergleichs, wenn sie beantragt ist (nicht die Verwerfung von amtswegen), § 188 Nr. 1, die Anfechtung des § 196, wenn die Begünstigung sich zum Betrug gesteigert, und unter den Voraussetzungen des § 243 die kriminelle Bestrafung zur Folge. Eine Ungleichheit ist es nicht, wenn die nach §§ 65 ff. eingetretene Umänderung der Konkursforderungen oder einzelner derselben beseitigt wird, Anm. 2 zu § 193. Die Ungleichheit kann darin bestehen, daß ein oder einzelne Gläubiger zurückgesetzt, oder darin, daß ein oder einzelne Gläubiger bevorzugt werden. Die ungleiche Bestimmung der Rechte ist nur mit ausdrücklicher Einwilligung der zurückgesetzten Gläubiger zulässig. Die Zustimmung kann formlos, im Vergleichstermin oder vorher erklärt werden. Durch die Bevorzugung eines Gläubigers werden alle übrigen zurückgesetzt, die letztern müssen daher sämmtlich ihre ausdrückliche Zustimmung erklären, und da unter den Konkursgläubigern nicht nur diejenigen zu verstehen sind, welche ihre Forderungen angemeldet haben, sondern alle, denen ein vor der Eröffnung des Konkurses begründeter Anspruch gegen den Gemeinschuldner zusteht, so kann die Bevorzugung eines Gläubigers nur durch alle andern Kreditoren, denen ein Vorzugsrecht nicht gebührt, erklärt werden. Daraus folgt, daß die Majorität nicht entscheidet, daß auch die Zustimmung aller im Vergleichstermin erschienenen Gläubiger nicht genügt, daß vielmehr jeder nicht bevorrechtigte Konkursgläubiger, auch wenn seine Forderung nicht angemeldet oder wenn sie bestritten ist, ohne Rücksicht auf § 95 seine Zustimmung ausdrücklich erklärt haben muß. Eine ausdrückliche Erklärung ist auch nicht aus dem Stillschweigen der erschienenen Gläubiger zu entnehmen, die Gläubiger müssen vielmehr ihre zustimmende Erklärung einzeln und ausdrücklich abgeben. Wird die Genehmigung ertheilt, so bildet sie einen Bestandtheil des Zwangsvergleichs, Petersen-Kleinfeller Anm. 1.

Die bevorrechtigten Gläubiger nehmen am Akkordverfahren überhaupt nicht Theil, § 173, auf ihre Zustimmung oder ihren Widerspruch kommt es daher nicht an. Giebt ein bevorrechtigter Gläubiger aber sein Vorrecht auf, so steht er den übrigen Gläubigern gleich, und läßt er sich ausdrücklich auf einen Verzicht auf seine ganze Forderung oder einen Theil derselben ein, so schließt er dadurch einen Vertrag mit dem Gemeinschuldner, der nach den außerhalb des Konkursverfahrens geltenden Grundsätzen zu beurtheilen ist.

2. Ob die Ungleichheit der Rechte der einzelnen Gläubiger auf das Zustandekommen des Vergleichs von Einfluß ist oder von Einfluß sein kann, ist unerheblich, R.G. in Gruchots Beitr. 29, 1034. Die Ungleichheit setzt auch nicht nothwendig eine Bevorzugung voraus, es ist daher die Feststellung nicht erforderlich, daß eine Bevorzugung zur Zeit des Vergleichsabschlusses besteht, R.G. in J. W. 1889 S. 69.

3. Die Ungleichheit kann in der ungleichen Bestimmung der Höhe des Antheils, sie kann auch in der Stellung einer besondern Sicherheit bestehen, ohne Rücksicht darauf, ob die Sicherheit einen Werth hat oder nicht. Sie kann auch in dem Vortrage bestehen, den ein Gläubiger mit einem Dritten, ohne oder mit Wissen des Gemeinschuldners, geschlossen hat, sei es daß der Dritte sich als Bürge oder zu einer besondern Leistung verpflichtet, oder daß er auf einen Anspruch gegen den Gläubiger verzichtet, wenn auch dieser Anspruch mit dem Konkursverfahren in keiner Beziehung steht, R.G. 41, 42, in Gruchots Beitr. 29, 1034, Obertrib. 53, 568; R.O.H.G. 4, 20. Eine die Ungleichheit begründende Bevorzugung ist auch vorhanden, wenn der Gemein-

schuldner es unterläßt, eine Gegenforderung gegen einen Gläubiger dem Verwalter mitzutheilen oder im Prüfungstermin geltend zu machen, R.G. 37, 143.

4. Jedes Abkommen, durch welches eine Rechtsungleichheit begründet ist, ist auch außerhalb des Verfahrens nichtig. Der Satz 3, welcher diese absolute Nichtigkeit vorschreibt, hat selbstständige Bedeutung gegenüber den beiden ersten Sätzen, R.G. 28, 100; 39, 22. Die Nichtigkeit besteht daher auch dann, wenn der Zwangsvergleich nicht zu Stande gekommen ist, sofern er nur mit Rücksicht auf den Vergleich geschlossen ist, R.G. 28, 100; 30, 24. Ist das besondere Abkommen mit Rücksicht auf das gesammte Verfahren geschlossen, hat ein Gläubiger z. B. mit einem Dritten vereinbart, daß letzterer ihm den Ausfall, den er im Konkurse erleiden werde, zu ersetzen habe, so ist es nichtig, wenn der Zwangsvergleich, ohne daß die übrigen Gläubiger ihre Zustimmung zu dem Abkommen ertheilt haben, zu Stande kommt, denn wenn es für das ganze Verfahren getroffen ist, ist es auch für den Akkord vereinbart, R.G. 28, 98; ist der Vergleich aber nicht zu Stande gekommen, so ist es gültig, R.G. vom 25. Juni 1886 in der Zeitsch. f. d. Notariat in Rheinpreußen Bd. 32 S. 43, s. auch R.G. bei Bolze Bd. 7 Nr. 1254 und im Reichsanzeiger 1889 Beil. 3 S. 215, denn das zur Zeit des Vertragsabschlusses gültige Versprechen kann seine Wirksamkeit nicht durch eine einseitige Rechtshandlung des Gemeinschuldners verlieren, welche in der Anbringung des Vergleichsantrags liegt. Uebrigens kann von der Ungültigkeit eines die Bevorzugung abzielenden Abkommens immer nur dann die Rede sein, wenn dasselbe nach der Eröffnung des Verfahrens getroffen ist, denn die schon vorher begründeten Rechte einzelner Gläubiger gegen Dritte werden auch durch den Zwangsvergleich nicht geändert, § 193.

Ein Abkommen, durch welches eine Konkursforderung auf einen Dritten übertragen wird, ist der Nichtigkeit nicht verfallen, auch wenn es zum Zweck des Stimmenkaufs geschehen ist; das Obertr. hat in Strieth. Arch. 46, 353 zwar das Gegentheil angenommen und die meisten Schriftsteller sind ihm gefolgt. Aber durch die Abtretung der Forderung scheidet der bisherige Gläubiger aus, und der neue Gläubiger erlangt durch die Cession keine größeren Rechte, als sie der frühere Gläubiger hatte; jedenfalls ist jetzt durch die neue Bestimmung des § 183, der dem Stimmenkauf vorbeugen will, als anerkannt anzusehen, daß jede andere Uebertragung von Konkursforderungen unbeanstandet zu bleiben hat.

Andererseits wird von Petersen-Kleinfeller Anm. 2 mit Unrecht unter unrichtiger Bezugnahme auf die Entsch. des R.G. in J. W. 1888 S. 17[26] angenommen, daß die Aufnahme eines Darlehns zum Zweck des Vergleichsvorschlags zwar wirksam, das daneben abgegebene Versprechen des Kridars, den Darlehnsgläubiger besonders begünstigen zu wollen, aber nichtig sei. Denn ein Darlehnskontrakt, den der Gemeinschuldner nach der Eröffnung des Konkurses eingeht, wird vom Konkurs- und demnach auch vom Vergleichsverfahren überhaupt nicht berührt, da der Darlehnsgläubiger kein Konkursgläubiger ist, § 3; eine vor der Eröffnung des Verfahrens versprochene Begünstigung aber wird lediglich von den Vorschriften der §§ 29ff. über die Anfechtung, nicht vom § 181 betroffen; wird die Begünstigung nicht angefochten, so bleibt sie nicht blos dem Kridar, sondern auch den Konkursgläubigern gegenüber wirksam, Anm. 9 zu § 29.

5. Während die Ungleichheit der Rechte nach den ersten beiden Sätzen verboten, wenn sie auch nur objektiv vorhanden ist, ist die Nichtigkeit des Abkommens nur begründet, wenn die bevorzugten Gläubiger durch dasselbe bevorzugt werden sollten,

das Bevorzugtsein der Bevorzugung muß daher bei dem Vertragsabschluß vorhanden sein, R.G. 41, 42 (streitig). Der Vertragsschließende, welcher dies Bewußtsein hatte, kann sich auf das Abkommen nicht berufen.

§. 182. (169.)

Zur Annahme des Vergleichs ist erforderlich, daß

1. die Mehrzahl der in dem Termine anwesenden stimmberechtigten Gläubiger dem Vergleiche ausdrücklich zustimmt, und
2. die Gesammtsumme der Forderungen der zustimmenden Gläubiger wenigstens drei Viertheile der Gesammtsumme aller zum Stimmen berechtigenden Forderungen beträgt.

Wird nur eine der Mehrheiten erreicht, so kann der Gemeinschuldner bis zum Schlusse des Termins die einmalige Wiederholung der Abstimmung in einem neuen Termine verlangen. Das Gericht hat denselben zu bestimmen und im Termine zu verkünden.

M. I 414—416; P. I 111, 112, 184; M. II —; P. II —.

1. Die Annahme des Vergleichsantrags setzt, abweichend von der Vorschrift des § 94 Abs. 2, 3, eine doppelte Mehrheit voraus: die Mehrheit der anwesenden Gläubiger und die Dreiviertheilmehrheit der Konkursansprüche.

Die Personalmajorität ist eine absolute, nur die anwesenden Gläubiger kommen in Betracht. Eine schriftliche Erklärung, die vor dem Termin abgegeben ist, ist nicht zu berücksichtigen, wenn der Gläubiger sie im Termin nicht wiederholt. Jeder anwesende Gläubiger ist zu berücksichtigen; giebt er seine Stimme nicht ab, so stimmt er dem Vergleich nicht zu. Bei Stimmengleichheit kann die Vorschrift des § 94 Abs. 3 nicht angewendet werden, weil dieselbe voraussetzt, daß nur nach den Forderungsbeträgen abgestimmt wird, bei Stimmengleichheit hat sich eine Mehrheit nicht ergeben, der Vergleichsantrag gilt daher nicht als angenommen.

Für die Summenmehrheit kommen ebenfalls nur die Forderungen der anwesenden Gläubiger in Betracht, aber die Gesammtsumme der Forderungen, von denen dreiviertel den zustimmenden Gläubigern gehören müssen, berechnet sich aus den Forderungen aller Gläubiger, mögen sie anwesend sein oder nicht.

Nur die nicht bevorrechtigten Konkursgläubiger sind stimmberechtigt, § 173, und nur ihre Forderungen kommen für die Berechnung der Majorität der Nr. 2 in Betracht. Ueber das Stimmrecht der nicht festgestellten Forderungen und der qualifizirten Absonderungsrechte s. die §§ 95, 96 und die Anm. dazu.

2. Da der Zwangsvergleich ein von den Gläubigern mit dem Schuldner geschlossener Vertrag ist, Anm. 2 zu § 173, so disponirt jeder Gläubiger durch seine Stimmabgabe zu seinem Theil über seinen Anspruch, wenn er dem Vergleichsvorschlage zustimmt. Zur Abgabe einer zustimmenden Erklärung ist der Gläubiger daher nur soweit berechtigt, als er über die Forderung disponiren kann. Deshalb kann derjenige, welcher nur mit Genehmigung eines Dritten oder einer Behörde über den Anspruch verfügen kann, nur unter Nachweis dieser Genehmigung seine Stimme für den Vergleich abgeben. Der Vormund, der nach § 1822 Nr. 12 B.G.B. zum Abschluß eines Vergleichs über einen Gegenstand von mehr als 300 Mk. der Genehmigung des

Vormundschaftsgerichts bedarf, bedarf dieser Genehmigung für die Zustimmung zu dem Zwangsvergleich zwar nicht, weil der Zwangsvergleich kein Vergleich im Sinne des § 1822 ist, Anm. 2 zu § 173, er bedarf aber nach § 1812 B.G.B. der Genehmigung des Gegenvormundes.

Steht die Verfügung mehreren Personen nur zusammen zu, wie dem Nießbraucher einer Forderung mit dem Forderungsgläubiger, § 1078 B.G.B., dem Pfandgläubiger vor der Fälligkeit seines Anspruchs gegen den Pfandschuldner mit diesem, § 1285 B.G.B., mehreren Erben vor der Theilung des Nachlasses, so kann die Abstimmung nur einheitlich erfolgen: Stimmen nicht die sämmtlichen an der Forderung Berechtigten für den Vergleichsvorschlag, so ist von ihnen der Vergleichsantrag nicht angenommen. Dasselbe nimmt das R.G. 18, 398, wohl nicht mit Recht, auch im Falle der Ueberweisung einer Forderung zur Einziehung an, indem es den Schuldner und den Gläubiger nur zusammen über die überwiesene Forderung disponiren läßt.

Für jede Forderung kann nur eine Personalstimme abgegeben werden. Ist eine Forderung aber nicht nach Bruchtheilen, sondern reell getheilt, so bestehen mehrere Forderungen und giebt jeder Berechtigte seine Stimme gesondert ab. Ebenso entsteht eine Mehrheit der Stimmenberechtigung durch die Cession einer Forderung an mehrere Personen zu bestimmten Theilen.

Wem mehrere Forderungen zustehen, kann nur eine Stimme abgeben.

3. Der Gläubiger darf sich durch einen legitimirten Bevollmächtigten bei der Abstimmung vertreten lassen. Der Bevollmächtigte mehrerer Gläubiger stimmt für jeden Gläubiger besonders, kann auch für den einen zustimmend, für den andern ablehnend stimmen. Der Verwalter kann die Vertretung von Gläubigern bei der Abstimmung übernehmen; obgleich er der Vertreter des Gemeinschuldners ist, so besteht doch in diesem Falle eine Kollision des § 181 B.G.B. nicht, weil der Gemeinschuldner im Akkordverfahren mit eigner Verfügungsfähigkeit auftritt und vom Verwalter nicht vertreten wird. Ein Gläubiger, welcher die Sicherheit für die Akkordverbindlichkeiten des Gemeinschuldners übernimmt, ist an der Stimmabgabe nicht behindert, da der § 181 B.G.B. es sogar zuläßt, daß dem Vertreter eines andern gestattet werden kann, mit sich selbst zu kontrahiren.

4. Da der Gemeinschuldner die Wiederholung der Abstimmung in einem neuen Termin nur bis zum Schluß des Termins beantragen kann, wenn nur eine der beiden Mehrheiten erreicht ist, so muß sofort nach der Abstimmung das Resultat derselben festgestellt werden.

Das Gericht bestimmt und verkündet den Termin, einer öffentlichen Bekanntmachung des neuen Termins bedarf es nicht, § 93 Abs. 2, ebensowenig neuer Ladungen, § 218 C.P.O., § 72 K.O., v. Sarwey-Bossert Anm. 5, v. Wilmowski Anm. 7.

§. 183. (169a.)

Bei der Berechnung der nach §. 182 Abs. 1 Nr. 1, 2 erforderlichen Mehrheiten bleibt der Ehegatte des Gemeinschuldners außer Betracht, wenn er dem Vergleiche zugestimmt hat.

Das Gleiche gilt von demjenigen, welchem der Ehegatte des Gemeinschuldners während des Konkursverfahrens oder in dem letzten Jahre vor der Eröffnung des Verfahrens eine Forderung gegen den Gemeinschuldner abgetreten hat, soweit das Stimmrecht auf der abgetretenen Forderung beruht. Diese Vorschrift findet keine Anwendung, wenn der Ehegatte zu der Abtretung durch das Gesetz oder durch einen Vertrag verpflichtet war, welcher früher als ein Jahr vor der Eröffnung des Konkursverfahrens geschlossen wurde.

M. I —; P. I —; M. II —; P. II 36—38.

1. In den M. I war es abgelehnt, eine dem § 183 ähnliche Vorschrift in das Gesetz aufzunehmen, bei der Revision der K.O. ist die Aufnahme des § 183 von der Kommission zur Erschwerung der Vergleiche nur deshalb beschlossen, weil „für die Ehefrau das, was der Ehemann durch den Zwangsvergleich gewinne, wichtiger sei, als die Quote, die sie selbst durch den Zwangsvergleich erhalte und sie immer oder in weitaus der größten Anzahl der Fälle nicht aus eigenem Interesse, sondern aus dem Interesse des Ehemanns für den Zwangsvergleich stimme."

2. Die Vorschrift gilt sowohl für den Ehemann im Konkurs der Ehefrau, wie für die letztere im Konkurs des Ehemannes; sie gilt nur, wenn der Ehegatte für, nicht wenn er gegen den Vergleichsvorschlag stimmt.

Stimmt der Ehegatte für den Vergleich, so hat er und seine Forderung bei der Berechnung der Mehrheiten außer Betracht zu bleiben, er gilt daher ebenso wie seine Forderung insoweit als nicht vorhanden, sodaß seine Forderung auch bei der Berechnung der Gesammtsumme der Konkursforderungen nicht berücksichtigt wird.

3. Dasselbe gilt für den Zessionar einer solchen Forderung, wenn die Zession nach der Konkurseröffnung oder in dem letzten Jahre vorher erfolgt ist; die einjährige Frist ist eine Präklusivfrist, über ihre Berechnung s. Anm. 8 e zu § 31. Das Stimmrecht zu Gunsten des Vergleichs ist dem Zessionar auch dann entzogen, wenn der Ehegatte zu der Abtretung durch Gesetz oder Vertrag verpflichtet war, und zwar bei der Rechtsnachfolge durch Gesetz auch wenn die Berechtigung, die Abtretung zu verlangen, später als ein Jahr vor der Konkurseröffnung oder nach der Eröffnung des Verfahrens entstanden war. Beruht die Berechtigung auf einem Vertrage, so tritt die Beschränkung des Stimmrechtes nicht ein, wenn der Vertrag früher als ein Jahr vor der Eröffnung des Konkurses geschlossen war. Durch Gesetz ist die Berechtigung, die Abtretung zu fordern, im Fall des § 255 B.G.B. begründet, wenn der Zessionar wegen Beeinträchtigung der Sicherheit der Forderung Schadensersatz geleistet hat und dafür die Abtretung der Forderung beanspruchen kann, sowie im Fall des § 818 B.G.B., wenn der Bereicherungsschuldner eine Forderung, z. B. eine Versicherungsforderung zu übertragen hat, welche an Stelle der beschädigten oder zerstörten Sache getreten ist, 2c.

Die durch Gesetz begründete Abtretung steht nicht der Abtretung kraft Gesetzes gleich, § 412 B.G.B., welche z. B. im Fall der Bürgschaft eintritt, wenn der Bürge den Hauptgläubiger befriedigt hat, § 774, denn die Abtretung kraft Gesetzes erfolgt von selbst ohne eine Thätigkeit des ersten Forderungsberechtigten, die durch Gesetz begründete Verpflichtung zur Uebertragung setzt aber die Thätigkeit des ersten Forderungsberechtigten, ein in der Uebertragung bestehendes Rechtsgeschäft voraus. Die durch Gesetz begründete Verpflichtung zur Zession steht auch der Ueberweisung im Wege der Zwangsvollstreckung nicht gleich, welche ebenfalls ohne Zuthun des Forderungsberechtigten geschieht.

Unter Abtretung ist auch nicht die Erbesnachfolge, auch nicht die Rechtsnachfolge auf Grund eines Vermächtnisses zu verstehen, dagegen enthält die Uebertragung des gesammten Vermögens, § 419 B.G.B., sowie die Uebertragung durch Erbschaftsverkauf, § 237 B.G.B., zugleich die Abtretung der Forderung, denn diese ist nebst den übrigen Vertragsgegenständen Objekt des Vertrags.

4. Ist der Ehegatte nur mitberechtigt, z. B. als Miterbe, als Nießbraucher, Pfandgläubiger, Anm. 2 zu § 183, so kann ein Stimmrecht zu Gunsten des Vergleichs nicht ausgeübt werden. Denn da einer der mehreren Berechtigten über die Forderung nicht allein disponiren kann, so ist der andere Mitberechtigte zu einer Verfügung über dieselbe nicht im Stande. Erfolgt aber vor dem Vergleichstermin eine Auseinandersetzung, so kann der andere nunmehr in Ansehung desjenigen ihm jetzt allein zustehenden Theils der Forderung für den Vergleich stimmen, der seinem bisher ideellen Antheil entspricht; denn wenn dieser reelle Theil auch durch Abtretung auf ihn gekommen sein mag, so „ruhte" doch auf diesem Theil „das Stimmrecht" nicht, Abs. 2.

§. 184. (170.)

Der angenommene Zwangsvergleich bedarf der Bestätigung des Konkursgerichts.

Das Gericht entscheidet, nachdem es die Gläubiger, den Verwalter und den Gläubigerausschuß in dem Vergleichstermine oder einem zu verkündenden Termine gehört hat.

M. I 417, 418; P. I 112, 184—186; M. II —.

1. Der Vergleich ist durch die Akzeptation des Vergleichsantrags durch die Gläubiger zu Stande gekommen, zu seiner Perfektion bedarf er aber der Bestätigung durch das Konkursgericht, s. darüber Anm. 2 zu § 173.

2. Dem Konkursgericht ist analog dem § 310 C.P.O. die Befugniß gegeben, den Beschluß über die Bestätigung oder Verwerfung entweder im Vergleichstermin oder in einem in diesem Termin zu bestimmenden und bekannt zu machenden andern Termin zu verkünden. Einer weiteren Bekanntmachung und Ladung bedarf es nicht. Die nach § 72 analoge Anwendung des § 310 C.P.O. ergiebt die instruktionelle Vorschrift, daß der Verkündigungstermin nicht über eine Woche hinaus angesetzt werden soll.

3. Der Entscheidung hat die Anhörung der Gläubiger, des Verwalters und des Gläubigerausschusses vorauszugehen. Jede der bezeichneten Personen bezw. das Konkursorgan kann sich über die Voraussetzungen der §§ 186—188 aussprechen, und jeder Gläubiger ist berechtigt, den Antrag auf Verwerfung des Vergleichs nach § 188 zu stellen. Anträge, welche in dieser Richtung schriftlich oder mündlich vorher gestellt sind, genügen jedoch zur Verwerfung des Vergleichs auch im Fall des § 188. Zwar sind in der Kommission gegen die Ansicht des Regierungsvertreters Bedenken gegen schriftliche Anträge außerhalb des Termins laut geworden, aber die Fassung, welche die Kommission dem Gesetz unter Abänderung des Entwurfs gegeben hat, schließt die Berücksichtigung schriftlicher Eingaben und Anträge nicht aus.

Das Gericht ist befugt, vor der Entscheidung nach § 75 Ermittelungen im Sinne der §§ 186—188 anzustellen.

§. 185. (171.)

Der Beschluß, durch welchen der Zwangsvergleich bestätigt oder verworfen wird, ist zu verkünden.

M. I 420; P. I 112, 184—186; M. II —; P. II —.

1. Die Verkündung, welche für die Beschwerdefrist bestimmend ist, § 189 Abs. 2, ersetzt die Zustellung und die öffentliche Bekanntmachung, denn ohne diese Annahme würde der § 185 keine Bedeutung haben, Seuffert S. 426, Petersen-Kleinfeller Anm. I, 3, v. Sarwey-Bossert Anm. 2, v. Wilmowski Anm. 3, Endemann S. 601, Fitting § 48 Anm. 14, Stieglitz S. 639, a. M. Hullmann Anm. 2, Wengler Anm. 2, Meisner S. 355, v. Völderndorff Bd. 2 S. 588, 589.

2. In der Beschwerdeinstanz ist der Beschluß stets zuzustellen, auch wenn ihm eine mündliche Verhandlung vorausgeht. Denn die §§ 184, 185 sind nur für die erste Instanz gegeben und setzen eine mündliche Verhandlung voraus, welche in der Beschwerdeinstanz nicht stattzufinden braucht, weil in der letztern nicht alle Betheiligten, sondern nur der Beschwerdeführer und die Gegenpartei in Betracht kommen; v. Wilmowski Anm. 3.

§. 186. (172.)

Der Vergleich ist zu verwerfen:

1. wenn die für das Verfahren und den Abschluß des Vergleichs gegebenen Vorschriften nicht beobachtet sind, und das Fehlende nicht ergänzt werden kann;
2. wenn ein Fall der Unzulässigkeit eines Zwangsvergleichs nachträglich eingetreten ist.

M. I 418; P. I 112, 186; M. II —; P. II 38, 39.

1. Der Vergleich ist, abgesehen von den Gründen des § 187, von amtswegen nur aus den formellen Gründen der Nr. 1 und den die persönlichen Verhältnisse des Gemeinschuldners betreffenden Gründen der Nr. 2, nicht auch aus den materiellen Gründen des § 188 zu verwerfen. Es wird zwar behauptet, daß wenigstens aus dem Grunde des § 188 Nr. 1 eine Verwerfung von amtswegen erfolgen könne und müsse, weil die ungleiche Bestimmung der Rechte der Gläubiger eine Verletzung der Vorschriften über das Verfahren sei, so Pertersen-Kleinfeller Anm. II, 2, v. Sarwey-Bossert Anm. 2, v. Wilmowski Anm. 1. Indem aber der § 188 die Berücksichtigung der darin angegebenen Gründe nur auf Antrag eines Gläubigers zuläßt und die Glaubhaftmachung des Grundes erfordert, ist jede Offizialthätigkeit in Ansehung derjenigen Gründe ausgeschlossen, welche der § 188 enthält, auch wenn sie dem § 186 unterfallen könnten.

2. Zu den für das Verfahren gegebenen Vorschriften, deren Verletzung die Verwerfung des Vergleichs begründet, gehören die Zeitbegrenzung des § 173, die Aufforderung des Gläubigerausschusses zur Erklärung, Anm. 1 zu § 177, die Niederlegung dieser Erklärung und des Vergleichsvorschlags in der Gerichtsschreiberei, § 178, die öffentliche Bekanntmachung des § 179, die besondere Mittheilung, nicht die Ladung, des § 179 an die Gläubiger, Anm. 2 zu § 179, das rechtliche Gehör des § 184 Abs. 2

(letzteres streitig). Die Einhaltung der Publikationsfrist des § 179 ist nur instruktionell vorgeschrieben, begründet daher die Verwerfung des Vergleichs nicht.

Die für den Abschluß des Vergleichs gegebenen Vorschriften sind die Bestimmungen der §§ 182, 183 über die Erfordernisse der doppelten Majorität.

Die Verwerfung des Vergleichs braucht nicht stattzufinden, wenn das Fehlende ergänzt werden kann und ergänzt wird. Dadurch ist es, wie in den M. I angenommen ist, in das Ermessen des Gerichts gestellt, ob es „entweder die Ergänzung des Fehlenden anordnet oder die Verhandlung aussetzt oder die Verwerfung ausspricht." Aber nur der ergänzungsfähige Mangel darf nachgeholt werden, es kann z. B. nicht nachträglich einem zustimmenden oder ablehnenden Gläubiger nach § 95 ein größeres oder geringeres Stimmrecht ertheilt, dagegen kann die unterbliebene Aufforderung an den Gläubigerausschuß durch dessen nachträgliche Erklärung geheilt werden, es kann, wenn die Bekanntmachung unterblieben oder mangelhaft war, eine Bekanntmachung durch einen neuen Termin erfolgen. Der ergänzungsfähige Mangel kann auch in der Beschwerdeinstanz nachgeholt werden. Ein Verzicht der anwesenden Betheiligten kann wesentliche allgemeine Mängel nicht heilen, weil der Vergleich auch die Rechte der nicht anwesenden Betheiligten betrifft; aber ein nur einen bestimmten Betheiligten betreffender Mangel, z. B. die unterbliebene Mittheilung des Vergleichsvorschlags nach § 179 erledigt sich durch den Verzicht der Betheiligten.

3. Nr. 2. Die Fälle der Unzulässigkeit des Vergleichs sind im § 175 aufgeführt. War ein Fall dieser Art schon vorher eingetreten, aber entweder nicht beachtet oder unbekannt, so ist der Vergleich auf Grund der Nr. 1 wegen eines Verstoßes gegen das Verfahren zu verwerfen.

§. 187.

Der Vergleich ist zu verwerfen, wenn er den Gläubigern nicht mindestens den fünften Theil ihrer Forderungen gewährt und dieses Ergebniß auf ein unredliches Verhalten des Gemeinschuldners, insbesondere darauf zurückzuführen ist, daß der Gemeinschuldner durch ein solches Verhalten die Eröffnung des Konkursverfahrens verzögert hat. Der Vergleich kann verworfen werden, wenn das gleiche Ergebniß auf ein leichtsinniges Verhalten des Gemeinschuldners zurückzuführen ist.

M. I 398; P. I —; M. II —; P. II 39—45.

1. Der § 187, bei der Revision der K.O. von der Kommission beschlossen, ist ein Ausfluß der Reaktion gegen die Begünstigung des Zwangsvergleichs, durch welche der Gemeinschuldner auf Kosten der ohnehin schwer geschädigten Gläubiger Vortheile erwirbt. Er soll „dem frivolen Treiben gewerbsmäßiger Konkursmacher einen Riegel vorschieben."

Der Vergleich muß verworfen werden, wenn den nicht bevorrechtigten Konkursgläubigern nicht wenigstens 20 % gewährt werden und wenn dieses Ergebniß auf ein unredliches Verhalten des Kridars zurückzuführen ist. Er kann nach dem, in der Beschwerdeinstanz nachzuprüfenden, Ermessen verworfen werden, wenn durch ihn weniger als 20 % geboten werden und dies Ergebniß nur auf ein leichtsinniges Verhalten des Gemeinschuldners zurückzuführen ist. Diese Verwerfung findet von amtswegen statt, dagegen kann das Gericht nach § 188 Nr. 2 auf Antrag den Vergleich auch dann verwerfen, wenn den Gläubigern mehr als 20% geboten werden, der Vergleich aber trotzdem dem Interesse der Gläubiger widerspricht.

Das ungerechtfertigte Verhalten des Gemeinschuldners ist der Grund des ungünstigen Vergleichs, wenn der Gemeinschuldner nicht mehr oder nicht erheblich mehr bieten kann; kann er mehr bieten, so kann nicht der § 187, sondern auf Antrag nur der § 188 Nr. 2 zur Anwendung kommen (!).

Durch den Vergleich müssen die Gläubiger zur Zeit der Rechtskraft desselben mindestens den fünften Theil ihrer Forderungen erhalten. Sind Zahlungsfristen bestimmt, so muß der Prozentsatz so groß sein, daß er mit Hinzurechnung der gesetzlichen Zinsen zu 4% für die Zeit von der Rechtskraft des Beschlusses bis zur Fälligkeit dem Satz von 20% gleichkommt, es sei denn, daß die Akkorddividende von der Rechtskraft des Beschlusses an mit wenigstens 4% verzinst wird, vgl. 65.

2. Unredlich ist das Verhalten des Gemeinschuldners, wenn er Handlungen, durch welche sein Vermögen erheblich verringert wird, in dem Bewußtsein vorgenommen hat, daß die Zahlungseinstellung oder Ueberschuldung in absehbarer Zeit eintreten oder das Vermögen sich verringern werde, obgleich er bei Anwendung der erforderlichen, seinen persönlichen Verhältnissen entsprechenden Aufmerksamkeit den Eintritt der Zahlungseinstellung oder Ueberschuldung oder die Verringerung des Vermögens hätte voraussehen müssen.

Die Handlung kann vor oder nach der Konkurseröffnung vorgenommen sein, sie kann nach und vor der Eröffnung des Konkurses in der Verheimlichung oder Beseitigung von Vermögensstücken, in der Anerkennung oder Aufstellung erdichteter Schulden oder Rechtsgeschäfte, § 239 Nr. 1, 2, in der Verschwendung nach § 240 Nr. 1, 2, sie kann auch in der Verringerung seines Sondervermögens bestehen, dessen Verwendung ihm sonst mit dem Konkursvermögen zusammen die Möglichkeit gegeben haben würde, den vom § 187 geforderten Betrag bieten zu können.

Für die Scheidung zwischen der Unredlichkeit oder Gewissenlosigkeit und dem Leichtsinn bieten die §§ 239, 240 einen gewissen Anhalt, sie sind aber in dieser Beziehung nicht allein entscheidend. So ist namentlich die Anschaffung von Waaren und die Veräußerung derselben zu einem geringeren Werth in der Absicht, die Eröffnung des Verfahrens aufzuschieben, ein Fall der Unredlichkeit.

Andererseits ist das Verhalten des Gemeinschuldners, durch welches er die Eröffnung des Verfahrens verzögert hat, nicht immer ein unredliches, und das Gesetz verlangt, daß diese Verzögerung durch ein „solches", d. h. durch ein unredliches Verhalten herbeigeführt ist.

3. Der Beweis der Unredlichkeit oder des Leichtsinns liegt nicht dem Gemeinschuldner ob, ebensowenig braucht er zu beweisen, daß sein Verhalten der Grund des zu geringen Vergleichsanerbietens ist, noch daß er einen besseren Vorschlag nicht machen kann. Die Feststellung dieser Thatsachen muß auf Grund genügender Anhaltspunkte gegen ihn erfolgen. Da aber anzunehmen ist, daß ein redlicher Schuldner so viel bieten wird, als er zu bieten im Stande ist, ist in der Regel die Annahme berechtigt, daß die Feststellung, der Gemeinschuldner könne ein höheres Angebot nicht machen, aus der Thatsache zu entnehmen ist, daß er ein höheres Angebot nicht gemacht hat.

4. Gegen die Verwerfung sowie gegen die Bestätigung ist die sofortige Beschwerde den nach § 189 zur Beschwerde berechtigten Personen gegeben, die Beschwerde richtet sich auch gegen die unrichtige Anwendung des für die Feststellung des leichtsinnigen Verhaltens des Gemeinschuldners dem Konkursgericht überlassenen Ermessens.

§. 188. (173.)

Der Vergleich ist auf Antrag eines nicht bevorrechtigten Konkursgläubigers, welcher stimmberechtigt war oder seine Forderung glaubhaft macht, zu verwerfen:

1. wenn der Vergleich durch Begünstigung eines Gläubigers oder sonst in unlauterer Weise zu Stande gebracht ist;
2. wenn der Vergleich dem gemeinsamen Interesse der nicht bevorrechtigten Konkursgläubiger widerspricht.

Der Antrag ist nur zuzulassen, wenn die Thatsachen, auf welche derselbe gegründet wird, glaubhaft gemacht werden.

M. 418—421; P. I 112, 113, 132, 186; M. II —; P. II —.

1. Die Verwerfungsgründe des § 188 sind wegen ihres materiellen Inhalts nur auf Antrag zu berücksichtigen, auch wenn ein Grund dieser Art unter den § 186 fallen kann, Anm. 1 zu § 186. Antragsberechtigt ist jeder Konkursgläubiger, der nicht bevorrechtigt ist oder dessen Vorrecht nicht angemeldet oder nicht festgestellt ist. Ist die Forderung bestritten oder ist sie eine qualifizirte Absonderungsforderung, so besteht sein Antragsrecht, wenn er auch nur zum Theil nach §§ 95 Abs. 1, 96 für stimmberechtigt erklärt war. Eine Abänderung der Stimmberechtigung des Gläubigers einer bestrittenen Forderung ist nach § 95 Abs. 1 zwar zulässig, die erst nach dem Vergleichstermin erfolgte Abänderung ist jedoch auf die Antragsberechtigung ohne Einfluß, weil der Gläubiger im Vergleichstermin stimmberechtigt war. Der Gläubiger einer bestrittenen, einer Absonderungs- oder einer nicht angemeldeten Forderung ist aber auch dann antragsberechtigt, wenn er seine Forderung glaubhaft macht, und zwar der Gläubiger einer bestrittenen oder einer Absonderungsforderung auch dann, wenn ihm im Vergleichstermin ein Stimmrecht nicht gewährt war. Die Glaubhaftmachung erfolgt nach § 294 C.P.O., s. darüber Anm. 1 zu § 105.

Zur Antragstellung sind auch die Gläubiger berechtigt, die im Vergleichstermin nicht anwesend waren oder die für den Vergleich gestimmt haben; ein Nachweis der Sinnesänderung ist nicht erforderlich.

2. Nr. 1. Durch den Vergleich ist ein Gläubiger begünstigt, wenn zu Gunsten des letztern die Rechte der Konkursgläubiger ungleich bestimmt sind, s. darüber die Anm. zu § 181. Der Vergleich ist auch dann in unlauterer Weise zu Stande gekommen, wenn durch Drohungen oder durch Versprechungen, nicht bloß durch Ueberredung, auf einen Gläubiger eingewirkt ist. Ob diese Einwirkung durch den Gemeinschuldner oder mit oder ohne seinen Willen erfolgt ist, unterscheidet das Gesetz nicht.

Die Begünstigung oder die unlautere Einwirkung muß aber im Kausalzusammenhang mit dem Vergleich stehen, letzterer muß durch eine solche Handlung zu Stande gekommen sein. Ist die doppelte Majorität trotz des Ausscheidens derjenigen Gläubiger, auf welche durch Begünstigung oder in anderer Weise eingewirkt ist, vorhanden, so liegt ein Verwerfungsgrund nicht vor.

3. Nr. 2. Der Vergleich entspricht dem gemeinsamen Interesse der Gläubiger nicht, wenn die ihnen gebotenen Rechte nicht genügend gesichert sind oder wenn der Vortheil, der ihnen durch alsbaldige Zahlung gewährt wird, in keinem Verhältniß zu der Befriedigung steht, welche sie durch Ausschüttung der Masse zu erwarten haben. Bei der Beantwortung der Frage, ob die Sicherheit genügend ist oder

nicht, ist die materielle Sicherstellung sowie die Persönlichkeit des Gemeinschuldners zu berücksichtigen. Bei der Feststellung, ob die den Gläubigern gebotenen Vortheile ausreichen, darf die Frage, wann die Ausschüttung der Masse zu erwarten ist, nicht unberücksichtigt bleiben, und ist das Sondervermögen, namentlich das vom Kridar nach der Eröffnung des Verfahrens erworbene Vermögen, in Betracht zu ziehen, weil den Konkursgläubigern für den Theil ihrer Forderungen, der nach dem Vergleich nicht zu befriedigen ist, auch der Zugriff in dies Sondervermögen versagt ist, während sie sich ohne den Vergleich nach Beendigung des Verfahrens für ihren ganzen Anspruch auch aus diesem Vermögen befriedigen können.

4. Das Verfahren. Der Antrag braucht nicht, wie v. Sarwey-Bossert Anm. 1, Petersen-Kleinfeller Anm. II 3b und v. Wilmowski Anm. 1 behaupten, im Vergleichs- oder Verkündigungstermin gestellt oder vorgetragen zu werden, das Gesetz, und namentlich der § 184 Abs. 2, auf den man sich beruft, steht der schriftlichen Anbringung des Antrags vor dem Termin nicht entgegen. Ueber den Antrag sind nach § 184 Abs. 2 die übrigen anwesenden Gläubiger, der Verwalter, der Gläubigerausschuß, sowie selbstverständlich auch der Gemeinschuldner zu hören. Werden die demselben zu Grunde liegenden Thatsachen zugestanden, so sind dieselben nicht nur glaubhaft gemacht, sondern auch erwiesen; andernfalls ist der Antrag nur zuzulassen, wenn die Thatsachen glaubhaft gemacht sind. Ueber die Glaubhaftmachung s. Anm. 1 zu § 105. Das Gericht hat über den zugelassenen Antrag nach § 75 die erforderlichen Ermittelungen anzustellen und kann zu dem Behuf auch den Gläubiger als Zeugen vernehmen. Ergeben die Ermittelungen eine andere Begünstigung, als der Gläubiger behauptet hat, oder ergeben sie, daß statt eines Grundes der Nr. 1 ein solcher der Nr. 2 vorliegt, so ist der Vergleich zu verwerfen, denn diese Entscheidung entspricht dem Antrage, der lediglich den Erfolg der Verwerfung bezweckte.

§. 189. (174.)

Die sofortige Beschwerde gegen den Beschluß, durch welchen der Vergleich bestätigt oder verworfen ist, steht dem Gemeinschuldner und jedem nicht bevorrechtigten Konkursgläubiger zu, welcher stimmberechtigt war oder seine Forderung glaubhaft macht.

Die Frist zur Einlegung der Beschwerde beginnt mit der Verkündung des Beschlusses.

Eine Anfechtung der Entscheidung des Beschwerdegerichts findet nicht statt.

M. I 420, 421; P. I 113, 186; M. II —; P. II —.

1. Der Bestätigungsbeschluß ist, weil er nach Anhörung der Betheiligten ergangen ist, § 184 Abs. 2, eine mit der sofortigen Beschwerde anfechtbare Entscheidung. Zur Beschwerde sind nur die Betheiligten, nicht der Verwalter, berechtigt. Sie steht dem Gemeinschuldner auch dann zu, wenn der Vergleich bestätigt ist (a. M. v. Wilmowski Anm. 1) weil er nach der Annahme des Vergleichs durch die Gläubiger seinen durch eine Veränderung der Verhältnisse für ihn ungünstig gewordenen Vorschlag nicht mehr zurücknehmen kann. Jeder Gläubiger, der den Antrag des § 188 stellen darf, s. darüber Anm. 1 zu § 188, ist zur Beschwerde legitimirt, auch wenn er die Verwerfung des Vergleichs nicht beantragt oder wenn er dem Vergleich zugestimmt hatte.

Ueber das Verfahren in der Beschwerdeinstanz s. Anm. 3 zu § 73. Neue Thatsachen und Beweise dürfen vorgebracht werden, es darf auch ein Antrag des § 188 nachgebracht werden, v. Wilmowski Anm. 1, a. M. Petersen-Kleinfeller Anm. II 3b und v. Sarwey-Bossert Anm. 5. Es ist unbestritten, daß, wenn ein Antrag des § 188 überhaupt gestellt ist, jeder Gläubiger sich für seine Beschwerde auf diesen Antrag stützen, auch neue Thatsachen des § 188 zur Begründung dieses Antrags vorbringen kann.

2. Die Beschwerdefrist beträgt zwei Wochen, § 577 C.P.O., sie beginnt nicht, wie in andern Fällen, mit der Zustellung, Anm. 2 zu § 73, sondern mit der Verkündung der Entscheidung.

3. Das Landgericht entscheidet endgültig. Die Ansicht v. Wilmowskis Anm. 3, daß, wenn das Beschwerdegericht die Beschwerde als unzulässig verwirft, eine Entscheidung nicht getroffen und daher die weitere Beschwerde an das Oberlandesgericht zulässig sei, entspricht jedoch der Judikatur des Reichsgerichts über die gleiche Frage des § 718 Abs. 3 (früher § 656 Abs. 3) C.P.O.

§. 190. (175.)

Sobald der Vergleich rechtskräftig bestätigt ist, beschließt das Gericht die Aufhebung des Konkursverfahrens. Eine Anfechtung des Beschlusses findet nicht statt.

Der Beschluß und der Grund der Aufhebung sind öffentlich bekannt zu machen.

Die Vorschriften der §§. 111 Abs. 2, 112, 113 finden entsprechende Anwendung.

M. I 421; P. I 113, 114, 186; M. II —; P. II 45.

1. Das Verfahren ist nicht schon mit der Rechtskraft des den Akkord bestätigenden Beschlusses, sondern erst mit dem Beschluß beendet, durch welchen das Verfahren für aufgehoben erklärt wird. Die Vorschrift wiederholt im Uebrigen wörtlich den Inhalt des § 163, das dort Gesagte kommt daher zur entsprechenden Anwendung, jedoch mit den Modifikationen, die der § 191 ergiebt, s. die Anm. zu § 191.

2. Die Aufhebung hat unmittelbar nach dem Eintritt der Rechtskraft des Beschlusses über die Bestätigung des Zwangsvergleichs zu erfolgen. Das R.G. 27, 114 hat zwar angenommen, aus den Motiven und dem Zusammenhang der §§ 190—192 ergebe sich, daß die Aufhebung des Konkursverfahrens nicht, wie man aus der Fassung des § 190 schließen könnte, unmittelbar nach dem rechtskräftig bestätigten Zwangsvergleiche beschlossen werden solle, daß die Aufhebung vielmehr erst nach Erledigung der an die Beendigung des Verfahrens sich knüpfenden Geschäfte des § 191 zu erfolgen habe, und Fitting § 48 III 2, sowie Petersen-Kleinfeller Anm. 2 behaupten sogar, daß die Aufhebung des Verfahrens nicht vorher erfolgen könne. Der § 190 schreibt jedoch die Aufhebung des Verfahrens vor, sobald der Vergleich rechtskräftig bestätigt ist, und dieser strikten Vorschrift gegenüber wird man dem Konkursrichter keinen Vorwurf machen, wenn er den Abschluß des Verfahrens nicht dadurch aufhält, daß er erst den Nachweis der Befriedigung oder Sicherung der Masse- und Vorrechtsgläubiger von dem vielleicht säumigen Verwalter erwartet, wird man ihm vielmehr zum Vorwurf machen, wenn er in Erwartung dieses Nachweises den Abschluß des Verfahrens un-

gebührlich verzögert und dadurch dem Kridar, den Konkursgläubigern und dem Bürgen des Gemeinschuldners einen Vermögensschaden, den Gläubigern mindestens einen Zinsverlust verursacht. Der Verwalter hat Zeit genug zur Befriedigung bezw. Sicherstellung der Masse- und Vorrechtsgläubiger, denn er kann dieser Verpflichtung jeder Zeit, auch vor Abschluß und vor Bestätigung des Akkords und kann ihr noch in der Zwischenzeit zwischen der eingetretenen Rechtskraft und der Bekanntmachung der Konkursbeendigung nachkommen. Hat er dies aber bis zur Aufhebung oder Sicherstellung nicht gethan, so hat er die Zahlung oder Sicherstellung nachträglich vorzunehmen, dies ist die Bedeutung des § 191.

§. 191. (176.)

Der Verwalter hat aus der Konkursmasse die Masseansprüche zu berichtigen. Die bestrittenen Masseansprüche sind sicher zu stellen.

Die bevorrechtigten Konkursforderungen sind, insoweit sie festgestellt sind, zu berichtigen, insoweit sie glaubhaft gemacht sind, sicher zu stellen.

M. I 421; P. I 114, 186; M. II —; P. II 45.

1. Der Zwangsvergleich, der nur für und gegen die nicht bevorrechtigten Konkursgläubiger Wirksamkeit hat, § 193, äußert an sich keinen Einfluß auf das Rechtsverhältniß der Masse- und der bevorrechtigten Konkursgläubiger. Sie nehmen an den Vergleichsverhandlungen nicht Theil, ihre Ansprüche werden durch den Akkord nicht verkürzt, sie erwerben auch kein Recht gegen Dritte, z. B. gegen den Bürgen des Gemeinschuldners, sofern der Dritte nicht das Konkursvermögen übernimmt und dadurch nach § 419 B.G.B. auch diesen Gläubigern verpflichtet wird. Aber insoweit wird ihr Interesse durch den Vergleich berührt, als der letztere ein Grund für die Aufhebung des Konkursverfahrens ist, welche dem Kridar die Verfügung und den Besitz über die Konkursmasse zurückgiebt. Da die Befriedigungsmittel dieser Gläubiger in die Hände des Gemeinschuldners, der bisher seinen Zahlungsverpflichtungen nicht hat genügen können, zurückgelangen würden, so ist dem Verwalter durch den § 191 die Befriedigung oder Sicherung dieser Gläubiger zur Pflicht gemacht, ohne daß dadurch die Aufhebung des Verfahrens zu verzögern ist, Anm. 2 zu § 190. Hat er die hierzu erforderlichen Baarmittel nicht im Besitz, so behält er eine entsprechende Anzahl Werthobjekte zurück, diese Werthobjekte müssen auch für das Honorar des Verwalters ausreichen, welches ihm als Masseforderung für seine fernere Thätigkeit zusteht, und welches das Konkursgericht festzusetzen hat, für dieses Honorar haftet auch der Kridar, wie für jede andere Masseforderung persönlich.

2. Trotz der Aufhebung des Konkurses bleiben der Verwalter und das Konkursgericht hinsichtlich der Masse- und der bevorrechtigten Konkursforderungen in Funktion.

Während bei der Beendigung des Verfahrens durch Schlußvertheilung die Funktionen des Verwalters hinsichtlich der nach §§ 168, 169 zurückbehaltenen und hinterlegten Beträge bestehen bleiben, wogegen sie in Ansehung der Masseansprüche aufhören, R.G. 32, 72, erhält der Gemeinschuldner nach der Beendigung des Verfahrens durch Akkord die Verfügung über das gesammte Aktiv- und Passivvermögen zurück, sofern der Akkord nicht ein Anderes bestimmt, und hören demnach die Funktionen des Verwalters in Ansehung der Beträge des § 168 auf, wogegen sie umgekehrt nach

§ 191 in Ansehung der Masse- und außerdem der bevorrechtigten Konkursforderungen bestehen bleiben.

Behält der Verwalter die Verpflichtung zur Berichtigung dieser Forderungen und, sofern er sie bestreitet, zur Sicherstellung, so ist ihm dadurch auch die Disposition belassen, die er bisher hatte, und ist er daher trotz der Aufhebung des Verfahrens auch im Rechtsstreit über den Bestand des Anspruchs, über die Zahlung oder Sicherstellung desselben aktiv und passiv legitimirt, M. I, a. M. v. Sarwey-Bossert.

3. Daß die unbestrittenen Masse- und Vorrechtsforderungen vom Verwalter zu bezahlen, die bestrittenen sicher zu stellen sind, ist im Gesetz bestimmt; daß die unbestrittenen, aber betagten oder bedingten Forderungen dieser Art, analog den §§ 168, 169, sicher zu stellen sind, weil ihre Bezahlung noch nicht erfolgen kann, ist nicht bestritten. Die Verpflichtung zur Sicherstellung der bestrittenen Forderungen bezieht sich auch auf solche, die nicht glaubhaft gemacht sind. Verweigert der Verwalter die Sicherstellung einer solchen Forderung, weil er sie für offenbar unbegründet hält, so haftet er für den Schaden, sofern ihm eine Verschuldung zur Last fällt. Andererseits fallen die für die bestrittene Forderung zurückbehaltenen Beträge an den Gemeinschuldner, wenn sich der geltend gemachte Anspruch als unbegründet herausstellt.

Der Verwalter hat nicht blos, wie Petersen-Kleinfeller meinen, die Forderungen zu berücksichtigen, welche vor der Aufhebung des Konkurses angemeldet sind oder auf deren Berücksichtigung die Gläubiger rechnen dürfen, sondern alle ihm bekannten Masseforderungen, und er kann seine persönliche Verantwortlichkeit nur dann ablehnen, wenn es sich um Ansprüche handelt, die er nicht kennen konnte und mußte, wogegen er Vorrechtsforderungen nur zu berücksichtigen hat, wenn sie als solche angemeldet sind. Unrichtig ist auch die Behauptung derselben Schriftsteller, daß die Massegläubiger, welche sich erst später melden, nicht verlangen könnten, daß die Herausgabe der Masse an den Kridar verweigert oder verzögert werde; im Gegentheil hat der Verwalter auch solche Gläubiger zu befriedigen bezw. sicher zu stellen, solange er überhaupt Konkursvermögen im Besitz hat und muß die zu ihrer Befriedigung erforderlichen Mittel zurückbehalten.

Stellt sich heraus, daß die Vermögensobjekte, welche der Verwalter retinirt hat, zur Befriedigung aller Gläubiger nicht ausreichen, so gehen die Massegläubiger den bevorrechtigten Konkursgläubigern vor, und wenn die Objekte auch zur vollständigen Befriedigung der Massegläubiger nicht ausreichen, so tritt die Vertheilung nach § 60 ein; selbstverständlich bleibt den Gläubigern ihr Recht gegen den gewesenen Kridar und gegen den Dritten, der das Konkursvermögen übernommen hat, ihre Befriedigung geltend zu machen.

4. Wie die Sicherstellung vorzunehmen ist, ist gesetzlich nicht vorgeschrieben. Sie ist nicht wie v. Wilmowski Anm. 1 behauptet, unter entsprechender Anwendung des § 108 C.P.O. vorzunehmen, da es sich nicht um eine prozessuale Kaution handelt. Die Gläubiger haben einen Anspruch auf Kaution für den materiellen Bestand ihrer Ansprüche, die Sicherung erfolgt daher nach §§ 232 ff. B.G.B.

5. Das Konkursgericht hat den Verwalter anzuhalten, seiner ihm durch den § 191 auferlegten Pflicht nachzukommen, und der gewesene Gemeinschuldner hat ein Recht, von dem Konkursgericht zu verlangen, daß die fortdauernde Aufsicht über den Verwalter ausgeübt werde. Ebenso können die bevorrechtigten Konkursgläubiger die Mitwirkung des Konkursgerichts und dessen Einwirkung auf den Verwalter, erforderlichen Falls im Beschwerdewege fordern; die Massegläubiger haben dagegen ein gleiches Recht nicht, weil ihr Verhältniß zum Schuldner und Verwalter außerhalb des

Konkursverfahrens steht. Sie können daher ihre Ansprüche gegen den Verwalter nur im Rechtswege verfolgen; berechtigt dazu sind auch die Vorrechtsgläubiger.

Der Verwalter, der der Pflicht des § 191 nicht genügt, macht sich persönlich verantwortlich, R.G. 36, 93; 39, 100.

§. 192. (177.)

Soweit der Zwangsvergleich nicht ein Anderes bestimmt, erhält der Gemeinschuldner das Recht zurück, über die Konkursmasse frei zu verfügen.

M. I 421; P. I 114, 186; M. II —; P. II. —.

Dem Gemeinschuldner ist durch die Konkurseröffnung nicht das Eigenthum, sondern nur das Verfügungs- und Verwaltungsrecht entzogen, § 6, diese ihm entzogenen Rechte erhält er mit der Beendigung des Verfahrens zurück, „soweit der Zwangsvergleich nicht ein Anderes bestimmt.“ Durch diese gesetzlich zugelassene Beschränkung ist die Möglichkeit offen gelassen, daß das Verwaltungs- und Verfügungsrecht an einzelnen Gegenständen dem Gemeinschuldner nicht zurückgegeben, daß es daher dem Verwalter reservirt wird und an diesen Gegenständen das Konkursverfahren zu dem im Vergleichsvorschlag bestimmten Zweck fortgesetzt wird. Dieser Zweck wird regelmäßig in der gleichmäßigen Vertheilung unter die Konkursgläubiger bestehen. Die Ansicht v. Wilmowskis Anm. 1 und v. Sarwey-Bossert Anm. 1, die Worte „soweit der Zwangsvergleich nicht ein Anderes bestimmt,“ könnten nur die vertragsmäßige Pfandsicherung oder die Ueberweisung der Masse an einen Dritten bedeuten, steht mit dem Gesetz nicht im Einklang, und die Zulässigkeit der Einräumung von Rechten an Dritte bedurfte einer besondern gesetzlichen Bestimmung nicht.

Der Gemeinschuldner erhält die Disposition mit der Wirksamkeit des sofort rechtskräftigen Aufhebungsbeschlusses zurück. Dieser Zeitpunkt ist aber nicht, wie v. Sarwey-Bossert Anm. 2 behaupten, die Erlassung des Beschlusses, sondern der Zeitpunkt der Zustellung bezw. der zweite Tag nach der Bekanntmachung des Beschlusses, s. darüber Anm. 3 zu § 163.

§. 193. (178.)

Der rechtskräftig bestätigte Zwangsvergleich ist wirksam für und gegen alle nicht bevorrechtigten Konkursgläubiger, auch wenn dieselben an dem Konkursverfahren oder an der Beschlußfassung über den Vergleich nicht Theil genommen oder gegen den Vergleich gestimmt haben. Die Rechte der Gläubiger gegen Mitschuldner und Bürgen des Gemeinschuldners, sowie die Rechte aus einem für die Forderung bestehenden Pfandrecht, aus einer für sie bestehenden Hypothek, Grundschuld oder Rentenschuld oder aus einer zu ihrer Sicherung eingetragenen Vormerkung werden durch den Zwangsvergleich nicht berührt.

M. I 422, 423; P. I 114, 186; M. II 44, 45; P. II 45.

1. Der zweite Satz des Paragraphen lautete bisher: „Die Rechte der Gläubiger gegen Mitschuldner und Bürgen des Gemeinschuldners werden nicht berührt“, s. darüber Anm. 4.

2. Der Vergleich muß nach § 187, wenn die Konkursforderungen nicht mit oder ohne Zahlungsfrist vollständig befriedigt werden, eine Theilbefriedigung derselben zum Gegenstand haben. Auf diesen Theil — mit oder ohne Zahlungsfrist — werden sämmtliche Konkursforderungen, welche nicht bevorrechtigt sind, beschränkt und zwar — was im gemeinen Rechte streitig war — ohne Unterschied, ob sie im Konkurs angemeldet waren oder nicht, daher auch ohne Unterschied, ob sie festgestellt sind oder nicht. Deshalb werden durch den Akkord auch die Forderungen der §§ 65—70 betroffen, welche betagt oder bedingt sind oder nicht auf einen Geldbetrag lauten. Ob diese Forderungen auch in ihrem Bestand verändert bleiben, ist streitig: v. Wilmowski Anm. 1, Petersen-Kleinfeller Anm. I 1, lassen die Veränderung nicht zu, wenn die Forderung nicht angemeldet war, wogegen Fitting § 49 Anm. 1, Oetker 1, 229, Stieglitz Anm. II auch die Bestandsveränderung befürworten. Ist die Forderung festgestellt und vom Gemeinschuldner nicht bestritten, so bleibt die Veränderung in jedem Fall der Aufhebung des Konkurses schon wegen der judikatmäßigen Wirkung der Feststellung bestehen, Anm. 6 zu § 69, Anm. 1 zu § 164. Aber auch wenn sie nicht festgestellt ist, sei es daß die Forderung nicht angemeldet, sei es daß sie bestritten war, ändert die Wirkung, welche dem Zwangsvergleich auf alle Forderungen ohne Unterschied gegeben ist, den Anspruch in einen Geldanspruch um, denn der § 193 betrachtet jeden Anspruch als konkursmäßigen, indem er die Wirkung des Vergleichs auf die nicht angemeldeten Forderungen in gleicher Weise eintreten läßt; überdies kann die Wirkung der Reduktion des Anspruchs eine Forderung, deren Gegenstand untheilbar ist, nur durch die Reduktion ihres Geldwerths treffen, und im Fall der Theilbarkeit des nicht in einer Geldleistung bestehenden Gegenstands würde die Leistung eines Theils im Verhältnis zu der ganzen Leistung eine Theilerfüllung sein, welche der Gläubiger nicht anzunehmen braucht, wenn eine solche Theilerfüllung für ihn kein Interesse hat, § 266 B.G.B., Anm. 6 zu § 69. Die nicht auf eine sofort fällige Geldleistung gerichteten Ansprüche werden daher, soweit dies nicht bereits geschehen ist, nach §§ 69, 70 in Geldforderungen, erforderlichen Falls im Prozeßwege, umgewandelt, die betagten Forderungen gelten als unbetagt mit der Reduktion des § 65 Abs. 2 im Fall der Unverzinslichkeit, und die suspensiv bedingten Forderungen berechtigen, auch wenn ein Anspruch auf Sicherheitsleistung sonst nicht besteht, zu der Sicherung durch Hinterlegung der auf sie fallenden Akkordrate.

Uebrigens ist es zulässig, daß der Vergleich den unveränderten Bestand der ursprünglichen Forderungen oder einzelne derselben feststellt, da in einer solchen Verabredung eine Bevorzugung oder eine ungleichmäßige Bestimmung der Rechte des Gläubigers nicht liegt.

Die bevorrechtigten Forderungen werden vom Zwangsvergleich nicht betroffen. Ist das Vorrecht bestritten, so ergiebt die demnächstige Feststellung durch Vertrag oder Judikat, ob sie einfache Konkursforderungen sind und als solche vom Akkord berührt werden oder nicht.

Die ausgeschlossenen Forderungen des § 63 werden vom Akkord nicht betroffen, a. M. nur v. Völdernndorff Anm. d.

Ein zweiseitiger Vertrag der §§ 17, 19 ff., der durch eine Handlung des Verwalters nicht geändert ist, wird vom Akkord nicht berührt, die Ansprüche des § 18 sind dagegen kraft Gesetzes schon durch die Eröffnung des Konkurses in Konkursforderungen umgewandelt und sind daher dem Zwangsvergleich unterworfen.

3. Der durch die Akkordrate nicht zu deckende Theil der Forderungen erlischt.

Aber es ist eine sittliche Pflicht des gewesenen Gemeinschuldners, die Forderungen vollständig zu berichtigen, deren Gegenwerth er erhalten hat, und deren Verkürzung durch ein Ereigniß eingetreten ist, welches auf die Konkurseröffnung zurückzuführen ist, die er regelmäßig verschuldet hat, an der jedenfalls die Gläubiger, die ihre Forderungen theilweise verlieren, schuldlos sind. Deshalb kann eine Befriedigung der Gläubiger oder einzelner derselben, welche der Gemeinschuldner über die Verpflichtung hinaus vornimmt, die ihm der Akkord auferlegt, nach § 814 B.G.B. nicht zurückgefordert werden, und ist ein auf solche Befriedigung gerichtetes Versprechen als rechtswirksam anzuerkennen, §§ 812 Abs. 2, 814 B.G.B. Einer solchen Rechtshandlung steht der § 181 nicht entgegen, wenn sie erst nach dem Abschluß des Zwangsvergleichs vorgenommen ist, R.G. 42, 118 und im Rheinischen Archiv 75 I, S. 96, R.O.H.G. 8, 279.

4. Da der Zwangsvergleich die Konkursgläubiger nur als solche betrifft, so werden ihre Rechte, die sie als Absonderungsberechtigte an Gegenständen des Schuldners oder gegen dritte Personen (Bürgen, Mitschuldner) oder an Gegenständen dritter Personen haben, vom Akkord nicht betroffen. Dieser Satz ergab sich aus den bisherigen Bestimmungen des § 193, obgleich dieselben nur das Verhältniß zum Bürgen und Mitschuldner erwähnten, auch hinsichtlich der Absonderungsgläubiger von selbst, R.G. 23, 43 und in J.W. 1891 S. 555, er ist jetzt aber ausdrücklich ausgesprochen, damit das Gegentheil nicht aus den §§ 1137, 1211 B.G.B. gefolgert werden könnte, wonach der Eigenthümer gegen den Anspruch aus der Hypothek oder Grundschuld auch die dem persönlichen Schuldner zustehenden Einwendungen geltend machen kann.

Die Einwirkung des Zwangsvergleichs auf die Konkursforderung ist eine verschiedene, je nachdem es sich um einen Absonderungsanspruch, d. h. um einen Anspruch mit dem Recht auf Befriedigung aus einem dem Schuldner gehörenden Gegenstand, § 4 Abs. 1, oder aber um einen Anspruch handelt, für welchen eine dritte Person oder der einer dritten Person gehörende Gegenstand haftet. Die Mithaftung des Dritten oder seines Gegenstandes hat auf das Recht der Befriedigung aus der Konkursmasse keinen Einfluß, vergl. § 68, die Konkursforderung wird daher, ohne Rücksicht auf die Befriedigung Seitens des Dritten oder aus der Sache desselben, zu ihrem vollen Betrage bei der Berechnung der Akkordrate berücksichtigt, wogegen für die Absonderungsforderung nach § 64 die Befriedigung aus dem Konkursvermögen nur zu dem Betrage verlangt werden kann, zu welchem auf abgesonderte Befriedigung verzichtet oder mit welchem der Gläubiger bei der Befriedigung aus dem Absonderungsgegenstande ausgefallen ist, R.G. 5, 394; 6, 66; 23, 43. Wird hiernach nur die Ausfallsforderung der Berechnung der Akkordrate zu Grunde gelegt, so kann die Berechnung erst erfolgen, wenn der Ausfall feststeht oder der Verzicht erklärt ist. Vorher kann die Akkordrate nicht gefordert werden, R.G. a. a. O. Dasselbe gilt, wenn die Absonderungsforderung nicht angemeldet ist, denn die Einwirkung des Vergleichs bezieht sich nach § 193 auf die nicht angemeldeten Konkursforderungen in gleicher Weise wie auf die angemeldeten, R.G. 23, 44.

§. 194. (179.)

Aus dem rechtskräftig bestätigten Zwangsvergleiche findet für die Konkursgläubiger, deren Forderungen festgestellt und nicht von dem Gemeinschuldner in dem Prüfungstermine ausdrücklich bestritten worden sind, gegen den Gemeinschuldner und diejenigen, welche in dem Vergleiche für dessen Erfüllung neben dem Gemeinschuldner ohne Vorbehalt der Einrede der Vorausklage Verpflichtungen übernommen haben, die Zwangsvollstreckung unter entsprechender Anwendung der §§. 724—793 der Civilprozeßordnung und des §. 164 Abs. 3 dieses Gesetzes statt.

M. I 423—426; P. I 114, 186; M. II —; P. II —.

1. Der § 194 wendet die Grundsätze des § 164 Abs. 2, 3 auf den Akkord an, es kommen daher die Erörterungen der Anm. 2 bis 4 zu § 164 hier in entsprechender Weise in Betracht. Die Zwangsvollstreckung erfolgt aus dem rechtskräftig bestätigten Zwangsvergleich, sie setzt daher eine Ausfertigung des Vergleichsvorschlags des Gemeinschuldners, der protokollarischen Erklärung der Gläubigerversammlung und des mit dem Attest der Rechtskraft zu versehenden Bestätigungsbeschlusses, sowie die Ausfertigung des Auszugs aus der Tabelle voraus. Die Gesammtheit dieser Ausfertigungen bildet den Vollstreckungstitel, der nach vorheriger oder gleichzeitiger Zustellung, § 750 C.P.O., zur Zwangsvollstreckung führt.

Der Vergleichsvorschlag des Schuldners sowie die Bürgschaftserklärung des Dritten genügen in privatschriftlicher Form. Die Ausfertigungen müssen daher von diesen privatschriftlichen Erklärungen angefertigt werden, ohne daß es einer öffentlichen Beglaubigung bedarf. Doch hat sich der Konkursrichter selbstverständlich vorher zu vergewissern, daß die Unterschrift von denjenigen Personen abgegeben ist, deren Namen sie bezeichnet.

2. Die Zwangsvollstreckung ist gegen den Gemeinschuldner und gegen denjenigen zulässig, welcher die Erfüllung des Vergleichs neben dem Kridar übernommen hat. Ist die Uebernahme der Erfüllung von dem Dritten an Stelle des Gemeinschuldners, also durch Schuldübernahme, erfolgt, so ist, da das Gesetz diesen Fall nicht berücksichtigt hat, die Zwangsvollstreckung nicht zulässig, vielmehr muß gegen den Uebernehmer Klage erhoben werden. Hat der Dritte aber zugleich das Konkursvermögen übernommen, § 419 B.G.B., so ist er Rechtsnachfolger des Gemeinschuldners, die gegen den letzteren zulässige Vollstreckungsklausel kann daher nach Maßgabe des § 727 C.P.O. gegen den Uebernehmer ertheilt werden.

Gegen den Bürgen wird die Vollstreckungsklausel nur ertheilt, wenn er in dem Vergleich auf die Einrede der Vorausklage ausdrücklich verzichtet hat. Ohne diesen Verzicht ist die sofortige Zwangsvollstreckung nicht zulässig; auch wenn die Einrede aus einem Grunde des § 773 Nr. 2—4 B.G.B. ausgeschlossen ist oder wenn er erst nachträglich auf die Einrede verzichtet. Der Verzicht auf die Einrede ist erklärt, wenn der Bürge sich als Selbstschuldner verpflichtet hat, § 773 Nr. 1 B.G.B.

3. Das Recht der sofortigen Zwangsvollstreckung besteht auch gegen den Bürgen nur hinsichtlich der festgestellten Forderungen, denen der Gemeinschuldner nicht widersprochen hat. Die nach dem Vergleichstermin erfolgte Zurücknahme des Widerspruchs ist gegen den Bürgen ohne Einfluß, vgl. § 768 Abs. 2 B.G.B. Die Ansicht Fittings § 49 Anm. 6, daß durch den Zwangsvergleich für alle festgestellten Forderungen der Widerspruch des Gemeinschuldners als zurückgenommen gelte, ist ohne gesetzlichen Anhalt und steht dem § 194 entgegen, der dem Widerspruch des Gemeinschuldners gerade die Wirkung beilegt, daß er nach Abschluß des Vergleichs die sofortige Zwangsvollstreckung verhindert.

§. 195. (181.)

Eine Klage auf Aufhebung des Zwangsvergleichs aus dem Grunde der Nichterfüllung desselben findet nicht statt.

M. I 426, 427; P. I 114, 186; M. II —; P. II —.

Die Aufhebung des Vergleichs ist nur aus dem Grunde des § 197, die Aufhebung der durch den Vergleich eingetretenen Beschränkung des bisherigen Anspruchs nur aus dem Grunde des § 196 zulässig. Jeder andere Grund, auch der Irrthum, ist wegen der judikatmäßigen Wirkung, die der Vergleich durch den Bestätigungsbeschluß erlangt hat, ohne Einfluß auf den Zwangsvergleich und seine Wirkungen. Aber auch das Verhalten des Schuldners nach dem Vergleichsabschluß soll nach § 195 auf den Bestand des Vergleichs ohne Wirkung bleiben, ein Rücktrittsrecht des Gläubigers wegen Verzögerung oder Verweigerung der Zahlung, § 326 B.G.B., ist daher gegen den Gemeinschuldner nicht zulässig; auch wenn der Kridar, ohne den Akkord erfüllt zu haben, in einen neuen Konkurs verfällt. Einer Vereinbarung des Schuldners mit einem Gläubiger, wonach an Stelle des Anspruchs aus dem Zwangsvergleich die ursprüngliche Forderung treten soll, oder eine nachträgliche Vereinbarung, die diesen Erfolg im Fall der Verzögerung der Erfüllung haben soll, ist selbstverständlich, wie jede andere nach dem Vergleichsabschluß getroffene Vereinbarung, Anm. 1 zu § 181, rechtswirksam.

§. 196. (182.)

Wenn der Zwangsvergleich durch Betrug zu Stande gebracht ist, so kann jeder Gläubiger den vergleichsmäßigen Erlaß seiner Forderung anfechten, unbeschadet der ihm durch den Vergleich gewährten Rechte.

Die Anfechtung ist nur zulässig, wenn der Gläubiger ohne Verschulden außer Stande war, den Anfechtungsgrund in dem Bestätigungsverfahren geltend zu machen.

M. 427; P. I 114, 115, 186; M. II —; P. II —.

1. Der Betrug hebt, wenn die Voraussetzungen des § 197 nicht vorliegen, nicht den Zwangsvergleich auf, seine Wirkung ist nur eine relative zu Gunsten der einzelnen Gläubiger, denen die ihnen aus dem Vergleich zustehenden Rechte sowohl gegen den Gemeinschuldner als auch gegen den Dritten, der sich als Bürge oder durch Schuldübernahme verpflichtet hat, verbleiben, während der vergleichsmäßige Erlaß der Forderung, welcher in jeder Beschränkung der ursprünglichen Forderung, auch in der Zahlungsbefristung, besteht, der Anfechtung verfällt. Die Beseitigung des Erlasses beschränkt sich aber auf das Verhältniß zu dem Schuldner, der Dritte, der sich durch Bürgschafts- oder Schuldübernahme verpflichtet, bleibt nur zu dem Betrage verhaftet, zu welchem er sich verbindlich gemacht hat. Das Wiederaufleben der ursprünglichen Forderung erfolgt aber auch gegen den Universalrechtsnachfolger des Schuldners, daher auch gegen denjenigen, welcher das Konkursvermögen nach § 419 B.G.B. übernommen hat; er haftet für die Forderungen in ihrem ursprünglichen Bestande, denn in Folge der Anfechtung wird der Erlaß mit rückwirkender Kraft nichtig, § 142 Abs. 1 B.G.B.

2. Die Voraussetzung der Anfechtung ist ein Betrug, durch welchen der Zwangsvergleich zu Stande gekommen ist. Unter Betrug ist nicht blos der strafrechtliche

Betrug des § 263 St.G.B., sondern jede arglistige Täuschung des § 123 B.G.B., zu verstehen. Zu seinem Thatbestand gehört daher nicht das Moment des Vermögensvortheils des gewesenen Kridars oder eines Dritten, der Erfolg des Betrugs besteht vielmehr in dem Zustandekommen des Zwangsvergleichs, auch wenn derselbe für den Gemeinschuldner ohne Vortheil oder sogar von Nachtheil ist.

Ebenso ist es unwesentlich, ob der Betrug vom Schuldner oder mit seinem Wissen oder ohne sein Wissen von einem Dritten begangen ist, v. Wilmowski Anm. 1, a. M. Meisner S. 364; es genügt, daß eine arglistige Täuschung überhaupt verübt ist. Es kommt auch nicht darauf an, daß gerade der anfechtende Gläubiger getäuscht ist, die Anfechtung steht ihm zu, auch wenn er an dem Vergleich nicht Theil genommen oder seine Forderung überhaupt nicht angemeldet hat. Hat er aber von der Täuschung so rechtzeitig Kenntniß gehabt, daß er sie im Vergleichsverfahren geltend machen konnte, so ist ihm die Anfechtung nach Abs. 2 versagt.

Ein Betrug liegt nicht schon dann vor, wenn ein Gläubiger begünstigt ist, P. I, die Täuschung muß vielmehr geeignet sein, die Annahme zu begründen, daß der Vergleichsvorschlag nicht oder nicht so, wie er vorgeschlagen war, angenommen sein würde, sei es, daß erhebliche Gegenstände verheimlicht sind, sei es, daß der Werth der vorhandenen zu gering angegeben ist, daß erdichtete Forderungen angemeldet oder unbegründete Rechtsgeschäfte anerkannt sind, R.G. 39, 23. Aber diesen Rechtshandlungen muß Arglist zu Grunde liegen, ein bloßes Verschulden, auch ein grobes Verschulden, kann nicht genügen.

Der Betrug muß im Kausalzusammenhang mit dem Vergleich stehen. Der Beweis, daß der Zwangsvergleich nicht oder nicht so, wie er geschlossen, zu Stande gekommen sein würde, wenn die arglistige Täuschung unterblieben wäre, ist aber schon dann als geführt zu erachten, wenn die Täuschung geeignet war, die Annahme zu begründen, daß der Vergleich ohne dieselbe nicht geschlossen sein würde, R.G. 39, 23.

Liegt ein Betrug vor, so ist jeder Gläubiger, auch wenn er die Akkordrate erhalten hat, zur Anfechtung berechtigt. Die Annahme der Rechte aus dem Vergleich enthält keinen Verzicht auf die Anfechtung, weil dem Gläubiger diese Rechte in jedem Fall verbleiben. Aber ein ausdrücklicher Verzicht in Kenntniß des Anfechtungsgrundes ist als rechtswirksam anzuerkennen, § 144 B.G.B.

2. Die Anfechtung erfolgt nicht mehr, wie bisher, R.G. 4, 437; 5, 393, durch Klage, sondern durch eine formlose, dem Gemeinschuldner als dem Anfechtungsgegner abgegebene Erklärung, § 143 B.G.B., Seuffert S. 447. Sie kann nach § 124 B.G.B. nur binnen Jahresfrist erfolgen, die Frist beginnt für jeden Gläubiger mit dem Zeitpunkt, in welchem er die Täuschung entdeckt, d. h. in welchem er so hinreichende Kenntniß von derselben erhalten hat, daß ein verständiger Mensch die Thatsache der Täuschung für glaubhaft ansehen würde. Auf den Lauf der Frist finden die für die Verjährung geltenden Vorschriften des § 203 Abs. 2 und der §§ 206, 207 B.G.B. Anwendung, sie wird durch die Erklärung der Anfechtung gewahrt; die Anfechtung ist ausgeschlossen, wenn seit der Beschlußfassung der Gläubigerversammlung, nicht erst seit der Verkündung des Bestätigungsbeschlusses, Anm. 2 zu § 173, 30 Jahre verstrichen sind, § 124 B G.B.

3. Die Anfechtung ist für denjenigen Gläubiger ausgeschlossen, welcher den Anfechtungsgrund im Bestätigungsverfahren vorbringen konnte, vgl. §§ 582, 767 Abs. 2 C.P.O. Dies konnte nicht nur bei der Anhörung der Betheiligten vor der Verkündung des Bestätigungsbeschlusses des Konkursgerichts, § 184 Abs. 2, sondern noch durch Erhebung der sofortigen Beschwerde geschehen, soweit die Thatsachen in der

Beschwerdeinstanz noch geltend gemacht werden können, s. darüber Anm. 1 zu § 189. Der Gläubiger war zur Geltendmachung außer Stande, wenn er die erforderlichen Thatsachen bis zu diesem Zeitpunkte nicht kannte oder wenn er sonst ohne sein Verschulden, z. B. durch Naturereignisse, an der Geltendmachung verhindert war. Er kannte die Thatsachen aber nicht schon dann, wenn ihm unbeglaubigte Gerüchte zugegangen waren, sondern nur wenn er glaubhafte Kenntniß hatte. Die Geltendmachung des Anfechtungsgrundes im Akkordverfahren besteht in der Stellung des Antrags des § 188. Die Anfechtung wird nicht dadurch ausgeschlossen, daß dieser Antrag zurückgewiesen wird, denn nur die Unterlassung der Geltendmachung schließt nach dem Ges. die Anfechtung aus, und geltend gemacht ist der Anfechtungsgrund, wenn er überhaupt vorgebracht ist. Deshalb ist die Zulässigkeit der Anfechtung auch nicht wegen Unterlassung der Beschwerdeführung zu beanstanden, wenn der Anfechtungsgrund geltend gemacht war. War der Gläubiger im Konkursverfahren durch einen Bevollmächtigten vertreten, so verliert er das Anfechtungsrecht auch durch schuldvolle Unterlassung des Vertreters, § 232 Abs. 2 C.P.O.

§. 197. (183.)

Die rechtskräftige Verurtheilung des Gemeinschuldners wegen betrüglichen Bankerutts hebt für alle Gläubiger den durch den Zwangsvergleich begründeten Erlaß auf, unbeschadet der ihnen durch den Vergleich gewährten Rechte.

Auf Antrag eines Gläubigers kann das Konkursgericht Sicherheitsmaßregeln gegen den Gemeinschuldner schon vor der rechtskräftigen Verurtheilung desselben anordnen.

M. I 427, 428; P. I 116, 186; M. II —; P. II —.

1. Während der Betrug, durch welchen der Zwangsvergleich zu Stande gekommen ist, nur für den einzelnen Gläubiger wirkt, wenn er den vergleichsmäßigen Erlaß anfechtet, § 196, hebt die rechtskräftige Verurtheilung des Gemeinschuldners wegen betrüglichen Bankerutts den vergleichsmäßigen Erlaß, d. h. jede, auch die in der Zahlungsbefristung bestehende, Beschränkung der ursprünglichen Forderung für alle Gläubiger auf. Diese Aufhebung erfolgt kraft Gesetzes, ohne daß eine Anfechtung Seitens der einzelnen Gläubiger erforderlich wäre, a. M. nur v. Wilmowski Anm. 1, der — offenbar gegen den Wortlaut und die Absicht des Gesetzes — die Aufhebung für jeden einzelnen Gläubiger nur auf dessen Klage erfolgen lassen will. Der Erlaß ist daher definitiv und ohne Beschränkung auf eine Anfechtungsfrist beseitigt. Die Aufhebung des Erlasses erfolgt mit rückwirkender Kraft, denn der Vergleichserlaß gilt wegen der der Verurtheilung zu Grunde liegenden Thatsache, die schon zur Zeit des Akkords vorhanden war, als nicht geschehen. Die Verurtheilung hat die Wirkung der Aufhebung des Erlasses nur dann, wenn sie wegen betrüglichen Bankerutts, d. h. wegen einer Strafthat des § 239, erfolgt; sie muß rechtskräftig geworden sein, was nicht geschehen kann, wenn der Verurtheilte vor dem Eintritt der Rechtskraft verstorben ist, § 497 Abs. 2 St.P.O.

Gegen die Aufhebung des Erlasses ist eine Einwendung, daß die Verurtheilung zu Unrecht geschehen, nicht zulässig, ebensowenig beseitigt die Begnadigung die civilrechtliche Wirkung der Aufhebung des Erlasses.

Durch die Verurtheilung des Schuldners werden die Wirkungen des Zwangsvergleichs in soweit nicht beseitigt, als sie zu Gunsten der Gläubiger entstanden sind; die ihnen gewährte Sicherheit, die ihnen dadurch entstandenen Absonderungsrechte und ihre Rechte aus der Bürgschaft und Schuldübernahme bleiben bestehen. Der Bürge und Schuldübernehmer haftet aber nur für die Akkordrate, der Uebernehmer des ganzen Vermögens jedoch auf Grund des § 419 B.G.B. für die Forderungen in ihrem ursprünglichen Bestand, weil die Beseitigung des Akkorderlasses rückwirkende Kraft hat.

2. Das Konkursgericht kann schon vor der rechtskräftigen Verurtheilung Sicherungsmaßregeln anordnen. Dieselben können wie die des § 106 in jeder zur Sicherung der Masse erforderlichen Anordnung und daher auch in einem allgemeinen Zahlungsverbot bestehen; es kommen deshalb die Anm. zu § 106 hier zur entsprechenden Anwendung.

Die Anordnung darf immer nur im Hinblick auf die demnächstige Wiederaufnahme des Verfahrens erfolgen, ebenso wie die Sicherungsmaßregeln des § 106 die Masse für den demnächstigen Konkurs sichern sollen. Ist es auch nicht, wie v. Wilmowski Anm. 1 meint, erforderlich, daß die Voruntersuchung schon eröffnet oder der Antrag auf Eröffnung derselben gestellt ist, denn eine solche Voraussetzung bestimmt das Gesetz nicht, Petersen-Kleinfeller Anm. I, so werden doch, wie bei der Anordnung der einstweiligen Maßregel, deren Charakter der der einstweiligen Verfügung ist, die Thatsachen glaubhaft zu machen sein, die die Annahme begründen, daß eine Verurtheilung wegen betrüglichen Bankerutts erfolgen, und daß ohne die Sicherungsmaßregeln die Befriedigung der Gläubiger nicht in dem Maße erfolgen werde, in welchem sie ohne den Abschluß des Zwangsvergleichs stattfinden würde.

Die Maßregeln **kann** das Gericht anordnen, aber die Anordnung ist nicht in das schrankenlose Belieben, sondern, ebenso wie die Erlassung der einstweiligen Verfügung, §§ 935, 940, 942 C.P.O., in das billige Ermessen des Konkursgerichts gestellt, welches der Nachprüfung in der Beschwerdeinstanz unterliegt.

Die Anordnung hat, wie erwähnt, den Charakter der einstweiligen Verfügung. Das Konkursgericht bestimmt daher nach freiem Ermessen, welche Anordnungen zur Erreichung des beabsichtigten Zweckes erforderlich sind, § 938 C.P.O., § 72 K.O., ohne dabei an den Antrag des Gläubigers gebunden zu sein, a. M. nur v. Wilmowski Anm. 2.

Die Anordnung erfolgt nur auf Antrag eines Gläubigers, welcher vom Zwangsvergleich betroffen ist, und dessen Anspruch in seinem ursprünglichen Bestand nicht vollständig erfüllt ist (war seine Forderung im Konkurs nicht festgestellt, so ist sie glaubhaft zu machen). Die Sicherungsmaßregel ist aber nicht blos, wie auch hier nur v. Wilmowski meint, im Interesse des Antragstellers anzuordnen. Handelte es sich lediglich um die Sicherung des Anspruchs des Antragstellers, so würde sie nur in dem Arrest der C.P.O. bestehen dürfen. Deshalb wird die erfolgte Anordnung nicht durch die Zurücknahme der Anordnung, noch dadurch beseitigt, daß dem Antragsteller durch vollständige Befriedigung seiner Forderung die Legitimation entzogen wird. Wird aber nachgewiesen, daß dem Antragsteller diese Legitimation schon zur Zeit der Stellung des Antrags fehlte, so muß die Anordnung aufgehoben werden, weil ihr ein gesetzliches Erforderniß fehlte.

Gegen die Anordnung sowie gegen den die Anordnung ablehnenden Beschluß und gegen die zweckdienliche Art der angeordneten Maßregeln, ist die sofortige Beschwerde zulässig, theilweise a. M. nur Oetker 1, 200.

Durch die rechtskräftige Freisprechung des Gemeinschuldners ist der in der Sicherung der Wiederaufnahme bestehende Zweck der Anordnung beseitigt, die Anordnung muß daher von amtswegen aufgehoben werden.

§. 198. (184.)

Im Falle der rechtskräftigen Verurtheilung wird, wenn genügende Masse vorhanden ist oder ein zur Deckung der im §. 58 Nr. 1, 2 bezeichneten Massekosten ausreichender Geldbetrag vorgeschossen wird, das Konkursverfahren auf Antrag eines Konkursgläubigers wieder aufgenommen.

Die Wiederaufnahme erfolgt durch Beschluß des Gerichts. Auf den Zeitpunkt der Wiederaufnahme und die Bekanntmachung derselben finden die Vorschriften der §§. 108, 111—113 entsprechende Anwendung.

M. I 428; P. I 116, 186; M. II 45; P. II —.

1. Der bisherige Abs. 1: „Im Falle der rechtskräftigen Verurtheilung wird, wenn genügende Masse vorhanden ist, das Konkursverfahren auf Antrag eines Konkursgläubigers wieder aufgenommen", ist im Anschluß an den § 107 Abs. 1 ergänzt.

2. Die materiellrechtliche Folge der rechtskräftigen Verurtheilung ist im § 197, die prozessuale im § 198 bestimmt. Das Verfahren wird auf Antrag wieder aufgenommen, gilt daher als nicht beendet und ist als eine Fortsetzung des bisherigen Konkurses anzusehen; daher setzt die Wiederaufnahme eine erneute Zahlungseinstellung des Schuldners nicht voraus, das bisherige Konkursgericht bleibt zuständig, die Funktionen des alten Verwalters treten wieder in Kraft. Ein inzwischen etwa neueröffneter Konkurs geht in dem alten, fortgesetzten Verfahren auf, v. Sarwey-Bossert, Anm. 4, Petersen-Kleinfeller, Anm. I, a. M. Oetker 1, 193, v. Völderndorff 2, 634; ohne daß jedoch die materiellrechtlichen Wirkungen des neuen Verfahrens, u. A. auch die Feststellung der Konkursforderungen des neuen Konkurses, beseitigt würden. Ist das neue Verfahren in Folge der Aenderung der gewerblichen Niederlassung bezw. des Wohnsitzes des Schuldners vor einem andern Gericht eröffnet, so muß dasselbe nach § 71 Abs. 2 eingestellt werden, Pertersen-Kleinfeller a. a. O., v. Sarwey-Bossert a. a. O., Fitting § 50 Anm. 9, Stieglitz Anm. 6, a. M. Oetker a. a. O., v. Völderndorff a. a. O., Seuffert S. 449, aber auch in diesem Falle bleiben die materiellen Wirkungen, insbesondere die konkursmäßige Feststellung der neuen Forderungen bestehen.

Insoweit ist das wieder aufgenommene Verfahren jedoch mehr als eine Fortsetzung des alten, als auch die neuen Gläubiger des Schuldners an demselben Theil nehmen, § 200, und deshalb auch dasjenige Vermögen zur Konkursmasse gehört, welches der Schuldner bis zur Wiederaufnahme des Verfahrens erworben hat, v. Sarwey-Bossert, Anm. 3, v. Wilmowski Anm. 1. Für die Zeitgrenze, welche für die Aktiv- und Passivmasse maßgebend ist, ist, wie die Beziehung des § 108 ergiebt, der Wiederaufnahmebeschluß bestimmend. Dieser hat die Stunde seiner Erlassung zu bezeichnen, widrigenfalls die Mittagsstunde des Tages, an welchem er erlassen ist, als der Zeitpunkt der Wiederaufnahme gilt, die Anm. zu § 108 kommen hier zur entsprechenden Anwendung. Der Beschluß ist nach § 111 zu veröffentlichen, die Formel desselben den Behörden des § 112 mitzutheilen, die Eintragungen des § 113 haben zu erfolgen, s. darüber die Anm. zu §§ 111—113.

3. Die Wiederaufnahme ist nicht von amtswegen, sondern nur auf Antrag eines Konkursgläubigers zu beschließen. Als solcher gilt selbstverständlich nur ein alter Gläubiger, denn die neuen Gläubiger können die besondern Wirkungen der Wiederaufnahme, die die §§ 199—201 nur für den Fall der Beseitigung des Akkords

bestimmen, nicht für sich in Anspruch nehmen, noch überhaupt die Konsequenzen der Aufhebung des Akkords ziehen, der sie nicht berührt, a. M. nur v. Völderndorff, Anm. 2.

Der Gläubiger, dessen Forderung in dem bisherigen Verfahren nicht festgestellt war, hat dieselbe glaubhaft zu machen, Anm. 1 zu § 105; er ist zur Antragstellung nicht legitimirt, wenn sein Anspruch in dem ursprünglichen Bestand vollständig befriedigt ist, er braucht aber nicht nachzuweisen, daß eine solche Tilgung seiner Forderung nicht erfolgt sei, diese Thatsache nachzuweisen bleibt vielmehr dem Schuldner überlassen. Die nach Erlassung des Wiederaufnahmebeschlusses erfolgte Befriedigung des Antragstellers hat auf das Verfahren ebensowenig Einfluß, wie sie das ordentliche Verfahren beseitigen kann.

Der Gemeinschuldner ist unter entsprechender Anwendung des § 105 Abs. 2 über den Antrag zu hören, gegen welchen er sowohl den Mangel der Legitimation des Antragstellers, als auch der Voraussetzung der Rechtskraft des Urtheils, nicht aber die Unrichtigkeit desselben oder die Thatsache der Begnadigung geltend machen kann.

4. Das Verfahren wird nicht wieder aufgenommen, wenn genügende Masse, d. h. eine den Kosten des Verfahrens entsprechende Masse nicht vorhanden ist. Dieser Mangel darf jedoch nicht zur Abweisung des Antrags führen, wenn der Antragsteller oder ein Dritter einen zur Deckung der Massekosten des § 58 Nr. 1, 2 ausreichenden Geldbetrag vorschießt; s. hierüber die Anm. 2, 3 zu § 107, doch ist in diesem Falle die Abweisung nicht, wie nach § 107, in das Ermessen des Gerichts gestellt, sie muß vielmehr nach der Fassung des § 198 erfolgen, wenn genügende Masse fehlt und nicht durch Vorschuß gedeckt wird.

5. Gegen die Anordnung der Wiederaufnahme, sowie gegen die Ablehnung derselben ist die sofortige Beschwerde unter entsprechender Anwendung des § 109 zulässig; s. die Anm. zu § 109.

6. Das wieder aufgenommene Verfahren darf nicht durch einen neuen Zwangsvergleich beendigt werden, § 175 Nr. 2.

§. 199. (185.)

Für die Anfechtung von Rechtshandlungen, welche in der Zeit von der Aufhebung bis zur Wiederaufnahme des Konkursverfahrens vorgenommen sind, sowie für die in diesem Zeitraume entstandenen Aufrechnungsbefugnisse gilt, wenn nicht inzwischen eine Zahlungseinstellung erfolgt ist, als Tag der Zahlungseinstellung der Tag des ersten die Verurtheilung des Gemeinschuldners aussprechenden Urtheils.

M. I 428—430; P. I 114, 186; M. II —; P. II —.

Da der Gemeinschuldner nach Beendigung des Verfahrens durch Zwangsvergleich das Verfügungsrecht über die Konkursmasse zurückerhalten hat, § 192, so sind die von ihm nach dieser Zeit vorgenommenen Rechtshandlungen im Interesse Dritter nicht im Sinne der §§ 7, 8 rechtsunwirksam, sie unterliegen aber der Anfechtung, wenn die Voraussetzungen der §§ 29—42 gegeben sind. Hierbei tritt in Ansehung der nach dem Vergleich vorgenommenen Rechtshandlungen an Stelle der Konkurseröffnung der Tag der Erlassung des Wiederaufnahmebeschlusses und an Stelle des Antrags auf Konkurseröffnung der Wiederaufnahmeantrag. Das fernere, in der Zahlungseinstellung bestehende, Erforderniß der Anfechtung ist gegeben, wenn in der Zeit nach der Abschließung des Vergleichs bis zur Wiederaufnahme eine neue Zahlungseinstellung erfolgt ist, M. I. Ist dies nicht der Fall, so ersetzt das Gesetz das Erforderniß der Zahlungseinstellung durch den Tag des ersten die Verurtheilung aussprechenden Urtheils. Der Tag des Urtheils ist der Tag der Verkündigung desselben. Vorausgesetzt wird, daß die Verurtheilung rechtskräftig wird. Ist sie in der Revisionsinstanz aufgehoben, so gilt das Urtheil als nicht erlassen, das Erforderniß der Zahlungseinstellung wird daher erst durch das demnächstige verurtheilende Erkenntniß ersetzt.

Für die Rechtshandlungen, welche vor dem Vergleichsabschluß vorgenommen sind, gelten die Vorschriften der §§ 7, 8, 23ff.

§. 200. (186.)

An dem aufgenommenen Verfahren nehmen die Gläubiger, für und gegen welche der Vergleich wirksam war, mit dem noch nicht getilgten Betrage ihrer ursprünglichen Forderungen Theil.

Die neuen Gläubiger des Gemeinschuldners sind zur Theilnahme an dem Verfahren berechtigt. Dieselben haben keinen Anspruch auf Befriedigung aus einer für die Erfüllung des Zwangsvergleichs bestellten Sicherheit.

M. I 429, 430; P. I 116, 186; M. II —; P. II —.

1. Da der durch den Zwangsvergleich begründete Erlaß durch die Verurtheilung des Schuldners aufgehoben ist, nehmen die alten Gläubiger mit ihren Forderungen in deren ursprünglichem Bestande Theil, soweit dieselben nicht inzwischen getilgt sind. Diese Tilgung ist der Anfechtung der §§ 30¹, 31, 32, 40 nicht entzogen. Mit ihren bisher nach § 63 Nr. 1, 2 vom Konkursverfahren ausgeschlossenen Ansprüchen auf die bis zur Wiederaufnahme laufenden Zinsen und entstandenen Kosten dürfen die alten Gläubiger, wie unstreitig ist, als neue Gläubiger am Verfahren Theil nehmen, die akkordmäßige Sicherheit haftet ihnen aber für diese Ansprüche nicht. Die bisherigen Vorrechtsgläubiger betheiligen sich am Verfahren mit ihrem Vorrecht. Die Rechtsstellung der Massegläubiger bleibt unverändert.

2. Die neuen Gläubiger, d. h. diejenigen, deren Ansprüche nach der früheren Konkurseröffnung entstanden und zur Zeit der Wiederaufnahme begründet sind, sind zur Theilnahme am Verfahren für berechtigt erklärt. Daraus folgt, daß sie die Stellung der Konkursgläubiger nur haben, wenn sie von diesem Recht durch Anmeldung ihrer Forderungen Gebrauch machen. Wer von diesem Recht keinen Gebrauch macht, darf zwar Gegenstände des Konkursvermögens nicht zum Zugriff seiner Befriedigung machen, §§ 14, 15, weil das Konkursvermögen nur zur Befriedigung der Konkursgläubiger dient, § 3, er wird aber durch den § 12 nicht betroffen und kann daher seine Befriedigung aus dem Vermögen suchen, welches der Kridar nach der Wiederaufnahme des Verfahrens erworben hat, oder welches nicht zur Aktivmasse gehört.

3. Die neuen Gläubiger stehen den alten Gläubigern gleich, ein dem neuen Gläubiger zustehendes Vorrecht des § 61 gilt daher auch gegenüber den alten Gläubigern, eine Anfechtung, die nur wegen der Wiederaufnahme des Verfahrens zulässig ist, wirkt nicht blos zu Gunsten der alten, sondern auch der neuen Gläubiger. Nur auf die Sicherheit, welche den alten Gläubigern durch den Zwangsvergleich gewährt war, haben die neuen Gläubiger keinen Anspruch. Ist den alten Gläubigern durch diese

Sicherstellung ein Pfandrecht an Gegenständen des Gemeinschuldners entstanden, §§ 232, 233 B.G.B., so wirkt dasselbe in dem aufgenommenen Verfahren als Absonderungsrecht. Dies Absonderungsrecht hat aber zum Nachtheil der alten Gläubiger die Anwendung der Bestimmungen der §§ 64, 96, 153, 168, 169 zur Folge.

§. 201. (187.)

Das Verfahren ist so weit als nöthig zu wiederholen.

Früher geprüfte Forderungen werden nur hinsichtlich einer inzwischen eingetretenen Tilgung von neuem geprüft.

M. I 428; P. I 116, 186; M. II —; P. II —.

1. Das Verfahren ist zu wiederholen, soweit es erforderlich ist. Der bisherige Verwalter und der Gläubigerausschuß treten, soweit diese Personen noch vorhanden sind, wieder in Funktion, bei der Wiedereröffnung wird daher nicht ein neuer Verwalter ernannt, sondern der bisherige Verwalter durch Zustellung des Beschlusses, sowie der bisherige Gläubigerausschuß wieder in Kenntniß gesetzt. Ein neuer Verwalter wird vom Gericht ernannt, wenn der alte nicht mehr vorhanden ist oder die Wiederübernahme des Amts ablehnt. Besteht der bisherige Ausschuß nicht mehr aus zwei Personen, so kann das Gericht die Zahl der Mitglieder nach § 87 ergänzen. Ein Wahltermin wird nur angesetzt, wenn der bisherige Verwalter und der bisherige Gläubigerausschuß nicht wieder in Funktion treten, er ist aber auch dann anzuberaumen, wenn ein Gläubigerausschuß bisher nicht bestanden hatte.

Der offne Arrest ist von Neuem anzuordnen, die Anmeldefrist zu bestimmen und der allgemeine Prüfungstermin anzusetzen.

Eine neue Siegelung kann stattfinden, § 122 Abs. 1, die Geschäftsbücher des Gemeinschuldners sind wieder abzuschließen, § 122 Abs. 2, ein neues Inventar ist anzufertigen, vom Gemeinschuldner kann die Leistung des Offenbarungseids nochmals verlangt werden.

2. Die neuen Forderungen werden geprüft, die alten, welche bereits festgestellt waren, werden nur hinsichtlich einer inzwischen eingetretenen Tilgung geprüft. Die frühere Feststellung, die vermöge ihrer judikatmäßigen Wirkung, § 145 Abs. 2, nicht mehr geändert werden kann, giebt dem Gläubiger, für dessen Anspruch in der Feststellung ein Vollstreckungstitel besteht, in Ansehung der Einwendung der Tilgung die Rechtsstellung des § 146 Abs. 6.

3. Die Wiederaufnahme äußert ihre Wirkungen auf die anhängigen Prozesse. Die die Konkursmasse betreffenden Rechtsstreitigkeiten, die schon zur Zeit des alten Konkursverfahrens anhängig waren oder die nach dem Zwangsvergleich anhängig geworden sind, werden unterbrochen, § 240 C.P.O. Die Anfechtungsprozesse, die der Gemeinschuldner in der Hauptsache weiter zu führen nicht legitimirt war, werden vom Verwalter wieder aufgenommen, aber die inzwischen erfolgte rechtskräftige Erledigung wirkt auch gegen die Konkursgläubiger und verhindert die Wiederaufnahme. Das Gleiche gilt von den Feststellungsprozessen.

Siebenter Titel.

Einstellung des Verfahrens.

§. 202. (188.)

Das Konkursverfahren ist auf Antrag des Gemeinschuldners einzustellen, wenn er nach dem Ablaufe der Anmeldefrist die Zustimmung aller Konkursgläubiger, welche Forderungen angemeldet haben, beibringt. Inwieweit es der Zustimmung oder der Sicherstellung von Gläubigern bedarf, deren Forderungen angemeldet aber nicht festgestellt sind, entscheidet das Konkursgericht nach freiem Ermessen.

Das Verfahren kann auf Antrag des Gemeinschuldners vor dem Ablaufe der Anmeldefrist eingestellt werden, wenn außer den Gläubigern, deren Zustimmung der Gemeinschuldner beibringt, andere Gläubiger nicht bekannt sind.

M. I 436; P. I 166, 186; M. II —; P. II —.

1. Neben den Arten der Beendigung des Konkurses durch Vertheilung und durch Zwangsvergleich läßt die K.O. die Beendigung durch Einstellung in den beiden Fällen der Zustimmung der Gläubiger und der fehlenden Masse zu. Wegen der Einstellung des Verfahrens im Genossenschaftskonkurse s. die Anm. zu § 116 des Genossenschaftsgesetzes.

2. Die Einstellung wegen Zustimmung der Gläubiger hat verschiedene Voraussetzungen, je nachdem die Einstellung vor oder nach dem Ablauf der Anmeldefrist des § 138 erfolgt. Diese Verschiedenheit richtet sich nicht darnach, ob der Antrag vor oder nach dem Ablauf der Anmeldefrist gestellt ist, sondern darnach, ob bei der Erlassung der Entscheidung über die Einstellung des Verfahrens die Frist abgelaufen ist. Insoweit ist aber der Zeitpunkt der Antragstellung maßgebend, als die zu dieser Zeit erlassene Entscheidung sich nach den Voraussetzungen zu richten hat, die zu dieser Zeit bestehen. Ist zur Zeit der Entscheidung des Konkursgerichts die Anmeldefrist noch nicht abgelaufen, wohl aber zur Zeit der Entscheidung des Beschwerdegerichts, so ist für die letztere der Abs. 1 maßgebend.

3. Abs. 1. Nach dem Ablauf der Anmeldefrist ist die Einstellung nur zulässig, wenn alle Gläubiger, deren Forderungen festgestellt sind, auch wenn ihnen der Kridar widersprochen hat, ihre Zustimmung ertheilen. Die Gläubiger, deren Forderungen nicht festgestellt sind, weil der Prüfungstermin noch nicht stattgefunden hat oder weil die Forderungen bestritten oder weil sie erst nach dem allgemeinen Prüfungstermin angemeldet sind, sind nur zu berücksichtigen, soweit sie angemeldet sind und soweit das Konkursgericht ihre Zustimmung oder Sicherstellung für erforderlich hält. Das Konkursgericht hat diese Zustimmung oder Sicherstellung für erforderlich zu halten, wenn die Forderungen glaubhaft gemacht sind. Das freie Ermessen, von welchem sich das Gericht herbei leiten zu lassen hat, unterliegt der Nachprüfung des Beschwerdegerichts.

4. Abs. 2. Vor dem Ablauf der Anmeldefrist darf das Verfahren nur eingestellt werden, wenn die sämmtlichen Gläubiger zustimmen, welche dem Gericht aus

dem Gläubigerverzeichniß des § 104, dem Inventar, den Schriften des Kridars oder auf andere Weise bekannt sind. Während die Einstellung unter den Voraussetzungen des Abs. 1 erfolgen muß, ist für die Zeit vor dem Ablauf der Anmeldefrist nur vorgeschrieben, daß sie erfolgen kann. Dadurch ist aber die Entscheidung über die Einstellung nicht in das unbeschränkte Belieben des Konkursgerichts, sondern nur in sein, in der Beschwerdeinstanz kontrolirbares, Ermessen gestellt, für welches nicht, wie v. Wilmowski Anm. 1, Hullmann Anm. 4, v. Völderndorff Anm. 6 und Willenbücher Anm. 7 meinen, die Frage, ob noch andere Gläubiger vorhanden sind, maßgebend ist, denn wenn noch andere Gläubiger bekannt sind, die nicht zugestimmt haben, liegt das unerläßliche Erforderniß der Einwilligung aller Gläubiger nicht vor. Maßgebend ist vielmehr die Erwägung, ob die Einstellung dem Interesse aller Gläubiger, die noch etwa vorhanden sein können, entspricht, und ob aus den Umständen das Vorhandensein erheblicher Schuldbeträge anzunehmen ist, Endemann S. 616, Fitting § 51 I, 4 und Anm. 21, Petersen-Kleinfeller Anm. 3.

5. Die Zustimmung eines Gläubigers ist nicht erforderlich, wenn seine Befriedigung nachgewiesen wird, weil er durch die Tilgung seiner Forderung aufhört Gläubiger zu sein. Die Sicherstellung ersetzt die Zustimmung nur nach Ablauf der Anmeldefrist und nur hinsichtlich derjenigen Gläubiger, deren Forderungen nicht festgestellt sind. Aber durch die Hinterlegung des Geldbetrags unter Ausschließung der Rücknahme wird die Forderung getilgt, § 378 B.G.B., durch sie wird daher die Zustimmung des Gläubigers ersetzt. Die Zustimmung ist ein Dispositionsakt, kann daher in dem Einstellungsverfahren nur unter den Voraussetzungen des Irrthums, Betrugs oder Zwangs zurückgezogen werden.

6. Die Einstellung erfolgt nicht von amtswegen, sondern nur auf Antrag des Gemeinschuldners, für welchen eine besondere Form nicht vorgeschrieben ist, Anm. 1 zu § 72. Ebensowenig ist eine Form für die Zustimmung der Gläubiger erforderlich. Doch kann das Konkursgericht, wenn es Veranlassung dazu zu haben glaubt, durch Befragung oder auf andere Weise nach § 75 Ermittelungen über die Richtigkeit der Unterschriften anstellen; von den in der Gläubigerversammlung erschienenen Gläubigern kann die Zustimmung auch mündlich erklärt werden, ebenso genügt die Erklärung zu Protokoll des Gerichtsschreibers, § 11 des Ges. über die freiw. Gerichtsbarkeit. In gleicher Weise wird auch der Nachweis der Befriedigung eines Gläubigers erbracht, da dessen Erklärung, befriedigt zu sein, seine Zustimmung zur Einstellung unnöthig macht. Liegt ein Erforderniß des § 202 nicht vor, so weist das Konkursgericht den Antrag zurück, ohne daß die Bekanntmachung des § 203 zu erfolgen hat, v. Sarwey-Bossert Anm. 3a, v. Völderndorff Bd. 7 S. 652, a. M. Petersen-Kleinfeller Anm. 3, Stieglitz Anm. 6, welche meinen, daß stets das Verfahren des § 203 vorgenommen werden müsse. Wäre dies richtig, so könnte der Kridar durch den bloßen Einstellungsantrag leichtfertig die Massekosten der Bekanntmachung verursachen. Das Gericht kann dem Gemeinschuldner vor der Abweisung zur Beseitigung des Mangels eine Frist setzen.

Sind die Erfordernisse des § 202 gegeben, so beginnt das Verfahren des § 203, ohne daß es eines Beschlusses über die Zulässigkeit des Antrags bedarf. Doch kann jeder Gläubiger sowie der Verwalter wegen eines Mangels der Voraussetzungen des § 202 gegen die Fortsetzung des Einstellungsverfahrens die Erinnerung des § 766 C.P.O. und gegen die Abweisung derselben die sofortige Beschwerde erheben.

§. 203. (189.)

Der Antrag ist öffentlich bekannt zu machen und mit den zustimmenden Erklärungen auf der Gerichtsschreiberei zur Einsicht der Konkursgläubiger niederzulegen. Die Konkursgläubiger können binnen einer mit der öffentlichen Bekanntmachung beginnenden Frist von einer Woche Widerspruch gegen den Antrag erheben. Im Falle des §. 202 Abs. 1 steht der Widerspruch jedem Gläubiger zu, welcher bis zum Ablaufe der Frist eine Forderung angemeldet hat.

Das Gericht beschließt über die Einstellung nach Anhörung des Gemeinschuldners und des Verwalters. Im Falle eines Widerspruchs ist auch der widersprechende Gläubiger zu hören.

M. I 437; P. I 116, 186; M. II; P. —.

1. Der Antrag ist, wenn er den Erfordernissen des § 202 entspricht, öffentlich bekannt zu machen. Die Bekanntmachung erfolgt gemäß § 76 B.G.B. Zugleich ist der Antrag mit den Zustimmungserklärungen der Gläubiger auf der Gerichtsschreiberei niederzulegen; s. darüber und über das Recht der Gläubiger auf Ertheilung von Abschriften die Anm. zu § 178.

Mit der Bekanntmachung, d. h. mit dem Ablauf des zweiten Tages der Ausgabe des die Bekanntmachung enthaltenden Gerichtsblatts, § 76 Abs. 1, beginnt die einwöchige Widerspruchsfrist, nach deren Ablauf das Konkursgericht nach Anhörung des Gemeinschuldners, des Verwalters und, im Fall eines Widerspruchs, des widersprechenden Gläubigers über den Antrag zu beschließen hat. Die Einstellung ist unter den Voraussetzungen des § 202 Abs. 1 zu beschließen, vor dem Ablauf der Anmeldefrist kann die Beschlußfassung nach § 202 Abs. 2 bis zum Ablauf dieser Frist ausgesetzt werden.

2. Mit dem Widerspruch macht der Gläubiger geltend, daß die vorgelegte Zustimmungserklärung nicht von ihm herrührt, daß die von ihm ertheilte Zustimmung wegen Betrugs 2c., Anm. 5 zu § 202, unwirksam sei, daß andere Gläubiger, die nicht zugestimmt haben, bekannt seien oder daß die Vorlegung der Zustimmungserklärung eines andern Gläubigers unrichtig oder unwirksam sei.

Der Widerspruch ist an die einwöchige Frist nicht gebunden, die Wirkung dieser Fristbestimmung besteht nur in der Verpflichtung des Gerichts, die Entscheidung bis zum Ablauf der Frist aufzuschieben, und in der Zulässigkeit der Anmeldung der Forderungen. Die erst später erfolgte Anmeldung ist zwar für die sonstige Theilnahme am Konkurse wirksam, aber die Zustimmung ist nach dem Ablauf der Anmeldefrist für die Einstellung des Verfahrens nur hinsichtlich derjenigen Gläubiger erforderlich, welche ihre Forderungen bis zum Ablauf der Frist angemeldet haben.

Nur ein Mangel der Zustimmung beseitigt den Einstellungsantrag, nicht der bloße Widerspruch; der Widerspruch hat diese Wirkung nur, wenn derselbe zu der Feststellung führt, daß die Zustimmung eines Gläubigers fehlt, dessen Einwilligung erforderlich ist.

3. Gegen den Beschluß, durch welchen das Verfahren eingestellt oder der Einstellungsantrag verworfen wird, findet die Beschwerde statt, ebenso wie gegen den Beschluß, der ohne weiteres Verfahren nach § 202 erlassen wird. Die Beschwerde steht dem Gemeinschuldner, jedem Gläubiger und dem Verwalter zu. Es wird zwar behauptet, daß der Verwalter ein Beschwerderecht nicht habe und daß einem Gläubiger,

welcher zugestimmt hat, die Beschwerde gegen den Einstellungsbeschluß nicht zustehe. Die Ausschließung des Verwalters ist jedoch nicht so, wie nach § 189, gesetzlich vorgeschrieben, und deshalb muß die Regel Anwendung finden, welche dem Verwalter das Beschwerderecht giebt, Anm. 2 zu § 73. Daß ein zustimmender Gläubiger zur Anfechtung der Entscheidung nicht legitimirt ist, läßt sich nur insoweit begründen, als es ihm in der Regel an dem für die Verfolgung erforderlichen Rechtsinteresse fehlt, dies Interesse fehlt ihm aber nicht, wenn er nachweist, daß er durch die Einstellung des Verfahrens geschädigt wird.

Die Beschwerde kann immer nur darauf gestützt werden, daß eine Voraussetzung des § 202 fehlt oder daß gegen eine wesentliche, das Verfahren betreffende, Vorschrift des § 203 verstoßen ist.

4. Nach erfolgter Einstellung findet eine Wiederaufnahme des Verfahrens, wie im Fall des Zwangsvergleichs, nicht statt. Es kann die Eröffnung des Verfahrens aber von Neuem beantragt werden, zwar nicht wegen derjenigen Zahlungsunfähigkeit, die zur Eröffnung des eingestellten Verfahrens geführt hat, aber wegen einer nach dieser Einstellung von Neuem eingetretenen Zahlungsunfähigkeit.

Nach der Zurückweisung des Einstellungsantrags kann der Gemeinschuldner die Einstellung von Neuem beantragen; die Gläubiger aber, die dem ersten Antrage zugestimmt hatten, sind an diese Zustimmung für den neuen Antrag nicht gebunden.

§. 204. (190.)

Das Gericht kann das Konkursverfahren einstellen, sobald sich ergiebt, daß eine den Kosten des Verfahrens entsprechende Konkursmasse nicht vorhanden ist. Die Einstellung unterbleibt, wenn ein zur Deckung der im §. 58 Nr. 1, 2 bezeichneten Massekosten ausreichender Geldbetrag vorgeschossen wird.

Vor der Einstellung soll die Gläubigerversammlung gehört werden.

M. I 437; P. I 116, 186; M. II 45; P. II 45.

1. Der § lautete bisher: „Das Gericht kann das Konkursverfahren einstellen, sobald sich ergiebt, daß eine den Kosten des Verfahrens entsprechende Konkursmasse nicht vorhanden ist."

2. Aus denselben Gründen und unter denselben Voraussetzungen, unter denen die Abweisung des Eröffnungsantrags nach § 107 Abs. 1 wegen unzureichender Masse stattfinden darf, kann auch nach der Eröffnung des Verfahrens die Einstellung desselben erfolgen, es wird daher auf die Anm. 2, 3 zu § 107 hier verwiesen.

„Damit die Gläubiger Gelegenheit finden, durch den Nachweis von Massegegenständen oder durch Vorschußleistung die Einstellung des Verfahrens abzuwenden, bestimmt der neue Abs. 2, daß vor der Einstellung die Gläubigerversammlung gehört werden soll", M. II. Die Gläubigerversammlung ist daher vorher zu berufen, doch kann die Anhörung der zu einem andern Zweck berufenen Versammlung auch zu diesem Zweck erfolgen, weil die Anhörung nicht in einer Beschlußfassung besteht und der § 98 deshalb nicht zur Anwendung kommt. Uebrigens wird, wenn auch eine zwingende Vorschrift dazu nicht besteht, und die Anhörung der Versammlung überhaupt nur instruktionell („soll") angeordnet ist, bei der Berufung der Versammlung der Grund verständiger Weise anzugeben sein. Eine Benachrichtigung der einzelnen Gläubiger von der beabsichtigten Maßregel ist nicht erforderlich, ein Antrag in der Revisionskommission, die Benachrichtigung vorzuschreiben, wurde abgelehnt, P. II. Daß der Verwalter vorher zu hören ist, ist zwar nicht vorgeschrieben, aber selbstverständlich.

3. Die Einstellung erfolgt von amtswegen, ohne daß es eines Antrags bedarf Gegen die die Einstellung aussprechende Entscheidung ist die sofortige Beschwerde zulässig, welche dem Verwalter, dem Gemeinschuldner und jedem Konkursgläubiger zusteht.

Eine besondere Zustellung der Entscheidung erfolgt an den Gemeinschuldner und den Verwalter s. darüber Anm. 2, 3 zu § 163; a. M. nur v. Sarwey-Bossert Anm. 1.

§. 205. (191.)

Der Einstellungsbeschluß und der Grund der Einstellung sind öffentlich bekannt zu machen.

Die Vorschriften der §§. 111 Abs. 2, 112, 113, 191 finden entsprechende Anwendung.

M. I 437, 438; P. I 116, 186; M. II —; P. II 45.

1. Dem bisherigen Paragraphen ist die Beziehung des § 191 neu hinzugefügt. Die Vorschrift entspricht den §§ 163 Abs. 2, 3, 190.

2. Die Bekanntmachung erfolgt nach § 111 Abs. 2. Von dem Ablauf des zweiten Tages der Einrückung in das Gerichtsblatt beginnt die Beschwerdefrist gegen diejenigen Betheiligten zu laufen, welchen vorher der Beschluß nicht zugestellt ist, s. darüber aber Anm. 3 zu § 163. Nachdem der Beschluß rechtskräftig geworden ist, hat der Gerichtsschreiber beglaubigte Abschrift der Formel des Aufhebungsbeschlusses derjenigen Registerbehörden mitzutheilen, der er die Formel des Eröffnungsbeschlusses übersandt hatte, § 112, und ist der Konkursvermerk im Grundbuch auf allen Folien zu löschen, auf denen er nach § 113 eingetragen war und noch eingetragen ist. Die Löschung erfolgt auf Ersuchen des Konkursgerichts, welches zur Stellung des Ersuchens verpflichtet ist, oder auf Antrag des Verwalters, der zur Stellung des Antrags auch nach der Aufhebung des Verfahrens legitimirt und verpflichtet ist, s. darüber die Anm. zu § 113.

2. Durch die Beziehung des § 191 ist vorgeschrieben, daß der Verwalter die Masse- und die bevorrechtigten Konkursforderungen zu befriedigen und, sofern sie bestritten sind, sicher zu stellen hat; in dieser Beziehung wird auf die Anm. zu § 191 Bezug genommen.

§. 206. (192.)

Der Gemeinschuldner erhält das Recht zurück, über die Konkursmasse frei zu verfügen.

Die Vorschriften des §. 164 finden entsprechende Anwendung.

M. I 438; P. I 116, 186; M. II —; P. II —.

1. Nach Abs. 1, welcher dem § 192 entspricht, erhält der Gemeinschuldner das Verfügungsrecht zurück, welches ihm durch die Konkurseröffnung entzogen war; das Eigenthum am Konkursvermögen war ihm ohnehin nicht genommen. Ein Vorbehalt, wie nach § 192 — s. Anm. 1 zu § 192 —, kann in dieser Beziehung nicht gemacht werden. Von der Disposition des Schuldners sind aber die Gegenstände ausgeschlossen, welche der Verwalter zur Befriedigung der Masse- und der Vorrechtsforderungen zurückbehalten hat: die Disposition über die Rechtsstreitigkeiten, welche über die bestrittenen Forderungen dieser Art geführt werden, steht dem gewesenen Kridar nicht zu, s. die Anm. zu § 191. Dagegen erhält er die Verfügung hinsichtlich der Forderungen des § 168 zurück und tritt in dieser Beziehung in die anhängigen Prozesse ein. Die Feststellungsprozesse gehen ebenfalls auf ihn über, die mit Gläubigern in Folge des Widerspruchs derselben anhängigen Prozesse werden von den letztern nur hinsichtlich der Kosten fortgesetzt.

2. Wegen der entsprechenden Anwendung des § 164 s. die Anm. zu § 164.

Achter Titel.

Besondere Bestimmungen.

Der achte Titel enthält die Abweichungen, welche wegen besonderer Umstände, insbesondere wegen der besonderen Art der Persönlichkeit des Gemeinschuldners erforderlich sind. Diese besondern Bestimmungen betreffen 1. die Handelsgesellschaften und die juristischen Personen, §§ 207—213, 2. den Nachlaß, §§ 214—236, 3. den ausländischen Konkurs und die bei einem deutschen Konkurs im Ausland befindlichen Gegenstände. Die Abweichungen, welche den Konkurs über das Vermögen der Genossenschaften und der Gesellschaften mit beschränkter Haftpflicht betreffen, sind in den Gesetzen vom 1. Mai 1889 und 20. April 1892 bestimmt, und werden in den Anlagen I und II erörtert. (Die früheren §§ 195—197 K.O., waren schon durch die bisherigen §§ 153, 17 des Genossenschaftsgesetzes außer Kraft getreten.)

Soweit das Gesetz Abweichungen nicht bestimmt, gelten die Vorschriften der K.O. auch für die besondern Fälle des achten Titels, sowie für den Konkurs der Genossenschaften und der Gesellschaften mit beschränkter Haftpflicht.

§. 207. (193.)

I. Ueber das Vermögen einer Aktiengesellschaft findet das Konkursverfahren außer dem Falle der Zahlungsunfähigkeit in dem Falle der Ueberschuldung statt.

Nach Auflösung einer Aktiengesellschaft ist die Eröffnung des Verfahrens so lange zulässig, als die Vertheilung des Vermögens nicht vollzogen ist.

M. I 441—445; P. I 117, 187—190; M. II —; P. II —.

1. Ueber das Vermögen der Aktiengesellschaft ist die Eröffnung des Konkurses zulässig, weil diese Gesellschaft „selbstständig ihre Rechte und Pflichten hat", § 210 H.G.B. Der Konkurs betrifft daher nicht das Vermögen der Aktionäre, sondern das

mit selbstständigen Rechten und Pflichten ausgestattete Vermögen der Aktiengesellschaft. Diese rechtliche Selbstständigkeit besteht solange, als noch Vermögen vorhanden ist, denn so lange bleibt die selbstständige Rechtsfähigkeit der Gesellschaft auch nach Auflösung der Gesellschaft bestehen, § 294 H.G.B. Das Gesetz hat diesen Grundsatz in Abs. 2 ausdrücklich ausgesprochen. Der Konkurs kann daher noch nach der Auflösung eröffnet werden, solange die Liquidation noch nicht beendet ist.

2. Gemeinschuldner ist die Aktiengesellschaft als solche. Die Vorstandsmitglieder und die Liquidatoren sind nur die Vertreter der Gesellschaft. Da aber der Vorstand und nach der Auflösung der Gesellschaft die Liquidatoren die gesetzlichen Vertreter der Gesellschaft sind, §§ 231, 298 Abs. 2 H.G.B., bleibt ihnen diese Vertretung auch im Fall der Eröffnung des Konkurses in demselben Maße, wie der physische Gemeinschuldner Eigenthümer des Konkursvermögens bleibt. Ihnen liegen daher die Pflichten des Gemeinschuldners ob, wie sie andererseits auch seine Rechte haben. Deshalb dürfen sie sich nicht ohne Erlaubniß des Gerichts von ihrem Wohnort entfernen, Petersen-Kleinfeller Anm. 4, a. M. Hagens in P. I, sie haben den Offenbarungseid zu leisten, und haben die Pflicht zur Auskunftsertheilung, §§ 101, 100, sie können in Haft genommen werden, §§ 101 Abs. 2, 106, sie haben andererseits das Recht des Widerspruchs gegen die angemeldeten Forderungen mit der Wirkung der Verhinderung der Rechtskraft der Feststellung der Forderungen nach Beendigung des Konkurses, § 197, sie haben auch das Recht, die Einstellung des Verfahrens, § 202, zu beantragen, sowie einen Akkord vorzuschlagen, § 173. Hierzu sind die Mitglieder des Vorstands und die Liquidatoren aber nur gemeinschaftlich als Vorstand bezw. als die Gesammtheit der Liquidatoren berechtigt, §§ 232, 298 H.G.B. Andererseits folgt aus der Erwägung, daß der Vorstand und die Liquidatoren nur die Vertreter der Gesellschaft sind, daß die Handlungen der Vorstandsmitglieder und der Liquidatoren, welche außerhalb des Konkursverfahrens liegen, aber gleichwohl gewisse rechtliche Wirkungen auf das Rechtsverhältniß der Gesellschaft äußern, für das Konkursverfahren nicht in Betracht kommen können, daher ist der Zwangsvergleich nicht deshalb unzulässig, weil ein Mitglied des Vorstands flüchtig ist, weil er sich weigert den Offenbarungseid zu leisten, oder wegen Bankerutts bestraft oder in gerichtlicher Untersuchung ist (a. M. für den Fall der Weigerung der Leistung des Offenbarungseids Petersen-Kleinfeller Anm. 4, v. Wilmowski, v. Sarwey-Bossert, Fitting § 52 IV, die hier vorgetragene Ansicht vertreten Endemann S. 628 und von Völderndorff Anm. 6), und zwar auch dann, wenn diese Thatsachen die sämmtlichen Mitglieder des Vorstands oder die sämmtlichen Liquidatoren betreffen.

Aus der Thatsache, daß die Mitglieder des Vorstands und die Liquidatoren nur die Vertreter der Gesellschaft sind, ergiebt sich ferner, daß zum Konkursvermögen auch solche Gegenstände gehören, welche im Konkurs über eine physische Person der Zwangsvollstreckung entzogen sind, Anm. 1, daß daher das gesammte Vermögen der Gesellschaft ohne jede Ausnahme zur Aktivmasse zu ziehen ist. Im Konkurs einer Eisenbahnaktiengesellschaft sind auch die, der Einzelzwangsvollstreckung entzogenen, Betriebsmittel von der Aktivmasse nicht ausgeschlossen, Abs. 2 des Gesetzes vom 3. Mai 1886.

3. Der Konkurs ist nicht nur im Fall der Zahlungsunfähigkeit, sondern auch im Fall der Ueberschuldung zulässig, s. darüber Anm. 1, 2 zu § 102, weil die Gläubiger auf das Vermögen der Gesellschaft angewiesen sind, ohne auf Befriedigung aus einem später erworbenen Vermögen rechnen zu können, M. I.

In beiden Fällen hat der Vorstand nach § 240 Abs. 2 H.G.B.:

„Sobald Zahlungsunfähigkeit der Gesellschaft eintritt, die Eröffnung des Konkurses zu beantragen; dasselbe gilt, wenn sich bei der Aufstellung der Jahresbilanz oder einer Zwischenbilanz ergiebt, daß das Vermögen nicht mehr die Schulden deckt."

Die Zuwiderhandlung macht die Vorstandsmitglieder den Gläubiger und den Aktionären gegenüber persönlich verantwortlich und setzt sie der Kriminalstrafe des § 315 Nr. 2 H.G.B. aus. Dasselbe gilt nach § 298 Abs. 2 H.G.B. von den Liquidatoren.

§. 208. (194.)

Zu dem Antrage auf Eröffnung des Verfahrens ist außer den Konkursgläubigern jedes Mitglied des Vorstandes und jeder Liquidator berechtigt.

Wird der Antrag nicht von allen Mitgliedern des Vorstandes oder allen Liquidatoren gestellt, so ist derselbe zuzulassen, wenn die Zahlungsunfähigkeit oder Ueberschuldung glaubhaft gemacht wird. Das Gericht hat die übrigen Mitglieder oder Liquidatoren nach Maßgabe des §. 105 Abs. 2, 3 zu hören.

M. I 442—445; P. I 117, 118, 190; M. II —; P. II —.

1. Den Antrag auf Eröffnung des Konkurses kann, wie sonst, der Gläubiger und der Schuldner stellen, der Gläubiger, indem er seine Forderung und entweder die Zahlungsunfähigkeit oder die Ueberschuldung der Aktiengesellschaft glaubhaft macht, § 105, der Schuldner, indem er nur das Verzeichniß der Gläubiger und die Uebersicht der Vermögensmasse nach § 104 einreicht, ohne die Ueberschuldung oder Zahlungsunfähigkeit glaubhaft machen zu müssen.

Schuldner ist die Gesellschaft, vertreten durch ihren Vorstand oder durch die Gesammtheit der Liquidatoren, §§ 232, 298 Abs. 2 H.G.B. Das Gesetz giebt aber nicht nur dem Vorstand und der Gesammtheit der Liquidatoren, sondern jedem Mitglied des Vorstands und jedem Liquidator das Recht, die Eröffnung des Verfahrens zu beantragen, weil jedem von ihnen, s. Anm. 3 zu § 207, die Pflicht hierzu auferlegt ist. Da aber das einzelne Mitglied die Schuldnerin nicht vertritt, so ist der Antrag nur zuzulassen, wenn die Zahlungsunfähigkeit oder Ueberschuldung glaubhaft gemacht ist, s. darüber Anm. 1 zu § 105.

2. Andern Personen ist die Berechtigung, die Eröffnung des Verfahrens zu beantragen, nicht gegeben. Weder die Generalversammlung, noch der Aufsichtsrath, der nur den Vorstand zu überwachen hat, § 246 H.G.B., sind hierzu befugt, R.G. 36, 30. Auch der Aktionär hat dies Recht nicht, wegen seines Anspruchs auf die festgestellte Dividende ist er aber Gläubiger der Gesellschaft und kann als solcher die Eröffnung des Verfahrens verlangen, R.G. 22, 114 und in J. W. 1892 S. 165.

Ein statutenmäßig wirksam bestellter Prokurist, § 238 H.G.B., ist dagegen zur Stellung des Antrags berechtigt, weil er die Gesellschaft auch in den gerichtlichen Rechtshandlungen vertritt, die der Betrieb des Geschäfts mit sich bringt, § 49 H.G.B., und die Antragstellung eine Rechtshandlung ist, welche durch den Betrieb des Geschäfts geboten ist, § 240 Abs. 2 H.G.B., a. M. für das bisherige Recht Petersen-Kleinfeller Anm. 3, doch übt im Konkurs nicht der Prokurist, sondern der Vorstand die Rechte und Pflichten des Gemeinschuldners aus, da die Prokura durch die Eröffnung des Konkurses erlischt, Lehmann, Kommentar Anm. 3 zu § 52 H.G.B.

§. 209. (198.)

Im Falle der Zahlungsunfähigkeit einer offenen Handelsgesellschaft, einer Kommanditgesellschaft oder einer Kommanditgesellschaft auf Aktien findet über das Gesellschaftsvermögen ein selbständiges Konkursverfahren statt. Ueber das Vermögen einer Kommanditgesellschaft auf Aktien findet das Konkursverfahren auch im Falle der Ueberschuldung statt.

Die Vorschrift des §. 207 Abs. 2 findet entsprechende Anwendung.

M. I 447, 448; P. I 120, 190; M. II 46; P. II 45, 46.

1. Der zweite Satz des Abs. 1 ist bei der Revision der K.O. dem Paragraphen hinzugefügt, weil der § 325 Nr. 8 H.G.B. in Verbindung mit § 240 Abs. 2 dem Vorstand die Verpflichtung zur Beantragung der Konkurseröffnung auch im Fall der Ueberschuldung auferlegt.

2. Indem das Gesetz den Konkurs über das Vermögen der offenen Handelsgesellschaft, Kommanditgesellschaft und der Aktienkommanditgesellschaft für zulässig erklärt, betrachtet es, ohne Rücksicht darauf ob diese Gesellschaften als Rechtssubjekte anzusehen sind oder nicht, dieselben für den Konkurs wie Rechtssubjekte, und wendet die für den Konkurs über das Vermögen physischer Personen gegebenen Vorschriften auf den Konkurs über diese Gesellschaften an. Die Gesellschaften, nicht die Eigenthümer oder Theilhaber derselben, haben daher die Stellung des Gemeinschuldners, und da diese nur durch ihre Vertreter handeln können, haben ihre gesetzlichen Vertreter, d. h. diejenigen persönlich haftenden bezw. Vorstandsmitglieder, die Stellung des Kridars, welchen nach dem Gesellschaftsvertrag die Vertretung der Gesellschaft übertragen ist, s. über diese Frage und über die Literatur Jäger, der Konkurs der offenen Handelsgesellschaft, der aber S. 66 ff. den sämmtlichen einzelnen Gesellschaftern die Stellung des Gemeinschuldners zuweist, weil die Gesellschaft kein Rechtssubjekt sei; er beachtet nicht, daß die K.O. ohne Rücksicht auf die Frage nach der Rechtssubjektivität den Konkurs über die Gesellschaft für zulässig erklärt.

Haben die geschäftsführenden Gesellschaften nicht in ihrer Eigenschaft als Miteigenthümer, sondern als die gesetzlichen Vertreter der Gemeinschuldnerin die Rechte und Pflichten der letzteren, so kommen die Erörterungen der Anm. 2 zu § 207 zur Anwendung; doch üben hier die einzelnen Vertreter die Rechte des Kridars, namentlich hinsichtlich des Widerspruchs gegen die angemeldeten Forderungen, einzeln aus, wenn sie einzeln zur Vertretung der Gesellschaft berechtigt sind, denn unter dieser Voraussetzung sind die einzelnen geschäftsführenden Mitglieder der offenen Handelsgesellschaft in Ermangelung einer abweichenden Bestimmung des Gesellschaftsvertrags berechtigt, einzeln zu handeln, § 115 H.G.B., wogegen die mehreren Liquidatoren nach § 150 H.G.B. in Ermangelung einer entgegenstehenden Bestimmung nur gemeinsam handeln können.

Die Stellung der geschäftsführenden Gesellschafter als Vertreter der Gesellschaft läßt das Bestehen von Forderungen und Schulden dieser Gesellschafter gegenüber der Gesellschaft zu, Jäger S. 94 ff., a. M. v. Wilmowski Anm. 1, der Verwalter hat daher von ihnen die rückständigen Einlagen, § 111 H.G.B., einzuziehen, die Ersatzansprüche des § 113 H.G.B. geltend zu machen, die aus dem Gesellschaftsvermögen unbefugt entnommenen Beträge nebst Zinsen zurückzufordern, § 111 H.G.B., wogegen der Gesellschafter Ersatz seiner Auslagen und Aufwendungen als Konkursgläubiger verlangen kann, § 713 B.G.B. Diese Ansprüche sind erforderlichen Falles im Prozeßwege geltend zu machen; R.G. 1, 72; 17, 39, in J. W. 1893 S. 309, 503.

Da die Gesellschafter nur als Vertreter, nicht als Eigenthümer in Betracht kommen, ist ein Pfandrecht, welches einer von ihnen einem Gesellschaftsgläubiger an einer ihm gehörenden Sache bestellt hat, nicht ein Absonderungsrecht, weil ein solches nach § 4 nur an Gegenständen des Gemeinschuldners bestehen kann, R.G. 7, 88.

3. Die Voraussetzung des Konkurses über die offene Handelsgesellschaft und die Kommanditgesellschaft ist die Zahlungsunfähigkeit, die Voraussetzung des Konkurses über die Kommanditaktiengesellschaft auch die Ueberschuldung, s. wegen der Ueberschuldung Anm. 1, 2 zu § 102.

4. Durch die Beziehung des § 207 Abs. 2 ist die Zulässigkeit des Konkurses über die Gesellschaften des § 209 auch nach ihrer Auflösung solange für zulässig erklärt, als noch unvertheiltes Gesellschaftsvermögen vorhanden ist, Anm. 1 zu § 207.

§. 210. (199.)

Zu dem Antrage auf Eröffnung des Verfahrens ist außer den Konkursgläubigern jeder persönlich haftende Gesellschafter und jeder Liquidator berechtigt.

Wird der Antrag nicht von allen persönlich haftenden Gesellschaftern oder allen Liquidatoren gestellt, so ist derselbe zuzulassen, wenn bei der offenen Handelsgesellschaft oder der Kommanditgesellschaft die Zahlungsunfähigkeit, bei der Kommanditgesellschaft auf Aktien die Zahlungsunfähigkeit oder die Ueberschuldung glaubhaft gemacht wird. Das Gericht hat die übrigen persönlich haftenden Gesellschafter oder die Liquidatoren nach Maßgabe des §. 105 Abs. 2, 3 zu hören.

M. I 447, 448; P. I 120—122, 190; M. II 45; P. II 45, 46.

1. Der Abs. 2, welcher bisher lautete: „Wird der Antrag nicht von allen persönlich haftenden Gesellschaftern oder allen Liquidatoren gestellt, so ist derselbe zuzulassen, wenn die Zahlungsunfähigkeit der Gesellschaft glaubhaft gemacht wird. Das Gericht hat die übrigen persönlich haftenden Gesellschafter oder Liquidatoren nach Maßgabe des § 97 Abs. 2, 3 zu hören" ist geändert, weil nach § 209 der Konkurs über die Kommanditgesellschaft auch im Fall der Ueberschuldung für zulässig erklärt ist.

2. Der Paragraph entspricht mit der Maßgabe, daß der Konkurs der offenen Handelsgesellschaft und der Kommanditgesellschaft nur im Fall der Zahlungsunfähigkeit zulässig ist, dem § 208, es wird daher hier auf die Anm. 1, 2 zu § 208 Bezug genommen.

Gegen den Eröffnungsbeschluß steht die sofortige Beschwerde jedem geschäftsführenden Mitglied der Gesellschaft zu, R.G. in J. W. 1895 S. 484 (welches das Beschwerderecht aber jedem persönlich haftenden Gesellschafter zuspricht), auch wenn der Beschluß auf seinen Antrag ergangen ist, Anm. zu § 109, v. Krätvel in Z. f. D.P.C. 40, 140, Kohler S. 543, a. M. Jäger S. 71, Endemann § 22 Anm. 19, Fitting § 35 Anm. 37.

§. 211. (200.)

Ein Zwangsvergleich kann nur auf Vorschlag aller persönlich haftenden Gesellschafter geschlossen werden.

Der Zwangsvergleich begrenzt, soweit er nicht ein Anderes festsetzt, zugleich den Umfang der persönlichen Haftung der Gesellschafter.

M. I 448; P. I 122, 190; M. II 46; P. II —.

1. Der Abs. 2, welcher bisher lautete: „Der Zwangsvergleich begrenzt, soweit er nicht ein Anderes festsetzt, zugleich den Umfang der solidarischen Haftung der persönlich haftenden Gesellschafter mit ihrem sonstigen Vermögen," ist nur geändert, um die Ausdrucksweise mit derjenigen des B.G.B. und des H.G.B. in Einklang zu bringen.

2. Die Gesellschaft wird im Konkurs in ihrer Eigenschaft als Gemeinschuldnerin nur von den geschäftsführenden Mitgliedern vertreten, zu dem Akkordvorschlag berechtigt das Gesetz aber alle persönlich haftenden Gesellschafter, auch wenn sie keine geschäftsführenden Mitglieder sind, weil der Akkord auch auf die persönliche Haftung der Gesellschafter einwirkt, und weil daher weniger der Gesichtspunkt der Vertretungsmacht, als der des Miteigenthums in Betracht kommt. Der Vergleich darf nur auf einstimmigen Vorschlag aller Komplementäre zugelassen werden, eine nach dem Gesellschaftsvertrag zulässige Bestimmung der Beschlußfassung nach der Mehrheit der Stimmen ist daher in dieser Beziehung ohne Wirksamkeit. Andere Personen, als die Gesellschafter, insbesondere die Kommanditisten oder die Liquidatoren, sind zur Stellung eines Vergleichantrags nicht berechtigt.

Die Gesammtheit der persönlich haftenden Gesellschafter hat auch nach der Zulassung des Vorschlags die Rechtsstellung des Gemeinschuldners, nur sie — und zwar immer nur gemeinschaftlich und einstimmig — sind zu den Anträgen und zur Beschwerde berechtigt, die dem Gemeinschuldner zustehen. Vermöge dieser ihrer Rechtsstellung kommen sie allein und zwar immer nur in ihrer Gesammtheit, a. M. v. Wilmowski, bei der Frage der Zulässigkeit des Vergleichsvorschlags wegen eines Grundes des § 175 und wegen der Wiederaufnahme des Verfahrens nach § 197 in Betracht.

3. Nach Abs. 2 begrenzt der Vergleich den Umfang der persönlichen Haftung der Gesellschafter, d. h. eine Reduktion der Gesellschaftsforderungen oder eine Zahlungsbefristung äußert ihre Wirkung auch auf die persönliche Haftung der Gesellschafter, sodaß nicht nur die Gesellschaft, sondern auch die persönlich haftenden Gesellschafter nur noch für die reduzirte Forderung und nur nach Maßgabe der Zahlungsmodalitäten zu haften brauchen. Der Vergleich darf aber, wie das Gesetz zuläßt, einen andern Inhalt haben, es kann bestimmt werden, daß die Gesellschafter persönlich für die ganze Schuld, daß sie für die Schuld gar nicht oder daß sie zu einem andern Betrag haften, als die Gesellschaft.

4. Der vor der Eröffnung des Konkurses ausgeschiedene Gesellschafter hat nicht mehr die Rechtsstellung des Gesellschafters, sondern der Gesellschaft gegenüber die Stellung eines Gläubigers. Diese Frage war nach bisherigem Recht streitig, sie wurde vom R.O.H.G. 10, 57 und dem R.G. 29, 38 bejaht, vom R.O.H.G. 15, 204 und in gewisser Hinsicht auch vom R.G. 15, 81 verneint, in der Literatur wurde sie meistens bejaht, v. Wilmowski, Anm. 1, Staub, Komment. § 3 zu dem früheren Art. 122 H.G.B., Cosack, Lehrbuch des Handelsrechts S. 584, dagegen von Hahn, Komment. zum H.G.B. (4. Aufl.) S. 568 Anm. 8, Kohler, Leitfaden zum Konkurs-

recht S. 195 ff. und von Jäger S. 163 ff. verneint. Nach dem neuen Reichsrecht ist der ausgeschiedene Gesellschafter nur noch Gläubiger der Gesellschaft, denn sein Antheil am Gesellschaftsvermögen wächst nach § 738 B.G.B. den übrigen Gesellschaftern zu, und nach § 740 nimmt er nicht mehr an den Geschäften, sondern nur noch an dem Ergebniß derselben Theil, Oertmann Anm. 1 zu § 740 B.G.B. Ist er aber nicht mehr Gesellschafter, so hat er sich am Vergleichsvorschlage und am Vergleichsverfahren auf Seiten des Gemeinschuldners nicht zu betheiligen und wirkt die Reduktion der Schulden auf den Umfang seiner persönlichen Haftung nicht ein, vgl. R.G. 29, 38. Im Zwangsvergleich kann aber auch in dieser Beziehung ein anderes bestimmt werden, selbstverständlich aber ohne Zustimmung des Gesellschafters nicht in der Weise, daß seine Haftung über seine gesetzliche Verpflichtung erhöht wird.

§. 212. (201.)

In dem Konkursverfahren über das Privatvermögen eines persönlich haftenden Gesellschafters können die Gesellschaftsgläubiger, wenn das Konkursverfahren über das Gesellschaftsvermögen eröffnet ist, Befriedigung nur wegen desjenigen Betrags suchen, für welchen sie in dem letzteren Verfahren keine Befriedigung erhalten.

Bei den Vertheilungen sind die Antheile auf den vollen Betrag der Gesellschaftsforderungen zurückzubehalten, bis der Ausfall bei dem Gesellschaftsvermögen feststeht.

Im Uebrigen finden auf die bezeichneten Forderungen die Vorschriften der §§. 64, 96 entsprechende Anwendung.

M. 448—452; P. I 122—125, 190—196; M. II 46; P. II —.

1. Der § lautete bisher: „Wenn Gesellschaftsgläubiger in einem über das Privatvermögen eines persönlich haftenden Gesellschafters eröffneten Konkursverfahren ihre Befriedigung wegen des Ausfalls suchen, welchen sie in dem Konkursverfahren über das Gesellschaftsvermögen erleiden, so sind bei den Vertheilungen die Antheile auf den vollen Betrag der Gesellschaftsforderungen zurückzubehalten, bis der Ausfall bei dem Gesellschaftsvermögen feststeht.

Im Uebrigen finden auf die vorstehend bezeichneten Forderungen die Vorschriften der §§ 57, 88 entsprechende Anwendung."

Nach dem bisherigen Art. 122 H.G.B. konnten im Fall des Konkurses über das Vermögen einer offenen Handelsgesellschaft und nach Art. 169, 173 H.G.B. im Fall des Konkurses über das Vermögen einer Kommandit- oder einer Kommanditaktiengesellschaft die Gesellschaftsgläubiger aus dem Privatvermögen der persönlich haftenden Gesellschafter nur wegen des Ausfalls, den ihre Forderungen im Gesellschaftskonkurs erlitten, Befriedigung suchen, ohne Rücksicht darauf ob beide Konkurse gleichzeitig eröffnet waren oder nicht. Diese Bestimmungen sind in das neue H.G.B. nicht aufgenommen, in der Denkschrift zum Entw. dieses H.G.B. ist aber davon ausgegangen, daß sachlich der Effekt des früheren Art. 122 H.G.B. eintrete, wenn über das Gesellschafts- und das Privatvermögen gleichzeitig der Konkurs eröffnet sei. Diesen Gedanken will der § 212 durch seine veränderte Fassung zum Ausdruck bringen, M. II. Dabei ist es aber gleichgiltig, ob der Konkurs über beide Vermögen gleichzeitig eröffnet ist, wesentlich ist nur, daß beide Verfahren gleichzeitig im Gange sind, ohne Unterschied, ob der eine später oder früher eröffnet ist, als der andere. Solange das Verfahren nicht gleichzeitig besteht, kommt der § 68 zur Anwendung, sodaß auf die gleichzeitige Haftung des Gesellschafters bezw. der Gesellschaft keine Rücksicht genommen wird; sobald aber der Konkurs auch über das andere Vermögen eröffnet ist, tritt die Wirkung des § 212 ein.

Bei gleichzeitigem Bestehen beider Konkurse wird der Gläubiger im Gesellschaftskonkurse durch die Mithaftung des Gesellschafters nicht berührt; nur im Konkurs über das Vermögen des Gesellschafters kann die Befriedigung lediglich für die Ausfallforderung verlangt werden. Andererseits gilt der § 212 nicht für das Verhältniß der Konkurse, die über das Privatvermögen der mehreren Gesellschafter eröffnet sind; die Gesellschafter haften nach § 128 H.G.B. als Gesammtschuldner, für das Verhältniß dieser Konkurse unter einander gilt daher nur der § 68.

Der § 129 H.G.B., wonach der Gesellschafter einer gegen ihn persönlich geltend gemachten Forderung nur die in seiner Person begründeten und die der Gesellschaft zustehenden Einwendungen entgegensetzen kann, wonach er die Befriedigung verweigern darf, wenn die Gesellschaft zur Anfechtung des Rechtsgeschäfts berechtigt ist oder wenn der Gläubiger sich durch Aufrechnung gegen eine fällige Forderung der Gesellschaft befriedigen kann, und wonach aus einem gegen die Gesellschaft gerichteten Vollstreckungstitel die Zwangsvollstreckung gegen den Gesellschafter nicht stattfindet, gilt auch im Gesellschaftskonkurs. Der Fälligkeit der Forderung steht die nach § 54 ohne Rücksicht auf die Fälligkeit zulässige Aufrechnung gleich.

2. Die Gesellschaftsforderung ist im Privatkonkurs nicht als Absonderungsforderung anzusehen, denn die Absonderung setzt voraus, daß der Gläubiger sich aus Gegenständen des Konkursvermögens befriedigen darf, § 4, das Befriedigungsrecht des Gesellschaftsgläubigers besteht aber an dem nicht zur Privatkonkursmasse gehörigen Gesellschaftsvermögen. Es kommen daher diejenigen, das Absonderungsrecht betreffenden Vorschriften hier nicht zur Anwendung, welche der § 212 nicht ausdrücklich zur Anwendung bringen will, insbesondere nicht die §§ 11, 118, 153, 156; dagegen sollen die Vorschriften der §§ 64, 96 mit den Modifikationen des § 212 zur Anwendung kommen.

Darnach werden die Forderungen zu ihrem vollen Betrage angemeldet, die Konkursdividende wird nicht, wie bei den Absonderungsforderungen nach der Höhe des Ausfalls, sondern auf die ganze Forderung berechnet, die Befriedigung erfolgt aber nur in Höhe des Ausfalls. Solange der Ausfall nicht durch Verzicht oder durch Zwangsvergleich, Anm. 3 zu § 211, oder Vertheilung des Gesellschaftsvermögens oder durch Uebereinkunft zwischen dem Gläubiger und dem Verwalter feststeht, wird der Antheil nach § 168 zurückbehalten und, wenn der Ausfall nicht vor dem Schluß des Privatkonkurses feststeht, nach § 169 hinterlegt. Stellt sich nachher heraus, daß der zurückbehaltene Betrag den Ausfall übersteigt, so fließt die Differenz zur Masse zurück und bildet den Gegenstand einer Nachtragsvertheilung des § 166. S. im Uebrigen die entsprechend zu berücksichtigenden Anm. zu §§ 64, 93, 153 Abs. 1, 168, 169; theilweise abw. v. Wilmowski.

§. 213.

Auf das Konkursverfahren über das Vermögen einer juristischen Person, sowie eines Vereins, der als solcher verklagt werden kann, finden die Vorschriften der §§. 207, 208 entsprechende Anwendung.

M. —; P. I —; M. II 46; P. II 46.

1. In Folge der Anwendung der §§ 207, 208 auf den Konkurs über das Vermögen der juristischen Person und der Vereine findet das Verfahren gegen dieselben sowohl im Fall der Zahlungsunfähigkeit als auch im Fall der Ueberschuldung statt. Vertreter der juristischen Person und der Vereine ist der Vorstand; s. im Uebrigen die Anm. zu §§ 207, 208.

Der Vorstand hat nach § 42 Abs. 2 B.G.B.

> „im Falle der Ueberschuldung die Eröffnung des Konkurses zu beantragen. Wird die Stellung des Antrags verzögert, so sind die Vorstandsmitglieder, denen ein Verschulden zur Last fällt, den Gläubigern für den daraus entstehenden Schaden verantwortlich; sie haften als Gesammtschuldner."

Die Ersatzverpflichtung gegenüber den Vereinsmitgliedern ist durch § 27 Abs. 3 B.G.B. begründet.

Dasselbe gilt nach § 86 B.G.B. für die Stiftungen und hinsichtlich der Verpflichtung zur Anmeldung des Konkurses und der Verantwortlichkeit den Gläubigern gegenüber nach § 89 Abs. 2 B.G.B. für die juristischen Personen des öffentlichen Rechts.

Im Fall der Zahlungsunfähigkeit darf der Vorstand den Konkurs anmelden, ist aber dazu gesetzlich nicht verpflichtet.

Die Eröffnung des Konkurses über einen eingetragenen Verein ist nach § 75 B.G.B. in das Vereinsregister einzutragen, eine Vorschrift, welche sich übrigens auch aus § 112 K.O. ergiebt.

Ein rechtsfähiger Verein verliert durch die Eröffnung des Konkurses seine Rechtsfähigkeit, § 42 Abs. 1 B.G.B., aber solange noch Vereinsvermögen vorhanden ist, bleibt dasselbe Gegenstand des Konkursverfahrens, und behalten die Vorstandsmitglieder als Vertreter des Vereins die Rechtsstellung des Gemeinschuldners, s. die Anm. zu § 207 Abs. 2, vgl. § 49 Abs. 2 B.G.B.

Dasselbe gilt von der Stiftung, § 86.

2. Die juristischen Personen sind nach den §§ 21—89 B.G.B. die rechtsfähigen Vereine der §§ 21, 22, die auf privatrechtlicher Grundlage beruhenden Stiftungen, §§ 80ff., und die Körperschaften, Stiftungen und Anstalten des öffentlichen Rechts, § 89 Abs. 2. Ueber letztere ist der Konkurs nur nach Maßgabe der Landesgesetzgebung zulässig, Art. IV E.G. II. In Preußen ist der Konkurs über dieselben an sich nicht ausgeschlossen, doch darf derselbe nicht ohne Einvernehmen mit dem Regierungspräsidenten, eventuell nach Ermächtigung des Justizministers eröffnet werden, § 72 K.O., § 15 Nr. 3 E.G. z. C.P.O., Anh. § 153 zu § 45 A.G.O. I, 24.

Der Konkurs ist aber auch über das Vermögen der nicht rechtsfähigen Vereine zulässig. Denn, obgleich nach § 54 B.G.B. auf dieselben die Vorschriften des B.G.B. über die Gesellschaften Anwendung finden, kann ein „Verein, der nicht rechtsfähig ist, verklagt werden und hat in dem Rechtsstreit die Stellung eines rechtsfähigen Vereins," § 50 Abs. 2 C.P.O., s. auch § 735 C.P.O., und der § 213 läßt die Eröffnung des

Konkurses über alle Vereine zu, welche als solche verklagt werden können, M. II. Im Konkurs gilt daher auch der nicht rechtsfähige Verein als der Gemeinschuldner und gelten als seine Vertreter diejenigen Personen, welchen durch die Vereinssatzung bezw. in dem Gesellschaftsvertrage die Führung der Geschäfte übertragen ist, §§ 710, 54 B.G.B., in Ermangelung einer solchen Vereinbarung die sämmtlichen Mitglieder. Die mehreren geschäftsführenden Personen bezw. die sämmtlichen Mitglieder des Vereins können die Rechte des Gemeinschuldners nur gemeinschaftlich ausüben, § 709 B.G.B., zu dem Antrage auf Eröffnung des Konkurses ist aber jedes geschäftsführende Mitglied berechtigt.

§. 214. (202.)

II. Für das Konkursverfahren über einen Nachlaß ist das Amtsgericht ausschließlich zuständig, bei welchem der Erblasser zur Zeit seines Todes den allgemeinen Gerichtsstand gehabt hat.

M. I 552—554; P. I 125, 196; M. II —; P. II —.

1. Durch die Anerkennung der Zulässigkeit des Nachlaßkonkurses ist, wie in M. I hervorgehoben ist, der Nachlaß nicht als juristische Person anerkannt, er gehört auch jetzt nicht zu den juristischen Personen, weil er nicht die für die juristischen Personen Erfordernisse der, in den §§ 21—89 B.G.B. geforderten Voraussetzungen hat.

Eigenthümer des Nachlasses ist der Erbe bezw. sind die Mehrheit der Erben, sie haben daher alle Rechte und Pflichten des Gemeinschuldners, üben die Rechte aber nur durch einstimmige Rechtshandlung aus, §§ 2038, 2040 B.G.B., vgl. R.G. 18, 272; 25, 34; in J. W. 1885 S. 92. Ist die Erbschaft verkauft, so hat der Käufer die Rechtsstellung des Gemeinschuldners, § 232 Abs. 1. Ist die Erbschaft nicht oder noch nicht angetreten, so hat der nach § 1960 B.G.B. ernannte oder nach § 1961 zu ernennende Nachlaßpfleger bis zur Feststellung des Fiskus als des Erben, §§ 1965, 1966 B.G.B. die Stellung eines Vertreters des Gemeinschuldners, doch hat er nicht die Pflicht, an seinem Wohnort zu bleiben, § 101 Abs. 1, er kann nicht auf Grund der §§ 101 Abs. 2, 106 verhaftet werden, doch hat er die Pflicht der Auskunftsertheilung, § 2012 B.G.B., sowie der Rechenschaftslegung und Leistung des Offenbarungseids, §§ 259, 260 B.G.B. Die Nachlaßverwaltung erlischt mit der Eröffnung des Konkurses, § 1988 Abs. 1 B.G.B., aber auch der Nachlaßverwalter hat die Pflicht der Auskunftsertheilung des § 2012 B.G.B., sowie der Rechnungslegung und der Leistung des Offenbarungseids, §§ 259, 260 B.G.B.

2. Zuständig für den Konkurs ist das Amtsgericht, in welchem der Erblasser zur Zeit seines Todes seinen allgemeinen Gerichtsstand gehabt hat, vgl. § 27 C.P.O. Da der allgemeine Gerichtsstand durch den Wohnsitz eventuell den Aufenthaltsort bestimmt wird, §§ 13, 16 C.P.O., so kann das für den Nachlaßkonkurs zuständige Gericht ein anderes sein, als das Gericht, welches zuständig sein würde, wenn über das Vermögen des Erblassers bei seinen Lebzeiten der Konkurs eröffnet wäre, denn in letzterem Fall ist nach dem, bei der Revision der K.O. geänderten, § 71 in erster Linie das Gericht der gewerblichen Niederlassung kompetent.

Die Zuständigkeit ist eine ausschließliche, s. darüber Anm. 5 zu § 71.

Hatte der Erblasser mehrere Wohnsitze, so kommt der § 71 Abs. 2 zur Anwendung, s. darüber Anm. 3 zu § 71.

3. Ist der Konkurs zu Lebzeiten des Gemeinschuldners eröffnet, so hat der Tod des letztern, wie unstreitig ist, auf das Verfahren keinen Einfluß. Denn für das Verfahren ist der Zeitpunkt der Konkurseröffnung allein maßgebend, durch welchen die Aktiv- und Passivmasse festgestellt wird. Im Fall des Todes des Gemeinschuldners richtet sich das Verfahren daher nicht nach den Vorschriften der §§ 214—236; der Erbe tritt in die Rechtsstellung des Gemeinschuldners ein. Die Zeit der Konkurseröffnung ist auch dann maßgebend, wenn der Tod zwischen der Stellung des Eröffnungsantrags und der Konkurseröffnung eintritt und zwar auch dann, wenn dem Gericht der Tod nicht bekannt war.

§. 215. (203.)

Die Eröffnung des Verfahrens setzt die Ueberschuldung des Nachlasses voraus.

M. I 553, 554; P. I 125, 196; M. II —; P. II —.

Die Eröffnung des Konkurses ist nur im Fall der Ueberschuldung zulässig, weil die Gläubiger nur auf den Nachlaß angewiesen sind, ohne auf Befriedigung aus einem später erworbenen Vermögen oder auf Befriedigung Seitens der Erben rechnen zu können, §§ 1975, 2060 B.G.B., sofern der Erbe nicht unbeschränkt haftet, § 2013 B.G.B.

Die Zahlungseinstellung behält aber auch im Nachlaßkonkurs in Ansehung der Anfechtung ihre Bedeutung, R.G. 25, 38, in J. W. 1885 S. 92, in Gruchots Beitr. 29, 423.

Ueber die Ueberschuldung s. die Anm. 1, 2 zu 102. Ob sie schon zur Zeit des Todes des Erblassers vorhanden oder erst durch die Nachlaßverwaltung entstanden ist, ist unerheblich, wenn sie nur zur Zeit der Eröffnung des Verfahrens besteht. Der Nachlaß ist auch dann überschuldet, wenn er zur Befriedigung der eigentlichen Gläubiger ausreicht, aber die Vermächtnisse und Auflagen aus ihm nicht oder nicht vollständig erfüllt werden können, § 1967 B.G.B., § 226 Abs. 2 Nr. 5 K.O., wie auch dann, wenn er nur zur Befriedigung der Pflichttheilsberechtigten unzureichend ist, weil auch deren Ansprüche als Nachlaßverbindlichkeiten gelten, § 226 Abs. 2 Nr. 4 K.O., § 1967 B.G.B.

§. 216. (204.)

Die Eröffnung des Verfahrens wird nicht dadurch gehindert, daß der Erbe die Erbschaft noch nicht angenommen hat, oder daß er für die Nachlaßverbindlichkeiten unbeschränkt haftet.

Bei dem Vorhandensein mehrerer Erben ist die Eröffnung des Verfahrens auch nach der Theilung des Nachlasses zulässig.

M. I 554; P. I 125, 196; M. II 46, 47; P. II —.

1. Während der § 216 in seiner bisherigen Fassung:

„Die Eröffnung des Konkurses wird nicht dadurch gehindert, daß der Erbe noch eine Ueberlegungsfrist hat,“

den Nachlaßkonkurs nur gegen den Benefizialerben zuließ, hat die jetzige Vorschrift, welche in dem ersten Theil ihres ersten Absatzes die bisherige Bestimmung nur in die Ausdrucksweise des B.G.B. umändert, durch die zweite Alternative des Abs. 1 und durch den Abs. 2, den Grundsätzen des B.G.B. entsprechend, den Nachlaßkonkurs zur Sicherung der Gläubiger unter allen Umständen vor und nach dem Erbschaftsantritt, vor und nach der Nachlaßvertheilung, vor und nach der Vermischung des Nachlasses mit dem Vermögen des Erben für zulässig erklärt und dadurch das in Wegfall gekommene Absonderungsrecht der Nachlaßgläubiger im Konkurs des Erben nicht nur ersetzt, sondern, im Verhältniß zu dem bisherigen § 43, erheblich erweitert.

2. Das Konkursvermögen besteht außer dem Fall der unbeschränkten Haftung des Erben, in welchem für den Bestand des Vermögens die Zeit der Konkurseröffnung maßgebend ist, § 2013 B.G.B., aus der Nachlaßmasse, wie sie zur Zeit des Todes des Erblassers bestand und durch die von diesem Zeitpunkt bis zur Konkurseröffnung ausgeführte Verwaltung verändert ist. Was auf Grund eines zum Nachlaß gehörigen Rechts oder als Ersatz für die Zerstörung, Beschädigung oder Entziehung eines Nachlaßgegenstands oder durch ein Rechtsgeschäft, das sich auf den Nachlaß bezieht, vom Erben, Nachlaßpfleger oder Nachlaßverwalter erworben ist, gehört nach § 2041 B.G.B. zum Nachlaß.

Die Berichtigung der Nachlaßschulden brauchen die Nachlaßkonkursgläubiger nicht gelten zu lassen, sondern können vom Erben Erstattung der Zahlung fordern, es sei denn, daß der Erbe den Umständen nach annehmen durfte, daß der Nachlaß zur Berichtigung aller Nachlaßverbindlichkeiten ausreiche, § 1979 B.G.B., aber auch auf diese Ausnahme können sich der Pflichttheilsberechtigte, Legatar und der aus einer Auflage Berechtigte nach § 222 K.O. nicht berufen, s. darüber die Anm. zu §§ 221, 222. Die Aufrechnung der Forderung eines Nachlaßgläubigers mit einer Nachlaßschuld gilt nach § 1976 B.G.B., wie jede andere Vereinigung (Konfusion) von Rechten des Nachlasses mit Rechten gegen denselben als nicht geschehen, und zwar auch dann, wenn der Erbe unbeschränkt haftet. Eine in Folge der Verwaltung oder als Ersatz für die Zerstörung, Beschädigung oder Entziehung eines Nachlaßgegenstandes entstandene Nachlaßforderung kann der Nachlaßschuldner zur Aufrechnung wirksam benutzen, solange er nicht weiß, daß die Forderung zum Nachlaß gehört, § 2041 Satz 2 B.G.B. Die Aufrechnung, welche ein Nachlaßschuldner mit einer ihm gegen den Erben zustehenden Forderung mit oder ohne Zustimmung des letztern erklärt hat, gilt als nicht erfolgt, § 1977 Abs. 2 B.G.B., sofern der Erbe nicht unbeschränkt haftet, § 2013 B.G.B.

Die durch die Verwaltung des Erben entstandenen Rechtsgeschäfte sind im Uebrigen den Nachlaßgläubigern gegenüber rechtswirksam. Denn der Erbe gilt hinsichtlich dieser Verwaltung als Beauftragter, § 1978 B.G.B. Soweit er die Verwaltung vor der Annahme der Erbschaft geführt hat und er die Erbschaft nicht angenommen hat, gilt er nur als Besorger fremder Rechtsgeschäfte ohne Auftrag, welche den Nachlaßgläubigern gegenüber nur wirksam sind, wenn der Konkursverwalter oder vor ihm der Nachlaßverwalter sie genehmigt, § 177 B.G.B., oder wenn die Verfügung nicht ohne Nachtheil für den Nachlaß verschoben werden konnte, § 1959 Abs. 2 B.G.B., wogegen jedes einseitige dem Erbberechtigten gegenüber vorgenommene Rechtsgeschäft wirksam bleibt, § 1959 Abs. 3 B.G.B. Die aus diesen den Nachlaßgläubigern gegenüber wirksamen Rechtsgeschäften entstandenen Forderungen gegen den Nachlaß sind Nachlaßforderungen, welche am Nachlaßkonkurs Theil nehmen. Für seine Verwaltung ist der Erbe den Nachlaßgläubigern aus dem Auftrage bezw. der

Geschäftsführung ohne Auftrag verantwortlich, dieser gegen ihn bestehende Anspruch gehört nach § 1978 Abs. 2 B.G.B. zum Nachlaß.

Zum Nachlaß gehört ferner der Anspruch gegen den Erbschaftsbesitzer, §§ 2018 ff. B.G.B.

Ist der Nachlaß getheilt, so haben die Erben die Nachlaßgegenstände zur Konkursmasse zurückzugeben. Die Herausgabe erfolgt gemäß § 812 Abs. 1 Satz 2 B.G.B. nach den Grundsätzen über die ungerechtfertigte Bereicherung, §§ 818, 819 B.G.B.

Ist keine im Sinn des § 107 genügende Nachlaßmasse vorhanden, so kann der Eröffnungsantrag abgelehnt und, wenn sich der Mangel an Masse erst später ergiebt, das Verfahren eingestellt werden, § 204. Die Abweisung darf aber auch dann erfolgen, wenn die Eröffnung des Verfahrens nicht thunlich ist, § 1990 B.G.B., insbesondere wenn in Folge einer schon längere Zeit zurückliegenden Theilung des Nachlasses die Rechtsverhältnisse so verwirrt und schwierig sind, daß eine einigermaßen erfolgreiche Durchführung des Konkurses nicht zu erwarten ist. Doch wird auch in diesem Fall die Abweisung nicht erfolgen dürfen, wenn ein Nachlaßgläubiger den Vorschuß des § 107 leistet.

§. 217. (205.)

Zu dem Antrag auf Eröffnung des Verfahrens ist jeder Erbe, der Nachlaßverwalter, sowie ein anderer Nachlaßpfleger, ein Testamentsvollstrecker, dem die Verwaltung des Nachlasses zusteht, und jeder Nachlaßgläubiger berechtigt.

Wird der Antrag nicht von allen Erben gestellt, so ist er zuzulassen, wenn die Ueberschuldung glaubhaft gemacht wird. Das Gericht hat die übrigen Erben, soweit thunlich, zu hören.

Steht die Verwaltung des Nachlasses einem Testamentsvollstrecker zu, so ist, wenn der Erbe die Eröffnung des Verfahrens beantragt, der Testamentsvollstrecker, wenn der Testamentsvollstrecker den Antrag stellt, der Erbe zu hören.

M. I 553; P. I 125, 196; M. II 47; P. II —.

1. Der § lautete bisher: „Zu dem Antrage auf Eröffnung des Verfahrens ist jeder Erbe oder Vertreter des Nachlasses und jeder Nachlaßgläubiger berechtigt.

Wird der Antrag nicht von allen Erben oder Nachlaßvertretern gestellt, so ist derselbe zuzulassen, wenn die Ueberschuldung glaubhaft gemacht wird. Das Gericht hat die übrigen Erben oder Nachlaßvertreter nach Maßgabe des § 97 Abs. 2, 3 zu hören."

Der Erbe war zur Antragstellung nur legitimirt, wenn er Benefizialerbe war, weil nur unter dieser Voraussetzung der Nachlaßkonkurs zulässig war. Jetzt ist der Konkurs ohne Rücksicht auf die Haftung des Erben zulässig, und durch die Eröffnung des Nachlaßkonkurses wird die Haftung des und der Erben auf den Belauf des Nachlasses beschränkt, § 1975, vgl. § 2060 Nr. 3 B.G.B.

2. Der § 317 führt als die Antragsberechtigten jeden Erben, den Nachlaßverwalter, jeden andern Nachlaßpfleger, den Testamentsvollstrecker und jeden Nachlaßgläubiger auf. Ist die Erbschaft verkauft, so tritt nach § 232 der Käufer an die Stelle des Erben.

Erbe ist nur derjenige, welcher die ihm angefallene Erbschaft angenommen hat, dem Nacherben fällt die Erbschaft erst an, wenn der Vorerbe aufhört Erbe zu sein, § 2139 B.G.B., erst von diesem Zeitpunkt an kann daher der Nacherbe den Eröffnungsantrag stellen, wenn er die Erbschaft angenommen hat.

Der Testamentsvollstrecker kann zur Verwaltung des Nachlasses, zur Verwaltung einzelner Gegenstände, zur Vertheilung des Nachlasses oder zu einer beschränkten Verwaltung ernannt werden, § 2208 B.G.B., aber nur der zur unbeschränkten Verwaltung ernannte Testamentsvollstrecker ist zur Antragsstellung berufen, zur unbeschränkten Verwaltung ist er auch dann berechtigt, wenn seiner Disposition nur einzelne Gegenstände entzogen sind.

Zu den Nachlaßgläubigern gehören auch die Pflichttheilsberechtigten, Legatare und die aus einer Auflage Berechtigten, § 1967 B.G.B., aber dem Legatar und dem aus der Auflage Berechtigten steht das Antragsrecht nach § 219 nur dann zu, wenn über das Vermögen des Erben der Konkurs eröffnet ist.

3. Die mehreren Erben verwalten den Nachlaß gemeinschaftlich, §§ 2038, 2040 B.G.B., dasselbe gilt von den mehreren Nachlaßpflegern und Testamentsvollstreckern, §§ 1915, 1797, 2224 B.G.B. Stellen die mehreren zur Verwaltung Berechtigten oder stellt derjenige, welcher zur Verwaltung allein berechtigt ist (dies ist auch der Testamentsvollstrecker, dessen Disposition nur einzelne, einem andern zur Verwaltung übertragene Nachlaßgegenstände entzogen sind), den Antrag auf Eröffnung des Konkurses, so haben sie die Rechtstellung des Gemeinschuldners und brauchen daher die Voraussetzung des Konkurses, die Ueberschuldung des Nachlasses, nicht glaubhaft zu machen, sondern nur die Verzeichnisse des § 104 vorzulegen.

Der Antrag darf aber auch von jedem einzelnen der mehreren zur Verwaltung Berechtigten gestellt werden, in diesem Falle muß aber, ebenso wie im Fall des § 208 Abs. 2, s. die Anm. darüber, die Ueberschuldung des Nachlasses glaubhaft gemacht werden, s. darüber Anm. 1 zu § 105. Der Nachlaßgläubiger, der den Antrag stellt, hat den Erfordernissen des § 105 zu genügen.

4. Der Abs. 2 Satz 2 und der Abs. 3 entsprechen dem § 105 Abs. 2, s. darüber die Anm. 3 zu § 105 und die Anm. zu §§ 208 Abs. 2 Satz 2, 218 Abs. 2 Satz 2.

5. Der Erbe ist nicht blos berechtigt, sondern nach § 1980 B.G.B. auch verpflichtet, die Konkurseröffnung zu beantragen, sobald er von der Ueberschuldung des Nachlasses Kenntniß erhalten hat. Erfüllt er diese Verpflichtung nicht, so haftet er den Gläubigern, zu denen auch die Pflichttheilsberechtigten, Legatare und Auflageberechtigten gehören, § 1967 B.G.B., für den daraus entstandenen Schaden, für welchen er auch zu haften hat, wenn er den Antrag deshalb zu stellen unterlassen hat, weil er von der Ueberschuldung aus Fahrlässigkeit keine Kenntniß hatte, § 1980 Abs. 2. Eine Pflicht zur Antragstellung besteht jedoch nicht, wenn die Ueberschuldung ohne die auf dem Nachlaß ruhenden Legate oder Auflagen nicht bestehen würde.

Die Verpflichtung, den Konkurs zu beantragen, liegt auch jedem Miterben ob, denn dem Erben steht die Gesammtheit der Miterben gleich, von denen sich keiner der Pflicht, die er einzeln erfüllen kann, deshalb entziehen darf, weil die übrigen Miterben sie nicht erfüllen wollen. Die gleiche Pflicht hat der den Erben vertretende Nachlaßpfleger sowie der Nachlaßverwalter.

§. 218.

Ist eine Ehefrau die Erbin und gehört der Nachlaß zum eingebrachten Gute oder zum Gesammtgute, so kann sowohl die Ehefrau als der Ehemann die Eröffnung des Verfahrens beantragen, ohne daß die Zustimmung des anderen Theiles erforderlich ist. Das Gleiche gilt, wenn der Nachlaß zum Gesammtgute gehört, auch nach Beendigung der Gemeinschaft.

Wird der Antrag nicht von beiden Ehegatten gestellt, so ist er zuzulassen, wenn die Ueberschuldung glaubhaft gemacht wird. Das Gericht hat den anderen Ehegatten, wenn thunlich, zu hören.

M. I —; P. I —; M. II 47; P. II —.

1. Eine Erbschaft, welche der Ehefrau anfällt, gehört zum eingebrachten Gut, wenn der Erblasser nicht bestimmt hat, daß der Erwerb Vorbehaltsgut sein soll, §§ 1363 Abs. 2, 1369, 1521 B.G.B., und unterliegt daher der Nutznießung und Verwaltung des Mannes. Wegen dieses Verwaltungsrechts steht ihm das Recht zu, die Konkurseröffnung zu beantragen. Andererseits ist aber der Frau im § 1406 Nr. 1 B.G B. das Recht gegeben, ohne Zustimmung des Mannes die Erbschaft anzunehmen oder auszuschlagen. Deshalb ist auch sie zur Antragstellung für legitimirt erklärt.

In gleicher Weise ist das Rechtsverhältniß durch die §§ 1438, 1440, 1549 B.G.B. für den Fall der Gütergemeinschaft bestimmt; vgl. § 2150 Abs. 4 des ersten Entw. des B.G.B. Da im Fall der Gütergemeinschaft die Haftung des Ehemanns für die Nachlaßverbindlichkeiten auch nach der Auflösung der Gütergemeinschaft fortdauert, §§ 1459, 1530, 1549 B.G.B., so ist dem Ehemann die Befugniß zur Antragstellung auch nach diesem Zeitpunkt gegeben.

2. Es ist unerheblich, ob der Anfall oder die Annahme der Erbschaft vor oder nach der Eheschließung erfolgt ist, der Ehemann ist aber zur Antragstellung nicht berechtigt, wenn die Annahme der Erbschaft erst nach der Beendigung der Gütergemeinschaft stattgefunden hat.

Der § 218 kommt in jedem Fall der Gütergemeinschaft zur Anwendung, in welchem die Erbschaft zum Gesammtgut gehört, also sowohl im Fall der allgemeinen Gütergemeinschaft, als auch im Fall der Errungenschafts- und der Fahrnißgemeinschaft, in den letzten beiden Fällen aber nicht, wenn die Frau die Erbschaft schon vor der Eheschließung erworben hatte.

3. Wird der Antrag von beiden Eheleuten gestellt, so braucht die Ueberschuldung nicht glaubhaft gemacht zu werden, wohl aber, wenn er nur von einem derselben gestellt wird, in Ansehung beider Fälle wird auf Anm. 3 zu § 217 Bezug genommen.

Wird der Antrag nur von einem Ehegatten gestellt, so ist der andere, wenn thunlich, zu hören; s. darüber Anm. 3 zu § 105.

4. Die Rechtsstellung des Gemeinschuldners nimmt im Konkurse stets nur der Ehemann ein, denn, wenn auch die Frau die Erbschaft allein angetreten hat, und wenn sie auch zur Antragsstellung allein berechtigt ist, so ist der Ehemann doch der alleinige Dispositionsberechtigte. Soweit er aber ohne Zustimmung der Frau nicht zu verfügen berechtigt ist, kann er dies auch im Konkurs nicht; ihre Zustimmung kann aber durch das Vormundschaftsgericht ersetzt werden, § 1379 B.G.B. Indessen darf er den Widerspruch gegen Nachlaßforderungen ohne Zustimmung der Frau erheben.

§. 219.

Ein Nachlaßgläubiger, der im Aufgebotsverfahren ausgeschlossen ist oder nach §. 1974 des Bürgerlichen Gesetzbuchs einem ausgeschlossenen Gläubiger gleichsteht, kann die Eröffnung des Verfahrens nur beantragen, wenn über das Vermögen des Erben das Konkursverfahren eröffnet ist. Das Gleiche gilt von einem Vermächtnißnehmer, sowie von demjenigen, welcher berechtigt ist, die Vollziehung einer Auflage zu fordern.

Ist eine Ehefrau die Erbin und gehört der Nachlaß zum Gesammtgute, so können die im Abs. 1 bezeichneten Gläubiger den Antrag nur stellen, wenn über das Vermögen des Ehemanns das Konkursverfahren eröffnet ist.

M. I —; P. I —; M. II 48; P. II —.

1. „Nach den §§ 1973, 1974 B.G.B. haftet der Erbe einem Nachlaßgläubiger, der im Aufgebotsverfahren ausgeschlossen ist oder der einem ausgeschlossenen Gläubiger gleichsteht, nur insoweit, als nach der Befriedigung der nicht ausgeschlossenen Gläubiger ein Ueberschuß des Nachlasses verbleibt. Diesen Ueberschuß hat er zum Zweck der Befriedigung des Gläubigers im Wege der Zwangsvollstreckung nach den Vorschriften über die ungerechtfertigte Bereicherung (§§ 812 bis 822 B.G.B.) herauszugeben; die Herausgabe der noch vorhandenen Nachlaßgegenstände kann er jedoch durch Zahlung des Werths abwenden. Mit den fraglichen Bestimmungen wäre es nicht wohl vereinbar, wenn der ausgeschlossene Gläubiger oder ein ihm gleichstehender Gläubiger schon wegen Ueberschuldung des Nachlasses die Eröffnung des Nachlaßkonkurses beantragen könnte", M. II. Aber während der § 2128 des ersten Entw. des B.G.B. den ausgeschlossenen Gläubigern das Recht, die Eröffnung des Nachlaßkonkurses zu beantragen, unbedingt versagte, giebt der § 219 ihnen das Recht für den Fall, daß der Konkurs über das Vermögen des Erben eröffnet ist, um ihnen die Möglichkeit nicht zu entziehen, sich gegen die persönlichen Gläubiger des Erben zu sichern. Nur mit dieser Beschränkung ist das Antragsrecht auch den Vermächtnißnehmern und Auflageberechtigten, die nach § 1967 B.G.B. zu den Nachlaßgläubigern gehören, belassen, weil diese Rechte den eigentlichen Forderungen nicht gleichwerthig sind, die M. II sagen, weil das unbedingte Antragsrecht „dem muthmaßlichen Willen des Erblassers widersprechen würde." Der Abs. 2 erklärt sich aus der Vorschrift des § 2.

2. Im Aufgebotsverfahren ausgeschlossen sind die nicht zu den Absonderungsberechtigten, § 1971 B.G.B., oder den Pflichttheilsberechtigten, Legataren oder Auflageberechtigten gehörenden Gläubiger, § 1972 B.G.B., welche sich nicht innerhalb der Aufgebotsfrist melden, § 995 C.P.O.

Den ausgeschlossenen gleichgestellt sind die nicht zu den Absonderungsberechtigten, Pflichttheils-, Vermächtniß- oder Auflageberechtigten gehörenden Nachlaßgläubiger, welche, ohne daß ein Aufgebotsverfahren stattgefunden hat, ihre Forderungen erst fünf Jahre nach dem Erbfall anmelden und dem Erben nicht vorher bekannt geworden sind. Da der Nachlaßkonkurs auf Antrag eines Gläubigers nach Ablauf von zwei Jahren seit der Annahme der Erbschaft überhaupt nicht mehr eröffnet werden kann, § 220, so verliert die Beschränkung des Rechts des dem ausgeschlossenen gleichstehenden Gläubigers ihre Bedeutung, wenngleich der Eintritt des Erbfalls nach § 1971 B.G.B. zur Zeit des Todes des Erblassers, also schon vor der Annahme der Erbschaft erfolgt.

Daß der Nachlaßgläubiger seine Forderung im Aufgebotsverfahren angemeldet hat, gehört zu der Voraussetzung seines Antragsrechts, der Nachweis seiner Anmeldung ist daher von Amtswegen zu fordern, sofern dem Gericht bekannt ist, daß ein Aufgebotsverfahren stattgefunden hat. Das Gericht hat aber, wenn ihm hiervon nichts bekannt ist, nicht den Nachweis zu fordern, daß ein solches Verfahren nicht stattgefunden habe, weil es nach Hinderungsgründen, die sich nicht von selbst ergeben, nicht ohne Antrag zu forschen hat.

3. Der Pflichttheilsberechtigte ist an die Beschränkung des § 219 nicht gebunden. Ein Vermächtnißnehmer, der zugleich Pflichttheilsberechtigter ist, kann das unbeschränktere Recht des Pflichttheilsberechtigten nicht ausüben, weil er durch die Annahme des Legats sein Pflichttheilsrecht aufgiebt, § 2307 B.G.B. Ein Miterbe, der zugleich Vorausvermächtnißnehmer ist, § 2150 B.G.B., behält dagegen das bessere Antragsrecht des Miterben.

§. 220.

Die Eröffnung des Verfahrens kann von einem Nachlaßgläubiger nicht mehr beantragt werden, wenn seit der Annahme der Erbschaft zwei Jahre verstrichen sind.

M. I —; P. I —; M. II 49; P. II —.

1. Die Vorschrift ist dem § 1981 Abs. 2 B.G.B. nachgebildet, nach welchem die Nachlaßgläubiger den Antrag auf Anordnung der Nachlaßverwaltung nicht mehr stellen können, wenn seit der Annahme der Erbschaft zwei Jahre verstrichen sind. Sie beschränkt nur das Antragsrecht der Gläubiger, zu denen auch die Pflichttheils-, Vermächtniß- und Auflageberechtigten gehören, nicht auch das Antragsrecht der Erben und deren Vertreter.

2. Die Frist ist eine präklusive, über welche auf Anm. 8e zu § 31 verwiesen wird. Sie beginnt mit der Annahme der Erbschaft. Ist eine Nacherbschaft angeordnet, so beginnt die Frist mit der Annahme der Erbschaft durch den Vorerben. Sind mehrere Erben vorhanden, so ist die gesammte Erbschaft erst angenommen, wenn dies von sämmtlichen Erben geschehen ist, die Frist beginnt daher mit der letzten Annahme. Die Annahme begründet den Lauf der Frist auch dann, wenn der Erbe die Erbschaft demnächst wegen Ausfalls einer Bedingung oder wegen Unwürdigkeit verliert.

§. 221.

Auf Grund einer nach dem Eintritte des Erbfalls gegen den Nachlaß erfolgten Maßregel der Zwangsvollstreckung oder der Arrestvollziehung kann abgesonderte Befriedigung nicht verlangt werden.

Eine nach dem Eintritte des Erbfalls im Wege der einstweiligen Verfügung erlangte Vormerkung ist unwirksam.

M. I —; P. —; M. II 49; P. II 46, 47.

1. Die Befriedigung eines Nachlaßgläubigers ist den Konkursgläubigern gegenüber wirksam, sofern nicht ein Anfechtungsgrund der §§ 29—42 vorliegt, sie ist auch wirksam, wenn sie im Wege der Zwangsvollstreckung erfolgt. Der Verwalter kann

aber vom Erben Erstattung fordern, sofern dieser nicht nach den Umständen annehmen durfte, daß der Nachlaß zur Berichtigung aller Nachlaßverbindlichkeiten ausreiche, § 1979, oder sofern der Erbe nicht unbeschränkt haftet, § 2013 B.G.B. Dasselbe gilt auch von den Verfügungen des Erben, durch welche einem Gläubiger ein Absonderungsrecht bestellt ist, dagegen soll das im Wege der Zwangsvollstreckung, der Arrestvollziehung oder der einstweiligen Verfügung erlangte Absonderungsrecht als nicht erlangt angesehen werden. Der § 221 schreibt dies unbedingt, also auch für den Fall der unbeschränkten Haftung des Erben vor (ein Antrag in der Kommission, die Vorschrift in Uebereinstimmung mit dem ähnlichen Fall des § 784 C.P.O. auf den Fall zu beschränken, daß der Erbe nicht unbeschränkt hafte, wurde abgelehnt), vgl. § 2110 des ersten Entw. des B.G.B.

2. Der Erbfall ist mit dem Tode des Erblassers, also schon vor der Annahme der Erbschaft eingetreten, § 1922 B.G.B. (für den Fall der Todeserklärung gilt der § 18 B.G.B.). Entsteht das Absonderungsrecht aus einer Mehrheit von Rechtsakten, so müssen dieselben sämmtlich vor dem Tode des Erblassers geschehen sein, wenn das Absonderungsrecht wirksam sein soll, Anm. 6 zu § 14. Auch im Uebrigen kommen die Anm. zu § 14 hier zur Anwendung, wobei jedoch der Todestag des Erblassers an die Stelle des Zeitpunkts der Konkurseröffnung tritt.

§. 222.

Hat der Erbe vor der Eröffnung des Verfahrens aus dem Nachlasse Pflichttheilsansprüche, Vermächtnisse oder Auflagen erfüllt, so ist die Leistung in gleicher Weise anfechtbar wie eine unentgeltliche Verfügung des Erben.

M. I —; P. I —; M. II 49; P. II. —.

1. Wie schon Anm. 2 zu § 216 und Anm. 1 zu § 221 hervorgehoben, ist die Erfüllung der Nachlaßverbindlichkeiten Seitens des Erben, des Nachlaßpflegers oder Nachlaßverwalters rechtswirksam, und kann der Konkursverwalter sich wegen Erstattung der gezahlten Beträge nur an den Erben halten, sofern nicht ein Fall des § 1979 B.G.B, vorliegt. An die befriedigten Gläubiger kann er sich nur unter den Voraussetzungen der Anfechtung der §§ 29 ff. halten. Diesen Grundsatz durchbricht der § 222 nicht, sondern giebt dem Verwalter ein wirksameres Anfechtungsrecht, indem er die Befriedigung der Pflichttheils-, Vermächtniß- oder Auflageberechtigten, die erst nach der Bezahlung der übrigen Nachlaßschulden erfolgen darf, § 226 Abs. 2, Nr. 4, 5, als eine unentgeltliche ansieht. In Folge dessen ist die Anfechtung auch aus §§ 32 Nr. 1, 40 Abs. 2 Nr. 3 mit der Wirkung des § 37 zulässig, ohne daß der Verwalter gehindert ist, die Befriedigung auch auf Grund der §§ 30, 31 anzufechten.

2. Die Vorschrift des § 222 gilt auch, wenn der Erbe den Umständen nach annehmen durfte, daß der Nachlaß zur Berichtigung aller Nachlaßverbindlichkeiten ausreiche, § 1979 B.G.B., M. II, sie gilt auch, wenn der Erbe unbeschränkt haftet, was für die Konkursgläubiger dann von besonderem Werth ist, wenn der Erbe nicht zahlungsfähig ist, M. II.

§. 223.

Dem Erben steht wegen der ihm nach den §§. 1978, 1979 des Bürgerlichen Gesetzbuchs aus dem Nachlasse zu ersetzenden Aufwendungen ein Zurückbehaltungsrecht nicht zu.

M. I —; P. I —; M. II 49, 50; P. II —.

Der Erbe, welcher nicht unbeschränkt haftet, § 2013 B.G.B., haftet den Konkursgläubigern aus der Nachlaßverwaltung, § 1978 B.G.B., kann dagegen nach § 1978 Abs. 3 auch Ersatz seiner Aufwendungen, wie ein Beauftragter und hinsichtlich der vor der Erbschaftsannahme ausgeübten Rechtshandlungen nach den Vorschriften über die Geschäftsführung ohne Auftrag fordern. Wegen dieser Aufwendungen hat er außerhalb des Konkurses das Zurückbehaltungsrecht des § 273 B.G.B., im Konkurs kann er dasselbe nicht geltend machen, weil er als Gemeinschuldner den ganzen Nachlaß nach § 117 dem Verwalter herauszugeben hat. Um jedoch jeden Zweifel in dieser Beziehung auszuschließen, erklärt der § 223 ausdrücklich, daß dem Erben ein Retentionsrecht nicht zustehe. Dafür ist demselben der Masseanspruch des § 224 Nr. 1 gegeben.

§. 224.

Masseschulden sind außer den im §. 59 bezeichneten Verbindlichkeiten:

1. die dem Erben nach den §§. 1978, 1979 des Bürgerlichen Gesetzbuchs aus dem Nachlasse zu ersetzenden Aufwendungen;
2. die Kosten der standesmäßigen Beerdigung des Erblassers;
3. die im Falle der Todeserklärung des Erblassers dem Nachlasse zur Last fallenden Kosten des Verfahrens;
4. die Kosten der Eröffnung einer Verfügung des Erblassers von Todeswegen, der gerichtlichen Sicherung des Nachlasses, einer Nachlaßpflegschaft, des Aufgebots der Nachlaßgläubiger und der Inventarerrichtung;
5. die Verbindlichkeiten aus den von einem Nachlaßpfleger oder einem Testamentsvollstrecker vorgenommenen Rechtsgeschäften;
6. die Verbindlichkeiten, welche für den Erben gegenüber einem Nachlaßpfleger, einem Testamentsvollstrecker oder einem Erben, der die Erbschaft ausgeschlagen hat, aus der Geschäftsführung dieser Personen entstanden sind, soweit die Nachlaßgläubiger verpflichtet sein würden, wenn die bezeichneten Personen die Geschäfte für sie zu besorgen gehabt hätten.

M. I —; P. I —; M. II 50; P. II —.

1. Die Kosten der Verwaltung, welche in der Zeit vom Tode des Erblassers bis zur Eröffnung des Konkurses entstanden sind, haben durch den § 224, entsprechend dem § 2113 des ersten Entw. des B.G.B., den Charakter der Masseforderungen

erhalten, weil nur das, was nach Abzug dieser Verwaltungskosten übrig bleibt, als Objekt der Befriedigung der Nachlaßgläubiger gelten soll.

Die Ansprüche sind als Masseschuldforderungen anerkannt, gehen also im Fall des § 60 den Massekosten des § 58 vor.

Massegläubiger kann der Erbe nur sein, wenn er nicht unbeschränkt haftet, denn, wenn er nicht Inventarerbe ist, hat er die Nachlaßgläubiger auch aus seinem Vermögen zu befriedigen und hat daher nicht blos die Rechtsstellung des Gemeinschuldners, sondern ist selbst der Kridar, Anm. 3 zu § 57; wegen der Ansprüche der Nr. 1, 5, 6 s. auch § 2013 B.G.B.

2. Nr. 1. Auf die erbschaftlichen Geschäfte, welche der Erbe vor der Eröffnung des Konkurses besorgt hat, finden nach § 1978 B.G.B. die Vorschriften über die Geschäftsbesorgung ohne Auftrag oder über den Auftrag Anwendung, je nachdem die Verwaltung vor oder nach der Annahme der Erbschaft geführt ist; hat aber der Erbe die Erbschaft angetreten, so kommen auch für die vorher geführten Geschäfte die Vorschriften über den Auftrag zur Anwendung, weil der Erbschaftsantritt auf diese Rechtshandlungen rückwirkende Kraft äußert. Die Erstattung der Aufwendungen, die er bei Ausübung dieser Verwaltung gemacht hat, kann er als Masseforderung geltend machen, wenn sie ihm nach den Grundsätzen des Mandats bezw. der negotiorum gestio zusteht. Dies ist für die Verwaltung nach dem Erbschaftsantritt der Fall, wenn die Aufwendungen erforderlich waren oder wenn der Erbe sie den Umständen nach zur Ausführung der Nachlaßverwaltung für erforderlich halten durfte, § 670 B.G.B. Soweit die Verwaltung vor der Erbschaftsantretung geführt ist, ist der Ersatzanspruch desjenigen, der nicht Erbe geworden ist, nur zulässig, wenn der Verwalter das Geschäft anerkannt hat, für welches die Aufwendungen gemacht sind, § 684 B.G.B., oder wenn das Geschäft objektiv dem Interesse der Nachlaßgläubiger und subjektiv auch ihrem muthmaßlichen Willen entsprach, § 683 B.G.B. Liegen diese Erfordernisse nicht vor, so ist auch eine Konkursforderung nicht begründet.

Ein Masseanspruch steht dem Inventarerben ferner auf Grund des § 1979 B.G.B. zu, wenn er einen Nachlaßgläubiger befriedigt hat, und zur Zeit dieser Befriedigung annehmen durfte, daß der Nachlaß zur Berichtigung der Nachlaßverbindlichkeiten, einschließlich der Forderungen der Pflichttheils-, Vermächtniß- und Auflagebrechtigten, § 1967 B.G.B., ausreichen werde. Durch diese Vorschrift ist freilich der Nachlaß verringert, wenn der befriedigte Nachlaßgläubiger im Konkurs nur einen Theil seiner Forderung erhalten haben würde. Da die Nachlaßgläubiger aber unter den angegebenen Voraussetzungen die mit Mitteln des Nachlasses erfolgte Befriedigung gelten lassen müssen, so sollen sie auch, wenn die Befriedigung mit Mitteln des Erben geschehen ist, den letztern als Massegläubiger anerkennen. Dies gilt, da der § 224 in dieser Beziehung keine Ausnahme zuläßt, auch dann, wenn der Erbe einen Pflichttheils-, Vermächtniß- oder Auflageberechtigten befriedigt hat. Da die Zahlung auch diesen Berechtigten gegenüber als eine unentgeltliche Leistung gilt, § 222, so kann der Verwalter die mit Mitteln des Erben gemachte Zahlung gegen die Berechtigten des § 222 anfechten, sofern der Erbe wegen der Zahlung einen Masseanspruch geltend macht; denn durch die Erstattung dieser Zahlung an den Erben ist die Befriedigung zu einer Befriedigung aus dem Nachlaß geworden. Aus demselben Grund darf der Verwalter die Befriedigung anderer Nachlaßgläubiger, für welche der Erbe die Erstattung auf Grund des § 1979 fordert, unter den Voraussetzungen der §§ 29ff. anfechten, wenn der Erbe die aus seinen Mitteln gemachten Aufwendungen im Konkurs geltend macht.

3. Nr. 2. Die Kosten der standesmäßigen Beerdigung des Erblassers lasten auf der Masse, § 1968 B.G.B., s. Anm. 3 zu § 58, sie sollen daher dem Erben ersetzt werden. Die Standesgemäßheit richtet sich ohne Rücksicht auf die Ueberschuldung des Nachlasses nach dem Stande des Erblassers zur Zeit seines Todes. Berechtigt ist jeder, welcher die Kosten gezahlt, sowie auch derjenige, welcher eine Aufwendung zum Zweck des Begräbnisses gemacht hat, z. B. der Verkäufer des Sarges.

4. Nr. 3. Nach § 971 C.P.O. fallen die dem Antragsteller erwachsenen Kosten, welche zur zweckentsprechenden Durchführung des Verfahrens nothwendig waren, dem Nachlasse zur Last, wenn die Todeserklärung erfolgt. Dem Antragsteller sind sowohl die Anwalts-, wie die Gerichtskosten entstanden und in der Nr. 3 ist in dieser Beziehung kein Unterschied gemacht. Es ist darin auch kein bestimmter Berechtigter bezeichnet, den Anspruch kann daher auch die Gerichtskasse unmittelbar als Masseforderung geltend machen, ebenso ein Dritter, der die Kosten ausgelegt, sowie der Rechtsanwalt, welcher den Antragsteller im Aufgebotsverfahren vertreten hat. Dem unbeschränkt haftenden Erben steht aber auch für diese Ansprüche keine Masseforderung zu.

5. Nr. 4. In Ansehung der Masseforderungen der Nr. 4 gilt das Anm. 4 Gesagte.

6. Nr. 5. Die Verbindlichkeiten aus Rechtsgeschäften des Nachlaßpflegers oder des Testamentsvollstreckers sind im Verhältniß zum Konkurs den Ansprüchen aus Geschäften oder Handlungen des § 59 Nr. 1 gleichgestellt. Es wird daher hier auf die Anm. zu § 59 Nr. 1 Bezug genommen.

7. Nr. 6. Der Nachlaßpfleger, der Nachlaßverwalter und der Testamentsvollstrecker können Ersatz ihrer nothwendigen oder zweckentsprechenden Aufwendungen sowie eine angemessene Vergütung verlangen, §§ 1835, 1915, 1962, 1987, 2221 B.G.B., da sie aber Vertreter des Erben sind, so könnte der Zweifel entstehen, ob diese Kosten auf dem Nachlaß beruhen. Deshalb ist ihnen ein unmittelbarer Anspruch gegen die Nachlaß- bezw. Konkursmasse als Masseforderung ausdrücklich gegeben. Ebenso ist dem Erben, der zwar die Erbschaft ausgeschlagen hat, aber vorher in Gemäßheit des § 1959 Abs. 2 B.G.B. Verfügungen über den Nachlaß getroffen hat, welche nicht ohne Nachtheil für den Nachlaß verschoben werden konnten, ein Masseanspruch wegen seiner Aufwendungen gewährt. Der Anspruch ist von der Voraussetzung abhängig, daß die Nachlaßgläubiger verpflichtet sein würden, wenn die Geschäfte für sie vorgenommen wären, wenn also die in der Anm. 2 erörterten Voraussetzungen des Anspruchs aus dem Auftrag hinsichtlich des Nachlaßpflegers und Testamentsvollstreckers und der Geschäftsbesorgung ohne Auftrag hinsichtlich des Erben, der die Erbschaft demnächst ausgeschlagen hat, vorliegen.

§. 225.

Der Erbe kann die ihm gegen den Erblasser zustehenden Ansprüche geltend machen.

Hat der Erbe eine Nachlaßverbindlichkeit berichtigt, so tritt er, soweit nicht die Berichtigung nach §. 1979 des Bürgerlichen Gesetzbuchs als für Rechnung des Nachlasses erfolgt gilt, an die Stelle des Gläubigers, es sei denn, daß er für die Nachlaßverbindlichkeiten unbeschränkt haftet.

Haftet der Erbe einem einzelnen Gläubiger gegenüber unbeschränkt, so kann er dessen Forderung für den Fall geltend machen, daß der Gläubiger sie nicht geltend macht.

M. I —; P. I —; M. II 50, 51; P. II —.

1. Der § 225 betrifft die Konkursforderungen des Erben. Der Erbe, welcher unbeschränkt haftet, hat nicht blos die Rechtsstellung des Gemeinschuldners, sondern ist der Gemeinschuldner selbst, er kann daher nicht zugleich Konkursgläubiger sein, weil er sein eigner Gläubiger nicht sein kann, Anm. 2 zu § 3, obgleich die M. II hinsichtlich der Forderungen des unbeschränkt haftenden Erben gegen den Erblasser das Gegentheil behaupten. Es würde auch den Grundsätzen des Konkursrechts widersprechen, dem Kridar den Anspruch auf einen Geldbetrag zuzusprechen, den ihm (wenn auch nicht während des Nachlaßkonkurses, da der § 14 auch zu Gunsten des unbeschränkt haftenden Erben gilt) nach der Beendigung des Verfahrens die Gläubiger sofort wieder entreißen dürfen. Der Inventarerbe ist dagegen nicht der Gemeinschuldner, er kann daher sowohl Masseforderungen, Anm. 1 zu § 224, wie auch Konkursansprüche geltend machen. Der § 225 entspricht dem § 2115 des ersten Entw. des B.G.B.

2. Die dinglichen und obligatorischen Ansprüche, die dem Inventarerben gegen den Erblasser zustanden, erlöschen durch den Erbschaftsantritt, leben aber nach § 1976 B.G.B. in Folge der Eröffnung des Nachlaßkonkurses mit rückwirkender Kraft wieder auf. Der Erbe kann daher die dinglichen Rechte als Aussonderungs-, die Forderungsrechte als Konkursgläubiger geltend machen.

3. Infolge der Berichtigung einer Nachlaßforderung tritt der Inventarerbe nach Abs. 2 in das Recht des befriedigten Gläubigers ein. Ist die Berichtigung nach § 1979 erfolgt, d. h. durfte der Erbe bei der Befriedigung des Gläubigers annehmen, daß der Nachlaß zur Berichtigung aller Nachlaßverbindlichkeiten ausreiche, so kann ein Ersatzanspruch des Verwalters gegen ihn nicht erhoben werden, und wenn er die Schuld aus eignen Mitteln bezahlt hat, steht ihm ein Masseanspruch zu, Anm. 2 zu § 224. In allen andern Fällen bleibt zwar die Zahlung den Konkursgläubigern gegenüber rechtswirksam, der Erbe hat aber den aus der Masse gezahlten Betrag zu erstatten. In diesen Fällen, sowie auch dann, wenn er die Zahlung aus eignen Mitteln geleistet hat, darf er einen Anspruch in Höhe des gezahlten Betrags als Konkursgläubiger geltend machen.

Der Erbe darf diesen Konkursanspruch nicht mit der Erstattungsforderung des Verwalters kompensiren, denn sein Anspruch ist erst durch die Konkurseröffnung entstanden, fällt also unter die nach § 55 Nr. 1, 2 von der Aufrechnung ausgeschlossenen Ansprüche.

Hat der Verwalter die Befriedigung des Nachlaßgläubigers auf Grund der §§ 29 ff. angefochten, so ist sie nichtig, § 142 Abs. 1 B.G.B., gilt also als nicht geschehen und verhindert daher die Entstehung des Konkursanspruchs der Erben. Hat der letztere die Nachlaßforderung nur zum Theil bezahlt, so tritt er nur in Höhe des gezahlten Betrags an die Stelle des Gläubigers; hat er vereinbarungsgemäß mit der Theilzahlung die ganze Forderung des Gläubigers getilgt, so ist der Vortheil für die Nachlaßmasse erworben, denn da der Erbe nach § 1978 B.G.B. als Beauftragter bezw. als Geschäftsbesorger der Nachlaßgläubiger gilt, erhalten die letzteren als die Geschäftsherrn den Vortheil, der aus der Vereinbarung des Erben mit dem Gläubiger entstanden ist; andernfalls würde der Erbe aus Geschäften der Verwaltung einen persönlichen Vortheil erlangen, der ihm nicht zukommt. Die getilgte Forderung des Gläubigers wird daher, sofern die Zahlung nicht angefochten wird, zu Gunsten der Konkursgläubiger auf den gezahlten Betrag reduzirt, welcher der Gegenstand der Forderung ist, in die der Erbe eintritt.

Hat der Erbe aber nach der Konkurseröffnung oder auch nach der Nachlaßverwaltung die Forderung eines Nachlaßgläubigers durch Abtretung erworben, so tritt er an die Stelle des befriedigten Gläubigers in Höhe der ganzen ursprünglichen Forderung, denn in diesen Fällen hat er nicht die Geschäfte der Gläubiger besorgt, sondern steht ihnen nicht anders wie jeder Dritte gegenüber.

4. Haftet der Erbe nicht überhaupt, sondern nur einzelnen Nachlaßgläubigern gegenüber unbeschränkt, weil er die Leistung des Offenbarungseids verweigert, § 2006 Abs. 2 B.G.B., oder weil er die beschränkte Haftung im Prozeß einem Gläubiger gegenüber geltend gemacht, § 780 C.P.O., oder ihm gegenüber auf dieselbe verzichtet hat, so kann er nach Abs. 3 die Forderung des betreffenden Gläubigers als Konkursforderung für sich anmelden. Die Forderung ist eine unbedingte, wenn der Erbe den Gläubiger befriedigt hat, andern Falls ist sie eine suspensiv bedingte, abhängig von der Voraussetzung, daß der Gläubiger seinen Anspruch nicht geltend macht. Die Voraussetzung fällt fort, wenn der Gläubiger seinen Anspruch anmeldet oder aufrecht erhält, oder wenn und soweit er auf ein ihm gegen die Nachlaßmasse zustehendes Absonderungsrecht nicht verzichtet oder mit demselben nicht ausgefallen ist, denn solange ihm das Absonderungsrecht zusteht, beharrt er auf seinem Anspruch auf Befriedigung aus einem Nachlaßobjekt.

§. 226.

In dem Verfahren kann jede Nachlaßverbindlichkeit geltend gemacht werden.

Nachstehende Verbindlichkeiten werden erst nach allen übrigen Verbindlichkeiten und in folgender Rangordnung, bei gleichem Range nach Verhältniß ihrer Beträge berichtigt:

1. die seit der Eröffnung des Verfahrens laufenden Zinsen der im §. 61 bezeichneten Forderungen;
2. die gegen den Erblasser erkannten Geldstrafen;
3. die Verbindlichkeiten aus einer Freigebigkeit des Erblassers unter Lebenden;
4. die Verbindlichkeiten gegenüber Pflichttheilsberechtigten;
5. die Verbindlichkeiten aus den vom Erblasser angeordneten Vermächtnissen und Auflagen.

Ein Vermächtniß, durch welches das Recht des Bedachten auf den Pflichttheil nach §. 2307 des Bürgerlichen Gesetzbuchs ausgeschlossen wird, steht, soweit es den Pflichttheil nicht übersteigt, im Range den Pflichttheilsrechten gleich. Hat der Erblasser durch Verfügung von Todeswegen angeordnet, daß ein Vermächtniß oder eine Auflage vor einem anderen Vermächtniß oder einer anderen Auflage erfüllt werden soll, so hat das Vermächtniß oder die Auflage den Vorrang.

Die Verbindlichkeiten, in Ansehung deren der Gläubiger im Wege des Aufgebotsverfahrens ausgeschlossen ist oder nach §. 1974 des Bürgerlichen Gesetzbuchs einem ausgeschlossenen Gläubiger gleichsteht, werden erst nach den im Abs. 2 Nr. 1—3 bezeichneten Verbindlichkeiten und, soweit sie zu den im Abs. 2 Nr. 4, 5 bezeichneten Verbindlichkeiten gehören, erst nach den Verbindlichkeiten berichtigt, mit denen sie ohne die Beschränkung gleichen Rang haben würden. Im Uebrigen wird durch die Beschränkungen an der Rangordnung nichts geändert.

M. I —; P. I —; M. II 51, 52; P. II —.

1. Der § 226, der die Konkursforderungen betrifft, läßt entsprechend dem § 2117 des ersten Entw. des B.G.B. alle Nachlaßforderungen zu „weil der Konkurs über den Nachlaß seinem Wesen nach den Zweck hat, die Vertheilung des Nachlasses unter alle Nachlaßgläubiger zum vollständigen Abschluß zu bringen", M. zu § 2117 des ersten Entw. des B.G.B.

Die Nachlaßverbindlichkeiten bestehen aus den Schulden des Erblassers, aus den vom Erben, dem Nachlaßpfleger, Nachlaßverwalter und Testamentsvollstrecker für den Nachlaß eingegangenen Verbindlichkeiten, zu denen auch die Kosten der Inventur gehören, und den Verbindlichkeiten aus Pflichttheilsrechten, Vermächtnissen und Auflagen, § 1967 B.G.B.; zu den Nachlaßschulden gehören ferner nach § 1968 B.G.B. die Kosten der standesmäßigen Beerdigung des Erblassers die aber nach § 224 Nr. 2 den Charakter der Masseforderungen haben, sowie der Alimentenanspruch der Familienangehörigen für 30 Tage nach § 1968 B.G.B., welcher den Charakter des Vermächtnisses hat, Anm. 7. Da die Nachlaßverbindlichkeiten jeder Art zugelassen sind, so gehören zu den Konkursansprüchen nicht nur die Alimentenforderungen, sofern und soweit sie durch den Tod des Erblassers nicht erloschen sind, s. darüber Anm. 7 zu § 3, sondern auch die sonst vom Konkurs ausgeschlossenen Forderungen des § 63.

2. Für die Rangordnung der Konkursgläubiger kommen zunächst die Bestimmungen des § 61 zur Anwendung: Die bevorrechtigten Gläubiger des § 61 gelten auch im Nachlaßkonkurs als bevorrechtigt, ihnen folgen die gewöhnlichen, nicht bevorrechtigten Kreditoren, die auch im sonstigen Konkurs zugelassen werden müssen. Diesen gewöhnlichen Forderungen stehen die Kosten, die den einzelnen Gläubigern durch ihre Theilnahme an dem Verfahren erwachsen, § 63 Nr. 2, gleich und rangiren mit ihnen. Nach ihnen sind die unter 1—5 des Abs. 2 bezeichneten Forderungen zu befriedigen, welchen theilweise die Forderungen des Abs. 4 nachstehen; diese minderwerthigen Forderungen werden in der angegebenen Reihenfolge und bei gleichem Range nach Verhältniß ihrer Beträge, s. darüber Anm. 4 zu § 61, befriedigt; s. darüber im Uebrigen die Anm. 1—3 zu § 61.

3. Nr. 1. Die seit der Eröffnung des Verfahrens laufenden Zinsen der im § 61 bezeichneten bevorrechtigten und derjenigen Konkursforderungen, die in jedem Konkurs zuzulassen sind, über welche auf die Anm. zu § 63 Nr. 1 verwiesen wird, kommen von den minderwerthigen Ansprüchen an erster Stelle zur Befriedigung, während die bis zur Eröffnung aufgelaufenen Zinsen mit der Kapitalsforderung rangiren, § 62 Nr. 3. Aber die vor und nach der Eröffnung des Verfahrens aufgelaufenen Zinsen der minderwerthigen Forderungen rangiren nach § 227 mit den betreffenden Hauptforderungen.

4. Nr. 2. Ueber die gegen den Erblasser erkannten Geldstrafen s. Anm. 5 zu § 63.

Eine kriminelle oder polizeiliche Geldstrafe ist nicht zuzulassen, wenn die Entscheidung, auf welcher sie beruht, nicht zu Lebzeiten des Erblassers rechtskräftig geworden ist; § 30 St.G.B.

5. Nr. 3. Ueber die Forderungen aus einer Freigebigkeit unter Lebenden s. Anm. 6 zu § 63. Nur solche Forderungen sind zuzulassen, die gegen den Erblasser begründet waren oder die durch die Nachlaßverwaltung zu Lasten des Nachlasses rechtsgültig entstanden sind.

6. Nr. 4. Der Pflichttheilsberechtigte, dem gegenüber sich nach § 2318 B.G.B., der Vermächtnißnehmer die Kürzung des Legats gefallen lassen muß, geht dem Vermächtnißnehmer und dem Auflageberechtigten vor. Ist er selbst Vermächtnißnehmer, so hat er nach § 2307 die Rechtsstellung des Legatars, wenn er das Vermächtniß nicht ausschlägt; für diesen Fall soll er aber nach Abs. 3 Satz 1 im Nachlaßkonkurs das Vorrecht des Pflichttheilsberechtigten behalten, auch wenn er das Legat angenommen hat, aber nur zu demjenigen Betrage, zu welchem er pflichttheilsberechtigt ist, hinsichtlich der Differenz hat er nur den Rang des Vermächtnißnehmers.

7. Nr. 5. Die in der fünften Klasse der minderwerthigen Forderungen neben den Ansprüchen aus Auflagen rangirenden Vermächtnisse sind entweder letztwillig durch den Erblasser oder durch das Gesetz angeordnet. Gesetzliche Vermächtnisse sind das Voraus des § 1932 B.G.B., welches dem überlebenden, neben Verwandten der zweiten Ordnung oder neben Großeltern zum Erben berufenen Ehegatten an den Hochzeitsgeschenken und dem zum ehelichen Haushalt gehörenden Gegenständen zusteht, § 1932 Satz 2, sowie der Alimentenanspruch der Familienangehörigen für 30 Tage, § 1969 Abs. 2 B.G.B., M. II.

Ueber die Auflagen s. die §§ 2192—2196 B.G.B. Soweit das Vermächtniß an einer fremden Sache rechtswirksam ist, § 2169, ist die Forderung aus demselben so, wie das Recht aus der Auflage, dem sie gleichsteht, im Konkurs zuzulassen.

Die Forderungen aus Vermächtnissen und Legaten stehen einander und unter sich gleich, der Erblasser kann aber für ein Vermächtniß oder eine Auflage einen Vorrang vor einem andern Vermächtniß oder einer andern Auflage bestimmen, § 2183 B.G.B., diese Bestimmung ist nach Abs. 3 Satz 2 auch für den Nachlaßkonkurs maßgebend. Ein vom Erblasser vor andern Ansprüchen bestimmtes Vorrecht ist im Konkurs nicht zu berücksichtigen.

8. Abs. 4. Die Nachlaßgläubiger, welche sich in einem Aufgebotsverfahren der §§ 1970 ff. B.G.B. nicht innerhalb der Frist der §§ 994, 995 C.P.O. gemeldet haben und daher ausgeschlossen sind, oder welche sich, ohne dem Erben, dem Nachlaßpfleger oder Nachlaßverwalter bekannt geworden zu sein, innerhalb 5 Jahre nach dem Tode des Erblassers nicht melden und daher nach Maßgabe des § 1974 B.G.B. den ausgeschlossenen Gläubigern gleichgestellt sind, rangiren hinter den drei Klassen der minderwerthigen Forderungen. Sie gehen aber den Pflichttheils-, Vermächtniß- und Auflageberechtigten vor, wenn sie nicht selbst zu den Berechtigten dieser Art gehören; gehören sie zu ihnen, so stehen sie den übrigen Berechtigten gleicher Art nach. Der ausgeschlossene Pflichttheilsberechtigte aber geht dem nicht ausgeschlossenen Vermächtniß- oder Auflageberechtigten vor. Uebrigens können Pflichttheils-, Vermächtniß- und Auflageberechtigte nicht deshalb, weil sie sich im Aufgebotsverfahren nicht gemeldet haben, § 1972 B.G.B., sondern nur auf Grund des § 1974 B.G.B. als ausgeschlossen angesehen werden.

Durch die Ausschließung wird im Uebrigen an der Rangordnung nichts geändert, d. h. die ausgeschlossenen Gläubiger rangiren unter sich nach Vorschrift der §§ 61, 226 Abs. 1—3.

§. 227.

Mit den im §. 226 Abs. 2 Nr. 2—5, Abs. 4 bezeichneten Forderungen werden die bis zur Eröffnung des Verfahrens aufgelaufenen und die seit der Eröffnung laufenden Zinsen an derselben Stelle angesetzt.

M. I —; P. I —; M. II 52; P. II —.

S. Anm. 3 zu § 226.

§. 228.

Was in Folge der Anfechtung einer von dem Erblasser oder ihm gegenüber vorgenommenen Rechtshandlung zur Konkursmasse zurückgewährt wird, darf nicht zur Berichtigung der im §. 226 Abs. 2 Nr. 4, 5 bezeichneten Verbindlichkeiten verwendet werden.

Auf dasjenige, was der Erbe auf Grund der Vorschriften der §§. 1978—1980 des Bürgerlichen Gesetzbuchs zu der Masse zu ersetzen hat, haben die Gläubiger, die im Wege des Aufgebotsverfahrens ausgeschlossen sind oder nach §. 1974 des Bürgerlichen Gesetzbuchs einem ausgeschlossenen Gläubiger gleichstehen, nur insoweit Anspruch, als der Erbe auch nach den Vorschriften über die Herausgabe einer ungerechtfertigten Bereicherung ersatzpflichtig sein würde.

M. I —; P. I —; M. II 53; P. II —.

1. Abs. 1. Die Pflichttheils-, Vermächtniß- und Auflageberechtigten waren nicht Gläubiger des Erblassers, ihr Recht ist erst mit dem Eintritt des Erbfalls entstanden. Das Gesetz will ihnen daher, in Uebereinstimmung mit § 2117 Abs. 4 des ersten Entwurfes des B.G.B., keine Ansprüche aus einer Rechtshandlung gewähren, die sie außerhalb des Konkurses gegen sich gelten lassen müßten.

Die Bestimmung bezieht sich nur auf die vor dem Eintritt des Erbfalls, nicht auf die nach diesem Zeitpunkt, von dem Erben, Nachlaßpfleger oder Nachlaßverwalter oder gegen einen von ihnen vorgenommenen Rechtshandlungen, sie bezieht sich auch nur auf die Anfechtung der §§ 29—42, nicht auch auf die Anfechtung wegen Betrugs, Zwangs, Irrthums, überhaupt nicht auf diejenigen Anfechtungen, welche dem Erblasser selbst zustanden, noch auf den Widerruf von Schenkungen.

Durch die Ausschließung der Pflichttheils-, Vermächtniß- und Auflageberechtigten von den Beträgen, welche in Folge der Anfechtung zur Masse fließen, tritt eine Verschiebung der Rangordnung nicht ein, denn diese Gläubiger nehmen in allen Fällen die letzte Stelle in der Rangordnung ein.

Was zur Masse in Folge der Anfechtung zurückgewährt wird, sind nicht die einzelnen Geldstücke, sondern ist der Betrag der Vergrößerung der Masse; der Pflichttheilsberechtigte ꝛc. darf nur soweit befriedigt werden, als dazu die Masse reichen würde, wenn ihr der Gegenstand der Anfechtung nicht zurückgewährt wäre. Die Vorschrift kann daher nicht dadurch umgangen werden, daß mit dem zurückgewährten Betrage andere Gläubiger, die Pflichttheilsberechtigten aber aus dem sonstigen Massebestand befriedigt werden. Die Pflichttheilsberechtigten ꝛc. fallen vielmehr in soweit aus, als die Masse ohne die Zurückgewähr nicht ausreicht. Die Anfechtung darf aber auch dem Erben nicht zum Vortheil gereichen, denn ihn binden die nur den Konkursgläubigern gegenüber rechtsunwirksamen Handlungen, mag er beschränkt oder unbeschränkt haften.

Der zur Befriedigung der übrigen Gläubiger nicht erforderliche Betrag der auf Grund der Anfechtung zur Masse zurückgewährten Leistung ist daher dem Anfechtungsgegner und im Falle einer Mehrheit von Anfechtungsgegnern den letztern nach Verhältniß der Höhe ihrer Forderungen zu erstatten. Daraus folgt aber weiter, daß das, was dem Anfechtungsgegner zu erstatten ist, von ihm zur Masse auch nicht zurückgewährt zu werden braucht, daß er also insoweit die Retentionseinrede des § 273 B.G.B. gegen die Anfechtung hat.

2. Der Abs. 2, welcher richtiger einen besondern § hätte bilden können, weil er mit dem Abs. 1 nur die Ausschließung bestimmter Gläubiger von einem Bruchtheil der Masse gemeinsam hat, entspricht im Wesentlichen dem § 2118 des ersten Entwurfes des B.G.B.

Der Inventarerbe haftet der Masse nach § 1978 B.G.B. wegen Mängel seiner Verwaltung wie ein Beauftragter, und der Erbe, der die Erbschaft ausgeschlagen hat, haftet in Ansehung seiner Verwaltung wie ein Geschäftsbesorger ohne Auftrag, er hat ihr nach § 1979 die aus der Masse zur Befriedigung eines Gläubigers gezahlten Beträge zu erstatten, sofern er die Suffizienz der Masse nicht den Umständen nach hat annehmen dürfen. Der Erbe ist ihr nach Maßgabe des § 1980 zum Schadensersatz verpflichtet, wenn er die Konkurseröffnung nicht rechtzeitig beantragt hat. Die durch diese Ersatzansprüche eintretende Vergrößerung der Masse soll aber für die im Aufgebotsverfahren ausgeschlossenen und die ihnen nach § 1974 gleichgestellten Nachlaßgläubiger nur zur Befriedigung verwendet werden, wenn der Erbe auch nach den Vorschriften der ungerechtfertigten Bereicherung haften würde, weil der § 1973 Abs. 2 B.G.B. den Erben zur Befriedigung der ausgeschlossenen Gläubiger nur aus dem Ueberschuß auf Grund der ungerechtfertigten Bereicherung verpflichtet ist.

Die ausgeschlossenen und die ihnen gleichstehenden Gläubiger sind daher aus dem Ergebniß der Ersatzansprüche nur soweit zu befriedigen, als der Erbe durch die den Ersatzanspruch begründende Rechtshandlung oder Unterlassung einen Vortheil aus der Nachlaßmasse oder auf deren Kosten erlangt hat, § 812 B.G.B.; zu diesem Vortheil gehören auch die Ersatzleistungen für die Zerstörung, Beschädigung oder Entziehung eines Nachlaßgegenstands, sowie die gezogenen Nutzungen nach Maßgabe der §§ 818, 819 B.G.B., ein solcher Vortheil ist z. B. vorhanden, wenn der Erbe sich aus dem Nachlaß alimentirt, oder wenn er aus Mitteln des Nachlasses Gegenstände für sich gekauft hat, § 818 Abs. 2 B.G.B.

Auch hier kommt es, wie nach Abs. 1, nicht auf die einzelnen speziellen Gegenstände des Ersatzanspruchs, sondern auf die Vergrößerung der Masse an, der Gläubiger des Abs. 2 darf abgesehen von dem Fall der Bereicherung nur insoweit aus der Masse befriedigt werden, als er auch ohne den Ersatzanspruch befriedigt werden kann.

Da der Pflichttheils-, Vermächtniß- und Auflageberechtigte Befriedigung aus dem Ersatzanspruch verlangen kann, diese Berechtigten aber dem ausgeschlossenen Gläubiger in der Rangordnung nachstehen, § 226 Abs. 4, so bewirkt der Abs. 2 zwischen diesen Berechtigten eine Verschiebung der Rangordnung: aus der Masse, welche durch den, nicht auch auf der Bereicherung beruhenden, Ersatzanspruch vergrößert ist, ist der ausgeschlossene Gläubiger nur soweit zu befriedigen, als er ohne den Ersatzanspruch befriedigt werden könnte; soweit dies nicht der Fall ist, fällt er aus und treten der Pflichttheils-, Vermächtniß- und Auflageberechtigte an seine Stelle. Was nach deren Befriedigung übrig bleibt, ist dem Erben zu erstatten, welchem deshalb in soweit auch gegen den Anspruch die Retentionseinrede des § 273 B.G.B. zusteht. Der ausgeschlossene Gläubiger kann auch außerhalb des Verfahrens auf diesen Ueberschuß keine Ansprüche gegen den Erben geltend machen.

Der Abs. 2 bezieht sich nicht auf den Fall, daß der Erbe unbeschränkt haftet, denn in diesem Fall besteht ein Anspruch gegen ihn aus den §§ 1978—1980 B.G.B. nicht, § 2013 B.G.B., in diesem Fall tritt aber auch eine Rechtsbeschränkung des ausgeschlossenen Gläubigers gegen den Erben nicht ein, sofern nicht ein Grund des § 2013 Abs. 1 Satz 2 vorliegt, da die §§ 1973, 1974 gegen den unbeschränkt haftenden Erben nicht zur Anwendung kommen.

§. 229.

Die in dem Aufgebotsverfahren zum Zwecke der Ausschließung von Nachlaßgläubigern angemeldeten und nicht ausgeschlossenen Forderungen gelten als auch im Nachlaßkonkurs angemeldet, sofern das Aufgebot von dem Gerichte, bei welchem der Konkurs anhängig wird, erlassen und das Verfahren nicht vor der Eröffnung des Konkursverfahrens ohne Erlassung des Ausschlußurtheils erledigt ist.

M. I —; P. I —; M. II 53; P. II —.

1. Die dem § 360 Nr. 3, 4 der Preuß. K.O. vom 8. Mai 1855 und dem Art. 13 zu § 295a des E.G. z. ersten Entw. des B.G.B. entsprechende Vorschrift bezweckt, den Nachlaßgläubigern, welche sich in dem dem Konkursverfahren etwa vorausgegangenen Aufgebot der Nachlaßgläubiger gemeldet haben, die Anmeldung im Konkurs zu ersparen.

2. Die Anmeldung im Aufgebotsverfahren gilt für den Nachlaßkonkurs als erfolgt,

a) wenn das Aufgebot von demselben Gericht erlassen ist, vor welchem der Konkurs stattfindet. Ueber die Zuständigkeit des Aufgebotsgerichts s. § 990 C.P.O., § 73 G.F.G.,

b) wenn das Aufgebotsurtheil vor der Konkurseröffnung noch nicht erlassen ist; wird das Aufgebot vorher zurückgenommen, so sind die erfolgten Anmeldungen gegenstandslos geworden, M. II, sodaß die Wirkung des § 229 nicht eintritt,

c) wenn die Forderung angemeldet und nicht ausgeschlossen ist. Die Anmeldung der Forderung im Aufgebotsverfahren hat die Angabe des Gegenstandes und des Grundes der Forderung zu enthalten, § 996 Abs. 1 C.P.O.

Unter der Ausschließung der angemeldeten Forderung ist hier nicht die Ausschließung durch das Aufgebotsurtheil gemeint, weil nur die nicht angemeldeten Forderungen ausgeschlossen werden, und die Erlassung des Urtheils die Wirkung des § 229 beseitigt, sondern sind die Anmeldungen gemeint, welche deshalb ausgeschlossen wurden, weil sie dem § 996 Abs. 1 C.P.O. nicht entsprachen. Ist die aus diesem Grunde zurückgewiesene Anmeldung in der Beschwerdeinstanz zugelassen, so gilt sie als nicht ausgeschlossen. Ist die Anmeldung zugelassen, obgleich sie dem § 996 Abs. 1 C.P.O. nicht entspricht, so steht sie einer mangelhaften Anmeldung des § 139 K.O. gleich, welcher den gleichen Inhalt wie der § 996 C.P.O. für die Anmeldung im Konkurs fordert, s. darüber die Anm. 2 und 1 zu § 139. Die im Aufgebotsverfahren mangelhaft erfolgte Anmeldung kann im Konkursverfahren ergänzt werden, aber auch die im Aufgebotsverfahren korrekt erfolgte Anmeldung darf im Konkursverfahren geändert werden.

Ein Vorrecht muß im Konkurs besonders angemeldet werden, da dasselbe für das Aufgebotsverfahren nicht in Betracht kommt. Ist das Vorrecht aber auch beim Aufgebot angemeldet, so muß die Anmeldung auch in soweit für den Konkurs gelten, denn der § 229 stellt beide Anmeldungen ohne Beschränkung einander gleich. Ist die nur im Aufgebotsverfahren ohne Vorrecht angemeldete Forderung im Prüfungstermin anerkannt, so kann wegen der Gleichstellung beider Anmeldungen ein Vorrecht nachträglich nicht mehr geltend gemacht werden, Anm. 2 zu § 139.

3. Aus der Vorschrift, daß die Anmeldung im Aufgebotsverfahren der Anmeldung im Konkurs gleichsteht, folgt, daß die Anmeldung in dem Zeitpunkt der Konkurseröffnung als erfolgt gilt, denn von diesem Augenblick an dürfen die Konkursforderungen angemeldet werden, Anm. 3 zu § 138. Die Wirkung der Anmeldung, insbesondere die der Unterbrechung der Verjährung tritt daher mit diesem Zeitpunkt ein. (Durch die Anmeldung im Aufgebotsverfahren wird die Verjährung nur gehemmt, §§ 2015, 202 B.G.B., aber auch diese Wirkung tritt nur gegen den Inventarerben, § 2016, und nur dann ein, wenn der Aufgebotsantrag innerhalb eines Jahres nach dem Erbschaftsantritt gestellt ist, § 2015).

§. 230. (206.)

Ein Zwangsvergleich kann nur auf den Vorschlag aller Erben geschlossen werden.

Die Gläubiger, welchen die im §. 226 Abs. 2 Nr. 2—5, Abs. 4 bezeichneten Forderungen zustehen, nehmen an dem Zwangsvergleiche nicht Theil, sie sind jedoch vor der Bestätigung zu hören. Macht einer von ihnen glaubhaft, daß der Zwangsvergleich sein berechtigtes Interesse verletzt, so ist auf seinen Antrag der Zwangsvergleich zu verwerfen; gegen die Bestätigung steht ihm die sofortige Beschwerde nach §. 189 zu.

M. I 456; P. I 125, 196; M. II 54; P. II —.

1. Der §, welcher bisher lautete:

> Ein Zwangsvergleich kann nur auf den Vorschlag aller Erben oder Nachlaßvertreter geschlossen werden,

läßt den Abschluß eines Zwangsvergleichs auch im Nachlaßkonkurs zu, giebt das Recht der Antragstellung aber nur der Gesammtheit der Erben, weil diese nur gemeinschaftlich über den Nachlaß verfügen können, §§ 2038, 2040 B.G.B., s. darüber Anm. 3 zu § 217.

Ist eine Ehefrau die Erbin und gehört der Nachlaß zum eingebrachten Gute oder zum Gesammtgute, so ist der Vergleichsvorschlag von beiden Eheleuten gemein=

schaftlich zu stellen, denn der § 218 stellt im Nachlaßkonkurs nur die Gemeinschaft beider Eheleute der Gesammtheit der mehreren Erben gleich.

Das dem Nachlaßpfleger bisher zustehende Recht, den Zwangsvergleich vorzuschlagen, ist ihm jetzt entzogen. In den M. II ist zwar bemerkt: „Der Entwurf hat diese Bestimmung (des bisherigen § 206) beseitigt. Das Bürgerliche Gesetzbuch kennt eine Nachlaßvertretung in Ansehung einzelner Erbtheile nicht, sondern nur eine Vertretung in Bezug auf den ganzen Nachlaß. Sind aber mehrere Nachlaßpfleger bestellt, so entscheiden darüber, inwieweit sie gemeinschaftlich zu handeln haben, die allgemeinen Grundsätze des B.G.B. (zu vergl. § 1915 in Verbindung mit § 1797)," dadurch ist anscheinend die Meinung zum Ausdruck gebracht, daß die Nachlaßvertreter als Vertreter der Erben insoweit zur Stellung des Antrags legitimirt seien, als sie selbstständig die Verwaltung führen dürfen. Dieser Gedanke hat aber im Gesetz keinen Ausdruck gefunden, vielmehr ist durch die Aenderung des bisherigen Gesetzes und durch den Umstand, daß im § 217 zur Stellung des Eröffnungsantrags die Nachlaßvertreter neben den Erben benannt sind, dem Nachlaßpfleger und Nachlaßverwalter das Recht, den Zwangsvergleich vorzuschlagen, genommen. Der Pfleger oder Vormund eines Miterben ist dagegen Vertreter desselben und tritt daher auch in Ansehung des Zwangsvergleichs ganz an seine Stelle, sodaß er in Gemeinschaft mit den übrigen Erben den Vergleich vorschlagen darf.

2. Die Gläubiger der minderwerthigen Forderungen des § 226 sind im Nachlaßkonkurs als Konkursgläubiger zugelassen, sie sind aber mit Ausnahme der Ansprüche des § 226 Nr. 1 (in Uebereinstimmung mit § 2117 Abs. 4 Satz 2 des ersten Entw. des B.G.B.) von der Theilnahme am Zwangsvergleich ausgeschlossen, weil sie in der Regel ohne den Vergleich doch keine Befriedigung aus der Masse erhalten werden.

Da sie an dem Zwangsvergleich nicht theilnehmen, steht ihnen ein Stimmrecht nicht zu, ihre Forderungen werden bei der Berechnung der Summenmehrheit des § 182 Nr. 2 nicht mitberechnet. Der Zwangsvergleich wirkt nicht für und gegen sie, sie haben daher aus demselben keine Rechte und verlieren ihre Ansprüche an den Nachlaß, gegen den Erben behalten sie dieselben nur, wenn derselbe unbeschränkt haftet. Da sie für das Vergleichsverfahren nicht in Betracht kommen, gilt auch der § 181 für sie nicht, und eine Befriedigung oder Sicherstellung ihrer Ansprüche, welche der Erbe oder ein Dritter ihnen verspricht, ist keine Begünstigung im Sinne der §§ 181, 188 Nr. 1.

Sie sind auch nicht berechtigt, den Antrag auf Verwerfung des Vergleichs aus dem Grunde des § 188 Nr. 1 zu stellen, weil die Begünstigung eines zur Theilnahme berechtigten Gläubigers ihr Interesse nicht berührt. Es ist ihnen aber gegen einen Vergleich, der zu ihrem Nachtheil gereicht, das Recht des Widerspruchs und der sofortigen Beschwerde gegeben. Zu ihrem Nachtheil gereicht der Vergleich, wenn sie ohne denselben eine wenn auch nur theilweise Befriedigung aus der Konkursmasse zu erwarten haben und der Erbe nicht unbeschränkt haftet. Deshalb müssen sie vor der Bestätigung des Vergleichs gehört werden, widrigenfalls eine für das Verfahren gegebene Vorschrift des § 186 Abs. 1 nicht beobachtet ist, s. darüber die Anm. zu § 186 Abs. 1. Zu hören sind sie, auch wenn eine Verletzung ihrer berechtigten Interessen durch den Vergleich nicht glaubhaft gemacht ist, der Vergleichsvorschlag ist aber nur dann zu verwerfen, wenn sie diese Verletzung glaubhaft machen, s. darüber die hier zur entsprechenden Anwendung kommenden Anm. 3, 4 zu § 188. Gegen die Bestätigung des Vergleichs, steht ihnen die sofortige Beschwerde des § 189,

s. darüber die Anm. zu § 189 auch, dann, wenn sie einen Widerspruch nicht erhoben haben, andererseits aber nur dann zu, wenn sie die Verletzung ihres Interesses wenigstens in der Beschwerdeinstanz glaubhaft machen.

3. Die nach der Konkurseröffnung laufenden Zinsen der Forderungen des § 226 Abs. 2 Nr. 1 — s. die Anm. dazu — nehmen am Zwangsvergleich Theil, kommen daher bei der Berechnung der Summenmehrheit in Betracht und werden vom Zwangsvergleich in Gemäßheit des § 193 betroffen. Dies gilt auch von den nach der Konkurseröffnung aufgelaufenen Zinsen der bevorrechtigten Forderungen des § 61 Nr. 1—5, wogegen diese Hauptforderungen nebst den bis zur Eröffnung des Verfahrens entstandenen Zinsen vom Zwangsvergleich ausgeschlossen sind, Anm. zu § 173.

§. 231.

Die Vorschriften des §. 223, des §. 224 Nr. 1 und des §. 225 Abs. 2, 3 gelten für den Vorerben auch nach dem Eintritte der Nacherbfolge.

M. I —; P. I —; M. II 53, 54; P. II —.

Der Nacherbe erhält die Rechtsstellung des Erben, wenn der Vorerbe aufhört, Erbe zu sein, § 2139 B.G.B., Anm. 2 zu § 217. Er tritt auch im Nachlaßkonkurs an die Stelle des Vorerben. Der Vorerbe, welcher nunmehr aus der Rechtsstellung des Gemeinschuldners ausscheidet, soll aber durch den Eintritt der Nacherbfolge keinen Nachtheil erleiden: seine Ersatzforderungen der §§ 1978, 1979 B.G.B. sollen die Natur der Masseforderungen behalten, sein Anspruch aus der Berichtigung einer Nachlaßforderung, § 225 Abs. 2, 3 soll ihm verbleiben, wogegen er andererseits ein Retentionsrecht wegen seiner Aufwendungen der §§ 1978, 1979 B.G.B. nicht geltend machen soll. Dabei ist es unerheblich, ob die Nacherbfolge vor oder nach der Eröffnung des Konkurses eingetreten ist.

§. 232.

Hat der Erbe die Erbschaft verkauft, so tritt der Käufer in Ansehung des Verfahrens an seine Stelle.

Der Erbe ist wegen einer Nachlaßverbindlichkeit, die im Verhältnisse zwischen ihm und dem Käufer diesem zur Last fällt, in derselben Weise wie ein Nachlaßgläubiger zu dem Antrag auf Eröffnung des Verfahrens berechtigt. Das gleiche Recht steht ihm auch wegen einer anderen Nachlaßverbindlichkeit zu, es sei denn, daß er unbeschränkt haftet oder daß eine Nachlaßverwaltung angeordnet ist. Die Vorschriften des §. 223, des §. 224 Nr. 1 und des §. 225 gelten für den Erben auch nach dem Verkaufe der Erbschaft.

M. I —; P. I —; M. II 54, 55; P. II 47—49.

1. In Folge des Erbschaftsverkaufs haftet der Erbe und der Käufer für die Nachlaßverbindlichkeiten solidarisch, § 2382 B.G.B., beide würden daher die Rechtsstellung des Gemeinschuldners haben. Das Gesetz ändert diese Konsequenz, indem es

in Ansehung des Verfahrens den Käufer an Stelle des Erben treten läßt, dessen Universalsukzessor der Käufer geworden ist, vgl. § 498 Abs. 3 des ersten Entw. des B.G.B. In Folge dessen scheidet der Erbe, auch wenn er unbeschränkt haftet, aus dem Verfahren aus, selbst wenn der Verkauf erst nach der Eröffnung des Verfahrens stattgefunden hat, und tritt der Käufer an seine Stelle, und zwar beschränkt oder unbeschränkt haftend, je nachdem der Erbe beschränkt oder unbeschränkt haftete, § 2383 B.G.B. Die Rechte und Pflichten des Gemeinschuldners werden von dem Käufer und gegen ihn ausgeübt.

Der Eintritt in die Rechtsstellung des Erben beschränkt sich aber für den Nachlaßkonkurs auf das Verfahren. Die materiellen Ansprüche gegen den Erben aus der Nachlaßverwaltung und aus der Berichtigung von Nachlaßschulden nach §§ 1978, 1979 B.G.B. verbleiben der Konkursmasse, für welche sie nach § 2382 B.G.B. überdies auch gegen den Käufer zur Geltung gebracht werden können. Daß die §§ 223, 224 Nr. 1, 225 für den Erben trotz des Verkaufs der Erbschaft gelten sollen, ist vom Gesetz besonders bestimmt.

Betrifft der Verkauf nur den, einem Miterben zustehenden Bruchtheil an der Erbschaft, so tritt der Käufer hinsichtlich dieses Bruchtheils in Ansehung des Verfahrens an die Stelle des Verkäufers.

2. Da der Erbe hinsichtlich des Verfahrens durch den Käufer ersetzt wird, kann er trotz der materiellen Fortdauer seiner Haftpflicht die Eröffnung des Konkurses nicht mehr beantragen. Das Gesetz giebt ihm dies Recht:

a) wenn eine Nachlaßverbindlichkeit vorhanden ist, die im Verhältniß zwischen dem Erben und dem Käufer dem letztern zur Last fällt. Diese Haftung hat der Käufer dem Erben gegenüber für alle Nachlaßverbindlichkeiten, sofern der Erbe nicht für Rechtsmängel und für das Nichtvorhandensein von Vermächtnissen, Auflagen, Pflichttheilslasten, Ausgleichungspflichten und Theilungsanordnungen oder dafür haftet, daß nicht die unbeschränkte Haftung gegenüber den Nachlaßgläubigern oder einzelnen von ihnen eingetreten ist;

b) aber auch wenn nur Nachlaßverbindlichkeiten bestehen, für welche der Käufer im Verhältniß zum Erben nicht zu haften braucht, ist der Erbe zur Stellung des Antrags berechtigt, sofern er nicht unbeschränkt haftet oder sofern nicht eine Nachlaßverwaltung angeordnet ist. Die Antragsberechtigung ist daher die Regel und ist nur dann nicht vorhanden, wenn die Nachlaßverbindlichkeiten nur in den besondern Lasten des § 2376 B.G.B. bestehen, und auch in diesem Fall nur, wenn der Erbe unbeschränkt haftet oder wenn eine Nachlaßverwaltung angeordnet ist.

3. Der Erbe ist zur Stellung des Eröffnungsantrags nur wie ein Nachlaßgläubiger berechtigt, er muß daher die Ueberschuldung des Nachlasses, §§ 215, 105 glaubhaft machen.

§. 233.

Die Vorschriften des §. 232 finden entsprechende Anwendung, wenn Jemand eine durch Vertrag erworbene Erbschaft verkauft oder sich zur Veräußerung einer ihm angefallenen oder anderweit von ihm erworbenen Erbschaft in sonstiger Weise verpflichtet hat.

M. I —; P. I —; M. II 55; P. II —.

Die Vorschriften des § 232 finden nach § 233 auch auf denjenigen Anwendung, welcher eine Erbschaft vom Erben durch ein anderes Rechtsgeschäft, z. B. durch Schenkung, oder welcher sie vom Erbschaftskäufer durch Kauf oder ein anderes Rechtsgeschäft erworben hat.

Hat der Erbschaftskäufer die Erbschaft weiter veräußert, so tritt der neue Erwerber an Stelle des ersten Käufers und dadurch an Stelle des Erben. Der Erbe behält die Rechtsstellung des § 232, aber auch der Käufer erhält die gleiche Stellung.

§. 234.

In dem Konkursverfahren über das Vermögen des Erben finden, wenn auch über den Nachlaß das Konkursverfahren eröffnet, oder wenn eine Nachlaßverwaltung angeordnet ist, auf Nachlaßgläubiger, denen gegenüber der Erbe unbeschränkt haftet, die Vorschriften der §§. 64, 96, 153, 155, 156, des §. 168 Nr. 3 und des §. 169 entsprechende Anwendung.

Das Gleiche gilt, wenn eine Ehefrau die Erbin ist und der Nachlaß zum Gesammtgute gehört, auch in dem Konkursverfahren über das Vermögen des Ehemanns.

M. I —; P. I —; M. II 55, 56; P. II —.

Die Haftung des Erben für die Nachlaßverbindlichkeiten beschränkt sich auf den Nachlaß, wenn der Nachlaßkonkurs eröffnet oder eine Nachlaßverwaltung angeordnet ist. Unter einer dieser Voraussetzungen sind die Nachlaßgläubiger nicht berechtigt, den Ausfall, den sie im Nachlaßkonkurs erleiden, gegen den Erben geltend zu machen. Durch die Eröffnung des Konkurses oder die Anordnung der Nachlaßverwaltung wird aber die schon vorher eingetretene unbeschränkte Haftung des Erben nicht zu einer beschränkten reduzirt, die Nachlaßgläubiger können daher ihre Konkursforderung während des Nachlaßkonkurses und nach Beendigung desselben ebenso wie gegen jeden dritten Schuldner geltend machen. Für den Fall aber, daß auch über das Vermögen des Erben der Konkurs, gleichzeitig oder nach der Eröffnung des Nachlaßkonkurses, aber nicht nach Beendigung desselben eröffnet ist, giebt der § 234 den Nachlaßgläubigern die Rechtsstellung der Absonderungsberechtigten, sodaß sie zwar ihre ganze Forderung im Konkurs des Erben anmelden, in demselben aber nur insoweit Befriedigung erlangen können, als sie im Nachlaßkonkurs ausgefallen sind oder auf Befriedigung aus der Nachlaßmasse verzichtet haben.

Haftet der Erbe nicht allgemein, sondern nur einzelnen Nachlaßgläubigern gegenüber unbeschränkt, Anm. 4 zu § 225, so haben diese Nachlaßgläubiger die Stellung der Absonderungsberechtigten.

Ist die Erbschaft verkauft, so tritt der Käufer nur in Ansehung des Verfahrens an die Stelle des Erben, § 232 Abs. 1, die materielle Rechtslage der Gläubiger ist in Folge des Erbschaftskaufes durch den § 232 nicht geändert, Anm. 1 zu § 232, die Nachlaßgläubiger haben daher die Stellung der Absonderungsberechtigten nur im Konkurs des Erben, nicht auch in demjenigen des Käufers.

Haftet nur einer von mehreren Miterben unbeschränkt, so tritt die Wirkung des § 239 nur in dem über sein Vermögen eröffneten Konkurse ein.

Die Beschränkung ihres Rechts trifft die Nachlaßgläubiger nur als solche, nicht auch insoweit, als der Erbe für die Forderung aus einem besondern Grunde, z. B. als selbstschuldnerischer Bürge, haftet. Ebensowenig bezieht sich der § 234 auf die Ansprüche, welche der Verwalter des Nachlaßkonkurses gegen die Konkursmasse des Erben, z. B. aus seiner Verwaltung, aus der Berichtigung von Schulden, §§ 1978, 1979 B.G.B. rc., geltend macht, denn eine solche Forderung ist keine Nachlaßschuld, sondern ein Nachlaßrecht und nur die Nachlaßschulden der einzelnen Gläubiger werden vom § 239 betroffen.

2. „Ist eine Ehefrau die Erbin und gehört der Nachlaß zum Gesammtgut, so haftet für die Nachlaßverbindlichkeiten, da sie Gesammtgutsverbindlichkeiten sind, der Ehemann auch persönlich (§§ 1459, 1461 des B.G.B.). Daher können, wenn über das Vermögen des Mannes das Konkursverfahren eröffnet wird, die Nachlaßgläubiger, denen der Mann unbeschränkt haftet, ihre Forderungen sowohl in diesem Konkurse als in dem auf den Nachlaß bezüglichen Verfahren geltend machen", M. II. Das Gesetz giebt auch in diesem Falle unter der Voraussetzung, daß das Inventarrecht verloren ist, den Nachlaßgläubigern im Konkurs über das Gesammtgut die Stellung der Absonderungsberechtigten. Ist das Inventarrecht nicht verloren, so haben die Nachlaßgläubiger keinen Anspruch auf das sonstige Gesammtgut.

§. 235.

Ueber einen Erbtheil findet ein Konkursverfahren nicht statt.

M. I —; P. I —; M. II 56; P. II. —.

Während der erste Entw. des B.G.B. im § 2119 den Konkurs über einen Erbtheil deshalb zuließ, weil der Entw. im § 2051 den getheilten Uebergang der Rechte und Pflichten auf die einzelnen Miterben bestimmte, hat das Gesetz die Zulässigkeit eines solchen Konkurses abgelehnt, weil das B.G.B. das Rechtsverhältniß der Miterben als eine Gemeinschaft zur gesammten Hand auffaßt, und weil die Eröffnung des Konkurses über den gesammten Nachlaß auch nach der Erbtheilung für zulässig erklärt ist, Anm. 1 zu § 216.

§. 236.

Die Vorschriften der §§. 214—234 finden im Falle der fortgesetzten Gütergemeinschaft auf das Konkursverfahren über das Gesammtgut entsprechende Anwendung. Konkursgläubiger sind nur die Gesammtgutsgläubiger, deren Forderungen schon zur Zeit des Eintritts der fortgesetzten Gütergemeinschaft bestanden. Zu dem Antrag auf Eröffnung des Verfahrens ist ein Gläubiger nicht berechtigt, dem gegenüber der überlebende Ehegatte zu dieser Zeit persönlich haftete. Die antheilsberechtigten Abkömmlinge sind zu dem Antrage nicht berechtigt; das Gericht hat sie, soweit thunlich, zu hören.

M. I —; P. I —; M. II 56, 57; P. II —.

Im Fall der allgemeinen Gütergemeinschaft, § 1483 B.G.B., und der Fahrnißgemeinschaft, § 1557 B.G.B., findet die fortgesetzte Gütergemeinschaft (im Fall der

Fahrnißgemeinschaft nur auf Grund einer Vereinbarung im Ehekontrakt) statt. Soweit die persönliche Haftung den überlebenden Ehegatten nur in Folge des Eintritts der fortgesetzten Gütergemeinschaft trifft, finden nach §§ 1489 Abs. 2, 1549, 1557 B.G.B. die die Haftung des Erben für die Nachlaßverbindlichkeiten betreffenden Vorschriften entsprechende Anwendung, wobei an Stelle des Nachlasses das Gesammtgut in dem Bestande tritt, den es zur Zeit des Eintritts der fortgesetzten Gütergemeinschaft hatte. Das Gesammtgut bildet daher in demjenigen Bestande den Nachlaß, den es bis zum Tode des zuerst verstorbenen Ehegatten hatte, die nach diesem Zeitpunkt hinzuerworbenen Vermögensgegenstände gehören zum Vermögen des Erben, nicht zum Konkursvermögen, aber was auf Grund eines zum Nachlaß gehörigen Rechts oder als Ersatz für die Zerstörung oder Entziehung eines Nachlaßgegenstands erworben wird, gehört nach § 2041 B.G.B. zum Nachlaß und daher auch sinngemäß zum Konkursvermögen der Gütergemeinschaftsmasse. Dagegen kann die weitere Bestimmung des § 2041 B.G.B., wonach auch das zum Nachlaß gehört, was durch ein Rechtsgeschäft erworben wird, welches sich auf den Nachlaß bezieht, hier keine Anwendung finden, denn einerseits gehört der durch ein solches Rechtsgeschäft erworbene Gegenstand nicht zu dem Bestand, den die Masse bei dem Tode des zuerst verstorbenen Ehegatten hatte, andererseits sind die Gläubiger eines ihnen durch ein solches Rechtsgeschäft erwachsenen Anspruchs nicht Konkursgläubiger.

2. Der überlebende Ehegatte hat die Rechtsstellung des Erben und zwar die Frau die des beschränkt haftenden, der Ehemann, der für die zu den Gesammtgutsverbindlichkeiten gehörigen Schulden der Frau während der Gütergemeinschaft auch persönlich haftet, § 1459 Abs. 2 B.G.B., die Rechtsstellung des unbeschränkt haftenden Erben, vgl. Anm. 1 zu § 214.

3. Konkursgläubiger sind nur diejenigen Gesammtgutsgläubiger, deren Forderungen schon zur Zeit des Todes des zuerst verstorbenen Ehegatten bestanden. In dieser Beziehung wird nicht unterschieden, ob die persönliche Haftung des überlebenden Ehegatten schon vor dem Tode des andern bestand oder auf Grund des § 1488 B.G.B. erst dadurch begründet wurde, daß er die Gütergemeinschaft fortsetzte. Die Forderungen, welche durch die gütergemeinschaftliche Verwaltung entstanden sind, gehören dagegen nicht zu den Konkursforderungen, Anm. 1. Hat aber eine Nachlaßverwaltung stattgefunden, so sind die durch Rechtsgeschäfte des Nachlaßverwalters entstandenen Forderungen als Masseschulden anzusehen, § 224 Nr. 5, wie auch andererseits das durch die Nachlaßverwaltung Erworbene zur Nachlaßmasse gehört, § 2041 B.G.B.

4. Zur Stellung des Eröffnungsantrags sind der überlebende Ehegatte und der Nachlaßverwalter berechtigt. Von den Gläubigern sind hierzu nur diejenigen legitimirt, deren Forderungen als Gesammtgutsforderungen schon zur Zeit des Todes des zuerst verstorbenen Ehegatten bestanden. Das Gesetz entzieht aber denjenigen von ihnen das Recht, die Konkurseröffnung zu beantragen, denen der überlebende Ehegatte persönlich haftete, denen er sich also selbst verpflichtet hatte oder denen er nach § 1459 Abs. 2 B.G.B. persönlich verhaftet ist. Daraus folgt, daß, wenn der Ehemann der überlebende Ehegatte ist, der Gütergemeinschaftskonkurs in der Regel von keinem Gläubiger beantragt werden kann. Auf dies Konkursverfahren sind sie aber auch nicht angewiesen, da sie die Eröffnung des Konkurses gegen den überlebenden Ehegatten nach § 2 Abs. 3 beantragen können.

Den antheilsberechtigten Abkömmlingen ist das Antragsrecht versagt, weil sie für die Gesammtgutsverbindlichkeiten nicht persönlich haften, §§ 1487, 1489 Abs. 3 B.G.B., sie sind nur, soweit thunlich, zu hören.

§. 237. (207.)

III. Besitzt ein Schuldner, über dessen Vermögen im Auslande ein Konkursverfahren eröffnet worden ist, Vermögensgegenstände im Inlande, so ist die Zwangsvollstreckung in das inländische Vermögen zulässig.

Ausnahmen von dieser Bestimmung können unter Zustimmung des Bundesraths durch Anordnung des Reichskanzlers getroffen werden.

M. I 456—458; P. I 125, 197—200; M. II —; P. II —.

1. Welche Wirkung eine im Auslande erfolgte Konkurseröffnung auf das im Inlande befindliche Vermögen des Kridars ausübt, ist in der K.O. im Allgemeinen nicht ausdrücklich ausgesprochen. Die Mot. I, von dem Prinzip der Universalität des Konkurses ausgehend, führen in dieser Beziehung aus: „Wenn im Auslande über den Ausländer das Konkursverfahren eingeleitet wird, so kann nicht mit Grund bezweifelt werden, obgleich Theorie und Praxis noch keineswegs über alle Fragen einstimmend sind (v. Savigny, System Bd. 8 S. 286 ff., v. Bar, Internationales Privatrecht S. 492 ff., Story, Commentaires of the conflicts of laws etc. §§ 335, 338 ff., 408, Fölix, Traité du droit international Bd. 1 Nr. 119, Bd. 2 Nr 308, 468, 538, Rheinisches Archiv Bd. 57 Abth. 2 A S. 79, Bd. 58 Abth. 2 A S. 198, Entsch. des Obertrib. Bd. 9 S. 477, Bd. 48 S. 396, Striethorst, Archiv Bd. 26 S. 132, 233, Bd. 29 S. 294, Entsch. des Reichsoberhandelsgerichts Bd. 2 S. 67, Bd. 3 S. 68, Bd. 7 S. 27, Bd. 9 S. 7 [s. ferner R.G. 1, 435; 3, 327; 6, 401; 14, 143, 413; 16, 337], daß die Handlungsfähigkeit des Gemeinschuldners, die Fähigkeit, sein Vermögen zu verwalten, vor Gericht aufzutreten, die Legitimation des Verwalters, der Umfang seiner Funktionen, die Frage, nach welchen materiellen Voraussetzungen und Formen das Verfahren zu eröffnen und zu beendigen, wann und wie zu liquidiren, zu präkludiren, zu klassifiziren, zu akkordiren ist, welchen Einfluß die Eröffnung des Verfahrens auf die Rechtsverhältnisse des Gemeinschuldners ausübt, sich nach dem Recht des Konkursgerichts bestimmen: nur bei dinglichen Rechten an dem im Inlande befindlichen Vermögen richtet sich die Verfolgung nach dem Rechte des Ortes der belegenen Sache. Wegen persönlicher Forderungen haben die inländischen Gläubiger der Ausländer ihre Befriedigung bei dem Konkursgerichte des Auslandes nach dortigem Recht zu suchen. Inländisches Vermögen muß, falls der ausländische Konkurs das gesammte Vermögen des Schuldners umfaßt, zu der ausländischen Konkursmasse gezogen werden" Diese Grundsätze, deren Richtigkeit nicht zu verkennen ist, sind auch durch das neue Reichsrecht nicht durchbrochen, nur würde ein Gemeinschuldner, dem das ausländische Recht die Geschäftsfähigkeit entzieht, nach Art. 7 Abs. 3 E.G. z. B.G.B. hinsichtlich eines im Inlande geschlossenen, die Konkursmasse nicht betreffenden, Rechtsgeschäfts als geschäftsfähig zu gelten haben.

2. Von diesem Grundsatz der internationalen Universalität macht der § 237 eine Ausnahme, indem er das im Inlande befindliche Vermögen des Gemeinschuldners dem Zugriff der Gläubiger trotz des im Auslande eröffneten Konkurses überläßt.

Da das Gesetz unterschiedslos von einem Schuldner spricht, über dessen Vermögen im Ausland der Konkurs eröffnet ist, so ist sowohl der Fall gemeint, daß der Kridar ein Ausländer, wie der Fall, daß er ein Inländer ist, P. I S. 198. Es kommt auch nicht darauf an, ob der Kridar im Ausland wohnt: auch wenn über das Vermögen eines Reichsangehörigen, der im Inlande wohnt, der Konkurs im Auslande eröffnet wird, findet der § 237 Anwendung. Da ferner „die Zwangsvollstreckung in das inländische Vermögen zulässig ist," ohne daß das Gesetz den betreibenden Gläubiger näher bezeichnet, so kann sowohl der inländische, wie der ausländische Gläubiger trotz des im Ausland eröffneten Konkurses, also auch ein Angehöriger desjenigen Staats, in welchem das Verfahren stattfindet, in die im Inlande befindlichen Vermögensstücke des Kridars die Zwangsvollstreckung betreiben, § 5, sofern nicht das Vergeltungsrecht des § 5 Abs. 2 auszuüben ist.

Es kommt daher nicht darauf an, gegen wen, sondern nur darauf, wo der Konkurs eröffnet ist. Im Inlande ist er eröffnet, wenn die Behörde, die ihn eröffnet hat, im Reichsgebiet ihren Sitz hat. Dagegen ist der Konkurs im Auslande eröffnet, wenn die eröffnende Behörde dort ihren Sitz hat, gleichgültig ob die Behörde eine deutsche oder eine ausländische ist. Ueber den Begriff des Auslands und des Reichsgebiets s. Anm. 5 zu § 50.

3. Die Befugniß des Gläubigers, die Zwangsvollstreckung in das inländische Vermögen des Kridars zu betreiben, ist nicht davon abhängig, daß der Gläubiger zur Zeit der Konkurseröffnung bereits einen Vollstreckungstitel gegen den Kridar besitzt; der Gläubiger hat vielmehr das Recht, auch nach der Konkurseröffnung zum Zweck der Zwangsvollstreckung in das inländische Vermögen Klage zu erheben, v. Wilmowski Anm. 2, und zwar, wenn letzterer im Inlande keinen Wohnsitz hat, im Gerichtsstande des § 23 C.P.O. Denn der Kridar, welcher nach den Grundsätzen des § 6 K.O. nur in Betreff des zur Konkursmasse gehörigen Vermögens die Disposition verliert, bleibt bezüglich des hierzu nicht gehörigen Vermögens verfügungs- und prozeßfähig; Gegenstände aber, welche trotz des Konkurses entgegen der Vorschrift des § 14 dem Zugriffe jedes Konkursgläubigers bloßgestellt sind, müssen als Gegenstände angesehen werden über welche dem Kridar, solange der Verwalter sie nicht beschlagnahmt, oder sonst thatsächlich in Besitz genommen hat, das Dispositionsrecht verblieben ist, R.G. 6, 404; 14, 425. Deshalb kann auch während des Verfahrens bezüglich dieser Gegenstände Klage erhoben werden, und in einem solchen Prozesse, wie auch in der Zwangsvollstreckungsinstanz, ist der Kridar persönlich der Beklagte; der Verwalter ist in einem derartigen Prozesse weder verpflichtet, noch berechtigt, den Gemeinschuldner zu vertreten, denn indem dem Kridar die Disposition über die inländischen Gegenstände belassen ist, wird er vom Verwalter, solange dieser die Gegenstände nicht thatsächlich im Besitz hat, nicht vertreten. Auch das R.G. 14, 418 hält den Verwalter nicht zur Vertretung und den Gläubiger nicht für verpflichtet, die Klage gegen den Verwalter zu erheben, und hat seine frühere Ansicht, Entscheidung 6, 404, wonach der Verwalter zur Vertretung berechtigt sein soll, in der Entscheidung 14, 418 erheblich abgeschwächt. A. M. v. Wilmowski Anm. 2.

Da die inländischen Vermögensgegenstände vom ausländischen Konkurs nicht ohne Weiteres ergriffen werden, wird auch der einen inländischen Gegenstand betreffende Rechtsstreit durch die Eröffnung des ausländischen Konkurses nicht unterbrochen. R.G. 16, 337.

Die Frage, welche Wirkung der im ausländischen Konkurs geschlossene Zwangsvergleich auf die Forderungen der inländischen Gläubiger ausübt, wird durch die Bestimmung des § 237 nicht betroffen, sie ist daher nach dem allgemeinen Grundsatz zu behandeln, daß der ausländische Konkurs auf die inländischen Rechtsverhältnisse so einwirkt, wie auf die ausländischen. Eine Ausnahme ließe sich hinsichtlich der Wirkungen des Akkords nur machen, wenn man den Zwangsvergleich als eine gerichtliche Entscheidung ansieht, so v. Wilmowski Anm. 2, weil eine solche Entscheidung nach §§ 722, 723 C.P.O. nur im Fall der Reziprozität auf die hiesigen Rechtsverhältnisse einwirken könnte; der Zwangsvergleich hat aber nicht den Charakter des Judikats, sondern des Vertrags, Anm. 2 zu § 173. Eine Ausnahme von der allgemeinen Regel darf auch nicht, wie vom R.G. 21, 8 angenommen ist, in Ansehung des im Inlande befindlichen Vermögens gemacht werden, weil der § 237 sich darauf beschränkt, dies Vermögen von den Wirkungen des Konkurses auszuschließen, sich also auf die das Aktivvermögen betreffenden Verfügungen beschränkt, ohne eine Bestimmung über das Passivvermögen zu treffen.

4. Die Befugniß der Gläubiger zur Zwangsvollstreckung in das inländische Vermögen des Gemeinschuldners kann durch Staatsverträge, sowie durch eine unter Zustimmung des Bundesraths vom Reichskanzler getroffene Anordnung ausgeschlossen oder beschränkt werden. S. den im Preuß. Gesetzblatt 1844 S. 165, 166 publizirten Staatsvertrag vom 12. Mai und 16. Juni 1849 und darüber R.G. 3, 327, 328.

§. 238. (208.)

Das Konkursverfahren umfaßt nur das im Inlande befindliche Vermögen, wenn der Schuldner im Deutschen Reiche eine gewerbliche Niederlassung, aber keinen allgemeinen Gerichtsstand hat.

Hat ein Schuldner im Deutschen Reiche weder eine gewerbliche Niederlassung noch einen allgemeinen Gerichtsstand, so findet ein Konkursverfahren über das im Inlande befindliche Vermögen des Schuldners statt, wenn er im Inlande ein mit Wohn- und Wirthschaftsgebäuden versehenes Gut als Eigenthümer, Nutznießer oder Pächter bewirthschaftet. Für das Verfahren ist das Amtsgericht ausschließlich zuständig, in dessen Bezirke das Gut sich befindet.

Ist im Auslande ein Konkursverfahren eröffnet, so bedarf es nicht des Nachweises der Zahlungsunfähigkeit zur Eröffnung des inländischen Verfahrens.

M. I 458, 459; P. I 125, 200; M. II —; P. II 49.

1. Der §, welcher früher lautete: „Ein Konkursverfahren über das im Inlande befindliche Vermögen eines Schuldners, welcher im Deutschen Reiche keinen allgemeinen Gerichtsstand hat, findet statt, wenn derselbe zum Betriebe einer Fabrik, einer Handlung oder eines anderen Gewerbes im Inlande eine Niederlassung hat, von welcher aus unmittelbar Geschäfte geschlossen werden.

Dasselbe gilt, wenn ein Schuldner, welcher im Deutschen Reiche keinen allgemeinen Gerichtsstand hat, im Inlande ein mit Wohn- und Wirthschaftsgebäuden versehenes Gut als Eigenthümer, Nutznießer oder Pächter bewirthschaftet.

Für das Verfahren ist das Amtsgericht ausschließlich zuständig, in dessen Bezirke die Niederlassung oder das Gut sich befindet.

Ist im Auslande ein Konkursverfahren eröffnet, so bedarf es nicht des Nachweises der Zahlungsunfähigkeit zur Eröffnung des inländischen Verfahrens"

hat von der Kommission in Folge der Aenderung des § 71 die gegenwärtige Fassung erhalten.

2. Durch den Abs. 1 ist der Grundsatz ausgesprochen, daß das Konkursverfahren sich auf das im Auslande befindliche Vermögen nur erstreckt, wenn der Kridar im

Inlande einen allgemeinen Wohnsitz hat, s. darüber Anm. 7 c zu § 1. Dabei ist es unerheblich, ob der Konkurs vor dem Gericht des allgemeinen Gerichtsstands oder der Niederlassung eröffnet ist, § 71, vielmehr kommt es nur darauf an, ob der Gemeinschuldner einen allgemeinen Gerichtsstand im Inlande hat. Ueber den allgemeinen Gerichtsstand und die gewerbliche Niederlassung s. Anm. 2 zu § 71.

3. Der Abs. 2 erweitert die Zuständigkeit des § 71, indem er den Konkurs auch dann eröffnen läßt, wenn der Gemeinschuldner im Inlande weder einen allgemeinen Gerichtsstand, noch eine gewerbliche Niederlassung, aber ein mit Wohn- und Wirthschaftsgebäuden versehenes Gut als Eigenthümer, Nutznießer oder Pächter bewirthschaftet, vgl. § 21 Abs. 2 C.P.O. Als Eigenthümer bewirthschaftet das Gut auch der Eigenbesitzer, als Pächter auch der Unterpächter.

Voraussetzung ist die Bewirthschaftung eines landwirthschaftlichen Grundstücks, § 582 B.G.B., mag dasselbe zum Ackerbau, zur Baum- oder Obstkultur oder zur Viehzucht dienen. Es genügt aber auch, wenn auf dem Gut nur ein landwirthschaftliches Nebengewerbe (Brauerei, Brennerei, Kalk- oder Ziegelbrennerei) ausgeübt wird, sofern ein solcher Betrieb nicht schon als gewerbliche Niederlassung zu gelten hat.

Das Gut muß zur Erfüllung des Thatbestandes des Abs. 2 mit mindestens einem Wohn- und Wirthschaftsgebäude bestanden sein, braucht aber nur ein Gebäude zu enthalten, wenn dasselbe zugleich als Wohn- und als Wirthschaftsgebäude dient.

Die Bewirthschaftung kann vom Kridar persönlich oder durch einen Vertreter ausgeübt werden, sie setzt nicht die Abschließung von Rechtsgeschäften voraus, sondern wird auch dann betrieben, wenn sie der Gemeinschuldner ohne Zuhülfenahme von Dienstboten oder Arbeitern ausführt.

Ausschließlich zuständig ist das Amtsgericht, in welchem das Gut liegt. Liegt es in den Bezirken mehrerer Amtsgerichte, so ist jedes Gericht zuständig und dasjenige, bei welchem die Eröffnung des Verfahrens zuerst beantragt worden ist, schließt das andere aus; denn die Analogie des § 71 Abs. 2 desselben Gesetzes liegt hier näher als die im § 72 begründete Analogie des § 36 Nr. 4 C.P.O.

4. Zur Konkursmasse gehört in den Fällen der Abs. 1 und 2 alles Vermögen, welches im Inlande liegt, ohne Rücksicht darauf, ob es zu der Niederlassung oder zu dem Gute in Beziehung steht, R.G. in J. W. 1887 S. 475, der Verwalter darf daher auch jede Rechtshandlung anfechten, die die Konkursmasse betrifft. Die Konkursmasse dient andererseits zur Befriedigung aller Konkursgläubiger, mögen sie im Aus- oder Inland wohnen, mögen ihre Forderungen zu der Niederlassung oder dem Gut in Beziehung stehen oder nicht.

5. Der § 238 kommt sowohl im Falle der Eröffnung eines ausländischen Konkurses als auch dann zur Anwendung, wenn im Ausland der Konkurs nicht eröffnet ist, oder der Kridar überhaupt nicht im Auslande wohnt. Ist der Konkurs zugleich im Ausland eröffnet, so bestehen beide Konkurse nebeneinander, die Konkurseröffnung des Auslands schließt daher die Eröffnung des Verfahrens im Inlande nicht aus. Der Abs. 3 erleichtert aber die Einleitung des inländischen Konkurses, wenn ein solcher bereits im Auslande eröffnet ist, indem er in diesem Fall den Nachweis der Zahlungsunfähigkeit des Gemeinschuldners nicht erfordert, auch wenn der Konkurs im Ausland ohne diesen Nachweis eröffnet werden darf oder eröffnet ist. Besteht aber die Voraussetzung der Konkurseröffnung nicht in der Zahlungsunfähigkeit, sondern in dem, ebenfalls vom § 238 betroffenen, Fall des Konkurses eines Nachlasses in der Ueberschuldung,

§ 215, so muß die Ueberschuldung des zum Nachlaß gehörigen Guts oder der dazu gehörigen Niederlassung auch dann nachgewiesen werden, wenn die Ueberschuldung von dem ausländischen Gericht bereits festgestellt ist. In diesem Fall kommt es nicht auf das im Inland befindliche Vermögen allein, sondern auf die Ueberschuldung des gesammten Nachlasses an.

Wird auf Grund der Zahlungseinstellung eine Rechtshandlung nach §§ 30, 40 angefochten, so wird der Beweis derselben nicht durch die im Ausland erfolgte Konkurseröffnung ersetzt, sondern muß im Rechtsstreit erbracht und ist nur dann als vorhanden anzunehmen, wenn die Zahlungseinstellung eine allgemeine ist, R.G. 21, 21, wobei es nicht darauf ankommt, ob von der Niederlassung oder dem Gute aus die Zahlungen noch fortgesetzt waren.

Drittes Buch.

Strafbestimmungen.

§. 239. (209.)

Schuldner, welche ihre Zahlungen eingestellt haben, oder über deren Vermögen das Konkursverfahren eröffnet worden ist, werden wegen betrüglichen Bankerutts mit Zuchthaus bestraft, wenn sie in der Absicht, ihre Gläubiger zu benachtheiligen,

1. Vermögensstücke verheimlicht oder bei Seite geschafft haben,
2. Schulden oder Rechtsgeschäfte anerkannt oder aufgestellt haben, welche ganz oder theilweise erdichtet sind,
3. Handelsbücher zu führen unterlassen haben, deren Führung ihnen gesetzlich oblag, oder
4. ihre Handelsbücher vernichtet oder verheimlicht oder so geführt oder verändert haben, daß dieselben keine Uebersicht des Vermögenszustandes gewähren.

Sind mildernde Umstände vorhanden, so tritt Gefängnißstrafe nicht unter drei Monaten ein.

M. I 459—461; P. I 125, 126, 200; M. II —; P. II —.

1. Die Strafbestimmungen der K.O. sind an die Stelle der §§ 281—283 St.G.B. getreten, der § 239 an Stelle des § 281 St.G.B., von welchem er sich nur durch die Bestimmung unterscheidet, daß die Worte „Kaufleute, welche ihre Zahlungen eingestellt haben" durch die Worte „Schuldner, welche ihre Zahlungen eingestellt haben, oder über deren Vermögen das Konkursverfahren eröffnet worden ist," ersetzt sind.

2. Die Bestrafung auf Grund des § 239 setzt stets drei Momente voraus: a) die Zahlungseinstellung oder die Konkurseröffnung, b) die fraudulose Absicht, c) den Thatbestand einer der vier Nummern des Abs. 1.

Die besondere Handlung einer der vier Nummern muß zur Erfüllung des Thatbestands des § stets in der fraudulosen Absicht geschehen sein; das weitere Moment der Zahlungseinstellung oder Konkurseröffnung braucht nicht in Beziehung zu der Handlung zu stehen, kann daher vor oder nach der Handlung eingetreten sein, R.G. in Strafs. 3, 250. Aber alle drei Momente müssen zur Erfüllung des strafbaren Thatbestands zusammentreffen, erst dann läuft die Verjährung der Strafverfolgung, deren Beginn daher mit dem Eintritt des letzten der drei Momente zusammenfällt, R.G. in Strafs. 3, 350; 7, 391; 16, 190.

3. Die Strafbarkeit tritt sowohl im Fall der Konkurseröffnung als auch ohne Eröffnung des Konkurses im Fall der Zahlungseinstellung ein. Die Ueberschuldung steht der Zahlungseinstellung nicht gleich. Ueber den Begriff der Zahlungseinstellung s. Anm. 2 zu § 102. Die Zahlungseinstellung braucht vom Thäter nicht verschuldet zu sein; unter der Voraussetzung der übrigen Thatbestandsmomente ist daher auch die Ehefrau strafbar, wenn der Ehemann die Zahlungen aus dem gütergemeinschaftlichen Vermögen eingestellt hat, R.G. in Straff. 9, 161, ebenso der Erbe, wenn die Einstellung vom Erblasser erfolgt ist.

4. Die Konkurseröffnung muß rechtskräftig beschlossen sein, sie besteht daher nicht, wenn der Eröffnungsbeschluß in der Beschwerdeinstanz aufgehoben ist, wohl aber, wenn der Konkurs aus einem Grunde der §§ 202—206 wieder eingestellt ist.

5. Die Absicht, die Gläubiger zu benachtheiligen, besteht schon in dem Bewußtsein, daß eine Benachtheiligung eintreten werde, denn, wer in diesem Bewußtsein handelt, kann nur die Absicht der Benachtheiligung haben; s. darüber Anm. 3 zu § 31. Andererseits genügt die Absicht der Benachtheiligung, ein thatsächlicher Nachtheil braucht nicht eingetreten zu sein. Die Ausführung einer Handlung der vier Nummern in dieser Absicht ist daher, wenn ein Nachtheil nicht eingetreten ist, kein Versuch, sondern stellt die vollendete Strafthat dar. Ueber die Benachtheiligung s. Anm. 5 zu § 29, Anm. 5 zu § 30, Anm. 1, 2 zu § 31.

6. Nr. 1. Die Verheimlichung besteht in der Bewirkung der Unkenntniß des Verwalters oder der Gläubigerversammlung von der Existenz des Vermögensgegenstandes oder seiner Zugehörigkeit zur Konkursmasse. Eine positive Handlung wird in dieser Beziehung nicht erfordert. Denn der Gemeinschuldner ist nach §§ 100, 104, 125 verpflichtet, alle Konkursgegenstände anzugeben, und indem er dieser Pflicht absichtlich entgegenhandelt, macht er sich des betrüglichen Bankrutts strafbar. Das Verschweigen in der Gläubigerversammlung belastet ihn nur, wenn das Gericht angeordnet hat, daß er der Versammlung Auskunft gebe, § 100; dagegen belastet ihn, wenn das Gericht diese Auskunft nicht angeordnet hat, das Verschweigen gegenüber dem Verwalter, dem er aus eignem Antrieb alle Vermögensgegenstände anzugeben hat, die zur Masse gehören.

Die Beiseiteschaffung besteht in der Entziehung eines Konkursgegenstandes, mag derselbe eine bewegliche oder unbewegliche Sache oder ein Recht sein, R.G. in Straff. 2, 118. Die Entziehung setzt eine Fortschaffung der Sache von ihrer Stelle nicht nothwendig voraus; auch durch eine Zerstörung oder Beschädigung, durch die Bestellung eines Retentions- oder Pfandrechts für einen Dritten wird die Sache, durch Cession wird das Recht bei Seite geschafft, vgl. §§ 133, 137, 348 St.G.B.

Gehört der Gegenstand nicht zur Konkursmasse, z. B. weil er der Zwangsvollstreckung nicht unterworfen ist, vgl. die Anm. zu § 1, so macht auch die vorsätzliche und in fraudulöser Absicht vorgenommene That den Gemeinschuldner nicht strafbar.

7. Nr. 2. Die Anerkennung von Schulden oder Rechtsgeschäften ist nur strafbar, wenn der Gemeinschuldner in dieser Beziehung seine Pflicht zur Auskunftsertheilung, Anm. 6, wissentlich verletzt, oder wenn er vor Eröffnung des Konkurses bezw. vor der Zahlungseinstellung das Anerkenntniß trotz der Kenntniß von der Unrichtigkeit abgegeben hat. Hat er zwar die Unrichtigkeit gekannt, gleichwohl aber aus triftigen Gründen, z. B. um der Einrede der Verjährung zu begegnen, ein theilweises Anerkenntniß abgegeben, so liegt das Bewußtsein, die Gläubiger zu benachtheiligen, nicht vor.

Die Erdichtung einer Forderung oder eines Rechtsgeschäfts ist die wissentlich falsche Geltendmachung eines Anspruchs oder eines Rechtsgeschäfts für sich oder einen andern, welche die Konkursmasse zu vermindern geeignet ist. Für sich kann er ein solches Recht geltend machen, um die Konkursmasse zu Gunsten seines Sondervermögens zu benachtheiligen.

8. Nr. 3. Zur Führung von Handelsbüchern ist nach § 38 H.G.B. jeder Kaufmann verpflichtet. Kaufmann ist nach § 1 H.G.B. derjenige, welcher ein Handelsgewerbe, d. h. einen Gewerbebetrieb führt, dessen Gegenstand eine der im § 1 Abs. 2 Nr. 1—9 H.G.B. bezeichneten Arten von Geschäften ist. Ein gewerbliches Unternehmen, dessen Gegenstand nicht unter den § 1 Abs. 2 fällt, das aber nach Art und Umfang einen in kaufmännischer Weise eingerichteten Betrieb erfordert und dessen Firma außerdem in das Handelsregister eingetragen ist, gilt nach § 2 H.G.B. als ein Handelsgewerbe, dessen Inhaber Kaufmann und als solcher zur Führung von Handelsbüchern verpflichtet ist. Der Betrieb der Land- oder Forstwirthschaft gilt nach § 3 nicht als Handelsgewerbe, ein zu diesem Betrieb gehöriges Nebengewerbe gilt dagegen als Handelsgewerbe, wenn die Firma des Inhabers in das Handelsregister eingetragen ist.

Zur Führung von Handelsbüchern sind dagegen

a) die Handwerker und

b) diejenigen Personen, deren Gewerbebetrieb nicht über den Umfang des Kleingewerbes hinausgeht,

nicht verpflichtet, § 5 H.G.B.

Handwerker sind diejenigen Personen, welche allein oder mit Gehülfen oder Lehrlingen die zum Absatz zu bringenden Gegenstände herstellen oder verbessern. Auf den Umfang des Betriebs kommt es nicht an, Lehmann, Komment. Anm. 3 zu § 4 H.G.B., Zeitschrift für Handelsrecht 20, 564; 40, 411; a. M. Staub Anm. 4 zu § 4 H.G.B., ebensowenig auf die Benutzung von Maschinen oder maschinellen Einrichtungen, R.G. in Strafs. 8, 127, noch auf die kaufmännische Art des Betriebs nach Außen.

Die zweite Art der Minderkaufleute (b) unterscheidet sich dagegen nicht, wie die Handwerker, durch die Art, sondern durch den Umfang des Gewerbebetriebs von den Vollkaufleuten. Es werden dahin in der Regel die Hausirer, Trödler, Höker gehören, doch kann der größere Umfang ihres Geschäftsbetriebs auch diese Personen als Vollkaufleute erscheinen lassen. Ob der Umfang des Geschäftsbetriebs über das Kleingewerbe hinausgeht, kann nach § 4 Abs. 3 H.G.B. durch Vorschriften der Landesregierungen bestimmt werden, durch welche die Grenze des Kleingewerbes auf der Grundlage der nach dem Geschäftsumfange bemessenen Steuerpflicht oder in Ermangelung einer solchen Besteuerung nach anderen Merkmalen näher festgesetzt wird. (In Preußen sind zum Erlaß dieser Vorschriften der Justizminister und der Minister für Handel und Gewerbe zuständig, Art. 1 des Ausf.-Ges. vom 24. September 1899 zum H.G.B.) In Ermangelung solcher Bestimmungen ist die Frage, ob der Gewerbebetrieb über den Umfang des Kleingewerbes hinausgeht, nach den thatsächlichen Feststellungen zu bestimmen, wobei die Art und der Umfang der Betriebsstätte, die Art des Geschäftsbetriebs und die Größe des Absatzes nicht außer Acht bleiben darf. —

Die Einrichtung und Führung, sowie die Art der Handelsbücher sind in den §§ 38—43 H.G.B. bestimmt. Darnach gehören zu den Handelsbüchern auch die Kopien der abgesandten Handelsbriefe, das Inventar und die Bilanz. Die Strafbarkeit tritt ein, wenn eins dieser gesetzlich nothwendigen Bücher nicht geführt ist. Abgesehen von den angeführten Schriftstücken spricht das Gesetz aber nicht ausdrücklich aus, welche Bücher geführt werden müssen, sondern geht von der Annahme aus, daß diejenigen Bücher zu führen sind, welche nach kaufmännischen Grundsätzen zu dem betreffenden Betrieb gehören.

9. Nr. 4. Die Handlungen der Nr. 4 begründen die Strafbarkeit des betrügerischen Bankerutts ohne Rücksicht auf die Pflicht zur Führung von Handelsbüchern, sodaß auch der Minderkaufmann, der Handelsbücher nicht zu führen braucht, einen strafbaren Bankerutt begeht, wenn er die Bücher, die er geführt hat, in der Absicht, die Gläubiger zu benachtheiligen, so geführt hat, daß sie keine Uebersicht über das Vermögen gewähren. Daraus folgt aber nicht, daß der Minderkaufmann, der nur einzelne Geschäfte gebucht hat, strafbar wäre, weil die Buchungen keine Uebersicht der gesammten Geschäftslage geben, denn, wenn er die Führung von Büchern auch in fraudulöser Absicht unterlassen hat, so lag ihm doch eine Pflicht zur vollständigen Buchung aller Geschäfte nicht ob, und kann eine Bestrafung nur unter der Voraussetzung einer Handlung der Nr. 1 oder 2 erfolgen.

Wegen der Vernichtung der Handelsbücher vgl. §§ 92 Nr. 2, 133, 348, 274 Nr. 1, 2, 280, 348 St.G.B., wegen der Verheimlichung s. oben Anm. 6.

Eine unrichtige oder unvollständige Buchführung kann in der absichtlichen Einstellung unrichtiger Werthe oder unrichtiger Forderungen, R.G. in Strafs. 13, 354; 15, 174 bestehen, sie muß zur Erfüllung des Thatbestandsmerkmals der Nr. 4 hinsichtlich der zur Buchführung verpflichteten Personen die Wirkung haben, daß jeder sachverständige Dritte die Vermögenslage aus der Gesammtheit der Bücher nicht zu erkennen vermag, R.G. in Strafs. 25, 3 und in Rechtspr. 2, 523; 7, 492. Einzelne Unrichtigkeiten, wenn sie auch absichtlich gemacht sind, sind daher nicht erheblich, wenn sie die richtige Uebersicht der Vermögenslage nicht verhindern.

§. 240. (210.)

Schuldner, welche ihre Zahlungen eingestellt haben, oder über deren Vermögen das Konkursverfahren eröffnet worden ist, werden wegen einfachen Bankerutts mit Gefängniß bestraft, wenn sie

1. durch Aufwand, Spiel oder Wette oder durch Differenzhandel mit Waaren oder Börsenpapieren übermäßige Summen verbraucht haben oder schuldig geworden sind;
2. in der Absicht, die Eröffnung des Konkursverfahrens hinauszuschieben, Waaren oder Werthpapiere auf Kredit entnommen und diese Gegenstände erheblich unter dem Werthe in einer den Anforderungen einer ordnungsmäßigen Wirthschaft widersprechenden Weise veräußert oder sonst weggegeben haben;
3. Handelsbücher zu führen unterlassen haben, deren Führung ihnen gesetzlich oblag, oder dieselben verheimlicht, vernichtet oder so unordentlich geführt haben, daß sie keine Uebersicht ihres Vermögenszustandes gewähren, oder
4. es gegen die Bestimmung des Handelsgesetzbuchs unterlassen haben, die Bilanz ihres Vermögens in der vorgeschriebenen Zeit zu ziehen.

Neben der Gefängnißstrafe kann in den Fällen der Nr. 1, 2 auf Verlust der bürgerlichen Ehrenrechte erkannt werden.

Sind mildernde Umstände vorhanden, so kann auf Geldstrafe bis zu sechstausend Mark erkannt werden.

M. I 459—461; P. I 126, 200; M. II 57, 58; P. II 52—56.

1. Die bisherige Vorschrift:

Schuldner, welche ihre Zahlungen eingestellt haben, oder über deren Vermögen das Konkursverfahren eröffnet worden ist, werden wegen einfachen Bankerutts mit Gefängniß bis zu zwei Jahren bestraft, wenn sie

1. durch Aufwand, Spiel oder Differenzhandel mit Waaren oder Börsenpapieren übermäßige Summen verbraucht haben oder schuldig geworden sind,
2. Handelsbücher zu führen unterlassen haben, deren Führung ihnen gesetzlich oblag, oder dieselben verheimlicht, vernichtet oder so unordentlich geführt haben, daß sie keine Uebersicht ihres Vermögenszustandes gewähren, oder
3. es gegen die Bestimmung des Handelsgesetzbuchs unterlassen haben, die Bilanz ihres Vermögens in der vorgeschriebenen Zeit zu ziehen,

ist durch Erweiterung des Strafmaßes, durch die Gleichstellung der Wette mit dem Spiel in der Nr. 1 und durch die Hinzufügung der Nr. 2 verändert.

2. Ueber das Zusammentreffen des Thatbestandsmerkmals, der Zahlungseinstellung oder der Konkurseröffnung und einer der in den 4 Nummern angegebenen Handlungen, sowie über die Zahlungseinstellung und die Konkurseröffnung kommt hier in Betracht, was in den Anm. 2—4 zu § 239 gesagt ist.

Die Handlung der Nr. 2 setzt immer Vorsatz voraus, die Handlungen der andern Nummern sind schon bei dem Vorhandensein der Fahrlässigkeit strafbar, R.G. in Straff. 13, 235, 354; 14, 80, in Rechtspr. 8, 451; 9, 5, 546.

Eine rechtsirrthümliche Ansicht, z. B. über die Pflicht zur Buchführung, schließt die Strafbarkeit nicht aus, R.G. in Straff. 5, 407; 8, 147; 17, 301, in Rechtspr. 5, 425; 8, 127, 421.

3. Nr. 1. Die Uebermäßigkeit des Verbrauchs ist nach dem Verhältniß des vorhandenen Vermögens und der gesammten Vermögenslage des Schuldners zu bemessen, R.G. in Straff. 14, 80. Uebermäßige Summen ist der Kridar nur schuldig geworden, wenn die Forderungen klagbar sind. Das Uebermaß des Verbrauchs oder der Kontrahirung von Schulden muß in dem Aufwand, Spiel, Differenzhandel oder der Wette seine Ursache haben, braucht aber nicht die Ursache der Zahlungseinstellung oder der Konkurseröffnung zu sein, vielmehr ist schon die bedeutende Vermögensminderung, durch welche die Konkursgläubiger geschädigt werden, als Thatbestandsmoment genügend.

Unter Aufwand sind die Kosten der persönlichen Lebenshaltung des Schuldners sowie die Kosten der Geschäftsführung zu verstehen, R.G. 7, 90, in Rechtspr. 6, 388. Zu den Kosten der Lebensführung gehören die des Haushalts, der persönlichen Ausgaben und Geschenke, zu den Kosten der Geschäftsführung die der Einrichtung des Ladens oder der Betriebsstätte, des Geschäftspersonals, der Reklamen, der Bewirthung von Kunden und Geschäftsfreunden. Durch diesen Aufwand werden übermäßige Summen verbraucht, wenn derselbe mit Rücksicht auf die Geschäftslage und das Vermögen des Schuldners das Gemeinübliche übersteigt, wobei die soziale Stellung des Schuldners nicht erheblich in Betracht zu ziehen ist, R.G. in Rechtspr. 6, 470. Die Strafthat ist vollendet, wenn der Aufwand durch einen fahrlässigen Mangel der Kontrole des Schuldners gemacht ist, R.G. in Straff. 15, 309, sofern ihm eine solche Aufsicht oblag. Leichtsinnige Handelsspekulationen, unbesonnenes Kreditgeben fallen nicht unter den Thatbestand des Aufwands, R.G. in Straff. 16, 238.

Unter Spiel ist jede Vereinbarung zu verstehen, durch welche Gewinn und Verlust von dem Eintritt eines von den Spielern herbeizuführenden Ereignisses abhängen, R.G. in Straff. 15, 277, daher sowohl das Glücksspiel, als auch jedes andere Spiel (Schach, Billard), welches um Geld oder Vermögensvortheile gespielt wird. Die Worte „mit Waaren oder Börsenpapieren" beziehen sich nur auf den Differenzhandel, nicht auf Spiel und Wette, Oppenhoff, Kommentar zum St.G.B. Anm. 6.

Wette ist die Vereinbarung, durch welche Gewinn und Verlust von dem Eintritt eines Ereignisses oder der Feststellung der Richtigkeit einer Behauptung ohne Thätigkeit der Vertragschließenden abhängen. Da die Wette ein gegenseitiger Vertrag ist, so fällt ein Vertrag, nach welchem nur der eine Theil einen Verlust erleiden kann, wenn das Ereigniß eintritt oder die aufgestellte Behauptung richtig ist, nicht unter den Begriff der Wette, aber das auf Grund einer solchen Vereinbarung Geleistete gehört zum Aufwand. Ebenso gehören Darlehne oder Schuldanerkenntnisse zum Zweck der Erfüllung einer Spiel- oder Wettschuld, § 762 Abs. 2 B.G.B., zu den Kosten der Lebensführung, also zum Aufwand, wenn die übernommenen Verbindlichkeiten vom Schuldner erfüllt sind.

Differenzhandel ist „ein auf Lieferung von Waaren oder Werthpapieren lautender Vertrag", der „in der Absicht geschlossen ist, daß nur der Unterschied zwischen dem vereinbarten Preise und dem Börsen- oder Marktpreise der Lieferungszeit von dem verlierenden Theile gezahlt werden solle", § 764 B.G.B. Diese Definition kommt für die Strafvorschrift des § 240 zur Anwendung, ohne Rücksicht darauf, ob die Vereinbarung auf eine selbstbestimmte Lieferungszeit, vgl. Anm. 2a zu § 18, oder nach den vom Börsenvorstand festgesetzten Geschäftsbedingungen getroffen ist, auch ist es unerheblich, ob eine amtliche Festsetzung der Terminspreise stattfindet. Denn wenn auch der § 764 B.G.B. durch die §§ 66—69 des Börsengesetzes vom 22. Juni 1896 und Art. 15 E.G. z. H.G.B. eine Modifikation erfahren haben, so bezieht sich dieselbe doch theils nur auf die Frage nach der Klagbarkeit, theils auf die in der Börse zugelassenen Geschäfte, für den Thatbestand der Strafthat ist es aber unerheblich, ob das Differenzgeschäft in der Börse geschlossen oder zu erfüllen ist oder nicht.

Ueber den Begriff der Waaren s. Anm. 2d zu § 18.

Hat nur ein Theil das Geschäft als ein bloßes Differenzgeschäft angesehen, so gilt es als solches, wenn der andere Theil diese Absicht kannte oder kennen mußte, § 764 Satz 2 B.G.B.

Da Spiel, Wette und Differenzgeschäfte nicht klagbar sind, §§ 762—764 B.G.B., so können sie hier nicht in Betracht kommen, wenn der Gemeinschuldner aus denselben nur bedeutende Beträge schuldig geworden ist, weil dadurch die Konkursmasse nicht belastet ist, wohl aber dann, wenn er diese Beträge gezahlt hat, weil dann eine Rückforderung ausgeschlossen ist, §§ 762—764 B.G.B.

4. Nr. 2. Der Thatbestand der Nr. 2 erfordert nicht die Absicht, die Gläubiger zu benachtheiligen, auch nicht die Absicht der Täuschung im Sinne des § 263 St.G.B., P. II, sondern nur die Absicht, die Eröffnung des Konkursverfahrens hinauszuschieben. Der Schuldner muß daher das Bewußtsein haben, daß die Zahlungsunfähigkeit, insbesondere die Zahlungseinstellung eintreten werde, wenn er die Handlung der Nr. 2

nicht vornimmt, er muß beabsichtigen, durch diese Handlung die Zahlungsunfähigkeit aufzuschieben. Die Kenntniß seiner Ueberschuldung genügt nicht, weil die Ueberschuldung zur Eröffnung des Verfahrens nicht ausreicht, § 102 und die Anm. dazu, aber aus der Ueberschuldung kann auf sein Bewußtsein geschlossen werden, den Zustand der Zahlungsunfähigkeit hinauszuschieben. Andererseits genügt das Bewußtsein, daß ohne die Handlung die Zahlungsunfähigkeit eintreten werde, dann nicht, wenn er annahm, daß er durch die Handlung das Konkursverfahren vermeiden konnte, denn dann wollte er das letztere nicht hinausschieben, sondern verhindern; A. M. M. II, weil in der Absicht, den Konkurs hinauszuschieben, die Absicht enthalten sei, der Konkurseröffnung für jetzt zu entgehen; wer dem Konkurs aber überhaupt entgehen will, will ihn nicht aufschieben; doch wird jene Annahme des Schuldners nur bei dem Vorhandensein besonderer Umstände, durch welche er eine Vermögensverbesserung erwerben konnte, thatsächlich festzustellen sein.

Schiebt der Schuldner das Verfahren hinaus, um die Konkursmasse zu verbrauchen, so ist die Strafbarkeit, sofern nicht eine Voraussetzung der Nr. 1 vorliegt, ausgeschlossen, wenn er nicht eine Kreditentnahme und den Verkauf zu Schleuderpreisen vornimmt.

Waaren sind auf Kredit entnommen, wenn der Preis nicht sofort bezahlt wird, ohne Rücksicht darauf, ob der andere Theil den Kredit bewilligt hat oder nicht. Ueber den Begriff der Waaren s. Anm. 2a zu § 18, Werthpapiere sind auch solche, die einen Markt- oder Börsenpreis nicht haben.

Die auf Kredit entnommenen Waaren oder Werthpapiere müssen zur Erfüllung des Thatbestands der Strafthat erheblich unter dem Werth, d. h. zu Schleuderpreisen verkauft sein. Der Werth ist nicht der Einkaufspreis, sondern der zeitweise übliche Werth, zu welchem der Verkauf an dem Verkaufsort oder in der Nähe desselben zu geschehen pflegt. Der Verkauf unter dem Werth soll aber nur dann in Betracht kommen, wenn er in einer den Anforderungen einer ordnungsmäßigen Wirthschaft widersprechenden Weise erfolgt, vgl. §§ 586, 1036, 2049 B.G.B.; die Ausdrucksweise ist jedoch nicht zutreffend, weil nicht die Art der Veräußerung, sondern die Art der Geschäftsgebahrung getroffen, und derjenige Schuldner nicht bestraft werden soll, welcher nur deshalb erheblich unter dem Werth veräußert, weil die Waaren auch bei einer ordnungsmäßigen Geschäftsführung zu ihrem wahren Werth nicht abzusetzen sind und daher verderben oder verkommen würden.

Der Veräußerung ist jede andere Art der Entäußerung, insbesondere der Tausch, die Schenkung, gleichgestellt.

5. Nr. 3. Der Bestrafung der Nr. 3 unterliegen nur diejenigen Personen, die zur Führung von Handelsbüchern verpflichtet sind, s. darüber Anm. 8 zu § 239; denn mit dem Wort „dieselben“ sind nur diejenigen Handelsbücher zu verstehen, deren Führung dem Schuldner oblag, Oppenhoff Anm. 11. Ueber die Verheimlichung, Vernichtung und unordentliche Führung der Bücher s. Anm. 9 zu § 239.

6. Nr. 4. Die Bilanz, d. h. „der das Verhältniß des Vermögens und der Schulden darstellende Abschluß,“ § 39 Abs. 1 H.G.B., hat der Kaufmann bei dem Beginn seines Handelsgewerbes, sowie „für den Schluß“ eines jeden Geschäftsjahrs aufzustellen, § 39 H.G.B. Sie ist in Reichswährung und in einer lebenden Sprache aufzustellen, zu unterzeichnen, §§ 40 Abs. 1, 43 Abs. 1 H.G.B., und ist inhaltlich nach Maßgabe der §§ 40, 41 H.G.B. festzustellen. Ein Verstoß gegen diese Vorschriften begründet den Thatbestand der Nr. 4, welcher aber nur gegen denjenigen festzustellen

ist, welcher zur Führung von Handelsbüchern verpflichtet ist; die unrichtige Bilanz eines Minderkaufmanns fällt nicht unter die Strafvorschrift des § 240, sie kann aber unter die Vorschrift des § 239 Nr. 4 fallen, wenn dessen Voraussetzungen vorliegen.

§. 241. (211.)

Schuldner, welche ihre Zahlungen eingestellt haben, oder über deren Vermögen das Konkursverfahren eröffnet worden ist, werden mit Gefängniß bis zu zwei Jahren bestraft, wenn sie, obwohl sie ihre Zahlungsunfähigkeit kannten, einem Gläubiger in der Absicht, ihn vor den übrigen Gläubigern zu begünstigen, eine Sicherung oder Befriedigung gewährt haben, welche derselbe nicht oder nicht in der Art oder nicht zu der Zeit zu beanspruchen hatte.

Sind mildernde Umstände vorhanden, so kann auf Geldstrafe bis zu sechstausend Mark erkannt werden.

M. I 461; P. I 126, 200; M. II —; P. II 58.

1. Der Abs. 2 ist dem § 241 bei der Revision der K.O. von der Kommission hinzugefügt.

2. Die Strafbarkeit setzt vier Momente: a) die Zahlungseinstellung oder Konkurseröffnung, b) die Kenntniß der Zahlungsunfähigkeit, c) die Absicht der Begünstigung und d) die Begünstigung voraus. Die Begünstigung ist strafbar, wenn sie vor oder nach der Konkurseröffnung, nicht aber, wenn sie vor der Zahlungsunfähigkeit vorgenommen ist. Im Uebrigen s. wegen des Zusammentreffens der sämmtlichen Thatbestandsmomente und wegen der Zahlungseinstellung und Konkurseröffnung die Anm. 2—4 zu § 239, wegen der Begünstigung und der Gewährung einer nicht zu beanspruchenden Sicherung oder Befriedigung die Anm. 6, 7 zu § 30.

Die Absicht der Begünstigung besteht schon in dem Bewußtsein, daß der Gläubiger einen Anspruch auf die gewährte Sicherung oder Befriedigung nicht habe, vgl. Anm. 5 zu § 239.

Unter dem Gläubiger versteht das R.G. in Straff. 14, 286 und in Rechtspr. 2, 626 den Konkursgläubiger; das Gesetz hat sich aber allgemein ausgedrückt, sodaß auch die Begünstigung anderer Gläubiger in Betracht kommt.

3. Der Begünstigte ist nicht an sich, wohl aber als Anstifter oder Gehülfe strafbar, wenn er in Kenntniß der sämmtlichen Thatbestandsmerkmale den Schuldner zu der Begünstigung veranlaßt bezw. ihm durch seine positive Theilnahme, z. B. durch Akzeptation, die Begehung der Begünstigung ermöglicht, R.G. in Straff. 2, 439; 4, 1; 5, 275, 435, in Rechtspr. 3, 135; 4, 28.

§. 242. (212.)

Mit Zuchthaus bis zu zehn Jahren wird bestraft, wer

1. im Interesse eines Schuldners, welcher seine Zahlungen eingestellt hat, oder über dessen Vermögen das Konkursverfahren eröffnet worden ist, Vermögensstücke desselben verheimlicht oder bei Seite geschafft hat, oder

2. im Interesse eines solchen Schuldners, oder, um sich oder einem Anderen Vermögensvortheil zu verschaffen, in dem Verfahren erdichtete Forderungen im eigenen Namen oder durch vorgeschobene Personen geltend gemacht hat.

Sind mildernde Umstände vorhanden, so tritt Gefängnißstrafe oder Geldstrafe bis zu sechstausend Mark ein.

M. I 461; P. I 126, 200; M. II —; P. II —.

1. Der § 242 bedroht den Dritten mit Strafe, ohne daß der Schuldner an der strafbaren Handlung Theil zu nehmen braucht. Der Schuldner kann nur als Anstifter oder Theilnehmer oder auf Grund des § 239 Nr. 1, 2 bestraft werden.

Die Strafthat der Nr. 1 kann sowohl im Fall der Zahlungseinstellung, als im Fall der Konkurseröffnung, die der Nr. 2 nur im Fall der Konkurseröffnung verübt werden, weil im Fall der Nr. 2 die Geltendmachung „im Verfahren" vorausgesetzt wird, ein Verfahren aber nicht in einer außergerichtlichen Verhandlung bestehen kann. Das Vorverfahren der §§ 105, 106 gehört zwar auch zum Verfahren, in demselben werden aber Forderungen nicht geltend gemacht, weshalb dasselbe hier außer Betracht bleibt, A. M. v. Wilmowski Anm. 4.

2. Nr. 1. Die Verheimlichung oder Beiseiteschaffung erfolgt im Interesse des Schuldners, wenn die Absicht des Thäters darauf gerichtet ist, dem Schuldner einen Vermögensvortheil zu verschaffen, doch setzt die Strafbarkeit die Erreichung des Vortheils nicht voraus. Die Verheimlichung im eignen Interesse ist nicht aus § 242, sondern nur als Unterschlagung strafbar, wenn deren Erfordernisse vorliegen.

Ueber die Zahlungseinstellung und die Konkurseröffnung s. Anm. 3, 4 zu § 239, über die Verheimlichung und die Beiseiteschaffung Anm. 6 zu § 239. Eine Verheimlichung kann unter Umständen in der unterlassenen Erfüllung der Verpflichtung des § 119 bestehen, doch erfordert die Strafthat der Verheimlichung und der Beiseiteschaffung stets den Vorsatz.

3. Nr. 2. Die Geltendmachung, welche in der Absicht erfolgt, sich selbst oder dem Gemeinschuldner oder einem Dritten einen Vermögensvortheil zu verschaffen, besteht in der Inanspruchnahme eines Rechts gegenüber der Konkursmasse, sei es durch Anmeldung der Forderung in Gemäßheit des § 138 oder durch Inanspruchnahme eines Aussonderungsrechts, eines Absonderungsrechts, eines Masseanspruchs, einer Kompensationsforderung gegenüber dem Verwalter. Der Thatbestand der Nr. 2 steht in ideeller Konkurrenz mit dem des Betrugs.

Ueber den Begriff der Erdichtung s. die Anm. 7 zu § 239.

§. 243. (213.)

Ein Gläubiger, welcher sich von dem Gemeinschuldner oder anderen Personen besondere Vortheile dafür hat gewähren oder versprechen lassen, daß er bei den Abstimmungen der Konkursgläubiger in einem gewissen Sinne stimme, wird mit Geldstrafe bis zu dreitausend Mark oder mit Gefängniß bis zu einem Jahre bestraft.

M. I 461; P. I 136, 200; M. II —; P. II —.

1. Der Stimmenkauf setzt ein Konkursverfahren voraus, kann aber, da das Gesetz ganz allgemein gefaßt ist, schon vor der Konkurseröffnung erfolgen, v. Wilmowski Anm. 1, A. M. Oppenhoff, Anm. 1, zumal der Schuldner durch eine solche unlautere Verabredung sich veranlaßt sehen kann, die Eröffnung des Verfahrens zum Zweck des Abschlusses eines ihm günstigen Zwangsvergleichs zum Nachtheil der Gläubiger zu beantragen. Vollendet ist die Strafthat mit der Annahme des Versprechens bezw. der Leistung, R.G. in Straff. 12, 122, jedoch nicht vor der Eröffnung des Konkurses. Es ist daher gleichgültig, ob ein Nachtheil entstanden ist, ebenso ob der Gläubiger in dem verabredeten Sinne gestimmt hat.

2. Thäter kann nur ein Konkursgläubiger sein, weil nur ein solcher an den Abstimmungen Theil nehmen kann, Konkursgläubiger ist aber jeder, welcher zur Zeit der Eröffnung des Verfahrens einen begründeten Vermögensanspruch gegen den Gemeinschuldner hat, § 3, ohne Rücksicht auf die Anmeldung der Forderung. Ist die Verabredung vor der Konkurseröffnung getroffen, so ist derjenige als Thäter strafbar, welcher, wenn der Konkurs im Augenblick des Versprechens oder der Leistung eröffnet wäre, Konkursgläubiger sein würde. Eine Person, welche nicht Gläubiger ist, aber mitstimmt, ist nicht strafbar, weil das Gesetz nur die Gläubiger mit Strafe bedroht, und jedes Strafgesetz strikt zu interepretiren ist, A. M. v. Wilmowski Anm. 1.

Ist aber eine nicht begründete Forderung im Prüfungstermin als Konkursforderung anerkannt, so gilt der Anmeldende als Konkursgläubiger, Anm. 2 zu § 3, die Strafthat ist aber gegen ihn erst von der Feststellung des Anspruchs im Prüfungstermin an vollendet. Dem Gläubiger steht der Vertreter desselben gleich, Oppenhoff Anm. 2.

3. Der Versprechende oder Leistende kann sowohl der Gemeinschuldner, wie auch jeder Dritte sein. Der Versprechende ist nur als Anstifter strafbar, R.G. 12, 122. Fehlt der Thatbestand der Anstiftung, z. B. wenn der Gläubiger das Versprechen oder die Leistung fordert, so liegt auf Seiten des Versprechenden oder Leistenden in Ermangelung eines die Strafe androhenden Gesetzes eine Strafthat nicht vor, a. M. v. Wilmowski Anm. 1.

4. Der Gegenstand der Vereinbarung ist auf Seiten des Gläubigers die Verpflichtung, in einem gewissen Sinne zu stimmen, ohne Rücksicht darauf, ob die Stimme zu Gunsten oder Ungunsten des Kridars abgegeben werden soll. Die Verabredung, daß sich der Gläubiger der Stimmabgabe enthalte, ist daher nicht strafbar, weil derjenige, welcher überhaupt nicht stimmen will, auch nicht in einem gewissen Sinne zu stimmen sich verpflichtet hat, v. Wilmowski Anm. 1, Oppenhoff Anm. 6.

Die Begünstigung eines Gläubigers, insbesondere im Fall des § 181, wird an sich nicht vom § 243 getroffen, wenn dadurch nicht auf die Abgabe der Stimme eingewirkt wird. Diese Absicht braucht nicht ausdrücklich ausgesprochen zu sein, der Stimmenkauf kann vielmehr auf Grund der Umstände auch ohne eine ausdrückliche Abrede als gewollt festgestellt werden. Die nicht vorher versprochene Belohnung für die Stimmabgabe ist nicht strafbar.

5. Der Stimmenkauf ist nichtig, er erzeugt keine rechtliche Verpflichtung, § 134 B.G.B., und steht dem Anspruch des Leistenden auf Rückgabe des Geleisteten nach den Grundsätzen der Verpflichtung des schlechtgläubigen Besitzers nicht entgegen, §§ 817, 819 B.G.B. War aber der Leistende als Anstifter selbst strafbar, so braucht er zwar das Versprechen nicht zu erfüllen, ist aber zur Rückforderung der Leistung nicht berechtigt, § 817 Satz 2 B.G.B.

§. 244. (214.)

Die Strafvorschriften der §§. 239—241 finden gegen die Mitglieder des Vorstandes einer Aktiengesellschaft oder eingetragenen Genossenschaft und gegen die Liquidatoren einer Handelsgesellschaft oder eingetragenen Genossenschaft, welche ihre Zahlungen eingestellt hat, oder über deren Vermögen das Konkursverfahren eröffnet worden ist, Anwendung, wenn sie in dieser Eigenschaft die mit Strafe bedrohten Handlungen begangen haben.

M. I 461, 463; P. I 126, 200; M. II —; P. II —.

1. Da die Vorstandsmitglieder der Aktiengesellschaften zc. nicht Gemeinschuldner, sondern nur Vertreter derselben sind, würden sie den Strafen nicht unterliegen, welche in den §§ 239—241 dem Schuldner angedroht sind, deshalb sind sie dem Gemeinschuldner hinsichtlich der Strafandrohungen durch den § 244 ausdrücklich gleichgestellt. Die Liquidatoren einer Gesellschaft mit beschränkter Haftung werden vom § 244 getroffen, auf die Geschäftsführer einer solchen Gesellschaft sind die §§ 239—241 durch den § 83 des Ges. vom 20. April 1892 angewendet, s. Anm. zu § 83 des angef. Ges. Die Anwendung der gleichen Strafvorschriften auf die Vorstandsmitglieder der Vereine und juristischen Personen, § 213, ist vergessen und daher nicht anzuerkennen. Die persönlich haftenden Mitglieder einer offenen Handelsgesellschaft oder Kommanditgesellschaft sind selbst die Gemeinschuldner und daher, sofern sie nicht durch Vertrag oder gerichtliche Entscheidung, §§ 114, 117 H.G.B., von der Geschäftsführung ausgeschlossen sind, auch für die Fahrlässigkeitsdelikte des § 240 verantwortlich.

2. Jedes einzelne Mitglied einer Aktiengesellschaft zc., sowie jeder Liquidator haftet, wie der Gemeinschuldner, nach den Strafvorschriften der §§ 239—241, insbesondere auch wegen der Zuwiderhandlungen gegen den § 240, ohne daß er sich auf eine entgegenstehende Bestimmung der Satzungen berufen kann, R.G. in Straff. 13, 235.

Gesetz,

betreffend die

Einführung der Konkursordnung.

Vom 10. Februar 1877.

Mit den Aenderungen des Art. II des Einführungsgesetzes vom 17. Mai 1898.

Wir **Wilhelm**, von Gottes Gnaden Deutscher Kaiser, König von Preußen ꝛc. verordnen im Namen des Deutschen Reichs, nach erfolgter Zustimmung des Bundesraths und des Reichstags, was folgt:

§. 1.

Die Konkursordnung tritt im ganzen Umfange des Reichs gleichzeitig mit dem Gerichtsverfassungsgesetze in Kraft.

M. I 463; P. I 201; M. II —; P. II —.

§. 2.

Gesetz im Sinne der Konkursordnung und dieses Gesetzes ist jede Rechtsnorm.

M. I 463; P. I 201.

Dieselbe Bestimmung enthalten der § 12 E.G. z. C.P.O. und der § 7 E.G. z. St.P.O.

§. 3.

Die den Konkurs betreffenden Vorschriften der Reichsgesetze werden durch die Konkursordnung nicht berührt.

Aufgehoben werden:

1. die Vorschriften des §. 51 des Gesetzes, betreffend die privatrechtliche Stellung der Erwerbs- und Wirthschaftsgenossenschaften, vom 4. Juli 1868, sowie die im §. 48 desselben Gesetzes bestimmte Zuständigkeit des Handelsgerichts;

2. die Vorschriften der §§. 13—18 des Gesetzes, betreffend die Gewährung der Rechtshülfe, vom 21. Juni 1869;
3. die Vorschriften der §§. 281—283 des Strafgesetzbuchs.

(Der Artikel 80 der Wechselordnung wird dahin abgeändert, daß die Verjährung auch nach Maßgabe des §. 13 der Konkursordnung unterbrochen wird.)

M. I 463—467; P. I 201, 202; M. II —; P. II 58.

1. Als reichsgesetzliche Vorschriften sind besonders zu erwähnen die §§ 97 Abs. 4 100c, 102 Abs. 4, 104 l der Gewerbeordnung, §§ 31, 34, 36, 171, 172, 217, 240, 241[6], 242, 249, 369, 370, 371 H.G.B., Art. 29 W.O., §§ 42, 53, 74 Abs. 2, 75, 161, 184 Abs. 2, 207, 209, 214, 218, 353, 377, 401, 418 Abs. 2, 457, 499, 512. 728, 735, 736, 773, 883, 1098, 1419, 1543, 1547, 1548, 1647, 1656, 1686, 1975, 1977, 1980, 1989. 1990, 2000, 2060 B.G.B., Art. 131 E.G. z. B.G.B., sowie die in Anl. I und II aufgeführten Vorschriften des Genossenschaftsges. und des Ges. über die Gesellschaften mit beschränkter Haftung.

2. Zu Abs. 3. Der Art. 80 der Wechselordnung ist durch Art. 8 Nr. 2 E.G. z. H.G.B. und der § 13 der bisherigen K.O. durch die revidirte K.O. vom 17. Mai 1898 aufgehoben; dadurch ist der Abs. 3 gegenstandslos geworden.

§. 4.

Aufgehoben werden die Vorschriften der Landesgesetze über Konkurs-, Falliments-, Gant-, Debit-Verfahren, über gerichtliche, zur Abwendung oder Einleitung eines solchen Verfahrens dienende Stundungs- und Nachlaßverhandlungen, konkursmäßige Einleitungen, Vermögensuntersuchungen, über die Rechtswohlthat der Güterabtretung und die landesherrliche oder gerichtliche Bewilligung einer allgemeinen Zahlungsstundung, sowie über das Konkursrecht, insoweit nicht in der Konkursordnung auf dieselben verwiesen oder bestimmt ist, daß sie nicht berührt werden.

Aufgehoben werden die Strafvorschriften, welche rücksichtlich des Konkurses in den Landesgesetzen enthalten sind.

M. I 467—469; P. I 202; M. II —; P. II —.

Aufgehoben sind die landesgesetzlichen Vorschriften sowohl über das Verfahren, wie über die materiell rechtlichen Wirkungen der Konkurseröffnung. Nicht berührt sind die öffentlich rechtlichen Wirkungen der Konkurseröffnung, s. Anm. 14 zu § 6 K.O., sowie die materiell rechtlichen Vorschriften der Staatsverträge, welche durch das Gesetz eines der Vertrag schließenden Staaten nicht beseitigt werden können.

§. 5.

Unberührt bleiben die landesgesetzlichen Vorschriften, welche die Lehen, Stammgüter oder Familienfideikommisse betreffen.

M. I 469; P. I 202—204; M. II —; P. II —.

Vgl. die Anm. zu § 52 K.O.

§. 6.

Die Bestimmungen der §§. 207, 208, 244 der Konkursordnung finden auf registrirte Gesellschaften, welche auf Grund des bayerischen Gesetzes vom 29. April 1869, betreffend die privatrechtliche Stellung der Erwerbs- und Wirthschaftsgesellschaften, bestehen, entsprechende Anwendung.

Die Gesellschaft wird in dem Konkursverfahren durch den Vorstand oder die Liquidatoren vertreten. Ein Zwangsvergleich findet nicht statt.

M. 469, 470; P. I 204; M. II 59; P. II —.

1. In seiner bisherigen Fassung: „Die Bestimmungen der §§ 193, 194, 196, 214 der Konkursordnung finden auf Vereine und registrirte Gesellschaften, welche auf Grund der bayerischen Gesetze vom 29. April 1869, betreffend die privatrechtliche Stellung der Vereine sowie der Erwerbs- und Wirthschaftsgesellschaften, bestehen, entsprechende Anwendung," betraf der § 6 die Wohlthätigkeits-, Bildungs-, Unterhaltungs- und ähnlichen Vereine, deren Satzungen nicht einen wirthschaftlichen Zweck ihrer Mitglieder verfolgten, sowie die registrirten Gesellschaften, d. h. die Erwerbs- und Wirthschaftsvereine mit Beschränkung der Haftpflicht ihrer Mitglieder auf ihre Einlagen und wiederkehrenden Beiträge; das bayerische Ges. vom 29. April 1869, welches die Rechtsverhältnisse dieser Vereine regelte, ist noch im § 153 des Reichsgenossenschaftsges. vom 1. Mai 1889 aufrechterhalten, in der Fassung des Art. 10 E.G. z. H.G.B. nicht mehr erwähnt, nur hinsichtlich der am 1. Januar 1900 bestehenden Vereine und Genossenschaften ist es durch Art. 165 E.G. zum B.G.B. aufrecht erhalten, und auf diese bestehenden Vereine und Genossenschaften wendet der § 6 die §§ 207, 208 und 244 K.O. an.

Da der bisherige § 196 K.O. gestrichen ist, ist sein Inhalt im Abs. 2 Satz 1 wiedergegeben.

§. 7.

In Ansehung der Landesherren und der Mitglieder der landesherrlichen Familien sowie der Mitglieder der Fürstlichen Familie Hohenzollern finden die Bestimmungen der Konkursordnung nur insoweit Anwendung, als nicht besondere Vorschriften der Hausverfassungen oder der Landesgesetze abweichende Bestimmungen enthalten.

Das Gleiche gilt in Ansehung der Mitglieder des vormaligen Hannoverschen Königshauses, des vormaligen Kurhessischen und des vormaligen Herzoglich Nassauischen Fürstenhauses.

M. I 470; P. I 204; M. II 59; P. II —.

Der Abs. 2 ist dem Art. 57 Abs. 2 E.G. z. B.G.B. gemäß dem § neu hinzugefügt. Gleiche Bestimmungen befinden sich im § 5 E.G. z. G.St.G., § 5 E.G. z. C.P.O., § 4 E.G. z. St.P.O.

§. 8.

Ein vor dem Tage des Inkrafttretens der Konkursordnung eröffnetes Konkursverfahren ist nach den bisherigen Gesetzen zu erledigen.

Der Landesgesetzgebung bleibt vorbehalten, die Konkursordnung auf die Erledigung der vor dem Inkrafttreten der Konkursordnung anhängig gewordenen Konkurssachen für anwendbar zu erklären und zu dem Zwecke Uebergangsbestimmungen zu erlassen.

M. I 471; P. I 204; M. II —; P. II —.

Der Abs. 1 entspricht dem Art. V des E.G. vom 17. Mai 1898. Die Uebergangsbestimmungen des Abs. 2 sind für Preußen in den §§ 17—50 des Ausf.-Ges. vom 6. März 1879 erlassen.

§. 9.

In einem am Tage des Inkrafttretens der Konkursordnung oder nach diesem Tage eröffneten Konkursverfahren finden die Bestimmungen der Konkursordnung über die Anfechtung von Rechtshandlungen auf eine vor dem bezeichneten Tage vorgenommene Rechtshandlung Anwendung, sofern nicht dieselbe nach den Vorschriften der bisherigen Gesetze der Anfechtung entzogen oder in geringerem Umfange unterworfen ist.

M. I 472; P. I 204; M. II —; P. II —.

§. 10.

In einem am Tage des Inkrafttretens der Konkursordnung oder nach diesem Tage eröffneten Konkursverfahren finden die Bestimmungen der §§. 50, 55 Nr. 3, 56 der Konkursordnung auf eine vor dem bezeichneten Tage vorgenommene Rechtshandlung Anwendung, sofern nicht die bisherigen Gesetze eine Aufrechnung zulassen oder in geringerem Umfange begründen.

M. I 472; P. I 204; M. II —; P. II —.

Die §§ 50, 55 Nr. 3, 56 sind die §§, welche der § 10 E.G. in der Fassung vom 10. Febr. 1877 als die §§ 42, 48 Nr. 3, 49 bezeichnete.

§. 11.

In einem am Tage des Inkrafttretens der Konkursordnung oder nach diesem Tage eröffneten Konkursverfahren finden die Bestimmungen der Konkursordnung und dieses Gesetzes über abgesonderte Befriedigung auf Pfand- und Vorzugsrechte Anwendung, wenngleich dieselben oder die Forderungen vor dem bezeichneten Tage erworben sind.

M. I 472, 473; P. I 204; M. II —; P. II —.

§. 12.

Insoweit Pfand- und Vorzugsrechte, welche vor dem Tage des Inkrafttretens der Konkursordnung auf Grund eines Vertrages, einer letztwilligen Anordnung oder einer richterlichen Verfügung erworben oder in Bankstatuten den Banknoteninhabern rechtsgültig zugesichert sind, zufolge der Bestimmungen der Konkursordnung und dieses Gesetzes ihre Wirksamkeit verlieren, kann die Landesgesetzgebung für die Forderung des Berechtigten ein Vorrecht vor allen oder einzelnen der im §. 61 der Konkursordnuug bezeichneten Forderungen gewähren.

Ist das Pfand- oder Vorzugsrecht auf einzelne bewegliche Gegenstände des Schuldners beschränkt, so kann das Vorrecht nur in Höhe des Erlöses derselben gewährt werden.

Das durch die vorstehenden Bestimmungen vorbehaltene Vorrecht kann nicht gewährt werden für ein zwei Jahre nach dem Inkrafttreten der Konkursordnung eröffnetes Konkursverfahren, wenn nicht das Vorrecht dadurch erhalten wird, daß dasselbe bis zum Ablaufe der zwei Jahre zur Eintragung in ein öffentliches Register vorschriftsmäßig angemeldet ist. Der Erlaß von Vorschriften über die Einrichtung solcher Register, sowie über die Anmeldung und Eintragung der Forderungen bleibt der Landesgesetzgebung vorbehalten.

M. I 474, 475; P. I 204; M. II —; P. II —.

Der im Abs. 1 bezeichnete § 61 entspricht dem § 54 der früheren Fassung.

§. 13.

Die Landesgesetzgebung kann der Ehefrau, den Kindern und den Pflegebefohlenen des Gemeinschuldners für Forderungen, welche vor dem Tage des Inkrafttretens der Konkursordnung entstanden sind, ein Vorrecht nach Maßgabe des §. 12 Abs. 1, 2 insoweit gewähren, als ein gesetzliches Pfand- oder Vorzugsrecht der Ehefrau, der Kinder oder der Pflegebefohlenen nach den bisherigen Gesetzen bestanden hat.

Auf das Vorrecht der Ehefrau findet die Bestimmung des §. 12 Abs. 3 entsprechende Anwendung.

Den Kindern und den Pflegebefohlenen kann das Vorrecht für ein fünf Jahre nach dem Inkrafttreten der Konkursordnung eröffnetes Konkursverfahren nicht gewährt werden.

M. I 475, 476; P. I 204; M. II —; P. II —.

Die §§ 14—16 sind durch Art. II. Nr. 4 des Ges. vom 17. Mai 1898 aufgehoben. Die §§ 14—16 lauteten:

§ 14: Faustpfandrechte im Sinne des § 40 der Konkursordnung bestehen an beweglichen körperlichen Sachen nur, wenn der Pfandgläubiger oder ein Dritter für ihn den Gewahrsam der Sache erlangt und behalten hat.

Das Absonderungsrecht besteht ohne Uebergabe der Sache, sofern:

1. nach den Reichsgesetzen oder den Landesgesetzen die Uebergabe von Konnossamenten und ähnlichen Papieren über Waaren oder andere bewegliche Sachen der Uebergabe derselben, oder die Eintragung der Verpfändung in das Schiffsregister oder die Uebergabe der mit einem beglaubigten Vermerke der Verpfändung versehenen Schiffsurkunden oder einer beglaubigten Abschrift derselben der Uebergabe des verpfändeten Schiffes gleichsteht;
2. über eine Verbodmung nach Vorschrift des Handelsgesetzbuchs ein Bodmereibrief ausgestellt ist.

§ 15: Faustpfandrechte im Sinne des § 40 der Konkursordnung bestehen an Forderungen und anderen Vermögensrechten nur:

1. wenn der Drittschuldner von der Verpfändung benachrichtigt ist;
2. wenn der Pfandgläubiger oder ein Dritter für ihn den Gewahrsam der körperlichen Sache, welche den Gegenstand des Rechts bildet, oder der über die Forderung oder das Vermögensrecht ausgestellten Urkunde erlangt und behalten hat;
3. wenn die Verpfändung in dem Grund- oder Hypothekenbuche eingetragen ist

§ 16: Die Vorschriften der Landesgesetze, welche für den Erwerb von Faustpfandrechten mehrere der in den §§ 14, 15 bezeichneten Erfordernisse oder weitere Erfordernisse festsetzen, bleiben unberührt.

§. 17.

Der Landesgesetzgebung bleibt vorbehalten, Bestimmungen zu treffen, nach welchen

1. den Inhabern der von Gemeinden oder anderen Verbänden, von Korporationen, Aktiengesellschaften, Kommanditgesellschaften auf Aktien oder Genossenschaften ausgestellten Pfandbriefe oder ähnlicher auf Grund erworbener Forderungen von denselben ausgestellter Werthpapiere an solchen Forderungen ein Faustpfandrecht im Sinne des §. 48 der Konkursordnung dadurch gewährt werden kann, daß einem Vertreter sämmtlicher Inhaber allein oder in Gemeinschaft mit dem Aussteller die Ausübung des Gewahrsams der über die Forderungen lautenden Urkunden übertragen oder auf diesen Urkunden die Gewährung des Pfandrechts vermerkt wird;
2. den Inhabern von Schuldverschreibungen, welche von den unter Nr. 1 bezeichneten Schuldnern über eine Anleihe ausgestellt sind, an gewissen beweglichen körperlichen Sachen ein Faustpfandrecht im Sinne des §. 48 der Konkursordnung dadurch gewährt

werden kann, daß einem Vertreter sämmtlicher Inhaber allein oder in Gemeinschaft mit dem Aussteller die Ausübung des Gewahrsams der Sachen übertragen wird;

3. den Inhabern von Schuldverschreibungen, welche von den unter Nr. 1 bezeichneten Schuldnern über eine Anleihe ausgestellt sind, ein Vorrecht vor nicht bevorrechtigten Konkursgläubigern, deren Forderungen später entstehen, dadurch gewährt werden kann, daß die zu bevorrechtigenden Forderungen in ein öffentliches Schuldenbuch eingetragen werden.

M. I 478—481; P. I 205—212; M. II —; P. II —.

Urkundlich unter Unserer Höchsteigenhändigen Unterschrift und beigedrucktem Kaiserlichen Insiegel.

Gegeben Berlin, den 10. Februar 1877.

(L. S.) **Wilhelm**

Fürst v. Bismarck.

Einführungsgesetz

zu dem

Gesetze, betreffend Aenderungen der Konkursordnung
vom 17. Mai 1898 (R.G.Bl. Nr. 21 S. 248 ff.).

Wir **Wilhelm**, von Gottes Gnaden Deutscher Kaiser, König von Preußen ꝛc.,

verordnen im Namen des Reichs, nach erfolgter Zustimmung des Bundesraths und des Reichstags, was folgt:

Artikel I.

Das Gesetz, betreffend Aenderungen der Konkursordnung, tritt gleichzeitig mit dem Bürgerlichen Gesetzbuch in Kraft.

M. I —; P. I —; M. II 58; P. II —.

Vgl. Art. I E.G. z. B.G.B.

Artikel II.

Das Gesetz, betreffend die Einführung der Konkursordnung, wird dahin geändert:

1. Die Bestimmung des §. 5 Nr. 2 wird aufgehoben.
2. Der §. 6 wird dahin geändert:

   Die Bestimmungen der §§. 207, 208, 244 der Konkursordnung finden auf registrirte Gesellschaften, welche auf Grund des bayerischen Gesetzes vom 29. April 1869, betreffend die privatrechtliche Stellung der Erwerbs- und Wirthschaftsgesellschaften, bestehen, entsprechende Anwendung.

   Die Gesellschaft wird in dem Konkursverfahren durch den Vorstand oder die Liquidatoren vertreten. Ein Zwangsvergleich findet nicht statt.
3. Der §. 7 erhält folgenden Abs. 2:

   Das Gleiche gilt in Ansehung der Mitglieder des vormaligen Hannoverschen Königshauses, des vormaligen Kurhessischen und des vormaligen Herzoglich Nassauischen Fürstenhauses.
4. Die §§. 14 bis 16 werden aufgehoben.

M. I —; P. I —; M. II 58—60; P. II 58.

Die im Abs. 2 bezogenen §§ 193, 194, 214 der bisherigen Fassung entsprechen den jetzigen §§ 207, 208, 244, die letzteren sind daher in den Text eingestellt.

Artikel III.

Die Vorschriften des §. 49 Abs. 2 der Konkursordnung und des §. 17 Nr. 1, 2 des Gesetzes, betreffend die Einführung der Konkursordnung, finden auch außerhalb des Konkurses Anwendung.

M. I —; P. I —; M. II 60; P. II —

1. Der im Art. III bezogene § 41 Abs. 2 der bisherigen Fassung entspricht dem § 49 Abs. 2 der jetzigen Fassung, der letztere ist daher in den Text eingestellt.

2. Der § 49 Abs. 2 gewährt dem Absonderungsrecht der Reichskasse, der Staatskasse und der Kommunalverbände wegen öffentlicher Abgaben in Ansehung der zurückbehaltenen oder in Beschlag genommenen zoll= und steuerpflichtigen Sachen den Vorrang vor allen andern gesetzlichen Pfandrechten im Konkurse, der Art. III. gewährt dies Vorrecht auch außerhalb des Konkurses, z. B. gegenüber dem Pfändungspfandrecht, auch wenn das letztere vorher entstanden ist. Indem der Art. III ferner das Absonderungsrecht des § 17 Nr. 1, 2 E. I, welches landesgesetzlich begründet werden kann, auch außerhalb des Konkurses zuläßt, statuirt er eine Ausnahme von der Bestimmung des Art. III E.G. z. B.G.B., welcher die im E.G. z. B.G.B. nicht aufrecht erhaltenen privatrechtlichen Vorschriften der Landesgesetze außer Kraft gesetzt hat.

Artikel IV.

Unberührt bleiben die landesgesetzlichen Vorschriften, welche die Zulässigkeit des Konkursverfahrens über das Vermögen der im §. 15 Nr. 3 des Einführungsgesetzes zur Civilprozeßordnung bezeichneten juristischen Personen beschränken oder ausschließen.

M. I —; P. I —; M. II 60; P. II —.

Die in § 15 Nr. 3 E.G. z. C.P.O. bezeichneten juristischen Personen sind der Fiskus, die Körperschaften, Stiftungen oder Anstalten des öffentlichen Rechts und die unter der Verwaltung einer öffentlichen Behörde stehenden Körperschaften oder Stiftungen. S. Anm. 2 zu § 213 K.O.

Artikel V.

Ein vor dem Inkrafttreten des Gesetzes, betreffend Aenderungen der Konkursordnung, eröffnetes Konkursverfahren ist nach den bisherigen Gesetzen zu erledigen.

M. I —; P. I —; M. II 60; P. II —.

Für die Frage, ob das Verfahren nach der bisherigen oder nach den Vorschriften der revidirten K.O. zu eröffnen ist, entscheidet nicht, wie nach § 15 Z.V.G., der Eingang des Antrags auf Eröffnung des Verfahrens, sondern der Tag der Eröffnung, § 108 K.O. Ist der vor dem 1. Januar 1900 ergangene Beschluß über die Eröffnung des Konkurses wegen Unzuständigkeit des Gerichts aufgehoben, so richtet sich das demnächst von dem zuständigen Gericht eröffnete Verfahren nach den neuen Vorschriften.

Artikel VI.

In einem am Tage des Inkrafttretens des Gesetzes, betreffend Aenderungen der Konkursordnung, oder nach diesem Tage eröffneten Konkursverfahren bleiben, soweit für ein Rechtsverhältniß die Vorschriften des bisherigen bürgerlichen Rechtes maßgebend sind, für das Rechtsverhältniß auch die Vorschriften des bisherigen Konkursrechts maßgebend. Dies gilt insbesondere in Ansehung eines Nachlasses, wenn der Erblasser vor dem bezeichneten Zeitpunkte gestorben ist. Die Landesgesetzgebung kann jedoch auf ein Rechtsverhältniß, für welches nach den Uebergangsvorschriften des Einführungsgesetzes zum Bürgerlichen Gesetzbuche die Landesgesetze maßgebend sind, die Vorschriften des neuen Konkursrechts für anwendbar erklären.

M. I —; P. I —; M. II 60, 61; P. II —.

1. Das Konkursverfahren richtet sich nach den neuen Vorschriften, wenn dasselbe nach dem 31. Dezember 1899 eröffnet ist. Innerhalb dieses Verfahrens kommen aber für die einzelnen Rechtsverhältnisse, die bisherigen materiellrechtlichen Konkursvorschriften zur Anwendung, wenn das betreffende Rechtsverhältniß auch außerhalb des Konkurses nach den bisherigen Vorschriften zu beurtheilen ist. So kann ein Absonderungsrecht nicht geltend gemacht werden, welches für ein vor dem 1. Januar 1900 begründetes Recht nicht bestand, wenn es auch nach dem neuen Recht anzuerkennen wäre; so wird ein Miethverhältniß, welches für den ersten nach bisherigem Recht zulässigen Termin gekündigt ist, Art. 171 E.G. z. B.G.B., im Konkurse nicht nach den neuen §§ 19—21 K.O., sondern nur nach den bisherigen §§ 17, 18 geregelt; dagegen gehört der ehemännliche sowie der elterliche Nießbrauch, der bisher zur Konkursmasse gehörte, vom 1. Januar 1900 nicht mehr zur Masse, Anm. 8 B 1 zu § 1, Art. 203 E.G. z. B.G.B., und die darüber vom Verwalter getroffenen Verfügungen verlieren ihre Wirkung.

2. Die in der Anm. 1 erörterte Vorschrift soll insbesondere auch für einen Nachlaß zur Anwendung kommen, für dessen Rechte im Konkurse, entsprechend dem Art. 213 E.G. z. B.G.B., die Thatsache maßgebend ist, ob der Erblasser vor oder nach dem 1. Januar 1900 verstorben ist. Das Verfahren richtet sich auch in diesem Fall ohne Rücksicht auf den Zeitpunkt des Todes des Erblassers nach den neuen Vorschriften, aber die Folgen der Verschiedenheit der Rechtsverhältnisse nach neuem und nach bisherigem Rechte wirken in diesem Falle auch auf die Voraussetzungen der Konkurseröffnung ein, sodaß die Eröffnung des Nachlaßkonkurses nicht zulässig ist, wenn der Erbe des vor dem 1. Januar 1900 verstorbenen Erblassers unbeschränkt haftet.

3. Von dem im Satz 3 in Gemäßheit des Art. 218 E.G. z. B.G.B. der Landesgesetzgebung gemachten Vorbehalt hat Preußen keinen Gebrauch gemacht.

Artikel VII.

Das Gesetz, betreffend die Anfechtung von Rechtshandlungen eines Schuldners außerhalb des Konkursverfahrens, vom 21. Juli 1879 (Reichs=Gesetzbl. S. 277) wird dahin geändert:

1. Im §. 3 Nr. 2, 3 werden die Worte „vor der Rechtshängigkeit des Anfechtungsanspruchs“ ersetzt durch die Worte:

„vor der Anfechtung“.

Die Nr. 4 des §. 3 erhält folgende Fassung:

4. Die in den letzten zwei Jahren vor der Anfechtung von dem Schuldner vorgenommenen unentgeltlichen Verfügungen zu Gunsten seines Ehegatten.

2. Als §. 3a wird folgende Vorschrift eingestellt:

Hat der Erbe aus dem Nachlasse Pflichttheilsansprüche, Vermächtnisse oder Auflagen erfüllt, so kann ein Nachlaßgläubiger, der im Konkursverfahren über den Nachlaß dem Empfänger der Leistung im Range vorgehen oder gleichstehen würde, die Leistung in gleicher Weise anfechten wie eine unentgeltliche Verfügung des Erben.

3. Im §. 4 werden die Worte „der Anfechtungsanspruch rechtshängig geworden ist“ ersetzt durch die Worte:

„die Anfechtung erfolgt ist“.

4. Der §. 11 wird dahin geändert:

Die gegen den Erblasser begründete Anfechtung findet gegen den Erben statt.

Gegen einen anderen Rechtsnachfolger desjenigen, welchem gegenüber die anfechtbare Handlung vorgenommen ist, findet die gegen den letzteren begründete Anfechtung statt:

1. wenn ihm zur Zeit seines Erwerbes die Umstände, welche die Anfechtbarkeit des Erwerbes seines Rechtsvorgängers begründen, bekannt waren;
2. wenn er zu den im §. 3 Nr. 2 genannten Personen gehört, es sei denn, daß ihm zur Zeit seines Erwerbes die Umstände, welche die Anfechtbarkeit des Erwerbes seines Rechtsvorgängers begründen, unbekannt waren;
3. wenn ihm das Erlangte unentgeltlich zugewendet worden ist.

Im Falle des Abs. 2 Nr. 3 findet auf die Haftung des Rechtsnachfolgers die Vorschrift des §. 7 Abs. 2 Anwendung.

Zur Erstreckung der Fristen in Gemäßheit des §. 4 genügt die Zustellung des Schriftsatzes an den Rechtsnachfolger, gegen welchen die Anfechtung erfolgen soll.

5. Der §. 12 wird dahin geändert:

Die Anfechtung einer nach §. 3 Nr. 1 anfechtbaren Handlung kann nur binnen zehn Jahren erfolgen. Auf den Lauf der Frist finden die für die Verjährung geltenden Vorschriften des §. 203

Abs. 2 und der §§. 206, 207 des Bürgerlichen Gesetzbuchs entsprechende Anwendung.

Die Frist beginnt mit dem Zeitpunkt, in welchem der Gläubiger den vollstreckbaren Schuldtitel erlangt hatte und seine Forderung fällig war, wenn aber die Rechtshandlung nach diesem Zeitpunkte vorgenommen ist, mit der Vornahme der Handlung.

Die Anfechtung ist ausgeschlossen, wenn seit der Vornahme der Rechtshandlung dreißig Jahre verstrichen sind.

6. An die Stelle des §. 13 Abs. 4 Satz 2 tritt folgende Vorschrift:

War die Anfechtung nicht schon zur Zeit der Eröffnung des Konkursverfahrens erfolgt, so wird die im §. 3 Nr. 2 bis 4 bestimmte Frist von diesem Zeitpunkte berechnet, sofern die Anfechtung bis zum Ablauf eines Jahres seit der Beendigung des Konkursverfahrens erfolgt.

M. I —; P. I —; M. II 61; P. II —.

Artikel VIII.

Die Vorschriften des Artikel VII finden auf die vor dem Inkrafttreten dieses Gesetzes vorgenommenen Rechtshandlungen keine Anwendung.

M. I —; P. I —; M. II 61; P. II —.

Artikel IX.

In bürgerlichen Rechtsstreitigkeiten, in welchen durch Klage oder Widerklage ein Anspruch auf Grund des dritten Titels des ersten Buches der Konkursordnung oder auf Grund des Gesetzes, betreffend die Anfechtung von Rechtshandlungen eines Schuldners außerhalb des Konkursverfahrens, geltend gemacht ist, wird die Verhandlung und Entscheidung letzter Instanz im Sinne des §. 8 des Einführungsgesetzes zum Gerichtsverfassungsgesetze dem Reichsgerichte zugewiesen.

M. I —; P. I —; M. II —; P. II 58.

Urkundlich unter Unserer Höchsteigenhändigen Unterschrift und beigedrucktem Kaiserlichen Insiegel.

Gegeben Straßburg i. E., den 17. Mai 1898.

(L. S.) **Wilhelm.**

Fürst zu Hohenlohe.

Anlage 1.

Das Reichsgesetz,

betreffend die

Erwerbs- und Wirthschaftsgenossenschaften,

vom 1. Mai 1889 (R.G.Bl. S. 55)

mit den Aenderungen des Art. 10 des Einführungsgesetzes zum Handelsgesetzbuch vom 10. Mai 1897 in der Fassung der Bekanntmachung vom 20. Mai 1898 (R.Ges.Bl. S. 810).

Siebenter Abschnitt.

Konkursverfahren und Haftpflicht der Genossen.

Das Gesetz unterscheidet rücksichtlich der Haftung der Genossen für die Verbindlichkeiten der Genossenschaft drei Arten der Erwerbs- und Wirthschaftsgenossenschaften: 1. Die Genossenschaft mit unbeschränkter Haftpflicht, deren Mitglieder sowohl jedem Gläubiger, wie auch der Genossenschaft unbeschränkt haften, 2. die Genossenschaft mit unbeschränkter Nachschußpflicht, deren Mitglieder nur der Genossenschaft gegenüber unbeschränkt für alle Schulden haften, ohne von den Gläubigern persönlich in Anspruch genommen werden zu können, 3. die Genossenschaft mit beschränkter Haftpflicht, deren Mitglieder sowohl den Gläubigern, wie auch der Genossenschaft nur bis zu einer bestimmten Summe haftbar sind. Der 7. Abschnitt des Gesetzes (§§ 98—118) regelt das Konkursverfahren der Genossenschaft jeder dieser Arten, soweit nicht für die einzelnen Genossenschaftsarten besondere Ausnahmen bestimmt sind.

§. 98.

Das Konkursverfahren findet im Falle der Zahlungsunfähigkeit, nach Auflösung der Genossenschaft auch im Falle der Ueberschuldung statt.

Nach Auflösung der Genossenschaft ist die Eröffnung des Verfahrens so lange zulässig, als die Vertheilung des Vermögens nicht vollzogen ist.

Der § 98 ist dem § 207 K.O. nachgebildet, es kommen daher die Erörterungen der Anm. 1—3 zu § 207 auch hier in Betracht mit der einzigen Maßgabe, daß die Eröffnung des Konkurses im Fall der Ueberschuldung nur zulässig ist, wenn gleichzeitig die Auflösung der Genossenschaft nach §§ 78—93 des Gesetzes erfolgt oder vorher erfolgt ist. Von dieser Ausnahme ist andererseits hinsichtlich der Genossenschaften mit beschränkter Haftpflicht im § 140 die Ausnahme gemacht, daß auch bei bestehender Genossenschaft der Konkurs außer dem Fall der Zahlungsunfähigkeit im Fall der Ueberschuldung stattfindet, wenn die Ueberschuldung ein Viertel des Betrags der Haftsummen aller Genossen übersteigt.

§. 99.

Sobald die Zahlungsunfähigkeit der Genossenschaft eintritt, hat der Vorstand die Eröffnung des Konkursverfahrens zu beantragen; dasselbe gilt, wenn bei oder nach Auflösung der Genossenschaft aus der Jahresbilanz oder aus einer im Laufe des Jahres aufgestellten Bilanz Ueberschuldung sich ergiebt.

Die Mitglieder des Vorstandes sind der Genossenschaft zum Ersatz einer nach diesem Zeitpunkte geleisteten Zahlung nach Maßgabe des §. 34 verpflichtet.

Die Ansprüche auf Grund der vorstehenden Bestimmungen verjähren in fünf Jahren.

1. Nach § 99, dessen Vorschriften mit den §§ 240 Abs. 2, 241 Nr. 6 und Abs. 3 H.G.B. in Uebereinstimmung stehen, hat der Vorstand die Konkurseröffnung zu beantragen, sobald sie nach § 98 zulässig ist. Aber nicht nur der Vorstand, sondern jedes Mitglied desselben ist zur Antragstellung verpflichtet, Abs. 2 und § 100. Die gleiche Pflicht haben die Liquidatoren, § 118, nicht aber der Aufsichtsrath, welcher zur Antragstellung nicht legitimirt ist, und daher nach § 41, wenn die Anmeldung gesetzwidrig unterbleibt, nur wegen der Unterlassung der ihm nach §§ 38—40 obliegenden Aufsicht verantwortlich ist.

2. Die Unterlassung der Konkursanmeldung zieht die persönliche und solidarische Haftung der Vorstandsmitglieder, nach § 118 der Liquidatoren, nach sich, jedoch nur derjenigen, welchen wegen der Unterlassung ein Verschulden zur Last fällt, § 34.

Neben der Kriminalstrafe, die sie nach § 148 Nr. 2 trifft, haften sie für die Zahlungen, die für die Genossenschaft an deren Gläubiger geleistet sind, diese Zahlungen sind, sofern sie nicht der Anfechtung der §§ 29 ff. K.O. unterliegen, ähnlich wie die Zahlungen des Erben, s. darüber Anm. 2 zu § 216, rechtswirksam, aber das verantwortliche Vorstandsmitglied ist der durch den Konkursverwalter vertretenen Genossenschaft zur Erstattung verpflichtet, sofern die Zahlung nicht durch Anfechtung redressirt wird; nur durch den Erfolg der Anfechtung wird das Vorstandsmitglied liberirt, auf die bloße Anfechtbarkeit der Zahlung kann es sich nicht berufen.

3. Ein Beamter der Genossenschaft ist zur Antragstellung nicht legitimirt, er haftet aber als Beauftragter, § 42, für den der Genossenschaft durch die Unterlassung der Konkursmeldung entstandenen Schaden, wenn er schuldvoller Weise bei der Vertretung der Geschäftsführung den Vorstand von der Zahlungseinstellung oder dem Bestehen der Unterbilanz nicht in Kenntniß gesetzt hat. Durch seine Haftpflicht wird die der Vorstandsmitglieder, denen ein Verschulden zur Last fällt, nicht ausgeschlossen.

§. 100.

Zu dem Antrage auf Eröffnung des Verfahrens ist außer den Konkursgläubigern jedes Mitglied des Vorstandes berechtigt.

Wird der Antrag nicht von allen Mitgliedern gestellt, so ist derselbe zuzulassen, wenn die ihn begründenden Thatsachen (§. 98) glaubhaft gemacht werden. Das Gericht hat die übrigen Mitglieder nach Maßgabe der Konkursordnung §. 105 Absatz 2, 3 zu hören.

Der Eröffnungsantrag kann nicht aus dem Grunde abgewiesen werden, daß eine den Kosten des Verfahrens entsprechende Konkursmasse nicht vorhanden sei.

1. Die Abs. 1, 2 entsprechen dem § 208 K.O., weshalb hier auf die dortigen Anm. Bezug genommen wird.

2. Der Abs. 3, welcher seinen Grund in der Annahme hat, daß wegen der Nachschußpflicht der Genossen eine den Kosten entsprechende Konkursmasse vorhanden sei, bezieht sich auch auf die Genossenschaften mit beschränkter Haftpflicht. Er steht aber nicht, wie Parisius und Crüger, Kommentar zum Genossenschaftsgesetz Anm. 4 meinen, der Einstellung des Verfahrens wegen fehlender Masse nach § 204 K.O. entgegen, da im Konkurs der Genossenschaft mit beschränkter Haftpflicht nach der Einziehung und der Verausgabung der Nachschüsse keine Aussicht auf die Erlangung weiterer Beträge vorhanden ist. Dasselbe gilt auch für die übrigen Genossenschaften, wenn die Genossen zur Zahlung von Nachschüssen nicht im Stande sind.

§. 101.

Durch die Eröffnung des Konkursverfahrens wird die Genossenschaft aufgelöst.

S. hierüber Anm. 1 zu §. 207.

§. 102.

Die Eröffnung des Konkursverfahrens ist unverzüglich in das Genossenschaftsregister einzutragen. Die Eintragung wird nicht bekannt gemacht.

Der Gerichtsschreiber hat nach § 112 K.O. zum Genossenschaftsregister und, wenn die Genossenschaft eine Zweigniederlassung besitzt, auch zum Register der letztern, § 158 Abs. 2 des Gesetzes, von der Konkurseröffnung Mittheilung zu machen.

§. 103.

Bei der Eröffnung des Verfahrens ist von dem Gerichte ein Gläubigerausschuß zu bestellen. Die Gläubigerversammlung hat über die Beibehaltung der bestellten oder die Wahl anderer Mitglieder zu beschließen. Im Uebrigen kommen die Vorschriften im §. 87 der Konkursordnung zur Anwendung.

Während sonst das Gericht nur berechtigt, nicht verpflichtet ist, einen Gläubigerausschuß zu bestellen, ist die Bestellung im Genossenschaftskonkurs obligatorisch, „weil hier das Interesse nicht nur der Gläubiger, sondern namentlich auch der der Haft- und Nachschußpflicht unterliegenden Genossen fordert, daß der Konkursverwalter stets von Anfang an einer wirksamen Kontrole unterstellt werde“, Komm.-Bericht S. 46.

Die Gläubigerversammlung hat nicht darüber zu beschließen, ob ein Gläubigerausschuß bestehen bleiben soll oder nicht, ein Ausschuß muß vielmehr bestehen bleiben, die Gläubigerversammlung darf nur andere Mitglieder wählen. Thut sie dies nicht oder beschließt sie, daß ein Ausschuß nicht mehr bestehen solle, so bleibt der vom Gericht bestellte Ausschuß in Funktion.

§. 104.

Die Generalversammlung ist ohne Verzug zur Beschlußfassung darüber zu berufen (§§. 44 bis 46), ob die bisherigen Mitglieder des Vorstandes und des Aufsichtsraths beizubehalten oder andere zu bestellen sind.

Die Mitglieder des Vorstands sind im Konkurs die Vertreter der Gemeinschuldnerin, der Genossenschaft, indem sie die Rechtsstellung des Kridars einnehmen.

Der § 104 läßt eine Ersetzung dieser Mitglieder, sowie der Mitglieder des Aufsichtsraths zu. Aber der Aufsichtsrath ist nicht berufen, den Verwalter, der nur der Aufsicht des Gerichtes und des Gläubigerausschusses untersteht, sondern nur den Vorstand, in dessen Rechtsstellung als Vertreter der Gemeinschuldnerin, namentlich bei dem Widerspruch gegen angemeldete Konkursforderungen, zu überwachen. Außerdem ist er berechtigt, gegen die Vor- und Nachschußberechnung Einwendungen zu erheben, §§ 108, 113.

§. 105.

Soweit die Konkursgläubiger wegen ihrer bei der Schlußvertheilung (Konkursordnung §. 161) berücksichtigten Forderungen aus dem zur Zeit der Eröffnung des Konkursverfahrens vorhandenen Vermögen der Genossenschaft nicht befriedigt werden, sind die Genossen verpflichtet, Nachschüsse zur Konkursmasse zu leisten.

Die Nachschüsse sind von den Genossen, wenn nicht das Statut ein anderes Beitragsverhältniß festsetzt, nach Köpfen zu leisten.

Beiträge, zu deren Leistung einzelne Genossen unvermögend sind, werden auf die übrigen vertheilt.

Zahlungen, welche Genossen über die von ihnen nach den vorstehenden Bestimmungen geschuldeten Beiträge hinaus leisten, sind ihnen, nachdem die Befriedigung der Gläubiger erfolgt ist, aus den Nachschüssen zu erstatten.

Gegen die Nachschüsse kann der Genosse eine Forderung an die

Genossenschaft aufrechnen, sofern die Voraussetzungen vorliegen, unter welchen er als Konkursgläubiger Befriedigung wegen der Forderung aus den Nachschüssen zu beanspruchen hat.

1. Die Gläubiger der Genossenschaft mit unbeschränkter und mit beschränkter Haftpflicht können nach Maßgabe der §§ 122, 141 die einzelnen Genossen persönlich in Anspruch nehmen, soweit sie im Konkurs nicht befriedigt sind. Die Inanspruchnahme der Genossen ist aber den Gläubigern schon im Konkursverfahren durch das Umlageverfahren gesichert, durch welches das zur Konkursmasse gehörige Recht der Genossenschaft auf Erhebung der Nachschüsse ausgeübt wird, R.G. in J.W. 1890 S. 334.

2. In die Nachschußberechnung sind alle Genossen, auch die unvermögenden aufzunehmen, nicht aber die ausgeschiedenen, deren fortdauernde Haftung in den §§ 125, 128—130, 141 besonders geregelt ist. Wird die Genossenschaft aber binnen 6 Monaten nach dem Ausscheiden des Genossen aufgelöst, und dies geschieht nach § 101 auch durch die Eröffnung des Konkurses, so gilt das Ausscheiden nach § 75 als nicht erfolgt, und hat der Genosse, welcher seinen Geschäftsantheil einem Dritten übertragen hat, die Nachschüsse zu leisten, zu deren Leistung der Dritte nicht vermögend ist, § 76 Abs. 4. — Die Beiträge zur Berichtigung der noch ungedeckten Passivmasse sind nach der Zahl der Genossen und zwar, wenn die Statuten nichts anderes bestimmen, gleichmäßig zu vertheilen. Zugleich ist aber zu berücksichtigen, von welchen Genossen die auf sie fallenden Beiträge ganz oder theilweise nicht beigetrieben werden können, sei es, daß sie zur Zahlung nicht vermögend sind, oder daß die Zahlung gegen sie wegen Unbekanntschaft ihres Aufenthaltsorts oder weil sie im Ausland wohnen oder aus anderen Gründen nicht mit Erfolg geltend gemacht werden kann. Daß die Zwangsvollstreckung versucht werde, ist nicht erforderlich, die Thatsache, ob ein Genosse unvermögend ist, bestimmt zunächst der Verwalter, gegen die auf dieser Annahme beruhende Berechnung ist die Einwendung des § 108 zulässig.

Stellt sich demnächst heraus, daß die eingezogenen Nachschüsse die Passiva übersteigen, so ist die Differenz an diejenigen Genossen zurückzuzahlen, welche größere Nachschüsse gezahlt haben, als thatsächlich erforderlich war. Ist diese Mehrzahlung eine allgemeine, so fließt die Differenz an alle Genossen zurück, welche zuviel gezahlt haben; haben einzelne Genossen freiwillig oder weil die übrigen irriger Weise für zahlungsunvermögend gehalten wurden, zuviel gezahlt, so sind sie zur Rückforderung des Restes auf Grund des § 812 B.G.B. berechtigt. Die Rückforderung richtet sich gegen den die Genossenschaft vertretenden Verwalter.

3. Steht dem Genossen, welcher einen Nachschuß zu leisten hat, eine Konkursforderung zu, so ist die Aufrechnung an die Beschränkungen der §§ 55, 56 K.O. und an die weitere Thatsache gebunden, daß die Voraussetzungen vorliegen, unter denen der Genosse als Konkursgläubiger Befriedigung wegen der Forderung aus den Nachschüssen zu beanspruchen hat. Diese Voraussetzung liegt vor, wenn er seine Forderung angemeldet und, sofern sie bestritten ist, den Erfordernissen des § 152 K.O. innerhalb der Ausschlußfrist genügt hat. Unter dieser Voraussetzung ist das Erforderniß des Abs. 1 erfüllt. Die Annahme von Petersen-Kleinfeller und v. Wilmowski, daß ein Recht auf Berücksichtigung bei der Schlußvertheilung in den Fällen des § 168 K.O. nicht genüge, weil das Gesetz zur Kompensation den Anspruch auf Befriedigung verlange, das Recht auf Berücksichtigung bei der Schlußvertheilung aber nicht mit dem Recht auf Befriedigung identisch sei, ist nicht richtig, denn auch das bedingte Recht auf Befriedigung ist ein Anspruch auf Befriedigung.

§. 106.

Der Konkursverwalter hat sofort, nachdem die Bilanz auf der Gerichtsschreiberei niedergelegt ist (Konkursordnung §. 124), zu berechnen, wieviel zur Deckung des in der Bilanz bezeichneten Fehlbetrages die Genossen vorschußweise beizutragen haben.

In der Berechnung (Vorschußberechnung) sind die sämmtlichen Genossen namentlich zu bezeichnen und auf sie die Beiträge zu vertheilen. Die Höhe der Beiträge ist jedoch derart zu bemessen, daß durch ein vorauszusehendes Unvermögen einzelner Genossen zur Leistung von Beiträgen ein Ausfall an dem zu deckenden Gesammtbetrage nicht entsteht.

Die Berechnung ist dem Konkursgerichte mit dem Antrage einzureichen, dieselbe für vollstreckbar zu erklären. Wird das Genossenschaftsregister nicht bei dem Konkursgerichte geführt, so ist dem Antrage eine beglaubigte Abschrift des Statuts und der Liste der Genossen beizufügen.

1. Die Einreichung der Bilanz bildet den Zeitpunkt für den Beginn des Vorschußverfahrens.

Die auf Grund des Inventars, § 123, aufgestellte Bilanz ergiebt nach der dem Inventar zu Grunde gelegten Veranschlagung des Werths der Gegenstände der Aktivmasse die Differenz der Aktiva und Passiva. Nach dieser Differenz ist der von jedem Genossen zu zahlende Beitrag zu berechnen, jedoch so, daß wegen des Unvermögens einzelner Genossen ein Ausfall nicht eintritt. Die in Folge dessen etwa zu viel eingezogenen Beträge werden nach § 105 Abs. 4 zurückerstattet.

2. Ueber den Antrag auf Vollstreckbarkeitserklärung entscheidet das Gericht nicht sofort, sondern erst nach Anhörung der Betheiligten, § 108.

§. 107.

Zur Erklärung über die Berechnung bestimmt das Gericht einen Termin, welcher nicht über zwei Wochen hinaus anberaumt werden darf. Derselbe ist öffentlich bekannt zu machen; die in der Berechnung aufgeführten Genossen sind besonders zu laden.

Die Berechnung ist spätestens drei Tage vor dem Termine auf der Gerichtsschreiberei zur Einsicht der Betheiligten niederzulegen. Hierauf ist in der Bekanntmachung und den Ladungen hinzuweisen.

Für die Bekanntmachung gelten die Vorschriften der §§ 76, 77 der auch im Genossenschaftskonkurs in Ermangelung abweichender besonderer Bestimmungen zur Anwendung kommenden K.O., für die Niederlegung der § 151 K.O.

§. 108.

In dem Termine sind Vorstand und Aufsichtsrath der Genossenschaft, sowie der Konkursverwalter und der Gläubigerausschuß und, soweit Einwendungen erhoben werden, die sonst Betheiligten zu hören.

Das Gericht entscheidet über die erhobenen Einwendungen, berichtigt, soweit erforderlich, die Berechnung oder ordnet die Berichtigung an und erklärt die Berechnung für vollstreckbar. Die Entscheidung ist in dem Termine oder in einem sofort anzuberaumenden Termine, welcher nicht über eine Woche hinaus angesetzt werden soll, zu verkünden. Die Berechnung mit der sie für vollstreckbar erklärenden Entscheidung ist zur Einsicht der Betheiligten auf der Gerichtsschreiberei niederzulegen.

Gegen die Entscheidung findet ein Rechtsmittel nicht statt.

1. Einwendungen dürfen der Vorstand, der Aufsichtsrath und jeder Genosse erheben, der Vorstand und Aufsichtsrath nur auf Grund eines Beschlusses derselben. Die Gläubiger erheben keine Einwendungen, sind aber über die erhobenen Einwendungen zu hören.

2. Die Einwendung kann nur die Höhe der auf die einzelnen Genossen vertheilten Beiträge und die Heranziehung eines Genossen zur Beitragsleistung betreffen, zu diesem Behuf können das Inventar, die Werthberechnung der einzelnen Aktiva und Passiva, die Annahme des Unvermögens einzelner Genossen und die Unterlassung der Heranziehung nicht berücksichtigter Genossen bemängelt werden.

3. Die Einwendungen können nur im Termin, R.G. 40, 155, dort aber auch schriftlich, erhoben werden; die schriftlichen Einwendungen sind zu verlesen. Die Anfechtungsklage des § 111 hat die Geltendmachung der Einwendung im Termin oder die schuldlose Unterlassung derselben zur Voraussetzung.

4. Ueber die Einwendungen entscheidet das Konkursgericht, wie nach § 158 K.O. über die gegen den Vertheilungsplan erhobenen Einwendungen. Die Entscheidung erfolgt entweder im Termin oder, dem § 310 C.P.O. entsprechend, in einem sofort zu verkündenden Termin, der nicht über eine Woche hinaus anzusetzen ist. Das Gericht kann der Entscheidung eine Ermittelung nach § 75 K.O. vorausgehen lassen. Gegen die Entscheidung ist die Beschwerde nicht zulässig, aber die für vollstreckbar erklärte Berechnung kann mit der Klage des § 111 des Ges. angefochten werden. Die Entscheidung braucht dem Verwalter und demjenigen nicht zugestellt zu werden, welcher die Einwendung erhoben hat, die Klagefrist läuft von der Verkündung der Entscheidung an, § 111 des Ges.

Auf Grund der Entscheidung über die Einwendungen berichtigt das Gericht die Vorschußberechnung oder ordnet die Berichtigung an, welche der Verwalter auszuführen hat. Zugleich erklärt es die berichtigte Berechnung für vollstreckbar, erläßt diese Erklärung aber im Fall der Anordnung der Berichtigung erst, nachdem die Berichtigung ausgeführt ist.

5. Wegen der Niederlegung der vollstreckbaren Entscheidung vgl. § 158 Abs. 2 Satz 2.

§. 109.

Nachdem die Berechnung für vollstreckbar erklärt ist, hat der Konkursverwalter ohne Verzug die Beiträge von den Genossen einzuziehen.

Die Zwangsvollstreckung gegen einen Genossen findet in Gemäßheit der Civilprozeßordnung auf Grund einer vollstreckbaren Ausfertigung der Entscheidung und eines Auszuges aus der Berechnung statt.

Für die in den Fällen der §§. 731, 767, 768 der Civilprozeßordnung zu erhebenden Klagen ist das Amtsgericht, bei welchem das Konkursverfahren anhängig ist, und, wenn der Streitgegenstand zur Zuständigkeit der Amtsgerichte nicht gehört, das Landgericht ausschließlich zuständig, zu dessen Bezirke der Bezirk des Konkursgerichts gehört.

Wegen des Auszugs aus der Berechnung vgl. § 164 Abs. 2 und die Anm. dazu, wegen der ausschließlichen Zuständigkeit des Gerichts die §§ 164 Abs. 3, 146 Abs. 2 und die Anm. dazu. Die Vollstreckungsklausel ertheilt der Gerichtsschreiber des Konkursgerichts.

§. 110.

Die eingezogenen Beträge sind bei der von der Gläubigerversammlung bestimmten Stelle (Konkursordnung §. 132) zu hinterlegen oder anzulegen.

Die eingezogenen Beträge sind zur sofortigen Berichtigung der Masseschulden, nicht aber zu Abschlagsvertheilungen, § 166 K.O., zu verwenden, § 115, dazu dienen vielmehr nur die aus dem sonstigen Konkursvermögen erzielten Beträge. Die von den Gerichten eingezogenen Beiträge sind bis zur Nachschußvertheilung, § 115, anzulegen oder zu hinterlegen. Die Anlegung oder Hinterlegung erfolgt bei der Stelle, welche die Gläubigerversammlung nach § 132 K.O. bezeichnet hat.

§. 111.

Jeder Genosse ist befugt, die für vollstreckbar erklärte Berechnung im Wege der Klage anzufechten. Die Klage ist gegen den Konkursverwalter zu richten. Sie findet nur binnen der Nothfrist eines Monats seit Verkündung der Entscheidung und nur insoweit statt, als der Kläger den Anfechtungsgrund in dem Termine (§. 107) geltend gemacht hat oder ohne sein Verschulden geltend zu machen außer Stande war.

Das rechtskräftige Urtheil wirkt für und gegen alle beitragspflichtigen Genossen.

1. Die Klage ist eine Feststellungsklage, R.G. 14, 90, gerichtet auf eine andere Berechnung aller Beiträge, wenn der klagende Genosse ein Sonderrecht nicht in Anspruch nimmt, andernfalls auf eine geringere Berechnung seines Beitrags oder auf seine Ausscheidung aus der Berechnung, wenn er behauptet, daß er nicht Genosse sei. Daß er Genosse sei, hat der Verwalter, daß er ausgeschieden sei, hat der Genosse zu beweisen. Mit der Klage darf der Antrag auf Einstellung der Zwangsvollstreckung mit oder ohne Sicherheitsleistung gestellt werden, § 112 Abs 4 des Ges., §§ 795, 769 C.P.O., auch wenn die Zwangsvollstreckung noch nicht begonnen hat, R.G. 32, 394.

2. Da der Erfolg der Klage für und gegen alle beitragspflichtigen Genossen wirkt, sind dieselben berechtigt, dem Rechtsstreit als Intervenienten beizutreten, § 66 C.P.O., der zugelassene Beitritt giebt ihnen die Rechtsstellung der Streitgenossen, § 69 C.P.O.

3. Wegen der Wirkung der Entscheidung für und gegen alle Genossen vgl. § 147 und die Anm. dazu.

§. 112.

Die Klage ist ausschließlich bei dem Amtsgerichte zu erheben, welches die Berechnung für vollstreckbar erklärt hat. Die mündliche Verhandlung erfolgt nicht vor Ablauf der bezeichneten Nothfrist. Mehrere Anfechtungsprozesse sind zur gleichzeitigen Verhandlung und Entscheidung zu verbinden.

Uebersteigt der Streitgegenstand eines Prozesses die sonst für die sachliche Zuständigkeit der Amtsgerichte geltende Summe, so hat das Gericht, sofern eine Partei in einem solchen Prozesse vor der Verhandlung zur Hauptsache darauf anträgt, durch Beschluß die sämmtlichen Streitsachen an das Landgericht, in dessen Bezirke es seinen Sitz hat, zu verweisen. Gegen diesen Beschluß findet die sofortige Beschwerde statt. Die Nothfrist beginnt mit der Verkündung des Beschlusses.

Ist der Beschluß rechtskräftig, so gelten die Streitsachen als bei dem Landgerichte anhängig. Die im Verfahren vor dem Amtsgerichte erwachsenen Kosten werden als Theil der bei dem Landgerichte erwachsenen Kosten behandelt und gelten als Kosten einer Instanz.

Die Vorschriften der Civilprozeßordnung §§. 769, 770 über die Einstellung die Zwangsvollstreckung und die Aufhebung der Vollstreckungsmaßregeln finden entsprechende Anwendung.

1. Da die mündliche Verhandlung nicht vor Ablauf der Nothfrist des § 111 stattfinden darf, und nach Ablauf dieser Frist die Klage nicht mehr zulässig ist, so ist die Unterlage für die Vorschrift gegeben, daß alle Anfechtungsprozesse mit einander verbunden werden sollen. Eine Verhandlung und Entscheidung vor Ablauf der Nothfrist ist jedoch nicht nichtig, die Verhandlung und Entscheidung in Einzelprozessen ist deshalb und weil bei entschuldbarer Versäumniß die Klage noch nach Ablauf der Nothfrist zulässig ist, nicht ausgeschlossen. Wird eine Frage, deren Entscheidung nach § 111 Abs. 2 für alle Genossen wirkt, z. B. die Frage, ob der Werth der vorhandenen Konkursmasse höher, als vom Verwalter angegeben, anzunehmen sei, in den mehreren Prozessen verschieden beantwortet, so entscheidet das Urtheil, welches zuerst die Rechtskraft erlangt, weil das Rechtsverhältniß durch dieses rechtskräftig einheitlich festgestellt und daher nicht mehr zu ändern ist.

2. Das Amtsgericht ist sachlich zuständig, auch wenn der Gegenstand eines Anfechtungsprozesses mehr als 300 M. beträgt. Ist aber die Klage bei dem Landgericht angebracht, ohne daß die Einrede der sachlichen Unzuständigkeit erhoben ist, so ist das in der Sache erkennende Urtheil des Landgerichts nicht wegen Unzuständigkeit anzufechten, § 10 C.P.O., da die Ausschließlichkeit des Gerichtsstands, welche der Abs. 1 vorschreibt, sich nur auf die örtliche, nicht die sachliche Kompetenz bezieht.

Die Verweisung an das Landgericht erfolgt nur auf Antrag; der Antrag ist nur begründet, wenn der Gegenstand eines Prozesses die Summe von 300 M. übersteigt, nicht wenn nur die Einzelbeträge sämmtlicher Prozesse zusammen höher als 300 M. sind. Zur Stellung des Antrags ist nicht nur derjenige Genosse, dessen Antrag diese Höhe hat, sondern jeder am Gesammtprozeß betheiligte Genosse berechtigt, auch wenn der Gegenstand seines Klagantrags geringer ist.

Die Verweisung an das Landgericht erfolgt nicht, wie nach § 505 C.P.O., durch Urtheil, sondern durch einen Beschluß, dessen Erlassung vor der Verhandlung zur Hauptsache zu beantragen ist, und der der Anfechtung durch die sofortige Beschwerde unterliegt. Die zweiwöchige Beschwerdefrist läuft abweichend vom § 577 Abs. 2 C.P.O. nicht von der Zustellung, sondern von der Verkündung des Verweisungsbeschlusses an.

Da die Kompetenz für alle Anfechtungsprozesse eine einheitliche sein soll, ist das Landgericht nicht blos für alle zur Zeit der Verkündung des Verweisungsbeschlusses anhängigen, sondern auch für alle spätern Anfechtungsprozesse zuständig, welche gemäß § 111 noch nach Ablauf der einmonatigen Nothfrist erhoben werden dürfen, R.G. 32, 396. Ist aber ein Anfechtungsprozeß, ohne daß der Verweisungsbeschluß des Amtsgerichts vorausgegangen ist, bei dem Landgericht anhängig, so bleibt die Kompetenz des Amtsgerichts für alle übrigen Prozesse bestehen, auch wenn das Landgericht den bei ihm anhängigen Rechtsstreit in der Hauptsache entschieden hat.

Die Vorschrift, nach welcher die Kosten des Amtsgerichts als ein Theil derjenigen des Landgerichts gelten, entspricht dem § 30 Abs. 1 des G.K.G.

3. Wegen der Anträge auf Einstellung der Zwangsvollstreckung s. Anm. 1 zu § 111.

§. 113.

Soweit in Folge des Unvermögens einzelner Genossen zur Leistung von Beiträgen der zu deckende Gesammtbetrag nicht erreicht wird, oder in Gemäßheit des auf eine Anfechtungsklage ergehenden Urtheils oder aus anderen Gründen die Berechnung abzuändern ist, hat der Konkursverwalter eine Zusatzberechnung aufzustellen. Rücksichtlich derselben kommen die Vorschriften in §§. 106 bis 112 zur Anwendung.

Die Aufstellung einer Zusatzberechnung ist erforderlichenfalls zu wiederholen.

1. Die Zusatzberechnung findet nur statt, wenn das Aktivvermögen einschließlich der auf Grund der Vorschußberechnung eingezogenen Beiträge zur Berichtigung der Passiva nicht ausreicht, sie erfolgt insbesondere, wenn solche Beiträge sich als nicht einziehbar erweisen, welche als einziehbar angenommen waren, wenn die Vorschußberechnung eine zu geringe war, wenn die Aktiva zu hoch eingeschätzt waren oder Gegenstände des Konkursvermögens durch Diebstahl oder auf andere Weise verloren oder wenn sie verschlechtert sind.

2. Für das Nachschußverfahren kommen die §§ 106—112 zur Anwendung, es können daher Anfechtungen, die im Vorschußverfahren nach § 104 präkludirt waren, hinsichtlich der neuen Nachschüsse noch geltend gemacht werden, a. M. v. Wilmowski, eine zur Nachschußzahlung herangezogene Person darf die Heranziehung zur Nachschußleistung z. B. deshalb anfechten, weil sie nicht Genosse sei. Denn durch die Präklusion wird nur die für vollstreckbar erklärte Vorschußberechnung rechtskräftig und die Rechtskraft kann sich nach § 322 C.P.O. nur auf den Gegenstand der Vorschußberechnung erstrecken.

§. 114.

Sobald mit dem Vollzuge der Schlußvertheilung (Konkursordnung §. 161) begonnen wird, hat der Konkursverwalter in Ergänzung oder Berichtigung der Vorschußberechnung und der zu derselben etwa ergangenen Zusätze zu berechnen, wieviel die Genossen in Gemäßheit des §. 105 an Nachschüssen zu leisten haben.

Die Berechnung (Nachschußberechnung) unterliegt den Vorschriften in §§. 106 bis 109, 111 bis 113, der Vorschrift im §. 106 Absatz 2 mit der Maßgabe, daß auf Genossen, deren Unvermögen zur Leistung von Beiträgen sich herausgestellt hat, Beiträge nicht vertheilt werden.

Eine Nachschußberechnung erfolgt nur, wenn die Vorschuß- und die Zusatzberechnung den Zweck, die Aktiva auf die Höhe der Passiva zu bringen, nicht vollständig erfüllt hat („in Ergänzung oder Berichtigung"). Die Vorschuß- und die Zusatzberechnung konnte in dieser Beziehung ein ganz sicheres Resultat nicht ergeben, weil die Gegenstände des Aktivvermögens noch nicht vollständig versilbert waren und einzelne Beiträge nicht einziehbar gewesen sein können. Die Nachschußberechnung ist die Zusatzberechnung, welche mit dem Vollzuge der Schlußvertheilung erforderlich wird, es kommen daher die Vorschriften des § 113 zur Anwendung, s. die Anm. zu § 113, nur werden die Genossen, deren Unvermögen sich bereits ergeben hat, nicht mehr berücksichtigt und werden die eingezogenen Beiträge nicht mehr hinterlegt, sondern dienen zur alsbaldigen Vertheilung.

§. 115.

Der Verwalter hat, nachdem die Nachschußberechnung für vollstreckbar erklärt ist, unverzüglich den gemäß §. 110 vorhandenen Bestand und, so oft von den noch einzuziehenden Beiträgen hinreichender Bestand eingegangen ist, diesen im Wege der Nachtragsvertheilung (Konkursordnung §. 166) unter die Gläubiger zu vertheilen.

Außer den Antheilen auf die im §. 168 der Konkursordnung bezeichneten Forderungen sind zurückzubehalten die Antheile auf Forderungen, welche im Prüfungstermine von dem Vorstande ausdrücklich bestritten worden sind. Dem Gläubiger bleibt überlassen, den Widerspruch des Vorstandes durch Klage zu beseitigen. Soweit der Widerspruch rechtskräftig für begründet erklärt wird, werden die Antheile zur Vertheilung unter die übrigen Gläubiger frei.

Die zur Befriedigung der Gläubiger nicht erforderlichen Ueberschüsse hat der Konkursverwalter an die Genossen zurückzuzahlen.

1. Der Genossenschaftskonkurs endet mit der ordentlichen Schlußvertheilung. Die letztere beschränkt sich auf das Konkursvermögen, welches außer den während des Verfahrens auf Grund der Vorschuß-, Zusatz- und Nachschußberechnung eingezogenen Beiträgen der Genossen vorhanden ist. Der Schlußtermin des § 162 K.O. findet auch in

diesem Verfahren statt, es erfolgt auch die Aufhebung des Konkurses alsbald nach der Abhaltung dieses Termins, § 163 K.O., Kohler S. 444, Oetker 1, 427. A. M. v. Wilmowski Anm. 1, s. darüber unten Anm. zu § 123. Das Verfahren setzt sich aber zum Zweck der Nachtragsvertheilung des § 166 K.O. fort und diese endet erst, nachdem sämmtliche Gläubiger befriedigt sind oder nachdem feststeht, daß weitere Nachschüsse nicht mehr eingezogen werden können. Für diese Nachtragsvertheilung bleiben die bisherigen Organe des Konkursverfahrens in Funktion, s. darüber die Anm. zu § 166 K.O.

Ergeben sich schließlich nach Befriedigung der Gläubiger Ueberschüsse, so sind dieselben, Abs. 3, nach § 105 Abs. 4 an die Genossen zurückzuzahlen.

An dem Nachtragsverfahren nehmen außer den Massegläubigern nur diejenigen Gläubiger Theil, deren Forderungen bei der Schlußvertheilung zu berücksichtigen waren, § 105 Abs. 1.

2. Die Vorschriften der §§ 168, 169 K.O. über die Zurückbehaltung und Hinterlegung der auf bestrittene, bedingte und auf Absonderungsforderungen gefallenen Konkursdividende kommen auch im Genossenschaftskonkurs zur Anwendung. Für diesen Konkurs ist aber die besondere Bestimmung hinzugefügt, daß die Konkursdividende auch dann zurückzubehalten ist, wenn der Forderung nur vom Vorstande widersprochen ist. Im gewöhnlichen Konkurs tritt eine Retention der Konkursdividende nur ein, wenn die Forderung in Folge eines Widerspruchs nicht festgestellt ist, d. h. nach § 144 K.O. wenn der Konkursverwalter oder ein Gläubiger Widerspruch erhoben hat, wogegen der Widerspruch des Gemeinschuldners für das Verfahren ohne Bedeutung ist und seine Wirkung nur nach Beendigung desselben äußert, § 164 K.O. Im Genossenschaftskonkurs soll dagegen der Widerspruch des die Rechtsstellung des Gemeinschaftsschuldners einnehmenden Vorstands die Wirkung haben, daß die Feststellung der Forderung behindert, der auf die Forderung entfallende Antheil daher zurück zu behalten ist. — Zur Beseitigung des Widerspruchs ist der Gläubiger die Klage des § 146 K.O. zu erheben verpflichtet, wenn auch dem Vorstand die Legitimation zur Klageerhebung nicht abzusprechen ist, s. darüber Anm. 1 zu § 146 K.O. Dies gilt, da das Gesetz eine Ausnahme nicht macht, auch in dem Falle, daß für die Forderung ein Vollstreckungstitel vorgelegt ist, § 146 Abs. 6 K.O. Die Klage ist gegen den Vorstand zu richten, dem in dieser Beziehung trotz der Aufhebung der Genossenschaft deren Vertretung übertragen ist. Wer die Kosten des Rechtsstreits zu tragen hat, wenn der Vorstand unterliegt, ist im Gesetz nicht bestimmt; da aber der Vorstand für diesen Fall die Genossenschaft rechtsgültig vertritt, so müssen die Kosten von der Genossenschaft, also aus den eingezogenen Beiträgen berichtigt werden, erforderlichen Falls hat der Verwalter weitere Beiträge zur Bezahlung dieser Kosten einzuziehen, welchen die Natur der Masseschulden nicht abgesprochen werden kann. Können weitere Beiträge nicht eingezogen werden, so ist ein zahlungsfähiger Schuldner nicht vorhanden.

Ueber die Wirkung der rechtskräftigen Entscheidung der Widerspruchsklage für und gegen die Genossen s. den § 147 K.O. und die Anm. dazu.

§. 116.

Eine Aufhebung des Konkursverfahrens durch Zwangsvergleich findet nicht statt.

Eine Einstellung des Verfahrens ist erst zulässig, nachdem mit dem Vollzuge der Schlußvertheilung begonnen ist. Die Zustimmung aller bei der letzteren berücksichtigten Konkursgläubiger ist beizubringen. Inwieweit es der Zustimmung oder der Sicherstellung von Gläubigern bedarf, deren Forderungen nicht festgestellt sind, entscheidet das Konkursgericht nach freiem Ermessen.

1. „Der Zwangsvergleich im Genossenschaftskonkurse müßte sich nothwendig auch auf die Haftung der einzelnen Genossen erstrecken, es würde daher der majorisirte Theil der Konkursgläubiger gezwungen, auf das in dieser Haftung der Mitglieder gerade für den Fall des Konkurses ihnen zugesicherte Mittel der vollen Befriedigung zu verzichten", M. zum Gesetz S. 125.

2. Die Einstellung des Verfahrens ist zeitlich beschränkt. „Wenn es gestattet würde, in Gemäßheit des § 188 (jetzt 202) der Konkursordnung das Verfahren nach Ablauf der Anmeldefrist auf Grund der Einwilligung derjenigen Gläubiger, welche bis dahin ihre Forderungen angemeldet haben, einzustellen, so würden hierdurch diejenigen, welche sich noch weiterhin hätten melden können, ohne vorgängiges Gehör von der Befriedigung ausgeschlossen sein, welche die Fortsetzung des Verfahrens bis zur persönlichen Heranziehung der Genossen ihnen verschaffen konnte," M. zum Gesetz S. 125.

Die Schlußvertheilung ist nach Feststellung des Schlußverzeichnisses erfolgt, Anm. zu § 166 K.O. Mit dem Ablauf der Ausschlußfrist, § 152 K.O., fängt die Schlußvertheilung an, in diesem Zeitpunkt ist die Erlassung des Einstellungsbeschlusses zulässig, denn die bis dahin nicht angemeldeten Forderungen werden bei der Schlußvertheilung nicht berücksichtigt. Wird das Verfahren alsbald nach der Abhaltung des Schlußtermins aufgehoben, § 163 K.O., Anm. 1 zu § 115 des Gesetzes, so kann die Einstellung für das Nachschuß-(Nachtrags-)verfahren nicht mehr erfolgen, denn ein aufgehobenes Verfahren kann nicht mehr eingestellt werden. Wegen der Berücksichtigung der nicht festgestellten Forderungen vergl. § 95 K.O.

3. Die Einstellung des Verfahrens wegen unzureichender Konkursmasse ist im § 116 von der Einstellung des Konkurses wegen Zustimmung der Gläubiger nicht geschieden, sie ist daher, entgegen der gemeinen Ansicht, zulässig, wenn die Nachschüsse der Genossenschaft mit beschränkter Nachschußpflicht bereits eingezogen oder bei den übrigen Genossenschaften die Beitreibung weiterer Nachschüsse wegen Unvermögens, wegen der Unbekanntschaft des Aufenthaltsortes der Genossen oder aus andern Gründen nicht mehr erfolgen kann. Sie kann aber nach § 116 ebenfalls erst nach dem Vollzuge der Schlußvertheilung beschlossen werden.

§. 117.

Der Vorstand ist verpflichtet, den Konkursverwalter bei den diesem in §. 106 Absatz 1, §. 109 Absatz 1, §§. 113, 114 zugewiesenen Obliegenheiten zu unterstützen.

Der Vorstand hat die Rechtsstellung des Vertreters der Gemeinschuldnerin, ihm liegen daher die Verpflichtungen der §§ 100, 101, 125 K.O. ob, v. Wilmowski Anm. 1, der § 117 legt dem Vorstand und der § 118 auch den Liquidatoren die Verpflichtung zur Auskunftsertheilung und zu sonstiger Unterstützung des Verfahrens auch für das die Vorschuß-, Zusatz- und Nachschußberechnung betreffende Verfahren auf.

§. 118.

Die in diesem Abschnitte hinsichtlich des Vorstandes getroffenen Bestimmungen gelten auch hinsichtlich der Liquidatoren.

S. die Anm. 1 zu §. 99, Anm. 1 zu §. 104, Anm. zu §. 117.

Achter Abschnitt.

Besondere Bestimmungen.

I. Für Genossenschaften mit unbeschränkter Haftpflicht.

§. 122.

Im Falle des Konkursverfahrens sind neben der Genossenschaft die einzelnen Genossen solidarisch und mit ihrem ganzen Vermögen den Konkursgläubigern für den Ausfall verhaftet, welchen diese an ihren bei der Schlußvertheilung (Konkursordnung §. 161) berücksichtigten Forderungen bei derselben erleiden.

Nach Ablauf von drei Monaten seit dem Termine, in welchem die Nachschußberechnung für vollstreckbar erklärt ist, können die Gläubiger, soweit sie bisher nicht befriedigt sind, die einzelnen Genossen in Anspruch nehmen.

Festgestellte Forderungen, welche im Prüfungstermine von dem Vorstande oder den Liquidatoren nicht ausdrücklich bestritten sind, können auch von den in Anspruch genommenen Genossen nicht bestritten werden.

Das rechtskräftige Urtheil, welches in dem Prozeß über eine im Prüfungstermine von dem Vorstande oder den Liquidatoren bestrittene Forderung für oder gegen dieselben ergeht, wirkt gegenüber allen Genossen.

In Ansehung einer im Konkursverfahren streitig gebliebenen Forderung kann, solange dieselbe nicht festgestellt ist, eine Verurtheilung der Genossen nicht erfolgen.

1. Die Genossen können, nachdem die frühere Vorschrift, wonach sie auch ohne vorausgegangene Konkurseröffnung von den Gläubigern in Anspruch genommen werden konnten, in Wegfall gekommen ist, nur unter der Voraussetzung unmittelbar in Anspruch genommen werden, daß der Konkurs eröffnet war, und daß drei Monate seit dem Termin verflossen sind, in welchem die Nachschußberechnung für vollstreckbar erklärt ist, §§ 114, 108. Aber nicht jedem Gläubiger ist der Zugriff gegen das Vermögen der Genossen gestattet, sondern nur den Konkursgläubigern, also nicht den vom Verfahren ausgeschlossenen Gläubigern des § 63 K.O., und zwar nur denjenigen Konkursgläubigern, welche ihre Forderungen rechtzeitig angemeldet und im Fall des Widerspruchs die Erhebung der Feststellungsklage nach § 152 K.O. vor Ablauf der zweiwöchigen Ausschlußfrist dem Verwalter nachgewiesen haben, da sie andern Falls bei der Schlußvertheilung nicht zu berücksichtigen sind.

2. Die Feststellung der Forderung kann nur im Konkursverfahren erfolgen und ist für und gegen die einzelnen Genossen maßgebend. Festgestellt ist eine Forderung, wenn weder der Verwalter, noch ein Konkursgläubiger, noch — was dem Genossenschaftskonkurs eigenthümlich ist — der Vorstand bezw. die Liquidatoren Widerspruch erhoben haben. Ist Widerspruch erhoben, so muß derselbe vom Gläubiger gegen den Widersprechenden nach § 146 K.O. beseitigt werden, ehe der Genosse persönlich in Anspruch genommen werden kann; ist nicht widersprochen oder ist der Widerspruch rechtskräftig beseitigt, so gilt die Feststellung gegen jeden Genossen, sodaß der letztere die Richtigkeit der Forderung nicht bemängeln darf; A. M. v. Wilmowski Anm. 4 und Parisius-Crüger Anm. 10, welche die Klage wegen einer im Konkurs vom Vorstand oder den Liquidatoren beanstandeten Forderung zulassen, ohne daß der Gläubiger gegen den Widersprechenden Klage erhoben hat, diese Ansicht würde aber nur richtig sein, wenn der letzte Abs. unter der Feststellung der Forderung die Feststellung des § 144 Abs. 1 des gewöhnlichen Konkurses verstände; indem der Abs. 5 jedoch als nicht festgestellt diejenigen Forderungen bezeichnet, welche im Konkursverfahren streitig geblieben sind, erkennt er die Forderungen nicht als festgestellt an, welche von einer Person bestritten sind, die den Widerspruch mit konkursrechtlicher Wirkung erheben kann, und zu diesen Personen gehören nach Abs. 3 und nach § 115 Abs. 2 auch der Vorstand und die Liquidatoren.

Da der einzelne Genosse nicht die Rechtsstellung des Gemeinschuldners hat, deshalb auch zum Widerspruch im Prüfungstermin nicht legitimirt ist, kann gegen ihn aus der Eintragung in die Tabelle die Zwangsvollstreckung des § 164 Abs. 2 K.O. nicht vorgenommen, sondern muß Klage erhoben werden, welche nach den Vorschriften des § 122 einen der res judicata ähnlichen Charakter hat. Dieser Klage kann er nur die nach der Feststellnng der Forderung im Konkurs entstandenen, sowie die aus seiner Person hergeleiteten Einwendungen entgegensetzen. Zu den letztern gehört auch die Behauptung, daß er nicht Genosse sei oder gewesen sei; die gegen ihn in dieser Beziehung durch die Präklusion des § 111 oder durch das im Prozeß gegen den Verwalter nach § 112 ergangene Urtheil erfolgte Feststellung ist für und gegen den Genossen nicht maßgebend, da die Feststellung sich nur auf die beizutreibenden Nachschüsse bezieht, Anm. 2 zu § 113, und weder der Genosse noch der einzelne Konkursgläubiger durch den Verwalter vertreten wird.

§. 123.

Die Klage der Gläubiger gegen die einzelnen Genossen verjährt, sofern nicht nach Beschaffenheit der Forderung eine kürzere Verjährungsfrist gesetzlich eintritt, in zwei Jahren seit Ablauf der im §. 122 Absatz 2 bestimmten Frist.

Die Verjährung zu Gunsten eines Genossen wird durch Rechtshandlungen unterbrochen, welche gegen die Genossenschaft oder von derselben vorgenommen werden; sie wird nicht unterbrochen durch Rechtshandlungen, welche gegen einen anderen Genossen oder von demselben vorgenommen werden.

Auf die bis zu dem Zeitpunkt des § 122 Abs. 2 abgelaufene Verjährung kann sich der Genosse nicht berufen, denn, ist sie im Konkurs mit Erfolg geltend gemacht, so kann der Gläubiger die Forderung gegen den Genossen nicht mehr verfolgen; ist sie nicht mit Erfolg geltend gemacht oder ist es unterlassen, sie vorzubringen, so gilt die Feststellung der Forderung auch gegen den Genossen, Anm. 2 zu § 122. Er kann daher nur die Verjährung geltend machen, die nach dem Zeitpunkt des § 122 Abs. 2 abgelaufen ist.

Der Abs. 2 würde keine Bedeutung haben, wenn der Konkurs erst für beendet erklärt würde, nachdem das Nachschußverfahren erledigt ist. Denn die durch die Anmeldung der Konkursforderung eingetretene Unterbrechung der Verjährung dauert bis zur Beendingung des Konkurses fort, § 214 Abs. 1 B.G.B., und nach Erledigung des Nachschußverfahrens besteht die Genossenschaft nicht mehr. In der That aber ist der Konkurs nach dem Schlußtermin schon vor der Ausführung der Nachschußberechnung aufzuheben, s. darüber Anm. 1 zu § 115, und nach diesem Zeitpunkt gilt die Genossenschaft bis zur Beendigung des Nachschußverfahrens als fortbestehend. Die in dieser Zeit durch Fortsetzung des Prozesses fortdauernde, § 211 B.G.B., oder auf andere Weise gegen die Genossenschaft eintretende Unterbrechung wirkt auch gegen den Genossen. Die durch Fortsetzung der Widerspruchsklage fortdauernde Unterbrechung wirkt aber nur dann gegen ihn, wenn der Prozeß gegen den Verwalter oder den Vorstand bezw. die Liquidatoren, nicht auch wenn er gegen einen Konkursgläubiger geführt wird, denn der letztere vertritt die Genossenschaft nicht.

§. 124.

Soweit Genossen in Gemäßheit des §. 122 Konkursgläubiger befriedigen, treten sie in die Rechte der letzteren gegen die Genossenschaft ein.

Nur der Genosse, welcher auf Grund des § 122, also nachdem er vom Gläubiger außergerichtlich oder im Prozeß in Anspruch genommen ist, tritt an Stelle des Gläubigers. Hat er aus eignem Antrieb gezahlt, so kann er sich im Nachschußverfahren nicht an Stelle des Gläubigers betheiligen. In jedem Falle aber kann er auf Grund des § 426 Abs. 2 B.G.B. von den übrigen Genossen denjenigen Antheil fordern, den sie bei gleichmäßiger Vertheilung — unter Ausscheidung der unvermögenden Genossen, § 426 Abs. 1 Satz 1 B.G.B. — hätten bezahlen müssen. Diese Konsequenz sollte zwar durch den § 124 ausgeschlossen werden, sie ist aber nicht ausgeschlossen, und der § 124, der eine Bestimmung enthält, die nach dem neuen Reichsrecht sich nicht mehr, wie nach Preußischem Recht von selbst versteht, ist jetzt vom Standpunkt dieses neuen Rechts zu interpretiren.

§. 125.

Die Bestimmungen der §§. 122 bis 124 finden auf die in den letzten zwei Jahren vor der Eröffnung des Konkursverfahrens aus der Genossenschaft ausgeschiedenen Genossen (§§. 70, 76), welche nicht schon in Gemäßheit des §. 75 der Haftpflicht unterliegen, wegen der bis zu dem Zeitpunkte ihres Ausscheidens von der Genossenschaft eingegangenen Verbindlichkeiten mit der Maßgabe Anwendung, daß der Anspruch der Gläubiger erst nach Ablauf von sechs Monaten seit dem Termine, in welchem die Nachschußberechnung (§. 114) für vollstreckbar erklärt ist, erhoben werden kann.

Dieser Anspruch erstreckt sich, wenn im Falle des Todes eines Genossen dessen Ausscheiden nach dem im §. 77 Absatz 1 bezeichneten Zeitpunkte eingetragen ist, auf die bis zum Tage der Eintragung von der Genossenschaft eingegangenen Verbindlichkeiten, sofern nicht der Erbe beweist, daß bei ihrer Eingehung dem Gläubiger der Tod des Genossen bekannt war.

Der Genosse scheidet nach § 70 Abs. 2 erst in Folge der Eintragung seines Austritts in die Liste des Amtsgerichts mit dem in der Liste vermerkten Jahresschlusse aus, wenn jedoch die Eintragung erst im Laufe eines spätern Geschäftsjahrs bewirkt wird, mit dem Schlusse des letzteren aus. Nur im Fall des Todes erfolgt das Ausscheiden nach § 77 unabhängig von der Eintragung in die Liste mit dem Schlusse des Geschäftsjahrs, in welchem der Tod eingetreten ist, und wird die Mitgliedschaft des Verstorbenen durch den Erben fortgesetzt. In allen Fällen erstreckt sich die Haftung auf alle bis zu dem Zeitpunkt des Ausscheidens eingegangenen Verbindlichkeiten der Genossenschaft. Für den Fall des Todes ist jedoch die Eintragung in die Liste nach Abs. 2 nicht ohne Bedeutung: Das Ausscheiden erfolgt zwar auch ohne die Eintragung mit dem Schluß des Geschäftsjahrs, findet aber die Eintragung in die gerichtliche Liste nicht vor dem Ablauf des Geschäftsjahres statt, in welchem der Todesfall eingetragen ist, so haftet der Erbe auch für diejenigen Verbindlichkeiten, welche in der Zeit nach dem Ablauf des Geschäftsjahrs bis zur Eintragung eingegangen sind, und wird von diesen nach dem Ablauf des Geschäftsjahrs eingegangenen Verpflichtungen nur demjenigen Gläubiger gegenüber befreit, dem er beweist, daß derselbe bei Abschluß des Geschäfts von dem vor dem Ablauf des Geschäftsjahrs eingetretenen Tode Kenntniß hatte. Wird die Genossenschaft binnen sechs Monaten nach dem Ausscheiden aufgelöst, und dies ist nach § 101 auch durch die Eröffnung des Konkurses der Fall, so haftet der ausgeschiedene Genosse nach § 75 wie ein nicht ausgeschiedener, sein Ausscheiden gilt als nicht erfolgt.

II. Für Genossenschaften mit unbeschränkter Nachschußpflicht.

§. 128.

Ist im Falle der Eröffnung des Konkursverfahrens nach Ablauf von drei Monaten seit dem Termine, in welchem die Nachschußberechnung (§. 114) für vollstreckbar erklärt ist, die Befriedigung oder Sicherstellung der im §. 105 Absatz 1 bezeichneten Konkursgläubiger noch nicht bewirkt, so sind die hierzu erforderlichen Beiträge von den innerhalb der letzten achtzehn Monate vor der Eröffnung des Konkursverfahrens ausgeschiedenen Genossen, welche nicht schon in Gemäßheit des §. 75 oder des §. 76 Absatz 4 der Nachschußpflicht unterliegen, nach Maßgabe des §. 105 zur Konkursmasse zu leisten.

Für den Konkurs der Genossenschaften mit unbeschränkter Nachschußpflicht kommen die §§ 98—118 mit den Aenderungen zur Anwendung, welche die §§ 128—130 bestimmen.

Der § 140 regelt das Verhältniß der ausgeschiedenen Mitglieder, s. über dieselben die Anm. zu § 125. Wird die Genossenschaft binnen sechs Monaten nach dem Ausscheiden eines Genossen aufgelöst — und diese Auflösung tritt nach § 101 auch im Fall des Konkurses ein — so gilt das Ausscheiden als nicht erfolgt, § 75, der Genosse wird daher wie jeder andere zur Zahlung von Nachschüssen herangezogen, und, hat der Genosse sein Geschäftsguthaben einem Dritten übertragen, so hat er die Nachschüsse zu zahlen, zu deren Leistung der Dritte nicht vermögend ist, § 76 Abs. 4. Abgesehen von diesen Fällen wird der ausgeschiedene Genosse vom Vorschuß-, Zusatz- und Nachschußverfahren nicht betroffen, Anm. 2 zu § 105. Da aber die Gläubiger die Genossen nicht, wie bei der Genossenschaft mit unbeschränkter Haftpflicht, § 125, persönlich in Anspruch nehmen können, so ist ein besonderes Nachschußverfahren gegen sie vom Verwalter vorzunehmen, und ist im § 128 die materiell rechtliche Vorschrift über ihre Nachschußpflicht getroffen. Sie können zu Nachschüssen nur herangezogen werden, soweit innerhalb dreier Monate nach der Vollstreckbarkeitserklärung der Nachschußberechnung, §§ 114, 108, die Befriedigung oder Sicherstellung der Gläubiger nicht bewirkt ist, d. h. soweit die eingegangenen und beigetriebenen Beiträge der eigentlichen Genossen zur vollständigen Befriedigung der Konkursgläubiger nicht ausreichen. Insoweit sind diejenigen Genossen zu Nachschüssen verpflichtet, welche in den letzten 18 Monaten vor der Konkurseröffnung ausgeschieden sind; dieser 18monatige Zeitraum wird nicht von der Zeit der Kündigung oder des Todes des Genossen, sondern von dem Ablauf des Geschäftsjahrs an berechnet, mit welchem der Genosse nach der Anm. zu § 125 als ausgeschieden gilt.

Die Nachschüsse erfolgen nur zu Gunsten der bei der Schlußvertheilung zu berücksichtigenden Gläubiger, s. darüber Anm. 2 zu § 116.

§. 129.

Der Konkursverwalter hat ohne Verzug eine Berechnung über die Beitragspflicht der Ausgeschiedenen aufzustellen.

In der Berechnung sind dieselben namentlich zu bezeichnen und auf sie die Beiträge zu vertheilen, soweit nicht das Unvermögen Einzelner zur Leistung von Beiträgen vorauszusehen ist.

Im Uebrigen finden die Vorschriften in §. 106 Absatz 3, §§. 107 bis 109, 111 bis 113 und 115 entsprechende Anwendung.

Soweit die eingegangenen und beigetriebenen Nachschüsse der nicht ausgeschiedenen Genossen zur Befriedigung der Gläubiger nicht ausreichen, ist die Differenz unter die ausgeschiedenen, nach § 128 noch haftbaren, Genossen, aber abweichend vom § 106 unter Ausscheidung der unvermögenden, nach Maßgabe ihrer Haftpflicht, die ihnen zur Zeit vor ihrem Ausscheiden oblag, zu vertheilen; im Uebrigen finden die Vorschriften über das Nachschußverfahren Anwendung.

§. 130.

Durch die Bestimmungen der §§. 128, 129 wird die Einziehung der Nachschüsse von den in der Genossenschaft verbliebenen Genossen nicht berührt.

Aus den Nachschüssen der letzteren sind den Ausgeschiedenen die von diesen geleisteten Beiträge zu erstatten, sobald die Befriedigung oder Sicherstellung der sämmtlichen im §. 105 Absatz 1 bezeichneten Konkursgläubiger bewirkt ist.

Die Berechnung gegen die Ausgeschiedenen erfolgt nach § 128 ohne Rücksicht darauf, ob die Nachschußberechnung bereits vollständig vollstreckt ist, sofern nur drei Monate nach der Vollstreckbarkeitserklärung ohne vollständige Befriedigung der Gläubiger verstrichen sind. Die Vollstreckung der Nachschußberechnung wird nach Abs. 1 von der gleichzeitig gegen die Ausgeschiedenen erfolgenden Vollstreckung nicht berührt. Aus den Nachschüssen beider Berechnungen werden zunächst die Konkursgläubiger befriedigt. Nach deren Befriedigung hört die Vollstreckung gegen die Ausgeschiedenen auf, wogegen die Vollstreckung der Nachschußberechnung solange fortgesetzt wird, bis den Ausgeschiedenen die von ihnen gezahlten Nachschüsse erstattet sind. Ein persönliches Recht der Ausgeschiedenen auf Erstattung der gezahlten Nachschüsse gegen die verbliebenen Genossen läßt sich gesetzlich nicht begründen.

III. Für Genossenschaften mit beschränkter Haftpflicht.

§. 140.

Das Konkursverfahren findet bei bestehender Genossenschaft außer dem Falle der Zahlungsunfähigkeit in dem Falle der Ueberschuldung statt, sofern diese ein Viertheil des Betrages der Haftsummen aller Genossen übersteigt. Der Vorstand hat, wenn eine solche Ueberschuldung sich aus der Jahresbilanz oder aus einer im Laufe des Jahres aufgestellten Bilanz ergiebt, die Eröffnung des Konkursverfahrens zu beantragen. Die Vorschriften des §. 99 Absatz 2, 3, §. 100 finden entsprechende Anwendung.

S. die Anm. zu §§ 98, 99.

§. 141.

Die einzelnen Genossen können über ihre Haftsumme hinaus weder auf Leistung von Nachschüssen, noch von den Konkursgläubigern in Anspruch genommen werden. Im Uebrigen finden auf den Anspruch der Gläubiger die Bestimmungen in §§. 122 bis 125 Anwendung.

Auf den Konkurs der Genossenschaft mit beschränkter Haftpflicht finden, abgesehen vom § 140, die Vorschriften über den Konkurs der Genossenschaft mit unbeschränkter Haftpflicht mit der Maßgabe Anwendung, daß die einzelnen Genossen nur bis zum Belauf der statutenmäßigen Haftsumme vom Verwalter und von den Konkursgläubigern in Anspruch genommen werden können. Den letzteren steht der unmittelbare Zugriff gegenüber den einzelnen Genossen erst zu, wenn drei Monate seit dem Termine verstrichen sind, in welchem die Nachschußberechnung für vollstreckbar erklärt ist, § 122 Abs. 2. Ist die Haftsumme aber bis dahin bereits auf Grund der Nachschußberechnung eingezogen, so steht diese Zahlung dem Anspruch des Gläubigers entgegen. Ueberhaupt setzt der Genosse, der die Haftsumme gezahlt hat, jeder Nachforderung den Einwand entgegen, daß er seine Haftpflicht erfüllt habe. Doch kann er sich durch Zahlung der Haftsumme an einen der Gläubiger nicht der Verpflichtung aus der schon vorher für vollstreckbar erklärten Nachschußberechnung entziehen, denn der Erfolg der zur Befriedigung aller Konkursgläubiger dienenden Nachschußberechnung darf nicht durch einzelne Gläubiger vereitelt werden.

Mehrere einzelne Konkursgläubiger sind gleichberechtigt, ihre vor der Zahlung der Haftsumme gleichzeitig oder nach einander gestellten Zahlungsaufforderungen hat der Genosse gleichmäßig nach Verhältniß der Größe der Forderungen zu befriedigen.

Der Genosse, welcher dem Verwalter oder einem Gläubiger mehr gezahlt hat, als er gezahlt haben würde, wenn alle zahlungsfähigen Genossen in gleicher Weise in Anspruch genommen wären, hat gegen die übrigen Genossen, die zu wenig gezahlt haben, den Anspruch des § 426 B.G.B. auf Erstattung der Differenz.

§. 142.

Außer dem Falle des §. 90 kann in dem Falle, daß entgegen den Vorschriften in §§. 19, 22 der Gewinn oder das Geschäftsguthaben ausgezahlt wird, der Ersatzanspruch gegen die Mitglieder des Vorstandes oder des Aufsichtsraths oder gegen die Liquidatoren von den Gläubigern der Genossenschaft, soweit sie von dieser ihre Befriedigung nicht erlangen können, selbständig geltend gemacht werden. Dasselbe findet gegen die Mitglieder des Vorstandes oder die Liquidatoren statt, wenn nach dem Zeitpunkte, mit welchem die Verpflichtung zum Antrage auf Eröffnung des Konkursverfahrens eingetreten ist, eine Zahlung geleistet wird, rücksichtlich des Ersatzes derselben.

Die Ersatzpflicht wird den Gläubigern gegenüber dadurch nicht aufgehoben, daß die Handlung auf einem Beschlusse der Generalversammlung beruht.

Die Ersatzansprüche gehören zum Konkursvermögen, s. § 99 Abs. 2 und Anm. 2 dazu. Der Verwalter hat sie daher für die Konkursmasse geltend zu machen, und soweit dies geschehen, sind die Ansprüche auch den einzelnen Gläubigern gegenüber erloschen. Da der Verwalter über die Ansprüche zu disponiren hat, wirken diese Verfügungen, z. B. ein mit einem Vorstandsmitglied geschlossener Vergleich, vergl. R.G. 39, 62, auch für und gegen die Konkursgläubiger, obgleich deren Recht aus § 142 ein selbständiges ist. Dies selbständige Recht kann der einzelne Konkursgläubiger daher nur geltend machen, soweit der Anspruch gegen die Vorstandsmitglieder 2c. noch besteht, er kann es auch nur insoweit geltend machen, als er von der Genossenschaft nicht befriedigt ist, also im Fall der Konkurseröffnung erst nach der Aufhebung des Verfahrens, doch schon vor Erledigung des Nachschußverfahrens. Das Recht ist den Gläubigern, nicht blos den im § 105 Abs. 1 bezeichneten Konkursgläubigern, also auch denen gegeben, die ihre Forderungen im Konkurse nicht angemeldet haben, wie auch den Gläubigern rücksichtlich der von der Geltendmachung im Konkurse, § 63 K.O., ausgeschlossenen Forderungen.

Anlage 2.

Das Reichsgesetz,

betreffend die

Gesellschaften mit beschränkter Haftung,

vom 20. April 1892 (R.G.Bl. S. 477)

verändert durch Art. 11 des Einführungsgesetzes zum Handelsgesetzbuch vom 10. Mai 1897
in der Fassung der Bekanntmachung vom 20. Mai 1898 (R.G.Bl. S. 846).

§. 63.

Ueber das Vermögen der Gesellschaft findet das Konkursverfahren außer dem Falle der Zahlungsunfähigkeit auch in dem Falle der Ueberschuldung statt.

Die auf das Konkursverfahren über das Vermögen einer Aktiengesellschaft bezüglichen Vorschriften im §. 207 Absatz 2, §. 208 der Konkursordnung finden auf die Gesellschaft mit beschränkter Haftung entsprechende Anwendung.

Der Abs. 1 entspricht dem § 207 Abs. 1 K.O. Die Anm. zu §§ 207, 208 K.O. kommen hier zur Anwendung; Vertreter der Gesellschaft sind die Geschäftsführer.

§. 64.

Die Geschäftsführer haben die Eröffnung des Konkursverfahrens zu beantragen, sobald die Zahlungsunfähigkeit der Gesellschaft eintritt oder aus der Jahresbilanz oder aus einer im Laufe des Geschäftsjahres aufgestellten Bilanz Ueberschuldung sich ergiebt.

Die Geschäftsführer sind der Gesellschaft zum Ersatze aller nach diesem Zeitpunkt geleisteten Zahlungen verpflichtet. Auf den Ersatzanspruch finden die Bestimmungen im §. 43 Absatz 3 und 4 entsprechende Anwendung.

Der § 64 entspricht dem § 99 des Genossenschaftsgesetzes mit der Maßgabe, daß die Eröffnung des Verfahrens wegen Ueberschuldung auch ohne Auflösung der Gesellschaft beantragt werden kann und muß; s. im Uebrigen die Anm. zu § 99 des Gen.=Ges.

Nach § 43 Abs. 3 und 4, welcher die Haftung der Geschäftsführer bestimmt, sind dieselben

„insbesondere zum Ersatze verpflichtet, wenn den Bestimmungen des §. 30 zuwider Zahlungen aus dem zur Erhaltung des Stammkapitals erforderlichen Vermögen der Gesellschaft gemacht oder den Bestimmungen des §. 33 zuwider eigene Geschäftsantheile der Gesellschaft erworben worden sind. Auf den Ersatzanspruch finden die Bestimmungen im §. 9 Absatz 2 entsprechende Anwendung. Soweit der Ersatz zur Befriedigung der Gläubiger der Gesellschaft erforderlich ist, wird die Verpflichtung der Geschäftsführer dadurch nicht aufgehoben, daß dieselben in Befolgung eines Beschlusses der Gesellschafter gehandelt haben.

Die Ansprüche auf Grund der vorstehenden Bestimmungen verjähren in fünf Jahren."

§. 71.

Die Liquidatoren haben die aus §§. 36, 37, §. 41 Absatz 1, §. 43 Absatz 1, 2 und 4, §. 49 Absatz 1 und 2, §. 64 sich ergebenden Rechte und Pflichten der Geschäftsführer.

Sie haben sofort bei Beginn der Liquidation und demnächst in jedem Jahre eine Bilanz aufzustellen.

§. 83.

Die Strafvorschriften der §§. 239 bis 241 der Konkursordnung finden gegen die Geschäftsführer einer Gesellschaft mit beschränkter Haftung, welche ihre Zahlungen eingestellt hat oder über deren Vermögen das Konkursverfahren eröffnet worden ist, Anwendung, wenn sie in dieser Eigenschaft die mit Strafe bedrohten Handlungen begangen haben.

Der § entspricht dem § 244 K.O. Die Liquidatoren sind nicht besonders erwähnt, weil sie ohnehin unter den § 244 K.O. fallen.

§. 84.

Die Geschäftsführer oder Liquidatoren einer Gesellschaft mit beschränkter Haftung werden mit Gefängniß bis zu drei Monaten und zugleich mit Geldstrafe bis zu eintausend Mark bestraft, wenn entgegen den Vorschriften im §. 64, §. 71 Absatz 1 der Antrag auf Eröffnung des Konkursverfahrens unterlassen ist.

Sind mildernde Umstände vorhanden, so tritt ausschließlich die Geldstrafe ein.

Straflos bleibt derjenige, bezüglich dessen festgestellt wird, daß der Antrag auf Eröffnung des Konkursverfahrens ohne sein Verschulden unterblieben ist.

Die Vorschrift entspricht dem § 315 Abs. 1 Nr. 2, Abs. 3, 4 H.G.B.

Anlage 3.

Gerichtskostengesetz

vom 18. Juni 1878 (R.G.Bl. S. 141)

in der Fassung der Bekanntmachung vom 20. Mai 1898 (R.G.Bl. S. 659).

Dritter Abschnitt.

Gebühren im Konkursverfahren.

§. 50. Auf die Gebühren im Konkursverfahren finden die Vorschriften des §. 8 über die Werthsklassen und den Gebührensatz, sowie der §§. 14, 16, 17 dieses Gesetzes und des §. 3 der Civilprozeßordnung über die Werthsfestsetzung entsprechende Anwendung.

§. 51. Für das Konkursverfahren, einschließlich des der Eröffnung vorangegangenen Verfahrens, werden erhoben:

1. wenn auf Grund der Schlußvertheilung die Aufhebung des Konkursverfahrens erfolgt, mit Einschluß von Nachtragsvertheilungen, das Zweifache der Gebühr (§. 8);
2. wenn auf Grund eines Zwangsvergleichs die Aufhebung erfolgt, die volle Gebühr (§. 8) und acht Zehntheile derselben;
3. wenn nach dem Beginne des Vollzugs einer Abschlagsvertheilung (Konkursordnung §. 159 Abs. 2) oder nach dem Beginn eines Vergleichtermins eine Einstellung des Verfahrens (Konkursordnung §§. 202, 204) erfolgt, die volle Gebühr (§. 8) und fünf Zehntheile derselben;
4. wenn nach dem Ablaufe der Anmeldefrist und vor den unter Nr. 3 bezeichneten Zeitpunkten eine Einstellung erfolgt, die volle Gebühr (§. 8) und drei Zehntheile derselben;
5. wenn vor dem Ablaufe der Anmeldefrist eine Einstellung erfolgt, acht Zehntheile der Gebühr (§. 8).

§. 52. Die im §. 51 bestimmte Gebühr wird nach dem Betrage der Aktivmasse erhoben. Massekosten, mit Ausnahme der Gebühren des Konkursgerichts, des Konkursverwalters und des Gläubigerausschusses, sowie Masseschulden werden abgesetzt. Gegenstände, welche zur abgesonderten Befriedigung dienen, werden nur in Höhe des für diese nicht erforderlichen Betrags angesetzt.

Ist die Aktivmasse höher als die Schuldenmasse, so wird die Gebühr nach dem Betrage der letzteren erhoben.

Für die Berechnung der Masse ist die Zeit der Beendigung des Verfahrens maßgebend.

§. 53. Für den Beschluß, durch welchen der Antrag auf Eröffnung des Konkursverfahrens abgewiesen wird, einschließlich des vorangegangenen Verfahrens, werden drei Zehntheile der Gebühr (§. 8) erhoben.

Wird das Verfahren durch Versagung der Zulassung des Antrags (Konkursordnung §. 105 Abs. 1, §. 208 Abs. 2, §. 210 Abs. 2, §§. 213, 217 Abs. 2, §. 218 Abs. 2, §. 236, Gesetz, betreffend die Erwerbs- und Wirthschaftsgenossenschaften, §. 100 Abs. 2) oder durch Zurücknahme des zugelassenen Antrags erledigt, so wird nur ein Zehntheil der Gebühr (§. 8) erhoben.

Die Vorschrift des §. 52 findet Anwendung; sofern jedoch der Antrag von einem Gläubiger gestellt wird und die Forderung desselben nicht höher ist, als der Betrag der Aktivmasse, wird die Gebühr nach dem Betrage dieser Forderung erhoben.

§. 54. Für jeden besonderen Prüfungstermin (Konkursordnung §. 142) werden nach dem Betrage der einzelnen Forderungen, zu deren Prüfung der Termin dient, die volle Gebühr (§. 8) und, soweit Anmeldungen vor der Prüfung zurückgenommen werden, drei Zehntheile der Gebühr (§. 8) erhoben. Auf die Werthsberechnung findet die Vorschrift des §. 148 der Konkursordnung entsprechende Anwendung.

§. 55. Für die auf Betreiben des Konkursverwalters erfolgende Zwangsverwaltung oder Zwangsversteigerung eines zur Konkursmasse gehörigen Gegenstandes (Konkursordnung §§. 126, 127) wird die Gebühr nach den Vorschriften über die Gebührenerhebung für Zwangsvollstreckungen besonders erhoben.

§. 56. Für die in Gemäßheit des §. 125 der Konkursordnung erfolgende Abhaltung des zur Abnahme des Offenbarungseides bestimmten Termins (§. 43), sowie für das Verfahren und die Entscheidung über Anträge auf Erzwingung der Eidesleistung (Civilprozeßordnung §. 901) werden Gebühren nicht erhoben.

§. 57. Für die Beschwerdeinstanz wird die in den §§. 45, 46 bestimmte Gebühr besonders erhoben.

Im Falle der Beschwerde gegen den Beschluß über Eröffnung des Konkursverfahrens (Konkursordnung §. 109) oder den Beschluß über

Bestätigung eines Zwangsvergleichs (Konkursordnung §§. 189, 230 Abs. 2, §. 236) finden die Vorschriften des §. 52 Anwendung.

§. 58. Für ein wiederaufgenommenes Konkursverfahren wird einschließlich der Wiederaufnahme die volle Gebühr (§. 8) besonders erhoben. Die Vorschriften der §§. 52, 54 bis 57 finden Anwendung.

Wird vor der Wiederaufnahme die Anordnung von Sicherheitsmaßregeln beantragt (Konkursordnung §. 197 Abs. 2), so wird die Gebühr in Gemäßheit des §. 35 nach dem Werthe des Gegenstandes, durch welchen die Sicherung erfolgen soll, besonders erhoben.

Die Gebühr für die Anordnung einer Sicherheitsmaßregel wird im Falle der Wiederaufnahme auf die im ersten Absatze bezeichnete Gebühr angerechnet.

Anlage 4.

Gebührenordnung für Rechtsanwälte

vom 7. Juli 1879 (R.G.Bl. S. 171)

in der Fassung der Bekanntmachung vom 20. Mai 1898 (R.G.Bl. S. 692).

Dritter Abschnitt.

Gebühren im Konkursverfahren.

§. 53. Auf die Gebühren im Konkursverfahren finden die Vorschriften der §§. 9, 11, 12 entsprechende Anwendung.

§. 54. Im Verfahren über einen Antrag auf Eröffnung des Konkursverfahrens (Konkursordnung §§. 104 bis 106) erhält der Rechtsanwalt zwei Zehntheile, oder, wenn er einen Gläubiger vertritt, fünf Zehntheile der Sätze des §. 9.

§. 55. Für die Vertretung im Konkursverfahren erhält der Rechtsanwalt sechs Zehntheile, wenn jedoch die Vertretung vor dem allgemeinen Prüfungstermine (Konkursordnung §. 138) sich erledigt oder erst nach demselben beginnt, vier Zehntheile der Sätze des §. 9.

§. 56. Der Rechtsanwalt erhält die Sätze des §. 9 besonders:
1. für die Thätigkeit bei Prüfung der Forderungen;
2. für die Thätigkeit in dem Zwangsvergleichsverfahren;
3. für die Thätigkeit in dem Vertheilungsverfahren.

§. 57. Beschränkt sich die Thätigkeit des Rechtsanwalts auf die Anmeldung einer Konkursforderung, so erhält derselbe zwei Zehntheile der Sätze des §. 9.

§. 58. Für die Vertretung:
1. in der Beschwerdeinstanz,
2. in dem Verfahren über Anträge auf Anordnung von Sicherheitsmaßregeln im Falle des §. 197 Abs. 2 der Konkursordnung

erhält der Rechtsanwalt besonders die im zweiten Abschnitte (§§. 23, 41) bestimmten Gebühren.

§. 59. Die Gebühren der §§. 54 bis 56 sowie des §. 58 im Falle der Beschwerde gegen den Beschluß über Eröffnung des Konkursverfahrens (Konkursordnung §. 109) oder den Beschluß über Bestätigung eines Zwangsvergleichs (Konkursordnung §§. 189, 230 Absatz 2, §. 236) werden, wenn der Auftrag von dem Gemeinschuldner ertheilt ist, nach dem Betrage der Aktivmasse (Gerichtskostengesetz §. 52) berechnet.

Ist der Auftrag von einem Konkursgläubiger ertheilt, so werden die Gebühren der §§. 54, 55, 57 und die Gebühr im Falle der Beschwerde gegen den Beschluß über Eröffnung des Konkursverfahrens nach dem Nennwerthe der Forderung, die Gebühren des §. 56 und die Gebühr im Falle der Beschwerde gegen den Beschluß über die Bestätigung eines Zwangsvergleichs nach dem Werthe der Forderung des Gläubigers unter entsprechender Anwendung des §. 148 der Konkursordnung berechnet.

§. 60. In einem wieder aufgenommenen Konkursverfahren erhält der Rechtsanwalt die Gebühren nach den Bestimmungen der §§. 55 bis 59 besonders.

§. 61. Insoweit dem Rechtsanwalte Gebühren für die Vornahme einzelner Handlungen im Konkursverfahren zustehen, darf der Gesammtbetrag derselben die im §. 55 bestimmte Gebühr nicht übersteigen.

Wird der Rechtsanwalt, nachdem er einzelne Handlungen im Konkursverfahren vorgenommen hat, mit der Vertretung im Konkursverfahren beauftragt, so erhält er zusammen nicht mehr an Gebühren, als ihm zustehen würde, wenn er vorher mit der Vertretung im Konkursverfahren beauftragt worden wäre.

§. 62. Die Gebühren werden für jeden Auftrag gesondert, ohne Rücksicht auf andere Aufträge, berechnet.

Anhang 1.

Gesetz,

betreffend die

Rechtshandlungen eines Schuldners außerhalb des Konkursverfahrens, vom 21. Juli 1879 (R.G.Bl. S. 277)

in der Fassung der Bekanntmachung vom 20. Mai 1898 (R.G.Bl. 709), auf Grund der Aenderungen des Einführungsgesetzes vom 20. Mai 1898 (R.G.Bl. S. 248).

Wir **Wilhelm,** von Gottes Gnaden Deutscher Kaiser, König von Preußen 2c. verordnen im Namen des Reichs, nach erfolgter Zustimmung des Bundesraths und des Reichstags, was folgt:

§. 1. Rechtshandlungen eines Schuldners können außerhalb des Konkursverfahrens zum Zwecke der Befriedigung eines Gläubigers als diesem gegenüber unwirksam nach Maßgabe der folgenden Bestimmungen angefochten werden.

§. 2. Zur Anfechtung ist jeder Gläubiger, welcher einen vollstreckbaren Schuldtitel erlangt hat und dessen Forderung fällig ist, befugt, sofern die Zwangsvollstreckung in das Vermögen des Schuldners zu einer vollständigen Befriedigung des Gläubigers nicht geführt hat oder anzunehmen ist, daß sie zu einer solchen nicht führen würde.

§. 3. Anfechtbar sind:

1. Rechtshandlungen, welche der Schuldner in der dem anderen Theile bekannten Absicht, seine Gläubiger zu benachtheiligen, vorgenommen hat;
2. die in dem letzten Jahre vor der Anfechtung geschlossenen entgeltlichen Verträge des Schuldners

   mit seinem Ehegatten, vor oder während der Ehe, mit seinen oder seines Ehegatten Verwandten in auf- und absteigender Linie, mit seinen oder seines Ehegatten voll- und halbbürtigen Geschwistern, oder mit dem Ehegatten einer dieser Personen, sofern durch den Abschluß des Vertrages die Gläubiger des Schuldners benachtheiligt werden und der andere Theil nicht beweist, daß ihm zur Zeit des Vertragsabschlusses eine Absicht des Schuldners, die Gläubiger zu benachtheiligen, nicht bekannt war;

3. die in dem letzten Jahre vor der Anfechtung von dem Schuldner vorgenommenen unentgeltlichen Verfügungen, sofern nicht dieselben gebräuchliche Gelegenheitsgeschenke zum Gegenstande hatten;

4. die in den letzten zwei Jahren vor der Anfechtung von dem Schuldner vorgenommenen unentgeltlichen Verfügungen zu Gunsten seines Ehegatten.

§. 3a. Hat der Erbe aus dem Nachlasse Pflichttheilsansprüche, Vermächtnisse oder Auflagen erfüllt, so kann ein Nachlaßgläubiger, der im Konkursverfahren über den Nachlaß dem Empfänger der Leistung im Range vorgehen oder gleichstehen würde, die Leistung in gleicher Weise anfechten wie eine unentgeltliche Verfügung des Erben.

§. 4. Hat der Gläubiger, bevor er einen vollstreckbaren Schuldtitel erlangt hatte oder seine Forderung fällig war, denjenigen, welchem gegenüber eine im §. 3 Nr. 2 bis 4 bezeichnete Rechtshandlung vorgenommen ist, von seiner Absicht, die Handlung anzufechten, durch Zustellung eines Schriftsatzes in Kenntniß gesetzt, so wird die Frist von dem Zeitpunkte der Zustellung zurückgerechnet, sofern schon zu dieser Zeit der Schuldner zahlungsunfähig war und bis zum Ablaufe von zwei Jahren seit diesem Zeitpunkte die Anfechtung erfolgt ist.

§. 5. Die Erhebung des Anfechtungsanspruchs im Wege der Einrede kann erfolgen, bevor ein vollstreckbarer Schuldtitel für die Forderung erlangt ist; der Gläubiger hat denselben jedoch vor der Entscheidung binnen einer von dem Gerichte zu bestimmenden Frist beizubringen.

§. 6. Die Anfechtung wird dadurch nicht ausgeschlossen, daß für die anzufechtende Rechtshandlung ein vollstreckbarer Schuldtitel erlangt, oder daß dieselbe durch Zwangsvollstreckung oder durch Vollziehung eines Arrestes erwirkt worden ist.

§. 7. Der Gläubiger kann, soweit es zu seiner Befriedigung erforderlich ist, beanspruchen, daß dasjenige, was durch die anfechtbare Handlung aus dem Vermögen des Schuldners veräußert, weggegeben oder aufgegeben ist, als noch zu demselben gehörig von dem Empfänger zurückgewährt werde.

Der gutgläubige Empfänger einer unentgeltlichen Leistung hat dieselbe nur soweit zurückzugewähren, als er durch sie bereichert ist.

§. 8. Wegen Erstattung einer Gegenleistung oder im Fall einer anfechtbaren Leistung wegen seiner Forderung kann der Empfänger sich nur an den Schuldner halten.

§. 9. Erfolgt die Anfechtung im Wege der Klage, so hat der Klagantrag bestimmt zu bezeichnen, in welchem Umfange und in welcher Weise die Rückgewähr seitens des Empfängers bewirkt werden soll.

§. 10. Liegt ein nur vorläufig vollstreckbarer Schuldtitel des Gläubigers oder ein unter Vorbehalt ergangenes Urtheil (Civilprozeßordnung §§. 540, 599) vor, so ist in dem den Anfechtungsanspruch für begründet erklärenden Urtheile die Vollstreckung desselben davon abhängig zu machen, daß die gegen den Schuldner ergangene Entscheidung rechtskräftig oder vorbehaltlos wird.

§. 11. Die gegen den Erblasser begründete Anfechtung findet gegen den Erben statt.

Gegen einen anderen Rechtsnachfolger desjenigen, welchem gegenüber die anfechtbare Handlung vorgenommen ist, findet die gegen den letzteren begründete Anfechtung statt:

1. wenn ihm zur Zeit seines Erwerbes die Umstände, welche die Anfechtbarkeit des Erwerbes seines Rechtsvorgängers begründen, bekannt waren;
2. wenn er zu den im §. 3 Nr. 2 genannten Personen gehört, es sei denn, daß ihm zur Zeit seines Erwerbes die Umstände, welche die Anfechtbarkeit des Erwerbes seines Rechtsvorgängers begründen, unbekannt waren;
3. wenn ihm das Erlangte unentgeltlich zugewendet worden ist.

Im Falle des Abs. 2 Nr. 3 findet auf die Haftung des Rechtsnachfolgers die Vorschrift des §. 7 Abs. 2 Anwendung.

Zur Erstreckung der Fristen in Gemäßheit des §. 4 genügt die Zustellung des Schriftsatzes an den Rechtsnachfolger, gegen welchen die Anfechtung erfolgen soll.

§. 12. Die Anfechtung einer nach §. 3 Nr. 1 anfechtbaren Handlung kann nur binnen zehn Jahren erfolgen. Auf den Lauf der Frist finden die für die Verjährung geltenden Vorschriften des §. 203 Abs. 2 und der §§. 206, 207 des Bürgerlichen Gesetzbuchs entsprechende Anwendung.

Die Frist beginnt mit dem Zeitpunkt, in welchem der Gläubiger den vollstreckbaren Schuldtitel erlangt hatte und seine Forderung fällig war, wenn aber die Rechtshandlung nach diesem Zeitpunkte vorgenommen ist, mit der Vornahme der Handlung.

Die Anfechtung ist ausgeschlossen, wenn seit der Vornahme der Rechtshandlung dreißig Jahre verstrichen sind.

§. 13. Wird über das Vermögen des Schuldners das Konkursverfahren eröffnet, so steht die Verfolgung der von Konkursgläubigern erhobenen Anfechtungsansprüche dem Konkursverwalter zu. Aus dem Erstrittenen sind dem Gläubiger die Prozeßkosten vorweg zu erstatten.

Ist das Verfahren über den Anfechtungsanspruch noch rechtshängig, so wird dasselbe unterbrochen. Im Fall einer Verzögerung der Aufnahme kommen die Bestimmungen der Civilprozeßordnung §. 239 zur entsprechenden Anwendung. Der Konkursverwalter kann den Anspruch nach den Vorschriften der Konkursordnung §§. 37 bis 39, 41 in Gemäßheit der §§. 268, 529 der Civilprozeßordnung erweitern. Lehnt der Verwalter die Aufnahme des Rechtsstreits ab, so kann derselbe rücksichtlich der Prozeßkosten von jeder Partei aufgenommen werden. Durch die Ablehnung der Aufnahme wird die Befugniß des Verwalters, nach den Vorschriften der Konkursordnung das Anfechtungsrecht auszuüben, nicht ausgeschlossen.

Soweit der Gläubiger aus dem Zurückzugewährenden eine Sicherung oder Befriedigung erlangt hatte, finden auf die Anfechtung derselben die Vorschriften des §. 30 Nr. 1 der Konkursordnung entsprechende Anwendung.

Nach der Beendigung des Konkursverfahrens können Anfechtungsrechte, deren Ausübung dem Konkursverwalter zustand, von den einzelnen Gläubigern nach Maßgabe dieses Gesetzes verfolgt werden, soweit nicht dem Anspruch entgegenstehende Einreden gegen den Verwalter erlangt sind. War die Anfechtung nicht schon zur Zeit der Eröffnung des Konkursverfahrens erfolgt, so wird die im §. 3 Nr. 2 bis 4 bestimmte Frist von diesem Zeitpunkte berechnet, sofern die Anfechtung bis zum Ablauf eines Jahres seit der Beendigung des Konkursverfahrens erfolgt.

Rechtshandlungen, welche der Gemeinschuldner rücksichtlich seines nicht zur Konkursmasse gehörigen Vermögens vorgenommen hat, können von den Konkursgläubigern auch während des Konkursverfahrens nach Maßgabe dieses Gesetzes angefochten werden.

Anhang 2.

Preußisches Ausführungsgesetz

zur Deutschen Konkursordnung.

Vom 6. März 1879 (Ges.S. S. 109.)

Zweiter Abschnitt.

Uebergangsbestimmungen.

Erster Titel.

Bürgerliches Recht.

§. 17. Hat außerhalb des Geltungsbereichs der Konkursordnung vom 8. Mai 1855 in den Geltungsbereichen des Allgemeinen Landrechts oder des gemeinen Rechts die Ehefrau auf Grund eines gesetzlichen Titels zum Pfandrechte oder eines gesetzlichen Pfandrechts den Anspruch auf Eintragung einer Hypothek auf die Grundstücke des Ehemannes vor dem Tage des Inkrafttretens dieses Gesetzes erworben, so kann die Eintragung noch innerhalb eines Jahres, von diesem Tage an gerechnet, und wegen aller Forderungen verlangt werden, deren Eintragung nach den bisherigen Vorschriften verlangt werden konnte.

Im Bezirk des Appellationsgerichts zu Frankfurt a. M., in dem ehemals Landgräflich Hessischen Amtsbezirk Homburg und im Kreise Herzogthum Lauenburg findet die vorstehende Bestimmung auf das von der Ehefrau vor dem Inkrafttreten dieses Gesetzes erworbene gesetzliche Pfandrecht entsprechende Anwendung.

§. 18. Insoweit ein Pfand- oder Vorzugsrecht, welches vor dem Inkrafttreten dieses Gesetzes auf Grund eines Vertrages, einer letztwilligen Anordnung oder einer richterlichen Verfügung erworben ist,

1) zufolge der Bestimmungen der Deutschen Konkursordnung und des Einführungsgesetzes zu derselben,
2) gegenüber einem Pfandrecht, welches durch eine nach dem Inkrafttreten dieses Gesetzes bewirkte Pfändung begründet wird, zufolge des §. 709 Abs. 2 [jetzt §. 804 Abs. 2] der Deutschen Civilprozeßordnung oder des §. 14 Abs. 1 des Ausführungsgesetzes zur Deutschen Civilprozeßordnung

seine Wirksamkeit verliert, wird für die Forderung des Berechtigten ein Vorrecht gewährt.

Ist das Pfand- oder Vorzugsrecht auf einzelne bewegliche Gegenstände des Schuldners beschränkt, so wird das Vorrecht nur in Höhe des Erlöses derselben gewährt.

§. 19. Die Bestimmungen des §. 18 finden auf ein gesetzliches Pfand- oder Vorzugsrecht der Ehefrau des Schuldners für Forderungen, welche vor dem Inkrafttreten dieses Gesetzes entstanden sind, entsprechende Anwendung.

§. 20. Die Rangordnung der in Gemäßheit der Vorschriften der §§. 18, 19 bevorrechtigten Forderungen im Verhältniß zu einander und zu den übrigen betheiligten Forderungen bestimmt sich nach den bisherigen Vorschriften.

§. 21. Das Vorrecht (§§. 18, 19) wird nicht gewährt:

1) für ein zwei Jahre nach dem Inkrafttreten dieses Gesetzes eröffnetes Konkursverfahren oder gegen eine zwei Jahre nach dem Inkrafttreten dieses Gesetzes bewirkte Pfändung, wenn es nicht dadurch erhalten wird, daß es bis zum Ablauf der zwei Jahre zur Eintragung in das Vorrechtsregister vorschriftsmäßig angemeldet ist;

2) für ein zwanzig Jahre nach dem Inkrafttreten dieses Gesetzes eröffnetes Konkursverfahren oder gegen eine zwanzig Jahre nach dem Inkrafttreten dieses Gesetzes bewirkte Pfändung.

§. 22. Insoweit ein nach den bisherigen Gesetzen bestandenes Pfand- oder Vorzugsrecht der Kinder oder der Pflegebefohlenen des Gemeinschuldners zufolge der Bestimmungen der Deutschen Konkursordnung und des Einführungsgesetzes zu derselben seine Wirksamkeit verliert, wird den Kindern und Pflegebefohlenen für Forderungen, welche vor dem Inkrafttreten dieses Gesetzes entstanden sind, ein Vorrecht für das Konkursverfahren gewährt.

Das Vorrecht wird für ein zwei Jahre nach dem Inkrafttreten dieses Gesetzes eröffnetes Konkursverfahren nicht gewährt.

Die Vorschriften des §. 18 Abs. 2 und des §. 20 finden entsprechende Anwendung.

§. 23. Die Vorschriften der §§. 18 bis 22 finden auf die Fälle entsprechende Anwendung, in welchen außerhalb des Konkursverfahrens eine Befriedigung persönlicher Gläubiger nach dem Range ihrer Forderungen stattzufinden hat.

§. 24. Die Vorschriften des §. 18 über die Gewährung eines Vorrechts finden keine Anwendung auf Rechte, welche ein Gläubiger vor dem Inkrafttreten dieses Gesetzes durch Beschlagnahme, Pfändung oder Ueberweisung erlangt hat.

Zweiter Titel.

Vorrechtsregister.

§. 25. Die Vorrechtsregister sind zur Eintragung der nach Vorschrift des §. 21 Nr. 1 der Anmeldung bedürfenden Vorrechte bestimmt.

§. 26. Für die Führung der Vorrechtsregister sind die Amtsgerichte zuständig.

Der Justizminister kann die Führung des Registers für die Bezirke mehrerer Amtsgerichte einem derselben übertragen.

§. 27. Das Vorrechtsregister ist öffentlich. Die Einsicht desselben ist während der gewöhnlichen Dienststunden einem Jeden gestattet.

§. 28. In dem Register sind außer den Eintragungen nur Löschungen zu vermerken.

§. 29. Die Eintragungen und Löschungen erfolgen auf Anordnung des Amtsgerichts.

Die Vermerke, durch welche die Eintragungen und Löschungen bewirkt werden, sind von dem Gerichtsschreiber zu unterschreiben.

§. 30. Die Anmeldung zur Eintragung erfolgt bei dem Amtsgericht, bei welchem der Schuldner am Tage des Inkrafttretens dieses Gesetzes seinen allgemeinen Gerichtsstand hat.

Ist der Schuldner vor dem Inkrafttreten dieses Gesetzes verstorben, so kann, so lange die Voraussetzungen des §. 28 Abs. 2 der Deutschen Civilprozeßordnung vorhanden sind, die Anmeldung bei dem Amtsgericht erfolgen, bei welchem der Schuldner zur Zeit seines Todes den allgemeinen Gerichtsstand gehabt hat.

Im Fall des §. 26 Abs. 2 kann die Anmeldung bei dem in den vorstehenden Bestimmungen bezeichneten oder bei dem mit der Führung des Registers beauftragten Amtsgericht erfolgen. Die Anmeldung ist, wenn sie nicht bei dem mit der Führung des Registers beauftragten Amtsgericht erfolgt, diesem Gericht zu übersenden.

§. 31. Die Anmeldung hat zu enthalten:

1) die Bezeichnung des Gläubigers und des Schuldners nach Namen, Stand oder Gewerbe und Wohnort;
2) die Angabe des Gegenstandes und des Grundes der Forderung;

3) die Angabe des für die Forderung beanspruchten Vorrechts, sowie des Grundes des Anspruchs;

4) im Fall einer Beschränkung des Vorrechts auf einzelne bewegliche Gegenstände des Schuldners die Bezeichnung der Gegenstände.

§. 32. Die Anmeldung kann bei dem Gericht schriftlich eingereicht oder zum Protokoll des Gerichtsschreibers angebracht werden. Wird sie schriftlich eingereicht, so muß das Schriftstück gerichtlich oder notariell beglaubigt sein. Bei der Beglaubigung bedarf es weder der Zuziehung von Zeugen, noch der Aufnahme eines Protokolls. Anmeldungen öffentlicher Behörden bedürfen keiner Beglaubigung. Der Anmeldung ist eine Abschrift der in derselben in Bezug genommenen urkundlichen Beweisstücke beizufügen.

Mit der Anmeldung soll eine für den Schuldner bestimmte Abschrift der Beweisstücke und, wenn die Anmeldung schriftlich angebracht wird, eine Abschrift derselben eingereicht werden.

§. 33. Genügt die Anmeldung den Erfordernissen der §§. 31, 32 Abs. 1, so ist die Eintragung anzuordnen.

Gegen den Beschluß, durch welchen die Eintragung abgelehnt wird, findet die Beschwerde nach Maßgabe der §§. 532 bis 538 [jetzt §§. 569 bis 575] der Deutschen Civilprozeßordnung statt.

§. 34. Eine Abschrift des eingetragenen Vermerks ist dem Gläubiger und dem Schuldner mitzutheilen. Der Mittheilung an den Schuldner ist eine Abschrift der Anmeldung und der urkundlichen Beweisstücke beizufügen. Dieselbe kann unmittelbar und ohne besondere Form geschehen.

§. 35. Der Schuldner kann auf Grund der Einwilligung des Gläubigers oder eines rechtskräftigen Urtheils die Löschung der Eintragung verlangen.

§. 36. Für die den Amtsgerichten nach den Vorschriften dieses Titels obliegenden Geschäfte werden nur die baaren Auslagen erhoben.

Der Notar erhält für die Beglaubigung im Falle des §. 32 Abs. 1 bei einem Betrage der Forderung bis einschließlich 1500 Mark eine Gebühr von 1 Mark 50 Pf., bei einem Betrage der Forderung über 1500 Mark eine Gebühr von 3 Mark. Die Beglaubigung ist stempelfrei.

Dritter Abschnitt.

Beschränkungen des Gemeinschuldners.

§. 51. Die gesetzlichen Bestimmungen, nach welchen die Zahlungsunfähigkeit oder die Zahlungseinstellung eine Beschränkung des Gemeinschuldners in der Ausübung eines auf das Vermögen sich nicht beziehenden Rechts zur Folge hat, werden dahin abgeändert, daß die Beschränkung nur im Fall der Eröffnung des Konkursverfahrens eintritt.

§. 52. Die Beschränkungen, welche nach gesetzlichen Bestimmungen das Konkursverfahren oder das bisherige Fallimentsverfahren für den Gemeinschuldner in der Ausübung eines auf das Vermögen sich nicht beziehenden Rechts zur Folge hat, fallen mit der Beendigung des Verfahrens weg.

§. 53. Die Vorschriften der §§. 51, 52 finden auf die Fälle, in welchen die Zahlungsunfähigkeit oder Zahlungseinstellung oder die Eröffnung des Konkurs- oder Fallimentsverfahrens vor dem Tage des Inkrafttretens dieses Gesetzes stattgefunden hat, mit der Maßgabe Anwendung, daß, wenn das Konkurs- oder Fallimentsverfahren vor dem Tage des Inkrafttretens dieses Gesetzes entweder nicht eröffnet oder beendigt ist, die Beschränkungen mit diesem Tage wegfallen.

Anhang 3.

Allgemeine Verfügung vom 12. November 1897, betreffend die Auswahl der im Allgemeinen zu beeidigenden kaufmännischen Sachverständigen und der Konkursverwalter.

(Just.-Min.-Bl. S. 288.)

Schon gegenwärtig werden vor der Auswahl der im Allgemeinen zu beeidigenden kaufmännischen Sachverständigen die Handelskammern und sonstigen kaufmännischen Korporationen von den Justizbehörden häufig um die Bezeichnung geeigneter Persönlichkeiten ersucht. Da dieses Verfahren sich bewährt hat, so bestimme ich allgemein, daß vor der Auswahl der gedachten Sachverständigen und insbesondere der Bücherrevisoren den zuständigen Organen des Handelsstandes regelmäßig Gelegenheit zu einer Aeußerung zu geben ist.

Ebenso empfiehlt es sich, die bezeichneten Organe um Namhaftmachung von Personen, die zur Bestellung als Konkursverwalter geeignet sind, im Voraus zu ersuchen und die gemachten Vorschläge, soweit nicht besondere Bedenken im Einzelfalle entgegenstehen, bei der demnächstigen Ernennung der Konkursverwalter zu berücksichtigen.

Berlin, den 12. November 1897.

Der Justizminister.

Schönstedt.

Anhang 4.

Allgemeine Verfügung vom 24. März 1898, betreffend die gerichtliche Benachrichtigung der Börsen über den Eintritt von Liquidationen, sowie über die Eröffnung und Beendigung von Konkursen.

(Just.-Min.-Bl. S. 77.)

Der Herr Minister für Handel und Gewerbe hat es als wünschenswerth bezeichnet, daß

1. die Börsenvorstände von dem Eintritt der Liquidation oder des Konkurses solcher Unternehmungen, deren Werthpapiere zum Handel an Börsen zugelassen sind, und
2. die Zahlungsstellen der Börsen von der Beendigung des Konkurses derartiger Unternehmungen und von dem Ergebniß der Schlußrechnung

durch die Gerichte von Amtswegen alsbald in Kenntniß gesetzt werden.

Mit Bezug hierauf wird den Gerichten empfohlen, die erwähnten Mittheilungen an die Vorstände und Zahlungsstellen derjenigen Börsen, bei denen die Werthpapiere zum Handel zugelassen sind, gelangen zu lassen, sobald die Liquidation oder die Eröffnung oder Beendigung des Konkurses eingetreten sind. Die Benachrichtigung von dem Beginn der Liquidation wird durch die mit der Führung des Handelsregisters beauftragten Richter, die Benachrichtigung von der Eröffnung oder Beendigung des Konkurses durch die Konkursrichter zu bewirken sein.

Berlin, den 24. März 1898.

Der Justizminister.

Schönstedt.

Sachregister.

Die Zahlen bezeichnen die Seiten.

B.

H.

V.

W.

Nachtrag.

Hypothekenbankgesetz vom 13. Juli 1899.

§. 35. Ist über das Vermögen der Hypothekenbank der Konkurs eröffnet, so gehen in Ansehung der Befriedigung aus den in das Hypothekenregister eingetragenen Hypotheken und Werthpapieren die Forderungen der Pfandbriefgläubiger den Forderungen aller anderen Konkursgläubiger vor. Das Gleiche gilt von Geld, das dem Treuhänder zur Deckung der Hypothekenpfandbriefe in Verwahrung gegeben ist. Die Pfandbriefgläubiger haben unter einander gleichen Rang.

In Betreff des Anspruchs der Pfandbriefgläubiger auf Befriedigung aus dem sonstigen Vermögen der Bank finden die für die Absonderungsberechtigten geltenden Vorschriften der §§. 64, 153, 155, 156 und des §. 168 Nr. 3 der Konkursordnung (Reichs-Gesetzbl. 1898 S. 612) entsprechende Anwendung.

Gehören zur Konkursmasse eigene Hypothekenpfandbriefe der Bank, die von dieser dem Bestand an Werthpapieren zugeschrieben sind, so werden sie bei der Berechnung der auf die einzelnen Hypothekenpfandbriefe fallenden Antheile an dem Erlös aus den im Abs. 1 bezeichneten Gegenständen mitgezählt.

Während des Konkurses der Hypothekenbank sind die Kosten einer Versammlung der Pfandbriefgläubiger, die nach den Vorschriften des Gesetzes, betreffend die gemeinsamen Rechte der Besitzer von Schuldverschreibungen, berufen wird, aus dem zur vorzugsweisen Befriedigung der letzteren dienenden Theile der Konkursmasse zu berichtigen.

§. 43. Der §. 17 des Einführungsgesetzes zur Konkursordnung wird durch folgende Vorschriften ersetzt:

Unberührt bleiben die landesgesetzlichen Vorschriften, nach welchen den Inhabern von Pfandbriefen, die von Kreditanstalten, welche nicht zu den Hypothekenbanken gehören, auf Grund von Hypotheken ausgestellt sind, ein Vorrecht vor allen anderen Konkursgläubigern in Ansehung der Befriedigung aus den Hypotheken der Anstalt zusteht.

Unberührt bleiben die landesgesetzlichen Vorschriften, nach welchen den Inhabern von Schuldverschreibungen, die von Körperschaften des öffentlichen Rechtes, Aktiengesellschaften, Kommanditgesellschaften auf Aktien, Gesellschaften mit beschränkter Haftung oder Genossenschaften über ein Anlehen ausgestellt sind, ein Vorrecht vor nicht bevorrechtigten Konkursgläubigern, deren Forderungen später entstehen, dadurch gewährt werden kann, daß die zu bevorrechtigenden Forderungen in ein öffentliches Schuldbuch eingetragen werden.

Berichtigung.

Lies auf S. 395 Z. 1: Bewußtsein statt Bevorzugtsein.

Herrosé & Ziemsen, Gräfenhainichen.

FSC
www.fsc.org
MIX
Papier | Fördert gute Waldnutzung
FSC® C083411

Kolibri 360 GmbH
Ferdinand-Jühlke-Straße 7
99095 Erfurt, Deutschland
produktsicherheit@kolibri360.de